I0792863

BIBLIA DE BOSQUEJOS Y SERMONES

TOMO 9

Gálatas, Efesios Filipenses, Colosenses

EDITORIAL PORTAVOZ

La misión de *Editorial Portavoz* consiste en proporcionar productos de calidad —con integridad y excelencia—, desde una perspectiva bíblica y confiable, que animen a las personas a conocer y servir a Jesucristo.

Título del original: *The Preacher's Outline and Sermon Bible,* Vol. 9, Galatians, Ephesians, Philippians, Colossians, © 1991 por Alpha Omega Ministries, Inc. y publicado por Leadership Ministries Worldwide, P.O. Box 21310, Chattanooga, TN 37424. Todos los derechos reservados.

Edición en castellano: *Biblia de bosquejos y sermones,* tomo 9, Gálatas, Efesios, Filipenses, Colosenses, © 2002 por Alpha Omega Ministries, Inc. y publicado con permiso por Editorial Portavoz, filial de Kregel Publications, Grand Rapids, Michigan 49505. Todos los derechos reservados.

Ninguna parte de esta publicación podrá reproducirse de cualquier forma sin permiso escrito previo de los editores, con la excepción de citas breves en revistas o reseñas.

Excepto cuando se indica lo contrario, todas las citas bíblicas son tomadas de la Versión Reina-Valera 1960.

La *Biblia de bosquejos y sermones* fue escrita para que el pueblo de Dios la use tanto en sus vidas personales como en la predicación y enseñanza.

EDITORIAL PORTAVOZ
2450 Oak Industrial Dr. NE
Grand Rapids, Michigan 49505 USA

Visítenos en: www.portavoz.com

ISBN 978-0-8254-1014-7

7 8 9 10 11 edición / año 30 29 28 27 26 25 24

Impreso en China
Printed in China

CONTENIDO

ABREVIATURAS VARIAS

a.C.	=	**antes de Cristo**	**p.**	=	**página**
AT	=	**Antiguo Testamento**	**p.ej.**	=	**por ejemplo**
caps.	=	**capítulos**	**pp.**	=	**páginas**
concl.	=	**conclusión**	**pto.**	=	**punto**
cp.	=	**compárese**	**s.**	=	**siguiente**
d.C.	=	**después de Cristo**	**ss.**	=	**siguientes**
EF	=	**Estudio a fondo**	**v.**	=	**versículo**
Nº	=	**número**	**vs.**	=	**versus**
NT	=	**Nuevo Testamento**	**vv.**	=	**versículos**

LA EPÍSTOLA DEL APÓSTOL PABLO A LOS GÁLATAS

INTRODUCCIÓN

AUTOR: Pablo, el apóstol.

No hay cuestionamientos respecto de la autoría de Pablo.

FECHA: Incierta. Entre los años 48-60 d.C. Algunos eruditos mencionan una fecha anterior a los años 48-50 d.C. y otros, una fecha posterior.

A QUIÉNES ESTÁ DIRIGIDA: "A las iglesias de Galacia" (Gá. 1:2).

Algunos creen que la carta fue escrita a las iglesias del sur de Galacia, otros, a las iglesias del norte de Galacia. Hechos 13 y 14 constituyen un registro de la misión sureña. No hay relato alguno en Hechos sobre una misión al norte.

PROPÓSITO: Reivindicar el llamado de Dios y el evangelio de gracia.

Pablo y el evangelio de Cristo eran víctimas de ataques. Algunos maestros falsos, que profesaban a cristianos judíos (llamados judaizantes) estaban enseñando un error doble. Enseñaban (1) que una persona era salva en parte por la fe y en parte por las obras y (2) que una persona crecía en Cristo en parte por la fe y en parte por su propio esfuerzo. Una persona debía creer en Cristo, sí, pero también. . .

- Debía atravesar el ritual principal de la religión, que era la circuncisión (comparar con bautismo, ser miembro de la iglesia y otros requisitos de hoy día).
- Debía observar todas las ceremonias y rituales de la religión.

(Véase notas, Gá. 1:6-7; 2:3-5; 2:4; 2:11-13 para una mayor discusión al respecto).

Evidentemente, Pablo no enseñaba esto. Enseñaba algo diferente: Que un hombre es salvado por Cristo y únicamente por Cristo. Su mensaje era el mensaje de la gracia de Dios, de la gracia pura. Una persona no gana ni amerita la salvación. Una persona es salva por la gracia de Dios a través de su Hijo, el Señor Jesucristo. Debido a esto, los judaizantes acusaban a Pablo de ser un fraude: Su apostolado era un reclamo falso de su propia cosecha, creado por su propia imaginación. Decían que no era un verdadero ministro de Dios, que no era un verdadero apóstol como él decía serlo, puesto que minimizaba la ley de Dios y ningún ministro verdadero jamás minimizaría la ley de Dios.

Por ello, Pablo se sienta y le escribe a los gálatas a fin de combatir esas acusaciones. Al escribir con gran fortaleza y firme insistencia, da a conocer la maravilla de Dios, la maravilla de la gracia gloriosa de Dios.

CARACTERÍSTICAS ESPECIALES:

1. La zona de Galacia. Galacia era un distrito que se extendía a lo largo del sector medio de Asia menor. El distrito de Galacia estaba ubicado en tierras altas, varios miles de metros sobre el nivel del mar. Fue fundada inicialmente por los galos. Las ciudades visitadas por Pablo se extendían a lo largo del sur de Galacia. Estaban Iconio, Listra, Derbe, Pisidia y Antioquía de Pisidia. No existe registro de que Pablo hubiera visitado el norte de Galacia.

Los gálatas nativos eran un pueblo emotivo, impulsivo y cambiante. Era un pueblo impetuoso, inestable, peleador, de hacerse oír, que alardeaba e inmoral. Tenían un amor por lo extraño, lo curioso, lo desconocido. Estaban apegados a una religión que básicamente era la adoración de la naturaleza. El área estaba también densamente poblada por judíos que se aferraban a su hermética religión judía. Los griegos también eran numerosos y tuvieron una fuerte influencia helénica sobre la región. La naturaleza y la extraña mezcla de personas en el sur de Galacia puede verse en su tratamiento de Pablo. Podían a la vez adorarlo y apedrearlo (Hch. 14:13-19).

2. Las iglesias de Galacia. Pablo visitó Galacia en su primer y tercer viajes misioneros (Hch. 13:14; 18:23ss). El Espíritu Santo le prohibió predicar en Galacia en su segunda misión (Hch. 16:6).

La iglesia era espiritualmente inmadura. El motivo mismo de que Pablo escribiera la epístola era tratar con la doctrina básica del cristianismo: la salvación por la gracia. Como uno podría esperar, había gentiles conversos en las iglesias. En Hechos 20:4 Pablo enumera a los delegados que irían a Jerusalén con él. Hay por lo menos un delegado gentil, tal vez dos, de Galacia. Esto señalaría la presencia de un gran grupo de gentiles dentro de las iglesias. También había un gran número de judíos conversos. El problema de mezclar la ley con la gracia es una prueba de un cuerpo de miembros judíos de influencia.

3. Gálatas es "el corazón del evangelio". El hombre debe recibir el evangelio por la fe. Él no obra por el evangelio cumpliendo con la ley. La ley no genera fe. Solo obra como una maldición. Por lo tanto, Cristo mismo debe redimir al hombre. Pero el hombre debe ir más allá de recibir el evangelio: debe aplicarlo a su vida. Esto se consigue por el poder de la cruz y por el poder del Espíritu Santo (Gá. 5:1-6:18).

Lo que Pablo quiere decir es que el hombre no puede ganarse o hacer nada por la salvación. El esfuerzo humano no es más que una señal de la carne, una señal que nace con el hombre mismo, de su propio pensamiento y energía. Es terrenal, y lo terrenal y lo corruptible perece. Las obras de los hombres y de la ley no perduran. El esfuerzo humano no es de naturaleza espiritual ni eterna. No tiene nada que ver con el espíritu. La salvación es un don gratis de Dios. Es eterna y duradera. Es espiritual. Por ende, la salvación proviene de la gracia de Dios y únicamente de la gracia de Dios.

4. Gálatas es el "mensaje de libertad, pero de sometimiento; de unidad, pero de diversidad; de integridad, pero de diferenciación".

a. Existe un reconocimiento de que los gentiles no tienen por qué vivir como los judíos y que los judíos no tienen por qué vivir como gentiles (Gá. 2:11ss). Pablo nunca dice que está mal que los judíos sean circuncidados. Nunca dice que es malo para ellos cumplir con la ley ni observar fiestas especiales. Lo que dice es que esto no tiene nada que ver con la salvación. Las costumbres y las prácticas difieren, pero la salvación nunca difiere. Hay una única manera de ser salvo: por la gracia de Dios.

b. También hay un reconocimiento de que todos los ministros no son iguales (Gá. 2:1ss). No son llamados para servir a los mismos tipos de personas, ni los ministros mismos son llamados para observar las mismas costumbres y estilos de vida. Pablo fue llamado a los gentiles; Pedro, a los judíos. Las costumbres y estilos de vida de los gentiles y de los judíos diferían radicalmente. Sin embargo, Pablo y Pedro seguían siendo ministros del mismo Señor.

c. También hay un reconocimiento de que todos los cristianos deben compartir unos con otros, y que deben cooperar. Pablo no podía entender cómo dos grupos diferentes de cristianos podían estar en el mismo lugar y rehusarse a comer estando unos con otros por alguna diferencia teológica (Gá. 2:11ss). Este fue el punto que trajo aparejadas las crisis. Y Pablo las enfrentó con energía, luchando con uñas y dientes por un evangelio de gracia y por una vida que coincidiera con esa gracia.

5. Gálatas ha sido llamada "La Carta Magna de la iglesia". Dios ha utilizado su mensaje para avivar renacimientos mundiales en generaciones anteriores. El gran despertar espiritual de Martín Lutero y de la Reforma fue motivado mientras Lutero estudiaba su mensaje. Juan Wesley recibió paz en su corazón –una paz que tanto había buscado– cuando oyó el sermón predicado desde Gálatas.

El mensaje de Gálatas horadará el corazón de cualquier generación y la motivará a la acción, si es que esa generación oirá y seguirá su mensaje.

BOSQUEJO DE GÁLATAS

LA BIBLIA DE BOSQUEJOS Y SERMONES es *única.* Difiere de todo otro material de estudios bíblicos y recursos de sermones en cuanto a que cada pasaje y tema es bosquejado justo al lado de las Escrituras correspondientes. Cuando usted elija cualquier *Tema* mencionado más adelante y recurra a la referencia, no solo contará con el pasaje de las Escrituras, sino que también descubrirá el pasaje de las Escrituras y el Tema *ya bosquejado para usted, versículo por versículo.*

A modo de ejemplo rápido, escoja uno de los temas mencionados más adelante y remítase a las Escrituras y hallará esta maravillosa ayuda para un empleo más rápido, más sencillo y más preciso.

Además, cada punto de las Escrituras y tema está *totalmente desarrollado en un comentario con un pasaje de apoyo de las Escrituras* en el final de la página.

Advierta algo más: Los Temas de Gálatas tienen títulos que son a la vez bíblicos y prácticos. Los títulos prácticos a veces tienen más atracción para la gente. Este *beneficio* se ve claramente en el empleo de folletos, boletines, boletines internos de las iglesias, etc.

Una sugerencia: Para una visión más rápida de Gálatas, primero lea *todos los títulos principales* (I, II, III, etc.), y luego vuelva y lea los subtítulos.

BOSQUEJO DE GÁLATAS

I. SALUDO, 1:1-9

A. El ministro de Dios y su autoridad, Pablo, 1:1-5
B. El único mensaje de Dios: El evangelio de Cristo, 1:6-9

II. LA PRUEBA DEL MENSAJERO Y DEL MENSAJE DE DIOS, 1:10—2:21

A. La vida del ministro cambió por completo, 1:10-16
B. El ministro siguió a Dios como lo primero de su vida, 1:17-24
C. El ministro defendió el evangelio, 2:1-10
D. El ministro proclamó el evangelio a aquellos que se habían desviado, 2:11-21

III. LA PRUEBA DE QUE UN HOMBRE ES JUSTIFICADO POR LA FE ÚNICAMENTE Y NO POR LAS OBRAS, 3:1—4:7

A. La prueba de la experiencia de un creyente, 3:1-5
B. La prueba de las Escrituras, 3:6-14
C. La prueba del pacto y de la promesa de Dios, 3:15-18
D. La prueba de la falta de poder de la ley, 3:19-22
E. La prueba de lo que la fe puede hacer por nosotros, 3:23-29
F. La prueba de Cristo y de la plenitud del tiempo, 4:1-7

IV. LA QUÍNTUPLE APELACIÓN PARA SER JUSTIFICADO ÚNICAMENTE POR LA FE, 4:8—5:12

A. Primera apelación: No volverse atrás, 4:8-11
B. Segunda apelación: Volver a motivar el afecto por el ministro de Dios, 4:12-20
C. Tercera apelación: Escuchar lo que realmente dice la ley, 4:21-31
D. Cuarta apelación: Permanecer firme en la libertad de Cristo, 5:1-6
E. Quinta apelación: Obedecer la verdad, 5:7-12

V. LA VIDA Y EL CAMINO DEL CREYENTE: LIBRE Y ESPIRITUAL, 5:13—6:18

A. La gran ley de la vida del creyente: El amor, 5:13-15
B. Un camino combatiendo al gran enemigo en la vida: Los deseos de la carne, 5:16-21
C. Un camino cargando con la naturaleza de Dios: El fruto del Espíritu, 5:22-26

D. Un camino que restaura al hombre que tiene un desliz, 6:1-5

E. Un camino haciendo el bien a su propio maestro: Sembrando y cosechando, 6:6-10

F. Un camino gloriándose en la cruz de Cristo, 6:11-18

LA EPÍSTOLA DEL APÓSTOL PABLO A LOS GÁLATAS

	CAPÍTULO 1 **I. SALUDO, 1:1-9** **A. El ministro de Dios y su autoridad, Pablo, 1:1-5**	3 Gracia y paz sean a vosotros, de Dios el Padre y de nuestro Señor Jesucristo,	**3 Él desea lo mejor para otros creyentes**
1 Él es comisionado úni-camente por Dios	1 Pablo, apóstol (no de hombres ni por hombre, sino por Jesucristo y por Dios el Padre que lo resucitó de los muertos),	4 el cual se dio a sí mismo por nuestros pecados para librarnos del presente siglo malo, conforme a la voluntad de nuestro Dios y Padre, 5 a quien sea la gloria por los siglos de los siglos. Amén.	**4 Él proclama la obra de Cristo** a. El mensaje: Cristo se entregó b. Propósito: Para librarnos c. Motivo: Así lo quiso Dios d. Resultado: Dios es ala-bado
2 Él es reconocido como el hombre de Dios por los creyentes cristianos	2 y todos los hermanos que están conmigo, a las iglesias de Galacia:		

DIVISIÓN I

SALUDO, 1:1-9

A. El ministro de Dios y su autoridad, Pablo, 1:1-5

(1:1-5) ***Introducción:*** El saludo de Pablo a los gálatas es diferente de sus saludos a otras iglesias. Estaba escribiendo bajo una gran presión y esfuerzo. Habían surgido falsos maestros y críticos en la iglesia que estaban criticándolo y atacándolo. Cuestionaban su llamado al ministerio y su autoridad como mensajero de Dios. Algunos incluso cuestionaban al evangelio mismo. Por lo tanto, falta el habitual afecto expresado hacia las iglesias e individuos. Desde la primera oración su escritura es abrupta. Se dirige a las iglesias de Gálata con palabras que van derecho al grano: él es un verdadero ministro de Dios, un verdadero apóstol y mensajero del Señor Jesucristo.

1. Él es comisionado únicamente por Dios (v. 1).
2. Él es reconocido como el hombre de Dios por los creyentes cristianos (v. 2).
3. Él desea lo mejor para otros creyentes (v. 3).
4. Él proclama la obra de Cristo (vv. 4-5).

1 (1:1) ***Ministro, Llamado, Apóstol:*** El ministro de Dios es llamado y comisionado únicamente por Dios. Había quienes en la iglesia cuestionaban el llamado y el ministerio de Pablo, que cuestionaban si realmente había sido convocado por Dios para ser ministro. Estaban dispuestos a destruir el ministerio de Pablo. ¿Por qué?

- □ Porque él había vivido una vida muy terrible antes de su conversión: había sido el salvaje perseguidor de los creyentes (cp. Gá. 1:13; ver notas, Hch. 8:1-4; 9:1-2 para mayor discusión sobre el tema).
- □ Porque no era uno de los funcionarios selectos de la iglesia, es decir, que no había sido enseñado por el Señor mismo cuando el Señor estuvo en la tierra. Esta era una de las calificaciones básicas para ser reconocido como un apóstol (cp. Gá. 1:17-18, ver *Estudio a fondo 5, Apóstol,* Mt. 10:2 para mayor discusión sobre el tema).
- □ Porque no había sido designado por la iglesia oficial o madre, es decir, la iglesia natal de los apóstoles, la iglesia de Jerusalén (cp. Gá. 1:17-18).
- □ Porque dejó de lado las formas y rituales religiosos de la iglesia oficial (cp. Gá. 4:9-10; 5:6; 6:12-15).
- □ Porque había predicado un mensaje diferente al de la iglesia oficial: que una persona no es salva por el ritual y las obras, sino por el amor y la gracia de Dios demostrados en la muerte de Jesucristo (Gá. 1:4-9; 2:16; 3:1ss , esp. vv. 10-11).

Pablo responde a sus críticos en términos firmes: Él era un apóstol (apostolos). La palabra apóstol significa una persona llamada y enviada a un encargo muy especial (Véase *Estudio a fondo, Apóstol,* Mt. 10:2 para mayor discusión al respecto). El apóstol...

- Es como un *embajador* que es enviado para representar a la Persona que lo convocó y lo designó.
- Es como un *mensajero* muy especial que es convocado y enviado para proclamar el mensaje del Remitente.
- Es como un *ministro* muy especial que es convocado y enviado para servir según la voluntad del Líder.
- Es como un *siervo* muy especial que es convocado y enviado para cumplir con el mandato del Amo.

Cabe advertir que Pablo no estaba discutiendo con sus críticos: Estaba declarando que Dios lo había convocado y designado para el ministerio. Estaba diciendo que su llamado era parte de su testimonio personal (Hch. 9:1ss; 22:7ss; 26:16ss; 1 Co. 9:1).

1. Su llamado y ministerio "no era de hombre, ni por hombre".

- □ "No era de hombre": Los hombres no eran la fuente de su llamado y ministerio. Su llamado no había provenido de ningún hombre.
- □ "Ni por hombre": Ningún hombre tenía las califi-caciones ni lo había hecho adecuarse para el ministerio. No fue convertido en un ministro *por el hombre.*

2. Su llamado y ministerio provenían de Jesucristo y de Dios el Padre.

- □ Cabe advertir que a Jesucristo se lo ubica lado a lado con Dios el Padre. Este es un hecho crucial, puesto que significa que el llamado y el ministerio de Pablo provinieron de la fuente más alta posible: tanto de Dios el Padre como de Dios el Hijo.

Cabe resaltar también que se dice que Jesucristo resucitó de entre los muertos. Por lo tanto, el llamado y el ministerio de Pablo provinieron del mismo Señor Resucitado y Vivo. Fue llamado para *servir* al Señor Vivo, el mismo Señor servido por los doce apóstoles. Si ellos fueron verdaderos ministros, entonces él también lo era, puesto que fue llamado por el mismo Señor Vivo que fue resucitado de entre los muertos por Dios el Padre.

Pensamiento 1: Las críticas con frecuencia surgen y causan problemas al ministro de Dios. En esos momentos, el ministro debe declarar con valentía su llamado y su ministerio, no de una manera arrogante ni superespiritual, sino de modo claro y humilde.

Pensamiento 2: Todo ministro debe examinar su corazón para asegurarse de que su llamado y su ministerio han sido encargados por Dios. El ministerio...

- No es una profesión que se elija.
- No es un trabajo para ganarse la vida.
- No es un cargo para asegurarse reconocimiento y estima.
- No es una agencia de servicios fundada por los hombres.
- No es un encargo ordenado por los hombres.
- No es un llamado *de* los hombres ni *por* los hombres.

El ministerio es de Dios. Por lo tanto, un llamado al ministerio debe provenir de Dios. Únicamente Dios puede brindar un llamado y un encargo respecto del ministerio.

"El cual asimismo nos hizo ministros competentes de un nuevo pacto, no de la letra, sino del espíritu; porque la letra mata, mas el espíritu vivifica" (2 Co. 3:6).

"Por lo cual, teniendo nosotros este ministerio según la misericordia que hemos recibido, no desmayamos. Antes bien renunciamos a lo oculto y vergonzoso, no andando con astucia, ni adulterando la palabra de Dios, sino por la manifestación de la verdad recomendándonos a toda conciencia humana delante de Dios" (2 Co. 4:1-2).

"Y todo esto proviene de Dios, quien nos reconcilió consigo mismo por Cristo, y nos dio el ministerio de la reconciliación;... Así que, somos embajadores en nombre de Cristo, como si Dios rogase por medio de nosotros; os rogamos en nombre de Cristo: Reconciliaos con Dios"(2 Co. 5:18, 20).

"Del cual yo fui hecho ministro por el don de la gracia de Dios que me ha sido dado según la operación de su poder" (Ef. 3:7).

"Doy gracias al que me fortaleció, a Cristo Jesús nuestro Señor, porque me tuvo por fiel, poniéndome en el ministerio" (1 Ti. 1:12).

"Pero [la gracia de Dios] que ahora ha sido manifestada por la aparición de nuestro Salvador Jesucristo, el cual quitó la muerte y sacó a luz la vida y la inmortalidad por el evangelio, del cual yo fui constituido predicador, apóstol y maestro de los gentiles" (2 Ti. 1:10-11).

2 (1:2) ***Ministerio, Llamado:*** El ministro de Dios es reconocido como el hombre de Dios por los creyentes cristianos. Advierta: Los hermanos de Pablo no estaban enviando solamente sus saludos a las iglesias gálatas, estaban demostrando su acuerdo con todo lo que Pablo escribía. Estaban tan preocupados como Pablo por las críticas y los falsos maestros de las iglesias de Galacia y claramente reconocían el llamado y el encargo de Pablo como perteneciente a Dios. Este es el énfasis de este punto. Pablo los llamaba *hermanos,* no amigos. Un verdadero hermano en Cristo es mucho más que un amigo. Los verdaderos hermanos tienen un vínculo y una relación mucho más profunda y rica: comparten una fe, una mentalidad, un espíritu y un propósito. Pueden tener capacidades diferentes y asignárseles obras diferentes, pero creen en y sirven al mismo Señor.

Esto es lo que Pablo decía: Eran *hermanos en el Señor* que lo conocían a él y a su llamado. Rápidamente verificaron su llamado y su ministerio. De hecho, *se unieron a él* al escribir y declarar la verdad.

Advierta: Había más de una iglesia que cuestionaba el llamado y el ministerio de Pablo. Todas las iglesias de Galacia lo atacaban.

"Y respondiendo el Rey, les dirá: De cierto os digo que en cuanto lo hicisteis a uno de estos mis *hermanos* más pequeños, a mí lo hicisteis" (Mt. 25:40).

"Él entonces respondiendo, les dijo: Mi madre y mis *hermanos* son los que oyen la palabra de Dios, y la hacen" (Lc. 8:21).

"Porque a los que antes conoció, también los predestinó para que fuesen hechos conformes a la imagen de su Hijo, para que él sea el primogénito entre muchos *hermanos*" (Ro. 8:29).

"Porque el que santifica y los que son santificados, de uno son todos; por lo cual no se avergüenza de llamarlos hermanos, diciendo: Anunciaré a mis hermanos tu nombre, en medio de la congregación te alabaré" (He. 2:11-12).

"Por lo cual debía ser en todo semejante a sus hermanos, para venir a ser misericordioso y fiel sumo sacerdote en lo que a Dios se refiere, para expiar los pecados del pueblo"(He. 2:17).

"Entonces oí una gran voz en el cielo, que decía: Ahora ha venido la salvación, el poder, y el reino de nuestro Dios, y la autoridad de su Cristo; porque ha sido lanzado fuera el acusador de nuestros hermanos, el que los acusaba delante de nuestro Dios día y noche" (Ap. 12:10).

Pensamiento 1: Cuando los críticos atacan al ministro, es el momento de que los *verdaderos hermanos* den un paso adelante y lo apoyen en su ministerio y en la declaración de la verdad. Los verdaderos hermanos siempre defienden y prestan ayuda a un hermano cuando éste es criticado y atacado.

"Nadie tiene mayor amor que este, que uno ponga su vida por sus amigos" (Jn. 15:13).

"Pues a ninguno tengo del mismo ánimo, y que tan sinceramente se interese por vosotros. Porque todos buscan lo suyo propio, no lo que es de Cristo Jesús. Pero ya conocéis los méritos de él, que como hijo a padre ha servido conmigo en el evangelio" (Fil. 2:20-22).

"En todo tiempo ama el amigo, y es como un hermano en tiempo de angustia" (Pr. 17:17).

"El hombre que tiene amigos ha de mostrarse amigo; y amigo hay más unido que un hermano" (Pr. 18:24).

"Hierro con hierro se aguza; y así el hombre aguza el rostro de su amigo" (Pr. 27:17).

"Levántate, porque esta es tu obligación, y nosotros estaremos contigo; esfuérzate, y pon mano a la obra" (Esd. 10:4).

"Y las manos de Moisés se cansaban; por lo que tomaron una piedra, y la pusieron debajo de él, y se sentó sobre ella; y Aarón y Hur sostenían sus manos, el uno de un lado y el otro de otro; así hubo en sus manos firmeza hasta que se puso el sol" (Éx. 17:12).

3 (1:3) ***Ministro, Gracia, Paz:*** El ministro desea lo mejor para los demás creyentes. El ministro, Pablo, quería que los creyentes de Galacia experimentaran la gracia y la paz de Dios y del Señor Jesucristo. (Advierta nuevamente cómo se proclama la deidad de Jesucristo: se lo ubica al lado de Dios).

1. Gracia (charis) significa el *favor y las bendiciones inmerecidas de Dios.* (Véase notas, Ro. 4:16; *Estudio a fondo,* 1 Co. 1:4; *Estudio a fondo 1,* Tit. 2:11-15). La palabra *inmerecidos* es la clave para comprender la gracia. El hombre no merece el favor de Dios. No puede ganarse la aprobación y las bendiciones de Dios porque Él está demasiado elevado y el hombre demasiado abajo para merecer cualquier cosa de Dios. El hombre es imperfecto y Dios es perfecto; por lo tanto, el hombre no puede esperar nada de Dios. (Véase nota y *Estudio a fondo 1,* Justificación, Gá. 2:15-16 para mayor discusión sobre este tema). El hombre ha reaccionado demasiado en contra de Dios. El hombre...

- ha rechazado a Dios
- pecó en contra de Dios
- se ha rebelado contra Dios
- desobedeció a Dios
- ignoró a Dios
- negó a Dios
- fué negligente hacia Dios
- cuestionó a Dios
- maldijo a Dios

El hombre no merece nada de Dios salvo juicio, condena y castigo. Pero Dios es amor, amor perfecto y absoluto. Por lo tanto, Dios hace posible que el hombre experimente su gracia, en particular el favor y la bendición de la salvación que está en su Hijo, Jesucristo. (Véase *Estudio a fondo 1, Gracia,* 1 Co. 1:4 para mayor discusión al respecto).

"Siendo justificados gratuitamente por su gracia, mediante la redención que es en Cristo Jesús" (Ro. 3:24).

"Porque ya conocéis la gracia de nuestro Señor Jesucristo, que por amor a vosotros se hizo pobre, siendo rico, para que vosotros con su pobreza fueseis enriquecidos" (2 Co. 8:9).

"En quien tenemos redención por su sangre, el perdón de pecados según las riquezas de su gracia" (Ef. 1:7).

"Para mostrar en los siglos venideros las abundantes riquezas de su gracia en su bondad para con nosotros en Cristo Jesús" (Ef. 2:7).

"Mi Dios, pues, suplirá todo lo que os falta conforme a sus riquezas en gloria en Cristo Jesús" (Fil. 4:19).

"Pero la gracia de nuestro Señor fue más abundante con la fe y el amor que es en Cristo Jesús" (1 Ti. 1:14).

2. Paz (eirene) significa estar unido, juntado y entretejido con Dios y con todos los demás. Significa sentirse asegurado, confiado y seguro en el amor y el cuidado de Dios. Significa tener un sentido, una conciencia, un conocimiento de que Dios...

- proveerá
- liberará
- guiará
- alentará
- fortalecerá
- salvará
- sostendrá
- dará vida, verdadera vida ahora y para siempre

Una persona puede experimentar paz verdadera únicamente cuando llega a conocer a Jesucristo. Solo Cristo puede traer paz al corazón humano, el tipo de paz que trae consigo liberación y seguridad al alma humana.

"La paz os dejo, mi paz os doy; yo no os la doy como el mundo la da. No se turbe vuestro corazón, ni tenga miedo" (Jn. 14:27).

"Estas cosas os he hablado para que en mí tengáis paz. En el mundo tendréis aflicción; pero confiad, yo he vencido al mundo" (Jn. 16:33).

"Justificados, pues, por la fe, tenemos paz para con Dios por medio de nuestro Señor Jesucristo" (Ro. 5:1).

"Porque el ocuparse de la carne es muerte, pero el ocuparse del Espíritu es vida y paz" (Ro. 8:6).

"Mas el fruto del Espíritu es amor, gozo, paz, paciencia, benignidad, bondad, fe, mansedumbre, templanza; contra tales cosas no hay ley" (Gá. 5:22-23).

"En paz me acostaré, y asimismo dormiré; porque solo tú, Jehová, me haces vivir confiado" (Sal. 4:8).

El punto es este: No todos en la iglesia estaban experimentando la gracia de Dios. Algunos habían perdido la gracia de Dios, no confiando más en Cristo para que los salve; dependían de sus propias obras y bondades para ser aceptables ante Dios. Como resultado de ello, no tenían paz en sus corazones. Algunos hasta habían caído en todas las formas de pecado y vergüenza (Gá. 5:19-21). Otros se habían vuelto extremadamente críticos y creaban desacuerdos, estando en contra de Pablo y de cualquiera que lo apoyara. Advierta: Pablo ansiaba lo mejor para las iglesias de Galacia, incluso para los falsos maestros y los críticos. Quería que todos experimentaran...

- La gracia de Dios llegando a conocer a Jesucristo como su Salvador y Señor personal.
- La paz de Dios mientras caminaban por la vida enfrentando todas sus luchas y pruebas.

Pensamiento 1: Todo ministro debería desear lo mejor para todos los creyentes, incluso para sus críticos y enemigos. Puede que sea difícil, pero su mismo llamado del ministerio consiste en proclamar la gracia y la paz de Dios.

Pensamiento 2: Los creyentes deben evitar alejarse de la gracia, confiar en sus propias obras y bondades para salvarlos y hacerlos aceptables ante Dios.

4 (1:4-5) ***Jesucristo, Obra de; Muerte:*** El ministro de Dios proclama la obra de Cristo. Este versículo es uno de los grandes resúmenes del evangelio, esto es, de la obra del Señor Jesucristo. Advierta cuatro puntos significativos.

1. El mensaje del evangelio es que Cristo "se dio a sí mismo por nuestros pecados". Cristo murió como nuestro substituto. Tomó el lugar del pecador ante Dios. Dos cosas lo demuestran.

a. La palabra "por" (huper) significa en lugar de, en cambio de, como substituto nuestro, a favor de nuestros pecados.

b. La frase "se dio a sí mismo" (dontos eauton) significa que Él se sacrificó por nosotros. Él dio su vida por la vida del pecador. Jesucristo...

- Se ofreció ante Dios como el sacrificio por nuestros pecados.
- Se ofreció como la ofrenda de pecado, la ofrenda que constituiría el sustituto de nuestro pecado.
- Aceptó el juicio y la condenación del pecado por nosotros.
- Soportó el castigo de la justicia de Dios contra el pecado por nosotros.

Adviértase que "nuestros pecados" no están enumerados ni descritos. Esto significa que Cristo murió por *todos nuestros pecados:* pecados importantes y pecados pequeños, pecados conocidos así como también pecados desconocidos, pecados terribles y pecados leves, pecados de las carnes así como también pecados del espíritu.

> **"El cual se dio a sí mismo por nuestros pecados para librarnos del presente siglo malo, conforme a la voluntad de nuestro Dios y Padre" (Gá. 1:4).**
>
> **"Quien llevó él mismo nuestros pecados en su cuerpo sobre el madero, para que nosotros, estando muertos a los pecados, vivamos a la justicia; y por cuya herida fuisteis sanados" (1 P. 2:24).**
>
> **"Hijitos míos, estas cosas os escribo para que no pequéis; y si alguno hubiere pecado, abogado tenemos para con el Padre, a Jesucristo el justo. Y él es la propiciación [sacrificio] por nuestros pecados; y no solamente por los nuestros, sino también por los de todo el mundo" (1 Jn. 2:1-2).**
>
> **"Y de Jesucristo el testigo fiel, el primogénito de los muertos, y el soberano de los reyes de la tierra. Al que nos amó, y nos lavó de nuestros pecados con su sangre" (Ap. 1:5).**

2. El propósito de la muerte de Jesús fue el de "librarnos del presente siglo malo". Advierta que se dice que el presente siglo es malo. Es malo al menos en dos sentidos:

- El mundo presente es pecaminoso: Hace que los hombres ignoren, rechacen, nieguen y maldigan a Dios. También agita y motiva la impiedad, la falta de justicia, la inmoralidad, la maldad, la codicia, la malicia, la envidia, el asesinato, la rivalidad, el engaño, la mala voluntad, la crueldad, la venganza, los chismes, la calumnia, el orgullo, el alardeo, la invención de cosas malas, la desobediencia a los padres, los malos entendidos y la comprensión falsa, la ruptura de pactos y la destrucción del verdadero amor y la misericordia. (Cp. Ro. 1:29-32).
- El mundo presente es corruptible: Evita que tanto el hombre como su mundo se mantengan sanos y vivan eternamente. El mundo presente de corrupción hace que el hombre y su mundo sufran y vivan desastres, accidentes, enfermedades, angustias, penas y calamidades. Hace que todo envejezca, se deteriore, se desgaste, decaiga y muera.
- El mundo presente hace que el hombre muera y enfrente el juicio de Dios que es *perfectamente santo.* Por lo tanto, el mundo presente destina al hombre a enfrentar la santidad de Dios como una criatura no santa, pecaminosa y corruptible. El mundo destina al hombre a una eternidad de muerte y juicio, lo destina a estar alejado de Dios para siempre.

Pero advierta el punto: Este fue el propósito mismo de la muerte de Jesús. Él murió para librarnos de este mundo malo presente. La palabra "librar" (exeletai) significa rescatar y halar. Jesucristo murió para rescatarnos y halarnos de este mundo malo presente. ¿Cómo? Como se ha dicho anteriormente, "se dio a sí mismo por nuestros pecados". Él nos libra o nos rescata tanto del *poder como del destino* del mundo. El creyente experimenta vida abundante y eterna ahora y para siempre.

> **"Porque de tal manera amó Dios al mundo, que ha dado a su Hijo unigénito, para que todo aquel que en él cree, no se pierda, mas tenga vida eterna" (Jn. 3:16).**
>
> **"De cierto, de cierto os digo: El que oye mi palabra, y cree al que me envió, tiene vida eterna; y no vendrá a condenación, mas ha pasado de muerte a vida" (Jn. 5:24).**
>
> **"Le dijo Jesús: Yo soy la resurrección y la vida; el que cree en mí, aunque esté muerto, vivirá. Y todo aquel que vive y cree en mí, no morirá eternamente. ¿Crees esto?"(Jn. 11:25-26).**

3. El motivo por el que Cristo murió por nosotros es porque Dios lo quiso. Esta es una verdad gloriosa: Dios nos ama tal como nos ama Cristo. Fue voluntad de Dios que fuéramos salvados y librados de este mundo malo. Dios nos ama tanto que quiere que nosotros seamos salvos, lo desea tanto que sacrificó a su propio Hijo por nosotros.

Advierta que Dios quiere ser nuestro Padre. La muerte de Jesucristo posibilita que nosotros seamos adoptados por Dios como sus hijos e hijas (Ro. 8:15-16; Gá. 4:4-6).

> **"A éste, entregado por el determinado consejo y anticipado conocimiento de Dios, prendisteis y matasteis por manos de inicuos, crucificándole" (Hch. 2:23).**
>
> **"Mas Dios muestra su amor para con nosotros, en que siendo aún pecadores, Cristo murió por nosotros" (Ro. 5:8).**
>
> **"Y andad en amor, como también Cristo nos amó, y se entregó a sí mismo por nosotros, ofrenda y sacrificio a Dios en olor fragante" (Ef. 5:2).**

4. El resultado de la muerte de Jesús es la gloria de Dios. Advierta: Pablo no pudo mencionar la muerte de Cristo y la voluntad de Dios sin romper en alabanzas. Todos los hombres deberían alabarlo por su maravilloso amor y el inexpresable don de su Hijo.

"Mas él herido fue por nuestras rebeliones, molido por nuestros pecados; el castigo de nuestra paz fue sobre él, y por su llaga fuimos nosotros curados" (Is. 53:5).

"Por tanto, yo le daré parte con los grandes, y con los fuertes repartirá despojos; por cuanto derramó su vida hasta la muerte, y fue contado con los pecadores, habiendo él llevado el pecado de muchos, y orado por los transgresores" (Is. 53:12).

"Yo soy el buen pastor; el buen pastor su vida da por las ovejas" (Jn. 10:11).

"Porque Cristo, cuando aún éramos débiles, a su tiempo murió por los impíos... Mas Dios muestra su amor para con nosotros, en que siendo aún pecadores, Cristo murió por nosotros" (Ro. 5:6, 8).

"Porque primeramente os he enseñado lo que asimismo recibí: Que Cristo murió por nuestros pecados, conforme a las Escrituras" (1 Co. 15:3).

"Y por todos murió, para que los que viven, ya no vivan para sí, sino para aquel que murió y resucitó por ellos" (2 Co. 5:15).

"Cristo nos redimió de la maldición de la ley, hecho por nosotros maldición (porque está escrito: Maldito todo el que es colgado en un madero)" (Gá. 3:13).

"Y andad en amor, como también Cristo nos amó, y se entregó a sí mismo por nosotros, ofrenda y sacrificio a Dios en olor fragante" (Ef. 5:2).

"Quien se dio a sí mismo por nosotros para redimirnos de toda iniquidad y purificar para sí un pueblo propio, celoso de buenas obras" (Tit. 2:14).

"Pero vemos a aquel que fue hecho un poco menor que los ángeles, a Jesús, coronado de gloria y de honra, a causa del padecimiento de la muerte, para que por la gracia de Dios gustase la muerte por todos" (He. 2:9).

"De otra manera le hubiera sido necesario padecer muchas veces desde el principio del mundo; pero ahora, en la consumación de los siglos, se presentó una vez para siempre por el sacrificio de sí mismo para quitar de en medio el pecado" (He. 9:26).

"Así también Cristo fue ofrecido una sola vez para llevar los pecados de muchos; y aparecerá por segunda vez, sin relación con el pecado, para salvar a los que le esperan" (He. 9:28).

"Porque también Cristo padeció una sola vez por los pecados, el justo por los injustos, para llevarnos a Dios, siendo a la verdad muerto en la carne, pero vivificado en espíritu" (1 P. 3:18).

"En esto hemos conocido el amor, en que él puso su vida por nosotros; también nosotros debemos poner nuestras vidas por los hermanos" (1 Jn. 3:16).

"Y cantaban un nuevo cántico, diciendo: Digno eres de tomar el libro y de abrir sus sellos; porque tú fuiste inmolado, y con tu sangre nos has redimido para Dios, de todo linaje y lengua y pueblo y nación" (Ap. 5:9).

	B. El único mensaje de Dios: El evangelio de Cristo, 1:6-9		
1 El evangelio de Dios **2 Algunas personas se volvieron a evangelios falsos** a. Abandonaron a Dios b. Se volcaron a otro evangelio, un evangelio falso c. Siguieron a quienes falsearon el evangelio	6 Estoy maravillado de que tan pronto os hayáis alejado del que os llamó por la gracia de Cristo, para seguir un evangelio diferente. 7 No que haya otro, sino que hay algunos que os perturban y quieren pervertir el evangelio de Cristo.	8 Mas si aun nosotros, o un ángel del cielo, os anunciare otro evangelio diferente del que os hemos anunciado, sea anatema. 9 Como antes hemos dicho, también ahora lo repito: Si alguno os predica diferente evangelio del que habéis recibido, sea anatema.	**3 Los predicadores de evangelios falsos son anatemas** a. El evangelio es más grande que el apóstol b. El evangelio es más grande que los ángeles c. El evangelio es más grande que cualquier hombre d. El juicio: Una maldición doble

DIVISIÓN I

SALUDO, 1:1-9

B. El único mensaje de Dios: El evangelio de Cristo, 1:6-9

(1:6-9) ***Introducción:*** Las iglesias de Galacia estaban alejándose del camino correcto por obra de falsos maestros, y las mismas almas de los creyentes estaban en juego. Pablo no tenía opción: debía ser firme en lo que escribía, puesto que Cristo había enseñado que el valor de una única alma valía más que todas las riquezas del mundo.

> **"Porque ¿qué aprovechará al hombre si ganare todo el mundo, y perdiere su alma? ¿O qué recompensa dará el hombre por su alma?" (Mr. 8:36-37).**

Nuevamente, las almas de los gálatas estaban en juego. Con firmeza y poder, Pablo advirtió a los falsos maestros y a los creyentes: Dios tiene un único mensaje, el evangelio de Cristo. Solo debe se debe obedecer, predicar, enseñar y seguir el evangelio de Dios.

1. El evangelio de Dios (v. 6).
2. Algunas personas se volvieron a evangelios falsos (vv. 6-7).
3. Los predicadores de evangelios falsos son anatemas (vv. 8-9).

1 (1:6) ***Evangelio:*** El evangelio de Dios acababa de ser declarado claramente por Pablo.

> **"El cual se dio a sí mismo por nuestros pecados para librarnos del presente siglo malo, conforme a la voluntad de nuestro Dios y Padre" (Gá. 1:4. Ver nota, Gá. 1:4-5 para mayor discusión al respecto).**

El mensaje del evangelio es que Cristo murió para rescatarnos de este presente mundo malo, esto es, de estos pecados del mundo...

- ilegalidad
- falta de justicia
- corrupción
- envejecimiento
- deterioro
- muerte
- juicio
- condena
- destino

Cristo murió para que pudiéramos ser liberados del pecado y de la muerte y vivir eternamente con Dios en un nuevo cielo y una nueva tierra.

En la práctica, lo que sucede es esto: Cuando una persona ve a Jesucristo y *cree verdaderamente* en que Cristo tomó sus pecados para sí y murió por ellos, Dios lo considera. Dios lo toma como un hecho. Dios ve a Cristo cargando con el pecado de la persona y Él observa a la persona como si no tuviera pecado y fuera perfecta, es decir, completamente libre de pecado. Por lo tanto, la persona se torna aceptable ante Dios. Dios lo ve *en Cristo* que es sin pecado, completamente justo y perfecto. Pero advierta un hecho crítico: La persona no es libre de pecado; ninguna persona lo es; ninguna persona es perfectamente justa. Pero Dios lo considera libre de pecado, como perfectamente justo.

¿Por qué Dios hace una cosa tan maravillosa e increíble? Porque Él nos ama mucho. Nos ama con un amor eterno, ilimitado. Este es el mensaje del glorioso evangelio. No podemos ganar la aceptación de Dios, porque somos injustos e imperfectos, y solo la justicia y la perfección pueden vivir en presencia de Dios. Pero Dios nos ama tanto que Él nos ha brindado el camino para que seamos justos y aceptables ante Él. Esto es lo que se quiere significar por la justificación y la maravillosa gracia de Cristo. Este es el mensaje glorioso del evangelio. (Véase notas, *Justificación,* también *Estudio a fondo 1,* Gá. 2:15-16; *Estudio a fondo 2,* 2:16 para mayor discusión al respecto).

> **"El siguiente día vio Juan a Jesús que venía a él, y dijo: He aquí el Cordero de Dios, que quita el pecado del mundo" (Jn. 1:29).**
>
> **"Porque de tal manera amó Dios al mundo, que ha dado a su Hijo unigénito, para que todo aquel que en él cree, no se pierda, mas tenga vida eterna" (Jn. 3:16).**
>
> **"Porque Cristo, cuando aún éramos débiles, a su tiempo murió por los impíos" (Ro. 5:6).**
>
> **"Mas Dios muestra su amor para con nosotros, en que siendo aún pecadores, Cristo murió por nosotros. Pues mucho más, estando ya justificados en su sangre, por él seremos salvos de la ira. Porque si siendo enemigos, fuimos reconciliados con Dios por la muerte de su Hijo, mucho más, estando reconciliados, seremos salvos por su vida" (Ro. 5:8-10).**
>
> **"Porque primeramente os he enseñado lo que asimismo recibí: Que Cristo murió por nuestros pecados, conforme a las Escrituras; y que fue sepultado,**

y que resucitó al tercer día, conforme a las Escrituras; y que apareció a Cefas, y después a los doce" (1 Co. 15:3-5).

"Y por todos murió, para que los que viven, ya no vivan para sí, sino para aquel que murió y resucitó por ellos" (2 Co. 5:15).

"Pero vemos a aquel que fue hecho un poco menor que los ángeles, a Jesús, coronado de gloria y de honra, a causa del padecimiento de la muerte, para que por la gracia de Dios gustase la muerte por todos" (He. 2:9).

"Así también Cristo fue ofrecido una sola vez para llevar los pecados de muchos; y aparecerá por segunda vez, sin relación con el pecado, para salvar a los que le esperan" (He. 9:28).

"Sabiendo que fuisteis rescatados de vuestra vana manera de vivir, la cual recibisteis de vuestros padres, no con cosas corruptibles, como oro o plata, sino con la sangre preciosa de Cristo, como de un cordero sin mancha y sin contaminación" (1 P. 1:18-19).

"Porque también Cristo padeció una sola vez por los pecados, el justo por los injustos, para llevarnos a Dios, siendo a la verdad muerto en la carne, pero vivificado en espíritu" (1 P. 3:18).

"Y sabéis que él apareció para quitar nuestros pecados, y no hay pecado en él" (1 Jn. 3:5).

"En esto hemos conocido el amor, en que él puso su vida por nosotros; también nosotros debemos poner nuestras vidas por los hermanos" (1 Jn. 3:16).

"Y de Jesucristo el testigo fiel, el primogénito de los muertos, y el soberano de los reyes de la tierra. Al que nos amó, y nos lavó de nuestros pecados con su sangre" (Ap. 1:5).

"Y cantaban un nuevo cántico, diciendo: Digno eres de tomar el libro y de abrir sus sellos; porque tú fuiste inmolado, y con tu sangre nos has redimido para Dios, de todo linaje y lengua y pueblo y nación" (Ap. 5:9).

[2] (1:6-7) ***Evangelio, Falso, Falsos maestros, Apostasía, Descarriados, Deserción:*** Algunas personas se volcaron a evangelios falsos. Este es el tema del Libro de los Gálatas, el motivo mismo por el cual Pablo escribió a las iglesias de Galacia. Algunos falsos maestros se habían unido a la iglesia, falsos maestros que no creían en el evangelio según lo proclamaban Pablo y los apóstoles. Añadían y quitaban del evangelio de las Escrituras y atacaban al ministro. Como resultado de ello, algunos creyentes seguían a los falsos maestros y se volcaban a los evangelios falsos. Pablo advirtió a los creyentes de las iglesias, y su advertencia fue directa y firme.

1. Los creyentes estaban desertando de Dios, se estaban alejando de Dios. La palabra "alejando" (metatithesthe) significa apartarse, cambiar de lugar, transferir a otro lugar. El tiempo del verbo es el presente lo que significa que los gálatas estaban en proceso de apartarse, todavía no se habían apartado del todo. Aún existían esperanzas de que se arrepintieran y regresaran a Dios. Advierta tres hechos llamativos.

   a. Una persona que se aparta del evangelio no se está apartando de un conjunto de creencias o principios, ni de una iglesia. La persona se está apartando de Dios mismo. Es Dios el que nos ama y nos salva, no un conjunto de creencias. Es Dios el que *nos llama personalmente* a la gracia de Cristo, no un mensaje ni un predicador. Por lo tanto, apartarse es desertar de Dios mismo, de la Persona que ha amado lo suficiente como para salvarnos y darnos vida eterna en su Hijo, Jesucristo.

   b. Las palabras " tan pronto" demuestran cuán rápidamente pueden ser conducidas las personas lejos de Dios. Los falsos maestros al parecer acababan de unirse a la iglesia y tenían una capacidad impresionante y un carisma, de modo tal que fueron casi inmediatamente aceptados como maestros de la iglesia. El resultado fue devastador: muchos fueron atrapados por la fuerza de su carisma, capacidad, ideas y sabiduría mundana.

   c. La palabra "maravillarse" significa asombrarse, sorprenderse. Pablo casi no podía creer en el hecho, puesto que los gálatas habían recibido el verdadero evangelio y habían crecido en Cristo. Pero aquí estaban, alejándose tan rápidamente. Había que advertir a los creyentes: estaban caminando sobre una capa fina de hielo. Estaban apartándose y desertando de Dios mismo.

"Y por haberse multiplicado la maldad, el amor de muchos se enfriará" (Mt. 24:12).

"Los de sobre la piedra son los que habiendo oído, reciben la palabra con gozo; pero éstos no tienen raíces; creen por algún tiempo, y en el tiempo de la prueba se apartan" (Lc. 8:13).

"Y Jesús le dijo: Ninguno que poniendo su mano en el arado mira hacia atrás, es apto para el reino de Dios" (Lc. 9:62).

"Cuando el espíritu inmundo sale del hombre, anda por lugares secos, buscando reposo; y no hallándolo, dice: Volveré a mi casa de donde salí. Y cuando llega, la halla barrida y adornada. Entonces va, y toma otros siete espíritus peores que él; y entrados, moran allí; y el postrer estado de aquel hombre viene a ser peor que el primero" (Lc. 11:24-26).

"Mas ahora, conociendo a Dios, o más bien, siendo conocidos por Dios, ¿cómo es que os volvéis de nuevo a los débiles y pobres rudimentos, a los cuales os queréis volver a esclavizar?" (Gá. 4:9).

"Mas el justo vivirá por fe; y si retrocediere, no agradará a mi alma" (He. 10:38).

"Pero tengo contra ti, que has dejado tu primer amor" (Ap. 2:4).

2. Los creyentes se estaban volcando hacia otro evangelio, esto es, un evangelio falso. La palabra "otro" (heteron) significa un tipo diferente de evangelio, no solo una diferencia en el énfasis del espíritu (A. T. Robertson. *Word Pictures in the New Testament,* Vol. 4. Nashville: Broadman Press, 1931, p. 276). Significa un tipo diferente de evangelio que presenta...

- A un Jesús diferente
- Una gracia diferente
- Una forma diferente de ser salvo
- Un Dios diferente
- Una imagen diferente del amor de Dios

Pero advierta lo que declaran las Escrituras: El evangelio al que se estaban volcando los gálatas *no era otro evangelio.* No existe otro evangelio; existe únicamente un evangelio verdadero por el cual los hombres pueden volverse aceptables ante Dios, y ese es el evangelio de Dios mismo revelado en la muerte de su Hijo, incluso "la gracia de Cristo" (v. 6).

> **"Porque de tal manera amó Dios al mundo, que ha dado a su Hijo *unigénito,* para que todo aquel que en él cree, no se pierda, mas tenga vida eterna" (Jn. 3:16).**
>
> **"Le respondió Simón Pedro: Señor, ¿a quién iremos? Tú tienes palabras de vida eterna" (Jn. 6:68).**
>
> **"Por eso os dije que moriréis en vuestros pecados; porque si no creéis que yo soy, en vuestros pecados moriréis" (Jn. 8:24).**
>
> **"Y en ningún otro hay salvación; porque no hay otro nombre bajo el cielo, dado a los hombres, en que podamos ser salvos" (Hch. 4:12).**
>
> **"Pues me propuse no saber entre vosotros cosa alguna sino a Jesucristo, y a éste crucificado" (1 Co. 2:2).**
>
> **"Porque nadie puede poner otro fundamento que el que está puesto, el cual es Jesucristo" (1 Co. 3:11).**

3. Los creyentes seguían a aquellos que torcieron el evangelio de Cristo. Seguían a falsos maestros. Advierta qué hacía que los maestros se convirtieran en *falsos maestros:* una "adulteración" del evangelio. La palabra "adulterar" (metastrepsai) significa dar vuelta, cambiar por completo, distorsionar. Tomaban el evangelio del amor y la gracia de Dios como lo demostraba en su Hijo, Jesucristo, y lo cambiaban. Los falsos maestros sostenían ser cristianos, seguidores de Cristo. Incluso creían como Pablo...

- Que Dios amaba al mundo y que envió a su Hijo al mundo.
- Que Jesucristo era el Hijo de Dios que realmente vino a la tierra.
- Que Jesucristo murió y resucitó de entre los muertos.

Sin embargo, los falsos maestros agregaban y quitaban elementos del evangelio, torciendo su significado y haciéndolo decir algo totalmente diferente de las Escrituras que Pablo predicaba. Distorsionaban el evangelio diciendo...

a. Que Dios demostró su amor por el mundo enviando a su Hijo, pero que envió a su Hijo en particular para la persona religiosa (los judíos y los extremistas religiosos). Decían que Dios ama el mundo, pero que Él especialmente ama a las personas que viven vidas religiosas. (Advierta de qué manera esto demuestra el favoritismo y la parcialidad de Dios y abre las puertas para sistemas de castas y prejuicios).
b. Que Jesucristo vino a la tierra; sin embargo, no vino para garantizar una justicia perfecta para los hombres, sino a demostrarles cómo vivir una buena vida que complazca a Dios y merezca la aprobación de Dios.
c. Que Jesucristo murió por el hombre; sin embargo, Él no murió por el pecado del hombre, sino para demostrarle al hombre cómo podía estar tan comprometido con Dios que moriría por la causa de Dios.
d. Que la muerte de Jesucristo no basta en sí misma. No se la puede tomar como algo aislado. No es suficiente para hacer que el hombre sea aceptable ante Dios. Se necesita más que el amor crudo de Dios y la gracia pura de Cristo.
e. Que una persona debe atravesar el ritual que ha sido el principal ritual de los creyentes a lo largo de los siglos: la circuncisión (pertenecer a la iglesia, bautismo, etc.).
f. Que una persona debe trabajar para cumplir con la ley de Dios y determinadas ceremonias y rituales de la iglesia, normas y reglamentaciones.

Advierta cuán devastadora fue la falsa enseñanza: Los creyentes estaban preocupados, esto es, inquietos, confundidos, perplejos. Como se señaló anteriormente, no solo se estaban apartando del evangelio, sino de Dios mismo y de la gloriosa gracia de Cristo (v. 6).

> ***Pensamiento 1:*** Advierta un hecho impresionante: ¡cuán cercana es la enseñanza falsa dentro de la iglesia a la verdad! ¡Cómo un poco de agregado aquí y una pequeña eliminación allí distorsiona la pureza del evangelio! Cuán diligentemente debemos evitar agregar nuestras propias ideas al evangelio de Dios.
>
> **"De manera que cualquiera que quebrante uno de estos mandamientos muy pequeños, y así enseñe a los hombres, muy pequeño será llamado en el reino de los cielos" (Mr. 5:19).**
>
> **"Guardaos de los falsos profetas, que vienen a vosotros con vestidos de ovejas, pero por dentro son lobos rapaces" (Mt. 7:15).**
>
> **"Muchos me dirán en aquel día: Señor, Señor, ¿no profetizamos en tu nombre, y en tu nombre echamos fuera demonios, y en tu nombre hicimos muchos milagros? Y entonces les declararé: Nunca os conocí; apartaos de mí, hacedores de maldad" (Mt. 7:22-23).**
>
> **"Pues en vano me honran, enseñando como doctrinas, mandamientos de hombres" (Mt. 15:9).**
>
> **"Mas ¡ay de vosotros, escribas y fariseos, hipócritas! porque cerráis el reino de los cielos delante de los hombres; pues ni entráis vosotros, ni dejáis entrar a los que están entrando" (Mt. 23:13).**
>
> **"Porque yo sé que después de mi partida entrarán en medio de vosotros lobos rapaces, que no perdonarán al rebaño. Y de vosotros mismos se levantarán hombres que hablen cosas perversas para arrastrar tras sí a los discípulos" (Hch. 20:29-30).**
>
> **"Mas os ruego, hermanos, que os fijéis en los que causan divisiones y tropiezos en contra de la doctrina que vosotros habéis aprendido, y que os apartéis de ellos. Porque tales personas no sirven a nuestro Señor Jesucristo, sino a sus propios vientres, y con suaves palabras y lisonjas engañan los corazones de los ingenuos" (Ro. 16:17-18).**
>
> **"Pues no somos como muchos, que medran falsificando la palabra de Dios, sino que con sinceridad, como de parte de Dios, y delante de Dios, hablamos en Cristo" (2 Co. 2:17).**
>
> **"Porque éstos son falsos apóstoles, obreros fraudulentos, que se disfrazan como apóstoles de Cristo. Y no es maravilla, porque el mismo Satanás se disfraza como ángel de luz. Así que, no es extraño si también**

sus ministros se disfrazan como ministros de justicia; cuyo fin será conforme a sus obras" (2 Co. 11:13-15).

"Para que ya no seamos niños fluctuantes, llevados por doquiera de todo viento de doctrina, por estratagema de hombres que para engañar emplean con astucia las artimañas del error" (Ef. 4:14).

"Algunos, a la verdad, predican a Cristo por envidia y contienda; pero otros de buena voluntad. Los unos anuncian a Cristo por contención, no sinceramente, pensando añadir aflicción a mis prisiones" (Fil. 1:15-16).

"Guardaos de los perros, guardaos de los malos obreros, guardaos de los mutiladores del cuerpo" (Fil. 3:2).

"Y esto lo digo para que nadie os engañe con palabras persuasivas" (Col. 2:4).

"Mirad que nadie os engañe por medio de filosofías y huecas sutilezas, según las tradiciones de los hombres, conforme a los rudimentos del mundo, y no según Cristo" (Col. 2:8).

"Nadie os prive de vuestro premio, afectando humildad y culto a los ángeles, entremetiéndose en lo que no ha visto, vanamente hinchado por su propia mente carnal, y no asiéndose de la Cabeza, en virtud de quien todo el cuerpo, nutriéndose y uniéndose por las coyunturas y ligamentos, crece con el crecimiento que da Dios" (Col. 2:18-19).

"Como te rogué que te quedases en Éfeso, cuando fui a Macedonia, para que mandases a algunos que no enseñen diferente doctrina, ni presten atención a fábulas y genealogías interminables, que acarrean disputas más bien que edificación de Dios que es por fe, así te encargo ahora. Pues el propósito de este mandamiento es el amor nacido de corazón limpio, y de buena conciencia, y de fe no fingida, de las cuales cosas desviándose algunos, se apartaron a vana palabrería, queriendo ser doctores de la ley, sin entender ni lo que hablan ni lo que afirman" (1 Ti. 1:3-7).

"Pero el Espíritu dice claramente que en los postreros tiempos algunos apostatarán de la fe, escuchando a espíritus engañadores y a doctrinas de demonios; por la hipocresía de mentirosos que, teniendo cauterizada la conciencia, prohibirán casarse, y mandarán abstenerse de alimentos que Dios creó para que con acción de gracias participasen de ellos los creyentes y los que han conocido la verdad" (1 Ti. 4:1-3).

"Si alguno enseña otra cosa, y no se conforma a las sanas palabras de nuestro Señor Jesucristo, y a la doctrina que es conforme a la piedad, está envanecido, nada sabe, y delira acerca de cuestiones y contiendas de palabras, de las cuales nacen envidias, pleitos, blasfemias, malas sospechas, disputas necias de hombres corruptos de entendimiento y privados de la verdad, que toman la piedad como fuente de ganancia; apártate de los tales" (1 Ti. 6:3-5).

"Oh Timoteo, guarda lo que se te ha encomendado, evitando las profanas pláticas sobre cosas vanas, y los argumentos de la falsamente llamada ciencia, la cual profesando algunos, se desviaron de la fe. La gracia sea contigo. Amén" (1 Ti. 6:20-21).

"Mas los malos hombres y los engañadores irán de mal en peor, engañando y siendo engañados" (2 Ti. 3:13).

"Porque hay aún muchos contumaces, habladores de vanidades y engañadores, mayormente los de la circuncisión, a los cuales es preciso tapar la boca; que trastornan casas enteras, enseñando por ganancia deshonesta lo que no conviene" (Tit. 1:10-11).

"Al hombre que cause divisiones, después de una y otra amonestación deséchalo, sabiendo que el tal se ha pervertido, y peca y está condenado por su propio juicio" (Tit. 3:10-11).

"No os dejéis llevar de doctrinas diversas y extrañas; porque buena cosa es afirmar el corazón con la gracia, no con viandas, que nunca aprovecharon a los que se han ocupado de ellas" (He. 13:9).

"Pero hubo también falsos profetas entre el pueblo, como habrá entre vosotros falsos maestros, que introducirán encubiertamente herejías destructoras, y aun negarán al Señor que los rescató, atrayendo sobre sí mismos destrucción repentina. Y muchos seguirán sus disoluciones, por causa de los cuales el camino de la verdad será blasfemado" (2 P. 2:1-2).

"Amados, no creáis a todo espíritu, sino probad los espíritus si son de Dios; porque muchos falsos profetas han salido por el mundo. En esto conoced el Espíritu de Dios: Todo espíritu que confiesa que Jesucristo ha venido en carne, es de Dios; y todo espíritu que no confiesa que Jesucristo ha venido en carne, no es de Dios; y este es el espíritu del anticristo, el cual vosotros habéis oído que viene, y que ahora ya está en el mundo. Hijitos, vosotros sois de Dios, y los habéis vencido; porque mayor es el que está en vosotros, que el que está en el mundo. Ellos son del mundo; por eso hablan del mundo, y el mundo los oye" (1 Jn. 4:1-5).

"Porque muchos engañadores han salido por el mundo, que no confiesan que Jesucristo ha venido en carne. Quien esto hace es el engañador y el anticristo. Mirad por vosotros mismos, para que no perdáis el fruto de vuestro trabajo, sino que recibáis galardón completo" (2 Jn. 7-8).

"Porque algunos hombres han entrado encubiertamente, los que desde antes habían sido destinados para esta condenación, hombres impíos, que convierten en libertinaje la gracia de nuestro Dios, y niegan a Dios el único soberano, y a nuestro Señor Jesucristo" (Jud. 4).

[3] (1:8-9) ***Ministros, Falsos maestros, Evangelio, falso:*** Los predicadores de evangelios falsos son anatemas. Esta es una declaración fuerte, pero claramente comprensible. El evangelio es el medio por el cual los hombres son salvados de las garras del pecado, la muerte y la condenación. Sin el evangelio ninguna persona es salva –ninguna persona puede ser aceptable ante Dios– ninguna persona puede heredar la vida eterna. Las Escrituras son claras sobre el tema y advierte a todos los falsos maestros y a todas las iglesias.

1. El evangelio es más grande que el mismo apóstol Pablo. Esta es una declaración llamativa, puesto que hay que recordar quién era Pablo: probablemente el siervo de Dios más comprometido que jamás haya vivido. Se aventuró como pionero a las áreas más paganas del mundo para llegar a las personas con el evangelio de Cristo, las buenas nuevas de que los hombres podrían ser liberados del pecado y de la muerte y vivir por siempre. Él amaba tanto a los gálatas que arriesgó todo lo que era y lo que tenía por ellos. Para algunos, Pablo debe haber sido un gigante, y debe haber sido sumamente querido. Pero advierta: Pablo dice que si él regresaba a ellos predicando cualquier otro evangelio, iba a ser anatema. Los gálatas no lo recibirían, independientemente de cuánto lo

estimaban, iban a rechazarlo. El evangelio en toda su sencillez y pureza era mucho más importante que Pablo mismo.

2. El evangelio es más grande que los ángeles del cielo. Incluso si un ángel viniera del cielo y comenzara a predicar otro evangelio, sería rechazado, puesto que él también sería anatema. El glorioso mensaje del evangelio es mucho más importante que incluso los ángeles del cielo.

3. El evangelio es mucho más grande que cualquier hombre (v. 9). Si cualquier hombre predicara *cualquier otro evangelio,* sería anatema. El evangelio es mucho más importante que cualquier hombre.

Los predicadores de evangelios falsos sufrirán el juicio de una maldición doble. La palabra "anatema" significa ser destinado a la destrucción, llevado al castigo eterno, ubicado bajo la ira de Dios. La idea es la de una muerte eterna. Esto resulta claro a partir del empleo de la palabra que hace Pablo en cualquier lugar refiriéndose a sí mismo: "Porque deseara yo mismo ser anatema, *separado* de Cristo, por amor a mis hermanos" (Ro. 9:3). Pablo era judío, decía que amaba a sus hermanos judíos de tal manera que alegremente sufriría un castigo eterno por su salvación (el mismo amor que Cristo había demostrado por todos los hombres).

Esta es una de las advertencias más severas de todas las Escrituras y advierta a quiénes está dirigida: Está dirigida a los maestros, a los *falsos maestros.* Lehman Strauss señala que toda persona que no ame al Señor Jesucristo debe ser anatema. ¿Cuánto, entonces, deberán sufrir los falsos maestros en las manos de la ira eterna de Dios (*Devotional Studies in Galatians and Ephesians.* Neptune, NJ: Loizeaux Brothers, 1947, p. 21)?

"Guardaos de los falsos profetas, que vienen a vosotros con vestidos de ovejas, pero por dentro son lobos rapaces. Por sus frutos los conoceréis. ¿Acaso se recogen uvas de los espinos, o higos de los abrojos?... Todo árbol que no da buen fruto, es cortado y echado en el fuego" (Mt. 7:15-16, 19).

"Muchos me dirán en aquel día: Señor, Señor, ¿no profetizamos en tu nombre, y en tu nombre echamos fuera demonios, y en tu nombre hicimos muchos milagros? Y entonces les declararé: Nunca os conocí; apartaos de mí, hacedores de maldad" (Mt. 7:22-23).

"Mas ¡ay de vosotros, escribas y fariseos, hipócritas! porque cerráis el reino de los cielos delante de los hombres; pues ni entráis vosotros, ni dejáis entrar a los que están entrando. ¡Ay de vosotros, escribas y fariseos, hipócritas! porque devoráis las casas de las viudas, y como pretexto hacéis largas oraciones; por esto recibiréis mayor condenación" (Mt. 23:13-14).

"¡Serpientes, generación de víboras! ¿Cómo escaparéis de la condenación del infierno?" (Mt. 23:33).

"Pero éstos, hablando mal de cosas que no entienden, como animales irracionales, nacidos para presa y destrucción, perecerán en su propia perdición,... Estos son fuentes sin agua, y nubes empujadas por la tormenta; para los cuales la más densa oscuridad está reservada para siempre" (2 P. 2:12, 17).

"Casi en todas sus epístolas, hablando en ellas de estas cosas; entre las cuales hay algunas difíciles de entender, las cuales los indoctos e inconstantes tuercen, como también las otras Escrituras, para su propia perdición" (2 P. 3:16).

"Amados, no creáis a todo espíritu, sino probad los espíritus si son de Dios; porque muchos falsos profetas han salido por el mundo" (1 Jn. 4:1).

"Por tanto, así ha dicho Jehová Dios de Israel a los pastores que apacientan mi pueblo: Vosotros dispersasteis mis ovejas, y las espantasteis, y no las habéis cuidado. He aquí que yo castigo la maldad de vuestras obras, dice Jehová" (Jer. 23:2).

	II. LA PRUEBA DEL MENSAJERO Y DEL MENSAJE DE DIOS, 1:10—2:21 **A. La vida del ministro cambió por completo, 1:10-16**	13 Porque ya habéis oído acerca de mi conducta en otro tiempo en el judaísmo, que perseguía sobremanera a la iglesia de Dios, y la asolaba; 14 y en el judaísmo aventajaba a muchos de mis contemporáneos en mi nación, siendo mucho más celoso de las tradiciones de mis padres.	**3. Tuvo un cambio de vida radical** a. Su experiencia anterior 1) Un gran perseguidor 2) Un ejemplo supremo de rectitud propia
1 Buscó complacer a Dios, no a los hombres	10 Pues, ¿busco ahora el favor de los hombres, o el de Dios? ¿O trato de agradar a los hombres? Pues si todavía agradara a los hombres, no sería siervo de Cristo.	15 Pero cuando agradó a Dios, que me apartó desde el vientre de mi madre, y me llamó por su gracia,	b. Su cambio radical 1) Apartado y llamado por la gracia de Dios
2 Proclamó el evangelio a. No un evangelio hecho por el hombre b. No recibido del hombre c. Una revelación de Cristo	11 Mas os hago saber, hermanos, que el evangelio anunciado por mí, no es según hombre; 12 pues yo ni lo recibí ni lo aprendí de hombre alguno, sino por revelación de Jesucristo.	16 revelar a su Hijo en mí, para que yo le predicase entre los gentiles, no consulté en seguida con carne y sangre.	2) Llamado como un envase para revelar a Cristo 3) Llamado para predicar a Cristo 4) Llamado para buscar su evangelio solo de Dios

DIVISIÓN II

LA PRUEBA DEL MENSAJERO Y DEL MENSAJE DE DIOS, 1:10—2:21

A. La vida del ministro cambió por completo, 1:10-16

(1:10-16) ***Introducción:*** Los críticos de Pablo y los falsos maestros habían surgido en las iglesias de Galacia. Decían que el llamado de Pablo y el evangelio que él predicaba eran falsos. Que él no era un verdadero ministro de Dios, sino un ministro hecho por sí mismo que únicamente estaba utilizando el ministerio para ganarse la vida y por otros propósitos codiciosos.

La respuesta de Pablo fue directa y frontal: Su mensaje y su vida eran de Dios. Su antigua vida y mensaje habían cambiado radicalmente.

1. Buscó complacer a Dios, no a los hombres (v. 10).
2. Proclamó el evangelio (vv. 11-12).
3. Tuvo un cambio de vida radical (vv. 13-16).

[1] (1:10) ***Ministro, Pablo:*** El ministro buscaba complacer a Dios, no a los hombres. Los críticos de Pablo decían que era incoherente...

- Al buscar el favor y la aprobación de los hombres en lugar de la de Dios.
- Al luchar por complacer a los hombres en lugar de Dios.
- Al vivir cumpliendo la ley cuando estaba con los extremistas religiosos (judíos) y vivir una vida más liviana cuando estaba con los paganos y los no extremistas religiosos (gentiles).
- Al decirle a un grupo una casa y a otro algo distinto.
- Al vivir una vida de duplicidad y engaño a fin de asegurarse el apoyo de la gente.

Pablo no escatimó palabras; disparó dos preguntas a sus críticos: "¿Busco ahora el favor de los hombres o el de Dios? ¿O trato de agradar a los hombres?". Como dijimos anteriormente, Pablo no escatimó palabras. Respondió sus propias preguntas mediante una declaración asombrosa: estaba de acuerdo con sus críticos. "Si todavía [aún] agradara a los hombres, no sería esclavo de Cristo".

El punto es claro: Advierta la palabra "todavía" o *aún*. Pablo estaba diciendo que en algún momento quería agradar a los hombres, un momento en que buscaba el favor y la aprobación de los hombres en lugar de la de Dios. Pero ya no más: Él no "estaba todavía agradando a los hombres". Ahora estaba buscando agradar a Dios y únicamente a Dios. Agradar a los hombres, buscar sus favores y asegurar su aceptación, aprobación, reconocimiento, honor, posición y riquezas eran cosas que ya no le importaban. Ahora quería solo una cosa: el favor y la aprobación de Dios. Por este motivo, era el esclavo (doulos) de Jesucristo.

"Si alguno me sirve, sígame; y donde yo estuviere, allí también estará mi servidor. Si alguno me sirviere, mi Padre le honrará" (Jn. 12:26).

"Porque el que en el Señor fue llamado siendo esclavo, liberto es del Señor; asimismo el que fue llamado siendo libre, esclavo es de Cristo" (1 Co. 7:22).

"No sirviendo al ojo, como los que quieren agradar a los hombres, sino como siervos de Cristo, de corazón haciendo la voluntad de Dios; sirviendo de buena voluntad, como al Señor y no a los hombres" (Ef. 6:6-7).

"Sabiendo que del Señor recibiréis la recompensa de la herencia, porque a Cristo el Señor servís" (Col. 3:24).

"Sino que según fuimos aprobados por Dios para que se nos confiase el evangelio, así hablamos; no como para agradar a los hombres, sino a Dios, que prueba nuestros corazones. Porque nunca usamos de palabras lisonjeras, como sabéis, ni encubrimos avaricia; Dios es testigo" (1 Ts. 2:4-5).

"Así que, recibiendo nosotros un reino inconmovible, tengamos gratitud, y mediante ella sirvamos a Dios agradándole con temor y reverencia" (He. 12:28).

[2] (1:11-12) ***Ministro, Pablo:*** El ministro proclamó el evangelio. Algunos críticos de Pablo decían que él no era un verdadero apóstol del Señor Jesús porque no había sido un seguidor del Señor cuando el Señor estaba en la tierra. Por lo tanto, lo que estaba enseñando era un evangelio hecho por el hombre enseñado por hombres equivocados y confundidos.

Advierta que las palabras "os hago saber" (gnorizo) son palabras solemnes, una firme declaración de que lo que sigue es de crucial importancia y debe ser oído.

1. El evangelio que Pablo predicó no fue un evangelio hecho por el hombre. No fue un evangelio creado por...

- la mente del hombre
- las esperanzas del hombre
- las imaginaciones del hombre
- las ideas del hombre
- las religiones del hombre
- la ciencia del hombre
- las racionalizaciones del hombre
- los sueños del hombre
- la energía del hombre

El evangelio no era algo humano. No se originó en el hombre. El evangelio no fueron las buenas nuevas *de los hombres.*

2. El evangelio que predicaba Pablo no fue recibido del hombre. No era *un mensaje enseñado,* no era un mensaje que había aprendido de ningún hombre. El evangelio que él predicaba no era un mensaje...

- Que le fuera entregado por medio de la tradición
- Aprendido por él en una institución educativa
- Que le fuera enseñado por los hombres.

3. El evangelio que predicaba Pablo le fue entregado por *una revelación directa* de Jesucristo. Revelación significa una verdad que es compartida por Dios con un hombre, una verdad que el hombre nunca conoció. Es crucial advertir este punto, puesto que el llamado de Pablo al ministerio y el evangelio que predicó descansaba sobre este solo hecho: ¿Jesucristo realmente se reveló a sí mismo y la verdad de su muerte y resurrección a Pablo o no? Si Pablo mentía, entonces no era un verdadero ministro del evangelio. Hubiera sido un fraude, un mentiroso, un hombre que consideraba el ministerio solo como una profesión que le proveyera una forma de ganarse la vida y le asegurara honor y poder sobre la gente.

No obstante, como lo declaró lisa y llanamente Pablo, él recibió el evangelio por la directa revelación de Jesucristo. Declaró este hecho una y otra vez (Véase *Estudio a fondo 1,* 1 Co. 2:7 para una lista completa de las revelaciones o misterios de las Escrituras).

"Mas hablamos sabiduría de Dios en misterio [revelación], la sabiduría oculta, la cual Dios predestinó antes de los siglos para nuestra gloria" (1 Co. 2:7).

"Dándonos a conocer el misterio [revelación] de su voluntad, según su beneplácito, el cual se había propuesto en sí mismo" (Ef. 1:9).

"Leyendo lo cual podéis entender cuál sea mi conocimiento en el misterio [revelación] de Cristo, misterio que en otras generaciones no se dio a conocer a los hijos de los hombres, como ahora es revelado a sus santos apóstoles y profetas por el Espíritu: que los gentiles son coherederos y miembros del mismo cuerpo, y copartícipes de la promesa en Cristo Jesús por medio del evangelio" (Ef. 3:4-6).

"De la cual fui hecho ministro, según la administración de Dios que me fue dada para con vosotros, para que anuncie cumplidamente la palabra de Dios, el misterio [revelación] que había estado oculto desde los siglos y edades, pero que ahora ha sido manifestado a sus santos, a quienes Dios quiso dar a conocer las riquezas de la gloria de este misterio entre los gentiles; que es Cristo en vosotros, la esperanza de gloria" (Col. 1:25-27).

"Sino que según fuimos aprobados por Dios para que se nos confiase el evangelio, así hablamos; no como para agradar a los hombres, sino a Dios, que prueba nuestros corazones" (1 Ts. 2:4).

"Según el glorioso evangelio del Dios bendito, que a mí me ha sido encomendado" (1 Ti. 1:11).

"Y a su debido tiempo [Dios] manifestó su palabra por medio de la predicación que me fue encomendada por mandato de Dios nuestro Salvador" (Tit. 1:3).

[3] (1:13-16) ***Ministro - Pablo:*** El ministro de Dios tuvo un cambio de vida radical. Esto se vio claramente al comparar su vida anterior con su vida presente.

1. La vida anterior de Pablo incluyó dos cosas terribles.

a. Pablo había sido el primer gran perseguidor de la iglesia. Había sido un hombre *enardecido* que atacaba más que nadie a los primeros creyentes.

"Saulo, respirando aún amenazas y muerte contra los discípulos del Señor, vino al sumo sacerdote,... Mas yendo por el camino, aconteció que al llegar cerca de Damasco, repentinamente le rodeó un resplandor de luz del cielo; y cayendo en tierra, oyó una voz que le decía: Saulo, Saulo, ¿por qué me persigues?" (Hch. 9:1, 3-4).

Al parecer, Pablo había lanzado la persecución de la iglesia el mismo día de la muerte de Esteban. Saúl había querido actuar rápidamente barriendo la iglesia. Los creyentes se atemorizaron y huían. Por lo tanto, Pablo sintió que tenía que actuar de inmediato para capturarlos antes de que pudieran escapar.

El punto consiste en ver que Pablo había sido muy violento. Había intentado acabar con la iglesia, borrar a los creyentes de la faz de la tierra. La palabra "asolaba" (eporthoun) significa hacer una catástrofe, destruir o destrozar; devastar, arruinar o borrar. (Véase nota, Iglesia, persecución de la, Hch. 8:3 para mayor discusión al respecto.)

"Y Saulo asolaba la iglesia, y entrando casa por casa, arrastraba a hombres y a mujeres, y los entregaba en la cárcel" (Hch. 8:3).

"Saulo, respirando aún amenazas y muerte contra los discípulos del Señor, vino al sumo sacerdote, y le pidió cartas para las sinagogas de Damasco, a fin de que si hallase algunos hombres o

mujeres de este Camino, los trajese presos a Jerusalén" (Hch. 9:1-2).

"Perseguía yo este Camino hasta la muerte, prendiendo y entregando en cárceles a hombres y mujeres;5 como el sumo sacerdote también me es testigo, y todos los ancianos, de quienes también recibí cartas para los hermanos, y fui a Damasco para traer presos a Jerusalén también a los que estuviesen allí, para que fuesen castigados" (Hch. 22:4-5).

"Yo ciertamente había creído mi deber hacer muchas cosas contra el nombre de Jesús de Nazaret; lo cual también hice en Jerusalén. Yo encerré en cárceles a muchos de los santos, habiendo recibido poderes de los principales sacerdotes; y cuando los mataron, yo di mi voto. Y muchas veces, castigándolos en todas las sinagogas, los forcé a blasfemar; y enfurecido sobremanera contra ellos, los perseguí hasta en las ciudades extranjeras" (Hch. 26:9-11).

"Porque ya habéis oído acerca de mi conducta en otro tiempo en el judaísmo, que perseguía sobremanera a la iglesia de Dios, y la asolaba" (Gá. 1:13).

"En cuanto a celo, perseguidor de la iglesia; en cuanto a la justicia que es en la ley, irreprensible" (Fil. 3:6).

"Porque yo soy el más pequeño de los apóstoles, que no soy digno de ser llamado apóstol, porque perseguí a la iglesia de Dios" (1 Co. 15:9).

"Doy gracias al que me fortaleció, a Cristo Jesús nuestro Señor, porque me tuvo por fiel, poniéndome en el ministerio, habiendo yo sido antes blasfemo, perseguidor e injuriador; mas fui recibido a misericordia porque lo hice por ignorancia, en incredulidad" (1 Ti. 1:12-13).

b. Pablo había sido el ejemplo supremo de un santurrón. Pablo declaró que había "tenido réditos" en las religiones judías mucho más que cualquier otra persona. La idea es que había abierto un sendero y había dado mucho más de lo que los demás habían logrado. Había sido mucho más *celoso* que lo que lo habían sido ellos.

Pero advierta dónde residía su compromiso: En la religión y en las tradiciones de los líderes religiosos. Su enfoque y fanatismo habían sido colocados sobre la religión y sus tradiciones, rituales y ceremonias y no sobre Dios.

"Respondiendo él, les dijo: ¿Por qué también vosotros quebrantáis el mandamiento de Dios por vuestra tradición?" (Mt. 15:3).

"Porque dejando el mandamiento de Dios, os aferráis a la tradición de los hombres: los lavamientos de los jarros y de los vasos de beber; y hacéis otras muchas cosas semejantes" (Mr. 7:8).

"Mirad que nadie os engañe por medio de filosofías y huecas sutilezas, según las tradiciones de los hombres, conforme a los rudimentos del mundo, y no según Cristo" (Col. 2:8).

"Sabiendo que fuisteis rescatados de vuestra vana manera de vivir, la cual recibisteis de vuestros padres, no con cosas corruptibles, como oro o plata, sino con la sangre preciosa de Cristo, como de un cordero sin mancha y sin contaminación" (1 P. 1:18-19).

2. El cambio radical de Pablo incluía cuatro puntos significativos.

a. Dios había apartado a Pablo y lo había llamado por su gracia. Claramente, Pablo dijo...
   - Que fue la *gracia de Dios* la que lo había salvado de una vida de santurronería y destrucción.
   - Que la gracia de Dios lo había separado para servir a Cristo "desde el vientre de su madre". La idea es que Dios tenía a Pablo en mente incluso antes del nacimiento de Pablo. El llamado y el ministerio de Pablo no se deben a Pablo, sino a Dios y a su gracia. Dios había puesto sus ojos en Pablo a lo largo de toda la eternidad.

Pensamiento 1: El llamado y el ministerio del creyente son de Dios, no de sí mismo.

"Pues mirad, hermanos, vuestra vocación, que no sois muchos sabios según la carne, ni muchos poderosos, ni muchos nobles; sino que lo necio del mundo escogió Dios, para avergonzar a los sabios; y lo débil del mundo escogió Dios, para avergonzar a lo fuerte" (1 Co. 1:26-27).

"Alumbrando los ojos de vuestro entendimiento, para que sepáis cuál es la esperanza a que él os ha llamado, y cuáles las riquezas de la gloria de su herencia en los santos" (Ef. 1:18).

"Yo pues, preso en el Señor, os ruego que andéis como es digno de la vocación con que fuisteis llamados" (Ef. 4:1).

"Hermanos, yo mismo no pretendo haberlo ya alcanzado; pero una cosa hago: olvidando ciertamente lo que queda atrás, y extendiéndome a lo que está delante, prosigo a la meta, al premio del supremo llamamiento de Dios en Cristo Jesús" (Fil. 3:13-14).

"Y os encargábamos que anduvieseis como es digno de Dios, que os llamó a su reino y gloria" (1 Ts. 2:12).

"A lo cual os llamó mediante nuestro evangelio, para alcanzar la gloria de nuestro Señor Jesucristo" (2 Ts. 2:14).

"Quien nos salvó y llamó con llamamiento santo, no conforme a nuestras obras, sino según el propósito suyo y la gracia que nos fue dada en Cristo Jesús antes de los tiempos de los siglos" (2 Ti. 1:9).

"Por tanto, hermanos santos, participantes del llamamiento celestial, considerad al apóstol y sumo sacerdote de nuestra profesión, Cristo Jesús" (He. 3:1).

"Mas el Dios de toda gracia, que nos llamó a su gloria eterna en Jesucristo, después que hayáis padecido un poco de tiempo, él mismo os perfeccione, afirme, fortalezca y establezca" (1 P. 5:10).

"Por lo cual, hermanos, tanto más procurad hacer firme vuestra vocación y elección; porque haciendo estas cosas, no caeréis jamás" (2 P. 1:10).

b. Dios convocó a Pablo como un envase para revelar a Cristo. Advierta las palabras "en mí". El llamado fundamental de Dios a Pablo fue el mismo que para todo creyente: Revelar a su Hijo Jesucristo tanto *a él como a través de él.* Dios quiere que el creyente conozca a Cristo y que lo haga conocer. Somos elegidos para comulgar con el Señor cada vez más y para dejarlo ver cada vez más en nosotros. El creyente es un simple envase en el cual y a través del cual vive Jesucristo.

"Antes bien, como está escrito: Cosas que ojo no vio, ni oído oyó, ni han subido en corazón de hombre, son las que Dios ha preparado para los que le aman. Pero Dios nos las reveló a nosotros por el Espíritu; porque el Espíritu todo lo escudriña, aun lo profundo de Dios" (1 Co. 2:9-10).

"¿O ignoráis que vuestro cuerpo es templo del Espíritu Santo, el cual está en vosotros, el cual tenéis de Dios, y que no sois vuestros? Porque habéis sido comprados por precio; glorificad, pues, a Dios en vuestro cuerpo y en vuestro espíritu, los cuales son de Dios" (1 Co. 6:19-20).

"A quienes [los creyentes] Dios quiso dar a conocer las riquezas de la gloria de este misterio entre los gentiles; que es Cristo en vosotros, la esperanza de gloria" (Col. 1:27).

c. Dios convocó a Pablo para predicar a Cristo. Los creyentes no son llamados únicamente para conocer a Cristo, sino también para darlo a conocer. Debemos predicar y dar testimonio de Cristo.

"Y les dijo: Id por todo el mundo y predicad el evangelio a toda criatura" (Mr. 16:15).

"En seguida predicaba a Cristo en las sinagogas, diciendo que éste era el Hijo de Dios" (Hch. 9:20).

"Porque no nos predicamos a nosotros mismos, sino a Jesucristo como Señor, y a nosotros como vuestros siervos por amor de Jesús" (2 Co. 4:5).

d. Dios convocó a Pablo para buscar su evangelio únicamente de Dios. Pablo no debía buscar su evangelio de los hombres sino de Dios. Dios y solo Dios es la fuente del evangelio, por lo tanto, se debe buscar únicamente a Dios para el mensaje del evangelio.

Pensamiento 1: Esto no significa, por supuesto, que los ministros no deben aprender de los demás. Significa que los ministros no deben proclamar el evangelio de los hombres. Dios nos ha dado el evangelio para estudiarlo y predicarlo. Es su mensaje, no el mensaje del hombre, lo que el mundo necesita.

"Porque de tal manera amó Dios al mundo, que ha dado a su Hijo *unigénito,* para que todo aquel que en él cree, no se pierda, mas tenga vida eterna" (Jn. 3:16).

"Le respondió Simón Pedro: Señor, ¿a quién iremos? *Tú* tienes palabras de vida eterna" (Jn. 6:68).

"Por eso os dije que moriréis en vuestros pecados; porque si no creéis que *yo soy,* en vuestros pecados moriréis" (Jn. 8:24).

"Y en ningún otro hay salvación; porque no hay otro nombre bajo el cielo, dado a los hombres, en que podamos ser salvos" (Hch. 4:12).

"Pues me propuse no saber entre vosotros cosa alguna sino a Jesucristo, y a éste crucificado" (1 Co. 2:2).

"Porque nadie puede poner otro fundamento que el que está puesto, el cual es Jesucristo" (1 Co. 3:11).

	B. El ministro siguió a Dios como lo primero de su vida, 1:17-24	20 En esto que os escribo, he aquí delante de Dios que no miento.	b. Una protesta solemne, cp. vv. 11-12
1 Primero, fue a Arabia: Estuvo a solas con Dios **2 Segundo, regresó a Damasco: Corrigió el mal que había hecho previamente**	17 ni subí a Jerusalén a los que eran apóstoles antes que yo; sino que fui a Arabia, y volví de nuevo a Damasco.	21 Después fui a las regiones de Siria y de Cilicia,	**4 Cuarto, fue a Siria y a Cilicia, es decir, a Tarso: Enfrentó a su ciudad natal**
		22 y no era conocido de vista a las iglesias de Judea, que eran en Cristo;	**5 El resultado de una vida centrada en Dios**
3 Tercero, fue a Jerusalén: Enfrentó su pasado, vv. 13-14	18 Después, pasados tres años, subí a Jerusalén para ver a Pedro, y permanecí con él quince días;	23 solamente oían decir: Aquel que en otro tiempo nos perseguía, ahora predica la fe que en otro tiempo asolaba.	a. Su testimonio se difundió
a. Enfrentó a Pedro y a Jacobo: Los enfrentó como un igual, no les consultó acerca del evangelio	19 pero no vi a ningún otro de los apóstoles, sino a Jacobo el hermano del Señor.	24 Y glorificaban a Dios en mí.	b. Su vida honró a Dios

DIVISIÓN II

LA PRUEBA DEL MENSAJERO Y DEL MENSAJE DE DIOS, 1:10—2:21

B. El ministro siguió a Dios como lo primero de su vida, 1:17-24

(1:17-24) ***Introducción:*** Pablo era objeto de ataques por parte de algunos críticos de las iglesias de Galacia. Ellos decían que no era un ministro convocado por Dios y que predicaba un evangelio falso. Sembraron el veneno de los chismes: de que él estaba en el ministerio solo como una profesión y por qué podría obtener de ella.

Este pasaje es una continuación de los versículos anteriores. Pablo estaba demostrando que su llamado y su mensaje sí provenían de Dios, que él era un ministro convocado por Dios y que su mensaje era el verdadero evangelio del Señor Jesucristo. De hecho, nunca había recibido evangelio de ninguna otra persona que no fuera Cristo. Para demostrarlo, retomó sus viajes justo después de su conversión. El punto es este: Buscó aprender la verdad de Dios y únicamente de Dios. En los primeros años luego de su conversión, siguió a Dios en primer lugar en su vida, no a los hombres.

1. Primero, fue a Arabia: Estuvo a solas con Dios (v. 17).
2. Segundo, regresó a Damasco: Corrigió el mal que había hecho previamente (v. 17).
3. Tercero, fue a Jerusalén: Enfrentó su pasado (vv. 18-20).
4. Cuarto, fue a Siria y a Cilicia, es decir a Tarso: Enfrentó a su ciudad natal (v. 21).
5. El resultado de una vida centrada en Dios (vv. 22-24).

ESTUDIO A FONDO 1

(1:17-24) ***Pablo, viajes; Viajes a Jerusalén:*** Pablo dijo: "inmediatamente... fui a Arabia". El cronograma de su ministerio parecería ser el siguiente. (Véase notas, Hch. 15:1-31).

1. Su conversión (Gá. 1:15-16; Hch. 9:1ss).
2. Su prédica "inmediata" y ministerio en Damasco (Hch. 9:19-22).
3. Su tiempo a solas con Dios en Arabia (Gá. 1:17). Los tres años pueden ser tres años completos o partes de tres años calendarios. Al comparar este pasaje con Hechos, la experiencia árabe de Pablo parecería encajar mejor en el cierre de Hechos 9:22. Aquí parece haber un corte natural. Hechos 9:23 comienza diciendo: "Pasados muchos días", lo que parecería querer decir que hubo un prolongado período entre su visita de conversión a Damasco (Hch. 9:3, 10-22) y el ministerio que lanzó luego de su retiro en Arabia. Lanzó el ministerio en el lugar más lógico, Damasco, entre los creyentes que él conocía (Hch. 9:23).
4. Su segundo ministerio en Damasco luego de regresar de Arabia (Hch. 9:23-25).
5. Su primer viaje a Jerusalén de quince días de duración para ver a Pedro (Gá. 1:18-19; Hch. 9:23-30). Los apóstoles en Hch. 9:27 serían Pedro y Santiago, el hermano del Señor.
6. Su ministerio en y alrededor de Tarso que al parecer duró aproximadamente once años (Gá. 1:21-2:1).
7. Su llamado por parte de Bernabé para que lo ayudara a ministrar en Antioquía (Hch. 11:25-26).
8. Su segundo viaje a Jerusalén para llevar artículos de necesidad durante una hambruna (Gá. 2:1ss; Hch. 11:30; 12:25). Algunos dicen que este viaje de regreso a Jerusalén es el viaje al Consejo de Jerusalén descrito en Hechos 15. Sin embargo, existen dos problemas importantes respecto de esta postura. En primer lugar, Pablo enfatiza una entrevista privada en Gá. 2:2 mientras que el relato de Hechos es una reunión pública. En segundo lugar, ¿dónde encaja la hambruna? Si el relato del segundo capítulo de Gálatas no es la visita por hambruna, entonces Pablo omitió por completo esa visita en el relato de Gálatas. Esto es difícil de explicar a la luz del hecho de que Pablo experimenta dolores adicionales en sus contactos con la iglesia de Jerusalén. Al enumerar sus

visitas, él declara que dice la plena verdad: " no miento" (Gá. 1:20).
9. Su llamado y encargo como misionero (Hch. 13:2-3).
10. Su primera gran misión con los gentiles: En Chipre y en Galacia (Hch. 13:1-14:28).
11. Su regreso a Antioquía luego de completar su primer viaje misionero (Hch. 14:26-28).
12. Su tercer viaje a Jerusalén para defender el evangelio de la gracia ante el Consejo de Jerusalén (Hch. 15:1-30).
13. Su regreso a Antioquía con el mensaje del Consejo de Jerusalén (Hch. 15:30-35).
14. Su segunda gran misión con los gentiles: A Europa (Hch. 15:36-18:22).
15. Su regreso a Antioquía después de finalizar su segundo viaje misionero (Hch. 18:22).
16. Su tercera gran misión con los gentiles: Asia Menor y Europa (Hch. 18:23-21:16).
17. Su cuarto y último viaje a Jerusalén cuando fue arrestado (Hch. 21:17-26:32).
18. Su viaje a Roma como prisionero (Hch. 27:1-28:15).
19. Su ministerio en Roma siendo prisionero (Hch. 28:16-31).

[1] (1:17) ***Pablo, devociones, Escrituras, Estudio:*** En primer lugar, Pablo fue a Arabia para estar a solas con Dios. Acababa de convertirse y su conversión fue una experiencia sumamente dramática (cp. Hch. 9:1ss). La vida previa de Pablo había tomado dos giros terribles.

1. Pablo había sido un gran santurrón. Se había versado en la religión y sus tradiciones, forma y ritual. Había sentido que era aceptable ante Dios porque era religioso y hacía tanto bien como podía. Creía que su propia bondad y religión lo habían convertido en recto ante Dios. No logró ver la perfección absoluta y el amor de Dios y la absoluta imperfección y falta de amor del hombre. Se sentía engañado respecto de la verdadera naturaleza del hombre y de Dios, de la injusticia y la rectitud, del pecado y del perdón, de la vida y de la muerte. (Véase nota y *Estudio profundo 1*, Gá. 2:15-16 para una mayor discusión al respecto).

2. Pablo se había engañado tanto a sí mismo que lanzó una campaña de odio y homicidio en contra de los seguidores de Cristo. Utilizó todo lo que estaba a su alcance para borrar el nombre de Cristo de la faz de la tierra. (Véase notas, Hch. 8:1-4 para mayor discusión al respecto).

El punto es que Pablo fue salvado de una vida terrible de pecado y vergüenza, una vida empapada en tanto pecado y vergüenza como podría ser un hombre. Era santurrón y arrogante, lleno de resentimiento, odio y homicidio; y siguió por la vida haciendo un mal uso de su posición y poder, al igual que un tirano, hasta el punto de encarcelar y matar a los que diferían de su posición.

Cuando Pablo se convirtió, sintió una imperiosa necesidad de estar a solas con Dios. No necesitaba el consejo ni la ayuda de los hombres, necesitaba la presencia y la ayuda de Dios y de su Espíritu. Ya conocía las Escrituras. Las había estudiado al pie de los grandes maestros religiosos de esa época, pero no había conocido ni a Dios ni a Cristo, no en forma personal. Pablo no tenía conocimiento de Dios, no un conocimiento personal. Lo que había conocido de Dios había sido retorcido y corrupto, mal aplicado y mal utilizado. Él necesitaba desesperadamente...

- Tiempo para aprender a vivir con Cristo día tras día, tomando confianza y fortaleza de Él.
- Tiempo para aprender el verdadero significado de las Escrituras: cómo se aplicaban a Cristo.
- Tiempo para manejar con precisión la Palabra de la Verdad (las Escrituras).
- Tiempo para aprender a tener compañerismo con Cristo en una adoración cotidiana (devociones, momentos de tranquilidad).
- Tiempo para aprender cómo andar en la presencia y comunión y compañerismo de Cristo todo el día.
- Tiempo para aprender los mandamientos y la voluntad de Cristo.
- Tiempo para pensar cómo hacer para que Cristo fuera conocido en un mundo con grandes necesidades y lleno de pecado y oscuridad.

¿Cuánto tiempo necesitó Pablo? Al parecer, estuvo aproximadamente tres años en Arabia (Véase *Estudio a fondo 1, Pablo, viajes,* Gá. 1:17-24). ¡Imagine dedicar tres años a buscar al Señor y a aprender cómo vivir y servirlo!

Pensamiento 1: ¡Vaya lección para creyentes y ministros! ¡Qué poder tendríamos en nuestras vidas y ministerios si buscáramos a Cristo de la manera en que lo hizo Pablo!

"Despedida la multitud, subió al monte a orar aparte; y cuando llegó la noche, estaba allí solo" (Mt. 14:23).

"Procura con diligencia presentarte a Dios aprobado, como obrero que no tiene de qué avergonzarse, que usa bien la palabra de verdad" (2 Ti. 2:15).

"Acerquémonos con corazón sincero, en plena certidumbre de fe, purificados los corazones de mala conciencia, y lavados los cuerpos con agua pura" (He. 10:22).

"Acercaos a Dios, y él se acercará a vosotros. Pecadores, limpiad las manos; y vosotros los de doble ánimo, purificad vuestros corazones" (Stg. 4:8).

"Mas si desde allí buscares a Jehová tu Dios, lo hallarás, si lo buscares de todo tu corazón y de toda tu alma" (Dt. 4:29).

"Encamíname en tu verdad, y enséñame, porque tú eres el Dios de mi salvación; en ti he esperado todo el día" (Sal. 25:5).

"Aguarda a Jehová; esfuérzate, y aliéntese tu corazón; sí, espera a Jehová" (Sal. 27:14).

"Alma mía, en Dios solamente reposa, porque de él es mi esperanza" (Sal. 62:5).

"Pero en cuanto a mí, el acercarme a Dios es el bien; he puesto en Jehová el Señor mi esperanza, para contar todas tus obras" (Sal. 73:28).

"El que habita al abrigo del Altísimo morará bajo la sombra del Omnipotente" (Sal. 91:1).

"Pero los que esperan a Jehová tendrán nuevas fuerzas; levantarán alas como las águilas; correrán, y no se cansarán; caminarán, y no se fatigarán" (Is. 40:31).

"Buscad a Jehová mientras puede ser hallado, llamadle en tanto que está cercano" (Is. 55:6).

"Tú, pues, vuélvete a tu Dios; guarda misericordia y juicio, y en tu Dios confía siempre" (Os. 12:6).

2 (1:17) ***Pablo, Restitución:*** En segundo lugar, Pablo regresó a Damasco para corregir el mal que había hecho previamente. Cuando Pablo se convirtió, estaba camino a Damasco para arrestar y asolar a los seguidores de Cristo. Era su intención y propósito literalmente limpiar a Damasco de todo cristiano. Por supuesto, la terrible persecución había generado un caos en la vida de los creyentes. Había obligado a muchos a huir para conservar la vida, abandonando sus familias, hogares, trabajos y todo medio de ganarse la vida.

El punto es este: Pablo había regresado a Damasco para hacer lo que pudiera a fin de corregir el terrible mal que había ejercido a los creyentes de Damasco. Quería pedir su perdón y asegurarles que él había sido salvado y, sin duda, deseaba compartir a Cristo entre la misma gente con la que había sido tan rígido y que deseaba destruir.

"Bienaventurados los pacificadores, porque ellos serán llamados hijos de Dios" (Mt. 5:9).

"Por tanto, si traes tu ofrenda al altar, y allí te acuerdas de que tu hermano tiene algo contra ti, deja allí tu ofrenda delante del altar, y anda, reconcíliate primero con tu hermano, y entonces ven y presenta tu ofrenda" (Mt. 5:23-24).

"Así que, sigamos lo que contribuye a la paz y a la mutua edificación" (Ro. 14:19).

"Antes sed benignos unos con otros, misericordiosos, perdonándoos unos a otros, como Dios también os perdonó a vosotros en Cristo" (Ef. 4:32).

"Soportándoos unos a otros, y perdonándoos unos a otros si alguno tuviere queja contra otro. De la manera que Cristo os perdonó, así también hacedlo vosotros" (Col. 3:13).

3 (1:18-20) ***Pablo, Evangelismo en un sitio conocido:*** En tercer lugar, Pablo fue a Jerusalén para enfrentar su pasado. Antes de su conversión, Pablo había vivido en Jerusalén y había sido uno de los funcionarios del cuerpo gobernante (el Sanedrín) o bien había tenido una estrecha relación con los líderes del Sanedrín. Sabemos esto porque el Sanedrín era el cuerpo oficial que apoyaba el ataque de Pablo en contra de los cristianos. Cualquiera fuera el caso, Pablo era muy conocido en Jerusalén y sabía que algunos de sus amigos de esa época lo considerarían un traidor a la religión y a la causa. Sin embargo, Pablo quería compartir su testimonio con cuantos más de ellos pudieran ser confiables.

No obstante, el motivo principal que tenía Pablo de ir a Jerusalén era ver a Pedro, el líder de los primeros cristianos. Al compartir con Pedro, Pablo sintió que muchos de los creyentes sabrían que se había convertido verdaderamente. Por lo tanto, estarían más dispuestos a aceptarlo a él y su ministerio.

Pero advierta: Los otros apóstoles al parecer estaban en otros sitios en viajes evangelistas y misioneros. Pablo no vio a ningún otro líder cristiano salvo a Jacobo, el hermano del Señor, que era pastor de la gran iglesia de Jerusalén. Imagine las cosas que deben haber compartido Pablo y Pedro...

- Mientras Pablo compartía su pasado, su conversión y sus experiencias con el Señor en Arabia.
- Mientras Pedro compartía la vida de Cristo cuando estuvo en la tierra.

Recuerde que Pablo estaba relatando sus viajes a los gálatas con un propósito específico: Demostrar que él no había aprendido el evangelio de los hombres, que lo había recibido del Señor mismo. Él era un verdadero apóstol y ministro del Señor, y su evangelio era el evangelio verdadero, el evangelio que le reveló Cristo mismo. Pablo afirmó la verdad de su argumento con la solemne declaración:

"En esto que os escribo, he aquí delante de Dios que no miento" (v. 20).

Pensamiento 1: Tanto como sea posible...

- Los creyentes deben intentar compartir a Cristo con amigos y relaciones anteriores. Los incrédulos necesitan ver el cambio que Cristo puede realizar en sus vidas.
- Los creyentes deben buscar consejo y ayuda al lanzar sus ministerios, en particular el consejo y la ayuda de líderes.

"De manera que cualquiera que quebrante uno de estos mandamientos muy pequeños, y así enseñe a los hombres, muy pequeño será llamado en el reino de los cielos; mas cualquiera que los haga y los enseñe, éste será llamado grande en el reino de los cielos" (Mt. 5:19).

"Pero recibiréis poder, cuando haya venido sobre vosotros el Espíritu Santo, y me seréis testigos en Jerusalén, en toda Judea, en Samaria, y hasta lo último de la tierra" (Hch. 1:8).

"Sino santificad a Dios el Señor en vuestros corazones, y estad siempre preparados para presentar defensa con mansedumbre y reverencia ante todo el que os demande razón de la esperanza que hay en vosotros" (1 P. 3:15).

4 (1:21) ***Pablo, Evangelismo en un lugar conocido:*** En cuarto lugar, Pablo fue a Siria y a Cilicia, es decir, a Tarso, para enfrentar su ciudad natal. Tarso era el lugar en el que vivía la familia de Pablo y donde se encontraban sus amigos de la niñez, el lugar donde había asistido a la escuela y donde jugó cuando niño. Era, por supuesto, el deseo de Pablo compartir a Cristo con tantas personas de su familia y de sus amigos como fuera posible.

"Así alumbre vuestra luz delante de los hombres, para que vean vuestras buenas obras, y glorifiquen a vuestro Padre que está en los cielos" (Mt. 5:16).

"Mas Jesús no se lo permitió, sino que le dijo: Vete a tu casa, a los tuyos, y cuéntales cuán grandes cosas el Señor ha hecho contigo, y cómo ha tenido misericordia de ti" (Mr. 5:19).

"Vuélvete a tu casa, y cuenta cuán grandes cosas ha hecho Dios contigo. Y él se fue, publicando por toda la ciudad cuán grandes cosas había hecho Jesús con él" (Lc. 8:39).

"Porque no podemos dejar de decir lo que hemos visto y oído" (Hch. 4:20).

> **"Y sacándolos, les dijo: Señores, ¿qué debo hacer para ser salvo? Ellos dijeron: Cree en el Señor Jesucristo, y serás salvo, tú y tu casa" (Hch. 16:30-31).**
>
> **"Venid, oíd todos los que teméis a Dios, y contaré lo que ha hecho a mi alma" (Sal. 66:16).**

[5] (1:22-24) ***Pablo:*** Los resultados de una vida centrada en Dios son dobles y son resultados poderosos.

1. El testimonio de una vida centrada en Dios se difundió en toda la región. Pablo todavía no había visitado las iglesias de Judea, es decir, el área que rodea a Jerusalén. Sin embargo, los creyentes de la región habían oído hablar acerca de la conversión de Pablo, que el que antes perseguía la iglesia ahora predicaba a Cristo.

2. El testimonio de una vida centrada en Dios motivó a los creyentes a honrar a Dios. Las iglesias de Judea nunca habían visto a Pablo, pero glorificaron a Dios debido a su firme testimonio sobre lo que habían oído hablar.

> **"Así alumbre vuestra luz delante de los hombres, para que vean vuestras buenas obras, y glorifiquen a vuestro Padre que está en los cielos" (Mt. 5:16).**

	CAPÍTULO 2 **C. El ministro defendió el evangelio, 2:1-10**	reputación de ser algo (lo que hayan sido en otro tiempo nada me importa; Dios no hace acepción de personas), a mí, pues, los de reputación nada nuevo me comunicaron.	**ante cualquiera y todas las personas** a. Porque Dios no demuestra parcialidad b. El propósito de su defensa: Evitar que se hicieran agregados al verdadero evangelio
1 Segundo viaje de Pablo a Jerusalén	1 Después, pasados catorce años, subí otra vez a Jerusalén con Bernabé, llevando también conmigo a Tito.	7 Antes por el contrario, como vieron que me había sido encomendado el evangelio de la incircuncisión, como a Pedro el de la circuncisión	**5 Defendió el llamado especial que se le da a cada hombre para proclamar el evangelio**
2 Defendió la obra del evangelio a. Porque Dios lo condujo b. El propósito de su defensa: Proteger la obra del verdadero evangelio	2 Pero subí según una revelación, y para no correr o haber corrido en vano, expuse en privado a los que tenían cierta reputación el evangelio que predico entre los gentiles.	8 (pues el que actuó en Pedro para el apostolado de la circuncisión, actuó también en mí para con los gentiles),	a. A cada uno se le da una tarea especial
3 Defendió el evangelio ante los falsos creyentes a. Tito fue un ejemplo b. Los falsos creyentes 1) Un ingreso hipócrita en la iglesia 2) Un mensaje falso de esclavitud c. El propósito de su defensa: Preservar puro el evangelio	3 Mas ni aun Tito, que estaba conmigo, con todo y ser griego, fue obligado a circuncidarse; 4 y esto a pesar de los falsos hermanos introducidos a escondidas, que entraban para espiar nuestra libertad que tenemos en Cristo Jesús, para reducirnos a esclavitud, 5 a los cuales ni por un momento accedimos a someternos, para que la verdad del evangelio permaneciese con vosotros.	9 y reconociendo la gracia que me había sido dada, Jacobo, Cefas y Juan, que eran considerados como columnas, nos dieron a mí y a Bernabé la diestra en señal de compañerismo, para que nosotros fuésemos a los gentiles, y ellos a la circuncisión. 10 Solamente nos pidieron que nos acordásemos de los pobres; lo cual también procuré con diligencia hacer.	b. El propósito de su defensa 1) Garantizar que se reconozca la tarea de cada persona 2) Asegurar que cada persona tenga el derecho a llevar adelante su tarea
4 Defendió el evangelio	6 Pero de los que tenían		

DIVISIÓN II

LA PRUEBA DEL MENSAJERO Y DEL MENSAJE DE DIOS, 1:10—2:21

C. El ministro defendió el evangelio, 2:1-10

(2:1-10) ***Introducción, Pablo, Acusaciones contra:*** Pablo era objeto de ataque por parte de algunos falsos maestros y críticos de las iglesias gálatas. Lo acusaban de haberse proclamado ministro y de predicar un evangelio falso. Pablo se defendió a sí mismo y al evangelio que predicaba. En este pasaje él defendió el evangelio que predicaba con términos firmes y demostró de qué manera lo defendió ante los líderes reconocidos de la iglesia, los apóstoles mismos.

1. Segundo viaje de Pablo a Jerusalén (v. 1).
2. Defendió la obra del evangelio (v. 2).
3. Defendió el evangelio ante los falsos creyentes (vv. 3-5).
4. Defendió el evangelio ante cualquiera y todas las personas (v. 6).
5. Defendió el llamado especial que se le da a cada hombre para proclamar el evangelio (vv. 7-10).

[1] (2:1) ***Pablo, Viaje:*** Pablo dijo claramente que este era su segundo viaje a Jerusalén. Debe recordarse que Pablo estaba siendo muy cuidadoso y atravesando dolores adicionales para realizar sus contactos con la iglesia de Jerusalén. Debía demostrar que su llamado y su evangelio habían provenido de Cristo y no de los hombres, ni siquiera de los líderes de Jerusalén. Esto era absolutamente necesario, dado que la calificación básica para ser un apóstol consistía en haber sido llamado por Cristo mismo. Cristo se le había aparecido en el camino a Damasco. Cristo lo había salvado y había convocado a Pablo para predicar el evangelio. Por lo tanto, Pablo satisfacía las calificaciones básicas para ser un apóstol: había visto al Señor Jesucristo cara a cara. Cristo se le había aparecido y personalmente lo había convocado para ser un apóstol.

Lo que Pablo estaba haciendo en este versículo en particular era responder a sus críticos: no visitó Jerusalén para tratar su llamado y evangelio hasta catorce años después de su primer viaje para encontrarse con Pedro, a quien había visitado por espacio de quince días (cp. Gá. 1:18-20). Había servido al Señor Jesús como ministro y había predicado el evangelio durante años antes de visitar a los líderes de la iglesia de Jerusalén. Su llamado y su mensaje habían sido demostrados por los años de servicio. Su ministerio por Cristo estaba establecido. No podía ser legítimamente cuestionado ni negado, no por una persona sincera. Los críticos estaban terriblemente equivocados al cuestionar su llamado y mensaje. (Véase *Estudio a fondo 1,* Gá. 1:17-24 para una lista de los viajes de Pablo, especialmente el punto 8 para una discusión de su viaje tratado en Gá. 2:1ss.)

[2] (2:2) ***Evangelio Misiones:*** El ministro defendió la obra del evangelio. Dios condujo a Pablo a Jerusalén. El viaje no fue un viaje planificado por un hombre, sino un viaje convocado por Dios. Dios quiso que Pablo fuera a Jerusalén y protegiera la misión mundial de la obra del evangelio. Había algunos en la iglesia que presionaban respecto de la necesidad del ritual y de las reglas para la salvación, en particular sobre la necesidad de ser circuncidado y de someterse a cumplir con la ley de Moisés.

Pablo sabía algo: Si a los hombres se les permitía agregar rituales y normas al evangelio, él y su ministerio hubieran sido en vano (sin frutos). Toda persona que haya confiado en Jesucristo y toda persona que pudiera confiar en Jesucristo respecto de la salvación debería atravesar el ritual de la circuncisión. Él debía centrar su vida en la ley en lugar de hacerlo en Jesucristo. Este fue el motivo por el cual Dios condujo a Pablo a Jerusalén: para salvar el mensaje y la obra del *verdadero evangelio.*

- Imagine los miles de creyentes gentiles que fueron conducidos hasta el Señor, y todas las iglesias que ya habían sido establecidas por Pablo y otros en todo el mundo.
- Imagine la devastación catastrófica que hubiera recaído en los creyentes y en las iglesias si hubieran debido regresar a sus experiencias de conversión y agregar un ritual y otras reglas a sus vidas.

Advierta el método que utilizó Pablo para defender su caso: Discusiones privadas con los líderes, en particular con los apóstoles.

Pensamiento 1: El ministro no debe correr en vano. Debe predicar el evangelio y únicamente el evangelio, y debe construir su ministerio sobre el evangelio y únicamente el evangelio. No debe permitir *que se agreguen* rituales ni reglas, ceremonias ni leyes al evangelio. La gente es salva y la gente crece solo por medio del evangelio, solo por las buenas nuevas del amor de Dios por el mundo, un amor que fue demostrado en el don supremo de su Hijo al morir *por nosotros.*

"Porque de tal manera amó Dios al mundo, que ha dado a su Hijo unigénito, para que todo aquel que en él cree, no se pierda, mas tenga vida eterna. Porque no envió Dios a su Hijo al mundo para condenar al mundo, sino para que el mundo sea salvo por él" (Jn. 3:16-17).

"Porque Cristo, cuando aún éramos débiles, a su tiempo murió por los impíos" (Ro. 5:6).

"Mas Dios muestra su amor para con nosotros, en que siendo aún pecadores, Cristo murió por nosotros" (Ro. 5:8).

"Pues me propuse no saber entre vosotros cosa alguna sino a Jesucristo, y a éste crucificado" (1 Co. 2:2).

"Porque primeramente os he enseñado lo que asimismo recibí: Que Cristo murió por nuestros pecados, conforme a las Escrituras; y que fue sepultado, y que resucitó al tercer día, conforme a las Escrituras" (1 Co. 15:3-4).

[3] (2:3-5) ***Pablo, Maestros, falsos, Judaizantes:*** El ministro defendió el evangelio ante los falsos creyentes. Una breve mirada a lo que reside detrás de estos versículos ayudará mucho al lector. Pablo predicaba el evangelio de la gracia y únicamente el de la gracia y esto animó a algunos de los creyentes judíos. Recuerde que la mayoría de los creyentes de Jerusalén eran judíos. Habían sido circuncidados cuando tenían ocho días de edad y habían estado empapados en la ley de Moisés desde la niñez. Cuando aceptaron a Cristo, algunos se rehusaron a abandonar su religión judía. Consideraron al cristianismo solo como una extensión del judaísmo. En sus mentes Cristo *solo había agregado* nuevas enseñanzas a su ley y religión ya existentes. Por lo tanto, si una persona deseaba aceptar a Cristo, primero debía convertirse en judío...

- Para atravesar el ritual de la circuncisión.
- Para comprometerse con la ley de Moisés.
- Para observar todas las ceremonias y rituales de la religión judía.

Pablo, por supuesto, había estado en contra de estas creencias y prácticas. Él había...

- Permitido a la gente recibir a Cristo por la gracia únicamente a través de la fe sin tener que pasar por el ritual de la circuncisión.
- Permitido a la gente seguir y centrarse en Cristo en lugar de en la ley de Moisés.

Esto impactó a quienes todavía eran leales a su religión judía y comenzaron a formar una alianza y a oponerse a Pablo con vehemencia. Consideraban que él iba a destruir su religión y sus formas y rituales. Por ende, lo desacreditaron y lo destruyeron...

- Cuestionando su salvación y llamado.
- Negando que su apostolado y ministerio fueran de Dios.
- Colocando a sus propios maestros en las iglesias en las que Pablo había ministrado y adoctrinando a las iglesias con sus propias enseñanzas falsas.
- Enviando sus propios emisarios a que siguieran y acosaran a Pablo haciendo que la gente se volviera en su contra, que cuestionara su mensaje y su llamado.

A estos hombres se los denominaba judaizantes, eran hombres que mezclaban el ritual y la ley con el evangelio de Cristo. El argumento de Pablo era que esta enseñanza era la completamente opuesta al verdadero evangelio. Un hombre no es salvo por señales carnales ni por rituales ni por su propia capacidad para cumplir con la ley y las normas y reglamentaciones. Un hombre no puede ganar ni hacer nada para salvarse. La salvación se da por la fe en Cristo únicamente (Gá. 2:16). Un hombre solo puede aceptar la salvación, y luego en agradecimiento por el don de Dios, debe depender del poder del Espíritu Santo para vivir para Dios.

Ahora vamos al punto esencial de estos versículos. Cuando Pablo fue a Jerusalén, llevó a Bernabé y a Tito, dos compañeros de trabajo, con él. Bernabé era un judío que se había convertido en Jerusalén. Era muy conocido por la mayoría de los creyentes, dado que fue uno de los primeros misioneros y había experimentado grandes movimientos de Dios donde fuera que llevara el evangelio.

Sin embargo, Tito, era un asunto diferente. Era un converso pagano (gentil). No era judío, lo que significaba que nunca había pasado por el ritual de la circuncisión, ni que se había comprometido a cumplir con la ley de Moisés y los rituales de la religión. Tito era un ejemplo perfecto de salvación lograda únicamente por la gracia, ya que había sido salvo y llamado por Cristo para predicar sin haber sido circuncidado y sin haberse sometido a la ley de Moisés. Al parecer, Pablo tenía la intención de presentarlo como un ejemplo básico de la salvación de las personas a cargo de Dios por medio de la gracia únicamente a través de la fe, sin ninguna religión, ritual ni regla alguna.

No obstante, cuando los judaizantes oyeron hablar de Tito, colocaron a varios de sus seguidores en la iglesia que reaccionaron y exigieron que Tito pasara por el ritual de la circuncisión y que hiciera que la ley de Moisés fuera el centro de su vida. Advierta que ingresaron hipócritamente a la iglesia, no eran verdaderos creyentes. Pablo los llama "hermanos", pero "hermanos *falsos*".

Advierta que Pablo se rehusó a someterse a los falsos maestros. Él no le diría a Tito que debía pasar por un ritual y concentrarse en la ley para ser salvo. Pablo luchó por preservar el evangelio puro en toda su verdad. (Véase *Estudio a fondo 1, Judaizantes,* Gá. 2:4 para una discusión más profunda al respecto.)

"El cual [Cristo] se dio a sí mismo por nuestros pecados para librarnos del presente siglo malo, conforme a la voluntad de nuestro Dios y Padre" (Gá. 1:4).

"Sabiendo que el hombre no es justificado por las obras de la ley, sino por la fe de Jesucristo, nosotros también hemos creído en Jesucristo, para ser justificados por la fe de Cristo y no por las obras de la ley, por cuanto por las obras de la ley nadie será justificado" (Gá. 2:16).

"Esto solo quiero saber de vosotros: ¿Recibisteis el Espíritu por las obras de la ley, o por el oír con fe? ¿Tan necios sois? ¿Habiendo comenzado por el Espíritu, ahora vais a acabar por la carne?" (Gá. 3:2-3).

"Y que por la ley ninguno se justifica para con Dios, es evidente, porque: El justo por la fe vivirá; y la ley no es de fe, sino que dice: El que hiciere estas cosas vivirá por ellas. Cristo nos redimió de la maldición de la ley, hecho por nosotros maldición (porque está escrito: Maldito todo el que es colgado en un madero)" (Gá. 3:11-13).

"Pero cuando vino el cumplimiento del tiempo, Dios envió a su Hijo, nacido de mujer y nacido bajo la ley, para que redimiese a los que estaban bajo la ley, a fin de que recibiésemos la adopción de hijos. Y por cuanto sois hijos, Dios envió a vuestros corazones el Espíritu de su Hijo, el cual clama: ¡Abba, Padre!" (Gá. 4:4-6).

ESTUDIO A FONDO 1

(2:4) ***Judaizantes, Legalistas:*** Estos eran los judíos que profesaban a Cristo pero que aún se aferraban a su religión judía, en particular al rito de la circuncisión y a la ley de Moisés (cp. Hch. 5:1-35, esp. 1, 24-29). Creían que un hombre se convertía en cristiano...

- Convirtiéndose primero en judío. El hombre debía abrazar el judaísmo con todos sus rituales y ceremonias y ser circuncidado y comenzar a obedecer las leyes de Moisés.
- Entonces, el hombre podía aceptar a Cristo como su Salvador.

En la mente de los circuncisos, el cristianismo era una mezcla de judaísmo y las enseñanzas de Cristo. La ley era tan importante como Cristo y Cristo no era más importante que la ley. Omitían ver...

- Que Cristo era el cumplimiento de la ley.
- Que Cristo había cumplido perfectamente con la ley, por lo cual se había convertido en el Hombre Ideal, el Modelo Perfecto de lo que todo hombre debería ser.
- Que Cristo no solo era la encarnación de la ley, sino mucho más: la verdadera encarnación de Dios mismo, el Hombre Ideal, el Modelo Perfecto a quien *todos los hombres* debían mirar para su salvación y norma.
- Que Cristo, como el Hijo de Dios y el Hombre Perfecto y el Modelo Perfecto, era a quien todos los hombres debían ahora mirar y obedecer.

Algunos judíos quedaron impactados por Cristo y lo profesaron, pero nunca pudieron comprender o bien no estaban dispuestos a aceptar a Cristo como el cumplimiento de la ley y el Salvador de todos los hombres. Por lo tanto, nunca se volcaron únicamente a Cristo, nunca se apartaron de...

- Su religión legalista.
- Requerirle a los hombres (gentiles) que se convirtieran en judíos antes de convertirse en cristianos.

Esta fue la gran batalla que la iglesia tuvo que librar en sus comienzos. Fue el gran problema que enfrentó Dios: cómo arrancar a la iglesia de sus raíces judaicas y de excluir y dejar afuera a la otra gente del mundo (gentiles). Este fue un problema frecuente con los judíos, el problema de mantener alejados a los gentiles de Dios y de la gloriosa salvación que Él había planeado para *todos los hombres.* Ahora, desde la venida de Cristo, Dios debía conducir a la primera iglesia lejos del enfoque judaico, lejos de hacer que un hombre se convirtiera en judío antes de poder aceptar a Cristo. Esta no era la voluntad de Dios, puesto que Dios había enviado a Cristo al mundo para salvar a *todos los hombres,* no solo a los judíos. El mensaje debía llegarles a todos. Él debía apartar a los primeros creyentes judíos de su legalismo, de...

- Hacer distinciones entre ellos mismos y los demás.
- Hacer que otras personas se conviertan en extremistas religiosos antes de aceptar a Cristo.
- Discriminarse unos a otros.
- Construir barreras y muros para que los demás tengan que cruzarlos (reglas legalistas).
- Ser separatistas y querer dividir.
- Ser un pueblo de prejuicio y fanatismo.

Sin embargo, advierta esto: A lo largo de la historia de la iglesia, extendiéndose desde los primeros años de la iglesia hasta el tiempo presente, hubo algunos que se rehusaron a seguir *únicamente* a Cristo. Habían cargado el peso de la ley y del ritual y la ceremonia (legalismo, convertirse en extremista religioso, en judío) sobre las personas. En el pasado, esas personas eran conocidas como *la circuncisión* o los judaizantes, mientras que en los tiempos modernos se las conoce como extremistas religiosos o legalistas.

"Entonces algunos que venían de Judea enseñaban a los hermanos: Si no os circuncidáis conforme al rito de Moisés, no podéis ser salvos" (Hch. 15:1).

"Por cuanto hemos oído que algunos que han salido de nosotros, a los cuales no dimos orden, os han inquietado con palabras, perturbando vuestras almas, mandando circuncidaros y guardar la ley" (Hch. 15:24).

"Y esto a pesar de los falsos hermanos introducidos a escondidas, que entraban para espiar nuestra libertad que tenemos en Cristo Jesús, para reducirnos a esclavitud" (Gá. 2:4).

"Todos los que quieren agradar en la carne, éstos os obligan a que os circuncidéis, solamente para no padecer persecución a causa de la cruz de Cristo. Porque ni aun los mismos que se circuncidan guardan la ley; pero quieren que vosotros os circuncidéis, para gloriarse en vuestra carne. Pero lejos esté de mí gloriarme, sino en la cruz de nuestro Señor Jesucristo, por quien el mundo me es crucificado a mí, y yo al mundo. Porque en Cristo Jesús ni la circuncisión vale nada, ni la incircuncisión, sino una nueva creación" (Gá. 6:12-15).

4 (2:6) ***Evangelio, Parcialidad:*** El ministro defendió el evangelio ante cualquiera y todas las personas. Los falsos hermanos decían que no se debía seguir a Pablo, puesto que no era un ministro verdadero. Su llamado no era igual al de los apóstoles de Cristo: él nunca había tenido relación con Jesucristo ni con los demás líderes de la iglesia. ¿Cómo entonces podía ser un verdadero ministro de Dios? No contaba con las credenciales adecuadas ni con la educación y no tenía relación con los líderes correctos.

Abruptamente, Pablo declaró la filosa verdad:

- Dios no acepta la persona de ningún hombre; Dios no demuestra parcialidad.
- Ningún hombre, ni siquiera un hombre de gran reputación, puede agregar algo al llamado de otro hombre o al evangelio. Dios es el creador del evangelio y el que convoca a los hombres al ministerio. Los hombres no crearon el evangelio, no el evangelio verdadero, y los hombres no convocan a otros hombres al ministerio, no al verdadero ministerio.

Pensamiento 1: Todos los creyentes, especialmente los ministros, deben buscar en sus corazones preguntas tales como:

- ¿Cuántos de nosotros buscamos la aprobación de los líderes por encima de la aprobación de Dios?
- ¿Cuántos de nosotros buscamos el llamado de las iglesias o de los líderes por encima del llamado de Dios?
- ¿Cuántos de nosotros buscamos el favor y la ayuda de los hombres por encima del favor y la ayuda de Dios?
- ¿Cuántos de nosotros buscamos aumentar nuestra reputación asociándonos con líderes en lugar de buscar a Dios y su lugar de servicio?
- Y, lo que es de gran peligro, ¿cuántos de nosotros agregamos y enseñamos nuestras propias ideas, rituales y reglas en lugar del evangelio puro?

"No me elegisteis vosotros a mí, sino que yo os elegí a vosotros, y os he puesto para que vayáis y llevéis fruto, y vuestro fruto permanezca; para que todo lo que pidiereis al Padre en mi nombre, él os lo dé" (Jn. 15:16).

"El Señor le dijo: Ve, porque *instrumento escogido me es éste,* para llevar mi nombre en presencia de los gentiles, y de reyes, y de los hijos de Israel" (Hch. 9:15).

"Sino que lo necio del mundo escogió Dios, para avergonzar a los sabios; y lo débil del mundo escogió Dios, para avergonzar a lo fuerte; y lo vil del mundo y lo menospreciado escogió Dios, y lo que no es, para deshacer lo que es, a fin de que nadie se jacte en su presencia" (1 Co. 1:27-29).

"Por lo cual, teniendo nosotros este ministerio según la misericordia que hemos recibido, no desmayamos. Antes bien renunciamos a lo oculto y vergonzoso, no andando con astucia, ni adulterando la palabra de Dios, sino por la manifestación de la verdad recomendándonos a toda conciencia humana delante de Dios" (2 Co. 4:1-2).

"Y todo esto proviene de Dios, quien nos reconcilió consigo mismo por Cristo, y nos dio el ministerio de la reconciliación; que Dios estaba en Cristo reconciliando consigo al mundo, no tomándoles en cuenta a los hombres sus pecados, y nos encargó a nosotros la palabra de la reconciliación. Así que, somos embajadores en nombre de Cristo, como si Dios rogase por medio de nosotros; os rogamos en nombre de Cristo: Reconciliaos con Dios. Al que no conoció pecado, por nosotros lo hizo pecado, para que nosotros fuésemos hechos justicia de Dios en él" (2 Co. 5:18-21).

"Del cual yo fui hecho ministro por el don de la gracia de Dios que me ha sido dado según la operación de su poder" (Ef. 3:7).

"Doy gracias al que me fortaleció, a Cristo Jesús nuestro Señor, porque me tuvo por fiel, poniéndome en el ministerio" (1 Ti. 1:12).

"Quien nos salvó y llamó con llamamiento santo, no conforme a nuestras obras, sino según el propósito suyo y la gracia que nos fue dada en Cristo Jesús antes de los tiempos de los siglos, pero que ahora ha sido manifestada por la aparición de nuestro Salvador Jesucristo, el cual quitó la muerte y sacó a luz la vida y la inmortalidad por el evangelio, del cual yo fui constituido predicador, apóstol y maestro de los gentiles" (2 Ti. 1:9-11).

Pensamiento 2: Dios trata a todos los hombres de la misma manera. No tiene favoritos y no demuestra parcialidad alguna. Toda persona es salva por el mismo evangelio, y todo verdadero ministro es llamado por el mismo Señor.

"Entonces Pedro, abriendo la boca, dijo: En verdad comprendo que Dios no hace acepción de personas, sino que en toda nación se agrada del que le teme y hace justicia" (Hch. 10:34-35).

"Y Dios, que conoce los corazones, les dio testimonio, dándoles el Espíritu Santo lo mismo que a nosotros; y ninguna diferencia hizo entre nosotros y ellos, purificando por la fe sus corazones" (Hch. 15:8-9).

"Porque no hay acepción de personas para con Dios" (Ro. 2:11).

"Porque no hay diferencia entre judío y griego, pues el mismo que es Señor de todos, es rico para con todos los que le invocan; porque todo aquel que invocare el nombre del Señor, será salvo" (Ro. 10:12-13).

5 (2:7-10) ***Evangelio, Llamado:*** El ministro defendió el llamado especial otorgado a todo hombre para proclamar el evangelio. Advierta las palabras "por el contrario" (tounantion): Los líderes de la iglesia no estaban de acuerdo con los judaizantes como estos últimos lo esperaban. Por el contrario, se mantuvieron y fueron paladines del llamado y el evangelio de Cristo. Consideraron que Dios había llamado a Pablo para predicar a los gentiles (los incircuncisos) tal como él había llamado a Pedro para predicar a los judíos (los circuncisos). Fueron paladines de la verdad de que Dios otorga a cada hombre una tarea en particular.

Advierta quiénes eran los líderes en Jerusalén: Santiago, el hermano del Señor que era pastor de la gran iglesia de Jerusalén, Pedro y Juan. Lo que debe advertirse es que los grandes pilares de la iglesia *estaban juntos ahora* proclamando...

- Que la salvación por la gracia a través de la fe únicamente era el verdadero evangelio.
- Que Dios era la Persona que convocó a Pablo y a todos los demás ministros para predicar el evangelio.
- Que Pablo y todos los demás ministros debían recordar y ministrar a los pobres, no solo a la clase media y rica.

"No me elegisteis vosotros a mí, sino que yo os elegí a vosotros, y os he puesto para que vayáis y llevéis fruto, y vuestro fruto permanezca; para que todo lo que pidiereis al Padre en mi nombre, él os lo dé" (Jn. 15:16).

"Pues si anuncio el evangelio, no tengo por qué gloriarme; porque me es impuesta necesidad; y ¡ay de mí si no anunciare el evangelio! Por lo cual, si lo hago de buena voluntad, recompensa tendré; pero si de mala voluntad, la comisión me ha sido encomendada" (1 Co. 9:16-17).

"De la cual fui hecho ministro, según la administración de Dios que me fue dada para con vosotros, para que anuncie cumplidamente la palabra de Dios" (Col. 1:25).

"Sino que según fuimos aprobados por Dios para que se nos confiase el evangelio, así hablamos; no como para agradar a los hombres, sino a Dios, que prueba nuestros corazones" (1 Ts. 2:4).

"Según el glorioso evangelio del Dios bendito, que a mí me ha sido encomendado. Doy gracias al que me fortaleció, a Cristo Jesús nuestro Señor, porque me tuvo por fiel, poniéndome en el ministerio" (1 Ti. 1:11-12).

"Y a su debido tiempo manifestó su palabra por medio de la predicación que me fue encomendada por mandato de Dios nuestro Salvador" (Tit. 1:3).

1 Pablo enfrentó a Pedro a. La falla de Pedro 1) Un seguidor de los hombres, de la multitud 2) Un hombre de prejuicios y legalismo b. El resultado de la falla de Pedro: Otros son alejados, incluso un líder, Bernabé **2 Un creyente no puede tener normas dobles** a. Un camino impío: No coherente con el evangelio. b. Un camino hipócrita: Vivir de un modo mientras se le dice a los demás que vivan de otro modo **3 Un creyente es justificado solo por la fe** a. No por las obras b. Sino únicamente por la fe de Cristo	**D. El ministro proclamó el evangelio a aquellos que se habían desviado, 2:11-21** 11 Pero cuando Pedro vino a Antioquía, le resistí cara a cara, porque era de condenar. 12 Pues antes que viniesen algunos de parte de Jacobo, comía con los gentiles; pero después que vinieron, se retraía y se apartaba, porque tenía miedo de los de la circuncisión. 13 Y en su simulación participaban también los otros judíos, de tal manera que aun Bernabé fue también arrastrado por la hipocresía de ellos. 14 Pero cuando vi que no andaban rectamente conforme a la verdad del evangelio, dije a Pedro delante de todos: Si tú, siendo judío, vives como los gentiles y no como judío, ¿por qué obligas a los gentiles a judaizar? 15 Nosotros, judíos de nacimiento, y no pecadores de entre los gentiles, 16 sabiendo que el hombre no es justificado por las obras de la ley, sino por la fe de Jesu-	cristo, nosotros también hemos creído en Jesucristo, para ser justificados por la fe de Cristo y no por las obras de la ley, por cuanto por las obras de la ley nadie será justificado. 17 Y si buscando ser justificados en Cristo, también nosotros somos hallados pecadores, ¿es por eso Cristo ministro de pecado? En ninguna manera. 18 Porque si las cosas que destruí, las mismas vuelvo a edificar, transgresor me hago. 19 Porque yo por la ley soy muerto para la ley, a fin de vivir para Dios. 20 Con Cristo estoy juntamente crucificado, y ya no vivo yo, mas vive Cristo en mí; y lo que ahora vivo en la carne, lo vivo en la fe del Hijo de Dios, el cual me amó y se entregó a sí mismo por mí. 21 No desecho la gracia de Dios; pues si por la ley fuese la justicia, entonces por demás murió Cristo.	c. Nadie es justificado jamás por las obras de la ley **4 Un hombre no es engañado por Cristo** a. Dios prohíbe ese pensamiento. b. Un hombre se vuelve pecador solo **5 Un hombre es justificado por vivir para Dios** a. Por morir por la ley b. Por ser crucificado con Cristo c. Por permitir que Cristo viva su vida a través de su cuerpo d. Por confiar en la gracia de Dios: Jesucristo, quien es la justicia de Dios

DIVISIÓN II

LA PRUEBA DEL MENSAJERO Y DEL MENSAJE DE DIOS, 1:10—2:21

D. El ministro proclamó el evangelio a aquellos que se habían desviado, 2:11-21

(2:11-21) ***Introducción:*** Este es un pasaje lleno de verdad y significado para todos los hombres, pero en especial para el creyente. Es un pasaje que trata de descarriados, de la rectitud y la propia justicia, de las obras y la fe, de la ley y la gracia de Dios. Es un pasaje que debe ser proclamado al mundo. Es el mensaje del evangelio proclamado a los que se apartan.

1. Pablo enfrentó a Pedro (vv. 11-13).
2. Un creyente no puede tener normas dobles (v. 14).
3. Un creyente es justificado solo por la fe (vv. 15-16).
4. Un hombre no es engañado por Cristo (vv. 17-18).
5. Un hombre es justificado por vivir para Dios (vv. 19-21).

[1] (2:11-13) ***Pablo, Incoherencia, Engaño:*** Pablo enfrentó a Pedro. Lo que sucedió se explica con claridad. Pablo y Bernabé eran ministros de la iglesia de Antioquía y al parecer habían invitado a Pedro, o bien Pedro decidió por su cuenta conducir algunos servicios en Antioquía (cp. Hch. 11:25-26). Antioquía no solo era una gran iglesia, sino también la primera gran iglesia gentil y la primera iglesia que envió misioneros. Comprendía principalmente creyentes gentiles (cp. Hch. 11:20-21; 13:1-3). Cuando Pedro comenzó con su ministerio en Antioquía, tuvo muy buen contacto con los gentiles, con un gran sentido del compañerismo, comiendo y compartiendo con ellos. Sin embargo, algunos judaizantes o extremistas religiosos fueron a Antioquía y comenzaron a visitar la iglesia. Se sorprendieron mucho al ver a Pedro comulgando y comiendo con tanta libertad con los gentiles, aun cuando fueran cristianos. Recuerde: Los judaizantes creían en el evangelio de Jesucristo, pero pensaban que era solo un añadido a la religión existente (judaísmo). Decían que si la gente deseaba ser salva...

- Debían pasar por el ritual de la circuncisión.
- Debían someterse a la ley de Moisés.
- Debían adoptar el ritual y las ceremonias de la religión existente.
- Debían practicar las reglas y reglamentaciones de la religión, por ejemplo, observar estrictas leyes alimentarias que prohibían comer puerco y carne comprada en el mercado.

- Debían separarse y no tener ninguna comunión con los gentiles que no se habían circuncidado ni se habían sometido a la ley de Moisés y a las normas y reglamentaciones de la religión.

Cuando los judaizantes vieron a Pedro, el gran apóstol judío, comiendo con los gentiles que no habían hecho ninguna de esas cosas, al parecer se le arrojaron encima. Incluso utilizaron el nombre de Santiago para respaldar su postura. Por supuesto, Santiago no apoyaba su postura o falsa enseñanza (cp. Hch. 15:24). Sin embargo, Pedro se debilitó ante el ataque y se retrotrajo de mantener una relación estrecha con los gentiles. Al hacerlo, sucedió lo inevitable: la iglesia se dividió. La iglesia se dividió trágicamente tal como lo hace cualquier iglesia cuando un líder complace al hombre y comienza a seguir a los críticos y a las camarillas.

Advierta cuán grave fue la división: Pedro y los otros judíos se separaron de los gentiles. Y advierta otro hecho: Su pelea fue tan fuerte que el ministro principal, Bernabé, fue incluso inducido a estrechar filas con ellos. Pablo se mantuvo en soledad entre los líderes para luchar por la verdad del evangelio.

Otra forma de observar la falla de Pedro es considerar los tres pecados graves que cometió. (Véase nota, Gá. 2:14 para mayor discusión sobre este tema.)

[2] (2:14) ***Engañoso, Incoherencia:*** Un creyente no debe tener normas dobles. En lenguaje sencillo, Pedro tenía dos caras: complacía a los hombres. Comía con los cristianos gentiles, pero cuando llegaron algunos judaizantes, se separó por completo de los gentiles. Temía lo que los judaizantes pudieran pensar. Su falla fue triple.

❑ Fue un hipócrita. Decía una cosa (Gá. 2:9), pero vivía de acuerdo a otra (Gá. 2:11-12).

❑ Siguió a la multitud simplemente porque ejercieron presión sobre él, incluso a sabiendas.

❑ Estimaba a algunas personas más que a otras (Gá. 2:12).

1. Pedro estaba caminando por un sendero impío, no vivía de acuerdo a la verdad del evangelio. El evangelio declara que Dios ama y recibe a *todos los hombres.* Pero Pedro se separó de quienes *seguían a Cristo en forma diferente* de la que lo hacía él y la iglesia madre en Jerusalén.

2. Pedro estaba caminando por un sendero de hipocresía: vivía de un modo mientras les decía a los demás que vivieran de otro. Cuando los judaizantes no estaban cerca viéndolo, comulgaba con los gentiles; pero cuando llegaron los estrictos extremistas religiosos, comenzó a ser más estricto y a seguir su estricto modo de vida. Advierta: Incluso comenzó a obligar a los gentiles a pasar por el ritual de la circuncisión y a someterse a la ley de Moisés a fin de ser aceptados en la verdadera iglesia de Cristo.

Pensamiento 1: El hecho de que Pedro fuera desviado es una fuerte advertencia para todo creyente, especialmente para los ministros.

❑ Debemos cuidarnos de no andar un camino impío, de no ser fieles al evangelio.

"Mas ahora, conociendo a Dios, o más bien, siendo conocidos por Dios, ¿cómo es que os volvéis de nuevo a los débiles y pobres rudimentos, a los cuales os queréis volver a esclavizar?" (Gá. 4:9).

"Para que ya no seamos niños fluctuantes, llevados por doquiera de todo viento de doctrina, por estratagema de hombres que para engañar emplean con astucia las artimañas del error" (Ef. 4:14).

"No os dejéis llevar de doctrinas diversas y extrañas; porque buena cosa es afirmar el corazón con la gracia, no con viandas, que nunca aprovecharon a los que se han ocupado de ella" (He. 13:9).

❑ Debemos cuidarnos de andar un camino hipócrita, de vivir de una manera mientras le decimos a los demás que vivan de otra.

"¿Y por qué miras la paja que está en el ojo de tu hermano, y no echas de ver la viga que está en tu propio ojo?" (Mt. 7:3).

"¿Por qué me llamáis, Señor, Señor, y no hacéis lo que yo digo?" (Lc. 6:46).

"Por lo cual eres inexcusable, oh hombre, quienquiera que seas tú que juzgas; pues en lo que juzgas a otro, te condenas a ti mismo; porque tú que juzgas haces lo mismo" (Ro. 2:1).

"Tú, pues, que enseñas a otro, ¿no te enseñas a ti mismo? Tú que predicas que no se ha de hurtar, ¿hurtas?" (Ro. 2:21).

"Profesan conocer a Dios, pero con los hechos lo niegan, siendo abominables y rebeldes, reprobados en cuanto a toda buena obra" (Tit. 1:16).

[3] (2:15-16) ***Justificación, Fe en contraposición a obras:*** Un creyente es justificado solo por la fe. Advierta que Pablo ahora se identifica con los judíos, puesto que era judío por naturaleza, es decir, de nacimiento. Advierta también la referencia a los gentiles como "pecadores". El significado es *pecadores de rango.* Los judíos se consideraban extremistas religiosos y consideraban a los gentiles como pecadores de rango. Lo que Pablo estaba diciendo es esto: *todos los judíos (extremistas religiosos) que habían creído en Cristo* habían confesado lo mismo que habían confesado los pecadores de rango: una persona es justificada solo por la fe y no por las obras de la ley.

Al acercarse a Cristo los extremistas religiosos judíos estaban confesando que su religión, su ritual, sus obras y su ley no podían salvarlos. Necesitaban algo más, mucho más. Por lo tanto, se habían volcado a Cristo. Advierta tres puntos cruciales.

1. Una persona no es justificada y aceptable para Dios por las obras ni por la ley. ¿Por qué? Porque el hombre está lejos de la gloria de Dios. Es imperfecto, incompleto e inferior de lo que debiera ser. Sin embargo, todo lo que vive en la presencia de Dios debe ser perfecto y completo, pleno hasta el grado máximo, pues Dios es la verdadera encarnación de la perfección, unidad y plenitud. Por lo tanto el hombre, que es imperfecto e incompleto, no puede estar ni vivir en la presencia de Dios.

Sin embargo, cabe preguntarse: ¿Hay alguna obra que el hombre pueda hacer o una ley que pueda cumplir que lo haga perfecto? Dios dice "¡No!". Puesto que todo lo que hace un ser imperfecto es imperfecto e incompleto. Un ser imperfecto no puede hacer algo perfectamente bien, y por cierto no lo suficientemente bien como para convertirlo en perfecto. Un hombre imperfecto está lejos de la perfección de Dios. Por lo tanto, independientemente de lo que haga el hombre, lejos está de lo que debiera ser. Siempre podría ser mejor y hacer mejor las cosas, mucho mejor en el mundo del infinito y la perfección.

Por lo tanto, el hombre no es salvo por las obras ni por la ley. Si nuestra salvación depende de alguna obra u obras que podamos hacer, entonces estamos desesperadamente perdidos. Porque, ¿qué obra podemos hacer que nos convierta en una criatura perfecta y eterna? Ningún hombre puede hacernos perfectos y eternos y hacer que vivamos por siempre en un mundo perfecto y justo, y nosotros lo sabemos. ¿Qué puede hacer el hombre para hacer que su única vida amada dure para siempre, para perfeccionarla y hacerla eterna? No hay obra que podamos hacer ni ley que podamos cumplir para salvarnos de la impiedad y de la muerte. Si debemos ser justificados ante Dios, aceptados como perfectos y completos, no será por las obras de la ley. (Véase bosquejos y notas, Ro. 4:14-15; 7:1-6; 7:7-13; 7:14); *Estudio a fondo 1,* 8:3 para mayor discusión al respecto).

"Pero sabemos que todo lo que la ley dice, lo dice a los que están bajo la ley, para que toda boca se cierre y todo el mundo quede bajo el juicio de Dios; ya que por las obras de la ley ningún ser humano será justificado delante de él; porque por medio de la ley es el conocimiento del pecado" (Ro. 3:19-20).

"Por cuanto todos pecaron, y están destituidos de la gloria de Dios" (Ro. 3:23).

"Porque todos los que dependen de las obras de la ley están bajo maldición, pues escrito está: Maldito todo aquel que no permaneciere en todas las cosas escritas en el libro de la ley, para hacerlas" (Gá. 3:10).

"Y al que sabe hacer lo bueno, y no lo hace, le es pecado" (Stg. 4:17).

"¿Quién hará limpio a lo inmundo? Nadie" (Job 14:4).

"JAH, si mirares a los pecados, ¿quién, oh Señor, podrá mantenerse?" (Sal. 130:3).

"¿Quién podrá decir: Yo he limpiado mi corazón, limpio estoy de mi pecado?" (Pr. 20:9).

"Hay generación limpia en su propia opinión, si bien no se ha limpiado de su inmundicia" (Pr. 30:12).

"Ciertamente no hay hombre justo en la tierra, que haga el bien y nunca peque" (Ec. 7:20).

¿Entonces cuál es nuestra esperanza? ¿Cómo podemos justificarnos, volvernos perfectos y completos ante Dios? Dios dice que hay una única manera. Advierta la parte central del versículo:

Debemos creer en "la fe de Jesucristo" (v. 16).

2. Una persona es justificada solo por la fe de Cristo (Véase *Estudio a fondo 1, Justificación,* Gá. 2:15-16; 2:16 para mayor discusión sobre el tema).

3. Ninguna persona es justificada jamás por las obras ni por la ley (Véase *Estudio a fondo 2, Fe en contraposición a Obras,* Gá, 2:16 para una mayor discusión al respecto).

ESTUDIO A FONDO 1

(2:15-16) ***Justificación:*** (diakioun); considerar a alguien justo. Significa darse cuenta, acreditar, juzgar, tratar, considerar como justo. No significa hacer que un hombre sea justo. Todos los verbos griegos que terminan en "oun" no significan hacer que alguien haga algo, sino solamente considerar, juzgar, tratar a alguien como algo.

Hay tres puntos principales que deben advertirse sobre la justificación.

1. Por qué la justificación es necesaria.

a. La justificación es necesaria debido al pecado y la alienación del hombre. El hombre se ha rebelado en contra de Dios y ha tomado su vida en sus propias manos. El hombre vive como desea...
   • Satisfaciendo la lujuria de los ojos y de la carne.
   • Aferrándose al orgullo de la vida y a las cosas del mundo.

   El hombre se ha vuelto pecaminoso e impío, un enemigo de Dios, empujando a Dios fuera de su vida y queriendo tener poco o nada que ver con Dios. El hombre se ha separado y apartado de Dios.

b. La justificación es necesaria debido al enojo y la ira de Dios. "Dios es juez justo, y Dios está airado contra el impío todos los días" (Sal. 7:11). El pecado ha hecho surgir el enojo y la ira de Dios. Dios está enojado por...
   • la rebelión del hombre
   • la impiedad del hombre
   • el pecado del hombre
   • la hostilidad del hombre
   • la falta de justicia del hombre
   • la deserción del hombre

   El hombre le ha dado la espalda a Dios, empujándolo fuera de sí y teniendo poco qué ver con Él. El hombre no ha hecho que Dios sea el centro de su vida. El hombre ha roto su relación con Dios. Por lo tanto, la mayor necesidad en la vida del hombre consiste en descubrir la respuesta a la pregunta: ¿Cómo puede restaurarse la relación entre el hombre y Dios?

2. Por qué Dios justifica a un hombre. Dios justifica a un hombre debido a su Hijo Jesucristo. Cuando un hombre cree en Jesucristo, Dios toma la fe de ese hombre y la considera como justa. El hombre no es justo, pero Dios considera y da mérito a la fe del hombre como justicia. ¿Por qué Dios está dispuesto a hacer esto?

a. Dios está dispuesto a justificar al hombre porque ama mucho al hombre. Dios ama tanto al hombre que Él envió a su Hijo al mundo y lo sacrificó a fin de justificar al hombre (Jn. 3:16; Ro. 5:8).

b. Dios está dispuesto a justificar al hombre por lo que su Hijo Jesucristo hizo por el hombre.

   ▯ Jesucristo aseguró la justicia *Ideal* para el hombre. Vino a la tierra para vivir una vida perfecta y sin pecado. Como Hombre Él nunca quebrantó la ley de Dios. Nunca se opuso a la voluntad de Dios, ni siquiera una vez. Por lo tanto, estuvo de pie frente a Dios y al mundo como el Hombre Ideal, el Hombre Perfecto, el Hombre Representativo, la Justicia Perfecta que podía reemplazar la justicia de todos los hombres.

 Jesucristo vino al mundo para *morir* por el hombre. Como el *Hombre Ideal* pudo tomar todos los pecados del mundo sobre sí y morir por cada hombre. Su muerte *reemplazaría* la de cada hombre. Intercambió lugares con el hombre convirtiéndose en el pecador (2 Co. 5:19). Cargó con la ira de Dios en contra del pecado, soportando la condena para todos los hombres. Nuevamente, pudo hacerlo porque Él era el Hombre Ideal, y como *Hombre Ideal* su muerte reemplazaría la muerte de todos los hombres.

 Jesucristo vino al mundo a *resucitar de entre los muertos* y así conquistar la muerte para el hombre. Como *Hombre Ideal* su resurrección y exaltación ante la presencia de Dios *pudo reemplazar* la necesidad desesperada de cada hombre de conquistar la muerte y ser aceptable ante Dios. Su vida de resurrección pudo reemplazar la vida de resurrección del creyente.

Ahora bien, como se dijo anteriormente, cuando un hombre cree en Jesucristo –cree realmente– Dios toma la creencia de ese hombre y...

- La considera como la justicia (perfección) de Cristo. El hombre es considerado como justo *en Cristo.*
- La considera como la muerte de Cristo. El hombre es considerado como ya muerto en Cristo, como si ya hubiera pagado la penalidad por el pecado *en la muerte de Cristo.*
- La considera como la resurrección de Cristo. El hombre es considerado como *resucitado en Cristo.*

En términos muy sencillos, Dios ama tanto a su Hijo Jesucristo que honra a todo hombre que honra a su Hijo *creyendo en Él.* Honra al hombre tomando la fe del hombre y considerándola (dándole mérito) como justicia y dándole el glorioso privilegio de vivir con Cristo por siempre en la presencia de Dios.

3. Cómo Dios justifica a un hombre. La palabra justificar (diakioun) es una palabra legal tomada de los tribunales. Describe al hombre en juicio ante Dios. Al hombre se lo ve como habiendo cometido el peor de los crímenes: rebelarse contra Dios y quebrar su relación con Dios. ¿Cómo puede restaurar esa relación? En los tribunales humanos, si un hombre es absuelto, se declara inocente, pero esto no se aplica al Tribunal Divino. Cuando un hombre aparece ante Dios, no es inocente, es culpable y es condenado en consecuencia.

Pero cuando un hombre confía sinceramente en Cristo, entonces Dios toma la fe de ese hombre y la considera como justa. Así, Dios considera al hombre –lo juzga, lo trata– como inocente. "Dios justifica al impío", una misericordia increíble, una enorme gracia. (Véase notas, Ro. 4:13; *Estudio a fondo,* 4:1-25; *Estudio a fondo 1, 2,* 4:22).

"Y creyó a Jehová, y le fue contado por justicia" (Gn. 15:6).

"Y que de todo aquello de que por la ley de Moisés no pudisteis ser justificados, en él es justificado todo aquel que cree" (Hch. 13:39).

"Por cuanto todos pecaron, y están destituidos de la gloria de Dios, siendo justificados gratuitamente por su gracia, mediante la redención que es en Cristo Jesús" (Ro. 3:23-24).

"Porque ¿qué dice la Escritura? Creyó Abraham a Dios, y le fue contado por justicia" (Ro. 4:3).

"Justificados, pues, por la fe, tenemos paz para con Dios por medio de nuestro Señor Jesucristo" (Ro. 5:1).

"Pues mucho más, estando ya justificados en su sangre, por él seremos salvos de la ira" (Ro. 5:9).

"Porque el que ha muerto, ha sido justificado del pecado" (Ro. 6:7).

"¿Quién acusará a los escogidos de Dios? Dios es el que justifica" (Ro. 8:33).

"Y esto erais algunos; mas ya habéis sido lavados, ya habéis sido santificados, ya habéis sido justificados en el nombre del Señor Jesús, y por el Espíritu de nuestro Dios" (1 Co. 6:11).

"Sabiendo que el hombre no es justificado por las obras de la ley, sino por la fe de Jesucristo, nosotros también hemos creído en Jesucristo, para ser justificados por la fe de Cristo y no por las obras de la ley, por cuanto por las obras de la ley nadie será justificado" (Gá. 2:16).

"Así Abraham creyó a Dios, y le fue contado por justicia" (Gá. 3:6).

"De manera que la ley ha sido nuestro ayo, para llevarnos a Cristo, a fin de que fuésemos justificados por la fe" (Gá. 3:24).

"Y ser hallado en él, no teniendo mi propia justicia, que es por la ley, sino la que es por la fe de Cristo, la justicia que es de Dios por la fe" (Fil. 3:9).

ESTUDIO A FONDO 2

(2:16) ***Fe en contraposición a Obras, Propia justicia:*** ¿Por qué es que un hombre nunca puede ser justificado ni garantizar su rectitud por medio de las obras y la ley? ¿Por qué es que un hombre nunca puede acercarse a Dios por medio de las obras y la ley?

1. Hay dos formas en que un hombre puede intentar garantizar la rectitud y acercarse a Dios.

a. Un hombre puede intentar realizar obras para garantizar la rectitud. Puede hacer todo lo que pueda para cumplir con la ley de Dios y complacer a Dios. Pero advierta: Un hombre puede hacer esto...

- Solo si puede cumplir perfectamente con la ley, sin quebrantarla ni una sola vez y sin violarla jamás...
- Únicamente si puede estar seguro de que cada cosa que emprenda o piense es perfectamente buena, recta y pura...
- Únicamente si puede complacer a Dios en toda acción, palabra y pensamiento, nunca disgustando a Dios en nada.

Solo si un hombre puede hacer esto puede asegurarse la justicia por medio de las obras y la ley. ¿Pero qué hombre puede ser perfecto, bueno, recto y puro en cada pequeña acción, palabra y pensamiento? Es absolutamente imposible garantizar la justicia mediante las obras y la ley. Una persona puede intentar acercarse a Dios mediante las obras y la ley, pero nunca podrá lograr la perfección, ni la justicia y santidad perfectas sin las cuales *ningún hombre* jamás verá a Dios.

"Seguid la paz con todos, y la santidad, sin la cual nadie verá al Señor" (He. 12:14).

"Muchos me dirán en aquel día: Señor, Señor, ¿no profetizamos en tu nombre, y en tu nombre echamos fuera demonios, y en tu nombre hicimos muchos milagros? Y entonces les declararé: Nunca os conocí; apartaos de mí, hacedores de maldad" (Mt. 7:22-23).

"Ya que por las obras de la ley ningún ser humano será justificado delante de él; porque por medio de la ley es el conocimiento del pecado" (Ro. 3:20).

"Porque todos los que dependen de las obras de la ley están bajo maldición, pues escrito está: Maldito todo aquel que no permaneciere en todas las cosas escritas en el libro de la ley, para hacerlas" (Gá. 3:10).

"Y al que sabe hacer lo bueno, y no lo hace, le es pecado" (Stg. 4:17).

b. Un hombre puede creer que Jesucristo es el don de la justicia de Dios al mundo, que Dios amó tanto al mundo...

- Que entregó a su Hijo para que viviera una vida perfecta en la tierra a fin de garantizar la Justicia Perfecta e Ideal para el hombre.
- Que entregó a su hijo para tomar la impiedad del hombre sobre sí y para morir por el hombre, esto es, cargar con el juicio de la impiedad del hombre.
- Que entregó a su hijo para que resucitara de entre los muertos a fin de conquistar la muerte y darle al hombre una vida nueva y perfecta que es eterna.

Un hombre puede creer que Dios lo ama y toma su fe en Cristo y lo considera justo.

Un hombre puede creer que Dios lo ama y lo acepta porque honra a su Hijo Jesucristo, honra a Jesucristo creyendo en Él y siguiéndolo.

Un hombre puede creer que Dios ama tanto a su Hijo que Él tomará a cualquier hombre que honre a su Hijo y que haga cualquier cosa por él. Si el hombre cree en Jesucristo respecto de la justicia, entonces Dios lo considerará justo.

"Porque por gracia sois salvos por medio de la fe; y esto no de vosotros, pues es don de Dios; no por obras, para que nadie se gloríe" (Ef. 2:8-9).

"Pero cuando se manifestó la bondad de Dios nuestro Salvador, y su amor para con los hombres, nos salvó, no por obras de justicia que nosotros hubiéramos hecho, sino por su misericordia, por el lavamiento de la regeneración y por la renovación en el Espíritu Santo" (Tit. 3:4-5).

2. Advierta otro punto: Las dos maneras en que los hombres tratan de acercarse a Dios son completamente diferentes una de la otra. La fe y las obras son incompatibles. La fe siempre es el opuesto de las obras.

- Si un hombre obra para mantener la ley a fin de ser justo, entonces solo puede ofrecerle a Dios *su propia justicia,* solo la justicia de las obras *que él ha hecho.*
- Si un hombre confía en la justicia de Jesucristo *por su justicia,* entonces puede ofrecer la justicia de Cristo a Dios. Puede acercarse a Dios en la justicia de Cristo.

Dios siempre acepta la justicia de su Hijo, Jesucristo. Cualquier hombre que verdaderamente confía en la justicia de Cristo, que realmente le da a Cristo todo lo que él es y tiene, es aceptada su confianza en Cristo por parte de Dios y la acepta como justicia.

3. Advierta otro hecho más: Un hombre que *cree en Dios por la justicia* se acerca a Dios de manera totalmente diferente que el hombre que se acerca a Dios en su propia justicia.

a. El hombre que se acerca a Dios en su propia justicia...

- Presenta *él mismo* su propia justicia a Dios.
- Depende de su propia justicia.
- Confía en su propia justicia.
- Cree en su propia justicia.
- Declara que tiene la fortaleza y el poder para volverse justo y aceptable ante Dios.

b. El hombre que se acerca a Dios en la justicia de Jesucristo...

- Presenta su amor y confianza en la justicia de Jesucristo como su justicia. (Dios nunca podría dejar de lado a una persona que amó y confió en su Hijo con todo su corazón).
- Rechaza la dependencia de sí mismo y depende de la justicia de Jesucristo.
- Abandona la confianza en su propia justicia y confía en la justicia de Cristo.
- Ya no cree en su propia justicia, sino que cree en Cristo respecto de la justicia.
- Declara que no tiene el poder para convertirse en justo y aceptable ante Dios. Confía en el poder de Dios para hacerlo justo y aceptable.

Advierta que esto está diciendo: Un hombre cree que tiene el poder de salvarse y de evitar morir o bien cree que Dios tiene el poder para salvarlo. Un hombre confía en su propio poder para la salvación y la vida o bien confía en el poder de Dios. Si cree que tiene el poder de salvarse, entonces obra para hacerse justo y vivir para siempre. Si cree que únicamente Dios tiene el poder de salvarlo, entonces confía en Dios para la justicia y la vida.

En conclusión, nadie es justificado jamás por las obras o la ley. Podemos intentar garantizarnos la justicia por medio de las obras y de la ley, pero esto es siempre justicia propia, y la justicia propia siempre termina con el yo: en la tumba –muerto, habiendo atravesado el camino de toda la carne– sin la gloria y la perfección de Dios y descalificado para vivir para siempre con Dios. La justicia propia nunca es aceptable ante Dios. Las obras y la ley nunca pueden justificar a un hombre y volverlo perfecto.

Sin embargo, podemos garantizar la justicia por medio de la fe. Podemos confiar en Dios como un niño confía en su padre. Podemos confiar que Dios nos ama lo suficiente como para tener en cuenta nuestro amor y confianza en su Hijo como justicia.

LA FE EN CRISTO ES LA JUSTICIA DE DIOS, LA ÚNICA JUSTICIA QUE HACE QUE UNA PERSONA SEA ACEPTABLE ANTE DIOS

"Pero ahora, aparte de la ley, se ha manifestado la justicia de Dios, testificada por la ley y por los profetas; la justicia de Dios por medio de la fe en Jesucristo, para todos los que creen en él. Porque no hay diferencia" (Ro. 3:21-22).

"Porque el fin de la ley es Cristo, para justicia a todo aquel que cree" (Ro. 10:4).

"Y ser hallado en él, no teniendo mi propia justicia, que es por la ley, sino la que es por la fe de *Cristo, la justicia* que es de Dios por la fe" (Fil. 3:9).

"Mas por él estáis vosotros en Cristo Jesús, el cual nos ha sido hecho por Dios sabiduría, justificación, santificación y redención" (1 Co. 1:30).

"Al que no conoció pecado, por nosotros lo hizo pecado, para que nosotros fuésemos hechos justicia de Dios en él" (2 Co. 5:21).

"Porque habéis muerto, y vuestra vida está escondida con Cristo en Dios" (Col. 3:3).

4. Advierta otro hecho: La justicia por medio de las obras honra y hace que el hombre sea supremo y preeminente, el centro y el núcleo de la vida. La justicia por la fe honra a Dios y hace a Dios supremo y preeminente, el centro y núcleo de la vida. Dios es a quien debemos obedecer con un corazón de amor, adoración y apreciación por lo que Él ha hecho (Ro. 2:29).

[4] (2:17-18) ***Justicia, Ley, Obras:*** Un creyente no es engañado por Cristo. La pregunta es: "¿Podría Cristo hacernos pecadores por la confianza en que somos justificados solo por la fe en Él?". Algunos argumentaron que Pablo estaba haciendo de Cristo un *ministro del pecado.* Su razonamiento era el siguiente: Cuando los hombres le dan la espalda a la ley confían en Cristo para la justicia, porque Él conduce a los hombres fuera del camino de la ley. Él quita las restricciones y las barreras de la ley; por lo tanto, los hombres se vuelven transgresores por rechazar la ley.

Pablo simplemente dice dos cosas sobre este argumento. La primera, es que ¡Dios perdona!. La segunda, es que el hombre que trata de cumplir la ley se vuelve pecador, por que es la ley la que lo condena. (Gá. 3:19).

El creyente, por supuesto, rechaza la justicia que proviene de la ley, ya que la ley no le da justicia. Solo le muestra donde están sus errores. La ley condena su conciencia y lo hace sentir miserable y quebrado. Sin embargo, la ley tiene su lugar en el plan de Dios tanto como lo tiene la fe (véase bosquejo y notas, Ro. 3:31; 4:14-15; 7:1-6; 7:7-13: 7:14: *Estudio a fondo 2,* 8:3). Es muy simple, cuando un hombre ve lo que Dios ha hecho por él, esto inmediatamente lo lleva a agradar a Dios. El creyente ve que Cristo carga con la culpa y el castigo por sus crímenes (pecados) y luego se inclina en amor y adoración y se levanta para obrar en consecuencia por ese amor sorprendente. El creyente trata de ser bueno, no de obtener o ganar justicia, sino de servir a Dios más allá de la salvación. No trata de poner a Dios en deuda para la salvación, sino que le agradece a Dios por la justicia. El ve que le debe a Dios todo lo que puede realizar. El creyente genuino llega a saber por sobre todos que el amor es mucho más fuerte que el miedo. Lo sigue a Cristo –hace todo lo que puede para vivir como Cristo– porque ama a Cristo. Ama a Cristo por todo lo que Cristo ha hecho por él.

"Porque *el amor de Cristo* nos constriñe, pensando esto: que si uno murió por todos, luego todos murieron; y por todos murió, para que los que viven, ya no vivan para sí, sino para aquel que murió y resucitó por ellos" (2 Co. 5:14-15).

"Con Cristo estoy juntamente crucificado, y ya no vivo yo, mas vive Cristo en mí; y lo que ahora vivo en la carne, lo vivo en la fe del Hijo de Dios, el cual me amó y se entregó a sí mismo por mí" (Gá. 2:20).

"En esto hemos conocido el amor, en que él puso su vida por nosotros; también nosotros debemos poner nuestras vidas por los hermanos" (1 Jn. 3:16).

[5] (2:19-21) ***Creyente, posición, Presencia moradora, Cristo, en el creyente:*** Un creyente es justificado por vivir para Dios. Un creyente vive para Dios haciendo cuatro cosas.

1. El creyente vive para Dios *muriendo por la ley.* La ley le demuestra al hombre que es un pecador y que está muy lejos de la perfección y la justicia. La ley le demuestra al hombre que debe ser castigado y separado de la sociedad de Dios para siempre. La ley le demuestra al hombre que no tiene ninguna oportunidad de ser jamás aceptado por Dios –no si tiene que acercarse a Dios mediante el cumplimiento de la ley. Él simplemente no puede cumplir con la ley– no en forma continua, no en forma coherente puesto que siempre está lejos de cumplir con la ley y de la gloria de Dios. La ley mata al hombre, lo asesina y lo condena a la muerte. La única esperanza que tiene el hombre de alguna vez ser aceptable ante Dios es morir por la ley –de algún modo, cierta forma de ser liberado de la ley–, de alejarse tanto de la ley que ya no tenga peso sobre él. ¿Cómo puede un hombre hacer esto? Apartándose de la ley y encontrando a alguien que pueda motivar a Dios para que lo considere justo y lo acepte. Lo primero que un hombre debe hacer a fin de vivir para Dios es *morir para la ley y para las obras de justicia propia.*

2. El creyente vive para Dios al haber sido *crucificado con Cristo* (v. 20). ¿Cómo puede ser que un hombre sea crucificado con Cristo cuando Cristo murió hace tantos siglos? Las Escrituras nos dicen cómo. Cuando un hombre cree que Jesucristo murió por él –que Jesucristo cargó con el castigo del pecado por él– Dios toma la fe de ese hombre y...

- Considera su fe como *habiendo muerto en Cristo.*
- Considera su fe como su *identificación con Cristo en la muerte.*
- Considera su fe como si ya hubiera sido castigado por el pecado *en la muerte de Cristo.*

Como dicen las Escrituras, el hombre es "crucificado con Cristo". Dios considera o da mérito al creyente como si ya hubiera muerto, como si hubiera muerto con Cristo. (Véase notas, Ro. 6:3-5; nota 3, Ro. 8:1 para una mayor discusión al respecto).

3. El creyente vive para Dios al permitir que Cristo viva su vida a través de su cuerpo. (Véase bosquejo y notas, Ro. 6:1-10; 6:11-13; 6:14-23; 8:1-17). Ahora advierta: El creyente es "crucificado con Cristo" y sin embargo, sigue viviendo en la tierra. Por lo tanto, no será quien esté *a cargo de su vida.* Por la fe murió con Cristo, por lo cual, debe vivir con Cristo. Debe permitir que Cristo viva *en y a través de su cuerpo,* para que lo controle y para que esté a cargo de su vida.

- El creyente debe fundirse en Cristo de manera tal como si Cristo caminara por la tierra en su cuerpo.
- El creyente debe tener una gran unión y compañerismo con Cristo como si fuera solo una rama que toma su vida misma y su nutrición de Cristo (cp. la Vid y los pámpanos, Jn. 15:1-6).

Pensamiento 1: Jesucristo (el Espíritu de Dios) vive en el cuerpo del creyente.

"En aquel día vosotros conoceréis que yo estoy en mi Padre, y vosotros en mí, y yo en vosotros" (Jn. 14:20).

"Permaneced en mí, y yo en vosotros. Como el pámpano no puede llevar fruto por sí mismo, si no permanece en la vid, así tampoco vosotros, si no permanecéis en mí. Yo soy la vid, vosotros los pámpanos; el que permanece en mí, y yo en él, éste lleva mucho fruto; porque separados de mí nada podéis hacer" (Jn. 15:4-5).

"Yo en ellos, y tú en mí, para que sean perfectos en unidad, para que el mundo conozca que tú me enviaste, y que los has amado a ellos como también a mí me has amado" (Jn. 17:23).

"Con Cristo estoy juntamente crucificado, y ya no vivo yo, mas vive Cristo en mí; y lo que ahora vivo en la carne, lo vivo en la fe del Hijo de Dios, el cual me amó y se entregó a sí mismo por mí" (Gá. 2:20).

"Para que habite Cristo por la fe en vuestros corazones, a fin de que, arraigados y cimentados en amor, seáis plenamente capaces de comprender con todos los santos cuál sea la anchura, la longitud, la profundidad y la altura, y de conocer el amor de Cristo, que excede a todo conocimiento, para que seáis llenos de toda la plenitud de Dios" (Ef. 3:17-19).

"A quienes Dios quiso dar a conocer las riquezas de la gloria de este misterio entre los gentiles; que es Cristo en vosotros, la esperanza de gloria" (Col. 1:27).

"He aquí, yo estoy a la puerta y llamo; si alguno oye mi voz y abre la puerta, entraré a él, y cenaré con él, y él conmigo" (Ap. 3:20).

Pensamiento 2: El creyente debe permitir que Cristo viva a través de su cuerpo.

"Así que, hermanos, os ruego por las misericordias de Dios, que presentéis vuestros cuerpos en sacrificio vivo, santo, agradable a Dios, que es vuestro culto racional. No os conforméis a este siglo, sino transformaos por medio de la renovación de vuestro entendimiento, para que comprobéis cuál sea la buena voluntad de Dios, agradable y perfecta" (Ro. 12:1-2).

"¿No sabéis que sois templo de Dios, y que el Espíritu de Dios mora en vosotros? Si alguno destruyere el templo de Dios, Dios le destruirá a él; porque el templo de Dios, el cual sois vosotros, santo es" (1 Co. 3:16-17).

"¿O ignoráis que vuestro cuerpo es templo del Espíritu Santo, el cual está en vosotros, el cual tenéis de Dios, y que no sois vuestros? Porque habéis sido comprados por precio; glorificad, pues, a Dios en vuestro cuerpo y en vuestro espíritu, los cuales son de Dios" (1 Co. 6:19-20).

"¿Y qué acuerdo hay entre el templo de Dios y los ídolos? Porque vosotros sois el templo del Dios vivo, como Dios dijo: Habitaré y andaré entre ellos, y seré su Dios, y ellos serán mi pueblo. Por lo cual, salid de en medio de ellos, y apartaos, dice el Señor, y no toquéis lo inmundo; y yo os recibiré, y seré para vosotros por Padre, y vosotros me seréis hijos e hijas, dice el Señor Todopoderoso" (2 Co. 6:16-18).

4. El creyente vive para Dios confiando en la gracia de Dios, es decir, confiando en Jesucristo quien es la justicia de Dios. La palabra "frustrar" (atheto) significa dejar a un lado, vaciar, invalidar, hacer ineficaz y anular. Si un hombre deja a un lado la gracia de Dios y busca justicia en la ley, entonces Cristo murió en vano. La persona que predica que un hombre puede ser lo suficientemente bueno –que puede trabajar lo suficiente y cumplir bastante con la ley– para volverse justo y aceptable ante Dios...

- Anula y termina con el amor y la gracia de Dios.
- Convierte a la muerte de Cristo en algo vacío y sin sentido.

La única manera en que un hombre puede vivir para Dios es confiando en la gracia y el amor de Dios, es decir, confiando en la muerte de Jesucristo por su justicia.

"Pero ahora, aparte de la ley, se ha manifestado la justicia de Dios, testificada por la ley y por los profetas; la justicia de Dios por medio de la fe en Jesucristo, para todos los que creen en él. Porque no hay diferencia" (Ro. 3:21-22).

"Porque ignorando la justicia de Dios, y procurando establecer la suya propia, no se han sujetado a la justicia de Dios; porque el fin de la ley es Cristo, para justicia a todo aquel que cree" (Ro. 10:3-4).

"Mas por él estáis vosotros en Cristo Jesús, el cual nos ha sido hecho por Dios sabiduría, justificación, santificación y redención" (1 Co. 1:30).

"Y ser hallado en él, no teniendo mi propia justicia, que es por la ley, sino la que es por la fe de *Cristo, la justicia* que es de Dios por la fe" (Fil. 3:9).

	CAPÍTULO 3		d. Porque ha visto a Cristo con tanta claridad
	III. LA PRUEBA DE QUE UN HOMBRE ES JUSTIFICADO POR LA FE ÚNICAMENTE Y NO POR LAS OBRAS, 3:1—4:7	2 Esto solo quiero saber de vosotros: ¿Recibisteis el Espíritu por las obras de la ley, o por el oír con fe?	**2 Un creyente recibe el Espíritu por fe, no por las obras o por la ley**
		3 ¿Tan necios sois? ¿Habiendo comenzado por el Espíritu, ahora vais a acabar por la carne?	**3 Un creyente crece por la fe**
	A. La prueba de la experiencia de un creyente, 3:1-5	4 ¿Tantas cosas habéis padecido en vano? si es que realmente fue en vano.	**4 Un creyente sufre por la fe**
1 Un creyente corrige un error (falsa enseñanza) a. Porque lo hace insensato b. Porque lo engaña c. Porque demuestra que es desobediente	1 ¡Oh gálatas insensatos! ¿quién os fascinó para no obedecer a la verdad, a vosotros ante cuyos ojos Jesucristo fue ya presentado claramente entre vosotros como crucificado?	5 Aquel, pues, que os suministra el Espíritu, y hace maravillas entre vosotros, ¿lo hace por las obras de la ley, o por el oír con fe?	**5 Un creyente experimenta la obra maravillosa de Dios por medio de la fe y no por las obras ni por la ley**

DIVISIÓN III

LA PRUEBA DE QUE UN HOMBRE ES JUSTI-FICADO POR LA FE ÚNICAMENTE Y NO POR LAS OBRAS, 3:1—4:7

A. La prueba de la experiencia de un creyente, 3:1-5

(3:1—4:7) ***BOSQUEJO DE LA DIVISIÓN: Justificación, Fe en contraposición a obras:*** Este pasaje da inicio a la principal enseñanza del Libro de Gálatas, de que un hombre es justificado solo por la fe y no por buenas obras ni por la ley. Evidentemente, un hombre debe ser bueno y hacer el bien, ser tan bueno como pueda ser y hacer el mayor bien que pueda. Un hombre debe vivir una vida moral y justa como lo indica la ley. Pero este no es el punto; esto no es lo que dicen las Escrituras. Las Escrituras dicen que una persona *no es justificada* ante Dios por hacer el bien y cumplir con la ley. Ningún hombre puede hacer suficiente bien o cumplir lo bastante con las leyes como para tornarse perfecto y aceptable ante Dios. Dios es perfecto, e independientemente de cuánto bien y de cuánta ley cumplamos, no nos convertimos en perfectos. Todavía nos falta mucho: Seguimos fallando, pecando, envejeciendo y muriendo. Las buenas obras y la ley no nos perfeccionan. No nos hacen aceptables ante Dios, ni nos otorgan una vida eterna. Solamente Dios puede perfeccionarnos, aceptarnos y darnos vida eterna. Cualquier persona pensante y sincera sabe que no hay nada –absolutamente nada– en la tierra que evite que tengamos carencias y muramos. No hay absolutamente nada en la tierra que pueda darnos vida eterna en un mundo perfecto donde no haya nada más que amor, gozo y paz. Si vamos a heredar alguna vez la vida eterna, entonces es Dios quien tiene que dárnosla. (Véase bosquejos, notas y *Estudio a fondo 1,* Gá. 2:15-16; *Estudio a Fondo 2,* 2:16; nota, 2:19-21 para mayor discusión al respecto.)

El punto es este: ¿Cómo sabemos que Dios nos justificará? ¿Cómo sabemos que Dios nos aceptará y nos dará la vida con Él para siempre? La respuesta a esta pregunta es el tratamiento de este pasaje. Hay seis pruebas que indican que Dios nos justificará solo por la fe, seis pruebas de que Dios no nos justificará por las obras y por la ley.

1. La prueba de la experiencia de un creyente (3:1-5).
2. La prueba de las Escrituras (3:6-14).
3. La prueba del Pacto o promesa de Dios (3:15-18).
4. La prueba de la falta de poder de la ley (3:19-22).
5. La prueba de lo que la fe hace por nosotros (3:23-29).
6. La prueba de Cristo y la plenitud del tiempo (4:1-7).

(3:1-5) ***Introducción:*** Algunas personas influyentes se habían unido a las iglesias de Galacia y las iglesias se enorgullecían de su presencia. Los miembros nuevos eran tan capaces y las iglesias se sentían tan felices de contar con ellos que fueron inmediatamente ubicados en cargos de liderazgo y enseñanza. Sin embargo, estos miembros nuevos no habían sido verdaderamente convertidos por Cristo o bien su entendimiento del evangelio era muy confuso. Comenzaron a enseñar que solo la fe no bastaba para salvar a una persona, que una persona debía atravesar el ritual básico de la religión (circuncisión) y centrar su vida en la ley a fin de volverse aceptable ante Dios.

La respuesta de Pablo es directa: La *experiencia* de los creyentes gálatas desaprueba que una persona sea aceptable ante Dios por la ley. La *experiencia del creyente* demuestra que él es justificado solo por la fe y todo lo que tiene que hacer un creyente es volver a pensar en su experiencia y verá la verdad.

1. Un creyente corrige un error (falsa enseñanza) (v. 1).
2. Un creyente recibe el Espíritu por fe, no por las obras o por la ley (v. 2).
3. Un creyente crece por la fe (v. 3).
4. Un creyente sufre por la fe (v. 4).
5. Un creyente experimenta la obra maravillosa de Dios por medio de la fe y no por las obras ni por la ley (v. 5).

[1] (3:1) ***Engaño:*** Un creyente corrige un error. Hay cuatro motivos por los cuales debe hacerlo.

1. El error hace que una persona sea "insensata". Advierta que Pablo llama a los creyentes de Galacia "gálatas in-

sensatos". La palabra "insensato" (anoetoi) significa mal entendido, hacer algo sin pensarlo e impensado. Los gálatas estaban escuchando falsas enseñanzas y absorbiéndolas pasivamente. No estaban pensando en lo que se les enseñaba. Estaban perezosamente sentados y embebiéndose de ellas, sin aplicar sus mentes para ver si lo que se les enseñaba era cierto o no. Eran *insensatos,* actuando como personas sin sentido que eran incapaces de pensar.

2. El error engaña a la persona. La palabra "fascinó" significa hechizar, confundir, engañar. Los falsos maestros eran, como tantos otros, oradores muy capaces, con fluidez y persuasivos que tenían personalidades dinámicas y carisma. Sus enseñanzas sonaban razonables y lógicas.

- Un hombre debe cumplir con el ritual de la religión.
- Un hombre debe hacer obras de bien para ser bueno.
- Un hombre debe cumplir con la ley a fin de ser aceptable ante Dios.

Todo sonaba razonable y lógico, en especial a una persona que no estaba pensando ni comparando la enseñanza con el evangelio de Cristo. El error era *fascinar,* engañar a los creyentes.

3. El error demuestra desobediencia. Los gálatas simplemente no estaban obedeciendo a la verdad. Estaban intentando volverse aceptables a Dios...

- Pasando por el ritual de la religión (circuncisión, bautismo, etc.), en lugar de confiar en la muerte de Jesucristo.
- Sometiéndose y centrando sus vidas en la ley en lugar de hacerlo en Cristo.

4. El error aleja a un creyente de Cristo. Esto es trágico, puesto que el verdadero creyente es una persona que ha visto a Cristo crucificado por él. Los gálatas habían visto claramente la muerte de Cristo a través de la prédica de Pablo. La prédica de Pablo llanamente había señalado y explicado la muerte de Cristo. De hecho, la muerte del Señor había sido explicada con tanta claridad que fue como si el Señor Jesús hubiera sido crucificado en su presencia, ante sus mismos ojos. Por lo tanto, no había excusa para el hecho de que siguieran a falsos maestros. Sabían lo que Cristo había hecho por ellos, que Cristo había muerto por ellos y que había tomado sus pecados en Él y cargado con el castigo por ellos.

Sabían que Dios los amaba, que Dios amaba al mundo...

- Que había enviado a su Hijo al mundo para morir por ellos.
- Que Dios esperaba que todos los hombres creyeran en la muerte de su Hijo, Jesucristo.
- Que Dios tomó su fe y amor en su amado Hijo y los aceptó porque ellos creían en y amaban a su Hijo.

¿Cómo pudieron ser tan insensatos y estar tan fascinados y no obedecer la verdad, en especial cuando habían visto claramente y comprendido la muerte de Jesucristo?

[2] (3:2) ***Espíritu Santo, Fe en contraposición a obras:*** Un creyente recibe al Espíritu Santo por la fe, no por las obras ni por la ley. Advierta que todo este pasaje es una serie de preguntas. Pablo motiva a los gálatas a pensar. Esta pregunta golpea en el corazón mismo del evangelio: ¿Cómo comenzaron con su vida cristiana? ¿Recibieron el Espíritu Santo por las obras de la ley o por escuchar la fe?

Hay algo que los verdaderos creyentes saben, y los verdaderos creyentes de las iglesias gálatas también lo sabían: Ninguna persona gana o merece el Espíritu de Dios. El hombre está demasiado contaminado y demasiado lejos de la gloria de Dios como para merecer el Espíritu de Dios. Sus pensamientos y comportamiento son con mucha frecuencia...

- feos
- injustos
- lascivos
- impíos
- egoístas
- negativos
- indisciplinados
- imperfectos
- codiciosos
- inmorales
- impuros
- no santos

Independientemente de cuánto bien y de cuánto de la ley se cumpla, el creyente sabe que no pudo y no puede eliminar dichos pensamientos ni comportamiento, no por completo, no totalmente. Por lo tanto, no se convirtió en cristiano –no recibió el Espíritu Santo– por buenas obras ni por cumplir con las leyes. Se convirtió en cristiano y recibió el Espíritu Santo de Dios por oír acerca de la fe en Cristo. Oyó las gloriosas nuevas de que Cristo había muerto por él y por sus pecados, y él creyó esas nuevas. Por lo tanto, Dios tomó su fe y la consideró justa. El creyente sabe que él no es justo, pero Dios *lo considera justo porque cree en y ama* a su Hijo. El creyente sabe que el Espíritu Santo no mora en él por algún bien u obra propia. Sabe que tiene el Espíritu Santo porque Dios considera su *fe en Cristo* como razón suficiente para colocar su Espíritu en su corazón. Así es como el creyente recibe al Espíritu Santo, y así es como los gálatas recibieron el Espíritu de Dios.

Pensamiento 1: Toda persona debe oír el glorioso mensaje de fe. "Oír la fe" es la única forma en que una persona puede alguna vez convertirse en aceptable para Dios. Una persona debe oír y creer el *informe de fe.* El *mensaje de fe* es el evangelio de la salvación: *fe en el Señor Jesucristo y en su muerte por nuestros pecados.*

"¿Cómo, pues, invocarán a aquel en el cual no han creído? ¿Y cómo creerán en aquel de quien no han oído? ¿Y cómo oirán sin haber quien les predique? ¿Y cómo predicarán si no fueren enviados? Como está escrito: ¡Cuán hermosos son los pies de los que anuncian la paz, de los que anuncian buenas nuevas! Mas no todos obedecieron al evangelio; pues Isaías dice: Señor, ¿quién ha creído a nuestro anuncio? Así que la fe es por el oír, y el oír, por la palabra de Dios" (Ro. 10:14-17).

Pensamiento 2: El Espíritu Santo es el don de Dios. Ningún hombre puede ganar o merecer el Espíritu de Dios. El Espíritu Santo de Dios es otorgado por Dios y únicamente por Dios.

"Y yo rogaré al Padre, y os dará otro Consolador, para que esté con vosotros para siempre: el Espíritu de verdad, al cual el mundo no puede recibir, porque no le ve, ni le conoce; pero vosotros le conocéis, porque mora con vosotros, y estará en vosotros" (Jn. 14:16-17).

"Mas vosotros no vivís según la carne, sino según el Espíritu, si es que el Espíritu de Dios mora en vosotros. Y si alguno no tiene el Espíritu de Cristo, no es de él" (Ro. 8:9).

"¿O ignoráis que vuestro cuerpo es templo del Espíritu Santo, el cual está en vosotros, el cual tenéis de Dios, y que no sois vuestros? Porque habéis sido comprados por precio; glorificad, pues, a Dios en vuestro cuerpo y en vuestro espíritu, los cuales son de Dios" (1 Co. 6:19, 20).

"Pero la unción que vosotros recibisteis de él permanece en vosotros, y no tenéis necesidad de que nadie os enseñe; así como la unción misma os enseña todas las cosas, y es verdadera, y no es mentira, según ella os ha enseñado, permaneced en él" (1 Jn. 2:27).

3 (3:3) ***Crecimiento, Espíritu, Madurez, Fe, Carne:*** Un creyente crece y será perfeccionado solo por la fe y no por la carne. Nuevamente, advierta la pregunta: "¿Habiendo comenzado por el Espíritu, ahora vais a acabar por la carne?"

Un creyente no se torna espiritualmente maduro concentrándose en su carne, en lo que puede hacer...

- sus esfuerzos
- su disciplina
- sus obras
- su moralidad
- su bondad
- su comportamiento justo

No importa cuán fuerte y disciplinada sea su carne, no importa cuántas obras de bien y leyes puede cumplir en su propia carne, la carne del creyente no lo hace crecer espiritualmente. Centrarse en su carne y en la fuerza y obra de la carne solo ocasiona que el creyente se concentre en sí mismo. Recalca el yo, no el Espíritu, lo humano y lo físico, no lo espiritual y celestial.

Advierta otro hecho: No importa cuántas obras de bien se hagan ni cuantas leyes se cumplan, no pueden hacer que un hombre sea perfecto. No pueden impartir vida eterna al hombre. No existe hombre sobre la tierra que esté viviendo eternamente por las obras. No hay ninguna ley que pueda mantener vivo a un hombre por siempre. No importa cuantas obras de la ley haya hecho un hombre *en su carne,* él no ha logrado la perfección. No la perfección santa que lo hace aceptable ante Dios. Si va a ser suficientemente perfecto en algún momento, será porque Dios lo perfecciona, no porque ha obrado y se ha vuelto perfecto a través de su carne corruptible y de sus esfuerzos humanos.

Como dice Pablo "¿Tan necios sois?" ¿Es Dios tan inferior que el hombre corruptible y mortal puede lograr tanto? ¿Es el hombre tan exaltado que tiene tan poco por lograr a fin de ser perfeccionado? Todo corazón pensante y sincero lo sabe.

- Un hombre *comienza* su viaje hacia Dios cuando verdaderamente cree en Jesucristo y "nace de nuevo", *algo espiritual.*
- Un hombre *continúa* con su viaje mientras es renovado a diario por el Espíritu Santo, también *algo espiritual.*

La única forma en que un creyente puede crecer espiritualmente y madurar es centrando su vida y su mente en Jesucristo. El creyente debe enfocar su mente en las cosas de Cristo en todo momento, y al hacerlo, el Espíritu de Dios atraerá su mente a cosas espirituales. Recuerde: El Espíritu de Dios vive *dentro* del creyente. Está allí para obrar dentro del creyente y para ayudarlo a crecer y madurar en Cristo.

- El creyente mantiene su mente y sus pensamientos en Cristo, dejando a un lado imaginaciones y haciendo que cada pensamiento sea obediente a Cristo.

"Derribando argumentos y toda altivez que se levanta contra el conocimiento de Dios, y llevando cautivo todo pensamiento a la obediencia a Cristo" (2 Co. 10:5).

"Por lo demás, hermanos, todo lo que es verdadero, todo lo honesto, todo lo justo, todo lo puro, todo lo amable, todo lo que es de buen nombre; si hay virtud alguna, si algo digno de alabanza, *en esto pensad"* (Fil. 4:8).

- El creyente se centra y mantiene su mente y sus pensamientos en ser conformado cada vez más a la imagen de Cristo. Mantiene su mente y pensamientos en Cristo durante todo el día, orando, honrando, adorando y pidiéndole su ayuda y guía. Aprende a vivir y a moverse y a tener su ser puesto en Cristo.

"Porque a los que antes conoció, también los predestinó para que fuesen *hechos conformes* a la imagen de su Hijo, para que él sea el primogénito entre muchos hermanos" (Ro. 8:29).

"Por tanto, nosotros todos, mirando a cara descubierta como en un espejo la gloria del Señor, somos transformados de gloria en gloria en la misma imagen, como por el Espíritu del Señor" (2 Co. 3:18).

"Y revestido del nuevo, el cual conforme a la imagen del que lo creó se va renovando hasta el conocimiento pleno" (Col. 3:10).

"Ocúpate en estas cosas; permanece en ellas, para que tu aprovechamiento sea manifiesto a todos" (1 Ti. 4:15).

"Antes bien, creced en la gracia y el conocimiento de nuestro Señor y Salvador Jesucristo. A él sea gloria ahora y hasta el día de la eternidad. Amén" (2 P. 3:18).

- El creyente que centra su amor, atención y vida en el Señor Jesucristo es aceptado por Dios. Dios ama tanto a su Hijo que acepta a toda persona que verdaderamente ame y centre su vida en su Hijo. Y algún día –en el glorioso día de la redención– Dios perfeccionará al creyente y lo conformará en forma perfecta a la imagen de Cristo.

"Mas nuestra ciudadanía está en los cielos, de donde también esperamos al Salvador, al Señor Jesucristo; el cual transformará el cuerpo de la humillación nuestra, para que sea semejante al

cuerpo de la gloria suya, por el poder con el cual puede también sujetar a sí mismo todas las cosas" (Fil. 3:20-21).

"Amados, ahora somos hijos de Dios, y aún no se ha manifestado lo que hemos de ser; pero sabemos que cuando él se manifieste, seremos semejantes a él, porque le veremos tal como él es" (1 Jn. 3:2).

4 (3:4) ***La fe en contraposición a las obras, Sufrimiento:*** Un creyente sufre por la fe. Cuando los gálatas aceptaron a Cristo, habían sufrido el ridículo, el abuso, el aislamiento y la persecución de sus vecinos. Y al parecer la persecución continuó por un tiempo (Hch. 14:1-7, 19, 22). El punto es este: Si los gálatas se alejaban de Cristo y se volcaban a una falsa enseñanza, entonces el sufrimiento que habían padecido por Cristo hubiera sido en vano. Habrían sufrido por nada. De hecho, ahora parecerían insensatos si se alejaran de Cristo cuando habían sufrido tanto para abrazar su causa.

Pensamiento 1:. Todo creyente que verdaderamente se vuelca a Cristo tiene algún sufrimiento con el cual cargar. Puede ser leve, pero algún sufrimiento carga. Hay sufrimientos de...

- Separación del mundo.
- Negación propia.
- Tomar la muerte de la cruz de acuerdo a la voluntad y manera propias cada día.
- Entregar todo lo que uno tiene a Cristo y a su causa (dinero, tiempo, energía, esfuerzo).

La lista podría continuar, pero el punto es claro. Si vale la pena sufrir por Cristo, ¿entonces por qué abandonarlo y volcarse a alguna falsa enseñanza?

"Bienaventurados sois cuando por mi causa os vituperen y os persigan, y digan toda clase de mal contra vosotros, mintiendo" (Mt. 5:11).

"Y seréis aborrecidos de todos por causa de mi nombre; mas el que persevere hasta el fin, éste será salvo" (Mt. 10:22)

"Y cualquiera que haya dejado casas, o hermanos, o hermanas, o padre, o madre, o mujer, o hijos, o tierras, por mi nombre, recibirá cien veces más, y heredará la vida eterna" (Mt. 19:29).

"Y decía a todos: Si alguno quiere venir en pos de mí, niéguese a sí mismo, tome su cruz cada día, y sígame. Porque todo el que quiera salvar su vida, la perderá; y todo el que pierda su vida por causa de mí, éste la salvará. Pues ¿qué aprovecha al hombre, si gana todo el mundo, y se destruye o se pierde a sí mismo?" (Lc. 9:23-25).

"Porque nosotros que vivimos, siempre estamos entregados a muerte por causa de Jesús, para que también la vida de Jesús se manifieste en nuestra carne mortal" (2 Co. 4:11).

5 (3:5) ***La fe en contraposición a las obras:*** Un creyente experimenta la obra maravillosa de Dios por la fe y no por las obras ni por la ley. ¿Cuáles fueron los milagros que vivieron los gálatas? Hubo obras milagrosas de sanidad (cp. Hch. 14:8-15). Pero advierta: Los milagros no se debían a los gálatas, se debían a Dios. Los gálatas no ganaron ni merecieron los milagros. Simplemente *oyeron hablar de la fe,* del poder de la fe y creyeron en que Dios consideraría su fe como el milagro y satisfaría sus necesidades. Y Dios lo hizo. Dios obró milagros entre ellos debido a haber "oído la fe". Ellos oyeron el mensaje glorioso de la fe en Cristo, y creyeron en el poder de la fe en Cristo. Por lo tanto, Dios honró su fe y satisfizo sus necesidades.

Pensamiento 1: ¡Vaya lección para nosotros! Creer en "oír la fe", el glorioso mensaje de *fe en Cristo y su poder ¡y luego experimentar ese poder!*

"Y todo lo que pidiereis en oración, creyendo, lo recibiréis" (Mt. 21:22).

"Y yo os digo: Pedid, y se os dará; buscad, y hallaréis; llamad, y se os abrirá" (Lc. 11:9).

"Porque de tal manera amó Dios al mundo, que ha dado a su Hijo unigénito, para que todo aquel que en él cree, no se pierda, mas tenga vida eterna" (Jn. 3:16. El milagro de la regeneración).

"De cierto, de cierto os digo: El que oye mi palabra, y cree al que me envió, tiene vida eterna; y no vendrá a condenación, mas ha pasado de muerte a vida" (Jn. 5:24. El milagro de vivir eternamente).

"Si permanecéis en mí, y mis palabras permanecen en vosotros, pedid todo lo que queréis, y os será hecho" (Jn. 15:7).

"Y a Aquel que es poderoso para hacer todas las cosas mucho más abundantemente de lo que pedimos o entendemos, según el poder que actúa en nosotros" (Ef. 3:20).

"Me invocará, y yo le responderé; con él estaré yo en la angustia; lo libraré y le glorificaré" (Sal. 91:15).

"Y antes que clamen, responderé yo; mientras aún hablan, yo habré oído" (Is. 65:24).

	B. La prueba de las Escrituras, 3:6-14	Maldito todo aquel que no permaneciere en todas las cosas escritas en el libro de la ley, para hacerlas.	a. Porque un hombre no cumple con toda la ley.
1 Las Escrituras usan a Abraham para ilustrar la verdad a. Él creyó en Dios, por lo tanto fue juzgado como justo. b. Los que son de fe son los verdaderos hijos de Abraham	6 Así Abraham creyó a Dios, y le fue contado por justicia. 7 Sabed, por tanto, que los que son de fe, éstos son hijos de Abraham.	11 Y que por la ley ninguno se justifica para con Dios, es evidente, porque: El justo por la fe vivirá; 12 y la ley no es de fe, sino que dice: El que hiciere estas cosas vivirá por ellas.	b. Porque la manera de Dios es "vivir en fe" 1) La ley no es de fe 2) El hombre de la ley será juzgado por la ley
2 Las Escrituras "predicaron el evangelio de fe a Abraham" a. Las Escrituras anunciaron que Dios juzgaría a los hombres justos a través de la fe b. Los que son de fe son juzgados como justos con Abraham	8 Y la Escritura, previendo que Dios había de justificar por la fe a los gentiles, dio de antemano la buena nueva a Abraham, diciendo: En ti serán benditas todas las naciones. 9 De modo que los de la fe son bendecidos con el creyente Abraham.	13 Cristo nos redimió de la maldición de la ley, hecho por nosotros maldición (porque está escrito: Maldito todo el que es colgado en un madero), 14 para que en Cristo Jesús la bendición de Abraham alcanzase a los gentiles, a fin de que por la fe recibiésemos la promesa del Espíritu.	**4 Las Escrituras dicen que "Cristo nos ha redimido de la maldición"** a. Fue convertido en una maldición para nosotros b. Su propósito: Abrir la puerta de la bendición a todos los hombres 1) Bendición de Abraham 2) Bendición del Espíritu
3 Las Escrituras dicen "la ley coloca al hombre bajo la maldición"	10 Porque todos los que dependen de las obras de la ley están bajo maldición, pues escrito está:		

DIVISIÓN III

LA PRUEBA DE QUE UN HOMBRE ES JUSTIFICADO POR LA FE ÚNICAMENTE Y NO POR LAS OBRAS, 3:1—4:7

B. La prueba de las Escrituras, 3:6-14

(3:6-14) ***Introducción, Escrituras, Justificación, Falsos maestros:*** Habían surgido algunos falsos maestros en las iglesias de Galacia. Enseñaban que un hombre debe centrar su vida en los rituales y las enseñanzas de la religión –en las obras de la ley– en lugar de centrarse en Cristo. Dicho en términos simples, estaba diciendo que un hombre debía ser *ritualizado* (circuncidado, miembro de la iglesia, bautizado) y dar su vida para cumplir con la ley a fin de ser aceptable ante Dios. Ubicaban al ritual y a la ley –sus propias obras y esfuerzos– por encima de Jesucristo.

- Se centraban en lo que debían hacer en lugar de hacerlo en Cristo.
- Se concentraban en sí mismos –en lo que podían hacer para salvarse y ser aceptables ante Dios– no en Cristo y su poder salvador.
- Acentuaban la carne, lo físico y lo natural, la fuerza del hombre en lugar del amor de Dios otorgado al mundo en su Hijo, Jesucristo.

La respuesta de Pablo es firme: Las Escrituras demuestran que un hombre es justificado por la fe y no por las obras ni por la ley.

1. Las Escrituras usan a Abraham para ilustrar la verdad (vv. 6-7).
2. Las Escrituras "predicaron el evangelio de fe a Abraham" (vv. 8-9).
3. Las Escrituras dicen "la ley coloca al hombre bajo la maldición" (vv. 10-12)
4. Las Escrituras dicen "Cristo nos ha redimido de la maldición" (vv. 13-14).

1 (3:6-7) ***Abraham, Justificación, Fe, Justicia:*** Las Escrituras utilizan a Abraham para ilustrar la verdad de que la justificación es por la fe y solo por la fe. Abraham mantuvo una postura única en la nación judía, puesto que era el fundador de la nación. Era el hombre a quien Dios había alentado a que fuera un testigo ante las demás naciones del mundo, un testigo del único y verdadero Dios vivo. Dios se le había aparecido a Abraham y lo había desafiado a que abandonara su hogar, sus amigos, su empleo y su país. Dios realizó dos grandes promesas si Abraham cumplía sin cuestionar a Dios: Abraham se convertiría en el padre de una nueva nación y todas las naciones del mundo serían bendecidas por su semilla. (Gn. 13:14-17; 15:1-7; 17:1-8; 15-19; 22:15-18; 26:2-5, 24; 28:13-15; 35:9-12). (Véase nota y *Estudio a fondo 1,* Jn. 4:22).

Advierta dos puntos:

1. Abraham le creyó a Dios. Por lo tanto, fue juzgado como justo. Se fue –dejó su hogar y lo arriesgó todo– sin saber a dónde iba (He. 11:8). Confió en Dios por completo e incuestionablemente y tomó la Palabra de Dios.

Ahora advierta: No fue el hecho de que Abraham cumpliera la ley lo que satisfizo a Dios. De hecho, la ley todavía no había sido concretada (Gá. 3:17). Lo que le complació a Dios y lo que lo hizo justificar a Abraham fue que Abraham hacía lo que Dios le había dicho. Abraham simplemente *creyó* en la promesa de Dios de que Dios le daría una nueva vida *en* una nueva nación, *con* un pueblo nuevo. (Véase *Estudio a fondo 1,* Gá. 3:8, notas, Gá. 3:16; He. 11:9-19.)

a. Abraham y su "semilla" eran los únicos a los que Dios les realizó las promesas. Esto se declara con énfasis (Ro. 4:13-25; Gá. 3:6-16, 26, 29).
b. Abraham recibió solo una promesa (Ro. 4:13-21; Gá. 3:14, 18-21, 29). No se le dio ninguna otra información. Dios no identificó el país ni le dijo a Abraham dónde tenía que ir. Ni tampoco Dios le dijo a Abraham cuándo su esposa Sara engendraría la semilla (el hijo varón) a partir del cual nacería la nación prometida. Dios realizó una simple promesa, y todo lo que Abraham debía hacer se basaba en esa simple promesa, es decir, la propia Palabra de Dios.
c. Había una sola condición asociada a la promesa: Abraham debía creerle a Dios. No estaban involucradas ningún tipo de obras.
d. Abraham le creyó a Dios (Gn. 12:4-5; 11:22; Gá. 3:6; He. 11:8ss).
e. Abraham fue *contado como justo* porque le creyó a Dios (Ro. 4:3-5, 9-13, 19-22; Gá. 3:6; cp. Gn. 15:6). Dios no lo contó como justo por lo que era o por lo que había hecho. Simplemente le creyó a Dios. Por lo tanto, Dios tomó su fe y *contó* su fe como justicia (véase notas, Ro. 4:1-3; *Estudio a fondo 1, 2,* 4:22; nota, 5:1).
f. La prueba de que Abraham realmente le creyó a Dios fue que él hizo lo que Dios le había dicho. Su fe *precedió* a su obediencia. Le creyó a Dios y luego obedeció a Dios. Si no hubiera creído en Dios, no hubiera abandonado su hogar ni su empleo. No hubiera dejado su entorno ni a sus amigos, sus relaciones importantes y sus apegos personales. El hecho de que él hiciera lo que Dios le pidió fue una evidencia de que creía en la promesa de Dios.

2. Los que son de la fe son los verdaderos hijos de Abraham. La persona que cree en Dios es la persona que recibe las promesas de Dios (Ro. 4:5-12, 16-17, 23-25; Gá. 3:7-9, 14, 22, 26, 29). Pablo sostiene que ni la herencia, ni la nacionalidad, ni los méritos, ni las obras, ni la ley, ni las reglas de la ley tienen algo que ver con las promesas de Dios (Gá. 3:6-7). Los verdaderos hijos de Abraham son los que creen en Dios, cualquier persona de cualquier nación. De hecho, la promesa de Dios de que Abraham y su "semilla" recibirían una nación fue la promesa de una nación eterna. Esta nación eterna debe ser de otro mundo, de otra dimensión del ser: Todo ciudadano debe ser un creyente, que ha creído en Dios y en su Palabra. Esto es exactamente lo que dice este pasaje: "Los que creen son los hijos de Abraham, los hijos de la promesa de Dios. Ellos serán bendecidos junto con el fiel Abraham. Ellos serán los ciudadanos del reino de Dios, 'los cielos nuevos y la nueva tierra' " (cp. He. 11:8-18; 2 P. 3:10-14).

[2] (3:8-9) ***Escrituras, Justificación, Fe:*** Las Escrituras "predicaron el evangelio de fe a Abraham". Para Pablo, las Escrituras eran la Palabra de Dios, la voz misma de Dios. Por lo tanto, Pablo pudo decir con certeza que las Escrituras le hablaron a Abraham y que Dios le habló a Abraham. (Advierta la alta consideración de Pablo hacia las Escrituras, una fuerte reprimenda para muchos).

1. Las Escrituras declararon el evangelio de fe mucho antes de que viniera Cristo: Las Escrituras declararon el evangelio a Abraham. Como se afirma en la nota anterior, Dios le dijo a Abraham que Él lo aceptaría y lo bendeciría si Abraham creía (amaría y seguiría) la promesa de Dios. ¿Cuál era la promesa?

"En ti serán benditas todas las naciones".

Abraham le creía a Dios. Se separó del mundo y entregó por completo su vida a Dios. Por lo tanto, Dios aceptó a Abraham y lo contó como justo.

2. Los que son de fe son juzgados como justos junto con Abraham. Abraham fue justificado por creerle a Dios. Lo que sucedió fue esto. Abraham le creyó a Dios y Dios tomó la creencia de Abraham y la contó como justa. No fueron las obras de Abraham, sino su fe lo que tomó Dios y lo contó por justo. Dios toma la fe de un hombre y cuenta la fe de ese hombre por justicia. Este tiene que ser el caso:

- Dios es perfecto. Él es perfectamente justo. Ningún hombre puede lograr la perfección. Por lo tanto, ningún hombre puede vivir en presencia de Dios.
- Sin embargo, Dios es amor. Por lo tanto, lo que Dios hace es tomar la fe de una persona y la considera como justicia y perfección. Por lo tanto, un hombre puede vivir en presencia de Dios por fe o por justificación.

"Muchos me dirán en aquel día: Señor, Señor, ¿no profetizamos en tu nombre, y en tu nombre echamos fuera demonios, y en tu nombre hicimos muchos milagros? Y entonces les declararé: Nunca os conocí; apartaos de mí, hacedores de maldad" (Mt. 7:22-23).

"Ya que por las obras de la ley ningún ser humano será justificado delante de él; porque por medio de la ley es el conocimiento del pecado" (Ro. 3:20).

"Sabiendo que el hombre no es justificado por las obras de la ley, sino por la fe de Jesucristo, nosotros también hemos creído en Jesucristo, para ser justificados por la fe de Cristo y no por las obras de la ley, por cuanto por las obras de la ley nadie será justificado" (Gá. 2:16).

"Porque por gracia sois salvos por medio de la fe; y esto no de vosotros, pues es don de Dios; no por obras, para que nadie se gloríe" (Ef. 2:8-9).

"Pero cuando se manifestó la bondad de Dios nuestro Salvador, y su amor para con los hombres, nos salvó, no por obras de justicia que nosotros hubiéramos hecho, sino por su misericordia, por el lavamiento de la regeneración y por la renovación en el Espíritu Santo" (Tit. 3:4-5).

ESTUDIO A FONDO 1

(3:8, 16) ***Abraham:*** Las Escrituras... predicaron el evangelio a Abraham (Gá. 3:8). ¿Qué significa esto?

Dios había prometido a Abraham un hijo terrenal y una

gran nación terrenal. Pero detrás de la promesa de Dios residía algo más que un cumplimiento terrenal, humano. El hijo de Abraham, Isaac, era un tipo de la *verdadera simiente* que vendría, y la nación judía era un tipo de la *nación verdadera* que iba a nacer. (Véase *Estudio a fondo 1,* Ro. 4:1-24; notas, 9:7-13; He. 11:9-19).

Pablo da por lo menos dos evidencias de esta tipología.

1. La palabra "simiente" es singular, no plural (Gá. 3:16). La promesa de Dios no apunta a una gran multitud, sino a una sola persona. Esa persona es Jesucristo. Jesucristo es el cumplimiento de la promesa hecha a Abraham. Y la nación prometida es la nueva nación de creyentes que Dios está creando para heredar los nuevos cielos y tierra (véase notas, Gá. 3:16; Ef. 1:9-10; 2:11-18; 3:6; 4:17-19).

2. Los principales eventos de la vida de Isaac son paralelos a la vida de Cristo.

❑ En primer lugar, Isaac nació milagrosamente (Gn. 15:2-3; 18:11; cp. Ro. 4:18-22; He. 11:11).

❑ En segundo lugar, Isaac sería ofrecido en sacrificio (Gn. 22). Abraham estaba dispuesto a ofrecer a Isaac y Dios aceptó su disposición y motivo como un hecho real. La palabra de Hebreos 11:17 nos dice lo siguiente: "Por la fe Abraham, cuando fue probado, ofreció a Isaac; y el que había recibido las promesas ofrecía su unigénito".

❑ En tercer lugar, Isaac fue liberado de la muerte por un milagro de Dios (Gn. 22:10-13). Abraham sabía que Dios podía resucitar a Isaac de entre los muertos, a fin de cumplir con su promesa, de ser necesario (He. 11:19).

3 (3:10-12) ***Ley, Fe:*** Las Escrituras dicen que "la ley pone al hombre bajo la maldición". Advierta un punto crítico: En este versículo la palabra "maldición" (kataran) significa ser condenado y destinado al castigo por parte del juicio justo de Dios. ¿Cómo lo sabemos? Por el versículo 13 donde se dice que Dios cargó con la maldición de la ley por nosotros (la condena, el destino, la muerte y el castigo debido a que nosotros quebrantamos la ley). La ley conlleva una maldición. Una persona cumple con la ley o bien es maldecido, es decir, debe estar de pie frente al Juez y cargar con el castigo de quien quebranta la ley. La maldición (pena o castigo) por violar la ley es...

• La marca de la muerte (2 Co. 3:7).

> **"Porque la paga del pecado es muerte, mas la dádiva de Dios es vida eterna en Cristo Jesús Señor nuestro" (Ro. 6:23).**
>
> **"Porque mientras estábamos en la carne, las pasiones pecaminosas que eran por la ley obraban en nuestros miembros llevando fruto para muerte" (Ro. 7:5).**

• La marca de la condena (2 Co. 3:9).

> **"Y hallé que el mismo mandamiento que era para vida, a mí me resultó para muerte; porque el pecado, tomando ocasión por el mandamiento, me engañó, y por él me mató" (Ro. 7:10-11).**
>
> **"Y de la manera que está establecido para los hombres que mueran una sola vez, y después de esto el juicio" (He. 9:27).**

¿Por qué la ley coloca una maldición sobre los hombres? Hay dos razones claras.

1. El hombre que se acerca a Dios por medio de la ley es maldecido porque no cumple con toda la ley. Advierta un hecho crucial: Hay una justicia que pertenece a la ley (Ro. 10:5; Gá. 3:12). Esa justicia promete la vida a cualquier hombre que pueda obedecer la ley a la perfección. Si un hombre puede cumplir con cada uno de los requisitos de la ley durante toda su vida y nunca caer bajo la norma santa de Dios, entonces ese hombre puede escaparse del castigo por el pecado, que es la muerte. Sin embargo, todo hombre sensato y sincero sabe que no puede cumplir la ley de Dios en todo su detalle, ni todo el tiempo. Sabe que a veces tiene carencias en...

• el comportamiento
• las emociones
• los motivos
• la adoración
• el servicio

Toda persona pensante y honesta sabe que no hay posibilidad de ser perfecto ni de lograr la perfección. Sabe que fracasa y no alcanza la norma con demasiada frecuencia. Sabe que lo que dice este versículo es absolutamente cierto: Ningún hombre *puede continuar y hacer todas las cosas* que están escritas en la ley de Dios.

> **"Porque de la justicia que es por la ley Moisés escribe así: El hombre que haga estas cosas, vivirá por ellas" (Ro. 10:5).**
>
> **"Porque todos los que dependen de las obras de la ley están bajo maldición, pues escrito está: Maldito todo aquel que no permaneciere en todas las cosas escritas en el libro de la ley, para hacerlas... y la ley no es de fe, sino que dice: El que hiciere estas cosas vivirá por ellas" (Gá. 3:10, 12).**

2. La manera elegida por Dios para acercarse a Él es "vivir en la fe". Las Escrituras lo declaran con bastante claridad: Ningún hombre es justificado por la ley a la vista de Dios. Como se dijo anteriormente, Dios es perfecto. Es perfectamente justo. Ningún hombre puede lograr la perfección, por ende, ningún hombre puede vivir en la presencia de Dios. Independientemente de cuán bueno sea o cuánto bien haya hecho, no puede lograr la perfección. El hecho es evidente, puesto que si un hombre ha logrado la perfección, sería perfecto, viviría por siempre en un estado perfecto del ser, incluso en esta tierra.

Pero advierta esto: Dios es amor. Entonces, lo que Dios hace es tomar la fe de la persona y contarla por justicia, por perfección. Por lo tanto, un hombre puede vivir en la presencia de Dios por fe o por justificación. El punto es este: La manera de Dios para que un hombre se le acerque es la manera de la fe: "Los justos vivirán por fe".

Advierta también que la ley no es de fe, pero que a todo hombre que intenta vivir por la ley se le permitirá vivir de ese modo. Pero el hombre debe darse cuenta: será juzgado por la ley.

"Ya que por las obras de la ley ningún ser humano será justificado delante de él; porque por medio de la ley es el conocimiento del pecado" (Ro. 3:20).

"Sabiendo que el hombre no es justificado por las obras de la ley, sino por la fe de Jesucristo, nosotros también hemos creído en Jesucristo, para ser justificados por la fe de Cristo y no por las obras de la ley, por cuanto por las obras de la ley nadie será justificado" (Gá. 2:16).

"Porque por gracia sois salvos por medio de la fe; y esto no de vosotros, pues es don de Dios; no por obras, para que nadie se gloríe" (Ef. 2:8-9).

"Pero cuando se manifestó la bondad de Dios nuestro Salvador, y su amor para con los hombres, nos salvó, no por obras de justicia que nosotros hubiéramos hecho, sino por su misericordia, por el lavamiento de la regeneración y por la renovación en el Espíritu Santo" (Tit. 3:4-5).

ESTUDIO A FONDO 2

(3:10) ***La ley:*** El capítulo 3 nos proporciona un estudio excelente de la ley.

1. La ley conlleva una maldición (Gá. 3:10). La maldición es *la marca de la muerte y la marca de la condena* o culpa: separación de Dios tanto en esta vida como a lo largo de toda la eternidad (cp. Dt. 27:1ss; 28:15; Ro. 6:23; 2 Co. 3:7, 9).

2. Hay una justicia que pertenece a la ley (Ro. 10:5-10; Gá. 3:12). Esa justifica promete la vida a cualquier hombre que pueda obedecer la ley a la perfección. Si un hombre puede cumplir con cada requisito de la ley durante su vida y nunca estar por debajo de la norma santa de Dios, entonces el hombre puede escaparse de la pena del pecado que es la muerte.

3. Jesucristo libera al hombre de la maldición de la ley (Gá. 3:13). ¿Qué significa esto? Jesucristo cumplió con la ley en cada pequeño detalle. Por lo tanto, no cargó con ninguna culpa y no cargó con ninguna pena, ninguna marca de muerte. Tenía el derecho de estar ante Dios y reclamar vida eterna, el derecho a no experimentar la muerte. Él era perfecto. Se había asegurado una justicia incorruptible. El evangelio glorioso es que en lugar de reclamar ese derecho para sí, ofreció entregar su perfección y justicia a la gente de la tierra y tomar los pecados sobre sí. Ofreció cambiar su justicia por la injusticia del hombre, cambiar su vida por la vida del hombre. Esta gloriosa expresión de amor de substitución fue el verdadero propósito por el cual Dios había creado la tierra. Dios deseaba demostrar su gran amor que se entregó de manera tan perfecta (Ef. 1:5ss). La gran tragedia es que el hombre tiene muchas dificultades para aceptar un amor tan grande (1 Co. 1:18).

También significa otra cosa. Jesucristo logra el mismo propósito que Dios pensó para la ley, salvo que mucho más. Él no solo establece los mismos ideales y normas ante nosotros, sino que también se relaciona con nosotros. Mientras que la ley es un conjunto de frías cartas sin poder de dar vida (Gá. 3:21), Jesucristo es una persona viva que posee el poder de resucitar a los muertos nuevamente a la vida. Él establece las normas y otorga el poder para cumplir con las normas. Él ha reemplazado la ley al demostrarles a los hombres lo horrible de sus pecados (a través de su muerte) y agrega la dimensión adicional de fortaleza para vivir como Él vivió (Gá. 5:22ss; Ef. 1:19ss; 3:20).

4. La intención de la ley fue solo la de ser un arreglo temporal entre Dios y el hombre (Gá. 3:16). Solo se extendería de Moisés a Jesucristo, puesto que Jesucristo es la "simiente" a quien se le otorgó la promesa de la justicia (Véase nota, Mt. 5:17). Dios nunca tuvo la intención de que la ley fuera la *forma de salvación.* Fue por el propósito temporal de demostrarle a los hombres sus pecados y lo horrible de ellos. Desde que vino Jesucristo, Él (Su vida perfecta y su justicia) debe ser la norma para los hombres.

5. La ley fue dada para demostrarles a los hombres su pecado y para inyectar en ellos una culpa personal por desobedecer a Dios y a su ley (Ro. 3:19-20; 7:7; Gá. 3:19). Esta culpa conduciría a los hombres a buscar a Dios y a confiar en Él para la salvación. Así, la ley detiene toda boca de proclamar la probidad propia y vuelve al mundo culpable frente a Dios.

6. La ley es inferior a la promesa de gracia de Dios (Gá. 3:19c-20). Tres argumentos lo demuestran:

- En primer lugar, la ley no fue entregada directamente por Dios. La ley fue otorgada por ángeles a los hombres a través de Moisés. Moisés fue un mediador. Pero Dios y solo Dios hizo la promesa de gracia y justicia a Abraham.
- En segundo lugar, la ley fue entre dos partes: El hombre y Dios. Si el hombre cumplía con la ley, recibiría la recompensa de la justicia. El don de la justicia era condicional bajo la ley. Pero la promesa de gracia es otorgada únicamente por Dios. Nadie puede quebrantar la promesa. Si el hombre simplemente cree, recibe la promesa de la justicia.
- En tercer lugar, el otorgamiento de la ley vino luego de la promesa a Abraham, cuatrocientos treinta años después. La promesa de la gracia fue otorgada primero, antes que la ley. Por lo tanto, la ley no puede invalidar la promesa. La promesa de Dios permanece.

7. La ley no tiene poder de dar vida (Gá. 3:21). La ley exige que se cumpla y obedezca cada uno de los mandamientos. Pero son solamente palabras, frías y sin vida. Es algo totalmente externo al hombre, deja de lado el ser del hombre. No tiene ninguna energía para ayudar a cumplir con la ley.

8. Las Escrituras son concluyentes: Todos los hombres quiebran la ley y son pecadores (Gá. 3:22).

9. El creyente ya no está bajo la ley, sino bajo la gracia (Ro. 6:14; 7:4; Gá. 3:22). El hombre no puede participar en la justicia de la ley, puesto que es totalmente incapaz de cumplir con la ley. Pero puede experimentar la gracia de Dios confiando en la justicia que aseguró Jesucristo. Cuando un hombre cree en Jesucristo, Jesucristo juzga a ese hombre como probo. Ese hombre se convierte en participante "de la naturaleza divina" (2 P. 1:4).

10. La ley encierra al hombre en el pecado (Gá. 3:23). El hombre es un prisionero permanente bajo la ley. Bajo la ley se lo esclaviza y se lo mantiene cautivo todos los días de su vida. La única vía de escape es Jesucristo, esto es , la fe en Él. Si Cristo falla en liberar, entonces no hay salida, puesto que la ley no libera al hombre, lo esclaviza.

11. La ley fue el guardián del hombre que lo condujo a ver su necesidad de Cristo (Gá. 3:24). El *ayo* (paidagogos) era usualmente un esclavo confiable que estaba a cargo del bienestar moral del niño, pero tenía un deber en particular al que se estaba refiriendo Pablo. Todos los días el guardián llevaba al niño a la escuela y se lo entregaba al maestro. Y luego, al finalizar el día, regresaba por el niño y lo llevaba a su hogar sano y salvo. Esto era lo que debía hacer la ley. La ley debía conducir al hombre hacia Cristo, el verdadero Maestro. La ley hace esto demostrándole al hombre que no puede garantizar la probidad por sí mismo. Debe mirar a Cristo, el verdadero Maestro, en busca de justicia y aceptación por parte de Dios. Y una vez que ha llegado la fe en Cristo, no hay necesidad de la ley ni de ningún otro guardián, puesto que Jesucristo nos coloca cara a cara con Dios.

12. La ley sigue vigente para el creyente (1 Ti. 1:8-14). Permanece vigente para condenar y conducir al incrédulo a ver su necesidad de Dios.

13. Los hombres no siempre fueron transgresores (Ro. 4:15; 5:20). No hay transgresión si no hay ley, dado que no hay ley para transgredir. Pero los hombres siguieron siendo pecadores ante de que se le entregara la ley a Moisés. No estaban conscientes de su pecado ni sentían tanta culpa como era necesario para demostrar su necesidad por Dios. Por ese motivo se entregó la ley, para que los hombres pudieran ser cada vez más conscientes de que eran pecadores ante Dios (véase nota, Ro. 5:19-21).

ESTUDIO A FONDO 3

(3:11) ***Justificación, Fe:*** Este versículo se utiliza tres veces en el Nuevo Testamento. Cada vez se pone énfasis en un punto diferente. Dice de qué manera un hombre puede ser justo con Dios (cp. Hab. 2:3-4).

1. "*Mas el justo* por la fe vivirá" (Ro. 1:17). ¿Quién puede vivir por la fe? Solo los justos. Las personas realizan dos reclamos para la justificación. El hombre que dice: "Estoy justificado porque hago lo mejor que puedo" está diciendo simplemente que espera que Dios excuse su pecado. Pero Dios no excusa el pecado. Dios perdona el pecado. Excusar el pecado no es nada más que una licencia, permitir al hombre que siga viviendo como desea y que siempre le falte para llegar a cumplir con todo. Por lo tanto, un hombre no es justificado por hacer lo mejor que pueda, por vivir según la ley. Es justificado por la fe, por confiar en que Dios lo perdone. Una vez que un hombre realmente ha confiado en Dios, él es justo. Y entonces *el justo* comienza a vivir por la fe. El hombre anterior, ya sea legalista o un hombre de indulgencia carnal, no tiene la oportunidad de vivir por la fe. ¿Por qué? Simplemente porque nunca comenzó la vida de la fe. Es el justo, no el legalista ni el hombre de indulgencia pecaminosa, el que vive por la fe.

2. "El justo *por la fe* vivirá" (Gá. 3:11). ¿Con qué reglas vive una persona? Por el principio de la fe, no por el principio de las obras. La persona declarada *justa* por la fe vivirá apartada de las obras. El creyente es salvo por la fe y el creyente vive por la fe (Gá. 3:11).

3. "El justo por la fe *vivirá*" (He. 10:38). ¿Con qué poder vive una persona? Por el poder que nos otorga Dios debido a la fe. El cristiano cree en Dios, cree en las promesas que Dios ha realizado. Por lo tanto, el creyente hace lo que dice Dios. El poder de la fe lo *energiza* para vivir una vida justa. Las obras no tienen nada que ver con hacerlo *justo* ni con mantenerlo *justo.*

[4] (3:13-14) ***Jesucristo, muerte, Redención, Maldición:*** Las Escrituras dicen que "Cristo nos redimió de la maldición de la ley". La palabra "redimido" (exegorasen) significa volver a comprar o comprar de o rescatar. Cristo ha vuelto a comprar al hombre y lo rescató de la maldición de la ley. El hecho de que el hombre ha quebrantado la ley es incuestionable. Todo hombre sincero lo sabe. Por lo tanto, todo hombre permanece culpable ante Dios y debe ser juzgado y condenado para cargar con la maldición y castigo de la ley. Pero estas son las noticias gloriosas: Jesucristo nos ha redimido de la maldición de la ley. ¿De qué manera?

1. Jesucristo fue convertido en una maldición para nosotros. Dicho en forma sencilla, Jesucristo tomó nuestras condenas, nuestro destino, nuestra muerte y castigo y los cargó sobre sí mismo por todos nosotros. Jesucristo ocupó nuestro lugar como violador de la ley y parte culpable ante Dios y cargó con el castigo del que quebranta la ley por nosotros. ¿Cómo fue esto posible?

- Porque Jesucristo había obedecido y cumplido con la ley de Dios a la perfección. Nunca había quebrantado la ley, ni siquiera una sola vez. Era sin pecado y perfecto. Había asegurado la Justicia Ideal y la Perfección ante Dios. Por lo tanto, no cargó con ninguna culpa y ningún castigo ni marca de la muerte. Tenía el derecho de estar frente a Dios y reclamar vida eterna, el derecho de ser aceptado por Dios y nunca experimentar la muerte. Era perfecto. Había garantizado la justicia incorruptible.
- Porque Dios es amor. El glorioso evangelio es que en lugar de reclamar el derecho a vivir en la presencia de Dios, Cristo resolvió dar su perfección y justicia a las personas de la tierra y tomar sus pecados sobre sí. Estaba resuelto a cambiar su justicia ideal por la injusticia del hombre, a cambiar su vida ideal por la vida pecaminosa del hombre.

Dicho en los términos más simples posibles, Jesucristo se sustituyó a sí mismo, a su vida perfecta, por la vida pecaminosa del hombre. Substituyó su obediencia a Dios por la desobediencia del hombre. Cargó con el pecado y el castigo del hombre para que el hombre pueda permanecer justo y perfecto ante Dios. Jesucristo cargó con la maldición de la ley por nosotros. (Véase notas, Gá. 1:4-5; 1:6-9; nota y *Estudio a fondo 1,* 2:15-16; *Estudio a fondo 2,* 2:16; nota, 2:19-21 para mayor discusión al respecto. También cp. todas las notas en Romanos que traten con los temas de Justificación y Ley).

Advierta la cita del Antiguo Testamento: "porque maldito por Dios es el colgado" (Dt. 21:23). Esto no significa que un hombre es maldecido porque es ejecutado en un árbol, sino que un hombre que es ejecutado en un árbol está allí porque ha sido maldecido, habiendo sido juzgado como violador de la ley. Jesucristo fue un violador de la ley, tomando el lugar del transgresor. Por lo tanto, fue maldecido (condenado) a morir como el pecador ilegal y desobediente.

2. El propósito para que Jesucristo cargara con la maldición de la ley era abrir la puerta a la bendición de todos los hombres. Cristo cargando la maldición de la ley era la manera en que Dios cumplía su promesa a Abraham: Que todas las naciones serían bendecidas en él. Cristo cargando con la maldición de la ley es también la forma en que Dios otorga las promesas realizadas a Abraham al mundo. Todo hombre que cree en Jesucristo –que Cristo cargó con la maldición de la ley por él– es aceptado por Dios y recibe las bendiciones de la Tierra Prometida para toda la eternidad.

En resumen, el hombre que cree en Dios recibe la promesa del Espíritu Santo de Dios, esto es, la promesa...

• De la naturaleza divina.

> **"Por medio de las cuales nos ha dado preciosas y grandísimas promesas, para que por ellas llegaseis a ser participantes de la naturaleza divina, habiendo huido de la corrupción que hay en el mundo a causa de la concupiscencia" (2 P. 1:4).**

• Del nuevo nacimiento.

> **"Respondió Jesús y le dijo: De cierto, de cierto te digo, que el que no naciere de nuevo, no puede ver el reino de Dios. Nicodemo le dijo: ¿Cómo puede un hombre nacer siendo viejo? ¿Puede acaso entrar por segunda vez en el vientre de su madre, y nacer? Respondió Jesús: De cierto, de cierto te digo, que el que no naciere de agua y del Espíritu, no puede entrar en el reino de Dios. Lo que es nacido de la carne, carne es; y lo que es nacido del Espíritu, espíritu es" (Jn. 3:3-6).**
>
> **"Siendo renacidos, no de simiente corruptible, sino de incorruptible, por la palabra de Dios que vive y permanece para siempre" (1 P. 1:23).**

• De convertirse en una criatura nueva.

> **"De modo que si alguno está en Cristo, nueva criatura es; las cosas viejas pasaron; he aquí todas son hechas nuevas" (2 Co. 5:17).**

• De convertirse en un hombre nuevo.

> **"Y vestíos del nuevo hombre, creado según Dios en la justicia y santidad de la verdad" (Ef. 4:24)**
>
> **"Y revestido del nuevo, el cual conforme a la imagen del que lo creó se va renovando hasta el conocimiento pleno" (Col. 3:10)**

1 La ilustración de un pacto a. El pacto de un hombre permanece b. El punto: El pacto de Dios permanece mucho más **2 Dios hizo su pacto con Abraham y su simiente** a. Manifestado con énfasis	**C. La prueba del pacto y de la promesa de Dios, 3:15-18** 15 Hermanos, hablo en términos humanos: Un pacto, aunque sea de hombre, una vez ratificado, nadie lo invalida, ni le añade. 16 Ahora bien, a Abraham fueron hechas las promesas, y a su simiente. No dice: Y a las	simientes, como si hablase de muchos, sino como de uno: Y a tu simiente, la cual es Cristo. 17 Esto, pues, digo: El pacto previamente ratificado por Dios para con Cristo, la ley que vino cuatrocientos treinta años después, no lo abroga, para invalidar la promesa. 18 Porque si la herencia es por la ley, ya no es por la promesa; pero Dios la concedió a Abraham mediante la promesa.	b. La simiente es Cristo **3 Dios dio su pacto de fe antes de dar la ley** **4 Dios dio su pacto o herencia (justicia) por medio de una promesa, no por medio de la ley**

DIVISIÓN III

LA PRUEBA DE QUE UN HOMBRE ES JUSTIFICADO POR LA FE ÚNICAMENTE Y NO POR LAS OBRAS, 3:1—4:7

C. La prueba del pacto y de la promesa de Dios, 3:15-18

(3:15-18) ***Introducción:*** Algunos maestros de las iglesias gálatas estaban enseñando una doctrina falsa, una doctrina muy peligrosa. Decían que una persona no era salva por la gracia de Dios solo a través de la fe. Un hombre tenía que cumplir con los rituales de la iglesia y centrar su vida en la ley y en hacer todas las mejores obras que pudiera. Dicho muy sencillamente, si un hombre deseaba ser aceptable ante Dios, debía ser la mejor persona que pudiera y ser tan religioso como pudiera, y cumplir con todas las leyes de Dios que pudiera.

Esto, por supuesto, está totalmente equivocado. Una persona solo es justificada por la fe. No es justificada por ser religioso y hacer el bien y cumplir con la ley. La religión, las buenas obras y la ley tienen su lugar en el plan de Dios y en la vida del hombre. Pero el hombre no es salvo ni es aceptable ante Dios por su propio esfuerzo. Los hombres no pueden ganar ni merecerse la aceptación de Dios, puesto que no importa cuán bueno y disciplinado pueda volverse un hombre, todavía está lejos de la gloria de Dios que es la perfección. A pesar de toda la bondad y de los logros del hombre, este está todavía demasiado contaminado con...

- egoísmo
- lujuria
- codicia
- injusticia
- malos pensamientos
- deslices
- transgresiones
- inmoralidad
- indiferencia
- orgullo
- prejuicio
- falla en honrar a Dios
- falta de amor
- impaciencia
- falla en la adoración
- envidia
- ser arrogante
- comportamiento inadecuado
- enojo
- enojo
- ser fácilmente provocado
- amargura
- odio
- falla para soportar
- no ser agradable
- falla de tener esperanzas
- falla para orar
- favoritismo

La lista podría seguir y seguir. El punto es que no importa cuán buenos seamos, todos somos culpables de tantas cosas con mucha frecuencia, estamos lejos de la gloria de Dios, muy lejos de la perfección. Nuestra bondad no puede ganar ni merecer la aceptación de Dios. Si Dios va a aceptarnos, será porque *creemos en Él, creemos verdaderamente en que Él nos aceptará* y en que nos ama lo suficiente como para honrar esa creencia. Si Dios no nos ama lo suficiente para aceptar nuestra fe en Él, entonces estamos desesperanzados y perdidos para siempre. La fe en Él, en su amor y en su promesa– es nuestra única esperanza para la salvación y la aceptación por parte de Dios.

Este es el tema de este pasaje. El pacto de Dios y la promesa a Abraham demuestran que la justificación es por la fe y no por las obras de la ley.

1. La ilustración de un pacto (v. 15).
2. Dios hizo su pacto con Abraham y su simiente (v. 16).
3. Dios dio su pacto de fe antes de dar la ley (v. 17).
4. Dios dio su pacto o herencia (justicia) por medio de una promesa, no por medio de la ley (v. 18).

1 (3:15) ***Pacto, Dios, Promesas:*** Está el ejemplo de un pacto entre los hombres. (Véase nota, *Pacto,* 2 Co. 3:6; Cp. Ro. 9:4). Un pacto (diatheke) es un acuerdo realizado entre dos partes, una relación especial establecida y entablada por dos o más personas. El punto es que una vez que un pacto se ha realizado y formalizado, permanece. No puede ser anulado ni se le pueden

realizar agregados. Por ley se sellan las promesas del pacto. Ambas partes están obligadas a mantener su palabra, su promesa.

[2] (3:16) ***Pacto, Testamento, Simiente, Abraham, Dios, Promesas:*** ¿Cómo sabemos que una persona es justificada solo por la fe? Porque Dios realizó su pacto con Abraham y *su simiente.* Advierta que la promesa no fue dada solo a Abraham, sino que también fue dada a la *simiente,* a los descendientes y al primogénito de Abraham. La promesa o pacto con Abraham es tratado en el Libro de Génesis:

> **"Y estableceré mi pacto entre mí y ti, y tu descendencia después de ti en sus generaciones, por pacto perpetuo, para ser tu Dios, y el de tu descendencia después de ti. Y te daré a ti, y a tu descendencia después de ti, la tierra en que moras, toda la tierra de Canaán en heredad perpetua; y seré el Dios de ellos" (Gn. 17:7-8. Ver nota, *Abraham,* Gá. 3:6-7 para mayor discusión al respecto).**

La pregunta de importancia es: ¿A quién se refiere por la simiente de Abraham? Las Escrituras declaran que es a Jesucristo. La palabra "simiente" está en singular, no en plural. Por lo tanto, la promesa de Dios apunta a una sola persona, y esa persona es Jesucristo. Jesucristo es...

- La *simiente* prometida a Abraham.
- La *simiente* que debe recibir las promesas realizadas a Abraham. Esta es una verdad fenomenal, y significa tres cosas significativas.

1. Significa que las promesas realizadas a Abraham han sido traspasadas a Jesucristo. Jesucristo es el descendiente que debe heredar la *Tierra Prometida,* la tierra de Canaán para una *posesión eterna.* Canaán, por supuesto, es un tipo de cielo y de los nuevos cielos y tierra que Dios ha prometido recrear (véase nota, *La promesa,* Ro. 4:13 para mayor discusión al respecto). El punto es que Jesucristo heredará el mundo, será exaltado como la Majestad soberana del universo, gobernando y reinando para siempre.
2. Significa que los creyentes también heredarán el mundo y reinarán con Cristo por toda la eternidad. A Abraham se le prometió que sería el padre de muchas naciones o de muchos hijos, y los creyentes son esos hijos.

> **"Bienaventurados los mansos, porque ellos recibirán la tierra por heredad" (Mt. 5:5).**
>
> **"Así Abraham creyó a Dios, y le fue contado por justicia" (Gá. 3:6).**
>
> **"Y si vosotros sois de Cristo, ciertamente linaje de Abraham sois, y herederos según la promesa" (Gá. 3:29).**

3. Significa que la fe es el camino por el cual los hombres se tornan justificados y aceptables ante Dios.

> **"Porque no por la ley fue dada a Abraham o a su descendencia la promesa de que sería heredero del mundo, sino por *la justicia de la fe"* (Ro. 4:13).**
>
> **"Por tanto, es por fe, para que sea por gracia, a fin de que la promesa sea firme para *toda su descendencia;* no solamente para la que es de la ley, sino también para la que es de la fe de Abraham, el cual es padre de todos nosotros" (Ro. 4:16).**
>
> **"Así Abraham creyó a Dios, y *le fue contado por justicia.* Sabed, por tanto, que los que son de fe, éstos son hijos de Abraham" (Gá. 3:6-7).**
>
> **"De modo que los de la fe son bendecidos con el creyente Abraham" (Gá. 3:9).**

En resumen, Abraham le creyó a Dios, y puesto que le creyó, Dios mantuvo su pacto y su promesa.

- A Abraham se le dio una *simiente,* un descendiente que ha bendecido a todo el mundo, esto es, Jesucristo.
- A Abraham también se le dieron naciones de personas que son herederos suyos y de Cristo. Y hay una única condición para recibir la herencia: creer en Dios, es decir, seguir en "los pasos de la fe de nuestro padre Abraham".

> **"Porque ¿qué dice la Escritura? Creyó Abraham a Dios, y le fue contado por justicia" (Ro. 4:3).**
>
> **"Mas al que no obra, sino cree en aquel que justifica al impío, su fe le es contada por justicia" (Ro. 4:5).**
>
> **"Porque no por la ley fue dada a Abraham o a su descendencia la promesa de que sería *heredero del mundo,* sino por la justicia de la fe" (Ro. 4:13).**

- Él, Cristo, y sus descendientes van a recibir la Tierra Prometida, un nuevo cielo y tierra que serán perfeccionados eternamente.

> **"Porque no por la ley fue dada a Abraham o a su descendencia la promesa de que sería *heredero del mundo,* sino por la justicia de la fe. Porque si los que son de la ley son los herederos, vana resulta la fe, y anulada la promesa" (Ro. 4:13-14).**
>
> **"Por la fe Abraham, siendo llamado, obedeció para salir al lugar que había de recibir como herencia; y salió sin saber a dónde iba. Por la fe habitó como extranjero en la Tierra Prometida como en tierra ajena, morando en tiendas con Isaac y Jacob, coherederos de la misma promesa; porque esperaba la ciudad que tiene fundamentos, cuyo arquitecto y constructor es Dios" (He. 11:8-10).**
>
> **"Conforme a la fe murieron todos éstos sin haber recibido lo prometido, sino mirándolo de lejos, y creyéndolo, y saludándolo, y confesando que eran extranjeros y peregrinos sobre la tierra. Porque los que esto dicen, claramente dan a entender que buscan una patria... Pero anhelaban una mejor, esto es, celestial; por lo cual Dios no se avergüenza de llamarse Dios de ellos; porque les ha preparado una ciudad" (He. 11:13-14, 16).**
>
> **"Pero el día del Señor vendrá como ladrón en la noche; en el cual los cielos pasarán con grande estruendo, y los elementos ardiendo serán deshechos, y la tierra y las obras que en ella hay serán quemadas. Puesto que todas estas cosas han de ser deshechas, ¡cómo no debéis vosotros andar en santa y piadosa manera de vivir, esperando y apresurándoos para la venida del día de Dios, en el cual los cielos, encendiéndose, serán deshechos, y los elementos, siendo quemados, se fundirán! Pero**

nosotros esperamos, según sus promesas, cielos nuevos y tierra nueva, en los cuales mora la justicia" (2 P. 3:10-13).

"Vi un cielo nuevo y una tierra nueva; porque el primer cielo y la primera tierra pasaron, y el mar ya no existía más. Y yo Juan vi la santa ciudad, la nueva Jerusalén, descender del cielo, de Dios, dispuesta como una esposa ataviada para su marido. Y oí una gran voz del cielo que decía: He aquí el tabernáculo de Dios con los hombres, y él morará con ellos; y ellos serán su pueblo, y Dios mismo estará con ellos como su Dios. Enjugará Dios toda lágrima de los ojos de ellos; y ya no habrá muerte, ni habrá más llanto, ni clamor, ni dolor; porque las primeras cosas pasaron. Y el que estaba sentado en el trono dijo: He aquí, yo hago nuevas todas las cosas. Y me dijo: Escribe; porque estas palabras son fieles y verdaderas. Y me dijo: Hecho está. Yo soy el Alfa y la Omega, el principio y el fin. Al que tuviere sed, yo le daré gratuitamente de la fuente del agua de la vida. El que venciere heredará todas las cosas, y yo seré su Dios, y él será mi hijo" (Ap. 21:1-7).

3 (3:17) ***Pacto, Ley:*** ¿Cómo sabemos que una persona es justificada solo por la fe? Porque Dios dio su pacto de fe antes de entregar la ley. El pacto de fe precedió al pacto de la ley. La ley de Dios ni siquiera apareció en escena hasta cuatrocientos treinta años después. Advierta dos cosas significativas.

1. Cuando se entregó la ley, la promesa a Abraham todavía no se había cumplido. Por lo tanto, la ley no podía anular ni cambiar el pacto de fe con Abraham. Las promesas de Dios a Abraham y a su descendiente, Jesucristo, todavía permanecían. Como señala Lehman Strauss:

- El pacto de fe encuentra sus raíces en el pasado de la eternidad.

"Pues la ley por medio de Moisés fue dada, pero la gracia y la verdad vinieron por medio de Jesucristo" (Jn. 1:17).

- Puesto que Jesucristo, quien es eterno, existió antes que Abraham, el pacto de fe fue entregado a Cristo incluso antes de habérselo dado a Abraham (*Devotional Studies in Galatians and Ephesians,* p. 45).

2. El pacto realizado con Abraham le dijo al hombre cómo debía seguir a Dios y recibir las promesas de Dios, es decir, por la fe. Por lo tanto, cuando se entregó la ley, se la debe haber dado con un propósito totalmente diferente. No puedo haberse entregado para demostrarle a los hombres cómo seguir a Dios, puesto que esa verdad ya estaba establecida en el pacto de fe dado a Abraham.

El punto es claro: Ningún hombre es justificado por la ley, esto es, por esfuerzos propios y obras, intentando convertirse en bueno y justo mediante la obediencia de la ley. Ese no era el propósito de la ley. Una persona es justificada por la fe y únicamente por la fe. (Véase bosquejo y notas, Gá. 3:19-22d; Ro. 3:19-20; 7:7-13 para los propósitos de la ley).

Pensamiento 1: El pacto de Dios de fe o de gracia es seguro. No puede ser revocado ni cambiado. Los *creyentes* heredarán las promesas realizadas a Abraham y a Cristo.

"El cielo y la tierra pasarán, pero mis palabras no pasarán" (Lc. 21:33).

"Por tanto, es por fe, para que sea por gracia, a fin de que la promesa sea firme para toda su descendencia; no solamente para la que es de la ley, sino también para la que es de la fe de Abraham, el cual es padre de todos nosotros" (Ro. 4:16).

"Porque cuando Dios hizo la promesa a Abraham, no pudiendo jurar por otro mayor, juró por sí mismo... Porque los hombres ciertamente juran por uno mayor que ellos, y para ellos el fin de toda controversia es el juramento para confirmación. Por lo cual, queriendo Dios mostrar más abundantemente a los herederos de la promesa la inmutabilidad de su consejo, interpuso juramento; para que por dos cosas inmutables, en las cuales es imposible que Dios mienta, tengamos un fortísimo consuelo los que hemos acudido para asirnos de la esperanza puesta delante de nosotros" (He. 6:13, 16-18. La promesa y el voto de Dios son dos cosas inmutables que garantizan la promesa).

4 (3:18) ***Pacto, Ley, Herencia:*** ¿Cómo sabemos que una persona es justificada solo por la fe? Porque Dios dio su pacto o herencia por medio de una promesa, no por medio de la ley. William Barclay resume este pasaje de una forma muy descriptiva.

"Una y otra vez Pablo vuelve al mismo punto. Todo el problema de la vida humana consiste en llegar a establecer una relación correcta con Dios. Mientras temamos a Dios, mientras Dios sea un extraño, no habrá paz en la vida. ¿Cómo podemos lograr esta relación correcta? ¿Debemos intentar lograrla mediante una obediencia meticulosa y hasta tortuosa de la ley, realizando hechos interminables, observando cada pequeña reglamentación que dispone la ley? Si hacemos eso siempre fracasaremos, puesto que la imperfección del hombre nunca puede lograr la satisfacción de la perfección de Dios. Estamos frustrados por siempre, escalando una colina por siempre en la que el pico nunca aparece ante la vista, por siempre bajo condena. Pero si simplemente abandonamos esta lucha inútil y llevamos nuestro ser y nuestro pecado a Dios, entonces la gracia de Dios abre sus brazos para recibirnos y estamos en paz con un Dios que ya no es un juez sino un padre. Todo el argumento de Pablo es que eso es lo que le sucedió a Abraham. Fue sobre esa base que se realizó el pacto de Dios con Abraham. Y nada que venga después puede cambiar ese pacto como nada puede alterar una voluntad que ya ha sido ratificada y firmada" (The Letters to the Galatians and Ephesians. The Daily Study Bible". Filadelfia, PA: The Westminster Press, 1954, p. 30*).*

La herencia dada a Abraham es de justicia, de ser aceptado por Dios y otorgado el privilegio de vivir por siempre con Él en los nuevos cielos y tierra. La herencia no fue entregada a Abraham por medio de la ley, es decir, Abraham no pudo ganársela ni merecerla. Pero como declaran las Escrituras: "Dios la concedió a Abraham mediante la promesa".

Pensamiento 1: La misma promesa es concedida a los creyentes, esto es, a todos aquellos que caminan en la fe de Abraham: La promesa de ser contado como justo y aceptable a Dios y de serles otorgado el privilegio de vivir por siempre en los nuevos cielos y tierra.

"No se turbe vuestro corazón; creéis en Dios, creed también en mí. En la casa de mi Padre muchas moradas hay; si así no fuera, yo os lo hubiera dicho; voy, pues, a preparar lugar para vosotros" (Jn. 14:1-2).

"Porque no por la ley fue dada a Abraham o a su descendencia la promesa de que sería *heredero del mundo,* sino por la justicia de la fe" (Ro. 4:13).

"El Espíritu mismo da testimonio a nuestro espíritu, de que somos hijos de Dios. Y si hijos, también herederos; herederos de Dios y coherederos con Cristo, si es que padecemos juntamente con él, para que juntamente con él seamos glorificados" (Ro. 8:16-17).

"Y si vosotros sois de Cristo, ciertamente linaje de Abraham sois, y herederos según la promesa" (Gá. 3:29).

"Así que ya no eres esclavo, sino hijo; y si hijo, también heredero de Dios por medio de Cristo" (Gá. 4:7).

"Para que justificados por su gracia, viniésemos a ser herederos conforme a la esperanza de la vida eterna" (Tit. 3:7).

"Bendito el Dios y Padre de nuestro Señor Jesucristo, que según su grande misericordia nos hizo renacer para una esperanza viva, por la resurrección de Jesucristo de los muertos, para una herencia incorruptible, incontaminada e inmarcesible, reservada en los cielos para vosotros" (1 P. 1:3-4).

"Pero el día del Señor vendrá como ladrón en la noche; en el cual los cielos pasarán con grande estruendo, y los elementos ardiendo serán deshechos, y la tierra y las obras que en ella hay serán quemadas. Puesto que todas estas cosas han de ser deshechas, ¡cómo no debéis vosotros andar en santa y piadosa manera de vivir, esperando y apresurándoos para la venida del día de Dios, en el cual los cielos, encendiéndose, serán deshechos, y los elementos, siendo quemados, se fundirán! Pero nosotros esperamos, según sus promesas, cielos nuevos y tierra nueva, en los cuales mora la justicia" (2 P. 3:10-13).

1 La ley fue dada para revelar el pecado, para hacer que los hombres fueran más conscientes de sus pecados **2 La ley fue temporaria** **3 La ley no fue dada por Dios, sino a través de un mediador. Por lo tanto, es inferior**	**D. La prueba de la falta de poder de la ley, 3:19-22** 19 Entonces, ¿para qué sirve la ley? Fue añadida a causa de las transgresiones, hasta que viniese la simiente a quien fue hecha la promesa; y fue ordenada por medio de ángeles en mano de un mediador. 20 Y el mediador no lo es de	uno solo; pero Dios es uno. 21 ¿Luego la ley es contraria a las promesas de Dios? En ninguna manera; porque si la ley dada pudiera vivificar, la justicia fuera verdaderamente por la ley. 22 Mas la Escritura lo encerró todo bajo pecado, para que la promesa que es por la fe en Jesucristo fuese dada a los creyentes.	**4 La ley no tiene poder para dar vida** **5 La ley encierra a todos los hombres bajo pecado**

DIVISIÓN III

LA PRUEBA DE QUE UN HOMBRE ES JUSTIFICADO POR LA FE ÚNICAMENTE Y NO POR LAS OBRAS, 3:1—4:7

D. La prueba de la falta de poder de la ley, 3:19-22

(3:19-22) ***Introducción:*** Había algunos maestros en las iglesias gálatas que enseñaban que una persona es justificada, es decir, aceptable ante Dios porque...

- Hace lo mejor que puede: Sinceramente intenta obedecer la ley de Dios y hacer el mayor bien que pueda.
- Practica la religión: Cumple con los rituales, ceremonias y reglas de la iglesia.
- Se ha sometido al ritual básico de la iglesia (circuncisión, miembro de la iglesia, bautismo o lo que sea).

Todo esto es importante: Cada uno debería ser fiel al obedecer la ley y al practicar la religión y ser bautizado. Sin embargo, las Escrituras abundan en claridad: estas no son las cosas que *realmente justifican* a una persona. Únicamente Jesucristo justifica a una persona. El hombre no puede hacer nada al respecto –ejercer ninguna energía, ningún esfuerzo, ninguna obra –para convertirse en aceptable ante Dios. Una persona es aceptable y justificada ante Dios únicamente cuando cree, verdaderamente cree en el Hijo de Dios, Jesucristo. Hay muchas personas...

- Que ejercen todo tipo de energía y esfuerzo para cumplir con la ley y hacer lo mejor que pueden, pero *no creen en Jesucristo.*
- Que practican la religión, pero *no creen en Jesucristo.*
- Que han sido circuncidados y bautizados, pero *no creen en Jesucristo.*

La energía básica –el acto fundamental– que salva a una persona es la *fe en Jesucristo, la verdadera fe* en el mismo Hijo de Dios. Cuando una persona cree verdaderamente en el Hijo de Dios, Dios toma la creencia de esa persona y la cuenta por su creencia como justicia. Dios acepta a esa persona porque honra al Hijo de Dios, honra a Jesucristo al confiar y dar todo lo que él es y tiene a su guardia.

Puesto que esto es así, ¿por qué entonces Dios le dio la ley al hombre? Si no somos salvos ni justificados por obedecer la ley de Dios y por hacer lo mejor que podemos, ¿cuál es el propósito de la ley? Este es el tratamiento de este pasaje: Demostrar que la ley no tiene poder para salvar a un hombre. Y la falta de poder de la ley en realidad demuestra que una persona es justificada o resulta aceptable ante Dios por la fe.

1. La ley fue dada para revelar el pecado, para hacer que los hombres fueran más conscientes de sus pecados (v. 19).
2. La ley fue temporaria (v. 19).
3. La ley no fue dada por Dios, sino a través de un mediador. Por lo tanto, es inferior (vv. 19-20).
4. La ley no tiene poder para dar vida (v. 21).
5. La ley encierra a todos los hombres bajo pecado (v. 22).

[1] (3:19) ***Ley, Propósito:*** ¿Cómo sabemos que la ley no justifica ni hace que una persona sea aceptable ante Dios? Porque la ley fue dada para revelar el pecado, para hacer que más gente sea consciente de sus pecados. Advierta el hecho crucial: La ley no fue dada para que los hombres sean justos, sino...

- Para hacer que los hombres fueran conscientes de sus pecados y condena.
- Para demostrarles a los hombres que están lejos de la gloria de Dios.
- Para motivar a los hombres a prestar atención al hecho de que son pecadores.
- Para detener toda boca de alardear y proclamar la probidad propia.
- Para despertar a los hombres a su necesidad imperiosa de la ayuda de Dios.
- Para plantar en la mente del hombre que él necesita desesperadamente a Dios para salvarlo del pecado y de la muerte.
- Para hacer que cada boca confiese su necesidad de un Salvador del pecado y su castigo (la muerte).

"Ya que por las obras de la ley ningún ser humano será justificado delante de él; porque por medio de la ley es el conocimiento del pecado" (Ro. 3:20).

"Pero la ley se introdujo para que el pecado abundase; mas cuando el pecado abundó, sobreabundó la gracia" (Ro. 5:20).

"¿Qué diremos, pues? ¿La ley es pecado? En ninguna manera. Pero yo no conocí el pecado sino por la ley; porque tampoco conociera la codicia, si la ley no dijera: No codiciarás" (Ro. 7:7).

"Entonces, ¿para qué sirve la ley? Fue añadida a causa de las transgresiones, hasta que viniese la simiente a quien fue hecha la promesa; y fue ordenada por medio de ángeles en mano de un mediador" (Gá. 3:19).

"De manera que la ley ha sido nuestro ayo, para llevarnos a Cristo, a fin de que fuésemos justificados por la fe" (Gá. 3:24).

"Conociendo esto, que la ley no fue dada para el justo, sino para los transgresores y desobedientes, para los impíos y pecadores, para los irreverentes y profanos, para los parricidas y matricidas, para los homicidas" (1 Ti. 1:9).

2 (3:19) ***Ley:*** ¿Cómo sabemos que la ley no justifica ni hace que una persona sea aceptable ante Dios? Porque la ley fue temporaria. Tuvo un cierto curso que recorrer y cuando lo recorrió, debió ser dejada de lado. Decir que la ley fue temporaria atemoriza a algunos creyentes, porque temen que tal enseñanza abra el camino para una vida libertina. Nada podría estar más lejos de la verdad. Advierta lo que dicen las Escrituras:

"Entonces, ¿para qué sirve la ley? Fue añadida a causa de las transgresiones, hasta que viniese la simiente a quien fue hecha la promesa; y fue ordenada por medio de ángeles en mano de un mediador" (Gá. 3:19).

Cuando vino Jesucristo, la ley debió haber sido dejada de lado. La ley tenía la *intención* de un propósito temporal y un lapso de vida. Debía extenderse solo de Moisés a Jesucristo, puesto que Jesucristo fue la "simiente" a quien se le dio la promesa de la justicia (véase nota y *Estudio a fondo 2,* Mt. 5:17-18 para un tratamiento completo). Dios *nunca tuvo la intención de que la ley* fuera la forma de salvación. Fue solo por el propósito temporal de demostrarle a los hombres sus pecados y lo horrible de ellos.

- Sin embargo, advierta: Desde que vino Jesús, Él (Su vida perfecta y justicia) debe ser la norma para los hombres. Jesucristo cumplió con la ley, esto es, en Jesucristo Dios le dio al hombre más que solo meras palabras para describir cómo Él quiere que viva el hombre. Le dio al hombre la Vida, la Persona que perfectamente describe y demuestra la ley ante los mismos ojos del mundo. Jesucristo es la Imagen, el Ejemplo Vivo, el Modelo, la Demostración de la vida como debe ser vivida. Es la Imagen Perfecta de la voluntad de Dios, el Hombre Ideal, el Hombre Representativo, el Modelo para todos los hombres.

"Y aquel Verbo fue hecho carne, y habitó entre nosotros (y vimos su gloria, gloria como del unigénito del Padre), lleno de gracia y de verdad" (Jn. 1:14).

"El es la imagen del Dios invisible, el primogénito de toda creación" (Col. 1:15).

"El cual, siendo el resplandor de su gloria, y la imagen misma de su sustancia, y quien sustenta todas las cosas con la palabra de su poder, habiendo efectuado la purificación de nuestros pecados por medio de sí mismo, se sentó a la diestra de la Majestad en las alturas" (He. 1:3).

"Pues para esto fuisteis llamados; porque también Cristo padeció por nosotros, dejándonos ejemplo, para que sigáis sus pisadas; el cual no hizo pecado, ni se halló engaño en su boca; quien cuando le maldecían, no respondía con maldición; cuando padecía, no amenazaba, sino encomendaba la causa al que juzga justamente" (1 P. 2:21-23).

Ahora advierta: Puesto que la ley estaba pensada para ser temporaria hasta que llegara Cristo, ¿eso significa que la ley no tiene valor para los hombres hoy día? ¿Podríamos quitar la ley de nuestras Biblias y estar igual de bien? No, ¡mil veces no! Jesucristo cumplió con la ley. Por lo tanto, Él personifica la ley. Es cierto, Él personifica mucho más que la ley, pero sí personifica a la ley. La ley y su justicia son parte de su naturaleza. Por lo tanto, cuando un hombre mira a Jesucristo, ve la perfección de su naturaleza, y esa perfección incluye la justicia de la ley. Quitar la ley de nuestras Biblias sería borrar parte de nuestra comprensión de Jesucristo y parte de su verdadera naturaleza.

"No penséis que he venido para abrogar la ley o los profetas; no he venido para abrogar, sino para cumplir" (Mt. 5:17).

"Porque lo que era imposible para la ley, por cuanto era débil por la carne, Dios, enviando a su Hijo en semejanza de carne de pecado y a causa del pecado, condenó al pecado en la carne" (Ro. 8:3).

"Digo, pues: Andad en el Espíritu, y no satisfagáis los deseos de la carne. Porque el deseo de la carne es contra el Espíritu, y el del Espíritu es contra la carne; y éstos se oponen entre sí, para que no hagáis lo que quisiereis. Pero si sois guiados por el Espíritu, no estáis bajo la ley" (Gá. 5:16-18).

"Por lo cual, este es el pacto que haré con la casa de Israel después de aquellos días, dice el Señor: Pondré mis leyes en la mente de ellos, y sobre su corazón las escribiré; y seré a ellos por Dios, y ellos me serán a mí por pueblo" (He. 8:10).

"Y nos atestigua lo mismo el Espíritu Santo; porque después de haber dicho: Este es el pacto que haré con ellos después de aquellos días, dice el Señor: Pondré mis leyes en sus corazones, y en sus mentes las escribiré, añade: Y nunca más me acordaré de sus pecados y transgresiones" (He. 10:15-17).

Advierta también otro punto: La ley sigue en vigencia para el mundo no creyente. ¿Por qué? Porque todos los incrédulos que no han confiado en Jesucristo confían en su propia justicia para ser aceptables ante Dios. Todavía están intentando convertirse en justos por medio de la ley. Por lo tanto, Dios los juzgará por medio de la ley.

"Porque ignorando la justicia de Dios, y procurando establecer la suya propia, no se han sujetado a la justicia de Dios; porque el fin de la ley es Cristo, para justicia a todo aquel que cree" (Ro. 10:3-4).

"Porque todos los que dependen de las obras de la ley están bajo maldición, pues escrito está: Maldito todo aquel que no permaneciere en todas las cosas escritas en el libro de la ley, para hacerlas" (Gá. 3:10).

Matthew Henry señala otro hecho que cabe tener en cuenta: La ley todavía puede usarse para convencer a los hombres del pecado y para restringirlos de vivir vidas malas y libertinas (*Matthew Henry's Commentaries,* Vol. 5, p. 661).

3 (3:19-20) ***Ley, Mediador:*** ¿Cómo sabemos que la ley no justifica ni hace a una persona aceptable ante Dios? Porque la ley no fue dada directamente por Dios, sino a través de un mediador. Por lo tanto, es inferior. Hay dos argumentos que lo demuestran.

1. La ley no fue dada directamente por Dios. La ley provino de Dios, pero fue dada por ángeles a Moisés y luego al hombre. Moisés fue un mediador entre Dios y el hombre al dar la ley. Por lo tanto, la ley le llegó al hombre como algo de segunda mano. Pero no la promesa de Dios. Dios mismo dio la promesa de gracia y justicia (esto es, su aceptación y vida eterna o la Tierra Prometida). Abraham recibió la promesa de Dios directamente de Dios. Por ende, la promesa de Dios es superior a la ley, puesto que implica un contacto personal (relación) con Dios.

2. La ley fue entre dos partes: El hombre y Dios. En el pacto de la ley, tanto el hombre como Dios tenían responsabilidades o trabajo para hacer. El hombre tenía que cumplir con la ley y si lo hacía, Dios actuaría y lo recompensaría con el don de la justicia. El don de la justicia era condicional bajo la ley.

Sin embargo, la promesa de justicia o gracia fue dada solo por Dios. Nadie podía quebrantar esa promesa. Si el hombre (Abraham) simplemente creía en la promesa de Dios, recibía la promesa de justicia y gracia.

4 (3:21) *Ley:* ¿Cómo sabemos que la ley no justifica ni hace que una persona sea aceptable ante Dios? Porque la ley no tiene poder para dar vida.

1. La ley es solo palabras y reglas. Solo puede inyectar la idea de comportamiento en la mente de una persona. Solo puede exigir. Exigir que se cumpla y obedezca cada precepto. La ley son únicamente palabras, frías y sin vida. Es totalmente externa al hombre, fuera del cuerpo del hombre. No tiene espíritu, ni vida, ni poder para facultar a una persona a hacer la ley. Por lo tanto, Él es capaz de colocar espíritu y vida a las palabras y reglas de la ley. Él es capaz de vivir la vida descripta por las palabras y las reglas. Como tal, Él es capaz de inyectar tanto la idea como el poder de comportamiento en la mente y la vida de una persona. Es ahora su vida la que fija las normas y la regla para el creyente; es su Espíritu y vida lo que le da al creyente poder para creer.

> **"No penséis que he venido para abrogar la ley o los profetas; no he venido para abrogar, sino para cumplir" (Mt. 5:17).**
>
> **"Ya que por las obras de la ley ningún ser humano será justificado delante de él; porque por medio de la ley es el conocimiento del pecado. Pero ahora, aparte de la ley, se ha manifestado la justicia de Dios, testificada por la ley y por los profetas; la justicia de Dios por medio de la fe en Jesucristo, para todos los que creen en él. Porque no hay diferencia" (Ro. 3:20-22).**
>
> **"Porque lo que era imposible para la ley, por cuanto era débil por la carne, Dios, enviando a su Hijo en semejanza de carne de pecado y a causa del pecado, condenó al pecado en la carne" (Ro. 8:3).**
>
> **"(Pues nada perfeccionó la ley), y de la introducción de una mejor esperanza, por la cual nos acercamos a Dios" (He. 7:19).**

5 (3:22) *Ley, Promesa:* ¿Cómo sabemos que la ley no justifica ni hace que una persona sea aceptable ante Dios? Porque la ley encierra a todos los hombres bajo el pecado. Advierta varios hechos significativos.

1. "Las Escrituras" se refieren a la ley. La ley de Dios, o las Escrituras, es concluyente: Todos los hombres son violadores de la ley, todos los hombres están bajo el pecado.

2. "Bajo pecado" (hupo hamartian) significa ser encerrado como un prisionero en las profundas cárceles solitarias y sin esperanza o en el confinamiento solitario.

> **"¿Qué, pues? ¿Somos nosotros mejores que ellos? En ninguna manera; pues ya hemos acusado a judíos y a gentiles, que todos están bajo pecado. Como está escrito: No hay justo, ni aun uno; no hay quien entienda, no hay quien busque a Dios. Todos se desviaron, a una se hicieron inútiles; no hay quien haga lo bueno, no hay ni siquiera uno. Sepulcro abierto es su garganta; con su lengua engañan. Veneno de áspides hay debajo de sus labios; su boca está llena de maldición y de amargura. Sus pies se apresuran para derramar sangre; quebranto y desventura hay en sus caminos; y no conocieron camino de paz. No hay temor de Dios delante de sus ojos. Pero sabemos que todo lo que la ley dice, lo dice a los que están bajo la ley, para que toda boca se cierre y todo el mundo quede bajo el juicio de Dios; ya que por las obras de la ley ningún ser humano será justificado delante de él; porque por medio de la ley es el conocimiento del pecado" (Ro. 3:9-20).**
>
> **"Porque Dios sujetó a todos en desobediencia, para tener misericordia de todos" (Ro. 11:32).**

3. El gran propósito de la ley vuelve a manifestarse: Dirigir al hombre a buscar la promesa de Jesucristo, esto es , la justifica por la fe. Cuando los hombres miran la ley y ven que son pecadores, son impulsados a buscar un Salvador, incluso a Jesucristo. El hombre puede buscar y confiar en la justicia que Jesucristo ha garantizado. Cuando un hombre cree en Jesucristo, Él juzga a ese hombre como justo, y ese hombre se vuelve un participante "de la naturaleza divina" (2 P. 1:4).

> **"Justificados, pues, por la fe, tenemos paz para con Dios por medio de nuestro Señor Jesucristo" (Ro. 5:1).**
>
> **"Así Abraham creyó a Dios, y le fue contado por justicia" (Gá. 3:6).**
>
> **"Y ser hallado en él, no teniendo mi propia justicia, que es por la ley, sino la que es por la fe de Cristo, la justicia que es de Dios por la fe" (Fil. 3:9).**

	E. La prueba de lo que la fe puede hacer por nosotros, 3:23-29	26 pues todos sois hijos de Dios por la fe en Cristo Jesús; 27 porque todos los que habéis sido bautizados en Cristo, de Cristo estáis revestidos.	**2 La fe nos hace hijos de Dios** a. Haciendo que nos centremos en Jesucristo b. Vistiéndonos con la justicia y con Cristo, el Hijo
1 Dos imágenes de la ley a. La ley fue una prisión para el hombre b. La ley fue un guardián para el hombre	23 Pero antes que viniese la fe, estábamos confinados bajo la ley, encerrados para aquella fe que iba a ser revelada. 24 De manera que la ley ha sido nuestro ayo, para llevarnos a Cristo, a fin de que fuésemos justificados por la fe. 25 Pero venida la fe, ya no estamos bajo ayo,	28 Ya no hay judío ni griego; no hay esclavo ni libre; no hay varón ni mujer; porque todos vosotros sois uno en Cristo Jesús. 29 Y si vosotros sois de Cristo, ciertamente linaje de Abraham sois, y herederos según la promesa.	**3 La fe en Cristo nos convierte en uno: Elimina todas las distinciones y prejuicios** **4 La fe en Cristo nos convierte en herederos de la promesa**

DIVISIÓN III

LA PRUEBA DE QUE UN HOMBRE ES JUSTIFICADO POR LA FE ÚNICAMENTE Y NO POR LAS OBRAS, 3:1—4:7

E. La prueba de lo que la fe puede hacer por nosotros, 3:23-29

(3:23-29) ***Introducción:*** Algunas personas de las iglesias de Galacia estaban difundiendo una falsa enseñanza. Decían que una persona es justificada por las obras y la ley, esto es, que una persona se vuelve aceptable a Dios por someterse a Cristo, pero que debe someterse también a la ley y hacer lo mejor que pueda. Cristo es importante, sí, pero un compromiso para vivir por la ley –un compromiso por hacer lo mejor que uno pueda hacer– es también esencial para ser salvo y aceptable ante Dios.

La falsa enseñanza suena bien, puesto que una persona no solo tendría que, sino que debería hacer lo mejor que pueda. En realidad una persona debería no solo hacer lo que pudiera al buscar a Dios, pero en todo lo que emprende. Sin embargo, las Escrituras son muy claras: El hombre no es justificado por ser bueno y hacer el bien. El hombre no puede simplemente ser bueno ni hacer suficiente bien para tornarse perfecto. Dios es perfecto, por lo tanto, el hombre debe volverse perfecto si es que quiere vivir con Dios.

Entonces, ¿cómo puede una persona volverse aceptable a Dios? Por la fe en Jesucristo. Cuando una persona cree en Jesucristo, honra al Hijo de Dios, y Dios honra a la persona que honra a su Hijo. Dios honra a la persona haciendo la misma cosa que la persona cree. Por lo tanto, cuando una persona honra al Hijo de Dios al creer en Él, Dios honra a la persona haciendo la misma cosa por la cual la persona confió en Cristo. Dios cuenta a la persona por justa, acredita su fe como justicia. Advierta, sin embargo: La fe no significa *afirmación mental,* el hecho de simplemente creer en los propios pensamientos y en la mente que Jesucristo es el Salvador. La verdadera fe es el *compromiso espiritual,* el compromiso del corazón y la vida de uno, todo lo que uno es y todo lo que uno tiene respecto de Cristo.

¿Cómo sabemos que somos justificados por la fe y no por la ley y por hacer lo mejor que podemos? Por lo que la fe hace por nosotros.

1. Dos imágenes de la ley (vv. 23-25).
2. La fe nos hace hijos de Dios (vv. 26-27).
3. La fe en Cristo nos convierte en uno: Elimina todas las distinciones y prejuicios (v. 28).
4. La fe en Cristo nos convierte en herederos de la promesa (v. 29).

[1] (3:23-25) ***La ley, El ayo:*** Hay dos imágenes que claramente ejemplifican el propósito de la ley.

1. La ley fue una prisión para el hombre. Antes de que llegara la fe, esto es, antes de que Cristo muriera, el hombre estaba "confinado bajo la ley". La palabra para "confinado" (ephrourometha) significa ser guardado, mantenido en custodia, encarcelado, esclavizado. En términos sencillos, la ley encierra al hombre bajo el pecado. Lo encarcela y lo mantiene esclavizado al pecado. ¿De qué manera?
    a. La ley le muestra al hombre exactamente en qué falla, exactamente cuál es su error. No hay cuestión al respecto: La ley dijo que debía hacerse esto, pero el hombre hizo aquello. No hizo esto. La falla está claramente expresada, tan claramente como una señal de tránsito de alta velocidad expresa la violación de quien conduce.
    b. La ley acusa y condena al hombre. Tan pronto como una persona viola la ley, la ley lo acusa. La ley está en blanco y negro escrita, de modo que no hay cuestión alguna respecto de haberla quebrantado. Por lo tanto, acosa su mente, corta y sentencia su corazón. Aparecen la culpa y la condena y el hombre se siente atribulado y hostigado hasta varios grados, todo según la gravedad de la violación.
    c. La ley no tiene vida ni poder para liberar al hombre del castigo que le cabe por la violación. Este es todo el asunto: La ley revela la violación y condena al hombre, lo encarcela. La ley no libera al hombre, lo condena a la esclavitud. Sigue y sigue señalando los pecados y las fallas del hombre. Y el caso de la ley es infinito: Su dedo de acusación señala la falla del hombre cada vez que éste la viola. La esclavitud de la ley es perpetua.

La única esperanza para el hombre es que alguien aparezca en escena con el poder de liberarlo. Ese alguien ha aparecido: Jesucristo ha venido a liberarnos. Pero advierta: Como prisioneros debemos aceptar su liberación. La opción es nuestra. Podemos creer y confiar en su poder para liberarnos o no.

2. La ley fue un ayo o guardián (paidagogos) del hombre. La ley era el ayo del hombre para conducirlo a ver su necesidad por Cristo. El *paidagogos* era por lo general un esclavo confiable que estaba a cargo del bienestar moral de un niño, pero que tenía un deber en particular a la cual se estaba refiriendo Pablo. Todos los días, el ayo llevaba al niño a la escuela y lo entregaba al maestro. Y luego al fin del día, regresaba por el niño y lo llevaba sano y salvo a su hogar. Esto era lo que la ley debía hacer. La ley debía conducir al hombre hacia Cristo, el verdadero Maestro. La ley hace esto al demostrarle al hombre que es incapaz de garantizar la justicia por sí mismo. Debe mirar a Cristo, el verdadero Maestro, en busca de justicia y aceptación de Dios, es decir, para la justificación por la fe. Y una vez que Cristo (la fe en Él) haya llegado, no hay necesidad de la ley ni de ningún otro guardián, puesto que Jesucristo nos pone cara a cara con Dios.

2 (3:26-27) ***Fe, Creyentes, posición:*** ¿Cómo sabemos que somos justificados por la fe y no por la ley y por hacer lo mejor que podamos? Porque la fe nos convierte en los hijos de Dios. Como se menciona en el punto anterior, Jesucristo nos coloca cara a cara con Dios. Motiva a Dios a adoptarnos como hijos de Dios. ¿De qué manera? Por la fe. Advierta dos puntos cruciales.

1. La fe nos hace concentrarnos en el Hijo de Dios, Jesucristo. El hombre puede descansar en una cosa: Dios aceptará a cualquiera que *se centre* en su Hijo Jesucristo, puesto que Dios ama a su Hijo hasta un grado sumo. Dios no es menos que cualquier padre normal que ama a su hijo. De hecho, Dios es mucho más que el hombre: Él es perfecto. Por lo tanto, Dios ama a su Hijo, Jesucristo, con un amor perfecto. Esto significa sencillamente que Dios honrará a cualquier persona que honre a su Hijo creyendo y confiando en Él. Si una persona cree en Jesucristo por justicia, entonces Dios honrará a ese hombre contándolo por justo.

El punto es este: La persona que intenta ser aceptable ante Dios por medio de la ley y haciendo lo mejor que puede –el hombre que se centra en la ley y en las buenas obras– ese hombre tiene su mente puesta en la ley y lucha por ser bueno. Dios no es el centro y el foco de sus pensamientos y de su vida: la ley y las obras lo son.

Pero la persona que tiene *fe en Jesucristo* se centra en Cristo. Honra al Hijo de Dios. Por lo tanto, Dios acepta su fe, el centro de su vida, como justicia. La persona se torna aceptable para Dios. Dios realmente acepta a la persona como un hijo propio. ¿Cómo es esto posible? La respuesta es el tema del punto siguiente.

2. La fe nos inviste con Cristo, con su justicia y su condición de Hijo. Esta es una verdad maravillosa, dado que nos afirma que realmente podemos revestirnos de Cristo, ¡una revelación gloriosa! La palabra "revestidos" quiere decir ponerse la ropa, cubrirse uno mismo. Todo lo que Cristo es puede revestirnos. Cristo es dos cosas que guardan un gran significado para nosotros.

a. Cristo es la personificación misma de la justicia. Él es el Hijo de Dios que vino a la tierra para lograr nuestra justificación.
Él vivió una vida sin pecado y perfecta. Siempre obedeció a Dios, sin jamás violar la ley ni la voluntad de Dios, ni siquiera una vez. Por lo tanto, Él fue el Hombre Perfecto, Ideal. Fue el Modelo de lo que cada hombre debería ser. Como el modelo Ideal y Perfecto, Él pudo representar a todos los hombres y esto es exactamente lo que sucedió. Jesucristo es nuestra justicia. Cuando creemos en Él, Dios nos inviste con Cristo. Dios nos ve en su Hijo y nos acepta.
Imagine este ejemplo. Si mi mano izquierda envuelve el dedo índice de mi mano derecha, ¿qué se ve? Mi mano izquierda, no mi dedo índice, puesto que mi mano izquierda cubre a mi dedo índice. Ahora, dejemos que mi mano izquierda represente a Cristo, y el dedo índice a mí. Cuando Cristo me cubre, ¿a quién se ve? A Cristo, por supuesto, no a mí, puesto que Cristo me cubre. Lo mismo ocurre con la fe. Cuando creo en Jesucristo, mi fe me cubre con Jesucristo y su justicia.

"Al que no conoció pecado, por nosotros lo hizo pecado, para que nosotros fuésemos hechos justicia de Dios en él" (2 Co. 5:21).

"Y ser hallado en él, no teniendo mi propia justicia, que es por la ley, sino la que es por la fe de Cristo, la justicia que es de Dios por la fe" (Fil. 3:9).

"Porque no tenemos un sumo sacerdote que no pueda compadecerse de nuestras debilidades, sino uno que fue tentado en todo según nuestra semejanza, pero sin pecado. Acerquémonos, pues, confiadamente al trono de la gracia, para alcanzar misericordia y hallar gracia para el oportuno socorro" (He. 4:15-16).

"Por lo cual puede también salvar perpetuamente a los que por él se acercan a Dios, viviendo siempre para interceder por ellos. Porque tal sumo sacerdote nos convenía: santo, inocente, sin mancha, apartado de los pecadores, y hecho más sublime que los cielos" (He. 7:25-26).

"Sabiendo que fuisteis rescatados de vuestra vana manera de vivir, la cual recibisteis de vuestros padres, no con cosas corruptibles, como oro o plata, sino con la sangre preciosa de Cristo, como de un cordero sin mancha y sin contaminación" (1 P. 1:18-19).

"Y que de todo aquello de que por la ley de Moisés no pudisteis ser justificados, en él es justificado todo aquel que cree" (Hch. 13:39).

"Justificados, pues, por la fe, tenemos paz para con Dios por medio de nuestro Señor Jesucristo" (Ro. 5:1).

b. Cristo es el Hijo de Dios. Por lo tanto, estar investido con Cristo significa que estamos cubiertos con su condición de Hijo. Cuando Dios observa al creyente, ve a su Hijo Jesucristo cubriéndolo. Por ende, considera al creyente como su hijo. Esta es la forma en que nos convertimos en hijos de Dios: por la fe en Jesucristo, el Hijo de Dios. Cuando creemos que Jesucristo es el Hijo de Dios, Dios toma nuestra fe y nos coloca en Cristo, y estar en Cristo es estar en la calidad de Hijo de Cristo. Dios realmente nos ve en Jesucristo, en su Hijo. Por lo tanto nos acepta como sus hijos, todo porque nuestra fe nos ha cubierto con Cristo. (Véase *Estudio a fondo 2, Adopción,* Gá. 4:5-6.

"Mas a todos los que le recibieron, a los que creen en su nombre, les dio potestad de ser hechos hijos de Dios" (Jn. 1:12).

"Sino vestíos del Señor Jesucristo, y no proveáis para los deseos de la carne" (Ro. 13:14).

"Porque todos los que habéis sido bautizados en Cristo, de Cristo estáis revestidos" (Gá. 3:27).

"Y vestíos del nuevo hombre [Cristo], creado según Dios en la justicia y santidad de la verdad" (Ef. 4:24).

"Y revestido del nuevo [Cristo], el cual conforme a la imagen del que lo creó se va renovando hasta el conocimiento pleno" (Col. 3:10).

"Lo que hemos visto y oído, eso os anunciamos, para que también vosotros tengáis comunión con nosotros; y nuestra comunión verdaderamente es con el Padre, y con su Hijo Jesucristo" (1 Jn. 1:3).

"Mirad cuál amor nos ha dado el Padre, para que seamos llamados hijos de Dios; por esto el mundo no nos conoce, porque no le conoció a él" (1 Jn. 3:1).

ESTUDIO A FONDO 1

(3:27) ***Bautismo:*** Advierta la referencia al bautismo en lugar de la fe:

"Porque todos los que habéis sido bautizados en Cristo, de Cristo estáis revestidos" (v. 27).

¿Por qué cambió Pablo el uso de la palabra creer a la palabra bautismo? ¿Por qué no dijo:

"Porque todos los que *habéis creído en* Cristo, de Cristo estáis revestidos".

¿Pablo está diciendo que una persona es *salva por* el bautismo? Toda persona pensante y sincera sabe que hay miles y miles de personas que han sido bautizadas y sin embargo, viven como el diablo mismo. Por lo tanto, Pablo no pudo querer decir que es el bautismo el que hace que Dios invista a una persona de Cristo.

Del mismo modo, cualquier persona pensante y sincera sabe que hay miles y miles de personas que *profesan la fe* y sin embargo, viven como el diablo mismo. Pablo no pudo querer decir lo que el público en general entiende por fe.

Lo que Pablo está diciendo es lo que declaran las Escrituras: Un verdadero creyente cumple con toda la justicia de Cristo que incluye el bautismo. El creyente vive para Cristo y vivir para Cristo incluye la ordenación que describe su fe. El bautismo (y el arrepentimiento) es la *primera e inmediata* evidencia de la fe. Por lo tanto, la fe y el bautismo están estrechamente relacionados, tan estrechamente que Pablo puede hablar de bautismo como fe. (Véase *Estudio a fondo 1, Bautismo,* Ro. 6:3-5; *Estudio a fondo 1,* Hch. 2:38 para un tratamiento detallado.)

3 (3:28) ***Fe, Hermandad, Unidad:*** ¿Cómo sabemos que somos justificados por la fe y no por la ley y por hacer lo mejor que podemos? Porque la fe en Cristo nos convierte en uno, eliminando toda distinción y prejuicio.

"Ya no hay judío ni griego; no hay esclavo ni libre; no hay varón ni mujer; porque todos vosotros sois uno en Cristo Jesús" (v. 28).

Esta es una verdad asombrosa: Jesucristo es la respuesta a todo prejuicio, resentimiento, odio, opresión y desigualdades de la tierra. ¿Cómo puede Él resolver las divisiones entre los hombres? Advierta la expresión fenomenal: "Todos vosotros sois uno en Cristo Jesús". ¿Qué hay en Jesucristo que nos convierte en uno?

1. Todo creyente está en la misma condición frente a Jesucristo: La condición de la fe. Ninguna persona es aceptada por ninguna otra razón que por la fe. Todas las personas que vienen a Cristo vienen...

- Porque están tan alejados de Cristo.
- Porque son tan diferentes de Cristo.
- Porque son tan imperfectos.

Sin embargo, Jesucristo los acepta. Jesucristo alcanza y abraza a todos los creyentes a pesar de ser mucho menos y tan diferentes de Él. Por lo tanto, cuando vemos a otro creyente que difiere de nosotros, hacemos lo que Jesucristo hizo por nosotros. Lo amamos, lo aceptamos y lo abrazamos, las diferencias no tienen importancia. Todo lo que importa es el amor, la aceptación y la fraternidad en Cristo.

2. Todo creyente verdadero ama y está *en Jesucristo.* Por lo tanto, cuando vemos a otro creyente lo vemos *en Cristo.* No vemos al creyente, sino que vemos a Cristo cubriendo al creyente. No prestamos atención a su color, nacionalidad, sexo, condición social o cualquier otra diferencia. Las diferencias no tienen importancia. Todo lo que importa es que todos crecemos a la imagen de Cristo: amar, aceptar y ser cada vez más los hermanos y las hermanas de Dios.

"Porque no hay diferencia entre judío y griego, pues el mismo que es Señor de todos, es rico para con todos los que le invocan" (Ro. 10:12).

"Así nosotros, siendo muchos, somos un cuerpo en Cristo, y todos miembros los unos de los otros" (Ro. 12:5).

"Ya no hay judío ni griego; no hay esclavo ni libre; no hay varón ni mujer; porque todos vosotros sois uno en Cristo Jesús" (Gá. 3:28).

"Hasta que todos lleguemos a la unidad de la fe y del conocimiento del Hijo de Dios, a un varón perfecto, a la medida de la estatura de la plenitud de Cristo" (Ef. 4:13).

"Hermanos míos amados, oíd: ¿No ha elegido Dios a los pobres de este mundo, para que sean ricos en fe y herederos del reino que ha prometido a los que le aman?" (Stg. 2:5).

"Pero si andamos en luz, como él está en luz, tenemos comunión unos con otros, y la sangre de Jesucristo su Hijo nos limpia de todo pecado" (1 Jn. 1:7).

"Compañero soy yo de todos los que te temen y guardan tus mandamientos" (Sal. 119:63).

"El rico y el pobre se encuentran; a ambos los hizo Jehová" (Pr. 22:2).

[4] (3:29) ***Fe, Herencia:*** ¿Cómo sabemos que somos justificados por la fe y no por la ley y por hacer lo mejor que podemos? Porque la fe en Cristo nos convierte en herederos de la promesa.

 Recuerde la promesa realizada a Abraham: La promesa de la bendición de Dios, de la presencia y liderazgo de Dios, de ser aceptado por Dios y recibir el privilegio de vivir por siempre en la tierra de Canaán (el tipo y símbolo del cielo, de los nuevos cielos y tierra). (Véase bosquejo y notas, Gá. 3:15-18 para mayor discusión al respecto.).

El punto es este: Jesucristo es el heredero de Abraham. Por lo tanto, si una persona está *en Cristo,* entonces hereda la promesa hecha a Abraham. Hereda la promesa de la aceptación de Dios, de la justicia y de vivir por siempre en los nuevos cielos y tierra como un hijo de Dios.

"No se turbe vuestro corazón; creéis en Dios, creed también en mí. En la casa de mi Padre muchas moradas hay; si así no fuera, yo os lo hubiera dicho; voy, pues, a preparar lugar para vosotros" (Jn. 14:1-2).

"Pues no habéis recibido el espíritu de esclavitud para estar otra vez en temor, sino que habéis recibido el espíritu de adopción, por el cual clamamos: ¡Abba, Padre! El Espíritu mismo da testimonio a nuestro espíritu, de que somos hijos de Dios. Y si hijos, también herederos; herederos de Dios y coherederos con Cristo, si es que padecemos juntamente con él, para que juntamente con él seamos glorificados" (Ro. 8:15-17).

"Y si vosotros sois de Cristo, ciertamente linaje de Abraham sois, y herederos según la promesa" (Gá. 3:29).

"Para que justificados por su gracia, viniésemos a ser herederos conforme a la esperanza de la vida eterna" (Tit. 3:7).

"Por lo cual, queriendo Dios mostrar más abundantemente a los herederos de la promesa la inmutabilidad de su consejo, interpuso juramento" (He. 6:17).

"Bendito el Dios y Padre de nuestro Señor Jesucristo, que según su grande misericordia nos hizo renacer para una esperanza viva, por la resurrección de Jesucristo de los muertos, para una herencia incorruptible, incontaminada e inmarcesible, reservada en los cielos para vosotros" (1 P. 1:3-4).

	CAPÍTULO 4		
	F. La prueba de Cristo y de la plenitud del tiempo, 4:1-7	4 Pero cuando vino el cumplimiento del tiempo, Dios envió a su Hijo, nacido de mujer y nacido bajo la ley,	**2 Hubo una plenitud de tiempo cuando Dios liberó al mundo** a. Cómo: Dios envió a su propio Hijo como un hombre, bajo la ley
1 Hubo un tiempo en el que el mundo era esclavo a. Un niño: Un ejemplo 1) Está bajo tutores 2) Hereda los bienes en el momento designado b. El mundo: Su educación elemental por medio de la ley	1 Pero también digo: Entre tanto que el heredero es niño, en nada difiere del esclavo, aunque es señor de todo; 2 sino que está bajo tutores y curadores hasta el tiempo señalado por el padre. 3 Así también nosotros, cuando éramos niños, estábamos en esclavitud bajo los rudimentos del mundo.	5 para que redimiese a los que estaban bajo la ley, a fin de que recibiésemos la adopción de hijos. 6 Y por cuanto sois hijos, Dios envió a vuestros corazones el Espíritu de su Hijo, el cual clama: ¡Abba, Padre! 7 Así que ya no eres esclavo, sino hijo; y si hijo, también heredero de Dios por medio de Cristo.	b. ¿Por qué?: Para redimir el mundo c. Resultados 1) Somos adoptados como hijos de Dios. 2) Recibimos garantía de aceptación por parte del Espíritu 3) Nos convertimos en herederos de Dios

DIVISIÓN III

LA PRUEBA DE QUE EL HOMBRE ES JUSTIFICADO POR LA FE ÚNICAMENTE Y NO POR LAS OBRAS, 3:1—4:7

F. La prueba de Cristo y de la plenitud del tiempo, 4:1-7

(4:1-7) ***Introducción:*** Algunas personas en las iglesias de Galacia enseñaban que una persona es salva por la ley, esto es, es salva por ser bueno y religioso y por hacer lo mejor que pueda. Por supuesto, toda persona...

- Debería ser buena, luchando constantemente por ser cada vez mejor.
- Debería ser fiel al adorar a Dios *en la iglesia.*
- Debería hacer lo mejor que pueda, siempre.

Sin embargo, las Escrituras son claras y firmes: Una persona no es salva por estas cosas, por ningún monto de esfuerzo o energía o trabajo puede una persona ser perfecta. Y para ser aceptable ante Dios –recibir el derecho de vivir con Dios– una persona debe ser perfecta.

¿Cómo entonces puede el hombre ser salvo, ser justificado y aceptable ante Dios? Este pasaje trata de ese tema. Da la respuesta. Demuestra de qué manera Cristo y la plenitud del tiempo muestran que un hombre es justificado por la fe y no por la ley ni por las obras.

1. Hubo un tiempo en el que el mundo era esclavo (vv. 1-3).
2. Hubo una plenitud de tiempo cuando Dios liberó al mundo (vv. 4-7).

[1] (4:1-3) ***Ley, Mundo, Cosas elementales de, Dios, Concepciones falsas de:*** Hubo un tiempo cuando el mundo era esclavo. El ejemplo es breve, pero descriptivo: Un heredero que es un niño está bajo el cuidado de tutores y curadores hasta el tiempo determinado para que pudiera recibir su herencia. Hasta que no llegue el momento designado, no tiene más derecho a la herencia que ser un esclavo.

El punto es asombroso: Hubo un tiempo en el que el hombre era esclavo de las cosas elementales del mundo. ¿Qué quiere decirse por los *elementos o las cosas elementales* del mundo? Muy simplemente, significa las *nociones e ideas elementales acerca de Dios y las diversas maneras en que el hombre intenta acercarse a Dios.* Permitamos que las Escrituras interpreten a las Escrituras:

- Significa los primeros principios (ABC) de la Palabra de Dios, es decir, los sacrificios, observancias, rituales y ceremonias del Antiguo Testamento (He. 5:12).
- Significa filosofía, las tradiciones del hombre y las enseñanzas rudimentarias o elementales de los hombres, los enfoques ABC de los hombres respecto de Dios (Col. 2:8).
- Significa los elementos, los cuerpos celestiales del universo (2 P. 3:10). (Siempre han existido hombres que intentaron regir sus propias vidas por medio de cuerpos celestiales o astrología y los signos del zodíaco).
- Significa las ordenanzas, las reglas y las reglamentaciones de los hombres (Col. 2:20).
- Significa las leyes ceremoniales, el yugo legal colocado sobre los hombres mientras éstos intentan acercarse a Dios (Hch. 15:10).
- Significa la ley del Antiguo Testamento, el yugo de la esclavitud (Gá. 5:1, cp. 4:3).
- Significa observar los días, meses y años religiosos (Gá. 4:9).

Muy simple, los elementos del mundo se refieren a todas las cosas que usan los hombres para estar bien con Dios y garantizarse el favor y la aprobación de Dios. Se refiere a todo lo que emplea el hombre para justificarse ante Dios, todo acercamiento a Dios que emprende el hombre a través de su propia energía y esfuerzo...

- Ley u obras
- Ritual o ceremonia
- Ser miembro de la iglesia u ordenación
- Astrología o ciencia
- Filosofía o religión

El punto es este: Ante Cristo, todos los acercamientos a Dios eran solo acercamientos elementales. Ningún acercamiento era el correcto, puesto que el hombre tenía muy poco conocimiento de Dios, un conocimiento elemental que requería la *disciplina y la guía de la ley.* (Véase nota, Gá. 4:9-11 para mayor discusión sobre este tema).

Sin embargo, cuando todo estaba listo para que el mundo llegara a la edad correspondiente y obtener un conocimiento adulto de Dios, vino Cristo para liberar a los hombres de la ley y para revelar que el hombre debía tener una relación padre-hijo con Dios. En Cristo los hombres ya no serían esclavos de la ley, son los hijos de Dios. En Cristo recibirán su herencia.

> **"Hermanos, no seáis niños en el modo de pensar, sino sed niños en la malicia, pero maduros en el modo de pensar" (1 Co. 14:20).**
>
> **"Para que ya no seamos niños fluctuantes, llevados por doquiera de todo viento de doctrina, por estratagema de hombres que para engañar emplean con astucia las artimañas del error" (Ef. 4:14).**
>
> **"Porque debiendo ser ya maestros, después de tanto tiempo, tenéis necesidad de que se os vuelva a enseñar cuáles son los primeros rudimentos de las palabras de Dios; y habéis llegado a ser tales que tenéis necesidad de leche, y no de alimento sólido" (He. 5:12).**

2 (4:4-7) *Adopción, Redención:* Hubo una plenitud de tiempo cuando Dios liberó al mundo. Este es uno de los grandes pasajes de las Escrituras que trata sobre la misión o la obra del Hijo de Dios, el Señor Jesucristo. Advierta varios puntos significativos.

1. Advierta que Dios había preparado el mundo para la llegada de Cristo (véase *Estudio a fondo 1, Plenitud de tiempo,* Gá. 4:4 para mayor discusión al respecto).

2. Advierta que Dios envió a su propio Hijo al mundo para liberar a los hombres. No fue un ángel ni ninguna otra criatura la que envió Dios, ni fue algún gran líder de entre los hombres. Él envió a su propio Hijo. Dios se preocupaba y amaba tanto a los hombres que no enviaría a nadie inferior a su propio Hijo para liberar a los hombres de la terrible condena de la ley: la esclavitud del pecado y la muerte.

> **"Porque de tal manera amó Dios al mundo, que ha dado a su Hijo unigénito, para que todo aquel que en él cree, no se pierda, mas tenga vida eterna. Porque no envió Dios a su Hijo al mundo para condenar al mundo, sino para que el mundo sea salvo por él" (Jn. 3:16-17).**
>
> **"Porque he descendido del cielo, no para hacer mi voluntad, sino la voluntad del que me envió" (Jn. 6:38).**
>
> **"Pero yo le conozco, porque de él procedo, y él me envió" (Jn. 7:29).**
>
> **"Jesús entonces les dijo: Si vuestro padre fuese Dios, ciertamente me amaríais; porque yo de Dios he salido, y he venido; pues no he venido de mí mismo, sino que él me envió" (Jn. 8:42).**
>
> **"Me es necesario hacer las obras del que me envió, entre tanto que el día dura; la noche viene, cuando nadie puede trabajar" (Jn. 9:4).**
>
> **"¿Al que el Padre santificó y envió al mundo, vosotros decís: Tú blasfemas, porque dije: Hijo de Dios soy? Si no hago las obras de mi Padre, no me creáis. Mas si las hago, aunque no me creáis a mí, creed a las obras, para que conozcáis y creáis que el Padre está en mí, y yo en el Padre" (Jn. 10:36-38).**

3. Advierta que Dios envió a su Hijo "nacido de mujer" (genomenon ek gunaikos), "nacido de [ek] mujer". Vino al mundo como lo hacen todos los hombres, a través de una mujer. Pero advierta la verdad más gloriosa: Fue "enviado" por Dios. Jesucristo era "su Hijo", el Hijo de Dios. Dios pronunció la Palabra y la mujer concibió milagrosamente. El Nacimiento Virginal sí tuvo lugar: Dios envió a su propio Hijo al mundo *como un hombre* para salvar a los hombres. (Véase *Estudio a fondo 3, Jesucristo, Nacimiento,* Mt. 1:16; *Estudio a fondo 8,* 1:23; nota y *Estudio a fondo 1,* Lc. 1:27; nota, 1:34-35. Ver especialmente Lc. 1:27.)

> **"Y ahora, concebirás en tu vientre, y darás a luz un hijo, y llamarás su nombre JESÚS" (Lc. 1:31).**
>
> **"Y aquel Verbo fue hecho carne, y habitó entre nosotros (y vimos su gloria, gloria como del unigénito del Padre), lleno de gracia y de verdad" (Jn. 1:14).**
>
> **"Sino que se despojó a sí mismo, tomando forma de siervo, hecho semejante a los hombres" (Fil. 2:7).**
>
> **"E indiscutiblemente, grande es el misterio de la piedad: Dios fue manifestado en carne, justificado en el Espíritu, visto de los ángeles, predicado a los gentiles, creído en el mundo, recibido arriba en gloria" (1 Ti. 3:16).**
>
> **"Así que, por cuanto los hijos participaron de carne y sangre, él también participó de lo mismo, para destruir por medio de la muerte al que tenía el imperio de la muerte, esto es, al diablo, y librar a todos los que por el temor de la muerte estaban durante toda la vida sujetos a servidumbre" (He. 2:14-15).**
>
> **"En esto conoced el Espíritu de Dios: Todo espíritu que confiesa que Jesucristo ha venido en carne, es de Dios" (1 Jn. 4:2).**

4. Advierta que Dios envió a su Hijo nacido bajo la ley. Jesucristo debió vivir bajo la ley a fin de garantizar la justicia perfecta de la ley para el hombre. Debió obedecer la ley en cada uno de sus preceptos y estar ante Dios como el Hombre Perfecto e Ideal: la Encarnación Ideal de la Justicia. Como se afirmó, Él tuvo que hacer lo que ninguna otra persona había hecho jamás: asegurar la Justicia Ideal y la Perfección para que lo Ideal y lo Perfecto sirvieran para todos los hombres.

> **"Porque lo que era imposible para la ley, por cuanto era débil por la carne, Dios, enviando a su Hijo en semejanza de carne de pecado y a causa del pecado, condenó al pecado en la carne; para que la justicia de la ley se cumpliese en nosotros, que no andamos conforme a la carne, sino conforme al Espíritu" (Ro. 8:3-4).**

"Al que no conoció pecado, por nosotros lo hizo pecado, para que nosotros fuésemos hechos justicia de Dios en él" (2 Co. 5:21).

"Porque no tenemos un sumo sacerdote que no pueda compadecerse de nuestras debilidades, sino uno que fue tentado en todo según nuestra semejanza, pero sin pecado" (He. 4:15).

"Por lo cual puede también salvar perpetuamente a los que por él se acercan a Dios, viviendo siempre para interceder por ellos. Porque tal sumo sacerdote nos convenía: santo, inocente, sin mancha, apartado de los pecadores, y hecho más sublime que los cielos" (He. 7:25-26).

"Sabiendo que fuisteis rescatados de vuestra vana manera de vivir, la cual recibisteis de vuestros padres, no con cosas corruptibles, como oro o plata, sino con la sangre preciosa de Cristo, como de un cordero sin mancha y sin contaminación" (1 P. 1:18-19).

5. Advierta por qué Dios envió a su Hijo: Para redimir a los hombres (véase nota, *Redención,* Gá. 3:13-14 para mayor discusión al respecto).

6. Advierta el resultado de que Dios enviara a su Hijo a redimir a los hombres.

a. Los creyentes son adoptados como hijos de Dios. Cuando una persona cree *en Jesucristo,* Dios toma su fe y considera a la persona como estando *en Jesucristo.* Puesto que Cristo es el Hijo de Dios, el creyente es considerado como un hijo de Dios. Todo porque es considerado como estando *en Jesucristo*. Su fe *en Jesucristo* hace que Dios lo cubra con la calidad de su Hijo, que lo adopte como un hijo de Dios. (Véase notas, *Creyentes, Postura,* punto 2, Gá. 3:26-27; *Estudio a fondo 2, Adopción,* Gá. 4:5-6.

"Mas a todos los que le recibieron, a los que creen en su nombre, les dio potestad de ser hechos hijos de Dios" (Jn. 1:12).

"Pues no habéis recibido el espíritu de esclavitud para estar otra vez en temor, sino que habéis recibido el espíritu de adopción, por el cual clamamos: ¡Abba, Padre!" (Ro. 8:15).

"Por lo cual, salid de en medio de ellos, y apartaos, dice el Señor, y no toquéis lo inmundo; y yo os recibiré, y seré para vosotros por Padre, y vosotros me seréis hijos e hijas, dice el Señor Todopoderoso" (2 Co. 6:17-18).

"Pero cuando vino el cumplimiento del tiempo, Dios envió a su Hijo, nacido de mujer y nacido bajo la ley, para que redimiese a los que estaban bajo la ley, a fin de que recibiésemos la adopción de hijos. Y por cuanto sois hijos, Dios envió a vuestros corazones el Espíritu de su Hijo, el cual clama: ¡Abba, Padre!" (Gá. 4:4-6).

b. Los creyentes reciben la garantía de ser aceptados por Dios a través del Espíritu de su Hijo. El Espíritu de Cristo es enviado por Dios para morar en nuestros corazones y para otorgarnos una relación personal con Dios. El Espíritu de Cristo, esto es, el Espíritu Santo, nos da una fraternidad de comunicación y comunión con Dios: Él motiva nuestros corazones para clamarle a Dios como nuestro Padre: "Padre, Padre".

"El Espíritu mismo da testimonio a nuestro espíritu, de que somos hijos de Dios" (Ro. 8:16).

"Y por cuanto sois hijos, Dios envió a vuestros corazones el Espíritu de su Hijo, el cual clama: ¡Abba, Padre!" (Gá. 4:6).

"Y el que guarda sus mandamientos, permanece en Dios, y Dios en él. Y en esto sabemos que él permanece en nosotros, por el Espíritu que nos ha dado" (1 Jn. 3:24).

"En esto conocemos que permanecemos en él, y él en nosotros, en que nos ha dado de su Espíritu" (1 Jn. 4:13).

"Este es Jesucristo, que vino mediante agua y sangre; no mediante agua solamente, sino mediante agua y sangre. Y el Espíritu es el que da testimonio; porque el Espíritu es la verdad" (1 Jn. 5:6).

c. Los creyentes son convertidos en herederos de Dios. Pero advierta: Son herederos porque son hijos de Dios. Tanto la calidad de hijo como la de heredero son "a través de Cristo", a través de la fe en Él.

"El Espíritu mismo da testimonio a nuestro espíritu, de que somos hijos de Dios. Y si hijos, también herederos; herederos de Dios y coherederos con Cristo, si es que padecemos juntamente con él, para que juntamente con él seamos glorificados" (Ro. 8:16-17).

"Y si vosotros sois de Cristo, ciertamente linaje de Abraham sois, y herederos según la promesa" (Gá. 3:29).

"Para que justificados por su gracia, viniésemos a ser herederos conforme a la esperanza de la vida eterna" (Tit. 3:7).

"¿No son todos espíritus ministradores, enviados para servicio a favor de los que serán herederos de la salvación?" (He. 1:14).

"Por lo cual, queriendo Dios mostrar más abundantemente a los herederos de la promesa la inmutabilidad de su consejo, interpuso juramento" (He. 6:17).

"Bendito el Dios y Padre de nuestro Señor Jesucristo, que según su grande misericordia nos hizo renacer para una esperanza viva, por la resurrección de Jesucristo de los muertos, para una herencia incorruptible, incontaminada e inmarcesible, reservada en los cielos para vosotros" (1 P. 1:3-4).

ESTUDIO A FONDO 1

(4:4) ***La plenitud del tiempo:*** La llegada de Cristo a la escena del mundo no fue accidental. Su llegada estaba encuadrada bajo los tiempos estratégicos providencialmente fijados por Dios. Su llegada no fue ni un día antes ni un día después del tiempo fijado (Véase nota, Mr. 1:15). Un niño que es ubicado bajo el control de tutores está bajo su control hasta "el tiempo señalado por su padre" (Gá. 4:2). Dios y solo Dios decidió la plenitud del tiempo para la llegada de Cristo. Cristo nació de una persona en particular, en un tiempo en particular, en una forma particular (encarnación), bajo un sistema particular (la ley). Compartió la frustración y la agonía de estar sometido al mismo sistema para el cual Él vino a salvar a los hombres. El mundo había estado maravillosamente preparado para su llegada.

1. La ley había hecho su trabajo educativo. Había demostrado a través de la nación judía que los hombres son terribles transgresores y a pesar de todo el favor y las bendiciones de Dios, los hombres seguían fracasando en adorar a Dios en amor. Ahora el mundo tenía una imagen del corazón depravado del hombre. (Cp. Ro. 3:10-18 para una descripción clara de los pecados del hombre).

2. El mundo estaba lleno de personas con hambre espiritual. La adoración del yo, del placer, de dioses, de la ética filosófica, todo había dejado a muchos vacíos y yermos. El alma estaba ahora preparada para satisfacer su hambre.

3. El mundo estaba en paz bajo el gobierno romano. El mundo era una puerta abierta para la difusión del evangelio, sin ninguna limitación.

4. El mundo hablaba el idioma griego como lengua básica, haciendo posible la comunicación con muchos otros de todas partes del mundo.

5. El mundo tenía un sistema de caminos para viajes en masa que permitió a los misioneros cristianos alcanzar los lugares más lejanos de la tierra. También trajo viajantes comerciales a centros metropolitanos donde estaban concentrados los creyentes cristianos.

> **"Diciendo: El tiempo se ha cumplido, y el reino de Dios se ha acercado; arrepentíos, y creed en el evangelio" (Mr. 1:15).**
>
> **"Pero cuando vino el cumplimiento del tiempo, Dios envió a su Hijo, nacido de mujer y nacido bajo la ley" (Gá. 4:4).**
>
> **"El cual se dio a sí mismo en rescate por todos, de lo cual se dio testimonio a su debido tiempo" (1 Ti. 2:6).**
>
> **"Y a su debido tiempo manifestó su palabra por medio de la predicación que me fue encomendada por mandato de Dios nuestro Salvador" (Tit. 1:3).**
>
> **"De otra manera le hubiera sido necesario padecer muchas veces desde el principio del mundo; pero ahora, en la consumación de los siglos, se presentó una vez para siempre por el sacrificio de sí mismo para quitar de en medio el pecado" (He. 9:26).**

ESTUDIO A FONDO 2

(4:5-6) ***Adopción:*** La palabra "adopción" (huiothesia) significa *ocupar el lugar de un hijo.* La imagen de la adopción es una imagen bella de lo que Dios hace por el cristiano. En el mundo antiguo la familia se basaba en una ley romana llamada "patria potestad", el poder del padre. La ley le daba al padre autoridad absoluta sobre sus hijos mientras viviera. Podía trabajar, esclavizar, vender, y si quería, podía pronunciar la pena de muerte. Independientemente de la edad adulta del hijo, el padre mantenía todo poder sobre los derechos personales y a la propiedad.

Por lo tanto, la adopción era un asunto serio. Sin embargo, era de práctica común asegurar que una familia no se extinguiera por no tener hijos varones. Y cuando se adoptaba a un niño, se tomaban tres pasos legales.

1. El hijo adoptivo era adoptado permanentemente. No podía ser adoptado hoy y desheredado mañana. Se convertía en el hijo del padre para siempre. Estaba eternamente seguro como un hijo.

2. El hijo adoptivo inmediatamente tenía todos los derechos de un hijo legítimo en la nueva familia.

3. El hijo adoptivo perdía por completo todos los derechos de su antigua familia. Al hijo adoptivo también se lo consideraba como una nueva persona, tan nueva que las antiguas deudas y obligaciones relacionadas con su familia anterior eran canceladas y anuladas como si nunca hubieran existido.

La Biblia dice varias cosas sobre la adopción del creyente como un hijo de Dios.

1. La adopción del creyente establece una nueva relación con Dios, para siempre. Él está eternamente seguro como un hijo de Dios. Pero la nueva relación se establece solo cuando una persona viene a Cristo a través de la fe (Gá. 3:26; 4:4-5).

2. La adopción del creyente establece una nueva relación con Dios como padre. El creyente tiene todos los derechos y privilegios de un hijo genuino de Dios (Ro. 8:16-17; 1 Jn. 3:1-2).

3. La adopción del creyente establece una nueva experiencia dinámica con Dios como padre, un acceso momento tras momento ante su presencia (Ro. 8:14; Gá. 4:6).

4. La adopción del creyente le otorga una relación muy especial con otros hijos de Dios, una relación familiar que lo vincula con los demás en una unión espiritual sin paralelo (Véase notas, Ef. 2:11-18; 2:19-22; 3:6; 4:4-6; 4:17-19. Cp. Hch. 2:42. Ver bosquejo y notas, Mt. 12:46-50).

5. La adopción del creyente lo convierte en una persona nueva. El creyente fue rescatado de la autoridad y poder del mundo y de sus pecados. El creyente es *tomado como un hijo* en la familia y autoridad de Dios. La antigua vida con todas sus deudas y obligaciones es cancelada y borrada (2 Co. 5:17; Gá. 3:23-27; 2 P. 1:4. Ver *Estudio a fondo 1,* Ef. 4:22; *Estudio a fondo 3,* 4:24).

6. La adopción del creyente debe concretarse plenamente en el futuro al regreso de Jesucristo (Ro. 8:19; Ef. 1:14; 1 Ts. 4:14-17; 1 Jn. 3:2).

7. La adopción del creyente y su gozo serán compartidos por toda la creación en una escala cósmica (Ro. 8:21). Habrá nuevos cielos y tierra (2 P. 3:12-14; Ap. 21:1-7).

<table>
<tr>
<td>

1 Recuerde su vida pasada
a. No conocía a Dios
b. Servía a dioses falsos</td>
<td>**IV. LA QUÍNTUPLE APELACIÓN PARA SER JUSTIFICADO ÚNICAMENTE POR LA FE, 4:8—5:12**

A. Primera apelación: No volverse atrás, 4:8-11

8 Ciertamente, en otro tiempo, no conociendo a Dios, servíais a los que por naturaleza no son dioses;</td>
<td>9 mas ahora, conociendo a Dios, o más bien, siendo conocidos por Dios, ¿cómo es que os volvéis de nuevo a los débiles y pobres rudimentos, a los cuales os queréis volver a esclavizar?
10 Guardáis los días, los meses, los tiempos y los años.
11 Me temo de vosotros, que haya trabajado en vano con vosotros.</td>
<td>**2 Observe su vida actual: conoce a Dios y Dios lo conoce**
3 Considere su alejamiento
a. A qué se vuelca: Elementos mezquinos
b. Cuáles son los resultados de descarriarse:
1) Esclavitud (v. 9)
2) Una vida desperdiciada</td>
</tr>
</table>

DIVISIÓN IV

LA QUÍNTUPLE APELACIÓN PARA SER JUSTIFICADO ÚNICAMENTE POR LA FE, 4:8–5:12

A. Primera apelación: No volverse atrás, 4:8-11

(4:8—5:12) ***BOSQUEJO DE LA DIVISIÓN: Justificación:*** Una persona es justificada por la fe y no por la ley ni por las obras. No importa cuántas buenas obras haga una persona ni cuán bueno sea: nunca conseguirá la perfección. Un hombre no puede hacer que Dios lo acepte, poner a Dios en deuda, siendo bueno y haciendo el bien. Dios es perfecto, por lo tanto, si un hombre tiene intenciones de vivir en la presencia de Dios, será debido a que Dios ama al hombre lo suficiente como para proporcionarle un camino para que el hombre sea perfecto. ¡Que gloriosas son las novedades! Dios ha brindado el camino a través de su propio Hijo, el Señor Jesucristo. Cuando un hombre cree en el Señor Jesucristo, Dios toma su fe y la cuenta por justicia, por perfección. Dios acepta al hombre sobre la base de la fe, el tipo de fe que dice: "Señor Dios, creo que tu Hijo murió por mí. Él tomó mi imperfección, mi vergüenza, mi pecado, mi lejanía de su gloria y Él murió por todo eso. Yo lo honro. Doy mi vida, *todo lo que soy y lo que tengo,* para servirlo. Sálvame. Acéptame en Él. "

Cuando un hombre se acerca a Dios con ese espíritu, honra al Hijo de Dios, Jesucristo. Y Dios honra a cualquier persona que honra a su Hijo. Honra a la persona haciendo lo que el hombre cree o pide. Si un hombre cree en Jesucristo por justicia, entonces Dios considera la fe de ese hombre (compromiso con Cristo) como justicia. Esto es justificación; esta es la forma en que una persona se torna aceptable ante Dios.

La justificación por la fe en Jesucristo ha sido comprobada. Este ha sido el tema de los últimos seis pasajes del Libro de Gálatas. Ahora Pablo lanza una apelación quíntupla a la iglesia: una apelación quíntuple para ser justificado por la fe.

1. Primera apelación: No alejarse (4:8-11).
2. Segunda apelación: Volver a sentir afecto por el Ministro de Dios (4:12-20).
3. Tercera apelación: Escuchar lo que la ley dice realmente (4:21-31).
4. Cuarta apelación: Mantenerse firme en la libertad de Cristo (5:1-6).
5. Quinta apelación: Obedecer la verdad (5:7-12).

(4:8-11) ***Introducción:*** La primera apelación es exactamente lo que se esperaría. Un pueblo que ha o está por darle la espalda a Dios necesita un solo mensaje: ¡no se alejen!

1. Recuerde su vida pasada (v. 8).
2. Observe su vida actual: conoce a Dios y Dios lo conoce (v. 9).
3. Considere su alejamiento (vv. 9-11).

[1] (4:8) ***Idolatría, Descarriarse:*** Recuerde su vida anterior. Recuerde lo que era cuando no era creyente, antes de creer en Jesucristo y de haber experimentado la salvación. El incrédulo está caracterizado por dos rasgos significativos.

1. El incrédulo no conoce a Dios. Esto significa que no conoce a Dios en forma personal. El Espíritu de Dios no mora en el incrédulo llenándolo con la plenitud de Dios. El incrédulo no experimenta...

- la naturaleza divina de Dios (2 P. 1:4)
- la vida de Dios
- la presencia de Dios
- el poder de Dios
- la seguridad de Dios
- la confianza de Dios
- el cuidado de Dios
- la confianza de Dios
- el amor de Dios

El incrédulo no cuenta con la experiencia cotidiana de conocer a Dios, de experimentar la presencia, el compañerismo, la comunión, el cuidado y la provisión de Dios, de experimentar la abundancia de la vida con Dios. Y tan trágico como cualquiera de sus falencias, el incrédulo no tiene la seguridad absoluta de vivir por siempre con Dios.

2. El incrédulo sirve a dioses falsos. Incluso antes de su conversión, los gálatas habían sentido su necesidad de Dios. No habían sido ni ateos ni agnósticos. Había sido un pueblo religioso que buscaba ser aceptable ante Dios. Su adoración había sido la adoración de *muchos dioses* incluyendo a Júpiter (Zeus) y a Mercurio (Hermes). Esto, por supuesto, significaba que habían sido esclavizados por dioses, religión y adoración, rituales y ceremonias, reglas y reglamentaciones paganas, por supersticiones e ídolos.

Advierta lo que se dice del incrédulo: Sirve a dioses que *por naturaleza no son dioses.* Por su propia naturaleza, los objetos de la adoración del hombre no son dioses. Cómo podrían serlo, puesto que solo son una creación de la mente del incrédulo. Él puede considerarlos dioses, pero no son más que ideas de su propia mente.

Pensamiento 1: Lo que las personas adoran más es solo una creación de sus propias mentes. Tienen una idea de Dios, quién es y cómo es, y adoran esa idea. Pocos buscan la revelación de Dios de sí mismo, la revelación de sí en Jesucristo. Si los hombres realmente creyeran que Jesucristo es la revelación viva de Dios, entonces lo estudiarían a Él y a su vida y buscarían conocerlo con cada gramo de energía que tuvieran. Pero pocos son los que lo hacen, y esta falla es una clara indicación de que no creen, no realmente.

El punto es este: Puesto que el incrédulo no cree en Jesucristo, quien vino a revelar a Dios al mundo, entonces todo lo que adore es falso, un dios falso. Es una idea de su imaginación, solo una idea de su mente. Ya sea que un hombre se postre frente a un ídolo o no, está solamente adorando su propia idea, pensamiento, concepto e imaginación.

"Mas todo esto os harán por causa de mi nombre, porque no conocen al que me ha enviado" (Jn. 15:21).

"Y harán esto porque no conocen al Padre ni a mí" (Jn. 16:3).

"Porque pasando y mirando vuestros santuarios, hallé también un altar en el cual estaba esta inscripción: AL DIOS NO CONOCIDO. Al que vosotros adoráis, pues, sin conocerle, es a quien yo os anuncio" (Hch. 17:23).

"Estas siempre están aprendiendo, y nunca pueden llegar al conocimiento de la verdad" (2 Ti. 3:7).

"Siendo, pues, linaje de Dios, no debemos pensar que la Divinidad sea semejante a oro, o plata, o piedra, escultura de arte y de imaginación de hombres" (Hch. 17:29).

"En aquel tiempo estabais sin Cristo, alejados de la ciudadanía de Israel y ajenos a los pactos de la promesa, sin esperanza y *sin Dios en el mundo"* (Ef. 2:12).

Pensamiento 2: Todo creyente debe recordar de dónde vino antes de llegar a conocer a Dios. Dios ha sido muy misericordioso con todos nosotros. Por lo tanto, nunca debemos olvidar que Jesucristo nos ha librado de nuestros pecados.

"Como todas las cosas que pertenecen a la vida y a la piedad [Dios y sus bendiciones] nos han sido dadas por su divino poder, mediante el conocimiento de aquel que nos llamó por su gloria y excelencia" (2 P. 1:3).

2 (4:9) ***Conocimiento de Dios:*** Observe su vida actual. Se le ha dado el más maravilloso privilegio de conocer a Dios, o dicho con mayor precisión, Dios lo conoce. ¡Piense en el glorioso privilegio de conocer a Dios y de ser conocido por Dios mismo!

Como señala R. A. Cole, cuando una persona acepta a Jesucristo como su Salvador, llega a conocer a Dios personalmente no solo de manera intelectual, sino de una forma mucho más profunda, puesto que en la Biblia "conocer" significa mucho más que solo el conocimiento intelectual. Significa una relación íntima. Por eso es que la Biblia utiliza la palabra "conocer" para expresar la relación íntima entre esposo y esposa: "Conoció Adán a su mujer Eva, la cual concibió y dio a luz a Caín, y dijo: Por voluntad de Jehová he adquirido varón" (Gn. 4:1) (*The Epistle of Paul to the Galatians.* "Tyndale New Testament Commentaries", comp. por RVG Tasker. Grand Rapids, MI: Eerdmans, 1965, p. 118).

Sin embargo, advierta un punto crítico: Cuando una persona *se aleja y se separa* del mundo para conocer a Dios, sucede la cosa más maravillosa: Dios lo acepta y se convierte en su Padre y lo conoce como su hijo o hija. La persona pasa a ser conocida por Dios. Esto es exactamente lo que dicen las Escrituras:

"Por lo cual, salid de en medio de ellos, y apartaos, dice el Señor, y no toquéis lo inmundo; y yo os recibiré, y seré para vosotros por Padre, y vosotros me seréis hijos e hijas, dice el Señor Todopoderoso" (2 Co. 6:17-18).

Nuevamente, ¡imagine el glorioso privilegio de tal relación preciosa! ¡No solo conocer a Dios como Padre, pero ser *conocido por Dios* como su hijo o hija!

"Ahora, así dice Jehová, Creador tuyo, oh Jacob, y Formador tuyo, oh Israel: No temas, porque yo te redimí; te puse nombre, mío eres tú" (Is. 43:1).

"Pero si alguno ama a Dios, es conocido por él" (1 Co. 8:3).

"A éste abre el portero, y las ovejas oyen su voz; y a sus ovejas llama por nombre, y las saca" (Jn. 10:3).

"Yo soy el buen pastor; y conozco mis ovejas, y las mías me conocen" (Jn. 10:14).

"Pero el fundamento de Dios está firme, teniendo este sello: Conoce el Señor a los que son suyos; y: Apártese de iniquidad todo aquel que invoca el nombre de Cristo" (2 Ti. 2:19).

Pensamiento 1: Los creyentes deben observar constantemente sus vidas actuales, la salvación gloriosa que Dios les ha dado: El privilegio de conocerlo y de ser conocido por Él. Pero advierta: Siempre debemos recordar que no llegamos a conocer a Dios por nuestros propios esfuerzos u obras, ni por hacer lo mejor que podemos y obedecer la ley, por importantes que sean estos factores. Llegamos a conocer a Dios a través de la justificación, esto es, por la fe en Jesucristo y solo por la fe en Él.

3 (4:9-11) ***Descarriarse, Ley:*** Considere su alejamiento.

1. Advierta un punto crítico: Los gálatas estaban por alejarse de las cosas o nociones elementales sobre Dios (Véase nota, Gá. 4:1-3). ¿Esto significa que estaban por volver a su adoración idólatra pagana? No, no era eso lo que estaban por hacer. ¿En qué se estaban descarriando? Los falsos maestros (judaizantes) de Galacia enseñaban que un hombre se acercaba a Dios por la ley y las obras, que un hombre resultaba aceptable a Dios por sus propios esfuerzos, por obrar y hacer el mayor bien que pudiera.

Evidentemente, esto es exactamente lo que hacen las personas religiosas, no importa cuál sea su religión: intentan complacer a Dios, asegurarse la aprobación de Dios haciendo lo que a Él le complace. Esto significa que todas las religiones (excepto el cristianismo) son religiones de obras y de la ley. Por lo tanto, si los gálatas se sometían a la ley y a una religión de obras, estarían *regresando* a una vida de esclavitud, la esclavitud de trabajar y trabajar para obtener la atención de Dios y que Él los recibiera y los aceptara.

El punto crucial es este: No hay diferencia entre buscar a Dios a través de la ley y buscar a Dios a través de la adoración pagana. El cimiento de todas las religiones en cuanto a la búsqueda (salvo el cristianismo) es el mismo: el de obrar para cumplir con las leyes que complacen al dios de una persona, el de hacer el bien para que el *dios* de una persona lo acepte.

Advierta que Pablo denomina a las nociones elementales de Dios débiles y pobres.

a. La ley y otros acercamientos a Dios son débiles en cuanto a que son inútiles para salvar al hombre. La ley misma podría solo señalar el pecado de un hombre, pero nunca podría justificarlo ni hacerlo aceptable ante Dios.
b. La ley y otros acercamientos a Dios son pobres, es decir sin valor para salvar al hombre. La ley misma no tiene sentido, no tiene utilidad alguna para justificar y hacer que el hombre sea aceptable ante Dios. No es la ley ni las obras y los intentos del hombre para ser bueno lo que lo salvan.

Advierta también que Pablo ejemplifica este punto refiriéndose a fiestas religiosas especiales. El punto es que el ritual, la ceremonia y la observación de los días religiosos no justificarán ni harán a una persona aceptable ante Dios. Cristo y solo Cristo –la fe en Él– salva a una persona.

2. Advierta los resultados de descarriarse, de regresar al mundo y buscar complacer a Dios mediante el esfuerzo propio y la justicia propia.

a. Una persona se esclaviza en cuanto intenta una y otra vez complacer a Dios cumpliendo con las reglas de la ley, pero descubre que no puede. Pero sigue insistiendo. Sin embargo, es en vano, porque el hombre se encuentra todavía en la esclavitud del pecado y de la muerte. Y es la falta de seguridad, de saber que uno no es aceptable ante Dios, lo que es tan esclavizante. La pregunta y la duda de vivir con Dios carcome al hombre, siempre sin el conocimiento seguro y la garantía del amor de Dios. La seguridad perfecta, la confianza y la garantía provienen únicamente a través de la fe en Jesucristo.
b. Una persona vive una vida desperdiciada. Todo acercamiento a Dios falla salvo la fe en Jesucristo. Todo acercamiento conduce a la muerte y a la condena. Por lo tanto, cada vida que se acerca a Dios por cualquier otro medio que la fe en Jesucristo es una vida desperdiciada.

"Y Jesús le dijo: Ninguno que poniendo su mano en el arado mira hacia atrás, es apto para el reino de Dios" (Lc. 9:62).

"Estoy maravillado de que tan pronto os hayáis alejado del que os llamó por la gracia de Cristo, para seguir un evangelio diferente" (Gá. 1:6).

"¿Tan necios sois? ¿Habiendo comenzado por el Espíritu, ahora vais a acabar por la carne?" (Gá. 3:3).

"Mas ahora, conociendo a Dios, o más bien, siendo conocidos por Dios, ¿cómo es que os volvéis de nuevo a los débiles y pobres rudimentos, a los cuales os queréis volver a esclavizar?" (Gá. 4:9).

"Mas el justo vivirá por fe; y si retrocediere, no agradará a mi alma" (He. 10:38).

"Pero tengo contra ti, que has dejado tu primer amor" (Ap. 2:4).

Bosquejo	Texto	Texto (cont.)	Bosquejo
	B. Segunda apelación: Volver a motivar el afecto por el ministro de Dios, 4:12-20	hubierais sacado vuestros propios ojos para dármelos. 16 ¿Me he hecho, pues, vuestro enemigo, por deciros la verdad?	d. En la verdad que proclaman
1 Tratar al ministro de Dios como a un hermano a. Identificarse con todo b. No guardar ningún resentimiento	12 Os ruego, hermanos, que os hagáis como yo, porque yo también me hice como vosotros. Ningún agravio me habéis hecho.	17 Tienen celo por vosotros, pero no para bien, sino que quieren apartaros de nosotros para que vosotros tengáis celo por ellos.	**3 Cuidarse de y rechazar a los falsos ministros**
2 Dar la bienvenida a los verdaderos ministros de Dios a. En su testimonio b. En sus enfermedades de la carne	13 Pues vosotros sabéis que a causa de una enfermedad del cuerpo os anuncié el evangelio al principio; 14 y no me despreciasteis ni desechasteis por la prueba que tenía en mi cuerpo, antes bien me recibisteis como a un ángel de Dios, como a Cristo Jesús.	18 Bueno es mostrar celo en lo bueno siempre, y no solamente cuando estoy presente con vosotros. 19 Hijitos míos, por quienes vuelvo a sufrir dolores de parto, hasta que Cristo sea formado en vosotros,	**4 Recibir siempre a los verdaderos ministros** a. Buscan a los creyentes para el bien b. Sienten a los creyentes como *hijos queridos* c. Agonizan por el crecimiento del creyente
c. En empatía e identificación	15 ¿Dónde, pues, está esa satisfacción que experimentabais? Porque os doy testimonio de que si hubieseis podido, os	20 quisiera estar con vosotros ahora mismo y cambiar de tono, pues estoy perplejo en cuanto a vosotros.	d. Vigilan el error

DIVISIÓN IV

LA QUÍNTUPLE APELACIÓN PARA SER JUSTIFICADO ÚNICAMENTE POR LA FE, 4:8—5:12

B. Segunda apelación: Volver a motivar el afecto por el ministro de Dios, 4:12-20

(4:12-20) ***Introducción:*** Las personas que se descarrían necesitan apelación tras apelación, puesto que están caminando en un rumbo peligroso cuando dan sus espaldas a Dios. Además, una persona que se descarría habitualmente está separada de su ministro. Quiere tener poco que ver con su ministro cuando se está alejando de Dios. Las iglesias de Galacia fueron más allá. Los falsos maestros y los críticos de Pablo habían comenzado a atacarlo personalmente, tanto a su persona como a su ministerio. Estaban echando abajo su carácter de todas las maneras posibles día tras día (Véase bosquejo y notas, Gá. 1:10-16; 2:3-5; etc. para mayor discusión al respecto). Existía el gran peligro de que las iglesias rechazaran su ministerio. Por lo tanto, Pablo tenía que hacer todo lo que estaba a su alcance para detener el problema y salvar a las iglesias de la destrucción y apostasía. Este pasaje es una apelación para que los creyentes *recuerden y vuelvan a sentir su afecto* por el ministro de Dios.

1. Tratar al ministro de Dios como a un hermano (v. 12).
2. Dar la bienvenida a los verdaderos ministros de Dios (vv. 13-16).
3. Cuidarse de y rechazar a los falsos ministros (v. 17).
4. Recibir siempre a los verdaderos ministros (vv. 18-20).

1 (4:12) ***Ministros, Deber hacia los:*** Tratar al ministro de Dios como a un hermano. Recuerde que algunos en las iglesias de Gálata estaban criticando y atacando a Pablo. Pero advierta varios hechos significativos.

1. Pablo los llamaba hermanos: No los trataba como enemigos, ni siquiera como antagonistas. No murmuraba, vejaba, se quejaba ni los atacaba. Lo cierto es lo verdaderamente opuesto: sentía y expresaba un profundo afecto fraternal por ellos.
2. Pablo los *instaba,* es decir, no les ordenaba ni mandaba, sino que imploraba y pedía desde el corazón de un verdadero ministro de Dios.
3. Pablo les imploraba que fueran como él, puesto que él se había vuelto uno de ellos. Siempre los había amado, se había ocupado de ellos y había demostrado afecto por ellos y quería que ellos hicieran lo mismo por él, que no lo abandonaran ni se alejaran de él y de su ministerio.

Cabe advertir que muchos comentaristas entienden que Pablo decía que se había vuelto como ellos, es decir, un gentil. Por lo tanto, quería que ellos fueran como él, un gentil que confiaba en Cristo, y que no se volcaran a la ley judía buscando la aprobación de Dios.

4. Pablo les garantizó que lo que habían hecho no lo había lastimado: no sentía resentimiento, enojo ni malicia en contra de ellos.

> ***Pensamiento 1:*** El corazón de un verdadero ministro se ve claramente en el versículo doce: Afecto, bondad y cuidado por un pueblo que se había vuelto crítico del ministro de Dios.
>
> ***Pensamiento 2*:** Los creyentes deben seguir la apelación del ministro de Dios: "Sed como yo en afecto y amor, no me abandonen ni se separen de mí".

2 (4:13-16) ***Ministros:*** Dar la bienvenida a los ministros de Dios. Hay tres áreas en las que se les debe dar la bienvenida a los ministros verdaderos.

1. Los verdaderos ministros deben ser bienvenidos en su

testimonio. Advierta: Los gálatas le habían dado la bienvenida a Pablo cuando les predicó por primera vez el evangelio, y rápidamente habían respondido a su mensaje. No cuestionaron su llamado para predicar ni el mensaje que predicaba. No hubo críticas ni censura de su persona o de su prédica. Sus brazos estaban totalmente abiertos y sus corazones eran receptivos.

Advierta que Pablo estaba ahora apelando por el mismo espíritu de bienvenida y receptividad. Ningún otro espíritu jamás debe caracterizar al pueblo de Dios, no hacia el ministro de Dios, no hacia ningún hijo de Dios.

2. Se debe dar la bienvenida a los verdaderos ministros incluso ante la enfermedad y debilidad de su carne. Con demasiada frecuencia, esto no se aplica. Las iglesias y los creyentes a veces abandonan e ignoran al ministro de Dios cuando éste es golpeado en cuerpo o espíritu. La primera vez que Pablo fue a las iglesias gálatas, fue golpeado por una enfermedad. No se conoce cuál era esa enfermedad, si bien se supone que se trataba de algún grave problema ocular (v. 15. Ver nota, 2 Co. 12-7 para un tratamiento completo. También cp. Gá. 6:11). El punto es que los gálatas...

- No lo despreciaron
- No lo rechazaron
- Lo recibieron como a un ángel o mensajero de Dios mismo.

Este último hecho enfatiza cuán abierta fue la bienvenida a Pablo. No hubo carencia en recibir y ocuparse del ministro de Dios. Se hubieran arrancado sus propios ojos y se los hubieran dado a Pablo de haber podido hacerlo.

3. Los verdaderos ministros deben ser bienvenidos en la verdad que proclaman. Pablo había estado proclamando la verdad: una persona es justificada por la fe y no por la ley ni por las obras, no intentando ganarse la aceptación de Dios haciendo buenas obras aquí y allá. ¿La iglesia iba a tratar a Pablo como un enemigo porque les había dicho la verdad?

Pensamiento 1: ¿Cuántas iglesias se vuelven en contra del ministro de Dios porque predica y dice la verdad? La iglesia siempre debe dar la bienvenida al ministro que habla y proclama la verdad.

"Recibidle, pues, en el Señor, con todo gozo, y tened en estima a los que son como él" (Fil. 2:29).

"Y que los tengáis en mucha estima y amor por causa de su obra. Tened paz entre vosotros" (1 Ts. 5:13).

"Los ancianos que gobiernan bien, sean tenidos por dignos de doble honor, mayormente los que trabajan en predicar y enseñar" (1 Ti. 5:17).

"Acordaos de vuestros pastores, que os hablaron la palabra de Dios; considerad cuál haya sido el resultado de su conducta, e imitad su fe" (He. 13:7).

3 (4:17) ***Ministros:*** Hay que cuidarse y rechazar a los falsos ministros. Advierta que los falsos maestros (judaizantes, extremistas religiosos) fueron celosos en sus enseñanzas y buscaron continuar con sus enseñanzas lo más posible. Y advierta cómo lo hicieron: Excluyendo a la gente, intentando separarlos del ministro de Dios. No solo buscaron gente a través de los méritos de sus propias enseñanzas, sino que atacaron y destrozaron al ministro a fin de alejar a la gente de él.

Advierta la diferencia entre lo que estaba haciendo el ministro cristiano (Pablo) y lo que estaban haciendo los falsos maestros. O bien, si lo formulamos en forma de pregunta: ¿Cuál es la diferencia entre los esfuerzos evangelistas del verdadero ministro de Dios y los de los falsos maestros?

- Los falsos maestros buscan centrar a la gente bajo la ley, las obras, el esfuerzo, los rituales, las ceremonias, las observancias, el sacrificio, las reglas y las reglamentaciones, en algo que requiere que el hombre trabaje para ser bueno o hacer el bien a fin de ser aceptable ante Dios.
- El verdadero ministro de Dios busca centrar a la gente en Dios mismo: Su amor, honra y alabanza, en el hecho de que Dios mismo ha provisto el camino para que el hombre sea aceptable ante Él, y ese camino es a través de su Hijo, Jesucristo. (Véase bosquejo, notas y *Estudio a fondo 1,* Gá. 2:15-16; *Estudio a fondo 2,* 2:16; notas, 2:19-21; 3:1-5; 3:6-14 para una discusión más profunda al respecto.)

"Guardaos de los falsos profetas, que vienen a vosotros con vestidos de ovejas, pero por dentro son lobos rapaces" (Mt. 7:15).

"De manera que cualquiera que quebrante uno de estos mandamientos muy pequeños, y así enseñe a los hombres, muy pequeño será llamado en el reino de los cielos; mas cualquiera que los haga y los enseñe, éste será llamado grande en el reino de los cielos" (Mt. 5:19).

"Pues en vano me honran, enseñando como doctrinas, mandamientos de hombres" (Mt. 15:9).

"Y de vosotros mismos se levantarán hombres que hablen cosas perversas para arrastrar tras sí a los discípulos" (Hch. 20:30).

"Porque ignorando la justicia de Dios, y procurando establecer la suya propia, no se han sujetado a la justicia de Dios" (Ro. 10:3).

"Porque tales personas no sirven a nuestro Señor Jesucristo, sino a sus propios vientres, y con suaves palabras y lisonjas engañan los corazones de los ingenuos" (Ro. 16:18).

"Para que ya no seamos niños fluctuantes, llevados por doquiera de todo viento de doctrina, por estratagema de hombres que para engañar emplean con astucia las artimañas del error" (Ef. 4:14).

"Pero el Espíritu dice claramente que en los postreros tiempos algunos apostatarán de la fe, escuchando a espíritus engañadores y a doctrinas de demonios; por la hipocresía de mentirosos que, teniendo cauterizada la conciencia" (1 Ti. 4:1-2).

"Porque hay aún muchos contumaces, habladores de vanidades y engañadores, mayormente los de la circuncisión, a los cuales es preciso tapar la boca; que trastornan casas enteras, enseñando por ganancia deshonesta lo que no conviene" (Tit. 1:10-11).

"Pero hubo también falsos profetas entre el pueblo, como habrá entre vosotros falsos maestros, que introducirán encubiertamente herejías destructoras, y aun negarán al Señor que los rescató, atrayendo sobre sí mismos destrucción repentina" (2 P. 2:1).

"Hijitos, ya es el último tiempo; y según vosotros

oísteis que el anticristo viene, así ahora han surgido muchos anticristos; por esto conocemos que es el último tiempo. Salieron de nosotros, pero no eran de nosotros; porque si hubiesen sido de nosotros, habrían permanecido con nosotros; pero salieron para que se manifestase que no todos son de nosotros" (1 Jn. 2:18-19).

"¿Quién es el mentiroso, sino el que niega que Jesús es el Cristo? Este es anticristo, el que niega al Padre y al Hijo" (1 Jn. 2:22).

"Porque muchos engañadores han salido por el mundo, que no confiesan que Jesucristo ha venido en carne. Quien esto hace es el engañador y el anticristo" (2 Jn. 7).

[4] (4:18-20) *Ministros:* Pablo dijo que la iglesia siempre debería dar la bienvenida a los ministros que buscan hacer el bien, a ministros que trabajan por el bienestar de la iglesia. Advierta que estaba alentando a la iglesia no solo a aceptar su ministerio sino también el ministerio de otros verdaderos ministros. Deben rechazar a los falsos ministros y no tener nada que ver con ellos, pero deben recibir el ministerio de los verdaderos ministros a fin de crecer en Cristo. Pablo mismo demostró tres motivos por los cuales la iglesia debe recibir a los verdaderos ministros de Dios.

Pensamiento 1: Ningún creyente ni ninguna iglesia jamás deben rechazar el ministerio de un ministro que busca ayudarlos y que crezcan en Cristo.

1. Los verdaderos ministros tienen dentro de sus corazones a los creyentes como *hijos queridos.* El corazón del ministro siempre es tierno, cálido, preocupado, protector y proveedor hacia la iglesias.
2. Los verdaderos ministros agonizan por el crecimiento de los creyentes. Buscan "formar a Cristo" en los creyentes. Quieren que vivan como lo hizo Cristo y que se formen a la imagen de Cristo.

"¡Jerusalén, Jerusalén, que matas a los profetas, y apedreas a los que te son enviados! ¡Cuántas veces quise juntar a tus hijos, como la gallina junta sus polluelos debajo de las alas, y no quisiste!" (Mt. 23:37).

"Por tanto, velad, acordándoos que por tres años, de noche y de día, no he cesado de amonestar con lágrimas a cada uno" (Hch. 20:31).

"Por tanto, nosotros todos, mirando a cara descubierta como en un espejo la gloria del Señor, somos transformados de gloria en gloria en la misma imagen, como por el Espíritu del Señor" (2 Co. 3:18).

"Y vestíos del nuevo hombre, creado según Dios en la justicia y santidad de la verdad" (Ef. 4:24).

"Mas nuestra ciudadanía está en los cielos, de donde también esperamos al Salvador, al Señor Jesucristo; el cual transformará el cuerpo de la humillación nuestra, para que sea semejante al cuerpo de la gloria suya, por el poder con el cual puede también sujetar a sí mismo todas las cosas" (Fil. 3:20-21).

"Amados, ahora somos hijos de Dios, y aún no se ha manifestado lo que hemos de ser; pero sabemos que cuando él se manifieste, seremos semejantes a él, porque le veremos tal como él es" (1 Jn. 3:2).

"Mas si no oyereis esto, en secreto llorará mi alma a causa de vuestra soberbia; y llorando amargamente se desharán mis ojos en lágrimas, porque el rebaño de Jehová fue hecho cautivo" (Jer. 13:17).

3. Los verdaderos ministros cuidan la iglesia del error. Advierta: Si hay alguna duda sobre el asunto, ellos advierten a la iglesia.

"Porque por ahí andan muchos, de los cuales os dije muchas veces, y aun ahora lo digo llorando, que son enemigos de la cruz de Cristo" (Fil. 3:18).

"En aquel día vosotros conoceréis que yo estoy en mi Padre, y vosotros en mí, y yo en vosotros" (Jn. 14:20).

"Porque a los que antes conoció, también los predestinó para que fuesen hechos conformes a la imagen de su Hijo, para que él sea el primogénito entre muchos hermanos" (Ro. 8:29).

"Con Cristo estoy juntamente crucificado, y ya no vivo yo, mas vive Cristo en mí; y lo que ahora vivo en la carne, lo vivo en la fe del Hijo de Dios, el cual me amó y se entregó a sí mismo por mí" (Gá. 2:20).

"Por tanto, nosotros todos, mirando a cara descubierta como en un espejo la gloria del Señor, somos transformados de gloria en gloria en la misma imagen, como por el Espíritu del Señor" (2 Co. 3:18).

	C. Tercera apelación: Escuchar lo que realmente dice la ley, 4:21-31	26 Mas la Jerusalén de arriba, la cual es madre de todos nosotros, es libre. 27 Porque está escrito: Regocíjate, oh estéril, tú que no das a luz; Prorrumpe en júbilo y clama, tú que no tienes dolores de parto; Porque más son los hijos de la desolada, que de la que tiene marido.	b. Sara: Un tipo de gracia 1) Representa la Jerusalén celestial, lo espiritual 2) Libera a los hombres, v. 26 3) Deriva en gozo y en muchos más hijos
1 Oír la ley es absolutamente esencial para el legalista o extremista religioso	21 Decidme, los que queréis estar bajo la ley: ¿no habéis oído la ley?		
2 Oír 1: Abraham tuvo dos hijos a. Uno nació como esclavo b. Uno nació libre c. El primero nació naturalmente, por el esfuerzo del hombre d. El segundo nació por la promesa	22 Porque está escrito que Abraham tuvo dos hijos; uno de la esclava, el otro de la libre. 23 Pero el de la esclava nació según la carne; mas el de la libre, por la promesa.	28 Así que, hermanos, nosotros, como Isaac, somos hijos de la promesa. 29 Pero como entonces el que había nacido según la carne perseguía al que había nacido según el Espíritu, así también ahora.	c. El punto: Los creyentes son hijos de la promesa **4 Oír 3: El legalismo persigue y esclaviza a los creyentes**
3 Oír 2: Las dos madres representan dos pactos a. Agar: Un tipo de la ley 1) Esclaviza 2) Representa el centro mismo de la religión legal, la Jerusalén de esa época	24 Lo cual es una alegoría, pues estas mujeres son los dos pactos; el uno proviene del monte Sinaí, el cual da hijos para esclavitud; éste es Agar. 25 Porque Agar es el monte Sinaí en Arabia, y corresponde a la Jerusalén actual, pues ésta, junto con sus hijos, está en esclavitud.	30 Mas ¿qué dice la Escritura? Echa fuera a la esclava y a su hijo, porque no heredará el hijo de la esclava con el hijo de la libre. 31 De manera, hermanos, que no somos hijos de la esclava, sino de la libre.	**5 Oír 4: El legalismo debe ser descastado, no tener herencia** **6 Oír 5: El legalismo no tiene algún reclamo sobre los hijos de la gracia**

DIVISIÓN IV

LA QUÍNTUPLE APELACIÓN PARA SER JUSTIFICADO ÚNICAMENTE POR LA FE, 4:8—5:12

C. Tercera apelación: Escuchar lo que realmente dice la ley, 4:21-31

(4:21-31) ***Introducción:*** El camino al cielo no es a través de las obras ni de la ley. Una persona no puede hacer suficientes obras ni cumplir con suficientes leyes como para convertirse en *perfectamente bueno.* Y para que una persona pueda vivir en presencia de Dios tiene que ser perfecto. Entonces, ¿cuál es el camino al cielo? Si una persona no puede ser lo suficientemente buena ni hacer suficientes obras para llegar al cielo, ¿cómo puede llegar allí? Mediante la fe en la promesa de Dios. Dios ha prometido el cielo a los que creen en su Hijo, a los que genuinamente confían en Jesucristo para que los salve.

Sin embargo, la mayoría de la gente en el mundo no cree en la promesa de Dios. Siguen pensando que tienen que ganarse y trabajar su camino para lograr el favor de Dios, que tienen que hacer una larga lista de buenas obras que obligará a Dios a aceptarlos. Piensan que deben volverse justos siendo buenos y haciendo cosas religiosas a fin de entrar al cielo. Por lo tanto, se colocan bajo las reglas y reglamentaciones de la ley y de la religión, y hacen lo mejor que pueden para lograr su acceso al cielo. Esta es la apelación de este pasaje. La persona que se acerca a Dios a través de las obras de la religión y de la ley debe escuchar lo *que la ley realmente dice.*

1. Oír la ley es absolutamente esencial para el legalista o extremista religioso (v. 21).
2. Oír 1: Abraham tuvo dos hijos (vv. 22-23).
3. Oír 2: Las dos madres representan dos pactos (vv. 24-28).
4. Oír 3: El legalismo persigue y esclaviza a los creyentes (v. 29).
5. Oír 4: El legalismo debe ser descastado, no tener herencia (v. 30).
6. Oír 5: El legalismo no tiene algún reclamo sobre los hijos de la gracia (v. 31).

[1] (4:21) ***Ley, Religión:*** Escuchar la ley es absolutamente esencial para el legalista o extremista religioso. El legalista o extremista religioso es la persona que se acerca a Dios por medio de la ley o por las obras de bondad o religión. El legalista y el extremista religioso deben escuchar y entender verdaderamente lo que están haciendo, especialmente cómo se están acercando a Dios. Deben comprender las implicancias de lo que están haciendo.

[2] (4:22-23) ***Abraham, Sara, Isaac, Agar, Ismael:*** En primer lugar, deben escuchar que Abraham tuvo dos hijos. Recuerde que la forma de ser aceptable ante Dios y de entrar al cielo no es por medio de la ley ni de la bondad, sino por la promesa de Dios. Pablo utiliza el ejemplo de Abraham para demostrarlo (cp. Gn. caps. 16, 17 y 21). Dicho en forma breve y sencilla, Abraham tuvo dos hijos. Un hijo había sido prometido por Dios a Abraham a través de su esposa Sara. Sin embargo, transcurrieron muchos años sin que Sara pudiera tener un hijo. Pa-

recía estéril. Se desalentó, por lo que envió a una esclava, Agar, a Abraham. Agar tuvo un hijo, Ismael. No obstante, un tiempo después, Dios mantuvo su promesa y sucedió lo imposible: Sara, pasada ya de la edad de concebir, tuvo un hijo y su nombre fue Isaac (Ro. 4:10).

1. Advierta los hechos sobre Ismael. Él...
   - Había nacido según la orden y el proceso de la naturaleza.
   - Había nacido como esclavo, puesto que había nacido de una mujer esclava.
   - Había nacido debido al trabajo, el esfuerzo y la voluntad de Sara.
   - Había nacido debido a los impulsos, los estímulos y la atracción carnales de Abraham.
2. Advierta los hechos sobre Isaac. Él...
   - Nació como un hombre libre, nació de una mujer libre, Sara.
   - Nació solo por la promesa de Dios. Dios le había prometido a Abraham que Sara concebiría un hijo, y cuando nació Isaac, Abraham y Sara ya habían pasado con creces la edad de concebir un niño: cien años de edad. Isaac fue un niño que nació por milagro, nacido por la obra de Dios. Todo porque Dios le había prometido un hijo a Abraham. Por lo tanto, Isaac era un hijo prometido.

El punto es este y se lo debe recordar: Ismael, el hijo nacido por la ingeniosidad, la energía y el esfuerzo humanos, nació en esclavitud. Pero Isaac, el hijo prometido por Dios, nació milagrosamente por la promesa de Dios –por su amor y poder únicamente– todo porque Él hizo la promesa.

3 (4:24-28) ***Pactos, Ley, Gracia:*** En segundo lugar, hay que escuchar que las dos madres representan dos pactos. Advierta: Pablo dice que estas cosas son una alegoría, esto es, una ilustración de la verdad que puede verse y tomarse del hecho. Al observar estrechamente la historia, podemos ver cómo las madres, Agar y Sara, representan los dos pactos: el pacto de la ley y el pacto de la gracia o promesa de Dios.

1. Agar era un tipo del antiguo pacto entre Dios y el hombre: la ley. Se dicen dos cosas sobre la ley.
   a. Agar, esto es, la ley, concibe hijos para la esclavitud. La ley dice que hagamos esto y no hagamos lo otro. Exige e insiste en la obediencia. Esclaviza a una persona a hacer exactamente lo que dice. Por lo tanto, si una persona espera acercarse a Dios por su propia bondad, mérito, virtud, moralidad y justicia, está esclavizado a la ley. Debe cumplirla a fin de ser bueno, moral, justo y de ganarse el favor de Dios. La ley, las reglas y reglamentaciones de la bondad y la justicia, lo esclavizan. (Tenga presente que Pablo no está diciendo que la ley no sea buena. Debemos vivir en justicia y moralmente, pero no somos aceptables ante Dios debido a nuestra bondad y esfuerzos propios. La alabanza pertenece a Dios. Dios el que nos salva. Esto es lo que se está tratando).
   b. Agar, la ley, representa el centro mismo de una religión de ley y obras que era la Jerusalén de esa época (v. 25). Advierta que Pablo realiza dos relaciones para acentuar el punto:
      - Agar representa al Monte Sinaí, el monte de Arabia donde se dio la ley.
      - Agar y el Monte Sinaí describen el centro mismo de una religión de ley y obras, la Jerusalén de esa época. Evidentemente, Agar también representa cualquier religión, iglesia, pueblo o persona que busca ser justa y aceptable ante Dios y el cielo a través de las obras y la ley.
2. Sara era un tipo del nuevo pacto entre Dios y el hombre, el pacto de la gracia o de la promesa. Se dicen dos cosas sobre la gracia y la promesa de Dios al hombre.
   a. Sara, es decir, la gracia, se ve en la Jerusalén que está arriba, la Jerusalén celestial. La Jerusalén celestial es la ciudad espiritual y eterna que Dios le ha prometido a aquellos que se acercan a Él a través de la fe.
   b. Sara y la gracia y la promesa de una ciudad celestial son libres. Toda persona que acepta la promesa de Dios de una ciudad celestial que es eterna –que acepta su promesa lo suficiente como para creerla con todo su corazón, basando todo lo que es y tiene en esa promesa– es aceptable ante Dios. Dios toma la fe del hombre, la fe que se ha volcado por entero a la promesa de Dios y la considera como justicia del hombre. Por lo tanto, el hombre resulta aceptable ante Dios: se le da la promesa de Dios en forma gratuita, sin precio, sin tener que trabajar por ella mediante el cumplimiento de normas y leyes.
   c. Advierta también un segundo resultado: El pacto de gracia termina con más hijos que el legalista judío. Esta es una profecía que simplemente predecía que más gentiles que judíos creerían en la gracia de Dios (Is. 55:1).
3. El punto se expresa firmemente: "Así que, hermanos, nosotros, como Isaac, somos hijos de la promesa". Los creyentes –todos los que han creído en Jesucristo– han nacido a causa de Dios, un nacimiento espiritual. Recibimos la promesa de Dios. Él gratuitamente toma nuestra fe y la cuenta por justa.
   - Nuestra fe es tomada, imputada, contada por justa, de la que carecemos dentro de nosotros mismos.

Esta es la gloriosa promesa de la gracia de Dios, el pacto de gracia que Dios ahora ha realizado con el hombre. Ahora el hombre puede heredar la Tierra Prometida (Canaán, la Jerusalén celestial o la ciudad de Dios) y vivir eternamente con Dios. (Véase bosquejo y notas, He. 12:18-24 para una mayor discusión al respecto).

"Porque no por la ley fue dada a Abraham o a su descendencia la promesa de que sería *heredero del mundo,* sino por la justicia de la fe. Porque si los que son de la ley son los herederos, vana resulta la fe, y anulada la promesa" (Ro. 4:13-14).

"Por la fe Abraham, siendo llamado, obedeció para salir al lugar que había de recibir como herencia; y salió sin saber a dónde iba. Por la fe habitó como extranjero en la Tierra Prometida como en tierra ajena, morando en tiendas con Isaac y Jacob, coherederos

de la misma promesa; porque esperaba la ciudad que tiene fundamentos, cuyo arquitecto y constructor es Dios" (He. 11:8-10).

"Conforme a la fe murieron todos éstos sin haber recibido lo prometido, sino mirándolo de lejos, y creyéndolo, y saludándolo, y confesando que eran extranjeros y peregrinos sobre la tierra. Porque los que esto dicen, claramente dan a entender que buscan una patria... Pero anhelaban una mejor, esto es, celestial; por lo cual Dios no se avergüenza de llamarse Dios de ellos; porque les ha preparado una ciudad" (He. 11:13-14, 16).

"Sino que os habéis acercado al monte de Sion, a la ciudad del Dios vivo, Jerusalén la celestial, a la compañía de muchos millares de ángeles, a la congregación de los primogénitos que están inscritos en los cielos, a Dios el Juez de todos, a los espíritus de los justos hechos perfectos" (He. 12:22-23).

"Porque no tenemos aquí ciudad permanente, sino que buscamos la por venir. Así que, ofrezcamos siempre a Dios, por medio de él, sacrificio de alabanza, es decir, fruto de labios que confiesan su nombre" (He. 13:14-15).

"Pero el día del Señor vendrá como ladrón en la noche; en el cual los cielos pasarán con grande estruendo, y los elementos ardiendo serán deshechos, y la tierra y las obras que en ella hay serán quemadas. Puesto que todas estas cosas han de ser deshechas, ¡cómo no debéis vosotros andar en santa y piadosa manera de vivir, esperando y apresurándoos para la venida del día de Dios, en el cual los cielos, encendiéndose, serán deshechos, y los elementos, siendo quemados, se fundirán! Pero nosotros esperamos, según sus promesas, cielos nuevos y tierra nueva, en los cuales mora la justicia" (2 P. 3:10-13).

"Vi un cielo nuevo y una tierra nueva; porque el primer cielo y la primera tierra pasaron, y el mar ya no existía más. Y yo Juan vi la santa ciudad, la nueva Jerusalén, descender del cielo, de Dios, dispuesta como una esposa ataviada para su marido" (Ap. 21:1-2).

"Y me llevó en el Espíritu a un monte grande y alto, y me mostró la gran ciudad santa de Jerusalén, que descendía del cielo, de Dios, teniendo la gloria de Dios. Y su fulgor era semejante al de una piedra preciosísima, como piedra de jaspe, diáfana como el cristal" (Ap. 21:10-11).

"Y si alguno quitare de las palabras del libro de esta profecía, Dios quitará su parte del libro de la vida, y de la santa ciudad y de las cosas que están escritas en este libro" (Ap. 22:19).

[4] (4:29) ***Ley, Legalismo, Persecución:*** En tercer lugar, hay que escuchar a aquellos nacidos de la carne que persiguen a los que nacen del Espíritu. Ismael ridiculizó, se burló y persiguió a Isaac. Pablo trae a colación este hecho para demostrar por qué los creyentes son perseguidos. Es porque los hombres intentan e intentan acercarse a Dios en la carne, es decir, mediante su propia energía y esfuerzo al intentar ser buenos y justos.

1. La persona en la carne consciente o subconscientemente está intentando asegurarse el crédito, el reconocimiento, la estima, la aprobación, la aceptación y la alabanza de Dios, todo mediante su propia energía y esfuerzo. Por lo tanto, se burla, ridiculiza y persigue al creyente que dice que el esfuerzo y la justicia propios no son suficientes y no harán que una persona sea aceptable ante Dios.

2. La persona en la carne debe confesar la debilidad y la falta de adecuación humana, que no puede hacerse a sí mismo aceptable a Dios porque es...

- demasiado pecaminoso
- demasiado contaminado
- demasiado lejano de la gloria de Dios
- demasiado desesperanzado
- demasiado injusto
- demasiado desvalido
- demasiado poco santo
- demasiado no merecedor

La persona en la carne se niega a aceptar este hecho. Quiere pensar en términos elevados respecto de sí mismo y colocarse en un nivel cercano a Dios. Por lo tanto, cuando viene un creyente y dice que una persona debe nacer de nuevo por el Espíritu de Dios, el hombre natural reacciona. Se niega a aceptar el hecho de que su carne, su propia energía y esfuerzo, son incapaces de ganar o merecer la aprobación de Dios.

"Bienaventurados sois cuando por mi causa os vituperen y os persigan, y digan toda clase de mal contra vosotros, mintiendo" (Mt. 5:11).

"Y seréis aborrecidos de todos por causa de mi nombre; mas el que persevere hasta el fin, éste será salvo" (Mt. 10:22).

"Y el que no toma su cruz y sigue en pos de mí, no es digno de mí. El que halla su vida, la perderá; y el que pierde su vida por causa de mí, la hallará" (Mt. 10:38-39).

"Porque a vosotros os es concedido a causa de Cristo, no sólo que creáis en él, sino también que padezcáis por él" (Fil. 1:29).

"Y también todos los que quieren vivir piadosamente en Cristo Jesús padecerán persecución; mas los malos hombres y los engañadores irán de mal en peor, engañando y siendo engañados" (2 Ti. 3:12-13).

[5] (4:30) ***Ley, Legalismo:*** En cuarto lugar, hay que escuchar que el legalismo debe ser descastado y no tener herencia con Dios. La ley no puede coexistir con la gracia de Dios. El hijo de Agar, la ley, no será heredero junto al hijo de Sara, es decir, la gracia. El hecho del juicio por venir no podría estar ilustrado con mayor claridad: Ismael fue descastado para que no pudiera compartir la herencia con Isaac (Gn. 21:10ss).

Dios nunca aceptará a nadie que se le acerca por la ley o por las obras. ¿Por qué? Porque la persona debe estar frente a Dios diciendo: "Dios, aquí están *mis* obras, *mi* bondad, *mi* justicia, una lista de leyes con las que he cumplido, una lista de *mis* contribuciones". Tal reclamo es meramente un alardeo engañoso. Dicha profesión le presenta a Dios solo el esfuerzo y la energía humanos, las obras y las acciones. Dios es perfecto. Por lo tanto, solo la perfección puede existir con Él. No importa cuánto bien o cuántas buenas obras presente una persona a Dios, no son suficientes, puesto que no lo hacen perfecto. Por lo tanto, se lo debe descastar de la presencia de Dios. Pero no a la persona de la promesa. La persona de la promesa se acerca a Dios diciendo:

"Padre, tú eres mi Salvador y Señor. Me has amado tanto que has enviado a tu Hijo para que muriera por mí. *Creo* con todo mi corazón que Cristo murió por mí,

y entrego todo lo que soy y lo que tengo a su guardia. Me descasto totalmente en su justicia y en su muerte por mis pecados".

Dios ha prometido que la persona que crea sinceramente en su Hijo nunca perecerá sino que tendrá vida eterna. Él heredará la promesa de Dios. Dios aceptará su fe y la contará por justa, y el hombre heredará la promesa.

"Porque no por la ley fue dada a Abraham o a su descendencia la promesa de que sería heredero del mundo, sino por la justicia de la fe" (Ro. 4:13).

"Pues no habéis recibido el espíritu de esclavitud para estar otra vez en temor, sino que habéis recibido el espíritu de adopción, por el cual clamamos: ¡Abba, Padre! El Espíritu mismo da testimonio a nuestro espíritu, de que somos hijos de Dios. Y si hijos, también herederos; herederos de Dios y coherederos con Cristo, si es que padecemos juntamente con él, para que juntamente con él seamos glorificados" (Ro. 8:15-17).

"Y si vosotros sois de Cristo, ciertamente linaje de Abraham sois, y herederos según la promesa" (Gá. 3:29).

"Pero cuando se manifestó la bondad de Dios nuestro Salvador, y su amor para con los hombres, nos salvó, no por obras de justicia que nosotros hubiéramos hecho, sino por su misericordia, por el lavamiento de la regeneración y por la renovación en el Espíritu Santo, el cual derramó en nosotros abundantemente por Jesucristo nuestro Salvador, para que justificados por su gracia, viniésemos a ser herederos conforme a la esperanza de la vida eterna" (Tit. 3:4-7).

6 (4:31) *Ley, Legalismo:* Los creyentes son los hijos de la gracia, no de la ley. Este hecho se ve claramente en todo lo que se ha expresado anteriormente. Los creyentes –sí, todos los hombres, si solo aceptaran el hecho– tienen tanto por agradecer a Dios. Él ha amado tanto al mundo y ha demostrado su amor más allá de lo que cualquier persona pudiera pedir.

"Porque de tal manera amó Dios al mundo, que ha dado a su Hijo unigénito, para que todo aquel que en él cree, no se pierda, mas tenga vida eterna" (Jn. 3:16).

"De cierto, de cierto os digo: El que oye mi palabra, y cree al que me envió, tiene vida eterna; y no vendrá a condenación, mas ha pasado de muerte a vida" (Jn. 5:24).

"Mas Dios muestra su amor para con nosotros, en que siendo aún pecadores, Cristo murió por nosotros" (Ro. 5:8).

"Pero Dios, que es rico en misericordia, por su gran amor con que nos amó, aun estando nosotros muertos en pecados, nos dio vida juntamente con Cristo (por gracia sois salvos), y juntamente con él nos resucitó, y asimismo nos hizo sentar en los lugares celestiales con Cristo Jesús, para mostrar en los siglos venideros las abundantes riquezas de su gracia en su bondad para con nosotros en Cristo Jesús. Porque por gracia sois salvos por medio de la fe; y esto no de vosotros, pues es don de Dios; no por obras, para que nadie se gloríe. Porque somos hechura suya, creados en Cristo Jesús para buenas obras, las cuales Dios preparó de antemano para que anduviésemos en ellas" (Ef. 2:4-10).

	CAPÍTULO 5 **D. Cuarta apelación: Permanecer firme en la libertad de Cristo, 5:1-6**	3 Y otra vez testifico a todo hombre que se circuncida, que está obligado a guardar toda la ley. 4 De Cristo os desligasteis, los que por la ley os justificáis; de la gracia habéis caído.	b. Si se lo *ritualiza,* una persona está obligada a hacer toda la ley c. Si una persona busca ser justificada por la ley, Cristo no puede tener ningún efecto sobre ella: Él es separado, caído de la gracia
1 Estar firmes porque Cristo ha liberado al creyente	1 Estad, pues, firmes en la libertad con que Cristo nos hizo libres, y no estéis otra vez sujetos al yugo de esclavitud.		
2 Estar firmes porque la ley no es la manera de Dios para justificar al hombre a. Si se lo *ritualiza,* Cristo no obtiene ningún provecho	2 He aquí, yo Pablo os digo que si os circuncidáis, de nada os aprovechará Cristo.	5 Pues nosotros por el Espíritu aguardamos por fe la esperanza de la justicia; 6 porque en Cristo Jesús ni la circuncisión vale algo, ni la incircuncisión, sino la fe que obra por el amor.	**3 Estar firmes porque la esperanza de justicia es por medio de la fe** a. Viene a través del Espíritu b. Viene únicamente a través de Jesucristo, no a través de la ley c. Viene a través de la fe forjada por el amor de Dios

DIVISIÓN IV

LA QUÍNTUPLE APELACIÓN PARA SER JUSTIFICADO ÚNICAMENTE POR LA FE, 4:8—5:12

D. Cuarta apelación: Permanecer firme en la libertad de Cristo, 5:1-6

(5:1-6) ***Introducción:*** En forma franca y directa, se da una apelación muy necesaria a las iglesias reincidentes y a su gente: Permanecer firmes en la libertad de Cristo.

1. Estar firmes porque Cristo ha liberado al creyente (v. 1).
2. Estar firmes porque la ley no es la manera de Dios para justificar al hombre (vv. 2-4).
3. Estar firmes porque la esperanza de la justicia es por medio de la fe (vv. 5-6).

[1] (5:1) ***Jesucristo, Obra, Libertad espiritual:*** Estar firmes porque Cristo ha liberado al creyente. Advierta dos puntos.

1. Cuando una persona cree en Jesucristo, es liberada de la ley y de su poder esclavizador. Ya no tiene que preocuparse por si es lo suficientemente bueno o si ha hecho suficientes obras de bien o cumplido con suficientes leyes como para ser aceptable ante Dios. ¿Por qué? Porque Cristo ha cumplido la ley por ella. Cuando Cristo estaba en la tierra no tuvo pecado alguno. Obedeció perfectamente la ley, sin violarla ni siquiera una sola vez. Por lo tanto, Él aseguró la Justicia Ideal y estuvo frente a Dios como el Hombre Perfecto. Pero Cristo hizo otra cosa mucho más maravillosa. No era suficiente asegurar para el hombre la Justicia Ideal. Estaba también el problema de la pena de la ley. Una vez violada la ley, se accionaba la pena, debía ser pagada. Este es el mensaje glorioso de la cruz, de lo que se trata la muerte de Jesucristo. Jesucristo no solo nos aseguró la justicia ideal, Él tomó la pena por transgredir en sí mismo y cargo con ella. Jesucristo cargó con nuestro juicio y castigo por haber quebrado la ley, que era la muerte.

Si la justicia ya nos ha sido asegurada y el castigo por nuestras transgresiones ha sido pagado, entonces estamos frente a Dios siendo perfectos –absolutamente justos y libres de transgresiones– y aceptables ante Él. ¿Esto significa que todos son aceptados por Dios y cubiertos por la vida y la muerte de Jesucristo? ¡No! Y el motivo se observa fácilmente: No todos aceptan lo que Jesucristo ha hecho por ellos, no todos *creen* en Jesucristo. Jesucristo nos ha liberado. Somos libres de la esclavitud del pecado y de la muerte forjados por la ley, pero solo si lo creemos. Naturalmente –es sumamente evidente– si no creemos ni aceptamos un don que se nos da gratuitamente, entonces el Dador lo continúa poseyendo. No recibimos el don, por lo tanto, no lo tenemos.

El punto es este: Cristo ha liberado al creyente de la esclavitud de la ley. Por lo tanto, debemos estar firmes en la libertad que Él nos ha provisto.

2. Los gálatas estaban por enredarse nuevamente en el yugo de la esclavitud. Habían surgido falsos maestros que enseñaban que la obra básica de Cristo fue vivir como un gran ejemplo y traernos las grandes enseñanzas de Dios. Es decir, aceptaban a Jesucristo como al Hijo de Dios, pero no aceptaban el mensaje de salvación por medio de la gracia (la justicia y muerte de Jesucristo). Enseñaban que Jesucristo no había venido a darnos un nuevo acercamiento a Dios, sino que vino a agregar nuevas enseñanzas a la ley. Por lo tanto una persona todavía debía acercarse a Dios...

- Pasando por el ritual básico de la religión judía (circuncisión, bautismo, ser miembro de la iglesia, etc.).
- Comprometiéndose a la ley.
- Observando todos los rituales y ceremonias de la religión judía.

Por supuesto, todo esto le suena familiar a cada generación, puesto que si simplemente omitimos la palabra *judía,* están presentes las tres estipulaciones de tantas enseñanzas, religiones e iglesias de la sociedad.

Nuevamente, la exhortación es que una persona no se enrede con el hecho de acercarse a Dios por medio de la ley o de las obras, puesto que ninguna persona puede hacer el bien suficiente como para volverse perfecto ante Dios. Nuestra perfección y aceptación ante Dios ya nos ha sido asegurada en Cristo Jesús nuestro Señor. Por ende, estemos firmes en la libertad de Cristo, dado que la única persona que será aceptable ante Dios es la persona que está frente a Dios *libre de pecado y condena,* una persona que ha sido liberada por el propio Hijo de Dios. (Véase nota, Gá. 4:4-7).

"Porque la ley del Espíritu de vida en Cristo Jesús me ha librado de la ley del pecado y de la muerte. Porque lo que era imposible para la ley, por cuanto era débil por la carne, Dios, enviando a su Hijo en semejanza de carne de pecado y a causa del pecado, condenó al pecado en la carne" (Ro. 8:2-3).

"Al que no conoció pecado, por nosotros lo hizo pecado, para que nosotros fuésemos hechos justicia de Dios en él" (2 Co. 5:21).

"Cristo nos redimió de la maldición de la ley, hecho por nosotros maldición (porque está escrito: Maldito todo el que es colgado en un madero)" (Gá. 3:13).

"Pero cuando vino el cumplimiento del tiempo, Dios envió a su Hijo, nacido de mujer y nacido bajo la ley, para que redimiese a los que estaban bajo la ley, a fin de que recibiésemos la adopción de hijos. Y por cuanto sois hijos, Dios envió a vuestros corazones el Espíritu de su Hijo, el cual clama: ¡Abba, Padre! Así que ya no eres esclavo, sino hijo; y si hijo, también heredero de Dios por medio de Cristo" (Gá. 4:4-7).

"Quien llevó él mismo nuestros pecados en su cuerpo sobre el madero, para que nosotros, estando muertos a los pecados, vivamos a la justicia; y por cuya herida fuisteis sanados" (1 P. 2:24).

"Porque también Cristo padeció una sola vez por los pecados, el justo por los injustos, para llevarnos a Dios, siendo a la verdad muerto en la carne, pero vivificado en espíritu" (1 P. 3:18).

[2] (5:2-4) ***Circuncisión, Ley, Apostasía:*** Estar firmes porque la ley no es la manera de Dios para justificar al hombre. Se enuncian tres advertencias firmes y significativas.

1. Si una persona es *ritualizada,* Cristo no tendrá ningún provecho. *Ritualizada* significa que una persona depende de alguna cosa religiosa para volverse aceptable ante Dios. En el caso de los gálatas, era el ritual de la circuncisión, pero puede aplicarse a cualquier cosa: ritual, ceremonia, obras, ley, bondad, ser miembro de una iglesia, bautismo, últimos ritos, oración, servicios religiosos, ministerio e incluso a la religión misma. Si una persona se acerca a Dios e intenta garantizarse la aceptación de Dios por cualquier otro medio que no sea Cristo, entonces Cristo no le dará ningún provecho. Lo que Cristo ha hecho por el hombre no tendrá ningún efecto sobre el hombre. La justicia y la muerte de Jesucristo no le servirá de nada al hombre, puesto que el hombre está confiando en sus propias obras y bondades y no en la justicia y la muerte de Jesucristo.

2. Si una persona es ritualizada, tiene que cumplir con toda la ley. Piense por un instante: Si una persona confía en un ritual para que lo salve, si depende realmente de un ritual para que lo vuelva aceptable ante Dios, entonces lo mejor es que cumpla con toda la ley. ¿Por qué? Porque él está aceptando la ley (obras, religión) como la manera de acercarse a Dios. Se está sometiendo al ritual, andando por el camino de la ley para acercarse a Dios. Por lo tanto, debe continuar acercándose a Dios por medio de la ley. Debe cumplir con *toda la ley.*

En resumen: Si una persona se acerca a Dios por medio del ritual, cualquier ritual, asume la responsabilidad de cumplir con toda la ley.

3. Si una persona busca ser justificada por la ley, Cristo no puede tener efecto sobre él, puesto que ha caído de la gracia. ¿Qué significa esto?

Recuerde: Pablo está advirtiendo a los creyentes gálatas enunciando una firme advertencia. Los falsos maestros están diciendo esto: una persona únicamente puede ser salva obedeciendo la ley y haciendo el mayor bien posible. Estaban enseñando que la justicia y la muerte de Jesucristo no eran lo que se necesitaba para acercarse a Dios y recibir la vida eterna. Decían que se necesitaba más que a Cristo: también eran necesarios la propia justicia y bondad, obras y esfuerzos.

Tenga esto presente: Fácilmente podemos ver por qué Pablo enunció una advertencia tan severa a los creyentes gálatas. No debían seguir a los falsos maestros, no debían alejarse de Cristo y volverse apóstatas.

El punto es este: No solo los gálatas, sino nosotros también, debemos seguir la advertencia a no ser que comencemos a negar a Cristo. Negar a Cristo, a su justicia y muerte, probablemente conduzca al destino final del apóstata. Siempre debemos recordar: Pablo mismo dijo que él sería anatema si alguna vez predicaba cualquier otro evangelio que no fuera el del amor glorioso de Dios en su Hijo, el Señor Jesucristo. La seguridad eterna no es el tema que nos concierne aquí, como con tanta frecuencia se hace. El tema es el querido Hijo propio de Dios, su justicia y muerte, su vida misma y su obra, su honra y Persona. Ninguna persona vive ni vivirá jamás pudiendo empañar la justicia y la muerte del querido Hijo de Dios. Somos *insensatos* si lo pensamos, incluso si estamos intentando defender y explicar una postura doctrinaria. Este, por cierto, fue el pensamiento y la postura de Pablo cuando dijo que iba a ser anatema si se convertía en apóstata.

"Muchos me dirán en aquel día: Señor, Señor, ¿no profetizamos en tu nombre, y en tu nombre echamos fuera demonios, y en tu nombre hicimos muchos milagros? Y entonces les declararé: Nunca os conocí; apartaos de mí, hacedores de maldad" (Mt. 7:22-23).

"Ya que por las obras de la ley ningún ser humano será justificado delante de él; porque por medio de la ley es el conocimiento del pecado" (Ro. 3:20).

"Mas Israel, que iba tras una ley de justicia, no la alcanzó. ¿Por qué? Porque iban tras ella no por fe, sino como por obras de la ley, pues tropezaron en la piedra de tropiezo" (Ro. 9:31-32).

"Porque yo les doy testimonio de que tienen celo de Dios, pero no conforme a ciencia. Porque ignorando la justicia de Dios, y procurando establecer la suya propia, no se han sujetado a la justicia de Dios; porque el fin de la ley es Cristo, para justicia a todo aquel que

cree. Porque de la justicia que es por la ley Moisés escribe así: El hombre que haga estas cosas, vivirá por ellas" (Ro. 10:2-5).

"Porque por gracia sois salvos por medio de la fe; y esto no de vosotros, pues es don de Dios; no por obras, para que nadie se gloríe. Porque somos hechura suya, creados en Cristo Jesús para buenas obras, las cuales Dios preparó de antemano para que anduviésemos en ellas" (Ef. 2:8-10).

"Pero cuando se manifestó la bondad de Dios nuestro Salvador, y su amor para con los hombres, nos salvó, no por obras de justicia que nosotros hubiéramos hecho, sino por su misericordia, por el lavamiento de la regeneración y por la renovación en el Espíritu Santo" (Tit. 3:4-5).

"Porque todos los que dependen de las obras de la ley están bajo maldición, pues escrito está: Maldito todo aquel que no permaneciere en todas las cosas escritas en el libro de la ley, para hacerlas" (Gá. 3:10).

"Mas si aun nosotros, o un ángel del cielo, os anunciare otro evangelio diferente del que os hemos anunciado, sea anatema. Como antes hemos dicho, también ahora lo repito: Si alguno os predica diferente evangelio del que habéis recibido, sea anatema" (Gá. 1:8-9).

3 (5:5-6) ***Fe, Justicia, Ley, Ritual:*** Estar firmes porque la esperanza de la justicia es por medio de la fe. La esperanza del creyente es la de la justicia. *Esperanza* no significa la incertidumbre de la esperanza mundana, que el creyente pudiera –pero nuevamente no pudiera– garantizar la justicia ante Dios. La esperanza del creyente es en Jesucristo, y está garantizada como que Dios existe. Esperanza en la Biblia significa centro, la concentración, el ansia, el anhelo, el deseo de justicia, el privilegio de ser redimido y de pasar la eternidad junto a Dios. Advierta la fuente de tal esperanza asegurada y garantizada.

1. La esperanza de justicia proviene a través del Espíritu de Dios. Es la presencia del Espíritu que mora dentro de nosotros lo que motiva la esperanza. El Espíritu Santo motiva la esperanza y da *garantía absoluta* de que Dios tomará su fe y la contará por justo.

2. La esperanza de justicia proviene únicamente de Jesucristo, no de un ritual (circuncisión), ni de la falta de un ritual. Advierta lo que está diciéndose exactamente:
   - Ni pasar por un ritual (circuncisión) ni carecer de un ritual trae esperanza.
   - Ni cumplir con la ley o no estar sin ley trae esperanza.
   - Ni trabajar por la justicia ni no trabajar por la justicia trae esperanza.

3. La esperanza de la justicia proviene de la fe forjada en el amor. Fue el amor de Dios el que envió a su Hijo a asegurar nuestra justicia para que muriera por nosotros. Cuando una persona ve esto *realmente,* lo quiebra, y se postra y entrega su propio amor, fe, vida y lealtad a Cristo. El amor de Dios nos mueve a amarlo y a creer en Él. Lo amamos porque Él nos ha amado.

"Porque en esperanza fuimos salvos; pero la esperanza que se ve, no es esperanza; porque lo que alguno ve, ¿a qué esperarlo?" (Ro. 8:24).

"Porque las cosas que se escribieron antes, para nuestra enseñanza se escribieron, a fin de que por la paciencia y la consolación de las Escrituras, tengamos esperanza" (Ro. 15:4).

"Mirad cuál amor nos ha dado el Padre, para que seamos llamados hijos de Dios; por esto el mundo no nos conoce, porque no le conoció a él. Amados, ahora somos hijos de Dios, y aún no se ha manifestado lo que hemos de ser; pero sabemos que cuando él se manifieste, seremos semejantes a él, porque le veremos tal como él es. Y todo aquel que tiene esta esperanza en él, se purifica a sí mismo, así como él es puro" (1 Jn. 3:1-3).

"Y nosotros hemos conocido y creído el amor que Dios tiene para con nosotros. Dios es amor; y el que permanece en amor, permanece en Dios, y Dios en él" (1 Jn. 4:16).

"Sabiendo que el que resucitó al Señor Jesús, a nosotros también nos resucitará con Jesús, y nos presentará juntamente con vosotros. Porque todas estas cosas padecemos por amor a vosotros, para que abundando la gracia por medio de muchos, la acción de gracias sobreabunde para gloria de Dios" (2 Co. 4:14-15).

"Y andad en amor, como también Cristo nos amó, y se entregó a sí mismo por nosotros, ofrenda y sacrificio a Dios en olor fragante" (Ef. 5:2).

"Cuando Cristo, vuestra vida, se manifieste, entonces vosotros también seréis manifestados con él en gloria. Haced morir, pues, lo terrenal en vosotros: fornicación, impureza, pasiones desordenadas, malos deseos y avaricia, que es idolatría" (Col. 3:4-5).

"Enseñándonos que, renunciando a la impiedad y a los deseos mundanos, vivamos en este siglo sobria, justa y piadosamente, aguardando la esperanza bienaventurada y la manifestación gloriosa de nuestro gran Dios y Salvador Jesucristo" (Tit. 2:12-13).

"Para que por dos cosas inmutables, en las cuales es imposible que Dios mienta, tengamos un fortísimo consuelo los que hemos acudido para asirnos de la esperanza puesta delante de nosotros" (He. 6:18).

	E. Quinta apelación: Obedecer la verdad, 5:7-12	en el Señor, que no pensaréis de otro modo; mas el que os perturba llevará la sentencia, quienquiera que sea.	**4 Obedecer la verdad porque el ministro de Dios tiene confianza en usted**
1 Obedecer la verdad porque la vida cristiana es una carrera	7 Vosotros corríais bien; ¿quién os estorbó para no obedecer a la verdad?	11 Y yo, hermanos, si aún predico la circuncisión, ¿por qué padezco persecución todavía? En tal caso se ha quitado el tropiezo de la cruz.	**5 Obedecer la verdad porque los falsos maestros serán sentenciados** a. Porque perturban a los creyentes b. Porque diseminan la falsedad sobre el ministro de Cristo
2 Obedecer la verdad porque Dios convocó a la libertad	8 Esta persuasión no procede de aquel que os llama.		
3 Obedecer la verdad porque un poco de mentira corrompe la totalidad	9 Un poco de levadura leuda toda la masa. 10 Yo confío respecto de vosotros	12 ¡Ojalá se mutilasen los que os perturban!	c. Porque tambalean sobre la cruz d. Porque merecen condena

DIVISIÓN IV

LA QUÍNTUPLE APELACIÓN PARA SER JUSTIFICADO ÚNICAMENTE POR LA FE, 4:8—5:12

E. Quinta apelación: Obedecer la verdad, 5:7-12

(5:7-12) ***Introducción:*** Las iglesias gálatas habían reincidido. Se estaban alejando de la verdad, de Jesucristo mismo. En este pasaje, Pablo realiza una última apelación: obedecer la verdad. La única esperanza para el descarriado es regresar a Cristo y obedecer la verdad.

1. Obedecer la verdad porque la vida cristiana es una carrera (v. 7).
2. Obedecer la verdad porque Dios convocó a la libertad (v. 8).
3. Obedecer la verdad porque un poco de mentira corrompe la totalidad (v. 9).
4. Obedecer la verdad porque el ministro de Dios tiene confianza en usted (v. 10).
5. Obedecer la verdad porque los falsos maestros serán sentenciados (vv. 10-12).

[1] (5:7) ***Obediencia, Carrera cristiana:*** Obedecer la verdad porque la vida cristiana es una carrera. La frase "vosotros corríais bien" es una imagen de atletas corriendo una carrera.

1. Los gálatas habían estado corriendo y corriendo bien. Cuando oyeron por primera vez el evangelio, creyeron...

- En el amor de Dios, en que Dios amaba tanto al mundo que Él envió a su Hijo al mundo para salvarlo.
- En la justicia de Cristo, en que Jesucristo vivió una vida perfecta y justa, garantizando la justicia por ellos.
- En la muerte de Cristo –en que Jesucristo murió por sus pecados–, en que realmente Él cargó con el castigo por sus transgresiones.

Como se ha dicho, los gálatas habían estado corriendo *bien* la carrera cristiana. Habiendo creído en Cristo, habían vivido para Cristo: viviendo vidas limpias y puras y dando testimonio por Él. Habían estado adorándolo y sirviéndolo con celo. Habían estado viviendo lo que profesaban. No había falsa profesión en ellos, ningún fraude ni hipocresía. No habían sido *cristianos únicamente los domingos.* Habían estado ocupados en Cristo los siete días de la semana, y la gente de toda la ciudad estaba comenzando a conocer a Jesucristo.

Pero advierta: Había ingresado una persona y había comenzado a estorbar su corrida de la carrera cristiana. Sabemos a partir de los cuatro capítulos anteriores que habían surgido algunos falsos maestros de Galacia. Sin embargo, la presente referencia es a un único individuo. Al parecer una persona se había puesto a cargo y se había convertido en cabecilla del problema y de la falsa enseñanza. La palabra "estorbar" (enekopsen) significa meterse, como una cuña, interferir, obstruir. La imagen sigue siendo la de la pista de carreras. Mientras que los gálatas habían estado corriendo la carrera cristiana, algunos se habían entrometido y comenzaron a estorbar y a interferir en su marcha. Ya no obedecían a la verdad. Ahora estaban intentando acercarse a Dios mediante otra forma que no era por medio de Cristo. Ahora pensaban...

- Que Dios los aceptaba porque habían sido *ritualizados*: Circuncidados y bautizados.
- Que Dios los aceptaba porque habían intentado cumplir con la ley: Intentaban ser tan buenos como podían y hacían obras de bien cuando surgía la oportunidad.
- Que Dios los aprobaba porque eran fieles a la iglesia: A sus rituales, ceremonias, servicios, reglas y reglamentaciones.

Ya no estaban corriendo bien. Habían permitido que un falso maestro los estorbara y los apartara de la verdad. Tenían la necesidad de pensar sobre el asunto, una necesidad desesperada...

- De pensar acerca de la carrera que estaban corriendo.
- De pensar en quién era el que ahora interfería en su carrera.

"¿No sabéis que los que corren en el estadio, todos a la verdad corren, pero uno solo se lleva el premio? Corred de tal manera que lo obtengáis" (1 Co. 9:24).

"Vosotros corríais bien; ¿quién os estorbó para no obedecer a la verdad?" (Gá. 5:7).

"Asidos de la palabra de vida, para que en el día de Cristo yo pueda gloriarme de que no he corrido en vano, ni en vano he trabajado" (Fil. 2:16).

"Prosigo a la meta, al premio del supremo llamamiento de Dios en Cristo Jesús" (Fil. 3:14).

"Por tanto, nosotros también, teniendo en derredor nuestro tan grande nube de testigos, despojémonos de todo peso y del pecado que nos asedia, y corramos con paciencia la carrera que tenemos por delante" (He. 12:1).

"He peleado la buena batalla, he acabado la carrera, he guardado la fe" (2 Ti. 4:7).

"Por lo demás, me está guardada la corona de justicia, la cual me dará el Señor, juez justo, en aquel día; y no sólo a mí, sino también a todos los que aman su venida" (2 Ti. 4:8).

[2] (5:8) ***Dios, Llamado:*** Obedecer la verdad porque Dios no te convoca para el error. Advierta cuán concisa y firme es esta enunciación, es directa y va al grano: "Esta persuasión no procede de aquel que os llama". La palabra griega es *persuasión* (peismone). Toda persuasión, toda postura, toda enseñanza que nos aparte de Jesucristo no es de Dios. Dios y solo Dios determina cómo puede uno acercarse a Él, y Él lo ha determinado. Una persona se acerca a Él a través de la justicia y la muerte de su Hijo Jesucristo. No hay otra forma de ser justificado y salvo excepto a través de su Hijo. No existe absolutamente ninguna otra forma de acercarse a Dios. Por lo tanto, toda persona que enseñe lo contrario está enseñando una falsa doctrina. La persuasión o enseñanza de esa persona no es la persuasión de Dios.

"Porque de tal manera amó Dios al mundo, que ha dado a *su Hijo unigénito,* para que todo aquel que en él cree, no se pierda, mas tenga vida eterna" (Jn. 3:16).

"Le respondió Simón Pedro: Señor, ¿a quién iremos? *Tú tienes* palabras de vida eterna" (Jn. 6:68).

"Por eso os dije que moriréis en vuestros pecados; porque si no creéis que yo soy, en vuestros pecados moriréis" (Jn. 8:24).

"Y en ningún otro hay salvación; porque no hay otro nombre bajo el cielo, dado a los hombres, en que podamos ser salvos" (Hch. 4:12).

"Pues me propuse no saber entre vosotros cosa alguna sino a Jesucristo, y a éste crucificado" (1 Co. 2:2).

"Porque nadie puede poner otro fundamento que el que está puesto, el cual es Jesucristo" (1 Co. 3:11).

"Porque hay un solo Dios, y un solo mediador entre Dios y los hombres, Jesucristo hombre" (1 Ti. 2:5).

[3] (5:9) ***Levadura:*** Obedecer la verdad porque un poco de levadura (falta de verdad) corrompe la totalidad. La levadura representa la maldad y la corrupción, la fermentación y la infección. Se necesita solo un poco de levadura para penetrar e influir sobre toda la masa. Lo mismo ocurre con los falsos maestros. (Recuerde que Pablo solo se estaba refiriendo al cabecilla en este pasaje). Un falso maestro puede inyectar su enseñanza falsa en la iglesia y pronto penetrará e influirá a toda la iglesia. Esto es lo que Pablo y las Escrituras proclaman. Si los gálatas no arrancaban de raíz la falsa enseñanza, pronto toda la iglesia se vería corrompida y la verdad se destruiría. Jesucristo ya no sería el foco de atención. La iglesia y su gente se concentrarían en sus rituales, ceremonias y obras de bien en lugar de hacerlo en Cristo.

Estarían intentando acercarse a Dios a través de su propia bondad y mérito. Pronto Jesucristo sería colocado en segundo plano, perdería su énfasis y muchos lo perderían de vista. Su prominencia y la absoluta necesidad de su justicia y muerte serían disminuidas y desvanecidas. Esto siempre ocurre cuando se permite el ingreso de una falsa enseñanza en una iglesia. La única respuesta a una falsa enseñanza es la que ya se ha mencionado: arrancarla de raíz.

"Entonces entendieron que no les había dicho que se guardasen de la levadura del pan, sino de la doctrina de los fariseos y de los saduceos" (Mt. 16:12).

"Para que ya no seamos niños fluctuantes, llevados por doquiera de todo viento de doctrina, por estratagema de hombres que para engañar emplean con astucia las artimañas del error" (Ef. 4:14).

"Mirad que nadie os engañe por medio de filosofías y huecas sutilezas, según las tradiciones de los hombres, conforme a los rudimentos del mundo, y no según Cristo" (Col. 2:8).

"No os dejéis llevar de doctrinas diversas y extrañas; porque buena cosa es afirmar el corazón con la gracia, no con viandas, que nunca aprovecharon a los que se han ocupado de ellas" (He. 13:9).

"Porque el ruin hablará ruindades, y su corazón fabricará iniquidad, para cometer impiedad y para hablar escarnio contra Jehová, dejando vacía el alma hambrienta, y quitando la bebida al sediento" (Is. 32:6).

[4] (5:10) ***Ministro:*** Obedecer la verdad porque el ministro de Dios tiene confianza en ti. ¡Vaya enunciación sorprendente! Cuando uno piensa en todo lo que se ha escrito en el Libro de Gálatas (los terribles ataques en contra de Pablo y la gravedad de las falsas enseñanzas que amenazaron a la iglesia), impacta la confianza de Pablo en los gálatas.

Sin embargo, advierta exactamente lo que él dijo: Su confianza es "en el Señor", es decir, que los gálatas podían vencer las falsas enseñanzas únicamente a través del Señor. A través de Cristo podrían conquistar la situación y salir victoriosos. De hecho, Pablo tenía confianza en que las iglesias seguirían sus advertencias y regresarían al Señor y comenzarían a obedecer la verdad.

Pensamiento 1: La única forma en que puede manejarse una falsa enseñanza o cualquier otra dificultad en la iglesia es "en el Señor".

"Yo soy la vid, vosotros los pámpanos; el que permanece en mí, y yo en él, éste lleva mucho fruto; porque separados de mí nada podéis hacer" (Jn. 15:5).

"Y al que puede confirmaros según mi evangelio y la predicación de Jesucristo, según la revelación del misterio que se ha mantenido oculto desde tiempos eternos" (Ro. 16:25).

"Y a Aquel que es poderoso para hacer todas las cosas mucho más abundantemente de lo que pedimos o entendemos, según el poder que actúa en nosotros" (Ef. 3:20).

"Estando persuadido de esto, que el que comenzó en vosotros la buena obra, la perfeccionará hasta el día de Jesucristo" (Fil. 1:6).

"Y a aquel que es poderoso para guardaros sin caída, y presentaros sin mancha delante de su gloria con gran alegría, al único y sabio Dios, nuestro Salvador, sea gloria y majestad, imperio y potencia, ahora y por todos los siglos. Amén" (Jud. 24-25).

[5] (5:10-12) ***Falsos maestros:*** Obedecer la verdad porque los falsos maestros serán sentenciados. El hecho se proclama en términos firmes: El falso maestro que estaba estorbando la iglesia cargaría con la sentencia de Dios. Pablo dio cuatro motivos por los cuales los falsos maestros serán sentenciados:

1. Los falsos maestros serán sentenciados porque perturban a la iglesia y a sus creyentes. Por *perturbar* se quiere significar crear inquietud y molestar. Los falsos maestros estaban soltando las cuerdas de la fe en Cristo, perturbando la seguridad y las vidas de los creyentes y el ministerio de las iglesias. Estaban confundiendo a los creyentes y contaminando la iglesia de Dios con falsas enseñanzas.

"Si alguno destruyere el templo de Dios, Dios le destruirá a él; porque el templo de Dios, el cual sois vosotros, santo es" (1 Co. 3:17).

2. Los falsos maestros serán sentenciados porque diseminan falsedades sobre el ministro de Cristo. Pablo ni predicó que el ritual fuera necesario para la salvación (circuncisión, bautismo, ser miembro de la iglesia, etc.); pero los falsos maestros decían que él lo hacía. Sin embargo, el hecho de que Pablo no predicara la circuncisión fue el motivo principal por el cual los judíos lo persiguieron tanto. Esta es la razón por la cual Pablo simplemente pregunta: ¿Por qué me persiguen tanto los judíos si yo predico la salvación por medio del ritual (circuncisión, bautismo, ser miembro de la iglesia, etc.)?

El punto es este: Los falsos maestros habían atacado a Pablo, con la intención de desacreditarlo a él y a su ministerio entre los creyentes. Y si hay algo que Dios no tolera es un ataque a su ungido.

"¿Tú quién eres, que juzgas al criado ajeno? Para su propio señor está en pie, o cae; pero estará firme, porque poderoso es el Señor para hacerle estar firme" (Ro. 14:4).

"Uno solo es el dador de la ley, que puede salvar y perder; pero tú, ¿quién eres para que juzgues a otro?" (Stg. 4:12).

3. Los falsos maestros serán juzgados porque son ofendidos por la cruz. Pablo predicó la cruz, que una persona era justificada y aceptable ante Dios *únicamente por la cruz de Jesucristo.* Los falsos maestros (judaizantes) se sintieron ofendidos por esto. La palabra "ofensa" significa tambalear o titubear. Fue la cruz lo que hizo que los falsos maestros tropezaran en su acercamiento a Dios. Habían enseñado que la muerte de Jesucristo no bastaba para hacer que una persona fuera aceptable ante Dios. La cruz no era suficiente en sí misma. Se necesitaba más. Una persona debía ser *ritualizada* (circuncidada, bautizada) y sometida a la ley de Dios y cumplir con todos los rituales, ceremonias y reglas de la iglesia. Si lo hacía, entonces era un verdadero cristiano.

La salvación por medio de las obras y la ley, por supuesto, es falsa. La salvación se consigue a través del Hijo de Dios, Jesucristo, y únicamente a través de Él. Las Escrituras son claras: cualquiera que siga o enseñe cualquier otro tipo de salvación será severamente sentenciado por Dios.

4. Los falsos maestros serán sentenciados porque merecen una condena. Aquí Pablo se ve envuelto en una intensa emoción: desea que los falsos maestros se castren, se corten por completo. Este es un sentimiento repulsivo para algunos y, con razón, para la falsa enseñanza es la peor ofensa. Nada la sobrepasa, en particular cuando añade o quita a la cruz de Cristo. Dios entregó a su Hijo para que muriera por los hombres, y si los hombres lo desconocen, desconocen la justicia necesaria para vivir ante la presencia de Dios. No hay otra justicia que la justicia de Jesucristo, y no hay otra muerte que represente el substituto Ideal para la muerte del hombre, no para Dios. Dios no aceptará ninguna otra muerte que la de Jesucristo. Dios no acepta otra cosa. Por lo tanto, si una persona toma otro camino hacia Dios, sería mejor que siguiera hasta el final con lo que sea que enseñe, mucho mejor que si recorriera todo el camino y se saliera del camino, mucho mejor que continuar destruyendo al pueblo de Dios.

El punto es este: Un falso maestro merece ser sentenciado. No hay castigo demasiado bueno para él. Como dijimos anteriormente: "Él cargará con su sentencia".

"Porque el Hijo del Hombre vendrá en la gloria de su Padre con sus ángeles, y entonces pagará a cada uno conforme a sus obras" (Mt. 16:27).

"Vendrá el señor de aquel siervo en día que éste no espera, y a la hora que no sabe, y le castigará duramente, y le pondrá con los infieles. Aquel siervo que conociendo la voluntad de su señor, no se preparó, ni hizo conforme a su voluntad, recibirá muchos azotes" (Lc. 12:46-47).

"Porque el amor de Cristo nos constriñe, pensando esto: que si uno murió por todos, luego todos murieron" (2 Co. 5:10).

"Y si invocáis por Padre a aquel que sin acepción de personas juzga según la obra de cada uno, conducíos en temor todo el tiempo de vuestra peregrinación" (1 P. 1:17).

"Sabe el Señor librar de tentación a los piadosos, y reservar a los injustos para ser castigados en el día del juicio" (2 P. 2:9).

"Pero los cielos y la tierra que existen ahora, están reservados por la misma palabra, guardados para el fuego en el día del juicio y de la perdición de los hombres impíos" (2 P. 3:7).

"De éstos también profetizó Enoc, séptimo desde Adán, diciendo: He aquí, vino el Señor con sus santas decenas de millares, para hacer juicio contra todos, y dejar convictos a todos los impíos de todas sus obras impías que han hecho impíamente, y de todas las cosas duras que los pecadores impíos han hablado contra él" (Jud. 14-15).

"He aquí yo vengo pronto, y mi galardón conmigo, para recompensar a cada uno según sea su obra" (Ap. 22:12).

	V. LA VIDA Y EL CAMINO DEL CREYENTE: LIBRE Y ESPIRITUAL, 5:13—6:18 **A. La gran ley de la vida del creyente: El amor, 5:13-15**
1 Libertad en contraposición a la licencia a. La licencia es el peligro b. La limitación: El amor	13 Porque vosotros, hermanos, a libertad fuisteis llamados; solamente que no uséis la libertad como ocasión para la carne, sino servíos por amor los unos a los otros.
2 El amor es servir a los demás **3 El amor es no ofender, sino ocuparse del prójimo**	14 Porque toda la ley en esta sola palabra se cumple: Amarás a tu prójimo como a ti mismo.
4 El amor no es morder ni devorarse unos a otros	15 Pero si os mordéis y os coméis unos a otros, mirad que también no os consumáis unos a otros.

DIVISIÓN V

LA VIDA Y EL CAMINO DEL CREYENTE: LIBRE Y ESPIRITUAL, 5:13—6:18

A. La gran ley de la vida del creyente: El amor, 5:13-15

(5:13—6:18) ***BOSQUEJO DE LA DIVISIÓN: Creyente, camino:*** Este pasaje da inicio a la última sección de Gálatas. Hasta ahora todo tuvo que ver con la doctrina. Ahora, Pablo comienza a tratar los asuntos prácticos de todos los días del creyente. Pablo tiene seis temas prácticos que tratar. Si los agrupamos, un título simple sería: "La vida y el camino del creyente: Libre y espiritual".

1. La gran ley de la vida del creyente (5:13-15).
2. Un camino combatiendo al mayor enemigo de la vida: Los deseos de la carne (5:16-21).
3. Un camino llevando la naturaleza de Dios: El fruto del Espíritu (5:22-26).
4. Un camino que restaura al hombre que tiene un desliz (6:1-5).
5. Un camino haciendo el bien al maestro de uno (6:6-10).
6. Un camino alardeando en la cruz de Cristo (6:11-18).

(5:13-15) ***Introducción:*** Jesucristo ha liberado al creyente. El creyente ya no tiene que trabajar y trabajar para poder asegurarse la aprobación y la aceptación de Dios. El creyente es aceptado por Dios a través de la obra de Jesucristo. Sin embargo, hay un hecho crítico que debe recordarse siempre: La libertad cristiana no es una licencia, esto es, quedar libre para pecar, hacer cada uno lo que quiera. La libertad cristiana es ser libre *para no pecar.* Es ser libre para vencer las pasiones e impulsos de la carne que incesantemente libran una guerra en contra del mejor criterio del hombre. El creyente es una persona que es tan consciente del Espíritu Santo que mora en él y de su poder que puede purgarse a sí mismo y amar a su prójimo como a sí mismo. (Véase nota, Ro. 6:1-2).

El punto es este: El creyente no camina en el pecado, puesto que ama a Dios y ama a su prójimo. El creyente anda y vive bajo la más grande de las leyes: la ley del amor. El amor es la ley guía de la vida y camino del creyente.

1. Libertad en contraposición a la licencia (v. 13).
2. El amor es servir a los demás (v. 14).
3. El amor es no ofender, sino ocuparse del prójimo (v. 14).
4. El amor no es morder ni devorarse unos a otros (v. 15).

[1] (5:13) ***La libertad en contraposición a la licencia, La ley en contraposición a la fe, Amor:*** Hay libertad en contraposición a la licencia. Ha quedado bien establecido que el creyente no vive por la ley ni por alguna obra o acto de bondad. El creyente sabe que nunca podrá ser perfecto, no importa cuánto bien haga. Sabe que no puede cumplir con leyes suficientes ni que puede trabajar para asemejarse a Dios. Sabe que le falta mucho, pero mucho, para estar cerca de Dios. Si llega a ser alguna vez aceptable ante Dios, será porque Dios lo ama lo suficiente...

- Para proveerlo de una Justicia Ideal.
- Para proveer de Alguien que cargue con su castigo por haber violado la ley.

El creyente sabe que Dios lo ha amado mucho a él y a todos los demás. Sabe que Dios ha amado tanto al mundo que envió a su Hijo, Jesucristo, al mundo para hacer ambas cosas para él y para toda la gente de la tierra. Sabe...

- Que Jesucristo vivió una vida sin pecado y le aseguró la Justicia Ideal.
- Que Jesucristo murió por él, murió cargando con la sentencia de la ley por él.

El punto es este: Cuando una persona cree esto acerca de Cristo –que Cristo es su Salvador– Dios toma la fe de ese hombre y lo cuenta por justicia. El hombre se vuelve aceptable ante Dios. Esto es lo que el creyente sabe: él no es aceptable ante Dios porque trabaja y se vuelve mejor y mejor cumpliendo alguna ley, regla o ritual. Es aceptable ante Dios porque Cristo lo ha liberado de tener que luchar para ser lo suficientemente bueno y preguntarse siempre si ha hecho suficiente bien. El hombre ya no tiene que trabajar ni cumplir las leyes para ser salvo. Vivir por la ley siempre fue una tarea inútil que dejó al hombre perdido y desvalido (Véase notas, Gá. 3:10-12; 3:19). El hombre es salvo por la gracia de Dios al dar su Hijo al mundo: por creer que Jesucristo es su Salvador, que Jesucristo murió por él. Sin embargo, habiendo dicho esto, advierta dos cosas.

1. Está el peligro de la licencia. Debe realizarse una pregunta: Si Cristo nos libera de la ley, ¿esto significa que una persona puede *creer en Cristo* y luego vivir como quiera, haciendo sus propias cosas a su manera? ¿Puede usar su libertad como una ocasión para salir y satisfacer la carne sabiendo que Dios lo perdonará? ¿Puede una persona continuar buscando las cosas del mundo y dejar de lado los deseos y la lujuria de la carne? ¿Puede creer en Cristo y aún así vivir en forma mundana? ¡No! ¡Mil veces no, declaran las Escrituras!

Una persona que piensa y declara una idea como esa no comprende la fe, la verdadera fe. En la Biblia, la creencia no significa la creencia intelectual, simplemente creer algo en la mente. La creencia significa una *creencia de compromiso,* creer en algo con la vida de uno. Creer en Cristo es comprometer la vida de uno a Cristo (Véase *Estudio a fondo 2, Creer,* Jn. 2:24 para una mayor discusión al respecto). Simplemente piense sobre esto durante un instante y le resultará perfectamente claro: Si una persona no está dispuesta a comprometer su vida a Cristo, no cree en Cristo. No podría creer, no realmente, puesto que si ha creído realmente, sin duda alguna daría todo lo que es y tiene al Hijo de Dios. (Cp. Ro. 6:16; He. 5-9).

2. Está la limitación del amor. Una persona que piensa que creer en Cristo lo libera y le da licencia para el pecado no comprende lo que es el amor. Este es el tema de este pasaje. El verdadero creyente es liberado de tener que garantizarse la aprobación de Dios por medio del amor, pero el amor es la única exigencia que se le pide. El creyente no necesita otra limitación más que el amor. Hay por lo menos dos razones para esto.

- Dios lo ha amado, por lo tanto la persona que realmente ve el amor de Dios es atraída para amar a Dios y a todas las criaturas de Dios.

"Porque el amor de Cristo nos constriñe, pensando esto: que si uno murió por todos, luego todos murieron; y por todos murió, para que los que viven, ya no vivan para sí, sino para aquel que murió y resucitó por ellos" (2 Co. 5:14-15).

- El amor comprende todos los mandamientos de Dios. Jesús mismo lo ha dicho, y el hecho se ve claramente en los puntos de este pasaje.

"Maestro, ¿cuál es el gran mandamiento en la ley? Jesús le dijo: Amarás al Señor tu Dios con todo tu corazón, y con toda tu alma, y con toda tu mente. Este es el primero y grande mandamiento. Y el segundo es semejante: Amarás a tu prójimo como a ti mismo. De estos dos mandamientos depende toda la ley y los profetas" (Mt. 22:36-40).

[2] (5:13) ***Amor, Servicio:*** El amor es servirse unos a otros. Un creyente es *libre* en Cristo: Es liberado de toda ley, restricciones y obras. No está bajo nada, absolutamente nada salvo Cristo. Vive en Cristo, se mueve y tiene su ser en Cristo. El amor de Cristo es su ley y limitación. ¿Por qué? Porque Cristo amó al creyente, lo sirvió y se dio a sí mismo por el creyente, y el creyente lo sabe. Por lo tanto, el creyente ama a Cristo con todo su corazón y su vida. Desea complacer a Cristo y hacer todo lo que pueda para servirlo. Y este es justo el punto: ¿cómo puede un creyente servir a Cristo? Haciendo exactamente lo que hizo Cristo: amar y servir a los demás.

Una persona que ama no actúa como un *amo por sobre la gente,* sino que...

- Sirve y ayuda
- Demuestra benignidad y bondad
- Expresa preocupación y cuidado
- Demuestra compasión y empatía

La persona que verdaderamente ama se identifica con una persona, baja al nivel donde está, incluso más debajo de donde está, y ministra. El amor sirve, siempre abre los brazos para hacer lo que pueda por la otra persona. Nunca abandona a la otra persona, sintiendo que él o ella...

- No merece el esfuerzo o la ayuda.
- No vale la pena el esfuerzo o la ayuda.
- Es menos de lo que debería ser.
- Es demasiado negligente, inmoral, poco instruido, no reconocido, inferior a los demás.

"Como el Hijo del Hombre no vino para ser servido, sino para servir, y para dar su vida en rescate por muchos" (Mt. 20:28).

"Pero no será así entre vosotros, sino que el que quiera hacerse grande entre vosotros será vuestro servidor, y el que de vosotros quiera ser el primero, será siervo de todos" (Mr. 10:43-44).

"¿Quién, pues, de estos tres te parece que fue el prójimo del que cayó en manos de los ladrones? Él dijo: El que usó de misericordia con él. Entonces Jesús le dijo: Ve, y haz tú lo mismo" (Lc. 10:36-37).

"Porque, ¿cuál es mayor, el que se sienta a la mesa, o el que sirve? ¿No es el que se sienta a la mesa? Mas yo estoy entre vosotros como el que sirve" (Lc. 22:27).

"Se levantó de la cena, y se quitó su manto, y tomando una toalla, se la ciñó. Luego puso agua en un lebrillo, y comenzó a lavar los pies de los discípulos, y a enjugarlos con la toalla con que estaba ceñido... Pues si yo, el Señor y el Maestro, he lavado vuestros pies, vosotros también debéis lavaros los pies los unos a los otros" (Jn. 13:4-5, 14).

"Volvió a decirle la segunda vez: Simón, hijo de Jonás, ¿me amas? Pedro le respondió: Sí, Señor; tú sabes que te amo. Le dijo: Pastorea mis ovejas" (Jn. 21:16).

"Sobrellevad los unos las cargas de los otros, y cumplid así la ley de Cristo" (Gá. 6:2).

"Así que, según tengamos oportunidad, hagamos bien a todos, y mayormente a los de la familia de la fe" (Gá. 6:10).

"Sino que se despojó a sí mismo, tomando forma de siervo, hecho semejante a los hombres" (Fil. 2:7).

3 (5:14) ***Amor:*** El amor no ofende sino que se ocupa del prójimo, se ocupa tanto como uno de sí mismo. Debe admitirse que:

- Si una persona se ocupara de todos los demás como se ocupa de sí mismo, no necesitaría de la ley. Viviría y haría exactamente como debería.

Este es el motivo por el cual el amor cumple con toda la ley. El amor no se aprovecha de los demás. El amor no usa a otras personas para satisfacer el propósito, la codicia o la lujuria propios. El amor no herirá a alguien más de lo que quisiéramos que alguien nos hiriera.

El amor comprende varias acciones prácticas que se mencionan claramente en las Escrituras (1 Co. 13:4-7).

- El amor es un sufrimiento prolongado (tolera mucho y es paciente).
- El amor es benigno.
- El amor no envía (no es celoso).
- El amor no se vanagloria (no alardea, no fanfarronea).
- El amor no es arrogante (vanaglorioso, orgulloso).
- El amor no se comporta impropiamente (inadecuadamente, cruelmente, indecentemente, de mala manera).
- El amor no busca lo suyo propio (no es egoísta ni busca sus propios intereses, no insiste en su propio derecho y manera).
- El amor no es provocado fácilmente (no es susceptible, irascible, irritable, resentido).
- El amor no piensa con maldad (no elabora ni planifica ningún pensamiento malo, no considera hacer algo incorrecto).
- El amor no se regocija en la iniquidad (maldad, pecado, malicia, injusticia), sino que se regocija en la verdad (probidad y justicia).
- El amor soporta todas las cosas.
- El amor cree todas las cosas (ejerce fe en todo; está preparado para creer lo mejor de la gente).
- El amor espera todas las cosas (mantiene su fe en todo en cualquier circunstancia).
- El amor tolera todas las cosas (sin debilitarse; da poder para tolerar).

"No debáis a nadie nada, sino el amaros unos a otros; porque el que ama al prójimo, ha cumplido la ley. Porque: No adulterarás, no matarás, no hurtarás, no dirás falso testimonio, no codiciarás, y cualquier otro mandamiento, en esta sentencia se resume: Amarás a tu prójimo como a ti mismo. El amor no hace mal al prójimo; así que el cumplimiento de la ley es el amor" (Ro. 13:8-10).

"Asi que, los que somos fuertes debemos soportar las flaquezas de los débiles, y no agradarnos a nosostros mismos" (Ro. 15:1-2).

"Porque toda la ley en esta sola palabra se cumple: Amarás a tu prójimo como a ti mismo" (Gá. 5:14).

"Si en verdad cumplís la ley real, conforme a la Escritura: Amarás a tu prójimo como a ti mismo, bien hacéis" (Stg. 2:8).

4 (5:15) ***Amor:*** El amor no muerde ni devora unos a otros. A. T. Robertson dice que una imagen es la de una lucha entre un perro y un gato o entre animales salvajes. (*Word Pictures in the New Testament,* Vol. 4, p. 311). Morderse y devorarse se refieren mucho más a simplemente a una lucha encarnizada y a una pelea. Los hombres se muerden y se devoran unos a otros cuando se violan entre sí. Por ejemplo, nada se compara a una tajada de una persona que el hecho de morder o devorar que sucede entre una esposa o esposo. Sin embargo, el amor respeta a la otra persona, sin importar quién es o lo que ha hecho. El amor no muerde ni devora a los demás de ninguna manera posible. El amor no...

- golpea
- calumnia
- critica
- chismorrea
- condena
- censura
- acusa
- explota
- expone
- codicia
- maltrata
- toma
- lastima

"¿De dónde vienen las guerras y los pleitos entre vosotros? ¿No es de vuestras pasiones, las cuales combaten en vuestros miembros? Codiciáis, y no tenéis; matáis y ardéis de envidia, y no podéis alcanzar; combatís y lucháis, pero no tenéis lo que deseáis, porque no pedís" (Stg. 4:1-2).

"El que dice que está en la luz, y aborrece a su hermano, está todavía en tinieblas" (1 Jn. 2:9).

"Todo aquel que aborrece a su hermano es homicida; y sabéis que ningún homicida tiene vida eterna permanente en él" (1 Jn. 3:15).

"Si alguno dice: Yo amo a Dios, y aborrece a su hermano, es mentiroso. Pues el que no ama a su hermano a quien ha visto, ¿cómo puede amar a Dios a quien no ha visto? Y nosotros tenemos este mandamiento de él: El que ama a Dios, ame también a su hermano" (1 Jn. 4:20-21).

"El odio despierta rencillas; pero el amor cubrirá todas las faltas" (Pr. 10:12).

	B. Un camino combatiendo al gran enemigo en la vida: Los deseos de la carne, 5:16-21	19 Y manifiestas son las obras de la carne, que son: adulterio, fornicación, inmundicia, lascivia, 20 idolatría, hechicerías, enemistades, pleitos, celos, iras, contiendas, disensiones, herejías, 21 envidias, homicidios, borracheras, orgías, y cosas semejantes a estas; acerca de las cuales os amonesto, como ya os lo he dicho antes, que los que practican tales cosas no heredarán el reino de Dios.	2 Las obras o acciones de la carne 3 El juicio de quienes viven según la carne
1 La respuesta para la conquista de los deseos de la carne: El Espíritu Santo a. La carne lucha por conquistar b. La ley es contraria al Espíritu c. La carne evita que una persona haga lo que debería d. La carne no cumple con la ley	16 Digo, pues: Andad en el Espíritu, y no satisfagáis los deseos de la carne. 17 Porque el deseo de la carne es contra el Espíritu, y el del Espíritu es contra la carne; y éstos se oponen entre sí, para que no hagáis lo que quisiereis. 18 Pero si sois guiados por el Espíritu, no estáis bajo la ley.		

DIVISIÓN V

LA VIDA Y EL CAMINO DEL CREYENTE: LIBRE Y ESPIRITUAL, 5:13—6:18

B. Un camino combatiendo al gran enemigo en la vida: Los deseos de la carne, 5:16-21

(5:16-21) ***Introducción:*** Este y el pasaje siguiente son dos pasajes críticos para el camino del creyente. Tratan con andar en el Espíritu de Dios y conquistar la carne. Las lecciones que se enseñan deben ser seguidas diligentemente por el creyente.

1. La respuesta para la conquista de los deseos de la carne: El Espíritu Santo (vv. 16-18).
2. Las obras o acciones de la carne (vv. 19-21).
3. El juicio de quienes viven según la carne (v. 21).

[1] (5:16-18) ***Espíritu Santo, Carne:*** La respuesta para la conquista de los deseos de la carne es el Espíritu Santo de Dios. El creyente debe andar en la presencia y el poder del Espíritu Santo. Es la única forma concebible en que puede evitar satisfacer los deseos de la carne. Ninguna persona tiene el poder de controlar los deseos de su carne, no dentro de sí. El por qué se ve claramente en las cuatro razones dadas por las Escrituras.

1. La carne lucha por dominar. Siente lascivia por el Espíritu, lucha y batalla para controlar al hombre. La imagen es como la de una lucha crítica donde cada uno tira para su lado (A. T. Robertson, *Word Pictures in the New Testament,* Vol. 4, p. 311). La carne está en contra del Espíritu, mano a mano, cara a cara y busca controlar al hombre.

La palabra "lascivias" (epithumei kata) significa *una anhelante pasión por.* Toda persona ha experimentado la carne...

- ansiando
- anhelando
- tomándola ansiosamente
- jalando
- sintiendo hambre
- arrebatando
- deseando
- sintiendo sed
- tomando
- queriendo
- ambicionando

Toda persona sabe lo que es sentir lascivia de la carne hacia algo, sentirla con ansias de obtener algo. La carne es muy fuerte y difícil de controlar. Este es el primer motivo por el cual la única esperanza de un creyente para controlar la carne es el Espíritu de Dios.

> **"Pero veo otra ley en mis miembros, que se rebela contra la ley de mi mente, y que me lleva cautivo a la ley del pecado que está en mis miembros" (Ro. 7:23).**
>
> **"Por cuanto los designios de la carne son enemistad contra Dios; porque no se sujetan a la ley de Dios, ni tampoco pueden" (Ro. 8:7).**
>
> **"¿De dónde vienen las guerras y los pleitos entre vosotros? ¿No es de vuestras pasiones, las cuales combaten en vuestros miembros? Codiciáis, y no tenéis; matáis y ardéis de envidia, y no podéis alcanzar; combatís y lucháis, pero no tenéis lo que deseáis, porque no pedís" (Stg. 4:1-2).**

2. La carne es contraria al Espíritu. La carne tiene en sí misma impulsos y pasiones básicas y no reglamentadas. Un hombre siente el deseo de hacer lo que quiere, de levantar las barreras y seguir sus propias inclinaciones, deseos, pasiones y emociones. Esto es lo que quiere decir la Biblia cuando habla de la "lascivia de la carne".

Sin embargo, el creyente genuino tiene otra fuerza dentro de su vida: La fuerza de Espíritu Santo. Cuando el creyente siente la *limitación y la presión* entre la carne y el Espíritu Santo, el Espíritu Santo está dando el poder de vencer a la carne. La limitación es *el poder.* El creyente que escucha la limitación y se aleja del objeto de presión, y clama a Dios por el valor de mantenerse alejado es el creyente que anda en el Espíritu. El creyente no conoce algo así como la coexistencia pacífica entre la carne y el Espíritu (Véase notas, Ro. 7:14-25; 8:18; 8:28-39).

3. La carne hace que una persona no haga lo que haría. Toda persona ha experimentado el poder de la carne. Todos han caído presos de la carne y han hecho algo que no deseaban hacer. Él luchó en contra de hacerlo –sabía que era dañino o peligroso– y sin embargo, no resistió a la carne. Cedió al poder de la carne y lo hizo. Él...

- comió demasiado
- hizo cosas malas
- actuó en forma egoísta
- se enojó
- cometió lascivia
- cometió una inmoralidad
- comenzó a fuma
- se volvió orgulloso
- engañó, mintió o robó
- se emborrachó
- maldijo

Advierta también otro hecho. Todos nosotros hemos sido tentados, y hemos sabido cómo combatir y vencer la tentación. Sin embargo, la carne fue tan fuerte que no la vencimos. La lucha que experimentamos fue de...

- controlar
- sacrificarnos
- mostrar benignidad
- alcanzar a los demás
- ceder
- dar
- amar
- ser paciente
- ayudar

El punto es este: El deseo de la carne es tan fuerte que a veces evita que hagamos lo que deberíamos. La única esperanza de controlar la carne alguna vez es andar en el Espíritu de Dios, en su presencia y poder.

> **"Porque lo que hago, no lo entiendo; pues no hago lo que quiero, sino lo que aborrezco, eso hago. Y si lo que no quiero, esto hago, apruebo que la ley es buena. De manera que ya no soy yo quien hace aquello, sino el pecado que mora en mí. Y yo sé que en mí, esto es, en mi carne, no mora el bien; porque el querer el bien está en mí, pero no el hacerlo. Porque no hago el bien que quiero, sino el mal que no quiero, eso hago. Y si hago lo que no quiero, ya no lo hago yo, sino el pecado que mora en mí" (Ro. 7:15-20).**
>
> **"Porque las armas de nuestra milicia no son carnales, sino poderosas en Dios para la destrucción de fortalezas" (2 Co. 10:4).**

4. La carne evita cumplir con la ley. Esto ha sido claramente demostrado en el punto anterior. Ninguna persona cumple con la ley todo el tiempo: La carne hace que fracasemos, y no importa cuánto lo intentemos, no podemos hacer todo lo que dice la ley, no todo el tiempo. ¿Entonces cuál es la respuesta? Es fundamental conocer la respuesta, puesto que cada vez que no podemos cumplir con la ley, la ley es quebrantada y somos condenados. No podemos satisfacer las demandas de la ley, no en forma perfecta. Por lo tanto, somos culpables y debemos pagar la pena. Advierta otro hecho: Nuestras conciencias nos condenan. Nos perturban y molestan si intentamos vivir para Cristo y sin embargo, continúan fallando una y otra vez. Nuevamente, ¿cuál es la respuesta?

El Espíritu de Dios es la respuesta, ser conducido por el Espíritu Santo nos liberará de la carne y de la condena de la ley. ¿Esto que significa? (Véase nota, *Espíritu Santo, Vida,* Ro. 8:2-4 para mayor discusión al respecto). Significa que el Espíritu Santo nos libera para vivir como vivió Cristo, para vivir realmente la vida que Cristo vivió. La *energía activa* de la vida, la fuerza dinámica y el ser de la vida –todo eso está en Cristo Jesús– se le entrega al creyente. El creyente realmente vive *en* Cristo Jesús. Y el Espíritu de la vida que está en Cristo libera al creyente del destino (ley) del pecado y de la muerte. Esto simplemente significa que el creyente vive en una *conciencia de ser libre.* Respira y siente una profundidad de vida, una riqueza, una plenitud de vida que es indescriptible. Vive con mucho poder sobre la presión y la fuerza, impedimentos y esclavitudes de la vida, incluso la esclavitud del pecado y la muerte. Vive ahora y vivirá por siempre. Lo siente y lo sabe. Para él la vida es un *espíritu, un aliento, una consciencia* de ser liberado a través de Cristo. Incluso cuando peca y se establece la culpa, hay algo, un poder (Espíritu Santo) que lo vuelve a atraer hacia Dios. Pide perdón y remoción de la pena (1 Jn. 1:9) y de inmediato, luego de pedirlo, el mismo poder (el Espíritu Santo) le inyecta una seguridad instantánea de purificación. El espíritu de la vida, la consciencia de vivir instantáneamente, lo eleva una vez más. Se vuelve a sentir libre, y se siente lleno de vida en todo su poder y libertad. Permanece con toda la profundidad de la riqueza y la plenitud de la vida misma. Está lleno del "Espíritu de la vida". La vida en sí se vuelve a convertir en *un espíritu, una consciencia de vida.* Vive ahora y por siempre.

> **"Porque la ley del Espíritu de vida en Cristo Jesús me ha librado de la ley del pecado y de la muerte. Porque lo que era imposible para la ley, por cuanto era débil por la carne, Dios, enviando a su Hijo en semejanza de carne de pecado y a causa del pecado, condenó al pecado en la carne; para que la justicia de la ley se cumpliese en nosotros, que no andamos conforme a la carne, sino conforme al Espíritu" (Ro. 8:2-4).**
>
> **"Porque todos los que son guiados por el Espíritu de Dios, éstos son hijos de Dios" (Ro. 8:14).**
>
> **"Pero cuando venga el Espíritu de verdad, él os guiará a toda la verdad; porque no hablará por su propia cuenta, sino que hablará todo lo que oyere, y os hará saber las cosas que habrán de venir" (Jn. 16:13).**

[2] (5:19-21) ***Carne:*** Las obras o acciones de la carne demuestran cuán fuerte es la carne. Advierta un hecho de suma importancia: la carne en sí no es pecaminosa. La carne o cuerpo humano es dado por Dios, es para el uso de Dios. De hecho, cuando una persona se convierte a Cristo, su cuerpo se torna en un templo para que Dios more a través del Espíritu Santo. Al cristiano no se le dice que se purifique de la carne sino que no satisfaga "los deseos de la carne" (Gá. 5:16), "Así que, amados, puesto que tenemos tales promesas, limpiémonos de toda contaminación de carne y de espíritu, perfeccionando la santidad en el temor de Dios" (2 Co. 7:1) y "vistámonos las armas de la luz" (Ro. 13:12; Gá. 5:19). Las obras de la carne son el fruto del pecado viviendo en el cuerpo y el pecado se origina en el corazón y no en la carne. Los pecados de la carne enumerados en este pasaje se observan claramente a lo largo y a lo ancho de toda la sociedad, y trágicamente no se ven solo en los periódicos locales de cada ciudad, sino también dentro de cada comunidad, hogar y vida existente en el planeta tierra.

La misma presencia de dichos pecados carnales nos muestra cuán fuerte es la carne y cuán desvalido está el hombre para controlar su carne.

1. *Adulterio* (moicheia): Infidelidad sexual al esposo o a la esposa. También es observar con lascivia a una mujer o a un hombre. Mirar y sentir lascivia por el sexo opuesto ya sea en persona, en revistas, libros, en playas o en cualquier lado es adulterio. Imaginar y sentir lascivia dentro del corazón es equivalente a cometer el acto.

> **"Pero yo os digo que cualquiera *que mira a una mujer* para codiciarla, ya adulteró con ella en su corazón" (Mt. 5:28).**
>
> **"No cometerás adulterio" (Éx. 20:14; cp. Lv. 20:10).**
>
> **"El ojo del adúltero está aguardando la noche, diciendo: No me verá nadie; y esconde su rostro. En las tinieblas minan las casas que de día para sí señalaron; no conocen la luz. Porque la mañana es para todos ellos como sombra de muerte; si son conocidos, terrores de sombra de muerte los toman. Huyen ligeros como corriente de aguas; su porción es maldita en la tierra; no andarán por el camino de las viñas. La sequía y el calor arrebatan las aguas de la nieve; así también el Seol a los pecadores" (Job 24:15-19).**

2. *Fornicación* (porneia): Una palabra amplia que incluye todas las formas de actos inmorales y sexuales. Es el sexo prematrimonial y el adulterio. Es el sexo anormal, todos los tipos de vicios sexuales.

> **"Huid de la fornicación. Cualquier otro pecado que el hombre cometa, está fuera del cuerpo; mas el que fornica, contra su propio cuerpo peca" (1 Co. 6:18).**
>
> **"Pero fornicación y toda inmundicia, o avaricia, ni aun se nombre entre vosotros, como conviene a santos" (Ef. 5:3).**
>
> **"Haced morir, pues, lo terrenal en vosotros: fornicación, impureza, pasiones desordenadas, malos deseos y avaricia, que es idolatría" (Col. 3:5).**
>
> **"Pues la voluntad de Dios es vuestra santificación; que os apartéis de fornicación" (1 Ts. 4:3).**

3. *Impureza* (akatharsia): Impureza moral. Hacer cosas que ensucian, contaminan y manchan la vida.

> **"Pero yo os digo que cualquiera que mira a una mujer para codiciarla, ya adulteró con ella en su corazón" (Mt. 5:28).**
>
> **"Por lo cual también Dios los entregó a la inmundicia, en las concupiscencias de sus corazones, de modo que deshonraron entre sí sus propios cuerpos" (Ro. 1:24).**
>
> **"Hablo como humano, por vuestra humana debilidad; que así como para iniquidad presentasteis vuestros miembros para servir a la inmundicia y a la iniquidad, así ahora para santificación presentad vuestros miembros para servir a la justicia" (Ro. 6:19).**
>
> **"Pero fornicación y toda inmundicia, o avaricia, ni aun se nombre entre vosotros, como conviene a santos" (Ef. 5:3).**
>
> **"Haced morir, pues, lo terrenal en vosotros: fornicación, impureza, pasiones desordenadas, malos deseos y avaricia, que es idolatría" (Col. 3:5).**

4. *Lascivia* (aselgeia): Suciedad, indecencia, falta de vergüenza. Una característica principal del comportamiento es la indecencia abierta y sin vergüenza. Significa pensamientos y conductas malas irrefrenables. Es entregarse a deseos bajos y lujuriosos, estar preparado para cualquier placer. Es un hombre que no conoce ningún límite, un hombre que ha pecado tanto que ya no le importa lo que piense o diga la gente. Es algo mucho más desagradable que el mero hecho de hacer el mal. El hombre que se comporta mal por lo general trata de ocultarlo, pero a un hombre lascivo no le importa quién se entera de su comportamiento o vergüenza. Él desea, por lo tanto, busca tomar y gratificarse. La decencia y la opinión no tienen importancia. Inicialmente, cuando comenzó a pecar, hizo lo que hacen todos los hombres: se comportó mal en secreto. Pero finalmente, el pecado obtuvo lo mejor de él, hasta el punto en que ya no le importó quién veía o sabía. Se convirtió en el súbdito de un amo: el amo del hábito, de la cosa misma. Los hombres se convierten en esclavos de cosas tales como la lujuria desenfrenada, de la perversidad, el libertinaje, lo ultrajante, la falta de vergüenza, la insolencia (Mr. 7:22), las maneras perversas, las malas palabras, los movimientos indecentes del cuerpo, el manejo inmoral de hombres y mujeres (Ro. 13:13), la muestra pública de afecto, carnalidad, glotonería e inmoralidad sexual (1 P. 4:3; 2 P. 2:2, 18). (Cp. 2 Co. 12:21; Gá. 5:19; Ef. 4:19; 2 P. 2:7).

> **"Y de igual modo también los hombres, dejando el uso natural de la mujer, se encendieron en su lascivia unos con otros, cometiendo hechos vergonzosos hombres con hombres, y recibiendo en sí mismos la retribución debida a su extravío" (Ro. 1:27).**
>
> **"Los cuales, después que perdieron toda sensibilidad, se entregaron a la lascivia para cometer con avidez toda clase de impureza" (Ef. 4:19).**
>
> **"Porque algunos hombres han entrado encubiertamente, los que desde antes habían sido destinados para esta condenación, hombres impíos, que convierten en libertinaje la gracia de nuestro Dios, y niegan a Dios el único soberano, y a nuestro Señor Jesucristo... como Sodoma y Gomorra y las ciudades vecinas, las cuales de la misma manera que aquéllos, habiendo fornicado e ido en pos de vicios contra naturaleza, fueron puestas por ejemplo, sufriendo el castigo del fuego eterno" (Jud. 4, 7).**
>
> **"Baste ya el tiempo pasado para haber hecho lo que agrada a los gentiles, andando en lascivias, concupiscencias, embriagueces, orgías, disipación y abominables idolatrías" (1 P. 4:3).**

5. *Idolatría* (eidololatreia): La adoración de ídolos, ya sean mentales o fabricados por la mano del hombre; la adoración de alguna idea acerca de cómo es Dios, de una imagen de Dios dentro de la mente de una persona; la entrega de la principal devoción de uno (tiempo y energía) a otra cosa que no sea Dios. (Véase nota, *Pecado,* punto 2, 1 Co. 6:9 para una discusión más detallada).

> **"Por tanto, amados míos, huid de la idolatría" (1 Co. 10:14).**
>
> **"Y manifiestas son las obras de la carne, que son: adulterio, fornicación, inmundicia, lascivia, *idolatría,* ...los que practican tales cosas no heredarán el reino de Dios" (Gá. 5:19-21).**

"Porque sabéis esto, que ningún fornicario, o inmundo, o avaro, que es idólatra, tiene herencia en el reino de Cristo y de Dios" (Ef. 5:5).

"Haced morir, pues, lo terrenal en vosotros: fornicación, impureza, pasiones desordenadas, malos deseos y avaricia, que es *idolatría;* cosas por las cuales la ira de Dios viene sobre los hijos de desobediencia" (Col. 3:5-6).

"Pero los cobardes e incrédulos, los abominables y homicidas, los fornicarios y hechiceros, los *idólatras* y todos los mentirosos tendrán su parte en el lago que arde con fuego y azufre, que es la muerte segunda" (Ap. 21:8).

"Mas los perros estarán fuera, y los hechiceros, los fornicarios, los homicidas, los *idólatras,* y todo aquel que ama y hace mentira" (Ap. 22:15).

6. *Hechicería* (pharmakeia): Brujería; el empleo de drogas o de espíritus malignos para obtener control sobre la vida de otras personas o sobre la propia vida. En el presente contexto incluiría toda forma de buscar el control sobre el propio destino, incluyendo astrología, lectura de manos, sesiones espiritistas, futurología, cristales y otras formas de hechicería.

"Así murió Saúl por su rebelión con que prevaricó contra Jehová, contra la palabra de Jehová, la cual no guardó, y porque consultó a una adivina" (1 Cr. 10:13).

"Y si os dijeren: Preguntad a los encantadores y a los adivinos, que susurran hablando, responded: ¿No consultará el pueblo a su Dios? ¿Consultará a los muertos por los vivos? ¡A la ley y al testimonio! Si no dijeren conforme a esto, es porque no les ha amanecido" (Is. 8:19-20).

"Asimismo destruiré de tu mano las hechicerías, y no se hallarán en ti agoreros" (Mi. 5:12).

"Idolatría, *hechicerías,* enemistades, pleitos, celos, iras, contiendas, disensiones, herejías, envidias, homicidios, borracheras, orgías, y cosas semejantes a estas; acerca de las cuales os amonesto, como ya os lo he dicho antes, que los que practican tales cosas no heredarán el reino de Dios" (Gá. 5:20-21).

7. *Odio* (echtrai): Enemistad, hostilidad, animosidad. Es el odio que permanece y se siente por mucho tiempo. Un odio que está asentado muy profundamente.

"El que dice que está en la luz, y aborrece a su hermano, está todavía en tinieblas" (1 Jn. 2:9).

"Todo aquel que aborrece a su hermano es homicida; y sabéis que ningún homicida tiene vida eterna permanente en él" (1 Jn. 3:15).

"Si alguno dice: Yo amo a Dios, y aborrece a su hermano, es mentiroso. Pues el que no ama a su hermano a quien ha visto, ¿cómo puede amar a Dios a quien no ha visto?" (1 Jn. 4:20).

"No aborrecerás a tu hermano en tu corazón; razonarás con tu prójimo, para que no participes de su pecado" (Lv. 19:17).

"El odio despierta rencillas; pero el amor cubrirá todas las faltas" (Pr. 10:12).

8. *Discrepancia* (ereis): Rivalidad, discordia, enojo, lucha, pelea, discusión, disenso, altercado. Significa que un hombre pelea con otra persona para obtener algo: posición, ascenso, propiedad, honor, reconocimiento. Él engaña, haciendo todo lo que haya que hacer para obtener lo que quiere.

"Está envanecido, nada sabe, y delira acerca de cuestiones y contiendas de palabras, de las cuales nacen envidias, pleitos, blasfemias, malas sospechas" (1 Ti. 6:4).

"Recuérdales esto, exhortándoles delante del Señor a que no contiendan sobre palabras, lo cual para nada aprovecha, sino que es para perdición de los oyentes" (2 Ti. 2:14).

"El que comienza la discordia es como quien suelta las aguas; deja, pues, la contienda, antes que se enrede" (Pr. 17:14).

"El carbón para brasas, y la leña para el fuego; y el hombre rencilloso para encender contienda" (Pr. 26:21).

9. *Celos* (zeloi): Querer y desear lo que tiene otra persona. Pueden ser cosas materiales, reconocimiento, honra o posición.

"Y viendo sus hermanos que su padre lo amaba más que a todos sus hermanos, le aborrecían, y no podían hablarle pacíficamente" (Gn. 37:4).

"Porque los celos son el furor del hombre, y no perdonará en el día de la venganza" (Pr. 6:34).

"Mas él, respondiendo, dijo al padre: He aquí, tantos años te sirvo, no habiéndote desobedecido jamás, y nunca me has dado ni un cabrito para gozarme con mis amigos. Pero cuando vino este tu hijo, que ha consumido tus bienes con rameras, has hecho matar para él el becerro gordo" (Lc. 15:29-30).

10. *Ira* (thumoi): Exabruptos de enojo; indignación; un temperamento violento y explosivo; reacciones explosivas de mal humor que surgen de emociones de agitación y bulla. Pero es el enojo que se desvanece así de rápido como surgió. No es el enojo que perdura.

"Por esto, mis amados hermanos, todo hombre sea pronto para oír, tardo para hablar, tardo para airarse; porque la ira del hombre no obra la justicia de Dios" (Stg. 1:19-20).

"El hombre iracundo levanta contiendas, y el furioso muchas veces peca" (Pr. 29:22).

11. *Rivalidad* (eritheiai): Conflicto, pelea, lucha, enojo, parcialidad, disenso; un espíritu de partes, un espíritu camarillesco.

"Nada hagáis por contienda o por vanagloria; antes bien con humildad, estimando cada uno a los demás como superiores a él mismo" (Fil. 2:3).

"Recuérdales esto, exhortándoles delante del Señor a que no contiendan sobre palabras, lo cual para nada aprovecha, sino que es para perdición de los oyentes" (2 Ti. 2:14).

"Honra es del hombre dejar la contienda; mas todo insensato se envolverá en ella" (Pr. 20:3).

12. *Sedición* (dichostasiai): División, rebelión, ponerse en contra de los demás, separarse de los demás.

"Porque como pecado de adivinación es la rebelión, y como ídolos e idolatría la obstinación. Por cuanto tú desechaste la palabra de Jehová, él también te ha desechado para que no seas rey" (1 S. 15:23).

"¡Ay de los hijos que se apartan, dice Jehová, para tomar consejo, y no de mí; para cobijarse con cubierta, y no de mi espíritu, añadiendo pecado a pecado!" (Is. 30:1).

"Extendí mis manos todo el día a pueblo rebelde, el cual anda por camino no bueno, en pos de sus pensamientos" (Is. 65:2).

"Y mayormente a aquellos que, siguiendo la carne, andan en concupiscencia e inmundicia, y desprecian el señorío. Atrevidos y contumaces, no temen decir mal de las potestades superiores" (2 P. 2:10).

13. *Herejía* (aieresis): Rechazar las creencias fundamentales de Dios, Cristo, las Escrituras y la iglesia. Creer en y sostener alguna enseñanza que no sea la verdad.

"Pues en vano me honran, enseñando como doctrinas, mandamientos de hombres" (Mt. 15:9).

"Pero el Espíritu dice claramente que en los postreros tiempos algunos apostatarán de la fe, escuchando a espíritus engañadores y a doctrinas de demonios" (1 Ti. 4:1).

"Pero hubo también falsos profetas entre el pueblo, como habrá entre vosotros falsos maestros, que introducirán encubiertamente herejías destructoras, y aun negarán al Señor que los rescató, atrayendo sobre sí mismos destrucción repentina" (2 P. 2:1).

"Así que vosotros, oh amados, sabiéndolo de antemano, guardaos, no sea que arrastrados por el error de los inicuos, caigáis de vuestra firmeza" (2 P. 3:17).

14. *Envidia* (phthonoi). Esta palabra va más allá de los celos. Es el espíritu...

- Que no solo quiere las cosas que tiene otra persona, sino que resiente que la otra persona las tenga.
- Que no solo quiere que le sean quitadas las cosas de la persona, sino que desea que sufra por la pérdida de las mismas.

"El corazón apacible es vida de la carne; mas la envidia es carcoma de los huesos." (Pr. 14:30).

"No tenga tu corazón envidia de los pecadores, antes persevera en el temor de Jehová todo el tiempo" (Pr. 23:17).

"No tengas envidia de los hombres malos, ni desees estar con ellos" (Pr. 24:1).

"Andemos como de día, honestamente; no en glotonerías y borracheras, no en lujurias y lascivias, no en contiendas y envidia" (Ro. 13:13).

"El amor es sufrido, es benigno; el amor no tiene envidia, el amor no es jactancioso, no se envanece" (1 Co. 13:4).

"No nos hagamos vanagloriosos, irritándonos unos a otros, *envidiándonos* unos a otros" (Gá. 5:26).

15. *Homicidio* (phonoi): Matar, tomar la vida de otra persona. Matar es un pecado en contra del sexto mandamiento.

"Le dijo: ¿Cuáles? Y Jesús dijo: *No matarás.* No adulterarás. No hurtarás. No dirás falso testimonio" (Mt. 19:18).

"No debáis a nadie nada, sino el amaros unos a otros; porque el que ama al prójimo, ha cumplido la ley. Porque: No adulterarás, *no matarás,* no hurtarás, no dirás falso testimonio, no codiciarás, y cualquier otro mandamiento, en esta sentencia se resume: Amarás a tu prójimo como a ti mismo" (Ro. 13:8-9).

"Así que, ninguno de vosotros padezca como homicida, o ladrón, o malhechor, o por entremeterse en lo ajeno" (1 P. 4:15).

"Todo aquel que aborrece a su hermano es homicida; y sabéis que ningún homicida tiene vida eterna permanente en él" (1 Jn. 3:15).

16. *Alcoholismo* (methai): Tomar alcohol o drogas que afecten los sentidos por lujuria o placer, intoxicarse, compartir drogas, buscar aliviar la restricción moral para el placer corporal.

"Mirad también por vosotros mismos, que vuestros corazones no se carguen de glotonería y embriaguez y de los afanes de esta vida, y venga de repente sobre vosotros aquel día" (Lc. 21:34).

"Andemos como de día, honestamente; no en glotonerías y borracheras, no en lujurias y lascivias, no en contiendas y envidia" (Ro. 13:13).

"Ni los ladrones, ni los avaros, *ni los borrachos,* ni los maldicientes, ni los estafadores, heredarán el reino de Dios" (1 Co. 6:10).

"No os embriaguéis con vino, en lo cual hay disolución; antes bien sed llenos del Espíritu" (Ef. 5:18).

"Pues los que duermen, de noche duermen, y los que se embriagan, de noche se embriagan" (1 Ts. 5:7).

"El vino es escarnecedor, la sidra alborotadora, y cualquiera que por ellos yerra no es sabio" (Pr. 20:1).

"¿Para quién será el ay? ¿Para quién el dolor? ¿Para quién las rencillas? ¿Para quién las quejas? ¿Para quién las heridas en balde? ¿Para quién lo amoratado de los ojos? Para los que se detienen mucho en el vino, para los que van buscando la mistura" (Pr. 23:29-30).

"¡Ay de los que se levantan de mañana para seguir la embriaguez; que se están hasta la noche, hasta que el vino los enciende!" (Is. 5:11).

"Aunque sean como espinos entretejidos, y estén empapados en su embriaguez, serán consumidos como hojarasca completamente seca" (Nah. 1:10).

17. *Parranda* (komoi): Juerga; libertinaje, indulgencia y placer descontrolados. Formar parte de fiestas salvajes o de reuniones donde se bebe demasiado; permitirse alimentar la lascivia de la carne; orgías.

"Baste ya el tiempo pasado para haber hecho lo que agrada a los gentiles, andando en lascivias, concupiscencias, embriagueces, orgías, disipación y abominables idolatrías" (1 P. 4:3).

"Recibiendo el galardón de su injusticia, ya que tienen por delicia el gozar de deleites cada día. Estos son inmundicias y manchas, quienes aun mientras comen con vosotros, se recrean en sus errores. Tienen los ojos llenos de adulterio, no se sacian de pecar, seducen a las almas inconstantes, tienen el corazón habituado a la codicia, y son hijos de maldición" (2 P. 2:13-14).

"Envidias, homicidios, borracheras, *orgías,* y cosas semejantes a estas; acerca de las cuales os amonesto, como ya os lo he dicho antes, que los que practican tales cosas no heredarán el reino de Dios" (Gá. 5:21).

"Y al día siguiente madrugaron, y ofrecieron holocaustos, y presentaron ofrendas de paz; y se sentó el pueblo a comer y a beber, y se levantó a regocijarse" (Éx. 32:6; cp. Jue. 9:27; 1 S. 30:16).

3 (5:21) ***Carne, Juicio:*** El juicio de los que viven por la carne. En términos muy simples, no heredarán el reino de Dios. Esto puede verse claramente: Si Dios es justo, entonces la gente debe vivir vidas justas a fin de ser aceptadas por Él. Sin embargo, la gente ignora el hecho de la justicia de Dios y de su exigencia de justicia. Las personas divorcian su comportamiento de la religión. Las personas...

- Profesan la religión
- Practican la religión
- Hablan sobre religión
- Defienden sus creencias sobre la religión

Sin embargo, siguen adelante y viven como quieren sin importar cuál sea su religión. Si desean hacer algo, lo hacen sintiendo que Dios los perdonará. Hay pocas personas que piensan realmente que Dios los rechazará. Consideran que habrán hecho el suficiente bien como para ser aceptables ante Dios...

- Suficiente bondad
- Suficiente religión
- Suficientes obras
- Suficiente servicio

En el análisis final, la mayoría de las personas simplemente creen que Dios los aceptará. Esta actitud proviene de un concepto falso de Dios, un concepto que toma a Dios como a un padre que es indulgente y que da a sus hijos la licencia de hacer *algunas cosas mal.*

Este es un error fatal. Fue la equivocación que cometieron algunos de los miembros de la iglesia gálata, y es la misma equivocación que muchas personas religiosas han cometido a lo largo de los siglos.

> **"¿No sabéis que los injustos *no heredarán* el reino de Dios? No erréis; ni los fornicarios, ni los idólatras, ni los adúlteros, ni los afeminados, ni los que se echan con varones" (1 Co. 6:9).**

Los creyentes heredarán un reino, un nuevo cielo y tierra donde gobernará y reinará Dios. Se les dará vida eterna y el glorioso privilegio de ser ciudadanos del reino y el mundo de Dios. Vivirán con Él y lo servirán en *perfección* por toda la eternidad. (Véase nota, *Recompensa,* 1 Co. 6:2-3; Lc. 16:10-12 para mayor discusión al respecto). Pero este glorioso privilegio se le dará solamente a los creyentes genuinos, a aquellos hombres y mujeres que realmente han dado sus vidas al Señor Jesucristo, que han dado sus vidas para vivir como Jesucristo dice que hay que vivir. No importa cuán religiosa sea una persona –no importa cuánto celo pueda tener una persona en cumplir con los rituales religiosos y en asistir a los servicios y en contribuir a la caridad– si no vive una vida pura y justa "no heredará el reino de Dios".

> **"¿No sabéis que los injustos *no heredarán* el reino de Dios? No erréis; ni los fornicarios, ni los idólatras, ni los adúlteros, ni los afeminados, ni los que se echan con varones" (1 Co. 6:9).**
>
> **"Porque os digo que si vuestra justicia no fuere mayor que la de los escribas y fariseos, no entraréis en el reino de los cielos" (Mt. 5:20).**
>
> **"Pero esto digo, hermanos: que la carne y la sangre no pueden heredar el reino de Dios, ni la corrupción hereda la incorrupción" (1 Co. 15:50).**
>
> **"Porque sabéis esto, que ningún fornicario, o inmundo, o avaro, que es idólatra, tiene herencia en el reino de Cristo y de Dios" (Ef. 5:5).**
>
> **"No entrará en ella ninguna cosa inmunda, o que hace abominación y mentira, sino solamente los que están inscritos en el libro de la vida del Cordero" (Ap. 21:27).**
>
> **"Mas los perros estarán fuera, y los hechiceros, los fornicarios, los homicidas, los idólatras, y todo aquel que ama y hace mentira" (Ap. 22:15).**

	C. Un camino cargando con la naturaleza de Dios: El fruto del Espíritu, 5:22-26	24 Pero los que son de Cristo han crucificado la carne con sus pasiones y deseos.	2 El creyente debe andar con una carne crucificada
		25 Si vivimos por el Espíritu, andemos también por el Espíritu.	3 El creyente debe andar coherentemente con su postura en Cristo
1 El creyente debe andar con la naturaleza de Dios a. Fuente: El Espíritu Santo b. Propósito: Estar firme en contra de obras carnales	22 Mas el fruto del Espíritu es amor, gozo, paz, paciencia, benignidad, bondad, fe, 23 mansedumbre, templanza; contra tales cosas no hay ley.	26 No nos hagamos vanagloriosos, irritándonos unos a otros, envidiándonos unos a otros.	4 El creyente debe andar libre de egoísmo, superespiritualidad y envidia

DIVISIÓN V

LA VIDA Y EL CAMINO DEL CREYENTE: LIBRE Y ESPIRITUAL, 5:13—6:18

C. Un camino cargando con la naturaleza de Dios: El fruto del Espíritu, 5:22-26

(5:22-26) ***Introducción:*** Un creyente genuino es aceptable y está aprobado ante Dios. Es abrazado y amado por Dios, cuidado y protegido por Dios. Y es el receptor de la vida eterna y de la garantía absoluta de la vida eterna.

Pero advierta: El creyente no ha sido aceptado por Dios porque se lo merezca, ni porque cumplió con las leyes suficientes como para ganarse la aprobación de Dios. El creyente ha sido aceptado por Dios debido a Jesucristo. Jesucristo murió para pagar la pena por las transgresiones de la ley realizadas por el hombre. Murió para liberar a los hombres de la ley, de su juicio y condena. Por lo tanto, al estar frente a Dios, el creyente no está allí porque ha cumplido con las leyes y se ha ganado el derecho de estar allí. Está allí debido a su fe en Jesucristo. Él honra a la persona haciendo exactamente lo que la persona cree. Por ende, el hombre que cree que Jesucristo lo vuelve aceptable ante Dios se convierte en aceptable ante Dios.

El punto es este: Puesto que el creyente debe acercarse a Dios a través de Jesucristo y no de la ley, es liberado de la ley. Está bajo Jesucristo, no bajo la ley. ¿Esto significa entonces que el creyente no tiene limitaciones en su vida y en su conducta, que es libre de vivir como quiera? ¿Es libre de seguir los deseos y lujuria de su carne, de buscar las cosas del mundo y de ceder ante los impulsos de mirar, pensar, tocar, degustar y hacer?

¡La respuesta es no! ¡Mil veces no! Puesto que al creyente se le ha dado la naturaleza de Dios. Anda por la vida cargando con la naturaleza de Dios (2 P. 1:4; Ef. 4:24; Col. 3:10; 1 Co. 6:19-20). Dios no tiene absolutamente nada que ver con el pecado, no dentro de su naturaleza. Por lo tanto, el creyente no debe ceder a la lujuria de la carne, debe andar cargando el fruto de la naturaleza de Dios, es decir, el fruto del Espíritu de Dios.

1. El creyente debe andar con la naturaleza de Dios (vv. 22-23).
2. El creyente debe andar con una carne crucificada (v. 24).
3. El creyente debe andar coherentemente con su postura en Cristo (v. 25).
4. El creyente debe andar libre de egoísmo, superespiritualidad y envidia (v. 26.

1 (5:22-23) ***Espíritu Santo, Creyente, Andar:*** El creyente debe andar con la naturaleza de Dios, es decir, el fruto del Espíritu de Dios, Advierta que la palabra "fruto" es singular, no plural. El Espíritu Santo solo tiene *un* fruto. Está desglosado en una lista de rasgos a fin de ayudarnos a comprender su naturaleza. Sin embargo, el Espíritu tiene solo una naturaleza, un fruto. Por lo tanto, cuando vive dentro de una persona, todos estos rasgos están presentes. El creyente verdadero no experimenta ni tiene solo algunos de ellos: El Espíritu de Dios los produce todos en la vida del creyente.

1. Está el fruto del *amor* (ágape). El amor ágape es el amor de la mente, de la razón, de la voluntad. Es el amor que llega tan lejos...
   - Que ama independientemente de los sentimientos, de si una persona quiere amar o no.
   - Que ama a una persona incluso si esa persona no merece ser amada.
   - Que ama realmente a la persona que no es digna de ser amada.

Advierta cuatro puntos significativos del amor ágape.

a. El amor ágape o altruista es el amor de Dios, el amor poseído por Dios mismo. Es el amor demostrado en la cruz de Cristo.

 Es el amor de Dios por los *impíos.*

> **"Porque Cristo, cuando aún éramos débiles, a su tiempo murió por los impíos" (Ro. 5:6).**

 Es el amor de Dios por los *pecadores indignos.*

> **"Mas Dios muestra su amor para con nosotros, en que siendo aún pecadores, Cristo murió por nosotros" (Ro. 5:8).**

 Es el amor de Dios por los *enemigos que no se lo merecen.*

> **"Porque si siendo enemigos, fuimos reconciliados con Dios por la muerte de su Hijo, mucho más, estando reconciliados, seremos salvos por su vida" (Ro. 5:10).**

b. El amor altruista o ágape es un don de Dios. Solo puede ser experimentado si una persona conoce a Dios *personalmente,* solo si una persona ha recibido el amor de Dios, es decir, a Cristo Jesús, en su corazón y en su vida. El amor ágape debe difundirse (derramarse, diseminarse, compartirse) por el Espíritu de Dios dentro del corazón de una persona.

> **"Y la esperanza no avergüenza; porque el amor de Dios ha sido derramado en nuestros corazones por el Espíritu Santo que nos fue dado" (Ro. 5:5).**

c. El amor altruista o ágape es la cosa más grande de toda la vida según el Señor Jesucristo.

> **"Jesús le respondió: *El primer mandamiento* de todos es: Oye, Israel; el Señor nuestro Dios, el Señor uno es. Y amarás al Señor tu Dios con todo tu corazón, y con toda tu alma, y con toda tu mente y con todas tus fuerzas. Este es *el principal mandamiento.* Y el segundo es semejante: Amarás a tu prójimo como a ti mismo. *No hay otro mandamiento* mayor que éstos" (Mr. 12:29-31).**

d. El amor altruista o ágape es la posesión y el don más grande en la vida humana de acuerdo a las Escrituras (1 Co. 13:1-13).

> **"Y ahora permanecen la fe, la esperanza y el amor, estos tres; pero el mayor de ellos es el amor" (1 Co. 13:13).**

2. Está el fruto del *gozo* (chara): Una alegría interior, un placer profundamente asentado. Es una profundidad de seguridad y de confianza que enciende un corazón alegre. Es un corazón alegre el que conduce a un comportamiento alegre. (Véase nota, *Gozo,* Fil. 1:4 para una discusión completa sobre el tema).

3. Está el fruto de la *paz* (eirene): Significa unir, juntar, entretejer. Significa que una persona está unida, juntada y entretejida consigo misma y con Dios y los demás.

La palabra en hebreo es *shalom.* Significa libertad de problemas y mucho más. Significa experimentar el bien más elevado, gozar lo más posible, poseer todo el bien interior posible. Significa unidad y solidez. Significa prosperidad en su sentido más amplio, especialmente prosperidad en el sentido espiritual de tener un alma que brota y florece. (Véase nota, *Paz,* Ef. 2:14-15 para una discusión más detallada).

a. Está la paz del mundo. Esta es una paz de escapismo, de evitar problemas, de rehusarse a enfrentar las cosas, de la irrealidad. Es una paz que se busca a través del placer, la satisfacción, el contento, la ausencia de dificultades, el pensamiento positivo o la negación de problemas.

b. Está la paz de Cristo y de Dios.

- La paz de Dios primero es una paz en el pecho, una paz interior. Es una tranquilidad de mente, una compostura y un descanso que no se ve quebrada por circunstancias ni situaciones. Es más que sentimientos, incluso más que la actitud y el pensamiento.
- En segundo lugar, la paz de Dios es la paz de la conquista (cp. Jn. 16:33). Es la paz que es independiente de las condiciones y del entorno; la paz que ni la angustia, peligro, sufrimiento o experiencia pueda arruinar.

> **"Estas cosas os he hablado para que en mí tengáis paz. En el mundo tendréis aflicción; pero confiad, yo he vencido al mundo" (Jn. 16:33).**

- En tercer lugar, la paz de Dios es la paz de la seguridad (cp. Ro. 8:28). Es la paz de una confianza incuestionable, la paz que da la seguridad total de que la vida de uno está en las manos de Dios y de que todas las cosas saldrán bien para los que aman a Dios y son llamados de acuerdo a su propósito.

> **"Y sabemos que a los que aman a Dios, todas las cosas les ayudan a bien, esto es, a los que conforme a su propósito son llamados" (Ro. 8:28).**

- En cuarto lugar, la paz de Dios es la paz de la intimidad con Dios (cp. Fil. 4:6-7). Es la paz del bien más elevado. Es la paz que aquieta la mente, fortalece la voluntad y determina el corazón.

c. Está la fuente de paz. La paz siempre nace de la reconciliación. Su fuente solo se encuentra en la reconciliación forjada por Jesucristo. La paz siempre tiene que ver con las relaciones personales: la relación de un hombre consigo mismo, con Dios y con sus congéneres.

- Un hombre debe estar vinculado, entretejido y unido consigo mismo para poder tener paz.
- Un hombre debe estar vinculado, entretejido y unido con Dios para tener paz.
- Un hombre debe estar vinculado, entretejido y unido con sus congéneres para tener paz.

> **"Pero ahora en Cristo Jesús, vosotros que en otro tiempo estabais lejos, habéis sido hechos cercanos por la sangre de Cristo. Porque él es nuestra paz, que de ambos pueblos hizo uno, derribando la pared intermedia de separación" (Ef. 2:13-14).**
>
> **"Y por medio de él reconciliar consigo todas las cosas, así las que están en la tierra como las que están en los cielos, haciendo la paz mediante la sangre de su cruz. Y a vosotros también, que erais en otro tiempo extraños y enemigos en vuestra mente, haciendo malas obras, ahora os ha reconciliado" (Col. 1:20-21).**

4. Está el fruto de la *paciencia* (makrothumia): Soportando y sufriendo durante un período prolongado, perseverancia, ser constante, estar firme y tolerar. La clemencia nunca cede. Nunca se quiebra no importa qué la ataque.

- La presión y el trabajo arduo pueden recaer sobre nosotros, pero el Espíritu de Dios nos ayuda a soportarlos.
- La enfermedad o los accidentes o la ancianidad pueden afligirnos, pero el Espíritu de Dios nos ayuda a soportarlos.
- El desaliento y la desilusión pueden atacarnos, pero el Espíritu de Dios nos ayuda a soportarlos.
- Los hombres pueden hacernos daños, abusar, calumniarnos y lastimarnos, pero el Espíritu de Dios nos ayuda a soportarlo.

Cabe advertir dos cosas importantes sobre la paciencia:

a. La clemencia nunca devuelve el ataque. El sentido común nos dice que una persona que es objeto de ataque de otras podría devolver el ataque y vengarse. *Pero* al creyente cristiano se le otorga el poder de la clemencia, el poder de sufrir la situación o persona durante un período muy prolongado.

b. La paciencia es uno de los grandes rasgos de Dios. Como se señala en este versículo, es un fruto del mismo Espíritu de Dios, un fruto que debe estar en la vida del creyente.

 Dios y Cristo son clementes ante los pecadores.

"¿O menosprecias las riquezas de su benignidad, paciencia y longanimidad, ignorando que su benignidad te guía al arrepentimiento?" (Ro. 2:4).

 Dios salva a los creyentes para que sean ejemplos de paciencia.

"Pero por esto fui recibido a misericordia, para que Jesucristo mostrase en mí el primero toda su clemencia, para ejemplo de los que habrían de creer en él para vida eterna" (1 Ti. 1:16).

 Dios retiene su juicio del mundo porque tiene clemencia, esperando que más y más sean salvos.

"El Señor no retarda su promesa, según algunos la tienen por tardanza, sino que es paciente para con nosotros, no queriendo que ninguno perezca, sino que todos procedan al arrepentimiento" (2 P. 3:9; cp. 1 P. 3:20).

"Por amor de mi nombre diferiré mi ira, y para alabanza mía la reprimiré para no destruirte" (Is. 48:9).

William Barclay dice que si Dios hubiera sido un hombre, hace mucho tiempo hubiera borrado al hombre de la faz de la tierra debido a su terrible desobediencia (The Letters to the Galatians and Ephesians, p. 56). Pero Dios ama al hombre y se ocupa de él. Por lo tanto Dios tiene clemencia hacia el hombre. Dios está teniendo clemencia durante un período muy prolongado por el hombre, permitiendo que más y más hombres sean salvos.

"Fortalecidos con todo poder, conforme a la potencia de su gloria, para toda paciencia y longanimidad" (Col. 1:11).

"Que prediques la palabra; que instes a tiempo y fuera de tiempo; redarguye, reprende, exhorta con toda paciencia y doctrina" (2 Ti. 4:2).

5. Está el fruto de la *benignidad* (chrestotes): Significa ser gentil y bueno, útil y de ayuda, cordial y dulce, considerado y gracioso a través de todas las situaciones, sin importar las circunstancias. Una persona que es cordial no actúa en forma...

- dura
- despreocupada
- indiferente
- demasiado ocupada
- ruda
- resentida

La benignidad se ocupa de los sentimientos de los demás y siente con ellos. Experimenta toda la profundidad de la compasión y la empatía. Demuestra ocupación y va directo a la situación respecto de una persona. La benignidad sufre con los que sufren, y lucha con los que luchan, y trabaja con los que trabajan.

 Dios es gentil.

"Amad, pues, a vuestros enemigos, y haced bien, y prestad, no esperando de ello nada; y será vuestro galardón grande, y seréis hijos del Altísimo; porque él es benigno para con los ingratos y malos" (Lc. 6:35).

"Pero Dios, que es rico en misericordia, por su gran amor con que nos amó, aun estando nosotros muertos en pecados, nos dio vida juntamente con Cristo (por gracia sois salvos), y juntamente con él nos resucitó, y asimismo nos hizo sentar en los lugares celestiales con Cristo Jesús, para mostrar en los siglos venideros las abundantes riquezas de su gracia en *su bondad* para con nosotros en Cristo Jesús" (Ef. 2:4-7).

 Los creyentes deben ser amables entre sí.

"Amaos los unos a los otros con amor fraternal; en cuanto a honra, prefiriéndoos los unos a los otros" (Ro. 12:10).

"Antes sed benignos unos con otros, misericordiosos, perdonándoos unos a otros, como Dios también os perdonó a vosotros en Cristo" (Ef. 4:32).

"Vestíos, pues, como escogidos de Dios, santos y amados, de entrañable misericordia, de benignidad, de humildad, de mansedumbre, de paciencia" (Col. 3:12).

"Vosotros también, poniendo toda diligencia por esto mismo, añadid a vuestra fe virtud; a la virtud, conocimiento; al conocimiento, dominio propio; al dominio propio, paciencia; a la paciencia, piedad; a la piedad, afecto fraternal; y al afecto fraternal, amor" (2 P. 1:5-7).

6. Está el fruto de la *bondad* (agathosune): Significa estar lleno de virtud y excelencia, benignidad y utilidad, paz y consideración. Significa que una persona está llena de todo bien y que hace todo el bien. Significa...

- Que tiene un buen corazón y un buen comportamiento.
- Que es bueno y que hace el bien.
- Que es una persona de calidad.

Advierta que una persona buena vive y trata a todos como deberían ser tratados. No se aprovecha de ninguna persona ni espera y permite que los demás se aprovechen. Toma la postura y vive por lo que es correcto, está bien y es justo. Esto significa que la bondad involucra disciplina y reprimenda, corrección e instrucción así como también amor y cuidado, paz y conciliación. Una persona buena no dejará entrar al mal, no dejará que el mal quede librado al azar. No permitirá que el mal trate a los demás en forma injusta. No permitirá que los demás sufran la maldad. La bondad da un paso adelante y hace lo que puede para detener y controlar el mal.

"Pero estoy seguro de vosotros, hermanos míos, de que vosotros mismos estáis llenos de bondad, llenos de todo conocimiento, de tal manera que podéis amonestaros los unos a los otros" (Ro. 15:14).

 Dios está lleno de bondad.

"Mas el fruto del Espíritu es amor, gozo, paz, paciencia, benignidad, bondad, fe, mansedumbre, templanza; contra tales cosas no hay ley" (Gá. 5:22-23).

"Porque el fruto del Espíritu es en toda bondad, justicia y verdad" (Ef. 5:9).

"Por lo cual asimismo oramos siempre por vosotros, para que nuestro Dios os tenga por dignos de su llamamiento, y cumpla todo propósito de bondad y toda obra de fe con su poder" (2 Ts. 1:11).

"El ama justicia y juicio; de la misericordia de Jehová está llena la tierra" (Sal. 33:5).

"Gustad, y ved que es bueno Jehová; dichoso el hombre que confía en él" (Sal. 34:8).

"Miré, y no había quien ayudara, y me maravillé que no hubiera quien sustentase; y me salvó mi brazo, y me sostuvo mi ira" (Is. 63:5).

- Los creyentes deben estar llenos de toda bondad.

"Pero estoy seguro de vosotros, hermanos míos, de que vosotros mismos estáis llenos de bondad, llenos de todo conocimiento, de tal manera que podéis amonestaros los unos a los otros" (Ro. 15:14).

"Y de conocer el amor de Cristo, que excede a todo conocimiento, para que seáis llenos de toda *la plenitud* de Dios" (Ef. 3:19).

7. Está el fruto de la *fe* o fidelidad (pistis): Significa ser fiel y confiable; ser leal y constante en la devoción y la fidelidad. Significa ser constante, sólido y firme. Una persona fiel se niega a sí misma y se sacrifica –todo lo que es y todo lo que tiene– y confía en Dios. Cree en Dios y sabe que Dios obrará todas las cosas para bien. Por lo tanto, se entrega por completo a Dios y se vuelve fiel a Dios.

- La fidelidad no duda de Dios, no de su salvación, provisión o fortaleza para ayudar.
- La fidelidad no comienza con Dios y luego cede.
- La fidelidad no anda con Dios y luego se entrega a la lujuria de la carne.

La fidelidad comienza y continúa con Dios. La fidelidad sigue y sigue, nunca se debilita ni se rinde.

- Dios es fiel.

"Fiel es Dios, por el cual fuisteis llamados a la comunión con su Hijo Jesucristo nuestro Señor" (1 Co. 1:9).

"De modo que los que padecen según la voluntad de Dios, encomienden sus almas al fiel Creador, y hagan el bien" (1 P. 4:19).

"Conoce, pues, que Jehová tu Dios es Dios, Dios fiel, que guarda el pacto y la misericordia a los que le aman y guardan sus mandamientos, hasta mil generaciones" (Dt. 7:9).

"Bendito sea Jehová, que ha dado paz a su pueblo Israel, conforme a todo lo que él había dicho; ninguna palabra de todas sus promesas que expresó por Moisés su siervo, ha faltado" (1 R. 8:56).

"Las misericordias de Jehová cantaré perpetuamente; de generación en generación haré notoria tu fidelidad con mi boca" (Sal. 89:1).

- Los creyentes deben ser fieles.

"Él le dijo: Está bien, buen siervo; por cuanto en lo poco has sido fiel, tendrás autoridad sobre diez ciudades" (Lc. 19:17).

"Ahora bien, se requiere de los administradores, que cada uno sea hallado fiel" (1 Co. 4:2).

"Y Moisés a la verdad fue fiel en toda la casa de Dios, como siervo, para testimonio de lo que se iba a decir" (He. 3:5).

"Ahora, pues, si diereis oído a mi voz, y guardareis mi pacto, vosotros seréis mi especial tesoro sobre todos los pueblos; porque mía es toda la tierra" (Éx. 19:5).

8. Está el fruto de la *mansedumbre* (prautes): Significa ser gentil, tierno, humilde, dócil, considerado, pero de manera firme. La mansedumbre tiene la fortaleza de controlar y disciplinar y lo hace en el momento oportuno.

a. La mansedumbre es un *estado humilde de la mente.* Pero esto no significa que la persona sea débil, cobarde y que se postre ante los demás. La persona mansa simplemente ama a las personas y ama la paz. Por lo tanto, camina humildemente entre los hombres sin importar su condición ni circunstancia de la vida. Relacionarse con los pobres y de menor clase social de esta tierra no molesta a la persona mansa. Desea ser amigo de todos y ayudar a todos en todo lo que sea posible.

b. La mansedumbre es *un estado fuerte de la mente.* Observa las situaciones y quiere que se haga justicia. No es una mente débil que ignora y niega la maldad y la malicia, el abuso y el sufrimiento.

- Si alguien está sufriendo, la mansedumbre se entromete y hace lo que puede para ayudar.
- Si se está haciendo el mal, la mansedumbre hace lo que puede para detenerlo y corregirlo.
- Si la maldad está librada al azar y a la indulgencia, la mansedumbre estalla en enojo. Sin embargo, advierta un punto crucial: el enojo siempre es en el momento oportuno y en contra de la cosa correcta.

c. La mansedumbre tiene *un estado de autocontrol.* La persona mansa controla su espíritu y su mente. Controla la lascivia de su carne. No se entrega a los malos modos, la venganza, la pasión, la indulgencia o la licencia. La persona mansa muere para sí mismo, por lo que carne hubiera querido hacer, y hace lo correcto, exactamente lo que Dios quiere que se haga.

En resumen, el hombre manso camina en un estado de mente humilde, tierno, pero fuerte. Se niega a sí mismo, dado toda la consideración a los demás. Demuestra un control y un enojo de justicia en contra de la injusticia y la maldad. Un hombre manso se olvida y vive por los demás por lo que Cristo ha hecho por él.

- Dios es manso.

"Mas el fruto del Espíritu es amor, gozo, paz, paciencia, benignidad, bondad, fe, mansedumbre, templanza; contra tales cosas no hay ley" (Gá. 5:22-23).

- Jesucristo fue manso.

"Llevad mi yugo sobre vosotros, y aprended de mí, que soy manso y humilde de corazón; y hallaréis descanso para vuestras almas" (Mt. 11:29).

 Los creyentes deben ser mansos.

"Hermanos, si alguno fuere sorprendido en alguna falta, vosotros que sois espirituales, restauradle con espíritu de mansedumbre, considerándote a ti mismo, no sea que tú también seas tentado" (Gá. 6:1).

"Yo pues, preso en el Señor, os ruego que andéis como es digno de la vocación con que fuisteis llamados, con toda humildad y mansedumbre, soportándoos con paciencia los unos a los otros en amor, solícitos en guardar la unidad del Espíritu en el vínculo de la paz" (Ef. 4:1-3).

"Que con mansedumbre corrija a los que se oponen, por si quizá Dios les conceda que se arrepientan para conocer la verdad" (2 Ti. 2:25).

"Que a nadie difamen, que no sean pendencieros, sino amables, mostrando toda mansedumbre para con todos los hombres" (Tit. 3:2).

"Por lo cual, desechando toda inmundicia y abundancia de malicia, recibid con mansedumbre la palabra implantada, la cual puede salvar vuestras almas" (Stg. 1:21).

"¿Quién es sabio y entendido entre vosotros? Muestre por la buena conducta sus obras en sabia mansedumbre" (Stg. 3:13).

"Sino el interno, el del corazón, en el incorruptible ornato de un espíritu afable y apacible, que es de grande estima delante de Dios" (1 P. 3:4).

9. Está el fruto de la *templanza* (egkrateia): Dominar y controlar el cuerpo o la carne con todas sus lujurias. Significa control propio, el dominio del deseo, el apetito y la pasión, los impulsos y ansias sexuales. Significa ser fuerte, controlado y restrictivo. Significa estar firme en contra de la lujuria de la carne y de la lujuria del ojo y del orgullo de la vida (1 Jn. 2:15-16).

 El control propio es de Dios, un fruto del Espíritu Santo.

"Mas el fruto del Espíritu es amor, gozo, paz, paciencia, benignidad, bondad, fe, mansedumbre, templanza; contra tales cosas no hay ley" (Gá. 5:22-23).

 El creyente debe proclamar el control propio a los perdidos.

"Pero al disertar Pablo acerca de la justicia, del dominio propio y del juicio venidero, Félix se espantó, y dijo: Ahora vete; pero cuando tenga oportunidad te llamaré" (Hch. 24:25).

 El creyente debe controlar sus deseos sexuales.

"Pero si no tienen don de continencia, cásense, pues mejor es casarse que estarse quemando" (1 Co. 7:9).

 El creyente debe ejercer tenazmente el control propio, al igual que se controla un atleta a sí mismo.

"Todo aquel que lucha, de todo se abstiene; ellos, a la verdad, para recibir una corona corruptible, pero nosotros, una incorruptible" (1 Co. 9:25).

 El creyente debe crecer en el control propio.

"Al conocimiento, dominio propio; al dominio propio, paciencia; a la paciencia, piedad" (2 P. 1:6).

 El creyente de años es el que tiene especialmente que estar a la guardia para controlarse.

"Que los ancianos sean sobrios, serios, prudentes, sanos en la fe, en el amor, en la paciencia" (Tit. 2:2).

Al concluir nuestro tratamiento debemos recordar que el fruto del Espíritu es la naturaleza misma de Dios (Gá. 2:20; Ef. 5:18). El creyente debe andar en el Espíritu, esto es, debe andar con tal conciencia de Dios y con una confesión tan abierta que se mantenga constantemente limpio de pecado. Dios lo mantiene limpio, puro y aceptable como si fuera perfecto. Mientras el creyente anda de ese modo y con esa conciencia de Dios, asimila la misma naturaleza de Dios y se produce el fruto del Espíritu Santo. Ninguna ley puede oponerse a cosas como esas. (Véase *Estudio a fondo 1,* Jn. 15:1-8).

[2] (5:24) ***Creyente, Postura, Anciano - Carne:*** El creyente debe andar con una carne crucificada. Este es un versículo impactante. Advierta varios puntos.

1. Advierta las palabras "los que son de Cristo". Una persona se convierte en la *propiedad y la posesión* de Cristo cuando, en primer lugar, confía en Cristo como su Salvador. Cuando una persona acude a Jesucristo para que lo salve, acude porque quiere ser liberado de la esclavitud del pecado, la muerte y el juicio. Quiere vivir por siempre con Dios. No quiere continuar siendo el esclavo de la carne, sometido a sus lascivias, a la muerte y a la sentencia segura. Quiere ser salvado de la carne de un mundo corruptible. Por lo tanto, cuando una persona acude a Cristo, se está alejando de la carne y acercándose a Dios; le está dando la espalda al dominio de la carne y a todo lo que esto representa. Se vuelca a Jesucristo como su nuevo amo. En consecuencia...

- El creyente ya no pertenece a la carne, sino a Jesucristo.
- La carne ya no es poseedora del creyente, sino que lo posee Jesucristo.
- El creyente ya no sirve a la carne, sino que sirve al Señor Jesucristo.

2. Advierta que el creyente ha crucificado la carne con los afectos (pasiones) y las lujurias. ¿De qué manera? Muriendo con Jesucristo. ¿Cómo puede una persona morir con Jesucristo? Mediante un acto de Dios. Solo Dios puede considerar que una persona ha muerto con Jesucristo y que *sea verdad, un suceso real.* Esto es exactamente lo que hace Dios. Cuando una persona cree genuinamente en Jesucristo, Dios toma la creencia de esa persona y la considera como su muerte con Jesucristo. Dios honra su fe al identificarlo con Cristo. Dios cuenta y considera a la persona...

- Que ha muerto en la muerte de Cristo.
- Que ha sido ubicada en la muerte de Cristo.
- Que ha sido identificada con la muerte de Cristo.
- Que ha compartido la muerte de Cristo.
- Que se encuentra en unión con la muerte de Cristo.
- Que está vinculado a la muerte de Cristo.

Ahora bien, advierta el punto: Si el creyente es considerado por Dios como que fue crucificado con Cristo, entonces el creyente...

- Ha muerto para la carne.
- Ha muerto para las pasiones de la carne.

- Ha muerto para las lujurias de la carne.
- Ha sido liberado de la carne.
- Ha sido liberado de las pasiones de la carne.
- Ha sido liberado de las lujurias de la carne.

Una vez que una persona ha muerto, está muerta. El gobierno y el reinado y los hábitos y los deseos de la carne ya no tienen control sobre ella. La carne cesa de tener un lugar o una posición en su vida. Es libre de la carne, libre de...

- los hábitos de la carne
- la esclavitud de la carne
- el control de la carne
- la condena de la carne
- el fuerte vínculo de la carne
- la muerte de la carne
- el juicio de la carne

Estar crucificado con Cristo significa que ya no vivimos *en la carne,* en el lugar y posición de la carne. No podemos vivir *alejados* de la carne, puesto que estamos en este cuerpo sobre la tierra. Pero somos libres de vivir *por* la carne. Ya no seguimos las pasiones y lujurias de la carne. Deseamos y seguimos la justicia, intentando complacer a Dios en todo lo que hacemos.

"En ninguna manera. Porque los que hemos muerto al pecado, ¿cómo viviremos aún en él?" (Ro. 6:2).

"Así también vosotros consideraos muertos al pecado, pero vivos para Dios en Cristo Jesús, Señor nuestro" (Ro. 6:11).

"Con Cristo estoy juntamente crucificado, y ya no vivo yo, mas vive Cristo en mí; y lo que ahora vivo en la carne, lo vivo en la fe del Hijo de Dios, el cual me amó y se entregó a sí mismo por mí" (Gá. 2:20).

"Pero los que son de Cristo han crucificado la carne con sus pasiones y deseos" (Gá. 5:24).

"Porque habéis muerto, y vuestra vida está escondida con Cristo en Dios" (Col. 3:3).

"Palabra fiel es esta: Si somos muertos con él, también viviremos con él" (2 Ti. 2:11).

"Quien llevó él mismo nuestros pecados en su cuerpo sobre el madero, para que nosotros, estando muertos a los pecados, vivamos a la justicia; y por cuya herida fuisteis sanados" (1 P. 2:24).

3 (5:25) ***Creyente, Espíritu Santo:*** El creyente debe andar coherentemente con su postura en Cristo. Estar en Cristo es estar en el Espíritu de Dios. Cuando el creyente confía en Cristo como su Salvador, Dios coloca su Espíritu en el corazón del creyente. El Espíritu es colocado allí para guiar y dirigir al creyente día tras día. Por lo tanto, el creyente debe andar en el Espíritu. Debe vivir así como lo indica el Espíritu de Dios. Este es el tema de este versículo. Si vivimos por el Espíritu, entonces también andemos por el Espíritu. El Espíritu nos da vida, la vida de Dios. Por lo tanto, *andemos y vivamos* la vida que Él nos da.

"Porque somos sepultados juntamente con él para muerte por el bautismo, a fin de que como Cristo resucitó de los muertos por la gloria del Padre, así también nosotros andemos en vida nueva" (Ro. 6:4).

"Ahora, pues, ninguna condenación hay para los que están en Cristo Jesús, los que no andan conforme a la carne, sino conforme al Espíritu" (Ro. 8:1).

"Porque los que son de la carne piensan en las cosas de la carne; pero los que son del Espíritu, en las cosas del Espíritu. Porque el ocuparse de la carne es muerte, pero el ocuparse del Espíritu es vida y paz" (Ro. 8:5-6).

"Mas vosotros no vivís según la carne, sino según el Espíritu, si es que el Espíritu de Dios mora en vosotros. Y si alguno no tiene el Espíritu de Cristo, no es de él" (Ro. 8:9).

"Porque si vivís conforme a la carne, moriréis; mas si por el Espíritu hacéis morir las obras de la carne, viviréis. Porque todos los que son guiados por el Espíritu de Dios, éstos son hijos de Dios" (Ro. 8:13-14).

"Porque en Cristo Jesús ni la circuncisión vale algo, ni la incircuncisión, sino la fe que obra por el amor" (Gá. 5:6).

4 (5:26) ***Creyente, Camino:*** El creyente debe andar libre de superespiritualidad y envidia. Cuando los creyentes son desafiados a vivir vidas espirituales, siempre existe el peligro de que algunos se volverán sobre-espirituales y otros comenzarán a envidiar los dones espirituales que son genuinamente espirituales y enormemente bendecidos por Dios.

1. Está el peligro de la superespiritualidad. Está la tentación del orgullo y de demostrar superioridad. Es la actitud que expresa "Yo lo tengo y tú no". Esta actitud, por supuesto, irrita y provoca a la gente. Ocasiona división dentro de la iglesia.

"¡Ay de vosotros, los que ahora estáis saciados! porque tendréis hambre. ¡Ay de vosotros, los que ahora reís! porque lamentaréis y lloraréis" (Lc. 6:25).

"Porque tú dices: Yo soy rico, y me he enriquecido, y de ninguna cosa tengo necesidad; y no sabes que tú eres un desventurado, miserable, pobre, ciego y desnudo" (Ap. 3:17).

"Envueltos están con su grosura; con su boca hablan arrogantemente" (Sal. 17:10).

2. Está el peligro de la envidia (Véase nota, *Carne,* punto 14, Gá. 5:19-21 para mayor discusión al respecto).

	CAPÍTULO 6 **D. Un camino que restaura al hombre que tiene un desliz, 6:1-5**	2 Sobrellevad los unos las cargas de los otros, y cumplid así la ley de Cristo. 3 Porque el que se cree ser algo, no siendo nada, a sí mismo se engaña.	**4 En cuarto lugar, cargar cada uno con la carga del otro** **5 En quinto lugar, confesar la propia insuficiencia**
1 En primer lugar, dejar que los creyentes espirituales manejen el tema **2 En segundo lugar, acercarse al hermano con un espíritu de mansedumbre** **3 En tercer lugar, considerarse a sí mismo**	1 Hermanos, si alguno fuere sorprendido en alguna falta, vosotros que sois espirituales, restauradle con espíritu de mansedumbre, considerándote a ti mismo, no sea que tú también seas tentado.	4 Así que, cada uno someta a prueba su propia obra, y entonces tendrá motivo de gloriarse solo respecto de sí mismo, y no en otro; 5 porque cada uno llevará su propia carga.	**6 En sexto lugar, examinar la propia obra** **7 En séptimo lugar, advertir la responsabilidad propia**

DIVISIÓN V

LA VIDA Y EL CAMINO DEL CREYENTE: LIBRE Y ESPIRITUAL, 5:13—6:18

D. Un camino que restaura al hombre que tiene un desliz, 6:1-5

(6:1-5) ***Introducción:*** Advierta la palabra “alguno”. Esto significa una persona que es igual al resto de nosotros, es decir, que tiene deseos, pasiones e impulsos tal como nosotros. Camina y vive en la carne al igual que lo hacemos nosotros. Por lo tanto, enfrenta las mismas tentaciones que enfrentamos nosotros, puesto que *toda tentación* es común a todos los hombres (1 Co. 10:13).

¿Qué debe hacerse cuando un hermano cristiano ha sucumbido a la tentación, ha tambaleado o se ha caído? ¿Cuál debe ser el espíritu y la actitud de la iglesia? ¿Cómo debemos abordar el problema? ¿Tenemos que...

- ignorarlo?
- echarlo?
- criticarlo?
- aislarlo?
- apartarnos de él?
- difundir rumores sobre él?
- avergonzarlo?
- difamarlo?
- censurarlo?

Advierta un hecho: No se especifica ningún pecado. El pecado puede ser pequeño o grande, negro o gris, despreciable o aceptable (para el hombre), grave o inocente, dañino o inofensivo. El punto a tener en cuenta es: Un hermano cristiano puede ser sorprendido por el pecado. La palabra “sorprendido” es interesante: Significa ser tomado por adelantado, por sorpresa o en forma inesperada. Un verdadero cristiano es *sorprendido* cuando es tomado por el pecado. Él *nunca lo sospechó.* De hecho, ser sorprendido por un pecado grave fue a veces, si es que lo fue, una preocupación, puesto que él pertenecía a Cristo y vivía en Cristo.

Sin embargo, cuando un hermano es atrapado por el pecado y se desliza y cae, ¿qué debe hacerse? Las Escrituras son claras: Los hermanos cristianos deben restaurarlos. La palabra “restaurar” (katartizete) es una palabra que se usa para arreglar un brazo o una pierna fracturados o para arreglar redes o para cortar algo que ha crecido en el cuerpo (William Barclay, *The letters to the Galatians and Ephesians,* p. 58). Los creyentes han de ayudar al hermano a...

- volverlo a la senda correcta
- corregirlo
- restaurarlo
- conducirlo de regreso
- ayudarlo a cortar de raíz el pecado

Sin embargo, hay una forma correcta y una incorrecta para ayudar al hermano caído. Este es el punto que se acentúa y que es desesperadamente necesitado por los creyentes y la iglesia. Todos los creyentes son meros hombres de pasiones iguales a las de otros hombres, y siempre hay algunos sorprendidos por el pecado. Esto, por supuesto, significa que necesitamos estar constantemente alerta y disponibles para los hermanos caídos.

Pero nuevamente, la forma en que abordamos a un hermano caído es de gran importancia. Es un asunto muy delicado. El hermano estará muy sensible y probablemente confundido y con facilidad para sentirse avergonzado. Puede llegar a sentirse tan avergonzado que le daría mucha vergüenza regresar a la comunidad de los creyentes. También podría llegar a sentir que no sería bienvenido, dado que lo que ha hecho no es aceptable entre los creyentes. Ha fracasado y lo ha hecho públicamente, y ha perjudicado el nombre de Cristo y herido la imagen de la iglesia. Conoce la actitud de la iglesia y de los creyentes acerca del tema.

Por lo tanto, a no ser que se lo aborde con el espíritu correcto, podría perderse para el reino para siempre. Esto, por supuesto, significa que el ministerio de restauración es de importancia suprema, puesto que está en juego la vida de un hermano querido. Lo que debe advertir la iglesia es esto: El ministerio de la restauración es el ministerio de Dios. Es el ministerio para el cual Dios nos ha llamado. Debemos andar restaurando hombres para el Reino de Dios y la comunidad de su iglesia.

1. En primer lugar, dejar que los creyentes espirituales manejen el tema (v. 1).

2. En segundo lugar, acercarse al hermano con un espíritu de mansedumbre (v. 1).
3. En tercer lugar, considerarse a sí mismo (v. 1).
4. En cuarto lugar, cargar cada uno con la carga del otro (v. 2).
5. En quinto lugar, confesar la propia insuficiencia (v. 3).
6. En sexto lugar, examinar la propia obra (v. 4).
7. En séptimo lugar, advertir la responsabilidad propia (v. 5).

1 (6:1) ***Restauración –Descarriados, Creyentes, Deber:*** En primer lugar, hay que dejar que los *creyentes espirituales* manejen a los hermanos pecadores. Los creyentes espirituales son los que caminan en el Espíritu. ¿Cómo puede decir la iglesia si un creyente es espiritual, si realmente está caminando en el Espíritu? El pasaje anterior dice cómo.

1. ¿Carga el creyente con el fruto del Espíritu? (Gá. 5:22-23).
   • amor
   • resignación
   • fe
   • gozo
   • benignidad
   • mansedumbre
   • paz
   • bondad
   • control propio

2. ¿El creyente vive una vida crucificada con Cristo, es decir, una vida de sacrificio, de negación propia? ¿El creyente ha crucificado su carne con las pasiones y las lujurias? (Gá. 5:24).

3. ¿El creyente anda en el Espíritu, vive una vida que es coherente con su postura en Cristo? (Gá. 5:25).

4. ¿El creyente camina libre de superespiritualidad y envidia, de orgullo y celos, de arrogancia y egoísmo? (Gá. 5:26).

2 (6:1) ***Descarriados, Restauración:*** En segundo lugar, acérquese al hermano con un *espíritu de mansedumbre.* ¡Con cuanta frecuencia se necesita esto! Con demasiada frecuencia lo que se expresa es un espíritu de...

• dureza
• crítica
• reprobación
• indiferencia
• censura
• superespiritualidad
• rudeza
• rumor
• “más santo que tú”
• rechazo
• calumnia
• ostracismo

Esta forma de abordar, por supuesto, no tiene nada que ver con restaurar a un hermano. Se parece más a tratar de doblegarlo, disminuirlo o destruirlo. Y la gran tragedia es que lo obliga a acercarse cada vez más al mundo, a aquellos que comprenden más sus debilidades porque ellos también son débiles.

Sin embargo, el espíritu de rechazo no es lo que las Escrituras dicen que los creyentes deben demostrar. Las Escrituras dicen que hay que acercarse al hermano con mansedumbre: Ser cordial, tierno, cálido, amoroso y cuidadoso. ¡Sí tratar sus pecados, pero con él y no con los demás! Acercarse y amarlo, ir hacia él, ministrarlo, ayudarlo, demostrar preocupación y cuidado y *por sobre todas las demás cosas,* seguir con él. Abrir los brazos y darle la bienvenida. Restaurarlo en su comunidad. Hágale saber que es perdonado, perdonado por todos y aceptado por todos, en forma cálida y tierna.

> **“Así que, cada uno someta a prueba su propia obra, y entonces tendrá motivo de gloriarse sólo respecto de sí mismo, y no en otro” (Gá. 6:4).**
>
> **“Yo pues, preso en el Señor, os ruego que andéis como es digno de la vocación con que fuisteis llamados, con toda humildad y mansedumbre, soportándoos con paciencia los unos a los otros en amor” (Ef. 4:1-2).**
>
> **“Que con mansedumbre corrija a los que se oponen, por si quizá Dios les conceda que se arrepientan para conocer la verdad” (2 Ti. 2:25).**

3 (6:1) ***Restauración, Descarriados:*** En tercer lugar, considérese a usted mismo, porque usted también puede ser tentado y sorprendido por el pecado. Este es un punto crucial, puesto que todos los creyentes son tentados con todo tipo de pecado (1 Co. 10:13). Hay una posibilidad real de que podamos ser sorprendidos por el pecado. Por lo tanto, debemos amar y ayudar a nuestros hermanos caídos al igual que quisiéramos ser amados y ayudados. La palabra “considerar” (skopon) significa mirarse a sí mismo, pensar en uno y prestar atención a uno mismo. Significa mantener un ojo alerta respecto de uno mismo. Si realmente tomamos en cuenta el asunto, entonces alcanzaremos con amor y mansedumbre a ayudar a nuestros hermanos caídos. Debemos ayudarlos, dado que todos estamos sujetos a ser sorprendidos por el pecado.

> **“No os ha sobrevenido ninguna tentación que no sea humana; pero fiel es Dios, que no os dejará ser tentados más de lo que podéis resistir, sino que dará también juntamente con la tentación la salida, para que podáis soportar” (1 Co. 10:13).**
>
> **“Así que vosotros, oh amados, sabiéndolo de antemano, guardaos, no sea que arrastrados por el error de los inicuos, caigáis de vuestra firmeza” (2 P. 3:17).**

4 (6:2) ***Pesos, Restauración, Descarriados:*** En cuarto lugar, cargar con el peso de otra persona. La ley de Cristo es la ley del ministerio y el amor.

> **“Como el Hijo del Hombre no vino para ser servido, sino para servir, y para dar su vida en rescate por muchos” (Mt. 20:28).**
>
> **“Un mandamiento nuevo os doy: Que os améis unos a otros; como yo os he amado, que también os améis unos a otros. En esto conocerán todos que sois mis discípulos, si tuviereis amor los unos con los otros” (Jn. 13:34-35).**

Cristo dio y se sacrificó a sí mismo para alcanzar al hombre. Cargó con los pecados del hombre *por el hombre.* Nosotros, evidentemente, no podemos cargar con los pecados de los hombres, pero podemos cargar con el peso de cada uno, dado que todos sufrimos bajo el peso del pecado, ya sea que los pecados sean conocidos o no. Podemos...

• ser compasivos
• ser cálidos y tiernos

- alentar
- compartir las promesas de Dios
- orar
- sentir compasión
- perdonar
- sentir empatía

"Y ahora, he aquí, yo sé que ninguno de todos vosotros, entre quienes he pasado predicando el reino de Dios, verá más mi rostro" (Hch. 20:25).

"Gozaos con los que se gozan; llorad con los que lloran" (Ro. 12:15).

"Así que, los que somos fuertes debemos soportar las flaquezas de los débiles, y no agradarnos a nosotros mismos" (Ro. 15:1).

"Sobrellevad los unos las cargas de los otros, y cumplid así la ley de Cristo" (Gá. 6:2).

5 (6:3) ***Orgullo, Engreimiento, Superespiritualidad:*** En quinto lugar, confiese su propia insuficiencia. Este es el motivo por el cual hay tantos hermanos caídos que son dejados fuera del compañerismo de los creyentes y las iglesias. Se los considera...

- inadecuados
- menos espirituales
- menos capaces
- demasiado manchados
- más débiles
- insuficientes

Por supuesto, esta actitud es contraria al Espíritu de Cristo. Advierta las palabras " no siendo nada". Cristo vino a salvar a los "nada", es decir, a los pecadores. Todos los hombres son pecadores, lo sepan o no. Incluso los creyentes, luego de ser salvos, son pecadores. Esto se olvida con demasiada frecuencia, sin embargo, los creyentes son tanto *salvos como guardados* por la justicia de Cristo y no por su propia justicia. Siempre debemos recordar esto, puesto que el único acercamiento aceptable a Dios es a través de la justicia de Jesucristo.

El punto es este: Ninguna persona es mejor que otra, no en cuanto a justicia y divinidad. Todos los hombres están de pie frente a Dios como pecadores. De hecho, como pecadores totalmente depravados. No hay ni siquiera un hombre que sea justo, no, ni uno, no hoy día, ni mañana ni nunca. Si un hombre, creyente o no creyente, quiere estar ante la presencia de Dios, tiene que hacerlo a través de Jesucristo y su justicia únicamente. Por ende, no hay absolutamente nada de lugar entre la gente de Dios para...

- la superespiritualidad
- el esnobismo espiritual
- el orgullo espiritual

No hay absolutamente ningún lugar para sentirse superior o espiritualmente mejor que los demás. Solo una persona puede sostener eso: Jesucristo. Dentro de la iglesia y sus creyentes solo debe existir una actitud: la de confesar nuestra calidad de ser nada ante Dios, la de confesar nuestra dependencia total de la gracia de Dios, la de confesar la justicia de Jesucristo. Advierta que cualquier otra confesión es un engaño. Si pensamos de otro modo, lo único que hacemos es engañarnos a nosotros mismos.

Cuando un creyente entiende esta verdad, entonces está preparado para salir y ayudar a restaurar al hermano que se ha equivocado. Él sabe que no es mejor que el otro. Debe acercarse a Cristo al igual que el hermano que se ha equivocado: como nada, puesto que él es nada. Con justicia y divinidad, está al mismo nivel que el hermano caído. Ninguno de ellos tiene justicia o divinidad para ofrecerle a Dios. Por lo tanto, ambos deben acercarse a Dios a través de su Hijo Jesucristo. El conocimiento de esta verdad es lo que motivará el amor, la preocupación y el cuidado dentro de los corazones de los creyentes por los hermanos caídos.

"Porque el que se enaltece será humillado, y el que se humilla será enaltecido" (Mt. 23:12).

"Unánimes entre vosotros; no altivos, sino asociándoos con los humildes. No seáis sabios en vuestra propia opinión" (Ro. 12:16).

"Y si alguno se imagina que sabe algo, aún no sabe nada como debe saberlo" (1 Co. 8:2).

"Porque no nos atrevemos a contarnos ni a compararnos con algunos que se alaban a sí mismos; pero ellos, midiéndose a sí mismos por sí mismos, y comparándose consigo mismos, no son juiciosos" (2 Co. 10:12).

"Porque el que se cree ser algo, no siendo nada, a sí mismo se engaña" (Gá. 6:3).

"Porque tú dices: Yo soy rico, y me he enriquecido, y de ninguna cosa tengo necesidad; y no sabes que tú eres un desventurado, miserable, pobre, ciego y desnudo" (Ap. 3:17).

"El fariseo, puesto en pie, oraba consigo mismo de esta manera: Dios, te doy gracias porque no soy como los otros hombres, ladrones, injustos, adúlteros, ni aun como este publicano" (Lc. 18:11).

"Jesús les respondió: Si fuerais ciegos, no tendríais pecado; mas ahora, porque decís: Vemos, vuestro pecado permanece" (Jn. 9:41).

"Yo soy limpio y sin defecto; soy inocente, y no hay maldad en mí" (Job 33:9).

"Antes del quebrantamiento es la soberbia, y antes de la caída la altivez de espíritu" (Pr. 16:18).

"Muchos hombres proclaman cada uno su propia bondad, pero hombre de verdad, ¿quién lo hallará?" (Pr. 20:6).

"Hay generación limpia en su propia opinión, si bien no se ha limpiado de su inmundicia" (Pr. 30:12).

6 (6:4) ***Examen propio:*** En sexto lugar, examine su propia obra y conducta. La palabra "obra" se refiere más a la conducta y al comportamiento que al trabajo o empleo. Por supuesto que están involucrados el empleo o la obra, pero el tema de este versículo trata sobre *todo nuestro comportamiento.* Debemos examinar y juzgar nuestras propias vidas y no la vida de un hermano caído. Las Escrituras son firmes en este punto: *Todo hombre* debe mantenerse ocupado examinando *su propia* obra y vida, y ningún hombre está exento de esto. Hay tanto mal arreciando el mundo y la carne es tan débil que es difícil que una persona permanezca inmaculada y limpia. La carne siente lujuria...

- por la aceptación
- por mirar
- por el reconocimiento
- por degustar
- por la posición

- por sentir
- por la honra
- por hacer
- por la compensación
- por tener
- por la aprobación
- por experimentar

Por supuesto, cada uno de estos deseos es necesario y beneficioso hasta que traspasa lo prohibido o se lleva demasiado lejos. Degustar comida es bueno; degustar demasiada comida es malo. Desear reconocimiento es bueno; amar el reconocimiento es pecado.

El tema es que la tentación está simplemente merodeándonos, a todos nosotros. Por lo tanto, debemos ocuparnos examinándonos y juzgándonos a nosotros mismos y no a los demás. De hecho hay tantas tentaciones que nos merodean, que si bajamos la guardia para examinar y juzgar a los demás, somos de inmediato sorprendidos nosotros mismos por el pecado. Recuerde: Criticar y juzgar a los demás es pecado. Por lo tanto, al dejar de examinarnos para juzgar a los demás, hemos pecado.

Debemos medirnos frente a la Palabra de Dios, no frente a los demás. Nuestra actitud hacia los demás debe ser de amor y cuidado, de ministerio y restauración, no de crítica y juicio.

Advierta que el creyente que constantemente se examina a sí mismo tiene motivo para regocijarse en él y no solo en los demás. Es cuando nuestros corazones y nuestras vidas son puras que el gozo nos llena. Nada nos llena más de gozo como una conciencia pura. En virtud de verdad, nos regocijamos cuando vemos a otras personas caminando como debieran, pero el gozo profundo proviene de saber que nosotros mismos estamos complaciendo a Dios por la forma en que caminamos.

> **"¡Hipócrita! saca primero la viga de tu propio ojo, y entonces verás bien para sacar la paja del ojo de tu hermano" (Mt. 7:5).**
>
> **"Examinaos a vosotros mismos si estáis en la fe; probaos a vosotros mismos. ¿O no os conocéis a vosotros mismos, que Jesucristo está en vosotros, a menos que estéis reprobados?" (2 Co. 13:5).**
>
> **"Así que, cada uno someta a prueba su propia obra, y entonces tendrá motivo de gloriarse sólo respecto de sí mismo, y no en otro" (Gá. 6:4).**
>
> **"Escudriñemos nuestros caminos, y busquemos, y volvámonos a Jehová" (Lm. 3:40).**

[7] (6:5) ***Juicio, Responsabilidad:*** En tercer lugar, tome conciencia de sus propios deberes y responsabilidades. El tema de este versículo es el de advertir al creyente. Él es personalmente responsable ante el Señor por su propio comportamiento y será juzgado por lo que ha hecho. Cada creyente tiene sus propios pesos, su propia carga de fallas y pecados. Son estos los que debe cargar, cuidar, examinar y juzgar. Nunca podrá vencerlos a no ser que quite su mirada de las fallas de los demás y se concentre en el peso de su propia falla.

> **"Mas yo os digo *que de toda palabra* ociosa que hablen los hombres, de ella darán cuenta en el día del juicio" (Mt. 12:36).**
>
> **"Por lo cual el reino de los cielos es semejante a un rey que quiso hacer cuentas con sus siervos" (Mt. 18:23).**
>
> **"De manera que cada uno de nosotros dará a Dios cuenta de sí" (Ro. 14:12).**
>
> **"Porque es necesario que todos nosotros comparezcamos ante el tribunal de Cristo, para que cada uno reciba según lo que haya hecho mientras estaba en el cuerpo, sea bueno o sea malo" (2 Co. 5:10).**

	E. Un camino haciendo el bien a su propio maestro: Sembrando y cosechando, 6:6-10
1 Cómo hacer el bien a un maestro: Compartiendo el ministerio del maestro	6 El que es enseñado en la palabra, haga partícipe de toda cosa buena al que lo instruye.
2 Por qué hacer el bien a un maestro a. Porque una persona puede ser engañada acerca de enfrentar el juicio de Dios 1) Si uno siembra en forma egoísta, siega corrupción 2) Si uno siembra espiritualmente siega vida	7 No os engañéis; Dios no puede ser burlado: pues todo lo que el hombre sembrare, eso también segará. 8 Porque el que siembra para su carne, de la carne segará corrupción; mas el que siembra para el Espíritu, del Espíritu segará vida eterna.
b. Porque una persona segará, si no desmaya	9 No nos cansemos, pues, de hacer bien; porque a su tiempo segaremos, si no desmayamos.
3 Cuándo servir a un maestro: Cuando tengamos la oportunidad a. Hacer el bien a todos los hombres b. Hacer el bien especialmente a los creyentes	10 Así que, según tengamos oportunidad, hagamos bien a todos, y mayormente a los de la familia de la fe.

DIVISIÓN V

LA VIDA Y EL CAMINO DEL CREYENTE: LIBRE Y ESPIRITUAL, 5:13—6:18

E. Un camino haciendo el bien a su propio maestro: Sembrando y cosechando, 6:6-10

(6:6-10) ***Introducción:*** Pocas personas son tan importantes para la sociedad como los maestros. La relación entre el maestro y el alumno es un tema que nunca se acentúa demasiado dentro de la iglesia. Este pasaje trata sobre este tema, en particular con las responsabilidades del alumno con el maestro. Tenga presente que todo creyente es un alumno que está sentado a los pies de los maestros de Dios, sean ministros o maestros de la Biblia.

1. Cómo hacer el bien a un maestro: Compartiendo el ministerio del maestro (v. 6).
2. Por qué hacer el bien a un maestro (vv. 7-9).
3. Cuándo servir a un maestro: Cuando tengamos la oportunidad (v. 10).

[1] (6:6) ***Maestro:*** ¿De qué manera le hace el bien un creyente a un maestro? Muy simplemente, comunicándose y compartiendo el ministerio del maestro. Esto significa mucho más que solo contribuir con un apoyo financiero. Por supuesto que significa ayuda financiera, pero como se ha dicho, significa mucho más. Advierta que las Escrituras hablan directamente al que *aprende,* es decir, a un creyente de la iglesia, a la persona a la que se le *enseña la Palabra de Dios.* El que aprende tiene una responsabilidad con el maestro así como el maestro tiene una responsabilidad con el que aprende. ¿Cuál es esa responsabilidad? Compartir con el maestro todas las cosas buenas y participar en el ministerio del maestro. El que aprende comparte el ministerio del maestro...

- *Estando presente* cuando el maestro enseña.
- *Estando atento y aprendiendo* lo que enseña el maestro.
- *Compartiendo y cambiando opiniones* acerca de lo que enseña el maestro.
- *Transfiriendo* lo que enseña el maestro.
- *Participando* con el maestro en todo su ministerio.
- *Apoyando* al maestro financieramente.
- *Alentando a otras personas* a venir y aprender del maestro.

Advierta otro punto: La referencia a la "Palabra" significa la *Palabra de Dios.* Un maestro *siempre* debe enseñar la Palabra de Dios y la persona que aprende siempre debe estar segura de que está bajo un maestro que enseña la Palabra de Dios.

"No os proveáis de oro, ni plata, ni cobre en vuestros cintos; ni de alforja para el camino, ni de dos túnicas, ni de calzado, ni de bordón; porque el obrero es digno de su alimento" (Mt. 10:9-10)

"Así también ordenó el Señor a los que anuncian el evangelio, que vivan del evangelio" (1 Co. 9:14)

"Sin embargo, bien hicisteis en participar conmigo en mi tribulación" (Fil. 4:14)

"Los ancianos que gobiernan bien, sean tenidos por

dignos de doble honor, mayormente los que trabajan en predicar y enseñar. Pues la Escritura dice: No pondrás bozal al buey que trilla; y: Digno es el obrero de su salario" (1 Ti. 5:17-18).

2 (6:7-9) ***Sembrar, Segar, Ministros, Maestros:*** ¿Por qué los creyentes deben hacer el bien a sus maestros? Se dan dos motivos muy sólidos.

1. Una persona puede ser engañada respecto de enfrentar el juicio de Dios. La palabra "engañada" (planasthe) significa descarriar. Algunos gálatas eran descarriados respecto de este tema. No compartían el ministerio de Pablo, convirtiéndose en críticos en lugar de apoyarlo. (Véase nota, Gá. 1-1 para mayor discusión sobre el tema). Y advierta a qué equivale atacar al maestro de Dios: equivale a burlarse de Dios. La palabra "burlado" (mukterizetai) significa rechazar a Dios. Al rechazar al ministro de Dios, al maestro que Dios les había enviado, los gálatas estaban rechazando a Dios. No solo se estaban burlando y rechazando al maestro de Dios, sino que se estaban burlando de Dios. Sin embargo, las Escrituras declaran en términos firmes: "Dios no puede ser burlado, pues todo lo que el hombre sembrare, eso también segará". Si un hombre siembra una vida...
   - Que no está presente cuando el maestro enseña
   - Que no está prestando atención ni aprendiendo sobre lo que el maestro enseña
   - Que no traspasa lo que el maestro enseña
   - Que no participa con el maestro en su ministerio
   - Que no alienta a otros a aprender del maestro

...si un hombre muestra este rechazo, si da vuelta el rostro, rechaza y da vuelta el rostro a Dios. Y si rechaza a Dios, será rechazado por Dios. Lo que fuera que un hombre siembre respecto de su maestro, es lo que siega. Cargará con el juicio de su conducta hacia el maestro de Dios.

a. Si un creyente siembra corrupción a su carne, segará corrupción (v. 8). Si no escucha las advertencias de su maestro acerca de la lascivia de la carne, segará la lascivia de la carne. Será sorprendido por el atractivo, el empuje, las ansias, la pasión y la lujuria...
   - De adorar como él desea hacerlo
   - De buscar su destino en la astrología y en la brujería en lugar de hacerlo en la oración
   - De vivir como le plazca
   - De buscar posición, poder y honor terrenal
   - De pelear con los demás como le plazca
   - De ir de parranda como le guste
   - De tener sexo ilícito
   - De acaparar
   - De buscar las cosas de este mundo

   La lista podría seguir y seguir, pero el punto es bien comprendido. La carne perece. Envejece, muere y se pudre. Si una persona siembra para la carne, seguirá el rumbo de toda carne: morirá y enfrentará el juicio de Dios. Dios no será burlado. Sus maestros deben ser oídos y sus lecciones, aprendidas, puesto que enseñan su Palabra. Si un hombre rechaza al mensajero de Dios y elige sembrar para su carne, segará la carne y su destino: la muerte y el juicio. Dios no es burlado, no hay escapatoria.

   "Porque el ocuparse de la carne es muerte, pero el ocuparse del Espíritu es vida y paz. Por cuanto los designios de la carne son enemistad contra Dios; porque no se sujetan a la ley de Dios, ni tampoco pueden; y los que viven según la carne no pueden agradar a Dios" (Ro. 8:6-8)

   "Porque si vivís conforme a la carne, moriréis; mas si por el Espíritu hacéis morir las obras de la carne, viviréis" (Ro. 8:13)

   "Y de la manera que está establecido para los hombres que mueran una sola vez, y después de esto el juicio" (He. 9:27)

   "Como yo he visto, los que aran iniquidad y siembran injuria, la siegan" (Job 4:8)

   "El que sembrare iniquidad, iniquidad segará, y la vara de su insolencia se quebrará" (Pr. 22:8)

   "Porque sembraron viento, y torbellino segarán; no tendrán mies, ni su espiga hará harina; y si la hiciere, extraños la comerán" (Os. 8:7).

b. Si un creyente siembra para el Espíritu, segará la vida eterna. Si escucha las exhortaciones del maestro sobre la salvación que se encuentra en el Hijo de Dios y en la vida que Dios espera que él viva, segará el Espíritu de Dios. El Espíritu de Dios entrará verdaderamente en su vida y residirá allí. El Espíritu implantará la naturaleza divina de Dios dentro del corazón del creyente, la naturaleza divina que vivirá ahora y siempre. El creyente podrá (se le dará la fuerza y el poder) para vivir una vida de...
   - amor
   - gozo
   - paz
   - paciencia
   - benignidad
   - bondad
   - fidelidad
   - mansedumbre
   - control propio

   Y lo más importante de todo, como ya se ha dicho, vivirá por siempre con Dios en los nuevos cielos y tierra.

   "Y como Moisés levantó la serpiente en el desierto, así es necesario que el Hijo del Hombre sea levantado, para que todo aquel que en él cree, no se pierda, mas tenga vida eterna" (Jn. 3:14-15)

   "El que cree en el Hijo tiene vida eterna; pero el que rehúsa creer en el Hijo no verá la vida, sino que la ira de Dios está sobre él" (Jn. 3:36)

   "De cierto, de cierto os digo: El que oye mi palabra, y cree al que me envió, tiene vida eterna; y no vendrá a condenación, mas ha pasado de muerte a vida" (Jn. 5:24)

   "El que ama su vida, la perderá; y el que aborrece su vida en este mundo, para vida eterna la guardará" (Jn. 12:25)

   "Porque el que siembra para su carne, de la carne segará corrupción; mas el que siembra para el Espíritu, del Espíritu segará vida eterna" (Gá. 6:8)

   "Pero nosotros esperamos, según sus promesas,

cielos nuevos y tierra nueva, en los cuales mora la justicia. Por lo cual, oh amados, estando en espera de estas cosas, procurad con diligencia ser hallados por él sin mancha e irreprensibles, en paz" (2 P. 3:13-14)

"Vi un cielo nuevo y una tierra nueva; porque el primer cielo y la primera tierra pasaron, y el mar ya no existía más" (Ap. 21:1)

"Sembrad para vosotros en justicia, segad para vosotros en misericordia; haced para vosotros barbecho; porque es el tiempo de buscar a Jehová, hasta que venga y os enseñe justicia" (Os. 10:12).

2. Una persona segará si no desmaya al servir con su maestro. El creyente o pupilo debe unirse a su maestro en el ministerio, si es que desea cosechar la recompensa. No debe...

• replegarse
• permitir el cansancio
• permitir interrupciones
• darse por vencido
• permitir la rutina
• ceder a la persecución
• disminuirse
• ceder a la presión
• ceder a la tentación

El alumno debe ser constante, uniforme y perseverante, tal como su maestro le enseñó que fuera. Debe unirse de inmediato con su maestro para servir al Señor Jesucristo.

"Así que, hermanos míos amados, estad firmes y constantes, creciendo en la obra del Señor siempre, sabiendo que vuestro trabajo en el Señor no es en vano" (1 Co. 15:58)

"Por lo cual, teniendo nosotros este ministerio según la misericordia que hemos recibido, no desmayamos" (2 Co. 4:1)

"Pero persiste tú en lo que has aprendido y te persuadiste, sabiendo de quién has aprendido" (2 Ti. 3:14)

"Por tanto, nosotros también, teniendo en derredor nuestro tan grande nube de testigos, despojémonos de todo peso y del pecado que nos asedia, y corramos con paciencia la carrera que tenemos por delante" (He. 12:1)

"Por tanto, ceñid los lomos de vuestro entendimiento, sed sobrios, y esperad por completo en la gracia que se os traerá cuando Jesucristo sea manifestado" (1 P. 1:13)

"Así que vosotros, oh amados, sabiéndolo de antemano, guardaos, no sea que arrastrados por el error de los inicuos, caigáis de vuestra firmeza" (2 P. 3:17)

"He aquí, yo vengo pronto; retén lo que tienes, para que ninguno tome tu corona" (Ap. 3:11).

Advierta el motivo para no desmayar: El discípulo segará en la estación oportuna. El día de la siega está por venir. Dios va a recompensar al alumno (creyente) que sirve y obra al lado de su maestro.

"Y cualquiera que dé a uno de estos pequeñitos un vaso de agua fría solamente, por cuanto es discípulo, de cierto os digo que no perderá su recompensa" (Mt. 10:42)

"Su señor le dijo: Bien, buen siervo y fiel; sobre poco has sido fiel, sobre mucho te pondré; entra en el gozo de tu señor" (Mt. 25:23)

"Y el que siega recibe salario, y recoge fruto para vida eterna, para que el que siembra goce juntamente con el que siega" (Jn. 4:36)

"Sabiendo que el bien que cada uno hiciere, ése recibirá del Señor, sea siervo o sea libre" (Ef. 6:8).

[3] (6:10) ***Maestro, Alumno, Ministerio:*** ¿Cuándo debe un creyente servir a su maestro? Muy simplemente: En cada oportunidad que tenga de hacerlo. Debe unirse a él y hacer el bien cada vez que se le presente la oportunidad. La idea es que él...

• Debe estar alerta ante las oportunidades.
• Mantener abiertos sus ojos para producir oportunidades.
• Aprovechar todas las oportunidades.

Cuando un maestro va a satisfacer una necesidad, el creyente no debe desaprovechar la oportunidad de unirse a su maestro y ministrar con él. Jamás debe perderse la oportunidad de ministrar. Se puede perder la oportunidad y un creyente puede perder el privilegio de ministrar y de ser más grandemente recompensado en el día glorioso de la redención. Por lo tanto, debe mantenerse alerta y no sentirse agotado si es quiere una recompensa completa.

Advierta a quién debe ministrar: A todos los hombres (incrédulos), pero en especial a los creyentes. Toda persona es responsable primero de su propia familia, luego añade todo el peso del mundo. Dios nos ha colocado a todos dentro de una familia y somos los primeros responsables de dicha familia. Los demás pueden ayudarnos, pero nosotros somos los responsables principales. Lo mismo se aplica a la familia de Dios. Un hermano cristiano es el que es responsable por la familia de Dios. Por lo tanto, debemos siempre satisfacer las necesidades de nuestra familia cristiana antes de avanzar hacia los incrédulos.

"Amad, pues, a vuestros enemigos, y haced bien, y prestad, no esperando de ello nada; y será vuestro galardón grande, y seréis hijos del Altísimo; porque él es benigno para con los ingratos y malos" (Lc. 6:35).

"A los ricos de este siglo manda que no sean altivos, ni pongan la esperanza en las riquezas, las cuales son inciertas, sino en el Dios vivo, que nos da todas las cosas en abundancia para que las disfrutemos. Que hagan bien, que sean ricos en buenas obras, dadivosos, generosos" (1 Ti. 6:17-18).

"Y de hacer bien y de la ayuda mutua no os olvidéis; porque de tales sacrificios se agrada Dios" (He. 13:16).

"Y al que sabe hacer lo bueno, y no lo hace, le es pecado" (Stg. 4:17).

"Apártate del mal, y haz el bien; busca la paz, y síguela" (Sal. 34:14).

"Confía en Jehová, y haz el bien; y habitarás en la tierra, y te apacentarás de la verdad" (Sal. 37:3).

	F. Un camino gloriándose en la cruz de Cristo, 6:11-18	mundo me es crucificado a mí, y yo al mundo.	a. La cruz crucifica el mun-do a los hombres y los hombres al mundo
1 Una sección importante: La escribe Pablo mismo	11 Mirad con cuán grandes letras os escribo de mi propia mano.	15 Porque en Cristo Jesús ni la circuncisión vale nada, ni la incircuncisión, sino una nueva creación.	b. La cruz crea a un hombre nuevo
2 Los falsos ministros quieren agradar en la carne, buscando popularidad a. Para obtener aprobación y escapar a la persecución b. Para agradar de manera de añadir a sus números estadísticos	12 Todos los que quieren agradar en la carne, éstos os obligan a que os circuncidéis, solamente para no padecer persecución a causa de la cruz de Cristo. 13 Porque ni aun los mismos que se circuncidan guardan la ley; pero quieren que vosotros os circuncidéis, para gloriarse en vuestra carne.	16 Y a todos los que anden conforme a esta regla, paz y misericordia sea a ellos, y al Israel de Dios. 17 De aquí en adelante nadie me cause molestias; porque yo traigo en mi cuerpo las marcas del Señor Jesús.	c. La cruz trae paz y misericordia d. La cruz da propósito a las cicatrices de la vida
3. Los verdaderos ministros se glorían en la cruz de Cristo	14 Pero lejos esté de mí gloriarme, sino en la cruz de nuestro Señor Jesucristo, por quien el	18 Hermanos, la gracia de nuestro Señor Jesucristo sea con vuestro espíritu. Amén.	**4 Conclusión: Una bendición de gracia**

DIVISIÓN V

LA VIDA Y EL CAMINO DEL CREYENTE: LIBRE Y ESPIRITUAL, 5:13—6:18

F. Un camino gloriándose en la cruz de Cristo, 6:11-18

(6:11-18) ***Introducción:*** Este pasaje da fin a la carta de Pablo a los gálatas. El corazón de Pablo palpitaba con preocupación por los creyentes gálatas y sus iglesias. Habían permitido que ingresaran falsos maestros, y muchos de ellos habían comenzado a escuchar y a seguir a los falsos maestros. Las iglesias estaban a punto de desertar de Dios y de destruir su testimonio por Cristo y las misiones mundiales. Habitualmente Pablo le dictaba sus cartas a un escriba, y cuando había terminado de dictar la carta, la cerraba con una breve bendición y su firma. Pero advierta lo que hizo al cerrar esta carta a los gálatas: Tomó él mismo la pluma y cerró la carta, la cerró con una fuerte exhortación y con una defensa de su ministerio y del evangelio. Lo declaró en términos firmes: Los creyentes –ministros y legos por igual– deben caminar alardeando nada más que en la cruz de Cristo.

1. Una sección importante: La escribe Pablo mismo (v. 11).
2. Los falsos ministros quieren agradar en la carne, buscando popularidad (vv. 12-13).
3. Los verdaderos ministros se glorían en la cruz de Cristo (vv. 14-17).
4. Conclusión: Una bendición de gracia (v. 18).

[1] (6:11) ***Pablo, Escrituras:*** Este es un pasaje importante de Gálatas, tan importante que Pablo tomó la pluma del escriba y lo escribió él mismo. La referencia a escribir significa una tipografía grande. ¿Por qué Pablo escribió con tipografía grande? Se dan varias explicaciones.

1. Porque Pablo quería valientemente enfatizar los puntos de lo que estaba diciendo. Cabe advertir que esto es posible, pero el escriba lo podría haber hecho al igual que Pablo.
2. Porque Pablo no podía escribir bien, entonces tenía que escribir en negrita a fin de que pudiera leerse. Esto también es improbable, dado que Pablo era un hombre muy instruido.
3. Porque Pablo tenía cierto problema ocular o visión borrosa. De todas las explicaciones, esta parece ser la más probable. (Véase nota, 2 Co. 12:7-10 para mayor discusión al respecto. Cp. Gá. 4:14-15).

No hay duda alguna de que Pablo eligió escribir personalmente esta sección porque quería enfatizar su mensaje y verificar que él era el verdadero autor de la carta. Se desconoce por qué lo hizo en letras grandes.

La lección de esto para nosotros es la siguiente: El mensaje de este pasaje es lo suficientemente importante para que Pablo tome la pluma del escriba y la escriba él mismo. Por lo tanto, debemos prestar suma atención a lo que se dice.

[2] (6:12-13) ***Falsos maestros, Carne:*** Los falsos maestros buscan agradar en la carne, esto es, buscan popularidad mundana. Quieren ser aceptados y aprobados por el mundo. Recuerde: Los falsos maestros se habían infiltrado en las iglesias de Galacia (Véase nota *Falsos maestros,* Gá. 1:6-7 respecto de lo que enseñaban). Se oponían tanto a Pablo como al evangelio que él predicaba. Ponían el mayor acento en que una persona debía atravesar el ritual básico de la religión, el de la circuncisión (bautismo, ser miembro de la iglesia, etc.). Decían que la circuncisión era necesaria para la salvación. Si una persona era circuncidada, estaba bien encaminada a ser salva. Pablo atacó esta postura e hizo una fuerte acusación en contra de los falsos maestros. Los acusó de ser impulsados por motivos mundanos. Hay que tener presente que estaba tratando con falsos maestros y ministros que estaban *dentro de la iglesia.* Lo que tenía para decir es una firme lección para los maestros de todas las generaciones.

1. Los falsos maestros buscaban ganarse la aprobación de sus pares y escapar a la persecución. Buscaban el favor de los hombres por sobre el favor de Dios. Muchos de los primeros ministros del evangelio eran sacerdotes que consideraban a Jesucristo como el Salvador del mundo. Sin embargo, solo lo aceptaban como un agregado de la ley. Decían que Jesucristo había venido principalmente a demostrar cómo Dios quería que viviéramos. Por lo tanto Él solamente era un agregado a la ley. La ley seguía siendo importante para acercarse a Dios: debíamos acercarnos a Dios tanto a través de la ley como de Jesucristo. Por ende, era poco popular en el ministerio de esa época proclamar que solo Cristo era el camino a Dios. Los ministros que proclamaban solo a Cristo eran perseguidos mediante el ridículo, la burla, el abuso y el rechazo. Un ministro que predicaba la salvación a través de la cruz de Cristo únicamente era considerado destructivo para la ley y la religión establecida. Por lo tanto, los ministros de la religión establecida perseguían a los ministros de la cruz. Como resultado de ello, se requería de mucho valor para ponerse de pie y proclamar la verdad. La mayoría eligió la forma más sencilla y siguió con el ministerio establecido a fin de evitar la persecución.

> ***Pensamiento 1:*** ¿Cuántos siguen con la *religión establecida y popular del mundo* en lugar de proclamar la verdad de Jesucristo y su Palabra? ¿Cuántos temen al ridículo, al rechazo y al abuso de la cruz? ¿Con cuánta frecuencia un ministro se ve tentado a bajar el tono del mensaje de la cruz con el objeto de no ofender a alguien en la congregación? ¿Cuántos ministros deben temer una reacción si proclaman el simple mensaje de la salvación por la fe en la cruz de Cristo *únicamente*? ¿Cuántos deben temerle a la reacción de sus pares y líderes de la denominación?

2. Los falsos maestros buscaban el agrado para añadir a sus números estadísticos (v. 13). Advierta exactamente lo que dicen las Escrituras: Querían que las personas se circuncidaran para poder alardear en sus números. Su interés no estaba tan puesto en enseñar a la gente a obedecer al Señor y a la ley como en construir su propia seguridad. Querían el reconocimiento a través de un ministerio en crecimiento. Buscaban la aprobación y la aceptación de la gente más que el bienestar de las personas. Por supuesto, cumplir con la ley y conducir a la gente a obedecer a Dios era importante, al igual que la enseñanza de todo hombre es importante para él. Pero su preocupación básica era la aparición de un creciente ministerio para que pudieran asegurarse su propia forma de vida y posición con la gente.

> ***Pensamiento 1:*** Las personas se impresionan con números que se incrementan en el crecimiento estadístico. Todo el mundo lo sabe, tanto los líderes religiosos como los legos. Como resultado de ello, los ministros con frecuencia se ven atraídos a la tentación de acentuar el crecimiento en el bautismo, en la asistencia a la iglesia, en el estudio de la Biblia, programas o actividades. Los números crecientes...
>
> • construyen una imagen
> • apuntan a dones y capacidades
> • incrementan el ego
> • acentúan el carisma
> • llevan al éxito
> • abren las puertas
> • acrecientan la reputación
> • ayudan a incrementar los ingresos
> • aseguran una posición
> • atraen la atención
> • incrementan las oportunidades

3 (6:14-17) ***Ministros:*** Los verdaderos ministros alardean en la cruz de Cristo. La cruz de Cristo es el *único alarde* de un verdadero ministro de Dios, dado que no hay otro acercamiento a Dios que ese. Dios acepta a una persona solo si viene a Él por vía de la cruz. No hay otra manera de volverse aceptable ante Dios. Por lo tanto, el verdadero ministro no tiene otro mensaje, ninguna otra verdad sobre la cual alardear. Pablo dio cuatro razones por las cuales la cruz es el único alarde del ministro.

1. La cruz crucifica el mundo a los hombres y los hombres al mundo. ¿Qué quiere decir esto?

a. En primer lugar, la cruz crucifica el mundo a los hombres. El mundo tiene todo tipo de atracciones que seducen al hombre, y los hombres sienten lascivia por las atracciones. Hay atracciones tales como...

• posición
• sexo
• poder
• placer
• aceptación
• honra
• reconocimiento
• alimento
• dinero
• posesiones

La lista podría seguir y seguir incluyendo toda atracción seductora que exista sobre la faz de la tierra, ¿pero cuál es el fin de todo esto? El deterioro, la ruina, la muerte y un sentido de juicio. Incluso el hombre mismo envejece, muere y se pudre. No hay nada en la tierra que perdure y viva eternamente. Si un hombre desea vivir por siempre, alguien con un poder ilimitado tiene que reestructurar este mundo. Alguien tiene que destruir el mundo y hacerlo de nuevo, todo lo que está en él, incluyendo la carne del hombre. Las noticias gloriosas son que Dios ha hecho esto mismo. Dios ha demostrado que Él ama este mundo, y ha demostrado su amor en la forma más perfecta posible. ¿De qué manera?

Dios envió a su Hijo al mundo para *morir por los hombres* y para liberarlos del mundo. Cuando Jesucristo murió en la cruz, Él cargó con el castigo por nuestras transgresiones. Tomó la sentencia de muerte de la ley en contra de nosotros y cargó con la condena por nosotros. Por lo tanto, cualquier persona que crea que Jesucristo murió por él será salva de este mundo de muerte. Dios declara que considerará a esa persona como si hubiera sido crucificada con Cristo. La persona jamás tendrá que morir. Cuando llegue el momento para que la persona pase de este mundo al siguiente, Dios transferirá a la persona ante su presencia para que viva eternamente. Sucederá como un parpadeo. La persona que crea en Cristo nunca morirá, nunca degustará ni experimentará la muerte.

Esto es lo que se quiere significar por el mundo crucificado para el creyente. *El creyente nunca tiene que ir por el camino del mundo,* es decir, el camino del pecado, de la corrupción, de la muerte y del juicio.

- Jesucristo murió para liberar al creyente del mundo, de todas sus esclavitudes incluyendo la esclavitud de la muerte.
- El Espíritu de Cristo (el Espíritu Santo) vive dentro del creyente para otorgarle el poder de vencer al mundo en todas sus atracciones corruptibles. A través del Espíritu de Dios, el creyente tiene el poder de conquistar las lujurias de la carne.

b. En segundo lugar, la cruz crucificó a los hombres (creyentes) para el mundo. ¿Qué significa esto? Cuando el creyente muere para el mundo, se aleja de las atracciones y placeres del mundo. Por lo tanto, el creyente se vuelve poco atractivo para el mundo. A los hombres mundanos no les gusta lo que ven, puesto que el creyente está rechazando el estilo de vida y los placeres del mundo. En consecuencia, el mundano no quiere tener nada que ver con el creyente. Lo quieren fuera de su camino. Lo quieren como no existente, como una persona muerta. Por lo tanto, cuando una persona llega a la cruz de Cristo, la cruz lo crucifica para el mundo y sus maneras. Ya no es más atractivo para el mundo.

"Sabiendo esto, que nuestro viejo hombre fue crucificado juntamente con él, para que el cuerpo del pecado sea destruido, a fin de que no sirvamos más al pecado" (Ro. 6:6).

"Porque nosotros que vivimos, siempre estamos entregados a muerte por causa de Jesús, para que también la vida de Jesús se manifieste en nuestra carne mortal" (2 Co. 4:11).

"Con Cristo estoy juntamente crucificado, y ya no vivo yo, mas vive Cristo en mí; y lo que ahora vivo en la carne, lo vivo en la fe del Hijo de Dios, el cual me amó y se entregó a sí mismo por mí" (Gá. 2:20).

"Palabra fiel es esta: Si somos muertos con él, también viviremos con él" (2 Ti. 2:11).

2. La cruz crea a un hombre nuevo. Nada hace a una persona aceptable ante Dios excepto el propio Hijo de Dios, Jesucristo. Ninguna religión, ninguna ley, ningún ritual, nada puede ser de provecho para Dios salvo Jesucristo. Por lo tanto, si cualquier hombre desea vivir con Dios, debe *creer* en *Jesucristo y acercarse a Dios en el nombre de Jesucristo.*

Ahora surge una pregunta muy práctica: ¿De qué manera el empleo del nombre de Jesucristo hace que una persona viva para siempre? ¿Una persona se vuelve aceptable ante Dios solo por acercarse y decir: "Dios, vengo hacia ti en nombre de Jesucristo"? ¡No! Y existe un buen motivo para esto. Dios sabe quién es realmente sincero y quien no lo es. A Dios no se lo puede engañar. *Palabras y falsa profesión* –el solo empleo de las palabras "en el nombre de Jesucristo"– no salvará a nadie. Una persona tiene que ser genuinamente sincera.

El punto es este: Cuando una persona es sincera en su creencia, Dios le da un nuevo espíritu, un espíritu recreado. Dios verdaderamente coloca su naturaleza divina, la presencia de su propio Espíritu en la vida de la persona. La persona "nace de nuevo" espiritualmente. Se convierte en lo que las Escrituras denominan *una criatura nueva, un hombre nuevo.*

"Respondió Jesús y le dijo: De cierto, de cierto te digo, que el que no naciere de nuevo, no puede ver el reino de Dios. Nicodemo le dijo: ¿Cómo puede un hombre nacer siendo viejo? ¿Puede acaso entrar por segunda vez en el vientre de su madre, y nacer? Respondió Jesús: De cierto, de cierto te digo, que el que no naciere de agua y del Espíritu, no puede entrar en el reino de Dios. Lo que es nacido de la carne, carne es; y lo que es nacido del Espíritu, espíritu es" (Jn. 3:3-6).

"De modo que si alguno está en Cristo, nueva criatura es; las cosas viejas pasaron; he aquí todas son hechas nuevas" (2 Co. 5:17).

"Porque en Cristo Jesús ni la circuncisión vale nada, ni la incircuncisión, sino una nueva creación" (Gá. 6:15).

"Y vestíos del nuevo hombre, creado según Dios en la justicia y santidad de la verdad" (Ef. 4:24).

"Y revestido del nuevo, el cual conforme a la imagen del que lo creó se va renovando hasta el conocimiento pleno" (Col. 3:10).

"Siendo *renacidos,* no de simiente corruptible, sino de incorruptible, por la palabra de Dios que vive y permanece para siempre" (1 P. 1:23).

"Por medio de las cuales nos ha dado preciosas y grandísimas promesas, para que por ellas llegaseis a ser participantes de la naturaleza divina, habiendo huido de la corrupción que hay en el mundo a causa de la concupiscencia" (2 P. 1:4).

"Amados, amémonos unos a otros; porque el amor es de Dios. Todo aquel que ama, es *nacido de Dios* [nacido de nuevo], y conoce a Dios" (1 Jn. 4:7).

"Todo aquel que cree que Jesús es el Cristo, es nacido de Dios; y todo aquel que ama al que engendró, ama también al que ha sido *engendrado* [nacido de nuevo] por él" (1 Jn. 5:1).

3. La cruz trae paz y misericordia (v. 16). Advierta quién es el que experimenta paz y misericordia: El que camina por la *regla de la cruz y de la nueva criatura.* Una persona que camina detrás de la cruz, buscando vivir como una nueva criatura en Cristo Jesús recibirá...

- La paz de Dios (Véase nota, *Paz,* Gá. 1:3 para mayor discusión al respecto)
- La misericordia de Dios. Experimentará tanto el perdón de los pecados como la aceptación de Dios. Y lo más

maravilloso de todo: Se le dará la *seguridad perfecta* de la vida eterna y del cuidado de Dios. (Véase nota, *Misericordia,* Ef. 2:4-5 para una mayor discusión al respecto).

Advierta que a la iglesia y a los creyentes se les llama "la Israel de Dios". Esto simplemente significa que la iglesia y los creyentes son la verdadera Israel de Dios, en quienes Dios cumple sus promesas. (Véase bosquejos y notas, Romanos, Capítulos 9-11 para un tratamiento completo de Israel y su ubicación en el plan mundial de Dios).

4. La cruz da propósito a las cicatrices de la vida. Cristo había sufrido por Pablo, por lo tanto, Pablo estaba dispuesto a sufrir por Cristo. Y bien que sufrió. Soportó lo máximo que cualquier hombre ha tenido que soportar por Cristo (Véase nota, *Pablo, Sufrimiento,* 2 Co. 1:8-10 para una lista de los sufrimientos de Pablo). La palabra para marcas (stigmata) significa las marcas de propiedad que los amos colocan en los esclavos. Las marcas identificaban a los esclavos como de su propiedad.

El punto es claro: Pablo había sometido tanto su cuerpo y había sufrido tanta persecución por Cristo que su cuerpo tenía las marcas de tal sometimiento y sufrimiento. Podía decir que las marcas que llevaba en su cuerpo eran las marcas de propiedad de Cristo, las marcas que demostraban su esclavitud y servicio a Cristo. Por lo tanto, que ningún hombre niegue su llamado y ministerio por el Señor. Él tenía una gran evidencia de que era un verdadero ministerio del Señor Jesús: las marcas de su cuerpo. La cruz de Jesucristo condujo a Pablo a servir a Cristo, incluso hasta el punto de sufrir más allá de lo imaginable.

> ***Pensamiento 1:*** El creyente que sufre reproches, el ridículo, la burla y otras persecuciones por su postura ante Cristo, ese creyente lleva las marcas de Cristo en su cuerpo.

[4] (6:18) ***Conclusión:*** Pablo da fin a la carta a los gálatas en forma abrupta. No recibirá más ataques a su ministerio ni al evangelio de Cristo. Las iglesias y su gente deben arrepentirse y sacarse de encima a los falsos maestros. Hasta ese momento:

> **"Hermanos, la gracia de nuestro Señor Jesucristo sea con vuestro espíritu. Amén" (v. 18. Ver nota, *Gracia.* Gá. 1:3).**

ÍNDICE DE BOSQUEJOS Y TEMAS GÁLATAS

RECUERDE: Cuando busca un tema o una referencia de las Escrituras, usted no solo tendrá el texto bíblico, sino también un bosquejo y una discusión (comentario) del pasaje de la Biblia y del tema.

Este es uno de los grandes valores de la *Biblia de bosquejos y sermones.* Cuando posea todos los tomos, no solo tendrá todo lo que los otros índices bíblicos le ofrecen; es decir, un listado de todos los temas y sus referencias bíblicas, SINO que también tendrá:

- un bosquejo de *cada* texto y tema de la Biblia.
- una discusión (comentario) de cada texto y tema.
- cada tema respaldado por otros textos de la Biblia o referencias cruzadas.

Descubra el gran valor usted mismo. Dé una mirada rápida al primer tema de este índice.

ABRAHAM
Pacto. Gá. 3:6-7; 3:15-18
Ejemplo.
De gracia sobre la ley. Gá. 4:21-31
De justificación por fe. Gá. 3:6-14
Ofrece a Isaac. Consideración del tema. Gá. 3:8, 16
Simiente de.
Cristo. Gá. 3:7, 8, 16, 19, 29; cp.3:6-29
Consideración del tema. Gá. 3:8, 16; 3:16
Multitud de pueblos. Gá. 3:7, 8, 29

Busque las referencias. Después los textos bíblicos y el bosquejo de las Escrituras. Luego lea el comentario. De inmediato verá el gran valor de este índice de la *Biblia de bosquejos y sermones.*

LA EPÍSTOLA DEL APÓSTOL PABLO A
LOS EFESIOS

LA EPÍSTOLA DEL APÓSTOL PABLO A LOS EFESIOS

INTRODUCCIÓN

AUTOR: Pablo. Pocos críticos lo niegan. Su ministerio en Éfeso se trata en Hch. 18:18-21; 19:2-41; 20:17-35.

FECHA: Probablemente entre los años 60 y 63 d.C. La carta fue escrita mientras Pablo estaba en prisión en Roma (Ef. 3:1; 4:1; 6:20). Pablo probablemente llegó a Roma en la primavera del año 60 ó 61 d.C. Estuvo bajo arresto domiciliario durante dos años (Hch. 28:30). Durante su encarcelamiento de dos años de duración (ya sea 60-62 d.C. ó 61-63 d.C.), escribió las cartas a las que habitualmente se hace referencia como "Las epístolas de la prisión": Efesios, Filipenses, Colosenses y Filemón.

A QUIÉN FUE DIRIGIDA: Es incierto. Hay fuertes motivos por los cuales se cuestionan las palabras "a los efesios".

1. Las palabras "a los efesios" no figuran en los manuscritos más antiguos y mejores del Nuevo Testamento griego (El papiro Chester Beatty, aproximadamente del año 200 d.C.); el gran códices Sinaiticus y Vaticanus del siglo XIV). El autor del siglo III, Origen, dice que "a los efesios no estaba en el texto original". Basilio y Jerónimo, del siglo IV, dicen que los mejores manuscritos no contenían esas palabras en sus textos (Francis Foulkes, *The Epistle of Paul to the Ephesians* [La epístola de Pablo a los efesios], comp. por RVG Tasker. Grand Rapids, MI: Eerdmans, s.f., p. 17).

2. La carta es la más impersonal de las cartas de Pablo. No hay afecto ni calidez en ellas, ningún saludo personal, ningún mensaje personal. Esto es extraño, puesto que Pablo estuvo por lo menos tres años en Éfeso (Hch. 20:17-35).

3. La indicación es que Pablo y a quienes estaba dirigida la carta no se conocían entre sí. La palabra "oír" se utiliza en lugar de la palabra "conocer" (Ef. 1:15; 3:2).

4. Las cartas a los efesios y colosenses tienen mucho en común en cuanto a su mensaje. Esto apunta a que Pablo escribió ambas cartas al mismo tiempo. De hecho, Pablo menciona otra carta diciendo que también circulaba entre las iglesias aproximadamente en el mismo momento que circulaba entre los colosenses (Col. 4:16).

¡La evidencia apunta a una verdad maravillosa! La carta es de "Pablo... a los fieles y santos en Cristo Jesús". Está escrita a todos los santos, a todas las generaciones. Está dirigida a los creyentes y las iglesias de hoy día.

PROPÓSITO: Pablo escribe a los efesios al menos por dos motivos.

1. Para revelar el propósito de Dios para todo el universo. Dios ha demostrado su propósito a través de su Hijo, Jesucristo, y expresado su propósito a través de la iglesia, que es su cuerpo en la tierra.

2. Para alentar a la iglesia a andar en un espíritu de unidad: A ser "benignos unos con otros, misericordiosos, perdonándoos unos a otros, como Dios también os perdonó a vosotros en Cristo" (Ef. 4:32).

Advierta las palabras "reunir", "juntamente" (Ef. 1:10; 2:5, 6, 22) y la palabra "un" (Ef. 2:15, 16, 18; 4:4, 5, 6).

CARACTERÍSTICAS ESPECIALES:

1. La ciudad de Éfeso. Era la ciudad más importante a lo largo de la costa de Asia Menor. Había doscientas treinta ciudades en la línea costera de Asia Menor. Muchas tenían puertos ideales, pero Éfeso era la reina entre estas comunidades costeras. La ciudad había sido fundada para comandar una de las principales carreteras de Asia Menor. Su atracción no solo era su puerto natural, sino la tierra rica y fértil que cubría el área interior.

Por supuesto, Éfeso era una gran ciudad comercial. Su puerto natural y su ubicación estratégica en uno de los principales caminos del mundo la convertían en lo que era. Sin embargo, a mediados del siglo I, el puerto se había obstruido tanto que el comercio declinó en forma astronómica desde la época de la gloria efesia. Hubo intentos de dragarlo, pero los esfuerzos fueron a medias y finalmente la tentativa fue abandonada. La mentalidad de la gente simplemente no estaba puesta en el esfuerzo. Parte del motivo de esta actitud fue el comercio exitoso y redituable del que gozó Éfeso a partir de su culto religioso. El gran templo de Diana o Artemisa estaba allí. Diana era la diosa que tenía una cabeza grotesca y muchos pechos y que se concentraba en el placer sensual de la carne. Los peregrinos que la adoraban encontraban su satisfacción en la prostitución con una hueste de sacerdotisas que promovían el culto de la diosa. A lo largo de los años se había desarrollado un gran comercio de platería, y el comercialismo turístico tenía su auge durante todo el año. Esto da cuenta del sindicato de plateros que encontraban fácilmente la manera de oponerse a Pablo (Hch. 19:24). Con el pasar de los años, el gran puerto se llenó cada vez más de sedimento y los efesios dependían cada vez más del comercio que provenía de su religión y superstición. El puerto natural de Esmirna, que estaba ubicado en las proximidades, se convirtió en un puerto más adecuado y comenzó a quitarle cada vez más tráfico comercial a Éfeso. Como resultado de ello, Éfeso se convirtió en una ciudad agonizante, viviendo de su reputación del pasado como centro religioso y filosófico. La gran ciudad de Éfeso sufría de una enfermedad, la enfermedad de la falta de probidad sensual, y la enfermedad hizo su obra: corrompió a las personas. Las personas, sensuales y centradas en sí mismos, perdieron su voluntad y disposición para inclinarse a un comercio loable. Así, la enfermedad de Éfeso resultó ser mortal. El "faro" de Éfeso se derrumbó y la luz de Éfeso se apagó (ver Ap. 2:1-7; esp. 5).

2. La iglesia de Éfeso. La iglesia de Éfeso tuvo un comienzo modesto. Cuando Pablo visitó Éfeso, solo encontró a doce creyentes en la ciudad. Habían sido ganados al Señor por el inmaduro pero impactante predicador Apolos. Como resultado de ello, contaban con información errónea sobre la presencia del Espíritu Santo. Parecían carecer de la conciencia del Espíritu en la vida del creyente y de que Él ya había sido enviado al mundo (Hch. 19:1-7). Luego de la instrucción de Pablo a estos doce, comenzó a enseñar en la sinagoga. Enseñó allí por espacio de tres meses, pero los judíos estaban endurecidos y se negaron a creer en el evangelio. Murmuraban en contra del mensaje. Por lo tanto, Pablo trasladó la iglesia a la escuela de un filósofo,

Tirano. Allí predicó a Cristo durante dos años enteros. Durante ese tiempo se dice que la iglesia fue fundamental para hacer conocer la Palabra en toda Asia: "Así continuó por espacio de dos años, de manera que todos los que habitaban en Asia, judíos y griegos, oyeron la palabra del Señor Jesús" (Hch. 19:10).

El Señor obró milagros especiales mediante Pablo en Éfeso y la iglesia fue testigo de algunas cosas increíbles. A partir de toda la evidencia, se necesitaba de lo espectacular para llegar a la gente. Como siempre, Dios hizo todo lo que pudo para llegar a la gente. Estas experiencias demuestran el gran amor de Dios hacia el hombre (ver Hch. 19:11-20). Al observar estos relatos, debemos tener presente los antecedentes de la ciudad. Éfeso era un caldo de cultivo para la magia y la superstición oriental. La gente era emotiva y sensual, con facilidad para dejarse llevar por los sentimientos. Eran personas devotas, personas expresivas, personas amantes y asimismo que se hacían querer (Ap. 2:1-7, esp. 4).

A medida que Pablo predicó y Dios obró milagros, muchos creyeron y la iglesia creció poderosamente. Los creyentes dieron grandes evidencias de vidas cambiadas viviendo por Cristo justo en medio de una sociedad inmoral y pagana. En una ocasión, la iglesia demostró su nueva fe fundada creando una gran fogata y quemando toda su literatura pagana y mágica.

3. El gran mensaje de Efesios es "Reconciliación". Pablo trata con el principal problema del hombre: El problema de la división, la falta de unidad y de armonía. Trata con las principales divisiones y disensos de todo el universo.

a. Al hombre se lo ve dividido frente a Dios (Ef. 2:1ss).
b. Al hombre se lo ve dividido en contra del hombre (Ef. 2:11ss).
c. A los cristianos se los ve con falta de armonía frente a otros cristianos (Ef. 4:1ss).
d. A los cristianos se los ve con falta de armonía frente a Dios (Ef. 5:1ss).
e. A los miembros de la familia se los ve divididos en contra de los miembros de la familia (Ef. 5:22ss).
f. A los esclavos (empleados) se los ve divididos frente a los amos (empleadores) (Ef. 6:5ss).
g. Al hombre se lo ve con falta de armonía respecto de los poderes cósmicos (Ef. 2:2; 6:10; 11-12; 3:10, 15; cp. 1:10, 20-21. Ver también Ro. 8:18 respecto de la división del hombre con la naturaleza).

Se dice que esta división terrible y atemorizante persigue y acosa al hombre y exige su atención y lucha constantes. La respuesta de Pablo es única. Y cabe advertir que su respuesta es una de las grandes revelaciones de las Escrituras. "Dándonos a conocer el misterio de su voluntad, según su beneplácito, el cual se había propuesto en sí mismo, *de reunir todas las cosas en Cristo,* en la dispensación del cumplimiento de los tiempos, así las que están en los cielos, como las que están *en la tierra"* (Ef. 1:9-10).

Cristo es la respuesta a la división, a la falta de unidad y de armonía. Él es el que rompe todas las barreras, Él es quien reconcilia todas las cosas.

a. Reconcilia al hombre con Dios por la sangre de la cruz (Ef. 2:4-13, esp. 13).
b. Reconcilia al hombre con el hombre reuniendo a los hombres en un cuerpo, su iglesia (Ef. 2:13-22; cp. 1:22-23).
c. Reconcilia a los cristianos con los cristianos por el poder del Espíritu Santo y por otorgar dones y funciones individuales a cada miembro para que las realice (Ef. 4:1-32).
d. Reconcilia a los creyentes con Dios por el poder y el fruto del Espíritu Santo (Ef. 5:1-21).
e. Reconcilia a los miembros de la familia con los miembros de la familia dando el ejemplo del amor de Cristo por la iglesia (Ef. 5:22-24).
f. Reconcilia a los esclavos (empleados) con los amos (empleadores) colocándolos en igual posición ante Cristo (Ef. 5:5-9).
g. Faculta al hombre a vencer los poderes cósmicos y espirituales y las fuerzas malignas del universo con la armadura de Dios (Ef. 6:10-18).

4. La gran imagen de Efesios es el "Propósito redentor de Dios". Su propósito redentor se expresa como una imagen teológica de cuatro escenas.

a. Escena 1: La elección de Dios (Ef. 1:3:14). Antes siquiera de haberse fundado la tierra, Dios escogió (la palabra literal es "eligió") a los creyentes en Cristo. Escogió a todos los que confiarían y se comprometerían a Cristo.
b. Escena 2: La reconciliación de Dios (Ef. 2:1-18). Todas las cosas están fuera de armonía, actualmente todo está fuera de orden. Ahora reinan la división, la falta de unidad y de armonía. Pero llegará el día en que Dios reunirá todas las cosas, como si fueran una, y las colocará frente a Jesucristo en su Reino: todas las cosas que están en el cielo y en la tierra (Ef. 1:9-10). Cristo es el centro y la cuerda que une todas las cosas. Es el gran Reconciliador, a quien todas las cosas pueden buscar para la salvación y la paz, eternamente.
c. Escena 3: El cuerpo de Cristo, su iglesia (Ef. 2:9-3:13; cp. 1:22-23). Dios tiene un cuerpo, un cuerpo de personas que está *recreando* en forma sobrenatural. Los está *recreando* para experimentar la gran verdad de la reconciliación y la paz y para llevar el mensaje a todos los demás hombres. Cristo es el instrumento de reconciliación de Dios, y la iglesia es el instrumento de reconciliación de Cristo.
d. Escena 4: La iglesia, los seguidores de Cristo (Ef. 4:1-6:20). Los seguidores de Cristo deberán andar dignos de una vida gloriosa siendo reconciliados como uno. Deberán vivir juntos en unidad y armonía y deberán llevar el mensaje de reconciliación a un mundo inmerso en la división.

5. La gran similitud con los colosenses. Hay más de cincuenta y cinco versículos que son exactamente iguales, y veinticinco versículos que son muy similares. Esto significa que de los ciento cincuenta y cinco versículos de Efesios, se-

tenta y cinco están estrechamente relacionados con Colosenses. Tanto Efesios como Colosenses comienzan con una sección doctrinaria y finalizan con una sección práctica, y ambos fueron enviados aparentemente por el mismo hombre, Tíquico (Ef. 6:20; cp. Col. 4:7).

Dicha similitud es de ser esperada. Pablo escribió ambas cartas mientras estaba en prisión en Roma, probablemente una después de la otra.

6. Efesios ha sido denominado "La reina de las epístolas". Es un libro sumamente amado, probablemente más amado que cualquier otro libro por la mayoría de las personas. Con alas firmes vuela sobre las alturas del pensamiento teológico y con los vientos de la mayor de las verdades.

Es como un gran sermón que deja a una persona fascinada. Es como la más grande de las oraciones que atrae a una persona ante la misma presencia de Dios. Es como una gran doxología que deja a la persona con un profundo sentido de adoración.

BOSQUEJO DE EFESIOS

LA BIBLIA DE BOSQUEJOS Y SERMONES es *única*. Difiere de todo otro material de estudios bíblicos y recursos de sermones en cuanto a que cada pasaje y tema es bosquejado justo al lado de las Escrituras correspondientes. Cuando usted elija cualquier *Tema* mencionado más adelante y recurra a la referencia, no solo contará con el pasaje de las Escrituras, sino que también descubrirá el pasaje de las Escrituras y el Tema *ya bosquejado para usted, versículo por versículo.*

A modo de ejemplo rápido, escoja uno de los temas mencionados más adelante y remítase a las Escrituras y hallará esta maravillosa ayuda para un empleo más rápido, más sencillo y más preciso.

Además, cada punto de las Escrituras y Tema está *totalmente desarrollado en un Comentario con un pasaje de apoyo de las Escrituras* en el final de la página.

Advierta algo más: Los Temas de Efesios tienen títulos que son a la vez bíblicos y prácticos. Los títulos prácticos a veces tienen más atracción para la gente. Este *beneficio* se ve claramente en el empleo de folletos, boletines, boletines internos de las iglesias, etc.

Una sugerencia: Para una visión más rápida de Efesios, primero lea *todos los títulos principales* (I, II, III, etc.), y luego vuelva y lea los subtítulos.

BOSQUEJO DE EFESIOS

SALUDO: EL LLAMADO DE DIOS, 1:1-2

I. EL PLAN ETERNO DE DIOS PARA EL CREYENTE CRISTIANO, 1:3-23
- **A. Las bendiciones de Dios, 1:3-14**
- **B. El conocimiento de Dios, 1:15-18**
- **C. El poder de Dios: Demostrado en la exaltación de Cristo, 1:19-23**

II. LA VIDA DEL CREYENTE CRISTIANO, 2:1-22
- **A. La vida del creyente antes de la conversión: Una vida sin Cristo, 2:1-3**
- **B. La conversión del creyente (Parte 1): La obra de la misericordia de Dios, 2:4-7**
- **C. La conversión del creyente (Parte 2): La obra de la salvación por gracia de Dios, 2:8-10**
- **D. Recordar cómo es la vida desde que vino Cristo: Reconciliación y paz, 2:11-18**
- **E. Recordar quién es uno: Seis imágenes de la iglesia, 2:19-22**

III. EL PROPÓSITO ETERNO DE DIOS PARA EL CREYENTE CRISTIANO, 3:1-21
- **A. Un nuevo cuerpo de personas: El gran misterio de Cristo, 3:1-13**
- **B. Un creyente maduro en Cristo: La gran oración por la iglesia y el creyente, 3:14-21**

IV. EL CAMINO DEL CREYENTE CRISTIANO, 4:1—6:9
- **A. El creyente debe caminar digno de su llamado, 4:1-6**
- **B. El creyente debe caminar usando sus dones, 4:7-16**
- **C. El creyente debe caminar de manera diferente de los gentiles, 4:17-24**
- **D. El creyente debe caminar quitándose las vestiduras del hombre anterior, 4:25-32**
- **E. El creyente debe caminar siguiendo a Dios, 5:1-7**
- **F. El creyente debe caminar como un hijo de luz, 5:8-14**
- **G. El creyente debe caminar en forma cuidadosa y estricta, 5:15-21**
- **H. La esposa y el esposo creyentes deben caminar en un espíritu de sumisión y amor, 5:22-33**
- **I. Los hijos y padres creyentes deben caminar bajo la autoridad de Dios, 6:1-4**
- **J. Los esclavos y amos creyentes (empleadores – empleados) deben caminar bajo la autoridad de Dios, 6:5-9.**

V. LA GUERRA DEL CREYENTE CRISTIANO, 6:10-24
- **A. La armadura del soldado cristiano, 6:10-20**
- **B. Los ejemplos de soldados cristianos fieles, 6:21-24**

LA EPÍSTOLA DEL APÓSTOL PABLO A LOS EFESIOS

	CAPÍTULO 1 SALUDO: EL LLAMADO DE DIOS, 1:1-2
1 El llamado de Dios a Pablo a. Para ser un apóstol b. Por voluntad de Dios **2 El llamado de Dios a la iglesia y sus creyentes** a. Para que sean santos y fieles b. Para recibir la gracia y la paz	1 Pablo, apóstol de Jesucristo por la voluntad de Dios, a los santos y fieles en Cristo Jesús que están en Éfeso: 2 Gracia y paz a vosotros, de Dios nuestro Padre y del Señor Jesucristo.

SALUDO: EL LLAMADO DE DIOS, 1:1-2

(1:1-2) ***Introducción:*** Pablo comienza la carta a los efesios con uno de los principales temas imaginables: El llamado de Dios. Nada podría ser más significativo para una persona que ser llamado por Dios.

1. El llamado de Dios a Pablo (v. 1).
2. El llamado de Dios a la iglesia y sus creyentes (vv. 1-2).

[1] (1:1) ***Llamado, Pablo, Apóstol, Voluntad de Dios:*** Existió el llamado de Dios a Pablo. Pablo dice que fue "un apóstol de Jesucristo por la voluntad de Dios". Advierta cuatro puntos significativos.

1. Pablo fue un privilegiado. No hay privilegio más grande en todo el mundo que el privilegio de servir a Jesucristo. Jesucristo es el Hijo de Dios mismo, el Señor Supremo del universo y de toda su enormidad. No importa cuán grande sea el universo y no importa cuántos universos haya, Jesucristo es el *Señor Majestuoso* de todo. Él reina y gobierna como Dios Todopoderoso. No debería haber mayor privilegio que servir al Señor Jesucristo, la Majestad Soberana del universo.

2. La palabra "apóstol" (apostolos) significa alguien llamado y enviado con una misión muy especial (ver *Estudio a fondo 5, Apóstol,* Mt. 10:2 para mayor discusión al respecto). La misión otorgada a Pablo fue la de ser un mensajero. El Señor Jesucristo llamó a Pablo para proclamar el mensaje glorioso de salvación al mundo.

El punto es este: Jesucristo no solo es el Señor Soberano del universo. Él es el Salvador del mundo. Dios amaba tanto al mundo que dio a su Hijo unigénito para salvar al mundo. Cualquier persona que crea en Jesucristo no perecerá, sino que tendrá vida eterna (Jn. 3:16). *Cristo necesita mensajeros,* mensajeros que lleven la noticia gloriosa de la salvación al mundo. Este fue el llamado de Dios a Pablo: ser un mensajero de Jesucristo para el mundo. (Véase nota, *Ministro, Llamado,* Gá. 1:1 para mayor discusión al respecto).

> ***Pensamiento 1:*** Cristo necesita mensajeros. Han transcurrido cientos de años y el mundo todavía no ha sido alcanzado con las gloriosas nuevas de Jesucristo, el propio Hijo de Dios. ¡Ay del hombre que ha sido llamado y no acude! Si Dios nos llama, debemos acudir o bien enfrentar un terrible día donde deberemos dar cuenta de nuestros actos.
>
> **"No me elegisteis vosotros a mí, sino que yo os elegí a vosotros, y os he puesto para que vayáis y llevéis fruto, y vuestro fruto permanezca; para que todo lo que pidiereis al Padre en mi nombre, él os lo dé" (Jn. 15:16).**
>
> **"Pero levántate, y ponte sobre tus pies; porque para esto he aparecido a ti, para ponerte por ministro y testigo de las cosas que has visto, y de aquellas en que me apareceré a ti" (Hch. 26:16).**
>
> **"Y todo esto proviene de Dios, quien nos reconcilió consigo mismo por Cristo, y nos dio el ministerio de la reconciliación; que Dios estaba en Cristo reconciliando consigo al mundo, no tomándoles en cuenta a los hombres sus pecados, y nos encargó a nosotros la palabra de la reconciliación. Así que, somos embajadores en nombre de Cristo, como si Dios rogase por medio de nosotros; os rogamos en nombre de Cristo: Reconciliaos con Dios. Al que no conoció pecado, por nosotros lo hizo pecado, para que nosotros fuésemos hechos justicia de Dios en él" (2 Co. 5:18-21).**
>
> **"Doy gracias al que me fortaleció, a Cristo Jesús nuestro Señor, porque me tuvo por fiel, poniéndome en el ministerio" (1 Ti. 1:12).**

3. Pablo se encontraba poseído por Jesucristo. El supremo Señor y Majestad del universo había condescendido y se había humillado para venir a esta tierra y salvarla. El propio Hijo de Dios le ha dado al hombre el privilegio de conocerlo en la forma más personal: como su Salvador y Señor. Pablo conocía a Cristo –lo conocía personalmente–, lo conocía como su Salvador. ¡Imagine conocer al Hijo de Dios personalmente! No podría existir mayor privilegio. Pablo lo sabía, por lo tanto, entregó su vida completamente a Cristo. Todo lo que era y todo lo que tenía, Pablo lo entregó a Cristo. Él estaba poseído y obsesionado con Cristo. Vivía para Cristo y únicamente para Cristo. Cristo era el Salvador de Pablo, pero también era su Señor y Amo. Estaba poseído por completo por Cristo. No hacía su propia voluntad. Él era de Cristo, hacía solo lo que Cristo quería.

> **"Entonces Jesús dijo a sus discípulos: Si alguno quiere venir en pos de mí, niéguese a sí mismo, y tome su cruz, y sígame" (Mt. 16:24).**
>
> **"Entonces Pedro comenzó a decirle: He aquí, nosotros lo hemos dejado todo, y te hemos seguido" (Mr. 10:28).**

"Así, pues, cualquiera de vosotros que no renuncia a todo lo que posee, no puede ser mi discípulo" (Lc. 14:33).

"Y él les dijo: De cierto os digo, que no hay nadie que haya dejado casa, o padres, o hermanos, o mujer, o hijos, por el reino de Dios, que no haya de recibir mucho más en este tiempo, y en el siglo venidero la vida eterna" (Lc. 18:29-30).

"Ni tampoco presentéis vuestros miembros al pecado como instrumentos de iniquidad, sino presentaos vosotros mismos a Dios como vivos de entre los muertos, y vuestros miembros a Dios como instrumentos de justicia" (Ro. 6:13).

"Así que, hermanos, os ruego por las misericordias de Dios, que presentéis vuestros cuerpos en sacrificio vivo, santo, agradable a Dios, que es vuestro culto racional. No os conforméis a este siglo, sino transformaos por medio de la renovación de vuestro entendimiento, para que comprobéis cuál sea la buena voluntad de Dios, agradable y perfecta" (Ro. 12:1-2).

"¿O ignoráis que vuestro cuerpo es templo del Espíritu Santo, el cual está en vosotros, el cual tenéis de Dios, y que no sois vuestros? Porque habéis sido comprados por precio; glorificad, pues, a Dios en vuestro cuerpo y en vuestro espíritu, los cuales son de Dios" (1 Co. 6:19-20).

"Pero cuantas cosas eran para mí ganancia, las he estimado como pérdida por amor de Cristo. Y ciertamente, aun estimo todas las cosas como pérdida por la excelencia del conocimiento de Cristo Jesús, mi Señor, por amor del cual lo he perdido todo, y lo tengo por basura, para ganar a Cristo" (Fil. 3:7-8).

"Dame, hijo mío, tu corazón, y miren tus ojos por mis caminos" (Pr. 23:26).

4. Pablo fue convocado por la voluntad de Dios. Quién era y qué estaba haciendo eran la voluntad de Dios. Su obra y su empleo fueron elegidos por Dios, no por él. Él no había elegido el ministerio porque fuera una buena profesión ni porque algunos amigos pensaran que podía llegar a ser un buen predicador. Fue un ministro porque Dios lo había convocado para ser un ministro.

Pensamiento 1: ¿ Cuántos de nosotros podemos decir que lo que estamos haciendo es la voluntad de Dios? ¿Cuántos de nosotros estamos seguros de que nuestra obra y nuestra profesión son de Dios, de que estamos justo donde Dios nos quiere? ¿Estamos obrando y sirviendo donde Dios quiere que lo hagamos o donde nosotros queremos? ¿Estamos dentro de la voluntad de Dios o fuera de ella?

"Porque todo aquel que hace la voluntad de mi Padre que está en los cielos, ése es mi hermano, y hermana, y madre" (Mt. 12:50).

"No os conforméis a este siglo, sino transformaos por medio de la renovación de vuestro entendimiento, para que comprobéis cuál sea la buena voluntad de Dios, agradable y perfecta" (Ro. 12:2).

"No sirviendo al ojo, como los que quieren agradar a los hombres, sino como siervos de Cristo, de corazón haciendo la voluntad de Dios" (Ef. 6:6).

"En lugar de lo cual deberíais decir: Si el Señor quiere, viviremos y haremos esto o aquello" (Stg. 4:15).

"Y el mundo pasa, y sus deseos; pero el que hace la voluntad de Dios permanece para siempre" (1 Jn. 2:17).

"El hacer tu voluntad, Dios mío, me ha agradado, y tu ley está en medio de mi corazón" (Sal. 40:8).

2 (1:1-2) ***Iglesia, Creyentes, Llamado, Santos, Fieles:*** Estaba el llamado de Dios a la iglesia. Este es el saludo de Pablo a la iglesia y es muy similar al saludo habitual que envió a todas las iglesias. Advierta la profundidad de significado en lo que dice: Está realmente cubriendo el alcance del llamado de Dios a una iglesia y a sus creyentes.

1. Dios llama a los creyentes para que sean *santos y fieles.*

a. En la Biblia, la palabra "santo" no se refiere solo a algunas personas que han hecho grandes obras para Dios. Se refiere a todas las personas. La palabra "santo" (hagioi) significa separado, consagrado y santificado. Un santo es un seguidor del Señor Jesucristo que ha sido apartado a fin de vivir para Dios. El santo se ha entregado a vivir una vida consagrada, santificada y santa, todo para la gloria de Dios. Advierta que los creyentes son *santos* en ambos sentidos:

 Los creyentes son *santos* en el sentido de que Dios les ha dado un corazón nuevo: Un corazón que es renovado y recreado en justicia y verdadera santidad.

"Y vestíos del nuevo hombre, creado según Dios en la justicia y santidad de la verdad" (Ef. 4:24).

"Y revestido del nuevo, el cual conforme a la imagen del que lo creó se va renovando hasta el conocimiento pleno" (Col. 3:10).

"De modo que si alguno está en Cristo, nueva criatura es; las cosas viejas pasaron; he aquí todas son hechas nuevas" (2 Co. 5:17).

 Los creyentes son *santos* en el sentido de que son apartados para vivir vidas consagradas y santas en este mundo.

"Así que, hermanos, os ruego por las misericordias de Dios, que presentéis vuestros cuerpos en sacrificio vivo, santo, agradable a Dios, que es vuestro culto racional. No os conforméis a este siglo, sino transformaos por medio de la renovación de vuestro entendimiento, para que comprobéis cuál sea la buena voluntad de Dios, agradable y perfecta" (Ro. 12:1-2).

"Como hijos obedientes, no os conforméis a los deseos que antes teníais estando en vuestra ignorancia; sino, como aquel que os llamó es santo, sed también vosotros santos en toda vuestra manera de vivir" (1 P. 1:14-15).

b. La palabra "fiel" (pistois) significa una persona que ha depositado su fe en el Señor Jesucristo. La persona fiel es una persona que ha buscado al Señor Jesucristo y que...

- Creyó que Cristo podía salvarlo y lo haría.
- Consideró a Cristo digno de su confianza.
- Depositó su confianza en Cristo y en su Palabra.
- Confió su salvación en las manos de Cristo.
- Comprometió su vida a Cristo.

Dicho muy simplemente, los fieles son aquellos que han entregado y establecido sus vidas apartadas para Jesucristo, confiando en que Él los salvará. Este es el primer llamado que Dios hace a las personas: ser santos y fieles del Señor Jesucristo.

Pensamiento 1: Todo ser humano debería estar completamente seguro de que Dios lo considera entre los santos y los fieles del mundo. A no ser que sea así, no hay escapatoria de las esclavitudes y corrupciones de este mundo, y lo más trágico de todo, su fin es la muerte, la muerte eterna.

"Y como Moisés levantó la serpiente en el desierto, así es necesario que el Hijo del Hombre sea levantado, para que todo aquel que en él *cree,* no se pierda, mas tenga vida eterna" (Jn. 3:14-15).

"Porque de tal manera amó Dios al mundo, que ha dado a su Hijo unigénito, para que todo aquel que en él *cree,* no se pierda, mas tenga vida eterna" (Jn. 3:16).

"El que *cree* en el Hijo tiene vida eterna; pero el que rehúsa creer en el Hijo no verá la vida, sino que la ira de Dios está sobre él" (Jn. 3:36).

"De cierto, de cierto os digo: El que oye mi palabra, y *cree* al que me envió, tiene vida eterna; y no vendrá a condenación, mas ha pasado de muerte a vida" (Jn. 5:24).

"Le dijo Jesús: Yo soy la resurrección y la vida; el que *cree* en mí, aunque esté muerto, vivirá" (Jn. 11:25).

"Yo, la luz, he venido al mundo, para que todo aquel que *cree* en mí no permanezca en tinieblas" (Jn. 12:46).

"Pero éstas se han escrito para que *creáis* que Jesús es el Cristo, el Hijo de Dios, y para que creyendo, tengáis vida en su nombre" (Jn. 20:31).

"Que si confesares con tu boca que Jesús es el Señor, y *creyeres* en tu corazón que Dios le levantó de los muertos, serás salvo" (Ro. 10:9).

2. Dios llama a los creyentes a la gracia y a la paz (ver *Estudio a fondo 1, Gracia,* Ef. 1:2, Gá. 1:3; *Paz,* Gá. 1:3; 5:22-23 para mayor discusión al respecto).

ESTUDIO A FONDO 1

(1:2) ***Gracia*** (charis): Probablemente la palabra más significativa en el lenguaje de los hombres. La Biblia quiere significar algo muy superior al significado que le dan los hombres a la gracia. Para los hombres, la palabra "gracia" significa tres cosas.

- La gracia es ese algo, esa calidad dentro de una cosa, que es bella o alegre. Puede ser la fragancia de una flor, el hermoso verde del césped, la belleza de una persona agradable.
- La gracia es cualquier cosa que sea amorosa. Puede ser un pensamiento, un acto, una palabra, una persona.
- La gracia es un don, un favor que alguien puede hacerle a un amigo. El favor siempre se hace en forma gratuita, sin esperar nada a cambio y el favor siempre se realiza para un amigo.

1. La gracia significa todos los favores y dones de Dios. Significa todos los dones buenos y perfectos de Dios, todas las cosas buenas y beneficiosas que Él nos da y hace por nosotros, ya sean físicas, mentales o espirituales (Stg. 1:17).

"En quien tenemos redención por su sangre, el perdón de pecados según *las riquezas de su gracia"* (Ef. 1:7).

"Para mostrar en los siglos venideros las abundantes *riquezas de su gracia* en su bondad para con nosotros en Cristo Jesús" (Ef. 2:7).

"Mi Dios, pues, suplirá todo lo que os falta conforme a sus riquezas en gloria en Cristo Jesús" (Fil. 4:19).

"Pero la gracia de nuestro Señor fue más abundante con la fe y el amor que es en Cristo Jesús" (1 Ti. 1:14).

2. La gracia significa el favor de Dios vertido sobre los hombres, hombres que no merecieron su favor. Cuando los primeros cristianos observaron lo que Dios había hecho por el hombre, debieron agregar un significado más profundo y mucho más rico a la palabra *gracia.* Puesto que Dios había salvado a pecadores, a aquellos que habían actuado en su contra. La gracia se convirtió en la bondad y el amor que Dios da gratuitamente a sus *enemigos,* hombres que son...

- "débiles" (Ro. 5:6).
- "impíos" (Ro. 5:6).
- "pecadores" (Ro. 5:8).
- "enemigos" (Ro. 5:10).

Ninguna otra palabra expresa de este modo la profundidad y riqueza del corazón y la mente de Dios. Esta es la diferencia entre la gracia de Dios y la gracia del hombre. Mientras que el hombre a veces hace favores a sus amigos y por ende puede decirse que es gracioso, Dios ha realizado una cosa que no se ha escuchado entre los hombres: Él ha dado su propio Hijo para que muera por sus enemigos (Ro. 5:8-10). (Véase notas, Jn. 21:15-17; Ef. 2:8-10).

a. La gracia de Dios no se gana. Es algo completamente inmerecido.

"Porque por gracia sois salvos por medio de la fe; y esto no de vosotros, pues es don de Dios; no por obras, para que nadie se gloríe" (Ef. 2:8-9).

"Pero cuando se manifestó la bondad de Dios nuestro Salvador, y su amor para con los hombres, nos salvó, no por obras de justicia que nosotros hubiéramos hecho, sino por su misericordia, por el lavamiento de la regeneración y por la renovación en el Espíritu Santo" (Tit. 3:4-5).

b. La gracia de Dios es el don gratuito de Dios. Dios extiende su gracia hacia el hombre.

"Siendo justificados gratuitamente por su gracia, mediante la redención que es en Cristo Jesús" (Ro. 3:24).

"Pero Dios, que es rico en misericordia, por su gran amor con que nos amó, aun estando nosotros muertos en pecados, nos dio vida juntamente con Cristo (por gracia sois salvos)" (Ef. 2:4-5).

"Porque la gracia de Dios se ha manifestado para salvación a todos los hombres, enseñándonos que, renunciando a la impiedad y a los deseos mundanos, vivamos en este siglo sobria, justa y piadosamente, aguardando la esperanza bienaventurada y

la manifestación gloriosa de nuestro gran Dios y Salvador Jesucristo, quien se dio a sí mismo por nosotros para redimirnos de toda iniquidad y purificar para sí un pueblo propio, celoso de buenas obras" (Tit. 2:11-14).

c. La gracia de Dios es la única forma en la que un hombre puede ser salvo.

"Pero el don no fue como la transgresión; porque si por la transgresión de aquel uno [Adán] murieron los muchos, abundaron mucho más para los muchos la gracia y el don de Dios por la gracia de un hombre, Jesucristo" (Ro. 5:15).

"Gracias doy a mi Dios siempre por vosotros, por la gracia de Dios que os fue dada en Cristo Jesús" (1 Co. 1:4).

"Porque ya conocéis la gracia de nuestro Señor Jesucristo, que por amor a vosotros se hizo pobre, siendo rico, para que vosotros con su pobreza fueseis enriquecidos" (2 Co. 8:9).

"El cual derramó en nosotros abundantemente por Jesucristo nuestro Salvador, para que justificados por su gracia, viniésemos a ser herederos conforme a la esperanza de la vida eterna" (Tit. 3:6-7).

	I. EL PLAN ETERNO DE DIOS PARA EL CREYENTE CRISTIANO, 1:3-23 **A. Las bendiciones de Dios, 1:3-14**	con nosotros en toda sabiduría e inteligencia, 9 dándonos a conocer el misterio de su voluntad, según su beneplácito, el cual se había propuesto en sí mismo,	**duría y entendimiento** **6 Dios nos ha revelado el misterio de su voluntad** a. Fuente: Su propósito b. Para llegar al clímax de los tiempos
1 Las bendiciones de Dios son bendiciones celestiales, no materiales	3 Bendito sea el Dios y Padre de nuestro Señor Jesucristo, que nos bendijo con toda bendición espiritual en los lugares celestiales en Cristo,	10 de reunir todas las cosas en Cristo, en la dispensación del cumplimiento de los tiempos, así las que están en los cielos, como las que están en la tierra.	c. Para reunir todas las cosas en el cielo y en la tierra d. Para colocar todo bajo Cristo
2 Dios nos ha elegido para ser santos y sin mancha a. Cómo: En Cristo b. Propósito: Vivir "ante Él en amor", por siempre	4 según nos escogió en él antes de la fundación del mundo, para que fuésemos santos y sin mancha delante de él,	11 En él asimismo tuvimos herencia, habiendo sido predestinados conforme al propósito del que hace todas las cosas según el designio de su voluntad,	**7 Dios nos ha dado una herencia: Nos ha convertido en el legado de Dios** a. Predestinado: Su voluntad b. La herencia: " Que seamos", es decir, existir eternamente
3 Dios nos ha adoptado como hijos a. Predestinado, preordenado: Fue su voluntad b. Cómo: Por Cristo c. Por qué: Para alabar su gracia	5 en amor habiéndonos predestinado para ser adoptados hijos suyos por medio de Jesucristo, según el puro afecto de su voluntad, 6 para alabanza de la gloria de su gracia, con la cual nos hizo aceptos en el Amado,	12 a fin de que seamos para alabanza de su gloria, nosotros los que primeramente esperábamos en Cristo. 13 En él también vosotros, habiendo oído la palabra de verdad, el evangelio de vuestra salvación, y habiendo creído en él, fuisteis sellados con el Espíritu Santo de la promesa,	c. Por qué: Para que existamos en su gloria, v. 12 d. Cómo recibir la herencia 1) Oyendo la Palabra 2) Confiando en Cristo
4 Dios nos ha redimido, ha perdonado nuestros pecados a. Cómo: Por la sangre de Cristo b. Fuente: Su gracia	7 en quien tenemos redención por su sangre, el perdón de pecados según las riquezas de su gracia,	14 que es las arras de nuestra herencia hasta la redención de la posesión adquirida, para alabanza de su gloria.	**8 Dios nos ha sellado con el Espíritu Santo** a. Él es la garantía de nuestra herencia b. Por qué: Para alabar su gloria
5 Dios nos ha dado sabi-	8 que hizo sobreabundar para		

DIVISIÓN I

EL PLAN ETERNO DE DIOS PARA EL CREYENTE CRISTIANO, 1:3-23

A. Las bendiciones de Dios, 1:3-14

(1:3-14) ***Introducción:*** Entre todos los grandes pasajes de las Escrituras, este es uno de los más grandes. Su importancia no podrá ser jamás suficientemente enfatizada. Tiene que ver con el plan de Dios para el mundo. Su plan eterno, trata de las grandes bendiciones de Dios que Él vierte sobre aquellos que confían en que su Hijo Jesucristo es el Salvador.

1. Las bendiciones de Dios son bendiciones celestiales, no materiales (v. 3).
2. Dios nos ha elegido para ser santos y sin mancha (v. 4).
3. Dios nos ha adoptado como hijos (vv. 5-6).
4. Dios nos ha redimido, ha perdonado nuestros pecados (v. 7).
5. Dios nos ha dado sabiduría y entendimiento (v. 8).
6. Dios nos ha revelado el misterio de su voluntad (vv. 9-10).
7. Dios nos ha dado una herencia: Nos ha convertido en el legado de Dios (vv. 11-13).
8. Dios nos ha sellado con el Espíritu Santo (v. 14).

[1] (1:3) ***Bendiciones:*** Las bendiciones de Dios son espirituales y celestiales, no bendiciones materiales. A lo largo de la historia, Dios ha utilizado dos métodos de bendiciones en su tratamiento con el hombre. Antes de Cristo, Dios lo bendijo con bendiciones materiales. Él le prometió a Abraham y a Israel tierra, riqueza y fama. (Véase nota y *Estudio a fondo 1,* Jn. 4:22; *Estudio a fondo 1,* Ro. 4:1-25. Cp. Gn. 12:1ss; 13:14-17; 15:1-7; 15-19; 22:16-18; 26:2-5, 24; 28:13-15; 31:13; 35:9-12). Pero Israel hizo un mal uso y acaparó las bendiciones materiales. En lugar de compartir sus bendiciones con otras naciones, Israel se aisló y proclamó su superioridad y los derechos otorgados por Dios por sobre otras naciones de la tierra. Sin embargo, a partir de Cristo, Dios trata con el hombre en forma espiritual, bendiciéndolo con bendiciones espirituales.

Deben advertirse cinco cosas respecto de esto.

1. Las bendiciones espirituales *son del Espíritu.* Es el Espíritu el que controla al hombre y a las circunstancias que lo rodean. Un hombre puede sentirse mal, estar deprimido y oprimido, pero si su espíritu es fuerte, se pone de pie y conquista sus sentimientos. Controla y vence las circunstancias opresivas y vive un día victorioso. Pero si su espíritu es débil, ya sea en el trabajo o en el ocio, por lo general se queja con compasión

propia, rezongando y viviendo un día vencido. Y con demasiada frecuencia los días pasan a ser semanas y meses hasta que la vida de una persona está en baja más que en ascenso, todo porque el espíritu es demasiado débil para conquistar. Así, las principales bendiciones de Dios están vinculadas con bendiciones que son espirituales, que le permiten a una persona controlar su propia vida.

2. Las bendiciones espirituales son exactamente lo opuesto a las bendiciones temporales. Son las *bendiciones del hombre interior,* las bendiciones del inmortal. Pero de todas las bendiciones, son las más gloriosas y satisfactorias. Son las bendiciones que borran la soledad, la alienación y la falta de propósito de los hombres. Son las bendiciones que le dan al hombre una superabundancia de vida.

3. Las bendiciones espirituales son muy superiores a las bendiciones materiales. Son *permanentes, perfectas y eternas,* perduran por siempre. Son de la misma naturaleza que Dios mismo. Las bendiciones espirituales existen y pueden ser experimentadas tanto en la tierra (la dimensión física del ser) como en el cielo (la dimensión espiritual del ser).

4. Las bendiciones espirituales se encuentran solo *en Cristo.* Jesucristo ha resucitado de entre los muertos y ha sido exaltado a la diestra de Dios el Padre. Él está en el cielo, rodeado de toda la atmósfera y las bendiciones celestiales. Todas las bendiciones celestiales son suyas. Él es el Señor y el Poseedor de todas las bendiciones. Por lo tanto, si una persona va a experimentar una bendición espiritual, debe estar *en Cristo.* Si una persona está *en Cristo,* entonces tiene su lugar *en el cielo* con Cristo. ¿Cómo es esto posible? Cuando una persona *cree en Cristo,* cree genuinamente, Dios toma su fe y la considera como justa. Dios considera a la persona como que es igual a Cristo, justa y aceptable. En la mente de Dios *la fe en Cristo* hace que una persona sea tal es Cristo: santo, justo y aceptable para el cielo. Por lo tanto, cuando una persona cree en Cristo, la mente de Dios ve a la persona en Cristo. Dios ve a la persona identificada con Cristo, sentada en el cielo. Y al estar sentada en el cielo, la persona puede experimentar todas las bendiciones del cielo. Dicho de manera sencilla, *estar en Cristo* significa creer tanto en el Hijo de Dios que Dios se ve exaltado, tan exaltado que Él cuenta a la persona como si fuera igual a Cristo: aceptable y digno de ser bendecido con todas las bendiciones del cielo. (Véase nota y *Estudio a fondo 1, Justificación,* Gá. 2:15-16 para una discusión más profunda al respecto).

5. Dios trató primero con el hombre sobre las bendiciones materiales porque el hombre tenía que aprender varias cosas.

a. Una herencia terrenal no perdura. Está sometida a ser perdida o robada. O bien evitamos que nuestras posesiones materiales se deterioren o dejamos nuestras posesiones para los que nos siguen.

b. Una nación terrenal y una herencia material no puede traer paz ni seguridad. La paz y la seguridad son del espíritu. Las naciones terrenales y las cosas materiales son de la tierra, de naturaleza corruptible. Por eso las naciones y las cosas materiales no resuelven la lucha espiritual que siente el hombre en su propio ser. Ni tampoco las naciones o las cosas materiales borran las divisiones espirituales que existen entre los hombres y entre el hombre y Dios.

c. El hombre tiene dentro de su ser interior un egoísmo y una codicia básicos. El hombre encuentra una tendencia, un impulso incontrolado, que desea y busca lo material y acapara lo corruptible rechazando lo espiritual.

d. El hombre debe pasar por un cambio básico de carácter para ser liberado de este impulso, de esta tendencia que provoca demasiada esclavitud, inquietud y división entre el ser de uno y entre los hombres. El hombre debe *nacer de nuevo,* convertirse en una *nueva creación, ser un hombre nuevo,* desde el punto de vista espiritual, permanente, perfecto y eterno. Y tal creación espiritual debe ser creada por Alguien muy superior a sí mismo. El hombre debe ser recreado por la mano de Dios mismo.

[2] (1:4) ***Santo, Sin mancha:*** La primera bendición: Dios nos ha elegido para que seamos santos y sin mancha. Este es un versículo maravilloso. ¡Imagine! Dios determinó antes de que siquiera fuera creado el mundo que tendría un pueblo...

- Que estaría "en Él", es decir, en su Hijo, Jesucristo.
- Que sería "santo y sin mancha".
- Que viviría "delante de Él" por los siglos de los siglos.

Esto significa algo maravilloso. Dios quiere que estemos con Él. Dios no nos quiere apartados de Él, arrebatados por el pecado y la vergüenza, por el dolor y la angustia, por la muerte y el infierno. Dios quiere que vivamos por siempre con Él. De hecho, advierta que Dios ha determinado que algunos vivirán con Él y con Cristo. Él nos ha "elegido" –ha elegido a creyentes– para que vivan con Él. Ningún monto de rebelión ni rechazo, de maldición o negación de Él detendrá su propósito y plan. Dios tendrá un pueblo que vivirá con Él, y Dios seguirá eligiéndonos hasta que haya llegado a la cantidad que se propuso.

Ahora bien, advierta las grandes bendiciones de Dios: Que debemos ser santos y sin mancha delante de Él.

1. La palabra "santo" (hagious) significa ser apartado y consagrado a Dios. Es la misma palabra que se utiliza en el versículo uno (ver nota, *Santo,* Ef. 1:1-2 para mayor discusión al respecto).

> **"Así que, amados, puesto que tenemos tales promesas, limpiémonos de toda contaminación de carne y de espíritu, perfeccionando la santidad en el temor de Dios" (2 Co. 7:1).**
>
> **"Y vestíos del nuevo hombre, creado según Dios en la justicia y santidad de la verdad" (Ef. 4:24).**
>
> **"Seguid la paz con todos, y la santidad, sin la cual nadie verá al Señor" (He. 12:14).**
>
> **"Sino, como aquel que os llamó es santo, sed también vosotros santos en toda vuestra manera de vivir; porque escrito está: Sed santos, porque yo soy santo" (1 P. 1:15-16).**
>
> **"Puesto que todas estas cosas han de ser deshechas, ¡cómo no debéis vosotros andar en santa y piadosa manera de vivir" (2 P. 3:11).**

2. Las palabras "sin mancha" (amomous) significa estar libre de pecado, suciedad e inmundicia; no tener motivo de reproche ni de mancha, no tener fallas ni contaminación.

> **"Para que seáis irreprensibles y sencillos, hijos de Dios sin mancha en medio de una generación maligna**

y perversa, en medio de la cual resplandecéis como luminares en el mundo" (Fil. 2:15).

"Y a vosotros también, que erais en otro tiempo extraños y enemigos en vuestra mente, haciendo malas obras, ahora os ha reconciliado en su cuerpo de carne, por medio de la muerte, para presentaros santos y sin mancha e irreprensibles delante de él" (Col. 1:21-22).

"Para que sean afirmados vuestros corazones, irreprensibles en santidad delante de Dios nuestro Padre, en la venida de nuestro Señor Jesucristo con todos sus santos" (1 Ts. 3:13).

"Y el mismo Dios de paz os santifique por completo; y todo vuestro ser, espíritu, alma y cuerpo, sea guardado irreprensible para la venida de nuestro Señor Jesucristo" (1 Ts. 5:23).

"Por lo cual, oh amados, estando en espera de estas cosas, procurad con diligencia ser hallados por él sin mancha e irreprensibles, en paz" (2 P. 3:14).

Dicho en términos simples, la gran bendición de Dios es la perfección. Dios ha elegido al creyente para que sea perfecto. Pero advierta: La perfección del creyente es *en Cristo y únicamente en Cristo.* Ningún hombre –ni siquiera un creyente– puede vivir una vida perfecta y libre de pecado. Ningún hombre es justo ni nunca lo será. Jesucristo es la única Persona que ha vivido una vida perfecta y sin pecado. Por lo tanto, Él es la única Persona que tiene el derecho de vivir con Dios. Nuestra única esperanza de vivir alguna vez con Dios reside en *creer en Jesucristo,* en creer tanto que Dios tomará nuestra fe y la contará como la justicia de Cristo. Este es el glorioso evangelio: Dios nos ama tanto que nos ha aceptado en la justicia de Jesucristo. Ha tomado nuestra *fe en Cristo* y la ha considerado como la justicia de Cristo. Por lo tanto, somos aceptables ante Dios porque confiamos en Cristo y en su justicia. Somos aceptados como perfectos en la perfección de Jesucristo. (Véase nota y *Estudio a fondo 1, Justificación,* Gá. 2:15-16; *Estudio a fondo 2,* 2:16; nota 2:19-21 para mayor discusión al respecto).

[3] (1:5-6) ***Adopción, Predestinación, Preordenación:*** La segunda bendición: Dios nos ha adoptado como hijos. ¡Qué increíble, qué glorioso privilegio ser adoptado como hijo de Dios! Y advierta:

- Fue predestinado, es decir preordenado (proorisas).
- Dios tuvo placer al adoptarnos, el buen placer de su voluntad. Y fue también su propósito adoptarnos, y su propósito, su placer y su voluntad fueron todos buenos.

Esto es todavía más sorprendente cuando tomamos en consideración cuán pecaminosos y depravados somos y cuánto hemos maldecido, nos hemos rebelado y hemos rechazado a Dios. El hecho de que Dios quiera y encuentre placer en adoptarnos y que Él lo considere algo bueno es algo demasiado grande para creer. Sin embargo, es exactamente lo que Él dice. Advierta dos cosas significativas.

1. La palabra "preordenado" no significa que Dios elija a algunas personas para la salvación y a todos los demás para el castigo eterno. Las Escrituras enseñan exactamente lo contrario.

"Porque de tal manera amó Dios al mundo, que ha dado a su Hijo unigénito, para que *todo aquel* que en él cree, no se pierda, mas tenga vida eterna" (Jn. 3:16).

"Porque *todo aquel* que invocare el nombre del Señor, será salvo" (Ro. 10:13).

"Porque esto es bueno y agradable delante de Dios nuestro Salvador, el cual quiere que *todos* los hombres sean salvos y vengan al conocimiento de la verdad" (1 Ti. 2:3-4).

"Porque hay un solo Dios, y un solo mediador entre Dios y los hombres, Jesucristo hombre, el cual se dio a sí mismo en rescate por *todos,* de lo cual se dio testimonio a su debido tiempo" (1 Ti. 2:5-6).

"El Señor no retarda su promesa, según algunos la tienen por tardanza, sino que es paciente para con nosotros, no queriendo que ninguno perezca, sino que *todos* procedan al arrepentimiento" (2 P. 3:9).

"Y él es la propiciación por nuestros pecados; y no solamente por los nuestros, sino también por los de *todo el mundo"* (1 Jn. 2:2).

La palabra "predestinación" (proorisas) significa destinar o designar antes, preordenar, predeterminar. La palabra básica en griego (proorizo) significa *marcar o fijar* los límites de algo. La idea es una imagen gloriosa de lo que Dios está haciendo por el creyente. El límite está marcado o fijado para el creyente: el límite de ser adoptado como hijo de Dios. El creyente será adoptado, hecho como Cristo y conformado a su misma semejanza e imagen. Nada puede detener el propósito de Dios para el creyente. Está predestinado, fijado y marcado. El creyente puede luchar y sufrir por el pecado y la vergüenza de este mundo. Incluso puede tropezar y caer o volverse descorazonado y desalentado. Pero si es un hijo genuino de Dios, no será vencido, no totalmente. Pronto se levantará de su caída y comenzará a seguir a Cristo nuevamente. Está predestinado para ser un hermano de Cristo, para adorar y servir a Cristo a lo largo de toda la eternidad. Y Cristo no se desilusionará. Dios ama demasiado a su Hijo para permitirle desilusionarse por perder a un solo hermano. Jesucristo tendrá satisfecho su gozo. Él verá a cada uno de sus hermanos adoptados y conformados perfectamente a su imagen. Él tendrá la adoración y el servicio de toda persona elegida para ser suya por Dios el Padre. El destino eterno del creyente, el de ser un hermano adoptado del Señor Jesucristo, está determinado. El creyente puede descansar seguro de esta gloriosa verdad. Dios lo ha predestinado para ser liberado del sufrimiento y la lucha de este mundo pecaminoso. (Véase notas, *Predestinación,* Jn. 6:37; 6:39; 6:44-46 respecto de la parte de Dios y la parte del hombre en la salvación. Ver *Estudio a fondo 3,* Hch. 2:23; Ro. 8. 28-39; 9:11-13; 9:14-33 para una mayor discusión sobre el tema).

"Según nos escogió en él antes de la fundación del mundo, para que fuésemos santos y sin mancha delante de él, en amor habiéndonos predestinado para ser adoptados hijos suyos por medio de Jesucristo, según el puro afecto de su voluntad" (Ef. 1:4-5).

"Conforme al propósito eterno que hizo en Cristo Jesús nuestro Señor, en quien tenemos seguridad y acceso con confianza por medio de la fe en él" (Ef. 3:11-12).

2. La palabra "adopción" significa *tomar como un hijo* (ver *Estudio a fondo 2, Adopción,* Gá. 4:5-6 para una mayor discusión al respecto).

3. La adopción es a través de Jesucristo y únicamente a

través de Él. Dios nos acepta porque nosotros creemos y confiamos en su Hijo Jesucristo. Nos dice clara y llanamente que quiere que su Hijo tenga muchos hermanos y hermanos que amarán, adorarán y servirán a Jesucristo tanto ahora como siempre. Por lo tanto, cuando una persona desea vivir para Jesucristo –desea vivir para Él con tal intensidad que *confía todo lo que es y todo lo que tiene a Cristo*– Dios toma esa confianza de la persona y lo adopta, convirtiéndolo en hermano o hermana de Jesucristo (ver nota, Ro. 8:29).

> **"Y sabemos que a los que aman a Dios, todas las cosas les ayudan a bien, esto es, a los que conforme a su propósito son llamados" (Ro. 8:28).**

4. El propósito de Dios en la adopción es que podamos vivir para siempre, vivir para la alabanza de la gloria de su gracia.

> **"Para mostrar en los siglos venideros las abundantes riquezas de su gracia en su bondad para con nosotros en Cristo Jesús" (Ef. 2:7; cp. Ef. 1:18).**

[4] (1:7) ***Redención, Rescate:*** La tercera bendición: Dios nos ha redimido y perdonado nuestros pecados. La palabra "redención" (apolutrosin) es una de las grandes palabras de la Biblia. Transmite la idea de liberación o de liberar a un hombre por medio del pago de un rescate. Por ejemplo, un prisionero de guerra o una persona secuestrada requiere un rescate o ser redimido. O bien un criminal sentenciado es liberado de la pena de muerte. En cualquier caso, el hombre es impotente para liberarse a sí mismo. No puede pagar la pena exigida para liberarse a sí mismo de su situación o esclavitud. Advierta varios hechos significativos.

1. El hombre ha sido cautivo o secuestrado por varias fuerzas.
   a. La fuerza del pecado. Todos los hombres pecan y no pueden evitar pecar. El hombre está atado al pecado. El pecado lo ha capturado. (Ro. 3:23; 7:14).
   b. La fuerza de la corrupción y de la muerte. Toda la creación es corrupta (Ro. 8:21). Todo se desgasta, se deteriora, se arruina, envejece y finalmente muere. La corrupción y la muerte han capturado al hombre. (Cp. 1 Co. 15:42, 50; Gá. 6:8; 2 P. 1:4; 2:12, 19).
   c. La fuerza de Satanás. Todos los incrédulos están bajo el poder e influencia de Satanás. Él ha cegado sus mentes al evangelio (2 Co. 4:4). Él obra en los hijos de la desobediencia (Ef. 2:2). Ellos son capturados por él (1 Jn. 5:19).

2. Hay tres ideas clave incluidas en el concepto de redención.
   a. El hombre debe ser liberado.
   b. El hombre es incapaz de liberarse. No tiene energía, ni poder, ni capacidad para liberarse a sí mismo.
   c. Dios ha redimido al hombre a través de la sangre de su Hijo Jesucristo. Dios mismo ha pagado el rescate por la liberación del hombre, el rescate de una vida por una vida. Dios ha entregado a su propio Hijo para que el hombre pueda ser liberado. El hombre ha sido redimido a través de la sangre de Jesucristo (cp. Lv. 17:11; Mt. 20:28; Ro. 3:24; 1 Co. 6:20; 7:23; Col. 1:14; 1 Ti. 2:5-6; He. 9:15; 1 P. 1:18ss; 2 P. 2:1; Ap. 5:9; 14:3-4). Esto es algo que es sumamente importante advertir: Cuando un hombre *verdaderamente* acude al Señor para que lo salve, Dios lo compra en el mercado de esta vida corruptible (Ro. 10:13). Dios lo redime de una vez por todas, lo adquiere y lo elimina de la venta. Es redimido para toda la eternidad (cp. Gá. 3:13; 4:5; Col. 4:5).

3. Dios redime al hombre debido a las riquezas de su gracia (ver nota, *Gracia,* Ef. 2:8-9 para mayor discusión al respecto). Él ama al hombre con un amor increíble, con un amor tan grande que lo lleva a hacer cualquier cosa que sea necesaria con tal de salvar al hombre.

> **"Porque la vida de la carne en la sangre está, y yo os la he dado para hacer expiación sobre el altar por vuestras almas; y la misma sangre hará expiación de la persona" (Lv. 17:11).**
>
> **"Como el Hijo del Hombre no vino para ser servido, sino para servir, y para dar su vida en rescate por muchos" (Mt. 20:28).**
>
> **"Siendo justificados gratuitamente por su gracia, mediante la redención que es en Cristo Jesús" (Ro. 3:24).**
>
> **"Porque habéis sido comprados por precio; glorificad, pues, a Dios en vuestro cuerpo y en vuestro espíritu, los cuales son de Dios" (1 Co. 6:20).**
>
> **"Por precio fuisteis comprados; no os hagáis esclavos de los hombres" (1 Co. 7:23).**
>
> **"En quien tenemos redención por su sangre, el perdón de pecados según las riquezas de su gracia" (Ef. 1:7).**
>
> **"En quien tenemos redención por su sangre, el perdón de pecados" (Col. 1:14).**
>
> **"Porque hay un solo Dios, y un solo mediador entre Dios y los hombres, Jesucristo hombre, el cual se dio a sí mismo en rescate por todos, de lo cual se dio testimonio a su debido tiempo" (1 Ti. 2:5-6).**
>
> **"Así que, por eso es mediador de un nuevo pacto, para que interviniendo muerte para la remisión de las transgresiones que había bajo el primer pacto, los llamados reciban la promesa de la herencia eterna" (He. 9:15).**
>
> **"Sabiendo que fuisteis rescatados de vuestra vana manera de vivir, la cual recibisteis de vuestros padres, no con cosas corruptibles, como oro o plata, sino con la sangre preciosa de Cristo, como de un cordero sin mancha y sin contaminación" (1 P. 1:18-19).**
>
> **"Pero hubo también falsos profetas entre el pueblo, como habrá entre vosotros falsos maestros, que introducirán encubiertamente herejías destructoras, y aun negarán al Señor que los rescató, atrayendo sobre sí mismos destrucción repentina" (2 P. 2:1).**
>
> **"Y cantaban un nuevo cántico, diciendo: Digno eres de tomar el libro y de abrir sus sellos; porque tú fuiste inmolado, y con tu sangre nos has redimido para Dios, de todo linaje y lengua y pueblo y nación" (Ap. 5:9).**
>
> **"Y cantaban un cántico nuevo delante del trono, y delante de los cuatro seres vivientes, y de los ancianos; y nadie podía aprender el cántico sino aquellos ciento cuarenta y cuatro mil que fueron redimidos de entre los de la tierra. Estos son los que no se contaminaron con mujeres, pues son vírgenes. Estos son los que siguen al Cordero por dondequiera que va. Estos fueron**

redimidos de entre los hombres como primicias para Dios y para el Cordero" (Ap. 14:3-4).

ESTUDIO A FONDO 1

(1:7) ***Perdón:*** La palabra "perdón" (aphesin) significa enviar fuera, enviar lejos, liberar, dejar ir. La palabra para "pecado" (paraptomaton) significa transgresión, desliz, una caída en el camino o una desviación del camino. Todos los hombres...

- Han transgredido la ley de Dios.
- Se han desviado de Dios.
- Se han caído del camino de Dios.

Por lo tanto, todos los hombres son culpables de haber quebrantado la ley de Dios, y la pena por quebrantar la ley es la muerte. Sin embargo, la sangre de Cristo trae perdón a los hombres. ¿Cómo? Jesucristo murió *por* los hombres. Tomó la pena de los pecados y cargó con el castigo. Pudo hacerlo porque Él era el Hombre Perfecto e Ideal, y como Hombre Ideal, podía representar a todos los hombres. Cuando Él murió, murió como el Hombre Ideal, como el Representante de todos los hombres. Cualquier persona que realmente crea que Jesucristo murió por él es perdonado por sus pecados. Dios toma su fe y la considera como la muerte de Jesucristo. Dios ve al hombre como estando *en Jesucristo,* como estando en la muerte de Jesucristo. Dios cuenta la muerte de Jesucristo por la muerte del hombre. Por lo tanto, la culpa y la pena por quebrantar las leyes de Dios se eliminan por completo. Los pecados y las culpas del hombre son alejados o lavados por la sangre de Jesucristo.

"A éste, Dios ha exaltado con su diestra por Príncipe y Salvador, para dar a Israel arrepentimiento y perdón de pecados" (Hch. 5:31).

"Sabed, pues, esto, varones hermanos: que por medio de él se os anuncia perdón de pecados" (Hch. 13:38).

"Para que abras sus ojos, para que se conviertan de las tinieblas a la luz, y de la potestad de Satanás a Dios; para que reciban, por la fe que es en mí, perdón de pecados y herencia entre los santificados" (Hch. 26:18).

"En quien tenemos redención por su sangre, el perdón de pecados según las riquezas de su gracia" (Ef. 1:7).

5 (1:8) ***Sabiduría, Prudencia, Entendimiento:*** La cuarta bendición: Dios nos ha dado sabiduría y entendimiento. Nuevamente, advierta que ambas bendiciones nos llegan a través de Jesucristo. El sentido común nos dice que Dios dará su sabiduría y entendimiento solo los que lo honren a Él y a su Hijo.

1. La palabra "sabiduría" (sophia) significa ver y conocer la verdad. Es ver y saber qué hacer. Incluye las grandes verdades de la vida. Ve las respuestas a los problemas de la vida y la muerte, Dios y el hombre, el tiempo y la eternidad, el bien y el mal, las cosas profundas de Dios y del universo.

Esta sabiduría se encuentra solo en Jesucristo y se le promete únicamente a aquellos que lo buscan con todo su corazón (1 Co. 1:30; 2:10-16; Ef. 1:8; Fil. 2:5ss; Stg. 1:5).

"¡Oh profundidad de las riquezas de la sabiduría y de la ciencia de Dios! ¡Cuán insondables son sus juicios, e inescrutables sus caminos!" (Ro. 11:33).

"Mas para los llamados, así judíos como griegos, Cristo poder de Dios, y sabiduría de Dios" (1 Co. 1:24).

"Mas por él estáis vosotros en Cristo Jesús, el cual nos ha sido hecho por Dios sabiduría, justificación, santificación y redención" (1 Co. 1:30).

"Antes bien, como está escrito: Cosas que ojo no vio, ni oído oyó, ni han subido en corazón de hombre, son las que Dios ha preparado para los que le aman. Pero Dios nos las reveló a nosotros por el Espíritu; porque el Espíritu todo lo escudriña, aun lo profundo de Dios. Porque ¿quién de los hombres sabe las cosas del hombre, sino el espíritu del hombre que está en él? Así tampoco nadie conoció las cosas de Dios, sino el Espíritu de Dios. Y nosotros no hemos recibido el espíritu del mundo, sino el Espíritu que proviene de Dios, para que sepamos lo que Dios nos ha concedido, lo cual también hablamos, no con palabras enseñadas por sabiduría humana, sino con las que enseña el Espíritu, acomodando lo espiritual a lo espiritual. Pero el hombre natural no percibe las cosas que son del Espíritu de Dios, porque para él son locura, y no las puede entender, porque se han de discernir espiritualmente. En cambio el espiritual juzga todas las cosas; pero él no es juzgado de nadie. Porque ¿quién conoció la mente del Señor? ¿Quién le instruirá? Mas nosotros tenemos la mente de Cristo" (1 Co. 2:9-16).

"Que hizo sobreabundar para con nosotros en toda sabiduría e inteligencia" (Ef. 1:8).

"En quien están escondidos todos los tesoros de la sabiduría y del conocimiento" (Col. 2:3).

2. La palabra "prudencia" (phronesei) significa ver cómo utilizar y llevar a cabo la verdad. Es ver qué rumbo tomar. Es entender, tener esclarecimiento, la capacidad de resolver los problemas cotidianos. Es un entendimiento terrenal práctico de las cosas.

"Para que el Dios de nuestro Señor Jesucristo, el Padre de gloria, os dé espíritu de sabiduría y de revelación en el conocimiento de él, alumbrando los ojos de vuestro entendimiento, para que sepáis cuál es la esperanza a que él os ha llamado, y cuáles las riquezas de la gloria de su herencia en los santos" (Ef. 1:17-18).

"Por lo cual también nosotros, desde el día que lo oímos, no cesamos de orar por vosotros, y de pedir que seáis llenos del conocimiento de su voluntad en toda sabiduría e inteligencia espiritual" (Col. 1:9).

"Para que sean consolados sus corazones, unidos en amor, hasta alcanzar todas las riquezas de pleno entendimiento, a fin de conocer el misterio de Dios el Padre, y de Cristo" (Col. 2:2).

"Considera lo que digo, y el Señor te dé entendimiento en todo" (2 Ti. 2:7).

"Pero sabemos que el Hijo de Dios ha venido, y nos ha dado entendimiento para conocer al que es verdadero; y estamos en el verdadero, en su Hijo Jesucristo. Este es el verdadero Dios, y la vida eterna" (1 Jn. 5:20).

"Porque Jehová da la sabiduría, y de su boca viene el conocimiento y la inteligencia" (Pr. 2:6).

"Conmigo está el consejo y el buen juicio; yo soy la inteligencia; mío es el poder" (Pr. 8:14).

6 (1:9-10) ***Misterio, de la Voluntad de Dios:*** La quinta bendición: Dios nos ha revelado el misterio de su voluntad. Este es el pensamiento clave y el gran tema de Efesios. (William Barclay cuenta con una excelente descripción de este punto y

cualquier persona que desee estudiar el tema de manera detallada debería consultarlo. *The Letters to the Galatians and Ephesians* [Las cartas a los gálatas y a los efesios], p. 96ss). Recuerde: En la Biblia un misterio no es algo misterioso y difícil de entender. En cambio, es una verdad que ha estado encerrada en el plan de Dios por años hasta que Él estuviera preparado para revelarla al hombre. Cuando llegó el momento, Él develó la verdad y la puso a disposición del hombre. Un misterio es una verdad revelada por Dios que nunca antes se había conocido. (Véase 1 Co. 2:7 para una lista de todos los misterios de la Biblia). El misterio de la voluntad de Dios puede expresarse simplemente: Dios debe reunir y unificar todas las cosas en un espíritu de paz y armonía, todas las cosas, tanto las visibles como las invisibles. Todas las cosas deben llegar a un estado pacífico y eterno bajo la autoridad y glorificación de Jesucristo. Dios está haciendo avanzar la historia hacia esa consumación climática.

El gran pensamiento de Pablo en los versículos 9-10 dice varias cosas. (Es imposible enumerar todos los puntos referentes a las Escrituras en el bosquejo).

1. Dios tiene un propósito eterno y un plan para el mundo, y es su placer llevarlo a cabo. Él goza y se regocija llevándolo a cabo, y lo que Él hace es bueno. Todo es bueno.

2. Hay una terrible división en todo el universo. La necesidad de que Dios "reúna todas las cosas en el cielo y en la tierra" indica división (cp. Ef. 6:12). Y el hecho de que la principal preocupación de Dios a lo largo de los siglos haya sido armonizar las divisiones demuestra cuán devastadora y horrible es esa división. (Véase Material introductorio, Características especiales, punto 3, El gran mensaje de los efesios es la reconciliación).

3. Tiene que haber consumación, un clímax de la historia —*una plenitud del tiempo,* un nuevo orden– en el que todas las cosas se unificarán, armonizarán y conducirán a un estado pacífico bajo la autoridad de Jesucristo. La historia está en manos de Dios. La palabra que Pablo emplea es dispensación (oikonomia) que literalmente significa "manejo del hogar". La idea es que el universo es una casa bajo la administración de Dios. Dios está manejando, planificando, arreglando y administrando todas las cosas hacia una consumación climática para Cristo y sus seguidores. En ese día climático toda falta de armonía y división y maldad serán sometidas y armonizadas (anakephalaioo) bajo Cristo. Se establecerá una creación perfecta y eterna para el Señor y sus seguidores de todo el universo.

> **"Pero cuando vino el cumplimiento del tiempo, Dios envió a su Hijo, nacido de mujer y nacido bajo la ley, para que redimiese a los que estaban bajo la ley, a fin de que recibiésemos la adopción de hijos. Y por cuanto sois hijos, Dios envió a vuestros corazones el Espíritu de su Hijo, el cual clama: ¡Abba, Padre!" (Gá. 4:4-6).**
>
> **"Según nos escogió en él *antes de la fundación del mundo,* para que fuésemos santos y sin mancha delante de él" (Ef. 1:4).**
>
> **"Y de aclarar a todos cuál sea la dispensación del misterio escondido desde los siglos en Dios, que creó todas las cosas; para que la multiforme sabiduría de Dios sea ahora dada a conocer por medio de la iglesia a los principados y potestades en los lugares celestiales, conforme al propósito eterno que hizo en Cristo Jesús nuestro Señor" (Ef. 3:9-11).**
>
> **"Por lo cual Dios también le exaltó hasta lo sumo, y le dio un nombre que es sobre todo nombre, para que en el nombre de Jesús se doble toda rodilla de los que están en los cielos, y en la tierra, y debajo de la tierra; y toda lengua confiese que Jesucristo es el Señor, para gloria de Dios Padre" (Fil. 2:9-11).**
>
> **"El, de su voluntad, nos hizo nacer por la palabra de verdad, para que seamos primicias de sus criaturas" (Stg. 1:18).**

4. Jesucristo es la Cabeza designada por Dios sobre la nueva creación y el nuevo orden. Él es la *Cabeza de Dios por sobre la iglesia,* que es la nueva creación de Dios en el mundo y el orden de cosas actuales. (Ef. 1:22-23). Y Él será la *Cabeza de Dios sobre la nueva creación* en el mundo y orden de cosas futuros (Stg. 1:18).

> **"Y sometió todas las cosas bajo sus pies, y lo dio por cabeza sobre todas las cosas a la iglesia, la cual es su cuerpo, la plenitud de Aquel que todo lo llena en todo" (Ef. 1:22-23).**
>
> **"Sino que siguiendo la verdad en amor, crezcamos en todo en aquel que es la cabeza, esto es, Cristo" (Ef. 4:15).**
>
> **"Porque el marido es cabeza de la mujer, así como Cristo es cabeza de la iglesia, la cual es su cuerpo, y él es su Salvador" (Ef. 5:23).**
>
> **"Y él es la cabeza del cuerpo que es la iglesia, él que es el principio, el primogénito de entre los muertos, para que en todo tenga la preeminencia" (Col. 1:18).**
>
> **"Y no asiéndose de la Cabeza, en virtud de quien todo el cuerpo, nutriéndose y uniéndose por las coyunturas y ligamentos, crece con el crecimiento que da Dios" (Col. 2:19).**

5. La iglesia es el instrumento de reconciliación y paz del Señor. Su cuerpo representativo sobre la tierra. Como instrumento del Señor, la iglesia debe hacer dos cosas.

a. La iglesia debe llevar a Cristo y su mensaje de reconciliación y paz al mundo. A través, de "su cuerpo, la iglesia" deberá ser condenada toda división y todo desorden entre los hombres y se deberá proclamar su mensaje de armonía y paz.

b. La iglesia debe practicar la reconciliación sobre la tierra. "En la iglesia" todas las leyes, barreras y divisiones deben eliminarse. No deben existir. La iglesia debe ser una muestra, un embrión del cielo en la tierra.

> **"Que Dios estaba en Cristo reconciliando consigo al mundo, no tomándoles en cuenta a los hombres sus pecados, y nos encargó a nosotros la palabra de la reconciliación. Así que, somos embajadores en nombre de Cristo, como si Dios rogase por medio de nosotros; os rogamos en nombre de Cristo: Reconciliaos con Dios. Al que no conoció pecado, por nosotros lo hizo pecado, para que nosotros fuésemos hechos justicia de Dios en él" (2 Co. 5:19-21).**
>
> **"Y él mismo constituyó a unos, apóstoles; a otros, profetas; a otros, evangelistas; a otros, pastores y maestros, a fin de perfeccionar a los santos para la obra del ministerio, para la edificación del cuerpo de Cristo" (Ef. 4:11-12).**

7 (1:11-13) ***Herencia:*** La sexta bendición: Dios nos ha dado una herencia, es decir, nos ha convertido en el legado de Dios mismo. Advierta varios puntos significativos.

1. La herencia del legado fue predestinado, es decir, preordenado. Dios obra todas las cosas de acuerdo al consejo de su propia voluntad. Debe hacerlo, porque Dios sabe qué es mejor. Y nada puede ser mejor que recibir la mayor herencia posible: la de ser el mismo legado de Dios, la propia posesión de Dios. (Véase nota, *Preordenar,* Ef. 1:5-6).

2. La herencia está claramente expresada en las palabras "a fin de que *seamos*", es decir, de que debamos existir eternamente. Dios le da al creyente un *estado de ser* eterno, una existencia eterna. De hecho, la palabra "herencia" (eklerothemen) significa *legado.* Dios toma al creyente y lo convierte en su propio legado y posesión. El creyente mismo se convierte en la herencia de Dios. Se le da el glorioso privilegio de *ser,* de vivir y existir por siempre como la *posesión más querida y el legado* de Dios. Se convierte en la gema más preciosa y en el tesoro de Dios. Esta es la herencia del creyente, su legado.

> **"Y ellos son *tu pueblo y tu heredad,* que sacaste con tu gran poder y con tu brazo extendido" (Dt. 9:29; cp. Éx. 19:5).**
>
> **"Porque la porción de Jehová es su pueblo; Jacob la heredad que le tocó" (Dt. 32:9).**
>
> **"Ahora, pues, si diereis oído a mi voz, y guardareis mi pacto, vosotros seréis mi especial tesoro sobre todos los pueblos; porque mía es toda la tierra" (Éx. 19:5).**
>
> **"Porque JAH ha escogido a Jacob para sí, a Israel por posesión suya" (Sal. 135:4).**
>
> **"Ahora, así dice Jehová, Creador tuyo, oh Jacob, y Formador tuyo, oh Israel: No temas, porque yo te redimí; te puse nombre, mío eres tú" (Is. 43:1).**
>
> **"Y serán para mí especial tesoro, ha dicho Jehová de los ejércitos, en el día en que yo actúe; y los perdonaré, como el hombre que perdona a su hijo que le sirve" (Mal. 3:17).**
>
> **"Pero tenemos este tesoro en vasos de barro, para que la excelencia del poder sea de Dios, y no de nosotros" (2 Co. 4:7).**
>
> **"Así que ya no sois extranjeros ni advenedizos, sino conciudadanos de los santos, y miembros de la familia de Dios, edificados sobre el fundamento de los apóstoles y profetas, siendo la principal piedra del ángulo Jesucristo mismo, en quien todo el edificio, bien coordinado, va creciendo para ser un *templo santo* en el Señor" (Ef. 2:19-21).**
>
> **"Mas vosotros sois linaje escogido, real sacerdocio, nación santa, pueblo adquirido por Dios, para que anunciéis las virtudes de aquel que os llamó de las tinieblas a su luz admirable" (1 P. 2:9).**

3. El motivo por el cual Dios nos convierte en su herencia es para que existamos con el fin de alabar su gloria. Viviremos para siempre en los nuevos cielos y tierra como la demostración perfecta de su gloria. El hecho de que Dios tomaría pecadores –pecadores totalmente depravados– y los salvaría haría que se apilaran alabanzas tras alabanzas sobre su nombre. Se verá su increíble amor y será glorificado por siempre por todas las criaturas tanto del cielo como de la tierra, tanto visibles como invisibles, tanto ahora como en los tiempos que vendrán. Todo se mantendrá en gran asombro de la gloria espectacular de Dios, la gloria de su eterna gracia y amor demostrados al mundo en su querido Hijo, Jesucristo.

> **"Para alabanza de la gloria de su gracia, con la cual nos hizo aceptos en el Amado" (Ef. 1:6).**
>
> **"Porque no tenemos aquí ciudad permanente, sino que buscamos la por venir. Así que, ofrezcamos siempre a Dios, por medio de él, sacrificio de alabanza, es decir, fruto de labios que confiesan su nombre" (He. 13:14-15).**
>
> **"Mas vosotros sois linaje escogido, real sacerdocio, nación santa, pueblo adquirido por Dios, para que anunciéis las virtudes de aquel que os llamó de las tinieblas a su luz admirable" (1 P. 2:9).**
>
> **"Y miré, y oí la voz de muchos ángeles alrededor del trono, y de los seres vivientes, y de los ancianos; y su número era millones de millones, que decían a gran voz: El Cordero que fue inmolado es digno de tomar el poder, las riquezas, la sabiduría, la fortaleza, la honra, la gloria y la alabanza" (Ap. 5:11-12).**
>
> **"Después de esto miré, y he aquí una gran multitud, la cual nadie podía contar, de todas naciones y tribus y pueblos y lenguas, que estaban delante del trono y en la presencia del Cordero, vestidos de ropas blancas, y con palmas en las manos; y clamaban a gran voz, diciendo: La salvación pertenece a nuestro Dios que está sentado en el trono, y al Cordero. Y todos los ángeles estaban en pie alrededor del trono, y de los ancianos y de los cuatro seres vivientes; y se postraron sobre sus rostros delante del trono, y adoraron a Dios, diciendo: Amén. La bendición y la gloria y la sabiduría y la acción de gracias y la honra y el poder y la fortaleza, sean a nuestro Dios por los siglos de los siglos. Amén" (Ap. 7:9-12).**
>
> **"Después de esto oí una gran voz de gran multitud en el cielo, que decía: ¡Aleluya! Salvación y honra y gloria y poder son del Señor Dios nuestro" (Ap. 19:1).**

4. ¿Cómo es que una persona recibe la herencia? Este versículo dice que hay dos maneras (v. 13).

a. Oyendo la Palabra de Dios. Una persona debe oír la Palabra de Dios antes de poder llegar a conocer la verdad, el glorioso evangelio de la salvación. No puede creer en Jesucristo a no ser que primero oiga sobre Cristo.

> **"Así que la fe es por el oír, y el oír, por la palabra de Dios" (Ro. 10:17).**
>
> **"Siendo renacidos, no de simiente corruptible, sino de incorruptible, por la palabra de Dios que vive y permanece para siempre" (1 P. 1:23).**

b. Creyendo y confiando en Jesucristo.

> **"De cierto, de cierto os digo: El que oye mi palabra, y cree al que me envió, tiene vida eterna; y no vendrá a condenación, mas ha pasado de muerte a vida" (Jn. 5:24).**
>
> **"Que si confesares con tu boca que Jesús es el Señor, y creyeres en tu corazón que Dios le levantó de los muertos, serás salvo. Porque con el corazón se cree para justicia, pero con la boca se confiesa para salvación" (Ro. 10:9-10).**

8 (1:13-14) ***Espíritu Santo, Sello, Garantía:*** La séptima bendición: Dios nos ha sellado con el Espíritu Santo. La pala-

bra "arras" (arrabon) significa convenio, garantía, un pago por adelantado. El Espíritu Santo es entregado al creyente para que le de al creyente una garantía perfecta de su salvación. Sabemos que somos redimidos –que somos la posesión amada de Dios– por medio del Espíritu Santo que vive dentro de nosotros.

Nuevamente advierta: ¿Por qué Dios nos da una garantía tan gloriosa como su propia presencia maravillosa? Para que su gloria sea alabada eternamente.

> **"El Espíritu mismo da testimonio a nuestro espíritu, de que somos hijos de Dios" (Ro. 8:16).**
>
> **"El cual también nos ha sellado, y nos ha dado las arras del Espíritu en nuestros corazones" (2 Co. 1:22).**
>
> **"Y por cuanto sois hijos, Dios envió a vuestros corazones el Espíritu de su Hijo, el cual clama: ¡Abba, Padre!" (Gá. 4:6).**

	B. El conocimiento de Dios, 1:15-18		
1 La base: Fe y amor a. Un firme testimonio	15 Por esta causa también yo, habiendo oído de vuestra fe en el Señor Jesús, y de vuestro amor para con todos los santos,		
b. Una necesidad siempre presente	16 no ceso de dar gracias por vosotros, haciendo memoria de vosotros en mis oraciones,		
2 La necesidad: Un conocimiento creciente de Dios, el Dios de Cristo y el Padre de la gloria a. A través del espíritu de	17 para que el Dios de nuestro Señor Jesucristo, el Padre de gloria, os dé espíritu de sabiduría y de revelación en el conocimiento de él,		sabiduría b. A través del espíritu de revelación c. A través de un corazón iluminado
		18 alumbrando los ojos de vuestro entendimiento, para que sepáis cuál es la esperanza a que él os ha llamado, y cuáles las riquezas de la gloria de su herencia en los santos	**3 Los resultados de conocer a Dios** a. Conocer el llamado de Dios b. Conocer la herencia de Dios c. Conocer el poder de Dios, v. 19

DIVISIÓN I

EL PLAN ETERNO DE DIOS PARA EL CREYENTE CRISTIANO, 1:3-23

B. El conocimiento de Dios, 1:15-18

(1:15-18) ***Introducción:*** Pablo acabada de declarar el plan eterno de Dios para el mundo (vv. 3-4). Es crucial que los creyentes lleguen a conocer el Dios de este plan en el sentido más personal e íntimo. Este es el gran tema de este pasaje: El conocimiento de Dios, que es absolutamente esencial que los creyentes crezcan cada vez más en el conocimiento de Dios y que el mundo llegue a conocer a Dios como su Salvador personal.

1. La base: Fe y amor (vv. 15-16).
2. La necesidad: Un conocimiento creciente de Dios, el Dios de Cristo y el Padre de la gloria (vv. 17-18).
3. Los resultados de conocer a Dios (v. 18).

[1] (1:15-16) ***Iglesia, Testimonio:*** La base para conocer a Dios es la fe y el amor. La iglesia efesia tenía un fuerte testimonio, un testimonio tan fuerte que se estaba dando a conocer por todo el mundo. Su testimonio y su fuerza habían alcanzado los oídos de Pablo. Y advierta qué fue lo que oyó: La iglesia tenía una fe fuerte en el Señor Jesús y tenía un gran amor por todos los santos (creyentes) de Dios.

□ Él había oído acerca de su fe en el amor de Dios (que Dios había enviado a su Hijo para salvar al mundo) y acerca de su lealtad al Señor Jesús al llevar el mensaje del amor de Dios por todo el mundo.

□ Él había oído que estaban ministrando a los santos de Dios, demostrando un gran amor por la gente de Dios.

Fue este hecho –su fuerte testimonio de fe y amor– lo que motivó a Pablo a escribir a los efesios. Él sabía que la vida cristiana nunca se quedaba quieta. Una persona tiene que crecer o bien se desliza hacia atrás. Por ende, Pablo quería que los creyentes efesios crecieran en su conocimiento y poder de Dios. Acababa de compartir las grandes bendiciones de Dios que fueron de ellos cuando llegaron a conocer a Dios (cp. Ef. 1:3-14). Ahora él quería que crecieran en esas bendiciones, las bendiciones de conocer a Dios y de experimentar el poder de Dios. Por lo tanto, les dijo que él oraba por ellos. De hecho, nunca cesó de pedirle a Dios que pudieran crecer en el conocimiento y poder de Dios.

[2] (1:17-18) ***Conocimiento, de Dios:*** La gran necesidad de los creyentes es la de crecer en el conocimiento de Dios. Advierta que el Dios que debemos conocer está claramente identificado. No es el dios de nuestras propias mentes ni pensamientos –el dios que concebimos cuando imaginamos cómo es Dios– el dios hecho por las mentes y manos del hombre, el dios de la religión.

□ El Dios que debemos conocer es el Dios de Jesucristo: Es decir, el Dios al que adoró Jesucristo cuando estaba en la tierra como Hombre; el Dios que Jesucristo vino a revelarle a los hombres. No hay otro Dios, no un Dios verdadero y vivo. Si realmente vamos a conocer a Dios, debemos llegar a conocer al Dios al que Cristo adoró y reveló.

□ El Dios que debemos conocer es el Padre de la gloria, es decir, el único Dios verdadero y vivo, la Suprema Majestad y el Señor Soberano del universo –el que es la Suprema inteligencia y el poder del universo y quien ha creado todo y las reglas para todo– el que es omnipotente (todo poderoso), omnipresente (presente en todas partes) y tan expansivo que su solo ser y presencia va más allá de las estrellas y abarca todo lo que es o alguna vez será. El que declara que "has puesto tu gloria sobre los cielos" (Sal. 8:1).

□ Este es el Dios que debemos conocer. Como se ha dicho, Él es el único Dios vivo y verdadero, el Dios y Padre de nuestro Señor Jesucristo, y el Dios de la gloria. Los creyentes deben crecer cada vez más en el conocimiento de Él, deben obtener un conocimiento constantemente creciente de Él.

Si los creyentes van a crecer en el conocimiento de Dios, hay tres cosas esenciales a tener en cuenta. Y recuerde que estas cosas son tan importantes que Pablo oró incesantemente para que Dios se las diera al creyente.

1. En primer lugar, para crecer en el conocimiento de Dios,

un creyente debe tener el *espíritu de la sabiduría* (sophia). (Ver nota, *Sabiduría,* Ef. 1:8 para su significado).

a. Advierta la frase "el espíritu de la sabiduría". Lo que el creyente necesita de Dios es *un espíritu...*
   - Un espíritu que busque y persiga el conocimiento.
   - Un espíritu que tenga hambre y sed de conocimiento.
   - Un espíritu que busque cada vez más el conocimiento.

b. El conocimiento puede entenderse mejor por medio de las palabras *qué y cómo.* La sabiduría significa conocer qué es algo, qué hay detrás de algo, y qué se puede hacer. Es saber cómo usar o asociar algo. Por lo tanto, el conocimiento espiritual significa...
   - Saber quién es Dios y cómo relacionarse con Él.
   - Conocer la verdad y cómo usarla.
   - Saber qué hacer y cómo hacerlo.
   - Saber cómo vivir vidas cada vez más fructíferas, por la gloria de Dios y por el bienestar de los hombres.

c. La sabiduría difiere del conocimiento. El conocimiento es el aprehender hechos, pero con eso no basta. Se necesita mucho más: Una persona debe saber cómo utilizar los hechos. Allí es donde ingresa la sabiduría. La sabiduría sabe cómo utilizar los hechos. El punto es este: No basta con conocer los hechos sobre Dios, una persona debe conocer a Dios en forma personal. Debe saber cómo experimentar los hechos acerca de Dios. Debe utilizar los hechos para desarrollar una relación personal con Dios –una relación creciente– una relación que sea íntima, que crezca cada vez con mayor profundidad. Este es el significado de la palabra "conocimiento" (epignosei): Una relación personal e íntima con Dios, una experiencia personal con Dios. No es un conocimiento intelectual de Dios, sino un conocimiento práctico de Dios.

Pensamiento 1: Si el creyente va a crecer en el conocimiento de Dios, debe buscar la sabiduría de Dios más que cualquier otra cosa en esta tierra. Es la persona que tiene hambre y sed de Dios y de su justicia la que se ve satisfecha.

> **"Cualquiera, pues, que me oye estas palabras, y las hace, le compararé a un hombre prudente, que edificó su casa sobre la roca" (Mt. 7:24).**
>
> **"En quien [Cristo] están escondidos todos los tesoros de la sabiduría y del conocimiento" (Col. 2:3).**
>
> **"Y que desde la niñez has sabido las Sagradas Escrituras, las cuales te pueden hacer *sabio* para la salvación por la fe que es en Cristo Jesús" (2 Ti. 3:15).**
>
> **"Y si alguno de vosotros tiene falta de sabiduría, pídala a Dios, el cual da a todos abundantemente y sin reproche, y le será dada" (Stg. 1:5).**
>
> **"Pero la sabiduría que es de lo alto es primeramente pura, después pacífica, amable, benigna, llena de misericordia y de buenos frutos, sin incertidumbre ni hipocresía" (Stg. 3:17).**

2. En segundo lugar, para crecer en el conocimiento de Dios, un creyente debe tener el *espíritu de revelación.*

a. Nuevamente, advierta la frase "espíritu de revelación". Es el Espíritu Santo el que revela a Dios al creyente. Esto está sumamente claro en las Escrituras.

> **"Antes bien, como está escrito: Cosas que ojo no vio, ni oído oyó, ni han subido en corazón de hombre, son las que Dios ha preparado para los que le aman. Pero Dios nos las reveló a nosotros por el Espíritu; porque el Espíritu todo lo escudriña, aun *lo profundo de Dios.* Porque ¿quién de los hombres sabe las cosas del hombre, sino el espíritu del hombre que está en él? Así tampoco nadie conoció las cosas de Dios, sino el Espíritu de Dios. Y nosotros no hemos recibido el espíritu del mundo, sino el Espíritu que proviene de Dios, para que sepamos lo que Dios nos ha concedido" (1 Co. 2:9-12).**

El creyente tiene dentro de sí al Espíritu Santo viviendo dentro de él (Jn. 14:16-17; 14:26; 16:12-15; 1 Co. 6:19-20; 2 Co. 6:16). El Espíritu Santo vive en él para enseñarle las cosas profundas de Dios. Pero advierta qué debe tener el creyente para crecer en el conocimiento de Dios: "el espíritu de la revelación"...
   - Un espíritu que va tras de Dios.
   - Un espíritu que busca conocer a Dios.
   - Un espíritu que tiene hambre y sed de Dios por encima de todo.

b. La palabra "revelación" (apokalupseos) significa manifestar, revelar, develar, descubrir, abrir. Es obra del Espíritu Santo revelar el conocimiento de Dios a los cristianos. De hecho es obra del Espíritu Santo revelar el significado de toda verdad a los cristianos (Jn. 14:26; 16:12-15). Esto se ve claramente en 1 Co. 1:9-16 donde la sabiduría del mundo se contrasta con la sabiduría de Dios. Un cristiano espiritual ve (a través del Espíritu que se le revela) el significado que existe detrás de los eventos mundiales así como también de las experiencias cotidianas. Él comprende quién y qué están detrás de los eventos de la historia y de la experiencia humana. Por lo tanto, obtiene un conocimiento creciente de Dios día tras día.

Pensamiento 1: Si el creyente debe crecer en su conocimiento de Dios, la riqueza y las cosas profundas de Dios deben serle reveladas al creyente. Pero las cosas de Dios son como todas las cosas que valen la pena: no se entregan a los hombres en bandejas de plata. Un hombre debe buscar aprender cada vez más sobre Dios. Debe buscar tener la verdad de Dios revelada para él.

Pensamiento 2: Lehman Strauss señala que la filosofía humana dice "conócete a ti mismo" (*Devotional Studies in Galatians & Ephesians* [Estudios devocionales en Gálatas y Efesios], p. 132). Sin embargo, Jesús dijo: "Y esta es la vida eterna: que te conozcan a ti, el único Dios verdadero, y a Jesucristo, a quien has enviado" (Jn. 17:3).

Conocerse a sí mismo es importante, muy, pero muy importante. Pero la cosa más grande de todo el mundo consiste en conocer a Dios personalmente y saber que uno vivirá con Dios para siempre. Dios y la vida eterna son la cumbre del conocimiento. Es mejor saber que uno nunca morirá que saber todo lo que hay respecto de uno mismo y perder ese conocimiento al morir.

3. En tercer lugar, para crecer en el conocimiento de Dios un creyente debe tener *iluminados los ojos de su corazón.* Esta es una hermosa descripción del corazón: "los ojos del corazón". El corazón debe estar abierto para que pueda verse la luz de Dios. Un corazón abierto es responsabilidad tanto del creyente como del Espíritu Santo.

- El creyente debe abrir su corazón y focalizar su atención, inteligencia y voluntad en conocer a Dios.
- El creyente debe buscar al Espíritu Santo para iluminar e inundar su corazón con las cosas de Dios.

"Porque Dios, que mandó que de las tinieblas resplandeciese la luz, es el que resplandeció en nuestros corazones, para iluminación del conocimiento de la gloria de Dios en la faz de Jesucristo" (2 Co. 4:6).

"Alumbrando los ojos de vuestro entendimiento, para que sepáis cuál es la esperanza a que él os ha llamado, y cuáles las riquezas de la gloria de su herencia en los santos" (Ef. 1:18).

"Mas vosotros sois linaje escogido, real sacerdocio, nación santa, pueblo adquirido por Dios, para que anunciéis las virtudes de aquel que os llamó de las tinieblas a su luz admirable" (1 P. 2:9).

"Tú encenderás mi lámpara; Jehová mi Dios alumbrará mis tinieblas" (Sal. 18:28).

"La exposición de tus palabras alumbra; hace entender a los simples" (Sal. 119:130).

[3] (1:18) ***Conocimiento, de Dios:*** Los resultados de conocer a Dios son triples.

1. Un creyente llega a conocer la esperanza del llamado de Dios. ¿Cuál es la esperanza para el creyente? Es lo que ya se ha tratado en las grandes bendiciones espirituales de Dios (Ef. 1:13-14).

- Que debemos ser santos y sin mancha, viviendo delante de Dios por los siglos de los siglos en amor (v. 4).
- Que debemos experimentar lo que significa ser adoptados como hijos de Dios, por los siglos de los siglos (vv. 5-6).
- Que debemos experimentar la redención eterna y el perdón de los pecados (v. 7).
- Que debemos poseer la sabiduría y el entendimiento de Dios (v. 8).
- Que debemos vivir en el cielo y la tierra perfectos donde no habrá más divisiones sino paz y unidad en Cristo Jesús (vv. 9-10).

Dicho de manera sencilla, Dios nos ha llamado para que estemos de pie ante Él en el nombre y justicia de Jesucristo, estar delante de Él como lo hace Jesucristo: perfecto. Es evidente que no somos perfectos, no ahora, no todavía. Pero llegará el día en que lo seremos. En este momento experimentamos las bendiciones de Dios solo en parte, solo de manera imperfecta. Pero cuando llegue el glorioso *Día de la redención,* seremos hechos justos al igual que nuestro Señor Jesucristo, justos y perfectos, con la posibilidad de vivir ante la presencia de Dios, adorándolo y sirviéndolo para siempre. Esta es la esperanza del creyente, este es el llamado del creyente.

"Entonces los justos resplandecerán como el sol en el reino de su Padre. El que tiene oídos para oír, oiga" (Mt. 13:43).

"El Espíritu mismo da testimonio a nuestro espíritu, de que somos hijos de Dios. Y si hijos, también herederos; herederos de Dios y coherederos con Cristo, si es que padecemos juntamente con él, para que juntamente con él *seamos glorificados"* (Ro. 8:16-17).

"Porque a los que antes conoció, también los predestinó para que *fuesen hechos conformes a la imagen de su Hijo,* para que él sea el primogénito entre muchos hermanos. Y a los que predestinó, a éstos también llamó; y a los que llamó, a éstos también justificó; y a los que justificó, a éstos también glorificó" (Ro. 8:29-30).

"Mas nuestra ciudadanía está en los cielos, de donde también esperamos al Salvador, al Señor Jesucristo; el cual transformará el cuerpo de la humillación nuestra, para que sea semejante al cuerpo de la gloria suya, por el poder con el cual puede también sujetar a sí mismo todas las cosas" (Fil. 3:20-21).

"Cuando Cristo, vuestra vida, se manifieste, entonces vosotros también seréis manifestados con él en gloria" (Col. 3:4).

"Amados, ahora somos hijos de Dios, y aún no se ha manifestado lo que hemos de ser; pero sabemos que cuando él se manifieste, seremos semejantes a él, porque le veremos tal como él es" (1 Jn. 3:2).

2. Un creyente llega a conocer la herencia de Dios, su herencia en los santos. Los creyentes mismos son la herencia, es decir, el legado y posesión de Dios. Cuando llegamos a conocer a Dios, aprendemos quiénes somos, la posición gloriosa que Dios no ha dado: Él nos ha convertido en su posesión y legado. (Véase nota, *Herencia* – Ef. 1:11-13 para una mayor discusión sobre este tema).

3. Un creyente llega a saber y a experimentar el enorme poder de Dios. Al tratar este glorioso resultado, Pablo explota en un tratamiento sobre el poder de Dios que fue claramente demostrado en lo que Él hizo por Cristo. Debido a su longitud, se lo trata como un tema separado en el siguiente bosquejo.

"Y a Aquel que es poderoso para hacer todas las cosas mucho más abundantemente de lo que pedimos o entendemos, según el poder que actúa en nosotros" (Ef. 3:20).

1 El poder de Dios: Un gran poder a. En los creyentes b. Medido por el poder de Dios en Cristo exaltado **2 El poder que lo resucitó de entre los muertos** **3 El poder que lo hizo ascender al cielo y lo colocó a la diestra de Dios**	**C. El poder de Dios: Demostrado en la exaltación de Cristo, 1:19-23** 19 y cuál la supereminente grandeza de su poder para con nosotros los que creemos, según la operación del poder de su fuerza, 20 la cual operó en Cristo, resucitándole de los muertos y sentándole a su diestra en los lugares celestiales,	21 sobre todo principado y autoridad y poder y señorío, y sobre todo nombre que se nombra, no solo en este siglo, sino también en el venidero; 22 y sometió todas las cosas bajo sus pies, y lo dio por cabeza sobre todas las cosas a la iglesia, 23 la cual es su cuerpo, la plenitud de Aquel que todo lo llena en todo.	**4 El poder que exaltó a Cristo por encima de todas las criaturas: En este mundo y en el próximo** **5 El poder que lo exaltó como la Cabeza Suprema de la iglesia** a. Cristo: La Cabeza b. La iglesia: Su cuerpo c. La iglesia: Su instrumento

DIVISIÓN I

EL PLAN ETERNO DE DIOS PARA EL CREYENTE CRISTIANO, 1:3-23

C. El poder de Dios: Demostrado en la exaltación de Cristo, 1:19-23

(1:19-23) ***Introducción:*** Este es un gran pasaje que trata un tema muy necesario: el poder de Dios. Si los hombres alguna vez necesitaron algo, ha sido el poder de Dios en sus vidas. Si los hombres han sido atrapados por la maldad y la vergüenza, por el resentimiento y el odio, por la lujuria y la inmoralidad, por maldecir y enojarse, por robar y asaltar, por asesinar y por la guerra, por el egoísmo y la codicia, por la división y la rivalidad, por la desilusión y el vacío, por el aburrimiento y la falta de propósito, es hoy día el momento. Los hombres necesitan desesperadamente el poder de Dios para ayudarlos en sus vidas diarias y para corregir los males de la sociedad.

Las gloriosas novedades es que Dios ofrece su poder a los hombres, si es que solo se vuelcan a su Hijo Jesucristo. Él promete su poder a todos los creyentes. Advierta que este pasaje es una continuación de la oración de Pablo. Está orando para que los creyentes efesios lleguen a conocer a Dios en forma personal e íntima, puesto que Dios entrega su poder a los que verdaderamente van a conocerlo. Llegar a conocer a Dios es la clave para recibir el poder de Dios.

1. El poder de Dios: Un gran poder (v. 19).
2. El poder que lo resucitó de entre los muertos (v. 20).
3. El poder que lo hizo ascender al cielo y lo colocó a la diestra de Dios (v. 20).
4. El poder que exaltó a Cristo por encima de todas las criaturas: En este mundo y en el próximo (v. 21).
5. El poder que lo exaltó como la Cabeza Suprema de la iglesia (vv. 22-23).

[1] (1:19) ***Dios, Poder de:*** Cuando un creyente realmente conoce a Dios, experimenta poder, el poder de Dios mismo. Advierta cómo se describe el poder de Dios:

- Es "supereminente" (huperballon): Excedente, sin límites, inconmensurable, más allá de toda imaginación.
- Es "grande" (megathos): Poderoso, explosivo, sin medida. Esta es la palabra de donde proviene la palabra *megatón* que mide explosivos atómicos. ¡Imagine el gran poder explosivo de Dios!

Lo que hay que advertir es que el poder de Dios *está orientado hacia nosotros,* es decir, que Dios toma su poder y lo extiende, lo presenta, lo pone a disposición del creyente. ¿Cómo lo sabemos? Por lo que Dios hizo por Cristo. Lo que Dios hizo por Cristo lo hará por nosotros. El poder de Dios se ve demostrado en lo que hizo por Cristo.

[2] (1:20) ***Poder – Dios, Poder de – Jesucristo, Resurrección – Resurrección:*** Los creyentes deben experimentar el poder de Dios, el mismo poder que hizo resucitar a Cristo de entre los muertos. Imagine el enorme poder que se necesita para resucitar a una persona de entre los muertos. Dios usó ese poder cuando resucitó a Jesucristo.

> **"A éste, entregado por el determinado consejo y anticipado conocimiento de Dios, prendisteis y matasteis por manos de inicuos, crucificándole; al cual Dios levantó, sueltos los dolores de la muerte, por cuanto era imposible que fuese retenido por ella" (Hch. 2:23-24).**
>
> **"Mas vosotros negasteis al Santo y al Justo, y pedisteis que se os diese un homicida, y matasteis al Autor de la vida, a quien Dios ha resucitado de los muertos, de lo cual nosotros somos testigos" (Hch. 3:14-15).**
>
> **"Y nosotros somos testigos de todas las cosas que Jesús hizo en la tierra de Judea y en Jerusalén; a quien mataron colgándole en un madero. A éste levantó Dios al tercer día, e hizo que se manifestase; no a todo el pueblo, sino a los testigos que Dios había ordenado de antemano, a nosotros que comimos y bebimos con él después que resucitó de los muertos" (Hch. 10:39-41).**
>
> **"Que fue declarado Hijo de Dios con poder, según el Espíritu de santidad, por la resurrección de entre los muertos" (Ro. 1:4).**

La cuestión es esta: Cuando Dios resucitó a Jesucristo, Él les demostró a los hombres tres cosas. Les demostró a los hombres que Él tenía el poder de hacer tres cosas.

1. El poder de resucitar a Cristo muestra que Dios tiene el poder de conquistar todas las pruebas y tentaciones de la vida.

Cuando Dios ejerció el poder de resucitar a Cristo, Él conquistó la prueba más poderosa que enfrenta el hombre: la muerte. Y al conquistar la muerte, Dios demostró que Él tiene el poder de conquistar cualquier prueba o tentación del hombre, cualquiera que esta sea.

"No os ha sobrevenido ninguna tentación que no sea humana; pero fiel es Dios, que no os dejará ser tentados más de lo que podéis resistir, sino que dará también juntamente con la tentación la salida, para que podáis soportar" (1 Co. 10:13).

"Y me ha dicho: Bástate mi gracia; porque mi poder se perfecciona en la debilidad. Por tanto, de buena gana me gloriaré más bien en mis debilidades, para que repose sobre mí el poder de Cristo" (2 Co. 12:9).

2. La resurrección de Jesucristo demuestra que Dios tiene el poder de darle al hombre una vida nueva y el poder de vivir una vida delante de Él. Una vez que Jesucristo fue resucitado de entre los muertos, Él no estaba viviendo su antigua vida, la vida que había tenido antes de su muerte. Era un *hombre nuevo.* Tenía una vida nueva. Había sido resucitado de entre los muertos para vivir una vida nueva delante de Dios para siempre. Anduvo delante de Dios con una vida nueva.

"Porque somos sepultados juntamente con él para muerte por el bautismo, a fin de que como Cristo resucitó de los muertos por la gloria del Padre, así también nosotros andemos en vida nueva" (Ro. 6:4).

"Y vestíos del *nuevo hombre,* creado según Dios en la justicia y santidad de la verdad" (Ef. 4:24).

"Por tanto, de la manera que habéis recibido al Señor Jesucristo, andad en él" (Col. 2:6).

"Y revestido del nuevo, el cual conforme a la imagen del que lo creó se va renovando hasta el conocimiento pleno" (Col. 3:10).

"El que dice que permanece en él, debe andar como él anduvo" (1 Jn. 2:6).

3. El poder de resucitar a Cristo de entre los muertos demuestra que Dios tiene el poder de resucitar a los hombres de los muertos. El creyente experimentará el gran poder de resurrección de Dios y será resucitado de entre los muertos.

"No os maravilléis de esto; porque vendrá hora cuando todos los que están en los sepulcros oirán su voz; y los que hicieron lo bueno, saldrán a resurrección de vida; mas los que hicieron lo malo, a resurrección de condenación" (Jn. 5:28-29).

"Y esta es la voluntad del que me ha enviado: Que todo aquél que ve al Hijo, y cree en él, tenga vida eterna; y yo le resucitaré en el día postrero" (Jn. 6:40).

"Teniendo esperanza en Dios, la cual ellos también abrigan, de que ha de haber resurrección de los muertos, así de justos como de injustos" (Hch. 24:15).

"Sabiendo que el que resucitó al Señor Jesús, a nosotros también nos resucitará con Jesús, y nos presentará juntamente con vosotros" (2 Co. 4:14).

"Porque el Señor mismo con voz de mando, con voz de arcángel, y con trompeta de Dios, descenderá del cielo; y los muertos en Cristo resucitarán primero. Luego nosotros los que vivimos, los que hayamos quedado, seremos arrebatados juntamente con ellos en las nubes para recibir al Señor en el aire, y así estaremos siempre con el Señor. Por tanto, alentaos los unos a los otros con estas palabras" (1 Ts. 4:16-18).

[3] (1:20) ***Poder, Jesucristo, Exaltación:*** Los creyentes van a experimentar el poder de Dios, el mismo poder que hizo que Jesucristo ascendiera al cielo y estuviera a la diestra de Dios. Dios no solo tenía el poder de resucitar a Jesucristo. Tenía el poder de llevar a Jesucristo a otra dimensión del ser, al mundo espiritual, es decir, el mundo del Espíritu. Dios llevó consigo a Jesucristo y lo colocó a su diestra. Él está literalmente allí, su cuerpo está en el cielo, el mundo espiritual y dimensión del ser.

"Y el Señor, después que les habló, fue recibido arriba en el cielo, y se sentó a la diestra de Dios" (Mr. 16:19).

"Pero desde ahora el Hijo del Hombre se sentará a la diestra del poder de Dios" (Lc. 22:69).

"El Dios de nuestros padres levantó a Jesús, a quien vosotros matasteis colgándole en un madero. A éste, Dios ha exaltado con su diestra por Príncipe y Salvador, para dar a Israel arrepentimiento y perdón de pecados" (Hch. 5:30-31).

"La cual operó en Cristo, resucitándole de los muertos y sentándole a su diestra en los lugares celestiales" (Ef. 1:20).

La cuestión del poder de Dios es clara: Él llevó a Cristo al cielo y lo exaltó con el fin de demostrar que Él tiene el poder de llevar a los hombres al cielo y exaltarlos.

"En la casa de mi Padre muchas moradas hay; si así no fuera, yo os lo hubiera dicho; voy, pues, a preparar lugar para vosotros. Y si me fuere y os preparare lugar, vendré otra vez, y os tomaré a mí mismo, para que donde yo estoy, vosotros también estéis" (Jn. 14:2-3).

"Pero Esteban, lleno del Espíritu Santo, puestos los ojos en el cielo, vio la gloria de Dios, y a Jesús que estaba a la diestra de Dios, y dijo: He aquí, veo los cielos abiertos, y al Hijo del Hombre que está a la diestra de Dios" (Hch. 7:55-56).

"Mas nuestra ciudadanía está en los cielos, de donde también esperamos al Salvador, al Señor Jesucristo; el cual transformará el cuerpo de la humillación nuestra, para que sea semejante al cuerpo de la gloria suya, por el poder con el cual puede también sujetar a sí mismo todas las cosas" (Fil. 3:20-21).

"Cuando Cristo, vuestra vida, se manifieste, entonces vosotros también seréis manifestados con él en gloria" (Col. 3:4).

"Bienaventurados los que lavan sus ropas, para tener derecho al árbol de la vida, y para entrar por las puertas en la ciudad" (Ap. 22:14).

[4] (1:21) ***Poder, Dios – Creyentes, Exaltados:*** Los creyentes deben experimentar el poder de Dios, el mismo poder que exaltó a Jesucristo por encima de todas las criaturas, tanto en este mundo como en el próximo. Estar sentado a la diestra de Dios sencillamente significa tener el lugar de mayor honor y autoridad en el universo. Lo que hizo Dios fue exaltar a Cristo para que gobernara y reinara por sobre toda otra autoridad, sin importar cuán grande o poderosa. Cristo ha sido exaltado por sobre "todo principado y autoridad y poder y señorío, y sobre todo nombre que se nombra, no sólo en este siglo, sino también en el venidero" (v. 21). Todas las cosas están sometidas bajo Cristo.

"Por lo cual Dios también le exaltó hasta lo sumo, y le dio un nombre que es sobre todo nombre, para que en el nombre de Jesús se doble toda rodilla de los que están en los cielos, y en la tierra, y debajo de la tierra" (Fil. 2:9-10).

"Has amado la justicia, y aborrecido la maldad, por lo cual te ungió Dios, el Dios tuyo, con óleo de alegría más que a tus compañeros" (He. 1:9).

"Quien habiendo subido al cielo está a la diestra de Dios; y a él están sujetos ángeles, autoridades y potestades" (1 P. 3:22).

La cuestión es esta: Dios le dio a Jesucristo la autoridad de gobernar y reinar por sobre todo. Él demostró que tiene el poder de exaltarnos para gobernar y reinar con Cristo. Este Dios promete hacerlo.

"Su señor le dijo: Bien, buen siervo y fiel; sobre poco has sido fiel, sobre mucho te pondré; entra en el gozo de tu señor" (Mt. 25:23).

"Entonces el Rey dirá a los de su derecha: Venid, benditos de mi Padre, heredad el reino preparado para vosotros desde la fundación del mundo" (Mt. 25:34).

"Él le dijo: Está bien, buen siervo; por cuanto en lo poco has sido fiel, tendrás autoridad sobre diez ciudades" (Lc. 19:17).

"¿O no sabéis que los santos han de juzgar al mundo? Y si el mundo ha de ser juzgado por vosotros, ¿sois indignos de juzgar cosas muy pequeñas? ¿O no sabéis que hemos de juzgar a los ángeles? ¿Cuánto más las cosas de esta vida?" (1 Co. 6:2-3).

"Y asimismo gustaron de la buena palabra de Dios y los poderes del siglo venidero" (He. 6:5).

"Hermanos míos amados, oíd: ¿No ha elegido Dios a los pobres de este mundo, para que sean ricos en fe y herederos del reino que ha prometido a los que le aman?" (Stg. 2:5).

"Y nos has hecho para nuestro Dios reyes y sacerdotes, y reinaremos sobre la tierra" (Ap. 5:10).

"Y vi tronos, y se sentaron sobre ellos" (Ap. 20:4).

"No habrá allí más noche; y no tienen necesidad de luz de lámpara, ni de luz del sol, porque Dios el Señor los iluminará; y reinarán por los siglos de los siglos" (Ap. 22:5).

5 (1:22-23) ***Iglesia, Jesucristo, Cabeza de la iglesia:*** Los creyentes deben experimentar el poder de Dios, el mismo poder que hizo que Jesucristo fuera la cabeza de la iglesia. Jesucristo pagó el precio supremo de iniciar y construir la iglesia: Él murió por ella. Por lo tanto, Dios le dio la posición suprema por sobre la iglesia. Advierta dos puntos.

1. A la iglesia se la llama el *cuerpo de Cristo.* Esta es una de las imágenes más descriptivas de la Biblia sobre Jesucristo y la iglesia: la imagen del *cuerpo humano* siendo Cristo la Cabeza y la iglesia, su cuerpo (ver nota, 1 Co. 12:12-31). William Barclay señala que esta imagen quiere decir algo de gran valor. Cristo necesita a la iglesia y la iglesia necesita a Cristo (Jn. 20:21) (*The Letters to the Galatians and Ephesians* [Las cartas a los gálatas y a los efesios], p. 108). La cabeza no puede funcionar sin el cuerpo, ni el cuerpo puede funcionar sin la cabeza. La cabeza sueña y sueña y planifica y planifica. Pero una cabeza, una mente por sí misma, no sirve de nada. Una cabeza debe tener un cuerpo para llevar adelante los planes de manera que se concreten los sueños. Cristo vino a traer el sueño y el plan de paz y reconciliación a un mundo de hombres perdidos, de hombres que estaban alejados de Dios y entre sí. Ahora bien, el cuerpo, la iglesia, debe llevar adelante el sueño y el plan. El mensaje de paz, en el poder de Cristo, debe llevarlo a los hombres la iglesia.

La cuestión es esta: Si Dios tuvo el poder de crear la iglesia y de convertir a Cristo en la cabeza de la iglesia, entonces Él tiene el poder de hacer que el cuerpo *funcione y obre* para Cristo. Dios tiene el poder de *mantenernos ocupados* para el Señor, el poder de ayudarnos en nuestro testimonio, el poder de motivarnos a proclamar el mensaje de reconciliación y de ministrar ante las desesperadas necesidades de un mundo perdido y que gira bajo el peso del pecado, las tinieblas, el hambre, la enfermedad y el sufrimiento.

"Pero recibiréis poder, cuando haya venido sobre vosotros el Espíritu Santo, y me seréis testigos en Jerusalén, en toda Judea, en Samaria, y hasta lo último de la tierra" (Hch. 1:8).

"Así nosotros, siendo muchos, somos un cuerpo en Cristo, y todos miembros los unos de los otros" (Ro. 12:5).

"Vosotros, pues, sois el cuerpo de Cristo, y miembros cada uno en particular. Y a unos puso Dios en la iglesia, primeramente apóstoles, luego profetas, lo tercero maestros, luego los que hacen milagros, después los que sanan, los que ayudan, los que administran, los que tienen don de lenguas" (1 Co. 12:27-28).

"La cual es su cuerpo, la plenitud de Aquel que todo lo llena en todo" (Ef. 1:23).

"Y él mismo constituyó a unos, apóstoles; a otros, profetas; a otros, evangelistas; a otros, pastores y maestros, a fin de perfeccionar a los santos para la obra del ministerio, para la edificación del cuerpo de Cristo" (Ef. 4:11-12).

"Ahora me gozo en lo que padezco por vosotros, y cumplo en mi carne lo que falta de las aflicciones de Cristo por su cuerpo, que es la iglesia" (Col. 1:24).

"Y no asiéndose de la Cabeza, en virtud de quien todo el cuerpo, nutriéndose y uniéndose por las coyunturas y ligamentos, crece con el crecimiento que da Dios" (Col. 2:19).

"Porque no nos ha dado Dios espíritu de cobardía, sino de poder, de amor y de dominio propio" (2 Ti. 1:7).

2. La iglesia completa todo para Cristo. William Barclay nuevamente señala que la iglesia es el instrumento a través del cual la plenitud de Cristo lo llena todo. Jesucristo está obrando en todo el mundo y en la historia humana para llevar adelante el plan eterno de Dios para el mundo. Él está obrando y encajando todo en su lugar adecuado pedazo tras pedazo, y lo está haciendo *a través de la iglesia.* La iglesia es el instrumento de Dios para que se cumpla su voluntad sobre la tierra. (*The Letters to the Galatians and Ephesians* [Las cartas a los gálatas y a los efesios], p. 109).

Nuevamente, la cuestión es que Dios tiene el poder de utilizar a la iglesia y a sus creyentes para llevar adelante su plan eterno para el mundo. ¡Solo piense, la iglesia es el cuerpo sobre la tierra que Dios está utilizando para darle forma a la historia humana!

"Por tanto, id, y haced discípulos a todas las naciones, bautizándolos en el nombre del Padre, y del Hijo, y del Espíritu Santo; enseñándoles que guarden todas las cosas que os he mandado; y he aquí yo estoy con vosotros todos los días, hasta el fin del mundo. Amén" (Mt. 28:19-20).

"Porque en él fueron creadas todas las cosas, las que hay en los cielos y las que hay en la tierra, visibles e invisibles; sean tronos, sean dominios, sean principados, sean potestades; todo fue creado por medio de él y para él. Y él es antes de todas las cosas, y todas las cosas en él subsisten; y él es la cabeza del cuerpo que es la iglesia, él que es el principio, el primogénito de entre los muertos, para que en todo tenga la preeminencia; por cuanto agradó al Padre que en él habitase toda plenitud, y por medio de él reconciliar consigo todas las cosas, así las que están en la tierra como las que están en los cielos, haciendo la paz mediante la sangre de su cruz" (Col. 1:16-20).

"Mirad que nadie os engañe por medio de filosofías y huecas sutilezas, según las tradiciones de los hombres, conforme a los rudimentos del mundo, y no según Cristo. Porque en él habita corporalmente toda la plenitud de la Deidad, y vosotros estáis completos en él, que es la cabeza de todo principado y potestad" (Col. 2:8-10).

"El Señor no retarda su promesa, según algunos la tienen por tardanza, sino que es paciente para con nosotros, no queriendo que ninguno perezca, sino que todos procedan al arrepentimiento. Pero el día del Señor vendrá como ladrón en la noche; en el cual los cielos pasarán con grande estruendo, y los elementos ardiendo serán deshechos, y la tierra y las obras que en ella hay serán quemadas. Puesto que todas estas cosas han de ser deshechas, ¡cómo no debéis vosotros andar en santa y piadosa manera de vivir, esperando y apresurándoos para la venida del día de Dios, en el cual los cielos, encendiéndose, serán deshechos, y los elementos, siendo quemados, se fundirán! Pero nosotros esperamos, según sus promesas, cielos nuevos y tierra nueva, en los cuales mora la justicia" (2 P. 3:9-13).

1 Una vida de muerte **2 Una vida de delitos y pecados** a. Caminando tras el rumbo del mundo	**CAPÍTULO 2** **II. LA VIDA DEL CREYENTE CRISTIANO, 2:1-22** **A. La vida del creyente antes de la conversión: Una vida sin Cristo, 2:1-3** 1 Y él os dio vida a vosotros, cuando estabais muertos en vuestros delitos y pecados, 2 en los cuales anduvisteis en otro	tiempo, siguiendo la corriente de este mundo, conforme al príncipe de la potestad del aire, el espíritu que ahora opera en los hijos de desobediencia, 3 entre los cuales también todos nosotros vivimos en otro tiempo en los deseos de nuestra carne, haciendo la voluntad de la carne y de los pensamientos, y éramos por naturaleza hijos de ira, lo mismo que los demás.	b. Caminando bajo el poder del diablo c. Caminando en desobediencia **3 Una vida gastada con los desobedientes del mundo** a. Gastada en las lascivias de la carne. b. Gastada satisfaciendo los propios deseos, de la carne y de la mente **4 Una vida bajo la ira de Dios**

DIVISIÓN II

LA VIDA DEL CREYENTE CRISTIANO, 2:1-22

A. La vida del creyente antes de la conversión: Una vida sin Cristo, 2:1-3

(2:1-22) ***BOSQUEJO DE LA DIVISIÓN: Creyentes, la vida de los:*** Este capítulo es uno de los más importantes de la Biblia. Trata sobre su pasado, su presente y su futuro. Muestra cómo era la vida antes de que viniera Cristo y cómo es desde que Él vino. Trata acerca de lo que hizo Dios por el hombre en la *obra de su misericordia y el don de su gracia.* También describe seis imágenes de la iglesia. Es un capítulo que debería vivirse, debería ser estudiado y enseñado una y otra vez.

A. La vida del creyente antes de la conversión : Una vida sin Cristo (2:1-3).
B. La conversión del creyente (Parte 1): La obra de la misericordia de Dios (2:4-7).
C. La conversión del creyente (Parte 2): La obra de la salvación por gracia de Dios (2:8-10).
D. Recordar cómo es la vida desde que vivio Cristo: Reconciliación y paz (2:11-18).
E. Recordar quién es uno: Seis imágenes de la iglesia (2:19-22).

(2:1-3) ***Introducción:*** La vida del creyente. ¿Cómo era antes de la conversión? ¿Cómo era la vida del creyente antes de llegar a conocer a Jesucristo? Cuando Dios mira a un hombre que no se ha convertido, ¿cómo lo ve Dios? ¿Cuál es la imagen en la mente de Dios de un hombre que no es salvo? William Barclay titula descriptivamente a este pasaje como "La vida sin Cristo". Bien, ¿cómo es esta vida sin Cristo? ¿Qué tipo de vida vivió el creyente antes de la conversión?

1. Una vida de muerte (v. 1).
2. Una vida de delitos y pecados (vv. 1-2).
3. Una vida gastada con los desobedientes del mundo (v. 3).
4. Una vida bajo la ira de Dios (v. 3).

1 (2:1) ***Muerte:*** Antes de la conversión el hombre vive una vida de muerte. Advierta las palabras "vosotros... estabais muertos". ¿Cómo puede ser que un hombre esté vivo y a la vez muerto? La muerte nunca significa extinción, aniquilación, falta de existencia o inactividad. La muerte simplemente significa que una persona es separada, ya sea separada de su cuerpo o de Dios o de ambos. H. S. Miller dice: "La muerte es la separación de una persona del propósito o uso que era intención darle" (citado por Lehman Strauss, *Devotional Studies in Galatians and Ephesians* [Estudios devocionales en Gálatas y Efesios], p. 137). El hombre fue creado para conocer, comulgar, adorar y servir a Dios, pero el hombre no lo hace. Si es que siquiera adora, adora sus *propias ideas y conceptos de Dios,* creando un dios que se ajuste a sus propias nociones, un dios que le permitirá avanzar y vivir como le plazca.

El punto es este: El hombre no cumple su propósito en la tierra, no el propósito para el cual fue creado. Tiene poco o nada que ver con Dios. Es *separado de y muerto para* Dios. La Biblia habla de tres muertes.

1. La muerte física: La *separación* del espíritu de un hombre de su cuerpo. Esto es lo que los hombres comúnmente denominan muerte. Es cuando una persona deja de existir en esta tierra y es enterrado.

> **"Porque por cuanto la muerte entró por un hombre, también por un hombre la resurrección de los muertos. Porque así como en Adán todos mueren, también en Cristo todos serán vivificados" (1 Co. 15:21-22).**
>
> **"Y de la manera que está establecido para los hombres que mueran una sola vez, y después de esto el juicio" (He. 9:27).**

2. La muerte espiritual: La separación de un hombre de Dios mientras vive y camina por la tierra. Este es el *estado natural* de un hombre en la tierra sin Jesucristo. Al hombre se lo ve pecando y muerto para Dios.

- Una persona puede andar por la vida *sin Dios y sin Cristo,* rechazando, rebelándose y maldiciendo a Dios. El hombre está espiritualmente separado de Dios: está *muerto* para Dios.
- Una persona puede andar por la vida como una persona religiosa, adorando a un dios de sus propios pensamientos y nociones, rechazando al único Dios vivo y verdadero que fue revelado por Jesucristo. La persona religiosa está espiritualmente separada de Dios, está muerta para Dios.

La muerte espiritual habla de una persona que está muerta mientras vive (1 Ti. 5:6). Es un hombre natural que vive en este mundo actual, pero se dice que está muerto para el Señor Jesucristo y para Dios y sus asuntos espirituales.

a. Una persona que gasta su vida en una forma de vivir licenciosa está espiritualmente muerta.

"Mas era necesario hacer fiesta y regocijarnos, porque este tu hermano era muerto, y ha revivido; se había perdido, y es hallado" (Lc. 15:32).

b. Una persona que no comparte con Cristo está espiritualmente muerta.

"Jesús les dijo: De cierto, de cierto os digo: Si no coméis la carne del Hijo del Hombre, y bebéis su sangre, no tenéis vida en vosotros" (Jn. 6:53).

c. De una persona que no tiene el espíritu de Cristo se dice que está espiritualmente muerta.

"Mas vosotros no vivís según la carne, sino según el Espíritu, si es que el Espíritu de Dios mora en vosotros. Y si alguno no tiene el Espíritu de Cristo, no es de él" (Ro. 8:9).

d. De una persona que vive en pecado se dice que está espiritualmente muerta.

"Y él os dio vida a vosotros, cuando estabais muertos en vuestros delitos y pecados" (Ef. 2:1).

"Y a vosotros, estando muertos en pecado y en la incircuncisión de vuestra carne, os dio vida juntamente con él, perdonándoos todos los pecados" (Col. 2:13).

e. De una persona que está separada de Dios se dice que está espiritualmente muerta.

"Teniendo el entendimiento entenebrecido, ajenos de la vida de Dios por la ignorancia que en ellos hay, por la dureza de su corazón; los cuales, después que perdieron toda sensibilidad, se entregaron a la lascivia para cometer con avidez toda clase de impureza" (Ef. 4:18, 19).

f. Una persona que duerme en pecado está espiritualmente muerta.

"Por lo cual dice: Despiértate, tú que duermes, y levántate de los muertos, y te alumbrará Cristo" (Ef. 5:14).

g. Una persona que vive en el placer pecaminoso está muerta al tiempo que vive.

"Pero la que se entrega a los placeres, viviendo está muerta" (1 Ti. 5:6).

h. Una persona que no tiene al Hijo de Dios está muerta.

"El que tiene al Hijo, tiene la vida; el que no tiene al Hijo de Dios no tiene la vida" (1 Jn. 5:12).

i. Una persona que hace grandes obras religiosas pero hace las obras incorrectas está muerta.

"Escribe al ángel de la iglesia en Sardis: El que tiene los siete espíritus de Dios, y las siete estrellas, dice esto: Yo conozco tus obras, que tienes nombre de que vives, y estás muerto" (Ap. 3:1).

3. Muerte eterna: La separación del hombre de la presencia de Dios para siempre. Esta es la segunda muerte, un estado eterno de estar *muerto para Dios*. Es la muerte espiritual, la separación de Dios que se prolonga más allá de la muerte del cuerpo. Se la llama la "segunda muerte" o muerte eterna.

"Porque la paga del pecado es muerte, mas la dádiva de Dios es vida eterna en Cristo Jesús Señor nuestro" (Ro. 6:23).

"Porque el ocuparse de la carne es muerte, pero el ocuparse del Espíritu es vida y paz" (Ro. 8:6).

"Los cuales sufrirán pena de eterna perdición, excluidos de la presencia del Señor y de la gloria de su poder" (2 Ts. 1:9).

"Y si alguno de vosotros tiene falta de sabiduría, pídala a Dios, el cual da a todos abundantemente y sin reproche, y le será dada" (Stg. 1:5).

"Sepa que el que haga volver al pecador del error de su camino, salvará de muerte un alma, y cubrirá multitud de pecados" (Stg. 5:20).

"El que tiene oído, oiga lo que el Espíritu dice a las iglesias. El que venciere, no sufrirá daño de *la segunda muerte*" (Ap. 2:11).

"Pero los cobardes e incrédulos, los abominables y homicidas, los fornicarios y hechiceros, los idólatras y todos los mentirosos tendrán su parte en el lago que arde con fuego y azufre, que es *la muerte segunda*" (Ap. 21:8).

"El alma que pecare, esa morirá; el hijo no llevará el pecado del padre, ni el padre llevará el pecado del hijo; la justicia del justo será sobre él, y la impiedad del impío será sobre él" (Ez. 18:20).

Pensamiento 1: Todo el que no ha confiado en Cristo está espiritualmente muerto, muerto para Dios, muerto aun cuando vive sobre esta tierra. Esta era la vida del creyente antes de convertirse.

[2] (2:12) ***Delito, Pecado, Satanás, Mundanalidad:*** Antes de la conversión, el hombre vive una vida de delitos y pecados. Advierta que son estos delitos y pecados los que separan a los hombres de Dios, que lo sitúan en un *estado o proceso de muerte*. Es mientras los hombres están viviendo con delitos y pecados que están muertos (separados de Dios).

La palabra "delitos" (paraptoma) significa caer, deslizarse, tropezarse, desviarse, descarrilarse o ir a los tumbos. Es una persona que...

• Se sale del camino correcto.
• No hace lo que debería hacer.
• Tropieza y fracasa.
• Se desvía del camino correcto.
• Se aleja de lo que es correcto.
• Se separa de Dios y la justicia.

"[Cristo] El cual fue entregado por nuestras transgresiones, y resucitado para nuestra justificación" (Ro. 4:25).

"Que Dios estaba en Cristo reconciliando consigo al mundo, no tomándoles en cuenta a los hombres sus pecados, y nos encargó a nosotros la palabra de la reconciliación" (2 Co. 5:19).

"En quien tenemos redención por su sangre, el per-

dón de pecados según las riquezas de su gracia" (Ef. 1:7).

"Y él os dio vida a vosotros, cuando estabais muertos en vuestros delitos y pecados" (Ef. 2:1).

"Y a vosotros, estando muertos en pecados y en la incircuncisión de vuestra carne, os dio vida juntamente con él, perdonándoos todos los pecados" (Col. 2:13).

La palabra "pecados" (hamartia) significa perder el blanco. W. E. Vine señala que el pecado es el término utilizado con mayor frecuencia para describir la condición de caído del hombre. Es lo que quiere significarse al decir que uno se *queda corto de la gloria de Dios.* El hombre debería vivir en un estado de gloria de Dios, pero es evidente que no lo hace. No hay gloria, ni brillo, ni esplendor, ni brillantez, ni luz que emane de su comportamiento. El hecho de escuchar un programa de noticias cualquier día es una clara evidencia del *comportamiento no glorioso* del hombre.

El punto es este: Dios es perfecto pero el hombre es imperfecto. Y la imperfección es tan diferente de la perfección como lo es el día de la noche. La imperfección es escasa –total y absolutamente escasa– de perfección. El hombre siempre está lejos de la gloria perfecta de Dios:

- El hombre no puede medirse con Dios.
- El hombre no está en el mismo nivel que Dios.
- El hombre no alcanza al lugar donde está Dios.

El hombre peca. Pierde el blanco de la vida. No vive una vida perfecta. Puede ser respetable, pero es imperfecto. Nunca es todo lo que podría llegar a ser.

- Ningún esposo o esposa está libre del egoísmo y los conflictos todo el tiempo, no en forma perfecta.
- Ningún padre ni ninguna madre tratan a su hijo como deberían todo el tiempo, no en forma perfecta.
- Ningún niño obedece a su madre o a su padre todo el tiempo, no en forma perfecta.
- Ningún trabajador es diligente en su trabajo cada minuto de cada día, no en forma perfecta.
- Ningún vecino es tan bueno, cordial y voluntarioso como debería ser todo el tiempo, no en forma perfecta.
- Ninguna persona disciplina a su cuerpo al comer, ejercitarse y dormir todo el tiempo, no en forma perfecta.
- Ninguna persona controla su mente de pensamientos impuros y egoístas todo el tiempo, no en forma perfecta.
- Ninguna persona utiliza su mente a pleno, al máximo todo el tiempo, no en forma perfecta.

El hombre no es perfecto, está lejos de la perfección, lejos de la gloria de Dios, lejos del propósito por el cual Dios lo creó. Esto es lo que quiere significarse por pecado. El pecado separa al hombre de Dios. El hombre está muerto (separado) en delitos y pecados. Está muerto porque tropieza y está lejos de Dios.

"Por cuanto todos pecaron, y están destituidos de la gloria de Dios" (Ro. 3:23).

"Por tanto, como el pecado entró en el mundo por un hombre, y por el pecado la muerte, así la muerte pasó a todos los hombres, por cuanto todos pecaron" (Ro. 5:12).

"No reine, pues, el pecado en vuestro cuerpo mortal, de modo que lo obedezcáis en sus concupiscencias" (Ro. 6:12).

Ahora bien, advierta un hecho significativo: Se dice que el hombre que peca anda detrás de tres cosas.

1. El pecador anda detrás del "curso de este mundo [o época, aion, griego] Esto simplemente significa que sigue al mundo en su(s)...

- opiniones
- posiciones
- propósitos
- vida
- popularidad
- tecnología
- especulaciones
- honor
- posesiones
- placeres
- religión
- ciencia
- egoísmo
- valores
- normas

"Porque ¿qué aprovechará al hombre, si ganare todo el mundo, y perdiere su alma? ¿O qué recompensa dará el hombre por su alma?" (Mt. 16:26).

"Mirad también por vosotros mismos, que vuestros corazones no se carguen de glotonería y embriaguez y de los afanes de esta vida, y venga de repente sobre vosotros aquel día" (Lc. 21:34).

"¡Oh almas adúlteras! ¿No sabéis que la amistad del mundo es enemistad contra Dios? Cualquiera, pues, que quiera ser amigo del mundo, se constituye enemigo de Dios" (Stg. 4:4).

"No améis al mundo, ni las cosas que están en el mundo. Si alguno ama al mundo, el amor del Padre no está en él" (1 Jn. 2:15).

2. El pecador anda bajo el poder de Satanás. Advierta que Satanás es llamado "el príncipe del poder del aire". El hombre jamás fue creado para ser malo o para hacer el mal. El mal se originó con una fuerza extraña, una fuerza extraña que existe en otro mundo, el mundo espiritual o dimensión del ser. La Biblia denomina a dicha fuerza a una persona y esa persona se llama Satanás o el diablo. El mundo espiritual tiene acceso a este mundo y puede influir el espíritu del hombre. Lo que ha sucedido es que el hombre, que tiene libre albedrío, ha elegido seguir el camino de maldad de Satanás. Cuando Satanás intenta influir el espíritu del hombre para que peque, el hombre con frecuencia escucha y peca. Esto es exactamente lo que declaran las Escrituras:

"Vosotros sois de vuestro padre el diablo, y los deseos de vuestro padre queréis hacer. El ha sido homicida desde el principio, y no ha permanecido en la verdad, porque no hay verdad en él. Cuando habla mentira, de suyo habla; porque es mentiroso, y padre de mentira" (Jn. 8:44).

"Y cuando cenaban, como el diablo ya había puesto en el corazón de Judas Iscariote, hijo de Simón, que le entregase" (Jn. 13:2).

"Pero si nuestro evangelio está aún encubierto, entre los que se pierden está encubierto; en los cuales el dios de este siglo cegó el entendimiento de los incrédulos, para que no les resplandezca la luz del evangelio de la gloria de Cristo, el cual es la imagen de Dios" (2 Co. 4:3-4).

"Porque no tenemos lucha contra sangre y carne, sino contra principados, contra potestades, contra los gobernadores de las tinieblas de este siglo, contra huestes espirituales de maldad en las regiones celestes" (Ef. 6:12).

"Así que, por cuanto los hijos participaron de carne y sangre, él también participó de lo mismo, para destruir por medio de la muerte al que tenía el imperio de la muerte, esto es, al diablo" (He. 2:14).

"Sed sobrios, y velad; porque vuestro adversario el diablo, como león rugiente, anda alrededor buscando a quien devorar" (1 P. 5:8).

"El que practica el pecado es del diablo; porque el diablo peca desde el principio. Para esto apareció el Hijo de Dios, para deshacer las obras del diablo" (1 Jn. 3:8).

"En esto se manifiestan los hijos de Dios, y los hijos del diablo: todo aquel que no hace justicia, y que no ama a su hermano, no es de Dios" (1 Jn. 3:10).

3. El pecador anda en desobediencia. Muy simplemente, se niega a obedecer a Dios, se niega a hacer lo que Dios dice. Elige hacer lo que él quiere en lugar de lo que debería hacer. Y advierta: Es clasificado por Dios como uno de los "hijos de la desobediencia". Él es un hijo de la desobediencia, es decir, está en la familia de la desobediencia, no en la familia de Dios.

"Pero cualquiera que me oye estas palabras y no las hace, le compararé a un hombre insensato, que edificó su casa sobre la arena; y descendió lluvia, y vinieron ríos, y soplaron vientos, y dieron con ímpetu contra aquella casa; y cayó, y fue grande su ruina" (Mt. 7:26-27).

"Porque vosotros erais como ovejas descarriadas, pero ahora habéis vuelto al Pastor y Obispo de vuestras almas" (1 P. 2:25).

"Han dejado el camino recto, y se han extraviado siguiendo el camino de Balaam hijo de Beor, el cual amó el premio de la maldad" (2 P. 2:15).

"El hombre que se aparta del camino de la sabiduría vendrá a parar en la compañía de los muertos" (Pr. 21:16).

3 (2:3) ***Lujurias:*** Antes de la conversión el hombre vive una vida con el desobediente del mundo. Advierta las palabras "entre los cuales". Se refiere a los hijos de la desobediencia mencionados en el versículo anterior. Advierta que el mayor énfasis de la desobediencia está colocado en los deseos de la carne y de la mente. Cuando la mayoría de las personas piensa en deseo o lujuria, piensa en los pecados de la carne tales como:

- Sexo ilícito
- Glotonería
- Intoxicación
- Pereza
- Pornografía

Pero advierta: La mente también desea y siente lujuria. Algunas lujurias pecaminosas de la mente serían:

- pensamientos inmorales
- idolatría
- enojo
- envidia
- incredulidad
- falsas creencias

El punto es este: El hombre no convertido vive para satisfacer los deseos de su carne y de su mente. En realidad, no tiene nada más para qué vivir. No conoce nada más que este mundo y sus atractivos. Por lo tanto busca lo que más pueda poseer y disfrutar de este mundo. Su vida está centrada en sí mismo, no en Dios. Centrada en el mundo, no en el cielo. Es egoísta, no es un dador. Pensando en asuntos mundanos y en rivalidades, no en sacrificios, ni en satisfacer las necesidades de un mundo que atraviesa una necesidad desesperada y la muerte. El hombre no convertido pasa su vida con el desobediente del mundo viviendo tras los deseos de la carne y de la mente.

"Pero yo os digo que cualquiera que mira a una mujer para codiciarla, ya adulteró con ella en su corazón" (Mt. 5:28).

"Pero los afanes de este siglo, y el engaño de las riquezas, y las codicias de otras cosas, entran y ahogan la palabra, y se hace infructuosa" (Mr. 4:19).

"Por esto Dios los entregó a pasiones vergonzosas; pues aun sus mujeres cambiaron el uso natural por el que es contra naturaleza, y de igual modo también los hombres, dejando el uso natural de la mujer, se encendieron en su lascivia unos con otros, cometiendo hechos vergonzosos hombres con hombres, y recibiendo en sí mismos la retribución debida a su extravío" (Ro. 1:26-27).

"Porque mientras estábamos en la carne, las pasiones pecaminosas que eran por la ley obraban en nuestros miembros llevando fruto para muerte" (Ro. 7:5).

"Digo, pues: Andad en el Espíritu, y no satisfagáis los deseos de la carne. Porque el deseo de la carne es contra el Espíritu, y el del Espíritu es contra la carne; y éstos se oponen entre sí, para que no hagáis lo que quisiereis" (Gá. 5:16-17).

"Haced morir, pues, lo terrenal en vosotros: fornicación, impureza, pasiones desordenadas, malos deseos y avaricia, que es idolatría" (Col. 3:5).

"Que cada uno de vosotros sepa tener su propia esposa en santidad y honor; no en pasión de concupiscencia, como los gentiles que no conocen a Dios" (1 Ts. 4:4-5).

"Entonces la concupiscencia, después que ha concebido, da a luz el pecado; y el pecado, siendo consumado, da a luz la muerte" (Stg. 1:15).

"¿De dónde vienen las guerras y los pleitos entre vosotros? ¿No es de vuestras pasiones, las cuales combaten en vuestros miembros? Codiciáis, y no tenéis; matáis y ardéis de envidia, y no podéis alcanzar; combatís y lucháis, pero no tenéis lo que deseáis, porque no pedís. Pedís, y no recibís, porque pedís mal, para gastar en vuestros deleites. ¡Oh almas adúlteras! ¿No sabéis que la amistad del mundo es enemistad contra Dios? Cualquiera, pues, que quiera ser amigo del mundo, se constituye enemigo de Dios" (Stg. 4:1-4).

"Amados, yo os ruego como a extranjeros y peregrinos, que os abstengáis de los deseos carnales que batallan contra el alma" (1 P. 2:11).

"Porque todo lo que hay en el mundo, los deseos de la carne, los deseos de los ojos, y la vanagloria de la vida, no proviene del Padre, sino del mundo" (1 Jn. 2:16).

4 (2:3) ***Ira, de Dios:*** Antes de la conversión, el hombre vive bajo la ira de Dios. Advierta la redacción de este enunciado: "éramos por naturaleza hijos de ira".

- El hombre no convertido actúa en contra de Dios, no actúa para Dios.
- El hombre no convertido rechaza a Dios, no recibe a Dios.
- El hombre no convertido ignora a Dios, no confiesa a Dios.
- El hombre no convertido niega a Dios, no reconoce a Dios.
- El hombre no convertido maldice a Dios, no alaba a Dios.
- El hombre no convertido sirve a la religión, no sirve a Dios.
- El hombre no convertido honra una idea personal, no honra a Cristo, el mismo Hijo de Dios.

El hombre actúa con ira en contra de Dios: Es un hijo de la ira, no un hijo de Dios. Por lo tanto, segará lo que sembró. Así como ha medido a Dios, así será medido él. La ira de Dios caerá sobre él.

"El que cree en el Hijo tiene vida eterna; pero el que rehúsa creer en el Hijo no verá la vida, sino que la ira de Dios está sobre él" (Jn. 3:36).

"Porque la ira de Dios se revela desde el cielo contra toda impiedad e injusticia de los hombres que detienen con injusticia la verdad" (Ro. 1:18).

"Pero ira y enojo a los que son contenciosos y no obedecen a la verdad, sino que obedecen a la injusticia" (Ro. 2:8).

"Nadie os engañe con palabras vanas, porque por estas cosas viene la ira de Dios sobre los hijos de desobediencia" (Ef. 5:6).

"Y a vosotros que sois atribulados, daros reposo con nosotros, cuando se manifieste el Señor Jesús desde el cielo con los ángeles de su poder, en llama de fuego, para dar retribución a los que no conocieron a Dios, ni obedecen al evangelio de nuestro Señor Jesucristo" (2 Ts. 1:7-8).

"Porque si la palabra dicha por medio de los ángeles fue firme, y toda transgresión y desobediencia recibió justa retribución, ¿cómo escaparemos nosotros, si descuidamos una salvación tan grande? La cual, habiendo sido anunciada primeramente por el Señor, nos fue confirmada por los que oyeron" (He. 2:2-3).

	B. La conversión del creyente (Parte 1): La obra de la misericordia de Dios, 2:4-7	6 y juntamente con él nos resucitó, y asimismo nos hizo sentar en los lugares celestiales con Cristo Jesús,	2 Dios nos ha resucitado con Cristo 3 Dios nos ha hecho sentar en lugares celestiales con Cristo
1 Dios nos ha resucitado junto con Cristo a. Por qué: Porque su misma naturaleza es la misericordia y el amor b. Cuándo: Mientras estábamos muertos en los pecados c. Cómo: Resucitándonos junto con Cristo	4 Pero Dios, que es rico en misericordia, por su gran amor con que nos amó, 5 aun estando nosotros muertos en pecados, nos dio vida juntamente con Cristo (por gracia sois salvos),	7 para mostrar en los siglos venideros las abundantes riquezas de su gracia en su bondad para con nosotros en Cristo Jesús.	**4 Dios tuvo un gran propósito: Mostrarnos las riquezas de su gracia en los años por venir**

DIVISIÓN II

LA VIDA DEL CREYENTE CRISTIANO, 2:1-22

B. La conversión del creyente (Parte 1): La obra de la misericordia de Dios, 2:4-7

(2:4-7) ***Introducción:*** La más impresionante interrupción de la historia humana es la palabra "pero" de este pasaje. El hombre está muerto en delitos y pecados, pero Dios es rico en misericordia. Ha intervenido en el destino del hombre, ha interrumpido el destino de muerte y juicio. ¡Dios tiene misericordia para con nosotros!

1. Dios nos ha resucitado junto con Cristo (vv. 4-5).
2. Dios nos ha resucitado con Cristo (v. 6).
3. Dios nos ha hecho sentar en lugares celestiales con Cristo (v. 6).
4. Dios tuvo un gran propósito: Mostrarnos las riquezas de su gracia en los años por venir (v. 7).

1 (2:4-5) ***Resucitado, Misericordia, Amor:*** La obra de la misericordia de Dios es resucitarnos con Cristo. La palabra "resucitar" significa volver a la vida. Estábamos muertos en delitos y pecados, pero Dios nos ha vuelto a la vida. Advierta tres puntos significativos.

1. ¿Por qué Dios nos ha resucitado? Debido a su misma naturaleza. Dios no tiene una naturaleza como la que imaginan la mayoría de los hombres: distante, desinteresada, descuidada, vengativa y atemorizante.

a. Dios está lleno de misericordia (eleei): Sentimientos de lástima, compasión, afecto, bondad. Es un deseo de socorrer, de atraer tiernamente hacia sí y de cuidar. Hay dos cosas esenciales para tener misericordia: Ver una necesidad y poder ser capaz de satisfacerla. Dios ve nuestra necesidad y siente por nosotros (Ef. 2:1-3). Por lo tanto, actúa. Tiene misericordia con nosotros...
- Dios retiene su juicio.
- Dios proporciona un camino para que seamos salvos.

b. Dios es amor. Él está lleno de amor (ágape): Un amor altruista y de sacrificio; un amor de la mente, de la razón, de la voluntad así como también del corazón y de los afectos. Es el amor que llega tan lejos...
- Que ama a una persona aunque esta no merezca ser amada.
- Que ama a la persona que es prácticamente indigna de ser amada.
- Que está obligado a sacrificarse por sus enemigos (Ro. 5:8, 10).

> **"Porque de tal manera amó Dios al mundo, que ha dado a su Hijo unigénito, para que todo aquel que en él cree, no se pierda, mas tenga vida eterna" (Jn. 3:16).**
>
> **"Porque Cristo, cuando aún éramos débiles, a su tiempo murió por *los impíos*" (Ro. 5:6).**
>
> **"Mas Dios muestra su amor para con nosotros, en que siendo aún *pecadores,* Cristo murió por nosotros" (Ro. 5:8).**
>
> **"Porque si *siendo enemigos,* fuimos reconciliados con Dios por la muerte de su Hijo, mucho más, estando reconciliados, seremos salvos por su vida" (Ro. 5:10).**

2. ¿Cuándo nos resucitó Dios y nos hizo vivos para Él? Cuando estábamos muertos en los pecados. Esto se remite al pasaje y bosquejo anterior (ver bosquejo y notas, Ef. 2:1-3 para un tratamiento más extenso).

3. ¿Cómo nos resucitó Dios? Resucitándonos y volviéndonos a la vida *juntamente con Cristo.* Cristo está vivo. Está en el cielo cara a cara con Dios en este momento. Dios nos resucita o regenera o nos vuelve a la vida con Cristo. ¿Cómo lo hace? Este es el tema que se tratará en los próximos dos temas principales. Mientras se tratan, recuerde que es por la gracia de Dios que somos salvos. La salvación es toda de Él, nada de ella es de nosotros. Somos salvos por el acto de Dios y únicamente de Dios.

2 (2:6) ***Salvación, Justificación, Jesucristo, Resurrección:*** La obra de la misericordia de Dios es resucitarnos junto con Cristo. Advierta un hecho crucial. Las Escrituras declaran clara y llanamente que Dios ha resucitado a creyentes *juntamente con Cristo.* ¿Cómo es posible cuando Cristo fue crucificado y resucitado hace dos mil años? ¿Qué quieren decir las Escrituras? Esto: Dios resucitó a Jesucristo por tres motivos.

1. Jesucristo vivió una vida libre de pecado y perfecta. Dios amó al hombre y quiso salvar al hombre pero Él tenía un problema. El hombre ya había pecado. Y se habían perdido la justicia y la perfección y solo la perfección puede vivir en la presencia de Dios. Sin embargo, había una esperanza. Si un hombre podía vivir una vida perfecta e ideal, ese hombre podía asegurar la justicia perfecta e ideal. Y entonces el hombre ideal podría representar y abarcar a todos los hombres que confiaran en Él. Eso fue lo que hizo Jesucristo. Vino a la tierra como un Hombre y vivió una vida sin pecado y perfecta. Nunca quebrantó la ley ni fue en contra de la voluntad de Dios, ni una sola vez. Aseguró la justicia perfecta. Era el Hombre Ideal y Perfecto. Por lo tanto, no merecía morir. Merecía vivir eternamente con Dios.

2. Jesucristo murió por el hombre. Dios amaba al hombre y quería salvarlo pero tenía un problema. El hombre *ya había pecado* y quebrantado la ley. Ya se había rebelado en contra de Dios. Por lo tanto, la pena de muerte *ya había sido promulgada y sentenciada.* El hombre debía morir. Sin embargo, había una salida al dilema. Si el Hombre Perfecto e Ideal soportaba la pena del pecado por el hombre, entonces su muerte ideal podría representar y abarcar a cualquier hombre que realmente confiara en Él. Esto es exactamente lo que hizo Jesús. Él fue el Hombre Perfecto e Ideal que amó a Dios con todo su corazón. Por ende, cuando Dios quiso que Cristo cargara con la pena y el juicio del hombre por el pecado, Él se entregó y se sacrificó. Murió por el hombre. Cargó con la pena y el castigo del hombre por el pecado. Fue perfectamente obediente a Dios el Padre *incluso en la muerte.* Por lo tanto, Él no merecía morir, sino que merecía vivir por siempre con Dios.

3. Jesucristo fue resucitado de entre los muertos. Era el Hombre Perfecto e Ideal, por lo tanto, su resurrección puede representar y abarcar a cualquier persona que verdaderamente confíe en Él.

Ahora bien, ¿cómo hace Dios para resucitar al creyente junto con Cristo? Mediante la creencia, la confianza y la fe. Cuando una persona cree verdaderamente en Jesucristo, Dios ama tanto a su Hijo que *considera* la fe y el amor de la persona haciendo aquello mismo en lo que la persona cree. La persona cree en Cristo y lo ama por su justicia, muerte y resurrección. Por lo tanto, Dios considera a la persona como *estando junto* a Cristo en su justicia, muerte y resurrección. Dios considera o cuenta la fe de la persona...

- Como habiendo muerto y resucitado ya con Cristo.
- Como habiendo estado ubicada en la muerte y resurrección de Cristo.
- Como habiendo estado identificada en la muerte y resurrección de Cristo.
- Como habiendo compartido la muerte y resurrección de Cristo.
- Como habiendo estado en unión con la muerte y resurrección de Cristo.
- Como habiendo estado muy vinculada con la muerte y resurrección de Cristo.

"Y creyó a Jehová, y le fue contado por justicia" (Gn. 15:6).

"Y que de todo aquello de que por la ley de Moisés no pudisteis ser justificados, en él es justificado todo aquel que cree" (Hch. 13:39).

"Por cuanto todos pecaron, y están destituidos de la gloria de Dios, siendo justificados gratuitamente por su gracia, mediante la redención que es en Cristo Jesús" (Ro. 3:23-24).

"Porque ¿qué dice la Escritura? Creyó Abraham a Dios, y le fue contado por justicia" (Ro. 4:3).

"Sino también con respecto a nosotros a quienes ha de ser contada, esto es, a los que creemos en el que levantó de los muertos a Jesús, Señor nuestro, el cual fue entregado por nuestras transgresiones, y resucitado para nuestra justificación" (Ro. 4:24-25).

"Justificados, pues, por la fe, tenemos paz para con Dios por medio de nuestro Señor Jesucristo" (Ro. 5:1).

"Pues mucho más, estando ya justificados en su sangre, por él seremos salvos de la ira" (Ro. 5:9).

"Porque el que ha muerto, ha sido justificado del pecado" (Ro. 6:7).

"Y si el Espíritu de aquel que levantó de los muertos a Jesús mora en vosotros, el que levantó de los muertos a Cristo Jesús vivificará también vuestros cuerpos mortales por su Espíritu que mora en vosotros" (Ro. 8:11).

"¿Quién acusará a los escogidos de Dios? Dios es el que justifica" (Ro. 8:33).

"Y esto erais algunos; mas ya habéis sido lavados, ya habéis sido santificados, ya habéis sido justificados en el nombre del Señor Jesús, y por el Espíritu de nuestro Dios" (1 Co. 6:11).

"Sabiendo que el hombre no es justificado por las obras de la ley, sino por la fe de Jesucristo, nosotros también hemos creído en Jesucristo, para ser justificados por la fe de Cristo y no por las obras de la ley, por cuanto por las obras de la ley nadie será justificado" (Gá. 2:16).

"Así Abraham creyó a Dios, y le fue contado por justicia" (Gá. 3:6).

"De manera que la ley ha sido nuestro ayo, para llevarnos a Cristo, a fin de que fuésemos justificados por la fe" (Gá. 3:24).

"Y ser hallado en él, no teniendo mi propia justicia, que es por la ley, sino la que es por la fe de Cristo, la justicia que es de Dios por la fe" (Fil. 3:9).

[3] (2:6) ***Cielo, Salvación:*** La obra de la misericordia de Dios es la de sentarnos en lugares celestiales en Cristo. Advierta dos hechos.

1. "Lugares celestiales" debería reemplazarse por "en la celestialidad". Se dice que el creyente está *en Cristo.* Se dice que Cristo está "en la celestialidad". Por lo tanto, el creyente está en el reino celestial de la experiencia con Cristo. Es cierto, el creyente físicamente vive en la tierra, pero espiritualmente ya ha sido ubicado "en la celestialidad". El creyente es de ambos reinos. Pertenece a ambos reinos. Tiene dos direcciones: *en Éfeso y en Cristo.* Mantiene dos relaciones: una con la tierra y la otra con el cielo (cp. He. 3:1; 1 P. 2:11).

2. La salvación del creyente, su resurrección y exaltación, es un hecho consumado. En la palabra "juntamente" o "con él" se devela una profunda verdad.

a. Se dice que el poder inmenso de Dios resucitó a

Cristo de entre los muertos y lo hizo sentarse a la diestra de Dios en lugares celestiales (Ef. 1:20).

b. Se dice que los creyentes han sido resucitados *con Cristo* y se los anima a buscar "las cosas de arriba, donde está Cristo sentado a la diestra de Dios" (Col. 2:12; 3:1, 3).

c. Se dice que los creyentes ya han sido resucitados de entre los muertos *con Cristo* y que ya están sentados *con Cristo* a la diestra de Dios. Las palabras "resucitado" y "hacer sentar" están todas en el tiempo aorista griego. Expresan lo que Dios ya ha hecho por sus hijos en Cristo. Cristo ya ha muerto y ha sido resucitado y exaltado para vivir en el cielo con Dios por siempre. Dios ve todas las cosas como realmente son. Por lo tanto, Él ve a los creyentes como ya habiendo sido resucitados y exaltados para vivir eternamente con Él, todo por Él los ve en Jesucristo. Ve su fe y los cuenta –los considera, los toma– como estando en Cristo. (Cp. Hch. 1:10-11; Fil. 2:9; 1 P. 2:9; Ap. 1:6; 5:10).

"Y si el Espíritu de aquel que levantó de los muertos a Jesús mora en vosotros, el que levantó de los muertos a Cristo Jesús vivificará también vuestros cuerpos mortales por su Espíritu que mora en vosotros" (Ro. 8:11).

"Y si hijos, también herederos; herederos de Dios y coherederos con Cristo, si es que padecemos juntamente con él, para que juntamente con él seamos glorificados" (Ro. 8:17).

"Pues tengo por cierto que las aflicciones del tiempo presente no son comparables con la gloria venidera que en nosotros ha de manifestarse" (Ro. 8:18).

"Porque esta leve tribulación momentánea produce en nosotros un cada vez más excelente y eterno peso de gloria" (2 Co. 4:17).

"El cual transformará el cuerpo de la humillación nuestra, para que sea semejante al cuerpo de la gloria suya, por el poder con el cual puede también sujetar a sí mismo todas las cosas" (Fil. 3:21).

"Cuando Cristo, vuestra vida, se manifieste, entonces vosotros también seréis manifestados con él en gloria" (Col. 3:4).

"Por tanto, todo lo soporto por amor de los escogidos, para que ellos también obtengan la salvación que es en Cristo Jesús con gloria eterna" (2 Ti. 2:10).

"Ruego a los ancianos que están entre vosotros, yo anciano también con ellos, y testigo de los padecimientos de Cristo, que soy también participante de la gloria que será revelada" (1 P. 5:1).

"Al que venciere, le daré que se siente conmigo en mi trono, así como yo he vencido, y me he sentado con mi Padre en su trono" (Ap. 3:21).

"Y nos has hecho para nuestro Dios reyes y sacerdotes, y reinaremos sobre la tierra" (Ap. 5:10).

"No habrá allí más noche; y no tienen necesidad de luz de lámpara, ni de luz del sol, porque Dios el Señor los iluminará; y reinarán por los siglos de los siglos" (Ap. 22:5).

"Por cuanto en mí ha puesto su amor, yo también lo libraré; le pondré en alto, por cuanto ha conocido mi nombre" (Sal. 91:14).

"Los entendidos resplandecerán como el resplandor del firmamento; y los que enseñan la justicia a la multitud, como las estrellas a perpetua eternidad" (Dn. 12:3).

4 (2:7) ***Salvación, Propósito:*** La obra de la misericordia de Dios tiene un gran propósito: mostrar a los creyentes las riquezas de su gracia a lo largo de los años por venir. Dicho muy sencillamente, el único gran propósito de Dios es...

- Mostrar las riquezas de la gracia hacia nosotros demostradas en Jesucristo.

Dios ha hecho tanto por nosotros a través de Cristo Jesús que tomará una eternidad mostrarlo todo. "Siglos" (aiosin) literalmente significa en los años venideros uno tras otro, que se enlaza uno con el otro. Significa una eternidad de siglos. Se comprende mejor este versículo desglosándolo de este modo...

- Las abundantes riquezas
- De su gracia en su bondad
- Para con nosotros
- En Cristo Jesús

Dios será eternamente glorificado por su gracia y bondad hacia nosotros. Todas las criaturas vivirán en *profundo asombro* ante la prodigiosa misericordia de Dios para con los hombres, todo a través de Cristo Jesús (cp. Ef. 3:10).

"Entonces los justos resplandecerán como el sol en el reino de su Padre. El que tiene oídos para oír, oiga" (Mt. 13:43).

"¿O menosprecias las riquezas de su benignidad, paciencia y longanimidad, ignorando que su benignidad te guía al arrepentimiento?" (Ro. 2:4).

"En quien tenemos redención por su sangre, el perdón de pecados según las riquezas de su gracia" (Ef. 1:7).

"Para mostrar en los siglos venideros las abundantes riquezas de su gracia en su bondad para con nosotros en Cristo Jesús" (Ef. 2:7).

"Pero la gracia de nuestro Señor fue más abundante con la fe y el amor que es en Cristo Jesús" (1 Ti. 1:14).

	C. La conversión del creyente (Parte 2): La obra de la salvación por gracia de Dios, 2:8-10
1 Usted es salvo a. Salvo por la gracia de Dios b. Salvo por la fe c. No salvado por usted mismo d. Salvo como un don de Dios, no de obras e. Motivo: Para que nadie se gloríe	8 Porque por gracia sois salvos por medio de la fe; y esto no de vosotros, pues es don de Dios; 9 no por obras, para que nadie se gloríe.
2 Usted es hechura de Dios a. Creado en Cristo Jesús b. Creado para hacer obras de bien	10 Porque somos hechura suya, creados en Cristo Jesús para buenas obras, las cuales Dios preparó de antemano para que anduviésemos en ellas.

DIVISIÓN II

LA VIDA DEL CREYENTE CRISTIANO, 2:1-22

C. La conversión del creyente (Parte 2): La obra de la salvación por la gracia de Dios, 2:8-10

(2:8-10) ***Introducción:*** Este pasaje es uno de los grandes resúmenes evangelistas de la Biblia. Como señala F. F. Bruce, este pasaje es la consigna de la teología reformista: "Por gracia sola, por medio de la fe sola, para la sola gloria de Dios" (sola gratia, sola fida, soli deo gloria) (F. F. Bruce. *The Epistle to the Ephesians* [La epístola a los efesios]. Westwood, NJ: Fleming H. Revell, 1961, p. 51). Su un hombre desea ser salvo, estos versículos le dicen cómo ser salvo. La salvación es la obra de Dios, de la gracia de Dios y únicamente de la gracia de Dios. No es del hombre, de ninguna manera.

- La salvación es un don gratuito de Dios. Es únicamente por la gracia que el hombre es salvo. El hombre no puede hacer absolutamente nada para salvarse. No puede ganarse ni merecer la salvación. Todo lo que el hombre puede hacer es aceptar el hecho de que Dios dice que Él lo salvará, aceptar como verdadera la oferta gratuita de salvación (Ro. 11:6).
- La salvación se recibe por la fe (Ro. 3:27; 4:2, 5; 1 Co. 1:31). El hombre debe creer exactamente en lo que Dios dice y aceptar su Palabra, aceptar su oferta gratuita de salvación. Y cuando acepta el hecho de que Dios dice que Él lo salvará, Dios lo toma y lo vuelve un "hombre nuevo" (2 Co. 5:17; Ef. 4:24; 1 P. 1:23; 2 P. 1:4).

1. Usted es salvo (vv. 8-9).
2. Usted es hechura de Dios (v. 10).

[1] (2:8-9) ***Salvación, Gracia, Fe:*** Usted es salvo por Dios y únicamente por Dios. Este es el énfasis principal de este pasaje.

1. Usted es salvo por la gracia de Dios. Gracia significa el favor y la bondad de Dios, pero hay algo singular respecto del favor y la bondad de Dios. Su favor y bondad se brindan *a pesar del hecho de que es inmerecido.* Dios ha hecho algo jamás oído entre los hombres: Dios le ha dado su gracia a los hombres...

- A pesar de que lo maldigan.
- A pesar de que lo rechacen.
- A pesar de que se rebelen en contra de Él.
- A pesar de su hostilidad hacia Él.
- A pesar de su negación respecto de Él.
- A pesar de su ignorancia hacia Él.
- A pesar de su compromiso indiferente con Él.
- A pesar de su adoración de la religión en lugar de adorarlo a Él.
- A pesar de su adoración falsa.
- A pesar de su adoración idólatra.
- A pesar de sus delitos.
- A pesar de sus pecados.

La gracia es dar, pero es dar a las personas que no merecen el don. ¿Cuál es el don que Dios ha dado? Jesucristo. Dios ha dado a su Hijo, Jesucristo, para salvar a los hombres. Él no tenía por qué dar a su Hijo. Dios podría haber borrado al hombre de la faz de la tierra. El hombre se lo merecía, pero esta es la gracia de Dios. Dios está lleno de misericordia, amor y bondad, por su verdadera naturaleza Él está lleno de estas gloriosas cualidades. Por lo tanto Dios estaba *dispuesto* a derramar su gracia sobre el hombre. Dios estaba dispuesto a enviar a su Hijo para salvar al hombre.

Dios no está en algún sitio alejado, remoto respecto del hombre, desinteresado y no preocupado por los sufrimientos y la muerte del hombre. Dios es bondadoso, lleno de misericordia, amor y bondad para el hombre. Por lo tanto, Él ha alcanzado al hombre a través de su Hijo Jesucristo para ayudarlo. ¿De qué manera?

 Entregando a su Hijo para que muera *por el hombre.* Cuando Jesucristo colgaba de la cruz, Él estaba *tomando nuestros pecados* en sí mismo y cargando el castigo por nuestros pecados. Había cometido alta traición en contra de Dios: lo rechazó y se rebeló en su contra. La pena por la alta traición es la muerte. Nosotros estamos condenados a morir. Pero Cristo tomó nuestra pena y condena en sí mismo. Él murió por nosotros, en nuestro lugar, en nuestro sitio, como nuestro substituto. Esto es lo que significan las Escrituras cuando dicen que Cristo murió *por nosotros.*

"Porque Cristo, cuando aún éramos débiles, a su tiempo murió por los impíos" (Ro. 5:6).

"Mas Dios muestra su amor para con nosotros, en que siendo aún pecadores, Cristo murió por nosotros" (Ro. 5:8).

"Porque si siendo enemigos, fuimos reconciliados con Dios por la muerte de su Hijo, mucho más, estando reconciliados, seremos salvos por su vida" (Ro. 5:10).

Advierta que las personas por las cuales murió Cristo no merecían su amor de sacrificio. Eran hombres...

- "débiles" (Ro. 5:6).
- "impíos" (Ro. 5:6).
- "pecadores" (Ro. 5:8).
- "enemigos" (Ro. 5:10).

Esta es la gracia de Dios: la gracia de Dios que se derramó sobre hombres pecadores que estaban perdidos y condenados, la gracia de Dios que entregó el mayor don posible al hombre, el don de su Hijo para salvar al mundo. (Véase notas, *Salvación,* Ef. 2:6; nota y *Estudio a fondo 1, Justificación,* Gá. 2:15-16; *Estudio a fondo 2,* 2:16; nota, 2:19-21).

"Siendo justificados gratuitamente por su gracia, mediante la redención que es en Cristo Jesús" (Ro. 3:24).

"Porque ya conocéis la gracia de nuestro Señor Jesucristo, que por amor a vosotros se hizo pobre, siendo rico, para que vosotros con su pobreza fueseis enriquecidos" (2 Co. 8:9).

"En quien tenemos redención por su sangre, el perdón de pecados según las riquezas de su gracia" (Ef. 1:7).

"Pero Dios, que es rico en misericordia, por su gran amor con que nos amó, aun estando nosotros muertos en pecados, nos dio vida juntamente con Cristo (por gracia sois salvos)" (Ef. 2:4-5).

2. Usted es salvo a través de la fe. ¿Qué significa ser salvo a través de la fe? Simplemente esto: Jesucristo murió por *nosotros.* Él cargó con nuestro pecado y castigo en la cruz. Cuando creemos, creemos realmente, que Jesucristo murió por nosotros, Dios hace algo maravilloso. Dios toma nuestra fe y la considera como la cabeza de Jesucristo *para nosotros.* Es decir, cuando honramos al querido Hijo de Dios al creer tanto en Él que le damos todo lo que somos y tenemos, Dios toma la muerte de Jesucristo y la aplica a nosotros.

El punto es este: Es nuestra fe la que hace que Dios nos mire como habiendo estado en Cristo cuando Él murió. Es nuestra fe lo que hace que Dios nos otorgue la salvación. (Véase notas, *Salvación,* Ef. 2:6; nota y *Estudio a fondo 1, Justificación,* Gá. 2:15-16; *Estudio a fondo 2,* 2:16; nota, 2:19-21 para una discusión más profunda del tema).

Jesucristo es el don de Dios para nosotros. La salvación a través de Cristo ha sido envuelta como un regalo y Dios nos lo entrega. Pero advierta: Un regalo no es nuestro hasta que creamos que lo es y lo tomemos y lo recibamos. Suponga que yo le entrego mi Biblia y le digo: "Aquí está, esto es suyo. Se lo doy como un regalo. Es suyo. Tómelo". ¿Qué se necesita para que la Biblia (el regalo) sea suyo? Usted tiene que creer que es suyo y tomarlo y recibirlo. Podría decir: "No, gracias...

- No le creo.
- No lo quiero.
- Niego su existencia.
- No tengo el tiempo para usarla.

Si esta es su actitud, ¿qué sucede con el regalo? Nunca se vuelve suyo. En mi mente yo se lo di, pero usted nunca lo recibió. No creyó o no lo quiso.

Esto es lo que se quiere significar por fe. Si usted cree, cree realmente que Jesucristo murió *por usted,* usted extenderá su mano y recibirá el regalo de la gracia de Dios.

"Porque de tal manera amó Dios al mundo, que ha dado a su Hijo unigénito, para que todo aquel que en él cree, no se pierda, mas tenga vida eterna" (Jn. 3:16).

"De cierto, de cierto os digo: El que oye mi palabra, y cree al que me envió, tiene vida eterna; y no vendrá a condenación, mas ha pasado de muerte a vida" (Jn. 5:24).

"Pero éstas se han escrito para que creáis que Jesús es el Cristo, el Hijo de Dios, y para que creyendo, tengáis vida en su nombre" (Jn. 20:31).

"Que si confesares con tu boca que Jesús es el Señor, y creyeres en tu corazón que Dios le levantó de los muertos, serás salvo. Porque con el corazón se cree para justicia, pero con la boca se confiesa para salvación" (Ro. 10:9-10).

3. Nadie se salva por sí mismo. Dios es perfecto y para poder vivir en su presencia, una persona debe ser perfecta. Este es el gran problema del hombre. El hombre no es perfecto, por lo tanto, nunca puede vivir en la presencia de Dios. Incluso si el hombre fuera suficientemente bueno e hiciera suficientes actos de bien para convertirse en perfecto (no puede hacerlo, pero incluso si pudiera) no sería aceptable ante Dios. ¿Por qué? Porque ya ha transgredido y se ha vuelto imperfecto. Ya es imperfecto, corruptible, envejece, se muere y se pudre. Si el hombre llegara a ser alguna vez aceptable ante Dios, si alguna vez fuera perfeccionado y fuera limpiado del todo su pasado, no será por obra de él. Él no puede salvarse a sí mismo. La salvación no es del hombre.

"Porque no nos atrevemos a contarnos ni a compararnos con algunos que se alaban a sí mismos; pero ellos, midiéndose a sí mismos por sí mismos, y comparándose consigo mismos, no son juiciosos" (2 Co. 10:12).

"Porque el que se cree ser algo, no siendo nada, a sí mismo se engaña" (Gá. 6:3).

"Nos salvó, no por obras de justicia que nosotros hubiéramos hecho, sino por su misericordia, por el lavamiento de la regeneración y por la renovación en el Espíritu Santo" (Tit. 3:5).

"Muchos hombres proclaman cada uno su propia bondad, pero hombre de verdad, ¿quién lo hallará?" (Pr. 20:6).

"El que confía en su propio corazón es necio; mas el que camina en sabiduría será librado" (Pr. 28:26).

"Hay generación limpia en su propia opinión, si bien no se ha limpiado de su inmundicia" (Pr. 30:12).

"La soberbia de tu corazón te ha engañado, tú que moras en las hendiduras de las peñas, en tu altísima morada; que dices en tu corazón: ¿Quién me derribará a tierra? Si te remontares como águila, y aunque entre las estrellas pusieres tu nido, de ahí te derribaré, dice Jehová" (Abd. 3, 4).

4. Usted es salvo como un don de Dios, no por obras. Hay al menos siete motivos por los cuales la salvación debe ser un don gratuito. (Nota: algunos de ellos fueron motivados por pensamientos de William Barclay, *The Letters to the Galatians and Ephesians* [Las cartas a los gálatas y los efesios], pp. 121ss.).

a. El hombre no puede hacer que Dios le deba algo. El hombre no puede colocar a Dios en la postura de que le debe algo por la obra realizada. Un hombre que trabaja coloca a su empleador en deuda por sus servicios (Ro. 4:4). Dios es completamente independiente. No puede colocárselo en deuda ante ningún hombre. De Dios no puede decirse que debe nada o que está obligado de hacer alguna cosa. Dios no salva al hombre porque está obligado con el hombre o tiene deudas con él, sino porque Él ama y desea salvar al hombre.

b. El hombre no puede traer perfección a Dios. Dios es perfecto, incorruptible y permanente. El hombre y todo acerca del hombre es imperfecto, corruptible y decadente (ver nota y *Estudio a fondo 1,* Ef. 1:7). El hombre no puede ofrecer y no puede dar nada a Dios que satisfaga a su perfección. Cualquier oferta o don de parte de un hombre imperfecto a un Dios perfecto es poca cosa e inadecuado. Dios acepta la oferta del hombre mismo porque el hombre merece aceptación, pero simplemente porque Dios ama y está dispuesto a aceptar al hombre.

c. El hombre no puede hacer que Dios lo perdone. El hombre es el único que ha hecho mal, ofendido y lastimado a Dios. Es el hombre el que ha quebrantado la amistad y la relación con Dios (Ro. 3:23; 8:6-8). Por lo tanto, el hombre es el que tiene que pedir perdón y disculparse, y Dios es el único que tiene la misericordia y puede perdonar. Si Dios elige tener misericordia, proviene de un corazón de gracia, no porque el hombre lo merezca.

d. El hombre no puede sanar el corazón de Dios. El pecado del hombre rompe el corazón de Dios (Ro. 5:6, 8, 10). Por lo tanto, la ofensa del hombre es básicamente en contra del amor. Es básicamente en contra de la naturaleza propia de Dios de amor, misericordia y paz. Puesto que la principal ofensa del hombre consiste en romper el corazón de Dios, solo puede descastarse del amor de Dios, disculparse y pedir perdón y confiar en que Dios lo perdone. Este es el glorioso mensaje de la salvación. Si el hombre se vuelca a Dios y le pide perdón, Dios perdona y vuelve a aceptar al hombre en su gloriosa gracia.

e. El hombre no puede salvarse a sí mismo (Ef. 2:8-9). Independientemente de qué ley u obra haya sido elegida para ser el canal de salvación, habría algunos hombres que nunca podrían cumplir esa ley en particular o realizar esa obra en particular. Si la salvación se tratara de ley y obras, el hombre nunca podría ser salvo. Siempre hay muchos que son totalmente incapaces de trabajar y ganarse su camino: los deformados, los pobres, los enfermos, los exhaustos, los poco privilegiados, los desaventajados, los oprimidos y muchos, muchos más. Sin embargo, los necesitados están siempre ante los tiernos ojos de Dios, y él los cuenta por preciados. Por lo tanto, Él ha dispuesto la salvación por la gracia y únicamente por la gracia.

f. El hombre no puede hacer que Dios lo ame (Tit. 3:4-7). Si la salvación se tratara de leyes y obras, el amor de Dios nunca podría conocerse. Dios se vería obligado a salvarnos y bendecirnos porque Él nos debe, no porque nos ama. Nuestras obras siempre requerirán que Él pague nuestro salario. Él no sería libre de hacer algo por nosotros simplemente porque nos ama. Nunca sabríamos qué significa ser amado por Dios. Solo sabríamos qué debe pagar Dios por las obras realizadas.

g. El hombre no puede liberarse a sí mismo ni tener libertad de conciencia (ver *Estudio a fondo 4,* Mt. 26:28). Si fuéramos salvados por la ley y las obras, nunca experimentaríamos la libertad de espíritu y de conciencia. Constantemente fracasamos y nos quedamos cortos. Esto nos mortifica y nos acosa. Si Dios no nos perdona simplemente porque nos ama, entonces ¿qué puede eliminar la culpa y la agravación de la falla de nuestros corazones? ¿La ley? No, puesto que la ley solo señala nuestra falla, y una vez que hemos fallado, hemos fallado y comienza el acoso de la conciencia (ver nota, Ro. 3:21-22). El único camino para eliminar el acoso y la culpa de la conciencia es que Dios nos perdone por fracasar y convencernos de su perdón. Esto Él lo ha hecho por gracia, su gracia.

"Muchos me dirán en aquel día: Señor, Señor, ¿no profetizamos en tu nombre, y en tu nombre echamos fuera demonios, y en tu nombre hicimos muchos milagros? Y entonces les declararé: Nunca os conocí; apartaos de mí, hacedores de maldad" (Mt. 7:22-23).

"Ya que por las obras de la ley ningún ser humano será justificado delante de él; porque por medio de la ley es el conocimiento del pecado" (Ro. 3:20).

"Sabiendo que el hombre no es justificado por las obras de la ley, sino por la fe de Jesucristo, nosotros también hemos creído en Jesucristo, para

ser justificados por la fe de Cristo y no por las obras de la ley, por cuanto por las obras de la ley nadie será justificado" (Gá. 2:16).

"Porque por gracia sois salvos por medio de la fe; y esto no de vosotros, pues es don de Dios; no por obras, para que nadie se gloríe" (Ef. 2:8-9).

"Pero cuando se manifestó la bondad de Dios nuestro Salvador, y su amor para con los hombres, nos salvó, no por obras de justicia que nosotros hubiéramos hecho, sino por su misericordia, por el lavamiento de la regeneración y por la renovación en el Espíritu Santo" (Tit. 3:4-5).

5. El motivo por el cual la salvación es a través de la gracia y no de las obras es para evitar que los hombre se gloríen. Dios es el Ser Supremo y Majestuoso del universo. Él es el Creador de todo lo que hay en el cielo y en la tierra. Dios es quien vive en la mayor luz y santidad y quien merece toda la adoración y la gloria de la eternidad. La honra y la gloria debida a su nombre no debe compartirse con nadie. Si el hombre fue salvado por algún esfuerzo propio, se le debería algún crédito, alguna gloria, algún honor. Esto Dios no lo puede permitir. Su verdadera naturaleza lo prohíbe. Como Dios, Él es la gloria Suprema del universo, y como Ser Supremo, Él debe recibir la gloria suprema, es decir, toda la gloria y alabanza. Su Supremacía —el hecho de ser Dios– así lo exige.

Pensamiento 1: ¡Cuán pequeños somos y cuán glorioso es Dios!

"Pero sabemos que todo lo que la ley dice, lo dice a los que están bajo la ley, para que toda boca se cierre y todo el mundo quede bajo el juicio de Dios" (Ro. 3:19).

"¿Dónde, pues, está la jactancia? Queda excluida. ¿Por cuál ley? ¿Por la de las obras? No, sino por la ley de la fe" (Ro. 3:27).

2 (2:10) ***Salvación, Obras, Dios, Hombre nuevo:*** Usted es hechura (poiema) de Dios. Advierta dos puntos.

1. Somos hechura de Dios, creados en Cristo Jesús. El creyente experimenta dos creaciones, tanto un nacimiento natural como un nacimiento espiritual. El nacimiento espiritual es el tema de este versículo. Cuando un hombre cree en Jesucristo, Dios *lo crea en Cristo.* ¿Qué significa esto?

- Significa que Dios *aviva el espíritu* del creyente y hace que su espíritu esté vivo. Mientras que el espíritu del creyente estaba muerto para Dios, Él lo crea de nuevo y lo hace vivo para Dios.

"Y él os dio vida a vosotros, cuando estabais muertos en vuestros delitos y pecados" (Ef. 2:1).

"Aun estando nosotros muertos en pecados, nos dio vida juntamente con Cristo (por gracia sois salvos)" (Ef. 2:5).

- Significa que Dios hace que el creyente *nazca de nuevo espiritualmente.*

"Respondió Jesús y le dijo: De cierto, de cierto te digo, que el que no naciere de nuevo, no puede ver el reino de Dios... Respondió Jesús: De cierto, de cierto te digo, que el que no naciere de agua y del Espíritu, no puede entrar en el reino de Dios. Lo que es nacido de la carne, carne es; y lo que es nacido del Espíritu, espíritu es" (Jn. 3:3, 5-6).

"Siendo renacidos, no de simiente corruptible, sino de incorruptible, por la palabra de Dios que vive y permanece para siempre" (1 P. 1:23).

"Todo aquel que cree que Jesús es el Cristo, es nacido de Dios; y todo aquel que ama al que engendró, ama también al que ha sido engendrado por él" (1 Jn. 5:1).

- Significa que Dios en realidad coloca su *naturaleza divina* en el corazón del creyente.

"Por medio de las cuales nos ha dado preciosas y grandísimas promesas, para que por ellas llegaseis a ser participantes de la naturaleza divina, habiendo huido de la corrupción que hay en el mundo a causa de la concupiscencia" (2 P. 1:4).

- Significa que Dios en realidad hace una *criatura nueva* del creyente.

"De modo que si alguno está en Cristo, nueva criatura es; las cosas viejas pasaron; he aquí todas son hechas nuevas" (2 Co. 5:17).

"Porque en Cristo Jesús ni la circuncisión vale nada, ni la incircuncisión, sino una nueva creación" (Gá. 6:15).

- Significa que Dios en realidad crea un *hombre nuevo* en el creyente.

"Y vestíos del nuevo hombre, creado según Dios en la justicia y santidad de la verdad" (Ef. 4:24).

"Y revestido del nuevo, el cual conforme a la imagen del que lo creó se va renovando hasta el conocimiento pleno" (Col. 3:10).

- Significa que Dios *renueva al creyente* por medio del Espíritu Santo.

"Nos salvó, no por obras de justicia que nosotros hubiéramos hecho, sino por su misericordia, por el lavamiento de la regeneración y por *la renovación en el Espíritu Santo"* (Tit. 3:5).

2. Hemos sido creados para hacer obras de bien. Dios salva al hombre *para las obras de bien* y no por las obras de bien. F. F. Bruce señala que el creyente es "hechura" (poiema) de Dios, la obra de arte de Dios, la obra maestra de Dios. (*The Epistle to the Ephesians* [La epístola a los efesios], p. 52). Dios modela al hombre y crea una obra maestra. La hechura del hombre siempre es una obra de arte. El creyente no crea la belleza, el arte que se ve en la tela de su vida. El creyente solo muestra que él es hechura de Dios por medio de la vida que vive y que demuestra. Las obras son una evidencia de la salvación. Aquellos que andan en delitos y pecados (Ef. 2:1-2) demuestran que no son hechura de Dios, sin importar qué profesión realicen. El pueblo de Dios brinda amplia evidencia del *poder de una nueva vida* que opera en ellos.

Advierta que Dios ha *ordenado* que caminemos en obras de bien. Hacer obras de bien no es una opción para el creyente, es la verdadera naturaleza del creyente. Si un hombre ha sido creado en Cristo –si Dios realmente ha obrado en Él– el hombre hace obras de bien. Su misma naturaleza se lo dictamina. No puede hacer otra cosa. Él no es perfecto y falla, pero continúa regresando a Dios y postrándose ante Él, creyendo y pidiendo perdón, y volviéndose a levantar y yendo nuevamente a hacer todo el bien que pueda. Como se ha dicho, es su naturaleza. Es una criatura nueva creada para hacer buenas obras. Por lo tanto, las realiza. Al igual que un árbol, cuenta con el fruto de su naturaleza.

> **"Así alumbre vuestra luz delante de los hombres, para que vean vuestras buenas obras, y glorifiquen a vuestro Padre que está en los cielos" (Mt. 5:16).**
>
> **"Para que andéis como es digno del Señor, agradándole en todo, llevando fruto en toda buena obra, y creciendo en el conocimiento de Dios" (Col. 1:10).**
>
> **"Que hagan bien, que sean ricos en buenas obras, dadivosos, generosos" (1 Ti. 6:18).**
>
> **"Presentándote tú en todo como ejemplo de buenas obras; en la enseñanza mostrando integridad, seriedad" (Tit. 2:7).**
>
> **"Palabra fiel es esta, y en estas cosas quiero que insistas con firmeza, para que los que creen en Dios procuren ocuparse en buenas obras. Estas cosas son buenas y útiles a los hombres" (Tit. 3:8).**
>
> **"Y considerémonos unos a otros para estimularnos al amor y a las buenas obras" (He. 10:24).**
>
> **"Así también la fe, si no tiene obras, es muerta en sí misma. Pero alguno dirá: Tú tienes fe, y yo tengo obras. Muéstrame tu fe sin tus obras, y yo te mostraré mi fe por mis obras" (Stg. 2:17-18).**
>
> **"Manteniendo buena vuestra manera de vivir entre los gentiles; para que en lo que murmuran de vosotros como de malhechores, glorifiquen a Dios en el día de la visitación, al considerar vuestras buenas obras" (1 P. 2:12).**
>
> **"Pero si andamos en luz, como él está en luz, tenemos comunión unos con otros, y la sangre de Jesucristo su Hijo nos limpia de todo pecado" (1 Jn. 1:7).**

	D. Recordar cómo es la vida desde que vino Cristo: Reconciliación y paz, 2:11-18	14 Porque él es nuestra paz, que de ambos pueblos hizo uno, derribando la pared intermedia de separación,	3 Cristo nos trae paz a. Hizo a todos los hombres como uno b. Rompió todas las barreras
1 Estábamos lejos y separados de Dios a. Estábamos obstruidos por barreras: éramos gentiles y circuncisos	11 Por tanto, acordaos de que en otro tiempo vosotros, los gentiles en cuanto a la carne, erais llamados incircuncisión por la llamada circuncisión hecha con mano en la carne.	15 aboliendo en su carne las enemistades, la ley de los mandamientos expresados en ordenanzas, para crear en sí mismo de los dos un solo y nuevo hombre, haciendo la paz,	c. Borró todas las reglas d. Crea un "hombre nuevo"
b. Estábamos sin Cristo c. Éramos ajenos al pueblo de Dios (Israel). d. Éramos ajenos al pacto y a las promesas de Dios e. No teníamos esperanza y estábamos sin Dios	12 En aquel tiempo estabais sin Cristo, alejados de la ciudadanía de Israel y ajenos a los pactos de la promesa, sin esperanza y sin Dios en el mundo.	16 y mediante la cruz reconciliar con Dios a ambos en un solo cuerpo, matando en ella las enemistades. 17 Y vino y anunció las buenas nuevas de paz a vosotros que estabais lejos, y a los que estaban cerca;	4 Cristo nos trae reconciliación a. Por medio de la cruz b. Por medio de la prédica de paz
2 Cristo nos acerca a Dios	13 Pero ahora en Cristo Jesús, vosotros que en otro tiempo estabais lejos, habéis sido hechos cercanos por la sangre de Cristo.	18 porque por medio de él los unos y los otros tenemos entrada por un mismo Espíritu al Padre.	5 Cristo nos da acceso a Dios

DIVISIÓN II

LA VIDA DEL CREYENTE CRISTIANO, 2:1-22

D. Recordar cómo es la vida desde que vino Cristo: Reconciliación y paz, 2:11-18

(2:11-18) ***Introducción, Nueva creación, La iglesia:*** En los versículos 11-22 Pablo desea que el lector comprenda lo que ha hecho Dios por el hombre desde tres puntos de vista.

1. Desde un *punto de vista histórico.* Antes de Cristo, Dios trató con el hombre a través de la nación judía. A partir de Cristo, Dios se ha movido en una escala mundial para incluir tanto a los judíos como a los gentiles que están dispuestos a seguir a Cristo. Dios toma a los creyentes judíos y gentiles y los convierte en ciudadanos de su *nueva raza,* su *nueva creación* (ver notas, Ef. 2:14-15; 4:17).

2. Desde un *punto de vista individual.* La nación judía estaba compuesta por individuos judíos y las naciones gentiles, por individuos gentiles. Dios trata con cada persona en forma singular aunque trate con la nación judía y con las naciones del mundo gentil (1 Co. 10:32; Ef. 2:10).

3. Desde un *punto de vista de la creación.* Dios ya no trata con divisiones ni naciones terrenales. Él está tratando con una nueva nacionalidad de personas, un *nuevo cuerpo* de personas que constituyen los verdaderos ciudadanos de su Reino. Estos ciudadanos son individuos provenientes de todas las naciones del mundo que ahora se acercan a Dios a través del Señor Jesucristo. Dios promete *recrear espiritualmente* a cualquier persona que se acerque a Él a través de Cristo. Dios hace que esa persona *nazca de nuevo.* Lo convierte en un *hombre nuevo.* Además, Dios promete al *hombre nuevo* que se convertirá en un miembro del *nuevo cuerpo* y de la *nueva nación* de personas de Dios: Su verdadera iglesia (1 Co. 10:32). Son estos creyentes –los que creen en Cristo– los que van a constituir la verdadera *familia de Dios* y los que van a habitar los *nuevos cielos y tierra* que Dios creará en el futuro (2 P. 3:10-13; Ap. 21:1ss).

Este pasaje es uno de los pasajes más maravillosos de todas las Escrituras. Recordar cómo es la vida desde que vino Cristo: Reconciliación y paz.

1. Estábamos lejos y separados de Dios (vv. 11-13).
2. Cristo nos acerca a Dios (v. 13).
3. Cristo nos trae paz (vv. 14-15).
4. Cristo nos trae reconciliación (vv. 16-17).
5. Cristo nos da acceso a Dios (v. 18).

[1] (2:11-12) ***División – Separación – Hombre, Estado del:*** Estábamos lejos y separados de Dios. Advierta que Pablo se dirige aquí en segunda persona, "vosotros". Se refiere a los gentiles, esto es, a todo quien no fuera judío. Observe la palabra "lejos" en el versículo 13. Hubo una época en la que todos nosotros que somos gentiles estábamos "lejos" y separados de Dios, una época en la que había una gran división que nos separaba del cielo. ¿Cuándo? Antes de Cristo. Antes de Cristo había una gran brecha, una gran distancia que separaba a la mayoría del mundo de Dios. Esto es de lo que tratan estos dos versículos. Hubo seis cosas que nos alejaron de Dios. (Nota: Las mismas seis cosas mantienen al hombre alejado de Dios hoy día. Ver bosquejo y notas, Ro. 9:3-5 para una discusión más detallada al respecto).

1. Estamos separados con una barricada de Dios por los judíos. Dios mismo hizo que la nación judía naciera de Abraham. Él había desafiado a los judíos a ser la fuerza misionera del mundo, proclamando que Él y únicamente Él era el único Dios verdadero y vivo, y que iba a enviar al Mesías

para salvar al mundo. Pero los judíos fallaron en su misión. Se convirtieron en exclusivos, superespirituales, orgullosos y soberbios en su religión y no lograron acceder a otros pueblos del mundo.

- Tomaron su propio nombre, judíos, y se llamaron a sí mismos por ese nombre, pero clasificaron a todos los demás en un paquete con el nombre de gentiles.
- Tomaron el ritual principal de su religión, la circuncisión, y se llamaron a sí mismos por ese nombre, pero clasificaron a todos los demás como no circuncidados.

El hecho es que nosotros, como gentiles, fuimos separados con una barricada de Dios por la religión, una religión que había conocido la verdad pero que se había permitido volverse corrupta. (Véase notas y *Estudio a fondo 1, Israel,* Jn. 4:22; *Estudio a fondo 1, Circuncisión,* Ro. 4:11).

> ***Pensamiento 1:*** La religión puede alejar a un hombre de Dios, la religión corrupta. Debemos estar a la defensiva para proteger la verdad de Jesucristo de la corrupción.

2. Estábamos "sin Cristo". Esto significa que nosotros como gentiles no conocíamos ni esperábamos al Mesías, esto es, el ungido de Dios. Como gentiles no teníamos la esperanza del Salvador que iba a venir para el mundo.

3. Éramos "ajenos" del pueblo de Dios, es decir, de Israel. Esto significa que nosotros como gentiles no éramos ciudadanos del pueblo de Dios, la nación construida por Dios mismo. Como gentiles no teníamos destino.

4. Éramos "extranjeros del pacto y las promesas de Dios". Esto significa que nosotros como gentiles no éramos el pueblo del pacto de Dios. Dios no se acercó a los gentiles directamente con la relación del pacto. Solo los judíos tenían una relación de pacto con Dios.

5. No teníamos "esperanzas". Esto significa que nosotros como gentiles vivíamos con todos los temores y todas las ansiedades de la vida y en constante expectativa de muerte. No teníamos la esperanza de una vida más allá de la de este mundo, más allá de la historia humana.

6. Estábamos "sin Dios en el mundo". Esto significa que nosotros como gentiles estábamos solos en este mundo. No teníamos fuente de fortaleza ni esperanza más allá de la que nosotros pudiéramos brindarnos o de la que los demás como nosotros pudieran proveer. No había nada qué mirar más allá de nosotros mismos. Teníamos "muchos dioses y muchos señores" (1 Co. 8:5), pero estábamos alejados del único Dios verdadero y vivo.

> **"Este pueblo de labios me honra; mas su corazón está lejos de mí" (Mt. 15:8).**
>
> **"Porque las cosas invisibles de él, su eterno poder y deidad, se hacen claramente visibles desde la creación del mundo, siendo entendidas por medio de las cosas hechas, de modo que no tienen excusa. Pues habiendo conocido a Dios, no le glorificaron como a Dios, ni le dieron gracias, sino que se envanecieron en sus razonamientos, y su necio corazón fue entenebrecido. Profesando ser sabios, se hicieron necios,... ya que cambiaron la verdad de Dios por la mentira, honrando y dando culto a las criaturas antes que al Creador, el cual es bendito por los siglos. Amén" (Ro. 1:20-22, 25).**
>
> **"Esto, pues, digo y requiero en el Señor: que ya no andéis como los otros gentiles, que andan en la vanidad de su mente, teniendo el entendimiento entenebrecido, ajenos de la vida de Dios por la ignorancia que en ellos hay, por la dureza de su corazón; los cuales, después que perdieron toda sensibilidad, se entregaron a la lascivia para cometer con avidez toda clase de impureza" (Ef. 4:17-19).**
>
> **"Se apartaron los impíos desde la matriz; se descarriaron hablando mentira desde que nacieron" (Sal. 58:3).**

[2] (2:13) ***Jesucristo, Sangre – Reconciliación:*** Cristo nos acerca a Dios. Las palabras "pero ahora" son cataclísmicas, un fuerte contraste. Cristo Jesús había llegado ahora al mundo. Hubo una época en la que Él no había ingresado al mundo, una época en la que los hombres estaban divididos y separados de Dios y entre sí, *pero ahora* Cristo ha venido a acercar a todos los hombres a Dios y entre sí. ¿De qué manera Cristo nos acerca a Dios? Advierta claramente cómo lo dicen inexpugnablemente las Escrituras: "por la sangre". Es a través de la sangre de Cristo que los hombres se acercan a Dios. ¿Pero por qué la sangre? ¿Por qué fue necesario que Cristo muriera para acercarnos a Dios? Hay por lo menos dos razones.

1. El hombre estaba alejado de Dios: Lo había rechazado y se había rebelado en contra de Dios, cometiendo un acto de traición en contra de Él. Incluso como sucede entre los hombres, la pena por alta traición e insurrección es el exilio y la separación o muerte.

Ahora advierta: Había una sola forma en que el hombre podía volver a acercarse a Dios: si Dios lo amaba lo suficiente como para perdonar su transgresión y rebelión. El glorioso evangelio es que Dios sí amó tanto al hombre. Dios estaba dispuesto a perdonar al hombre. Sin embargo, había un problema. El juicio de exilio o muerte ya se había producido y la Palabra del Señor no podía ser revocada. ¿Qué podía hacer Dios? Una sola cosa: Dios tenía que proporcionar un Hombre Ideal y Perfecto para los hombres, un Hombre que pudiera representar un Modelo para todos los hombres. Si Él podía proveer al Hombre Ideal, entonces Él podía morir *por el hombre* y su muerte representaría la muerte de todos los hombres.

Esto ha hecho Dios. Dios ha amado al hombre con amor perfecto, un amor tan fuerte que Él estuvo dispuesto a sustituir a su Hijo por el hombre. Solo Dios y el Hijo de Dios pueden amar tanto. Esta es la primera razón por la que tuvo que morir Cristo, para derramar su sangre por el hombre.

> **"Al que no conoció pecado, por nosotros lo hizo pecado, para que nosotros fuésemos hechos justicia de Dios en él" (2 Co. 5:21).**
>
> **"¿Cuánto más la sangre de Cristo, el cual mediante el Espíritu eterno se ofreció a sí mismo sin mancha a Dios, limpiará vuestras conciencias de obras muertas para que sirváis al Dios vivo?" (He. 9:14).**
>
> **"Sabiendo que fuisteis rescatados de vuestra vana manera de vivir, la cual recibisteis de vuestros padres, no con cosas corruptibles, como oro o plata, sino con la sangre preciosa de Cristo, como de un cordero sin mancha y sin contaminación" (1 P. 1:18-19).**

"Quien llevó él mismo nuestros pecados en su cuerpo sobre el madero, para que nosotros, estando muertos a los pecados, vivamos a la justicia; y por cuya herida fuisteis sanados" (1 P. 2:24).

"Porque también Cristo padeció una sola vez por los pecados, el justo por los injustos, para llevarnos a Dios, siendo a la verdad muerto en la carne, pero vivificado en espíritu" (1 P. 3:18).

"Pero si andamos en luz, como él está en luz, tenemos comunión unos con otros, y la sangre de Jesucristo su Hijo nos limpia de todo pecado" (1 Jn. 1:7).

2. Dios quería demostrarnos cuánto ama Él al mundo. "Nadie tiene mayor amor que este, que uno ponga su vida por sus amigos" (Jn. 15:13). Sin embargo, Dios ha ido mucho más lejos que solamente dar su vida por sus amigos. Pero advierta esto: Nosotros no éramos amigos de Dios. Éramos enemigos, nos rebelábamos en contra de Él, lo rechazábamos a Él y cada ley justa suya. Por lo tanto, cuando Cristo murió, murió por los hombres que eran...

- "débiles" (Ro. 5:6).
- "impíos" (Ro. 5:6).
- "pecadores" (Ro. 5:8).
- "enemigos" (Ro. 5:10).

"Porque Cristo, cuando aún *éramos débiles,* a su tiempo murió por los *impíos*" (Ro. 5:6).

"Mas Dios muestra su amor para con nosotros, en que *siendo aún pecadores,* Cristo murió por nosotros. Pues mucho más, estando ya justificados en su sangre, por él seremos salvos de la ira. Porque si *siendo enemigos,* fuimos reconciliados con Dios por la muerte de su Hijo, mucho más, estando reconciliados, seremos salvos por su vida" (Ro. 5:8-10).

3 (2:14-15) ***Paz, Reconciliación, Ley, Hermandad, Unidad, División, Hombre nuevo:*** Cristo nos trae paz. Advierta que Jesucristo mismo es nuestra paz.

- Cristo nos trae paz cuando nos damos cuenta de que Él murió por nosotros y nos ofrece liberación de la esclavitud del pecado y la muerte y una vida de eternidad con Dios.
- Cristo trae un sentido más profundo de paz cuando nos damos cuenta de que Él nos da el poder cotidiano para vencer la pesada y terrible carga de la angustia, la culpa, la soledad, el vacío y el miedo.
- Cristo trae un sentido aún más profundo de paz cuando nos damos cuenta de que Él ha traído un amor perfecto y unidad al mundo, que Él ha eliminado todas las divisiones, barreras y diferencias entre Dios y el hombre, así como entre los hombres entre sí.

Cristo es la *paz del hombre* porque hace cuatro cosas por el hombre.

1. Cristo trae paz al reunir a los hombres como si fueran uno (v. 14). Advierta que Él ha hecho uno de ambos, es decir, judíos y gentiles. Hay dos formas en las que Cristo convierte a los hombres en uno.

a. Todos los hombres se acercan ahora a Dios sobre la misma base, en un mismo nivel: por la sangre de Jesucristo. No existe otra forma. Por lo tanto, cuando un hombre llega a la cruz, llega con todos los que están a los pies de Jesús. Está de pie como uno con ellos, todos sobre una misma base: los pecadores que necesitan un Salvador. Estando allí, no es aceptado por Dios porque él sea mejor, más sano, más rico, más inteligente, más capaz y más religioso que cualquier otro. Él es aceptable ante Dios porque Él reconoce su falta de dignidad y su calidad de nada, su necesidad desesperada de ser salvo por la sangre de Cristo. Él es aceptable ante Dios porque reconoce que es como todos los demás hombres –perdido y necesitado– y llega como uno con todos los demás hombres para confesar a Cristo como su Salvador.

"La paz os dejo, mi paz os doy; yo no os la doy como el mundo la da. No se turbe vuestro corazón, ni tenga miedo" (Jn. 14:27).

"Justificados, pues, por la fe, tenemos paz para con Dios por medio de nuestro Señor Jesucristo" (Ro. 5:1).

"Porque el reino de Dios no es comida ni bebida, sino justicia, paz y gozo en el Espíritu Santo" (Ro. 14:17).

"Porque él es nuestra paz, que de ambos pueblos hizo uno, derribando la pared intermedia de separación" (Ef. 2:14).

"Y por medio de él reconciliar consigo todas las cosas, así las que están en la tierra como las que están en los cielos, haciendo la paz mediante la sangre de su cruz" (Col. 1:20).

b. Todos los hombres que llegan a Cristo para obtener la salvación reciben un amor común y un propósito y obra.

- En primer lugar, está el amor común. Cada creyente que llega a Jesucristo lo ama, y ese amor común *entre* los creyentes motiva un amor común entre ellos. El amor por Jesucristo motiva el amor por todos a quienes ama Cristo, o sea, todos. Cristo conduce a los hombres a amarse unos a otros.
- En segundo lugar está el propósito y la obra común: La de vivir en forma justa y dar testimonio al glorioso mensaje de salvación y de vida eterna.

"Así nosotros, siendo muchos, somos un cuerpo en Cristo, y todos miembros los unos de los otros" (Ro. 12:5).

"Ya no hay judío ni griego; no hay esclavo ni libre; no hay varón ni mujer; porque todos vosotros sois uno en Cristo Jesús" (Gá. 3:28).

"A fin de perfeccionar a los santos para la obra del ministerio, para la edificación del cuerpo de Cristo, hasta que todos lleguemos a la unidad de la fe y del conocimiento del Hijo de Dios, a un varón perfecto, a la medida de la estatura de la plenitud de Cristo" (Ef. 4:12-13).

"Pero si andamos en luz, como él está en luz, tenemos comunión unos con otros, y la sangre de Jesucristo su Hijo nos limpia de todo pecado" (1 Jn. 1:7).

2. Cristo trae paz al romper todas las barreras (v. 14).

Esta es una imagen tomada del templo. El templo estaba rodeado por una serie de patios. Cada patio tenía un alto muro que lo separaba del anterior. Cuando uno se acercaba al templo, primero ingresaba al Patio de los Gentiles. Allí es donde se llevaba a cabo la compra y venta de animales y el intercambio de dinero por parte de los adoradores extranjeros (ver nota, Mr. 11:15). Luego estaba el Patio de las Mujeres. Una mujer judía estaba limitada a este patio a no ser que fuera para realizar un sacrificio. El patio siguiente era el Patio de los Israelitas. Aquí es donde se reunía toda la congregación en los días festivos y donde se entregaban los sacrificios a los sacerdotes. Seguía el Patio de los Sacerdotes. Este patio estaba dentro del templo mismo. Esta área era considerada sagrada y era accesible solo para los servicios de los sacerdotes. Finalmente, dentro del mismo corazón del templo estaba el Santo de los santos o el Lugar Santísimo donde moraba la propia presencia de Dios. Solo el Sumo Sacerdote podía entrar al Lugar Santo y podía hacerlo únicamente una vez al año, en la gran festividad de Pascuas.

División tras división separaba a la gente de la presencia de Dios. Había carteles que colgaban del muro del Patio de los Gentiles anunciando que si algún gentil ingresaba a cualquier otro patio, sería asesinado. La imagen es la de Jesucristo rompiendo todas las barreras y los muros que separan al hombre de Dios. Ahora, todos los hombres pueden acercarse a Dios de igual manera a través de la muerte de Jesucristo. Los hombres construyen todo tipo de barreras y prejuicios en contra de otros hombres. La sociedad está plagada con barreras y prejuicios construidos alrededor de cosas tales como...

- la raza
- la riqueza
- la apariencia
- el color
- la posición
- la salud
- la religión
- la moralidad
- el compromiso
- las organizaciones
- la forma de vestir
- la capacidad

Pero Cristo ahora había quebrado todas las barreras y prejuicios. Las había roto por la sangre de su cruz. Todos los hombres se acercan ahora a Dios y se vuelven dignos sobre la misma base: postrándose ante la cruz y entregando sus vidas al Hijo de Dios, el Señor Jesucristo.

> **"Pero vosotros no queráis que os llamen Rabí; porque uno es vuestro Maestro, el Cristo, y todos vosotros sois hermanos" (Mt. 23:8).**
>
> **"Y les dijo: Vosotros sabéis cuán abominable es para un varón judío juntarse o acercarse a un extranjero; pero a mí me ha mostrado Dios que a ningún hombre llame común o inmundo" (Hch. 10:28).**
>
> **"Porque no hay diferencia entre judío y griego, pues el mismo que es Señor de todos, es rico para con todos los que le invocan" (Ro. 10:12).**
>
> **"Ya no hay judío ni griego; no hay esclavo ni libre; no hay varón ni mujer; porque todos vosotros sois uno en Cristo Jesús" (Gá. 3:28).**
>
> **"Hermanos míos amados, oíd: ¿No ha elegido Dios a los pobres de este mundo, para que sean ricos en fe y herederos del reino que ha prometido a los que le aman?" (Stg. 2:5).**
>
> **"El rico y el pobre se encuentran; a ambos los hizo Jehová" (Pr. 22:2).**

3. Cristo trae paz al borrar al enemigo de la ley que está en contra de nosotros. Antes de Cristo, el hombre tenía que acercarse a Dios a través de la ley. No obstante, el hombre descubrió algo: La ley no lo hacía aceptable ante Dios: lo condenaba y le demostraba cuán lejos de Dios realmente estaba, totalmente depravado. Cada vez que violaba la ley, la ley exclamaba "culpable" y pronunciaba la pena de ser imperfecto, indigno e inaceptable para Dios. El hombre descubrió que la ley estaba en su contra, que era un enemigo. Pero ahora, Cristo se había desecho del enemigo y de la condena de la ley.

- Él vivió una vida sin pecado, cumpliendo perfectamente con la ley, y por lo tanto aseguró la justicia perfecta e ideal.
- También pagó la pena porque el hombre quebrantó la ley. Como el Hombre Ideal y Perfecto Él podía hacerlo. Cuando murió en la cruz, cargó con nuestra condena y castigo por nosotros.

El punto es este: Cuando Cristo cumplió con la ley, se convirtió en la personificación de la ley. Él es ahora el Camino. Un hombre debe acercarse a Dios a través de Él, no a través de la ley. Por lo tanto, no hay leyes, ni reglas, ni decretos que alejen a los hombres de Dios. Hay una sola cosa que aparta al hombre de Dios: rehusarse a llegar a Dios a través de su Hijo Jesucristo. (Véase nota y *Estudio a fondo 1,* Gá. 2:15-16; *Estudio a fondo 2,* 2:16; notas, 2:19-21; 3:13-14; *Estudio a fondo 2,* Ro. 8:3 para una discusión más detallada).

> **"No penséis que he venido para abrogar la ley o los profetas; no he venido para abrogar, sino para cumplir" (Mt. 5:17).**
>
> **"Porque lo que era imposible para la ley, por cuanto era débil por la carne, Dios, enviando a su Hijo en semejanza de carne de pecado y a causa del pecado, condenó al pecado en la carne" (Ro. 8:3).**
>
> **"Cristo nos redimió de la maldición de la ley, hecho por nosotros maldición (porque está escrito: Maldito todo el que es colgado en un madero)" (Gá. 3:13).**
>
> **"Pero cuando vino el cumplimiento del tiempo, Dios envió a su Hijo, nacido de mujer y nacido bajo la ley, para que redimiese a los que estaban bajo la ley, a fin de que recibiésemos la adopción de hijos" (Gá. 4:4-5).**

4. Cristo trae paz al crear a un "hombre nuevo". Dios planificó y prometió una "nueva creación", la creación de un *hombre nuevo* en forma individual y corporal, un hombre nuevo en el que mora Jesucristo (Col. 1:27).

Individualmente, cuando un hombre se vuelca hacia Cristo, Cristo hace que el hombre *nazca de nuevo.* Él recrea al hombre, crea al hombre *completamente de nuevo.* El hombre tiene una vida nueva, comienza a vivir de nuevo. Tiene un nuevo inicio, y este nuevo inicio trae paz, paz de corazón y de mente. (Véase nota, *Hombre nuevo* – Ef. 2:10 para una discusión más detallada.)

En forma corporativa en Jesucristo todos los hombres que creen, tanto judíos como gentiles, conforman *un cuerpo nuevo* (Ef. 2:16), *una nueva familia* (Ef. 2:19), *una nueva construcción* (Ef. 2:20-22), *un nuevo templo* (Ef. 2:21), *una nueva hermandad* (Ef. 1:22). (Véase nota – Ef. 4:17; *Estudio a fondo 3,* Ef. 4:24).

4 (2:16-17) ***Reconciliación – Jesucristo, Cruz:*** Cristo nos trae reconciliación. La palabra "reconciliar" (apokatallasso) significa cambiar, cambiar profundamente, pasar de la enemistad a la amistad, reunir, restaurar. La idea es que dos personas que deberían haber estado juntas todo el tiempo se reúnan. Dos personas que han tenido algo que obstaculizara su relación se restauran y vuelven a unirse.

Deben advertirse cinco puntos sobre la reconciliación:

1. Lo que quebrantó la relación entre Dios y el hombre fue el pecado. Se dice que los hombres son enemigos de Dios (Ro. 5:10) y la palabra "enemigos" se refiere a los pecadores y a los impíos (Ro. 5:6, 8). Los "enemigos" de Dios son los pecadores e impíos de este mundo. Esto simplemente significa que todo hombre es enemigo de Dios, dado que todo hombre es un pecador y un impío. Esto puede sonar desagradable y duro, pero es exactamente lo que dicen las Escrituras. El hecho se ve claramente al pensar por un momento en el tema.

No puede decirse que el pecador es amigo de Dios. Es un antagonista de Dios, que se opone a lo que Dios representa. El pecador...

- se rebela en contra de Dios
- desobedece a Dios
- rechaza a Dios
- lucha en contra de Dios
- maldice a Dios
- niega a Dios
- ignora a Dios
- se rehúsa a vivir para Dios

Cuando cualquiera de nosotros peca, obramos en contra de Dios y promovemos la maldad por medio de la palabra y el ejemplo.

- Cuando el pecador vive para sí mismo, se convierte en enemigo de Dios. ¿Por qué? Porque Dios no vive para sí mismo. Dios se entregó de la manera más suprema posible: dio a su único Hijo para que muriera *por nosotros.*
- Cuando el pecador vive para el mundo y las cosas mundanas, se convierte en un enemigo de Dios. ¿Por qué? Porque elige lo temporal, las cosas que no perduran, por sobre Dios. El hombre elige cosas temporales cuando Dios ha provisto vida eterna para él a través de la muerte de su Hijo.

Este es el punto del gran amor o reconciliación de Dios. Él no nos reconcilió ni nos salvó cuando éramos justos y buenos. Él nos reconcilió y nos salvó cuando éramos enemigos, ignorándolo y rechazándolo. Como se dijo anteriormente, es debido a que somos pecadores y enemigos que debemos ser reconciliados.

2. La manera en que los hombres se reconcilian con Dios es a través de la muerte de su Hijo, Jesucristo. Dicho muy sencillamente, cuando un hombre cree que Jesucristo murió por él...

- Dios acepta la muerte de Jesucristo *por* la muerte del hombre.
- Dios acepta los pecados cargados por Cristo como los pecados cometidos por el hombre.
- Dios acepta la condena llevada por Cristo como la condena debida al hombre.

Por lo tanto, el hombre es liberado de sus pecados y del castigo derivado de sus pecados. Cristo cargó tanto con los pecados como con el castigo por el hombre. El hombre que verdaderamente cree que Dios ama tanto – lo suficiente como para entregar a su Hijo unigénito– se torna aceptable ante Dios, reconciliado por siempre y para siempre.

3. Dios es quien reconcilia, no los hombres. Los hombres no se reconcilian con Dios. No pueden hacer suficientes obras ni suficiente bien como para volverse aceptables ante Dios. La reconciliación es por completo el acto de Dios. Él es el que se acerca a los hombres y los reconcilia consigo. Los hombres *reciben* la reconciliación de Dios.

4. Todos los hombres pueden reconciliarse entre sí, pueden reunirse, si se vuelcan a Dios "a través del Señor Jesucristo". Los hombres que se vuelcan a Jesucristo para obtener la reconciliación y paz con Dios están unidos hombro con hombro bajo el mismo Señor. (Véase notas, Jn. 14:27; Ef. 2:13; 2:14-15; 1 Jn. 1:3-4; 2:1-2).

5. Los hombres aprenden acerca de la reconciliación por la prédica de Jesucristo. Cristo fue el primero en predicar el mensaje. Sus seguidores deben seguir su huella, puesto que no hay otro modo en que los hombres puedan llegar a saber jamás cómo reconciliarse con Dios fuera de la prédica.

"Y todo esto proviene de Dios, quien nos reconcilió consigo mismo por Cristo, y nos dio el ministerio de la reconciliación" (2 Co. 5:18; cp. vv. 19-21).

"Para alabanza de la gloria de su gracia, con la cual nos hizo *aceptos* en el Amado" (Ef. 1:6).

"Y mediante la cruz reconciliar con Dios a ambos en un solo cuerpo, matando en ella las enemistades" (Ef. 2:16).

"Y por medio de él reconciliar consigo todas las cosas, así las que están en la tierra como las que están en los cielos, haciendo la paz mediante la sangre de su cruz" (Col. 1:20).

"Por lo cual debía ser en todo semejante a sus hermanos, para venir a ser misericordioso y fiel sumo sacerdote en lo que a Dios se refiere, para expiar los pecados del pueblo" (He. 2:17).

"Nosotros le amamos a él, porque él nos amó primero" (1 Jn. 4:19).

5 (2:18) ***Acceso:*** Cristo nos da acceso a Dios. La palabra acceso (prosagoge) significa llevar a, mover hacia, introducir, presentar. La idea es la de estar en una corte real y ser presentado ante el Rey de reyes. Jesucristo es quien abre fuertemente la puerta para estar ante la presencia de Dios. Él es el que nos presenta a Dios, la Majestad Soberana del universo.

Advierta que es el Espíritu Santo el que nos escolta a la presencia de Dios. La idea es la de un acceso diario, hora tras hora, momento tras momento. El Espíritu Santo nos mantiene en la presencia de Dios.

- El Espíritu Santo es la Naturaleza Divina de Dios dentro de nosotros que nos da acceso permanente a la presencia de Dios. (Jn. 3:5; Ro. 8:11; 2 P. 1:4).
- El Espíritu Santo es el que obra en nosotros y nos motiva para acercarnos cada vez más a la presencia de Dios (Ro. 8:14; Gá. 4:6-7).
- El Espíritu Santo es el compañero constante que está con nosotros, enseñándonos a vivir ante la presencia de Dios (Jn. 14:26; 1 Co. 2:12-13).
- El Espíritu Santo es el que dentro de nosotros da testimonio de que somos hijos de Dios y de que deberíamos acercarnos continuamente a Dios (Ro. 8:15-16; Gá. 4:4-6).

	E. Recordar quién es uno: Seis imágenes de la iglesia, 2:19-22	fetas, siendo la principal piedra del ángulo Jesucristo mismo,	
1 Figura 1: Una nueva nación 2 Figura 2: La familia de Dios 3 Figura 3: El edificio de Dios	19 Así que ya no sois extranjeros ni advenedizos, sino conciudadanos de los santos, y miembros de la familia de Dios, 20 edificados sobre el fundamento de los apóstoles y pro-	21 en quien todo el edificio, bien coordinado, va creciendo para ser un templo santo en el Señor; 22 en quien vosotros también sois juntamente edificados para morada de Dios en el Espíritu.	4 Figura 4: Un organismo en crecimiento 5 Figura 5: Un templo mundial: la iglesia universal 6 Figura 6: Un templo local: la iglesia local

DIVISIÓN II

LA VIDA DEL CREYENTE CRISTIANO, 2:1-22

E. Recordar quién es uno: Seis imágenes de la iglesia, 2:19-22

(2:19-22) ***Introducción—La iglesia:*** Esta es una descripción excelente de la iglesia. Se muestran seis imágenes en estos cuatro breves versículos.

1. Figura 1: Una nueva nación (v. 19).
2. Figura 2: La familia de Dios (v. 19).
3. Figura 3: El edificio de Dios (v. 20).
4. Figura 4: Un organismo en crecimiento (v. 21).
5. Figura 5: Un templo mundial: la iglesia universal (v. 21).
6. Figura 6: Un templo local: la iglesia local (v. 22).

[1] (2:19) ***Iglesia, Creyentes, Nueva nación:*** En primer lugar, se describe a la iglesia como una nueva nación o sociedad. Advierta la palabra "conciudadanos". Nosotros, los gentiles, ya no somos extranjeros ni advenedizos ante Dios, sino que ahora somos conciudadanos de todos los santos de Dios.

1. Éramos extranjeros y advenedizos. La palabra "extranjero" (xenoi) significa alguien de afuera, una persona desconocida, una persona que no pertenece al ámbito. La palabra "advenedizo" (paroikoi) significa residente temporal, extranjero, un inmigrante, un exiliado. Hubo una época en la que nosotros...

- Estábamos fuera de Dios y de su reino.
- Éramos desconocidos para Dios y su reino.
- No pertenecíamos a Dios ni a su reino.
- Éramos extranjeros, vivíamos fuera de Dios y de su reino.
- Éramos desconocidos respecto de Dios y de su reino.
- Éramos extraños, no pertenecíamos a Dios ni a su reino.
- Éramos exiliados de Dios y de su reino.

Hubo una época en la que éramos extranjeros y advenedizos para Dios, cuando no éramos ciudadanos del reino de Dios. No teníamos relación ni fraternidad con Dios ni ningún hogar ni derechos a la ciudadanía de su reino.

Pero advierta las gloriosas noticias: Ya no somos extranjeros ni advenedizos para Dios. La imagen es la de un pueblo que es *conciudadano* en una nación creada por Dios. Las personas son llamadas...

- *Santos:* personas separadas para Dios.
- *Conciudadanos:* personas edificadas en una nueva nación bajo la égida de Dios.

"Mas nuestra ciudadanía está en los cielos, de donde también esperamos al Salvador, al Señor Jesucristo" (Fil. 3:20).

"Por la fe habitó como extranjero en la tierra prometida como en tierra ajena, morando en tiendas con Isaac y Jacob, coherederos de la misma promesa; porque esperaba la ciudad que tiene fundamentos, cuyo arquitecto y constructor es Dios" (He. 11:9-10).

"Conforme a la fe murieron todos éstos sin haber recibido lo prometido, sino mirándolo de lejos, y creyéndolo, y saludándolo, y confesando que eran extranjeros y peregrinos sobre la tierra. Porque los que esto dicen, claramente dan a entender que buscan una patria; pues si hubiesen estado pensando en aquella de donde salieron, ciertamente tenían tiempo de volver. Pero anhelaban una mejor, esto es, celestial; por lo cual Dios no se avergüenza de llamarse Dios de ellos; porque les ha preparado una ciudad" (He. 11:13-16).

"Pero nosotros esperamos, según sus promesas, cielos nuevos y tierra nueva, en los cuales mora la justicia" (2 P. 3:13).

"Vi un cielo nuevo y una tierra nueva; porque el primer cielo y la primera tierra pasaron, y el mar ya no existía más" (Ap. 21:1).

"No entrará en ella ninguna cosa inmunda, o que hace abominación y mentira, sino solamente los que están inscritos en el libro de la vida del Cordero" (Ap. 21:27).

[2] (2:19) ***Iglesia – Dios, Familia de:*** En segundo lugar, la iglesia se describe como la familia de Dios. Advierta la frase "casa de Dios". Jesucristo nos ha llevado a ser parte de la familia de Dios. Esto implica dos privilegios gloriosos.

1. El privilegio de la adopción. Hemos sido adoptados como hijos de Dios, hijos e hijas suyos (ver *Estudio a fondo 2, Adopción,* Gá. 4:5-6 para mayor discusión al respecto). Ahora vivimos en la misma casa con Dios y su familia, y todas las experiencias de la familia de Dios son ahora nuestras:

- amor
- ayuda
- vestimenta
- rumbo
- cuidado
- provisión
- alimentos

- compañerismo
- interés
- protección
- entrenamiento
- fraternidad
- preocupación
- refugio
- disciplina
- intimidad

"Pues no habéis recibido el espíritu de esclavitud para estar otra vez en temor, sino que habéis recibido el espíritu de adopción, por el cual clamamos: ¡Abba, Padre! El Espíritu mismo da testimonio a nuestro espíritu, de que somos hijos de Dios. Y si hijos, también herederos; herederos de Dios y coherederos con Cristo, si es que padecemos juntamente con él, para que juntamente con él seamos glorificados" (Ro. 8:15-17).

"¿Tantas cosas habéis padecido en vano? si es que realmente fue en vano. Aquel, pues, que os suministra el Espíritu, y hace maravillas entre vosotros, ¿lo hace por las obras de la ley, o por el oír con fe? Así Abraham creyó a Dios, y le fue contado por justicia" (Gá. 3:4-6).

"Porque el que santifica y los que son santificados, de uno son todos; por lo cual no se avergüenza de llamarlos hermanos" (He. 2:11).

"Mirad cuál amor nos ha dado el Padre, para que seamos llamados hijos de Dios; por esto el mundo no nos conoce, porque no le conoció a él" (1 Jn. 3:1).

2. El privilegio de la responsabilidad y el servicio. Nuevamente, advierta el término casa. Cada persona de la casa tiene obligaciones que realizar, algún servicio que brindar por el bien de la familia. Somos responsables de amar y cuidar, de proveer y enseñarnos unos a otros, de hacer todas las cosas mencionadas en el punto anterior y todo lo demás que edificará y fortalecerá a la familia de Dios.

"Porque todo aquel que hace la voluntad de mi Padre que está en los cielos, ése es mi hermano, y hermana, y madre" (Mt. 12:50).

"Como el Hijo del Hombre no vino para ser servido, sino para servir, y para dar su vida en rescate por muchos" (Mt. 20:28).

"Pero no será así entre vosotros, sino que el que quiera hacerse grande entre vosotros será vuestro servidor, y el que de vosotros quiera ser el primero, será siervo de todos" (Mr. 10:43-44).

"Porque, ¿cuál es mayor, el que se sienta a la mesa, o el que sirve? ¿No es el que se sienta a la mesa? Mas yo estoy entre vosotros como el que sirve" (Lc. 22:27).

"Pues si yo, el Señor y el Maestro, he lavado vuestros pies, vosotros también debéis lavaros los pies los unos a los otros" (Jn. 13:14).

"Volvió a decirle la segunda vez: Simón, hijo de Jonás, ¿me amas? Pedro le respondió: Sí, Señor; tú sabes que te amo. Le dijo: Pastorea mis ovejas" (Jn. 21:16).

"Amaos los unos a los otros con amor fraternal; en cuanto a honra, prefiriéndoos los unos a los otros. En lo que requiere diligencia, no perezosos; fervientes en espíritu, sirviendo al Señor" (Ro. 12:10-11).

"Porque vosotros, hermanos, a libertad fuisteis llamados; solamente que no uséis la libertad como ocasión para la carne, sino servíos por amor los unos a los otros" (Gá. 5:13).

"Sobrellevad los unos las cargas de los otros, y cumplid así la ley de Cristo" (Gá. 6:2).

"Así que, según tengamos oportunidad, hagamos bien a todos, y mayormente a los de la familia de la fe" (Gá. 6:10).

"Sirviendo de buena voluntad, como al Señor y no a los hombres" (Ef. 6:7).

"Presentándote tú en todo como ejemplo de buenas obras; en la enseñanza mostrando integridad, seriedad" (Tit. 2:7).

"Y considerémonos unos a otros para estimularnos al amor y a las buenas obras" (He. 10:24).

"Así que, recibiendo nosotros un reino inconmovible, tengamos gratitud, y mediante ella sirvamos a Dios agradándole con temor y reverencia" (He. 12:28).

[3] (2:20) ***Iglesia, Edificación, de Dios:*** En tercer lugar, se describe la iglesia como la edificación de Dios. Los creyentes se describen como las piedras de fundación que se utilizan para construir un edificio para Dios. Advierta dos puntos significativos.

1. Jesucristo mismo es la *principal piedra angular.* El simbolismo de la principal piedra angular nos expresa tres cosas significativas.

a. La piedra angular es la primera piedra que se coloca. Todas las demás piedras se colocan sobre ella. Es la piedra preeminente en el tiempo. Lo mismo sucede con Cristo. Él es *el primero* del nuevo movimiento de Dios.

- Cristo es el capitán de nuestra salvación. Todos los demás son miembros de la tripulación que lo siguen.

"Porque convenía a aquel por cuya causa son todas las cosas, y por quien todas las cosas subsisten, que habiendo de llevar muchos hijos a la gloria, perfeccionase por aflicciones al autor de la salvación de ellos" (He. 2:10).

- Cristo es el autor de la salvación eterna y de nuestra fe. Todos los demás son los lectores de la historia.

"Y habiendo sido perfeccionado, vino a ser autor de eterna salvación para todos los que le obedecen" (He. 5:9).

"Puestos los ojos en Jesús, el autor y consumador de la fe, el cual por el gozo puesto delante de él sufrió la cruz, menospreciando el oprobio, y se sentó a la diestra del trono de Dios" (He. 12:2).

- Cristo es el principio y el fin. Todos los demás vienen detrás de Él.

"Yo soy el Alfa y la Omega, principio y fin, dice el Señor, el que es y que era y que ha de venir, el Todopoderoso" (Ap. 1:8; cp. 21:6; 22:13).

- Cristo es el precursor ante la misma presencia de Dios. Todos los demás ingresan a la presencia de Dios luego de Él.

"La cual tenemos como segura y firme ancla del alma, y que penetra hasta dentro del velo, donde

Jesús entró por nosotros como precursor, hecho sumo sacerdote para siempre según el orden de Melquisedec" (He. 6:19-20).

b. La piedra angular es la piedra de soporte. Todas las demás piedras se colocan sobre ella y son sostenidas por ella. Todas descansan sobre ella. La piedra angular es la piedra preeminente tanto en posición como en poder. Lo mismo ocurre con Cristo. Él es el soporte y el poder, la Fundación del nuevo movimiento de Dios.

 Cristo *es la piedra angular principal,* el único cimiento verdadero sobre el cual puede construir el hombre. Todos los que no se respaldan en Él, se derrumban.

"Porque nadie puede poner otro fundamento que el que está puesto, el cual es Jesucristo" (1 Co. 3:11).

 Cristo es *la piedra angular fundamental* sobre la cual se colocan firmemente juntas las demás. Todo el que desee estar firmemente colocado debe respaldarse en Él.

"Edificados sobre el fundamento de los apóstoles y profetas, siendo la principal piedra del ángulo Jesucristo mismo, en quien todo el edificio, bien coordinado, va creciendo para ser un templo santo en el Señor; en quien vosotros también sois juntamente edificados para morada de Dios en el Espíritu" (Ef. 2:20-22).

c. La piedra angular es una piedra que marca una dirección. Se la usa para alinear todo el edificio y todas las demás piedras. Se la ha denominado la *piedra de instrucción,* sobre la cual se basan todas las líneas e instrucciones del edificio. Lo mismo sucede con Cristo. Él es la Persona que dio y da las directivas y las instrucciones a la gente de Dios. Nosotros –la iglesia– debemos construir nuestra vida según sus instrucciones y únicamente según sus instrucciones. Si seguimos cualquier otra instrucción o directiva, estaremos fuera de alineación. Y cuando nos adviertan, tendrán que quitarnos, dejarnos a un lado y ser reemplazados por una piedra que pueda estar alineada. Jesucristo es la piedra angular principal. Dios lo utilizó para dar una dirección a todas las otras piedras.

"Por lo cual también contiene la Escritura: He aquí, pongo en Sion la principal piedra del ángulo, escogida, preciosa; y el que creyere en él, no será avergonzado. Para vosotros, pues, los que creéis, él es precioso; pero para los que no creen, la piedra que los edificadores desecharon, ha venido a ser la cabeza del ángulo; y: Piedra de tropiezo, y roca que hace caer, porque tropiezan en la palabra, siendo desobedientes; a lo cual fueron también destinados" (1 P. 2:6-8).

Pensamiento 1: Jesucristo es la piedra angular fundamental. Si se lo remueve, la iglesia se derrumbará. Sin Cristo, no hay iglesia. Cristo mantiene unido todo lo que está dentro de la iglesia. Por lo tanto, es una necesidad absoluta que se predique a Él y solo a Él, que se lo enseñe y se lo viva.

"Cualquiera, pues, que me oye estas palabras, y las hace, le compararé a un hombre prudente, que edificó su casa sobre la roca. Descendió lluvia, y vinieron ríos, y soplaron vientos, y golpearon contra aquella casa; y no cayó, porque estaba fundada sobre la roca. Pero cualquiera que me oye estas palabras y no las hace, le compararé a un hombre insensato, que edificó su casa sobre la arena; y descendió lluvia, y vinieron ríos, y soplaron vientos, y dieron con ímpetu contra aquella casa; y cayó, y fue grande su ruina" (Mt. 7:24-27).

"Pero el fundamento de Dios está firme, teniendo este sello: Conoce el Señor a los que son suyos; y: Apártese de iniquidad todo aquel que invoca el nombre de Cristo" (2 Ti. 2:19).

2. Nosotros, la iglesia, estamos edificados sobre los cimientos de los testimonios de los apóstoles y los profetas. Ellos rodearon al propio Señor Jesucristo. Su registro y testimonio de la Palabra de Dios es en sí el cimiento sobre el cual debe construirse la iglesia.

"Santifícalos en tu verdad; tu palabra es verdad" (Jn. 17:17).

"Porque no me avergüenzo del evangelio, porque es poder de Dios para salvación a todo aquel que cree; al judío primeramente, y también al griego" (Ro. 1:16).

"Mas ¿qué dice? Cerca de ti está la palabra, en tu boca y en tu corazón. Esta es la palabra de fe que predicamos: que si confesares con tu boca que Jesús es el Señor, y creyeres en tu corazón que Dios le levantó de los muertos, serás salvo. Porque con el corazón se cree para justicia, pero con la boca se confiesa para salvación" (Ro. 10:8-10).

"Y él mismo constituyó a unos, apóstoles; a otros, profetas; a otros, evangelistas; a otros, pastores y maestros, a fin de perfeccionar a los santos para la obra del ministerio, para la edificación del cuerpo de Cristo" (Ef. 4:11-12).

"Para que ya no seamos niños fluctuantes, llevados por doquiera de todo viento de doctrina, por estratagema de hombres que para engañar emplean con astucia las artimañas del error, sino que siguiendo la verdad en amor, crezcamos en todo en aquel que es la cabeza, esto es, Cristo" (Ef. 4:14-15).

"Por lo cual también nosotros sin cesar damos gracias a Dios, de que cuando recibisteis la palabra de Dios que oísteis de nosotros, la recibisteis no como palabra de hombres, sino según es en verdad, la palabra de Dios, la cual actúa en vosotros los creyentes" (1 Ts. 2:13).

4 (2:21) ***Iglesia, Construcción:*** En cuarto lugar, a la iglesia se la describe como una organización en crecimiento. La palabra "crece" es un término biológico, la idea de un organismo vivo. La iglesia se describe como un organismo vivo, la unión de diversas partes de un ser vivo, de un cuerpo dinámico. Esto puede resultar extraño al hablar de una construcción en términos biológicos, de un edificio que crece. El hecho es que cada vez más piezas, cada vez más creyentes son llevados a ingresar al edificio a medida que pasan los días. El

edificio crece y crece y seguirá creciendo hasta que regrese el Señor Jesucristo.

Advierta también otro hecho. Pedro llama a Jesucristo *la roca viva.* Cristo es la *roca viva* sobre la cual se construye una casa espiritual. Todos los demás deben ser construidos sobre Él si desean vivir y que su sacrificio espiritual sea aceptado por Dios.

> **"Acercándoos a él, piedra viva, desechada ciertamente por los hombres, mas para Dios escogida y preciosa, vosotros también, como piedras vivas, sed edificados como casa espiritual y sacerdocio santo, para ofrecer sacrificios espirituales aceptables a Dios por medio de Jesucristo" (1 P. 2:4-5).**

Advierta que todo es de Dios; todo se debe a la obra de Dios. Él es quien resucita al Salvador. Advierta también que el Salvador es objeto de maravilla y sorpresa.

Pensamiento 1: La iglesia y sus creyentes tienen a estas alturas dos dinámicos desafíos.

1) La iglesia debe crecer. Debe traer nuevas piedras (creyentes) y encajarlas en el edificio de Dios. La iglesia debe sumar al edificio. Su estructura todavía no está terminada.
2) Todo creyente dentro de la construcción es una parte de la misma y se espera que cumpla su función dentro del edificio, es decir que cada creyente es un trabajador, un trabajador del que se espera que se ocupe de añadir al edificio de la iglesia. Todos debemos llevar piedras nuevas y colocarlas en el gran edificio de Dios, la iglesia.

> **"Por tanto, id, y haced discípulos a todas las naciones, bautizándolos en el nombre del Padre, y del Hijo, y del Espíritu Santo; enseñándoles que guarden todas las cosas que os he mandado; y he aquí yo estoy con vosotros todos los días, hasta el fin del mundo. Amén" (Mt. 28:19, 20).**
>
> **"Pero recibiréis poder, cuando haya venido sobre vosotros el Espíritu Santo, y me seréis testigos en Jerusalén, en toda Judea, en Samaria, y hasta lo último de la tierra" (Hch. 1:8).**
>
> **"Porque no podemos dejar de decir lo que hemos visto y oído" (Hch. 4:20).**
>
> **"Id, y puestos en pie en el templo, anunciad al pueblo todas las palabras de esta vida" (Hch. 5:20).**
>
> **"Pero teniendo el mismo espíritu de fe, conforme a lo que está escrito: Creí, por lo cual hablé, nosotros también creemos, por lo cual también hablamos" (2 Co. 4:13).**
>
> **"Lo que has oído de mí ante muchos testigos, esto encarga a hombres fieles que sean idóneos para enseñar también a otros" (2 Ti. 2:2).**
>
> **"Sino santificad a Dios el Señor en vuestros corazones, y estad siempre preparados para presentar defensa con mansedumbre y reverencia ante todo el que os demande razón de la esperanza que hay en vosotros" (1 P. 3:15).**
>
> **"Venid, oíd todos los que teméis a Dios, y contaré lo que ha hecho a mi alma" (Sal. 66:16).**
>
> **"Vosotros sois mis testigos, dice Jehová, y mi siervo que yo escogí, para que me conozcáis y creáis, y entendáis que yo mismo soy; antes de mí no fue formado dios, ni lo será después de mí" (Is. 43:10).**
>
> **"De las misericordias de Jehová haré memoria, de las alabanzas de Jehová, conforme a todo lo que Jehová nos ha dado, y de la grandeza de sus beneficios hacia la casa de Israel, que les ha hecho según sus misericordias, y según la multitud de sus piedades" (Is. 63:7).**

5 (2:21) ***Iglesia, Templo universal:*** En quinto lugar, a la iglesia se la describe como un templo mundial, como la iglesia universal. Advierta la palabra "todos". Todos los creyentes conforman el santo templo de Dios. Todos los creyentes son descriptos como un edificio, una iglesia universal estructurada para la presencia de Dios. Cada creyente nuevo y cada generación de creyentes se ven como colocados y ubicados en la estructura universal de Dios. Como dice la canción: "Rojos y amarillos, negros y blancos, todos son preciosos ante su vista". Todos los creyentes de cada generación que son llamados de todas las partes del mundo se ubican en el edificio universal de Dios que literalmente serán los nuevos cielos y tierra. Nosotros, la iglesia –los creyentes de la tierra de todas las generaciones– seremos una parte, una piedra de construcción, del nuevo universo cuando Dios cree los nuevos cielos y la tierra (ver versículos antes mencionados, nota 1, Ef. 2:19). Sin embargo, cabe advertir que cada persona es ubicada en la estructura *únicamente por Cristo.* Solo la persona y el cuerpo de personas que vienen a Cristo como la principal piedra angular son colocados en el edificio. Un hombre debe construir sobre los cimientos colocados por los apóstoles y los profetas, que es el cimiento de Cristo mismo. Y cualquier otra piedra angular o cualquier otro cimiento construye algún otro tipo de edificio, no el edificio de Dios. La gente puede seguir su propia estructura de pensamientos o alguna filosofía profunda del hombre o incluso su propio estilo de vida, pero no es el edificio de Dios lo que estructuran. Solo se estructura el edificio de Dios en Cristo y únicamente en Cristo y sobre los cimientos colocados por los apóstoles.

Pensamiento 1: El evangelio de Jesucristo está abierto a todas las personas de todas partes. No hay lugar para la división y el prejuicio, para el privilegio y la parcialidad, para el sistema de clases y castas en el templo o iglesia de Dios. Cada nación, incluso la más remota de la tierra, debe ser traída al templo o iglesia universal de Dios.

> **"Y yo también te digo, que tú eres Pedro, y sobre esta roca edificaré mi iglesia; y las puertas del Hades no prevalecerán contra ella" (Mt. 16:18).**
>
> **"Por tanto, id, y haced discípulos a todas las naciones, bautizándolos en el nombre del Padre, y del Hijo, y del Espíritu Santo" (Mt. 28:19).**
>
> **"Y es necesario que el evangelio sea predicado antes a todas las naciones" (Mr. 13:10).**
>
> **"Y les dijo: Id por todo el mundo y predicad el evangelio a toda criatura" (Mr. 16:15).**
>
> **"Y que se predicase en su nombre el arrepentimiento y el perdón de pecados en todas las naciones, comenzando desde Jerusalén" (Lc. 24:47).**
>
> **"Pero recibiréis poder, cuando haya venido sobre vosotros el Espíritu Santo, y me seréis testigos en**

Jerusalén, en toda Judea, en Samaria, y hasta lo último de la tierra" (Hch. 1:8).

"Porque no hay diferencia entre judío y griego, pues el mismo que es Señor de todos, es rico para con todos los que le invocan" (Ro. 10:12).

"Ya no hay judío ni griego; no hay esclavo ni libre; no hay varón ni mujer; porque todos vosotros sois uno en Cristo Jesús" (Gá. 3:28).

"Que los gentiles son coherederos y miembros del mismo cuerpo, y copartícipes de la promesa en Cristo Jesús por medio del evangelio" (Ef. 3:6).

"Vi volar por en medio del cielo a otro ángel, que tenía el evangelio eterno para predicarlo a los moradores de la tierra, a toda nación, tribu, lengua y pueblo" (Ap. 14:6).

6 (2:22) ***Iglesia, Espíritu Santo, Presencia viva:*** En sexto lugar, a la iglesia se la describe como un templo local, como la iglesia local. Advierta que ahora Pablo emplea la palabra "vosotros" refiriéndose a la iglesia efesia en particular. Cada iglesia local es descripta como un edificio estructurado para la presencia de Dios (v. 22). Y cada miembro es considerado una piedra integral y esencial colocada y encajada en el edificio (Ef. 4:16; 1 P. 2:5). La estabilidad de la iglesia reside en cada piedra que se coloca y se encaja y la cementa el mismo Señor, y por cada piedra que sostiene su carga, cumpliendo su propósito en la estructura. Cabe advertir que la iglesia local existe con el propósito de proveer de una habitación, de un hogar para la presencia de Dios, a través de su Espíritu. La iglesia debe permitir que el Espíritu de Dios viva su vida a través de la iglesia. El Espíritu Santo mora dentro de la iglesia para ayudar a sus creyentes cuando...

- están con problemas, angustiados o confundidos.
- Se sienten desalentados o descorazonados.
- Están sufriendo o muriendo.
- Están felices y entusiasmados.
- Son indolentes e inactivos.
- Dan testimonio y enseñan.
- Predican y ministran.

El Espíritu de Dios mora dentro de la iglesia para conformar la iglesia a la imagen de la voluntad de Dios. La efectividad de cualquier iglesia local depende de cuánto permite que el Espíritu Santo more dentro y controle su cuerpo de miembros.

"El Espíritu de verdad, al cual el mundo no puede recibir, porque no le ve, ni le conoce; pero vosotros le conocéis, porque mora con vosotros, y estará en vosotros" (Jn. 14:17).

"Mas vosotros no vivís según la carne, sino según el Espíritu, si es que el Espíritu de Dios mora en vosotros. Y si alguno no tiene el Espíritu de Cristo, no es de él" (Ro. 8:9).

"¿No sabéis que sois templo de Dios, y que el Espíritu de Dios mora en vosotros?" (1 Co. 3:16).

"¿O ignoráis que vuestro cuerpo es templo del Espíritu Santo, el cual está en vosotros, el cual tenéis de Dios, y que no sois vuestros?" (1 Co. 6:19).

"Guarda el buen depósito por el Espíritu Santo que mora en nosotros" (2 Ti. 1:14).

"Pero la unción que vosotros recibisteis de él permanece en vosotros, y no tenéis necesidad de que nadie os enseñe; así como la unción misma os enseña todas las cosas, y es verdadera, y no es mentira, según ella os ha enseñado, permaneced en él" (1 Jn. 2:27).

Bosquejo	Texto
	CAPÍTULO 3 **III. EL PROPÓSITO ETERNO DE DIOS PARA EL CREYENTE CRISTIANO, 3:1-21** **A. Un nuevo cuerpo de personas: El gran misterio de Cristo, 3:1-13**
1 Le dio a Pablo un propósito para existir a. Él existió para ser un prisionero para Cristo b. Él existió para ser un administrador de la gracia de Dios	1 Por esta causa yo Pablo, prisionero de Cristo Jesús por vosotros los gentiles; 2 si es que habéis oído de la administración de la gracia de Dios que me fue dada para con vosotros;
2 Fue un misterio: Requirió una revelación especial para darlo a conocer a. Revelado a Pablo	3 que por revelación me fue declarado el misterio, como antes lo he escrito brevemente, 4 leyendo lo cual podéis entender cuál sea mi conocimiento en el misterio de Cristo,
b. Revelado a los demás	5 misterio que en otras generaciones no se dio a conocer a los hijos de los hombres, como ahora es reve-lado a sus santos apóstoles y profetas por el Espíritu:
3 Fue una revelación triple a. Todos son coherederos b. Todos son del mismo cuerpo c. Todos comparten la promesa de Dios: la nueva creación.	6 que los gentiles son coherederos y miembros del mismo cuerpo, y copartícipes de la promesa en Cristo Jesús por medio del evangelio,
4 Afectó a Pablo, profundamente a. Lo hizo convertirse en ministro, por el poder de Dios.	7 del cual yo fui hecho ministro por el don de la gracia de Dios que me ha sido dado según la operación de su poder.
b. Lo hizo convertirse en un predicador, indigno como era	8 A mí, que soy menos que el más pequeño de todos los santos, me fue dada esta gracia de anunciar entre los gentiles el evangelio de las inescrutables riquezas de Cristo,
c. Lo hizo convertirse en un evangelista	9 y de aclarar a todos cuál sea la dispensación del misterio escondido desde los siglos en Dios, que creó todas las cosas;
5 Afecta incluso ahora a los seres celestiales, tan profundamente: Los hace estar fuertemente asombrados a. De lo que Dios está haciendo en la iglesia b. Del propósito eterno de Dios, en Cristo c. Del acceso del creyente ante la presencia de Dios, en Cristo.	10 para que la multiforme sabiduría de Dios sea ahora dada a conocer por medio de la iglesia a los principados y potestades en los lugares celestiales, 11 conforme al propósito eterno que hizo en Cristo Jesús nuestro Señor, 12 en quien tenemos seguridad y acceso con confianza por medio de la fe en él;
6 Motivó una voluntad interior	13 por lo cual pido que no desmayéis a causa de mis tribulaciones por vosotros, las cuales son vuestra gloria.

DIVISIÓN III

EL PROPÓSITO ETERNO DE DIOS PARA EL CREYENTE CRISTIANO, 3:1-21

A. Un nuevo cuerpo de personas: El gran misterio de Cristo, 3:1-13

(3:1-21) ***BOSQUEJO DE LA DIVISIÓN: Dios, Propósito:*** El capítulo 3 da inicio a una nueva división en Efesios. "El propósito de Dios para los creyentes cristianos". Pero advierta: El capítulo trata sobre "El propósito *eterno* de Dios". El propósito de Dios para los creyentes implica mucho más que la vida en esta tierra. Dios ha planificado un propósito eterno para los creyentes.

1. En primer lugar, su propósito es el de crear un nuevo cuerpo de personas en la tierra que lo amará en forma suprema. Esto es lo que se denomina el *misterio de Cristo* (Ef. 3:1-3).
2. En segundo lugar, su propósito es el convertir al creyente en una *persona madura* llena con toda la plenitud de Dios (Ef. 3:14-21).

(3:1-13) ***Introducción:*** El prejuicio, el resentimiento, la segregación, el odio, los disturbios, las heridas, el hambre y la división abundan entre la gente. Abundan en los corazones de los esposos y esposas, de los hijos y los padres, del alumno y el maestro, del vecino y el trabajador, de la raza y la religión, de denominación y organización, de vecinos y naciones. La división en todas sus formas es uno de los problemas más grandes que enfrenta este mundo. Es el problema más serio que enfrenta Dios, puesto que mientras los hombres estén divididos de Él y entre sí, no hay esperanza de que los hombres se lleguen a reconciliar jamás con Dios. Este es el tema de este pasaje. De qué manera Dios ha tratado con la terrible división del mundo. El propósito eterno de Dios ha sido el de crear un nuevo cuerpo de personas, personas que lo amarán y se amarán entre sí en forma suprema. Advierta que esto es lo que se conoce como el gran misterio de Cristo.

1. Le dio a Pablo un propósito para existir (vv. 1-2).
2. Fue un misterio: Requirió una revelación especial para darlo a conocer (vv. 3-5).
3. Fue una revelación triple (v. 6).

4. Afectó a Pablo, profundamente (vv. 7-9).
5. Afecta incluso ahora a los seres celestiales, tan profundamente: Los hace estar fuertemente asombrados (vv. 10-12).
6. Motivó una voluntad interior (v. 13).

1 (3:1-2) ***Pablo, Ministros:*** Estos dos versículos dan una imagen del propósito mismo de la existencia de Pablo.

1. Pablo existió para servir a Cristo, sin importar el costo. Advierta: Él dice que fue un prisionero de Jesucristo. Hablaba literalmente. Era prisionero en Roma cuando estaba redactando estas palabras. Estaba allí porque se había esclavizado para Cristo, esclavizado hasta el punto de que soportaría cualquier sufrimiento con tal de compartir las gloriosas nuevas de Cristo aunque esto significara prisión y muerte.

2. Pablo existió para ser un administrador de Dios. La palabra "dispensación" (oikonomian) significa administración, gestión, titularidad. A Pablo se le dio el deber de supervisar y administrar la gracia de Dios al mundo.

Pensamiento 1: ¡Vaya enorme responsabilidad la que se da a los ministros de Dios!

1) Todo ministro de Dios es un esclavo del Señor Jesucristo. Debe servir a Cristo sin importar el costo, incluso si significa estar preso.

"Como el Hijo del Hombre no vino para ser servido, sino para servir, y para dar su vida en rescate por muchos" (Mt. 20:28).

"Pero no será así entre vosotros, sino que el que quiera hacerse grande entre vosotros será vuestro servidor, y el que de vosotros quiera ser el primero, será siervo de todos" (Mr. 10:43-44).

"Porque, ¿cuál es mayor, el que se sienta a la mesa, o el que sirve? ¿No es el que se sienta a la mesa? Mas yo estoy entre vosotros como el que sirve" (Lc. 22:27).

"Pues si yo, el Señor y el Maestro, he lavado vuestros pies, vosotros también debéis lavaros los pies los unos a los otros" (Jn. 13:14).

2) Todo ministro de Dios es un administrador de la gracia de Dios. Él es responsable de ministrar la gracia de Dios a los hombres.

"Así, pues, ténganos los hombres por servidores de Cristo, y administradores de los misterios de Dios. Ahora bien, se requiere de los administradores, que cada uno sea hallado fiel" (1 Co. 4:1-2).

"De la cual fui hecho ministro, según la administración de Dios que me fue dada para con vosotros, para que anuncie cumplidamente la palabra de Dios" (Col. 1:25).

"Sino que según fuimos aprobados por Dios para que se nos confiase el evangelio, así hablamos; no como para agradar a los hombres, sino a Dios, que prueba nuestros corazones. Porque nunca usamos de palabras lisonjeras, como sabéis, ni encubrimos avaricia; Dios es testigo" (1 Ts. 2:4-5).

"Según el glorioso evangelio del Dios bendito, que a mí me ha sido encomendado. Doy gracias al que me fortaleció, a Cristo Jesús nuestro Señor, porque me tuvo por fiel, poniéndome en el ministerio" (1 Ti. 1:11-12).

"Y a su debido tiempo manifestó su palabra por medio de la predicación que me fue encomendada por mandato de Dios nuestro Salvador" (Tit. 1:3).

2 (3:3-5) ***Misterio, Revelación:*** El misterio de Cristo requirió una revelación especial para darse a conocer. Advierta dos puntos.

1. Al misterio se lo denomina el misterio *de Cristo* (v. 4). Exactamente qué implica ese misterio es de lo que se trata en la siguiente nota (v. 6).

La palabra misterio (musterion) se define en estos versículos. Era alguna verdad que debía ser revelada por Dios para que el hombre la conociera. Como dice el versículo cinco: "Misterio que en otras generaciones no se dio a conocer a los hijos de los hombres, como ahora es revelado a sus santos apóstoles y profetas por el Espíritu". Todo esto simplemente significa que el misterio de Cristo fue...

- Una verdad que no fue conocida antes de los apóstoles y los profetas.
- Una verdad que no podría ser descubierta por el razonamiento humano.
- Una verdad que debía ser revelada por Dios si es que alguna vez se diera a conocer.

Advierta un punto sorprendente que deben advertir todos los hombres. El misterio de Cristo no fue una creación de la mente del hombre, de sus racionalizaciones, conceptos, pensamientos e ideas. El hombre nunca podría haber averiguado el misterio. Ningún hombre en este mundo físico jamás podría haber penetrado en el mundo espiritual y descubrir la verdad, sin importar lo que algunos sostienen. Jesús lo dijo:

"Nadie subió al cielo, sino el que descendió del cielo; el Hijo del Hombre, que está en el cielo" (Jn. 3:13).

El mundo espiritual y el misterio de Cristo siempre han sido un misterio y hubieran permanecido como tal si Dios no hubiera actuado y se los hubiera revelado a Pablo y a los otros apóstoles y profetas de su época.

3 (3:6) ***Misterio de Cristo, Iglesia, Cuerpo, Herederos:*** El misterio de Cristo fue una revelación triple.

1. Nosotros, los gentiles, somos coherederos de Dios junto con los judíos. Las Escrituras declaran que "vosotros adoráis lo que no sabéis; nosotros adoramos lo que sabemos; porque la salvación viene de los judíos" (Jn. 4:22). Antes de Jesucristo, si una persona quería ser salva, debía acercarse a Dios a través de la religión judía. Los judíos que realmente creían en las promesas de Dios eran los herederos de Dios. (Véase nota – Ef. 2:11-18; 2:11-12; Gá. 3:6-7, 3:8-9; *Estudio a fondo 1,* 3:8, 16; nota y *Estudio a fondo 1,* Jn. 4:22 para una mayor discusión al respecto). Sin embargo, a partir de Cristo, los creyentes gentiles –todos los pueblos del mundo– ya no tienen acercamiento a Dios a través de otras personas o religión. No importa quiénes seamos, ahora debemos acercarnos a Dios cara a cara a través de su Hijo, el Señor Jesucristo mismo. Toda persona tiene ahora el glorioso privilegio de acercarse a Dios sin importar...

- quién sea
- qué haya hecho
- dónde esté o haya estado

• cuándo llega
• cómo llega
• por qué llega

Si una persona es genuina en su búsqueda de Dios, ahora puede acercarse a Dios por medio de Jesucristo. No hay barreras –ninguna de ningún tipo– que le impida llegar a Dios y ser adoptado por Dios como un heredero de Dios con todos los demás creyentes.

"Pues no habéis recibido el espíritu de esclavitud para estar otra vez en temor, sino que habéis recibido el espíritu de adopción, por el cual clamamos: ¡Abba, Padre! El Espíritu mismo da testimonio a nuestro espíritu, de que somos hijos de Dios. Y si hijos, también herederos; herederos de Dios y coherederos con Cristo, si es que padecemos juntamente con él, para que juntamente con él seamos glorificados" (Ro. 8:15-17).

"Pero cuando vino el cumplimiento del tiempo, Dios envió a su Hijo, nacido de mujer y nacido bajo la ley, para que redimiese a los que estaban bajo la ley, a fin de que recibiésemos la adopción de hijos. Y por cuanto sois hijos, Dios envió a vuestros corazones el Espíritu de su Hijo, el cual clama: ¡Abba, Padre!" (Gá. 4:4-6).

"Pero cuando se manifestó la bondad de Dios nuestro Salvador, y su amor para con los hombres, nos salvó, no por obras de justicia que nosotros hubiéramos hecho, sino por su misericordia, por el lavamiento de la regeneración y por la renovación en el Espíritu Santo, el cual derramó en nosotros abundantemente por Jesucristo nuestro Salvador, para que justificados por su gracia, viniésemos a ser herederos conforme a la esperanza de la vida eterna" (Tit. 3:4-7).

"Por lo cual, queriendo Dios mostrar más abundantemente a los herederos de la promesa la inmutabilidad de su consejo, interpuso juramento" (He. 6:17).

"En lo cual vosotros os alegráis, aunque ahora por un poco de tiempo, si es necesario, tengáis que ser afligidos en diversas pruebas, para que sometida a prueba vuestra fe, mucho más preciosa que el oro, el cual aunque perecedero se prueba con fuego, sea hallada en alabanza, gloria y honra cuando sea manifestado Jesucristo" (1 P. 1:6-7).

"Vosotros, maridos, igualmente, vivid con ellas sabiamente, dando honor a la mujer como a vaso más frágil, y como a coherederas de la gracia de la vida, para que vuestras oraciones no tengan estorbo" (1 P. 3:7).

2. Nosotros, los gentiles, formamos parte del mismo cuerpo que los judíos. El hombre ya no tiene que acercarse a Dios a través de un cuerpo o nación. El amor de Dios es universal. Dios ahora les está permitiendo a todos los hombres acercarse a Él a través del Señor Jesucristo. Dios está creando ahora un nuevo cuerpo de personas compuesto por personas de todas las naciones y razas, todas centradas alrededor de su Hijo, el Señor Jesucristo. Los creyentes ahora forman lo que se llama el cuerpo de Cristo. Pero advierta: Esto significa mucho más que solo un cuerpo organizativo. El cuerpo de Cristo (los creyentes en Cristo) *realmente es un organismo vivo.* ¿Cómo es esto posible?

 Por el Espíritu de Dios. En los creyentes mora el Espíritu de Dios que da energía y poder al espíritu de los creyentes. Él crea una unión espiritual derritiendo y moldeando el corazón del creyente cristiano ante los corazones de otros creyentes. Une la vida de un creyente a las vidas de otros creyentes. A través del Espíritu de Dios, los creyentes se vuelven uno en la vida y el propósito. Tienen una vida en común compartiendo sus bendiciones, necesidades y dones.

"Mas no ruego solamente por éstos, sino también por los que han de creer en mí por la palabra de ellos, para que todos sean uno; como tú, oh Padre, en mí, y yo en ti, que también ellos sean uno en nosotros; para que el mundo crea que tú me enviaste" (Jn. 17:20-21).

"Yo en ellos, y tú en mí, para que sean perfectos en unidad, para que el mundo conozca que tú me enviaste, y que los has amado a ellos como también a mí me has amado" (Jn. 17:23).

"Así nosotros, siendo muchos, somos un cuerpo en Cristo, y todos miembros los unos de los otros" (Ro. 12:5).

"Vosotros, pues, sois el cuerpo de Cristo, y miembros cada uno en particular" (1 Co. 12:27).

"[La iglesia] La cual es su cuerpo, la plenitud de Aquel que todo lo llena en todo" (Ef. 1:23).

"En quien [Cristo] todo el edificio, bien coordinado, *va creciendo* para ser un templo santo en el Señor; en quien vosotros también sois juntamente edificados para morada de Dios en el Espíritu" (Ef. 2:21-22).

"Y él mismo constituyó a unos, apóstoles; a otros, profetas; a otros, evangelistas; a otros, pastores y maestros, a fin de perfeccionar a los santos para la obra del ministerio, para la edificación del *cuerpo de Cristo*" (Ef. 4:11-12).

"Ahora me gozo en lo que padezco por vosotros, y cumplo en mi carne lo que falta de las aflicciones de Cristo *por su cuerpo,* que es la iglesia" (Col. 1:24).

"Y no asiéndose de la Cabeza, en virtud de quien todo el cuerpo, nutriéndose y uniéndose por las coyunturas y ligamentos, crece con el crecimiento que da Dios" (Col. 2:19).

"Vosotros también, como piedras vivas, sed edificados como casa espiritual y sacerdocio santo, para ofrecer sacrificios espirituales aceptables a Dios por medio de Jesucristo" (1 P. 2:5).

3. Nosotros, los gentiles, recibimos la misma promesa de Cristo que recibieron los judíos. La promesa en Cristo, por supuesto, involucra a todas las promesas de Dios. Pero advierta: Dios le había prometido a Abraham que heredaría la Tierra Prometida y que de sí nacería una gran nación. Esa gran nación fue la nación judía. Este es el motivo por el cual los judíos, incluso hoy día, consideran que Palestina es su tierra. Sin embargo, hubo un significado espiritual a la promesa de Dios: Canaán es un tipo de cielo y de los nuevos cielos y tierra que Dios va a recrear. (Véase nota, *Tierra Prometida,* Hch. 7:2-8 para mayor discusión al respecto). Por lo tanto, la promesa principal en Cristo tiene que ver con el glorioso privilegio de ser salvo y de vivir con Dios y Cristo por la eternidad en los nuevos cielos y tierra.

"Porque de tal manera amó Dios al mundo, que ha dado a su Hijo unigénito, para que todo aquel que en él cree, no se pierda, mas tenga vida eterna" (Jn. 3:16).

"De cierto, de cierto os digo: El que oye mi palabra, y cree al que me envió, tiene vida eterna; y no vendrá a condenación, mas ha pasado de muerte a vida" (Jn. 5:24).

"Que si confesares con tu boca que Jesús es el Señor, y creyeres en tu corazón que Dios le levantó de los muertos, serás salvo. Porque con el corazón se cree para justicia, pero con la boca se confiesa para salvación" (Ro. 10:9-10).

"Pero cuando se manifestó la bondad de Dios nuestro Salvador, y su amor para con los hombres, nos salvó, no por obras de justicia que nosotros hubiéramos hecho, sino por su misericordia, por el lavamiento de la regeneración y por la renovación en el Espíritu Santo, el cual derramó en nosotros abundantemente por Jesucristo nuestro Salvador, para que justificados por su gracia, viniésemos a ser herederos conforme a la esperanza de la vida eterna" (Tit. 3:4-7).

"Pero el día del Señor vendrá como ladrón en la noche; en el cual los cielos pasarán con grande estruendo, y los elementos ardiendo serán deshechos, y la tierra y las obras que en ella hay serán quemadas. Puesto que todas estas cosas han de ser deshechas, ¡cómo no debéis vosotros andar en santa y piadosa manera de vivir, esperando y apresurándoos para la venida del día de Dios, en el cual los cielos, encendiéndose, serán deshechos, y los elementos, siendo quemados, se fundirán! Pero nosotros esperamos, según sus promesas, cielos nuevos y tierra nueva, en los cuales mora la justicia" (2 P. 3:10-13).

"Vi un cielo nuevo y una tierra nueva; porque el primer cielo y la primera tierra pasaron, y el mar ya no existía más" (Ap. 21:1).

4 (3:7-9) ***Pablo, Ministro:*** El misterio de Cristo afectó profundamente a Pablo. Barclay señala que la mayor gloria de Dios fue el llamado de Dios y la obra de Dios (*The Letters to the Galatians and the Ephesians* [Las cartas a los gálatas y a los efesios], p. 145. Pablo vio la dignidad del ministerio, la dignidad de ser especialmente elegido por Dios. El ministerio fue un brillante privilegio para Pablo. Dios no tuvo que persuadir a Pablo para que fuera ministro. Nadie tuvo que persuadir a Pablo para que enseñara (Ef. 4:1), para que cantara (Ef. 5:19), para que hablara por Dios (Ef. 4:17), para visitar (2 Co. 13:1ss), para administrar los asuntos de la iglesia (1 Co. 7:1ss), para dar su dinero (2 Co. 8:1ss; 9:1ss). Pablo no tuvo que ser obligado. Él consideró su llamado a ser un ministro de Dios como el más grande de los privilegios.

Algo más de gran importancia: Pablo dice que su llamado para ser ministro y predicador fue un don, un don gratuito de la gracia de Dios. Dios tenía el derecho de convocarlo simplemente porque Dios tiene todos los derechos. No hubo ningún mérito, ningún valor dentro de Pablo que hiciera que Dios lo eligiera como ministro y predicador. Pablo simplemente exclama: "¡Qué privilegio! ¡Qué responsabilidad! ¡El más pequeño llamado por Dios para servir y predicar! "

1. La salvación en Cristo hizo que Pablo se convirtiera en ministro (v. 7).

"El cual asimismo nos hizo ministros competentes de un nuevo pacto, no de la letra, sino del espíritu; porque la letra mata, mas el espíritu vivifica" (2 Co. 3:6).

"Por lo cual, teniendo nosotros este ministerio según la misericordia que hemos recibido, no desmayamos. Antes bien renunciamos a lo oculto y vergonzoso, no andando con astucia, ni adulterando la palabra de Dios, sino por la manifestación de la verdad recomendándonos a toda conciencia humana delante de Dios" (2 Co. 4:1-2).

"Y todo esto proviene de Dios, quien nos reconcilió consigo mismo por Cristo, y nos dio el ministerio de la reconciliación; que Dios estaba en Cristo reconciliando consigo al mundo, no tomándoles en cuenta a los hombres sus pecados, y nos encargó a nosotros la palabra de la reconciliación. Así que, somos embajadores en nombre de Cristo, como si Dios rogase por medio de nosotros; os rogamos en nombre de Cristo: Reconciliaos con Dios. Al que no conoció pecado, por nosotros lo hizo pecado, para que nosotros fuésemos hechos justicia de Dios en él" (2 Co. 5:18-21).

"Del cual yo fui hecho ministro por el don de la gracia de Dios que me ha sido dado según la operación de su poder" (Ef. 3:7).

"Si en verdad permanecéis fundados y firmes en la fe, y sin moveros de la esperanza del evangelio que habéis oído, el cual se predica en toda la creación que está debajo del cielo; del cual yo Pablo fui hecho ministro" (Col. 1:23).

"De la cual fui hecho ministro, según la administración de Dios que me fue dada para con vosotros, para que anuncie cumplidamente la palabra de Dios" (Col. 1:25).

"Doy gracias al que me fortaleció, a Cristo Jesús nuestro Señor, porque me tuvo por fiel, poniéndome en el ministerio" (1 Ti. 1:12).

2. La salvación en Cristo hizo que Pablo se convirtiera en predicador. Advierta la humildad de Pablo. Él tenía lo que todos necesitamos: un profundo e intenso sentido de indignidad ante Dios.

"En seguida predicaba a Cristo en las sinagogas, diciendo que éste era el Hijo de Dios" (Hch. 9:20).

"Y Pablo, como acostumbraba, fue a ellos, y por tres días de reposo discutió con ellos, declarando y exponiendo por medio de las Escrituras, que era necesario que el Cristo padeciese, y resucitase de los muertos; y que Jesús, a quien yo os anuncio, decía él, es el Cristo" (Hch. 17:2-3).

"Pues no me envió Cristo a bautizar, sino a predicar el evangelio; no con sabiduría de palabras, para que no se haga vana la cruz de Cristo" (1 Co. 1:17).

"Mas por él estáis vosotros en Cristo Jesús, el cual nos ha sido hecho por Dios sabiduría, justificación, santificación y redención" (1 Co. 1:30).

"Pues me propuse no saber entre vosotros cosa alguna sino a Jesucristo, y a éste crucificado. Y estuve entre vosotros con debilidad, y mucho temor y temblor; y ni mi palabra ni mi predicación fue con palabras persuasivas de humana sabiduría, sino con demostración del Espíritu y de poder" (1 Co. 2:2-4).

"Pues si anuncio el evangelio, no tengo por qué gloriarme; porque me es impuesta necesidad; y ¡ay de mí si no anunciare el evangelio!" (1 Co. 9:16).

"Porque no nos predicamos a nosotros mismos, sino a Jesucristo como Señor, y a nosotros como vuestros siervos por amor de Jesús" (2 Co. 4:5).

"Porque ellos mismos cuentan de nosotros la manera en que nos recibisteis, y cómo os convertisteis de los

ídolos a Dios, para servir al Dios vivo y verdadero, y esperar de los cielos a su Hijo, al cual resucitó de los muertos, a Jesús, quien nos libra de la ira venidera" (1 Ts. 1:9-10).

"Del cual yo fui constituido predicador, apóstol y maestro de los gentiles" (2 Ti. 1:11).

3. La salvación en Cristo hizo que Pablo se convirtiera en un testigo dinámico o evangelista. Advierta las palabras: "y de aclarar a todos cuál sea la dispensación del misterio escondido [salvación]".

"Entonces el Señor dijo a Pablo en visión de noche: No temas, sino habla, y no calles; porque yo estoy contigo, y ninguno pondrá sobre ti la mano para hacerte mal, porque yo tengo mucho pueblo en esta ciudad" (Hch. 18:9-10).

"Y él dijo: El Dios de nuestros padres te ha escogido para que conozcas su voluntad, y veas al Justo, y oigas la voz de su boca. Porque serás testigo suyo a todos los hombres, de lo que has visto y oído" (Hch. 22:14-15).

"Pero teniendo el mismo espíritu de fe, conforme a lo que está escrito: Creí, por lo cual hablé, nosotros también creemos, por lo cual también hablamos" (2 Co. 4:13).

"Sino que según fuimos aprobados por Dios para que se nos confiase el evangelio, así hablamos; no como para agradar a los hombres, sino a Dios, que prueba nuestros corazones. Porque nunca usamos de palabras lisonjeras, como sabéis, ni encubrimos avaricia; Dios es testigo" (1 Ts. 2:4-5).

"Por tanto, no te avergüences de dar testimonio de nuestro Señor, ni de mí, preso suyo, sino participa de las aflicciones por el evangelio según el poder de Dios" (2 Ti. 1:8).

"Lo que has oído de mí ante muchos testigos, esto encarga a hombres fieles que sean idóneos para enseñar también a otros" (2 Ti. 2:2).

"Esto habla, y exhorta y reprende con toda autoridad. Nadie te menosprecie" (Tit. 2:15).

5 (3:10-12) ***Iglesia, Salvación:*** El misterio de Cristo afecta profundamente a los seres celestiales. Los hace sorprenderse terriblemente respecto de tres cosas:

1. Los seres celestiales se sorprenden terriblemente por lo que Dios está haciendo en la iglesia. Este es el mensaje del versículo diez. Diferentes traducciones se lo demostrarán:

"Tuvo la intención de que ahora, por medio de la iglesia, se les dé a conocer la multiforme sabiduría de Dios a los gobernantes y a las autoridades en las regiones celestiales" (NVI).

"A fin de que la infinita sabiduría de Dios sea ahora dada a conocer por medio de la iglesia a los principados y potestades en los lugares celestiales" (BLA).

"Sucedió así para que ahora, por medio de la iglesia, todos los poderes y autoridades en el cielo lleguen a conocer la sabiduría de Dios en todas sus formas" (DHH).

El propósito glorioso de Dios en la salvación y en la iglesia es demostrar su amor y sabiduría para todo el universo, motivar en cada criatura del cielo la enorme sorpresa por lo que Él está haciendo. Advierta que lo que los seres celestiales ven es lo que está ocurriendo en este momento.

"¡Oh profundidad de las riquezas de la sabiduría y de la ciencia de Dios! ¡Cuán insondables son sus juicios, e inescrutables sus caminos!" (Ro. 11:33).

"Porque escrito está: Vivo yo, dice el Señor, que ante mí se doblará toda rodilla, y toda lengua confesará a Dios" (Ro. 14:11).

"Por lo cual Dios también le exaltó hasta lo sumo, y le dio un nombre que es sobre todo nombre, para que en el nombre de Jesús se doble toda rodilla de los que están en los cielos, y en la tierra, y debajo de la tierra; y toda lengua confiese que Jesucristo es el Señor, para gloria de Dios Padre" (Fil. 2:9-11).

"Y cantaban un nuevo cántico, diciendo: Digno eres de tomar el libro y de abrir sus sellos; porque tú fuiste inmolado, y con tu sangre nos has redimido para Dios, de todo linaje y lengua y pueblo y nación; y nos has hecho para nuestro Dios reyes y sacerdotes, y reinaremos sobre la tierra. Y miré, y oí la voz de muchos ángeles alrededor del trono, y de los seres vivientes, y de los ancianos; y su número era millones de millones, que decían a gran voz: El Cordero que fue inmolado es digno de tomar el poder, las riquezas, la sabiduría, la fortaleza, la honra, la gloria y la alabanza. Y a todo lo creado que está en el cielo, y sobre la tierra, y debajo de la tierra, y en el mar, y a todas las cosas que en ellos hay, oí decir: Al que está sentado en el trono, y al Cordero, sea la alabanza, la honra, la gloria y el poder, por los siglos de los siglos" (Ap. 5:9-13).

2. Los seres celestiales están terriblemente sorprendidos por el propósito eterno de Dios en Cristo Jesús. (Véase bosquejo y notas – Ef. 1:3-14; 2:7 para una mayor discusión al respecto).

"Quien nos salvó y llamó con llamamiento santo, no conforme a nuestras obras, sino según el propósito suyo y la gracia que nos fue dada en Cristo Jesús antes de los tiempos de los siglos" (2 Ti. 1:9).

"En la esperanza de la vida eterna, la cual Dios, que no miente, prometió desde antes del principio de los siglos" (Tit. 1:2).

3. Los seres celestiales están terriblemente sorprendidos por el acceso del creyente a la presencia de Dios, al hecho de que el acceso nos es otorgado por *fe en Cristo* (ver nota, *Acceso* – Ef. 2:18 para una discusión más profunda al respecto).

"Yo soy la puerta; el que por mí entrare, será salvo; y entrará, y saldrá, y hallará pastos" (Jn. 10:9).

"Justificados, pues, por la fe, tenemos paz para con Dios por medio de nuestro Señor Jesucristo; por quien también tenemos entrada por la fe a esta gracia en la cual estamos firmes, y nos gloriamos en la esperanza de la gloria de Dios" (Ro. 5:1-2).

"Porque por medio de él los unos y los otros tenemos entrada por un mismo Espíritu al Padre" (Ef. 2:18).

"En quien tenemos seguridad y acceso con confianza por medio de la fe en él" (Ef. 3:12).

6 (3:13) ***Conclusión:*** Por lo tanto, Pablo está dispuesto a sufrir por la iglesia. La gloria de todo lo que le espera al creyente es tan gloriosa que todo sufrimiento bien vale la recompensa. Por lo tanto, ningún creyente jamás debe *desmayar* al sufrir o al ver sufrir a otros creyentes. Todo eso vale la pena el precio de cualquier sufrimiento que somos llamados a soportar, incluso el martirio.

	B. Un creyente maduro en Cristo: La gran oración por la iglesia y el creyente, 3:14-21	18 seáis plenamente capaces de comprender con todos los santos cuál sea la anchura, la longitud, la profundidad y la altura,	**5 Solicitud 4: Para comprender, tener una plena comprensión de todas las cosas espirituales**
1 La oración a. Fue por una causa b. Fue con las rodillas dobladas c. Al Padre de Cristo d. Fue para toda la familia de Dios: los creyentes, pasados y presentes	14 Por esta causa doblo mis rodillas ante el Padre de nuestro Señor Jesucristo, 15 de quien toma nombre toda familia en los cielos y en la tierra,	19 y de conocer el amor de Cristo, que excede a todo conocimiento, para que seáis llenos de toda la plenitud de Dios.	**6 Solicitud 5: Para conocer el amor de Cristo** **7 Solicitud 6: Para la plenitud de Dios**
2 Solicitud 1: Para la fortaleza, el poder interior, por medio del Espíritu de Dios	16 para que os dé, conforme a las riquezas de su gloria, el ser fortalecidos con poder en el hombre interior por su Espíritu;	20 Y a Aquel que es poderoso para hacer todas las cosas mucho más abundantemente de lo que pedimos o entendemos, según el poder que actúa en nosotros,	**8 Conclusión: El aliento para orar y confiar en Dios por la respuesta** a. El hecho: Dios es capaz b. La fuente: El poder que obra en nosotros
3 Solicitud 2: Para que Cristo gobierne y reine dentro, por la fe **4 Solicitud 3: Por el amor**	17 para que habite Cristo por la fe en vuestros corazones, a fin de que, arraigados y cimentados en amor,	21 a él sea gloria en la iglesia en Cristo Jesús por todas las edades, por los siglos de los siglos. Amén.	c. El propósito: Que Dios sea glorificado en la iglesia a través de Jesucristo

DIVISIÓN III

EL PROPÓSITO ETERNO DE DIOS PARA EL CREYENTE CRISTIANO, 3:1-21

B. Un creyente maduro en Cristo: La gran oración por la iglesia y el creyente, 3:14-21

(3:14-21) ***Introducción:*** Esta es la gran oración de Pablo por la iglesia y el creyente. Probablemente sea la segunda oración más importante de toda la Biblia, después de la oración modelo del Señor (Mt. 6:9-13). Debido a su importancia, los creyentes deberían orarla todos los días. Por cierto, este es el motivo por el cual Dios la ha incluido en las Santas Escrituras. Advierta el detalle mientras la lee y la estudia. Su centro es un creyente maduro en Cristo.

1. La oración (vv. 14-15).
2. Solicitud 1: Para la fortaleza, el poder interior, por medio del Espíritu de Dios (v. 16).
3. Solicitud 2: Para que Cristo gobierne y reine dentro, por la fe (v. 17).
4. Solicitud 3: Por el amor (v. 17).
5. Solicitud 4: Para comprender, tener una plena comprensión de todas las cosas espirituales (v. 18).
6. Solicitud 5: Para conocer el amor de Cristo (v. 19).
7. Solicitud 6: Para la plenitud de Dios (v. 19).
8. Conclusión: El aliento para orar y confiar en Dios por la respuesta (vv. 20-21).

[1] (3:14-15) ***Oración:*** Advierta cuatro cosas acerca de la oración.

1. La oración tiene una causa específica, un propósito específico. Las palabras "por esta causa" hacen referencia al plan eterno de Dios y la vida del creyente cristiano que él ya ha tratado (Ef. 2:1-3:13). Es decir, Pablo vuelve a hacer referencia a la gran salvación y nacimiento de la iglesia que Dios ha creado a través de Cristo. Jamás se ha forjado algo en la tierra que lo que Dios ha hecho a través de Cristo. A través de Cristo...

• Dios trajo la salvación (Ef. 2:1-10).
• Dios dio nacimiento a la iglesia, al nuevo cuerpo de creyentes que Él está construyendo (Ef. 2:11ss).

Por lo tanto, es absolutamente necesario que se complete la obra. Se debe completar la obra de salvación, y se debe completar la construcción del cuerpo de creyentes (la iglesia). Esta es la *gran causa* por la que ora Pablo.

2. La oración era tan importante que hizo que Pablo doblara sus rodillas. Postrarse es una señal de necesidad desesperada y dependencia. Demuestra que una persona...

• Depende por completo de Dios.
• Es seria.
• Está reverenciando a Dios.
• Es humilde ante Dios.

3. La oración va dirigida a Dios como el Padre de nuestro Señor Jesucristo. Jesucristo vino al mundo a revelar a Dios, a demostrar a los hombres cómo es Dios. Antes de Cristo, los hombres tenían la idea de que Dios estaba alejado, distante y que no se preocupaba por el hombre y su mundo. Pero Cristo reveló que esto no es cierto, sino una falsa imagen de Dios. Dios está cerca y vitalmente interesado en el hombre y su mundo. De hecho, "porque de tal manera amó Dios al mundo, que ha dado a su Hijo unigénito, para que todo aquel que en él cree, no se pierda, mas tenga vida eterna" (Jn. 3:16).

El punto es este: Cuando Pablo oró a Dios el Padre del Señor Jesucristo, estaba orando al Dios que escucharía y respondería su oración. No estaba orando al techo, ni al aire, ni a algún concepto sin vida o idea en su mente. Le estaba orando al Padre del Señor Jesucristo que era el único Dios verdadero y vivo, el mismo Dios que oiría su oración.

4. La oración también estaba dirigida al Padre de toda la familia de Dios. Es decir, Dios es el Padre de todos los creyentes que alguna vez creyeron y confiaron en su promesa, tanto en el pasado como en el presente.

2 (3:16) ***Espíritu Santo, Poder:*** La primera solicitud es de fortaleza y poder en el hombre interior, fortaleza y poder del Espíritu de Dios, por su presencia y poder en nuestra vida. Advierta varios hechos.

1. La palabra "fortalecer" (krataiothenai) significa hacer fuerte, duro, tolerante. Significa tener energía o fuerza; actuar, soportar y resistir.
2. La palabra "poder" significa fuerza, energía, poder.
3. El creyente debe ser fortalecido con poder en el "hombre interior", es decir, en la parte más profunda de su ser, en su alma, en su corazón, en su espíritu, en el espíritu que Dios ha renovado. Es allí que debe ser ***fortalecido con poder.*** ¿Por qué?
   a. Porque es el único modo en que él puede vencer la carne con todas sus debilidades. Es la única forma en que él pudo conquistar...
      • la tentación y los pecados
      • la angustia y la muerte
      • los problemas y las pruebas
      • el egoísmo y la mundanalidad
      • la enfermedad y el sufrimiento
      • los problemas y las circunstancias

(Véase nota, *Bendiciones de Dios,* punto 1 – Ef. 1:3 para una discusión más profunda al respecto).

   b. Porque es la única forma en que el creyente puede reclamar todas las bendiciones de Dios y cumplir con el propósito eterno de Dios para su vida (caps. 1-3). El creyente debe ser fortalecido con poder a fin de alejarse de la carne y centrarse en las promesas eternas y el llamado de Dios. Dicho en términos simples, su espíritu debe ser fuerte y poderoso...
      • Para ser todo lo que Dios quiere que él sea.
      • Para hacer todo lo que Dios quiere que él haga.

4. Advierta la fuente de dicha fortaleza y poder conquistadores: El Espíritu Santo de Dios. Y advierta que Él mora dentro del *hombre interior* del creyente. No hay ninguna otra fuente que tenga el poder suficiente como para conquistar las severas pruebas y corrupciones de este mundo, todas las cuales derivan en la muerte y la pudrición. Ningún grupo de hombres –ni siquiera todos los hombres del mundo con su ciencia y tecnología– posee el poder de controlar la maldad y la muerte del hombre. Ni siquiera contamos con el poder de hacer que siquiera una persona sea perfecta ni de evitar que una persona se muera. Si existe algún poder lo suficientemente fuerte como para conquistar la maldad y la corrupción de este mundo, está en el Espíritu de Dios y únicamente en Él. Por lo tanto, la gran oración del creyente es que Dios lo reciba en su iglesia, a todos los creyentes del mundo...
   • "el ser fortalecidos con poder en el hombre interior por su Espíritu".

5. Advierta una cosa: ¿Cómo sabemos que Dios oirá y responderá a nuestra oración? ¿Cómo sabemos que Dios nos dará esta fuerza y este poder? Por lo que dice el versículo: "conforme a las riquezas de su gloria". Las "riquezas de la gloria de Dios" se ven en Jesucristo. Es la gracia gloriosa y la salvación de Dios reveladas en Cristo. ¡Dios nos ama! Ese es el motivo por el cual Él nos fortalecerá con poder por medio de su Espíritu. (Cp. Ef. 2:4-10).

> **"Pero recibiréis poder, cuando haya venido sobre vosotros el Espíritu Santo, y me seréis testigos en Jerusalén, en toda Judea, en Samaria, y hasta lo último de la tierra" (Hch. 1:8).**
>
> **"Y me ha dicho: Bástate mi gracia; porque mi poder se perfecciona en la debilidad. Por tanto, de buena gana me gloriaré más bien en mis debilidades, para que repose sobre mí el poder de Cristo. Por lo cual, por amor a Cristo me gozo en las debilidades, en afrentas, en necesidades, en persecuciones, en angustias; porque cuando soy débil, entonces soy fuerte" (2 Co. 12:9-10).**
>
> **"Y cuál la supereminente grandeza de su poder para con nosotros los que creemos, según la operación del poder de su fuerza" (Ef. 1:19).**
>
> **"Y a Aquel que es poderoso para hacer todas las cosas mucho más abundantemente de lo que pedimos o entendemos, según el poder que actúa en nosotros" (Ef. 3:20).**
>
> **"Fortalecidos con todo poder, conforme a la potencia de su gloria, para toda paciencia y longanimidad" (Col. 1:11).**
>
> **"Que por fe conquistaron reinos, hicieron justicia, alcanzaron promesas, taparon bocas de leones" (He. 11:33).**
>
> **"Pero los que esperan a Jehová tendrán nuevas fuerzas; levantarán alas como las águilas; correrán, y no se cansarán; caminarán, y no se fatigarán" (Is. 40:31).**
>
> **"No temas, porque yo estoy contigo; no desmayes, porque yo soy tu Dios que te esfuerzo; siempre te ayudaré, siempre te sustentaré con la diestra de mi justicia" (Is. 41:10).**

3 (3:17) ***Jesucristo, Presencia viva:*** La segunda solicitud es que Cristo more, es decir, que gobierne y reine, en nuestros corazones, por medio de la fe. La palabra "morar" significa algo permanente, no temporal. Significa tomar residencia permanente: vivir en un hogar, ingresar, radicarse, y estar en el hogar. Cuando una persona cree en Cristo por primera vez, Cristo ingresa a su vida. Por lo tanto, el creyente no está orando para que Cristo ingrese a los corazones y vidas de los creyentes, puesto que Cristo ya está en sus corazones y vidas. ¿Qué significa esta solicitud? Simplemente lo que dice el versículo:

- Que Cristo esté en el hogar y viva en un sentido permanente dentro del creyente.
- Que el creyente esté consciente de Cristo dentro de su corazón, siempre consciente de que Cristo ha tomado residencia en él.
- Que el creyente le permita a Cristo controlar y guiar su vida –en forma permanente y constante– porque Cristo está en su hogar, en su corazón.

Es la presencia de Cristo dentro de uno lo que motiva al creyente a seguir a Cristo. Cuanto más el creyente esté consciente de Cristo dentro de sí, más *andará y vivirá* en Cristo.

Advierta que Cristo mora dentro del creyente por la fe. Pero advierta que la fe bíblica no es un deseo ni una esperanza de que algo es cierto. No es que *tal vez* algo es cierto pero *tal vez* no lo es. La fe bíblica siempre significa la creencia y el compromiso de la vida de una persona a la verdad y la realidad. Es una creencia y un compromiso con un hecho.

"En aquel día vosotros conoceréis que yo estoy en mi Padre, y vosotros en mí, y yo en vosotros" (Jn. 14:20).

"Yo en ellos, y tú en mí, para que sean perfectos en unidad, para que el mundo conozca que tú me enviaste, y que los has amado a ellos como también a mí me has amado" (Jn. 17:23).

"Con Cristo estoy juntamente crucificado, y ya no vivo yo, mas vive Cristo en mí; y lo que ahora vivo en la carne, lo vivo en la fe del Hijo de Dios, el cual me amó y se entregó a sí mismo por mí" (Gá. 2:20).

"A quienes Dios quiso dar a conocer las riquezas de la gloria de este misterio entre los gentiles; que es Cristo en vosotros, la esperanza de gloria" (Col. 1:27).

"Y el que guarda sus mandamientos, permanece en Dios, y Dios en él. Y en esto sabemos que él permanece en nosotros, por el Espíritu que nos ha dado" (1 Jn. 3:24).

"He aquí, yo estoy a la puerta y llamo; si alguno oye mi voz y abre la puerta, entraré a él, y cenaré con él, y él conmigo" (Ap. 3:20).

4 (3:17) ***Amor:*** La tercera solicitud es de amor. Este es amor *ágape,* el mismo amor que Dios tiene por nosotros (ver notas, *Amor,* Ef. 2:4-5, Gá. 5:13-15; 5:14; 5:22-23 para una mayor discusión al respecto).

5 (3:18) ***Comprensión:*** La cuarta solicitud es de comprensión, una comprensión plena de todas las cosas espirituales. Es fundamental que el creyente entienda el plan eterno de Dios y la gloriosa salvación, todo lo que ha sido cubierto en los capítulos del uno al tres:

- Las grandes bendiciones de Dios (Ef. 1:3-14).
- El conocimiento y el poder de Dios (Ef. 1:15-23).
- La misericordia y la gracia de Dios (Ef. 2:1-10).
- La reconciliación y la paz obtenidas por Cristo (Ef. 2:11-18).
- La iglesia: quién y qué es (Ef. 2:19-22).
- El nuevo cuerpo de personas que Dios está formando, esto es, el gran misterio de Cristo (Ef. 3:1-13).

Dios ha hecho tanto por el creyente que no puede medirse. Por lo tanto, los creyentes deben orar y buscar a Dios para incrementar su comprensión y la comprensión de todos los santos. Todos los creyentes deben entender el ancho, el largo y la profundidad y altura de lo que Dios ha hecho por ellos y la iglesia. Cuanto más comprendan los creyentes, más entregarán su vida a Cristo y lo servirán.

Pensamiento 1: Cuanto más comprendamos lo que Dios ha hecho por nosotros, más nos esforzaremos para llevar el amor y la salvación de Dios a un mundo en donde abunda el mal, la pobreza y la muerte.

"Antes bien, como está escrito: Cosas que ojo no vio, ni oído oyó, ni han subido en corazón de hombre, son las que Dios ha preparado para los que le aman. Pero Dios nos las reveló a nosotros por el Espíritu; porque el Espíritu todo lo escudriña, aun lo profundo de Dios. Porque ¿quién de los hombres sabe las cosas del hombre, sino el espíritu del hombre que está en él? Así tampoco nadie conoció las cosas de Dios, sino el Espíritu de Dios. Y nosotros no hemos recibido el espíritu del mundo, sino el Espíritu que proviene de Dios, para que sepamos lo que Dios nos ha concedido" (1 Co. 2:9-12).

"Considera lo que digo, y el Señor te dé entendimiento en todo" (2 Ti. 2:7).

"Porque Jehová da la sabiduría, y de su boca viene el conocimiento y la inteligencia" (Pr. 2:6).

"Conmigo está el consejo y el buen juicio; yo soy la inteligencia; mío es el poder" (Pr. 8:14).

6 (3:19) ***Jesucristo, Amor de:*** La quinta solicitud es conocer el amor de Cristo que excede todo conocimiento. Es totalmente imposible entender y experimentar el amor de Cristo en toda su magnitud, pero debemos orar para que Dios nos ayude a aprender cada vez más de su amor, y debemos hacer la solicitud *con frecuencia cada día.* (Véase notas, Gá. 1:4-5; 3:13-14; Ef. 2:6; 2:8-10; 2:13 para el tratamiento sobre el amor o muerte de Jesucristo. Ver nota, *Jesucristo, Humillación,* punto 2, Lc. 2:40 para una imagen completa de la profundidad del amor de Jesucristo). Jamás se ha escrito una descripción más grande del amor no superable de Cristo que la de F. M. Lehman en la canción "El amor de Dios". "Podríamos llenar con tinta el océano, y los cielos podrían estar llenos de parches, en cada merodeo sobre la tierra una pluma y todo hombre escriba por oficio, escribir el amor de Dios en el cielo secaría el océano. Ni el rollo podría contener todo, aunque se lo extendiera de cielo a cielo. Ah, amor de Dios, ¡cuán rico y puro! ¡Sin medida y fuerte! Siempre soportará más. La canción de los santos y de los ángeles".

"Por eso me ama el Padre, porque yo pongo mi vida, para volverla a tomar. Nadie me la quita, sino que yo de mí mismo la pongo. Tengo poder para ponerla, y tengo poder para volverla a tomar. Este mandamiento recibí de mi Padre" (Jn. 10:17-18).

"Nadie tiene mayor amor que este, que uno ponga su vida por sus amigos" (Jn. 15:13).

"Porque Cristo, cuando aún éramos débiles, a su tiempo murió por los impíos" (Ro. 5:6).

"Mas Dios muestra su amor para con nosotros, en que siendo aún pecadores, Cristo murió por nosotros. Pues mucho más, estando ya justificados en su sangre, por él seremos salvos de la ira. Porque si siendo enemigos, fuimos reconciliados con Dios por la muerte de su Hijo, mucho más, estando reconciliados, seremos salvos por su vida" (Ro. 5:8-10).

"¿Quién nos separará del amor de Cristo? ¿Tribulación, o angustia, o persecución, o hambre, o desnudez, o peligro, o espada?" (Ro. 8:35).

"Porque el amor de Cristo nos constriñe, pensando esto: que si uno murió por todos, luego todos murieron; y por todos murió, para que los que viven, ya no vivan para sí, sino para aquel que murió y resucitó por ellos" (2 Co. 5:14-15).

"Al que no conoció pecado, por nosotros lo hizo pecado, para que nosotros fuésemos hechos justicia de Dios en él" (2 Co. 5:21).

"En esto hemos conocido el amor, en que él puso su vida por nosotros; también nosotros debemos poner nuestras vidas por los hermanos" (1 Jn. 3:16).

7 (3:19) ***Dios, Plenitud de:*** La sexta solicitud es por la plenitud de Dios. La versión de la Biblia *Dios Habla al Hombre* describe de forma excelente el significado de esta solicitud:

> **"Pido, pues, que conozcan ese amor, que es mucho más grande que todo cuanto podemos conocer, para que así estén completamente llenos de Dios".**

El creyente posee la presencia viva del Espíritu, de Cristo y de Dios. Cuando Jesucristo prometió que iba a enviar al Espíritu Santo a los creyentes, Él prometió que la trinidad –el Padre, el Hijo y el Espíritu Santo– vendría y moraría en los creyentes:

> **"Y yo rogaré al Padre, y os dará otro Consolador, para que esté con vosotros para siempre... Respondió Jesús y le dijo: El que me ama, mi palabra guardará; y mi Padre le amará, y vendremos a él, y haremos morada con él" (Jn. 14:16, 23).**

El punto es este: Cada Persona de la deidad cumple una función diferente dentro del creyente. Por lo tanto, el creyente debe pedir cosas concernientes a cada uno. Él ya ha orado para ser fortalecido por el Espíritu Santo y para que Cristo more dentro de sí y controle su corazón. Ahora el creyente debe orar por "toda la plenitud de Dios", para que Dios y su presencia en toda su plenitud lo llene y lo inunde, gobernando y reinando y teniendo su camino perfecto en la vida del creyente.

Advierta otro punto enfatizado por F. F. Bruce. La preposición "a" (eis) sugiere una experiencia progresiva. El creyente debe orar para que Dios lo llene constantemente, para que lo inunde constantemente con toda la plenitud de Dios (*The Epistle to the Ephesians* [La epístola a los efesios], p. 69).

> **"¡Oh profundidad de las riquezas de la sabiduría y de la ciencia de Dios! ¡Cuán insondables son sus juicios, e inescrutables sus caminos! Porque ¿quién entendió la mente del Señor? ¿O quién fue su consejero? ¿O quién le dio a él primero, para que le fuese recompensado? Porque de él, y por él, y para él, son todas las cosas. A él sea la gloria por los siglos. Amén" (Ro. 11:33-36).**
>
> **"Por lo cual también nosotros, desde el día que lo oímos, no cesamos de orar por vosotros, y de pedir que seáis llenos del conocimiento de su voluntad en toda sabiduría e inteligencia espiritual" (Col. 1:9).**

8 (3:20-21) ***Conclusión:*** Existe el aliento para orar y confiar en Dios por la respuesta. Advierta dos puntos.

1. Dios es capaz de hacer lo que nosotros le pedimos. Advierta cuán fuerte y poderoso es Dios. Él es capaz de hacerlo...
   - "mucho más": Exceder, ir más allá de toda solicitud; vencer y hacer cualquier cosa.
   - "abundantemente": Sobrepasar y hacer más que lo suficiente.
   - "más allá": Ir más allá, superando cualquier necesidad.
   - "pedimos"
   - todo lo que podemos pensar. ¡Imagine ir más allá de cualquier cosa que podamos pensar! ¿Cuál es la mayor respuesta o liberación en la que podemos pensar? Dios es capaz de hacer en mucho más en abundancia, por sobre todo lo que podamos pensar.

Pensamiento 1: La Biblia de Referencias Thompson manifiesta acerca de lo que las Escrituras dicen sobre el poder de Dios: Él es capaz...

- de hacer nacer hijos de las piedras.

> **"Haced, pues, frutos dignos de arrepentimiento, y no comencéis a decir dentro de vosotros mismos: Tenemos a Abraham por padre; porque os digo que Dios puede levantar hijos a Abraham aun de estas piedras" (Lc. 3:8).**

- de cumplir con las promesas aunque sean humanamente imposibles.

> **"Plenamente convencido de que era también poderoso para hacer todo lo que había prometido" (Ro. 4:21).**

- de hacer que abunde la gracia.

> **"Y poderoso es Dios para hacer que abunde en vosotros toda gracia, a fin de que, teniendo siempre en todas las cosas todo lo suficiente, abundéis para toda buena obra" (2 Co. 9:8).**

- de hacer mucho más abundantemente.

> **"Y a Aquel que es poderoso para hacer todas las cosas mucho más abundantemente de lo que pedimos o entendemos, según el poder que actúa en nosotros" (Ef. 3:20).**

- de conquistar todas las cosas.

> **"El cual transformará el cuerpo de la humillación nuestra, para que sea semejante al cuerpo de la gloria suya, por el poder con el cual puede también sujetar a sí mismo todas las cosas" (Fil. 3:21).**

- de guardar el tesoro del alma.

> **"Por lo cual asimismo padezco esto; pero no me avergüenzo, porque yo sé a quién he creído, y estoy seguro que es poderoso para guardar mi depósito para aquel día" (2 Ti. 1:12).**

- de salvar hasta lo máximo.

> **"Por lo cual puede también salvar perpetuamente a los que por él se acercan a Dios, viviendo siempre para interceder por ellos" (He. 7:25).**

- de evitar caer.

> **"Y a aquel que es poderoso para guardaros sin caída, y presentaros sin mancha delante de su gloria con gran alegría" (Jud. 24).**

2. Advierta la fuente de las oraciones respondidas: Es el poder que obra en nosotros. ¿Cuál es ese poder que está dentro de nosotros? Es el poder combinado de todo lo que Dios ha puesto dentro de nosotros, todo por lo que estamos orando:
   - El poder del Espíritu fortaleciéndonos.
   - El poder de Cristo que mora en nosotros.
   - El poder del amor obrando en nosotros.
   - El poder de comprender lo que hace Dios.
   - El poder de la plenitud de Dios mismo.

> **"Y mirándolos Jesús, les dijo: Para los hombres esto es imposible; mas para Dios todo es posible" (Mt. 19:26).**

"Porque nada hay imposible para Dios" (Lc. 1:37).

"Porque si vivís conforme a la carne, moriréis; mas si por el Espíritu hacéis morir las obras de la carne, viviréis" (Ro. 8:13).

"Y al que puede confirmaros según mi evangelio y la predicación de Jesucristo, según la revelación del misterio que se ha mantenido oculto desde tiempos eternos" (Ro. 16:25).

"No os ha sobrevenido ninguna tentación que no sea humana; pero fiel es Dios, que no os dejará ser tentados más de lo que podéis resistir, sino que dará también juntamente con la tentación la salida, para que podáis soportar" (1 Co. 10:13).

"Y cuál la supereminente grandeza de su poder para con nosotros los que creemos, según la operación del poder de su fuerza" (Ef. 1:19).

"Porque no nos ha dado Dios espíritu de cobardía, sino de poder, de amor y de dominio propio" (2 Ti. 1:7).

3. Advierta el propósito de Dios al responder la oración y al hacer todo esto por nosotros: Que Él pueda ser glorificado en la iglesia a través de Jesucristo. Y advierta cuánto tiempo Él debe ser glorificado: a lo largo de todos los siglos, un mundo sin fin.

	CAPÍTULO 4 **IV. EL CAMINO DEL CREYENTE CRISTIANO, 4:1—6:9** **A. El creyente debe caminar digno de su llamado, 4:1-6**		
1 La manera de andar dignamente a. Con humildad	1 Yo pues, preso en el Señor, os ruego que andéis como es digno de la vocación con que fuisteis llamados, 2 con toda humildad y manse-	dumbre, soportándoos con paciencia los unos a los otros en amor, 3 solícitos en guardar la unidad del Espíritu en el vínculo de la paz; 4 un cuerpo, y un Espíritu, como fuisteis también llamados en una misma esperanza de vuestra vocación; 5 un Señor, una fe, un bautismo, 6 un Dios y Padre de todos, el cual es sobre todos, y por todos, y en todos.	b. Con mansedumbre c. Con paciencia d. Con amor **2 El propósito de andar dignamente: mantener la unidad, la paz** **3 Las siete razones básicas:** a. Un solo cuerpo b. Un solo espíritu c. Una sola esperanza d. Un solo Señor e. Una sola fe f. Un solo bautismo (v. 5) g. Un solo Dios y Padre de todos

DIVISIÓN IV

EL CAMINO DEL CREYENTE CRISTIANO, 4:1—6:9

A. El creyente debe caminar digno de su llamado, 4:1-6

(4:1—6:9) ***BOSQUEJO DE LA DIVISIÓN: Creyentes:*** ¿De qué manera debe vivir un creyente mientras camina día tras día a lo largo de su vida? Este capítulo comienza con un tratamiento sobre el camino del creyente cristiano. Las instrucciones son muy prácticas. Hasta el momento las instrucciones han tenido que ver con la doctrina:

- El plan eterno de Dios para los creyentes cristianos.
- Las grandes bendiciones de Dios.
- El conocimiento y el poder de Dios.
- La obra de la misericordia de Dios y el don de la gracia de Dios: nuestra salvación.
- Reconciliación y paz.
- La iglesia –la verdadera iglesia– el nuevo cuerpo de personas que Dios está creando para que sean ciudadanos de los nuevos cielos y tierra.

Hemos visto grandes verdades teológicas que revelan la *postura del creyente en Cristo,* ¡verdades que muestran al creyente en la celestialidad! Pero ahora, regresando a la tierra y tratando con lo que somos: ¿Cómo debemos vivir día tras día? ¿Cómo obra nuestra *postura en Cristo* en nuestra vida? ¿De qué manera Cristo nos ayuda a manejar las pruebas, los problemas, las dificultades y los sufrimientos de la vida cotidiana? El camino del creyente es el tema de Efesios a partir de este momento.

A. El creyente debe caminar digno de su llamado, Ef. 4:1-6.

B. El creyente debe caminar usando sus dones, Ef. 4:7-16

C. El creyente debe caminar de manera diferente de los gentiles, Ef. 4:17-24.

D. El creyente debe caminar quitándose las vestiduras del hombre anterior, Ef. 4:25-32.

E. El creyente debe caminar siguiendo a Dios, Ef. 5:1-7.

F. El creyente debe caminar como un hijo de luz, Ef. 5:8-14

G. El creyente debe caminar en forma cuidadosa y estricta, Ef. 5:15-21.

H. La esposa y el esposo creyentes deben caminar en un espíritu de sumisión y amor, Ef. 5:22-33.

I. Los hijos y padres creyentes deben caminar bajo la autoridad de Dios, Ef. 6:1-4.

J. Los esclavos y amos creyentes (empleadores – empleados) deben caminar bajo la autoridad de Dios, Ef. 6:5-9.

(4:1-6) ***Introducción:*** Le debemos a Dios más de lo que jamás podamos pagar. Dios ha tomado a su querido Hijo y...

- Proveyó la justicia ideal y perfecta para nosotros.
- Proveyó un substituto para que muriera por nosotros, para que cargara con nuestro castigo por haber rechazado, habernos rebelado y maldecido a Dios y por haber violado la ley de Dios.
- Nos proveyó de la liberación de la muerte a través de la reconciliación de Cristo.
- Proveyó una vida nueva para nosotros, una vida de amor, de gozo, de paz, y de poder a través del Espíritu Santo viviendo dentro de nosotros.
- Proveyó la garantía absoluta de vivir eternamente con Dios por siempre y para siempre.
- Proveyó tanto más que incluso una eternidad no podría describirlo.

Dios nos ha honrado de la máxima forma en que puede honrarse a una criatura. Nos ha sentado con Cristo en las celestialidades para gobernar y reinar con Cristo por siempre. Dios ha hecho tanto por nosotros que no podría hacer más de lo que ya ha hecho. Todavía no podemos verlo todo, porque estamos en esta tierra, abandonados aquí para ser testigos de la gran y gloriosa salvación que es en Cristo Jesús. Pero llegará pronto el día en que lo experimentaremos todo. Dios creará nuevos cielos y tierra que serán perfectos, en los que no habrá sufrimiento ni muerte, y viviremos eternamente, gobernando y reinando con Cristo.

Como ya se ha dicho, le debemos a Dios; le debemos tanto a Dios que nunca podríamos comenzar a pagarle. ¿Entonces qué podemos hacer? Muy poco, pero hay algo que debemos hacer: Debemos caminar dignos de nuestro llamado. Debemos caminar dignos de la posición honrosa en la que Dios nos ha exaltado.

1. La manera de andar dignamente (vv. 1-2).
2. El propósito de andar dignamente: mantener la unidad, la paz (v. 3).
3. Las siete razones básicas (vv. 4-6).

1 (4:1-2) ***Creyente, Camino:*** ¿De qué manera puede el creyente caminar con dignidad? ¿Qué deben hacer los creyentes para complacer a Dios en la vida cotidiana...

- en el trabajo?
- en la iglesia?
- con sus compañeros creyentes?
- en el juego?
- en el hogar?
- con su familia?
- en la escuela?
- con los vecinos?
- con los amigos?

Una vez que una persona cree en Jesucristo y se convierte en miembro del pueblo de Dios y de la iglesia de Dios, ¿qué debe hacer para caminar digno del gran llamado de Dios, para traer honra al nombre de Cristo y a su iglesia?

1. El creyente debe caminar con toda humildad (ver nota, *Humildad,* Fil. 2:3 para mayor discusión al respecto.
2. El creyente debe caminar con toda mansedumbre (ver nota, *Mansedumbre,* Gá. 5:22-23 para una mayor discusión al respecto).
3. El creyente debe caminar con paciencia (ver nota, *Paciencia,* Gá. 5:22-23 para mayor discusión).
4. El creyente debe caminar amando a los demás (ver nota, *Amor,* Gá. 5:22-23. También ver notas, *Amor,* Gá. 5:13-15 para mayor discusión al respecto).

2 (4:3) ***Unidad – Hermandad:*** El propósito de caminar digno es uno solo: la unidad. Los creyentes deben trabajar para mantener la paz para poder estar unidos en la unidad del Espíritu de Dios. Jesucristo ha derribado todos los muros y las barreras existentes entre los hombres. Todos pueden ahora ser salvos:

- todas las nacionalidades
- los pobres
- los blancos
- todos los pueblos
- los ricos
- los de piel roja
- todos los idiomas
- los negros
- los amarillos

Toda persona es preciosa a la vista de Dios. Cuando una persona se acerca a Dios a través de Jesucristo, se torna como cualquier otro: en el mismo plano y en el mismo nivel. No es mejor ni peor que cualquier otro. Es un hombre que tiene necesidad del perdón de Dios y él, junto con todos los demás, se postra ante Cristo y lo acepta como su Señor y Amo. El hombre, tal como cualquier otro, se está sometiendo a convertirse en el siervo de Cristo. La riqueza, la posición, la condición social, todo se olvida. Lo único que importa es la salvación y la vida que ofrece Cristo.

El punto es este: Cuando una persona llega a Cristo con tal espíritu, el Espíritu de Dios ingresa a su vida y vincula a la persona con todos los demás creyentes. Hay un gran *vínculo de paz* espiritual forjado por el Espíritu de Dios entre todos los creyentes. Todas las divisiones, diferencias y prejuicios quedan de lado y existe un espíritu de amor, paz y unidad.

Dentro de la iglesia hay un *espíritu de paz prevaleciente* forjado por el Espíritu de Dios. Sin embargo, advierta un hecho trágico: No todo creyente camina en el Espíritu, no todo el tiempo. Con demasiada frecuencia, los creyentes permiten que el yo y la antigua vida vuelvan a ingresar a escena, su(s) viejo(s):

- prejuicios
- quejas
- orgullo
- diferencias
- críticas
- arrogancia
- heridas
- refunfuños
- comparaciones
- envidias
- miserias
- desagrados

El resultado es catastrófico para la iglesia: división y un disturbio de la paz y del espíritu de unidad. Esta es la razón de esta acusación. Advierta la palabra "solícitos" (spoudazontes). Significa ser diligente, trabajar para ocuparse y hacer lo mejor que uno puede, y hacerlo con todo empeño. La única forma de caminar digno del gran llamado de Dios es trabajar para mantener la paz y la unidad que Dios nos ha dado. Nada hiere tanto el corazón de Dios como la división entre su gente, la división que destroza su iglesia. Lo que está haciendo Dios es crear un nuevo cuerpo de personas que vivan juntas en el amor y la unidad de su Hijo. Va a crear cielos nuevos y tierra donde no habrá otro espíritu. Por lo tanto, Él espera que nosotros vivamos en el amor y unidad de su Espíritu ahora.

"Os ruego, pues, hermanos, por el nombre de nuestro Señor Jesucristo, que habléis todos una misma cosa, y que no haya entre vosotros divisiones, sino que estéis perfectamente unidos en una misma mente y en un mismo parecer" (1 Co. 1:10).

"Por lo demás, hermanos, tened gozo, perfeccionaos, consolaos, sed de un mismo sentir, y vivid en paz; y el Dios de paz y de amor estará con vosotros" (2 Co. 13:11).

"Solícitos en guardar la unidad del Espíritu en el vínculo de la paz" (Ef. 4:3).

"Solamente que os comportéis como es digno del evangelio de Cristo, para que o sea que vaya a veros, o que esté ausente, oiga de vosotros que estáis firmes en un mismo espíritu, combatiendo unánimes por la fe del evangelio" (Fil. 1:27).

"Finalmente, sed todos de un mismo sentir, compasivos, amándoos fraternalmente, misericordiosos, amigables" (1 P. 3:8).

3 (4:4-6) ***Creyentes, Camino:*** Hay siete razones básicas por las cuales deberíamos caminar dignos y tratar de mantener el ritmo y la unidad del Espíritu de Dios *en la iglesia.* Advierta lo que acaba de decirse, puesto que debe destacarse: Hay una gran necesidad de mantener la paz y la unidad *dentro de la iglesia.* Con demasiada frecuencia la iglesia es el lugar donde

se pierde la paz y la unidad de los creyentes. Nuevamente, hay siete motivos por los cuales esto no debería ocurrir nunca: Siete razones por los que los creyentes siempre deberían caminar en la paz y la unidad del Espíritu.

1. Existe solo *"un cuerpo"*. No hay dos cuerpos ni varios cuerpos de creyentes. No obstante, en este mundo imperfecto, hay muchas denominaciones e iglesias diferentes. Pero advierta lo que está haciendo Dios: Él está *creando solo un cuerpo de personas* que confían en y siguen a su querido Hijo. Cuando una persona deposita su confianza en Jesucristo, Dios hace seis cosas respecto del creyente para colocarlo en el cuerpo de Cristo:

- Dios le da un *nuevo nacimiento* al creyente –lo aviva espiritualmente–, hace que nazca de nuevo (Jn. 1:12-13; 3:3-6; Tit. 3:5, 1 P. 1:23; 1 Jn. 5:1).
- Dios crea una nueva criatura, un *hombre nuevo* a partir del creyente (2 Co. 5:17; Ef. 4:24; Co. 3:10).
- Dios coloca su naturaleza divina en el creyente (2 P. 1:4).
- Dios coloca su Espíritu Santo en el creyente, en realidad hace que su Espíritu ingrese al cuerpo del creyente. El cuerpo del creyente se convierte en un templo para la presencia del Espíritu de Dios (Jn. 14:16-17; 1 Co. 3:16; 6:19-20).
- Dios hace que el creyente produzca el fruto del Espíritu Santo que es amor, gozo, paz, paciencia, cordialidad, bondad, fe, mansedumbre, control. (Gá. 5:22-23).
- Dios coloca al creyente en el *nuevo cuerpo de personas* que Él está creando, esto es, en el cuerpo de Cristo, su iglesia.

"Porque por un solo Espíritu fuimos todos bautizados en un cuerpo, sean judíos o griegos, sean esclavos o libres; y a todos se nos dio a beber de un mismo Espíritu" (1 Co. 12:13).

Advierta las últimas dos experiencias en particular. No hay forma de que un creyente esté en conflicto con otro creyente a no ser que camine tras la carne y se esté descarriando. Hay algunas cosas que son contrarias al amor, el gozo y la paz que hieren y dañan el cuerpo...

- un espíritu enfermo
- buscar nuestro propio camino
- luchar por ocupar posiciones
- formar camarillas
- diferencias centradas en uno mismo
- egoísmo
- reacciones
- envidia
- sentirse superior
- enojo

Tales cosas no tienen lugar en la iglesia, no en el *cuerpo nuevo* que Dios está creando. Hay un solo cuerpo de creyentes verdaderos, no dos, no un cuerpo aquí y otro allá. Este es el motivo por el cual debemos luchar para mantener la paz y la unidad del Espíritu. Hay un único cuerpo, y solo si mantenemos la paz y la unidad del cuerpo podemos caminar dignos del gran llamado de Dios.

"Así nosotros, siendo muchos, somos un cuerpo en Cristo, y todos miembros los unos de los otros" (Ro. 12:5).

"Vosotros, pues, sois el cuerpo de Cristo, y miembros cada uno en particular" (1 Co. 12:27).

"[La iglesia] La cual es su cuerpo, la plenitud de Aquel que todo lo llena en todo" (Ef. 1:23).

"A fin de perfeccionar a los santos para la obra del ministerio, para la edificación del cuerpo de Cristo" (Ef. 4:12).

"Ahora me gozo en lo que padezco por vosotros, y cumplo en mi carne lo que falta de las aflicciones de Cristo por su cuerpo, que es la iglesia" (Col. 1:24).

"Y no asiéndose de la Cabeza, en virtud de quien todo el cuerpo, nutriéndose y uniéndose por las coyunturas y ligamentos, crece con el crecimiento que da Dios" (Col. 2:19).

2. Hay únicamente *"un Espíritu"*. El *mismo Espíritu* que mora dentro de un miembro del cuerpo mora en todos los miembros del cuerpo.

- Es el Espíritu de Dios el que hace que un hombre nazca de nuevo.

"Respondió Jesús: De cierto, de cierto te digo, que el que no naciere de agua y del Espíritu, no puede entrar en el reino de Dios. Lo que es nacido de la carne, carne es; y lo que es nacido del Espíritu, espíritu es" (Jn. 3:5-6).

"El espíritu es el que da vida; la carne para nada aprovecha; las palabras que yo os he hablado son espíritu y son vida" (Jn. 6:63).

"Y si el Espíritu de aquel que levantó de los muertos a Jesús mora en vosotros, el que levantó de los muertos a Cristo Jesús vivificará también vuestros cuerpos mortales por su Espíritu que mora en vosotros" (Ro. 8:11).

- Es el Espíritu de Dios que llama, capacita con dones y dirige a cada miembro para que encaje y obre dentro del cuerpo.

"Ministrando éstos al Señor, y ayunando, dijo el Espíritu Santo: Apartadme a Bernabé y a Saulo para la obra a que los he llamado" (Hch. 13:2).

"Porque todos los que son guiados por el Espíritu de Dios, éstos son hijos de Dios" (Ro. 8:14).

"Pero a cada uno le es dada la manifestación [dones] del Espíritu para provecho" (1 Co. 12:7; cp. 12:8s).

El punto es este: Cada miembro debe cumplir con su parte al llevar adelante la misión del cuerpo, por Cristo. Actuar en forma independiente del cuerpo es de otro espíritu, puesto que hay únicamente un Espíritu creando el cuerpo de Cristo.

3. Hay únicamente *"una esperanza"*. Todo creyente genuino tiene la misma esperanza: el gran día de la redención. Será un nuevo mundo creado perfectamente para Jesucristo y su pueblo. La vida en los nuevos cielos y tierra será una vida de amor, gozo y paz –una vida de unidad y hermandad– toda perfeccionada. Lo que Dios busca para nosotros es que vivamos como viviremos en el futuro. Nuestras vidas futuras en los nuevos cielos y tierra deberán ser el modelo para la forma en que vivimos juntos ahora. Seremos redimidos y reconciliados con Dios y entre nosotros: todos viviendo juntos en un mundo perfecto de amor, gozo y paz por siempre. La esperanza de la eternidad, la esperanza que llena nuestros corazones para tal

mundo, debe ser la fuerza motora que nos motive a vivir juntos en paz y unidad.

"Porque las cosas que se escribieron antes, para nuestra enseñanza se escribieron, a fin de que por la paciencia y la consolación de las Escrituras, tengamos esperanza" (Ro. 15:4).

"Habiendo oído de vuestra fe en Cristo Jesús, y del amor que tenéis a todos los santos, a causa de la esperanza que os está guardada en los cielos, de la cual ya habéis oído por la palabra verdadera del evangelio" (Col. 1:4-5).

"Enseñándonos que, renunciando a la impiedad y a los deseos mundanos, vivamos en este siglo sobria, justa y piadosamente, aguardando la esperanza bienaventurada y la manifestación gloriosa de nuestro gran Dios y Salvador Jesucristo" (Tit. 2:12-13).

"Bendito el Dios y Padre de nuestro Señor Jesucristo, que según su grande misericordia nos hizo renacer para una esperanza viva, por la resurrección de Jesucristo de los muertos, para una herencia incorruptible, incontaminada e inmarcesible, reservada en los cielos para vosotros" (1 P. 1:3-4).

"Sino, como aquel que os llamó es santo, sed también vosotros santos en toda vuestra manera de vivir" (1 P. 1:15).

"Y él es la propiciación por nuestros pecados; y no solamente por los nuestros, sino también por los de todo el mundo. Y en esto sabemos que nosotros le conocemos, si guardamos sus mandamientos" (1 Jn. 2:2-3).

4. Existe únicamente *"un Señor"*. Hay solo un Amo y Rey. Todo creyente se ha postrado ante el mismo Señor para volverse su súbdito y para recibir sus órdenes. Como sus súbditos, a los creyentes inequívocamente se les instruye...

- Que vivan como Él dijo: Santo, justo y puro, llevando el fruto de su Espíritu (Gá. 5:19-21).
- Que cumplan con sus órdenes como un cuerpo (Mt. 7:21-23; 1 Co. 12:5; Fil. 2:9-11).

"No todo el que me dice: Señor, Señor, entrará en el reino de los cielos, sino el que hace la voluntad de mi Padre que está en los cielos. Muchos me dirán en aquel día: Señor, Señor, ¿no profetizamos en tu nombre, y en tu nombre echamos fuera demonios, y en tu nombre hicimos muchos milagros? Y entonces les declararé: Nunca os conocí; apartaos de mí, hacedores de maldad" (Mt. 7:21-23).

"Y hay diversidad de ministerios, pero el Señor es el mismo" (1 Co. 12:5).

"Por lo cual Dios también le exaltó hasta lo sumo, y le dio un nombre que es sobre todo nombre, para que en el nombre de Jesús se doble toda rodilla de los que están en los cielos, y en la tierra, y debajo de la tierra; y toda lengua confiese que Jesucristo es el Señor, para gloria de Dios Padre" (Fil. 2:9-11).

5. Existe únicamente *"una fe"*. No hay dos fes o varias fes. Hay una única fe que conduce a la presencia de Dios y es la fe fundada por el Señor Jesucristo. No hay otra forma de acercarse a Dios. Si una persona desea vivir con Dios –ser aprobado y aceptado por Él–, esa persona debe acercarse a Dios a través de la fe del Señor Jesucristo.

El punto es este: Todo creyente ha llegado a Dios de la misma forma: creyendo en el Señor Jesucristo. La fe en Él es el único camino, la única fe verdadera. Por lo tanto, estando frente a Dios y habiendo venido a Él a través de la misma fe, no hay espacio para ninguna diferencia. Todos estamos en el mismo nivel, a la misma altura: el nivel y la altura de la fe.

"Solamente oían decir: Aquel que en otro tiempo nos perseguía, ahora predica la fe que en otro tiempo asolaba" (Gá. 1:23).

"Amados, por la gran solicitud que tenía de escribiros acerca de nuestra común salvación, me ha sido necesario escribiros exhortándoos que contendáis ardientemente por la fe que ha sido una vez dada a los santos" (Jud. 3).

6. Hay únicamente *"un bautismo"*. Todos los creyentes han dado testimonio público de su fe sometiéndose a la ordenanza del bautismo de agua. Cada uno ha sido identificado como un miembro del mismo cuerpo porque cada uno de ellos ha sido iniciado a través del mismo ritual. Por lo tanto, habiendo ingresado a la iglesia por la misma ordenanza, no debemos dividirnos. La división niega y trae vergüenza al significado de la ordenanza. La división es un reflejo de la profundidad de nuestro compromiso. Demuestra que nuestra sinceridad al haber sido bautizados no fue absoluta. Demuestra que nos preocupamos muy poco por Cristo y por nuestra experiencia de bautismo, por la gran ordenanza que nos inició en la iglesia.

"¿O no sabéis que todos los que hemos sido bautizados en Cristo Jesús, hemos sido bautizados en su muerte?" (Ro. 6:3).

"Porque por un solo Espíritu fuimos todos bautizados en un cuerpo, sean judíos o griegos, sean esclavos o libres; y a todos se nos dio a beber de un mismo Espíritu" (1 Co. 12:13).

"Porque todos los que habéis sido bautizados en Cristo, de Cristo estáis revestidos" (Gá. 3:27).

7. Existe únicamente *"un Dios y un Padre de todos"*. Probablemente esta sea una confesión primitiva de fe.

- "Un Dios": Dios es el creador de todo y como tal es supremo sobre todo.
- "Un Padre de todos": Como Padre, Dios nos ama a todos. La creencia cristiana comienza con Dios como amor.
- "Mucho más": Dios controla todo.

El tema es sorprendente: Si hay un solo Dios y Padre de todos los creyentes, entonces ¿cómo pudo Él conducir a dos creyentes a estar uno en contra del otro? La respuesta es evidente: no pudo. Uno o ambos creyentes están siguiendo sus propias formas carnales. Alguno no está siguiendo al único Dios y Padre.

"Jesús le respondió: El primer mandamiento de todos es: Oye, Israel; el Señor nuestro Dios, el Señor uno es" (Mr. 12:29).

"Porque hay un solo Dios, y un solo mediador entre Dios y los hombres, Jesucristo hombre, el cual se dio a sí mismo en rescate por todos, de lo cual se dio testimonio a su debido tiempo" (1 Ti. 2:5-6).

"Porque tres son los que dan testimonio en el cielo: el Padre, el Verbo y el Espíritu Santo; y estos tres son uno" (1 Jn. 5:7).

	B. El creyente debe caminar usando sus dones, 4:7-16	13 hasta que todos lleguemos a la unidad de la fe y del conoci-miento del Hijo de Dios, a un varón perfecto, a la medida de la estatura de la plenitud de Cristo;	b. Un propósito eterno: Volverse un hombre perfecto como Cristo
1 Todo creyente tiene un don	7 Pero a cada uno de nosotros fue dada la gracia conforme a la medida del don de Cristo.		
2 Todo don del creyente ha costado el precio más alto posible a. La imagen. b. El gran costo: La muerte de Cristo y su descenso a las partes más bajas de la tierra c. El gran valor: Que Cristo pudiera llenar todas las cosas, todo el universo con su presencia	8 Por lo cual dice: Subiendo a lo alto, llevó cautiva la cautividad, Y dio dones a los hombres. 9 Y eso de que subió, ¿qué es, sino que también había descendido primero a las partes más bajas de la tierra? 10 El que descendió, es el mismo que también subió por encima de todos los cielos para llenarlo todo.	14 para que ya no seamos niños fluctuantes, llevados por doquiera de todo viento de doctrina, por estratagema de hombres que para engañar emplean con astucia las artimañas del error, 15 sino que siguiendo la verdad en amor, crezcamos en todo en aquel que es la cabeza, esto es, Cristo,	c. Un propósito personal 1) Ya no ser niños, inmaduros 2) Crecer en todas las cosas, maduros
3 Todo don del creyente está centrado en Cristo	11 Y él mismo constituyó a unos, apóstoles; a otros, profetas; a otros, evangelistas; a otros, pastores y maestros,	16 de quien todo el cuerpo, bien concertado y unido entre sí por todas las coyunturas que se ayudan mutuamente, según la actividad propia de cada miembro, recibe su crecimiento para ir edificándose en amor.	3) Hacer su parte en la edificación de la iglesia
4 Todo don del creyente tiene un propósito triple a. Un propósito inmediato: Preparar a los demás	12 a fin de perfeccionar a los santos para la obra del ministerio, para la edificación del cuerpo de Cristo,		

DIVISIÓN IV

EL CAMINO DEL CREYENTE CRISTIANO, 4:1—6:9

B. El creyente debe caminar usando sus dones, 4:7-16

(4:7-16) ***Introducción:*** Advierta la palabra "pero". Es fuerte. Como se estudió en el pasaje anterior, la iglesia es un cuerpo, y cada uno de sus miembros debe luchar para mantener la unidad del Espíritu. Pero los creyentes no son solo una unidad, son una diversidad. Hay diferencias entre los creyentes. ¿Cuáles son esas diferencias? Hay dones, capacidades especiales otorgadas por Dios que deben ser utilizadas para fortalecer a los creyentes y para alcanzar el mundo y ministrarlos. Los dones –dones espirituales otorgados por Dios– son el tema de este pasaje. El creyente debe caminar utilizando los dones que Dios le ha dado. (Véase bosquejos y notas, Ro. 12:3-8; 1 Co. 12:1-14:40 para mayor discusión al respecto).

1. Todo creyente tiene un don (v. 7).
2. Todo don del creyente ha costado el precio más alto posible (vv. 8-10).
3. Todo don del creyente está centrado en Cristo (v. 11).
4. Todo don del creyente tiene un propósito triple (vv. 12-16).

1 (4:7) ***Dones, Espirituales:*** Todo creyente tiene un don. Advierta las palabras: "Pero a cada uno de nosotros fue dada la gracia conforme a la medida del don de Cristo". No hay un solo creyente exceptuado o dejado fuera: Cristo le ha otorgado a cada creyente algún don espiritual. Es importante advertir qué se quiere significar por don espiritual. Un don espiritual no significa la capacidad natural o el talento de una persona. Dios, por supuesto, tiene presente las capacidades naturales y los talentos cuando le otorga un don a una persona, pero los dones espirituales son dones especiales otorgados a los creyentes. Son dones altamente especializados, dones que se otorgan para fortalecer a más creyentes en la iglesia y en el testimonio y el ministerio al mundo. Lo que cabe advertir es que todo creyente genuino ha recibido un don espiritual, un don altamente especializado. Ha recibido su don para llevar adelante el ministerio del Señor en la tierra.

Advierta otro punto significativo. Jesucristo nos da la gracia para utilizar nuestros dones. La gracia significa la fortaleza, la sabiduría, el valor, la motivación, el amor, la preocupación, el cuidado y el poder, todo el favor y las bendiciones de Cristo. Lo que se necesite para utilizar el don, es lo que Cristo nos da. Él mide exactamente la cantidad de gracia necesaria para el uso máximo de un don.

> ***Pensamiento 1:*** ¡Qué gloriosa verdad! ¡Qué chispa de aliento! Todos nosotros recibimos un don de Cristo, un don altamente especializado. Y tenemos la medida de la gracia –cualquier medida que sea necesaria– para usar nuestros dones. Cristo derrama su gracia sobre nosotros, equipándonos para llevar adelante nuestra tarea en la tierra. Esto es significativo, dado que significa que nuestro don es el don de Cristo. Es el mejor don *para nosotros.* No debemos sentirnos poco complacidos con

nuestro don, ni querer ser como otra persona y tener su don. Cristo nos ha colocado y nos ha dado el mejor don para nosotros, si realmente somos suyos, entregados y comprometidos para servirlo.

"A uno dio cinco talentos, y a otro dos, y a otro uno, a cada uno conforme a su capacidad; y luego se fue lejos" (Mt. 25:15).

"Digo, pues, por la gracia que me es dada, a cada cual que está entre vosotros, que no tenga más alto concepto de sí que el que debe tener, sino que piense de sí con cordura, conforme a la medida de fe que Dios repartió a cada uno" (Ro. 12:3).

"De manera que, teniendo diferentes dones, según la gracia que nos es dada, si el de profecía, úsese conforme a la medida de la fe" (Ro. 12:6).

"Porque ¿quién te distingue? ¿o qué tienes que no hayas recibido? Y si lo recibiste, ¿por qué te glorías como si no lo hubieras recibido?" (1 Co. 4:7).

"Ahora bien, hay diversidad de dones, pero el Espíritu es el mismo" (1 Co. 12:4).

"Pero a cada uno le es dada la manifestación del Espíritu para provecho" (1 Co. 12:7).

[2] (4:8-10) ***Dones, Espirituales:*** Todo don del creyente ha costado el precio más alto posible.

1. Advierta la imagen. La imagen de Cristo dando dones a los hombres es espectacular. Es la imagen de un rey anciano que ha conquistado a sus enemigos. El rey está montando su caballo blanco y cabalgando bajo el arco de triunfo mientras ingresa a la ciudad. Cientos de personas gritan su adoración y alabanza. Lo sigue su ejército. Y luego vienen ellos, el enemigo tropezándose, a pie, con cadenas, con la apariencia del enemigo vencido que son. Inicialmente vinieron a luchar con uñas y dientes para someter al pueblo del gran rey a su tiranía. Pero ahora vienen a ofrecer regalos al gran conquistador. El conquistador recibe los regalos y a su vez entrega los regalos a su propio pueblo. (Cp. Sal. 68:18).

Hay grandes enemigos del hombre –enemigos que atacan una y otra vez– enemigos que tratan de hacer que el hombre no tenga objetivos ni sentido.

- Está el gran enemigo del alejamiento y la separación. El alejamiento es la energía y la tendencia que intenta echar a Dios y a otros de la vida de una persona. Trágicamente, el alejamiento deriva en una sensación de vacío, inutilidad y soledad.
- Están los dos grandes enemigos que roban todo sentido al hombre: el pecado y la muerte.

Sin embargo, Dios ha ido a la guerra por el hombre. Cristo ha conquistado a todos los enemigos que hacen la vida inútil y sin sentido. Ahora Él entrega el mayor regalo de todos, el don del significado, del propósito y de la importancia en la vida. Él llena la vida con todo lo que un hombre podría llegar a desear y utilizar. Él da los más grandes dones, dones que hacen que una persona esté ocupada con la vida con mayor significado y propósito imaginable.

Pensamiento 1: Si Cristo realmente ha dado tal significado y propósito, entonces ¿por qué hay tanta gente aburrida con su trabajo y su vida? ¿Por qué hay tantos (incluso creyentes) que se sienten insatisfechos, vacíos, sin propósito y deseando un cambio? Las Escrituras nos lo dicen, y lo dicen claramente.

1) Una persona no ha comprometido su vida a Cristo, no plenamente, no por completo. Realmente no se niega a sí mismo ni sigue a Cristo.

"Y decía a todos: Si alguno quiere venir en pos de mí, niéguese a sí mismo, tome su cruz cada día, y sígame" (Lc. 9:23).

2) Una persona no se ha sacrificado, todo lo que es y tiene, para servir a Cristo y a la humanidad. Una persona no se ha comprometido a una vida de servicio. La vida real se encuentra *únicamente* en el servicio. Dios lo ha ordenado así.

"Porque todo el que quiera salvar su vida, la perderá; y todo el que pierda su vida por causa de mí, la hallará" (Mt. 16:25).

"El que es el mayor de vosotros, sea vuestro siervo" (Mt. 23:11).

"Mas no así vosotros, sino sea el mayor entre vosotros como el más joven, y el que dirige, como el que sirve" (Lc. 22:26).

"¿No decís vosotros: Aún faltan cuatro meses para que llegue la siega? He aquí os digo: Alzad vuestros ojos y mirad los campos, porque ya están blancos para la siega" (Jn. 4:35).

3) Una persona vive y siembra en su carne en lugar de hacerlo en el Espíritu.

"Porque el que siembra para su carne, de la carne segará corrupción; mas el que siembra para el Espíritu, del Espíritu segará vida eterna" (Gá. 6:8).

2. Advierta el gran costo que pagó Cristo para obtener el derecho a dar dones a los creyentes. Tuvo que morir y descender a las partes más bajas de la tierra. F. F. Bruce señala que las "regiones más bajas" de la tierra pueden significar tres cosas: la tierra a la que Cristo vino; la sepultura donde se depositó el cuerpo del Señor o el Hades, el lugar de los muertos (Hch. 2:25-35; cp. Sal. 16:10; 110:1) (*The Epistle to the Ephesians,* p. 83) (Véase *Estudio a fondo 1,* 1 P. 3:19-20).

Al permitir que las Escrituras interpreten a las Escrituras, la interpretación correcta parecería ser "Hades". Cuando otros pasajes de las Escrituras comparan el descenso de Cristo con el ascenso de Cristo, parecen indicarse los dos extremos.

a. En Romanos 10:6-7, ascender "a los cielos" se compara con descender "al abismo", el lugar de los muertos.

b. En Filipenses 2:8ss, se contrasta a Cristo humillándose a las más bajas profundidades de la muerte con su exaltación a los cielos más altos por Dios.

c. En Mateo 12:40, Cristo que ha estado "en el corazón de la tierra tres días y tres noches" es tomado de Jonás 2:3-4: "en medio de los mares". A la luz de estos hechos, el descenso de Cristo a las partes más bajas de la tierra debe significar más que el hecho de que Cristo haya sido depositado en un sepulcro.

Debe significar *el lugar de los espíritus que partieron o el lugar de los muertos.*

El punto es este: Jesucristo debió morir y experimentar el infierno por los hombres para obtener el derecho de otorgar dones a los hombres. Este es el enorme precio que costaron nuestros dones. Si Él no hubiera muerto, entonces nosotros no podríamos ser salvos ni recibir dones espirituales. No habría propósito ni importancia en la vida, no más allá de unos pocos años en esta tierra. Todo lo que tendríamos que esperar sería la muerte. Pero Cristo murió y Él conquistó a todos los enemigos del hombre, los conquistó a fin de obtener el derecho de salvarnos y otorgarnos dones.

"Ahora es el juicio de este mundo; ahora el príncipe de este mundo será echado fuera" (Jn. 12:31).

"Por lo cual dice: Subiendo a lo alto, llevó cautiva la cautividad, y dio dones a los hombres. Y eso de que subió, ¿qué es, sino que también había descendido primero a las partes más bajas de la tierra? El que descendió, es el mismo que también subió por encima de todos los cielos para llenarlo todo" (Ef. 4:8-10).

"Y despojando a los principados y a las potestades, los exhibió públicamente, triunfando sobre ellos en la cruz" (Col. 2:15).

"Así que, por cuanto los hijos participaron de carne y sangre, él también participó de lo mismo, para destruir por medio de la muerte al que tenía el imperio de la muerte, esto es, al diablo" (He. 2:14).

"Porque también Cristo padeció una sola vez por los pecados, el justo por los injustos, para llevarnos a Dios, siendo a la verdad muerto en la carne, pero vivificado en espíritu; en el cual también fue y predicó a los espíritus encarcelados, los que en otro tiempo desobedecieron, cuando una vez esperaba la paciencia de Dios en los días de Noé, mientras se preparaba el arca, en la cual pocas personas, es decir, ocho, fueron salvadas por agua" (1 P. 3:18-20).

"El que practica el pecado es del diablo; porque el diablo peca desde el principio. Para esto apareció el Hijo de Dios, para deshacer las obras del diablo" (1 Jn. 3:8).

3. El gran valor de lo que hizo Cristo es glorioso. Murió para poder ascender a los cielos y llenar todas las cosas, esto es, llenar todo el universo con su presencia. Jesucristo es la Majestad Soberana del universo. Él está sentado a la diestra de Dios el Padre y gobierna y reina por sobre todo. Ahora Él puede salvar y entregar dones a los hombres. Pero recuerde: Es porque pagó el precio más alto posible. Él murió por nosotros, murió para obtener el derecho de derramar su gracia y sus dones sobre nosotros.

"Pero desde ahora el Hijo del Hombre se sentará a la diestra del poder de Dios" (Lc. 22:69).

"Y cuál la supereminente grandeza de su poder para con nosotros los que creemos, según la operación del poder de su fuerza, la cual operó en Cristo, resucitándole de los muertos y sentándole a su diestra en los lugares celestiales" (Ef. 1:19-20).

"Y estando en la condición de hombre, se humilló a sí mismo, haciéndose obediente hasta la muerte, y muerte de cruz. Por lo cual Dios también le exaltó hasta lo sumo, y le dio un nombre que es sobre todo nombre" (Fil. 2:8-9).

"Que decían a gran voz: El Cordero que fue inmolado es digno de tomar el poder, las riquezas, la sabiduría, la fortaleza, la honra, la gloria y la alabanza" (Ap. 5:12).

[3] (4:11) ***Dones espirituales:*** Todo don del creyente está centrado en Cristo. Advierta las palabras "Él constituyó". Es Cristo y únicamente Cristo el que otorga dones espirituales a los hombres. Los hombres no pueden crear los dones ni dar los dones a otros hombres. Solo Cristo posee los dones espirituales para dar a los hombres. Aquí se mencionan cinco dones.

1. El don de un *apóstol.* La palabra "apóstol" (apostolos) significa enviar. Un apóstol es un representante, un embajador, una persona que es enviada a un país para representar a otro país. Hay tres cosas ciertas sobre el apóstol.

- Él pertenece al que lo ha enviado.
- A él se le ha encargado salir.
- Él posee la autoridad y el poder de quien lo envía.

La palabra "apóstol" tiene un uso amplio y otro estrecho en el Nuevo Testamento.

a. El sentido estrecho. Se refiere a los doce apóstoles y a Pablo como un apóstol (Hch. 1:21-22, 1 Co. 9:1). En este sentido estrecho hubo por lo menos dos calificaciones básicas.
   1) El apóstol era un hombre elegido directamente por el Señor mismo o por el Espíritu Santo (cp. Mt. 10:1-2; Mr. 3:13-14; Lc. 6:13; Hch. 9:6, 15; 13:2; 22:10, 14-15; Ro. 1:1).
   2) El apóstol era un hombre que había sido testigo ocular del Señor resucitado (Hch. 1:21-22, 1 Co. 9:1).

b. El sentido amplio. La palabra "apóstol" se refiere a otros hombres que predicaron el evangelio. Se lo utiliza respecto de dos misioneros, Bernabé (14:4, 14, 17) y Silas (1 Ts. 2:6) y dos mensajeros, Tito (2 Co. 8:23) y Epafrodito (Fil. 2:25). Existe también la posibilidad de que Santiago, el hermano del Señor (Gá. 1:19) y Andrónico y Junias (Ro. 16:7) sean referidos como apóstoles.

En el sentido estrecho, el don de un apóstol se desvanecía debido a las calificaciones singulares necesarias para recibir el don. Pero históricamente, en el sentido amplio, quizás haya un sentido en el cual las calificaciones y el don mismo se sigan entregando y sean utilizadas por el Señor. El siervo del Señor de cualquier generación debe ver al Señor y conocerlo íntimamente. Del mismo modo, el siervo debe ver y experimentar personalmente el poder de la resurrección. Por cierto hay algunos en todas las generaciones que han visto al Señor Jesús y que conocen y experimentan el poder de la resurrección del Señor. Quizás el Señor Jesús los invista con el don muy especial de un apóstol para ser empleado enteramente en su dominio más preciado: la iglesia.

2. El don de un *profeta.* Este es el don de hablar bajo la inspiración del Espíritu de Dios. Incluye tanto la predicción como la proclamación y ninguna de ellas debería minimizarse a pesar del abuso del don.

No cabe duda de que se ha abusado del don de predecir eventos hasta el punto del ridículo. Sin embargo, el abuso de un don no elimina el hecho de que el Espíritu de Dios a veces les da a los creyentes una visión de eventos futuros a fin de prepararlos y fortalecerlos para enfrentar los eventos.

Sin embargo, la principal función de la profecía está claramente manifiesta en las Escrituras, y el hecho deberían seguirlo todos los creyentes:

> **"Pero el que profetiza habla a los hombres para edificación, exhortación y consolación" (1 Co. 14:3).**

3. El don de un *evangelista.* Este es el don de llevar el evangelio por todo el mundo. Es el don que se especializa en proclamar el evangelio a los perdidos del mundo. Incluiría tanto lo que llamamos el evangelista como el misionero.

> **"Al otro día, saliendo Pablo y los que con él estábamos, fuimos a Cesarea; y entrando en casa de Felipe el evangelista, que era uno de los siete, posamos con él" (Hch. 21:8; cp. Hch. 8:26-40).**
>
> **"Y él mismo constituyó a unos, apóstoles; a otros, profetas; a otros, evangelistas; a otros, pastores y maestros" (Ef. 4:11).**
>
> **"Pero tú sé sobrio en todo, soporta las aflicciones, haz obra de evangelista, cumple tu ministerio" (2 Ti. 4:5).**

4. El don de un *pastor* (poimenas). A. T. Robertson señala que el Señor Jesucristo le dijo a Pedro que pastoreara a sus ovejas (Jn. 21:16), que Pedro le dijo a otros ministros que pastorearan el rebaño de Dios (1 P. 5:2) y que Pablo le dijo a los ancianos (ministros) de Éfeso que pastorearan la iglesia de Dios por la cual había muerto Cristo (Hch. 20:28) (*Word Pictures in the New Testament* [Imágenes de palabras en el Nuevo Testamento], Vol. 4, p. 53). Los rasgos de un pastor pueden verse al observar las referencias a Cristo como el pastor de los creyentes. El pastor está por debajo del Pastor Principal, Cristo Jesús nuestro Señor.

a. El pastor conoce a las ovejas, la conoce a cada una por su nombre. Se dice que este ha sido un hecho entre los pastores y sus ovejas en la época de Jesús. En realidad los pastores conocían a cada oveja en forma individual, incluso en grandes rebaños. El hecho se aplica por cierto a Cristo y sus ovejas.

> **"Yo soy el buen pastor; y conozco mis ovejas, y las mías me conocen" (Jn. 10:14).**
>
> **"Pero si alguno ama a Dios, es conocido por él" (1 Co. 8:3).**
>
> **"Pero el fundamento de Dios está firme, teniendo este sello: Conoce el Señor a los que son suyos; y: Apártese de iniquidad todo aquel que invoca el nombre de Cristo" (2 Ti. 2:19).**
>
> **"Ahora, así dice Jehová, Creador tuyo, oh Jacob, y Formador tuyo, oh Israel: No temas, porque yo te redimí; te puse nombre, mío eres tú" (Is. 43:1).**

b. El pastor alimenta a las ovejas aunque Él tenga que reunirlas con sus brazos y llevarlas a la pastura.

> **"Como pastor apacentará su rebaño; en su brazo llevará los corderos, y en su seno los llevará; pastoreará suavemente a las recién paridas" (Is. 40:11).**

c. El pastor guía a las ovejas a la pastura y lejos de lugares peligrosos y precipicios.

> **"Jehová es mi pastor; nada me faltará. En lugares de delicados pastos me hará descansar; junto a aguas de reposo me pastoreará. Confortará mi alma; me guiará por sendas de justicia por amor de su nombre. Aunque ande en valle de sombra de muerte, no temeré mal alguno, porque tú estarás conmigo; tu vara y tu cayado me infundirán aliento" (Sal. 23:1-4).**

d. El pastor busca y salva a las ovejas que se pierden.

> **"Porque el Hijo del Hombre ha venido para salvar lo que se había perdido. ¿Qué os parece? Si un hombre tiene cien ovejas, y se descarría una de ellas, ¿no deja las noventa y nueve y va por los montes a buscar la que se había descarriado?" (Mt. 18:11-12).**
>
> **"Yo buscaré la perdida, y haré volver al redil la descarriada; vendaré la perniquebrada, y fortaleceré la débil; mas a la engordada y a la fuerte destruiré; las apacentaré con justicia" (Ez. 34:16).**

e. El pastor protege a las ovejas. Incluso sacrifica su vida por las ovejas.

> **"Yo soy el buen pastor; el buen pastor su vida da por las ovejas" (Jn. 10:11).**
>
> **"Y el Dios de paz que resucitó de los muertos a nuestro Señor Jesucristo, el gran pastor de las ovejas, por la sangre del pacto eterno" (He. 13:20).**

f. El pastor restaura a las ovejas que se descarrían y regresan.

> **"Porque vosotros erais como ovejas descarriadas, pero ahora habéis vuelto al Pastor y Obispo de vuestras almas" (1 P. 2:25).**

g. El pastor recompensa a las ovejas por su obediencia y fidelidad.

> **"Y cuando aparezca el Príncipe de los pastores, vosotros recibiréis la corona incorruptible de gloria" (1 P. 5:4).**

h. El pastor separa a las ovejas de las cabras.

> **"Y serán reunidas delante de él todas las naciones; y apartará los unos de los otros, como aparta el pastor las ovejas de los cabritos. Y pondrá las ovejas a su derecha, y los cabritos a su izquierda" (Mt. 25:32-33).**

5. El don de un *maestro.* Algunos comentaristas consideran que la enseñanza forma parte del don del pastor, es decir, que el pastor es el pastor-maestro. La función del maestro es el don de instruir a los creyentes en la verdad de Dios y su Palabra. Es el don de arraigar y fundamentar a las personas en la doctrina, la reprobación, la corrección y la justicia. Enseñar es un elevado llamado, uno de los más elevados. La enseñanza ocupa el segundo lugar luego de los dones espirituales de apóstol y profeta (Hch. 13:1; 1 Co. 12:28; Ef. 4:11). Todo apóstol y profeta y pastor cuenta con el don de enseñar, pero todo maestro no es un apóstol ni un profeta ni un pastor. El don de enseñar carga con una de las más grandes responsabilidades otorgadas por Dios. Por lo tanto, al maestro se le requerirá que de cuenta en forma estricta a Dios de su fidelidad al usar este don (ver nota, *Maestro*, Stg. 3:1).

El don espiritual de enseñar es el don de comprender y comunicar la Palabra de Dios, de edificar creyentes en las verdades de la Palabra de Dios. Involucra comprensión, interpretación, disposición y comunicación de la Palabra de Dios. El don de enseñar se le otorga al creyente que compromete su vida a la Palabra de Dios, a compartir sus gloriosas verdades con el pueblo de Dios.

"Por tanto, id, y haced discípulos a todas las naciones, bautizándolos en el nombre del Padre, y del Hijo, y del Espíritu Santo; *enseñándoles* que guarden todas las cosas que os he mandado; y he aquí yo estoy con vosotros todos los días, hasta el fin del mundo. Amén" (Mt. 28:19-20).

"Y ahora, hermanos, os encomiendo a Dios, y a la palabra de su gracia, que tiene poder para sobreedificaros y daros herencia con todos los santificados" (Hch. 20:32).

"Y a unos puso Dios en la iglesia, primeramente apóstoles, luego profetas, lo tercero maestros, luego los que hacen milagros, después los que sanan, los que ayudan, los que administran, los que tienen don de lenguas" (1 Co. 12:28).

"Y él mismo constituyó a unos, apóstoles; a otros, profetas; a otros, evangelistas; a otros, pastores y maestros" (Ef. 4:11).

"Procura con diligencia presentarte a Dios aprobado, como obrero que no tiene de qué avergonzarse, que usa bien la palabra de verdad" (2 Ti. 2:15).

"Toda la Escritura es inspirada por Dios, y útil para enseñar, para redargüir, para corregir, para instruir en justicia" (2 Ti. 3:16).

"Y éstos eran más nobles que los que estaban en Tesalónica, pues recibieron la palabra con toda solicitud, escudriñando cada día las Escrituras para ver si estas cosas eran así" (Hch. 17:11).

"Desead, como niños recién nacidos, la leche espiritual no adulterada, para que por ella crezcáis para salvación, si es que habéis gustado la benignidad del Señor" (1 P. 2:2-3).

[4] (4:12-16) ***Dones espirituales:*** Todo don del creyente tiene un propósito triple. Advierta un hecho significativo: Los cinco dones descriptos más arriba son dones que involucran discurso o proclamación. Son dones muy especializados, dones que por lo general se consideran como los dones oficiales o profesionales de la iglesia. No se dan en toda su medida a cada creyente, si bien todo creyente...

- Debería ser un apóstol en cuanto a que está sirviendo a Cristo en un ministerio muy especial y fielmente utilizando el don que Dios le ha dado.
- Debería ser un profeta al proclamar diariamente la Palabra de Dios.
- Debería ser un evangelista en cuanto a que da testimonio a los perdidos.
- Debería ser un pastor en cuanto a que está pastoreando y ocupándose todo el tiempo de las personas.
- Debería ser un maestro en cuanto a que está enseñando las verdades de la Palabra de Dios a todo ser que conoce.

1. Hay un propósito inmediato para los dones profesionales u oficiales de la iglesia y entre la gente de Dios. Consiste en preparar a los creyentes para realizar la obra del ministerio. La palabra "perfeccionar" (katartizo) significa preparar para el servicio y el ministerio. Esta consideración es crítica, puesto que el que ocupa un cargo oficial en la iglesia *no debe ser* el único que realiza la obra del ministerio. De hecho, su *principal tarea* es la de preparar, una persona que forma discípulos y *prepara a los demás* para servir a Cristo (ver nota, Discipulado, Mt. 28:19-20). Advierta otro punto crítico: El propósito mismo de preparar a los legos es que el cuerpo de Cristo, la iglesia, pueda construirse. Este es un punto significativo, puesto que significa que la iglesia no puede edificarse sin los miembros mismos realizando la obra del ministerio. Todos los creyentes de una iglesia deben estar involucrados en la obra del ministerio. Como dice Wuest: "Esta es una orden para que el cuerpo de Cristo, la iglesia, pueda construirse al añadir almas que estaban perdidas y que se salvan, y por la edificación de los santos de manera individual" (Wuest, Kenneth S. *Ephesians and Colossians* [Efesios y colosenses]. "Wuest Word Studies", Vol. 1. Grand Rapids, MI: Eerdmans, 1953, p. 101).

Si la obra del ministerio hubiera sido dejada en manos de los ministros profesionales, la obra nunca se hubiera realizado, porque hay demasiados pocos ministros oficiales. Se debe preparar a los legos para que lleguen a los perdidos y ministren para las necesidades de un mundo que carga con el peso de la maldad, el sufrimiento y la muerte.

2. Hay un propósito eterno para los dones oficiales o profesionales. No puede expresárselo con mayor claridad que como lo expresa el versículo mismo. Dice tres cosas:

a. El ministro de Dios obra para lograr una unidad perfecta entre las personas de Dios. Al ministro de Dios se lo llama...
   - Para que traiga paz y reconciliación a la iglesia.
   - Para que conduzca a las personas a la armonía perfecta y unidad de espíritu.
   - Para pastorear a las personas lejos de los disturbios, la división, la murmuración, el refunfuño, enfados y todos los demás pecados que militan en contra de una unidad perfecta.

"Os ruego, pues, hermanos, por el nombre de nuestro Señor Jesucristo, que habléis todos una misma cosa, y que no haya entre vosotros divisiones, sino que estéis perfectamente unidos en una misma mente y en un mismo parecer" (1 Co. 1:10).

"Por lo demás, hermanos, tened gozo, perfeccionaos, consolaos, sed de un mismo sentir, y vivid en paz; y el Dios de paz y de amor estará con vosotros" (2 Co. 13:11).

"Solícitos en guardar la unidad del Espíritu en el vínculo de la paz" (Ef. 4:3).

"Solamente que os comportéis como es digno del evangelio de Cristo, para que o sea que vaya a veros, o que esté ausente, oiga de vosotros que estáis firmes en un mismo espíritu, combatiendo unánimes por la fe del evangelio" (Fil. 1:27).

"Finalmente, sed todos de un mismo sentir, compasivos, amándoos fraternalmente, misericordiosos, amigables" (1 P. 3:8).

b. El ministro de Dios obra para traer el conocimiento del Hijo de Dios.

"Y conoceremos, y proseguiremos en conocer a Jehová; como el alba está dispuesta su salida, y vendrá a nosotros como la lluvia, como la lluvia tardía y temprana a la tierra" (Os. 6:3).

"Dijo entonces Jesús a los judíos que habían creído en él: Si vosotros permaneciereis en mi palabra, seréis verdaderamente mis discípulos; y conoceréis la verdad, y la verdad os hará libres" (Jn. 8:31-32).

"Y esta es la vida eterna: que te conozcan a ti, el único Dios verdadero, y a Jesucristo, a quien has enviado" (Jn. 17:3).

"A fin de conocerle, y el poder de su resurrección, y la participación de sus padecimientos, llegando a ser semejante a él en su muerte" (Fil. 3:10).

"Para que andéis como es digno del Señor, agradándole en todo, llevando fruto en toda buena obra, y creciendo en el conocimiento de Dios" (Col. 1:10).

c. El ministro de Dios obra para lograr un hombre perfecto, un hombre que se mida con la estatura de Cristo mismo, a la plena altura de su estatura.

"Cuando yo era niño, hablaba como niño, pensaba como niño, juzgaba como niño; mas cuando ya fui hombre, dejé lo que era de niño" (1 Co. 13:11).

"Pero el alimento sólido es para los que han alcanzado madurez, para los que por el uso tienen los sentidos ejercitados en el discernimiento del bien y del mal" (He. 5:14).

"Por tanto, dejando ya los rudimentos de la doctrina de Cristo, vamos adelante a la perfección; no echando otra vez el fundamento del arrepentimiento de obras muertas, de la fe en Dios" (He. 6:1).

"Vosotros también, poniendo toda diligencia por esto mismo, añadid a vuestra fe virtud; a la virtud, conocimiento; al conocimiento, dominio propio; al dominio propio, paciencia; a la paciencia, piedad" (2 P. 1:5-6).

"Antes bien, creced en la gracia y el conocimiento de nuestro Señor y Salvador Jesucristo. A él sea gloria ahora y hasta el día de la eternidad. Amén" (2 P. 3:18).

"Ocúpate en estas cosas; permanece en ellas, para que tu aprovechamiento sea manifiesto a todos" (1 Ti. 4:15).

3. Está el propósito personal para el profesional que carga con dones oficiales. Este propósito también implica tres partes.

a. Que ya no seamos niños ni inmaduros, descarriados por falsas enseñanzas. Nuevamente, el versículo es el mejor comentario sobre sí mismo. Los ministros nos han sido dados para alejarnos de ser "niños fluctuantes, llevados por doquiera de todo viento de [falsa] doctrina" o falsas enseñanzas. Siempre debemos recordar que hay algo...

- "estratagema de hombres": timadores, engañadores en la fe, hombres que nos engañarán para que no veamos la verdad.
- "que para engañar emplean con astucia las artimañas del error": timadores que actuarán en forma inteligente y que tendrán ideas nuevas que suenen correctas, pero que son solo engaños de la verdad.

Advierta que hay muchos de esos hombres, tantos que están solo mintiendo, deseando engañar.

"Guardaos de los falsos profetas, que vienen a vosotros con vestidos de ovejas, pero por dentro son lobos rapaces" (Mt. 7:15).

"Pues en vano me honran, enseñando como doctrinas, mandamientos de hombres" (Mt. 15:9).

"Y de vosotros mismos se levantarán hombres que hablen cosas perversas para arrastrar tras sí a los discípulos" (Hch. 20:30).

"Porque tales personas no sirven a nuestro Señor Jesucristo, sino a sus propios vientres, y con suaves palabras y lisonjas engañan los corazones de los ingenuos" (Ro. 16:18).

"No os dejéis llevar de doctrinas diversas y extrañas; porque buena cosa es afirmar el corazón con la gracia, no con viandas, que nunca aprovecharon a los que se han ocupado de ellas" (He. 13:9).

"Pero hubo también falsos profetas entre el pueblo, como habrá entre vosotros falsos maestros, que introducirán encubiertamente herejías destructoras, y aun negarán al Señor que los rescató, atrayendo sobre sí mismos destrucción repentina" (2 P. 2:1).

"Porque muchos engañadores han salido por el mundo, que no confiesan que Jesucristo ha venido en carne. Quien esto hace es el engañador y el anticristo" (2 Jn. 7).

b. Que crezcamos en todas las cosas, en Cristo. Advierta que hay una sola forma de hacer esto: Expresando y proclamando la verdad. Esta es la tarea del ministro.

"Ya vosotros estáis limpios por la palabra que os he hablado" (Jn. 15:3).

"Santifícalos en tu verdad; tu palabra es verdad" (Jn. 17:17).

"Habiendo purificado vuestras almas por la obediencia a la verdad, mediante el Espíritu, para el amor fraternal no fingido, amaos unos a otros entrañablemente, de corazón puro" (1 P. 1:22).

c. Que hagamos nuestra parte en la edificación de la iglesia. Advierta que *cada articulación o cada creyente "proporciona"* algo al cuerpo de Cristo (la iglesia). Y que lo que cada nueva articulación o creyente proporciona es muy importante. Advierta cómo se enfatiza la importancia: Cristo toma cada articulación o creyente y el creyente...

- Se une perfectamente con todos los demás creyentes.
- Compacta su obra con la provista por los demás creyentes.
- Tiene una obra eficiente y productiva junto con la que es medida por otros creyentes.
- Ayuda a incrementar el cuerpo.
- Ayuda a edificar el cuerpo en amor.

¿Qué más podría decirse acerca de la contribución que hace cada creyente? ¿Qué mayor desafío podría dársele a un creyente? Debemos dar todo lo que somos y tenemos para realizar la tarea. Hay mucho en juego para cada uno de nosotros. Un peso eterno de responsabilidad recae sobre cada creyente, puesto que cada uno es responsable de llegar a la gente y edificarla. Algunas personas nunca serán alcanzadas ni ministradas si uno de nosotros no hace lo que corresponde y se queda corto. Por este motivo, todos nosotros contamos con el don otorgado por Cristo Jesús nuestro Señor.

"Ahora bien, hay diversidad de dones, pero el Espíritu es el mismo. Y hay diversidad de ministerios, pero el Señor es el mismo. Y hay diversidad de operaciones, pero Dios, que hace todas las cosas en todos, es el mismo. Pero a cada uno le es dada la manifestación del Espíritu para provecho" (1 Co. 12:4-7).

"Ocúpate en estas cosas; permanece en ellas, para que tu aprovechamiento sea manifiesto a todos" (1 Ti. 4:15).

"Por tanto, nosotros todos, mirando a cara descubierta como en un espejo la gloria del Señor, somos transformados de gloria en gloria en la misma imagen, como por el Espíritu del Señor" (2 Co. 3:18).

"El justo florecerá como la palmera; crecerá como cedro en el Líbano" (Sal. 92:12).

"Mas la senda de los justos es como la luz de la aurora, que va en aumento hasta que el día es perfecto" (Pr. 4:18).

	C. El creyente debe caminar de manera diferente de los gentiles, 4:17-24	cometer con avidez toda clase de impureza.	f. Cediendo a toda suciedad con codicia
		20 Mas vosotros no habéis aprendido así a Cristo,	**2 El creyente debe caminar detrás de Cristo**
1 El creyente no debe caminar tras de los gentiles, esto es, como hombres impíos	17 Esto, pues, digo y requiero en el Señor: que ya no andéis como los otros gentiles, que andan en la vanidad de su mente,	21 si en verdad le habéis oído, y habéis sido por él enseñados, conforme a la verdad que está en Jesús.	a. El motivo: Él ha aprendido sobre Cristo, ha oído y ha sido enseñado por Él.
a. Con vacío mental		22 En cuanto a la pasada manera de vivir, despojaos del viejo hombre, que está viciado conforme a los deseos engañosos,	b. La forma de andar en Cristo
b. Con comprensión entenebrecida	18 teniendo el entendimiento entenebrecido, ajenos de la vida de Dios por la ignorancia que en ellos hay, por la dureza de su corazón;		1) Dejar de lado al hombre anterior
c. Separados de Dios		23 y renovaos en el espíritu de vuestra mente,	2) Ser renovado en la mente
1) Porque son ignorantes de Dios			
2) Porque los corazones son duros		24 y vestíos del nuevo hombre, creado según Dios en la justicia y santidad de la verdad.	3) Investirse del hombre nuevo
d. Estando más allá del sentimiento	19 los cuales, después que perdieron toda sensibilidad, se entregaron a la lascivia para		
e. Habiéndose entregado a la sensualidad obscena			

DIVISIÓN IV

EL CAMINO DEL CREYENTE CRISTIANO, 4:1—6:9

C. El creyente debe caminar de manera diferente de los gentiles, 4:17-24

(4:17-24) ***Introducción:*** Este pasaje contiene una verdad extraordinaria: Los creyentes no son ni gentiles ni judíos, son la *tercera raza* de gente. Por lo tanto, no deben andar como los hombres, sino que deben andar como Cristo.

1. El creyente no debe caminar tras de los gentiles, esto es, como hombres impíos (vv. 17-19).
2. El creyente debe caminar detrás de Cristo (vv. 20-24).

[1] (4:17-19) ***Creyente, Vida y camino:*** El creyente no debe caminar como los gentiles, es decir, como hombres impíos. Esto es muy importante. Recuerde: Pablo le está escribiendo a los gentiles. La iglesia de Éfeso era una iglesia gentil. Ahora advierta el versículo. En la versión autorizada se les dice a los creyentes que no caminen más como caminan "otros gentiles", como si siguieran estando clasificados como gentiles. Pero la palabra "otros" no figura en los mejores y más antiguos manuscritos. Así, la exhortación es la de "ya no caminar como caminan los gentiles". Esto es, los creyentes deben separarse de los gentiles. Ya no son clasificados como gentiles o judíos (cp. 1 Co. 10:32). ¿Entonces quiénes son los creyentes? Lo que se quiere decir es que son *una tercera raza en la tierra.* Son la *nueva creación;* la creación de un *cuerpo nuevo* de personas, una *nueva nación,* una *nueva raza.* Son los hijos de Dios que van a habitar los *nuevos cielos y tierra.* (F. F. Bruce hace este comentario y se refiere a dos antiguos autores que también utilizaron la frase de una *tercera raza:* Clemente de Alejandría en sus Misceláneas (VI. 5:39), un documento del siglo II denominado la *Prédica de Pedro* y Diogeneto en su obra del siglo II, *La epístola a Diogeneto,* capítulo 1. Llaman a los cristianos "una nueva raza", una raza diferente de los judíos y los griegos. *The Epistles to the Ephesians,* p. 90). (Véase notas, Lc. 8:21; Ef. 2:11-18; 2:14-15; 2:19-22; 4:17-19).

El punto es este: Los creyentes no deben caminar como lo hacen *otros hombres.* ¿Por qué? Porque los creyentes son criaturas nuevas en Cristo Jesús, y el camino de otros hombres no complace a Dios. ¿Qué es lo que hacen otros hombres que no le complace a Dios? Este pasaje presenta cinco rasgos de los incrédulos que no complacen a Dios. Recuerde: Los creyente no tienen que tener nada que ver con ninguno de ellos. Nunca deben regresar a los senderos de su vida anterior.

1. Los incrédulos caminan en la *vanidad de su mente* (v. 17). La *mente* (nous) incluye la capacidad de desear y de hacer la verdad así como también de conocer la verdad. Incluye la moralidad y el razonamiento y la comprensión. La palabra "vano" significa vacío, fútil, sin sentido, sin objetivo, sin éxito, sin valor.

Cuando los hombres sacan a Dios fuera de su mente, sus mentes están vacías de Dios, de su verdad y moralidad. *Dios no está en sus pensamientos.* Sus mentes están preparadas para ser llenadas con algún otro dios o supremacía, es decir, con las cosas del mundo:

- placeres mundanos
- religiones mundanas
- posesiones mundanas
- ideas mundanas
- poder mundano
- honra mundana
- posición mundana
- dioses mundanos

> **"Y vio Jehová que la maldad de los hombres era mucha en la tierra, y que todo designio de los pensamientos del corazón de ellos era de continuo solamente el mal" (Gn. 6:5).**

“El malo, por la altivez de su rostro, no busca a Dios; no hay Dios en ninguno de sus pensamientos” (Sal. 10:4).

“Jehová conoce los pensamientos de los hombres, que son vanidad” (Sal. 94:11).

“Seis cosas aborrece Jehová, y aun siete abomina su alma: Los ojos altivos, la lengua mentirosa, las manos derramadoras de sangre inocente, el corazón que maquina *pensamientos inicuos,* los pies presurosos para correr al mal, el testigo falso que habla mentiras, y el que siembra discordia entre hermanos” (Pr. 6:16-19).

“Abominación son a Jehová los pensamientos del malo; mas las expresiones de los limpios son limpias” (Pr. 15:26).

“Y me dijo: Hijo de hombre, ¿has visto las cosas que los ancianos de la casa de Israel hacen en tinieblas, cada uno en sus cámaras pintadas de imágenes? Porque dicen ellos: No nos ve Jehová; Jehová ha abandonado la tierra” (Ez. 8:12).

La mente del hombre camina tras estas cosas, negando, ignorando y rechazando a Dios. El creyente nunca debe regresar al *camino de una mente vacía.* Nunca más debe permitir que su mente se vacíe de Dios.

2. Los incrédulos caminan con su *entendimiento entenebrecido* (v. 18). *Entender* significa comprender, asir, percibir. Estar *entenebrecido* significa estar ciego y no poder ver. El incrédulo no comprende ni entiende a Dios. Su entendimiento está entenebrecido y ciego e incapaz de ver a Dios. Con frecuencia comprende este mundo y las cosas de este mundo, y entrega su vida a las cosas de este mundo. Pero no es capaz de comprender a Dios y a su plan eterno para el mundo a través del Señor Jesucristo.

El creyente no debe permitir que se entenebrezca su entendimiento. No debe regresar al mundo de los ciegos espirituales, al mundo de los que caminan con el entendimiento entenebrecido.

“No saben, no entienden, andan en tinieblas; tiemblan todos los cimientos de la tierra” (Sal. 82:5).

“Que dejan los caminos derechos, para andar por sendas tenebrosas” (Pr. 2:13).

“El camino de los impíos es como la oscuridad; no saben en qué tropiezan” (Pr. 4:19).

“Porque el corazón de este pueblo se ha engrosado, y con los oídos oyeron pesadamente, y sus ojos han cerrado, para que no vean con los ojos, y oigan con los oídos, y entiendan de corazón, y se conviertan, y yo los sane” (Hch. 28:27).

“En los cuales el dios de este siglo cegó el entendimiento de los incrédulos, para que no les resplandezca la luz del evangelio de la gloria de Cristo, el cual es la imagen de Dios” (2 Co. 4:4).

“Teniendo el entendimiento entenebrecido, ajenos de la vida de Dios por la ignorancia que en ellos hay, por la dureza de su corazón” (Ef. 4:18).

“Estas siempre están aprendiendo, y nunca pueden llegar al conocimiento de la verdad” (2 Ti. 3:7).

3. Los incrédulos caminan *ajenos de la vida de Dios.* Los incrédulos están muertos espiritualmente y destinados a la muerte eterna. “Ajeno” (apallotrio) significa estar alejado, separado, cortado, apartado. Siempre hay sentimientos no amistosos u hostiles involucrados en el estar ajeno. El incrédulo está *ajeno* de la vida de Dios. Él está...

- Separado de Dios con sentimientos poco amistosos u hostiles.
- Alejado de Dios con sentimientos poco amistosos u hostiles.
- Cortado de Dios con sentimientos poco amistosos u hostiles.
- Apartado de Dios con sentimientos poco amistosos u hostiles.

¿Por qué? No debido a Dios. La Biblia es clara respecto de este tema. Los incrédulos están ajenos de Dios por su propia ignorancia intencionada y su dureza de corazón. La palabra “ceguera” es la peor dureza (porosis) en griego. Advierta las palabras “en ellos”. La causa está “en ellos”.

□ Eligen ser ignorantes dentro de sus mentes, eligen ser ignorantes de Dios.

□ Eligen endurecer sus propios corazones.

Los incrédulos son responsables de su propia muerte. Dios ha provisto la fuente de la juventud para el hombre, el camino para que el hombre viva para siempre. Dios ha dado su vida, es decir, la vida eterna, al hombre. La única forma en que el hombre puede perder el don de Dios de una vida eterna es rechazando a Dios y su don.

“Este pueblo de labios me honra; mas su corazón está lejos de mí” (Mt. 15:8).

“Porque de tal manera amó Dios al mundo, que ha dado a su Hijo unigénito, para que todo aquel que en él cree, no se pierda, mas tenga vida eterna. Porque no envió Dios a su Hijo al mundo para condenar al mundo, sino para que el mundo sea salvo por él. El que en él cree, no es condenado; pero el que no cree, *ya ha sido condenado,* porque no ha creído en el nombre del unigénito Hijo de Dios. Y esta es la condenación: que la luz vino al mundo, y los hombres amaron más las tinieblas que la luz, porque sus obras eran malas” (Jn. 3:16-19).

“Porque el corazón de este pueblo se ha engrosado, y con los oídos oyeron pesadamente, y sus ojos han cerrado, para que no vean con los ojos, y oigan con los oídos, y entiendan de corazón, y se conviertan, y yo los sane” (Hch. 28:27).

“En aquel tiempo estabais sin Cristo, alejados de la ciudadanía de Israel y ajenos a los pactos de la promesa, sin esperanza y sin Dios en el mundo” (Ef. 2:12).

“Pero la que se entrega a los placeres, viviendo está muerta” (1 Ti. 5:6).

“Se apartaron los impíos desde la matriz; se descarriaron hablando mentira desde que nacieron” (Sal. 58:3).

“Así dijo Jehová: ¿Qué maldad hallaron en mí vuestros padres, que se alejaron de mí, y se fueron tras la vanidad y se hicieron vanos?” (Jer. 2:5).

“Para tomar a la casa de Israel por el corazón, ya que se han apartado de mí todos ellos por sus ídolos” (Ez. 14:5).

4. Los incrédulos están *más allá de los sentimientos* (apalgeo), es decir, llegan a un punto en el que ya no tienen sentimientos por Dios y su norma de moralidad. Estar en esa situación significa volverse endurecido, insensible, calloso. Cuanto más una persona camina sin Dios más insensible se

vuelve a Dios. Cuanto más una persona camina en el pecado, más insensible se vuelve su conciencia a la justicia. El pecado se convierte en algo cada vez más aceptable. La conciencia de la persona ya no lo molesta. Llegan a un punto de estar *más allá de los sentimientos.* El creyente no regresa al pecado. No debe caminar como lo hacen otros hombres, en el pecado, volviéndose indiferentes e insensibles a Dios.

"Porque el corazón de este pueblo se ha engrosado, y con los oídos oyeron pesadamente, y sus ojos han cerrado, para que no vean con los ojos, y oigan con los oídos, y entiendan de corazón, y se conviertan, y yo los sane" (Hch. 28:27).

"Los cuales, después que perdieron toda sensibilidad, se entregaron a la lascivia para cometer con avidez toda clase de impureza" (Ef. 4:19).

"Por la hipocresía de mentirosos que, teniendo cauterizada la conciencia" (1 Ti. 4:2).

"Acerca de esto tenemos mucho que decir, y difícil de explicar, por cuanto os habéis hecho tardos para oír" (He. 5:11).

5. Los incrédulos se entregan a la *lascivia,* a toda forma de vida sensual (ver nota, *Lascivia,* punto 4 – Gá. 5:19-21 para una discusión más profunda).

6. Los incrédulos se complacen a sí mismos en toda impureza y codicia. La palabra "impureza" (akatharsias) significa estar sucio y mugriento, estar infestado con todo tipo de comportamiento impuro, inmoral, sucio y contaminado. Es el comportamiento más inmoral imaginable. Es la *lujuria irrefrenable.*

"Pero yo os digo que cualquiera que mira a una mujer para codiciarla, ya adulteró con ella en su corazón" (Mt. 5:28).

"Hablo como humano, por vuestra humana debilidad; que así como para iniquidad presentasteis vuestros miembros para servir a la inmundicia y a la iniquidad, así ahora para santificación presentad vuestros miembros para servir a la justicia" (Ro. 6:19).

"Pero fornicación y toda inmundicia, o avaricia, ni aun se nombre entre vosotros, como conviene a santos" (Ef. 5:3).

"Pues no nos ha llamado Dios a inmundicia, sino a santificación" (1 Ts. 4:7).

"Honroso sea en todos el matrimonio, y el lecho sin mancilla; pero a los fornicarios y a los adúlteros los juzgará Dios" (He. 13:4).

7. La palabra "codicia" (pleonexia) significa avaricia, envidia, ambición, deseo de tener cada vez más, acaparando todo lo que uno pueda conseguir y seguir deseando más. Es estar esclavizado por las cosas de esta tierra: Por ejemplo, los alimentos, la bebida, y una hueste de pecados carnales y un comportamiento centrado en uno mismo.

Los creyentes no deben caminar en una vida como esa. No deben caminar como caminan otros hombres.

"No codiciarás la casa de tu prójimo, no codiciarás la mujer de tu prójimo, ni su siervo, ni su criada, ni su buey, ni su asno, ni cosa alguna de tu prójimo" (Éx. 20:17).

"Porque desde el más chico de ellos hasta el más grande, cada uno sigue la avaricia; y desde el profeta hasta el sacerdote, todos son engañadores" (Jer. 6:13).

"Y vendrán a ti como viene el pueblo, y estarán delante de ti como pueblo mío, y oirán tus palabras, y no las pondrán por obra; antes hacen halagos con sus bocas, y el corazón de ellos anda en pos de su avaricia" (Ez. 33:31).

"Codician las heredades, y las roban; y casas, y las toman; oprimen al hombre y a su casa, al hombre y a su heredad" (Mi. 2:2).

"¡Ay del que codicia injusta ganancia para su casa, para poner en alto su nido, para escaparse del poder del mal!" (Hab. 2:9).

"Y les dijo: Mirad, y guardaos de toda avaricia; porque la vida del hombre no consiste en la abundancia de los bienes que posee" (Lc. 12:15).

"Haced morir, pues, lo terrenal en vosotros: fornicación, impureza, pasiones desordenadas, malos deseos y avaricia, que es idolatría" (Col. 3:5).

[2] (4:20-24) ***Creyente, Camino, Hombre viejo, Hombre nuevo:*** El creyente debe *caminar con Cristo.* No debe caminar como lo hacen los hombres. La razón está expresada claramente: Los creyentes no aprendieron una vida tan pecaminosa de Cristo. Cristo no vivió una vida pecaminosa y Él no nos ha enseñado a vivir una vida pecaminosa como las que viven otros hombres. Si un hombre ha oído a Cristo y ha recibido las enseñanzas de Cristo, entonces ha oído y ha recibido las enseñanzas de *la verdad.* Advierta que el Maestro es Cristo mismo, no el ministro. Por medio del Espíritu Santo, Cristo utiliza el cuerpo y la voz del ministro para enseñar a las personas cómo deben vivir. Si una persona realmente ha oído a Cristo hablarle a su corazón, entonces lo que oyó no fue el tipo de vida vivida por los incrédulos. El verdadero camino es un camino en Cristo, y un camino en Cristo involucra tres acciones. (Debido a su importancia y longitud, las tres acciones se tratan en notas separadas).

1. El creyente debe *quitarse el hombre viejo* (ver *Estudio a fondo 1,* Ef. 4:22 para una mayor discusión al respecto.

2. El creyente debe ser *renovado en el espíritu de su mente* (ver *Estudio a fondo 2,* Ef. 4:23 para una mayor discusión al respecto).

3. El creyente debe *vestirse del hombre nuevo* (ver *Estudio a fondo 3,* Ef. 4:24 para una discusión más profunda al respecto).

ESTUDIO A FONDO 1

(4:22) ***Hombre viejo:*** El "hombre viejo" se refiere a cómo es el hombre *antes de aceptar a Cristo.* Es la verdadera *naturaleza del hombre,* la simiente *natural,* lógica que se pasa de generación en generación y conduce a la muerte. Es lo que se llama la naturaleza de Adán. (Véase nota, *Hombre natural,* 1 Co. 2:14 para una discusión mucho más detallada).

Se enseñan tres cosas sobre el hombre viejo en las Escrituras.

1. El *hombre viejo* del creyente ya ha sido asesinado. Fue crucificado con Cristo (Ro. 6:6). Cuando el creyente recibió a Cristo, Dios comenzó de inmediato a considerarlo enterrado con Cristo como si hubiera muerto con Él. Este es el significado simbolizado en el bautismo.

2. Los hechos del hombre viejo han sido *quitados* del creyente (Col. 3:9). El poder de los hechos malignos han sido rotos y el creyente ya no es esclavo de los mismos.

3. En este pasaje, se exhorta al creyente mismo a *quitarse el hombre viejo.* Se le dice que ejerza su propia voluntad para quitarse al *hombre viejo.* Él quiere hacerlo advirtiendo y actuando sobre tres verdades.

a. El hombre viejo, desde la perspectiva de Dios, es considerado muerto. Por lo tanto, el creyente *considera* a su hombre viejo como ya muerto.

"Así también vosotros consideraos muertos al pecado, pero vivos para Dios en Cristo Jesús, Señor nuestro" (Ro. 6:11).

b. El hombre viejo es reconocido como estando muy vivo. El hombre viejo es tentado a *mirar, degustar, sentir, pensar, a experimentar el pecado.* Pero el creyente rechaza la tentación. Se rehúsa a participar del pecado. Se quita el hombre viejo mientras camina día tras día.

"No reine, pues, el pecado en vuestro cuerpo mortal, de modo que lo obedezcáis en sus concupiscencias; ni tampoco presentéis vuestros miembros al pecado como instrumentos de iniquidad, sino presentaos vosotros mismos a Dios como vivos de entre los muertos, y vuestros miembros a Dios como instrumentos de justicia" (Ro. 6:12-13).

c. Al hombre viejo (incluyendo toda la creación) se lo ve envejeciendo y muriendo día tras día. El creyente se da cuenta que este mundo y todo lo que está en él, incluyendo su hombre viejo, está en un proceso constante de muerte. Sabe que todo se está muriendo porque los deseos malignos de la naturaleza son engañosos, y el engaño produce disturbios y destruye las relaciones, la verdadera naturaleza de las cosas (Ef. 4:22). Dicha destrucción deteriora y corrompe. Corroe la vida y el equilibrio de las cosas hasta que todas las cosas se convierten en nada más que materia arruinada. Por lo tanto, el creyente se quita el hombre viejo y se inviste del hombre nuevo, por la fe en el amor de Dios. Cuando una persona cree en el amor de Dios, Dios responde amándolo tanto que Él crea un hombre permanente a partir de la persona, un hombre nuevo que va a vivir eternamente y se convertirá en un ciudadano de los nuevos cielos y tierra.

"Sabiendo esto, que nuestro viejo hombre fue crucificado juntamente con él, para que el cuerpo del pecado sea destruido, a fin de que no sirvamos más al pecado" (Ro. 6:6).

"En cuanto a la pasada manera de vivir, despojaos del viejo hombre, que está viciado conforme a los deseos engañosos" (Ef. 4:22).

"No mintáis los unos a los otros, habiéndoos despojado del viejo hombre con sus hechos" (Col. 3:9).

"Baste ya *el tiempo pasado* para haber hecho lo que agrada a los gentiles, andando en lascivias, concupiscencias, embriagueces, orgías, disipación y abominables idolatrías" (1 P. 4:3).

"Pero el que no tiene estas cosas tiene la vista muy corta; es ciego, habiendo olvidado la purificación de sus antiguos pecados" (2 P. 1:9).

ESTUDIO A FONDO 2

(4:23) ***Mente renovada:*** La mente de los creyentes debe ser renovada (ananeousthai), lo que significa creada de nuevo, vuelta a ajustar, cambiada, modificada y regenerada.

a. La mente del hombre ha sido afectada por el pecado. Necesita desesperadamente ser renovada. La mente está lejos de ser perfecta. Es *básicamente mundana,* es decir...

- egoísta
- centrada en este mundo
- centrada en sí misma
- centrada en la carne
- buscándose en sí misma
- centrada en esta vida

Las Escrituras son claras respecto de la corrupción de la mente del hombre. La mente humana ha sido trágicamente corrompida por el egoísmo y el pecado del hombre. La mente del hombre...

- Se ha vuelto *vana,* vacía y fútil en sus *imaginaciones.*

"Pues habiendo conocido a Dios, no le glorificaron como a Dios, ni le dieron gracias, sino que se envanecieron en sus razonamientos, y su necio corazón fue entenebrecido" (Ro. 1:21).

- Se ha vuelto *reprobada.*

"Y como ellos no aprobaron tener en cuenta a Dios, Dios los entregó a una mente reprobada, para hacer cosas que no convienen" (Ro. 1:28).

- Se ha vuelto carnal y llena de enemistad en contra de Dios.

"Por cuanto los designios de la carne son enemistad contra Dios; porque no se sujetan a la ley de Dios, ni tampoco pueden" (Ro. 8:7).

- Se ha vuelto cegada por Satanás a menos que crea en el glorioso evangelio de Cristo.

"En los cuales el dios de este siglo cegó el entendimiento de los incrédulos, para que no les resplandezca la luz del evangelio de la gloria de Cristo, el cual es la imagen de Dios" (2 Co. 4:4).

- Se ha tornado *llena* de vanidad, futilidad, vacío.

"Esto, pues, digo y requiero en el Señor: que ya no andéis como los otros gentiles, que andan en la vanidad de su mente" (Ef. 4:17).

- Se ha concentrado en cosas terrenales.

"Porque por ahí andan muchos, de los cuales os dije muchas veces, y aun ahora lo digo llorando, que son enemigos de la cruz de Cristo; el fin de los cuales será perdición, cuyo dios es el vientre, y cuya gloria es su vergüenza; que sólo piensan en lo terrenal" (Fil. 3:18-19).

- Se ha vuelto ajena de Dios y se ha convertido en un enemigo de Dios.

"Y a vosotros también, que erais en otro tiempo extraños y enemigos en vuestra mente, haciendo malas obras, ahora os ha reconciliado" (Col. 1:21).

• Se ha vuelto carnal.

"Nadie os prive de vuestro premio, afectando humildad y culto a los ángeles, entremetiéndose en lo que no ha visto, vanamente hinchado por su propia mente carnal" (Col. 2:18).

• Se ha contaminado.

"Todas las cosas son puras para los puros, mas para los corrompidos e incrédulos nada les es puro; pues hasta su mente y su conciencia están corrompidas" (Tit. 1:15).

b. La mente es renovada por la presencia de Cristo en la vida del creyente. Cuando una persona recibe al Señor Jesucristo como su Señor, el hombre *espiritualmente...*

• Nace de nuevo (Jn. 3:3-8; 1 P. 1:23).
• Se convierte en un hombre nuevo (Ef. 4:24; Col. 3:10).
• Se convierte en una criatura nueva (2 Co. 5:17).
• Recibe la mente de Cristo (1 Co. 2:16; cp. vv. 9-15).

Lo que esto significa es una maravillosa verdad, y se la ve claramente. Cuando una persona recibe a Jesucristo en su vida, recibe también la mente de Cristo. Cristo coloca su mente en la mente del creyente, esto es, Cristo cambia la mente del creyente para que se centre en Dios. Mientras que la mente del creyente solía estar centrada en el mundo, ahora está centrada en asuntos espirituales. La mente del creyente es renovada, cambiada, modificada y regenerada para que se centre en Dios. Sin embargo, es crucial recordar que solo Cristo puede renovar la mente humana. Solo Cristo puede implantar *la mente de Cristo* en una persona. Solo Cristo puede darle a una persona sus pensamientos y el espíritu para *vivir* sus pensamientos.

c. El creyente debe vivir una vida transformada, es decir, que debe caminar día tras día *renovando cada vez más su mente.* Él le está permitiendo al Espíritu de Cristo (el Espíritu Santo) centrar su mente cada vez más en Dios y en las cosas espirituales.

 El creyente debe amar al Señor con toda su mente.

"Jesús le dijo: Amarás al Señor tu Dios con todo tu corazón, y con toda tu alma, y con toda tu mente" (Mt. 22:37).

 El creyente debe tener su mente puesta en cosas espirituales, no en cosas carnales.

"Porque los que son de la carne piensan en las cosas de la carne; pero los que son del Espíritu, en las cosas del Espíritu. Porque el ocuparse de la carne es muerte, pero el ocuparse del Espíritu es vida y paz" (Ro. 8:5-6).

 El creyente debe dejar de lado las imaginaciones y todo pensamiento que interrumpa su conocimiento de Dios y captar todo pensamiento para Cristo.

"Pues aunque andamos en la carne, no militamos según la carne; porque las armas de nuestra milicia no son carnales, sino poderosas en Dios para la destrucción de fortalezas, derribando argumentos y toda altivez que se levanta contra el conocimiento de Dios, y llevando cautivo todo pensamiento a la obediencia a Cristo" (2 Co. 10:3-5).

 El creyente no debe permitir que se corrompa su mente.

"Pero temo que como la serpiente con su astucia engañó a Eva, vuestros sentidos sean de alguna manera extraviados de la sincera fidelidad a Cristo" (2 Co. 11:3).

 El creyente no debe satisfacer los deseos de la carne y de la mente.

"Entre los cuales también todos nosotros vivimos en otro tiempo en los deseos de nuestra carne, haciendo la voluntad de la carne y de los pensamientos, y éramos por naturaleza hijos de ira, lo mismo que los demás" (Ef. 2:3).

 El creyente no debe andar como anda el mundo, en la vanidad de su mente.

"Esto, pues, digo y requiero en el Señor: que ya no andéis como los otros gentiles, que andan en la vanidad de su mente" (Ef. 4:17).

 El creyente debe ser renovado en el espíritu de su mente.

"Y renovaos en el espíritu de vuestra mente" (Ef. 4:23).

 El creyente debe permitir que la mente de Cristo esté en él caminando humildemente ante Dios y los hombres.

"Haya, pues, en vosotros este sentir que hubo también en Cristo Jesús" (Fil. 2:5).

 El creyente debe pensar únicamente en las cosas de la alabanza y la virtud.

"Por lo demás, hermanos, todo lo que es verdadero, todo lo honesto, todo lo justo, todo lo puro, todo lo amable, todo lo que es de buen nombre; si hay virtud alguna, si algo digno de alabanza, en esto pensad" (Fil. 4:8).

 El creyente debe vivir las leyes de Dios que Dios ha colocado en su mente.

"Por lo cual, este es el pacto que haré con la casa de Israel después de aquellos días, dice el Señor: Pondré mis leyes en la mente de ellos, y sobre su corazón las escribiré; y seré a ellos por Dios, y ellos me serán a mí por pueblo" (He. 8:10).

 El creyente debe armarse con la misma mente de Cristo al soportar el sufrimiento.

"Puesto que Cristo ha padecido por nosotros en

la carne, vosotros también armaos del mismo pensamiento; pues quien ha padecido en la carne, terminó con el pecado" (1 P. 4:1).

ESTUDIO A FONDO 3

(4:24) ***Hombre nuevo:*** Un hombre *regenerado, renovado, nacido de nuevo* que ha adoptado una mente espiritual. Es un *hombre nuevo* creado por Cristo. Le ha estado dando una naturaleza santa y una vida incorruptible. Es lo opuesto al *hombre viejo* con naturaleza corrupta. Es un hombre que...

- Está en fraternidad con Dios.
- Es obediente a la voluntad de Dios.
- Es devoto al servicio de Dios.

Hay dos palabras griegas traducidas como la palabra española *nuevo.* Está la palabra *neos* que se refiere a algo nuevo que acaba de crearse, pero que hay ya muchos otros iguales en existencia. Está la palabra *kainos* que se refiere a algo nuevo, algo que se acaba de hacer y que no hay nada en existencia como eso. Aquí se emplea la palabra *kainos.* Jesucristo crea por completo un *hombre nuevo,* una creación diferente de cualquier otra creación existente. El creyente gentil no es convertido en judío, ni el judío en gentil. Cada uno, a través del Señor Jesucristo, es creado como *un nuevo tipo de persona, un hombre nuevo en Dios.* Cada persona *puede comenzar la vida nuevamente.* Cada persona puede tener un nuevo comienzo, una nueva vida acercándose a Jesucristo.

¿Cómo es esto posible? Por el poder de Dios. Cuando una persona cree en el Hijo de Dios, el Señor Jesucristo –realmente cree y confía su vida en las manos de Jesucristo– Dios crea el espíritu de la persona en justicia y verdadera santidad. Dios toma la fe de la persona y *la acredita como la justicia de Jesucristo.* Dios, en realidad, acredita la fe de la persona *como la justicia perfecta y la santidad de Jesucristo.* Por lo tanto, la persona está frente a Dios en la justicia y santidad de Jesucristo. Pero advierta: Esto no es lo único que hace Dios. Él hace más cosas maravillosas por el creyente, todo relacionado con crear al creyente como una persona nueva.

1. Dios aviva el espíritu del creyente y hace que su espíritu esté vivo. Mientras que el espíritu del creyente estaba muerto para Dios, Dios lo crea y lo convierte en vivo para Él.
2. Dios hace que el creyente nazca espiritualmente de nuevo.
3. Dios coloca su naturaleza divina en el corazón del creyente.
4. Dios crea un nuevo hombre en el creyente.
5. Dios renueva al creyente por medio del Espíritu Santo.

	D. El creyente debe caminar quitándose las vestiduras del hombre anterior, 4:25-32	29 Ninguna palabra corrompida salga de vuestra boca, sino la que sea buena para la necesaria edificación, a fin de dar gracia a los oyentes.	**4 La vestidura de la palabra inútil** a. La acusación: Hablar bien únicamente b. El motivo: Edificar a los demás
1 La vestidura de la mentira a. La acusación: Desechar b. El motivo: Los creyentes son un cuerpo	25 Por lo cual, desechando la mentira, hablad verdad cada uno con su prójimo; porque somos miembros los unos de los otros.	30 Y no contristéis al Espíritu Santo de Dios, con el cual fuisteis sellados para el día de la redención.	**5 La vestidura de oponerse** a. La acusación: No angustiar al Espíritu Santo b. El motivo: Él nos sella
2 La vestidura del enojo a. La acusación: Tratar con b. El motivo: Puede ser el lugar del diablo	26 Airaos, pero no pequéis; no se ponga el sol sobre vuestro enojo, 27 ni deis lugar al diablo.	31 Quítense de vosotros toda amargura, enojo, ira, gritería y maledicencia, y toda malicia.	**6 La vestidura de la falta de benignidad** a. La acusación: Desvestirse b. El motivo: Dios te perdonó
3 La vestidura del robo a. La acusación: Obra b. El motivo: Ayudar a los necesitados	28 El que hurtaba, no hurte más, sino trabaje, haciendo con sus manos lo que es bueno, para que tenga qué compartir con el que padece necesidad.	32 Antes sed benignos unos con otros, misericordiosos, perdonándoos unos a otros, como Dios también os perdonó a vosotros en Cristo.	**7 La vestidura del hombre nuevo** a. La acusación: Vestirse b. El motivo: Estás perdonado

DIVISIÓN IV

EL CAMINO DEL CREYENTE CRISTIANO, 4:1—6:9

D. El creyente debe caminar quitándose las vestiduras del hombre anterior, 4:25-32

(4:25-32) ***Introducción:*** Este es un pasaje sumamente práctico. Cuando una persona se viste, quiere estar seguro de ponerse la ropa correcta. Si se *viste inadecuadamente* y se pone ropas que choquen y son inaceptables, él se vuelve inaceptable y rechazado por la mayoría de las personas. La mayor parte de la gente evita a la persona que está vestida inadecuadamente, puesto que los avergüenza. Lo mismo sucede con Dios. Hay cosas que debemos ponernos y cosas que no debemos ponernos. Cosas que deben vestir nuestra vida y cosas que no deben vestir nuestra vida. Este pasaje trata sobre las cosas de las que hay que despojarse. El creyente debe quitarse las vestiduras del hombre viejo.

1. La vestidura de la mentira (v. 25).
2. La vestidura del enojo (vv. 26-27).
3. La vestidura del robo (v. 28).
4. La vestidura de la palabra inútil (v. 29).
5. La vestidura de oponerse (v. 30).
6. La vestidura de la falta de benignidad (v. 31).
7. La vestidura del hombre nuevo (v. 32).

[1] (4:25) ***Mentir:*** El creyente debe despojarse de la vestidura de mentir (pseudo). (Véase nota, *Falso testimonio,* Ro. 13:9 para una discusión más detallada). La palabra mentir significa eso que es falso. Es falta de verdad, engaño, mala representación, exageración.

1. Una mentira hace por lo menos tres cosas.
   a. Mentir da una mala representación de la verdad. Disfraza y oculta la verdad. La persona a la cual se miente no conoce la verdad, por lo tanto, debe actuar o vivir sobre una mentira. Si la mentira es seria, puede ser muy dañina:
      - Una mentira sobre un asunto de negocios puede costar dinero y ocasionar una pérdida terrible.
      - Una mentira sobre la salvación del evangelio puede costarle a una persona la esperanza de la vida eterna.
      - Una mentira sobre el amor puede motivar emociones que conduzcan a la destrucción.

   b. La mentira engaña a una persona. La confunde. Una persona engaña...
      - Para obtener lo que desea.
      - Para seducir a alguien.
      - Para ocultar o esconder algo.
      - Para ocasionar daño o para lastimar.

   El punto importante aquí es que mentir es un engaño, y el engaño finalmente ocasiona malos entendidos, desilusión, perplejidad, desvalidez y trastornos emocionales.

   c. La mentira entabla una relación incorrecta, una relación que se construye sobre arenas movedizas. Dos personas de ninguna manera pueden ser amigas ni vivir juntas si la relación se basa en mentiras. La mentira destruye...
      - la confianza
      - el amor
      - el respeto
      - la apertura emocional
      - la seguridad
      - la esperanza

2. Las Escrituras brindan una fuerte razón para que los creyentes digan solo la verdad: son miembros de la misma comunidad. Cada creyente es un miembro del gran cuerpo de

personas que Dios está construyendo, el cuerpo de Cristo, es decir, la iglesia. William Barclay lo describe excelentemente:

> *"Solo podemos vivir seguros porque los sentidos y los nervios pasan mensajes verdaderos al cerebro. Si, de hecho, los sentidos y los nervios transmitieran mensajes falsos al cerebro, si, por ejemplo, le dijeran al cerebro que algo es frío y que se lo puede tocar cuando en realidad es caliente y quema, la vida pronto llegaría a su fin. Un cuerpo puede funcionar con precisión y sanamente cuando cada parte del mismo transmite mensajes verdaderos al cerebro y a las otras partes. Si entonces todos estamos involucrados con un solo cuerpo, ese cuerpo solo puede funcionar cuando decimos la verdad. Todo engaño obstaculiza la obra del cuerpo de Cristo"* (The Letters to the Galatians and Ephesians, p. 184).

3. El creyente debe ser coherente con lo que dice. No debe haber nada oculto, nada escondido, ninguna vergüenza, ninguna simulación. Debe ser exactamente el mismo ante los hombres que como es en privado e igualmente como es en privado que como lo es ante los hombres. Su vida no debe ser una mentira.

- Mentir o dar falso testimonio es uno de los Diez Mandamientos.

  "No hablarás contra tu prójimo falso testimonio" (Éx. 20:16).

- Mentir es un pecado importante que contamina al hombre.

  "Porque del corazón salen los malos pensamientos, los homicidios, los adulterios, las fornicaciones, los hurtos, los falsos testimonios, las blasfemias" (Mt. 15:19).

- Mentir es tomar un lugar al lado del padre de las mentiras, el diablo.

  "Vosotros sois de vuestro padre el diablo, y los deseos de vuestro padre queréis hacer. El ha sido homicida desde el principio, y no ha permanecido en la verdad, porque no hay verdad en él. Cuando habla mentira, de suyo habla; porque es mentiroso, y padre de mentira" (Jn. 8:44).

- Mentir está estrechamente relacionado con la idolatría. Hace que una persona profese otra cosa que no es la verdad.

  "No entrará en ella ninguna cosa inmunda, o que hace abominación y mentira, sino solamente los que están inscritos en el libro de la vida del Cordero" (Ap. 21:27).

  "Mas los perros estarán fuera, y los hechiceros, los fornicarios, los homicidas, los idólatras, y todo aquel que ama y hace mentira" (Ap. 22:15).

- Mentir o engañar a los hombres es una característica del anticristo.

  "Inicuo cuyo advenimiento es por obra de Satanás, con gran poder y señales y prodigios mentirosos" (2 Ts. 2:9).

- Mentir no es lo que profesa ser.

  "No os he escrito como si ignoraseis la verdad, sino porque la conocéis, y porque ninguna mentira procede de la verdad" (1 Jn. 2:21).

  "Inicuo cuyo advenimiento es por obra de Satanás, con gran poder y señales y prodigios mentirosos" (2 Ts. 2:9).

- Mentir es lo opuesto a decir la verdad.

  "Pero la unción que vosotros recibisteis de él permanece en vosotros, y no tenéis necesidad de que nadie os enseñe; así como la unción misma os enseña todas las cosas, y es verdadera, y no es mentira, según ella os ha enseñado, permaneced en él" (1 Jn. 2:27).

[2] (4:26-27) ***Enojo (orgizesthe):*** El creyente debe despojarse de la vestidura del enojo. Los hombres se enojan. Advierta que las Escrituras lo reconocen. Hay momentos donde cabe el enojo, pero debemos cuidarnos de pecar cuando nos enojamos. El enojo nos hace reaccionar, herir y lastimar a los demás, o bien nos motiva a corregir cosas que no están bien y a corregir injusticias.

1. Hay un enojo incorrecto o lo que podría llamarse enojo injustificado o egoísta.

   a. Existe el enojo que rumia, que es egoísta. Da lugar a la malicia. No olvida. Continúa. Rumia. Desea la venganza y a veces la busca.

   b. Está el enojo que guarda desdén (raca). Desprecia, ridiculiza, arrogantemente exalta el yo y llama a la otra persona vacía e inútil. Este es un enojo que está lleno de malicia. Desprecia y se burla (raca). Surge del orgullo, una ira orgullosa (Pr. 21:24). Tales sentimientos o enojo caminan y pisotean a una persona. Dice que cualquier cosa mala que le suceda a una persona es merecida.

   c. Está el enojo que maldice. Busca destruir a un hombre y a su reputación moral, intelectual y espiritualmente.

2. Está el enojo correcto o lo que podríamos llamar enojo justificado. El creyente debe ser una persona enojada, enojada con aquellos que pecan y hacen el mal y que son injustos y egoístas en su comportamiento. Sin embargo, un enojo justificado siempre es disciplinado y controlado. Siempre está limitado a los que hacen el mal respecto de Dios o en contra de los demás. La marca distintiva entre el enojo justificado y el injustificado es que el enojo justificado nunca es egoísta, nunca se lo demuestra por lo que le ha sucedido a uno mismo. Es un enojo que tiene un propósito. El creyente sabe que está enojado por una razón legítima, y busca corregir la situación de la manera más pacífica posible (ver notas, Ro. 12:18; Jn. 2:12-16).

"Airaos, pero no pequéis; no se ponga el sol sobre vuestro enojo" (Ef. 4:26).

"Si es posible, en cuanto dependa de vosotros, estad en paz con todos los hombres" (Ro. 12:18).

"Estaba cerca la pascua de los judíos; y subió Jesús a Jerusalén, y halló en el templo a los que vendían bueyes, ovejas y palomas, y a los cambistas allí sentados. Y haciendo un azote de cuerdas, echó fuera del templo a todos, y las ovejas y los bueyes; y esparció las monedas de los cambistas, y volcó las mesas; y dijo a los que vendían palomas: Quitad de aquí esto, y no hagáis de la casa de mi Padre casa de mercado" (Jn. 2:13-16).

Pensamiento 1: El enojo se vuelca sobre muchos. Con demasiada frecuencia existen sentimientos heridos entre los que se supone que son los más estrechos: esposo y esposa, padre e hijo, vecino y amigo, empleador y empleado. El Señor es claro respecto del asunto: nunca debemos permitir que el enojo tome control de nosotros sin causa justa.

3. Advierta que el diablo explota el enojo egoísta y lo usa para sus propios fines. Siembra discordia, disturbios y disenso. Pablo usualmente prefiere utilizar la palabra "satnas" por Satanás, pero aquí utiliza "diabolos". "Diabolos" significa injuriador, un contador de mentiras que asesina las reputaciones. (Véase notas, *Enojo,* Mt. 5:21; 5:22 para mayor discusión al respecto).

"Pero ahora dejad también vosotros todas estas cosas: ira, enojo, malicia, blasfemia, palabras deshonestas de vuestra boca" (Col. 3:8).

"Por esto, mis amados hermanos, todo hombre sea pronto para oír, tardo para hablar, tardo para airarse" (Stg. 1:19).

"Todo aquel que aborrece a su hermano es homicida; y sabéis que ningún homicida tiene vida eterna permanente en él" (1 Jn. 3:15).

"Deja la ira, y desecha el enojo; no te excites en manera alguna a hacer lo malo" (Sal. 37:8).

"El que fácilmente se enoja hará locuras; y el hombre perverso será aborrecido" (Pr. 14:17).

"Mejor es el que tarda en airarse que el fuerte; y el que se enseñorea de su espíritu, que el que toma una ciudad" (Pr. 16:32).

"La cordura del hombre detiene su furor, y su honra es pasar por alto la ofensa" (Pr. 19:11).

"No te apresures en tu espíritu a enojarte; porque el enojo reposa en el seno de los necios" (Ec. 7:9).

[3] (4:28) ***Robar:*** el creyente debe despojarse de la vestidura de robar. La palabra "robar" (klepto) significa engañar, tomar indebidamente de otra persona, *ya sea legal o ilegalmente.* Advierta que las leyes de los hombres no son la regla determinante que gobierna si una persona está robando o no. Esto es lo que con tanta frecuencia se interpreta mal respecto de robar.

- Los hombres pueden a veces usar la ley para robar.
- Los hombres pueden tomar de otros sin siquiera quebrantar una ley.
- Los hombres pueden asegurarse mucho de algo, bastante más de lo que necesitan y cuando acaparan, están tomando algo que por naturaleza pertenece a otras personas.

Dicho en términos simples, la Biblia enseña que robar es tomar algo que *por derecho o por naturaleza* le pertenece a otros. Hay por lo menos tres formas de robar.

1. Una persona roba tomando algo que *en realidad es poseído o personalmente de titularidad* de otra persona. Si una persona es dueña de algo y lo tomamos, entonces somos culpables de robar. Puede ser algo tan simple como un lápiz de la oficina o una respuesta a un examen de un compañero de estudios, o a veces puede ser algo tan complejo como el desfalco de fondos a través de procedimientos contables. Si lo tomamos, hemos violado el mandamiento de Dios y somos culpables por ladrones.

"No defraudando, sino mostrándose fieles en todo, para que en todo adornen la doctrina de Dios nuestro Salvador" (Tit. 2:10).

"Así que, ninguno de vosotros padezca como homicida, o ladrón, o malhechor, o por entremeterse en lo ajeno" (1 P. 4:15).

"El peso falso es abominación a Jehová; mas la pesa cabal le agrada" (Pr. 11:1).

"El que compra dice: Malo es, malo es; mas cuando se aparta, se alaba" (Pr. 20:14).

"Amontonar tesoros con lengua mentirosa es aliento fugaz de aquellos que buscan la muerte" (Pr. 21:6).

"Mercader que tiene en su mano peso falso, amador de opresión" (Os. 12:7).

2. Una persona roba al acaparar y guardar más de lo que necesita. *Acaparar* es robar. Es...

- Guardar lo que no es necesario para las necesidades de uno.
- Acaparar lo que es desesperadamente necesitado por otras personas.
- Tomar lo que la naturaleza y la tierra han provisto para satisfacer las necesidades de la población humana.
- Acaparar el conocimiento y los dones y las bendiciones que ofreció Dios para ser usados para el bienestar de un mundo desesperado lleno de tantas personas que son menos privilegiadas y con menos dones.

Podemos llamarlo por el nombre que se nos ocurra, pero para Dios es robar. Dios ha colocado sobre la tierra recursos suficientes como para satisfacer las necesidades de su pueblo, y Él le ha dado a los hombres tanto la *capacidad como la instrucción de someter y tener dominio sobre la tierra.* Observe atentamente su mandamiento:

"Y los bendijo Dios, y les dijo: Fructificad y multiplicaos; llenad la tierra, y *sojuzgadla,* y *señoread* en los peces del mar, en las aves de los cielos, y en todas las bestias que se mueven sobre la tierra" (Gn. 1:28).

La tierra debe ser sometida y dominada por los hombres. Dios ha instruido a los hombres que desarrollen la tecnología para explorar el universo y controlar la naturaleza, y para alimentar, vestir, dar un techo y salud a las personas. Advierta lo que está diciendo Dios. No está diciendo que algunos deben tener los beneficios y las bendiciones de la tierra. Lo que está diciendo es que los hombres deben amarse unos a otros y *compartir* juntos las bendiciones de la tierra. Cuando los hombres usan la capacidad dada por Dios de hacer dinero y producir y luego comienzan a acaparar, están robando, están guardándose para sí lo que con justicia les pertenece a los demás. Por lo tanto, sufrirán una pérdida catastrófica en el mundo próximo. Sufrirán la devastación total (Lc. 12:20; 16:22:23). ¿Por qué? Porque no *amaron lo suficiente* para hacer lo que ellos y sus talentos particulares debían hacer en la tierra: proveer para aquellos que fueran menos dotados y menos afortunados.

"*No os hagáis* tesoros en la tierra, donde la polilla y el orín corrompen, y donde ladrones minan y hurtan; *sino haceos* tesoros en el cielo, donde ni la polilla ni el orín corrompen, y donde ladrones no minan ni hurtan. Porque donde esté vuestro tesoro, allí estará también vuestro corazón" (Mt. 6:19-21).

"Él les dijo: No exijáis más de lo que os está ordenado" (Lc. 3:13).

"El que hurtaba, no hurte más, sino trabaje, haciendo con sus manos lo que es bueno, para que tenga qué compartir con el que padece necesidad" (Ef. 4:28).

"Porque los que quieren enriquecerse caen en tentación y lazo, y en muchas codicias necias y dañosas, que hunden a los hombres en destrucción y perdición" (1 Ti. 6:9).

"A los ricos de este siglo manda que no sean altivos, ni pongan la esperanza en las riquezas, las cuales son inciertas, sino en el Dios vivo, que nos da todas las cosas en abundancia para que las disfrutemos. Que hagan bien, que sean ricos en buenas obras, dadivosos, generosos; atesorando para sí buen fundamento para lo por venir, que echen mano de la vida eterna" (1 Ti. 6:17-19).

"Precio recibieron en ti para derramar sangre; interés y usura tomaste, y a tus prójimos defraudaste con violencia; te olvidaste de mí, dice Jehová el Señor" (Ez. 22:12).

3. Una persona roba por el hecho de vivir en forma extravagante, más allá de lo que necesita. Hay algunos que se dan para satisfacer las necesidades cruciales del mundo, pero que no viven en sacrificio. *Guardan bastante* para sí mismos, cediendo a su carne...

- en vestiduras
- en viviendas
- en posesiones
- en alimentos
- en transporte
- en propiedades
- en joyas
- en recreación

Muchos dentro de las naciones industrializadas son culpables de *egoísmo* a pesar de una ternura, de una preocupación por los necesitados del mundo. Sin embargo, *la preocupación y el hecho de dar algo* no son suficientes para cumplir la exigencia de Dios de que compartamos y satisfagamos las necesidades de nuestros congéneres de todo el mundo. Todos los días que nos despertamos y nos levantamos de la cama, el mundo tiene el peso de *masas*...

- Que se mueren de hambre.
- Que no tiene agua potable.
- Que no tienen vestiduras adecuadas.
- Que están enfermos y sin medicamentos.
- Que no tienen un techo sobre sus cabezas.
- Que no tienen quién les enseñe.

No hay cuestión alguna, existen hoy día los medios para ayudar a satisfacer las necesidades del mundo. La carencia no es la mano de obra ni los recursos, sino el *compromiso de sacrificio* para dar los recursos e ir e involucrarse personalmente. Los que ceden a sus deseos les están robando a los necesitados, y los dotados no están satisfaciendo las necesidades de los menos dotados. La escena es trágica, puesto que Dios colocó a los dotados en la tierra para que *con sacrificio* satisficieran las necesidades de los menos dotados. Pero en lugar de satisfacer sus necesidades, los dotados están viviendo con excesiva comodidad y placer, cediendo a los caprichos de su carne.

"Jesús le dijo: Si quieres ser perfecto, anda, vende lo que tienes, y dalo a los pobres, y tendrás tesoro en el cielo; y ven y sígueme" (Mt. 19:21).

"¡Ay de vosotros, escribas y fariseos, hipócritas! porque limpiáis lo de fuera del vaso y del plato, pero por dentro estáis llenos de robo y de injusticia" (Mt. 23:25).

"Pero los afanes de este siglo, y el engaño de las riquezas, y las codicias de otras cosas, entran y ahogan la palabra, y se hace infructuosa" (Mr. 4:19).

"Vended lo que poseéis, y dad limosna; haceos bolsas que no se envejezcan, tesoro en los cielos que no se agote, donde ladrón no llega, ni polilla destruye" (Lc. 12:33).

"Por tanto, puesto que vejáis al pobre y recibís de él carga de trigo, edificasteis casas de piedra labrada, mas no las habitaréis; plantasteis hermosas viñas, mas no beberéis el vino de ellas" (Am. 5:11).

¿Cuál es la respuesta? El trabajo diligente, trabajar y trabajar para que podamos tener lo suficiente como para ayudar a los demás. Esta es la voluntad de Dios: trabajar para tener lo suficiente como para dar. El trabajo debe ser honesto y cumplir con las necesidades de la propia familia. Sin embargo, trabajar solo para uno es egoísta. Y el egoísmo corrompe y abandona el corazón de una persona y lo deja vacío y sin propósito. Pero trabajar para ayudar a otros en el nombre de Cristo, esa es la voluntad de Dios. Esta es la única forma en que pueden satisfacerse las necesidades del mundo. El trabajo debe ser para el propósito del Señor y su causa, la causa que provee los medios para llegar y ayudar a la gente (1 Jn. 3:17). (Véase nota, *Robar,* Ro. 13:9 para una discusión más detallada).

4 (4:29) ***Palabras sin sentido:*** El creyente debe despojarse de las palabras inmundas y sin sentido. La palabra "corrupto" (sapros) significa podrido, arruinado, pútrido y contaminante. Las palabras corruptas, por supuesto, incluirían maldiciones y conversaciones no santas e incluso la conversación sin sentido que tantas veces entablan las personas.

"Ninguna palabra corrompida salga de vuestra boca, sino la que sea buena para la necesaria edificación, a fin de dar gracia a los oyentes" (Ef. 4:29).

Las Escrituras dicen que un hombre con una boca sucia tiene una boca que es "sepulcro abierto es su garganta; con su lengua engañan. Veneno de áspides hay debajo de sus labios" (Ro. 3:13). Una tumba abierta es asquerosa y es un símbolo de corrupción. Del mismo modo lo es un hombre con una boca pecaminosa. Su boca es...

- asquerosa
- contaminada
- profana
- sucia
- inmunda
- no honorable
- obscena
- detestable
- ofensiva

La boca obscena puede oscilar entre un humor sin color y hasta los chistes verdes, desde sugerencias inmorales hasta proposiciones directas de sexo. Pero no importa, un hombre con una boca asquerosa hiede igual que una tumba abierta. Su suciedad causa corrupción, la declinación del carácter. La suciedad de su boca come y carcome su carácter y el carácter de quienes lo escuchan, tanto así que se vuelve ofensivo como un cadáver podrido. La boca asquerosa, sucia mata el carácter, su atractivo, su confianza, su fidelidad, su moralidad, su honor y su divinidad.

"¡Generación de víboras! ¿Cómo podéis hablar lo bueno, siendo malos? Porque de la abundancia del corazón habla la boca" (Mt. 12:34).

"Y la lengua es un fuego, un mundo de maldad. La lengua está puesta entre nuestros miembros, y contamina todo el cuerpo, e inflama la rueda de la creación, y ella misma es inflamada por el infierno" (Stg. 3:6).

"Porque su corazón piensa en robar, e iniquidad hablan sus labios" (Pr. 24:2).

El creyente debe decir solo lo que es bueno y que edificará o construirá a las personas. El habla tiene el propósito...

- De compartir cosas buenas.
- De construir y fortalecer a las personas.
- De ministrar gracia (favor, bendición) y ayudarse entre sí mientras transitan por la vida.

"Y se decían el uno al otro: ¿No ardía nuestro corazón en nosotros, mientras nos hablaba en el camino, y cuando nos abría las Escrituras?" (Lc. 24:32).

"Hablando entre vosotros con salmos, con himnos y cánticos espirituales, cantando y alabando al Señor en vuestros corazones" (Ef. 5:19).

"¡Cuán eficaces son las palabras rectas! Pero ¿qué reprende la censura vuestra?" (Job 6:25).

"Pon guarda a mi boca, oh Jehová; guarda la puerta de mis labios" (Sal. 141:3).

"La gloria de tu reino digan, y hablen de tu poder" (Sal. 145:11).

"Panal de miel son los dichos suaves; suavidad al alma y medicina para los huesos" (Pr. 16:24).

"Manzana de oro con figuras de plata es la palabra dicha como conviene" (Pr. 25:11).

"Las palabras de la boca del sabio son llenas de gracia, mas los labios del necio causan su propia ruina" (Ec. 10:12).

"Jehová el Señor me dio lengua de sabios, para saber hablar palabras al cansado; despertará mañana tras mañana, despertará mi oído para que oiga como los sabios" (Is. 50:4).

"Entonces los que temían a Jehová hablaron cada uno a su compañero; y Jehová escuchó y oyó, y fue escrito libro de memoria delante de él para los que temen a Jehová, y para los que piensan en su nombre" (Mal. 3:16).

[5] (4:30) ***Espíritu Santo:*** El creyente debe despojarse de la vestidura de estar opuesto o de contristar al Espíritu Santo. "Lastimar" (lupeite) significa infligir dolor, ofender, vejar, entristecer al Espíritu Santo. Cuando un niño actúa en forma contraria al consejo de sus padres, los contrista y los hiere. Entonces cuando una persona actúa en forma contraria al consejo del Espíritu Santo, lo contrista y lo hiere. Advierta tres puntos.

1. La instrucción es enérgica, muy enérgica. Esto se ve en el nombre del Espíritu Santo. Él no solo es llamado el Espíritu Santo aquí, sino tanto el Espíritu Santo como "el Espíritu de Dios", una referencia doble.

2. Hay por lo menos cuatro formas de contristar al Espíritu Santo.

a. Se lo *contrista* cuando los creyentes permiten que penetren cosas impuras en sus vidas o pensamientos.

"Porque los que son de la carne piensan en las cosas de la carne; pero los que son del Espíritu, en las cosas del Espíritu. Porque el ocuparse de la carne es muerte, pero el ocuparse del Espíritu es vida y paz. Por cuanto los designios de la carne son enemistad contra Dios; porque no se sujetan a la ley de Dios, ni tampoco pueden" (Ro. 8:5-7).

b. Se lo *contrista* cuando los creyentes se comportan en forma inmoral.

"Así que, hermanos, deudores somos, no a la carne, para que vivamos conforme a la carne; porque si vivís conforme a la carne, moriréis; mas si por el Espíritu hacéis morir las obras de la carne, viviréis" (Ro. 8:12-13).

c. Se lo *contrista* cuando los creyentes actúan en forma injusta.

"Y dijo Pedro: Ananías, ¿por qué llenó Satanás tu corazón para que mintieses al Espíritu Santo, y sustrajeses del precio de la heredad? Reteniéndola, ¿no se te quedaba a ti? y vendida, ¿no estaba en tu poder? ¿Por qué pusiste esto en tu corazón? No has mentido a los hombres, sino a Dios" (Hch. 5:3-4).

d. Se lo *contrista* cuando los creyentes participan en cualquier cosa que sea contraria a la naturaleza del Espíritu Santo. Advierta el contexto de este pasaje: El mandamiento "no contristéis al Espíritu Santo de Dios" está rodeado de una serie de instrucciones negativas.

"Y los que viven según la carne no pueden agradar a Dios. Mas vosotros no vivís según la carne, sino según el Espíritu, si es que el Espíritu de Dios mora en vosotros. Y si alguno no tiene el Espíritu de Cristo, no es de él. Pero si Cristo está en vosotros, el cuerpo en verdad está muerto a causa del pecado, mas el espíritu vive a causa de la justicia" (Ro. 8:8-10).

3. El motivo por el cual no debemos contristar al Espíritu de Dios es por su gran ministerio hacia nosotros: Él nos ha sellado hasta el día de la redención (ver nota, *Espíritu Santo,* Sello, Ef. 1:13-14 para una mayor discusión).

[6] (4:31) ***Creyente, camino – Pecados, lista:*** El creyente debe despojarse de la vestidura de falta de benignidad.

1. Hay *"resentimiento"* (pikria): Rencores, durezas. Un hombre que es resentido con frecuencia es...

- agudo
- frío
- intenso
- desagradable
- rencoroso
- duro
- implacable
- descortés
- cínico
- enfático

Cualquier expresión que involucre alguno de estos factores es pecado para Dios. Dios desea que los hombres estén llenos de amor, gozo y paz y que lo expresen. Cualquier cosa inferior a la expresión de esto es pecado.

2. Hay *"ira"* (thumos): (ver nota, *Ira,* punto 10, Gá. 5:19-21 para mayor discusión).

3. Hay *"enojo"* (orge): (ver nota, *Enojo,* Ef. 4:26-27 para mayor discusión).

4. Hay *"clamor"* (krauge): Pelea, discusiones, alborotos. Significa insultar, un comportamiento turbulento y hablar en voz muy alta.

5. Hay *"malicia"* (blasphemia): Blasfemia, palabras dañinas, injuriosas.

7 (4:32) ***Creyente, camino:*** El creyente debe colocarse la vestidura de un hombre nuevo. Francamente, este versículo habla por sí mismo con más energía que cualquier comentario que pudiera hacerse.

1. La palabra *"benigno"* significa gentil, cuidadoso, dispuesto a ayudar, cortés, bueno, útil, dador y derramar favores sobre la gente. Es lo opuesto a ser negligente, duro, agudo, resentido y rencoroso. Los creyentes son hermanos en el Señor, según señala Lehman Strauss (*Devotional Studies in Galatians and Ephesians* [Estudios devocionales en gálatas y efesios], p. 189).

> **"Amaos los unos a los otros con amor fraternal; en cuanto a honra, prefiriéndoos los unos a los otros" (Ro. 12:10).**
>
> **"Vestíos, pues, como escogidos de Dios, santos y amados, de entrañable misericordia, de benignidad, de humildad, de mansedumbre, de paciencia" (Col. 3:12).**

2. La palabra *"misericordiosos"* significa mostrar compasión, misericordia, comprensión, amor, ternura y calidez. Significa estar consciente de los dolores y sufrimientos, de los problemas y dificultades, de las emociones y el estado mental, físico y espiritual de una persona.

> **"Bienaventurados los misericordiosos, porque ellos alcanzarán misericordia" (Mt. 5:7).**
>
> **"Sed, pues, misericordiosos, como también vuestro Padre es misericordioso" (Lc. 6:36).**
>
> **"En esto conocerán todos que sois mis discípulos, si tuviereis amor los unos con los otros" (Jn. 13:35).**
>
> **"El amor sea sin fingimiento. Aborreced lo malo, seguid lo bueno" (Ro. 12:9).**
>
> **"Y el Señor os haga crecer y abundar en amor unos para con otros y para con todos, como también lo hacemos nosotros para con vosotros" (1 Ts. 3:12).**
>
> **"Habiendo purificado vuestras almas por la obediencia a la verdad, mediante el Espíritu, para el amor fraternal no fingido, amaos unos a otros entrañablemente, de corazón puro" (1 P. 1:22).**

3. La palabra *"perdonándoos"* significa ser gracioso con una persona, perdonarlo por algo que hizo mal. Advierta que la persona ha hecho algo malo, nos ha dañado y nos ha ocasionado dolor. Pero el mandamiento sigue siendo perdonarlo.

4. El motivo por el cual debemos perdonarnos los unos a los otros es porque Dios nos ha perdonado. No importa cuánto una persona ha hecho en nuestra contra, no se acerca a lo que hemos hecho en contra de Dios. Sin embargo, Dios nos ha perdonado. ¿Por qué? Por Cristo. Jesucristo murió por nosotros, murió para que nuestros pecados fueran perdonados. Por lo tanto, Dios nos perdona. No importa lo que hayamos hecho, Dios nos perdona cuando queremos perdón. Él nos perdona a pesar de haberlo rechazado, maldecido, ignorado, rechazado y rebelado en su contra.

El punto es este: Debido a lo que Cristo ha hecho por nosotros, debemos perdonar a los demás sin importar lo que hayan hecho.

> **"En aquel tiempo, respondiendo Jesús, dijo: Te alabo, Padre, Señor del cielo y de la tierra, porque escondiste estas cosas de los sabios y de los entendidos, y las revelaste a los niños" (Mt. 11:25).**
>
> **"Amad, pues, a vuestros enemigos, y haced bien, y prestad, no esperando de ello nada; y será vuestro galardón grande, y seréis hijos del Altísimo; porque él es benigno para con los ingratos y malos. Sed, pues, misericordiosos, como también vuestro Padre es misericordioso" (Lc. 6:35-36).**
>
> **"Y si siete veces al día pecare contra ti, y siete veces al día volviere a ti, diciendo: Me arrepiento; perdónale" (Lc. 17:4).**
>
> **"Antes sed benignos unos con otros, misericordiosos, perdonándoos unos a otros, como Dios también os perdonó a vosotros en Cristo" (Ef. 4:32).**
>
> **"Soportándoos unos a otros, y perdonándoos unos a otros si alguno tuviere queja contra otro. De la manera que Cristo os perdonó, así también hacedlo vosotros" (Col. 3:13).**

	CAPÍTULO 5 **E. El creyente debe caminar siguiendo a Dios, 5:1-7**	4 ni palabras deshonestas, ni necedades, ni truhanerías, que no convienen, sino antes bien acciones de gracias.	**4 Siendo de boca limpia**
1 Convirtiéndose en un seguidor de Dios **2 Amando como amó Cristo** a. Hizo una ofrenda a Dios, se sacrificó b. Se volvió una suave fragancia para Dios **3 Siendo limpio de cuerpo, es decir, moralmente puro**	1 Sed, pues, imitadores de Dios como hijos amados. 2 Y andad en amor, como también Cristo nos amó, y se entregó a sí mismo por nosotros, ofrenda y sacrificio a Dios en olor fragante. 3 Pero fornicación y toda inmundicia, o avaricia, ni aun se nombre entre vosotros, como conviene a santos;	5 Porque sabéis esto, que ningún fornicario, o inmundo, o avaro, que es idólatra, tiene herencia en el reino de Cristo y de Dios. 6 Nadie os engañe con palabras vanas, porque por estas cosas viene la ira de Dios sobre los hijos de desobediencia. 7 No seáis, pues, partícipes con ellos.	**5 Conociendo la advertencia solemne de Dios** a. La inmundicia no tiene parte con Dios b. Hay quienes engañan c. La ira de Dios está por venir **6 Separándose de lo inmundo**

DIVISIÓN IV

EL CAMINO DEL CREYENTE CRISTIANO, 4:1—6:9

E. El creyente debe caminar siguiendo a Dios, 5:1-7

(5:1-7) ***Introducción:*** El desafío de este pasaje es uno de los mayores de toda la Palabra de Dios. Simplemente imagine: El gran Modelo para el creyente es Dios mismo. El creyente debe seguir a la Persona de Dios. El creyente debe caminar por la vida siguiendo a Dios.

1. Convirtiéndose en un seguidor de Dios (v. 1).
2. Amando como amó Cristo (v. 2).
3. Siendo limpio de cuerpo, es decir, moralmente puro (v. 3).
4. Siendo de boca limpia (v. 4).
5. Conociendo la advertencia solemne de Dios (vv. 5-6).
6. Separándose de lo inmundo (v. 7).

[1] (5:1) ***Creyente, Deber:*** El creyente sigue a Dios, en primer lugar, *convirtiéndose* en un seguidor de Dios. Advierta la palabra "sed" (ginomai). Significa *convertirse* en un seguidor de Dios. La idea es la de compromiso, apego, devoción, lealtad, atención. Antes de que una persona pueda ser seguidora de Dios, debe comprometerse y apegarse a Dios. Debe entregar y dedicar su vida a Dios y luego comenzar a seguir a Dios.

La palabra "imitadores" (mimetai) significa seguidores. Algunos prefieren la traducción de que nos convirtamos en imitadores de Dios. Advierta la frase "como hijos amados". Así como los niños aprenden imitando a sus padres, del mismo modo debemos aprender a imitar a Dios. La idea de que debemos ser *seguidores e imitadores* de Dios es una idea valiente. Simplemente imagine, ¡las Escrituras proclaman valientemente que debemos volvernos *como Dios!*

□ Cristo dijo: "Sed, pues, vosotros perfectos, como vuestro Padre que está en los cielos es perfecto" (Mt. 5:48).

□ Dios exigió: "Habla a toda la congregación de los hijos de Israel, y diles: Santos seréis, porque santo soy yo Jehová vuestro Dios" (Lv. 19:2).

□ Pablo declaró: "No mirando nosotros las cosas que se ven, sino las que no se ven; pues las cosas que se ven son temporales, pero las que no se ven son eternas" (2 Co. 4:18).

□ Pedro afirmó: "Como aquel que os llamó es santo, sed también vosotros santos en toda vuestra manera de vivir; porque escrito está: Sed santos, porque yo soy santo" (1 P. 1:15-16).

□ El santo de la primera iglesia, Clemente de Alejandría, dijo: "El cristiano practica a ser Dios" (Citado por William Barclay, *The Letters to the Galatians and the Ephesians,* p. 190).

[2] (5:2) ***Jesucristo, Muerte – Dios, Gloria de – Creyente, Deber:*** El creyente sigue a Dios, en segundo lugar, amando como amó Cristo. Aquí cabe destacar dos cosas acerca de la muerte de Cristo.

1. La frase "se entregó a sí mismo por nosotros" es una frase sencilla con un profundo significado. No significa que Cristo murió solo como un ejemplo para nosotros, demostrándonos que deberíamos estar dispuestos a morir por la verdad o por alguna gran causa. Lo que significa es que Cristo murió en nuestro lugar, en nuestro sitio, como nuestro substituto. Este significado es incuestionablemente claro. (Véase *Estudio a fondo 1,* 1 P. 2:21-25 para una discusión más profunda al respecto).

   a. La idea del sacrificio para la mente judía y pagana de esa época era la idea de una vida dada en el lugar de otro. Era un sacrificio de substitución.

   b. La idea de sacrificio con frecuencia está en el mismo contexto de las palabras: "Cristo… se entregó a sí mismo por nosotros" (Ef. 5:2).

"Yo soy el pan vivo que descendió del cielo; si alguno comiere de este pan, vivirá para siempre; y el pan que yo daré es mi carne, la cual yo daré por la vida del mundo" (Jn. 6:51).

"Yo soy el buen pastor; el buen pastor su vida da por las ovejas" (Jn. 10:11).

"Así como el Padre me conoce, y yo conozco al Padre; y pongo mi vida por las ovejas" (Jn. 10:15).

"Esto no lo dijo por sí mismo, sino que como era el sumo sacerdote aquel año, profetizó que Jesús había de morir por la nación" (Jn. 11:51).

"Nadie tiene mayor amor que este, que uno ponga su vida por sus amigos" (Jn. 15:13).

"Y por ellos yo me santifico a mí mismo, para que también ellos sean santificados en la verdad" (Jn. 17:19). (Cp. Jn. 10:11; Ro. 8:32; Gá. 1:4; 2:20; 1 Ti. 2:6; Tit. 2:14).

2. Las palabras " Cristo... se entregó a sí mismo... ofrenda y sacrificio a Dios en olor fragante" expresa un significado más elevado de la muerte de Cristo que el solo hecho de satisfacer nuestra necesidad. La palabra "ofrenda" se refiere a la ofrenda de holocausto del Antiguo Testamento (Lv. 1:1ss). La ofrenda de holocausto se entregaba a Dios no solo debido al pecado, sino porque una persona deseaba glorificar y honrar a Dios. Una persona deseaba demostrar su amor y adoración por Dios. Este es un aspecto de la muerte de Cristo que por lo general se pasa por alto, un aspecto que se eleva más allá de la mera satisfacción de nuestra necesidad. Al darse a sí mismo como una "ofrenda a Dios" Cristo estaba mirando más allá de nuestra necesidad a la majestuosa responsabilidad de glorificar a Dios. Esto significa que su principal propósito fue el de glorificar a Dios. Él estaba principalmente preocupado por hacer la voluntad de Dios, por obedecer a Dios. Dios había sido terriblemente deshonrado por el primer hombre, Adán, y por todos los que lo siguieron. Jesucristo quería honrar a Dios demostrándole que por lo menos un hombre pensaba más en la gloria de Dios que en cualquier otra cosa. Cristo quería demostrar que la voluntad de Dios significaba más que cualquier deseo o ambición personal que Él pudiera tener.

Él dijo: "Mas para que el mundo conozca que amo al Padre, y como el Padre me mandó, así hago. Levantaos, vamos de aquí" (Jn. 14:31; cp. Lc. 2:42; Jn. 5:30).

El punto es este: El creyente debe caminar en amor, *así como Cristo nos ha amado y se ha entregado como una ofrenda y un sacrificio a Dios.* El creyente debe amar tanto que se entregue como una ofrenda y un sacrificio. No debe existir ningún límite en las ofrendas y los sacrificios de nuestras vidas para Dios y los hombres. Recuerde: El amor de Dios – el amor ágape– siempre es un amor que actúa.

"Y andad en amor, como también Cristo nos amó, y se entregó a sí mismo por nosotros, ofrenda y sacrificio a Dios en olor fragante" (Ef. 5:2).

"En esto conocerán todos que sois mis discípulos, si tuviereis amor los unos con los otros" (Jn. 13:35).

"Este es mi mandamiento: Que os améis unos a otros, como yo os he amado" (Jn. 15:12).

"El amor sea sin fingimiento. Aborreced lo malo, seguid lo bueno" (Ro. 12:9).

"Y el Señor os haga crecer y abundar en amor unos para con otros y para con todos, como también lo hacemos nosotros para con vosotros" (1 Ts. 3:12).

"Habiendo purificado vuestras almas por la obediencia a la verdad, mediante el Espíritu, para el amor fraternal no fingido, amaos unos a otros entrañablemente, de corazón puro" (1 P. 1:22).

"Nosotros sabemos que hemos pasado de muerte a vida, en que amamos a los hermanos. El que no ama a su hermano, permanece en muerte" (1 Jn. 3:14).

"En esto hemos conocido el amor, en que él puso su vida por nosotros; también nosotros debemos poner nuestras vidas por los hermanos. Pero el que tiene bienes de este mundo y ve a su hermano tener necesidad, y cierra contra él su corazón, ¿cómo mora el amor de Dios en él? Hijitos míos, no amemos de palabra ni de lengua, sino de hecho y en verdad" (1 Jn. 3:16-18).

"Amados, amémonos unos a otros; porque el amor es de Dios. Todo aquel que ama, es nacido de Dios, y conoce a Dios. El que no ama, no ha conocido a Dios; porque Dios es amor" (1 Jn. 4:7-8).

"Si alguno dice: Yo amo a Dios, y aborrece a su hermano, es mentiroso. Pues el que no ama a su hermano a quien ha visto, ¿cómo puede amar a Dios a quien no ha visto?" (1 Jn. 4:20).

[3] (5:3) ***Creyente, Deber, Fornicación, Inmundicia, Avaricia:*** El creyente sigue a Dios, en tercer lugar, siendo limpio de cuerpo, es decir, moralmente puro. Si un creyente desea seguir e imitar a Dios, debe ser moralmente puro. Debe mantener su cuerpo limpio. No puede dejar que se ensucie ni se manche.

- Debe mantener su cuerpo libre de fornicación (ver nota, punto 2, Gá. 5:19-21 para mayor discusión al respecto).
- Debe mantener su cuerpo libre de inmundicia (ver nota, punto 6, Ef. 4:17-19 para mayor discusión al respecto).
- Debe mantener su cuerpo libre de avaricia (ver nota, punto 7, Ef. 4:17-19 para mayor discusión al respecto).

Advierta la importancia de rechazar estos pecados: no se los debe nombrar *ni siquiera una vez* entre nosotros. Y el mandamiento es imperativo: "*Ni aun* se nombre", que ni siquiera se lo *mencione una sola vez.* Usted, es decir, su cuerpo, nunca deberá participar de fornicación, inmundicia o actos de avaricia. Advierta otro hecho: Ni siquiera hay que hablar de esas cosas. No se las debe nombrar, platicar ni mencionar en nuestra conversación. La inmoralidad y la conversación indecente y las bromas deben estar lo más alejados de la mente del creyente que sigue a Dios. Dios no tiene nada que ver con tal suciedad e inmundicia.

"Bienaventurados los de limpio corazón, porque ellos verán a Dios" (Mt. 5:8).

"Pues el propósito de este mandamiento es el amor nacido de corazón limpio, y de buena conciencia, y de fe no fingida" (1 Ti. 1:5).

"No impongas con ligereza las manos a ninguno, ni participes en pecados ajenos. Consérvate puro" (1 Ti. 5:22).

"Habiendo purificado vuestras almas por la obediencia a la verdad, mediante el Espíritu, para el amor fraternal no fingido, amaos unos a otros entrañablemente, de corazón puro" (1 P. 1:22).

"Por lo cual, oh amados, estando en espera de estas cosas, procurad con diligencia ser hallados por él sin mancha e irreprensibles, en paz" (2 P. 3:14).

[4] (5:4) ***Creyente, Deber, Lengua, Habla, Conversación:*** En cuarto lugar, el creyente sigue a Dios teniendo la boca limpia. Si un creyente va a seguir y a imitar a Dios, debe ser puro en su habla y en su conversación, debe mantener limpia su boca o lengua. No puede permitir que su boca se vuelva inmunda y contaminada, sucia y vil.

1. No debe, ni una vez, participar de "inmundicias" (aischrotes): Utilizar la boca para una conducta o conversación obscena, vergonzosa, sucia, contaminada, vulgar e inmoral. Vaya acusación para nuestros días, días de sodomía y perversión. Y advierta: La palabra se refiere tanto a la conducta como al discurso. Cuán contaminados y boca sucia se han vuelto tantos, hasta el punto que la sociedad podría fácilmente ser conocida como una segunda Sodoma y Gomorra.

> **"Por esto Dios los entregó a pasiones vergonzosas; pues aun sus mujeres cambiaron el uso natural por el que es contra naturaleza, y de igual modo también los hombres, dejando el uso natural de la mujer, se encendieron en su lascivia unos con otros, cometiendo hechos vergonzosos hombres con hombres, y recibiendo en sí mismos la retribución debida a su extravío" (Ro. 1:26-27).**
>
> **"Hablo como humano, por vuestra humana debilidad; que así como para iniquidad presentasteis vuestros miembros para servir a la inmundicia y a la iniquidad, así ahora para santificación presentad vuestros miembros para servir a la justicia" (Ro. 6:19).**
>
> **"Ni palabras deshonestas, ni necedades, ni truhanerías, que no convienen, sino antes bien acciones de gracias" (Ef. 5:4).**
>
> **"Por lo cual, desechando toda inmundicia y abundancia de malicia, recibid con mansedumbre la palabra implantada, la cual puede salvar vuestras almas" (Stg. 1:21).**
>
> **"Sabe el Señor librar de tentación a los piadosos, y reservar a los injustos para ser castigados en el día del juicio; y mayormente a aquellos que, siguiendo la carne, andan en concupiscencia e inmundicia, y desprecian el señorío. Atrevidos y contumaces, no temen decir mal de las potestades superiores" (2 P. 2:9-10).**

2. El creyente *ni siquiera una vez* debe participar de "necedades" (morologia): Conversación vacía, carente de pensamiento, carente de sentido, derrochada, ociosa, sin propósito ni objetivo, una conversación que simplemente se desvanece y hace perder el tiempo, que no tiene absolutamente ningún propósito. También significa conversación pecaminosa, tonta, estúpida y corrupta.

> **"Para los fornicarios, para los sodomitas, para los secuestradores, para los mentirosos y perjuros, y para cuanto se oponga a la sana doctrina" (1 Ti. 1:10).**
>
> **"¿Proferirá el sabio vana sabiduría, y llenará su vientre de viento solano? ¿Disputará con palabras inútiles, y con razones sin provecho?" (Job 15:2-3).**
>
> **"En las muchas palabras no falta pecado; mas el que refrena sus labios es prudente" (Pr. 10:19).**
>
> **"El necio da rienda suelta a toda su ira, mas el sabio al fin la sosiega" (Pr. 29:11).**
>
> **"Porque de la mucha ocupación viene el sueño, y de la multitud de las palabras la voz del necio" (Ec. 5:3).**
>
> **"El principio de las palabras de su boca es necedad; y el fin de su charla, nocivo desvarío" (Ec. 10:13).**

3. El creyente, *ni siquiera una vez,* debe participar de "truhanerías" (eutrapelia): Bromear, hablar tontamente, burlarse de alguien, actuar o hablar sin pensar, ser sugerente en la conversación, hacer comentarios chistosos. También da la idea de ser astuto e inteligente, de ser pulido y sugerente y bromear y de utilizar esto para atraer la atención u obtener favores (Wuest, *Ephesians and Colossians* [Efesios y Colosenses], Vol. 1, p. 121). La truhanería por lo general se emplea en bromas o conversaciones, en fiestas o recreos a fin de ser sugerente.

> **"Como el que enloquece, y echa llamas y saetas y muerte, tal es el hombre que engaña a su amigo, y dice: Ciertamente lo hice por broma" (Pr. 26:18-19).**
>
> **"Porque de éstos son los que se meten en las casas y llevan cautivas a las mujercillas cargadas de pecados, arrastradas por diversas concupiscencias" (2 Ti. 3:6).**
>
> **"Porque: El que quiere amar la vida y ver días buenos, refrene su lengua de mal, y sus labios no hablen engaño" (1 P. 3:10).**

Advierta que dicha conversación no se adecua ni conviene a los creyentes. Los creyentes deben participar en conversaciones que edifiquen a la gente y que ofrezcan gracias y alabanza a Dios.

> **"No os embriaguéis con vino, en lo cual hay disolución; antes bien sed llenos del Espíritu, hablando entre vosotros con salmos, con himnos y cánticos espirituales, cantando y alabando al Señor en vuestros corazones" (Ef. 5:18-19).**
>
> **"Y todo lo que hacéis, sea de palabra o de hecho, hacedlo todo en el nombre del Señor Jesús, dando gracias a Dios Padre por medio de él" (Col. 3:17).**
>
> **"Sea vuestra palabra siempre con gracia, sazonada con sal, para que sepáis cómo debéis responder a cada uno" (Col. 4:6).**
>
> **"Dad gracias en todo, porque esta es la voluntad de Dios para con vosotros en Cristo Jesús" (1 Ts. 5:18).**
>
> **"Retén la forma de las sanas palabras que de mí oíste, en la fe y amor que es en Cristo Jesús" (2 Ti. 1:13).**
>
> **"Palabra sana e irreprochable, de modo que el adversario se avergüence, y no tenga nada malo que decir de vosotros" (Tit. 2:8).**
>
> **"Las palabras de la boca del sabio son llenas de gracia, mas los labios del necio causan su propia ruina" (Ec. 10:12).**

[5] (5:5-6) ***Creyente, Deber, Inmoralidad, Inmundicia:*** En quinto lugar, el creyente sigue a Dios, conociendo la advertencia solemne de Dios. Advierta tres puntos significativos.

1. La inmundicia no tiene nada que ver con Dios, en absoluto. La profesión de una persona no tiene importancia: Si practica estas cosas, no compartirá el reino de Cristo y de Dios. Y, advierta, *el destino* pronunciado no está en futuro, sino en presente. No dice "no tendrá", sino no "tiene herencia en el reino de Cristo y de Dios". Puede que tenga casas, tierras y todo tipo de posesiones, pero no tiene una pizca del reino. Ha perdido todo lo que realmente tiene valor tener. Advierta los pecados específicos mencionados que destinan a una persona.

- Ser un *"fornicario"* (pornos): Relación sexual ilícita; fornicación; prostitución; comportamiento inmoral.

 Ser un *"inmundo"* (akathartos): Pensamientos o conducta sucia, inmoral o mugrienta.
 Ser un *"avaro"* (ver nota más arriba, Ef. 5:3 para su tratamiento).
 Ser un *"idólatra"* (ver nota, *Idolatría,* punto 5, Gá-5:19-21 para un tratamiento más extenso).

2. Hay engañadores caminando entre nosotros. Hay personas que nos dicen...

• Que el sexo es lo más natural y normal para el hombre. Que una aventura de una sola vez no producirá ningún daño, que es aceptable y no nos herirá.
• Que tener posesiones es un comportamiento normal y que almacenar es algo aceptable. Construye una posición, un ego y una imagen propia, y que eso nunca puede estar mal. Y que tener más de lo que necesitamos nos permite ayudar a los necesitados como lo deseemos.

"Porque tales personas no sirven a nuestro Señor Jesucristo, sino a sus propios vientres, y con suaves palabras y lisonjas engañan los corazones de los ingenuos" (Ro. 16:18).

"Porque éstos son falsos apóstoles, obreros fraudulentos, que se disfrazan como apóstoles de Cristo. Y no es maravilla, porque el mismo Satanás se disfraza como ángel de luz" (2 Co. 11:13-14).

"Para que ya no seamos niños fluctuantes, llevados por doquiera de todo viento de doctrina, por estratagema de hombres que para engañar emplean con astucia las artimañas del error" (Ef. 4:14).

"Mas los malos hombres y los engañadores irán de mal en peor, engañando y siendo engañados" (2 Ti. 3:13).

"Porque hay aún muchos contumaces, habladores de vanidades y engañadores, mayormente los de la circuncisión" (Tit. 1:10).

"Porque muchos engañadores han salido por el mundo, que no confiesan que Jesucristo ha venido en carne. Quien esto hace es el engañador y el anticristo" (2 Jn. 7).

3. Barclay señala que hubo y aún hay dos engaños principales respecto del cristianismo (*The Letters to the Galatians and Ephesians* [Las cartas a los gálatas y a los efesios], pp. 192ss).

a. Están los que sintieron que podían decir y hacer cualquier cosa y aún así ser aceptables ante Dios. Este argumento provino originariamente de aquellos que estaban *afuera* de la iglesia, si bien había quienes estaban dentro de la iglesia que mantenían el mismo argumento. La idea encuentra sus raíces en la filosofía del gnosticismo. El gnosticismo decía que el hombre es tanto cuerpo como espíritu. Creían que el espíritu era la parte más importante del hombre, la única parte que realmente importa. Es la única parte que realmente le preocupa a Dios. Lo que un hombre hace con su cuerpo no importa, el cuerpo no es importante. No marca ninguna diferencia si un hombre abusa de su cuerpo: si engulle, se ensucia y lo convierte en inmundo.

Sin embargo, el cristianismo contrapone: "¡Nunca!" Tanto el cuerpo con el alma son importantes. Vemos esto en Jesucristo. Él honró el cuerpo llevando un cuerpo en sí mismo (He. 2:14). Hoy día Él honra el cuerpo convirtiéndolo en el "templo santo" para su presencia en la persona del Espíritu Santo (1 Co. 6:19). Jesucristo está interesado en el cuerpo del hombre así como también en el espíritu del hombre. Él está interesado en todo el hombre y salva a todo el hombre.

b. Estaban los que principalmente dentro de la iglesia pensaban que el pecado era irrelevante. Cuánto pecaba una persona no tenía importancia. Dios es amor y Él perdona y perdona sin importar cuánto mal hagamos. De hecho, algunos sostenían que cuanto más pecamos, más Dios es capaz de perdonar y de demostrar su misericordia para con nosotros. ¿Entonces por qué no vivir cómo queremos? ¿Por qué no pecar y dejar que la misericordia y el amor de Dios brillen a través de nosotros, puesto que cuanto más pecamos más gracia de Dios se verá? Pero el cristianismo se contrapone "¡Nunca!" El amor y la gracia de Dios no son solo un don y un privilegio, sino una responsabilidad y una obligación.

Sin embargo, advierta lo que dice Dios: "Nadie os engañe con palabras vanas, porque por estas cosas viene la ira de Dios sobre los hijos de desobediencia" (v. 6; cp. Ef. 2:2). La ira (orge) de Dios es un enojo resuelto, un enojo deliberado que surge de su misma naturaleza de santidad. Es un enojo que es *justo, probo y bueno,* que se contrapone a los pecados y a la maldad de los hombres: su suciedad y contaminación e inmoralidades, sus injusticias y negaciones de un mundo que gira bajo el peso de las masas perdidas, hambrientas, enfermas y agonizantes. Dios nunca pudo haber ignorado al fornicario que destruye la vida familiar ni al avaro que pasa por alto a los necesitados. Él no sería Dios, no sería amoroso ni justo si ignorara a personas tan viles.

"Porque la ira de Dios se revela desde el cielo contra toda impiedad e injusticia de los hombres que detienen con injusticia la verdad" (Ro. 1:18).

"Pero por tu dureza y por tu corazón no arrepentido, atesoras para ti mismo ira para el día de la ira y de la revelación del justo juicio de Dios" (Ro. 2:5).

"Porque sabéis esto, que ningún fornicario, o inmundo, o avaro, que es idólatra, tiene herencia en el reino de Cristo y de Dios. Nadie os engañe con palabras vanas, porque por estas cosas viene la ira de Dios sobre los hijos de desobediencia" (Ef. 5:5-6).

"Honrad al Hijo, para que no se enoje, y perezcáis en el camino; pues se inflama de pronto su ira. Bienaventurados todos los que en él confían" (Sal. 2:12).

6 (5:7) ***Creyente, Deber – Separación:*** En sexto lugar, el creyente sigue a Dios separándose de lo inmundo. Ningún creyente debe participar en los pecados tratados en estos versículos. De hecho, debe alejarse de todos los que participen en dichos pecados.

> **"Y con otras muchas palabras testificaba y les exhortaba, diciendo: Sed salvos de esta perversa generación" (Hch. 2:40).**
>
> **"No os conforméis a este siglo, sino transformaos por medio de la renovación de vuestro entendimiento, para que comprobéis cuál sea la buena voluntad de Dios, agradable y perfecta" (Ro. 12:2).**
>
> **"Os he escrito por carta, que no os juntéis con los fornicarios" (1 Co. 5:9).**
>
> **"No os unáis en yugo desigual con los incrédulos; porque ¿qué compañerismo tiene la justicia con la injusticia? ¿Y qué comunión la luz con las tinieblas?" (2 Co. 6:14).**
>
> **"Por lo cual, salid de en medio de ellos, y apartaos, dice el Señor, y no toquéis lo inmundo; y yo os recibiré, y seré para vosotros por Padre, y vosotros me seréis hijos e hijas, dice el Señor Todopoderoso" (2 Co. 6:17-18).**
>
> **"Y no participéis en las obras infructuosas de las tinieblas, sino más bien reprendedlas" (Ef. 5:11).**
>
> **"Pero os ordenamos, hermanos, en el nombre de nuestro Señor Jesucristo, que os apartéis de todo hermano que ande desordenadamente, y no según la enseñanza que recibisteis de nosotros" (2 Ts. 3:6).**
>
> **"No améis al mundo, ni las cosas que están en el mundo. Si alguno ama al mundo, el amor del Padre no está en él. Porque todo lo que hay en el mundo, los deseos de la carne, los deseos de los ojos, y la vanagloria de la vida, no proviene del Padre, sino del mundo" (1 Jn. 2:15-16).**

1 La luz, no las tinieblas, es la naturaleza de los creyentes **2 La luz acarrea las cosas de la vida, el fruto del Espíritu** **3 La luz muestra lo que es aceptable** **4 La luz expone las obras de las tinieblas** a. La acusación: No tener fraternidad con las tinieblas	**F. El creyente debe caminar como un hijo de luz, 5:8-14** 8 Porque en otro tiempo erais tinieblas, mas ahora sois luz en el Señor; andad como hijos de luz 9 (porque el fruto del Espíritu es en toda bondad, justicia y verdad), 10 comprobando lo que es agradable al Señor. 11 Y no participéis en las obras infructuosas de las tinieblas, sino más bien reprendedlas;	12 porque vergonzoso es aun hablar de lo que ellos hacen en secreto. 13 Mas todas las cosas, cuando son puestas en evidencia por la luz, son hechas manifiestas; porque la luz es lo que manifiesta todo. 14 Por lo cual dice: Despiértate, tú que duermes, Y levántate de los muertos, Y te alumbrará Cristo.	b. El motivo: Es una vergüenza siquiera hablar de las cosas hechas en secreto **5 La luz revela y convierte todo lo que toca** **6 La luz despierta a quienes duermen** a. El reto: Levantarse de entre los muertos b. Cómo: Mediante Cristo

DIVISIÓN IV

EL CAMINO DEL CREYENTE CRISTIANO, 4:1—6:9

F. El creyente debe caminar como un hijo de luz, 5:8-14

(5:8-14) ***Introducción:*** Hay dos caminos a lo largo de la vida disponibles para los hombres. Está la vida y el camino de las tinieblas o la vida y el camino de la luz. Existe un mundo de diferencia entre ambos. De hecho, la eternidad de una persona se determina por qué vida y camino persigue.

1. La luz, no las tinieblas, es la naturaleza de los creyentes (v. 8).
2. La luz acarrea las cosas de la vida, el fruto del Espíritu (v. 9).
3. La luz muestra lo que es aceptable (v. 10).
4. La luz expone las obras de las tinieblas (vv. 11-12).
5. La luz revela y convierte todo lo que toca (v. 13).
6. La luz despierta a quienes duermen (v. 14).

[1] (5:8) ***Tinieblas – Luz – Creyente, Naturaleza:*** La luz, no las tinieblas, es la naturaleza de los creyentes.

1. Antes de que una persona sea salva, no solo está en tinieblas, sino que ella misma es las tinieblas, la personificación misma de las tinieblas. ¿Qué significa esto? Piense por un instante: Una persona que no conoce a Dios está muy sola. Puede tener mucha gente y amigos alrededor, pero ellos –cada uno de ellos– pronto morirán y partirán. De hecho, ella también lo hará, y habrá muerto en tinieblas, sin jamás haber conocido a Dios. Una persona que no conoce a Dios está en tinieblas:

- No sabe de dónde ha venido. Para él todo es un resultado de un proceso humano y natural. Es la forma del mundo y del hombre: nacemos y aquí estamos. El hombre es ciego, está en tinieblas acerca de la verdad de dónde se originó él y su mundo.
- No sabe por qué está en la tierra, no realmente. Se levanta por la mañana, va a hacer sus quehaceres cotidianos y se acuesta a la noche. Se levanta la mañana siguiente, va a hacer sus quehaceres cotidianos y se acuesta a la noche, y así infinitamente. A dónde se dirige y por qué está él aquí –el núcleo interno de la vida– es todo un misterio. El verdadero propósito, significado e importancia de la vida no se comprenden, no realmente. Vive en las tinieblas en cuanto a por qué él y todos los demás están realmente en la tierra.
- No sabe hacia dónde irá, no después de la muerte. ¿Hay realmente un Dios o no, un cielo o no? ¿Cómo puede saberlo y estar absolutamente seguro? Está en tinieblas acerca del futuro, de ese día inevitable de la muerte y la eternidad que corre con tanta rapidez hacia cada uno de nosotros.

Esto es lo que quiere significarse acerca del hombre en tinieblas, acerca de ser la personificación misma de las tinieblas. Está envuelto en tinieblas: pasado, presente y futuro. Aparte de Dios, ningún hombre conoce la verdad. Ningún hombre sabe de dónde proviene, por qué está acá o a dónde va. Toda su vida está ensombrecida y cubierta, filtrada y llena de tinieblas. No está caminando como la luz, está caminando como las tinieblas.

> **"Pero si tu ojo es maligno, todo tu cuerpo estará en tinieblas. Así que, si la luz que en ti hay es tinieblas, ¿cuántas no serán las mismas tinieblas?" (Mt. 6:23).**
>
> **"La luz en las tinieblas resplandece, y las tinieblas no prevalecieron contra ella" (Jn. 1:5).**
>
> **"Y esta es la condenación: que la luz vino al mundo, y los hombres amaron más las tinieblas que la luz, porque sus obras eran malas" (Jn. 3:19).**
>
> **"La noche está avanzada, y se acerca el día. Desechemos, pues, las obras de las tinieblas, y vistámonos las armas de la luz" (Ro. 13:12).**
>
> **"Mas vosotros, hermanos, no estáis en tinieblas, para que aquel día os sorprenda como ladrón" (1 Ts. 5:4).**

2. No obstante, la verdad es gloriosa: El creyente estaba en las tinieblas, pero ahora es luz en el Señor. Jesucristo dijo: "Yo soy la luz del mundo; el que me sigue, no andará en tinieblas, sino que tendrá la luz de la vida" (Jn. 8:12). Es Cristo el que lleva luz a la vida. Nos muestra la verdad de la vida, de Dios, de la creación, de la muerte y del destino. Nos muestra...

• El comienzo y origen de todas las cosas.
• El propósito, significado e importancia de todas las cosas.
• La verdad de la muerte y la eternidad.

Pero advierta: Jesucristo no solo nos ha mostrado la luz: Él nos ha convertido en luz. Ha cambiado nuestra naturaleza de las tinieblas a la luz. La luz de la vida ha sido infiltrada en nuestra propia naturaleza. Ahora somos la personificación misma de la luz. Viviremos eternamente. Somos la luz del Dios eterno en medio de un mundo de tinieblas. Por lo tanto, debemos caminar como hijos de luz (ver bosquejos y notas, *Luz,* Mt. 5:14; *Estudio a fondo 3,* Jn. 1:5; nota, 1:9; *Estudio a fondo 1,* 8:12; *Estudio a fondo 5,* 12:35-36 para una discusión más profunda sobre el tema).

"Vosotros sois la luz del mundo; una ciudad asentada sobre un monte no se puede esconder" (Mt. 5:14).

"La luz en las tinieblas resplandece, y las tinieblas no prevalecieron contra ella" (Jn. 1:5).

"Porque en otro tiempo erais tinieblas, mas ahora sois luz en el Señor; andad como hijos de luz" (Ef. 5:8).

"Para que seáis irreprensibles y sencillos, hijos de Dios sin mancha en medio de una generación maligna y perversa, en medio de la cual resplandecéis como luminares en el mundo" (Fil. 2:15).

"El cual nos ha librado de la potestad de las tinieblas, y trasladado al reino de su amado Hijo" (Col. 1:13).

"Porque todos vosotros sois hijos de luz e hijos del día; no somos de la noche ni de las tinieblas" (1 Ts. 5:5).

[2] (5:9) ***Espíritu Santo, Fruto:*** La luz contiene todas las cosas buenas, el fruto del Espíritu. (Véase nota, *Espíritu Santo, Fruto,* Gá. 5:22-23 para una discusión más detallada). Una vida que ilumina la luz dará por fruto tres cosas en particular.

1. *Bondad* (ver nota, *Bondad,* Gá. 5:22-23 para mayor discusión al respecto).
2. *Justicia:* (ver *Estudio a fondo 1, Justicia,* Ef. 5:9 para mayor discusión al respecto).
3. *Verdad:* (ver *Estudio a fondo 2, Verdad,* Ef. 5:9 para una mayor discusión al respecto).

ESTUDIO A FONDO 1

(5:9) ***Justicia*** (dikaiosune): Significa dos cosas simples pero profundas. Significa tanto *estar en lo correcto como hacer lo correcto.* (Véase *Estudio a fondo 5, Justicia,* Mt. 5:6 para una mayor discusión al respecto).

1. Están quienes acentúan *el ser justos y rechazan hacer justicia*. Esto conduce a dos errores graves.
   a. Seguridad falsa. Hace que una persona enfatice que es salva y aceptable ante Dios porque *ha creído en* Jesucristo. Pero se niega a hacer el bien y a vivir como debería. Se niega a obedecer a Dios y a servir al hombre.
   b. Vida ligera. Permite que uno salga y haga bastante de lo que desea. La persona se siente segura y cómoda en su *fe en Cristo.* Sabe que lo que hace puede afectar su relación con Dios y con otros creyentes, pero piensa que su comportamiento no afectará su salvación. Piensa que no importa lo que haga sigue siendo aceptable ante Dios.

   El problema con este énfasis es que es una justicia falsa. Justicia en la Biblia significa *ser justo,* pero también significa *hacer justicia.* La Biblia no conoce nada acerca de ser justo sin vivir en forma justa.

2. Hay quienes enfatizan *el hacer justicia y niegan ser justos.* Esto también conduce a dos errores serios.
   a. Justicia propia y legalismo. Hace que una persona acentúe que él es salvo y aceptable ante Dios porque hace el bien. Trabaja y se comporta moralmente y cumple con ciertas normas y reglamentaciones. Hace las cosas que debería hacer un cristiano para obedecer las principales leyes de la Biblia. Pero niega la ley básica: la ley del amor y de la aceptación, que Dios no lo ama ni lo acepta porque él hace el bien, sino porque ama y confía en la justicia de Cristo (ver *Estudio a fondo 5,* Mt. 5:6).
   b. Ser crítico y buscador de faltas. Una persona que acentúa que él es justo (aceptable ante Dios) porque cumple con determinadas leyes con frecuencia juzga y encuentra fallas en los demás. Cree que las normas y reglamentaciones pueden cumplirse, él las cumple. Por lo tanto, cualquiera que falle en cumplirlas es juzgado, criticado y censurado.

   El problema con esta postura es que también es una falsa justicia. Nuevamente, justicia en la Biblia es *ser justo como también hacer justicia.* La Biblia no sabe nada de ser aceptable ante Dios sin *ser justo en Cristo Jesús* (ver *Estudio a fondo 5,* Mt. 5:6; nota, Ro. 5:1 para mayor discusión al respecto. Cp. 2 Co. 5:21).

"Porque os digo que si vuestra justicia no fuere mayor que la de los escribas y fariseos, no entraréis en el reino de los cielos" (Mt. 5:20).

"Velad debidamente, y no pequéis; porque algunos no conocen a Dios; para vergüenza vuestra lo digo" (1 Co. 15:34).

"Al que no conoció pecado, por nosotros lo hizo pecado, para que nosotros fuésemos hechos justicia de Dios en él" (2 Co. 5:21).

"Estad, pues, firmes, ceñidos vuestros lomos con la verdad, y vestidos con la coraza de justicia" (Ef. 6:14).

"Llenos de frutos de justicia que son por medio de Jesucristo, para gloria y alabanza de Dios" (Fil. 1:11).

"Mas tú, oh hombre de Dios, huye de estas cosas, y sigue la justicia, la piedad, la fe, el amor, la paciencia, la mansedumbre" (1 Ti. 6:11).

"Enseñándonos que, renunciando a la impiedad y a los deseos mundanos, vivamos en este siglo sobria, justa y piadosamente, aguardando la esperanza bienaventurada y la manifestación gloriosa de nuestro gran Dios y Salvador Jesucristo" (Tit. 2:12-13).

ESTUDIO A FONDO 2

(5:9) ***Verdad*** (aletheia): Verdad moral, verdad de salvación, verdad de obra, verdad viva. No es simplemente algo que hay que *conocer,* sino algo que debe *hacerse* (Jn. 8:31). Es el conocimiento y la experiencia de la verdadera realidad en contraste con la falsa realidad. Es la verdad en "las partes internas" (cp. Sal. 51:6; Ef. 5:9). Es lo diametralmente opuesto a la farsa y la hipocresía. No permite ninguna concesión con la maldad. Incluso se abstiene de la aparición de la maldad (1 Ts. 5:22). Es una observación de la verdad en todos sus aspectos: creerla, reverenciarla, hablarla, actuarla, tener esperanzas en ella y regocijarse en ella. Tal comportamiento verdadero libera a la persona de todas las esclavitudes e impedimentos de la vida. (Véase notas, Jn. 1-9; *Estudio a fondo 2,* 14:6).

> **"Jesús les respondió y dijo: Mi doctrina no es mía, sino de aquel que me envió. El que quiera hacer la voluntad de Dios, conocerá si la doctrina es de Dios, o si yo hablo por mi propia cuenta" (Jn. 7:16-17).**
>
> **"A fin de conocerle, y el poder de su resurrección, y la participación de sus padecimientos, llegando a ser semejante a él en su muerte" (Fil. 3:10).**
>
> **"Para que andéis como es digno del Señor, agradándole en todo, llevando fruto en toda buena obra, y creciendo en el conocimiento de Dios" (Col. 1:10).**
>
> **"Y conoceremos, y proseguiremos en conocer a Jehová; como el alba está dispuesta su salida, y vendrá a nosotros como la lluvia, como la lluvia tardía y temprana a la tierra" (Os. 6:3).**

Se dice que la Palabra de Dios es la verdad (Jn. 17:17), y Jesucristo mismo proclamó ser la Verdad (Jn. 14:6). A fin de distinguir entre ambos, en ocasiones se dice que la Palabra de Dios es la Verdad o Palabra Escrita y que Jesucristo es la Verdad o Palabra viva.

1. La verdad libera al hombre de la sombra de la duda y la desesperación. El hombre ya no tiene que afanarse en conocer la verdad, ya se trate de la verdad de Dios o de la de su propio mundo. Jesucristo ha revelado la verdad: la naturaleza, el significado y el destino de todas las cosas.

> **"Aquella luz verdadera, que alumbra a todo hombre, venía a este mundo... Y aquel Verbo fue hecho carne, y habitó entre nosotros (y vimos su gloria, gloria como del unigénito del Padre), lleno de gracia y de verdad" (Jn. 1:9, 14).**
>
> **"Porque el Señor es el Espíritu; y donde está el Espíritu del Señor, allí hay libertad" (2 Co. 3:17).**

2. La verdad libera al hombre de la esclavitud del pecado. El hombre ya no tiene que aferrarse del poder para vencer, ni tiene que luchar en contra el peso de la culpa. La búsqueda de liberación y del poder para conquistar, para vencer, para lograr y para vivir ya se ha acabado. Todo se encuentra en Jesucristo. (Cp. Ro. 6:1ss. Ver nota – Ro. 8:28-39).

> **"Mas a todos los que le recibieron, a los que creen en su nombre, les dio potestad de ser hechos hijos de Dios" (Jn. 1:12).**
>
> **"Jesús le dijo: Yo soy el camino, y la verdad, y la vida; nadie viene al Padre, sino por mí" (Jn. 14:6).**
>
> **"Pero veo otra ley en mis miembros, que se rebela contra la ley de mi mente, y que me lleva cautivo a la ley del pecado que está en mis miembros. ¡Miserable de mí! ¿quién me librará de este cuerpo de muerte? Gracias doy a Dios, por Jesucristo Señor nuestro. Así que, yo mismo con la mente sirvo a la ley de Dios, mas con la carne a la ley del pecado" (Ro. 7:23-25).**
>
> **"Porque el ocuparse de la carne es muerte, pero el ocuparse del Espíritu es vida y paz... Pues no habéis recibido el espíritu de esclavitud para estar otra vez en temor, sino que habéis recibido el espíritu de adopción, por el cual clamamos: ¡Abba, Padre!" (Ro. 8:6, 15).**

3. La verdad libera al hombre de la esclavitud de la muerte. El hombre ya no tiene que estar sometido al temor de la muerte. Por medio de Su muerte y resurrección Jesucristo ha conquistado a la muerte. Y en Su muerte y resurrección ahora el hombre tiene la más gloriosa de las esperanzas: ahora él puede vivir eternamente (He. 2:14-15).

> **"De cierto, de cierto os digo: El que oye mi palabra, y cree al que me envió, tiene vida eterna; y no vendrá a condenación, mas ha pasado de muerte a vida. De cierto, de cierto os digo: Viene la hora, y ahora es, cuando los muertos oirán la voz del Hijo de Dios; y los que la oyeren vivirán. Porque como el Padre tiene vida en sí mismo, así también ha dado al Hijo el tener vida en sí mismo; y también le dio autoridad de hacer juicio, por cuanto es el Hijo del Hombre. No os maravilléis de esto; porque vendrá hora cuando todos los que están en los sepulcros oirán su voz; y los que hicieron lo bueno, saldrán a resurrección de vida; mas los que hicieron lo malo, a resurrección de condenación" (Jn. 5:24-29).**
>
> **"Porque la ley del Espíritu de vida en Cristo Jesús me ha librado de la ley del pecado y de la muerte" (Ro. 8:2).**
>
> **"Así que, por cuanto los hijos participaron de carne y sangre, él también participó de lo mismo, para destruir por medio de la muerte al que tenía el imperio de la muerte, esto es, al diablo, y librar a todos los que por el temor de la muerte estaban durante toda la vida sujetos a servidumbre" (He. 2:14-15).**

4. La verdad libera al hombre de la esclavitud del juicio y el infierno. Las tinieblas de un futuro desconocido y la aprehensión de un juicio pendiente es algo que el hombre enfrenta constantemente. A lo sumo, el hombre puede tener esperanzas de aniquilación, y de solo pensarlo, se estremece. Lo peor que puede esperar es la torturas de los dioses y tiembla ante la posibilidad. Pero Jesucristo ha revelado la verdad. Él mismo ha cargado con el juicio y el castigo del juicio por el hombre.

> **"Porque de tal manera amó Dios al mundo, que ha dado a su Hijo unigénito, para que todo aquel que en él cree, no se pierda, mas tenga vida eterna" (Jn. 3:16).**
>
> **"Porque Cristo, cuando aún éramos débiles, a su tiempo murió por los impíos... Mas Dios muestra su amor para con nosotros, en que siendo aún pecadores, Cristo murió por nosotros. Pues mucho más, estando ya justificados en su sangre, por él seremos salvos de la ira" (Ro. 5:6, 8-9).**
>
> **"Quien llevó él mismo nuestros pecados en su cuerpo sobre el madero, para que nosotros, estando muertos a los pecados, vivamos a la justicia; y por cuya herida fuisteis sanados" (1 P. 2:24).**
>
> **"Porque también Cristo padeció una sola vez por los pecados, el justo por los injustos, para llevarnos a Dios, siendo a la verdad muerto en la carne, pero vivificado en espíritu" (1 P. 3:18).**

5. La verdad libera al hombre de ser salvo hasta lo máximo. La existencia, el amor, el gozo, la paz, la satisfacción, el placer, la esperanza, nada tiene ya que ser incompleto. Al hombre ya

no le tiene por qué ser negada ninguna cosa buena. Jesucristo, la Verdad, es capaz de salvar al hombre al máximo, completamente, perfectamente, finalmente y para toda la eternidad. Todo lo que tiene que hacer una persona es venir a Cristo para su salvación, puesto que Él vive por siempre para interceder por cada hombre.

"Por lo cual puede también salvar perpetuamente a los que por él se acercan a Dios, viviendo siempre para interceder por ellos" (He. 7:25).

"Mas el fruto del Espíritu es amor, gozo, paz, paciencia, benignidad, bondad, fe, mansedumbre, templanza; contra tales cosas no hay ley" (Gá. 5:22-23).

"Porque en él habita corporalmente toda la plenitud de la Deidad, y vosotros estáis completos en él, que es la cabeza de todo principado y potestad" (Col. 2:9-10).

3 (5:10) ***Luz – Creyente, Camino:*** La luz prueba cosas, muestra lo que es aceptable. ¿Qué significa esto? Mientras el creyente camina en la luz...

- Demuestra qué es aceptable y no aceptable para el Señor.
- Discrimina entre qué es aceptable y qué no es aceptable para el Señor.
- Muestra al mundo qué es aceptable y qué no es aceptable para el Señor.
- Muestra qué sendero tomar y qué sendero no tomar.
- Muestra qué debe hacer y qué no debe hacer una persona.

Pensamiento 1: Todo lo que hace el creyente es "para el Señor", es decir, que él debe fijar su atención y energía en complacer al Señor. Debe luchar para desear y darle placer al Señor. Debe pelear para controlar su voluntad y su comportamiento a fin de satisfacer el gozo del Señor. ¿Por qué? Porque el Señor amó y se entregó a sí mismo por el creyente, por lo tanto, el creyente debe amar y entregarse para complacer al Señor.

"Comprobando lo que es agradable al Señor" (Ef. 5:10).

"Por lo demás, hermanos, os rogamos y exhortamos en el Señor Jesús, que de la manera que aprendisteis de nosotros cómo os conviene conduciros y agradar a Dios, así abundéis más y más" (1 Ts. 4:1).

"Examinadlo todo; retened lo bueno" (1 Ts. 5:21).

"Por la fe Enoc fue traspuesto para no ver muerte, y no fue hallado, porque lo traspuso Dios; y antes que fuese traspuesto, tuvo testimonio de haber agradado a Dios" (He. 11:5).

"Y de hacer bien y de la ayuda mutua no os olvidéis; porque de tales sacrificios se agrada Dios" (He. 13:16).

"Amados, no creáis a todo espíritu, sino probad los espíritus si son de Dios; porque muchos falsos profetas han salido por el mundo" (1 Jn. 4:1).

4 (5:11-12) ***Oscuridad – Luz – Creyente, Camino:*** La luz expone las obras de las tinieblas.

1. La acusación es clara y enérgica: Los creyentes no deben fraternizar con las obras infructuosas de las tinieblas. Advierta que las obras de las tinieblas son...

- Oscuras: Dejando al hombre tambaleando y merodeando por el mundo, perdido e incapacitado de ver hacia dónde se dirige.
- Infructuosas: No dan ningún fruto duradero más allá de este mundo cuando lo ataca la muerte.

Las obras infructuosas de las tinieblas son aquellas obras tratadas en el pasaje anterior (Ef. 5:3-6) y en las obras de la carne (Gá. 5:19-21). Conducen a la muerte; por lo tanto, el creyente no debe fraternizar –de ninguna manera– con las obras infructuosas de las tinieblas.

"Y con otras muchas palabras testificaba y les exhortaba, diciendo: Sed salvos de esta perversa generación" (Hch. 2:40).

"Os he escrito por carta, que no os juntéis con los fornicarios" (1 Co. 5:9).

"No os unáis en yugo desigual con los incrédulos; porque ¿qué compañerismo tiene la justicia con la injusticia? ¿Y qué comunión la luz con las tinieblas?" (2 Co. 6:14).

"Por lo cual, salid de en medio de ellos, y apartaos, dice el Señor, y no toquéis lo inmundo; y yo os recibiré, y seré para vosotros por Padre, y vosotros me seréis hijos e hijas, dice el Señor Todopoderoso" (2 Co. 6:17-18).

"Y no participéis en las obras infructuosas de las tinieblas, sino más bien reprendedlas" (Ef. 5:11).

"Pero os ordenamos, hermanos, en el nombre de nuestro Señor Jesucristo, que os apartéis de todo hermano que ande desordenadamente, y no según la enseñanza que recibisteis de nosotros" (2 Ts. 3:6).

"Este es el mensaje que hemos oído de él, y os anunciamos: Dios es luz, y no hay ningunas tinieblas en él. Si decimos que tenemos comunión con él, y andamos en tinieblas, mentimos, y no practicamos la verdad" (1 Jn. 1:5-6).

"No améis al mundo, ni las cosas que están en el mundo. Si alguno ama al mundo, el amor del Padre no está en él. Porque todo lo que hay en el mundo, los deseos de la carne, los deseos de los ojos, y la vanagloria de la vida, no proviene del Padre, sino del mundo" (1 Jn. 2:15-16).

2. La tarea del creyente en la tierra es asombrosa: Él no debe fraternizar con las obras de las tinieblas, debe vivir con tanta luz que su vida condene (elegcho, esto es, exponga, reprenda y sentencie) a las personas de sus pecados u obras oscuras.

Pensamiento 1: Al pecado nunca se le debe tomar a la ligera. El mismo hecho de que debamos reprenderlo es una clara evidencia de ello. Nuestra tarea es la de reflejar tanta luz que todas las obras de las tinieblas que nos rodean sean expuestas y expulsadas. Recuerde que cuando aparece la luz, siempre se extingue la oscuridad. Pero si la luz se va o se apaga, reaparecen las tinieblas.

"Mirad por vosotros mismos. Si tu hermano pecare contra ti, repréndele; y si se arrepintiere, perdónale" (Lc. 17:3).

"Y no participéis en las obras infructuosas de las tinieblas, sino más bien reprendedlas" (Ef. 5:11).

"A las ancianas, como a madres; a las jovencitas, como a hermanas, con toda pureza" (1 Ti. 5:2).

"Que prediques la palabra; que instes a tiempo y fuera de tiempo; *redarguye,* reprende, exhorta con toda paciencia y doctrina" (2 Ti. 4:2).

3. El motivo por el cual no debemos fraternizar con las obras de las tinieblas es este: Es una *vergüenza* siquiera hablar de esas cosas que ellos realizan en secreto. ¡Vaya reprimenda! ¡No debemos siquiera hablar de las obras de la tiniebla! No debemos compartir conversaciones sobre obras de las tinieblas de este mundo (ver nota, Ef. 5:8; Jn. 3:18-20; *Estudio a fondo 2,* 8:12).

> **"Pero sea vuestro hablar: Sí, sí; no, no; porque lo que es más de esto, de mal procede" (Mt. 5:37).**
>
> **"Sea vuestra palabra siempre con gracia, sazonada con sal, para que sepáis cómo debéis responder a cada uno" (Col. 4:6).**
>
> **"Retén la forma de las sanas palabras que de mí oíste, en la fe y amor que es en Cristo Jesús" (2 Ti. 1:13).**
>
> **"Palabra sana e irreprochable, de modo que el adversario se avergüence, y no tenga nada malo que decir de vosotros" (Tit. 2:8).**

[5] (5:13) ***Conversión – Luz – Creyente, Camino:*** La luz revela y convierte todo lo que toca. Advierta dos cosas.

1. Cuando la luz toca algo se vuelve luz. Se enciende y hasta cierto grado el objeto da luz en sí mismo. Es convertido y modificado. Cuando la luz de Jesucristo toca la vida de otra persona en las tinieblas, esa vida es cambiada: se vuelve luz. Se termina con las tinieblas y se las elimina. Advierta además otro hecho: Esa persona comienza a tocar la vida de los que lo rodean que están en tinieblas.

2. Mientras la maldad se realice en secreto tiene éxito. Pero cuando se la quita de los rincones oscuros y habitaciones cerradas y se la expone a la luz, se muere. Cuando una persona enfrenta a Cristo, sus obras oscuras se exponen con todas sus heridas, su daño, su inmundicia y corrupción. Siempre debemos recordar que este es el verdadero motivo por el cual muchos se niegan a enfrentar a Cristo. Prefieren sus obras oscuras (Jn. 3:20ss). Pero cuando un hombre enfrenta a Cristo y abandona sus oscuros pecados, se vuelve "luz en el Señor" (Ef. 5:8). Es transformado por la persona de Cristo. William Barclay señala que esto se ve en la *sanidad* que producen los rayos del sol. La luz de Jesucristo es como los rayos del sol. La luz de Jesucristo no solo ilumina y revela, sino que también limpia. La luz de Jesucristo no solo es algo revelador y condenatorio, sino que es también una sanidad. (*The Letters to the Galatians and Ephesians,* pp. 195ss).

[6] (5:14) ***Sueño Espiritual – Muerte, Conversión espiritual:*** La luz despierta a los que duermen, a los que están espiritualmente muertos. La mayoría de la gente del mundo son como hombres dormidos cuando se trata de caminar a la luz de Dios. Viven en las tinieblas del sueño espiritual y la muerte espiritual, siempre corriendo hasta ese día inevitable de tinieblas eternas y muerte. Advierta un hecho muy infortunado: Este pasaje está dirigido a los creyentes. Demasiados creyentes que profesan pasan por la vida al igual que los incrédulos: dormidos, viviendo en la oscuridad del sueño espiritual y de la muerte espiritual, fraternizando con y con demasiada frecuencia participando en las obras de las tinieblas. No son conscientes e ignoran la gran herencia y las promesas que Dios nos ha dado en Cristo Jesús. (Véase nota, *Muerte,* Ef. 2:1 para mayor discusión al respecto).

> **"Y esto, conociendo el tiempo, que es ya hora de levantarnos del sueño; porque ahora está más cerca de nosotros nuestra salvación que cuando creímos" (Ro. 13:11).**
>
> **"Velad debidamente, y no pequéis; porque algunos no conocen a Dios; para vergüenza vuestra lo digo" (1 Co. 15:34).**
>
> **"Por lo cual dice: Despiértate, tú que duermes, y levántate de los muertos, y te alumbrará Cristo" (Ef. 5:14).**

Pensamiento 1: Advierta que la única Fuente para despertar de nuestro sueño y muerte espiritual es Jesucristo y únicamente Él.

> **"En él estaba la vida, y la vida era la luz de los hombres" (Jn. 1:4).**
>
> **"Otra vez Jesús les habló, diciendo: Yo soy la luz del mundo; el que me sigue, no andará en tinieblas, sino que tendrá la luz de la vida" (Jn. 8:12).**
>
> **"Entonces Jesús les dijo: Aún por un poco está la luz entre vosotros; andad entre tanto que tenéis luz, para que no os sorprendan las tinieblas; porque el que anda en tinieblas, no sabe a dónde va" (Jn. 12:35).**
>
> **"Yo, la luz, he venido al mundo, para que todo aquel que cree en mí no permanezca en tinieblas" (Jn. 12:46).**
>
> **"Porque Dios, que mandó que de las tinieblas resplandeciese la luz, es el que resplandeció en nuestros corazones, para iluminación del conocimiento de la gloria de Dios en la faz de Jesucristo" (2 Co. 4:6).**
>
> **"Sin embargo, os escribo un mandamiento nuevo, que es verdadero en él y en vosotros, porque las tinieblas van pasando, y la luz verdadera ya alumbra" (1 Jn. 2:8).**

	G. El creyente debe caminar en forma cuidadosa y estricta, 5:15-21	en lo cual hay disolución; antes bien sed llenos del Espíritu,	**5 Siendo llenado con el Espíritu**
		19 hablando entre vosotros con salmos, con himnos y cánticos espirituales, cantando y alabando al Señor en vuestros corazones;	a. Un espíritu cantante
1 Mirando alrededor y cuidando cada paso	15 Mirad, pues, con diligencia cómo andéis, no como necios sino como sabios,		
2 Redimiendo el tiempo	16 aprovechando bien el tiempo, porque los días son malos.	20 dando siempre gracias por todo al Dios y Padre, en el nombre de nuestro Señor Jesucristo.	b. Un espíritu agradecido y de oración
3 Comprendiendo la voluntad de Dios	17 Por tanto, no seáis insensatos, sino entendidos de cuál sea la voluntad del Señor.	21 Someteos unos a otros en el temor de Dios.	c. Un espíritu sumiso y respetuoso
4 Rechazando la embriaguez	18 No os embriaguéis con vino,		

DIVISIÓN IV

EL CAMINO DEL CREYENTE CRISTIANO, 4:1—6:9

G. El creyente debe caminar en forma cuidadosa y estricta, 5:15-21

(5:15-21) ***Introducción:*** La forma en que el creyente camina día tras día a lo largo de la vida es crucial para la causa de Cristo y para el bienestar de la sociedad. Contribuye a la edificación de la sociedad o bien a la destrucción de la sociedad. Lleva el mensaje de la vida al mundo o bien lleva el mensaje del silencio y la muerte. Por esta razón, es importante que el creyente camine con cuidado y en forma estricta a través de la vida.

1. Mirando alrededor y cuidando cada paso (v. 15).
2. Redimiendo el tiempo (v. 16).
3. Comprendiendo la voluntad de Dios (v. 17).
4. Rechazando la embriaguez (v. 18).
5. Siendo llenado con el Espíritu (vv. 18-21).

[1] (5:15) ***Creyente, Camino:*** Caminar con cuidado y en forma estricta mirando alrededor y cuidando cada paso. La vida es un camino, un sendero que recorremos todos los días. Cuando nos levantamos por la mañana, comenzamos a caminar. Dios espera que nosotros caminemos en forma circunspecta (akribos), es decir, con cuidado y precisión, exactamente como deberíamos. Nota: Hay dos tipos de personas que caminan por la vida.

1. Está el tonto o la persona poco sabia: Esto simplemente significa la persona que no piensa, que es descuidada, sin importarle nada y con mentalidad mundana.

El poco sabio es la persona que piensa poco sobre dónde debería ir y dónde no debería ir. Simplemente se levanta por la mañana y va a trabajar o hace su rutina diaria pensando muy poco en Dios y en lo que sucede más allá de su vida. Si comete un error aquí o allá, no tiene tanta importancia. Cometer errores forma parte de la vida humana.

Piensa que será aceptable a cualquier Dios que haya, si simplemente vive una vida...

- Que es bastante decente, honorable y útil.
- Que paga sus obligaciones con Dios aquí y allá.

La persona poco sabia no se ocupa de cuidar cada paso que da ni de estar alerta a cualquier tentación y atracción de la vida. Poco le importa la lucha y ser exacto y estricto en la vida. Llevar una vida cuidadosa, precisa, estricta, disciplinada, controlada no es tan importante para él.

2. Está la persona sabia: La persona pensante, cuidadosa, que se ocupa, con mentalidad espiritual. Esta es la persona que está en la misión. Conoce a Dios personalmente y sabe que él está en la tierra para vivir una vida justa y divina y para dar testimonio al Señor Jesucristo. Por lo tanto, cuando se levanta por la mañana y va a trabajar o a realizar sus asuntos cotidianos, camina en la presencia y alabanza de Dios. Sus pensamientos están en Dios a lo largo de todo el día. A él le importan las equivocaciones. Todo importa, los informes diarios y la conversación sobre las siguientes características del hombre:

- pecado
- guerra
- vergüenza
- egoísmo
- maldición
- hambre
- maldad
- lucha de poderes
- homicidio
- divorcio
- bromas de mal gusto
- rechazo
- inmoralidad
- sufrimiento
- obesidad
- odio
- ebriedad
- drogas

El hombre sabio no solo se preocupa por cada etapa de la vida, sino que lucha por cuidar cada paso, con el objeto de asegurarse de que camina por la vida en forma exacta, estricta, disciplinada y controlada. Sabe que la única respuesta a la maldad y a los problemas de la vida es Jesucristo y su justicia.

"Digo, pues: Andad en el Espíritu, y no satisfagáis los deseos de la carne" (Gá. 5:16).

"Yo pues, preso en el Señor, os ruego que andéis como es digno de la vocación con que fuisteis llamados" (Ef. 4:1).

"Mirad, pues, con diligencia cómo andéis, no como necios sino como sabios" (Ef. 5:15).

"Por tanto, de la manera que habéis recibido al Señor Jesucristo, andad en él" (Col. 2:6).

"Pero si andamos en luz, como él está en luz, tenemos comunión unos con otros, y la sangre de Jesucristo su Hijo nos limpia de todo pecado" (1 Jn. 1:7).

"El que dice que permanece en él, debe andar como él anduvo" (1 Jn. 2:6).

2 (5:16) ***Tiempo, Oportunidad:*** Caminar con cuidado y estrictamente redimiendo el tiempo. La idea no es la de *comprar* tiempo. El tiempo es el don de Dios; un hombre tiene tiempo. Lo que hará es utilizar su tiempo para comprar cosas de valor. Debe redimir el tiempo, dar su tiempo por cosas de valor. Esto significa dos cosas.

1. Una persona debe utilizar su tiempo sabiamente, no debe derrocharlo. El tiempo es un don de Dios. Un hombre no tiene que redimir ni *comprar* el tiempo. Él ya lo tiene. Cuando nació en este mundo, nació con tiempo. El tiempo existe, está aquí con o sin nosotros. No tenemos que hacer ni una sola cosa para redimirlo. Lo que tenemos que hacer es utilizar el tiempo –utilizarlo con sabiduría– utilizarlo *para hacer* lo mejor que podamos.

Pensamiento 1: La opción es nuestra. Podemos sentarnos y malgastar las horas y participar de actividades y conversaciones de poca importancia, si es que la tienen, o podemos utilizar el tiempo sabiamente, manteniendo ocupados nuestros pensamientos y nuestras manos...

- En nuestra profesión y trabajo, contribuyendo al bien de la sociedad.
- En nuestra adoración y servicio para Cristo –todo el día– uniéndonos con otras personas de la iglesia de Dios para dar testimonio y ministrar a los perdidos y necesitados de nuestras comunidades y ciudades.
- Satisfaciendo las necesidades de un mundo que gira bajo el peso de masas sufrientes desesperadas.
- En el pecado y la muerte.

2. Una persona debe usar su tiempo aprovechando las oportunidades que surgen durante el día. Esto, también, es lo que significa redimir el tiempo. El creyente debe redimir las oportunidades...

- De vivir justa y divinamente.
- De dar testimonio y compartir a Cristo.
- De ser diligente en el trabajo.
- De dar un ejemplo de compromiso y disciplina en el trabajo, el hogar y la recreación.
- De ser fiel a Dios y a la familia.
- De hablar por Cristo y la justicia.
- De orar en lugar de permitir que se derroche el tiempo. (Véase bosquejo y Estudio a fondo 1, Oración, Mt. 6:9-13; nota, Ef. 3:14-21 para saber por qué cosa debemos orar cada día. Si un creyente se compromete a orar como oraron Cristo y Pablo, encontrará que no tiene tiempo para malgastar).

Advierta por qué debemos redimir el tiempo: Porque los días son malos. Esto se refiere a todo el mal que enfrenta el creyente mientras camina día tras día, tanto mal que debe mantenerse alerta de caer y fallar. Debe estar alerta de vivir con justicia y de dar testimonio a Cristo. La maldad puede oscilar desde tentaciones pequeñas hasta persecuciones, desde problemas de poco dinero hasta un colapso económico mundial, desde un disturbio familiar menor hasta la guerra. La maldad del mundo siempre está ante nosotros: ya sea pequeña o grande. La tarea del creyente es la de redimir el tiempo, de aprovecharlo al máximo. Pasará pronto la oportunidad porque los días son malos.

- La oportunidad de dar testimonio pasará.
- La oportunidad de demostrar diligencia pasará.
- La oportunidad de hablar pasará.
- La oportunidad de amar pasará.
- La oportunidad de ministrar pasará.
- La oportunidad de trabajar arduamente pasará.
- La oportunidad de orar pasará.
- La oportunidad de dar pasará.

Pensamiento 1: ¿Cuántos de nosotros derrochamos el tiempo? Tanto tiempo es derrochado por muchos...

- por no sentirse eficientes
- en lo que leemos
- por mirar televisión
- en restaurantes
- por la falta de diligencia en el trabajo
- en las noches en nuestros hogares
- por actividades sin provecho en los fines de semana

Cada uno de nosotros necesita tomarse un momento y pensar dónde derrochamos tanto tiempo y corregirlo. Más que nunca debemos entregarnos a hacer una contribución significativa a nuestro trabajo y nuestra sociedad, a nuestra iglesia y comunidad, a vivir en forma justa y divina, a dar testimonio y ayudar a un mundo de personas que están desalentadas y solas, hambrientas y con frío, heridas y sufriendo, necesitadas y desvalidas –todas perdidas en el pecado– todas sin el conocimiento de Cristo y de la vida eterna. Ha llegado la hora de redimir el tiempo.

"Pero esto digo, hermanos: que el tiempo es corto; resta, pues, que los que tienen esposa sean como si no la tuviesen; y los que lloran, como si no llorasen; y los que se alegran, como si no se alegrasen; y los que compran, como si no poseyesen; y los que disfrutan de este mundo, como si no lo disfrutasen; porque la apariencia de este mundo se pasa" (1 Co. 7:29-31).

"Derribando argumentos y toda altivez que se levanta contra el conocimiento de Dios, y llevando cautivo *todo pensamiento* a la obediencia a Cristo" (2 Co. 10:5).

"Por lo demás, hermanos, todo lo que es verdadero, todo lo honesto, todo lo justo, todo lo puro, todo lo amable, todo lo que es de buen nombre; si hay virtud alguna, si algo digno de alabanza, en esto pensad" (Fil. 4:8).

"Mirad, pues, con diligencia cómo andéis, no como necios sino como sabios, aprovechando bien el tiempo, porque los días son malos" (Ef. 5:15-16).

"Andad sabiamente para con los de afuera, redimiendo el tiempo" (Col. 4:5).

"Enséñanos de tal modo a contar nuestros días, que traigamos al corazón sabiduría" (Sal. 90:12).

"Acuérdate de tu Creador en los días de tu juventud, antes que vengan los días malos, y lleguen los años de los cuales digas: No tengo en ellos contentamiento" (Ec. 12:1).

[3] (5:17) ***Jesucristo, Voluntad de – Creyente, Camino:*** Caminar con cuidado y estrictamente comprendiendo la voluntad del Señor. Advierta cómo tanto el hombre sabio como el no sabio son definidos en este versículo.

 El hombre no sabio es un hombre que no entiende la voluntad del Señor.

 El hombre sabio es un hombre que entiende la voluntad del Señor.

La palabra "entender" (suniemi) significa comprender, percibir, ver con la mente y abarcar. Como se dijo en el versículo anterior, los días son malos, llenos de todo tipo de maldad. El creyente debe entender cuál es la voluntad de Dios a fin de conquistar la maldad. Si no lo hace, entonces es un tonto y no actúa sabiamente. ¿Cómo puede saber una persona cuál es la voluntad de Dios?

 Conociendo la Palabra de Dios, conociéndola tan bien que pueda aplicarla a la situación que enfrenta todos los días.

"Dijo entonces Jesús a los judíos que habían creído en él: Si vosotros permaneciereis en mi palabra, seréis verdaderamente mis discípulos; y conoceréis la verdad, y la verdad os hará libres" (Jn. 8:31-32).

"Santifícalos en tu verdad; tu palabra es verdad" (Jn. 17:17).

"Procura con diligencia presentarte a Dios aprobado, como obrero que no tiene de qué avergonzarse, que usa bien la palabra de verdad" (2 Ti. 2:15).

"Toda la Escritura es inspirada por Dios, y útil para enseñar, para redargüir, para corregir, para instruir en justicia" (2 Ti. 3:16).

"Habiendo purificado vuestras almas por la obediencia a la verdad, mediante el Espíritu, para el amor fraternal no fingido, amaos unos a otros entrañablemente, de corazón puro" (1 P. 1:22).

"El hacer tu voluntad, Dios mío, me ha agradado, y tu ley está en medio de mi corazón" (Sal. 40:8).

"¿Con qué limpiará el joven su camino? Con guardar tu palabra" (Sal. 119:9).

"En mi corazón he guardado tus dichos, para no pecar contra ti" (Sal. 119:11).

 Siendo sensible al liderazgo del Espíritu Santo.

"Mas el Consolador, el Espíritu Santo, a quien el Padre enviará en mi nombre, él os enseñará todas las cosas, y os recordará todo lo que yo os he dicho" (Jn. 14:26).

"Pero yo os digo la verdad: Os conviene que yo me vaya; porque si no me fuera, el Consolador no vendría a vosotros; mas si me fuere, os lo enviaré. Y cuando él venga, convencerá al mundo de pecado, de justicia y de juicio" (Jn. 16:7-8).

"Pero cuando venga el Espíritu de verdad, él os guiará a toda la verdad; porque no hablará por su propia cuenta, sino que hablará todo lo que oyere, y os hará saber las cosas que habrán de venir. El me glorificará; porque tomará de lo mío, y os lo hará saber" (Jn. 16:13-14).

"Para que la justicia de la ley se cumpliese en nosotros, que no andamos conforme a la carne, sino conforme al Espíritu. Porque los que son de la carne piensan en las cosas de la carne; pero los que son del Espíritu, en las cosas del Espíritu" (Ro. 8:4-5).

"Porque si vivís conforme a la carne, moriréis; mas si por el Espíritu hacéis morir las obras de la carne, viviréis. Porque todos los que son guiados por el Espíritu de Dios, éstos son hijos de Dios" (Ro. 8:13-14).

"Enséñame a hacer tu voluntad, porque tú eres mi Dios; tu buen espíritu me guíe a tierra de rectitud" (Sal. 143:10).

[4] (5:18) ***Embriaguez:*** Caminar con cuidado y estrictamente no emborrachándose con vino. La embriaguez significa estar intoxicado con bebidas o drogas (cp. Lc. 21:34; Ro. 13:13; Gá. 5:21; cp. Pr. 20:1; Is. 28:7; Ez. 23:32; 39:19). La palabra "exceso" es un comportamiento excesivo. En griego significa...

- La disipación y el desgaste del cuerpo.
- Comportamiento incontrolado.
- Comportamiento y conducta libertina, bullanguera, salvaje y descontrolada.

La embriaguez es obra de la carne y con frecuencia conduce a otros pecados de la carne: juerga, comportamiento ligero, vestidura llamativa, exposición del cuerpo, pensamientos sexuales, inmoralidad, comportamiento malo e injusto o violencia y abuso físico, ideas de grandeza, fortaleza o poder. La Biblia dice varias cosas sobre la embriaguez.

1. La embriaguez excluye a una persona del reino de Dios.

"Ni los ladrones, ni los avaros, ni los borrachos, ni los maldicientes, ni los estafadores, heredarán el reino de Dios" (1 Co. 6:10).

"Envidias, homicidios, borracheras, orgías, y cosas semejantes a estas; acerca de las cuales os amonesto, como ya os lo he dicho antes, que los que practican tales cosas no heredarán el reino de Dios" (Gá. 5:21).

2. La embriaguez conduce a otras formas de mal comportamiento y pecado.

"No muchos días después, juntándolo todo el hijo menor, se fue lejos a una provincia apartada; y allí desperdició sus bienes *viviendo perdidamente*" (Lc. 15:13).

"No os embriaguéis con vino, en lo cual hay disolución; antes bien sed llenos del Espíritu" (Ef. 5:18).

3. La embriaguez imposibilita comprender las efímeras oportunidades del tiempo.

"Aprovechando bien el tiempo, porque los días son malos. Por tanto, no seáis insensatos, sino entendidos de cuál sea la voluntad del Señor. No os embriaguéis con vino, en lo cual hay disolución; antes bien sed llenos del Espíritu" (Ef. 5:16-18).

[5] (5:18-21) ***Espíritu Santo, Llenado:*** Caminar con cuidado y estrictamente siendo llenado por el Espíritu. Este manda-

miento está en tiempo presente, lo que significa que el creyente debe ser llenado constantemente con el Espíritu. Debe continuar siendo llenado. El Espíritu Santo debe llenar al creyente continuamente (Ef. 5:18; cp. Hch. 2:4; 4:29-31). La llenura del Espíritu es la manifestación personal de Cristo al creyente que camina obedientemente día tras día (Jn. 14:21). Es una conciencia de su presencia, de su liderazgo, momento a momento. Esta conciencia es privilegio del creyente. Pero la llenura del Espíritu no es una experiencia automática. La responsabilidad de ser llenado con el Espíritu recae sobre los hombros de los creyentes. Él es llenado únicamente mientras camina obedientemente hacia Cristo. (Véase notas, Hch. 2:1-4 para una discusión más profunda al respecto).

> **"El que tiene mis mandamientos, y los guarda, ése es el que me ama; y el que me ama, será amado por mi Padre, y yo le amaré, y me manifestaré a él. Le dijo Judas (no el Iscariote): Señor, ¿cómo es que te manifestarás a nosotros, y no al mundo?" (Jn. 14:21-22).**

Advierta que el Espíritu Santo es la *manifestación especial* de Cristo dentro del creyente. Aparentemente, esto se refiere a las manifestaciones especiales del Señor en el corazón del creyente, esos momentos muy especiales cuando hay una profunda consciencia de amor entre el Señor y su amado seguidor (Jn. 14:18-20). Cuando el creyente atraviesa pruebas terribles y crisis severas, Dios lo sabe y ama y se preocupa, de modo que avanza para satisfacer la necesidad de sus amados hijos. Ingresa al corazón del creyente, manifestando su presencia y dando un profundo sentido de su amor y cuidado, ayudando y dando confianza, perdón y seguridad, dando lo que sea que el creyente necesite. La profundidad de la experiencia y la intensidad de la *manifestación especial* depende de la necesidad del creyente... Dios conoce y ama a su amado hijo perfectamente, por lo tanto le entrega cualquier experiencia y profundidad de emoción como sean necesarias para satisfacer la necesidad de su hijo. Siempre debemos recordar que Dios ama a cada uno de nosotros tanto que Él hará lo que sea necesario...

- Para levantarnos.
- Para fortalecernos
- Para conformarnos a la imagen de su amado Hijo, el Señor Jesucristo.

Advierta que las *manifestaciones especiales* de la presencia del Señor se le dan solo al creyente que hace dos cosas.

- El creyente que recibe los mandamientos de Cristo. Tener los mandamientos de Cristo significa que el creyente ha buscado los mandamientos de Jesucristo. Los tiene dentro de su corazón, los conoce y los ha hecho propios (Jn. 14:21-22 arriba; cp. Sal. 119:11).
- El creyente que cumple con los mandamientos de Jesús.

El creyente que hace estas dos cosas demuestra que *verdaderamente* ama al Señor Jesús. Y el que ama y obedece al Señor Jesús recibe las manifestaciones especiales y la llenura del Espíritu Santo.

Advierta un hecho importante: Se cuestiona la manifestación especial. Judas formuló la pregunta por primera vez, pero la manifestación especial de la presencia de Cristo ha sido cuestionada y dudada por miles desde ese momento. Judas pensaba como piensan todos los hombres, en términos de una manifestación física, de una aparición visible.

La palabra "manifestación" (phaneroo; emphanizo) significa develar o revelar. Sugiere que algo nuevo se ha puesto a la luz, que algo nunca conocido por el hombre se da a conocer. Algún misterio ha sido ahora revelado. Es algo que no puede ser descubierto por la razón o la sabiduría del hombre. Es un misterio que está oculto para el hombre y más allá de su comprensión, avivado en la vida del creyente. Significa que Él se *manifiesta* a sí mismo a sus discípulos en una manera muy especial. Revela su persona, su naturaleza, su bondad. Él se ilumina *dentro* de sus corazones y vidas. Él otorga una conciencia especial dentro de sus almas. (Véase notas, Jn. 14:21-22; Hch. 2:1-4).

> **"El que cree en mí, como dice la Escritura, de su interior correrán ríos de agua viva. Esto dijo del Espíritu que habían de recibir los que creyesen en él; pues aún no había venido el Espíritu Santo, porque Jesús no había sido aún glorificado" (Jn. 7:38-39).**
>
> **"Y fueron todos llenos del Espíritu Santo, y comenzaron a hablar en otras lenguas, según el Espíritu les daba que hablasen" (Hch. 2:4).**
>
> **"Cuando hubieron orado, el lugar en que estaban congregados tembló; y todos fueron llenos del Espíritu Santo, y hablaban con denuedo la palabra de Dios" (Hch. 4:31).**
>
> **"Y los discípulos estaban llenos de gozo y del Espíritu Santo" (Hch. 13:52).**
>
> **"No os embriaguéis con vino, en lo cual hay disolución; antes bien sed llenos del Espíritu" (Ef. 5:18).**

Ahora bien, advierta tres rasgos de una persona llena con el Espíritu.

1. Una persona llena con el Espíritu tiene un espíritu cantante. Esto se contrapone a la persona embriagada. La mención del canto es la imagen de gozo y felicidad. La persona mundana con frecuencia busca gozo y felicidad en la bebida y la juerga. Este no debe ser el caso del creyente verdadero. Debe buscar su gozo y felicidad siendo llenado con el Espíritu de Dios y cantando. Advierta un punto crucial: cantarse a sí mismo ayuda a una persona a experimentar la plenitud del Espíritu. ¿Qué cantamos? Dios nos lo dice:

- *Salmos:* Los salmos del Antiguo Testamento. Debemos aprenderlos – sí, de memoria– para poder cantarlos. Piense de qué manera tan victoriosa podríamos caminar por la vida si conociéramos los Salmos.
- *Himnos:* Los grandes himnos de la iglesia. Nuevamente, debemos aprenderlos.
- *Canciones espirituales:* F. F. Bruce sugiere que estos puedan referirse a canciones compuestas por la persona mientras camina cantando alabanzas al Señor a lo largo del día (*The Epistle to the Ephesians,* p. 111). Todos hemos experimentado el hecho de caminar inventando una melodía en nuestros corazones para el Señor. Por lo tanto, su sugerencia tiene sentido.
- Por cierto es una buena práctica.

"¿Qué, pues? Oraré con el espíritu, pero oraré también con el entendimiento; cantaré con el espíritu, pero cantaré también con el entendimiento" (1 Co. 14:15).

"Hablando entre vosotros con salmos, con himnos y cánticos espirituales, cantando y alabando al Señor en vuestros corazones" (Ef. 5:19).

"¿Está alguno entre vosotros afligido? Haga oración. ¿Está alguno alegre? Cante alabanzas" (Stg. 5:13).

"Cantad con gozo a Dios, fortaleza nuestra; al Dios de Jacob aclamad con júbilo" (Sal. 81:1).

"Venid, aclamemos alegremente a Jehová; cantemos con júbilo a la roca de nuestra salvación" (Sal. 95:1).

2. Una persona llena con el Espíritu tiene un espíritu agradecido. Advierta las palabras "siempre" y "por todo". Nuestras vidas están en las manos de Dios. Él nos guía y nos dirige a través de todas las cosas. Por lo tanto, podemos agradecerle por todo, sin importar qué cosas sean. Él lo controla todo. Dar gracias mientras caminamos a lo largo del día –siempre dando gracias– nos ayuda a experimentar la plenitud del Espíritu de Dios.

"Por nada estéis afanosos, sino sean conocidas vuestras peticiones delante de Dios en toda oración y ruego, con acción de gracias" (Fil. 4:6).

"Y todo lo que hacéis, sea de palabra o de hecho, hacedlo todo en el nombre del Señor Jesús, dando gracias a Dios Padre por medio de él" (Col. 3:17).

"Dad gracias en todo, porque esta es la voluntad de Dios para con vosotros en Cristo Jesús" (1 Ts. 5:18).

"Alabad a Jehová, invocad su nombre, dad a conocer en los pueblos sus obras" (1 Cr. 16:8).

3. Una persona llena con el Espíritu tiene un espíritu sumiso y respetuoso. Una persona llena con el Espíritu no tiene un espíritu de crítica, disenso, envidia, división o egoísmo. Tiene un espíritu de sumisión. Lo mismo se aplica a las iglesias: Una iglesia llena del Espíritu tiene un cuerpo de gente que son sumisas, saliéndose de su camino para ministrar y servirse unos a otros. No hay disenso ni división, no hay envidia ni egoísmo entre su gente. Ante el temor a Dios, se someten a cada uno antes de quebrantar la plenitud del Espíritu de Dios.

"Así que, cualquiera que se humille como este niño, ése es el mayor en el reino de los cielos" (Mt. 18:4).

"Digo, pues, por la gracia que me es dada, a cada cual que está entre vosotros, que no tenga más alto concepto de sí que el que debe tener, sino que piense de sí con cordura, conforme a la medida de fe que Dios repartió a cada uno" (Ro. 12:3).

"Os ruego que os sujetéis a personas como ellos, y a todos los que ayudan y trabajan" (1 Co. 16:16).

"Nada hagáis por contienda o por vanagloria; antes bien con humildad, estimando cada uno a los demás como superiores a él mismo; no mirando cada uno por lo suyo propio, sino cada cual también por lo de los otros" (Fil. 2:3-4).

"Obedeced a vuestros pastores, y sujetaos a ellos; porque ellos velan por vuestras almas, como quienes han de dar cuenta; para que lo hagan con alegría, y no quejándose, porque esto no os es provechoso" (He. 13:17).

"Igualmente, jóvenes, estad sujetos a los ancianos; y todos, sumisos unos a otros, revestíos de humildad; porque: Dios resiste a los soberbios, y da gracia a los humildes" (1 P. 5:5).

	H. La esposa y el esposo creyentes deben caminar en un espíritu de sumisión y amor, 5:22-33	arruga ni cosa semejante, sino que fuese santa y sin mancha.	3) Involucra ser santo y sin mancha.
		28 Así también los maridos deben amar a sus mujeres como a sus mismos cuerpos. El que ama a su mujer, a sí mismo se ama.	b. Significa amarla como uno ama a su propio cuerpo
1 La esposa debe caminar en un espíritu de sumisión a. Someterse a la voluntad de Dios b. Someterse es la orden de Dios para la familia 1) El esposo es la cabeza 2) El esposo es el salvador c. Someterse es un misterio espiritual, comparable a Cristo y la iglesia, vv. 23-24	22 Las casadas estén sujetas a sus propios maridos, como al Señor; 23 porque el marido es cabeza de la mujer, así como Cristo es cabeza de la iglesia, la cual es su cuerpo, y él es su Salvador. 24 Así que, como la iglesia está sujeta a Cristo, así también las casadas lo estén a sus maridos en todo.	29 Porque nadie aborreció jamás a su propia carne, sino que la sustenta y la cuida, como también Cristo a la iglesia, 30 porque somos miembros de su cuerpo, de su carne y de sus huesos. 31 Por esto dejará el hombre a su padre y a su madre, y se unirá a su mujer, y los dos serán una sola carne.	1) Nutrirla y estimarla 2) Volverse un solo cuerpo, una carne, un conjunto de huesos. c. Significa dejar a los padres 1) Unirse a su esposa 2) Volverse una sola carne
2 El esposo debe amar a su esposa a. Significa entregarse a ella, sacrificarse por completo 1) Involucra ser apartado y puro 2) Involucra no tener mancha ni arruga o algo parecido	25 Maridos, amad a vuestras mujeres, así como Cristo amó a la iglesia, y se entregó a sí mismo por ella, 26 para santificarla, habiéndola purificado en el lavamiento del agua por la palabra, 27 a fin de presentársela a sí mismo, una iglesia gloriosa, que no tuviese mancha ni	32 Grande es este misterio; mas yo digo esto respecto de Cristo y de la iglesia. 33 Por lo demás, cada uno de vosotros ame también a su mujer como a sí mismo; y la mujer respete a su marido.	d. Significa un misterio, un amor espiritual como el amor de Cristo por la iglesia e. La conclusión 1) Esposo: Ama a tu esposa 2) Esposa: Respeta a tu esposo

DIVISIÓN IV

EL CAMINO DEL CREYENTE CRISTIANO, 4:1—6:9

H. La esposa y el esposo creyentes deben caminar en un espíritu de sumisión y amor, 5:22-33

(5:22-33) ***Introducción:*** Al tratar con esposas y esposos, siempre debemos recordar que las instrucciones de Dios no son penosas. De hecho, son sencillas. Dios nos instruye y nos guía por el sendero más sencillo y fácil posible. Como dijo Cristo:

> **"Venid a mí todos los que estáis trabajados y cargados, y yo os haré descansar. Llevad mi yugo sobre vosotros, y aprended de mí, que soy manso y humilde de corazón; y hallaréis descanso para vuestras almas; porque mi yugo es fácil, y ligera mi carga" (Mt. 11:28-30).**

Si caminamos por el sendero que Dios preparó para nosotros –si hacemos tal como Él dice– experimentaremos la vida más amorosa y pacífica, más rica y plena imaginable. Esto es *doblemente cierto* para los esposos y las esposas, puesto que tienen la compañía del otro así también como la del Señor.

1. La esposa debe caminar en un espíritu de sumisión (vv. 22-24).
2. El esposo debe amar a su esposa (vv. 25-33).

1 (5:22-24) ***Esposa, Familia:*** La esposa debe caminar en un espíritu de sumisión. Hay tres motivos por los cuales la esposa debe ser sumisa con su esposo.

1. Someterse es la voluntad de Dios. De hecho, es un mandamiento de Dios. No debe haber equivocación, ni pelea, ni siquiera una cuestión al respecto: "Las casadas están sujetas a sus propios maridos".

Dios es Dios, y como Dios, Él tiene el derecho de exigir cualquier cosa de nosotros. Pero advierta las palabras "como al Señor". Cuando hacemos algo, debemos hacerlo *como al Señor.* ¿Por qué? Porque lo amamos. El Señor nos ha amado y se ha entregado a nosotros, se ha entregado a sí mismo para poder salvarnos. Él nos amó. Por lo tanto, nosotros lo amamos. Esta es siempre la primera razón por la que lo obedecemos. Lo amamos, por lo tanto, cuando Él dice que hay que hacer algo, lo hacemos *como a Él,* para complacerlo.

Ahora bien, realicémonos una pregunta: ¿Qué tipo de espíritu debe tener la esposa cristiana al obedecer a Dios?

- ¿Un espíritu de esclavitud o de amor?
- ¿Un espíritu de queja o de amor?
- ¿Un espíritu de resentimiento o de amor?
- ¿Un espíritu de reacción o de amor?

La respuesta es evidente: Ella actúa por amor. Ella ama al Señor, por lo tanto, a fin de complacerlo se somete a su esposo. El punto es este: Dios instruye a las esposas a caminar en un espíritu de sumisión con sus esposos. Por lo tanto, las esposas cristianas no obedecen al Señor por resentimiento y reacción respecto al mandamiento. Obedecen al Señor movidas por el amor porque aman tanto al Señor como a sus esposos. Por ende, concentran y fijan sus vidas en complacer al Señor y a sus esposos. Si el Señor dice que lo haga, entonces debe hacerlo porque aman al Señor y desean complacerlo más que ninguna otra cosa.

2. Someterse es la orden de Dios para la familia (v. 2). Debe haber una *sociedad* y un orden dentro de la familia. Esto es básico para que existan la familia y la sociedad. De hecho, ninguna organización, cualquiera que ella sea, puede sobrevivir y existir sin un espíritu de sociedad y orden. Advierta tres hechos importantes.

a. El esposo es la cabeza de la familia. La palabra "cabeza" en las Escrituras se refiere a autoridad *no a ser.* Ni el hombre ni la mujer es superior al otro en cuanto a ser. Los hombres y las mujeres son iguales ante los ojos de Dios.

"Pero en el Señor, ni el varón es sin la mujer, ni la mujer sin el varón; porque así como la mujer procede del varón, también el varón nace de la mujer; pero todo procede de Dios" (1 Co. 11:11-12).

- No existe lo masculino ni lo femenino a los ojos de Dios. Él ve tanto a los hombres como a las mujeres como a uno, uno tan importante como el otro.

"Ya no hay judío ni griego; no hay esclavo ni libre; no hay varón ni mujer; porque todos vosotros sois uno en Cristo Jesús" (Gá. 3:28).

Cuando Dios habla de que el esposo es la cabeza de la mujer, Él no está hablando sobre capacidad ni valor, competencia o calidad, brillo o ventaja. Dios está hablando de la función y el orden dentro de una organización. Toda organización debe contar con una cabeza para que funcione en forma eficiente y ordenada. No hay organización más grande que el universo de Dios, su iglesia y su familia cristiana. Dentro del orden de cosas de Dios hay una sociedad, pero cada sociedad debe tener una cabeza, y Dios ha ordenado que el hombre sea la cabeza de la sociedad.

b. El gran modelo que debe seguir la esposa es Cristo y la iglesia. Cristo es la cabeza de la iglesia. Esto significa simplemente que Cristo tiene autoridad sobre la iglesia. Mientras la iglesia viva bajo estas normas, la iglesia experimentará amor, gozo y paz –orden– y podrá llevar adelante su función y misión en la tierra hasta el máximo. Lo mismo sucede con el esposo. Él es la cabeza de la familia, la autoridad final en la familia. La esposa debe ser sumisa ante esa autoridad así como la iglesia debe ser sumisa ante Cristo. Mientras ella y el resto de la familia vivan bajo esta norma, la familia experimentará amor, gozo y paz –orden– y satisfará su función y propósito en la tierra. Esto, por supuesto, significa que el esposo está cumpliendo con su parte en la familia. Como en cualquier organización, cada miembro debe hacer su parte para que la organización sea ordenada y cumpla su propósito.

c. El esposo es el salvador del cuerpo así como Cristo es el salvador de la iglesia. Cristo es el gran Protector y Consolador de la iglesia. Del mismo modo, el esposo debe ser el *protector y consolador* de la esposa. Por naturaleza, es decir, por la constitución y forma de su cuerpo, el esposo es más fuerte que la esposa. Por lo tanto, en el orden de cosas de Dios, él debe ser el principal protector y consolador de la esposa. Estas dos funciones son dos de los grandes beneficios que recibe la esposa de un esposo amante que es fiel al Señor.

3. Ser sumiso es un misterio espiritual (v. 23). La sumisión de la esposa es comparable a Cristo y la iglesia. Nuevamente, Cristo es el modelo para la esposa:

- Así como es sumisa con Cristo, así debe ser sumisa con su esposo.
- Así como depende de Cristo para ayuda y protección, así debe depender de su esposo para recibir ayuda y protección.
- Así como depende de Cristo para compañía y consuelo, así debe depender de su esposo para compañía y consuelo.

En resumen, la sumisión que las esposas deben demostrar a sus esposos es un ejemplo de la sumisión que todos los creyentes deben mostrarse entre sí (Ef. 5:21). Esto no significa que las mujeres sean inferiores a los hombres. Simplemente significa que debe haber un arreglo, un orden en el hogar. Cada *cuerpo* debe tener dicho orden, y cada *cuerpo* debe tener una cabeza. Dos cabezas en un cuerpo u organización sería una monstruosidad y acarrearía un desorden. Por lo tanto, en el orden de cosas de Dios para la familia, el esposo es la cabeza de la familia. Él dispone las cosas en un espíritu de *ternura y amor* y la esposa debe ser sumisa con un dulce espíritu de *comprensión y razonabilidad.* (Cp. Pr. 31:10-31).

"Pero a los que están unidos en matrimonio, mando, no yo, sino el Señor: Que la mujer no se separe del marido" (1 Co. 7:10).

"Casadas, estad sujetas a vuestros maridos, como conviene en el Señor" (Col. 3:18).

"La mujer aprenda en silencio, con toda sujeción. Porque no permito a la mujer enseñar, ni ejercer dominio sobre el hombre, sino estar en silencio. Porque Adán fue formado primero, después Eva" (1 Ti. 2:11-13).

"Las mujeres asimismo sean honestas, no calumniadoras, sino sobrias, fieles en todo" (1 Ti. 3:11).

"Que enseñen a las mujeres jóvenes a amar a sus maridos y a sus hijos" (Tit. 2:4).

"Asimismo vosotras, mujeres, estad sujetas a vuestros maridos; para que también los que no creen a la palabra, sean ganados sin palabra por la conducta de sus esposas" (1 P. 3:1).

"Considera los caminos de su casa, y no come el pan de balde" (Pr. 31:27).

"A la mujer dijo: Multiplicaré en gran manera los dolores en tus preñeces; con dolor darás a luz los hijos; y tu deseo será para tu marido, y él se enseñoreará de ti" (Gn. 3:16).

2 (5:25-33) ***Esposo, Familia:*** El esposo debe amar a su esposa. Advierta cinco puntos significativos.

1. El amor que el esposo debe sentir por su esposa es el mismo amor de Dios (amor ágape). El amor *ágape* es un amor altruista, no egoísta, un amor de dar y de sacrificio. Es el amor de la mente y la voluntad así como también del corazón. No es únicamente un amor de afecto y sentimientos, sino que es un amor de la *voluntad y el compromiso.* Es un amor que quiere y se compromete a amar a una persona. Es el amor que obra para el mayor bien de la persona amada...

   • Que ama incluso si la persona *no merece ser amada.*
   • Que ama incluso si la persona es *completamente inmerecida de ser amada.*

   Pensamiento 1: ¡Imagine! Qué sucedería en la mayoría de los matrimonios si el esposo amara así a su esposa, la amara...

   • Con un *amor altruista y no egoísta.*
   • Con un *amor de dar y de sacrificio.*
   • Con un amor de la *voluntad así como también del corazón.*
   • Con un amor de *compromiso y de afecto.*

   Algo que sucedería en la mayoría de los matrimonios sería esto: La esposa se derretiría en los brazos de su esposo y voluntariamente aceptaría su autoridad como la cabeza de la familia.

Advierta que la norma del amor del esposo es el amor de Cristo por la iglesia. El amor de Cristo por la iglesia puede describirse en una sola oración: Cristo *se entregó* por la iglesia. Cristo amó tanto a la iglesia que se entregó *–se sacrificó por completo–,* dio todo lo que Él era y tenía por ella. Este es el amor que el esposo debe tener hacia su esposa. Crisóstomo, un gran ministro de los primeros años de la iglesia, dijo:

> *"Si fuera necesario que dieras tu vida por ella, o que fueras cortado en pedazos mil veces, o que toleraras cualquier cosa, no te niegues... Él trajo la iglesia a sus pies por su gran cuidado, no por amenazas ni temores ni ninguna de esas cosas. Del mismo modo debes conducirte con tu esposa.* (Citado por Barclay. "The Letters to the Galatians and Ephesians", p. 206.)

El amor de sacrificio del esposo comprende tres cosas. Advierta que las cosas que se dicen respecto de Cristo y la iglesia se aplican a los esposos y esposas.

a. El amor de esposo involucra ser *apartado y purificado.* La palabra *santificar* significa apartar. Cuando un joven le propone a una joven que sea su esposa, se aparta para ella y solo para ella. Su palabra, su acto, su promesa de matrimonio también hace que ella se aparte. Cuando pronuncia la palabra y realiza la promesa de matrimonio, él y ella son, a partir de allí, apartados y purificados entre sí.
   Un novio o una novia impuros –un matrimonio impuro, contaminado– es impensable. Lo que por sobre todo mantendrá el matrimonio santificado y puro es el amor de sacrificio del esposo. Si el esposo ama a su esposa hasta el punto de entregarse en sacrificio, su amor no solo lo protegerá, sino que avanzará mucho en la protección de la santidad y pureza de su esposa.

b. El amor del esposo involucra no tener mancha ni arruga ni ninguna de esas cosas. Las manchas significarían los errores que deslucen la propia vida y el matrimonio, errores tan graves que son difíciles de lavar del cuerpo y de la mente de uno. Incluirían cosas tales como...

   • Malos tratos y abuso.
   • Comportamiento ligero e inmoral.
   • Retraerse y evitar a la otra persona.

   Las arrugas significarían cosas que causan fricción e irritan los nervios y que deben ser planchadas. Incluirían cosas tales como...

   • Carácter y reacción.
   • Promesas no cumplidas y negación seria.
   • Gran egoísmo y rechazo.

c. La palabra "santo" (hagia) significa estar alejado y no tocado por la maldad. El amor del esposo –si es un amor verdadero– lo motivará a ser santo y sin mancha y avanzar mucho en cuanto a motivar a su esposa a ser santa y sin mancha.

Pensamiento 1: Este punto es asombroso, realmente abre los ojos. Muestra cuán dependiente es el matrimonio del amor del esposo, cuánto efecto tiene el amor del esposo sobre el matrimonio. Pocas esposas podrían rechazar un amor así. Pocas esposas se rehusarían a caminar de la mano de sus esposos si ellos las amaran verdaderamente con el amor que está libre de egoísmo y lleno de sacrificio.

> **"Maridos, amad a vuestras mujeres, así como Cristo amó a la iglesia, y se entregó a sí mismo por ella" (Ef. 5:25).**
>
> **"Vosotros, maridos, igualmente, vivid con ellas sabiamente, dando honor a la mujer como a vaso más frágil, y como a coherederas de la gracia de la vida, para que vuestras oraciones no tengan estorbo" (1 P. 3:7).**

2. El amor que el esposo debe sentir por su esposa es el mismo amor que tiene por su propio cuerpo. Este es un enunciado llamativo. Advierta nuevamente qué dice: El esposo debe amar a su esposa tanto como él ama *su propio cuerpo.*

a. Esto significa que debe nutrir y estimar a su esposa como lo hace con su propio cuerpo.

   - La palabra "nutrir" (ektrephei) significa alimentar, vestir, mantener y cuidar hasta que ella esté madura en el matrimonio y luego continuar nutriéndola mientras ella viva.
   - La palabra "estimar" (thalpei) significa mantenerla muy dentro del corazón, tratar con calidez, ternura, cuidado, afecto y aprecio.

Pensamiento 1: Vaya diferencia la que existiría en el matrimonio si el esposo simplemente *nutriera y estimara* a su esposa como lo hace con su propio cuerpo. Piense en el significado de las dos palabras por un instante e imagine la diferencia que existiría.

b. Esto significa que él tiene que convertirse en un

solo cuerpo, una carne y un conjunto de huesos con su esposa. Dos personas no podrían estar más estrechamente relacionadas. Esta es una absorción y asimilación completa de uno con el otro, una unión y unidad completa...

- De cuerpo y espíritu.
- De mente y pensamientos.
- De objetivo y propósito.
- De conducta y actividad.

El esposo se vuelve uno con su esposa y la esposa se vuelve una con su esposo. Los dos se convierten en una sola carne. (Esto se trata con mayor profundidad en el próximo punto).

3. El amor que el esposo debe tener hacia su esposa debe ser el amor que lo motive a dejar a sus padres y unirse a su esposa (ver *Estudio a fondo 1, Unidos,* Ef. 5:31 para una discusión a fondo sobre el tema).

4. El amor que el esposo debe tener hacia su esposa es un misterio espiritual *–un amor espiritual–* un amor como el amor de Cristo hacia la iglesia (ver *Estudio a fondo 2, Unión Espiritual,* Ef. 5:32 para un tratamiento más profundo de este tema).

5. La conclusión es simple y directa: El esposo debe *amar a su esposa como se ama a sí mismo,* y la esposa debe *reverenciar (respetar y estimar) a su esposo* (v. 33).

ESTUDIO A FONDO 1

(5:31) ***Unidos*** (proskollao): Unir ajustadamente, pegar uno con otro, cementar uno con otro, estar unido en la unión más estrecha posible, estar vinculados, estar tan completamente unidos que dos se convierten en uno. Por lo tanto, unir significa una unión espiritual. Es una unión más elevada y más fuerte que la de un padre con un hijo. Es una unión que significa más que vivir juntos, más que tener sexo y engendrar hijos. Los animales hacen eso. Es una unión que solo puede ser forjada por Dios (v. 11). Es una unión espiritual que se coloca al hombre por encima del plano físico de los animales. Es una plenitud espiritual, compartir espiritualmente la vida juntos, una dedicación, una consagración, sentirse completos, una satisfacción que convierte a una persona en posesión exclusiva de Dios y del cónyuge. Como hemos dicho, tal relación o unión espiritual es forjada únicamente por Dios. Tanto el esposo como la esposa deben estar dispuestos y ser sumisos ante Dios para que se produzca esa unión en sus vidas. "Someteos unos a otros en el temor de Dios" (Ef. 5:21; ver bosquejos y notas, Ef. 5:22-33).

Hay tres uniones dentro de un verdadero matrimonio, es decir, un matrimonio que *realmente penetra* y que verdaderamente *está unido* por Dios (Mt. 19:6).

1. Está la unión física: Compartir el cuerpo uno de otro (1 Co. 7:2-5). Pero advierta: El hecho de compartir el amor físicamente no puede alcanzar su plenitud total a no ser que se viva estando consciente de las misericordias cálidas y tiernas de Dios (Ef. 5:25-33).

2. Está la unión mental: Compartir la vida, los sueños y las esperanzas de cada uno, y trabajar juntos para concretar dichos sueños y esperanzas. Es importante advertir que esta unión sigue estando relacionada únicamente con el mundo físico y material.

3. Está la unión espiritual: Compartir, fusionarse y amoldarse al espíritu de cada uno (ver Ef. 5:25-33). Esto solo lo puede forjar Dios. Por lo tanto, debe existir un compartir junto con Dios para que haya una *nutrición y alimento* del espíritu.

Ahora bien, aquí está el punto: La cosa más importante del mundo es conocer a Dios personalmente y estar perfectamente seguro de que viviremos ahora y eternamente, tener una vida abundante con todo el amor, la importancia, el significado y el propósito humanamente posible. Pero un hombre y una mujer no pueden experimentar una vida abundante por sí mismos. No pueden nutrir la mente y fundirse mental y físicamente. Para estar fundidos juntos espiritualmente, la pareja debe compartir a Dios y su gracia salvadora juntos. Cuando una pareja comparte a Dios día tras día, Dios obra sobrenaturalmente sobre sus espíritus, *fundiendo* sus seres y *moldeándolos* en lo que Él denomina *una sola carne.* En realidad se vuelven como si fueran *una persona.* Esto es lo que quiere significarse por "Dios unirá". La palabra griega para "unir" (sunzeugen) significa realmente *aparear.* Es el apareamiento de Dios, Dios uniendo, Dios juntando a la pareja en una unión espiritual tal que los convierte en una sola persona.

Una pareja que está espiritualmente unida hace dos cosas muy prácticas:

1. La pareja cumple "someteos unos a otros en el temor de Dios" (Ef. 5:21). Se someten, rinden, entregan, sacrifican, se dan uno al otro mientras viven día a día en el temor (confianza) de Dios. Día tras día deliberadamente se nutren y estiman uno al otro, así como el Señor nutre y estima a la iglesia (Ef. 5:29). Trabajan para formar parte uno del otro, tan deliberadamente que buscan volverse parte del cuerpo del otro, de la carne del otro, de los huesos del otro (Ef. 5:30). Buscan estar unidos "como una sola carne", sin importar la entrega y el sacrificio requeridos. La fusión la realiza Dios. Dios toma ese propósito y esa conducta deliberados, tal fusión de ambos seres, y los moldea en la carne del otro, tanto que los dos se convierten en uno solo, no solo física y mentalmente, sino también espiritualmente.

2. La pareja comparte la presencia de Dios y su gracia salvadora. Como resultado de ello, Dios les otorga seguridad espiritual y fortaleza que comparten durante toda la vida. Comparten el conocimiento y la confianza en...

- Que Dios los cuidará ahora y siempre.
- Que Dios los llevará a través de las pruebas devastadoras de la vida que todo ser humano enfrenta con tanta frecuencia.
- Que Dios les dará bendiciones para todo lo que necesiten mientras anden juntos el camino de la vida.
- Que Dios les otorgará una entrada abundante en el reino que durará por siempre del Señor Jesucristo, por siempre y para siempre.

Nuevamente, el punto es este: Dios toma tal hecho deliberado de compartir las cosas espirituales y lo funde y moldea al hombre y a la mujer en *una carne* espiritualmente, de tal manera que en realidad se vuelven uno solo. Un hombre y una mujer unidos espiritualmente por Dios como una persona es lo que significa penetración. Penetrar uno al otro en el Espíritu de Dios es el matrimonio verdadero, el don glorioso de Dios.

Pensamiento 1. No podría describirse una imagen más

bella del matrimonio, sin embargo, existen dos serios problemas en demasiados matrimonios.

1) El problema de que uno o ambos cónyuges no deseen estar unidos por el Espíritu de Dios.
2) El problema de que uno o ambos cónyuges no deseen romper la dependencia de sus padres.

ESTUDIO A FONDO 2

(5:32) ***Unión espiritual, Matrimonio:*** El matrimonio es una unión espiritual que solo puede ser forjada por Dios y únicamente por Dios (ver nota, Mt. 19:10-11). Es mucho más que dos personas que meramente acuerdan vivir juntos y ser leales uno al otro. Es mucho más que el afecto natural o el enamoramiento. Es mucho más que un simple trozo de papel, más que un contrato legal, más que engendrar hijos. Después de todo, los animales hacen lo mismo. El matrimonio, cuando se lleva y se compromete sinceramente a Dios, es una unión totalmente única que se diferencia de toda otra relación de la vida. Cuando es consumado por Dios y ubicado en las manos de Dios día tras día, es una *unión espiritual* elevada hasta gran altura y llena de esplendor, calidez y ternura. Es la verdadera experiencia de amor y calidez y ternura, la plena preciosura y riqueza de compartir todo con el otro. En realidad, un verdadero matrimonio es indescriptible. Un matrimonio genuino es una *experiencia espiritual* que va más allá de todo lo conocido en el mundo físico. Es una unión espiritual experimentada mutuamente solo por las parejas que realmente conocen el amor de Cristo por su iglesia.

Un verdadero matrimonio es amor (v. 25). Es amor de sacrificio (v. 25); un amor por otra persona que es tan grande como el amor que uno siente por sí mismo (vv. 28, 33). Es un amor que estima (v. 29).

Un verdadero matrimonio es una unión (v. 30). Es una unión forjada tan completa y espiritual que dos personas se convierten en un cuerpo y una carne (vv. 30-31).

Un verdadero amor es un misterio (v. 32). Es un hecho espiritual que debe ser revelado por Dios si va a ser experimentado por las parejas (v. 32). Es un misterio espiritual que solo puede ser ilustrado por el gran amor que Cristo siente por su iglesia (vv. 23-33).

Cristo y su amor son el ejemplo simbólico para el marido. La iglesia y su amor por Cristo son el ejemplo simbólico para la esposa. Esta imagen expresa varias cosas prácticas.

1. El hogar cristiano debe vivirse en la misma presencia y atmósfera del Señor.
2. El hogar cristiano debe ser gobernado por el Señor. Sus decisiones deben tomarse a la luz del Señor y su voluntad.
3. El hogar cristiano no debe tener dos socios, sino tres: el esposo, la esposa y Cristo.

	CAPÍTULO 6
	I. Los hijos y padres creyentes deben caminar bajo la autoridad de Dios, 6:1-4
1 Los hijos creyentes deben obedecer a. Obedecer "en el Señor" b. Obedecer es honrar	1 Hijos, obedeced en el Señor a vuestros padres, porque esto es justo. 2 Honra a tu padre y a tu madre, que es el primer mandamiento con promesa;
1) Asegura el cuidado de Dios 2) Asegura una vida larga	3 para que te vaya bien, y seas de larga vida sobre la tierra.
2 Los padres creyentes no deben provocar a sus hijos, sino disciplinarlos en el Señor	4 Y vosotros, padres, no provoquéis a ira a vuestros hijos, sino criadlos en disciplina y amonestación del Señor.

DIVISIÓN IV

EL CAMINO DEL CREYENTE CRISTIANO, 4:1—6:9

I. Los hijos y padres creyentes deben caminar bajo la autoridad de Dios, 6:1-4

(6:1-4) ***Introducción:*** Este es un pasaje importante, no solo para la época de Pablo, sino para todas las generaciones. Es particularmente crucial para nuestros días y nuestro tiempo. Nuestra generación es una generación de *niños y padres problemáticos,* y uno de los principales motivos de tensión es la falta de seguimiento de las instrucciones de la Palabra de Dios. Los niños y los padres deben caminar juntos bajo la autoridad de Dios.

1. Los hijos creyentes deben obedecer (vv. 1-3).
2. Los padres creyentes no deben provocar a sus hijos, sino disciplinarlos en el Señor (v. 4).

[1] (6:1-3) ***Niños, Obediencia:*** Los niños deben obedecer a sus padres. La palabra "obedecer" (hupakouo) significa someterse, cumplir con, prestar atención, seguir, seguir las instrucciones o la guía de cierta instrucción. Cuando un padre guía y dirige a un niño, el niño debe obedecer al padre. Pero ¿qué sucede con los problemas que son tan repulsivamente obvios en la sociedad: los problemas de abuso por parte de los padres, los problemas de abuso físico, de abuso sexual y de abuso mental? ¿Un niño debe obedecer a un padre cuando el padre está tan diabólicamente equivocado? ¡No! ¡Mil veces no!

1. En primer lugar, obedecer significa obedecer *en el Señor.* Advierta nuevamente el mandamiento: "Hijos, obedeced *en el Señor* a vuestros padres". La frase "en el Señor" significa al menos dos cosas.

a. Hay un límite para la obediencia de un niño. Cuando un padre no está actuando en el Señor, no se lo debe obedecer. El Señor no tiene absolutamente nada que ver con la inmundicia de la injusticia y abuso de los preciados niños. Si un niño puede romper y liberarse de tal corrupción de sus padres, tiene todo el derecho de ser liberado de su padre. El Señor vino a liberar a los hombres del abuso y la inmundicia del pecado, no para esclavizarlos a él, y en especial no para esclavizar a los niños.

> **"Cualquiera que haga tropezar a uno de estos pequeñitos que creen en mí, mejor le fuera si se le atase una piedra de molino al cuello, y se le arrojase en el mar. Si tu mano te fuere ocasión de caer, córtala; mejor te es entrar en la vida manco, que teniendo dos manos ir al infierno, al fuego que no puede ser apagado, donde el gusano de ellos no muere, y el fuego nunca se apaga. Y si tu pie te fuere ocasión de caer, córtalo; mejor te es entrar a la vida cojo, que teniendo dos pies ser echado en el infierno, al fuego que no puede ser apagado, donde el gusano de ellos no muere, y el fuego nunca se apaga. Y si tu ojo te fuere ocasión de caer, sácalo; mejor te es entrar en el reino de Dios con un ojo, que teniendo dos ojos ser echado al infierno, donde el gusano de ellos no muere, y el fuego nunca se apaga" (Mr. 9:42-48).**

El padre abusador debe seguir al Señor, porque una de las cosas que Dios no tolera –no tolera por completo– es el abuso de un niño. Debemos proclamar la Palabra de Dios: Los niños deben obedecer a sus padres, pero deben hacerlo solo si el deseo y las instrucciones de los padres están *en el Señor.* Si un padre o una madre le pega una y otra vez a su hijo o abusa sexualmente de él, el niño debería acudir a otro adulto que sienta cercano y pedir su ayuda. Y nosotros como ministros del Señor – ministros que son llamados para proclamar a Cristo y para hacer lo que podamos a fin de traer su justicia a la tierra– debemos enseñar la verdad desde los púlpitos del mundo.

b. La frase "en el Señor" también dice por qué el niño debe obedecer a sus padres. "Hijos, obedeced a vuestros padres en el Señor". Obedecer a vuestros padres es correcto, es del Señor, complace al Señor. Por lo tanto, obedézcanlos. Cuando guían e instruyen, síganlos (cp. Col. 3:20).

Lehman Strauss señala que la obediencia es la primera ley del universo, que la obediencia regula todo en el mundo: las estrellas, los planetas, las estaciones. Incluso el hombre mismo trata de regir el mundo mediante la ley de la obediencia. Desea obediencia en el Estado, en el trabajo, en la recreación y en el hogar. (*Devotional Studies in Galatians and Ephesians,* p. 212). El punto es simplemente este: La ley de la obediencia es la naturaleza misma de las cosas, está en el núcleo mismo del universo y de la vida y el comportamiento del hombre en la tierra. Por lo tanto, debe esperarse que Dios ordenaría a los niños que obedecieran a sus padres. Los niños deben obedecer, porque complace al Señor y es lo correcto.

Advierta el énfasis aquí. Es increíble. No se les dice a los niños que obedezcan a sus padres porque le complace al padre o a la madre, sino porque le complace al Señor. Evidentemente, complacer a los padres es un motivo para obedecerles. Pero el *primer* motivo para obedecer a los padres es que lo complace al Señor. El niño debe conocer al Señor hasta tal grado que le haga pensar continuamente en el Señor y en cómo complacerlo. El niño debe caminar tan próximo al Señor que su mente esté siempre puesta en el Señor, en lo que él pueda hacer para complacer al Señor. Cuando el niño conoce al Señor de este modo, entonces obedecer a sus padres se volverá una respuesta automática.

"Porque Moisés dijo: Honra a tu padre y a tu madre; y: El que maldiga al padre o a la madre, muera irremisiblemente" (Mr. 7:10).

"Hijos, obedeced en el Señor a vuestros padres, porque esto es justo" (Ef. 6:1).

"Hijos, obedeced a vuestros padres en todo, porque esto agrada al Señor" (Col. 3:20).

"Oye, hijo mío, la instrucción de tu padre, y no desprecies la dirección de tu madre" (Pr. 1:8).

"Guarda, hijo mío, el mandamiento de tu padre, y no dejes la enseñanza de tu madre" (Pr. 6:20).

"Hijo mío, guarda mis razones, y atesora contigo mis mandamientos" (Pr. 7:1).

"El hijo sabio alegra al padre, pero el hijo necio es tristeza de su madre" (Pr. 10:1).

"Aun el muchacho es conocido por sus hechos, si su conducta fuere limpia y recta" (Pr. 20:11).

"Oye a tu padre, a aquel que te engendró; y cuando tu madre envejeciere, no la menosprecies" (Pr. 23:22).

"Acuérdate de tu Creador en los días de tu juventud, antes que vengan los días malos, y lleguen los años de los cuales digas: No tengo en ellos contentamiento" (Ec. 12:1).

2. En segundo lugar, obedecer a los padres significa honrar al padre y a la madre de uno. La palabra "honrar" (timao) significa "estimar y valorar como precioso", mostrar respeto, reverencia, bondad, cortesía y obediencia (Wuest, *Ephesians and Colossians* [Efesios y Colosenses], Vol. 1, p. 136). Las Escrituras no le están hablando a un niño de una edad determinada. Le está hablando a todos nosotros que somos niños cuyos padres todavía viven. Debemos honrar a nuestros padres y madres: *estimarlos y valorarlos como preciosos,* respetarlos y reverenciarlos. Lamentablemente, eso es una rareza hoy día. Con demasiada frecuencia la respuesta de un hijo a su padre es la de...

- contestarle mal
- hablarle irrespetuosamente
- no prestarle atención
- no escuchar
- ignorar
- actuar como un "sabelotodo"
- refunfuñar
- llamarlo con un *apodo irrespetuoso*
- no obedecer la orden
- posponer la orden

Además de estos, está la deshonra de la delincuencia, el delito, las drogas, el alcohol y el abuso de la propiedad y la lista podría continuar infinitamente. Y cuando se trata de hijos adultos con padres ancianos, está la deshonra de la negación, de ignorar sus necesidades y de dejarlos de lado y no cuidarlos adecuadamente. Demasiados hijos adultos se olvidan cuánto han hecho sus padres por ellos, trayéndolos al mundo y ocupándose de ellos durante años. Demasiados hijos se olvidan de la rica experiencia y del conocimiento que sus padres han obtenido a lo largo de los años y que serían de gran utilidad para satisfacer las necesidades de la comunidad y del mundo. E incluso si los padres no lograron ser y hacer todo lo que hubieran debido, nosotros, como hijos cristianos, recibimos el mandato de honrarlos como seguidores del Señor Jesucristo.

"Hijos, obedeced en el Señor a vuestros padres, porque esto es justo" (Ef. 6:1).

"Pero si alguna viuda tiene hijos, o nietos, aprendan éstos primero a ser piadosos para con su propia familia, y a recompensar a sus padres; porque esto es lo bueno y agradable delante de Dios... porque si alguno no provee para los suyos, y mayormente para los de su casa, ha negado la fe, y es peor que un incrédulo" (1 Ti. 5:4, 8).

"Al que maldice a su padre o a su madre, se le apagará su lámpara en oscuridad tenebrosa" (Pr. 20:20).

"El ojo que escarnece a su padre y menosprecia la enseñanza de la madre, los cuervos de la cañada lo saquen, y lo devoren los hijos del águila" (Pr. 30:17).

"Honra a tu padre y a tu madre, para que tus días se alarguen en la tierra que Jehová tu Dios te da" (Éx. 20:12).

"Cada uno temerá a su madre y a su padre, y mis días de reposo guardaréis. Yo Jehová vuestro Dios" (Lv. 19:3).

"Delante de las canas te levantarás, y honrarás el rostro del anciano, y de tu Dios tendrás temor. Yo Jehová" (Lv. 19:32).

"Maldito el que deshonrare a su padre o a su madre. Y dirá todo el pueblo: Amén" (Dt. 27:16).

Advierta las dos promesas realizadas a los niños que obedecen a sus padres.

- Las cosas le irán bien al niño. ¿Significa esto que el niño nunca tendrá problemas ni tendrá que sufrir? ¡No! Esto no es lo que quieren significar las Escrituras. Dios quiere significar que Él estará con el niño, lo fortalecerá y lo cuidará para que pueda *atravesar* las pruebas de la vida victoriosamente. El niño será fortalecido y reforzado *donde cuenta, en el hombre interior.* Será facultado para conquistar y ser victorioso sobre cualquier cosa que enfrente mientras viva.
- Al niño se le garantiza que vivirá una vida prolongada en la tierra. Francamente, hay algunos cuestionamientos respecto de lo que quiso decir Pablo con esto pero debemos tomarlo como lo dijo. Si un niño obedece sinceramente y honra a sus padres fielmente –los obedece y honra verdaderamente desde el fondo de su corazón– Dios le dará una larga vida sobre la tierra.

¿Existe alguna excepción a esto? ¿Y qué ocurre con los bebés y niños que son llevados al cielo? ¿Esto viola la promesa? ¡No! Si un niño fue realmente obediente, entonces todo lo que podemos decir es que Dios sabe qué es mejor, y por algún motivo, Dios quiso a esa preciosa pequeña vida junto a Él ahora. Dios no pudo esperar la fraternidad y el gozo que la preciosa y pequeña vida le traería.

[2] (6:4) ***Padres, Hijos:*** Los padres no deben provocar ira en sus hijos. Los padres suelen a veces molestar e irritar a sus hijos. Todos a veces nos sentimos molestos e irritados. La disciplina, la corrección y los reproches pocas veces son experiencias placenteras. Su propia naturaleza es la de hacer sentir molesto y de irritar. Esto no es lo que significa instrucción. La palabra "provocar" (parorgizo) significa hacer surgir ira o enojo, provocar hasta el punto de la máxima exasperación y resentimiento. Advierta dos tratamientos significativos.

1. Hay cuatro cosas que provocarán a un niño.

a. Evitar aceptar el hecho de que las cosas cambian. El tiempo y las generaciones cambian. Esto no significa que un niño debe participar o se le debe permitir hacer todo lo que hace su generación. Pero sí significa que los padres deben estar alerta a los cambios de generación y permitirle al niño formar parte de su propia generación en lugar de tratar de amoldar al niño a la generación de cuando los padres eran niños. Esa generación ya no existe y no volverá a existir.

¿Qué cambios debe y no debe permitir un padre cristiano? Tres palabras proporcionan una buena guía: *rebeldía, inmoralidad e injusticia.* El reto abierto o la resistencia a la autoridad, la inmoralidad y la injusticia son contrarios a la Palabra de Dios. Todo cambio que involucre rebelión, inmoralidad o injusticia debe ser tratado y controlado por el padre. Probablemente no nos equivoquemos al decir que cualquier cambio que no implique una de estas áreas debe permitirse. Sea verdad o no, estas tres áreas proporcionan una buena pauta práctica.

El punto es este: Un padre no debe resistirse al cambio normal y natural que se da entre las generaciones. Si se resiste y le prohíbe a su hijo que crezca dentro de su propia generación, el padre está buscando problemas. Lo más probable es que el niño sienta ira, que reaccione.

b. El control excesivo de un niño también le provoca ira. El control excesivo oscila entre una severa restricción y disciplina al abuso del niño (tratado ya en el pie de página dos, punto uno). Disciplinar y restringir *demasiado* a un niño detendrá su crecimiento o lo motivará a reaccionar y rebelarse, haciendo que el niño huya de sus padres. ¿Qué es demasiada disciplina? ¿Cuánto debe restringirse a un niño? ¿Se le debe permitir que haga todo lo que desea? ¡No! Hay un límite, y el límite debe colocarse y se debe ejercer disciplina cuando se traspasa el límite. Lo que los padres cristianos deben recordar es esto:

- *Algunos padres permiten que sus hijos* participen en toda función y actividad ofrecida al niño. Son habitualmente las que no cuentan con una guía *correcta* de parte de sus padres.

El punto es este: Debe existir un equilibrio entre la vida familiar y la vida comunitaria del niño. A veces se le debe permitir al niño que haga lo suyo y se le debe exigir que comparta con la familia en otras ocasiones. A medida que crece, por supuesto, se le debe permitir separarse de la familia cada vez más a fin de prepararlo para el día en que saldrá al mundo solo. Un niño necesita tiempo libre sin los padres ni la familia así como también tiempo con la familia para llegar a ser una persona sana.

"Y vosotros, padres, no provoquéis a ira a vuestros hijos, sino criadlos en disciplina y amonestación del Señor" (Ef. 6:4).

"Padres, no exasperéis a vuestros hijos, para que no se desalienten" (Col. 3:21).

c. El poco control del niño puede provocarlo. Cabe advertir que este es el problema más prevaleciente en una sociedad industrializada. Hay una tendencia para aquellos que tienen bastante o que son ricos de mimar, ser permisivo y darle al niño todo lo imaginable, mucho más allá de lo que un niño necesita y de lo que es mejor para él. Los padres miman y son indulgentes con sus hijos por cinco motivos.

- Un padre es indulgente y mima –cede ante el niño– a fin de escapar de su responsabilidad para con el niño: evitar que un niño interrumpa el tiempo de los padres o su programa o sus deseos, quitarse al niño de encima. El padre, por supuesto, necesita algo de tiempo libre, pero demasiados padres viven en forma egoísta, sin querer que nada interfiera con sus propios deseos y necesidades. Demasiados padres quitan de en medio a sus hijos para hacer sus cosas. Demasiados pocos sacrifican su propio tiempo y deseos para cuidar a sus hijos tanto como deberían.

- Un padre es indulgente y mima –cede ante el niño– a fin de obtener una posición social o para volver a vivir su propia niñez. El padre no tuvo y no se le permitió hacer lo que quería cuando era niño, por lo tanto, se ocupa de que su hijo tenga todo y haga todo lo que los demás hacen. Está resuelto a que su hijo tendrá todo, sin importar el costo.
- Un padre es indulgente y mima –cede ante el niño– porque tiene un entendimiento o filosofía falsos de cómo criar a un hijo. Cede ante el mal comportamiento, los berrinches, los pucheros, los quejidos y los ataques simplemente para asegurarse paz y quietud.
- Un padre es indulgente y mima –cede ante el niño– debido a una devoción y un amor mal guiados: para evitar perder la lealtad, la quietud, la cooperación y el afecto del niño.
- Un padre es indulgente y mima –cede ante el niño– por inseguridad y falta de propósito. Por ejemplo, algunos miman y se aferran a un niño porque (los padres) son inseguros en el mundo. Otros se aferran y miman porque no tienen ningún otro propósito. El niño llena la necesidad de seguridad y propósito. *El juego de la casa* se vive hasta el límite: el padre juega a la casa con su hijo, aferrándose y mimándolo hasta el límite.

"El que detiene el castigo, a su hijo aborrece; mas el que lo ama, desde temprano lo corrige" (Pr. 13:24).

"Castiga a tu hijo en tanto que hay esperanza; mas no se apresure tu alma para destruirlo" (Pr. 19:18).

"La necedad está ligada en el corazón del muchacho; mas la vara de la corrección la alejará de él" (Pr. 22:15).

"No rehúses corregir al muchacho; porque si lo castigas con vara, no morirá" (Pr. 23:13).

"La vara y la corrección dan sabiduría; mas el muchacho consentido avergonzará a su madre" (Pr. 29:15).

"Y le mostraré que yo juzgaré su casa para siempre, por la iniquidad que él sabe; porque sus hijos han blasfemado a Dios, y él no los ha estorbado" (1 S. 3:13).

d. Vivir una vida incoherente ante un niño puede provocar al niño. Un padre que le dice a su hijo una cosa y luego se da vuelta y hace lo opuesto está lleno de hipocresía y falsa profesión. Sin embargo, ¡cuán común es! Cuántos niños hacen cosas porque sus padres las hacen:
- Beber alcohol
- Consumir drogas
- Observar escenas sexuales en la televisión o películas
- Leer historias inmorales
- Ver revistas que exponen el cuerpo humano
- Comer demasiado
- Derrochar el tiempo
- Vestirse o exponer el cuerpo para llamar la atención
- Asistir a eventos sociales o a fiestas que carecen de decencia, moralidad, lealtad matrimonial, y mucho más.

Ver una vida incoherente en un padre puede provocar a los niños.

"E hizo lo malo ante los ojos de Jehová, y anduvo en el camino de su padre, y en el camino de su madre, y en el camino de Jeroboam hijo de Nabat, que hizo pecar a Israel" (1 R. 22:52).

"También él anduvo en los caminos de la casa de Acab, pues su madre le aconsejaba a que actuase impíamente" (2 Cr. 22:3).

"Antes se fueron tras la imaginación de su corazón, y en pos de los baales, según les enseñaron sus padres" (Jer. 9:14).

"Ella, instruida primero por su madre, dijo: Dame aquí en un plato la cabeza de Juan el Bautista" (Mt. 14:8).

2. Un padre debe criar a un niño en las maneras del Señor, en la disciplina y amonestación del Señor.
- La palabra "disciplina" (paidea) significa "toda la capacitación y educación de los niños que [implica]... el cultivo de la mente y las morales... órdenes y amonestaciones... reprobación y castigo... corregir errores y mitigar las pasiones... el incremento de la virtud" (*Thayers Greek, English Lexicon*).
- La palabra "amonestación" (nouthesia) significa consejo, exhortación, corrección.

Advierta que el padre no va a criar a su hijo en consonancia con sus propias ideas y nociones de lo que es mejor para el niño, sino con la disciplina y amonestación *del Señor.* La Palabra del Señor debe ser la guía para los padres cristianos en cuanto a la crianza de sus hijos. Los beneficios de educar a un niño en el Señor son innumerables. Las que siguen son solo unas pocas:

a. Un niño que es llevado a Cristo crece aprendiendo el amor: Que es amado por Dios y por todos los que confían en Dios. Crece sin importar con cuánta maldad puedan actuar algunos, sabiendo que él debe amar aún a los que hacen el mal.

b. Un niño que es llevado a Cristo crece aprendiendo el poder y el triunfo: Que Dios ayudará a sus seguidores todo el tiempo; que hay un poder sobrenatural disponible para ayudar, un poder para ayudarlo cuando mamá y papá y los seres queridos han hecho todo lo que pudieron.

c. Un niño que es llevado a Cristo crece aprendiendo esperanza y fe: Que no importa lo que pase, no importa cuán grande sea una prueba, aún podemos seguir confiando en Dios y teniendo esperanza en Él. Dios nos ha provisto de una fuerza muy especial para llevarnos a través de las pruebas de esta vida (no importa cuán dolorosas), que Él ha provisto un lugar muy especial llamado cielo donde Él nos llevará a nosotros y a nuestros seres queridos cuando enfrentemos la muerte.

d. Un niño que es llevado a Cristo crece aprendiendo

la verdad de la vida y la tolerancia (servicio): Que Dios nos ha dado el privilegio de la vida y de vivir en una tierra y en un universo hermosos; que la maldad que existe en el mundo es ocasionada por personas malas y malignas; que a pesar de tal maldad, debemos servir en apreciación por la vida y la hermosa tierra en la que Dios nos ha colocado. Debemos trabajar y trabajar diligentemente, haciendo la mayor contribución que podamos.

e. Un niño que es llevado a Cristo crece aprendiendo a confiar y a soportar: Que la vida está llena de tentaciones y caídas que pueden fácilmente robarnos el gozo y destruir nuestras vidas y el cumplimiento de nuestros propósitos; que la forma de escapar a las tentaciones y tropezones es seguir a Cristo y mantenernos en nuestra obra y propósito.

f. Un niño que es llevado a Cristo crece aprendiendo sobre la paz: Que hay una paz interior a pesar de las aguas turbulentas de este mundo; que la paz es conocer y confiar en Cristo.

"Y vosotros, padres, no provoquéis a ira a vuestros hijos, sino criadlos en disciplina y amonestación del Señor" (Ef. 6:4).

"Padres, no exasperéis a vuestros hijos, para que no se desalienten" (Col. 3:21).

"Que gobierne bien su casa, que tenga a sus hijos en sujeción con toda honestidad" (1 Ti. 3:4).

"Los diáconos sean maridos de una sola mujer, y que gobiernen bien sus hijos y sus casas" (1 Ti. 3:12).

"Que enseñen a las mujeres jóvenes a amar a sus maridos y a sus hijos" (Tit. 2:4).

"Por tanto, guárdate, y guarda tu alma con diligencia, para que no te olvides de las cosas que tus ojos han visto, ni se aparten de tu corazón todos los días de tu vida; antes bien, las enseñarás a tus hijos, y a los hijos de tus hijos" (Dt. 4:9).

"Y estas palabras que yo te mando hoy, estarán sobre tu corazón; y las repetirás a tus hijos, y hablarás de ellas estando en tu casa, y andando por el camino, y al acostarte, y cuando te levantes" (Dt. 6:6-7).

"Instruye al niño en su camino, y aun cuando fuere viejo no se apartará de él" (Pr. 22:6).

"¿A quién se enseñará ciencia, o a quién se hará entender doctrina? ¿A los destetados? ¿a los arrancados de los pechos?" (Is. 28:9).

"El que vive, el que vive, éste te dará alabanza, como yo hoy; el padre hará notoria tu verdad a los hijos" (Is. 38:19).

"Levántate, da voces en la noche, al comenzar las vigilias; derrama como agua tu corazón ante la presencia del Señor; alza tus manos a él implorando la vida de tus pequeñitos, que desfallecen de hambre en las entradas de todas las calles" (Lm. 2:19).

	J. Los esclavos y amos creyentes (empleadores – empleados) deben caminar bajo la autoridad de Dios, 6:5-9	7 sirviendo de buena voluntad, como al Señor y no a los hombres, 8 sabiendo que el bien que cada uno hiciere, ése recibirá del Señor, sea siervo o sea libre. 9 Y vosotros, amos, haced con ellos lo mismo, dejando las amenazas, sabiendo que el Señor de ellos y vuestro está en los cielos, y que para él no hay acepción de personas.	e. Con buena voluntad, para el amo f. Resultado: Será recompensado, recibirá una recompensa recíproca **2 El empleador** a. Debe hacer las mismas cosas que el trabajador cristiano b. Debe dejar las amenazas c. El motivo: Dios es su amo y Dios juzgará a todos
1 El trabajador: Debe obedecer a. Con temor y temblando b. En sencillez de corazón, como a Cristo c. No sirviendo al ojo, como los que quieren agradar a los hombres d. Como los siervos de Cristo, haciendo la voluntad de Dios	5 Siervos, obedeced a vuestros amos terrenales con temor y temblor, con sencillez de vuestro corazón, como a Cristo; 6 no sirviendo al ojo, como los que quieren agradar a los hombres, sino como siervos de Cristo, de corazón haciendo la voluntad de Dios;		

DIVISIÓN IV

EL CAMINO DEL CREYENTE CRISTIANO, 4:1—6:9

J. Los esclavos y amos creyentes (empleadores – empleados) deben caminar bajo la autoridad de Dios, 6:5-9

(6:5-9) ***Introducción:*** Este pasaje señala en fuertes términos cuál es el verdadero problema del mundo. No es un problema económico, sino espiritual. El hambre y las relaciones económicas entre personas y naciones solo pueden solucionarse cuando los hombres se vuelcan al Señor Jesucristo. Él es el Señor, y cuando los hombres lo sirven como Señor, lo sirven en todo lo que hacen. Esto significa que trabajan para Él, y al hacerlo, trabajan no solo para proveer para sí mismos, sino también para asegurarse lo suficiente como para darle a los demás (Ef. 4:29). Trabajan y comparten los frutos de su trabajo; luego les dan a los demás. Esa es la voluntad de Dios para todo hombre y para el mundo que Él hizo. Pero recuerde qué motiva a los hombres a vivir tales vidas de sacrificio: Cristo, el compromiso con Él.

Hubo millones y millones de esclavos en el Imperio Romano durante la época de Pablo. Una fuente dice que hubo más de sesenta millones (Barclay, *The Letters to the Galatians and the Ephesians,* [Las cartas a los gálatas y los efesios], p. 212). El evangelio pudo llegar a muchos de ellos, y las iglesias de todo el Imperio solían estar llenas de esclavos. Por este motivo el Nuevo Testamento tiene mucho que decir a los esclavos (1 Co. 7:21-22; Col. 3:22; 4:1; 1 Ti. 6:1-2; Tit. 2:9-10, 1 P. 2:18-25 y todo el libro de Filemón ha sido escrito a un esclavo). Sin embargo, la esclavitud jamás es atacada directamente por el Nuevo Testamento. De haberlo sido, ¡probablemente hubiera habido un derramamiento de sangre que la escena hubiera sido inimaginable! Los amos de los esclavos y el gobierno hubieran...

- Atacado a la iglesia, a sus predicadores y creyentes, intentando destruir esa doctrina.
- Encarcelado y ejecutado a cualquiera que se negara a ser silencioso respecto de esa doctrina.
- Reaccionado y asesinado a todos los esclavos que profesaban a Cristo.

El *"Expositors Greek Testament"* [Testamento griego con comentarios] cuenta con un enunciado excelente acerca de cómo el cristianismo avanzó destruyendo la esclavitud:

> *"Aquí, como en cualquier lugar en el NT, la esclavitud es aceptada como una institución existente, que ni es formalmente condenada ni formalmente aprobada. No hay nada que de lugar a la acción revolucionaria ni que aliente el repudio de la postura... la institución queda socavada y eliminada por el funcionamiento gradual de los grandes principios cristianos de...*
> - *La igualdad de los hombres ante la vista de Dios.*
> - *Una hermandad cristiana común.*
> - *La libertad espiritual del hombre cristiano.*
> - *El señorío de Cristo del cual cualquier otro señorío es subordinado"* (Salmond, SDF. "The Epistle to the Ephesians" [La epístola a los efesios], *"The Expositors Greek Testament", Vol. 3, comp. por W. Robertson Nicoll. Grand Rapids, MI: Eerdmans, 1970, p. 377*).

Las instrucciones para esclavos y amos en el Nuevo Testamento se aplican a todas las generaciones de trabajadores. Como dice Francis Foulkes "... *los principios de toda la sección se aplican a empleados y empleadores de toda época, ya sea en el hogar, en el negocio o en el Estado"* (*"The Epistle of Paul to the Ephesians"* [La epístola de Pablo a los efesios], "Tyndale New Testament Commentaries", comp. por RVG Tasker. Grand Rapids, MI: Eerdmans, p. 167).

1. El trabajador: Debe obedecer (vv. 5-8).
2. El empleador (v. 9).

1 (6:5-8) ***Empleados, Trabajadores, Mano de obra, Esclavos:*** El trabajador debe obedecer, es decir, debe seguir las instrucciones del empleador. Advierta la palabra "terrenales". Esto significa que a los empleadores se les debe obedecer en asuntos que están relacionados con el lugar de trabajo. El empleador no tiene autoridad en el reino espiritual. Esa autoridad le pertenece a Cristo y únicamente a Cristo. Al trabajador cristiano se le dan seis instrucciones específicas.

1. El trabajador cristiano debe trabajar con temor y temblor. Como dice F. F. Bruce, esto no significa trabajar con el esclavizante temor de los hombres, sino con el temor de Dios en el corazón (*The Epistle to the Ephesians* [La epístola a los efesios], p. 123). Temer y temblar debe ser la marca del trabajador cristiano, pero no el temor a un superior ni el temblor de que algo desagradable pueda suceder. El trabajador cristiano...

- Debe temer y temblar ante Dios a no ser que realice algún trabajo irresponsable y genere críticas en el nombre de su Señor.
- Debe respetar y estar ansioso por servir a su empleador.

"Y su misericordia es de generación en generación a los que le temen" (Lc. 1:50).

"Sino que en toda nación se agrada del que le teme y hace justicia" (Hch. 10:35).

"Y si invocáis por Padre a aquel que sin acepción de personas juzga según la obra de cada uno, conducíos en temor todo el tiempo de vuestra peregrinación" (1 P. 1:17).

"¿Quién es el hombre que teme a Jehová? Él le enseñará el camino que ha de escoger" (Sal. 25:12).

"¡Cuán grande es tu bondad, que has guardado para los que te temen, que has mostrado a los que esperan en ti, delante de los hijos de los hombres!" (Sal. 31:19).

2. El trabajador cristiano debe trabajar con sencillez de corazón, como a Cristo. "Sencillez de corazón" significa con propósito y atención concentrada, con honestidad y sin ninguna hipocresía ni flojera. Significa que el trabajador no vence al tiempo, que está totalmente comprometido con su trabajo. No existe para nada la *simulación* de ser un buen trabajador. El trabajador cristiano es un buen trabajador. Su corazón tiene una sola intención y se concentra en hacer su trabajo y en hacerlo bien. Y advierta por qué: Porque ofrece su trabajo al *Señor.*

"Porque habéis sido comprados por precio; glorificad, pues, a Dios en vuestro cuerpo y en vuestro espíritu, los cuales son de Dios" (1 Co. 6:20).

"Si quisiereis y oyereis, comeréis el bien de la tierra" (Is. 1:19).

3. El trabajador cristiano no debe trabajar sirviendo al ojo, como los que quieren agradar a los hombres. No debe trabajar solo cuando el jefe está mirando. Están los que buscan *conseguir el favor* del jefe. Están los que reducen su ritmo de trabajo cuando el jefe no está mirando y se apuran cuando sí está mirando. Son culpables de buscar un favor que no merecen. Dichas normas le quitan su dignidad al trabajo y traen mala reputación al nombre de Cristo. Cuando un hombre regresa a su hogar luego de un día de trabajo hay solo una pregunta para hacer: ¿Ha complacido a su Señor?

"Porque amaban más la gloria de los hombres que la gloria de Dios" (Jn. 12:43).

"El temor del hombre pondrá lazo; mas el que confía en Jehová será exaltado" (Pr. 29:25).

4. El trabajador cristiano debe trabajar como el siervo de Cristo haciendo la voluntad de Dios *desde su corazón.* "De corazón" (ek psyches) significa con interés y energía. Es lo opuesto a lo rutinario y a la indiferencia, a no tener energía ni corazón por el trabajo. El trabajador cristiano siempre debe recordar esto: Incluso si el jefe no está mirando, Cristo ve qué tipo de trabajo está haciendo. Por lo tanto, debe trabajar como si lo hiciera por Cristo. De hecho, el verdadero impulso de su corazón y vida debe ser trabajar por Cristo. Debe trabajar...

- Para servir a Cristo
- Para cumplir la voluntad de Dios
- Para hacer ambas cosas *desde el corazón*

"Así que, recibiendo nosotros un reino inconmovible, tengamos gratitud, y mediante ella sirvamos a Dios agradándole con temor y reverencia" (He. 12:28).

"Mas a Jehová vuestro Dios serviréis, y él bendecirá tu pan y tus aguas; y yo quitaré toda enfermedad de en medio de ti" (Éx. 23:25).

5. El trabajador cristiano debe trabajar *con buena voluntad,* y debe hacerlo como para el Señor, y no para los hombres. Nuevamente, el impulso y la energía de su vida deben ser trabajar como siervo de Cristo. No se lo puede expresar con mayor claridad: El trabajador cristiano sirve al Señor, no a otros hombres. No importa dónde trabaje ni lo que haga –si no se trata de un trabajo inmoral o injusto– debe trabajar y trabajar diligentemente. Debe trabajar como si su jefe fuera el Señor Jesucristo, y no el hombre.

"Ahora bien, se requiere de los administradores, que cada uno sea hallado fiel" (1 Co. 4:2).

"Así que, hermanos míos amados, estad firmes y constantes, creciendo en la obra del Señor siempre, sabiendo que vuestro trabajo en el Señor no es en vano" (1 Co. 15:58).

"Cada uno según el don que ha recibido, minístrelo a los otros, como buenos administradores de la multiforme gracia de Dios" (1 P. 4:10).

6. El resultado de un trabajo tan diligente será una *recompensa recíproca.* El Señor le dará al trabajador cristiano *exactamente* por aquello que trabajó, ni más ni menos. No hay diferencias de personas con Dios. Todos obtendrán exactamente por lo que han trabajado en esta tierra...

- Independientemente de su profesión
- Independientemente de su riqueza
- Independientemente de su posición
- Independientemente de su pobreza.

Una persona puede haber sido honesta o deshonesta, un buen trabajador o uno deficiente, un trabajador administrativo o un obrero, un hombre de negocios o un trabajador, discapacitado o dotado, no importa. Todos van a recibir de Dios exactamente lo que ha colocado en su trabajo cotidiano. Si ha trabajado diligentemente como si hubiera trabajado para Cristo, será recompensado abundantemente. Si ha estado trabajando para los hombres y para sí, recorrerá el camino de todos los hombres y terminará perdido eternamente. Si a veces ha sido perezoso y a veces diligente, entonces recibirá una recompensa parcial. "Sabiendo que el bien que cada uno hiciere, ése recibirá del Señor".

"Porque es necesario que todos nosotros comparezcamos ante el tribunal de Cristo, para que cada uno reciba según lo que haya hecho mientras estaba en el cuerpo, sea bueno o sea malo" (2 Co. 5:10).

"Su señor le dijo: Bien, buen siervo y fiel; sobre poco has sido fiel, sobre mucho te pondré; entra en el gozo de tu señor" (Mt. 25:23).

"Mas el que hace injusticia, recibirá la injusticia que hiciere, porque no hay acepción de personas" (Col. 3:25).

[2] (6:9) ***Empleador, Hombre de negocios, Gerentes, Amos:*** Al empleador o gerente se le dan dos mandamientos claros que rigen cómo debe tratar a sus trabajadores.

1. El gerente debe hacer las mismas cosas que se requieren del trabajador. Debe tratar al trabajador del mismo modo que espera que el trabajador lo trate a él. (Qué diferencia habría en las relaciones laborales si esto fuera practicado por ambas partes).

El gerente o empleador debe darse cuenta de que vive y trabaja...

- Para servir tanto al Señor como a los empleados con temor y temblor, es decir, gerenciando con respeto y preocupación ansiosa.
- Servir con sencillez de corazón, gerenciando *como para Cristo.*
- No sirviendo al ojo, como los que quieren agradar a los hombres.
- Servir como servidores de Cristo, administrando y cumpliendo con la voluntad de Cristo desde el corazón.
- Servir con buena voluntad, administrando como para el Señor, y no para los hombres.
- Servir sabiendo que va a recibir una recompensa recíproca por cuán bien ha administrado.

El empleador o gerente espera por lo menos dos cosas de sus trabajadores: diligencia y lealtad. Lo que debe hacer el empleador es simple: ser diligente en su administración y en su lealtad respecto de sus subordinados. Demostrar su lealtad con salarios justos y seguridad en el trabajo.

2. El gerente debe dejar las amenazas. Esto no significa que se pueda corregir a un trabajador o se lo despida si no es diligente y leal. Dios no alienta la pereza, la licencia ni la indulgencia. Dios castiga y disciplina cuando es necesario. Pero advierta: Las medidas severas se toman solo después de haber tomado todas las demás medidas correctivas. Toda persona —sin importar cuán malo sea el trabajador— vale la pena el esfuerzo de salvarlo y desarrollarlo para que llegue a ser un trabajador consciente si esto es posible. Es un ser humano como nosotros que está en la tierra con el resto de nosotros y mientras esté en la tierra, Dios continuará tratando de llegar a él. Por lo tanto, vale la pena llegar a él si es que podemos. Por esta única razón, se debe dar cada paso para llegar y capacitar incluso al trabajador más improductivo.

El punto es este: Los empleadores y los gerentes deben cuidarse de amenazas injustificadas, porque ellos también tienen un Amo en el cielo y Él no tiene favoritos ni muestra ningún favoritismo. Como empleadores y gerentes, todo trabajador es responsabilidad nuestra; del mismo modo el Señor es responsable ante Él. Por lo tanto, las amenazas siempre deben emitirse con cortesía y cuidado.

"Y vosotros, amos, haced con ellos lo mismo, dejando las amenazas, sabiendo que el Señor de ellos y vuestro está en los cielos, y que para él no hay acepción de personas" (Ef. 6:9).

"Amos, haced lo que es justo y recto con vuestros siervos, sabiendo que también vosotros tenéis un Amo en los cielos" (Col. 4:1).

"No oprimirás a tu prójimo, ni le robarás. No retendrás el salario del jornalero en tu casa hasta la mañana" (Lv. 19:13).

"En su día le darás su jornal, y no se pondrá el sol sin dárselo; pues es pobre, y con él sustenta su vida; para que no clame contra ti a Jehová, y sea en ti pecado" (Dt. 24:15).

"Si hubiera tenido en poco el derecho de mi siervo y de mi sierva, cuando ellos contendían conmigo" (Job 31:13).

"¡Ay del que edifica su casa sin justicia, y sus salas sin equidad, sirviéndose de su prójimo de balde, y no dándole el salario de su trabajo!" (Jer. 22:13).

"Y vendré a vosotros para juicio; y seré pronto testigo contra los hechiceros y adúlteros, contra los que juran mentira, y *los que defraudan en su salario al jornalero,* a la viuda y al huérfano, y los que hacen injusticia al extranjero, no teniendo temor de mí, dice Jehová de los ejércitos" (Mal 3:5).

	V. LA GUERRA DEL CREYENTE CRISTIANO, 6:10-24 **A. La armadura del soldado cristiano, 6:10-20**	14 Estad, pues, firmes, ceñidos vuestros lomos con la verdad, y vestidos con la coraza de justicia, 15 y calzados los pies con el apresto del evangelio de la paz. 16 Sobre todo, tomad el escudo de la fe, con que podáis apagar todos los dardos de fuego del maligno.	**5 La armadura del soldado** a. El cinturón de la verdad b. La coraza de la justicia c. Las sandalias del evangelio d. El escudo de la fe
1 La orden del soldado a. Fortalecerse en el Señor, en el poder de su fuerza b. Vestirse de la armadura de Dios	10 Por lo demás, hermanos míos, fortaleceos en el Señor, y en el poder de su fuerza. 11 Vestíos de toda la armadura de Dios, para que podáis estar	17 Y tomad el yelmo de la salvación, y la espada del Espíritu,	e. El yelmo de la salvación f. La espada del Espíritu
2 El enemigo del soldado: El diablo y sus estrategias **3 La guerra del soldado: No humana, sino espiritual**	firmes contra las asechanzas del diablo. 12 Porque no tenemos lucha contra sangre y carne, sino contra principados, contra potestades, contra los gobernadores de las tinieblas de este siglo, contra huestes espirituales de maldad en las regiones celestes.	que es la palabra de Dios; 18 orando en todo tiempo con toda oración y súplica en el Espíritu, y velando en ello con toda perseverancia y súplica por todos los santos; 19 y por mí, a fin de que al abrir mi boca me sea dada palabra para dar a conocer con denuedo el misterio del evangelio,	**6 La provisión sobrenatural: La oración, orar siempre** a. Con todo tipo de oración b. En el Espíritu c. Sin dormir o velando d. Por todos los santos y por los ministros en particular.
4 El deber del soldado: Tomar toda la armadura de Dios a. Para poder resistir en el día malo b. Para poder estar firmes	13 Por tanto, tomad toda la armadura de Dios, para que podáis resistir en el día malo, y habiendo acabado todo, estar firmes.	20 por el cual soy embajador en cadenas; que con denuedo hable de él, como debo hablar.	

DIVISIÓN V

LA GUERRA DEL CREYENTE CRISTIANO, 6:10-24

A. La armadura del soldado cristiano, 6:10-20

(6:10-20) ***Introducción, Guerra espiritual:*** Pablo ha estado tratando el camino del creyente (Ef. 4:1-6:9). Ahora, repentinamente desconcierta al lector y al oyente: cambia de rumbo. Dice que no hay otro camino para observar la vida del creyente en Cristo. La vida del creyente es un campo de batalla. Inmediatamente después de recibir a Cristo, el creyente se encuentra en una lucha constante. Participa de una pelea incesante, de una guerra sin fin. Es un combatiente, un soldado en conflicto. Su llamado no es a una vida de gozo y comodidad, sino a una vida de duro conflicto. Hay enemigos dentro y fuera. Desde la cuna hasta la tumba hay una lucha constante en contra de la lujuria corruptible de la carne y de las tentaciones atractivas ofrecidas por el mundo y Satanás, una lucha contra un exceso de corrupción que conduce inevitablemente a la muerte (Ro. 7: 21; Gá. 5:17, 6:8; Ef. 4:22b; 6:10).

1. La orden del soldado (vv. 10-11).
2. El enemigo del soldado: El diablo y sus estrategias (v. 11).
3. La guerra del soldado: No humana, sino espiritual (v. 12).
4. El deber del soldado: Tomar toda la armadura de Dios (v. 13).
5. La armadura del soldado (vv. 14-17).
6. La provisión sobrenatural: La oración, orar siempre (vv. 18-20).

1 (6:10-11) ***Guerra espiritual:*** Está la orden al soldado cristiano. Advierta la palabra "hermanos". Son los creyentes cristianos los que necesitan la orden, no el mundo. Los creyentes cristianos deben seguir diligentemente lo que se está por decir. No hay otro modo de conquistar a los enemigos que tan violentamente se oponen al creyente cristiano. A no ser que el creyente siga la orden y el mensaje de este pasaje, caerá en la tentación y el pecado y terminará caminando por la vida como lo hace la mayoría de los hombres:

- Sin experimentar la abundancia y el gozo de la vida.
- Sin experimentar el poder y la liberación, el cuidado y la preocupación, el amor y el compañerismo de la presencia cotidiana de Dios.
- Incierto e inseguro del futuro.
- Sin la confianza de ser aceptable para Dios.
- Sin garantía de vivir para siempre con Dios.

Un creyente debe seguir lo que Dios dice en este pasaje. Debe hacer exactamente lo que Dios dice a fin de conquistar a los grandes enemigos de la vida. La orden es doble.

1. El creyente debe ser fuerte *en el Señor* y en el poder de su fuerza. Advierta el acento puesto en el poder y la fuerza. Se emplean tres palabras diferentes.

- *Fortalecerse*
- En el *poder* del Señor
- En la *fuerza* del Señor

Cada una de las palabras se emplea para enfatizar la total necesidad del creyente de ser fuerte y de poseer poder.

- La palabra "fortaleza" (endunamoo) significa poder y fuerza. El creyente debe poseer poder y fuerza mientras camina por el curso de esta vida.
- El "poder" (kratos) del Señor significa su poder y dominio ilimitados y soberanos por sobre todo.
- La "fuerza" (ischuos) del Señor significa fortaleza y capacidad. Significa Su capacidad para utilizar su fuerza y fortaleza en forma sabia, es decir, en perfección.

El creyente debe ser fuerte en el poder soberano e ilimitado del Señor – en el poder de su fuerza– en su capacidad de utilizar su poder exactamente como se lo debe utilizar. (Véase bosquejo y notas, Ef. 1:19-23 para una mayor discusión sobre el poder de Dios).

Pero advierta el punto crítico: La fortaleza del creyente no es humana, no es fortaleza de la carne, no es la fortaleza de cualquier cosa que pertenezca a este mundo. La fortaleza del creyente se encuentra *en el Señor,* en una relación viva y dinámica con Él. El Señor es la fuente de la fortaleza del creyente. No existe otra fuente que pueda darle al hombre la fortaleza de vencer este mundo con todas sus pruebas, tentaciones y muerte.

2. El creyente debe colocarse la armadura de Dios. Una vez que el creyente es *fuerte interiormente,* entonces está preparado para ser vestido con la armadura de Dios. Pero advierta: Ninguna cantidad de armadura vale el material de que está hecha a no ser que el soldado tenga el corazón para luchar. El creyente debe –absolutamente debe– ser fuerte en el Señor antes de poder vestirse con la armadura de Dios y comenzar a librar la guerra contra los enemigos de la vida. Una vez que un hombre tiene la presencia y el poder de Dios dentro de su corazón, entonces comienza a armarse para librar la guerra en contra de los enemigos espirituales de la vida. Pero advierta un punto crucial: Debe colocarse *toda la armadura* de Dios, sin dejar nada de lado. Si deja a un lado parte de la armadura, se expone a sí mismo al enemigo y tiene grandes oportunidades de ser herido, quizás asesinado.

La orden es ser *fuerte en el Señor, en el poder de su fuerza. Colocarse toda* la armadura de Dios.

"Porque nada hay imposible para Dios" (Lc. 1:37).

"Para que os dé, conforme a las riquezas de su gloria, el ser fortalecidos con poder en el hombre interior por su Espíritu" (Ef. 3:16).

"Y a Aquel que es poderoso para hacer todas las cosas mucho más abundantemente de lo que pedimos o entendemos, según el poder que actúa en nosotros" (Ef. 3:20).

"Fortalecidos con todo poder, conforme a la potencia de su gloria, para toda paciencia y longanimidad" (Col. 1:11).

"Porque no nos ha dado Dios espíritu de cobardía, sino de poder, de amor y de dominio propio" (2 Ti. 1:7).

"Pues me ceñiste de fuerzas para la pelea; has humillado a mis enemigos debajo de mí" (2 S. 22:40).

"No temas, porque yo estoy contigo; no desmayes, porque yo soy tu Dios que te esfuerzo; siempre te ayudaré, siempre te sustentaré con la diestra de mi justicia" (Is. 41:10).

[2] (6:11) ***Satanás, Guerra espiritual:*** Está el enemigo del soldado cristiano. El enemigo es el diablo y sus estrategias. La palabra "asechanzas" (methodei) significa los engaños, las estrategias, los trucos, los métodos y los artificios que emplea el diablo para librar la guerra en contra del creyente. Él hará todo lo que pueda para engañar y capturar al creyente.

1. Existen algunas estrategias que son un atractivo para la lujuria de los ojos. Satanás se encargará de que algo cruce la visión del creyente, algo que sea muy atractivo para la carne y el orgullo de la vida:

- Alguna comida deliciosa
- Alguna persona atractiva
- Alguna persona que expone su cuerpo
- Alguna posesión: ropa, tierra, automóviles, casas, lo que sea
- Alguna posición
- Más autoridad y poder

Satanás presentará algo ante los ojos que sea tan atrayente, que el creyente está condenado a no ser que esté vestido con *toda la armadura* de Dios. Satanás seducirá al creyente para que vuelva a servirse, para que mire otra vez, para que compre la posesión innecesaria, para que comience a buscar egoístamente más poder y más posición. Utilizará todas las estrategias que pueda para apelar a la carne y el orgullo del creyente.

"Vosotros sois de vuestro padre el diablo, y los deseos de vuestro padre queréis hacer. El ha sido homicida desde el principio, y no ha permanecido en la verdad, porque no hay verdad en él. Cuando habla mentira, de suyo habla; porque es mentiroso, y padre de mentira" (Jn. 8:44).

"¿No sabéis que si os sometéis a alguien como esclavos para obedecerle, sois esclavos de aquel a quien obedecéis, sea del pecado para muerte, o sea de la obediencia para justicia?" (Ro. 6:16).

"Hablo como humano, por vuestra humana debilidad; que así como para iniquidad presentasteis vuestros miembros para servir a la inmundicia y a la iniquidad, así ahora para santificación presentad vuestros miembros para servir a la justicia" (Ro. 6:19).

"En los cuales anduvisteis en otro tiempo, siguiendo la corriente de este mundo, conforme al príncipe de la potestad del aire, el espíritu que ahora opera en los hijos de desobediencia, entre los cuales también todos nosotros vivimos en otro tiempo en los deseos de nuestra carne, haciendo la voluntad de la carne y de los pensamientos, y éramos por naturaleza hijos de ira, lo mismo que los demás" (Ef. 2:2-3).

"¿De dónde vienen las guerras y los pleitos entre vosotros? ¿No es de vuestras pasiones, las cuales combaten en vuestros miembros? Codiciáis, y no tenéis; matáis y ardéis de envidia, y no podéis alcanzar; combatís y lucháis, pero no tenéis lo que deseáis, porque no pedís. Pedís, y no recibís, porque pedís mal, para gastar en vuestros deleites. ¡Oh almas adúlteras! ¿No sabéis que la amistad del mundo es enemistad contra Dios? Cualquiera, pues, que quiera ser amigo del mundo, se constituye enemigo de Dios" (Stg. 4:1-4).

"No améis al mundo, ni las cosas que están en el mundo. Si alguno ama al mundo, el amor del Padre no está en él.

Porque todo lo que hay en el mundo, los deseos de la carne, los deseos de los ojos, y la vanagloria de la vida, no proviene del Padre, sino del mundo" (1 Jn. 2:15-16).

2. Otra estrategia del diablo es enviar un falso maestro, un maestro muy impactante, que se cruce en el sendero del creyente. Nunca debemos olvidar que Satanás no es una persona feroz de color rojo con cuernos, una cola puntiaguda y un tridente en las manos. Es un ser viviente en el mundo espiritual, un ser que se transformó en un *mensajero de la luz.* Y él tiene ministros que caminan como ministros de justicia, pero que proclaman una justicia diferente a la de Cristo. Su mensaje es el de justicia propia, de...

- Bondad humana y obras.
- Ego e imagen propia.
- Desarrollo y crecimiento personal.
- Mejoramiento propio y corrección.
- Mente y voluntad.

Tales mensajes atraen a la carne del hombre y son útiles. Esto es algo que uno debe darse cuenta y reconocer, pero esos mensajes no son el poder necesitado por el hombre. No pueden liberar al hombre *de* las grandes pruebas y sufrimientos de la vida o la muerte. Solo pueden conducir al hombre por el sendero de toda la carne, la de la muerte, la pudrición y el juicio eterno.

El punto es este: Una de las principales estrategias del diablo consiste en engañar al hombre con falsos maestros y ministros y su atractivo, pero con falsos mensajes. El creyente está condenado a no ser que esté vestido con *toda la armadura* de Dios.

"Para que Satanás no gane ventaja alguna sobre nosotros; pues no ignoramos sus maquinaciones" (2 Co. 2:11).

"Pero temo que como la serpiente con su astucia engañó a Eva, vuestros sentidos sean de alguna manera extraviados de la sincera fidelidad a Cristo" (2 Co. 11:3).

"Porque éstos son falsos apóstoles, obreros fraudulentos, que se disfrazan como apóstoles de Cristo. Y no es maravilla, porque el mismo Satanás se disfraza como ángel de luz. Así que, no es extraño si también sus ministros se disfrazan como ministros de justicia; cuyo fin será conforme a sus obras" (2 Co. 11:13-15).

"Para que ya no seamos niños fluctuantes, llevados por doquiera de todo viento de doctrina, por estratagema de hombres que para engañar emplean con astucia las artimañas del error" (Ef. 4:14).

"Vestíos de toda la armadura de Dios, para que podáis estar firmes contra las asechanzas del diablo" (Ef. 6:11).

"Inicuo cuyo advenimiento es por obra de Satanás, con gran poder y señales y prodigios mentirosos" (2 Ts. 2:9).

"Y fue lanzado fuera el gran dragón, la serpiente antigua, que se llama diablo y Satanás, el cual engaña al mundo entero; fue arrojado a la tierra, y sus ángeles fueron arrojados con él" (Ap. 12:9).

[3] (6:12) ***Guerra espiritual:*** En tercer lugar, está la guerra del soldado cristiano. La guerra no es humana ni física, sino espiritual. Wuest describe la gran lucha espiritual del creyente:

"En la palabra lucha [pale] Pablo utiliza un término atlético griego. Thayer la define de la siguiente manera: Una contienda entre dos personas en la cual cada uno realiza el esfuerzo por arrojar al otro, y que se decide cuando el ganador puede presionar y mantener en el suelo a su antagonista, a saber, mantenerlo en el suelo con su mano en el cuello". Cuando consideramos que un perdedor en una contienda de lucha griega tenía los ojos arrancados con la resultante ceguera para el resto de sus días, podemos formarnos cierto concepto de la reacción griega efesia ante el ejemplo de Pablo. La lucha cristiana en contra de los poderes de las tinieblas no es menos desesperada y fatídica. " (*Ephesians and Colossians,* [Efesios y colosenses], Vol. 1, p. 141).

Lo que debemos observar es que la lucha del creyente no es en contra de la carne y la sangre. Sus enemigos no son humanos ni físicos, sino espirituales, fuerzas espirituales que poseen un increíble poder. Advierta exactamente qué se dice: El creyente lucha...

- En contra del principado
- En contra del poder
- En contra de los gobernadores de las tinieblas
- En contra de la maldad espiritual

Esto nos revela algunas cosas muy claras:

1. Las fuerzas del diablo son fuerzas poderosas. La idea de este versículo es la de acentuar el enorme poder de las fuerzas de la maldad que debe enfrentar el creyente.

2. Las fuerzas de la maldad son numerosas. Principados, poderes, gobernadores, todo esto transmite la idea una gran cantidad de fuerzas malignas que están luchando en contra del creyente.

3. Las fuerzas del mal están al parecer organizadas en un gobierno o jerarquía de maldad. Nuevamente, principados, poderes y gobernadores de este mundo en lugares elevados, todos apuntan hacia una clasificación de fuerzas espirituales con enorme autoridad, posición y gobierno.

4. Las fuerzas de la maldad son las que gobiernan las tinieblas de este mundo. Tinieblas en la Biblia significa la ignorancia de la verdad y de la realidad, de la verdadera naturaleza y propósito de las cosas. Por ejemplo. . .

- ¿Cuál es la fuente del hombre y de su mundo?
- ¿De dónde provienen el hombre y su mundo?
- ¿Cuál es el propósito del hombre y de su mundo? ¿Por qué existen el hombre y su mundo?
- ¿Cuál es el fin del hombre y su mundo? ¿Existe algún lugar a dónde ir luego de esta vida, otro mundo, otra vida?

"Las tinieblas" es no conocer estas cosas, es ser ignorante de ellas. La luz es conocer a Dios y a su Hijo, Jesucristo, que Dios y Cristo representan la Fuente y el Propósito y el fin del hombre y su mundo. La luz es conocer la verdad y la realidad del hombre y de su mundo: Que Dios creó todo para sí y que ama y salva a todos para que vivan en Él eternamente, si todos solo creen y confían en Él.

Las fuerzas del mal son las que gobiernan las tinieblas, las que ciegan las mentes de los hombres salvo que crean en el glorioso evangelio de la salvación eterna.

5. Las fuerzas del mal son fuerzas espirituales de malignidad. Buscar recibir la lealtad y devoción que se le debe a Dios. Por lo tanto, están tras el espíritu del hombre, esa parte del hombre que está destinada a adorar y servir a Dios y a existir para siempre. Si pueden capturar el espíritu del hombre, lo tendrán

eternamente, su vida y presencia por todos los tiempos. Por lo tanto, hacen todo lo que pueden por conducir *el espíritu del hombre* hacia la malignidad. Son las *fuerzas espirituales del mal.*

Pensamiento 1: Algunas personas siempre han desechado la idea de un diablo o de demonios personales que en realidad existen en un así llamado mundo espiritual. Consideran que son demasiado educados e inteligentes para creer en esa tontería. Proclaman que esas ideas están pasadas de moda y pertenecen a las épocas oscuras de la ignorancia del hombre y a las supersticiones. Pero advierta un hecho significativo: El hombre es tan consciente de lo que denomina...

- *Horrores subconscientes* que afectan tanto al cuerpo como a la mente.
- *Fuerzas invisibles e incontrolables* que afectan enormemente su comportamiento.
- *Conducta no regulada* que no puede controlar incluso cuando sabe que no está bien y desea actuar en forma diferente.
- *Fuerzas cósmicas* que afectan y determinan su comportamiento.
- *Un destino ciego* que controla su vida como si se tratara de una marioneta.

F. F. Bruce lo expuso bien:

> Satanás y sus fuerzas demoníacas *"se clasifican entre los más altos ángeles-príncipes en la jerarquía de los lugares celestiales, sin embargo, todos ellos le deben su existencia a Cristo, a través de quien fueron creados [Col. 1:16] y quien es por cierto la cabeza de todo principado y poder [Col. 2:10]. Pero por lo menos algunos de los principados y poderes se han embarcado en una rebelión contra Dios y no solo buscan obligar a los hombres a darles la adoración que se le debe a Él, sino que han lanzado un ataque en contra del Cristo crucificado en un momento cuando pensaron que lo tenían a su merced. Pero Él, lejos de sufrir su ataque sin resistencia, luchó cuerpo a cuerpo con ellos y los venció, despojándolos de su armadura y llevándolos a Él en su procesión triunfal [Col. 2:15]. Así, los poderes hostiles del mal que los cristianos deben enfrentar ya son poderes derrotados, pero únicamente a través de la fe-unión con el Cristo victorioso es que los cristianos pueden hacer suyo su triunfo"* ("The Epistle to the Ephesians, [La epístola a los efesios], pp. 127s).

Piense un instante y sea sincero. Piense en toda la malignidad, maldad, equivocaciones y egoísmo en el mundo, en...

- la división
- la guerra
- la arrogancia
- el prejuicio
- el homicidio
- los robos
- el favoritismo
- las peleas
- las mentiras
- el enojo
- el egoísmo
- las maldiciones
- el odio
- la inmoralidad
- el resentimiento
- el orgullo

La lista podría seguir y seguir hasta el infinito. La maldad del hombre se observa en los programas de noticias todos los días. ¡Solo piense en eso! ¿No sabemos hacer mejor las cosas? ¿No somos suficientes los que sabemos hacer mejor las cosas, suficientes como para cambiarlas? Sí, lo sabemos. Entonces, ¿por qué no podemos cambiar el mundo? Este pasaje nos responde por qué.

> **"Porque no tenemos lucha contra sangre y carne, sino contra principados, contra potestades, contra los gobernadores de las tinieblas de este siglo, contra huestes espirituales de maldad en las regiones celestes" (Ef. 6:12).**

Dios –porque es Dios– tiene que decirnos la verdad. No puede hacer otra cosa. Por lo tanto, Dios nos revela un hecho que es tan claramente evidente como cualquier otro hecho de la tierra: Existe una fuerza maligna que tiene acceso al espíritu del hombre y que puede influir en el hombre y esclavizarlo para que haga el mal. Se llama Satanás, el que reina sobre *las tinieblas y maldad espiritual de este mundo.* La única esperanza para el creyente es colocarse *toda la armadura de Dios.*

> **"Y le dijo el diablo: A ti te daré toda esta potestad, y la gloria de ellos; porque a mí me ha sido entregada, y a quien quiero la doy" (Lc. 4:6).**
>
> **"Dijo también el Señor: Simón, Simón, he aquí Satanás os ha pedido para zarandearos como a trigo" (Lc. 22:31).**
>
> **"Pero si nuestro evangelio está aún encubierto, entre los que se pierden está encubierto; en los cuales el dios de este siglo cegó el entendimiento de los incrédulos, para que no les resplandezca la luz del evangelio de la gloria de Cristo, el cual es la imagen de Dios" (2 Co. 4:3-4).**
>
> **"Porque no tenemos lucha contra sangre y carne, sino contra principados, contra potestades, contra los gobernadores de las tinieblas de este siglo, contra huestes espirituales de maldad en las regiones celestes" (Ef. 6:12).**
>
> **"Sed sobrios, y velad; porque vuestro adversario el diablo, como león rugiente, anda alrededor buscando a quien devorar" (1 P. 5:8).**

Pensamiento 2: El gran erudito griego Kenneth Wuest identifica del siguiente modo a las fuerzas del mal:

- Los *principados* (arche): "Los primeros, los preeminentes, los líderes".
- Los *poderes* (exousias): "Las autoridades, los demonios de Satanás de la baja atmósfera que constituyen su reino en el aire".
- Los *gobernadores de las tinieblas de este mundo* (kosmokrator): Satanás y sus demonios.
- La maldad espiritual en sitios elevados (pneumatika tes ponerias): Satanás y todas sus fuerzas demoníacas. (*"Ephesians and Colossians"* [Efesios y Colosenses], Vol. 1, p. 141).

4 (6:13) ***Guerra espiritual:*** Está el deber del soldado cristiano. Su deber es tomar toda la armadura de Dios. Advierta cómo se acentúa la necesidad del creyente de *toda la armadura de Dios* nuevamente. Esto demuestra cuán fundamental es la armadura. Debemos colocarnos la armadura de Dios. Es una necesidad absoluta. ¿Por qué? Debido al "día malo". ¿Qué es el "día malo"?

- Se refiere a *hoy día,* a la embestida violenta del mal que existe hoy día en el mundo: "los días son malos" (Ef. 5:16).
- Se refiere a *cualquier día,* a la embestida violenta de tentaciones y pruebas que enfrentamos en un momento dado durante un día.
- Se refiere al *día de tentación y prueba inusual,* a una embestida violenta especial y a una andanada de maldad que se arroja contra nosotros.

Debemos soportar el día malo. Pero no podemos hacerlo a no ser que hayamos cumplido con nuestro deber, a no ser que hayamos obedecido y nos hayamos preparado, a no ser que hayamos tomado *toda la armadura* de Dios.

"La noche está avanzada, y se acerca el día. Desechemos, pues, las obras de las tinieblas, y vistámonos las armas de la luz" (Ro. 13:12).

"Porque las armas de nuestra milicia no son carnales, sino poderosas en Dios para la destrucción de fortalezas" (2 Co. 10:4).

"Pelea la buena batalla de la fe, echa mano de la vida eterna, a la cual asimismo fuiste llamado, habiendo hecho la buena profesión delante de muchos testigos" (1 Ti. 6:12).

5 (6:14-17) ***Lucha espiritual, Guerra, Armadura de Dios:*** Existe la armadura del soldado cristiano. Recuerde que Pablo estaba en prisión y bajo guardia constante al escribir a la iglesia efesia. Fue obligado a observar la armadura del soldado todos los días. Tenía una imagen ideal de la armadura necesaria para que el creyente cristiano para combatir las fuerzas del mal.

1. *El cinturón de la verdad.* El cinturón fue utilizado para sostener la vestimenta del soldado cerca de su cuerpo. Esto evitaba que sus ropas flamearan y le permitía libertad de movimientos. El cinturón también se utilizaba para fortalecer y mantener firme el cuerpo. La señal del soldado cristiano es el cinturón de la verdad...

- No de la verdad pensada en forma individual o subjetivamente.
- No de la verdad como la ve un hombre o un grupo de hombres.
- No de la verdad que se encuentra en la idea nueva de un hombre.
- No de la verdad que enseña la religión.

Dicha verdad se centra en sí misma y es restrictiva. Dicha verdad es solo del hombre finito, un ser tan pequeño, tan impuro y tan frágil que no puede de ninguna manera descubrir la suficiente verdad que comprenda a todos los hombres. No puede descubrir la verdad suficiente para darle vida a un hombre, no vida eterna. Únicamente Dios puede compartir la verdad de la vida eterna y abundante.

a. ¿Qué es específicamente el cinturón de la verdad?

¿Cuál es la verdad de Dios que debe colocarse el creyente?

- En primer lugar, Cristo es la verdad. El creyente debe colocarse a Cristo (ver *Estudio a fondo 3,* Ef. 4:24).

"Y aquel Verbo fue hecho carne, y habitó entre nosotros (y vimos su gloria, gloria como del unigénito del Padre), lleno de gracia y de verdad" (Jn. 1:14).

"Jesús le dijo: Yo soy el camino, y *la verdad,* y la vida; nadie viene al Padre, sino por mí" (Jn. 14:6).

- En segundo lugar, la Palabra de Dios es la verdad. El creyente debe colocarse la Palabra de Dios. Él es santificado por la Palabra de Dios.

"Santifícalos en tu verdad; tu palabra es verdad" (Jn. 17:17).

"Para santificarla, habiéndola purificado en el lavamiento del agua por la palabra" (Ef. 5:26).

- En tercer lugar, pronunciar y vivir una vida llena de verdad es la verdad.

"Por lo cual, desechando la mentira, hablad verdad cada uno con su prójimo; porque somos miembros los unos de los otros" (Ef. 4:25).

"Habiendo purificado vuestras almas por la obediencia a la verdad, mediante el Espíritu, para el amor fraternal no fingido, amaos unos a otros entrañablemente, de corazón puro" (1 P. 1:22).

"Estas son las cosas que habéis de hacer: Hablad verdad cada cual con su prójimo; juzgad según la verdad y lo conducente a la paz en vuestras puertas" (Zac. 8:16).

"La ley de verdad estuvo en su boca, e iniquidad no fue hallada en sus labios; en paz y en justicia anduvo conmigo, y a muchos hizo apartar de la iniquidad" (Mal. 2:6).

b. La verdad realiza varias cosas por el soldado cristiano.

- Evita que pase de una cosa a la otra constantemente, de ser arrojado de aquí para allá por cada ataque del enemigo.

"Para que ya no seamos niños fluctuantes, llevados por doquiera de todo viento de doctrina, por estratagema de hombres que para engañar emplean con astucia las artimañas del error" (Ef. 4:14).

- Evita que se enrede con los asuntos de la vida.

"Tú, pues, sufre penalidades como buen soldado de Jesucristo. Ninguno que milita se enreda en los negocios de la vida, a fin de agradar a aquel que lo tomó por soldado" (2 Ti. 2:3-4).

- Lo apoya en las batallas y pruebas de la vida.

"Jesús le dijo: Yo soy el camino, y la verdad, y la vida; nadie viene al Padre, sino por mí" (Jn. 14:6).

"Por lo cual debía ser en todo semejante a sus hermanos, para venir a ser misericordioso y fiel sumo sacerdote en lo que a Dios se refiere, para expiar los pecados del pueblo. Pues en cuanto él mismo padeció siendo tentado, es poderoso para socorrer a los que son tentados" (He. 2:17-18).

"Porque no tenemos un sumo sacerdote que no pueda compadecerse de nuestras debilidades, sino uno que fue tentado en todo según nuestra semejanza, pero sin pecado. Acerquémonos, pues, confiadamente al trono de la gracia, para alcanzar misericordia y hallar gracia para el oportuno socorro" (He. 4:15-16).

2. *La coraza de justicia.* La coraza cubría el cuerpo del soldado desde el cuello hasta los muslos. Se la utilizaba para proteger el corazón. El corazón del creyente se concentra en el Señor Jesucristo y su justicia y esa concentración debe estar protegida. La señal del soldado cristiano es la justicia. Cuando un hombre es salvo, Dios le asigna la justicia de Jesucristo, o para decirlo de otro modo, Dios lo cuenta por justo (ver notas – Gá. 2:15-16) para mayor discusión al respecto). Sin embargo, no basta con mantenerse firme en la justicia de Cristo. El soldado cristiano debe proteger su corazón. Esto lo logra viviendo en justicia. La justicia evita que su corazón sea herido y que pierda su concentración. El soldado cristiano debe...

- Luchar por tener la misma justicia que Jesucristo.
- Vivir en justicia en este mundo.

"Porque os digo que si vuestra justicia no fuere mayor que la de los escribas y fariseos, no entraréis en el reino de los cielos" (Mt. 5:20).

"Pero ahora, aparte de la ley, se ha manifestado la justicia de Dios, testificada por la ley y por los profetas; la justicia de Dios por medio de la fe en Jesucristo, para todos los que creen en él. Porque no hay diferencia" (Ro. 3:21-22).

"Velad debidamente, y no pequéis; porque algunos no conocen a Dios; para vergüenza vuestra lo digo" (1 Co. 15:34).

"Al que no conoció pecado, por nosotros lo hizo pecado, para que nosotros fuésemos hechos justicia de Dios en él" (2 Co. 5:21).

"Llenos de frutos de justicia que son por medio de Jesucristo, para gloria y alabanza de Dios" (Fil. 1:11).

"Y ser hallado en él, no teniendo mi propia justicia, que es por la ley, sino la que es por la fe de Cristo, la justicia que es de Dios por la fe" (Fil. 3:9).

"Porque la gracia de Dios se ha manifestado para salvación a todos los hombres,12 enseñándonos que, renunciando a la impiedad y a los deseos mundanos, vivamos en este siglo sobria, justa y piadosamente" (Tit. 2:11-12).

3. *Las sandalias del evangelio.* Las sandalias eran una señal de estado de alerta, estado de alerta para marchar y dar batalla. Las sandalias romanas estaban fabricadas con clavos que se aferraban firmemente al suelo aunque fuera resbaladizo o empinado. La señal del soldado cristiano es estar alerta, un estado de alerta para marchar y dar testimonio del evangelio. A donde sea que los lleven sus pies, el soldado cristiano comparte el evangelio que puede asentar firmemente a un mundo que gira bajo el peso de la necesidad desesperada y el conflicto.

Pensamiento 1: Lehman Strauss opina sobre este punto de una manera que sorprende la mente del hombre moderno: "El calzado del soldado no son las zapatillas de danza de este mundo ni las pantuflas de pereza del indolente, sino el calzado del guerrero cristiano que conoce a Cristo y lo da a conocer" (*"Galatians and Ephesians"* [Gálatas y Efesios], pp. 232s).

"Por tanto, id, y haced discípulos a todas las naciones, bautizándolos en el nombre del Padre, y del Hijo, y del Espíritu Santo; enseñándoles que guarden todas las cosas que os he mandado; y he aquí yo estoy con vosotros todos los días, hasta el fin del mundo. Amén" (Mt. 28:19-20).

"Y les dijo: Id por todo el mundo y predicad el evangelio a toda criatura" (Mr. 16:15).

"Pero recibiréis poder, cuando haya venido sobre vosotros el Espíritu Santo, y me seréis testigos en Jerusalén, en toda Judea, en Samaria, y hasta lo último de la tierra" (Hch. 1:8).

"Porque no me avergüenzo del evangelio, porque es poder de Dios para salvación a todo aquel que cree; al judío primeramente, y también al griego" (Ro. 1:16).

"Sino santificad a Dios el Señor en vuestros corazones, y estad siempre preparados para presentar defensa con mansedumbre y reverencia ante todo el que os demande razón de la esperanza que hay en vosotros" (1 P. 3:15).

4. *El escudo de la fe en Dios.* La palabra "escudo" no significa el pequeño escudo de forma redonda que el soldado sostenía en su mano para protegerse de las armas del enemigo. Significa el gran escudo oblongo utilizado por el soldado a fin de proteger su cuerpo de los feroces dardos lanzados por el enemigo. Los dardos se sumergían en algún elemento combustible y se arrojaban. Cuando daban contra algo, actuaban como pequeñas bombas incendiarias. Satanás tiene sus dardos feroces, esas cosas que hacen que el creyente...

- Se cuestione su salvación
- Se cuestione su llamado
- Se cuestione si es digno
- Se cuestione si realmente puede servir
- Se cuestione si el proyecto realmente puede concretarse
- Se cuestione, dude y se pregunte
- Se desaliente, deprima y se sienta vencido
- Arda en pasión y deseo

Tales dardos feroces por lo general atacan a la mente –un pensamiento de duda y maldad atrás del otro– luchando contra la voluntad, peleando para controlar la mente y no someterla a la duda o la maldad.

Sin embargo, la señal del soldado cristiano es la del escudo de la fe, de la fe en Dios, una confianza perfecta y completa de que Dios apagará los dardos de la duda y de la maldad que lo atacan, de que Dios lo ayudará a controlar su mente y a conquistar los pensamientos dudosos o malos. La conciencia del soldado cristiano de la presencia de Dios es tan grande que la *presencia de Dios* misma se convierte en su escudo y defensor (Gn. 15:1). Como dicen las Escrituras, Dios es su ayuda y su escudo (Sal. 33:20; 84:9), su sol y su escudo (Sal. 84:11).

"Mas tú, Jehová, eres escudo alrededor de mí; mi gloria, y el que levanta mi cabeza. Con mi voz clamé a Jehová, y él me respondió desde su monte santo" (Sal. 3:3-4).

"Nuestra alma espera a Jehová; nuestra ayuda y nuestro escudo es él" (Sal. 33:20).

"Jehová redime el alma de sus siervos, y no serán condenados cuantos en él confían" (Sal. 34:22).

"Encomienda a Jehová tu camino, y confía en él; y él hará" (Sal. 37:5).

"Mira, oh Dios, escudo nuestro, y pon los ojos en el rostro de tu ungido" (Sal. 84:9).

"Porque sol y escudo es Jehová Dios; gracia y gloria dará Jehová. No quitará el bien a los que andan en integridad" (Sal. 84:11).

"Mejor es confiar en Jehová que confiar en el hombre" (Sal. 118:8).

"El temor del hombre pondrá lazo; mas el que confía en Jehová será exaltado" (Pr. 29:25).

"Tú guardarás en completa paz a aquel cuyo pensamiento en ti persevera; porque en ti ha confiado. Confiad en Jehová perpetuamente, porque en Jehová el Señor está la fortaleza de los siglos" (Is. 26:3-4).

"Respondiendo Jesús, les dijo: Tened fe en Dios... Por tanto, os digo que todo lo que pidiereis orando, creed que lo recibiréis, y os vendrá" (Mr. 11:22, 24).

"Por tanto, oh varones, tened buen ánimo; porque yo confío en Dios que será así como se me ha dicho" (Hch. 27:25).

"Pero sin fe es imposible agradar a Dios; porque es necesario que el que se acerca a Dios crea que le hay, y que es galardonador de los que le buscan" (He. 11:6).

5. *El yelmo de la salvación.* El yelmo cubría la cabeza y la mente del soldado. Por supuesto, la cabeza era el núcleo del poder de un soldado para librar la guerra. Su capacidad de pensamiento era el factor más importante para determinar su victoria o su derrota. Por lo tanto, el soldado necesitaba un yelmo que protegiera su cabeza y su mente. La señal del soldado cristiano es el yelmo de la salvación (liberación). Él debe proteger su mente y sus pensamientos, manteniendo todo pensamiento en el Líder, el Señor Jesucristo, y en su objetivo de llegar al mundo con las gloriosas novedades de que los hombres pueden vivir para siempre.

El yelmo que protege la mente del soldado cristiano es la *salvación.* A no ser que un hombre haya sido salvo, su mente no puede estar protegida de los feroces dardos de la tentación. La mente de un hombre no salvo está concentrada en esta tierra. Para él es normal y natural...

- Buscar cada vez más.
- Poseer cada vez más.
- Mirar al sexo opuesto con deseo.
- Degustar y complacerse a sí mismo en las cosas buenas de la tierra.
- Sentir y experimentar, satisfaciendo sus deseos y pasiones.
- Acaparar inclusive cuando los demás tienen poco o nada.

El hombre no salvo no ve nada malo en ser su propia persona y hacer sus propias cosas así como es razonablemente considerado con los demás. Su mente y pensamientos están colocados en la tierra, y los feroces dardos de la extravagancia, la indulgencia, el placer, el egoísmo, la mundanalidad, el libertinaje, la avaricia y la inmoralidad forman parte de su comportamiento cotidiano no salvo de este mundo.

Pero esto no ocurre con el hombre salvo. La mente del hombre salvo está concentrada en Cristo y en su misión de compartir las buenas noticias de la vida, tanto de la vida abundante como de la vida eterna. Debido a esto, Satanás lanza sus feroces dardos de tentación en contra de la mente del creyente, intentando hacer que sus pensamientos y su atención se alejen de Cristo y de la conquista y ministración de almas. El soldado cristiano necesita desesperadamente el yelmo de la salvación. El *yelmo de la salvación* significa el conocimiento y la esperanza de salvación. Saber que somos salvos y tener esperanzas del glorioso día de la redención...

- Nos motiva a mantener nuestras mentes y nuestros pensamientos en Cristo y lejos del pecado y de este mundo.
- Nos anima a concentrarnos en Cristo y en su misión de llevar el evangelio a un mundo necesitado y agonizante.

"Porque el ocuparse de la carne es muerte, pero el ocuparse del Espíritu es vida y paz" (Ro. 8:6).

"No os conforméis a este siglo, sino transformaos por medio de la renovación de vuestro entendimiento, para que comprobéis cuál sea la buena voluntad de Dios, agradable y perfecta" (Ro. 12:2).

"Derribando argumentos y toda altivez que se levanta contra el conocimiento de Dios, y llevando cautivo todo pensamiento a la obediencia a Cristo" (2 Co. 10:5).

"En cuanto a la pasada manera de vivir, despojaos del viejo hombre, que está viciado conforme a los deseos engañosos, y *renovaos en el espíritu de vuestra mente,* y vestíos del nuevo hombre, creado según Dios en la justicia y santidad de la verdad" (Ef. 4:22-24).

"Por lo demás, hermanos, todo lo que es verdadero, todo lo honesto, todo lo justo, todo lo puro, todo lo amable, todo lo que es de buen nombre; si hay virtud alguna, si algo digno de alabanza, en esto pensad" (Fil. 4:8).

"Tú guardarás en completa paz a aquel cuyo pensamiento en ti persevera; porque en ti ha confiado" (Is. 26:3).

"Y vio que no había hombre, y se maravilló que no hubiera quien se interpusiese; y lo salvó su brazo, y le afirmó su misma justicia. Pues de justicia se vistió como de una coraza, con yelmo de salvación en su cabeza; tomó ropas de venganza por vestidura, y se cubrió de celo como de manto" (Is. 59:16-17).

6. *La espada del Espíritu es la Palabra de Dios.* La espada era un arma utilizada tanto para la defensa como para el ataque. La espada se empleaba para protegerse y a la vez para asesinar al enemigo. La señal del soldado cristiano es su uso de la Palabra de Dios. Al creer en las Escrituras, se protege del ataque del enemigo y lucha y gana batalla tras batalla, día tras día. Recuerde: Jesucristo mismo venció el ataque del diablo utilizando las Escrituras (Mt. 4:4, 7, 10). La Palabra escrita es la única arma que le asegura la victoria al soldado cristiano, puesto que "la palabra de Dios es viva y eficaz, y más cortante que toda espada de dos filos".

"Porque la palabra de Dios es viva y eficaz, y más cortante que toda espada de dos filos; y penetra hasta partir el alma y el espíritu, las coyunturas y los tuétanos, y discierne los pensamientos y las intenciones del corazón" (He. 4:12).

"Tenía en su diestra siete estrellas; de su boca salía una espada aguda de dos filos; y su rostro era como el sol cuando resplandece en su fuerza" (Ap. 1:16).

"Y escribe al ángel de la iglesia en Pérgamo: El que tiene la espada aguda de dos filos dice esto... Por tanto, arrepiéntete; pues si no, vendré a ti pronto, y pelearé contra ellos con la espada de mi boca" (Ap. 2:12, 16).

"¿Con qué limpiará el joven su camino? Con guardar tu palabra" (Sal. 119:9).

"En mi corazón he guardado tus dichos, para no pecar contra ti" (Sal. 119:11).

6 (6:18-20) ***Oración, Guerra espiritual:*** Está la provisión sobrenatural del soldado cristiano –la oración– *un espíritu constante* de oración. El soldado ingresa al conflicto totalmente vestido y armado, pero es esencial algo más: gran confianza y seguridad. Eso proviene de un espíritu de oración.

1. Debe orar, orar siempre. El soldado que no está siempre orando no tiene garantizada la protección de Dios. El soldado cristiano debe orar todo el tiempo para mantener una conciencia constante inquebrantable de la presencia y el cuidado de Dios. Eso le infunde la seguridad, la confianza y el valor necesarios.

"Pedid, y se os dará; buscad, y hallaréis; llamad, y se os abrirá" (Mt. 7:7).

"Hasta ahora nada habéis pedido en mi nombre; pedid, y recibiréis, para que vuestro gozo sea cumplido" (Jn. 16:24).

"Por nada estéis afanosos, sino sean conocidas vuestras peticiones delante de Dios en toda oración y ruego, con acción de gracias" (Fil. 4:6).

"Perseverad en la oración, velando en ella con acción de gracias" (Col. 4:2).

"¿Está alguno entre vosotros afligido? Haga oración. ¿Está alguno alegre? Cante alabanzas" (Stg. 5:13).

"Buscad a Jehová y su poder; buscad su rostro continuamente" (1 Cr. 16:11).

2. Debe orar "en el Espíritu", es decir, en el Espíritu Santo, el Espíritu del único Dios vivo y verdadero. La oración a cualquier otro dios o a los propios pensamientos o a algún otro *dios* fabricado por el hombre es vacía e inútil.

"Y de igual manera el Espíritu nos ayuda en nuestra debilidad; pues qué hemos de pedir como conviene, no lo sabemos, pero el Espíritu mismo intercede por nosotros con gemidos indecibles. Mas el que escudriña los corazones sabe cuál es la intención del Espíritu, porque conforme a la voluntad de Dios intercede por los santos" (Ro. 8:26-27).

3. Debe estar *velando en oración.* El soldado cristiano debe concentrarse y perseverar en la oración. Debe llegar al punto de estar *velando* en oración, en ocasiones con tal intensidad involucrada en la oración que en realidad se queda despierto a fin de orar.

"Velad y orad, para que no entréis en tentación; el espíritu a la verdad está dispuesto, pero la carne es débil" (Mt. 26:41).

"También les refirió Jesús una parábola sobre la necesidad de orar siempre, y no desmayar" (Lc. 18:1).

"Mas no así vosotros, sino sea el mayor entre vosotros como el más joven, y el que dirige, como el que sirve" (Lc. 22:26).

"Orad sin cesar" (1 Ts. 5:17).

4. Debe orar en forma altruista. El soldado no está solo en la batalla, hay muchos comprometidos en la misma guerra. El resultado de la batalla está determinado por el bienestar de todos aquellos involucrados. El soldado cristiano debe orar por aquellos que luchan con él. El soldado cristiano debe orar tanto y con tanta intensidad por sus soldados compañeros como por él.

"Por esta causa también yo, habiendo oído de vuestra fe en el Señor Jesús, y de vuestro amor para con todos los santos, no ceso de dar gracias por vosotros, haciendo memoria de vosotros en mis oraciones" (Ef. 1:15-16).

"Orando en todo tiempo con toda oración y súplica en el Espíritu, y velando en ello con toda perseverancia y súplica por todos los santos" (Ef. 6:18).

5. Debe orar por los líderes en particular. Los líderes, sus decisiones y ejemplo, con frecuencia determinan el resultado de la batalla. El soldado cristiano tiene líderes que enseñan, predican y administran en toda la iglesia y en todo el mundo. El coraje, la decisión y la pureza son elementos necesarios para hacer huir al enemigo y capturar almas para el evangelio (Hch. 28:20).

"Respondiendo entonces Simón, dijo: Rogad vosotros por mí al Señor, para que nada de esto que habéis dicho venga sobre mí" (Hch. 8:24).

"Y de esta manera me esforcé a predicar el evangelio, no donde Cristo ya hubiese sido nombrado, para no edificar sobre fundamento ajeno" (Ro. 15:30).

"Hermanos, orad por nosotros" (1 Ts. 5:25).

"Por lo demás, hermanos, orad por nosotros, para que la palabra del Señor corra y sea glorificada, así como lo fue entre vosotros" (2 Ts. 3:1).

"Orad por nosotros; pues confiamos en que tenemos buena conciencia, deseando conducirnos bien en todo" (He. 13:18).

	B. Los ejemplos de soldados cristianos fieles, 6:21-24	23 Paz sea a los hermanos, y amor con fe, de Dios Padre y del Señor Jesucristo.	**2 Estaba el soldado cristiano Pablo** a. Un hermano espiritual: Preocupado por la paz, el amor y la fe de los demás b. Un guerrero de la oración: Oraba para que la gracia de Dios recayera sobre los demás
1 Estaba el soldado cristiano Tíquico a. Un hermano amado b. Un ministro fiel c. Un amigo de los creyentes, un mensajero del aliento	21 Para que también vosotros sepáis mis asuntos, y lo que hago, todo os lo hará saber Tíquico, hermano amado y fiel ministro en el Señor, 22 el cual envié a vosotros para esto mismo, para que sepáis lo tocante a nosotros, y que consuele vuestros corazones.	24 La gracia sea con todos los que aman a nuestro Señor Jesucristo con amor inalterable. Amén.	

DIVISIÓN V

LA GUERRA DEL CREYENTE CRISTIANO, 6:10-24

B. Los ejemplos de soldados cristianos fieles, 6:21-24

(6:21-24) ***Introducción:*** El pasaje presenta a dos soldados cristianos que eran fieles al Señor Jesucristo. Son un ejemplo dinámico para cada persona que se ha alistado en el gran ejército del Señor.

1. Estaba el soldado cristiano Tíquico (vv. 21-22).
2. Estaba el soldado cristiano Pablo (vv. 23-24).

[1] (6:21-22) *Tíquico, Creyentes:* Estaba el soldado cristiano Tíquico (ver Estudio a fondo 1, Ef. 6:21-22 para mayor discusión al respecto). Pablo dice tres cosas significativas sobre este gran soldado de Cristo.

1. Era un hermano amado: Era un hombre que había creído en Jesucristo y que lo había demostrado amando a otros con gran profundidad. Trataba a los demás como a hermanos, amándolos y ayudándolos como podía. Por lo tanto, los demás lo consideraban amado en sus corazones, como un hermano amado.

"En todo os he enseñado que, trabajando así, se debe ayudar a los necesitados, y recordar las palabras del Señor Jesús, que dijo: Más bienaventurado es dar que recibir" (Hch. 20:35).

"Compartiendo para las necesidades de los santos; practicando la hospitalidad" (Ro. 12:13).

"Así que, según tengamos oportunidad, hagamos bien a todos, y mayormente a los de la familia de la fe" (Gá. 6:10).

"A los ricos de este siglo manda que no sean altivos, ni pongan la esperanza en las riquezas, las cuales son inciertas, sino en el Dios vivo, que nos da todas las cosas en abundancia para que las disfrutemos. Que hagan bien, que sean ricos en buenas obras, dadivosos, generosos" (1 Ti. 6:17-18).

"Y de hacer bien y de la ayuda mutua no os olvidéis; porque de tales sacrificios se agrada Dios" (He. 13:16).

"En esto hemos conocido el amor, en que él puso su vida por nosotros; también nosotros debemos poner nuestras vidas por los hermanos" (1 Jn. 3:16).

2. Fue un ministro fiel: Un hombre llamado y dotado por Cristo para predicar el evangelio y ministrar las necesidades de la amada gente de Dios. Era un hombre con una visión mundial: Dio su vida para llegar a las personas del mundo con las gloriosas novedades de que ahora era posible vivir por siempre. Y advierta: Era fiel. No había descanso, no había rutina ni pereza, ni complacencia ni negligencia, ni cuestionamiento ni debilidad. No fracasó en su ministerio. Era un ministro fiel, fiel *en el Señor.* Sabía de dónde provenía su fuerza, y la tomaba del Señor día tras día.

"Me es necesario hacer las obras del que me envió, entre tanto que el día dura; la noche viene, cuando nadie puede trabajar" (Jn. 9:4).

"Porque no podemos dejar de decir lo que hemos visto y oído" (Hch. 4:20).

"Ahora bien, se requiere de los administradores, que cada uno sea hallado fiel" (1 Co. 4:2).

"Porque habéis sido comprados por precio; glorificad, pues, a Dios en vuestro cuerpo y en vuestro espíritu, los cuales son de Dios" (1 Co. 6:20).

"Pues si anuncio el evangelio, no tengo por qué gloriarme; porque me es impuesta necesidad; y ¡ay de mí si no anunciare el evangelio!" (1 Co. 9:16).

"Así que, hermanos míos amados, estad firmes y constantes, creciendo en la obra del Señor siempre, sabiendo que vuestro trabajo en el Señor no es en vano" (1 Co. 15:58).

3. Era amigo de los creyentes, un mensajero del aliento. Pablo estaba en prisión. Los creyentes de Éfeso estaban preocupados por el bienestar de Pablo y Pablo estaba preocupado porque supieran que él estaba bien a través de la fortaleza del Señor. Pero, ¿cómo iba Pablo a comunicarse con la iglesia que estaba tan lejos? La respuesta residía en un muy querido amigo y ministro, como él, Tíquico. Advierta esto: Tíquico tenía su propio ministerio. Podía estar fuera predicando, dando testimonio y ministrando por su cuenta. Recuerde que era un ministro a nivel mundial, que había dado su vida por el evangelismo mundial y las misiones. Sin embargo, aquí estaba entregando su tiempo y energía para ayudar a Pablo y servir en el ministerio de Pablo. Se lo ve dejando de lado otro ministerio para servir como querido amigo y compañero ministro de Pablo. Al parecer, era el ministro y mensajero ideal del aliento.

"Toda buena dádiva y todo don perfecto desciende de lo alto, del Padre de las luces, en el cual no hay mudanza, ni sombra de variación" (Stg. 1:17).

"Porque ¿quién te distingue? ¿o qué tienes que no hayas recibido? Y si lo recibiste, ¿por qué te glorías como si no lo hubieras recibido?" (1 Co. 4:7).

"Nada hagáis por contienda o por vanagloria; antes bien con humildad, estimando cada uno a los demás como superiores a él mismo; no mirando cada uno por lo suyo propio, sino cada cual también por lo de los otros" (Fil. 2:3-4).

"Mas cuando fueres convidado, ve y siéntate en el último lugar, para que cuando venga el que te convidó, te diga: Amigo, sube más arriba; entonces tendrás gloria delante de los que se sientan contigo a la mesa" (Lc. 14:10).

"Mas no así vosotros, sino sea el mayor entre vosotros como el más joven, y el que dirige, como el que sirve" (Lc. 22:26).

"Humillaos delante del Señor, y él os exaltará" (Stg. 4:10).

"Igualmente, jóvenes, estad sujetos a los ancianos; y todos, sumisos unos a otros, revestíos de humildad; porque: Dios resiste a los soberbios, y da gracia a los humildes" (1 P. 5:5).

ESTUDIO A FONDO 1

(6:21-22) ***Tíquico:*** Él era nativo de Asia. Era compañero de Pablo, quien, con frecuencia, viajaba con él (Hch. 20:4).

- Pablo lo comisionó como mensajero a varias iglesias (Ef. 6:21ss; Col. 4:7; 2 Ti. 4:12; Tit. 3:12).
- Se le confió entregar las cartas de Pablo a los efesios, colosenses y a Filemón (Ef. 6:21-22; Col. 4:7-8).
- Fue enviado en una misión especial a Éfeso (2 Ti. 4:12).
- Fue enviado a Creta con el propósito de aliviar a Tito (Tit. 3:12).
- Fue llamado no solo el hermano querido de Pablo y fiel ministro, sino también su compañero de esclavitud (Col. 4:7).

[2] (6:23-24) ***Pablo, Creyentes:*** Estaba el soldado cristiano Pablo. En estos dos versículos puede entreverse el corazón de Pablo.

1. Pablo era un hermano espiritual respecto de otros creyentes. Advierta que su preocupación era el bienestar espiritual de los demás.
   a. Invocó la *paz* entre ellos (ver nota, *Paz,* Ef. 2:14-15; Gá. 1:3; 5:22-23 para mayor discusión al respecto).
   b. Invocó el *amor* entre ellos (ver nota, *Amor,* Ef. 2:4-5; Gá. 5:13-15; 5:14; 5:22-23 para mayor discusión al respecto).
   c. Invocó la *fe* entre ellos (ver nota, *Fe o Fiel,* Ef. 1:1-2; 2:8-10, Gá. 5:22-23; cp. Gá. 2:15-16; 2:16; 2:19-21; 3:6-14 para mayor discusión al respecto).

2. Pablo fue un guerrero de oración para otros creyentes. Oró para que la *gracia* de Dios recayera sobre ellos. (Véase nota, *Gracia,* Ef. 2:8-9; 2:8-10 para mayor discusión al respecto).

ÍNDICE DE BOSQUEJOS Y TEMAS
EFESIOS

RECUERDE: Cuando busca un tema o una referencia de las Escrituras, usted no solo tendrá el texto bíblico, sino también un bosquejo y una discusión (comentario) del pasaje de la Biblia y del tema.

Este es uno de los grandes valores de la *Biblia de bosquejos y sermones.* Cuando posea todos los tomos, no solo tendrá todo lo que los otros índices bíblicos le ofrecen; es decir, un listado de todos los temas y sus referencias bíblicas, SINO que también tendrá:

- un bosquejo de *cada* texto y tema de la Biblia.
- una discusión (comentario) de cada texto y tema.
- cada tema respaldado por otros textos de la Biblia o referencias cruzadas.

Descubra el gran valor usted mismo. Dé una mirada rápida al primer tema de este índice.

ACCESO
Consideración del tema. Ef. 2:18
Es a través.
    De la sangre de Cristo. Ef. 2:13; 2:18
    Del Espíritu de Dios. Ef. 2:18
Significado. Ef. 2:18

Busque las referencias. Después los textos bíblicos y el bosquejo de las Escrituras. Luego lea el comentario. De inmediato verá el gran valor de este índice de la *Biblia de bosquejos y sermones.*

LA EPÍSTOLA DEL APÓSTOL PABLO A

LOS FILIPENSES

LA EPÍSTOLA DEL APÓSTOL PABLO A LOS FILIPENSES

INTRODUCCIÓN

AUTOR: Pablo, el apóstol.

Clemente de Roma, quien vivió en el siglo I, escribió una carta a los corintios y se refirió a la carta de Pablo a los filipenses. Policarpo, quien vivió en el Siglo II, escribió a los filipenses e hizo mención a la carta de Pablo. Ignacio, otro líder de la temprana iglesia, aludió a ella. Hay otras referencias a la autoría de Pablo por parte de Ireneo, Clemente de Alejandría y Tertulian, todos autores de la temprana iglesia (Ralph P. Martin *"The Epistle of Paul to the Philippians"* [La epístola de Pablo a los filipenses] Tyndale Bible Commentaries, comp. por RVG Tasker. Grand Rapids, MI: Eerdmans, 1959, pp. 28, 36).

FECHA: Incierta. Probablemente alrededor de los años 60-63 d.C. mientras Pablo estaba en prisión en Roma.

La carta ha sido enumerada entre las Epístolas de la Prisión de Pablo junto con Efesios, Colosenses y Filemón. Pablo dice: "De tal manera que mis prisiones se han hecho patentes en Cristo en todo el pretorio, y a todos los demás" (Fil. 1:13) y transmite un saludo de "todos los santos... y especialmente los de la casa de César" (Fil. 4:22). La Guardia Pretoriana parece ser la Guardia Pretoriana de Roma, los soldados de elite que eran elegidos especialmente para cuidar y servir al emperador.

A QUIÉN ESTÁ DIRIGIDA: "Pablo y Timoteo, siervos de Jesucristo, a todos los santos en Cristo Jesús que están en Filipos, con los obispos y diáconos" (Fil. 1:1). El mensaje por cierto es aplicable a todos los santos de todas las iglesias.

PROPÓSITO: Pablo escribió a los filipenses por varios motivos.

1. Deseaba evitar toda crítica en contra de un muy querido amigo y siervo de Cristo, Epafrodito. Epafrodito había sido enviado por la iglesia filipense para entregar un regalo y para alentar a Pablo mientras era prisionero en Roma. Pero Epafrodito se enfermó gravemente, casi hasta el punto de llegar a la muerte, mientras estaba con Pablo. Su retorno a Filipos se demoró, al parecer por un período prolongado. Debido a esto, Pablo temía la crítica por parte de la iglesia. Podrían pensar que era un débil o un desertor. Entonces Pablo escribió para facilitarle el camino a Epafrodito y para evitar cualquier crítica que se hiciera sobre él (Fil. 2:25-30).

2. Pablo quería agradecer a la iglesia filipense por su ayuda a lo largo de su ministerio. Le habían enviado un regalo justo después de que él fundara la iglesia y siguiera su camino (Fil. 1:5; 4:15; 2 Co. 8:1ss). También le habían enviado regalos a Tesalónica (Fil. 4:16) y a Corinto (2 Co. 11:9). Y ahora no sólo le enviaban un regalo, sino algo más, un querido, muy querido santo para ministrar sus necesidades mientras estaba en prisión (Fil. 2:25-30; 4:18).

3. Pablo quería llamar a la iglesia a la unidad y armonía. Había dos damas que peleaban y estaban causando un problema (Fil. 4:2; cp. 1:27; 2:2-4, 14). Es este problema el que da lugar a una de las más grandes imágenes de Cristo en las Santas Escrituras (Fil. 2:5-11).

4. Pablo quería tratar con algunos falsos maestros que estaban comenzando a surgir en la iglesia (Fil. 3:2ss).

CARACTERÍSTICAS ESPECIALES

1. La ciudad de Filipos. Ella era la gran puerta de entrada a Europa. Estaba ubicada en el importante camino romano conocido como la Vía Egnatia. La ciudad recibió su nombre de Felipe de Macedonia, el padre de Alejandro Magno. El lugar era una fortaleza natural, situada en una cadena montañosa que separaba a Europa de Asia, a oriente de occidente. La ciudad era un centro estratégico que se posicionaba sobre la gran Vía Egnatia.

Filipos también era una orgullosa colonia romana. De hecho, era famosa por ser una Roma en miniatura. Una ciudad se convertía en colonia romana de dos formas. Al principio Roma fundó colonias a lo largo de las fronteras exteriores del Imperio para mantener el ritmo y para protegerse de invasiones de hordas bárbaras. A los soldados veteranos, listos para su retiro, por lo general se les otorgaba ciudadanía si se establecían en estas colonias. Sin embargo, más tarde a una ciudad se le otorgaba el título distintivo de colonia romana por su lealtad y servicio al Imperio. Lo distintivo de estas colonias era su lealtad fanática a Roma. Los ciudadanos mantenían los usos romanos, el idioma, los títulos, las costumbres, los asuntos y la vestimenta romanos. Se rehusaban a permitir ninguna infiltración de influencia local de cualquier tipo. Rechazaban por completo la influencia del mundo que los rodeaba. Eran colonos romanos dentro de un entorno extranjero.

En Hechos 16:20-21 se observa una imagen de la lealtad de la colonia filipense a su ciudadanía romana. Pablo da un ejemplo de la lealtad de esas colonias y le dice a la iglesia filipense: "Mas nuestra ciudadanía está en los cielos, de donde también esperamos al Salvador, al Señor Jesucristo" (Fil. 3:20).

La ciudad de Filipos encajaba perfectamente en el plan maestro de Pablo. Su ubicación estratégica en la Vía Egnatia garantizaba la difusión del evangelio en todo el Imperio Romano. Mientras Pablo continuaba con su ministerio, avanzaba hacia Roma y las regiones circundantes hacia España. Él sabía que los conversos de Filipos, cuyo empleo los llevó de Filipos por todo el Imperio, ahora podían avanzar más que él. Se podía ganar tiempo y podrían fundarse algunos cimientos para garantizar una evangelización mundial que se llevaría a cabo más pronto (cp. Hch. 28:13ss).

2. La iglesia de Filipos. Hch. 16:1-40 describe la fundación de la iglesia filipense en el segundo viaje misionero de Pablo. Es una de las aventuras más entusiastas de toda la literatura. Filipos fue testigo del ingreso del evangelio en Europa. Pablo realizó varios intentos para ir a otros lados, pero el Espíritu Santo se lo prohibió (Hch. 16:6-7). Por lo tanto, se hizo camino a Troas, sin saber en realidad por qué. Mientras estuvo en Troas Pablo experimentó la increíble visión de un hombre en Macedonia que gritaba: "Venga y ayúdenos". A través de esa única visión, el Espíritu Santo cambió la cuna de la sociedad. Impulsó a Pablo a través de Europa con el glorioso evangelio del cristianismo, y a partir de ese día, el mundo nunca ha vuelto a ser igual.

Desde Troas, Pablo arrivó al puerto europeo o macedonio de Neapolis y de inmediato continuó a la estratégica ciudad de Filipos. Cuando Pablo llegó a Filipos encontró lo que él denomina "una generación maligna y perversa" (Fil. 2:15). También halló un pequeño núcleo de mujeres con antecedentes judíos a los que él podía apelar. En ese grupo se realizaron dos conversiones significativas: Lidia, una importante empresaria, y una esclava innombrada que estaba poseída por un espíritu adivinatorio. Luego, también se convirtieron un carcelero romano y su familia. Pablo fue pronto atacado y encarcelado y obligado a abandonar Filipos. En consecuencia, la iglesia había tenido un inicio de poca monta bajo el liderazgo personal de Pablo.

Cuando Pablo se fue, Lucas permaneció con el puñado de conversos (Hch. 17:1). La iglesia se reunía en casa de Lidia y continuó creciendo (Hch. 16:40). Los conversos provenían básicamente del mundo gentil pagano (Fil. 2:25; 4:2-3; Ro. 15:26-27).

La fuerza de la iglesia filipense se observa en el hecho de que la iglesia continuó respaldando a Pablo a lo largo de su ministerio a pesar del poco tiempo que él había estado con ellos. Lo apoyaron inclusive cuando ellos mismos estaban sufriendo y eran perseguidos (cp. Fil. 1:7, 27-30; 2:15; 3:10-11; 4:1). Por algo Pablo los llamaba "hermanos míos amados y deseados, gozo y corona mía, estad así firmes en el Señor, amados" (Fil. 4:1) y alardeaba acerca de ellos en otras iglesias (2 Co. 8:1ss).

3. Filipenses es "la epístola más personal de Pablo". Está escrita para una iglesia verdaderamente amada por el ministro (cp. Fil. 4:1).

4. Filipenses es "la epístola de la administración" (véase Propósito, punto 2).

5. Filipenses es "la epístola del gozo". Las palabras "gozo" y "regocijo" se emplean dieciséis veces en cuatro capítulos cortos.

6. Filipenses es "la epístola que enfatiza la frase 'En Cristo' o 'En el Señor' ". Toda la tesis de Pablo es que la vida es *"en Cristo"* y que Cristo debe ser *"en la vida"* (cp. Fil. 1:13, 14, 26, 29; 2:1, 5, 19, 24, 29; 3:1, 4, 9, 14; 4:1, 4, 6-7, 10, 13, 17, 21).

BOSQUEJO DE FILIPENSES

LA BIBLIA DE BOSQUEJOS Y SERMONES es *única.* Se diferencia de otros materiales de estudio bíblico y de recursos de sermones en que cada pasaje y tema está bosquejado al lado de las Escrituras. Cuando usted elija cualquier tema y vaya a la referencia, no sólo encontrará el pasaje de las Escrituras, sino que también descubrirá las Escrituras y el Tema *ya bosquejados para usted, versículo tras versículo.*

A modo de un rápido ejemplo, escoja uno de los temas que están más abajo y refiérase a las Escrituras y encontrará esta maravillosa ayuda para un uso más rápido, más sencillo y más preciso.

Además, cada punto de las Escrituras y Tema está *totalmente desarrollado en un Comentario con el pasaje de las Escrituras correspondiente* al pie de la página. Nuevamente, esta disposición hace que la preparación del sermón sea más sencilla y rápida.

Advierta algo más: Los temas de Filipenses cuentan con títulos que son a la vez bíblicos y *prácticos.* Los títulos prácticos a veces tienen mayor atractivo para la gente. El *beneficio* se ve claramente para su uso en folletos, boletines, cartas de la iglesia, etc.

Una sugerencia: Para un bosquejo más rápido de Filipenses, primero lea *todos los títulos principales* (I, II, III, etc.) y luego lea los subtítulos.

BOSQUEJO DE FILIPENSES

I. LAS SEÑALES DEL PUEBLO DE DIOS, 1:1-30
- **A. Las señales de una iglesia sana, 1:1-2**
- **B. Las señales de los creyentes maduros, 1:3-11**
- **C. Las señales de un testigo maduro, 1:12-19**
- **D. Las señales del gran creyente cristiano, 1:20-26**
- **E. Las señales de la gran iglesia cristiana, 1:27-30**

II. LOS PASOS HACIA LA UNIDAD, 2:1-18
- **A. Cristo: Los rasgos de su vida en nosotros, 2:1-4**
- **B. Humillarse, 2:5-11**
- **C. Ocuparse de la propia salvación o liberación, 2:12-18**

III. EL EJEMPLO DE ALGUNOS CREYENTES, 2:19-30
- **A. El ejemplo de Timoteo, un joven que voluntariamente sirvió en segundo lugar, 2:19-24**
- **B. El ejemplo de Epafrodito, un hombre que no desertó ni se acobardó, 2:25-30**

IV. EL IMPERATIVO DEL CREYENTE, 3:1-21
- **A. Imperativo: Protegerse, 3:1-3**
- **B. Imperativo: El testimonio personal de Pablo: Rechazar la justicia propia y buscar la perfección, 3:4-16**
- **C. Imperativo: Mirar a los que se conducen como ejemplo, 3:17-21**

V. EL SECRETO DE LA PAZ: LA PAZ DE DIOS MISMO, 4:1-9
- **A. Los pasos que conducen a la paz (Parte 1): Estar firmes, unidos, gozosos y bondadosos, 4:1-5.**
- **B. Los pasos que conducen a la paz (Parte 2): La oración y el pensamiento positivo, 4:6-9**

VI. EL APRECIO POR LAS BUENAS RELACIONES CRISTIANAS, 4:10-23
- **A. Aprecio: Por una iglesia que revive su dar sacrificial, 4:10-19**
- **B. Aprecio: Por Dios y por los compañeros en Cristo, 4:20-23**

LA EPÍSTOLA DEL APÓSTOL PABLO A LOS FILIPENSES

	I. LAS SEÑALES DEL PUEBLO DE DIOS, 1:1-30
	A. Las señales de una iglesia sana, 1:1-2
1 Una iglesia sana enseña a la gente joven **2 Una iglesia sana sirve a Cristo** **3 Una iglesia sana está llena de verdaderos santos** **4 Una iglesia sana tiene líderes que dirigen con el ejemplo**	1 Pablo y Timoteo, siervos de Jesucristo, a todos los santos en Cristo Jesús que están en Filipos, con los obispos y diáconos:
5 Una iglesia sana experimenta gracia y paz	2 Gracia y paz a vosotros, de Dios nuestro Padre y del Señor Jesucristo.

DIVISIÓN I

LAS SEÑALES DEL PUEBLO DE DIOS, 1:1-30

A. Las señales de una iglesia sana, 1:1-2

(1:1-2) ***Introducción:*** Este saludo es poco común de Pablo para una iglesia. No se refiere a sí mismo como a un apóstol de Jesucristo. ¿Por qué? No había necesidad de defender su llamado de Dios. Su relación con la iglesia de Filipos era tal como debía ser: Una relación fundada y arraigada en Jesucristo y en el amor y respeto de unos por otros. La iglesia mantenía a su ministro, Pablo, muy cerca de su corazón. Lo amaban y lo cuidaban como pocas iglesias aman y cuidan a sus ministros. Este saludo presenta algunas distinciones sobresalientes de los cristianos.

1. Una iglesia sana enseña a la gente joven (v. 1).
2. Una iglesia sana sirve a Cristo (v. 1).
3. Una iglesia sana está llena de verdaderos santos (v. 1).
4. Una iglesia sana tiene líderes que dirigen con el ejemplo (v. 1).
5. Una iglesia sana experimenta gracia y paz (v. 2).

[1] (1:1) ***Discipulado, Gente joven:*** Una iglesia sana enseña a jóvenes. En las palabras "Pablo y Timoteo" vemos *a un padre y a un hijo en la fe,* el adulto y el joven juntos. Había un profundo afecto que vinculaba a Pablo con Timoteo. El afecto encontraba su raíz y propósito en la misión del Señor Jesucristo. Pablo contribuía con la sabiduría de la experiencia, y Timoteo con la esperanza y la energía vibrante de la juventud. Cabe advertir que el adulto, Pablo, se menciona en primer lugar. El adulto siempre mantiene la responsabilidad principal y el privilegio de ocuparse de los jóvenes y de hacerlos sus discípulos. Esta fue la orden de la *gran comisión* del Señor. Por lo tanto, el creyente siempre debe concentrarse en encontrar jóvenes y convertirlos en sus discípulos (véase nota, *Discipulado,* Mt. 28:19-20 para mayor discusión al respecto). (Véase *Estudio a fondo 1, Timoteo,* Hch. 16:1-3 sobre un tratamiento de la vida de Timoteo.)

"Por tanto, id, y haced discípulos a todas las naciones, bautizándolos en el nombre del Padre, y del Hijo, y del Espíritu Santo; enseñándoles que guarden todas las cosas que os he mandado; y he aquí yo estoy con vosotros todos los días, hasta el fin del mundo. Amén" (Mt. 28:19-20).

"Lo que has oído de mí ante muchos testigos, esto encarga a hombres fieles que sean idóneos para enseñar también a otros" (2 Ti. 2:2).

[2] (1:1) ***Siervos, Esclavos:*** (doulos): Una iglesia sana sirve a Jesucristo, lo sirve de verdad. La palabra "siervo" (doulos) proviene de la palabra *esclavo* en griego. Hay una gran diferencia entre un siervo y un esclavo. Un siervo es libre de trabajar para quién quiera. Un esclavo es comprado y adquirido, totalmente y por completo de propiedad de un amo. Un esclavo está atado por ley a su amo.

Pablo se llama a sí mismo y a Timoteo los *esclavos de Jesucristo.* Una mirada al mercado de esclavos de la época de Pablo muestra con mayor claridad lo que Pablo quiso significar cuando dijo que él era un "esclavo de Jesucristo".

1. El esclavo era de propiedad del amo. Era una total posesión del amo. Esto es lo que Pablo quería significar. Pablo fue comprado y poseído por Cristo. Cristo lo había mirado y había visto su condición degradada y necesitada. Y cuando Cristo miró, ocurrió una cosa maravillosa: Cristo lo amó y lo compró. Por lo tanto, ahora era posesión de Cristo.
2. El esclavo existía para su amo y no tenía otro motivo de existencia. No tenía ningún derecho personal. Lo mismo se aplicaba a Pablo. Él existía únicamente para Cristo. Sus derechos eran los derechos de Cristo.
3. El esclavo servía a su amo y sólo existía para el propósito de servicio. Estaba a disposición del amo en cualquier hora del día. Lo mismo sucedía con Pablo. Él vivía únicamente para servir a Cristo, hora tras hora y día tras día.
4. La voluntad del esclavo pertenecía a su amo. No tenía permitida ninguna voluntad ni ambición que no fueran la

voluntad y la ambición del amo. Era completamente servidor del amo y le debía obediencia total a la voluntad del amo. Pablo pertenecía a Cristo. De hecho, incluso dijo que luchó y peleó para llevar *todo pensamiento* en cautiverio. "Pues aunque andamos en la carne, no militamos según la carne; porque las armas de nuestra milicia no son carnales, sino poderosas en Dios para la destrucción de fortalezas, derribando argumentos y toda altivez que se levanta contra el conocimiento de Dios, y llevando cautivo todo pensamiento a la obediencia a Cristo" (2 Co. 10:3-5, esp. 5).

5. Hay una quinta y sumamente preciosa cosa que Pablo quiso significar al decir que era "esclavo de Jesucristo". Se refería a que tenía la profesión más elevada, más honrada y mejor de todo el mundo. Los hombres de Dios, los más grandes hombres de la historia, siempre han sido llamados "los siervos de Dios". Era el título de honor más grande. La esclavitud del creyente respecto de Jesucristo no es un sometimiento menor, cobarde ni vergonzoso. Es la posición de honor, el honor que inviste en un hombre los privilegios y las responsabilidades de servir al Rey de reyes y al Señor de los señores.

- Moisés era el esclavo de Dios (Dt. 34:5; Sal. 105:26; Mal. 4:4).
- Josué era el esclavo de Dios (Jos. 24:9).
- David era el esclavo de Dios (2 S. 3:18; Sal. 78:70).
- Pablo era el esclavo de Jesucristo (Ro. 1:1; Fil. 1:1; Tit. 1:1).
- Santiago era el esclavo de Dios (Stg. 1:1).
- Judas era el esclavo de Dios (Jud. 1).
- Los profetas fueron los esclavos de Dios (Am. 3:7; Jer. 7:25).
- Se dice que los creyentes son los esclavos de Jesucristo (Hch. 2:18; 1 Co. 7:22; Ef. 6:6; Col. 4:12; 2 Ti. 2:24).

Pensamiento 1: La gran necesidad hoy día es que los hombres y las mujeres se conviertan en *esclavos* del Señor Jesucristo. Debemos volvernos sus esclavos y hacer lo que Él dice. Entonces y sólo entonces el mundo será alcanzado con las gloriosas novedades de la vida eterna. Entonces y sólo entonces se satisfarán las desesperadas necesidades del mundo.

"Si alguno me sirve, sígame; y donde yo estuviere, allí también estará mi servidor. Si alguno me sirviere, mi Padre le honrará" (Jn. 12:26; cp. Ro. 12:1; 1 Co. 15:58).

"No sirviendo al ojo, como los que quieren agradar a los hombres, sino como siervos de Cristo, de corazón haciendo la voluntad de Dios; sirviendo de buena voluntad, como al Señor y no a los hombres" (Ef. 6:6-7).

"Y todo lo que hagáis, hacedlo de corazón, como para el Señor y no para los hombres; sabiendo que del Señor recibiréis la recompensa de la herencia, porque a Cristo el Señor servís" (Col. 3:23-24).

"Así que, recibiendo nosotros un reino inconmovible, tengamos gratitud, y mediante ella *sirvamos* a Dios agradándole con temor y reverencia" (He. 12:28).

"Mas a Jehová vuestro Dios serviréis, y él bendecirá tu pan y tus aguas; y yo quitaré toda enfermedad de en medio de ti" (Éx. 23:25).

"Ahora, pues, Israel, ¿qué pide Jehová tu Dios de ti, sino que temas a Jehová tu Dios, que andes en todos sus caminos, y que lo ames, y sirvas a Jehová tu Dios con todo tu corazón y con toda tu alma" (Dt. 10:12).

"Servid a Jehová con temor, y alegraos con temblor" (Sal. 2:11).

"Servid a Jehová con alegría; venid ante su presencia con regocijo" (Sal. 100:2).

3 (1:1) ***Santos, Santificados, Sagrados:*** Una iglesia sana está llena de *santos verdaderos.* La Biblia nunca utiliza la palabra *santo* para referirse a algunas pocas personas de la iglesia que han logrado una madurez espiritual inusual. La palabra *santos* se refiere a los santificados o sagrados. Simplemente significa ser apartados y separados. Por lo tanto, todo creyente que ha confiado verdaderamente en Jesucristo como su Salvador es separado del mundo y apartado para vivir para Dios. Todo creyente verdadero es un "santo", una persona separada para Dios. (Véase *Estudio a fondo 1,* 1 P. 1:15-16 para mayor discusión al respecto.) Hay tres etapas de santificación.

1. Esta la santificación inicial o posicional. Cuando una persona cree en Cristo, es separado de inmediato para Dios, de una vez por todas, permanentemente.

"Por tanto, hermanos santos, participantes del llamamiento celestial, considerad al apóstol y sumo sacerdote de nuestra profesión, Cristo Jesús" (He. 3:1).

"En esa voluntad somos santificados mediante la ofrenda del cuerpo de Jesucristo hecha una vez para siempre" (He. 10:10).

2. Está la santificación progresiva. El verdadero creyente realiza un esfuerzo determinado y disciplinado para permitir que el Espíritu de Dios lo separe día tras día. El Espíritu de Dios lo toma y lo conforma cada vez más a la imagen de Cristo, mientras camine por esta tierra.

"Santifícalos en tu verdad; tu palabra es verdad" (Jn. 17:17).

"Por tanto, nosotros todos, mirando a cara descubierta como en un espejo la gloria del Señor, somos transformados de gloria en gloria en la misma imagen, como por el Espíritu del Señor" (2 Co. 3:18).

"Maridos, amad a vuestras mujeres, así como Cristo amó a la iglesia, y se entregó a sí mismo por ella, para santificarla, habiéndola purificado en el lavamiento del agua por la palabra" (Ef. 5:25-26).

"Y el mismo Dios de paz os santifique por completo; y todo vuestro ser, espíritu, alma y cuerpo, sea guardado irreprensible para la venida de nuestro Señor Jesucristo. Fiel es el que os llama, el cual también lo hará" (1 Ts. 5:23-24).

3. Está la santificación eterna. Llegará el día en que el creyente será perfectamente apartado para Dios y su servicio, sin ningún pecado ni ninguna falla. Ese día será el gran y glorioso día de la redención eterna del creyente.

"A fin de presentársela a sí mismo, una iglesia gloriosa, que no tuviese mancha ni arruga ni cosa semejante, sino que fuese santa y sin mancha" (Ef. 5:27).

"Amados, ahora somos hijos de Dios, y aún no se ha manifestado lo que hemos de ser; pero sabemos que

cuando él se manifieste, seremos semejantes a él, porque le veremos tal como él es" (1 Jn. 3:2).

Pensamiento 1: Somos propiedad del Señor Jesús, apartados como su santa posesión. Por lo tanto, vivamos como la posesión del Señor. Caminemos como las personas separadas de Dios, viviendo vidas sanas, justas y puras.

Pensamiento 2: Lehman Struss señala lo siguiente (*Devotional Studies in Philippians.* [Estudios devocionales en filipenses]. Neptune, NJ: Loizeaux Brothers, 1959, pp. 32ss).

1) Dios es un Dios tres veces santo.

"Y el uno al otro daba voces, diciendo: Santo, santo, santo, Jehová de los ejércitos; toda la tierra está llena de su gloria" (Is. 6:3).

"Y los cuatro seres vivientes tenían cada uno seis alas, y alrededor y por dentro estaban llenos de ojos; y no cesaban día y noche de decir: Santo, santo, santo es el Señor Dios Todopoderoso, el que era, el que es, y el que ha de venir" (Ap. 4:8).

2) El Señor Jesucristo que nos ha salvado es santo.

"Porque verdaderamente se unieron en esta ciudad contra tu santo Hijo Jesús, a quien ungiste, Herodes y Poncio Pilato, con los gentiles y el pueblo de Israel" (Hch. 4:27).

"Y ahora, Señor, mira sus amenazas, y concede a tus siervos que con todo denuedo hablen tu palabra, mientras extiendes tu mano para que se hagan sanidades y señales y prodigios mediante el nombre de tu santo Hijo Jesús" (Hch. 4:29-30).

3) El Espíritu de Dios que mora en nuestro cuerpo es santo.

"Pero recibiréis poder, cuando haya venido sobre vosotros el Espíritu Santo, y me seréis testigos en Jerusalén, en toda Judea, en Samaria, y hasta lo último de la tierra" (Hch. 1:8).

4) La Biblia, que debe ser la guía de nuestras vidas, es llamada las Santas Escrituras.

"Que él había prometido antes por sus profetas en las santas Escrituras" (Ro. 1:2).

5) Uno de los nombres que se nos da es el de *hermanos santos.*

"Os conjuro por el Señor, que esta carta se lea a todos los santos hermanos" (1 Ts. 5:27).

"Por tanto, hermanos santos, participantes del llamamiento celestial, considerad al apóstol y sumo sacerdote de nuestra profesión, Cristo Jesús" (He. 3:1).

6) Uno de los grandes dones de Dios es convertirnos en un *sacerdocio santo* ante Dios.

"Vosotros también, como piedras vivas, sed edificados como casa espiritual y sacerdocio santo, para ofrecer sacrificios espirituales aceptables a Dios por medio de Jesucristo" (1 P. 2:5).

7) El gran llamado de Dios hacia nosotros es un *llamado santo.*

"Quien nos salvó y llamó con llamamiento santo, no conforme a nuestras obras, sino según el propósito suyo y la gracia que nos fue dada en Cristo Jesús antes de los tiempos de los siglos" (2 Ti. 1:9).

8) El gran propósito del regreso del Señor es el de presentarnos *santos ante Dios.*

"Y a vosotros también, que erais en otro tiempo extraños y enemigos en vuestra mente, haciendo malas obras, ahora os ha reconciliado en su cuerpo de carne, por medio de la muerte, para presentaros santos y sin mancha e irreprensibles delante de él" (Col. 1:21-22).

9) Uno de los grandes legados que recibiremos cuando regrese el Señor es la *ciudad santa.*

"Y yo Juan vi la santa ciudad, la nueva Jerusalén, descender del cielo, de Dios, dispuesta como una esposa ataviada para su marido" (Ap. 21:2).

A la luz de todo lo que Dios ha hecho por nosotros, ¿cómo podemos menos que vivir una vida santificada y santa ante Dios? ¿Cómo podemos ser letárgicos y complacientes, adormecidos y no motivados? ¿Cómo podemos permitirnos vivir vidas de rutina y falta de preocupación? ¿Cómo podemos vivir vidas de indulgencia, libertinaje, egoísmo, inmoralidad, perversión, malignidad y maldad?

"Pero el día del Señor vendrá como ladrón en la noche; en el cual los cielos pasarán con grande estruendo, y los elementos ardiendo serán deshechos, y la tierra y las obras que en ella hay serán quemadas. Puesto que todas estas cosas han de ser deshechas, ¡cómo no debéis vosotros andar en santa y piadosa manera de vivir, esperando y apresurándoos para la venida del día de Dios, en el cual los cielos, encendiéndose, serán deshechos, y los elementos, siendo quemados, se fundirán!" (2 P. 3:10-12).

4 (1:1) ***Obispos, Diáconos:*** Una iglesia sana se organiza para el ministerio y tiene líderes que dan el ejemplo. Advierta que tanto los arzobispos y los diáconos son mencionados como pertenecientes a la iglesia filipense. Lo que Pablo está haciendo es dirigirse a los líderes de la iglesia y apartándolos para lo que él denomina como "santos". Esto es significativo, puesto que implica que el liderazgo o los funcionarios de la primera iglesia están nombrados aquí: eran obispos y diáconos. En otros lugares se tratan en forma completa estos dos cargos (véanse *Estudio a fondo 1, Obispo,* Tit. 1:5-9; nota, *Diáconos,* Hch. 6:1-7; *Estudio a fondo 1,* 1 Ti. 3:8-13). El tema a ver en este pasaje es que los creyentes se organizan para el ministerio.

1. Los obispos (episkopios) al parecer eran los mismos que los ancianos (presbuteros) o ministros de una iglesia. Las dos palabras se usan en forma intercambiable para referirse a los mismos hombres (Hch. 20:17, 28; Tit. 1:5, 7). La palabra "obispo" significa supervisar, cuidar, administrar. Las instrucciones de la epístola a Tito dicen que sus deberes incluían básicamente la exhortación y la supervisión de las vidas de los creyentes. El obispo era la persona a quien denominamos el ministro de la iglesia. (Véase *Estudio a fondo 1,* Tit. 1:5-9 para una mayor discusión al respecto.)

2. Los diáconos (diakonois) eran hombres con mentalidad espiritual que habían dedicado sus vidas al Señor para ministrar a los *santos* de Dios. Eran personas que eran escogidas como ministros para los viudos y viudas y para los pobres y enfermos de una iglesia *a fin de liberar al ministro para que pudiera concentrarse en la oración y la enseñanza.* Pero advierta un hecho significativo:

- A los predicadores a veces se los llama diáconos, es decir, siervos.

"¿Qué, pues, es Pablo, y qué es Apolos? Servidores por medio de los cuales habéis creído; y eso según lo que a cada uno concedió el Señor" (1 Co. 3:5).

"El cual asimismo nos hizo ministros competentes de un nuevo pacto, no de la letra, sino del espíritu; porque la letra mata, mas el espíritu vivifica" (2 Co. 3:6).

- Los primeros diáconos predicaban a la vez que ministraban a los necesitados de la iglesia.

"Y Esteban [un diácono], lleno de gracia y de poder, hacía grandes prodigios y señales entre el pueblo" (Hch. 6:8).

"Entonces Felipe [un diácono], descendiendo a la ciudad de Samaria, les predicaba a Cristo" (Hch. 8:5).

Pensamiento 1: Deben acentuarse dos puntos significativos.

1) La iglesia debe organizarse para el ministerio y siempre debe ser cuidadosa de ordenar sólo a personas que han demostrado ser maduras espiritualmente en el Señor.
2) Los dos funcionarios ordenados de la iglesia deben ser diligentes en sus deberes y en testificar de la Palabra del Señor. Es necesario que todo creyente de testimonio para el Señor Jesús y *la dirigencia debe dar el ejemplo.* ¿Cómo podemos esperar que otros den testimonio y ministren si nosotros, los líderes, no damos testimonio ni ministramos?

"Pero no será así entre vosotros, sino que el que quiera hacerse grande entre vosotros será vuestro servidor, y el que de vosotros quiera ser el primero, será siervo de todos" (Mr. 10:43-44).

"Esta ha hecho lo que podía; porque se ha anticipado a ungir mi cuerpo para la sepultura" (Mr. 14:8).

"Mas el que sin conocerla hizo cosas dignas de azotes, será azotado poco; porque a todo aquel a quien se haya dado mucho, mucho se le demandará; y al que mucho se le haya confiado, más se le pedirá" (Lc. 12:48).

"Pues si yo, el Señor y el Maestro, he lavado vuestros pies, vosotros también debéis lavaros los pies los unos a los otros" (Jn. 13:14).

"Volvió a decirle la segunda vez: Simón, hijo de Jonás, ¿me amas? Pedro le respondió: Sí, Señor; tú sabes que te amo. Le dijo: Pastorea mis ovejas" (Jn. 21:16).

"Porque nosotros somos colaboradores de Dios, y vosotros sois labranza de Dios, edificio de Dios" (1 Co. 3:9).

"Así, pues, nosotros, como colaboradores suyos, os exhortamos también a que no recibáis en vano la gracia de Dios" (2 Co. 6:1).

"Así que, según tengamos oportunidad, hagamos bien a todos, y mayormente a los de la familia de la fe" (Gá. 6:10).

"Así que, recibiendo nosotros un reino inconmovible, tengamos gratitud, y mediante ella sirvamos a Dios agradándole con temor y reverencia" (He. 12:28).

"Si alguno habla, hable conforme a las palabras de Dios; si alguno ministra, ministre conforme al poder que Dios da, para que en todo sea Dios glorificado por Jesucristo, a quien pertenecen la gloria y el imperio por los siglos de los siglos. Amén" (1 P. 4:11).

[5] (1:2) ***Gracia, Paz:*** Una iglesia sana experimenta gracia y paz (véanse notas, *Gracia,* Gá. 1:3; Ef. 2:8-9; *Paz,* Gá. 1:3; 5:22-23 para una mayor discusión al respecto).

	B. Las señales de los creyentes maduros, 1:3-11	de todos vosotros, por cuanto os tengo en el corazón; y en mis prisiones, y en la defensa y confirmación del evangelio, todos vosotros sois participantes conmigo de la gracia.	a. Socios en el corazón b. Socios en el sufrimiento c. Socios en el evangelio d. Socios en la gracia
1 La señal de un corazón agradecido	3 Doy gracias a mi Dios siempre que me acuerdo de vosotros,	8 Porque Dios me es testigo de cómo os amo a todos vosotros con el entrañable amor de Jesucristo.	e. Socios con Cristo
2 La señal de la oración **3 La señal del gozo**	4 siempre en todas mis oraciones rogando con gozo por todos vosotros,	9 Y esto pido en oración, que vuestro amor abunde aun más	**7 La señal de un amor creciente y de discernimiento**
4 La señal de la comunión	5 por vuestra comunión en el evangelio, desde el primer día hasta ahora;	y más en ciencia y en todo conocimiento, 10 para que aprobéis lo mejor,	a. Aprobar lo excelente
5 La señal de la confianza en la salvación de Dios a. Es una buena obra b. Es incompleta c. Se completará con el regreso de Cristo	6 estando persuadido de esto, que el que comenzó en vosotros la buena obra, la perfeccionará hasta el día de Jesucristo;	a fin de que seáis sinceros e irreprensibles para el día de Cristo, 11 llenos de frutos de justicia que son por medio de Jesucristo, para gloria y alabanza de Dios.	b. Vivir vidas puras c. Hacer que nadie tropiece **8 La señal de la justicia**
6 La señal de la sociedad	7 como me es justo sentir esto		

DIVISIÓN I

LAS SEÑALES DEL PUEBLO DE DIOS, 1:1-30

B. Las señales de los creyentes maduros, 1:3-11

(1:3-11) ***Introducción:*** ¿Cuáles son las señales de un creyente cristiano maduro? ¿Cuáles son las señales de una iglesia cristiana dinámica y madura? Este pasaje responde a estas preguntas. En forma concisa y clara se expresan las señales necesitadas con tanta desesperación por los creyentes y las iglesias.

1. La señal de un corazón agradecido (v. 3).
2. La señal de la oración (v. 4).
3. La señal del gozo (v. 4).
4. La señal de la comunión (v. 5).
5. La señal de la confianza en la salvación de Dios (v. 6).
6. La señal de la sociedad (vv. 7-8).
7. La señal de un amor creciente y de discernimiento (vv. 9-10).
8. La señal de la justicia (v. 11).

[1] (1:3) ***Hermandad, Comunión, Iglesia:*** Está la señal del corazón agradecido. Pablo no estaba solo en el mundo. No era la única persona que vivía para Dios y que testificaba de Cristo. Pertenecía a una gran familia, una familia de creyentes que constituían la familia de Dios. Ellos también estaban viviendo para Dios y testificando de Cristo con un mundo perdido y necesitado. Recuerde que Pablo estaba en prisión en Roma y que estaba a gran distancia de los creyentes filipenses. No contaba con su presencia. Todo lo que tenía era el recuerdo del tiempo que pasaron juntos. Y sentado allí en prisión, recordando su amor, cuidado y apoyo, su corazón se hinchó con agradecimiento para ellos, y él le agradeció a Dios por ellos.

Pensamiento 1: ¡Vaya lección para nosotros! Si Pablo agradeció a Dios por creyentes que estaban tan alejados de él, cuánto más deberíamos agradecer a Dios por nuestras relaciones mutuas. Tenemos el amor, el cuidado y el apoyo de cada uno semana tras semana y día tras día, y podemos recurrir al otro por ayuda en cualquier hora del día. Sin embargo, ¿con cuánta frecuencia le agradecemos a Dios por tenernos unos a otros?

Otro punto es el siguiente: Deberíamos seguir el ejemplo de Pablo y agradecer a Dios por los creyentes todos los días. No estamos solos en el mundo. Dios está construyendo un cuerpo de personas de todo el mundo, un cuerpo de personas que son como nosotros, comprometidos a vivir para el Señor Jesucristo y a llevar su evangelio de salvación, amor y cuidado a un mundo que gira bajo el peso de una necesidad desesperada.

> **"Con gozo dando gracias al Padre que nos hizo aptos para participar de la herencia de los santos en luz" (Col. 1:12).**
>
> **"Y la paz de Dios gobierne en vuestros corazones, a la que asimismo fuisteis llamados en un solo cuerpo; y sed agradecidos" (Col. 3:15).**

[2] (1:4) ***Oración:*** Está la señal de la oración. Pablo dice que él siempre oró por la iglesia. La idea es que él oró todo el día por ellos. Estaban constantemente presentes en su mente y sus oraciones. Como dice Matthew Henry, Pablo oró con nombre por todas las iglesias que conocía, y tenía motivos de oración para cada iglesia (*Matthew Henry´s Commentary,* [El comentario de Matthew Henry], vol. 6. Tappan, NJ: Fleming H. Revell, no figura la fecha, p. 724).

Pensamiento 1: ¡Qué lección dinámica sobre la oración!

1) Orar por nombre por todas las iglesias que conocemos.
2) Tomar períodos (temporadas de oraciones) para orar por cada iglesia.
3) Siempre, todo el día, orar por las iglesias de nuestro Señor viviente.

"Mas no ruego solamente por éstos, sino también por los que han de creer en mí por la palabra de ellos" (Jn. 17:20).

"Porque testigo me es Dios, a quien sirvo en mi espíritu en el evangelio de su Hijo, de que sin cesar hago mención de vosotros siempre en mis oraciones" (Ro. 1:9).

"No ceso de dar gracias por vosotros, haciendo memoria de vosotros en mis oraciones" (Ef. 1:16).

"Por esta causa doblo mis rodillas ante el Padre de nuestro Señor Jesucristo" (Ef. 3:14).

"Siempre orando por vosotros, damos gracias a Dios, Padre de nuestro Señor Jesucristo" (Col. 1:3).

"Os saluda Epafras, el cual es uno de vosotros, siervo de Cristo, siempre rogando encarecidamente por vosotros en sus oraciones, para que estéis firmes, perfectos y completos en todo lo que Dios quiere" (Col. 4:12).

"Damos siempre gracias a Dios por todos vosotros, haciendo memoria de vosotros en nuestras oraciones" (1 Ts. 1:2).

3 (1:4) ***Gozo:*** Está la señal del gozo. Recuerde que Pablo está en prisión, sin embargo su corazón está lleno de gozo. Gozo (chara) significa una felicidad interior, un placer profundamente asentado. Es una profundidad de seguridad y confianza que enciende un corazón alegre y regocijante. Es un corazón feliz que conduce a un comportamiento alegre y regocijante.

El gozo del Señor no es el mismo que el gozo del mundo. El gozo del mundo es más un placer temporal que el gozo. El gozo del mundo es algo incompleto, algo carente, algo poco satisfactorio, le faltan ingredientes, todavía queda alguna necesidad por cumplir. No es completo, no es un sentido completo de seguridad, confianza y satisfacción. Está el conocimiento, la conciencia acosadora de que algo puede andar mal: Las circunstancias pueden cambiar o puede surgir alguna situación que perturbe el gozo (enfermedad, muerte, pérdida financiera, guerra). La *consciencia acosadora* siempre hace que el gozo del mundo no sea pleno y completo, seguro y satisfactorio.

Deben decirse varias cosas respecto del gozo del creyente.

1. El gozo es divino. Es poseído y otorgado sólo por Dios. Sus raíces no están en cosas terrenales ni materiales ni en triunfos baratos. Es el gozo del Espíritu Santo, un gozo basado en el Señor. Es Su propio gozo (Jn. 15:11; Hch. 13:52; Ro. 14:17; Gá. 5:22; 1 Ts. 1:6).
2. El gozo no depende de circunstancias o de la felicidad. La felicidad depende de hechos, pero el gozo que Dios implanta en el corazón del creyente supera todo, incluso los asuntos de la vida y la muerte (Sal. 5:11; 2 Co. 6:10; 7:4).
3. El gozo nace de la fe (Ro. 15:13; Fil. 1:25; 2 Ti. 1:4; cp. Mt. 2:10).
4. El gozo de recompensas futuras mantiene al creyente fiel (Mt. 25:21, 23; Hch. 20:24; He. 12:2).

La fuente del gozo del creyente tiene varias fuentes.

1. La comunión del Padre y su Hijo trae gozo (1 Jn. 1:3-4).
2. La victoria sobre el pecado, la muerte y el infierno trae gozo (Jn. 14:28; 16:20-22).
3. El arrepentimiento trae gozo (Lc. 15:7, 10).
4. La esperanza de gloria trae gozo (Ro. 14:17; He. 12:2; 1 P. 4:13).
5. La Palabra del Señor, las revelaciones, los mandamientos y las promesas que Él hizo, trae gozo (Jn. 15:11).
6. Los mandamientos de Cristo y la voluntad de Dios traen gozo. Obedecer y hacer una buena obra motiva el gozo dentro del corazón del creyente (Jn. 15:11, 32; 17:13; Hch. 13:52).
7. La oración trae gozo (Jn. 16:24).
8. La presencia y la comunión de los creyentes trae gozo (1 Jn. 1:3-4).
9. Los conversos traen gozo (Lc. 15:5; Fil. 4:1; 1 Ts. 2:19-20).
10. Escuchar que otros caminan en la verdad trae gozo (3 Jn. 1:4)
11. Dar trae gozo (2 Co. 8. 2; He. 10:34).

"Porque el reino de Dios no es comida ni bebida, sino justicia, paz y gozo en el Espíritu Santo" (Ro. 14:17).

"A quien amáis sin haberle visto, en quien creyendo, aunque ahora no lo veáis, os alegráis con gozo inefable y glorioso" (1 P. 1:8).

"Me mostrarás la senda de la vida; en tu presencia hay plenitud de gozo; delicias a tu diestra para siempre" (Sal. 16:11).

"Sacaréis con gozo aguas de las fuentes de la salvación" (Is. 12:3).

"En gran manera me gozaré en Jehová, mi alma se alegrará en mi Dios; porque me vistió con vestiduras de salvación, me rodeó de manto de justicia, como a novio me atavió, y como a novia adornada con sus joyas" (Is. 61:10).

4 (1:5) ***Comunión:*** Está la señal de la comunión. Advierta dos puntos significativos.

1. La fuente de la comunión es el evangelio del Señor Jesucristo, la gran salvación de Dios. El evangelio de Cristo es la gloriosa nueva de que Él ha muerto por nuestros pecados, ha resucitado y ha conquistado la muerte para que podamos vivir con Dios eternamente, sin tener que morir (cp. 1 Co. 15:3). Los creyentes tienen *comunión,* un vínculo espiritual, una unión espiritual porque...

- Han experimentado la *misma salvación,* la salvación de Dios.
- Han abrazado *la misma fe.*

Dicho firmemente, los *creyentes genuinos,* los creyentes que han comprometido por completo sus vidas al evangelio de Cristo, viven y proclaman el evangelio. Por lo tanto, los verdaderos creyentes están unidos alrededor del evangelio, todos viviendo el mismo tipo de vida y haciendo el mismo tipo de cosas. Viven, sirven y dan testimonio al mismo Señor. Por lo tanto, sus vidas están unidas en el Espíritu de Cristo y su comunión.

2. La comunión de los creyentes debe existir desde el primer día de salvación. ¡Vaya testimonio glorioso tuvo la iglesia filipense! Habían transcurrido diez años desde que algunos de los miembros habían dado sus vidas para seguir a Cris-

to y habían fundado la iglesia. Advierta que la comunión de la iglesia continuó desde el primer día de su fundación. Como lo experimentan todas las iglesias, deben haber habido diferencias y problemas que surgieron, pero los creyentes los manejaron *en Cristo,* tal como debían hacerlo. Por lo tanto, la paz y la unidad del Espíritu fue mantenido vivo y la comunión de la iglesia se mantuvo fuerte. (Véase *Estudio a fondo 3*, *Comunión,* Hch. 2:42 para una mayor discusión al respecto.)

Pensamiento 1: Una de las necesidades más críticas que enfrenta la iglesia hoy día es la necesidad de paz y unidad en el Espíritu de Dios, una fuerte comunión arraigada alrededor del evangelio de Cristo. Lehman Struss nos da el secreto: "No hubo conflicto, ni confusión, sino continuación. Una comunión continua es una *comunión de oración.* Hoy día prevalece un concepto muy estrecho de comunión. Si asistimos a la misma iglesia, recitamos el mismo credo, decimos las mismas oraciones, comemos en la misma cena de la iglesia y socializamos con la misma gente, denominamos a esto comunión cristiana. ¿Pero lo es? Durante años he observado todas estas cosas sucediendo entre cristianos que profesan donde con frecuencia había muy poca idea de *verdadera comunión en el evangelio.* Entre los cristianos pueden haber dificultades y desilusiones a lo largo del camino, pero nunca una interrupción cuando hay *comunión de oración"* (*Devotional Studies in Philippians,* [Estudios devocionales en filipenses], p. 42).

"Y perseveraban en la doctrina de los apóstoles, en la comunión unos con otros, en el partimiento del pan y en las oraciones" (Hch. 2:42).

"Esto es, para ser mutuamente confortados por la fe que nos es común a vosotros y a mí" (Ro. 1:12).

"Pero si andamos en luz, como él está en luz, tenemos comunión unos con otros, y la sangre de Jesucristo su Hijo nos limpia de todo pecado" (1 Jn. 1:7).

"Compañero soy yo de todos los que te temen y guardan tus mandamientos" (Sal. 119:63).

"Entonces los que temían a Jehová hablaron cada uno a su compañero; y Jehová escuchó y oyó, y fue escrito libro de memoria delante de él para los que temen a Jehová, y para los que piensan en su nombre" (Mal. 3:16).

5 (1:6) ***Poder, de Dios, Confianza, Seguridad:*** Está la señal de la confianza en la salvación de Dios. Dios completará su buena obra en los creyentes. La confianza y la seguridad son dos de los rasgos sobresalientes de los creyentes genuinos. Los creyentes conocen a Dios, lo conocen personalmente. El Espíritu de Dios en realidad vive dentro del corazón y del cuerpo de los creyentes (Jn. 14:16-17; 14:26; 1 Co. 19:20; y otros). El Espíritu de Dios brinda testimonio con el espíritu del creyente, de que será redimido algún día, presentado perfecto ante Dios. De hecho, la presencia del Espíritu Santo dentro del cuerpo del creyente es la garantía misma de la salvación del creyente (cp. 2 Co. 1:22; 5:5; Ef. 1:14).

1. El creyente tiene absoluta confianza en la obra de salvación o redención que Dios ha comenzado en su vida. Tiene confianza a través de la presencia del Espíritu de Dios que mora dentro de él.

2. La obra comenzada por Dios es una *buena obra,* es decir, es una obra que revoluciona o cambia radicalmente la vida del creyente. No importa qué tipo de vida llevaba una persona, una vez que se convierte a Dios, el nuevo creyente comienza a llevar una *vida buena: Una vida de...*

- Justicia, pureza y santidad.
- Amor, gozo y paz.
- Fe, humildad y control.

3. La buena obra es incompleta mientras el creyente viva en esta tierra. Nunca es perfeccionado, no mientras es un hombre. Dios siempre tiene obra para hacer. Por lo tanto, Dios está obrando dentro de la vida del creyente para madurarlo cada vez más. Dios siempre está trabajando para hacer que el hombre sea cada vez más puro y más fiel en su servicio al Señor Jesús.

4. La buena obra será completada cuando Jesucristo regrese a esta tierra. En ese momento, el creyente será transformado en un hombre perfecto y se le otorgará un cuerpo perfecto. Se convertirá en un hombre perfecto que vivirá en los nuevos cielos y tierra con Cristo. Y adorará y servirá al Señor Jesús en perfección a lo largo de toda la eternidad.

"Y ya no estoy en el mundo; mas éstos están en el mundo, y yo voy a ti. Padre santo, a los que me has dado, guárdalos en tu nombre, para que sean uno, así como nosotros" (Jn. 17:11).

"Estando persuadido de esto, que el que comenzó en vosotros la buena obra, la perfeccionará hasta el día de Jesucristo" (Fil. 1:6).

"Y la paz de Dios, que sobrepasa todo entendimiento, guardará vuestros corazones y vuestros pensamientos en Cristo Jesús" (Fil. 4:7).

"Por lo cual asimismo padezco esto; pero no me avergüenzo, porque yo sé a quién he creído, y estoy seguro que es poderoso para guardar mi depósito para aquel día" (2 Ti. 1:12).

"Por lo demás, me está guardada la corona de justicia, la cual me dará el Señor, juez justo, en aquel día; y no sólo a mí, sino también a todos los que aman su venida" (2 Ti. 4:8).

"Que sois guardados por el poder de Dios mediante la fe, para alcanzar la salvación que está preparada para ser manifestada en el tiempo postrero" (1 P. 1:5).

"El que cree en el Hijo de Dios, tiene el testimonio en sí mismo; el que no cree a Dios, le ha hecho mentiroso, porque no ha creído en el testimonio que Dios ha dado acerca de su Hijo" (1 Jn. 5:10).

"Y a aquel que es poderoso para guardaros sin caída, y presentaros sin mancha delante de su gloria con gran alegría, al único y sabio Dios, nuestro Salvador, sea gloria y majestad, imperio y potencia, ahora y por todos los siglos. Amén" (Jud. 24-25).

"Por cuanto has guardado la palabra de mi paciencia, yo también te guardaré de la hora de la prueba que ha de venir sobre el mundo entero, para probar a los que moran sobre la tierra" (Ap. 3:10).

"He aquí, yo estoy contigo, y te guardaré por dondequiera que fueres, y volveré a traerte a esta tierra; porque no te dejaré hasta que haya hecho lo que te he dicho" (Gn. 28:15).

"Amad a Jehová, todos vosotros sus santos; a los

fieles guarda Jehová, y paga abundantemente al que procede con soberbia" (Sal. 31:23).

"Porque Jehová ama la rectitud, y no desampara a sus santos. Para siempre serán guardados; mas la descendencia de los impíos será destruida" (Sal. 37:28).

"Jehová cumplirá su propósito en mí; tu misericordia, oh Jehová, es para siempre; no desampares la obra de tus manos" (Sal. 138:8).

6 (1:7-8) ***Compasión, Servicio, Ministerio:*** Está la señal de la "sociedad cristiana" (Barclay, William. *"The Letters to the Philippians, Colossians, and Thessalonians"* [Las cartas a los filipenses, colosenses y tesalonicenses]. The Daily Study Bible. Filadelfia, PA: The Westminster Press, 1957, p. 21). Advierta cuán estrechamente unidos estaban Pablo y la iglesia.

1. Eran socios en el corazón. Pablo los amaba como se amaba a sí mismo, los tenía dentro de su corazón y ellos constantemente llenaban sus pensamientos.
2. Eran socios en los sufrimientos de Pablo. Esto significa...
   - Que sentían compasión por Pablo en su encarcelamiento.
   - Que le estaban enviando esperanzas a Pablo mientras estaba en prisión.
   - Que sufrían al igual que Pablo por el evangelio.

El punto es este: El afecto entre Pablo y los filipenses era tan tierno que sus corazones se entregaban uno al otro. Lo que experimentaba uno, lo sentía el otro, incluso los sufrimientos de cada uno.

Pensamiento 1: Qué imagen del tipo de compasión necesaria para aquellos que sufren. Debemos aprender a ser socios en el sufrimiento. Entonces y sólo entonces podremos cargar con el peso del otro y verdaderamente ministrar uno para el otro.

"Así que, los que somos fuertes debemos soportar las flaquezas de los débiles, y no agradarnos a nosotros mismos" (Ro. 15:1).

"Sobrellevad los unos las cargas de los otros, y cumplid así la ley de Cristo" (Gá. 6:2).

"Por lo cual debía ser en todo semejante a sus hermanos, para venir a ser misericordioso y fiel sumo sacerdote en lo que a Dios se refiere, para expiar los pecados del pueblo. Pues en cuanto él mismo padeció siendo tentado, es poderoso para socorrer a los que son tentados" (He. 2:17-18).

"Porque no tenemos un sumo sacerdote que no pueda compadecerse de nuestras debilidades, sino uno que fue tentado en todo según nuestra semejanza, pero sin pecado. Acerquémonos, pues, confiadamente al trono de la gracia, para alcanzar misericordia y hallar gracia para el oportuno socorro" (He. 4:15-16).

"Acordaos de los presos, como si estuvierais presos juntamente con ellos; y de los maltratados, como que también vosotros mismos estáis en el cuerpo" (He. 13:3).

3. Eran socios en el evangelio. Los filipenses no habían dejado a un lado el evangelio, ni tampoco se mostraban silenciosos o complacientes al dar a conocer el evangelio. Defendían activamente y proclamaban la verdad del evangelio. La iglesia y sus miembros estaban ocupados en Cristo, activamente dando testimonio de la gracia salvadora del Señor Jesucristo. Se tomaban en serio la gran comisión de nuestro Señor.

"Por tanto, id, y haced discípulos a todas las naciones, bautizándolos en el nombre del Padre, y del Hijo, y del Espíritu Santo; enseñándoles que guarden todas las cosas que os he mandado; y he aquí yo estoy con vosotros todos los días, hasta el fin del mundo. Amén" (Mt. 28:19-20).

"Y les dijo: Id por todo el mundo y predicad el evangelio a toda criatura" (Mr. 16:15).

"Pero recibiréis poder, cuando haya venido sobre vosotros el Espíritu Santo, y me seréis testigos en Jerusalén, en toda Judea, en Samaria, y hasta lo último de la tierra" (Hch. 1:8).

"Porque no podemos dejar de decir lo que hemos visto y oído" (Hch. 4:20).

"Por tanto, no te avergüences de dar testimonio de nuestro Señor, ni de mí, preso suyo, sino participa de las aflicciones por el evangelio según el poder de Dios" (2 Ti. 1:8).

"Sino santificad a Dios el Señor en vuestros corazones, y estad siempre preparados para presentar defensa con mansedumbre y reverencia ante todo el que os demande razón de la esperanza que hay en vosotros" (1 P. 3:15).

4. Eran socios en la gracia de Dios. Pablo estaba expresando la maravillosa gracia de Dios, el favor y las bendiciones de Dios. Y la iglesia filipense estaba expresando la misma gracia. Dios estaba derramando las bendiciones más ricas sobre Pablo y la iglesia. ¿Por qué? ¿Qué hacía que Dios bendijera tan ricamente a ambos? Su fidelidad, como lo demuestra este pasaje. Tenían las señales de los creyentes maduros.

"En quien tenemos redención por su sangre, el perdón de pecados según las riquezas de su gracia" (Ef. 1:7).

"Mi Dios, pues, suplirá todo lo que os falta conforme a sus riquezas en gloria en Cristo Jesús" (Fil. 4:19).

"Pero la gracia de nuestro Señor fue más abundante con la fe y el amor que es en Cristo Jesús" (1 Ti. 1:14).

"Tú, pues, hijo mío, esfuérzate en la gracia que es en Cristo Jesús" (2 Ti. 2:1).

5. Eran socios en Cristo. La palabra "entrañable" (spalgchnois) significa misericordias tiernas, compasión, afecto profundo. Es la ternura de Jesucristo lo que Pablo dice sentir por los filipenses. Él siente anhelo por ellos con el mismo afecto y ternura de Cristo mismo.

Pensamiento 1: ¡Con cuanta desesperación el ministro y la iglesia necesitan tal ternura y afecto por el otro! Qué tremenda diferencia existiría en las iglesias si los creyentes se quisieran tanto entre sí, sintieran por el otro la ternura y afecto de Cristo mismo.

Pensamiento 2: La gran necesidad de la iglesia hoy día es la de sociedad, sociedad entre sus miembros. Los creyentes necesitan desesperadamente ser socios entre sí y con el ministro de Dios:

- Socios en el corazón.
- Socios en el sufrimiento.
- Socios en proclamar y defender el evangelio.

 Socios en la gracia de Dios
 Socios con el Señor Jesucristo

"Un mandamiento nuevo os doy: Que os améis unos a otros; como yo os he amado, que también os améis unos a otros. En esto conocerán todos que sois mis discípulos, si tuviereis amor los unos con los otros" (Jn. 13:34-35).

"Este es mi mandamiento: Que os améis unos a otros, como yo os he amado" (Jn. 15:12).

"El amor sea sin fingimiento. Aborreced lo malo, seguid lo bueno" (Ro. 12:9).

"Por lo cual, no pudiendo soportarlo más, acordamos quedarnos solos en Atenas" (1 Ts. 3:1).

"Habiendo purificado vuestras almas por la obediencia a la verdad, mediante el Espíritu, para el amor fraternal no fingido, amaos unos a otros entrañablemente, de corazón puro" (1 P. 1:22).

7 (1:9-10) ***Amor:*** Está la señal del amor creciente y de discernimiento. Advierta esto: El amor en la Biblia nunca se centra en *buenos sentimientos.* Los sentimientos pueden y en general le llegan a una persona que verdaderamente ama a otra persona, pero los sentimientos nunca son el centro, no en el amor verdadero. Entonces, ¿cuál es el centro?

 El centro del amor es el conocimiento. Si verdaderamente amamos a alguien, queremos conocer a esa persona. De hecho, queremos conocer todo lo que podamos sobre esa persona.
 La fuerza del amor es el juicio (aisthesie). La palabra significa inteligencia o discernimiento. Si realmente amamos a alguien, no sólo queremos conocer a la persona sino también queremos saber todo lo que podamos sobre la persona. Queremos reunir toda la inteligencia y todos los hechos posibles y discernirlos para poder complacer a la persona.

Advierta que Pablo quiere que el amor de los creyentes crezca cada vez más. Debemos conocer cada vez más acerca de Cristo y de cada uno de nosotros. Debemos reunir cada vez más entendimiento, cada vez más discernimiento, cada vez más inteligencia respecto de unos y otros. Cuanto más sepamos sobre Cristo y cada uno de nosotros, más crecerá el amor mutuo.

Hay tres motivos por los cuales necesitamos un amor que crezca cada vez más.

1. Se necesita un amor creciente para aprobar cosas que son excelentes. No basta con saber lo que está bien y lo que está mal. No basta con hacer sólo lo que está bien. A veces la opción es entre lo bueno y lo excelente, lo aceptable y lo mejor. Sólo un *amor creciente* nos motivará a elegir lo excelente y lo mejor.

 Cuanto más amemos al Señor, más escogeremos lo excelente y lo mejor para Él.
 Cuanto más nos amemos entre nosotros, más escogeremos lo excelente y lo mejor para cada uno. Un amor creciente no querrá hacer nada que siquiera se acercara a hacer que una persona tropezara.

2. Se necesita un amor creciente para ser sincero y puro. La palabra sincero (eilikrineis) significa pasar por un tamiz para ser puro. Por lo tanto, la palabra significa puro, no contaminado, sin mancha. Advierta que debemos mantenernos puros hasta el regreso de Cristo. Sólo un amor creciente mantendrá nuestros ojos concentrados en Cristo. Si no lo amamos, no lo buscaremos. Si lo amamos, mantendremos nuestros ojos fijos en Él, ansiando verlo y estar con Él. Solo el amor –el amor verdadero– nos mantendrá puros esperando su regreso.

Pensamiento 1: Un buen ejemplo de este punto se halla en la joven que ama al soldado y está esperando su regreso. Si realmente lo ama, mantendrá sus ojos fijos en él y se mantendrá pura.

3. Se necesita un amor creciente para evitar que otros tropiecen. Siempre debemos protegernos de ser una ofensa (aproskopoi) o un obstáculo para los demás. Advierta: Debemos querer elegir lo mejor y lo excelente por el bien de los demás. Nosotros podremos controlar, pero los demás tal vez no puedan controlar...

• beber
• bailar
• la última moda y vestido
• ver televisión
• las funciones sociales
• el maquillaje
• las películas
• comer

La lista podría seguir y seguir con casi todo lo que hacemos. Debemos controlar todo lo que hacemos, sin caer en lo cuestionable, a veces ni siquiera haciendo lo aceptable y bueno, sino que debemos elegir lo mejor. Aprobar sólo las cosas que son excelentes. ¿Por qué?

 Para evitar que un hermano tropiece.
 Para ofrecerle al Señor lo mejor que podemos ofrecer. Este punto debe *romper nuestros corazones.* Sólo piense con cuanta frecuencia hemos elegido hacer menos que lo mejor para nuestro Señor. Le hemos ofrecido conducta, palabras, pensamientos, hechos, obras que eran de segunda clase, ¡y lo sabíamos! Cómo debe haberse herido su corazón, en especial cuando Él llegó hasta el límite final en cuanto al amor y a entregarse por nosotros.

"Y decía a todos: Si alguno quiere venir en pos de mí, niéguese a sí mismo, tome su cruz cada día, y sígame" (Lc. 9:23).

"Así que, hermanos, os ruego por las misericordias de Dios, que presentéis vuestros cuerpos en sacrificio vivo, santo, agradable a Dios, que es vuestro culto racional. No os conforméis a este siglo, sino transformaos por medio de la renovación de vuestro entendimiento, para que comprobéis cuál sea la buena voluntad de Dios, agradable y perfecta" (Ro. 12:1-2).

"Bueno es no comer carne, ni beber vino, ni nada en que tu hermano tropiece, o se ofenda, o se debilite" (Ro. 14:21).

"¿O ignoráis que vuestro cuerpo es templo del Espíritu Santo, el cual está en vosotros, el cual tenéis de Dios, y que no sois vuestros? Porque habéis sido comprados por precio; glorificad, pues, a Dios en vuestro cuerpo y en vuestro espíritu, los cuales son de Dios" (1 Co. 6:19-20).

> **"Ninguno busque su propio bien, sino el del otro" (1 Co. 10:24).**
>
> **"Jesús le dijo: Si quieres ser perfecto, anda, vende lo que tienes, y dalo a los pobres, y tendrás tesoro en el cielo; y ven y sígueme" (Mt. 19:21).**

8 (1:11) ***Justicia:*** Está la señal de la justicia. (Véase *Estudio a fondo 1, Justicia,* Ef. 5:9; 6:14-17, punto 2 para una discusión más profunda. Cp. también Gá. 2:15-16; 3:6-14.)

	C. Las señales de un testigo maduro, 1:12-19	dican a Cristo por envidia y contienda; pero otros de buena voluntad.	**nales ni deseo de mérito o de prestigio**
1 Él testifica del evangelio independientemente de las circunstancias a. Pablo enfrentó circunstancias oscuras: Estaba prisionero en Roma b. Pablo utilizó sus oscuras circunstancias para difundir el evangelio 1) Difundido a través de la guardia élite de Roma: En el pretorio y en todas partes 2) Difundido alentando a los creyentes a que sean testigos sin temor	12 Quiero que sepáis, hermanos, que las cosas que me han sucedido, han redundado más bien para el progreso del evangelio, 13 de tal manera que mis prisiones se han hecho patentes en Cristo en todo el pretorio, y a todos los demás. 14 Y la mayoría de los hermanos, cobrando ánimo en el Señor con mis prisiones, se atreven mucho más a hablar la palabra sin temor.	16 Los unos anuncian a Cristo por contención, no sinceramente, pensando añadir aflicción a mis prisiones; 17 pero los otros por amor, sabiendo que estoy puesto para la defensa del evangelio. 18 ¿Qué, pues? Que no obstante, de todas maneras, o por pretexto o por verdad, Cristo es anunciado; y en esto me gozo, y me gozaré aún. 19 Porque sé que por vuestra oración y la suministración del Espíritu de Jesucristo, esto resultará en mi liberación,	**3 Posee la seguridad de un final feliz: La salvación** a. A través de la oración b. A través del Espíritu Santo
2 No siente celos perso-	15 Algunos, a la verdad, pre-		

DIVISIÓN I

LAS SEÑALES DEL PUEBLO DE DIOS, 1:1-30

C. Las señales de un testigo maduro, 1:12-19

(1:12-19) ***Introducción:*** Con frecuencia las circunstancias hacen caer y vencen a las personas. La madurez de una persona puede verse por cuán bien maneja las cosas que le suceden, las cosas que afectan a una persona con cambios de humor que van de leves a severos. Lo que un creyente debe hacer es aprender a vivir por encima de las circunstancias, mantener su testimonio por Cristo fuerte y maduro. Este es el tema de este pasaje: Las señales de un testigo maduro.

1. Él testifica del evangelio independientemente de las circunstancias (vv. 12-14).
2. No siente celos personales ni deseo de mérito o de prestigio (vv. 15-18).
3. Posee la seguridad de un final feliz: La salvación (v. 19).

[1] (1:12-14) ***Brindar testimonio, Creyente:*** Un testigo maduro testifica del evangelio independientemente de las circunstancias. Advierta dos puntos significativos.

1. Pablo enfrentó circunstancias oscuras: Estaba prisionero en Roma. Las oscuras circunstancias le golpearon a Pablo en el rostro. Ninguna otra circunstancia podría haber sido más grave, no importa cuál fuera. Pablo estaba esperando presentarse ante la Corte Suprema de Roma: Enfrentaba un juicio ante Nerón, el emperador romano, y era inocente. No había hecho nada que ocasionara su arresto y prisión. Sin embargo, ahí estaba, y debía esperar la llegada de los fiscales judíos con sus acusaciones anunciadas a toda voz y maliciosas. Es cierto, tenía ciertos privilegios, alquilaba su propia casa y recibía amigos, pero estos privilegios eran menores cuando se observa su sufrimiento. Estuvo preso por más de dos años, y como sucede con todos los prisioneros, los días pasaban muy lentamente, hora tras hora, y día tras día. Todas las presiones recaen sobre la cabeza de un hombre que está esperando un juicio que determinará si vive o muere, lo que sucedía con Pablo. Como dice en Ef. 3:13, sus tribulaciones eran intensas y prolongadas.

Pero advierta algo: Pablo...

- No se quejaba
- No cuestionaba a Dios ni se preguntaba por qué
- No lloriqueaba ni murmuraba
- No se rompió en pedazos
- No maldecía a Dios ni dejaba de lado su fe

2. Pablo utilizó sus oscuras circunstancias para difundir el evangelio. Pablo no se veía a sí mismo como un prisionero en Roma ni de Nerón. Se veía a sí mismo como un prisionero *para Jesucristo.* No se veía a sí mismo como una víctima, sino como un conquistados por Jesucristo. En Hch. 28:20 Pablo dice que "por la esperanza de Israel estoy sujeto con esta cadena" y en Ef. 6:20 se denomina a sí mismo "embajador en cadenas". Se emplea la palabra "alusis". El "alusis" era una cadena corta que mantenía a un prisionero atado a la muñeca de un guardián para evitar que se escapara. ¡Imagine! Pablo estuvo atado a un guardián romano cada día y cada noche durante más de dos años. ¿Qué supone usted que Pablo hablaba con sus guardianes? Él nos lo dice: "Las cosas que me han sucedido, han redundado más bien para el progreso del evangelio".

a. Pablo difundió el evangelio en la *Guardia Pretoriana,* la *elite* del ejército romano. Estos soldados eran la Guardia Imperial de Roma, hombres que habían sido elegidos especialmente para proteger al emperador y para llevar adelante las principales funciones armadas del Estado. Eran seis mil, la mayoría de los cuales estaban estacionados en Roma en cualquier momento dado (Barclay, *The Letters to the Philippians, Colossians and Thessalonians,* [Las cartas a los filipenses, colosenses y tesalonicenses], p. 26). Eran estos soldados los que cuidaban y estaban encadenados a la muñeca de Pablo de día y de noche durante dos años. Hombres jóvenes que eran la élite de la juventud romana. Cuántos de ellos Pablo condujo al Señor es algo incierto. Pero advierta: testificó tanto de Cristo que el evangelio se difundió a lo largo de...

- Toda la guardia pretoriana.
- El palacio del emperador.
- Todos los demás lugares

Pablo, su encarcelamiento y su posición por Cristo y el evangelio que predicaba, se convirtió en tema de conversación en todo Roma, el tema de conversación entre todos los círculos sociales incluyendo los estratos superiores, el mismo emplazamiento del emperador.

Pensamiento 1: La lección para nosotros es esta: Nunca debemos dejar que las circunstancias nos depriman, nunca debemos dejar que venzan nuestro testimonio por Cristo, sin importar de qué se trate...

- persecución
- bancarrota
- encarcelamiento
- accidente
- pecado
- edad
- fracaso
- pérdida de un ser querido
- abuso
- pérdida financiera
- rechazo
- pobreza
- divorcio

Si estamos viviendo para Cristo, debemos *saber* que Dios controla nuestras vidas. Él nos fortalecerá para que soportemos cualquier circunstancia que caiga sobre nosotros. Debemos utilizar las circunstancias para dar testimonio del poder salvador de Cristo, de la esperanza eterna que Él da de perdón y de vivir para siempre. Debemos dar testimonio a todos los que nos rodean cuando...

- yacemos en la cama de la enfermedad
- estamos en medio de la muerte
- enfrentamos problemas financieros
- sufrimos abuso y persecución

Y si hemos pecado y fallado, no importa cuán terriblemente, debemos arrepentirnos y volver a la tarea de dar testimonio, sobreponiéndonos a las circunstancias de haber fallado y pecado tanto. Debemos hacer todo lo que podamos para conquistar las circunstancias por Cristo y seguir dando testimonio, dando a conocer todo lo bueno que podamos para alcanzar todo lo que podamos. Todo debe ser hecho por Cristo, porque Él lo vale. Él ha muerto por nosotros, ha cargado con nuestro pecado y castigo y nos ha liberado a una vida perfecta ante Dios para toda la eternidad. El mundo no lo sabe, este mundo no sabe que ya está disponible la cura para el cáncer del pecado. No pueden saberlo a menos que se lo digamos. Debemos testificar de las buenas nuevas, testificar de ellas *independientemente de las circunstancias.* Siempre debemos recordar:

- Conquistamos las circunstancias por Jesucristo.
- No somos víctimas de las circunstancias, sino los conquistadores de las circunstancias, todo por Jesucristo.
- No debemos permitir que nuestras circunstancias desalienten a los demás. Debemos usar nuestras circunstancias para alentar a los demás.

b. Pablo difundió el evangelio alentando a otros creyentes a tener menos miedo al dar su testimonio. ¿Cómo fue posible esto? Advierta varias cosas.

- El testimonio dinámico de Pablo y los conversos de la Guardia Imperial resonaron por toda la ciudad. Por supuesto, los nuevos conversos de entre los soldados estaban comenzando a testificar de Cristo.
- Los ministros compañeros de Pablo que lo visitaban (Timoteo y otros) hablaban entre ellos acerca de Pablo y de sus propios testimonios.
- A Pablo se le permitía recibir visitas. Mientras era prisionero, muchos de los creyentes de toda Roma lo visitaban y él les testificaba de Cristo, lo hacía corporalmente. Advierta lo que se dice:

"Y Pablo permaneció dos años enteros en una casa alquilada, y recibía a todos los que a él venían, predicando el reino de Dios y enseñando acerca del Señor Jesucristo, abiertamente y sin impedimento" (Hch. 28:30-31. Lea el breve relato para una imagen alentadora de cuánto dio a conocer Pablo el evangelio sin importarle sus circunstancias, Hch. 28:17-31.)

El testimonio dinámico de Pablo causó un fuerte impacto en todos los que lo rodeaban. Su firme testimonio, a pesar de sus terribles circunstancias, motivó a *muchos* creyentes a volverse más confiados de su propio testimonio. Muchos de los creyentes comenzaron a dar testimonio dondequiera que estuvieran y sin importar sus circunstancias.

"Y les dijo: Id por todo el mundo y predicad el evangelio a toda criatura" (Mr. 16:15).

"Porque el Hijo del Hombre vino a buscar y a salvar lo que se había perdido" (Lc. 19:10).

"Entonces Jesús les dijo otra vez: Paz a vosotros. Como me envió el Padre, así también yo os envío" (Jn. 20:21).

"Pero recibiréis poder, cuando haya venido sobre vosotros el Espíritu Santo, y me seréis testigos en Jerusalén, en toda Judea, en Samaria, y hasta lo último de la tierra" (Hch. 1:8).

"Porque no podemos dejar de decir lo que hemos visto y oído" (Hch. 4:20).

"Pero teniendo el mismo espíritu de fe, conforme a lo que está escrito: Creí, por lo cual hablé,

nosotros también creemos, por lo cual también hablamos" (2 Co. 4:13).

"Por tanto, no te avergüences de dar testimonio de nuestro Señor, ni de mí, preso suyo, sino participa de las aflicciones por el evangelio según el poder de Dios" (2 Ti. 1:8).

"Esto habla, y exhorta y reprende con toda autoridad. Nadie te menosprecie" (Tit. 2:15).

"Sino santificad a Dios el Señor en vuestros corazones, y estad siempre preparados para presentar defensa con mansedumbre y reverencia ante todo el que os demande razón de la esperanza que hay en vosotros" (1 P. 3:15).

[2] (1:15-18) ***Fidelidad, Celos, Búsqueda propia:*** Un testigo maduro no siente celos ni deseo de mérito ni prestigio. Esta es una experiencia extraña dada a conocer por Pablo, sin embargo es una experiencia que se repite trágicamente con tanta frecuencia en la iglesia y entre los creyentes. Algunos predicadores de Roma estaban celosos de Pablo y envidiosos...

- De los resultados que obtenía.
- De la atención favorable y del prestigio que estaba obteniendo de la sociedad y los círculos sociales de la comunidad.
- Del apoyo y lealtad que los creyentes le otorgaban.
- De la atención que estaba recibiendo de tantos de sus miembros.
- De la posición que estaba ganando como líder de la comunidad cristiana en Roma.

Nota: Los predicadores eran seguidores genuinos de Cristo. No eran los judaizantes, los predicadores falsos que a veces seguían y se oponían a Pablo. Estos eran verdaderos predicadores que eran ministros en y en las afueras de la metrópolis de Roma. Lo sabemos porque Pablo acordaba con su prédica. Sólo lamentaba su oposición hacia él. En lugar de apoyarlo, hablaban en su contra, con la esperanza de silenciar su influencia y quitárselo de encima (v. 16).

Sin embargo, no todos los predicadores de Roma se oponían a Pablo. Algunos predicaban a Cristo por amor, y alentaban a sus miembros a demostrar su amor por Pablo visitándolo y apoyándolo en su ministerio de proclamación de Cristo.

> ***Pensamiento 1:*** ¿Con cuánta frecuencia se ha repetido esta escena? ¿Cuántos la están repitiendo ahora mismo? ¿Cuántos creyentes y trabajadores cristianos están celosos y envidiosos...
>
> - De la posición de otra persona?
> - De la atención, el apoyo y la lealtad que otra persona está recibiendo?
> - De los resultados que está obteniendo otro trabajador?
>
> ¿Cuántos de nosotros comenzamos a cuestionar y hablar en contra de un siervo del Señor debido a estas cosas, hablando en voz baja quizás a dos o tres miembros, pero sin embargo, hablando en contra? ¡Que Dios nos perdone!
>
> Siempre debemos recordar: *Todos* somos ministros y trabajadores si hemos sido llamados verdaderamente por Cristo para predicar y enseñar su evangelio. Cada uno tiene su llamado, y no importa cuál sea, el camino siempre es difícil. Por lo tanto, debemos apoyarnos unos a otros. El Señor no requiere *grandes ministerios* ni *grandes nombres y grandes seguidores* de nosotros. Lo que Él requiere es fidelidad, sólo fidelidad en el ministerio para el cual nos ha llamado. Por lo tanto, seamos *fieles* y apoyemos a todos los ministros del evangelio de Cristo.

"Cuando Pedro le vio, dijo a Jesús: Señor, ¿y qué de éste? Jesús le dijo: Si quiero que él quede hasta que yo venga, ¿qué a ti? Sígueme tú" (Jn. 21:21-22).

"Así, pues, ténganos los hombres por servidores de Cristo, y administradores de los misterios de Dios. Ahora bien, se requiere de los administradores, que cada uno sea hallado fiel" (1 Co. 4:1-2).

"Porque no nos predicamos a nosotros mismos, sino a Jesucristo como Señor, y a nosotros como vuestros siervos por amor de Jesús" (2 Co. 4:5).

"Apacentad la grey de Dios que está entre vosotros, cuidando de ella, no por fuerza, sino voluntariamente; no por ganancia deshonesta, sino con ánimo pronto" (1 P. 5:2).

"Sus atalayas son ciegos, todos ellos ignorantes; todos ellos perros mudos, no pueden ladrar; soñolientos, echados, aman el dormir. Y esos perros comilones son insaciables; y los pastores mismos no saben entender; todos ellos siguen sus propios caminos, cada uno busca su propio provecho, cada uno por su lado" (Is. 56:10-11).

"Y os daré pastores según mi corazón, que os apacienten con ciencia y con inteligencia" (Jer. 3:15).

"Por tanto, así ha dicho Jehová Dios de Israel a los pastores que apacientan mi pueblo: Vosotros dispersasteis mis ovejas, y las espantasteis, y no las habéis cuidado. He aquí que yo castigo la maldad de vuestras obras, dice Jehová" (Jer. 23:2).

"Hijo de hombre, profetiza contra los pastores de Israel; profetiza, y di a los pastores: Así ha dicho Jehová el Señor: ¡Ay de los pastores de Israel, que se apacientan a sí mismos! ¿No apacientan los pastores a los rebaños?" (Ez. 34:2).

[3] (1:19) ***Liberación:*** Un testigo maduro posee la garantía de un final feliz, el de la liberación. Nuevamente, recuerde las circunstancias de Pablo: Estaba en prisión, pero predicaba como siempre a Cristo. Sin importarle las circunstancias, él siempre predicaba a Cristo, y puesto que era tan fiel a su llamado, Dios honraba su prédica. Se estaban produciendo tremendos resultados: Se estaban salvando incrédulos de todas partes y se alentaba a los creyentes a dar un paso adelante y a convertirse en testigos más valientes por Cristo. El resultado es que todos en Roma, creyentes y no creyentes, estaban hablando de Pablo, estimándolo y colocándolo en una posición muy elevada en sus mentes. Sin embargo, algunos estaban comenzando a prestar tanta atención, apoyo y lealtad hacia él que algunos de los predicadores locales se ponían nerviosos, celosos y envidiosos, por lo que comenzaron a hablar en contra de Pablo y su ministerio.

El tema de este versículo es este: Pablo está seguro de que Dios lo salvará y lo liberará de su crítica y oposición. Está seguro de la ayuda y la liberación de Dios por dos cosas:

1. Estaba la oración de aquellos que lo apoyaban, tanto los que estaban en Roma como los que estaban en todo el mundo y oraban a diario por él. Advierta que él estaba escribiendo a

los filipenses, de modo que sabía que iban a comenzar a orar por él de inmediato y Dios respondió sus oraciones. Por lo tanto, sabía que Dios lo liberaría de tal oposición antagonista porque los filipenses estaban orando por él incluso si nadie más lo hacía.

> ***Pensamiento 1:*** Qué gloriosa enseñanza para una iglesia, una iglesia tan fuerte en el Señor que sus oraciones son siempre respondidas.

2. La provisión del Espíritu Santo lo liberaría. Pablo sabía que el Espíritu Santo proveería lo que él necesitara para atravesar sus circunstancias. No importa cuál es nuestra necesidad ni cuán grande es nuestra necesidad, el Espíritu Santo nos liberará. Struss señala por qué se ha dado el Espíritu Santo a los creyentes, y Pablo conocía los motivos. Por lo tanto, él sabía que sería liberado (*Devotional Studies in Philippians* [Estudios devocionales en filipenses], p. 79).

a. Se nos otorgó el Espíritu Santo para que sea nuestra compasión.

> **"Y yo rogaré al Padre, y os dará otro Consolador, para que esté con vosotros para siempre" (Jn. 14:16).**

b. Se nos otorgó el Espíritu Santo para que nos aconseje.

> **"Mas el Consolador, el Espíritu Santo, a quien el Padre enviará en mi nombre, él os enseñará todas las cosas, y os recordará todo lo que yo os he dicho" (Jn. 14:26).**

c. Se nos otorgó el Espíritu santo para darnos valor para dar testimonio sin importar las circunstancias.

> **"Pero cuando venga el Consolador, a quien yo os enviaré del Padre, el Espíritu de verdad, el cual procede del Padre, él dará testimonio acerca de mí. Y vosotros daréis testimonio también, porque habéis estado conmigo desde el principio" (Jn. 15:26-27).**

d. Se nos otorgó el Espíritu Santo para dar convicción a nuestras vidas y ministerio.

> **"Pero yo os digo la verdad: Os conviene que yo me vaya; porque si no me fuera, el Consolador no vendría a vosotros; mas si me fuere, os lo enviaré. Y cuando él venga, convencerá al mundo de pecado, de justicia y de juicio" (Jn. 16:7-8).**

e. Se nos otorgó el Espíritu Santo para participar de las cosas profundas de Dios con nosotros.

> **"Antes bien, como está escrito: Cosas que ojo no vio, ni oído oyó, ni han subido en corazón de hombre, son las que Dios ha preparado para los que le aman. Pero Dios nos las reveló a nosotros por el Espíritu; porque el Espíritu todo lo escudriña, aun lo profundo de Dios" (1 Co. 2:9-10).**

f. Se nos otorgó el Espíritu Santo par orar e interceder por nosotros y ayudarnos a orar.

> **"Y de igual manera el Espíritu nos ayuda en nuestra debilidad; pues qué hemos de pedir como conviene, no lo sabemos, pero el Espíritu mismo intercede por nosotros con gemidos indecibles" (Ro. 8:26).**

g. Se nos otorgó el Espíritu Santo para tener su fruto en nosotros.

> **"Mas el fruto del Espíritu es amor, gozo, paz, paciencia, benignidad, bondad, fe, mansedumbre, templanza; contra tales cosas no hay ley" (Gá. 5:22-23).**

h. Se nos otorgó el Espíritu Santo para llenarnos y colocar una canción y gozo en nuestros corazones a pesar de las circunstancias.

> **"No os embriaguéis con vino, en lo cual hay disolución; antes bien sed llenos del Espíritu, hablando entre vosotros con salmos, con himnos y cánticos espirituales, cantando y alabando al Señor en vuestros corazones" (Ef. 5:18-19).**

i. Se nos otorgó el Espíritu Santo para darnos seguridad de que somos hijos y herederos de Dios.

> **"El Espíritu mismo da testimonio a nuestro espíritu, de que somos hijos de Dios. Y si hijos, también herederos; herederos de Dios y coherederos con Cristo, si es que padecemos juntamente con él, para que juntamente con él seamos glorificados" (Ro. 8:16-17).**

	D. Las señales del gran creyente cristiano, 1:20-26	23 Porque de ambas cosas estoy puesto en estrecho, teniendo deseo de partir y estar con Cristo, lo cual es muchísimo mejor;	
1 Una gran expectativa y esperanza: Magnificará a Cristo en su cuerpo	20 conforme a mi anhelo y esperanza de que en nada seré avergonzado; antes bien con toda confianza, como siempre, ahora también será magnificado Cristo en mi cuerpo, o por vida o por muerte.	24 pero quedar en la carne es más necesario por causa de vosotros. 25 Y confiado en esto, sé que quedaré, que aún permaneceré con todos vosotros, para vuestro provecho y gozo de la fe,	**4 Una gran voluntad: Servir con sacrificio** a. Promoviendo la fe del creyente
2 Un gran compromiso en la vida y en la muerte: Cristo	21 Porque para mí el vivir es Cristo, y el morir es ganancia.	26 para que abunde vuestra gloria de mí en Cristo Jesús por mi presencia otra vez entre vosotros.	b. Teniendo comunión con los creyentes
3 Un gran dilema: Vivir o partir para estar con Cristo	22 Mas si el vivir en la carne resulta para mí en beneficio de la obra, no sé entonces qué escoger.		

DIVISIÓN I

LAS SEÑALES DEL PUEBLO DE DIOS, 1:1-30

D. Las señales del gran creyente cristiano, 1:20-26

(1:20-26) ***Introducción:*** Si algún hombre alguna vez vivió una vida de compromiso con nuestro Señor Jesucristo, ese fue Pablo. Recuerde, él estaba en prisión enfrentando un crimen capital y su liberación parecía casi sin esperanzas. La muerte lo estaba mirando en el rostro. Este pasaje es uno de los grandes pasajes de las Escrituras. El versículo 21 ha sido adoptado por muchos creyentes como su versículo de la vida. Muchos han comprometido sus vidas para seguir los lineamientos del versículo veinte o del veintiuno. Este es el testimonio personal de Pablo: Las señales del gran creyente cristiano.

1. Una gran expectativa y esperanza: Magnificará a Cristo en su cuerpo (v. 20).
2. Un gran compromiso en la vida y en la muerte: Cristo (v. 21).
3. Un gran dilema: Vivir o partir para estar con Cristo (vv. 22-23).
4. Una gran voluntad: Servir con sacrificio (vv. 24-26).

[1] (1:20) ***Creyente, Propósito, Esperanza:*** El gran creyente cristiano tiene una sola gran esperanza y expectativa: Magnificar a Cristo en su cuerpo.

1. Advierta las palabras "conforme a mi anhelo" (apokaradokian). Significa mirar a la distancia con la cabeza erecta y estirada como un vigilante en una torre. Es dirigir nuestra atención a un objeto con concentración, ansia e intensidad. Es alejar la vista de cualquier otra cosa y concentrarse en un objeto únicamente. Es la concentración total sobre el deseo de una persona.

2. Advierta cuál era el anhelo y la esperanza de Pablo. Recuerde que Pablo estaba en prisión acusado de un crimen capital que acarreaba la pena de muerte. La única esperanza de la mayor parte de los prisioneros sería la liberación de la prisión o que le reduzcan la pena de muerte a un castigo menor. Pero advierta el "anhelo y la esperanza" de Pablo: Magnificar a Cristo en su cuerpo. La mente de Pablo no estaba puesta en su terrible lucha y circunstancias, sino en Cristo, en magnificar a Cristo en su cuerpo. Como prisionero quería evitar que su cuerpo...

- Se preguntara sobre y cuestionara a Dios
- Se tornara desalentado y deprimido
- Se volviera complaciente y letárgico
- Se convirtiera en inactivo e indisciplinado
- Negara y se alejara de Dios
- Reaccionara y maldijera a Dios

Pablo conocía la debilidad del cuerpo humano, cómo solía tender hacia la duda, el cuestionamiento, el egoísmo, el orgullo, el alardeo, la satisfacción propia, la indulgencia, la extravagancia, los hábitos, el letargo, la complacencia, la pereza, la esclavitud y el hecho de ser negligente y de ignorar a Dios. Desde su conversión, Pablo se había comprometido por completo a magnificar a Cristo. Y había un único lugar donde Cristo podía ser *magnificado y visto:* En su cuerpo. El único lugar en que los hombres pueden ver a Jesucristo viviendo es en el cuerpo o vida de una persona. Jesucristo ya no estaba en la tierra, por lo tanto no se lo podía ver a no ser que Pablo y otros permitieran que Cristo se magnificara a través de sus cuerpos. Pablo sabía esto, por ende, entregó su cuerpo a Jesucristo.

3. Advierta la referencia a "por vida o por muerte". Pablo estaba enfrentando la muerte. No sabía si iba a morir o a seguir viviendo. Si iba a ser ejecutado, quería ser tan fiel como siempre y magnificar a Cristo en la muerte. Si iba a ser declarado inocente y liberado, quería continuar magnificando a Cristo en su cuerpo.

4. Advierta por qué Pablo quería que Cristo se magnificara en su cuerpo: Para que no pudiera sentir vergüenza por nada. Pablo sabía que iba a enfrentar lo mismo que todo creyente debe enfrentar: El trono de juicio de Cristo. Sabía que todos nosotros debemos dar cuenta de lo que hemos hecho con nuestros cuerpos mientras estábamos en la tierra. De he-

cho, Lehman Strauss señala que sólo cuatro años antes Pablo había escrito las palabras que horadan (*Devotional Studies in Philippians,* [Estudios devocionales en filipenses], p. 81):

> **"Porque es necesario que todos nosotros comparezcamos ante el tribunal de Cristo, para que cada uno reciba según lo que haya hecho mientras estaba en el cuerpo, sea bueno o sea malo" (2 Co. 5:10).**

Cuando los creyentes enfrentan a Cristo en el juicio, la experiencia no siempre es agradable.

- Habrá algunos creyentes que serán avergonzados.

> **"Y ahora, hijitos, permaneced en él, para que cuando se manifieste, tengamos confianza, para que en su venida no nos alejemos de él avergonzados" (1 Jn. 2:28).**

- Habrá algunos creyentes que sufrirán pérdidas y lucirán como un edificio quemado.

> **"La obra de cada uno se hará manifiesta; porque el día la declarará, pues por el fuego será revelada; y la obra de cada uno cuál sea, el fuego la probará. Si permaneciere la obra de alguno que sobreedificó, recibirá recompensa. Si la obra de alguno se quemare, él sufrirá pérdida, si bien él mismo será salvo, aunque así como por fuego" (1 Co. 3:13-15).**

Esto es lo que Pablo quiso decir: No quería sentirse avergonzado cuando estuviera frente a Cristo. Amaba a Cristo con todo su corazón, dado que Cristo había hecho tanto por él. Por lo tanto, su anhelo y esperanza era magnificar a Cristo en su cuerpo. Quería honrar a Cristo en su vida y en su muerte. Por sobre todo, no quería ser avergonzado cuando estuviera de pie frente a su maravilloso Señor. (Véanse notas y *Estudio a fondo 1, Cuerpo,* Ro. 12:1 para una discusión más profunda al respecto.)

> **"Y decía a todos: Si alguno quiere venir en pos de mí, niéguese a sí mismo, tome su cruz cada día, y sígame. Porque todo el que quiera salvar su vida, la perderá; y todo el que pierda su vida por causa de mí, éste la salvará" (Lc. 9:23-24).**
>
> **"Ni tampoco presentéis vuestros miembros al pecado como instrumentos de iniquidad, sino presentaos vosotros mismos a Dios como vivos de entre los muertos, y vuestros miembros a Dios como instrumentos de justicia" (Ro. 6:13).**
>
> **"Así que, hermanos, os ruego por las misericordias de Dios, que presentéis vuestros cuerpos en sacrificio vivo, santo, agradable a Dios, que es vuestro culto racional. No os conforméis a este siglo, sino transformaos por medio de la renovación de vuestro entendimiento, para que comprobéis cuál sea la buena voluntad de Dios, agradable y perfecta" (Ro. 12:1-2).**
>
> **"¿O ignoráis que vuestro cuerpo es templo del Espíritu Santo, el cual está en vosotros, el cual tenéis de Dios, y que no sois vuestros? Porque habéis sido comprados por precio; glorificad, pues, a Dios en vuestro cuerpo y en vuestro espíritu, los cuales son de Dios" (1 Co. 6:19-20).**

2 (1:21) ***Creyente, Propósito:*** El gran creyente cristiano tiene un gran compromiso en la vida y en la muerte: Jesucristo. Pablo hace dos declaraciones fenomenales:

1. En primer lugar, "Para mi el vivir es Cristo". ¿Qué quiso significar con esto? Por lo menos cinco cosas...

a. Presentó su cuerpo como un sacrificio viviente a Jesucristo.

> **"Así que, hermanos, os ruego por las misericordias de Dios, que presentéis vuestros cuerpos en sacrificio vivo, santo, agradable a Dios, que es vuestro culto racional" (Ro. 12:1).**

b. Luchó por entregar las partes de su cuerpo, cada miembro de su cuerpo, a Cristo como una herramienta de justicia.

> **"Ni tampoco presentéis vuestros miembros al pecado como instrumentos de iniquidad, sino presentaos vosotros mismos a Dios como vivos de entre los muertos, y vuestros miembros a Dios como instrumentos de justicia" (Ro. 6:13).**

c. Luchó por controlar su mente, por controlar cada pensamiento y para concentrar cada pensamiento en Jesucristo y en las grandes virtudes de la vida.

> **"Derribando argumentos y toda altivez que se levanta contra el conocimiento de Dios, y llevando cautivo todo pensamiento a la obediencia a Cristo" (2 Co. 10:5).**
>
> **"Por lo demás, hermanos, todo lo que es verdadero, todo lo honesto, todo lo justo, todo lo puro, todo lo amable, todo lo que es de buen nombre; si hay virtud alguna, si algo digno de alabanza, en esto pensad" (Fil. 4:8).**

d. Se comprometió a trabajar por el amor y la justicia dentro de toda la sociedad.

> **"Así que, todas las cosas que queráis que los hombres hagan con vosotros, así también haced vosotros con ellos; porque esto es la ley y los profetas" (Mt. 7:12).**
>
> **"Y el segundo es semejante: Amarás a tu prójimo como a ti mismo" (Mt. 22:39).**

e. Dio su vida, cada momento de ella, por alcanzar y ministrar tanta gente como le fuera posible durante su estadía en la tierra.

> **"Entonces Jesús les dijo otra vez: Paz a vosotros. Como me envió el Padre, así también yo os envío" (Jn. 20:21. Cp. Mt. 20:28 y Lc. 19:10, los dos versículos que siguen).**
>
> **"Como el Hijo del Hombre no vino para ser servido, sino para servir, y para dar su vida en rescate por muchos" (Mt. 20:28).**
>
> **"Porque el Hijo del Hombre vino a buscar y a salvar lo que se había perdido" (Lc. 19:10).**
>
> **"Pero recibiréis poder, cuando haya venido sobre vosotros el Espíritu Santo, y me seréis testigos en Jerusalén, en toda Judea, en Samaria, y hasta lo último de la tierra" (Hch. 1:8).**

Pensamiento 1: ¿Qué significa la vida para usted? ¿Por qué vive? ¿Cuál es su gran propósito en la vida?

- ¿Está viviendo por el dinero y las posesiones (ropa, casas, automóviles, propiedades)? Si es así, ¿qué hará en unos pocos años cuando muera, si evita un accidente o una enfermedad? ¿Qué hará si lo pierde? Cuando llegue ese día –y está por venir, no hay nada en el cielo o la tierra que pueda detenerlo– si ha vivido por el dinero, ¿qué bien le hará?

 ¿Está viviendo por la comodidad (un buen empleo, un lindo lugar dónde vivir, suficiente para comer y bastante dinero para hacer lo que desea ahora y cuando se retire)? Si es así, ¿qué sucederá cuando lo golpee un accidente o una tragedia o cuando llegue la ancianidad? Y una cosa u otra va a llegar. No se la puede detener. Si ha vivido por la comodidad, ¿qué bien le hará?

 ¿Está viviendo por una posición? De ser así, ¿qué pasará cuando sea dejado de lado, despedido, degradado, transferido, pasado por alto, cuando enfrente la enfermedad o un accidente? ¿Qué de bueno hará la posición por usted?

 ¿Está viviendo por su familia? De ser así, ¿qué hará cuando la familia se haya transferido, mudado o cuando varios miembros de la familia mueran? Y eso nos sucede a todos. ¿Qué bien le hará la familia cuando enfrente a Cristo?

 ¿Está viviendo por el reconocimiento, la honra, la popularidad, la recreación, la gratificación, la sensualidad, lo que sea? ¿Qué hará cuando enfrente las crisis de la vida y luego, al final, esté frente a frente con la muerte? En ese momento, si no antes, ¿qué cosa buena de esta vida le servirá?

2. Esto nos lleva al segundo punto de Pablo. El declara que “morir es ganancia”. Él sabía que no debía basar su vida en estas cosas. Sabía que todo sobre la tierra envejecía y se moría incluyendo al hombre mismo. Por lo tanto, Pablo fue en busca del Salvador, una Persona que pudiera salvarlo y darle un mundo eterno que nunca envejeciera ni muriera. Este es el motivo por el que se aferró a Cristo. Jesucristo es el Hijo unigénito de Dios a quien Dios envió a l mundo para revelarnos la verdad de otro mundo, un mundo que es permanente y que no tiene corrupción, no tiene envejecimiento, no hay muerte en él. Por lo tanto, Pablo se aferró a Cristo cuando descubrió...

- Que Cristo salvaba a los hombres del pecado, la muerte y la condenación.
- Que Cristo posibilitaba a los hombres vivir para siempre con Dios en un nuevo cielo y tierra.

“Porque de tal manera amó Dios al mundo, que ha dado a su Hijo unigénito, para que todo aquel que en él cree, no se pierda, mas tenga vida eterna” (Jn. 3:16).

“De cierto, de cierto os digo: El que oye mi palabra, y cree al que me envió, tiene vida eterna; y no vendrá a condenación, mas ha pasado de muerte a vida” (Jn. 5:24).

“Pues si vivimos, para el Señor vivimos; y si morimos, para el Señor morimos. Así pues, sea que vivamos, o que muramos, del Señor somos” (Ro. 14:8).

“Porque nosotros que vivimos, siempre estamos entregados a muerte por causa de Jesús, para que también la vida de Jesús se manifieste en nuestra carne mortal” (2 Co. 4:11).

“Con Cristo estoy juntamente crucificado, y ya no vivo yo, mas vive Cristo en mí; y lo que ahora vivo en la carne, lo vivo en la fe del Hijo de Dios, el cual me amó y se entregó a sí mismo por mí” (Gá. 2:20).

“Porque para mí el vivir es Cristo, y el morir es ganancia” (Fil. 1:21).

“Conforme a la fe murieron todos éstos sin haber recibido lo prometido, sino mirándolo de lejos, y creyéndolo, y saludándolo, y confesando que eran extranjeros y peregrinos sobre la tierra” (He. 11:13).

“Pero nosotros esperamos, según sus promesas, cielos nuevos y tierra nueva, en los cuales mora la justicia. Por lo cual, oh amados, estando en espera de estas cosas, procurad con diligencia ser hallados por él sin mancha e irreprensibles, en paz” (2 P. 3:13-14).

“Nosotros sabemos que hemos pasado de muerte a vida, en que amamos a los hermanos. El que no ama a su hermano, permanece en muerte” (1 Jn. 3:14).

“Vi un cielo nuevo y una tierra nueva; porque el primer cielo y la primera tierra pasaron, y el mar ya no existía más” (Ap. 21:1).

3 (1:22-23) ***Creyente, Vida:*** El gran creyente cristiano tiene un gran dilema: Vivir o partir y estar con Cristo. La palabra “partir” (analusai) es descriptiva. Tiene un significado doble que le habla al corazón del creyente.

1. Significa romper; aflojar como en un campamento las sogas de una tienda. Es la imagen de dejar, empacar y mudarse a otro lado. La misma imagen se aplica al creyente cuando *parte* de esta vida. No cesa de existir, simplemente abandona el lugar y se muda a otro campamento, de hecho, un campamento perfecto.

2. Significa aflojar los amarres de un barco, levantar anclas y fijar rumbo hacia otro puerto. Nuevamente, el creyente no cesa de existir, simplemente afloja las amarras de su vida, levanta anclas y fija rumbo hacia la presencia eterna de Dios.

Pablo dice que está atrapado entre dos grandes deseos:

 Un deseo es vivir una vida de servicio provechoso para el Señor Jesucristo.

 El otro deseo es partir y poder estar con Cristo, lo que es mucho mejor.

La mente natural se cuestiona cómo una persona que está en sus cabales podría desear morir. El motivo tiene una respuesta simple: El creyente genuino no muere, nunca degusta la muerte. Es transferido ante la presencia de Cristo. De inmediato –más rápido que un parpadeo– el creyente es transportado al mundo perfecto de Dios que es denominado cielo. El creyente es perfeccionado, nunca más sufrirá dolor, sufrimientos, pecados, corrupción, enfermedad, debilidad, deformidad, desilusión, temor, pérdida o muerte. Será perfeccionado para obrar por Cristo en todos los nuevos cielos y tierra, y servirá y adorará a Cristo por los siglos de los siglos. Las promesas de Dios al creyente son fenomenales, simplemente explotan en la mente humana. Es por este motivo que el creyente puede declarar: “Morir es ganancia”.

 Está la promesa de no morir nunca y de vivir por siempre con Cristo.

“Porque de tal manera amó Dios al mundo, que ha dado a su Hijo unigénito, para que todo aquel que en él cree, no se pierda, mas tenga vida eterna” (Jn. 3:16).

"De cierto, de cierto os digo: El que oye mi palabra, y cree al que me envió, tiene vida eterna; y no vendrá a condenación, mas ha pasado de muerte a vida" (Jn. 5:24).

"Pero que ahora [la gracia de Dios] ha sido manifestada por la aparición de nuestro Salvador Jesucristo, el cual quitó la muerte y sacó a luz la vida y la inmortalidad por el evangelio" (2 Ti. 1:10).

- Está la promesa más querida para el corazón de todo creyente fiel, la promesa de estar con el Señor Jesucristo por los siglos de los siglos.

"En la casa de mi Padre muchas moradas hay; si así no fuera, yo os lo hubiera dicho; voy, pues, a preparar lugar para vosotros. Y si me fuere y os preparare lugar, vendré otra vez, y os tomaré a mí mismo, para que donde yo estoy, vosotros también estéis" (Jn. 14:2-3).

"Pero confiamos, y más quisiéramos estar ausentes del cuerpo, y presentes al Señor" (2 Co. 5:8).

"Porque el Señor mismo con voz de mando, con voz de arcángel, y con trompeta de Dios, descenderá del cielo; y los muertos en Cristo resucitarán primero. Luego nosotros los que vivimos, los que hayamos quedado, seremos arrebatados juntamente con ellos en las nubes para recibir al Señor en el aire, y así estaremos siempre con el Señor" (1 Ts. 4:16-17).

- Está la promesa de recibir un cuerpo glorioso tal como el cuerpo glorioso de nuestro Señor.

"Pero esto digo, hermanos: que la carne y la sangre no pueden heredar el reino de Dios, ni la corrupción hereda la incorrupción. He aquí, os digo un misterio: No todos dormiremos; pero todos seremos transformados, en un momento, en un abrir y cerrar de ojos, a la final trompeta; porque se tocará la trompeta, y los muertos serán resucitados incorruptibles, y nosotros seremos transformados. Porque es necesario que esto corruptible se vista de incorrupción, y esto mortal se vista de inmortalidad" (1 Co. 15:50-53).

"El cual transformará el cuerpo de la humillación nuestra, para que sea semejante al cuerpo de la gloria suya, por el poder con el cual puede también sujetar a sí mismo todas las cosas" (Fil. 3:21).

"Cuando Cristo, vuestra vida, se manifieste, entonces vosotros también seréis manifestados con él en gloria" (Col. 3:4).

"Entonces los justos resplandecerán como el sol en el reino de su Padre. El que tiene oídos para oír, oiga" (Mt. 13:43).

- Está la promesa de convertirse en heredero de Dios.

"El Espíritu mismo da testimonio a nuestro espíritu, de que somos hijos de Dios. Y si hijos, también herederos; herederos de Dios y coherederos con Cristo, si es que padecemos juntamente con él, para que juntamente con él seamos glorificados" (Ro. 8:16-17).

- Está la promesa de gobernar y reinar con Cristo por los siglos de los siglos.

"Su señor le dijo: Bien, buen siervo y fiel; sobre poco has sido fiel, sobre mucho te pondré; entra en el gozo de tu señor" (Mt. 25:23).

"No habrá allí más noche; y no tienen necesidad de luz de lámpara, ni de luz del sol, porque Dios el Señor los iluminará; y reinarán por los siglos de los siglos" (Ap. 22:5).

Se podría enumerar promesa tras promesa, y motivo tras motivo respecto de por qué el creyente fiel a veces anhela estar con el Señor. Como tan excelentemente lo expresa Barclay, será un día glorioso de *unión y reunión,* un día glorioso de unión con nuestro maravilloso Señor y un día glorioso de reunión con todos nuestros seres queridos que se han ido antes que nosotros (*The Letters to the Philippians, Colossians and Thessalonians,* [Las cartas a los filipenses, colosenses y tesalonicenses], p. 34). La única palabra que puede expresar adecuadamente todo lo que Dios tiene preparado para nosotros que lo conocemos es la palabra que es la misma en todos los idiomas humanos: *¡Aleluya!*

"Por tanto, también vosotros estad preparados; porque el Hijo del Hombre vendrá a la hora que no pensáis" (Mt. 24:44).

"Velad, pues, porque no sabéis cuándo vendrá el señor de la casa; si al anochecer, o a la medianoche, o al canto del gallo, o a la mañana" (Mr. 13:35).

"Estén ceñidos vuestros lomos, y vuestras lámparas encendidas; y vosotros sed semejantes a hombres que aguardan a que su señor regrese de las bodas, para que cuando llegue y llame, le abran en seguida" (Lc. 12:35-36).

4 (1:24-26) ***Creyente, Ministerio:*** El gran creyente cristiano tiene una gran voluntad: Servir con sacrificio. Este es un mensaje interesante de Pablo. Sentado allí, en prisión, esperando el juicio que determinaría si viviría o moriría, algo le sucedió a Pablo. Ya sea por pensar en las necesidades que existían en el mundo y en las iglesias o a través del Espíritu Santo, Pablo se convenció de que sería hallado inocente de las falsas acusaciones y liberado de prisión. Pero advierta por qué: No fue por sí y el gozo de la vida, sino para que pudiera seguir ministrando.

El punto a ver aquí es el corazón de Pablo, cuánto anhelaba llegar a la gente por Cristo y satisfacer las necesidades de un mundo que gira bajo el peso de la desesperación.

"Así que, sigamos lo que contribuye a la paz y a la mutua edificación" (Ro. 14:19).

"Cada uno de nosotros agrade a su prójimo en lo que es bueno, para edificación" (Ro. 15:2).

"Y él mismo constituyó a unos, apóstoles; a otros, profetas; a otros, evangelistas; a otros, pastores y maestros, a fin de perfeccionar a los santos para la obra del ministerio, para la edificación del cuerpo de Cristo" (Ef. 4:11-12).

	E. Las señales de la gran iglesia cristiana, 1:27-30		
1 Señal 1: Conducta cristiana, ciudadanía celestial **2 Señal 2: Honrar el evangelio** **3 Señal 3: Estar firmes** a. Se debe estar firme en el espíritu y en la mente b. Se debe estar firme en luchar juntos por la fe del evangelio	27 Solamente que os comportéis como es digno del evangelio de Cristo, para que o sea que vaya a veros, o que esté ausente, oiga de vosotros que estáis firmes en un mismo espíritu, combatiendo unánimes por la fe del evangelio,	28 y en nada intimidados por los que se oponen, que para ellos ciertamente es indicio de perdición, mas para vosotros de salvación; y esto de Dios. 29 Porque a vosotros os es concedido a causa de Cristo, no sólo que creáis en él, sino también que padezcáis por él, 30 teniendo el mismo conflicto que habéis visto en mí, y ahora oís que hay en mí.	**4 Señal 4: Coraje y audacia** a. La persecución es una señal de destrucción b. La persecución es una señal de salvación c. La persecución es un privilegio d. Pablo dejó un ejemplo dinámico al soportar la persecución

DIVISIÓN I

LAS SEÑALES DEL PUEBLO DE DIOS, 1:1-30

E. Las señales de la gran iglesia cristiana, 1:27-30

(1:27-30) ***Introducción:*** Pablo estaba en prisión. Enfrentaba un delito capital y había una gran chance de que pudiera ser ejecutado. Él no lo pensaba, pero estaba dicha posibilidad. No estaba seguro de volver a ver nuevamente la iglesia filipense, de modo que se sentó a escribirles. ¿Qué diría usted si le escribiera a un grupo de personas de Dios por última vez? Uno de los temas que le preocupaban a Pablo era el tema de este pasaje: Las señales de una gran iglesia. La iglesia filipense era una gran iglesia, y Pablo quería que permaneciera siendo grande. Por lo tanto, revisó con ellos las señales de una gran iglesia cristiana.

1. Señal 1: Conducta cristiana, ciudadanía celestial (v. 27).
2. Señal 2: Honrar el evangelio (v. 27).
3. Señal 3: Estar firmes (v. 27).
4. Señal 4: Coraje y audacia (vv. 28-30).

[1] (1:27) ***Ciudadanía, celestial, Creyentes, deber:*** La primera señal de una gran iglesia es una *conducta cristiana* o ciudadanía celestial. La palabra "conversación" o "conducta" (politeuesthe) es significativa. A. T. Robertson señala que esta palabra se emplea sólo dos veces en el Nuevo Testamento (Hch. 23:1; Fil. 1:27) (*Word Pictures in the New Testament,* [Imágenes de palabras en el Nuevo Testamento], vol. 4, p. 441). Por lo general, cuando el Nuevo Testamento hace referencia al comportamiento o la conducta, emplea una palabra que significa cómo debería caminar una persona día tras día (peripatein). Pero Pablo cambia la palabra al escribirle a los filipenses. ¿Por qué? El motivo es significativo. Como se manifestó en el material introductorio, Filipos era una orgullosa colonia romana. De hecho, era famosa por ser una Roma en miniatura. Una ciudad se convertía en colonia romana en dos formas. Al principio Roma fundó colonias en las fronteras del Imperio para mantener la paz y protegerse contra invasiones de las hordas bárbaras. A los soldados veteranos, listos para su retiro, por lo general se les otorgaba la ciudadanía si se radicaban en estas colonias. Más tarde, sin embargo, se le otorgaba a una ciudad el título distintivo de una colonia romana por la lealtad y el servicio al Imperio. Lo distintivo de estas colonias era su lealtad fanática a Roma. Los ciudadanos mantenían todos sus lazos con Roma: el idioma, los títulos, las costumbres, los asuntos y la forma de vestir. Se rehusaban a permitir toda infiltración o influencia local de cualquier tipo. Rechazaban por completo la influencia del mundo que los rodeaba. Eran colonos romanos dentro de un entorno extranjero.

Este es el motivo por el cual Pablo utiliza la palabra *politeuesthe.* Significa conducta y comportamiento, pero más precisamente significa la *conducta y el comportamiento de la ciudadanía,* de una persona que es ciudadana de una gran nación. La iglesia filipense sabía exactamente lo que Pablo estaba diciendo: ellos eran ciudadanos del cielo. Por lo tanto, debían...

- Mantener un vínculo estrecho con el cielo.
- Hablar el lenguaje limpio y puro del cielo.
- Llevar el título del cielo, cristiano, y hacerlo con orgullo.
- Dar testimonio de las costumbres del cielo.
- Llevar adelante los asuntos del cielo.
- Vestirse como ciudadanos del cielo.
- No permitir ninguna infiltración o influencia mundana de ningún tipo.
- Vivir y conducirse como una colonia celestial dentro de un entorno contaminado y agonizante.

"Y esto pido en oración, que vuestro amor abunde aun más y más en ciencia y en todo conocimiento, para que aprobéis lo mejor, a fin de que seáis sinceros e irreprensibles para el día de Cristo" (Fil. 1:9-10).

"Ninguno tenga en poco tu juventud, sino sé ejemplo de los creyentes en palabra, conducta, amor, espíritu, fe y pureza" (1 Ti. 4:12).

"¿Quién es sabio y entendido entre vosotros? Muestre por la buena conducta sus obras en sabia mansedumbre" (Stg. 3:13).

"Pero el día del Señor vendrá como ladrón en la noche; en el cual los cielos pasarán con grande estruendo, y los elementos ardiendo serán deshechos, y la tierra y las obras que en ella hay serán quemadas. Puesto que todas estas cosas han de ser deshechas, ¡cómo no debéis vosotros andar en santa y piadosa manera de vivir, esperando y apresurándoos para la venida del día de Dios, en el cual los cielos, encendiéndose, serán deshechos, y los elementos, siendo quemados, se fundirán!

Pero nosotros esperamos, según sus promesas, cielos nuevos y tierra nueva, en los cuales mora la justicia" (2 P. 3:10-13).

2 (1:27) ***Iglesia, Creyentes:*** La segunda señal de una gran iglesia es honrar el evangelio. La palabra "digno" (axios) significa encajar, corresponder, ser adecuado, ser digno. La conducta del creyente debe...

- Encajar con el evangelio que profesa.
- Corresponder al evangelio que profesa.
- Ser adecuada al evangelio que profesa.
- Ser digna del evangelio que profesa.

Ninguna iglesia ni ningún creyente dentro de la iglesia debe traer deshonra al evangelio. Si la persona profesa el evangelio debe vivir digno del evangelio. Su conducta y comportamiento debe encajar y corresponderse con el evangelio que profesa.

Lehman Strauss señala que esta es la imagen de vestimenta que con tanta frecuencia acentúan las Escrituras (*Devotional Studies in Philippians,* [Estudios devocionales en filipenses], p. 94). Con frecuencia decimos que una prenda de vestir le sienta a una persona. Lo que queremos decir es que la ropa coincide con y aumenta la apariencia y la personalidad de la persona. Lo mismo sucede con el evangelio de Cristo. Si nos colocamos el evangelio, debemos vestir el evangelio. Las Escrituras declaran:

"No defraudando, sino mostrándose fieles en todo, para que en todo *adornen* la doctrina de Dios nuestro Salvador" (Tit. 2:10).

"Pero ahora dejad también vosotros todas estas cosas: ira, enojo, malicia, blasfemia, palabras deshonestas de vuestra boca. No mintáis los unos a los otros, habiéndoos despojado del viejo hombre con sus hechos, y revestido del nuevo, el cual conforme a la imagen del que lo creó se va renovando hasta el conocimiento pleno" (Col. 3:8-10).

"*Vestíos,* pues, como escogidos de Dios, santos y amados, de entrañable misericordia, de benignidad, de humildad, de mansedumbre, de paciencia; soportándoos unos a otros, y perdonándoos unos a otros si alguno tuviere queja contra otro. De la manera que Cristo os perdonó, así también hacedlo vosotros. Y sobre todas estas cosas vestíos de amor, que es el vínculo perfecto" (Col. 3:12-14).

3 (1:27) ***Estar firmes, Iglesia:*** La tercera señal de una gran iglesia es estar firmes. Recuerde que Pablo estaba en prisión, esperando el juicio por un crimen capital. Existía la posibilidad de que fuera ejecutado por un crimen falso. Pensaba que sería liberado, pero no estaba completamente seguro. Por lo tanto, ya fuera que pudiera regresar a la iglesia o no, había una exhortación muy necesaria que la iglesia debía seguir: la de estar firmes.

1. La iglesia debe estar firme en la *unidad:* con *"un espíritu... unánimes".*

 Un espíritu significa que todos los miembros de una iglesia deben nacer de nuevo por el Espíritu de Cristo. Todos los miembros deben tener un espíritu renovado de la misma fuente, de la misma Persona. Todos deben estar comprometidos al Señor Jesucristo. Todos deben entregarle su corazón.

 Unánimes significa que todos los miembros deben tener el mismo propósito. Todos deben concentrarse en el propósito de Jesucristo.

El punto es este: El mundo –sus pueblos, sus familias y sus naciones– puede estar separado y dividido, peleando y difiriendo, discutiendo y estando en desacuerdo, peleándose y divorciándose, haciendo la guerra y matando, buscando y aferrándose, pero la iglesia no debe vivir de ese modo. La iglesia debe estar unificada, debe ser un espíritu unánime: uno en el corazón y uno en el propósito.

"Os ruego, pues, hermanos, por el nombre de nuestro Señor Jesucristo, que habléis todos una misma cosa, y que no haya entre vosotros divisiones, sino que estéis perfectamente unidos en una misma mente y en un mismo parecer" (1 Co. 1:10).

"Por lo demás, hermanos, tened gozo, perfeccionaos, consolaos, sed de un mismo sentir, y vivid en paz; y el Dios de paz y de amor estará con vosotros" (2 Co. 13:11).

"Solícitos en guardar la unidad del Espíritu en el vínculo de la paz" (Ef. 4:3).

"Solamente que os comportéis como es digno del evangelio de Cristo, para que o sea que vaya a veros, o que esté ausente, oiga de vosotros que estáis firmes en un mismo espíritu, combatiendo unánimes por la fe del evangelio" (Fil. 1:27).

"Nada hagáis por contienda o por vanagloria; antes bien con humildad, estimando cada uno a los demás como superiores a él mismo; no mirando cada uno por lo suyo propio, sino cada cual también por lo de los otros" (Fil. 2:3-4).

"Finalmente, sed todos de un mismo sentir, compasivos, amándoos fraternalmente, misericordiosos, amigables" (1 P. 3:8).

2. La iglesia debe estar firme combatiendo juntos por la fe del evangelio. Las palabras "combatiendo unánimes" (sunathlountes) están tomadas de un contexto atlético. Es la imagen de un equipo que trabaja y lucha junto contra una fuerte oposición (cp. un equipo de fútbol). La iglesia –cada miembro de ella– debe combatir por la fe del evangelio: combatir, trabajar, luchar, pujar, ejercer toda la energía posible, todos cooperando juntos, sin ninguna persona que renuncie o de un paso al costado o se vaya del campo de juego. La oposición es difícil, por lo tanto, la fe del evangelio necesita a cada miembro trabajando y luchando juntos.

"Así que, hermanos míos amados, estad firmes y constantes, creciendo en la obra del Señor siempre, sabiendo que vuestro trabajo en el Señor no es en vano" (1 Co. 15:58).

"Este testimonio es verdadero; por tanto, repréndelos duramente, para que sean sanos en la fe" (Tit. 1:13).

"Sed sobrios, y velad; porque vuestro adversario el diablo, como león rugiente, anda alrededor buscando a quien devorar; al cual resistid firmes en la fe, sabiendo que los mismos padecimientos se van cumpliendo en vuestros hermanos en todo el mundo" (1 P. 5:8-9).

"Así que vosotros, oh amados, sabiéndolo de antemano, guardaos, no sea que arrastrados por el error de los inicuos, caigáis de vuestra firmeza" (2 P. 3:17).

"Amados, por la gran solicitud que tenía de escribiros acerca de nuestra común salvación, me ha sido necesario escribiros exhortándoos que contendáis ardientemente por la fe que ha sido una vez dada a los santos" (Jud. 3).

[4] (1:28-30) ***Valor, Persecución:*** La cuarta señal de una gran iglesia es el valor y la falta de intimidación. Ser un creyente cristiano en un mundo corrupto es algo arduo. Las personas se oponen a nuestra posición por Cristo y la justicia. Puede ser la puerta de al lado, la oficina, la escuela o en cientos de otros lugares, el creyente cristiano a veces es...

- evitado
- ignorado
- maldecido
- injuriado
- ridiculizado
- rechazado
- cuestionado
- perseguido
- burlado
- pasado por alto
- abusado
- encarcelado
- aislado
- desviado
- mal tratado
- martirizado

Advierta la exhortación: No debemos dejar intimidarnos por nuestros adversarios. Hay cuatro razones por qué no.

1. La persecución es una señal de que los perseguidores están destinados. Y advierta: Esta es una señal *para ellos.* El Espíritu de Dios es capaz de tomar su persecución y sentenciar sus corazones del mal que están haciendo. Su persecución de otro ser humano golpea el hecho de la condena y el juicio en sus corazones, los sentencia, y mediante esa sentencia tienen una mayor oportunidad de ser salvos.

2. La persecución es una señal de salvación para nosotros. Por supuesto, no es la única señal, pero es una señal. Si un creyente está firme en la persecución, es una clara señal de que está siendo fortalecido por el Espíritu de Dios y es un verdadero creyente.

3. La persecución es un privilegio, no un terror. Cuando nos persiguen, sufrimos por Cristo, la Majestad Soberana del universo. Cristo no es algún *rebelde insignificante,* algún *líder de hombres* que se esconde en algún sitio remoto que nos avergüenza y del que deberíamos sentirnos avergonzados. Cristo es el Hijo de Dios, el Señor de los señores, el Dios del universo, la Majestad Soberana de todo. Es un privilegio contarnos entre sus seguidores y representarlo. Si llegamos a ser acorralados por quienes se oponen y rebelan en su contra, no debemos negarlo, ni sentir vergüenza por poseer su nombre. No nos debe intimidar la persecución. Es el honor más elevado imaginable representar y servir al Señor Dios de todo. Él vendrá pronto para someter a todos los oponentes y a gobernar y reinar por sobre todo. No podríamos tener un privilegio mayor que el de preparar su camino, incluso si algunos se oponen a nosotros.

4. Pablo (y otros) habían dejado a la iglesia un ejemplo dinámico para seguir al soportar la persecución. Pablo había sido arrestado, golpeado y encarcelado cuando estaba en Filipos, y la iglesia había presenciado toda la escena. Lo soportó todo por Cristo. Por lo tanto, nosotros debemos seguir sus pasos y soportar toda persecución que se lance en contra de nosotros, todo por Cristo. El gran soldado cristiano puede soportarlo, a través de la presencia y del poder de Cristo, soportarlo como un gran soldado cristiano por Cristo.

"Y guardaos de los hombres, porque os entregarán a los concilios, y en sus sinagogas os azotarán" (Mt. 10:17).

"Entonces os entregarán a tribulación, y os matarán, y seréis aborrecidos de todas las gentes por causa de mi nombre" (Mt. 24:9).

"Acordaos de la palabra que yo os he dicho: El siervo no es mayor que su señor. Si a mí me han perseguido, también a vosotros os perseguirán; si han guardado mi palabra, también guardarán la vuestra" (Jn. 15:20).

"Porque a vosotros os es concedido a causa de Cristo, no sólo que creáis en él, sino también que padezcáis por él" (Fil. 1:29).

"A fin de que nadie se inquiete por estas tribulaciones; porque vosotros mismos sabéis que para esto estamos puestos" (1 Ts. 3:3).

"Y también todos los que quieren vivir piadosamente en Cristo Jesús padecerán persecución" (2 Ti. 3:12).

"Amados, no os sorprendáis del fuego de prueba que os ha sobrevenido, como si alguna cosa extraña os aconteciese, sino gozaos por cuanto sois participantes de los padecimientos de Cristo, para que también en la revelación de su gloria os gocéis con gran alegría. Si sois vituperados por el nombre de Cristo, sois bienaventurados, porque el glorioso Espíritu de Dios reposa sobre vosotros. Ciertamente, de parte de ellos, él es blasfemado, pero por vosotros es glorificado" (1 P. 4:12-14).

"Pero si alguno padece como cristiano, no se avergüence, sino glorifique a Dios por ello" (1 P. 4:16).

"Todos tus mandamientos son verdad; sin causa me persiguen; ayúdame" (Sal. 119:86).

1 El rasgo de consuelo **2 El rasgo de amor** **3 El rasgo de comunión en el Espíritu** **4 El rasgo de la compasión**	**CAPÍTULO 2** **II. LOS PASOS HACIA LA UNIDAD, 2:1-18** **A. Cristo: Los rasgos de su vida en nosotros, 2:1-4** 1 Por tanto, si hay alguna consolación en Cristo, si algún consuelo de amor, si alguna comunión del Espíritu, si algún afecto entrañable, si alguna misericordia,	2 completad mi gozo, sintiendo lo mismo, teniendo el mismo amor, unánimes, sintiendo una misma cosa. 3 Nada hagáis por contienda o por vanagloria; antes bien con humildad, estimando cada uno a los demás como superiores a él mismo; 4 no mirando cada uno por lo suyo propio, sino cada cual también por lo de los otros.	**5 El rasgo de la preocupación por el gozo del otro** **6 El rasgo de la humildad** **7 El rasgo de controlar el interés propio o de concentrarse en uno mismo**

DIVISIÓN II

LOS PASOS HACIA LA UNIDAD, 2:1-18

A. Cristo: Los rasgos de su vida en nosotros, 2:1-4

(2:1-4) ***Introducción:*** La iglesia filipense era una iglesia fuerte, una iglesia muy fuerte. Cuando una iglesia es fuerte, siempre está llena de visión y planificación y siempre está elaborando una estrategia para dar a conocer el evangelio. Una iglesia fuerte lanza ministerio tras ministerio y programa tras programa. Nunca se queda quieta y nunca es complaciente, ni las mentes de las personas ni sus manos. Debido a esto, siempre existe el peligro de diferencias de opinión: diferencias en la visión, en los deseos, en las preocupaciones, en el énfasis y en el interés. Siempre hay ideas diferentes en cuanto a qué ministerio o proyecto debería emprenderse y apoyarse y una innumerable cantidad de otras diferencias.

El punto es este: Cuánta más fortaleza y actividad tiene una iglesia, más atención debe prestarle a la unidad. ¿Por qué? Porque una iglesia fuerte tiene más mentes y cuerpos trabajando, y donde hay más personas trabajando suelen surgir más diferencias. En consecuencia, los miembros deben prestarle más atención a la unidad.

Pablo sabía esto, sabía que tenía que poner en alerta a la iglesia filipense. La iglesia debía protegerse de la desunión y la división. Este es el tema del capítulo dos: Los pasos hacia la unidad (2:1-18).

El primer paso hacia la unidad es Cristo, permitir que su vida sea vivida en nosotros. En particular hay siete rasgos que mantendrán unida y unificada a la iglesia.

1. El rasgo de consuelo (v. 1).
2. El rasgo de amor (v. 1).
3. El rasgo de comunión en el Espíritu (v. 1).
4. El rasgo de la compasión (v. 1).
5. El rasgo de la preocupación por el gozo del otro (v. 2).
6. El rasgo de la humildad (v. 3).
7. El rasgo de controlar el interés propio o de concentrarse en uno mismo (v. 4).

[1] (2:1) ***Consuelo, Aliento:*** Está el rasgo del consuelo (paraklesis). La palabra significa muchas cosas a lo largo de las Escrituras, pero en este contexto significa aliento, consuelo, solaz, exhortación y fortalecimiento. Advierta que este rasgo es una característica de Cristo mismo. El mismo palpitar de su Espíritu es alentar, consolar y fortalecer a los creyentes para que sean uno en espíritu y que se ocupen del ministerio de su iglesia. Cristo no quiere murmuraciones, quejas, disturbios ni debilidades de unidad dentro de la iglesia. El Espíritu de Cristo tomará a la persona molesta o sufriente y...

- La consolará
- La confortará
- La alentará
- La fortalecerá

Ahora observe el tema del versículo dos:

- "Sintiendo lo mismo", ser tal como Cristo: Consolar, confortar, alentar, exhortar y fortalecer unos a otros.

Que absolutamente nada interfiera con el espíritu de unidad de la iglesia. Pero advierta, no sólo debemos ayudar a los que están perturbados, sino que debemos dejar fluir el aliento y el consuelo de Cristo en nosotros cuando estamos perturbados. Cuando estamos perturbados, debemos dejar que Cristo nos consuele, y cuando los demás están perturbados, debemos consolarlos. Imagine el espíritu de unidad que fluiría en una iglesia si todos los miembros dejaran que el consuelo de Cristo fluyera a través de ellos. No habría murmuraciones, ni quejas ni perturbaciones, ningún tipo de desunión.

"No os dejaré huérfanos; vendré a vosotros" (Jn. 14:18).

"Por lo cual, animaos unos a otros, y edificaos unos a otros, así como lo hacéis" (1 Ts. 5:11).

"Consolaos, consolaos, pueblo mío, dice vuestro Dios" (Is. 40:1).

[2] (2:1) ***Amor:*** Está el rasgo del amor. Hay un consuelo (paramuthion) de amor que está en Cristo. El amor de Cristo motiva a una persona a mantener la unidad con otros creyentes. La palabra "amor" es *amor ágape,* el amor que es altruista y de sacrificio. *El amor ágape* es el amor de la mente, de la razón y de la voluntad. Es el amor que va tan lejos...

- Que ama a una persona incluso si esta no merece ser amada.
- Que en realidad ama a la persona que es totalmente inmerecedora de ser amada.

El amor ágape es el amor de Cristo, el amor que Él demostró cuando se entregó y se sacrificó por nosotros. Nosotros no lo merecíamos y éramos totalmente inmerecedores de dicho amor, y sin embargo Cristo nos amó a pesar de todo.

Imagine el espíritu de unidad que existiría dentro de una iglesia si todo miembro dejara que el amor de Cristo fluyera a través de él. No habría resentimiento, enojo ni rivalidad, ninguna acción que pudiera herir a otra persona. Si la persona se equivocó y mereció castigo, los miembros de la iglesia se sacrificarían y se entregarían por él. Advierta el versículo dos:

- "Teniendo el mismo amor", el mismo amor que Cristo tuvo por usted.

"Un mandamiento nuevo os doy: Que os améis unos a otros; *como yo os he amado,* que también os améis unos a otros. En esto conocerán todos que sois mis discípulos, si tuviereis amor los unos con los otros" (Jn. 13:34-35).

"Este es mi mandamiento: Que os améis unos a otros, *como yo os he amado"* (Jn. 15:12).

"El amor sea sin fingimiento [hipocresía]. Aborreced lo malo, seguid lo bueno" (Ro. 12:9).

"Y el Señor os haga crecer y abundar en amor unos para con otros y para con todos, como también lo hacemos nosotros para con vosotros" (1 Ts. 3:12).

"Habiendo purificado vuestras almas por la obediencia a la verdad, mediante el Espíritu, para el amor fraternal no fingido, amaos unos a otros entrañablemente, de corazón puro" (1 P. 1:22).

3 (2:1) ***Espíritu Santo, Comunión:*** Está el rasgo de comunión en el Espíritu. Una vez que una persona ha confiado en Jesucristo como su Señor, el Espíritu de Dios hace dos cosas significativas por él.

- El Espíritu Santo entra al corazón del creyente y en su vida para consolar, guiar, enseñar, equipar y usarlo como un testigo para Cristo.
- El Espíritu Santo crea una unión espiritual entre el nuevo creyente y otros creyentes. Se funde y moldea el corazón del creyente de acuerdo a los corazones de otros creyentes. Une sus vidas y ellos se convierten uno en la vida y en el propósito. Tienen una vida en común participando de sus bendiciones, sus necesidades y dones juntos, todo centrado en su Señor y su propósito.

La mente del Espíritu Santo está fijada en la unidad y la comunión, todo centrado alrededor de Jesucristo y su misión. La iglesia y sus creyentes deben tener la misma mentalidad. No debe haber ningún tipo de elementos discordantes en la iglesia: Ninguna conversación sobre las diferencias, ningún anuncio de malas noticias, ningún chisme, rumores, camarillas, nada que obstaculizara o perturbara la comunión del Espíritu en la iglesia. Nuevamente, observe rápidamente el versículo dos:

- *"Unánimes",* mantener la unidad del Espíritu, la comunión del Espíritu.

4 (2:1) ***Compasión:*** Está el rasgo de la compasión. Este rasgo que motivó a Cristo a buscarnos. La compasión es la fuerza que lo impulsa a cuidarnos una y otra vez, incluso si estamos en rebelión y nos oponemos a Él. Podemos ser pendencieros, podemos incluso maldecirlo y levantar los brazos en contra de su movimiento. Pero su compasión lo lleva a cuidarnos mientras vivamos.

Si permitimos que su compasión fluya en nosotros, ¿no puede ver lo que sucedería en la iglesia? ¿Qué ocurriría si estuviéramos impulsados por la compasión para ir tras los que...

- Han sido heridos?
- Han estado en desacuerdo?
- Se han retirado?
- Han sido perturbados?
- Fueron críticos?

La lista podría seguir y seguir. Pero piense cuántos ya se hubieran reconciliado en la comunión de la iglesia si hubiéramos sido compasivos y los hubiéramos buscado. Sólo piense cuántos menos problemas hubieran sucedido si los hubiéramos buscado con *compasión* cuando apareció la primera diferencia.

El punto es este: Debemos dejar que la compasión de Cristo fluya en nosotros y a través de nosotros. Su compasión nos confortará cuando no estemos de acuerdo y nos sintamos perturbados. Nos motivará a buscar en compasión cuando otros difieren y están perturbados. La compasión de Jesucristo fluyendo en y a través de nosotros mantiene la unidad de la iglesia. También mantiene juntas nuestras mentes, las mantiene concentradas en las necesidades de un mundo al que debe alcanzarse y ministrarse en compasión.

"Así que, los que somos fuertes debemos soportar las flaquezas de los débiles, y no agradarnos a nosotros mismos" (Ro. 15:1).

"Sobrellevad los unos las cargas de los otros, y cumplid así la ley de Cristo" (Gá. 6:2).

"Porque no tenemos un sumo sacerdote que no pueda compadecerse de nuestras debilidades, sino uno que fue tentado en todo según nuestra semejanza, pero sin pecado. Acerquémonos, pues, confiadamente al trono de la gracia, para alcanzar misericordia y hallar gracia para el oportuno socorro" (He. 4:15-16).

"Finalmente, sed todos de un mismo sentir, compasivos, amándoos fraternalmente, misericordiosos, amigables" (1 P. 3:8).

"Como el padre se compadece de los hijos, se compadece Jehová de los que le temen" (Sal. 103:13).

"En toda angustia de ellos él fue angustiado, y el ángel de su faz los salvó; en su amor y en su clemencia los redimió, y los trajo, y los levantó todos los días de la antigüedad" (Is. 63:9).

5 (2:2) ***Gozo:*** Está el rasgo del gozo. Los creyentes de una iglesia deben preocuparse por el gozo del otro. Y advierta: Lo que trae gozo a una iglesia con más rapidez que nada es la unidad.

"Completad mi gozo, sintiendo lo mismo, teniendo el mismo amor, unánimes, sintiendo una misma cosa" (v. 2).

El punto que toca Pablo es simple pero directo: Su gozo en Cristo se hubiera satisfecho solo con una cosa: la unidad de la iglesia filipense. Los líderes y miembros de una iglesia por lo general encuentran el gozo en Cristo, pero su gozo únicamente puede ser satisfecho si existe unidad entre ellos.

El gozo siempre es perturbado cuando hay críticas, insatisfacción, quejas, murmuraciones, camarillas, oposición y una hueste de otros elementos negativos divisivos. Debemos adorar, planificar, organizar, programar, construir, emplear, financiar, ministrar y servir en el gozo de Cristo. Pero la única manera en que podemos hacer esto es...

- Siendo unánimes.
- Teniendo el mismo amor.
- Estando totalmente de acuerdo.
- Teniendo una única mentalidad.

"Estas cosas os he hablado, para que mi gozo esté en vosotros, y vuestro gozo sea cumplido" (Jn. 15:11).

"Hasta ahora nada habéis pedido en mi nombre; pedid, y recibiréis, para que vuestro gozo sea cumplido" (Jn. 16:24).

"Porque el reino de Dios no es comida ni bebida, sino justicia, paz y gozo en el Espíritu Santo" (Ro. 14:17).

"Os ruego, pues, hermanos, por el nombre de nuestro Señor Jesucristo, que habléis todos una misma cosa, y que no haya entre vosotros divisiones, sino que estéis perfectamente unidos en una misma mente y en un mismo parecer" (1 Co. 1:10).

"Por lo demás, hermanos, tened gozo, perfeccionaos, consolaos, sed de un mismo sentir, y vivid en paz; y el Dios de paz y de amor estará con vosotros" (2 Co. 13:11).

"Solícitos en guardar la unidad del Espíritu en el vínculo de la paz" (Ef. 4:3).

6 (2:3) ***Humildad, Humildad de mente:*** Está el rasgo de humildad o de humildad de mente. Advierta dos puntos significativos.

1. Una iglesia fuerte y activa siempre enfrentará dos problemas para poder levantar cabeza: *La rivalidad y la gloria vacía.*

a. Algunas personas simplemente se *esfuerzan* por otros. Ellos no han madurado en el Señor aún; por lo tanto, ellos se rinden ante los siguientes aspectos:

- hablar sobre diferencias
- deseo de posición
- amar la adulación
- celos
- deseo de reconocimiento
- formación de camarillas
- envidia
- oposición

Si no consiguen las cosas a su manera o lo que desean, luchan en contra de la iglesia o de otros miembros. El resultado es la desunión y la división, uno de los crímenes más terribles dentro de la iglesia de Dios.

"Nada hagáis por contienda o por vanagloria; antes bien con humildad, estimando cada uno a los demás como superiores a él mismo" (Fil. 2:3).

"Recuérdales esto, exhortándoles delante del Señor a que no contiendan sobre palabras, lo cual para nada aprovecha, sino que es para perdición de los oyentes" (2 Ti. 2:14).

"Porque el siervo del Señor no debe ser contencioso, sino amable para con todos, apto para enseñar, sufrido" (2 Ti. 2:24).

"Pero si tenéis celos amargos y contención en vuestro corazón, no os jactéis, ni mintáis contra la verdad" (Stg. 3:14).

"No tengas pleito con nadie sin razón, si no te han hecho agravio" (Pr. 3:30).

"Honra es del hombre dejar la contienda; mas todo insensato se envolverá en ella" (Pr. 20:3).

"No entres apresuradamente en pleito, no sea que no sepas qué hacer al fin, después que tu prójimo te haya avergonzado" (Pr. 25:8).

"El que pasando se deja llevar de la ira en pleito ajeno es como el que toma al perro por las orejas" (Pr. 26:17).

b. Algunas personas van a buscar gloria dentro de la iglesia. Pero advierta cómo lo llaman las Escrituras: Vanagloria, que significa gloria vacía. Algunas personas sólo quieren la atención, el reconocimiento, la posición, las adulaciones, las alabanzas, la honra. Quieren que la gente busque su consejo y opinión. Desean estar en los comités principales y ser reconocidos como un líder de la iglesia.

"Porque el que se enaltece será humillado, y el que se humilla será enaltecido" (Mt. 23:12).

"Hubo también entre ellos una disputa sobre quién de ellos sería el mayor" (Lc. 22:24).

"¿Cómo podéis vosotros creer, pues recibís gloria los unos de los otros, y no buscáis la gloria que viene del Dios único?" (Jn. 5:44).

"El que ama la disputa, ama la transgresión; y el que abre demasiado la puerta busca su ruina" (Pr. 17:19).

"Tú que decías en tu corazón: Subiré al cielo; en lo alto, junto a las estrellas de Dios, levantaré mi trono, y en el monte del testimonio me sentaré, a los lados del norte; sobre las alturas de las nubes subiré, y seré semejante al Altísimo" (Is. 14:13-14).

"Si te remontares como águila, y aunque entre las estrellas pusieres tu nido, de ahí te derribaré, dice Jehová" (Abd. 4).

2. El espíritu que debe prevalecer en una iglesia fuerte es el de la humildad y de la humildad de mente. De hecho, la única forma en que una iglesia puede permanecer fuerte y ser bendecida por Dios es que su gente ande en un espíritu de humildad (véase *Estudio a fondo 1, Humildad,* Fil. 2:3).

ESTUDIO A FONDO 1

(2:3) ***Humildad (tapeinophrosune), Humildad de mente (tapeinos):*** *Ofrecerse* como sumiso; caminar en un espíritu de humildad; *presentarse* como humilde y humilde de mente; ser de bajo grado y bajo rango; no ser arrogante, orgulloso, altivo o afirmativo.

Advierta: Una persona humilde puede tener una alta posición, poder, riqueza, fama y mucho más, pero tiene en sí un espíritu de humildad y sumisión. Se niega a sí mismo en nombre de Cristo y a fin de ayudar a los demás.

Los hombres siempre han considerado a la humildad como a un vicio. Un hombre humilde es, con frecuencia, considerado como un cobarde, un tipo de persona servil, despreciable, esclavizada. Los hombres le temen a la humildad. Sienten que la humildad es una señal de debilidad y que los hará objeto de desdén y abuso y que los excluirá y hará que lo ignoren.

Debido a todo esto, los hombres ignoran y no toman en cuenta la enseñanza de Cristo sobre la humildad. Esto es trágico:

 Puesto que se necesita un espíritu humilde para la salvación (Mt. 18:3-4).

 Porque la idea de Dios sobre la humildad no es la de debilidad ni la de cobardía.

Dios hace fuerte a la gente, lo más fuerte que pueden llegar a ser. Dios no quiere significar por humildad lo que significa para los hombres. Dios infunde un espíritu nuevo y fuerte dentro de una persona y hace que esa persona lo conquiste todo a lo largo de la vida. Él no quiere que una persona camine en el sendero del orgullo. Él quiere que la persona haga lo que dice la definición: *Ofrecerse* en un espíritu de sumisión y humildad; no actuar con soberbia, orgullo, altivez, arrogancia ni afirmación.

La humildad es algo que debe desarrollarse. Las Escrituras nos dicen cómo hacerlo:

> **"Llevad mi yugo sobre vosotros, y *aprended de mí,* que soy manso y humilde de corazón; y hallaréis descanso para vuestras almas" (Mt. 11:29).**
>
> **"Y dijo: De cierto os digo, que *si no os volvéis* y os hacéis como niños, no entraréis en el reino de los cielos. Así que, cualquiera que se humille como este niño, ése es el mayor en el reino de los cielos" (Mt. 18:3-4).**
>
> **"Porque el que se enaltece será humillado, y *el que se humilla* será enaltecido" (Mt. 23:12).**
>
> **"Unánimes entre vosotros; no altivos, sino asociándoos con los humildes. No seáis sabios en vuestra propia opinión" (Ro. 12:16).**
>
> **"Yo pues, preso en el Señor, os ruego que *andéis como es digno* de la vocación con que fuisteis llamados, con toda humildad y mansedumbre, soportándoos con paciencia los unos a los otros en amor" (Ef. 4:1-2).**
>
> **"Nada hagáis por contienda o por vanagloria; antes bien con humildad, estimando cada uno a los demás como superiores a él mismo; *no mirando* cada uno por lo suyo propio, sino cada cual también por lo de los otros" (Fil. 2:3-4).**
>
> **"*Vestíos,* pues, como escogidos de Dios, santos y amados, de entrañable misericordia, de benignidad, de humildad, de mansedumbre, de paciencia; soportándoos unos a otros, y perdonándoos unos a otros si alguno tuviere queja contra otro. De la manera que Cristo os perdonó, así también hacedlo vosotros" (Col. 3:12-13).**
>
> **"*Humillaos,* pues, bajo la poderosa mano de Dios, para que él os exalte cuando fuere tiempo" (1 P. 5:6).**

Contrario a lo que el mundo cree, la humildad cosecha beneficios increíbles. Un estudio a fondo de los versículos anteriores lo demuestra.

1. La humildad se da en una persona que va hacia Cristo y aprende de Él. Conduce a la evaluación propia, una evaluación valiente y honesta. Cuando una persona mira a Jesucristo, ve lo que debería ser y esto lo motiva a convertirse en lo que debería ser. Ve dónde debe mejorar y es conducido a llenar las brechas.
2. La humildad deriva en la conversión, garantizando nuestra entrada al reino del cielo.
3. La humildad deriva en nuestra exaltación por parte de Cristo en ese día glorioso de redención.
4. La humildad deriva en relaciones sanas y en beneficios comunitarios y sociales (cp. Ro. 12:16; Ef. 4:1-2; Fil. 2:3-4; Col. 3:12-13; 1 P. 5:6). Por ejemplo...
    - Reconoce y alaba a los demás.
    - Lleva a mejores relaciones.
    - Alienta y ayuda a los demás.
    - Motiva a los demás a crecer cada vez más.

Cristo exige que sus seguidores caminen en humildad. La práctica de la humildad exige dos cosas.

1. La humildad exige una evaluación sincera de uno mismo. Barclay señala esto (*"The Letters to the Philippians, Colossians, and Thessalonians,* [Las cartas a los filipenses, colosenses y tesalonicenses], p. 39). La humildad proviene de conocernos, tal como somos en realidad. Proviene de una apreciación sincera de nosotros mismos. Se necesita valor para mirar dentro de nosotros y se necesita sinceridad para vernos tal cual somos: Básicamente centrados en nosotros mismos, un manojo de admiración propia y amor propio. Solemos dramatizarnos. Solemos vernos a través de cristales color de rosa. Nos vemos...
    - En el centro de la acción.
    - Como el héroe de un rescate espectacular.
    - Como el gran político que marcha hacia la victoria.
    - Como el famoso deportista que salva el juego en el último segundo o que realiza una jugada récord.
    - Como la reina de la belleza que embelesa a las multitudes.
    - Como el trabajador más brillante.
    - Como el Príncipe Encantado o Cenicienta barriendo a otros de sus pies.

Siempre estamos en el centro de la escena. La humildad comienza a llegar cuando honestamente nos enfrentamos a nosotros mismos y admitimos nuestra calidad de estar centrados en nosotros mismos. El hecho de estar centrados en nosotros mismos debilita y limita las relaciones y los logros. La humildad alcanza su peso cuando perdemos nuestras vidas en la causa de Cristo y el bienestar de los demás.

2. La humildad requiere valor. Se necesita valor para ser honesto respecto de la propia actitud de estar centrado en uno mismo, y valor para convertirse o cambiar yendo hacia Cristo como un niño pequeño (Mt. 18:3-4). Se requiere valor para centrarse en Cristo y en las personas y para entregarnos a la causa de Cristo y de los demás.

> **"Unánimes entre vosotros; no altivos, sino asociándoos con los humildes. No seáis sabios en vuestra propia opinión" (Ro. 12:16).**
>
> **"Y si alguno se imagina que sabe algo, aún no sabe nada como debe saberlo" (1 Co. 8:2).**
>
> **"Porque el que se cree ser algo, no siendo nada, a sí mismo se engaña" (Gá. 6:3).**
>
> **"Porque todo lo que hay en el mundo, los deseos de la carne, los deseos de los ojos, y *la vanagloria de la vida,* no proviene del Padre, sino del mundo" (1 Jn. 2:16).**
>
> **"Porque tú salvas al pueblo afligido, mas tus ojos están sobre los altivos para abatirlos" (2 S. 22:28).**
>
> **"Con arrogancia el malo persigue al pobre; será atrapado en los artificios que ha ideado" (Sal. 10:2).**

"Cuando viene la soberbia, viene también la deshonra; mas con los humildes está la sabiduría" (Pr. 11:2).

"Ciertamente la soberbia concebirá contienda; mas con los avisados está la sabiduría" (Pr. 13:10).

"Antes del quebrantamiento es la soberbia, y antes de la caída la altivez de espíritu" (Pr. 16:18).

"Altivez de ojos, y orgullo de corazón, y pensamiento de impíos, son pecado" (Pr. 21:4).

"¿Has visto hombre sabio en su propia opinión? Más esperanza hay del necio que de él" (Pr. 26:12).

"El altivo de ánimo suscita contiendas; mas el que confía en Jehová prosperará" (Pr. 28:25).

"¡Ay de los sabios en sus propios ojos, y de los que son prudentes delante de sí mismos!" (Is. 5:21).

"Se destruyó, cayó la tierra; enfermó, cayó el mundo; enfermaron los altos pueblos de la tierra" (Is. 24:4).

"Si te remontares como águila, y aunque entre las estrellas pusieres tu nido, de ahí te derribaré, dice Jehová" (Abd. 4).

"He aquí que aquel cuya alma no es recta, se enorgullece; mas el justo por su fe vivirá" (Hab. 2:4).

"En aquel día no serás avergonzada por ninguna de tus obras con que te rebelaste contra mí; porque entonces quitaré de en medio de ti a los que se alegran en tu soberbia, y nunca más te ensoberbecerás en mi santo monte" (Sof. 3:11).

7 (2:4) ***Humildad:*** Está el rasgo de controlar el interés propio o lo que Barclay denomina concentración en el yo (The Letters to the Philippians, Colossians, and Thessalonians [Las carta a los filipenses, colosenses y tesalonicenses]), p. 40). Dicho de manera muy sencilla, un creyente cristiano debe olvidarse de sí. Debe dejar de mirar sus propias cosas, como...

- ambición
- ser rechazado
- no ser reconocido
- deseos
- ser pasado por alto
- no ser honrado
- posición
- ser desatendido
- no haber recibido una posición
- anhelos
- ser ignorado

Los creyentes deben concentrarse en Cristo y su ministerio para la gente y alcanzar el mundo con el glorioso evangelio de la salvación. No deben concentrarse en sí mismos. El mundo está demasiado necesitado y demasiado desesperado para que cualquier creyente se centre en sí mismo. Se necesita que todo creyente alcance a los perdidos y solos, a los introvertidos y desvalidos, a los hambrientos y a los que tienen frío, a los pecaminosos y destinados a juicio de su comunidad y ciudad, país y el mundo. Todo creyente no necesita estar pensando en sus propias cosas, sino en las cosas de los demás. Debe...

- visitar
- testificar
- transmitir
- aconsejar
- ministrar
- alimentar
- escuchar
- planificar
- ayudar
- vestir
- aconsejar
- enseñar

"Jesús le dijo: Si quieres ser perfecto, anda, vende lo que tienes, y dalo a los pobres, y tendrás tesoro en el cielo; y ven y sígueme" (Mt. 19:21).

"Fui forastero, y no me recogisteis; estuve desnudo, y no me cubristeis; enfermo, y en la cárcel, y no me visitasteis" (Mt. 25:43).

"Y decía a todos: Si alguno quiere venir en pos de mí, niéguese a sí mismo, tome su cruz cada día, y sígame. Porque todo el que quiera salvar su vida, la perderá; y todo el que pierda su vida por causa de mí, éste la salvará" (Lc. 9:23-24).

"Ninguno busque su propio bien, sino el del otro" (1 Co. 10:24).

"Como también yo en todas las cosas agrado a todos, no procurando mi propio beneficio, sino el de muchos, para que sean salvos" (1 Co. 10:33).

"Porque ya conocéis la gracia de nuestro Señor Jesucristo, que por amor a vosotros se hizo pobre, siendo rico, para que vosotros con su pobreza fueseis enriquecidos" (2 Co. 8:9).

"No mirando cada uno por lo suyo propio, sino cada cual también por lo de los otros" (Fil. 2:4).

	B. Humillarse, 2:5-11	haciéndose obediente hasta la muerte, y muerte de cruz.	total, hasta el punto mismo de la muerte
1 Cristo es el ejemplo supremo	5 Haya, pues, en vosotros este sentir que hubo también en Cristo Jesús,	9 Por lo cual Dios también le exaltó hasta lo sumo, y le dio un nombre que es sobre todo nombre,	**5 Cristo fue recompensado, exaltado hasta lo sumo por Dios** a. Se le dio un nombre por encima de todo otro nombre
2 Cristo es de la misma naturaleza de Dios	6 el cual, siendo en forma de Dios, no estimó el ser igual a Dios como cosa a que aferrarse,	10 para que en el nombre de Jesús se doble toda rodilla de los que están en los cielos, y en la tierra, y debajo de la tierra;	b. Se le dio poder y autoridad supremos
3 Cristo se vació a sí mismo y se convirtió en un hombre	7 sino que se despojó a sí mismo, tomando forma de siervo, hecho semejante a los hombres;	11 y toda lengua confiese que Jesucristo es el Señor, para gloria de Dios Padre.	c. Se le dio adoración suprema como Señor
4 Cristo se humilló hasta el punto de la humillación	8 y estando en la condición de hombre, se humilló a sí mismo,		

DIVISIÓN II

LOS PASOS HACIA LA UNIDAD, 2:1-18

B. Humillarse, 2:5-11

(2:5-11) ***Introducción:*** Este es uno de los más grandes pasajes jamás escritos sobre Jesucristo. Describe la imagen perfecta de la humildad, la humildad de Jesucristo. Nadie nunca ha llegado tan cerca de humillarse como lo hizo Jesucristo, y nadie lo hará. Sin embargo, si alguna vez se resuelven los problemas de la iglesia y del mundo, debemos humillarnos tal como lo hizo Cristo. Con demasiada frecuencia la iglesia está dividida, llena de críticas, murmuraciones, diferencias, celos, envidia, ambición, habladurías, sentimientos negativos y deseos de posición y reconocimiento. La única respuesta es la declaración de este pasaje: La humildad, dejar que la humildad de Jesús fluya en y dentro de nuestras mentes. La humildad es el segundo paso hacia la unidad. La unidad de una iglesia depende de una sola cosa: que sus miembros anden en humildad, en la humildad de Jesucristo.

1. Cristo es el ejemplo supremo (v. 5).
2. Cristo es de la misma naturaleza de Dios (v. 6).
3. Cristo se vació a sí mismo y se convirtió en un hombre (v. 7).
4. Cristo se humilló hasta el punto de la humillación total, hasta el punto mismo de la muerte (v. 8).
5. Cristo fue recompensado, exaltado hasta lo sumo por Dios (vv. 9-11).

[1] (2:5) ***Jesucristo, Humildad:*** Jesucristo es el ejemplo supremo de la humildad. Como se ha dicho, este es uno de los pasajes más importantes jamás escritos sobre Jesucristo. Muy sencillamente, el pasaje dice que Jesucristo es Dios, sin embargo Él se humilló y se convirtió en hombre. Jesucristo es la Persona que moró en toda la gloria de la perfección, pero Él se humilló y vino a este mundo corruptible que poco sabe más que de egoísmo, codicia y muerte. Simplemente imagine el enorme paso descendente que tuvo que dar Cristo para convertirse en un Hombre. Es totalmente imposible entender la humildad que se necesitó. Sin embargo, esto es exactamente lo que Él hizo y es lo que nosotros debemos hacer. La misma *mente* que existió en Jesucristo - que hizo que Cristo dejara todo lo que era y tenía- esa misma mente debe estar en nosotros. La única manera de poder resolver los problemas del mundo es que cada persona deje que la mente de Cristo fluya en su mente. Considere los problemas de...

- guerra
- egoísmo
- indulgencia
- hambre
- odio
- orgullo
- extravagancia
- falta de techo
- enojo
- altivez
- avaricia
- pobreza
- peleas
- acaparamiento
- codicia
- enfermedad
- abuso
- arrogancia
- robos
- celos
- prejuicio
- maldición
- envidia
- inmoralidad

La lista podría seguir y seguir. ¿Cómo podrán resolverse estos problemas a no ser que demos un paso adelante desde dónde estamos hasta dónde está la gente necesitada? Salvo que descendamos y nos humillemos, descendamos hasta donde se encuentra la gente que sufre, estos problemas nunca serán resueltos. Si somos realistas, la mayoría de las personas nunca lo harán. La mayoría de las personas no llevarán todo lo que son y tienen ni descenderán a donde realmente están las necesidades. Pero el cristiano debe hacerlo. Este es el tema de este pasaje: Jesucristo *fijó y centró su mente* en humillarse a sí mismo. Tomó todo lo que era y todo lo que tenía y descendió donde estábamos nosotros y satisfizo nuestra necesidad. Ahora...

"Haya, pues, en vosotros este sentir que hubo también en Cristo Jesús".

Tome la mente de Cristo y deje que fluya a través de usted. Deje que la mentalidad de la humildad y de la sumisión atraviese su mente. Tome todo lo que es y lo que tiene y descienda a dónde realmente están las necesidades. Haga todo lo que pueda para resolver la división y las camarillas, las quejas y las murmuraciones, la ambición egoísta y el orgullo, el deseo de posición y poder, la codicia y el egoísmo, el dolor y la aflicción, tanto en la iglesia como en el mundo. Humíllese y haga todo lo que pueda para resolver los terribles problemas que afligen a la iglesia y al mundo. Humíllese como lo hizo Cristo y forme parte de la solución y no del problema. Mire la mente de Cristo. Tómela como se la describe meticulosamente en las notas que siguen. No pierda la oportunidad de una eternidad, del glorioso privilegio de poseer la mente de Cristo mismo.

2 (2:6) ***Jesucristo, deidad:*** Cristo es de la misma naturaleza que Dios. Esto es algo crítico de advertir, puesto que significa...

- Que Jesucristo no era *como Dios;* Él es Dios.
- Que Jesucristo no *logró simplemente un alto nivel de justicia* cuando estuvo en la tierra. Él era la personificación misma de la justicia.
- Que Jesucristo no *caminó simplemente de manera más perfecta* que como caminan otros hombres, sino que Él era la misma *imagen (esencia) de la perfección.*
- Que Jesucristo no se convirtió en Dios cuando estuvo en la tierra. Había sido Dios durante toda la eternidad.

En este versículo hay tres puntos que demuestran claramente que Jesucristo es Dios. Que ha sido Dios a lo largo de toda la eternidad.

1. Jesucristo es del *"ser" de Dios.* La palabra "ser" (huparchon) significa existencia, lo que es una persona por dentro y por fuera. Es la esencia misma de una persona, lo que es una persona; esa parte de la persona que no puede cambiar. Es lo que una persona es y todo lo que es.

Esta es una verdad sumamente gloriosa porque significa que *Jesucristo es Dios;* Él es el mismo *ser de Dios.*

"En el principio era el Verbo, y el Verbo era con Dios, y el Verbo era Dios" (Jn. 1:1).

2. Jesucristo es *en forma de Dios.* La palabra forma (morphe) significa el ser permanente y constante de una persona. Es la propia esencia de una persona, esa parte de él que nunca cambia. Es el ser inmutable. Barclay argumenta que hay otra palabra otra palabra griega que se traduce como "forma" (schema). En contraposición, significa la forma efímera, exterior de una persona que siempre está cambiando. Por ejemplo, un hombre siempre cambia (schema) en su apariencia por edad o por moda. Pero su masculinidad (morphe) no cambia nunca. (*"The Letters to the Philippians, Colossians, and Thessalonians,* [Las cartas a los filipenses, colosenses y tesalonicenses], p. 44).

Esto significa algo glorioso. Jesús es de la misma esencia y ser e imagen de Dios. Él es divino, inmutable Dios mismo. Mora en la misma perfección y esencia de Dios; posee los mismos atributos de Dios.

"El cual, siendo el resplandor de su gloria, y *la imagen misma* de su sustancia, y quien sustenta todas las cosas con la palabra de su poder, habiendo efectuado la purificación de nuestros pecados por medio de sí mismo, se sentó a la diestra de la Majestad en las alturas" (He. 1:3).

"El es la imagen del Dios invisible, el primogénito de toda creación" (Col. 1:15).

3. Jesucristo es "igual a Dios" (griego). La palabra "igual" (isa) significa estar *en una base de igualdad con Dios;* poseer todas las virtudes y atributos de Dios mismo. Advierta también la palabra "aferrarse" (arpagmon). Es la imagen de un ladrón tratando de arrebatar o tomar algo que no es suyo. Cuando Jesucristo estuvo en la tierra, Él argumentaba constantemente...

- Que era Dios.
- Que era el Hijo de Dios.
- Que tenía la naturaleza de Dios.
- Que era uno con Dios.
- Que *estaba en pie de igualdad con Dios.*

¿Era Él un ladrón? ¿Estaba aferrándose y robando el título de Dios o era realmente Dios?

La respuesta es una gloriosa verdad. Jesucristo no tuvo que robar ni arrebatar para ser igual a Dios. Él no tuvo que robar ni aferrarse a la deidad de Dios. Ya estaba en pie de igualdad con Dios.

"Yo y el Padre uno somos" (Jn. 10:30).

"Jesús les respondió: Muchas buenas obras os he mostrado de mi Padre; ¿por cuál de ellas me apedreáis? Le respondieron los judíos, diciendo: Por buena obra no te apedreamos, sino por la blasfemia; porque tú, siendo hombre, te haces Dios" (Jn. 10:32-33).

"Jesús les dijo: De cierto, de cierto os digo: Antes que Abraham fuese, yo soy" (Jn. 8:58).

3 (2:7) ***Jesucristo, Humillación, Condescendencia:*** Cristo se despojó a sí mismo y se convirtió en un hombre. Recuerde que estamos tratando el tema de la humildad, el hecho de que Jesucristo dio un gran paso descendente del cielo a la tierra. El paso descendente fue tan grande y tan lejano que los teólogos no lo denominan *la humildad de Cristo, sino la humillación de Cristo.* El Señor Soberano del universo, Él que existió...

- En eternidad y perfección.
- En gloria y majestuosidad.
- En dominio y poder.

...descendió y se convirtió en hombre. Pero aún más: Él que era el Señor y Amo del universo, que merecía todo el honor y el servicio de todas las criaturas vivientes, tomó para sí la forma de un siervo. Él se convirtió en el siervo de los hombres, no sólo de Dios, sino en *siervo de los hombre.* ¡Imagine!

- El Señor al que debemos servir, vino y nos sirvió a nosotros.
- El Señor al que debemos amar, vino y nos amó a nosotros.
- El Señor al que debemos adorar, vino y nos adoró a nosotros.
- El Señor al que debemos atender, vino y nos atendió a nosotros.

 El Señor al que tenemos que ministrar, vino y nos ministró a nosotros.

 El Señor al que tenemos que buscar, vino y nos buscó a nosotros.

La gran distancia entre la majestuosidad de Cristo en el cielo y la humillación de Cristo sobre la tierra no tiene medida. Nuestro entendimiento de la distancia alcanzaría nada más que a un pequeño balde con agua en comparación con el enorme océano. Pero se nos instruye que dejemos que *la misma mentalidad de humildad* fluya a través de nosotros. Por ende, debemos estudiar la profunda humildad de Jesucristo y poner todo nuestro empeño en comprenderla y practicarla. Hay dos enunciados en este versículo que requieren un estudio diligente.

1. Jesucristo no se hizo de ninguna reputación, esto es, Él *se despojó.* La palabra "despojó" (ekenosen) significa vaciar por completo. Es la imagen de derramar el agua de un vaso hasta que se vacíe o de arrojar algo hasta que no quede nada (Barclay, *"The Letters to the Philippians, Colossians, and Thessalonians,* [Las cartas a los filipenses, colosenses y tesalonicenses], p. 44. La misma imagen de estar completamente despojado motiva un sentimiento de cuán lejos fue Cristo al humillarse por nosotros. ¿Qué fue lo que se derramó o despojó de Jesucristo cuando dejó el cielo y vino a la tierra? (Esto es lo que los teólogos denominan *teoría de la kenosis.*) Advierta que este pasaje no lo dice. Sólo dice que Cristo *se despojó.* Otros pasajes de las Escrituras, sin embargo, dan alguna indicación. (Véase nota, punto 4, Mr. 13:32 para una discusión más detallada.)

   a. Cristo no dejó de lado su deidad cuando vino a la tierra. No podía dejar de ser quién era: Dios. Ninguna persona puede jamás dejar de ser quien es. Puede que una persona adquiera rasgos diferentes y se comporte en forma diferente; una persona puede cambiar su comportamiento y su aspecto, pero siempre es la misma persona en cuanto a su ser, naturaleza y esencia. Jesucristo es Dios, por lo tanto, Él es siempre Dios, Él siempre posee la naturaleza de Dios. (Véase notas - Jn. 1:1-2 para mayor discusión al respecto.)

   b. Cristo dejó de lado algunos de sus derechos como Dios:

    Dejó de lado su derecho *a experimentar sólo la gloria* y la majestad, la honra y la adoración del cielo. Al venir a la tierra como hombre, iba a experimentar cualquier cosa menos gloria y majestad, honra y adoración. Los hombres lo tratarían de manera muy diferente a como se trata a un ser celestial.

    Dejó de lado su derecho a aparecer sólo en el cielo y a aparecer sólo como el Dios soberano del cielo. Al llegar a la tierra como un hombre, por supuesto, debía aparecer como un hombre en la tierra.

   Matthew Henry hace una argumentación breve pero excelente sobre este hecho:

   "Él se despojó, se desvistió de los honores y las glorias del mundo superior, y de su apariencia anterior, para vestirse con los trapos de la naturaleza humana" (Matthew Henry's Commentary, [Comentario de Matthew Henry], vol. 6, pp. 732ss).

   Como dijimos anteriormente, Jesucristo se despojó de determinadas cosas: Del derecho a *aparecer* solo *en el cielo y a experimentar la gloria del cielo.* Esto es exactamente lo que dijo el propio Jesucristo cuando estaba por ser crucificado y por regresar al cielo. Le estaba orando al Padre cuando decía:

   "Ahora pues, Padre, glorifícame tú al lado tuyo, con aquella gloria que tuve contigo antes que el mundo fuese" (Jn. 17:5).

    Este es también tema de otros pasajes de las Escrituras.

   "Porque ciertamente no socorrió a los ángeles, sino que socorrió a la descendencia de Abraham. Por lo cual debía ser en todo semejante a sus hermanos, para venir a ser misericordioso y fiel sumo sacerdote en lo que a Dios se refiere, para expiar los pecados del pueblo. Pues en cuanto él mismo padeció siendo tentado, es poderoso para socorrer a los que son tentados" (He. 2:16-18).

   "Por tanto, teniendo un gran sumo sacerdote que traspasó los cielos, Jesús el Hijo de Dios, retengamos nuestra profesión. Porque no tenemos un sumo sacerdote que no pueda compadecerse de nuestras debilidades, sino uno que *fue tentado en todo según nuestra semejanza,* pero sin pecado. Acerquémonos, pues, confiadamente al trono de la gracia, para alcanzar misericordia y hallar gracia para el oportuno socorro" (He. 4:14-16).

2. Jesucristo fue "*hecho* semejante a los hombres". La palabra "hecho" (genomai) significa convertirse; un ingreso definido en el tiempo. No es un estado permanente. Jesús se volvió hombre, pero no iba a ser un estado permanente. Era sólo para un período, un período en particular. En la plenitud del tiempo Él hizo una entrada definitiva al mundo como hombre.

Pensamiento 1: Advierta que Jesucristo no vino a la tierra como un príncipe o algún gran líder. No vino a recibir el homenaje y el servicio de los hombres. Vino como el más humilde de los hombres, como un siervo para servir a los hombres. "Fue criado cruelmente, probablemente trabajando con su supuesto padre en su oficio. Toda su vida fue una vida de humillación, crueldad, pobreza y desgracia. No tenía dónde apoyar la cabeza, vivía entre pordioseros, era un hombre de angustias y conocedor del dolor, no aparecía con pompa exterior ni ninguna señal que lo distinguiera de los demás hombres. Esta fue la humillación de su vida" (Matthew Henry, *Matthew Henry's Commentary,* [Comentario de Matthew Henry], vol. 6, pp. 732ss).

"Porque, ¿cuál es mayor, el que se sienta a la mesa, o el que sirve? ¿No es el que se sienta a la mesa? Mas yo estoy entre vosotros como el que sirve" (Lc. 22:27).

"Se levantó de la cena, y se quitó su manto, y tomando una toalla, se la ciñó. Luego puso agua en un lebrillo, y comenzó a lavar los pies de los

discípulos, y a enjugarlos con la toalla con que estaba ceñido" (Jn. 13:4-5).

"Porque ya conocéis la gracia de nuestro Señor Jesucristo, que por amor a vosotros se hizo pobre, siendo rico, para que vosotros con su pobreza fueseis enriquecidos" (2 Co. 8:9).

"Sino que se despojó a sí mismo, tomando forma de siervo, hecho semejante a los hombres" (Fil. 2:7).

4 (2:8) ***Jesucristo, Muerte; Humillación; Condescendencia:*** Cristo se humilló a sí mismo hasta el punto de la humillación completa, hasta el punto mismo de la muerte, "y muerte de cruz". Advierta dos puntos significativos.

1. Jesucristo se humilló ante el Padre. Fue obediente a Dios el Padre. Fue voluntad del Padre que Cristo viniera a la tierra y que muriera por los pecados de los hombres. Y Cristo lo hizo. Él obedeció a Dios el Padre.

"Nadie me la quita, sino que yo de mí mismo la pongo. Tengo poder para ponerla, y tengo poder para volverla a tomar. Este mandamiento recibí de mi Padre" (Jn. 10:18).

"Mas para que el mundo conozca que amo al Padre, y como el Padre me mandó, así hago. Levantaos, vamos de aquí" (Jn. 14:31).

"Porque así como por la desobediencia de un hombre los muchos fueron constituidos pecadores, así también por la obediencia de uno [Cristo], los muchos serán constituidos justos" (Ro. 5:19).

"Y diciendo luego: He aquí que vengo, oh Dios, para hacer tu voluntad; quita lo primero, para establecer esto último" (He. 10:9).

2. Jesucristo se humilló ante los hombres. Voluntariamente permitió que los hombres lo mataran. No tenía por qué cargar con tal humillación y rebelión, pero lo hizo. Sólo imagine lo que involucra la muerte de la cruz.

- Cristo se humilló al morir.
- Cristo se humilló al salir del mundo (dimensión) espiritual y eterno para pasar al mundo físico y corruptible a fin de morir.
- Cristo se humilló al dejar de lado su gloria y majestad eternas y convertirse en hombre con el propósito de morir.
- Cristo se humilló para sufrir rechazo, negación, maldición, abuso, arresto, tortura y asesinato en manos de hombres rebeldes, qué Él había originariamente creado para el gozo de la eternidad, hombres rebeldes a los que vino a salvar.
- Cristo se humilló para tomar sobre sí todos los pecados de los hombres y cargar con el peso y el sufrimiento de todos ellos.
- Cristo se humilló para cargar con el juicio y la sentencia y el castigo del pecado por cada hombre.
- Cristo se humilló para sufrir la horrible experiencia de que Dios el Padre le diera la espalda.
- Cristo se humilló para sufrir la justicia y la ira terribles de Dios en contra del pecado.
- Cristo se humilló para cargar eternamente con el dolor de sufrir por el pecado. Cristo es eterno, por lo tanto, su muerte está siempre ante el rostro de Dios. (¡Simplemente imagine! Está más allá de nuestra comprensión, pero la agonía eterna del Señor es un hecho debido a la naturaleza eterna de Dios.)

Podríamos continuar tratando el tema, pero está claramente expuesto en las Escrituras. Jesucristo no sólo se humilló para convertirse en el siervo de los hombres, sino que se humilló a sí mismo para sufrir el grado máximo de humillación:

- *Jesucristo se convirtió en pecado por los hombres y murió por los pecados de los hombres ante la justa ira de Dios.*

En un sentido, colgando allí de la cruz, Cristo no era siquiera un hombre. Él era el pecado, la personificación misma del pecado. De alguna forma Él abarcó todo el pecado del mundo y murió por los pecados de los hombres.

"Al que no conoció pecado, por nosotros *lo hizo pecado,* para que nosotros fuésemos hechos justicia de Dios en él" (2 Co. 5:21).

"Cristo nos redimió de la maldición de la ley, *hecho por nosotros maldición* (porque está escrito: Maldito todo el que es colgado en un madero)" (Gá. 3:13).

"Pero vemos a aquel que fue hecho un poco menor que los ángeles, a Jesús, coronado de gloria y de honra, a causa del padecimiento de la muerte, para que por la gracia de Dios *gustase la muerte por todos"* (He. 2:9).

"Quien *llevó él mismo nuestros pecados* en su cuerpo sobre el madero, para que nosotros, estando muertos a los pecados, vivamos a la justicia; y por cuya herida fuisteis sanados" (1 P. 2:24).

"Porque también Cristo padeció una sola vez por los pecados, *el justo por los injustos,* para llevarnos a Dios, siendo a la verdad muerto en la carne, pero vivificado en espíritu" (1 P. 3:18).

Pensamiento 1: Recuerde el tema de este pasaje: El hecho de que debemos dejar que la humildad de Jesucristo fluya en y a través de nosotros. Debemos ser humildes, andar en humildad ante cada uno de nosotros, llegar al extremo de la humildad, incluso si significa humillación ante el otro. ¿Por qué? Para que la iglesia pueda ser unificada. La unidad debe prevalecer entre nosotros. Debemos vivir y respirar unidad. No debe haber discordia en la iglesia de Dios:

- ni divisiones
- ni celos
- ni verdad negativa
- ni quejas
- ni ambición personal
- ni degradación de otros
- ni murmuración
- ni búsqueda propia
- ni aires de superioridad
- ni críticas
- ni prejuicios

Pero advierta: La única forma en que podemos llegar a conocer una unidad de este tipo es dejar que la mente de Cristo cautive nuestra mente. Debemos estudiar, pensar y aprender la humildad de Cristo. Debemos dejar que su humildad fluya en y a través de nosotros.

"Nada hagáis por contienda o por vanagloria; antes bien con humildad, estimando cada uno a los demás como superiores a él mismo; no mirando cada uno por lo suyo propio, sino cada cual también por lo de los otros. Haya, pues, en vosotros este sentir que hubo también en Cristo Jesús" (Fil. 2:3-5).

5 (2:9-11) ***Jesucristo, Exaltación:*** Cristo es recompensado, Dios lo exaltó altamente. Cristo se había humillado en obediencia a Dios el Padre, y puesto que Él fue fiel al ser humilde, Dios lo recompensó exaltándolo de modo superlativo. El tema está bien expuesto: Dios recompensará y exaltará a cualquier creyente que camine como caminó Cristo, humildemente ante Él y los hombres.

Advierta de qué manera suma fue exaltado y recompensado Cristo:

1. Dios ha honrado mucho a Cristo. Dios le a dado a Cristo un nombre por sobre todo nombre. Ahora mismo, el nombre de Jesucristo es maldecido en todo el mundo. De hecho, con cada tic-tac del reloj, se maldice el nombre de Jesucristo miles de veces en boca de miles de personas en todo el mundo. Pero advierta: No todos maldicen su nombre. Algunos de nosotros amamos su nombre. Para nosotros su nombre es el nombre más glorioso jamás pronunciado por la voz humana, puesto que su nombre es...

- El nombre que perdona nuestros pecados.

"Y que se predicase en su nombre el arrepentimiento y el perdón de pecados en todas las naciones, comenzando desde Jerusalén" (Lc. 24:47).

- El nombre que nos brinda acceso ante la presencia de Dios.

"En aquel día no me preguntaréis nada. De cierto, de cierto os digo, que todo cuanto pidiereis al Padre en mi nombre, os lo dará. Hasta ahora nada habéis pedido en mi nombre; pedid, y recibiréis, para que vuestro gozo sea cumplido" (Jn. 16:23-24).

2. Dios le ha dado a Cristo poder y autoridad supremos. Dios ha determinado que toda rodilla se postre ante Cristo, las rodillas de todo lo que está en el cielo y en la tierra y bajo la tierra. Nada queda excepto. Llegará el día en el que toda criatura de *todos los mundos y dimensiones del ser* se postrarán de rodillas en sometimiento al Señor Jesucristo.

"Y sometió todas las cosas bajo sus pies, y lo dio por cabeza sobre todas las cosas a la iglesia" (Ef. 1:22).

"Quien habiendo subido al cielo está a la diestra de Dios; y a él están sujetos ángeles, autoridades y potestades" (1 P. 3:22).

"Mirad a mí, y sed salvos, todos los términos de la tierra, porque yo soy Dios, y no hay más. Por mí mismo hice juramento, de mi boca salió palabra en justicia, y no será revocada: Que a mí se doblará toda rodilla, y jurará toda lengua" (Is. 45:22-23).

3. Dios le ha dado a Cristo una adoración suprema. Dios se encargará de que toda criatura confiese que Jesucristo es Señor para la gloria de Dios el Padre:

- Toda nación, lengua e idioma
- Toda persona, mente y cuerpo
- Toda raza, color y forma
- Toda creencia, credo y religión
- Todo hombre, mujer y niño
- Todo rey, dirigente y autoridad
- Todo trabajador profesional y obrero

Toda rodilla se postrará y toda lengua confesará que Jesucristo es exactamente quien proclamó ser: el Hijo del Dios viviente. Toda criatura lo adorará como Señor, el Señor Dios del universo.

"Porque escrito está: Vivo yo, dice el Señor, que ante mí se doblará toda rodilla, y toda lengua confesará a Dios" (Ro. 14:11).

"Que decían a gran voz: El Cordero que fue inmolado es digno de tomar el poder, las riquezas, la sabiduría, la fortaleza, la honra, la gloria y la alabanza" (Ap. 5:12).

"¿Quién no te temerá, oh Señor, y glorificará tu nombre? Pues sólo tú eres santo; por lo cual todas las naciones vendrán y te adorarán, porque tus juicios se han manifestado" (Ap. 15:4).

Pensamiento 1: La cuestión es clara: Dios exaltará al hombre que se humille y trabaje para la unidad de la iglesia.

"Así que, cualquiera que se humille como este niño, ése es el mayor en el reino de los cielos" (Mt. 18:4).

"Mas cuando fueres convidado, ve y siéntate en el último lugar, para que cuando venga el que te convidó, te diga: Amigo, sube más arriba; entonces tendrás gloria delante de los que se sientan contigo a la mesa" (Lc. 14:10).

"Mas no así vosotros, sino sea el mayor entre vosotros como el más joven, y el que dirige, como el que sirve" (Lc. 22:26).

"Pero él da mayor gracia. Por esto dice: Dios resiste a los soberbios, y da gracia a los humildes" (Stg. 4:6).

"Igualmente, jóvenes, estad sujetos a los ancianos; y todos, sumisos unos a otros, revestíos de humildad; porque: Dios resiste a los soberbios, y da gracia a los humildes. Humillaos, pues, bajo la poderosa mano de Dios, para que él os exalte cuando fuere tiempo" (1 P. 5:5-6).

"La soberbia del hombre le abate; pero al humilde de espíritu sustenta la honra" (Pr. 29:23).

"Porque así dijo el Alto y Sublime, el que habita la eternidad, y cuyo nombre es el Santo: Yo habito en la altura y la santidad, y con el quebrantado y humilde de espíritu, para hacer vivir el espíritu de los humildes, y para vivificar el corazón de los quebrantados" (Is. 57:15).

"Mi mano hizo todas estas cosas, y así todas estas cosas fueron, dice Jehová; pero miraré a aquel que es pobre y humilde de espíritu, y que tiembla a mi palabra" (Is. 66:2).

"Oh hombre, él te ha declarado lo que es bueno, y qué pide Jehová de ti: solamente hacer justicia, y amar misericordia, y humillarte ante tu Dios" (Mi. 6:8).

ESTUDIO A FONDO 1

(2:11) ***Señor*** (kurios): Significa amo, propietario. Jesús fue llamado *Señor* desde el principio mismo de su ministerio (Mt. 8. 2) y Él aceptó el título. Incluso Él mismo se llamó Señor (Mt. 7. 21). La palabra ha generado poco respeto a lo largo de la historia. Durante el Imperio Romano se convirtió en el título oficial de los emperadores romanos. También era un título que se le daba a los dioses. El título hebreo Adonai se traduce como Señor (Gn. 15:2), al igual que Jehová (Mt. 1:20-22; 2:15; 3:3; 4:7, 10; 11:25; 21:9; Mr. 12:29-30; Lc. 1:68; 2:9). Ambos títulos, Adonai y Jehová, son traducidos como Señor en Mt. 22:44. Jesús mismo llamó a Dios el Padre "Señor" (Mt. 4:7, 10). Pero el título se le da con mayor frecuencia a Jesús. No caben dudas de que Jesús es reconocido como Señor, al ser idéntico a Jehová y Adonai del Antiguo Testamento (Mt. 3:3; 12:8; 21:9; 22:43-45; Lc. 1:43; Jn. 14:8-10; 20:28; Hch. 9:5). Cuando Jesús es llamado Señor, significa que Él es Amo y Propietario, el Rey de reyes y el Señor de los señores, el único Dios verdadero. Él es Jehová, Adonai, Dios mismo.

	C. Ocuparse de la propia salvación o liberación, 2:12-18	y sencillos, hijos de Dios sin mancha en medio de una generación maligna y perversa,	**jar para ser puro** a. Sin mancha b. Irreprensibles, sinceros
1 La primera tarea: Ocuparse de la propia salvación (liberación) con temor y temblor	12 Por tanto, amados míos, como siempre habéis obedecido, no como en mi presencia solamente, sino mucho más ahora en mi ausencia, ocupaos en vuestra salvación con temor y temblor,	en medio de la cual resplandecéis como luminares en el mundo; 16 asidos de la palabra de vida, para que en el día de Cristo yo pueda gloriarme de que no he corrido en vano, ni en vano he trabajado.	c. Sin mancha **5 La quinta tarea: Trabajar para dar testimonio**
2 La segunda tarea: Trabajar con obediencia, ocupándose de las motivaciones de Dios dentro del corazón	13 porque Dios es el que en vosotros produce así el querer como el hacer, por su buena voluntad.	17 Y aunque sea derramado en libación sobre el sacrificio y servicio de vuestra fe, me gozo y regocijo con todos vosotros.	**6 La sexta tarea: Seguir el ejemplo del trabajo sacrificado**
3 La tercera tarea: Trabajar sin murmurar **4 La cuarta tarea: Traba-**	14 Haced todo sin murmuraciones y contiendas, 15 para que seáis irreprensibles	18 Y asimismo gozaos y regocijaos también vosotros conmigo.	

DIVISIÓN II

LOS PASOS HACIA LA UNIDAD, 2:1-18

C. Ocuparse de la propia salvación o liberación, 2:12-18

(2:12-18) ***Introducción:*** Este pasaje sigue tratando sobre la unidad, la unidad en la iglesia y la unidad entre los creyentes. Pero el pasaje es único porque trae a la luz el gran tema de la salvación. Tenga presente que la salvación significa liberación y que la salvación es de Dios. Es Dios quien lo ha salvado y liberado: "Porque por gracia sois salvos por medio de la fe; y esto no de vosotros, pues es don de Dios; no por obras, para que nadie se gloríe" (Ef. 2:8-9). Pero una vez que es salvo, vaya a trabajar, ocúpese de su propia salvación y liberación. La salvación no es complaciente, no nos estanca. Una persona salva no debe estar sentado sin hacer nada y dejando que caigan las astillas donde caigan. Una persona salva debe ponerse de pie e ir a trabajar. Debe hacer todo lo que pueda para ocuparse de su propia liberación. Este es el tema de este pasaje. Si la iglesia debe ser unificada, si los creyentes deben andar en un espíritu de unidad, entonces deben fijarse en su salvación, en todo el alcance de su vida y la gloriosa salvación que Dios les ha dado, y deben hacer todo lo que puedan para ocuparse de su liberación.

1. La primera tarea: Ocuparse de la propia salvación (liberación) con temor y temblor (v. 12).
2. La segunda tarea: Trabajar con obediencia, ocupándose de las motivaciones de Dios dentro del corazón (v. 13).
3. La tercera tarea: Trabajar sin murmurar (v. 14).
4. La cuarta tarea: Trabajar para ser puro (v. 15).
5. La quinta tarea: Trabajar para dar testimonio (v. 16).
6. La sexta tarea: Seguir el ejemplo del trabajo sacrificado (vv. 17-18).

[1] (2:12) ***Salvación, Liberación:*** Los creyentes deben ocuparse de su propia salvación con temor y temblor. Recuerde que Pablo está en prisión con cargos falsos. Hay una gran posibilidad de que sea ejecutado. Él no está seguro de que volverá a ver nuevamente a los filipenses y a participar con ellos. Por lo tanto, lo que está escribiendo ahora ha sido cuidadosamente seleccionado. Hasta dónde él sabe, estas palabras podrían ser sus últimas palabras a la iglesia filipense. Este es el motivo por el cual debemos prestar mucha atención a las instrucciones.

¿Qué significa ocuparse de nuestra propia salvación? La palabra "ocuparse" (katergazesthe) significa trabajar hasta el final, hasta completar lo comenzado, hasta la perfección. Siempre significa completar el esfuerzo y el trabajo empezados; lograrlo a la perfección; acabarlo. La cuestión es esta: No vaya a medio camino en cuanto a la salvación. No tome trozos ni pedazos cuando hay todo un paquete. No se satisfaga con poco cuando puede tener mucho. Siga adelante, crezca hasta que la salvación haya sido completada en usted. Esta es *su propia* salvación. Ningún amigo, ningún pastor puede ocuparse por usted. Debe hacerlo usted solo.

La cuestión está claramente expresada: Una vez que Dios ha salvado a una persona, esa persona debe ocuparse de obedecer a Dios. Debe ocuparse de la nueva vida y de la salvación que Dios le ha dado y debe seguir trabajando en ella hasta que esté completada y terminada, es decir, hasta que Dios lo lleve al hogar y lo perfeccione.

Advierta que los filipenses son un ejemplo excelente. Pablo dice que ellos siempre han obedecido a Dios, no sólo cuando él estuvo con ellos, sino también cuando se fue. Ahora, mientras está enfrentando la muerte, quería que más que nunca se ocuparan de su salvación, que siguieran obedeciendo a Dios hasta que su salvación fuera completada y perfeccionada.

Advierta también las palabras "temor y temblor". La vida no es un lecho de rosas. Está llena de pruebas, dolor, pena, tragedia, enfermedad, accidentes, pérdida, tentación, pecado, maldad, corrupción y muerte. Todo ser humano experimenta tales cosas hasta que se enfrenta cara a cara con la muerte. La vida es a veces hermosa y maravillosa, pero la realidad es tal como se acaba de enumerar: La vida es un viaje de pruebas hasta llegar a la muerte. Y ningún monto de negación ni de disfrazar la realidad puede ocultar ni escapar al hecho. Lo único que puede traer abundancia de vida es la *confianza absoluta* de que viviremos eternamente en un mundo perfecto. ¿Qué sentido tiene mencionar todo esto? El sentido es importante: Se espera de nosotros que nos ocupemos de nuestra propia salvación y que lo hagamos con temor y temblor.

- Debemos temer y temblar debido a las pruebas y tentaciones de la vida. Cualquiera de ellas puede hacernos tambalear o caer. El mundo y sus tentaciones y pruebas son fuertes y la carne es débil. Podemos caer en el pecado y el fracaso antes de saberlo a no ser que constantemente estemos ocupados en nuestra liberación, temiendo y temblando para no fallar.
- Debemos temer y temblar para no desilusionar al Señor. Él nos ha salvado, y Él ha llegado al límite máximo para hacerlo. Ha demostrado un amor perfecto por nosotros cargando con todos nuestros pecados y nuestros castigos. Por lo tanto, cuando pecamos y fallamos, le produce una herida profunda en su corazón. Por su bien, para evitar herirlo, debemos ocuparnos de nuestra salvación, temiendo y temblando para no herir su corazón.
- Debemos temer y temblar porque vamos a enfrentar el juicio de Cristo. Si pecamos, seremos juzgados y lo seremos severamente. Aunque intentemos razonar el hecho, nuestros pensamientos acerca del juicio de Dios no afecta ni una pizca el juicio de Dios. Cada uno de nosotros que peca y no logra ocuparse de su propia salvación será juzgado y sufrirá una pérdida, una gran pérdida. Las Escrituras no enseñan otra cosa. Por este motivo, el motivo del juicio, debemos ocuparnos de nuestra salvación, ocuparnos con temor y temblor.

"Y no temáis a los que matan el cuerpo, mas el alma no pueden matar; temed más bien a aquel que puede destruir el alma y el cuerpo en el infierno" (Mt. 10:28).

"Sino que en toda nación se agrada del que le teme y hace justicia" (Hch. 10:35).

"Porque la gracia de Dios se ha manifestado para salvación a todos los hombres, enseñándonos que, renunciando a la impiedad y a los deseos mundanos, vivamos en este siglo sobria, justa y piadosamente" (Tit. 2:11-12).

"Y si invocáis por Padre a aquel que sin acepción de personas juzga según la obra de cada uno, conducíos en temor todo el tiempo de vuestra peregrinación" (1 P. 1:17).

"Ahora, pues, Israel, ¿qué pide Jehová tu Dios de ti, sino que temas a Jehová tu Dios, que andes en todos sus caminos, y que lo ames, y sirvas a Jehová tu Dios con todo tu corazón y con toda tu alma" (Dt. 10:12).

"¡Cuán grande es tu bondad, que has guardado para los que te temen, que has mostrado a los que esperan en ti, delante de los hijos de los hombres!" (Sal. 31:19).

"El fin de todo el discurso oído es este: Teme a Dios, y guarda sus mandamientos; porque esto es el todo del hombre" (Ec. 12:13).

"A Jehová de los ejércitos, a él santificad; sea él vuestro temor, y él sea vuestro miedo" (Is. 8:13).

2 (2:13) ***Salvación, Obediencia:*** La segunda obra de la salvación es obedecer. Los creyentes deben ocuparse de su salvación *trabajando con obediencia,* obedeciendo las motivaciones de Dios dentro de sus corazones.

"Porque Dios es el que en vosotros produce así el querer como el hacer, por su buena voluntad" (v. 13).

La palabra "produce" (energon) significa energizar. Dios levanta, motiva y energiza el corazón del creyente para que haga la voluntad de Dios. Esta es una verdad maravillosa. Sencillamente piense en ella: Todos experimentamos motivaciones dentro de nuestro corazón hacia Dios. Estas motivaciones son de Dios. Dios está obrando dentro de nosotros –energizándonos– dándonos tanto *la voluntad como el poder* para que hagamos lo que a Él le complace.

Como se ha dicho, es una verdad maravillosa. Nuestro deber es tomar el control de esas motivaciones, no dejarlas pasar. Debemos tomar el control de ellas y hacer exactamente lo que las *motivaciones* nos llevan y energizan a hacerlo.

Pensamiento 1: Esta es una verdad maravillosa. Significa que Dios no nos deja solos para que nos ocupemos de nuestra salvación y liberación. Él obra dentro de nosotros: mueve, motiva, energiza y nos hace ponernos de pie y hacerlo. Y hacia dónde sea que apunte la energía, eso es lo que debemos hacer. Dios usa la energía y la motivación para dirigirnos y guiarnos. La cuestión es ver que Dios siempre está obrando dentro de nosotros, nunca dejándonos solos, obrando y motivándonos a completar nuestra salvación.

Pensamiento 2: La tragedia es esta: Ignorar y negarse a responder a las motivaciones y las obras de Dios. Cuando sentimos la motivación, debemos desesperadamente responder y hacer lo que Dios nos está motivando a hacer. Simplemente piense con cuánta frecuencia son rechazadas, ignoradas o negadas. Con cuánta frecuencia seguimos sentados u ocupándonos de nuestros propios asuntos en lugar de seguir la obra y la motivación de Dios. Cuán complacientes y letárgicos somos. Simplemente piense cuánto crecimiento perdemos y con cuánta frecuencia debemos herir hasta el fondo el corazón de Dios, todo porque escogemos las cosas, las posesiones y las actividades de este mundo en lugar de elegirlo a Él a sus motivaciones.

"Porque como el Padre levanta a los muertos, y les da vida, así también el Hijo a los que quiere da vida" (Jn. 5:21).

"El espíritu es el que da vida; la carne para nada aprovecha; las palabras que yo os he hablado son espíritu y son vida" (Jn. 6:63).

"Mas el Consolador, el Espíritu Santo, a quien el Padre enviará en mi nombre, él os enseñará todas las cosas, y os recordará todo lo que yo os he dicho" (Jn. 14:26).

"Pero yo os digo la verdad: Os conviene que yo me vaya; porque si no me fuera, el Consolador no vendría a vosotros; mas si me fuere, os lo enviaré. Y cuando él venga, convencerá al mundo de pecado, de justicia y de juicio" (Jn. 16:7-8).

"Así que, hermanos, os ruego por las misericordias de Dios, que presentéis vuestros cuerpos en sacrificio vivo, santo, agradable a Dios, que es vuestro culto racional. No os conforméis a este siglo, sino transformaos por medio de la renovación de vuestro entendimiento, para que comprobéis cuál sea la buena voluntad de Dios, agradable y perfecta" (Ro. 12:1-2).

"Y nosotros no hemos recibido el espíritu del mundo, sino el Espíritu que proviene de Dios, para que sepamos lo que Dios nos ha concedido" (1 Co. 2:12).

"Y él os dio vida a vosotros, cuando estabais muertos en vuestros delitos y pecados" (Ef. 2:1).

"Si, pues, habéis resucitado con Cristo, buscad las cosas de arriba, donde está Cristo sentado a la diestra de Dios" (Col. 3:1).

"Pero la unción que vosotros recibisteis de él permanece en vosotros, y no tenéis necesidad de que nadie os enseñe; así como la unción misma os enseña todas las cosas, y es verdadera, y no es mentira, según ella os ha enseñado, permaneced en él" (1 Jn. 2:27).

[3] (2:14) ***Murmuración, División:*** Los creyentes deben ocuparse de su salvación trabajando para no murmurar ni tener contiendas ni peleas. La palabra "murmuración" (goggusmon) significa rezongar, murmurar, refunfuñar y quejarse. Nota: Significa el tono bajo suave, silencioso, a espaldas de la murmuración y la queja. Es el tipo de crítica, insatisfacción, búsqueda de fallas y chismes que se produce dentro de grupos pequeños o camarillas.

La palabra "contiendas" (dialogismon) significa peleas, cuestionamientos internos y externos y expresiones de duda. Dicho en términos simples, es como si las Escrituras dijeran: Las disputas o las peleas han salido a la luz.

Advierta varios hechos significativos.

1. No deben admitirse las murmuraciones ni las contiendas en la iglesia. Como lo dice el versículo: *Todas las cosas* deben hacerse sin murmuraciones ni contiendas. Si comienzan las murmuraciones dentro de una camarilla o incluso entre dos personas, los líderes espirituales de la iglesia deben tratar el asunto como Cristo lo delineó (véanse bosquejo y notas, Mt. 18:15-20). No debe permitir que fermente. Las murmuraciones, a no ser que sean detenidas, conducirán a contiendas, agitaciones y división.

2. La murmuración y las contiendas no *son nunca de Dios, ¡Nunca!* Esta es la verdadera cuestión del cargo. *Todas las cosas,* nada se excluye, deben realizarse sin murmuraciones ni contiendas.

3. Las murmuraciones y las contiendas fueron los pecados mismos que hicieron recaer el juicio sobre muchos judíos en su camino errante por el desierto de Israel.

"Ni murmuréis, como algunos de ellos murmuraron, y perecieron por el destructor" (1 Co. 10:10; cp. Nm. 20:2ss; 21:4).

4. La persona que murmura y participa de una contienda no está trabajando en su salvación o liberación. Está haciendo justamente lo opuesto: Ocupándose de traer el juicio sobre sí mismo.

Pensamiento 1: Los resultados de la murmuración son mucho peores que lo que las personas creen. Este es el motivo principal por el cual Dios prohíbe la murmuración y las contiendas en términos no inciertos. La murmuración...

- hiere
- se opone a la voluntad de Dios
- dice "mírenme"
- daña
- obstaculiza el progreso
- eleva la opinión egoísta
- divide
- impide el crecimiento
- aleja a la gente de Cristo y
- destroza
- confunde a la gente de la iglesia
- hace descender a una
- es centrada en sí misma persona

"Porque aún sois carnales; pues habiendo entre vosotros celos, contiendas y disensiones, ¿no sois carnales, y andáis como hombres?" (1 Co. 3:3).

"Pues me temo que cuando llegue, no os halle tales como quiero, y yo sea hallado de vosotros cual no queréis; que haya entre vosotros contiendas, envidias, iras, divisiones, maledicencias, murmuraciones, soberbias, desórdenes" (2 Co. 12:20).

"Nada hagáis por contienda o por vanagloria; antes bien con humildad, estimando cada uno a los demás como superiores a él mismo; no mirando cada uno por lo suyo propio, sino cada cual también por lo de los otros" (Fil. 2:3-4).

"Recuérdales esto, exhortándoles delante del Señor a que no contiendan sobre palabras, lo cual para nada aprovecha, sino que es para perdición de los oyentes" (2 Ti. 2:14).

"Porque el siervo del Señor no debe ser contencioso, sino amable para con todos, apto para enseñar, sufrido" (2 Ti. 2:24).

"No entres apresuradamente en pleito, no sea que no sepas qué hacer al fin, después que tu prójimo te haya avergonzado" (Pr. 25:8).

[4] (2:15) ***Pureza:*** Los creyentes deben ocuparse de su salvación trabajando para ser puros.

1. Los creyentes deberán trabajar para estar "sin mancha" (amempto): Libre de fallas y censura; no tener defectos; por encima del reproche y el regaño. El creyente debe vivir una vida sin mancha, sin fallas y pura, tanto en la iglesia como en el mundo. Nadie es capaz de señalar al cristiano y acusarlo o culparlo de nada. El cristiano debe ser limpio, no contaminado, sin mancha, santo, justo y puro ante el hombre y ante Dios.

2. Los creyentes deben ocuparse de no ser dañinos (akeraioi): No mezclados ni adulterados. Es la idea de la harina o del cereal que pasa por un cedazo para separar lo puro de lo impuro. Significa que nuestros pensamientos y nuestras vidas...

- No deben contaminarse por mirar, leer y escuchar atracciones mundanas y sexuales.
- No deben entregarse a las atracciones sexuales y mundanas.

Nuestros pensamientos y nuestras vidas deben ser puros, limpios, no contaminados.

> **"Porque vuestra obediencia ha venido a ser notoria a todos, así que me gozo de vosotros; pero quiero que seáis sabios para el bien, e ingenuos para el mal" (Ro. 16:19).**
>
> **"Para que aprobéis lo mejor, a fin de que seáis sinceros e irreprensibles para el día de Cristo" (Fil. 1:10).**
>
> **"Para que seáis irreprensibles y sencillos, hijos de Dios sin mancha en medio de una generación maligna y perversa, en medio de la cual resplandecéis como luminares en el mundo" (Fil. 2:15).**
>
> **"Porque tal sumo sacerdote nos convenía: santo, inocente, sin mancha, apartado de los pecadores, y hecho más sublime que los cielos" (He. 7:26).**
>
> **"Y el Señor me librará de toda obra mala, y me preservará para su reino celestial. A él sea gloria por los siglos de los siglos. Amén" (2 Ti. 4:18).**
>
> **"Y a aquel que es poderoso para guardaros sin caída, y presentaros sin mancha delante de su gloria con gran alegría" (Jud. 24).**

3. Los creyentes deben trabajar para ser irreprensibles (amoma): Sin defecto, mancha o deficiencia. Esta es una palabra que es tomada de los sacrificios del Antiguo Testamento que se realizaban para Dios. La idea es que el creyente debe vivir y caminar sobre la tierra bajo los ojos y el escrutinio de Dios. También debe caminar sin ningún defecto, mancha o deficiencia.

Sin embargo, advierta un hecho: El creyente vive en una generación maligna y perversa. Por lo tanto, el creyente tiene un sendero difícil para caminar. Pero debe caminar, puesto que él debe ser la luz del mundo. Debe brillar como una luz en el mundo. Debe reflejar la pureza y la santidad de Dios mismo.

> **"Vosotros sois la luz del mundo; una ciudad asentada sobre un monte no se puede esconder" (Mt. 5:14).**
>
> **"Porque así nos ha mandado el Señor, diciendo: Te he puesto para luz de los gentiles, a fin de que seas para salvación hasta lo último de la tierra" (Hch. 13:47).**
>
> **"Porque en otro tiempo erais tinieblas, mas ahora sois luz en el Señor; andad como hijos de luz" (Ef. 5:8).**
>
> **"Para que seáis irreprensibles y sencillos, hijos de Dios sin mancha en medio de una generación maligna y perversa, en medio de la cual resplandecéis como luminares en el mundo" (Fil. 2:15).**
>
> **"Porque todos vosotros sois hijos de luz e hijos del día; no somos de la noche ni de las tinieblas. Por tanto, no durmamos como los demás, sino velemos y seamos sobrios. Pues los que duermen, de noche duermen, y los que se embriagan, de noche se embriagan. Pero nosotros, que somos del día, seamos sobrios, habiéndonos vestido con la coraza de fe y de amor, y con la esperanza de salvación como yelmo. Porque no nos ha puesto Dios para ira, sino para alcanzar salvación por medio de nuestro Señor Jesucristo, quien murió por nosotros para que ya sea que velemos, o que durmamos, vivamos juntamente con él. Por lo cual, animaos unos a otros, y edificaos unos a otros, así como lo hacéis" (1 Ts. 5:5-11).**

5 (2:16) ***Brindar testimonio:*** Los creyentes deben ocuparse de su salvación trabajando en brindar testimonio. La redacción es descriptiva: "Asidos de la palabra de vida". ¡Imagine! Existe una *Palabra de vida.* Los hombres pueden vivir, vivir verdaderamente, tanto ahora como por siempre. Los hombres no tienen por qué morir jamás.

- Es como decir que se ha descubierto la fuente de la juventud con una diferencia: La Palabra de vida no sólo conlleva juventud eterna, sino perfección, un mundo perfecto y una vida perfecta.
- Es como decir que se ha descubierto la cura para el cáncer con una diferencia: La Palabra de vida no solo cura el cáncer, inyecta la energía de la vida eterna en las otras células del cuerpo.

¡Pero advierta la terrible tragedia! Muchos de nosotros no mantenemos la Palabra de vida. Damos un paso atrás. No damos a conocer el mensaje del glorioso evangelio de la vida. La Palabra de vida es justamente lo que dice: Es el mensaje de vida que está en Cristo Jesús nuestro Señor.

> **"El ladrón no viene sino para hurtar y matar y destruir; yo he venido para que tengan vida, y para que la tengan en abundancia" (Jn. 10:10).**
>
> **"Y yo les doy vida eterna; y no perecerán jamás, ni nadie las arrebatará de mi mano" (Jn. 10:28).**
>
> **"Porque de tal manera amó Dios al mundo, que ha dado a su Hijo unigénito, para que todo aquel que en él cree, no se pierda, mas tenga vida eterna. Porque no envió Dios a su Hijo al mundo para condenar al mundo, sino para que el mundo sea salvo por él" (Jn. 3:16-17).**
>
> **"De cierto, de cierto os digo: El que oye mi palabra, y cree al que me envió, tiene vida eterna; y no vendrá a condenación, mas ha pasado de muerte a vida" (Jn. 5:24).**
>
> **"Trabajad, no por la comida que perece, sino por la comida que a vida eterna permanece, la cual el Hijo del Hombre os dará; porque a éste señaló Dios el Padre" (Jn. 6:27).**
>
> **"Mas ahora que habéis sido libertados del pecado y hechos siervos de Dios, tenéis por vuestro fruto la santificación, y como fin, la vida eterna" (Ro. 6:22).**
>
> **"Pero que ahora ha sido manifestada por la aparición de nuestro Salvador Jesucristo, el cual quitó la muerte y sacó a luz la vida y la inmortalidad por el evangelio" (2 Ti. 1:10).**
>
> **"En la esperanza de la vida eterna, la cual Dios, que no miente, prometió desde antes del principio de los siglos" (Tit. 1:2).**
>
> **"Y esta es la promesa que él nos hizo, la vida eterna" (1 Jn. 2:25).**
>
> **"Conservaos en el amor de Dios, esperando la misericordia de nuestro Señor Jesucristo para vida eterna" (Jud. 21).**

Pensamiento 1: Lo único en lo que debemos trabajar es en mantener la Palabra de vida. La Palabra de vida es la única esperanza para un mundo que gira bajo el peso de tantas necesidades desesperadas, en particular la desesperada necesidad de manejar el pecado y la maldad y el terrible destino de la muerte.

> **"Por tanto, id, y haced discípulos a todas las naciones, bautizándolos en el nombre del Padre, y del Hijo, y del Espíritu Santo; enseñándoles que guarden todas las cosas que os he mandado; y he aquí yo estoy con vosotros todos los días, hasta el fin del mundo. Amén" (Mt. 28:19-20).**

"Y les dijo: Id por todo el mundo y predicad el evangelio a toda criatura" (Mr. 16:15).

"Pero recibiréis poder, cuando haya venido sobre vosotros el Espíritu Santo, y me seréis testigos en Jerusalén, en toda Judea, en Samaria, y hasta lo último de la tierra" (Hch. 1:8).

"Pero teniendo el mismo espíritu de fe, conforme a lo que está escrito: Creí, por lo cual hablé, nosotros también creemos, por lo cual también hablamos" (2 Co. 4:13).

"Por tanto, no te avergüences de dar testimonio de nuestro Señor, ni de mí, preso suyo, sino participa de las aflicciones por el evangelio según el poder de Dios" (2 Ti. 1:8).

"Sino santificad a Dios el Señor en vuestros corazones, y estad siempre preparados para presentar defensa con mansedumbre y reverencia ante todo el que os demande razón de la esperanza que hay en vosotros" (1 P. 3:15).

"Entonces los que temían a Jehová hablaron cada uno a su compañero; y Jehová escuchó y oyó, y fue escrito libro de memoria delante de él para los que temen a Jehová, y para los que piensan en su nombre" (Mal. 3:16).

6 (2:17-18) ***Sacrificio, Trabajo:*** Los creyentes deben ocuparse de su salvación siguiendo el ejemplo del trabajo con sacrificio. Dicho en términos simples, Pablo se ofreció a sí mismo como un sacrificio para servir a los hombres. La imagen es la del sacrificio y la ofrenda hecha por las personas a los dioses del cielo. Pablo tomó su cuerpo y lo ofreció como sacrificio y servicio para las personas. Vivió para nada más que para mantener la Palabra de vida para la gente. su cuerpo fue totalmente sacrificado para ese propósito y únicamente para ese propósito.

"Y decía a todos: Si alguno quiere venir en pos de mí, niéguese a sí mismo, tome su cruz cada día, y sígame" (Lc. 9:23).

"Así que, hermanos, os ruego por las misericordias de Dios, que presentéis vuestros cuerpos en sacrificio vivo, santo, agradable a Dios, que es vuestro culto racional. No os conforméis a este siglo, sino transformaos por medio de la renovación de vuestro entendimiento, para que comprobéis cuál sea la buena voluntad de Dios, agradable y perfecta" (Ro. 12:1-2).

"Porque habéis sido comprados por precio; glorificad, pues, a Dios en vuestro cuerpo y en vuestro espíritu, los cuales son de Dios" (1 Co. 6:20).

	III. EL EJEMPLO DE ALGUNOS CREYENTES, 2:19-30 **A. El ejemplo de Timoteo, un joven que voluntariamente sirvió en segundo lugar, 2:19-24**	ramente se interese por vosotros. 21 Porque todos buscan lo suyo propio, no lo que es de Cristo Jesús.	**3 Estuvo dispuesto a negarse a sí mismo y obsesionarse con las cosas de Cristo**
		22 Pero ya conocéis los méritos de él, que como hijo a padre ha servido conmigo en el evangelio. 23 Así que a éste espero enviaros, luego que yo vea cómo van mis asuntos; 24 y confío en el Señor que yo también iré pronto a vosotros.	**4 Estuvo dispuesto a ser un hijo, un discípulo** a. Dispuesto a ser probado b. Dispuesto a ir como enviado
1 Timoteo: Un joven que voluntariamente sirvió en segundo lugar	19 Espero en el Señor Jesús enviaros pronto a Timoteo, para que yo también esté de buen ánimo al saber de vuestro estado;		
2 Tenía un espíritu fraternal al ocuparse de los demás	20 pues a ninguno tengo del mismo ánimo, y que tan since-		

DIVISIÓN III

EL EJEMPLO DE ALGUNOS CREYENTES, 2:19-30

A. El ejemplo de Timoteo, un joven que voluntariamente sirvió en segundo lugar, 2:19-24

(2:19-24) ***Introducción:*** Nada alienta más al corazón humano que el ejemplo fiel de otros. Este pasaje nos brinda el ejemplo dinámico de un hombre que se comprometió por completo con Jesucristo: Timoteo. Él fue un joven que voluntariamente sirvió en segundo lugar.

1. Timoteo, un joven que voluntariamente sirvió en segundo lugar (v. 19).
2. Tenía un espíritu fraternal al ocuparse de los demás (v. 20).
3. Estuvo dispuesto a negarse a sí mismo y obsesionarse con las cosas de Cristo (v. 21).
4. Estuvo dispuesto a ser un hijo, un discípulo (vv. 22-24).

[1] (2:19) ***Timoteo, Ministros, Asociados, Asistentes:*** Está el ejemplo de Timoteo, un joven que voluntariamente sirvió en segundo lugar. La escena es esta. Pablo está profundamente preocupado por la iglesia filipense y sus creyentes. Los ama mucho y ansía ministrar entre ellos. Advierta que su corazón pastoral está dirigido a ellos: él menciona su estado (condición, bienestar) dos veces:

□ Quiere conocer sobre su estado o condición (v. 19).
□ Quiere ocuparse de ellos, por su estado o bienestar (v. 20).

Pero está en prisión; no puede visitar la iglesia personalmente. ¿Qué puede hacer? Hace lo siguiente. Planifica enviar a su fiel compañero y colaborador, Timoteo, tan pronto como pueda.

La cuestión consiste en advertir el corazón pastoral tanto de Pablo como de Timoteo, especialmente de Timoteo, puesto que él es el tema de estos versículos. Timoteo era un hombre que fue llamado a servir en segundo lugar. Sin embargo, de todas las personas tratadas en las Escrituras, Timoteo fue más fiel al Señor que ninguno. Voluntariamente y con sacrificio sirvió en segundo lugar.

Pensamiento 1: Servir en segundo lugar es un privilegio. El segundo hombre no sólo conduce a quienes están bajo su responsabilidad sino que también contribuye a la vida y ministerio del hombre que ocupa el primer lugar.

[2] (2:20) ***Timoteo, Cuidado, Iglesia:*** Timoteo tenía un espíritu fraternal y filial al ocuparse de los demás. De hecho, no tenía igual. Había muchos ministros excelentes del evangelio, pero el espíritu de Timoteo era más próximo al de Pablo que ningún otro ministro. Timoteo se ocupó de las iglesias y de sus creyentes tal como lo hizo Pablo. Su corazón *se ocupaba naturalmente* (gnesios). Su cuidado surgía de muy adentro: Era genuino y sincero, el mismo tipo de cuidado que tendría un hermano genuino. El ministerio de Timoteo, su cuidado y preocupación por los creyentes, sería profundo y genuino, una verdadera preocupación para él.

> **"Y os daré pastores según mi corazón, que os apacienten con ciencia y con inteligencia" (Jer. 3:15).**
>
> **"Y pondré sobre ellas pastores que las apacienten; y no temerán más, ni se amedrentarán, ni serán menoscabadas, dice Jehová" (Jer. 23:4).**
>
> **"Apacentad la grey de Dios que está entre vosotros, cuidando de ella, no por fuerza, sino voluntariamente; no por ganancia deshonesta, sino con ánimo pronto" (1 P. 5:2).**

[3] (2:21) ***Negación propia, Egoísmo, Codicia:*** Timoteo estuvo dispuesto a negarse a sí mismo, a obsesionarse con las cosas de Cristo. En términos muy firmes Pablo dice:

> **"Porque *todos* buscan lo suyo propio, no lo que es de Cristo Jesús" (v. 21).**

Qué acusación tan fuerte para los creyentes y en particular para los ministros. Advierta lo que varios comentaristas tienen para decir sobre el tema:

> Matthew Henry pregunta: *"¿Dijo Pablo esto en su prisa, como lo dijo David, que todos hombres son mentirosos? (Sal. 116:11). ¿Había una corrupción tan generalizada entre los ministros en sus comienzos que no había ni siquiera uno de ellos que se ocupara por el estado de su gente? No debemos entenderlo así: él se refiere a la generalidad, a todo, es decir, a la mayoría o bien a todos en comparación con Timoteo. Advierta, buscar nuestros propios intereses negando a Jesucristo es un pecado muy*

grande y muy común entre los cristianos y los ministros. Muchos prefieren su propio mérito, su comodidad y su seguridad antes de la verdad, la santidad y el deber; las cosas que hacen a su propio placer y reputación antes que las cosas del reino de Cristo y su honor e interés en el mundo: pero Timoteo no era nada de eso" (Matthew Henry´s Commentary [Comentario de Matthew Henry], vol. 5, p. 736).

Ralph P. Martin pregunta: *"¿Este versículo representa la amarga queja del apóstol sobre que, cuando buscó a un compañero creyente para ir a Filipos, no había ninguno porque "estaban envueltos en sus propios asuntos" y "realmente no se ocupaban de las cosas de Jesucristo"? [J. B. Philipps]... él recuerda que, en un mundo de egoísmo y búsqueda propia (cp. Mt. 6:32) es muy raro encontrar a un hombre como Timoteo que está realmente ansioso por promover el bienestar de otras personas y entregarse a un viaje fatigoso y a resolver las peleas personales en la iglesia filipense. Este sería un tema delicado para manejar, que requiere tacto, sabiduría y paciencia"* (The Epistle of Paul to the Philippians, [La epístola de Pablo a los filipenses]. "Tyndale Bible Commentaries", comp. por RVG Tasker. Grand Rapids, MI: Eerdmans, 1959, pp. 124ss).

Lehman Strauss argumenta: *"La condición patética de buscarse a sí mismo es la maldición del cristianismo en general y del ministerio en particular. Las palabras de Pablo son una acusación severísima en contra del horrible pecado del egoísmo. Debe haber estado presente en los primeros días de la iglesia, dado que recordamos su exhortación al comienzo de nuestro capítulo: "no mirando cada uno por lo suyo propio, sino cada cual también por lo de los otros"* (2:4).

Son muy pocos los que dedican su vida a un servicio altruista. Estamos más preocupados con nuestros intereses, nuestras posesiones, con avanzar, de lo que lo estamos con las necesidades de los demás. El amor cristiano genuino "no hace nada indebido, no busca lo suyo, no se irrita, no guarda rencor" [1 Co. 13:5]. "Ninguno busque su propio bien, sino el del otro" [1 Co. 10:24, Fil.].

A pesar de estas advertencias santas, la búsqueda y la glorificación propias llegan a un clímax con el transcurso del tiempo. Pocos buscan seguir estrechamente los pasos de Cristo y de hombres como Cristo tales como Pablo. La mayoría de nosotros buscamos nuestros propios intereses al tiempo que profesamos el Nombre de Cristo. Uno se pregunta si los argumentos de Cristo siquiera entran en los cálculos de algunos cristianos. El difunto William Lincoln de Beresford, Londres, dijo: ´Descansen seguros, de que si colocan a Cristo en segundo lugar, y sus propias cosas en el primero, oirán acerca de ello en el Trono del Juicio´ " (Devotional Studies in Philippians, [Estudios devocionales en Filipenses], p. 133).

El tema está bien planteado: Timoteo no buscaba sus propias cosas. Se negó a sí mismo. No cayó en la trampa en la que tantos caen. su preocupación principal era la misión y la verdad de Cristo y el bienestar de la iglesia. Pero esto no se aplicaba a la mayoría de los creyentes y ministros de Roma y, lamentablemente, tampoco se aplica a muchos creyentes y ministros a lo largo de los siglos. Muchos han buscado primero sus propias cosas. Muchos le han dado un segundo lugar a las cosas de Cristo a fin de proteger su...

- vida
- reconocimiento
- liderazgo
- comodidad
- posición
- apoyo
- aceptación
- autoridad
- posesiones
- seguridad
- amistad

"Jesús le dijo: Si quieres ser perfecto, anda, vende lo que tienes, y dalo a los pobres, y tendrás tesoro en el cielo; y ven y sígueme" (Mt. 19:21).

"Fui forastero, y no me recogisteis; estuve desnudo, y no me cubristeis; enfermo, y en la cárcel, y no me visitasteis" (Mt. 25:43).

"Y decía a todos: Si alguno quiere venir en pos de mí, niéguese a sí mismo, tome su cruz cada día, y sígame. Porque todo el que quiera salvar su vida, la perderá; y todo el que pierda su vida por causa de mí, éste la salvará" (Lc. 9:23-24).

"Y les dijo: Mirad, y guardaos de toda avaricia; porque la vida del hombre no consiste en la abundancia de los bienes que posee" (Lc. 12:15).

"Y el que no lleva su cruz y viene en pos de mí, no puede ser mi discípulo" (Lc. 14:27).

"Porque si vivís conforme a la carne, moriréis; mas si por el Espíritu hacéis morir las obras de la carne, viviréis" (Ro. 8:13).

"Bueno es no comer carne, ni beber vino, ni nada en que tu hermano tropiece, o se ofenda, o se debilite" (Ro. 14:21).

"Así que, los que somos fuertes debemos soportar las flaquezas de los débiles, y no agradarnos a nosotros mismos" (Ro. 15:1).

"Ninguno busque su propio bien, sino el del otro" (1 Co. 10:24).

"Pero los que son de Cristo han crucificado la carne con sus pasiones y deseos" (Gá. 5:24).

"Y ciertamente, aun estimo todas las cosas como pérdida por la excelencia del conocimiento de Cristo Jesús, mi Señor, por amor del cual lo he perdido todo, y lo tengo por basura, para ganar a Cristo" (Fil. 3:8).

"Haced morir, pues, lo terrenal en vosotros: fornicación, impureza, pasiones desordenadas, malos deseos y avaricia, que es idolatría" (Col. 3:5).

"No codiciarás la casa de tu prójimo, no codiciarás la mujer de tu prójimo, ni su siervo, ni su criada, ni su buey, ni su asno, ni cosa alguna de tu prójimo" (Éx. 20:17).

"Porque desde el más chico de ellos hasta el más grande, cada uno sigue la avaricia; y desde el profeta hasta el sacerdote, todos son engañadores" (Jer. 6:13).

"Y vendrán a ti como viene el pueblo, y estarán delante de ti como pueblo mío, y oirán tus palabras, y no las pondrán por obra; antes hacen halagos con sus bocas, y el corazón de ellos anda en pos de su avaricia" (Ez. 33:31).

4 (2:22-24) ***Discipulado:*** Timoteo estuvo dispuesto a ser un hijo, un discípulo probado y demostrado. Había un vínculo estrecho entre Pablo y Timoteo. Timoteo era como un hijo para

Pablo y advierta: Timoteo admiraba a Pablo como si fuera su padre. Pablo nunca hubiera dicho esto si Timoteo pensaba y actuaba de otra manera.

Pablo alistó a Timoteo como uno de sus discípulos y socios misioneros en su segundo viaje misionero (véase *Estudio a fondo 1, Timoteo,* Hch. 16:1-3 para mayor discusión al respecto). A partir de ese momento, Timoteo se convirtió en un ministro dinámico del Señor, un ministro que fue llamado para servir en segundo lugar. Barclay proporciona un resumen excelente de los versículos que relacionan a Timoteo con Pablo (*The Letters to the Philippians, Colossians and Thessalonians,* [Las cartas a los filipenses, colosenses y tesalonicenses], p. 59).

1. Timoteo era un compañero cercano de Pablo.
   a. Pablo denominaba a Timoteo su hijo en la fe (1 Co. 4:17).
   b. Timoteo estuvo con Pablo...
      • En Filipos (Hch. 16:1ss).
      • En Tesalónica y Berea (Hch. 17:1-14).
      • En Corinto (Hch. 18:1-5).
      • En Éfeso (Hch. 19:21-22).
      • En prisión en Roma (Col. 1:1; Fil. 1:1).

2. Timoteo estuvo involucrado de una u otra manera con siete de los escritos de Pablo.
   • 1 y 2 Tesalonicenses
   • Colosenses y Filipenses
   • 2 Corintios
   • 1 y 2 Timoteo
   • Romanos (envía saludos a la iglesia).

3. Timoteo estaba estrechamente vinculado con Pablo en el ministerio de las iglesias. Timoteo fue enviado por Pablo para ministrar...
   • En Tesalónica (1 Ts. 3:6).
   • En Corinto (1 Co. 4:17; 16:10-11).
   • En Filipos (Fil. 2:19).

Pensamiento 1: La cuestión a tener en cuenta es cuán estrechamente estaban ligados Pablo y Timoteo y cuán fiel fue Timoteo. Era un ministro probado y comprobado, un ministro dispuesto a servir en el lugar que lo había colocado el Señor, la posición de servir en segundo lugar.

"Así, pues, ténganos los hombres por servidores de Cristo, y administradores de los misterios de Dios" (1 Co. 4:1).

"Así que, hermanos míos amados, estad firmes y constantes, creciendo en la obra del Señor siempre, sabiendo que vuestro trabajo en el Señor no es en vano" (1 Co. 15:58).

"Tú, pues, sufre penalidades como buen soldado de Jesucristo. Ninguno que milita se enreda en los negocios de la vida, a fin de agradar a aquel que lo tomó por soldado" (2 Ti. 2:3-4).

"La ley de verdad estuvo en su boca, e iniquidad no fue hallada en sus labios; en paz y en justicia anduvo conmigo, y a muchos hizo apartar de la iniquidad" (Mal. 2:6).

	B. El ejemplo de Epafrodito, un hombre que no desertó ni se acobardó, 2:25-30	tuvo misericordia de él, y no solamente de él, sino también de mí, para que yo no tuviese tristeza sobre tristeza.	
1 No dejó ni abandonó a su hermano	25 Mas tuve por necesario enviaros a Epafrodito, mi hermano y colaborador y compañero de milicia, vuestro mensajero, y ministrador de mis necesidades;	28 Así que le envío con mayor solicitud, para que al verle de nuevo, os gocéis, y yo esté con menos tristeza. 29 Recibidle, pues, en el Señor, con todo gozo, y tened en estima a los que son como él;	**4 Conclusión: La apelación** a. Pablo lo envía de regreso a la iglesia para que la iglesia pueda regocijarse y gozarse en él. b. Recibirlo: Construye su reputación en que pone en juego su vida y la arriesga por Cristo
2 No dejó ni abandonó la iglesia	26 porque él tenía gran deseo de veros a todos vosotros, y gravemente se angustió porque habíais oído que había enfermado.	30 porque por la obra de Cristo estuvo próximo a la muerte, exponiendo su vida para suplir lo que faltaba en vuestro servicio por mí.	
3 No dejó ni abandonó a Dios	27 Pues en verdad estuvo enfermo, a punto de morir; pero Dios		

DIVISIÓN III

EL EJEMPLO DE ALGUNOS CREYENTES, 2:19-30

B. El ejemplo de Epafrodito, un hombre que no desertó ni se acobardó, 2:25-30

(2:25-30) ***Introducción, Epafrodito, Ministro:*** Barclay apunta a una histórica dramática que subyace a Epafrodito. La iglesia filipense había oído que Pablo estaba en prisión, y que estaba atravesando un momento muy difícil. Sus corazones estaban con él, de manera que decidieron hacer dos cosas: Realizar una ofrenda para satisfacer las necesidades de Pablo y enviar un lego dedicado que pudiera permanecer con él y ayudarlo. Dicho hombre debía ser sumamente valiente, pues al apegarse a un hombre que enfrentaba un crimen capital, iba a quedar a merced de la acusación de cómplice. Por ayudar a Pablo, el hombre pondría en riesgo su propia vida. El hombre elegido fue Epafrodito.

Mientras estaba en Roma, Epafrodito se sintió gravemente enfermo y cercano a la muerte. Las novedades acerca de su enfermedad llegaron a Filipos. Y a su vez, le llegaron novedades a Epafrodito de que su iglesia estaba preocupada por su bienestar. Él, a su vez, comenzó a preocuparse por ellos. Pero Dios lo ayudó, y una vez recuperadas sus fuerzas, Pablo consideró por alguna razón (tal vez para que no recayera en la enfermedad o para eliminar la posibilidad de que fuera arrestado) que Epafrodito debía regresar a Filipos.

Pero existía la posibilidad de un problema. Si él regresaba antes de conocerse la suerte de Pablo, algunos lo llamarían desertor, cobarde, fracasado *(The Letters to the Philippians, Colossians and Thessalonians,* [Las cartas a los filipenses, colosenses y tesalonicenses], pp. 60ss). La respuesta a esta crítica es el mismo motivo de este pasaje. Pablo presenta una brillante apreciación del mensajero de la iglesia.

1. No dejó ni abandonó a su hermano (v. 25).
2. No dejó ni abandonó la iglesia (v. 26).
3. No dejó ni abandonó a Dios (v. 27).
4. Conclusión: La apelación (vv. 28-30).

[1] (2:25) ***Siervo, Ministrar:*** Epafrodito no dejó ni abandonó a su hermano cristiano. Había sido enviado a Roma para ministrar a Pablo que estaba en prisión. Epafrodito se enfermó gravemente y casi murió. Fácilmente podía haber regresado a Filipos luego de su recuperación, pero no lo hizo. Se aferró a su llamado y misión, y la completó. Epafrodito era un creyente tan firme que Pablo le da cinco títulos.

1. Fue un *hermano cristiano.* Advierta la ternura: Pablo lo llamó "mi hermano". Un hermano es una persona que tiene los mismos padres. Epafrodito nació de Dios. Él había colocado su fe y su confianza en el Señor Jesucristo, y Dios había honrado su fe dándole un nuevo nacimiento, un nacimiento espiritual. Dios lo había convertido en una *nueva criatura* o en un *hombre nuevo* (2 Co. 5:17; Ef. 4:24; Col. 3:10). Por lo tanto, era un hermano de Pablo y un miembro de la familia de Dios.

> **"Mas a todos los que le recibieron, a los que creen en su nombre, les dio potestad de ser hechos hijos de Dios" (Jn. 1:12).**
>
> **"Por lo cual, salid de en medio de ellos, y apartaos, dice el Señor, y no toquéis lo inmundo; y yo os recibiré, y seré para vosotros por Padre, y vosotros me seréis hijos e hijas, dice el Señor Todopoderoso" (2 Co. 6:17-18).**
>
> **"Así que ya no sois extranjeros ni advenedizos, sino conciudadanos de los santos, y miembros de la familia de Dios" (Ef. 2:19).**

2. Fue un *compañero en la obra del Señor.* Muchas personas sirven en la obra del Señor, pero no todos son verdaderos compañeros de trabajo. Un verdadero compañero está *al lado* de su amigo, está allí con él: comprendiendo, sintiendo, apoyando, consolando, confortando, alentando y ayudando cada vez que es necesario. No hay nada entre verdaderos compañeros...

• no hay distancia
• no hay competencia
• no hay envidia
• no hay rechazo
• no hay retraimiento
• no hay abandono

Como se ha dicho, un verdadero compañero en el ministerio está allí, al lado de su amigo y permanece siempre allí. Nunca abandona a su amigo cualquiera sean sus circunstancias. Epafrodito es un verdadero ejemplo de un compañero de trabajo. Pablo era un prisionero que estaba por enfrentar un juicio por su vida, y había sido abandonado por la mayoría de los creyentes (2 T. 4:16). Pero advierta lo que sucedió con Epafrodito: Se mantuvo al lado de Pablo a pesar de las graves circunstancias. Y recuerde: Había estado gravemente enfermo, pero aunque tenía un motivo valedero para regresar a casa para recuperarse, se quedó en Roma al lado de Pablo. Epafrodito era un verdadero compañero. ¡No fue un desertor! ¡No fue un cobarde!

"Nadie tiene mayor amor que este, que uno ponga su vida por sus amigos. Vosotros sois mis amigos, si hacéis lo que yo os mando" (Jn. 15:13-14).

"El hombre que tiene amigos ha de mostrarse amigo; y amigo hay más unido que un hermano" (Pr. 18:24).

"Mejores son dos que uno; porque tienen mejor paga de su trabajo. Porque si cayeren, el uno levantará a su compañero; pero ¡ay del solo! que cuando cayere, no habrá segundo que lo levante" (Ec. 4:9-10).

3. Era un *compañero de milicia.* Sin duda esto se refiere a la actitud persistente y al estar firme de Epafrodito. Al apegarse tanto a Pablo, él corría el riesgo de ser identificado como un seguidor de Pablo quien fue falsamente juzgado como un insurrecto en contra del Estado. Este peligro probablemente fue el motivo por el cual tantos creyentes abandonaron a Pablo (2 Ti. 4:16). Pero no Epafrodito, él permaneció firme, se mantuvo como un compañero de milicia junto a Pablo...

- A pesar del peligro.
- A pesar de su propia mala salud.

Epafrodito fue enviado para completar su ministerio y para ayudar a Pablo en su ministerio de la mayor manera posible, a pesar de las terribles circunstancias de la prisión y de la enfermedad que lo arrastró al borde de la muerte, Epafrodito fue un verdadero soldado, dispuesto a arriesgar su vida por el evangelio de la gente de Dios. ¡Él no fue un desertor! ¡No fue un cobarde!

"Tú, pues, sufre penalidades como buen soldado de Jesucristo. Ninguno que milita se enreda en los negocios de la vida, a fin de agradar a aquel que lo tomó por soldado" (2 Ti. 2:3-4).

4. Era un mensajero de la iglesia. La palabra "mensajero" es *apostolos* que significa apóstol. La palabra significa mensajero, un embajador enviado con una misión muy especial. Pablo está diciendo que este amado santo de Dios había sido llamado como un mensajero y un embajador muy especial de Dios. Fue un apóstol muy especial, un mensajero muy especial de Dios. ¡Estaba lejos de ser un desertor! ¡Lejos de ser un cobarde!

5. Era un ministro muy especial (leitourgon). Barclay señala que esta palabra podría tener un gran significado para las mentes griegas de la iglesia filipense. La palabra (leitorugon) era una gran palabra y se empleaba sólo para grandes hombres. El título era investido sólo en grandes benefactores, hombres que amaban su ciudad, la cultura, las artes o los deportes de tal manera que dieron enormes sumas de dinero para apoyar estas funciones. La persona era considerada como un gran siervo o ministro entregado a su causa *(The Letters to the Phillipians, Colossians, and Thessalonians),*[Las cartas a los filipenses, colosenses y tesalonicenses], p. 61). Aquí, Pablo está invistiendo el gran título de ministro (leitourgon) en Epafrodito. Epafrodito fue un ministro extraordinario de Dios que ministró las necesidades de Pablo. ¡No fue un desertor! ¡No fue un cobarde!

"Como el Hijo del Hombre no vino para ser servido, sino para servir, y para dar su vida en rescate por muchos" (Mt. 20:28).

"Pero no será así entre vosotros, sino que el que quiera hacerse grande entre vosotros será vuestro servidor, y el que de vosotros quiera ser el primero, será siervo de todos" (Mr. 10:43-44).

"Se levantó de la cena, y se quitó su manto, y tomando una toalla, se la ciñó. Luego puso agua en un lebrillo, y comenzó a lavar los pies de los discípulos, y a enjugarlos con la toalla con que estaba ceñido... Pues si yo, el Señor y el Maestro, he lavado vuestros pies, vosotros también debéis lavaros los pies los unos a los otros" (Jn. 13:4-5, 14).

"Ahora bien, se requiere de los administradores, que cada uno sea hallado fiel" (1 Co. 4:2).

"Sobrellevad los unos las cargas de los otros, y cumplid así la ley de Cristo" (Gá. 6:2).

"Así que, según tengamos oportunidad, hagamos bien a todos, y mayormente a los de la familia de la fe" (Gá. 6:10).

"Sirviendo de buena voluntad, como al Señor y no a los hombres" (Ef. 6:7).

[2] (2:26) ***Dedicación, Lealtad, Servicio:*** Epafrodito no dejó ni abandonó la iglesia. La iglesia filipense había enviado a Epafrodito para que ayudara y ministrara a Pablo. Mientras estaba en Roma se había enfermado gravemente. A esas alturas, Epafrodito podría haber abandonado la misión de la iglesia. Podía haber llegado a la conclusión de que la misión no valía la pena perder su vida y que debía regresar a casa. La amenaza de ser identificado como un cómplice de Pablo hubiera sido entendida y aceptada por muchos, si no todos, y su enfermedad y la necesidad de recuperarse de una enfermedad mortal hubiera sido finalmente comprendida por todos. Epafrodito contaba con toda razón humana para regresar a casa y hacer que otra persona tomara el sayo y finalizara con la tarea.

Pero como un verdadero soldado de Jesucristo, no lo haría y no lo hizo. De hecho, advierta el glorioso testimonio de este versículo. Epafrodito no se preocupaba por su bienestar, sino por el bienestar de la iglesia. Las novedades de su enfermedad habían llegado a la iglesia y Epafrodito estaba *preocupado* porque su familia, sus amigos y la iglesia estuvieran preocupados por él. ¡Qué corazón lleno de ternura, calidez, suavidad y ministerio! Justo el tipo de corazón que todos necesitamos, en especial los ministros del evangelio.

La cuestión a tener en cuenta es la siguiente: Epafrodito era fiel a su llamado y a su iglesia. No desertó ni abandonó la iglesia. Tenía motivos para hacerlo, pero no lo hizo. Se mantuvo firme a pesar del peor tipo de circunstancias y de la amenaza a su propia vida.

[3] (2:27) ***Dedicación:*** Epafrodito no dejó ni abandonó a Dios. Parecía que Dios lo había abandonado a él. Parecía como si

Dios lo hubiera bendecido con tanta riqueza hasta su llegada a Roma. Dios había llevado a la iglesia en Filipos...

- A designarlo como un mensajero especial del Señor y de la gran iglesia filipense.
- A darle la ambiciosa tarea de unirse y ministrar al gran evangelista y misionero Pablo.

Pero cuando llegó a Roma, sólo encontró que al relacionarse con Pablo existía el gran peligro de ser juzgado como un insurrecto, como un cómplice de Pablo. Estaba arriesgando su propia vida al relacionarse con Pablo. Y luego, para colmo de todo, se había enfermado y casi había llegado a morir. Dios pudo haber evitado que esto pasara. ¿Por qué no lo detuvo? Miles de preguntas inundaban la mente de Epafrodito, cada una tentándolo a cuestionar a Dios. Podría haber desertado y abandonado la misión y no demasiadas personas hubieran cuestionado su decisión. De hecho, la gran mayoría hubiera estado de acuerdo, pensando que esa era una acción sabia.

Pero no Epafrodito. ¡Él no era un desertor! ¡Él no era un cobarde! ¡Él era un verdadero ministro de Dios! Dios había hecho tanto por él, especialmente al salvarlo y dándole la garantía de que viviría por siempre, que él nunca desertaría ni abandonaría a Dios.

4 (2:28-30) ***Dedicación, Ministerio:*** La conclusión es una apelación de Pablo. Pablo estaba enviando de regreso a Epafrodito a la iglesia. La iglesia debía regocijarse en él y en su fe firme. En ningún sentido de la palabra debían cuestionarlo porque regresaba. Estaba regresando porque Pablo lo estaba enviando de vuelta, no porque él había elegido regresar.

Advierta las palabras "exponiendo su vida" (paraboleusamenos). A. T. Robertson señala que esta es una palabra de juego, que significa jugarse la vida; apostarlo todo; poner todo a prueba; jugar a fondo. Epafrodito se jugó la vida por el ministerio de Cristo. Con mucho valor arriesgó su vida *(Word Pictures in the New Testament,* [Imágenes de palabras en el Nuevo Testamento], vol. 4, p. 449).

Pensamiento 1: Epafrodito desafía y emprende un cristianismo y un ministerio tranquilo, fácil. su vida demuestra que el cristianismo es severo y exigente. Convoca a la negación propia y a enfrentar solo los sacrificios. Poco toma en cuenta la comodidad y la seguridad personal.

"Y decía a todos: Si alguno quiere venir en pos de mí, niéguese a sí mismo, tome su cruz cada día, y sígame. Porque todo el que quiera salvar su vida, la perderá; y todo el que pierda su vida por causa de mí, éste la salvará" (Lc. 9:23-24).

"Si alguno viene a mí, y no aborrece a su padre, y madre, y mujer, e hijos, y hermanos, y hermanas, y aun también su propia vida, no puede ser mi discípulo" (Lc. 14:26).

"Porque si vivís conforme a la carne, moriréis; mas si por el Espíritu hacéis morir las obras de la carne, viviréis" (Ro. 8:13).

"Así que, los que somos fuertes debemos soportar las flaquezas de los débiles, y no agradarnos a nosotros mismos" (Ro. 15:1).

"Ninguno busque su propio bien, sino el del otro" (1 Co. 10:24).

"Pero los que son de Cristo han crucificado la carne con sus pasiones y deseos" (Gá. 5:24).

"Y ciertamente, aun estimo todas las cosas como pérdida por la excelencia del conocimiento de Cristo Jesús, mi Señor, por amor del cual lo he perdido todo, y lo tengo por basura, para ganar a Cristo" (Fil. 3:8).

1 Regocijándose en el Señor **2 Siguiendo lo que está escrito (Las Escrituras)**	**CAPÍTULO 3** **IV. EL IMPERATIVO DEL CREYENTE, 3:1-21** **A. Imperativo: Protegerse, 3:1-3** 1 Por lo demás, hermanos, gozaos en el Señor. A mí no me es molesto el escribiros las	mismas cosas, y para vosotros es seguro. 2 Guardaos de los perros, guardaos de los malos obreros, guardaos de los mutiladores del cuerpo. 3 Porque nosotros somos la circuncisión, los que en espíritu servimos a Dios y nos gloriamos en Cristo Jesús, no teniendo confianza en la carne.	**3 Cuidándose de los falsos maestros** **4 Sabiendo que tenemos la verdadera circuncisión (espiritual)**

DIVISIÓN IV

EL IMPERATIVO DEL CREYENTE, 3:1-21

A. Imperativo: Protegerse, 3:1-3

(3:1-3) ***Introducción:*** Este capítulo es uno de los grandes capítulos de la Biblia, un capítulo que debe ser estudiado una y otra vez. Incluye el gran testimonio personal y la ambición de Pablo. Nos proporciona algunos de los grandes principios que rigieron la vida de Pablo. El tema del capítulo es "El imperativo del creyente". Hay algunas cosas que el cristiano debe hacer mientras avanza con el imperativo de Jesucristo. En primer lugar, debe protegerse.

1. Regocijándose en el Señor (v. 1).
2. Siguiendo lo que está escrito (Las Escrituras) (v. 1).
3. Cuidándose de los falsos maestros (v. 2).
4. Sabiendo que tenemos la verdadera circuncisión (espiritual) (v. 3).

[1] (3:1) ***Regocijarse:*** Protéjase al regocijándose en el Señor. Una persona que siempre se regocija en el Señor no se descarriará. A medida que el creyente anda por la vida, hay dos cosas que siempre deberá enfrentar: Las circunstancias y las falsas enseñanzas. No importa dónde vaya, las pruebas de la vida, tanto secundarias como importantes, lo estarán esperando. Tiene que enfrentarse cara a cara con las horribles pruebas de la vida que incluyen...

- tentaciones atractivas
- divisiones
- lujuria de los ojos
- comportamiento inhumano
- lujuria de la carne
- actos criminales
- codicia
- muerte
- egoísmo
- accidentes
- peleas
- enfermedad

La lista podría continuar y continuar. Ninguna persona se escapa de las pruebas de la vida, no si camina por esta tierra. Se enfrenta con la terrible realidad de las pruebas todos los días de su vida. Advierta también otro hecho. No importa dónde camine, se enfrentará con las falsas enseñanzas de esta vida. No importa qué camino tome el creyente, se enfrentará a ideas diferentes acerca de cómo manejar la vida y sus grandes pruebas.

- Hay una enseñanza que dice: "Come, bebe y sé feliz, puesto que mañana moriremos. Ignora las pruebas y los problemas de la vida. La vida es para ser disfrutada por los que tienen salud y dinero para gozarla, de modo que sácale el mayor jugo posible a la vida. Haz tus propias cosas".
- Hay una enseñanza que dice: "Disciplínate y contrólate. Cuida tu cuerpo y tu mente. No cedas a las lujurias y a las pasiones de esta vida. El abuso de una mente y de un cuerpo es un derroche. Vive y contribuye lo más que puedas andando en una vida disciplinada y controlada".
- Hay una enseñanza que dice: "No deseches nada. Disfruta la vida, únete. Haz lo que quieras, pero hazlo dentro de lo lógico. No abuses demasiado de tu mente y de tu cuerpo. Es correcto que ocasionalmente te unas y seas consentido, simplemente no lo hagas con demasiada frecuencia y no te lastimes".
- Hay una enseñanza que dice que la religión es la respuesta tanto a la vida como a la muerte. "Únete a un cuerpo religioso, pasa por sus rituales, adopta sus creencias y vive lo mejor que puedas. Esto te dará una fuerte imagen propia y la confianza de que Dios te aceptará. Simplemente sé lo más bueno que puedas y Dios aceptará esa bondad que eres capaz de construir".

La lista de enseñanzas podría ser infinita. La cuestión es esta: El creyente es bombardeado tanto por las pruebas como por las falsas enseñanzas cada día de su vida. Por lo tanto, debe cuidarse, y su mejor protección es regocijarse en el Señor. Si anda a lo largo del día regocijándose en el Señor, su mente está en el Señor. Se regocija por lo que Cristo ha hecho por él, se regocija porque el Señor...

- lo justifica
- le asegura la justicia para él
- lo adopta

- muere por él, cargando con la condena y el juicio
- se reconcilia con él
- lo salva
- lo resucita, dándole una vida nueva
- lo ama
- lo cuida
- lo libera
- le da el privilegio de conocer a Dios
- lo guía y lo dirige
- le otorga la victoria sobre el pecado
- le da una esperanza eterna y la gloriosa confianza de la vida eterna

El creyente simplemente camina gozando y regocijándose en todo lo que el Señor ha hecho y está haciendo por él. Esto es fundamental si el creyente va a cuidarse del ataque de las pruebas y las falsas enseñanzas de esta vida. El creyente debe andar regocijándose en el Señor.

Ahora advierta: La gran cosa que logra el regocijo es que coloca y mantiene a una persona ante la presencia de Cristo. No importa qué es lo que el creyente enfrente –no importa cuán terrible sea la prueba– él sabe que será cuidado por Cristo Jesús su Señor. Sabe que nada puede separarlo del Señor y de su amor, que nunca morirá sino que vivirá eternamente. Por ende, sabe que cualquier cosa que le suceda nunca lo conquistará ni lo vencerá. Cristo le dará un poder sobrenatural y la fortaleza para vencerlo. Y si es llamado para dejar su cuerpo e ir al cielo, sabe que nunca degustará ni experimentará la muerte. Sabe que Jesucristo lo escoltará de inmediato a la presencia de Dios, más rápido que un parpadeo, en aproximadamente 1/100 de un segundo. El creyente está seguro para siempre manteniendo el poder del Señor Jesucristo. Por lo tanto, anda regocijándose en el Señor: Se regocija sin importar lo que le toca enfrentar.

"¿Quién nos separará del amor de Cristo? ¿Tribulación, o angustia, o persecución, o hambre, o desnudez, o peligro, o espada? Como está escrito: Por causa de ti somos muertos todo el tiempo; somos contados como ovejas de matadero. Antes, en todas estas cosas somos más que vencedores por medio de aquel que nos amó. Por lo cual estoy seguro de que ni la muerte, ni la vida, ni ángeles, ni principados, ni potestades, ni lo presente, ni lo por venir, ni lo alto, ni lo profundo, ni ninguna otra cosa creada nos podrá separar del amor de Dios, que es en Cristo Jesús Señor nuestro" (Ro. 8:35-39).

Pensamiento 1: Regocijarse en el Señor es una de las mejores maneras de protegerse contra las pruebas de la vida y las falsas enseñanzas. Cuando una persona se regocija en el Señor, su mente está centrada en el Señor, en lo que el Señor ha hecho por él. Y la mente no puede estar en dos lugares a la vez. Si está en el Señor y su gloriosa salvación, entonces no puede estar en las pruebas y las falsas enseñanzas de este mundo.

"Pero no os regocijéis de que los espíritus se os sujetan, sino regocijaos de que vuestros nombres están escritos en los cielos" (Lc. 10:20).

"Estas cosas os he hablado, para que mi gozo esté en vosotros, y vuestro gozo sea cumplido" (Jn. 15:11).

"Gozaos con los que se gozan; llorad con los que lloran" (Ro. 12:15).

"Como entristecidos, mas siempre gozosos; como pobres, mas enriqueciendo a muchos; como no teniendo nada, mas poseyéndolo todo" (2 Co. 6:10).

"Regocijaos en el Señor siempre. Otra vez digo: ¡Regocijaos!" (Fil. 4:4).

"Estad siempre gozosos" (1 Ts. 5:16).

"Amados, no os sorprendáis del fuego de prueba que os ha sobrevenido, como si alguna cosa extraña os aconteciese, sino gozaos por cuanto sois participantes de los padecimientos de Cristo, para que también en la revelación de su gloria os gocéis con gran alegría" (1 P. 4:12-13).

"Y comeréis allí delante de Jehová vuestro Dios, y os alegraréis, vosotros y vuestras familias, en toda obra de vuestras manos en la cual Jehová tu Dios te hubiere bendecido" (Dt. 12:7).

"Pero alégrense todos los que en ti confían; den voces de júbilo para siempre, porque tú los defiendes; en ti se regocijen los que aman tu nombre" (Sal. 5:11).

"Alegraos en Jehová y gozaos, justos; y cantad con júbilo todos vosotros los rectos de corazón" (Sal. 32:11).

"Aunque la higuera no florezca, ni en las vides haya frutos, aunque falte el producto del olivo, y los labrados no den mantenimiento, y las ovejas sean quitadas de la majada, y no haya vacas en los corrales; con todo, *yo me alegraré* en Jehová, y me gozaré en el Dios de mi salvación" (Hab. 3:17-18).

"Entonces *los humildes* crecerán en alegría en Jehová, y aun *los más pobres* de los hombres se gozarán en el Santo de Israel" (Is. 29:19).

2 (3:1) ***Las Escrituras:*** Cuídese siguiendo lo que está escrito, es decir, las Escrituras. Nota: Pablo dice que está escribiendo algunas cosas que al parecer ya había escrito. Lo que está por escribir es tan importante que debe ser repetido. La iglesia debe hacer lo que se le está diciendo.

La cuestión es esta: Deben seguirse los escritos de Pablo y de las Escrituras. Lo que dicen las Escrituras fue escrito para instruirnos y ayudarnos *seguir* por Cristo. Ninguna persona puede proseguir hacia delante sin seguir las Escrituras. Si no estudia ni obedece las Escrituras, se hundirá en las pruebas de la vida o en las falsas enseñanzas. Sólo obedeciendo las Escrituras, los mandamientos del Señor, podemos demostrar nuestro amor y lealtad al Señor Jesucristo.

"Si me amáis, guardad mis mandamientos" (Jn. 14:15).

"El que tiene mis mandamientos, y los guarda, ése es el que me ama; y el que me ama, será amado por mi Padre, y yo le amaré, y me manifestaré a él" (Jn. 14:21).

"Respondió Jesús y le dijo: El que me ama, mi palabra guardará; y mi Padre le amará, y vendremos a él, y haremos morada con él" (Jn. 14:23).

"Si guardareis mis mandamientos, permaneceréis en mi amor; así como yo he guardado los mandamientos de mi Padre, y permanezco en su amor" (Jn. 15:10).

"Y éstos eran más nobles que los que estaban en Tesalónica, pues recibieron la palabra con toda solicitud, escudriñando cada día las Escrituras para ver si estas cosas eran así" (Hch. 17:11).

"Y ahora, hermanos, os encomiendo a Dios, y a la palabra de su gracia, que tiene poder para sobreedificaros y daros herencia con todos los santificados" (Hch. 20:32).

"Procura con diligencia presentarte a Dios aprobado, como obrero que no tiene de qué avergonzarse, que usa bien la palabra de verdad" (2 Ti. 2:15).

"Toda la Escritura es inspirada por Dios, y útil para enseñar, para redargüir, para corregir, para instruir en justicia" (2 Ti. 3:16).

"Y muchos seguirán sus disoluciones, por causa de los cuales el camino de la verdad será blasfemado, y por avaricia harán mercadería de vosotros con palabras fingidas. Sobre los tales ya de largo tiempo la condenación no se tarda, y su perdición no se duerme" (2 P. 2:2-3).

[3] (3:2) ***Maestros, Falsos:*** Cuídese protegiéndose de los falsos maestros. Pablo siempre estaba enfrentando a falsos maestros que eran salvajes en sus ataques hacia él. Él menciona tres grupos de falsos maestros en este versículo.

1. Hay que cuidarse de los falsos maestros que atacan como perros (kunas). Cabe advertir que tanto los judíos como los gentiles se llamaban unos a otro perros como término de desdén. La palabra "perros" era el término más bajo posible para transmitir desdén y ridículo. Este término no se refiere a la mascota hogareña de hoy día, sino a los perros salvajes que merodeaban los bosques de día y las calles de las ciudades de noche. Se alimentaban de carroña y podían ser muy malos y peligrosos.

El punto es descriptivo: Hay algunos falsos maestros que son al igual que perros salvajes.

- Buscan carroña en todos a quienes puedan consumir con sus falsas enseñanzas. Y ante cualquier paso hacia delante para defender el rebaño y la verdad, gruñen y con frecuencia se vuelven malos y peligrosos, preparados para atacar al defensor y destruirlo.

"No deis lo santo a los perros, ni echéis vuestras perlas delante de los cerdos, no sea que las pisoteen, y se vuelvan y os despedacen" (Mt. 7:6).

"Guardaos de los falsos profetas, que vienen a vosotros con vestidos de ovejas, pero por dentro son lobos rapaces" (Mt. 7:15).

"Así que, no los temáis; porque nada hay encubierto, que no haya de ser manifestado; ni oculto, que no haya de saberse" (Mt. 10:26).

"Guardaos de los perros, guardaos de los malos obreros, guardaos de los mutiladores del cuerpo" (Fil. 3:2).

"Les prometen libertad, y son ellos mismos esclavos de corrupción. Porque el que es vencido por alguno es hecho esclavo del que lo venció. Ciertamente, si habiéndose ellos escapado de las contaminaciones del mundo, por el conocimiento del Señor y Salvador Jesucristo, enredándose otra vez en ellas son vencidos, su postrer estado viene a ser peor que el primero. Porque mejor les hubiera sido no haber conocido el camino de la justicia, que después de haberlo conocido, volverse atrás del santo mandamiento que les fue dado. Pero les ha acontecido lo del verdadero proverbio: El perro vuelve a su vómito, y la puerca lavada a revolcarse en el cieno" (2 P. 2:19-22).

"Mas los perros estarán fuera, y los hechiceros, los fornicarios, los homicidas, los idólatras, y todo aquel que ama y hace mentira" (Ap. 22:15).

"Porque perros me han rodeado; me ha cercado cuadrilla de malignos; horadaron mis manos y mis pies" (Sal. 22:16).

2. Hay que cuidarse de los falsos trabajadores que son malos obreros. El mundo está lleno de personas que obran cosas malas.

- Esto se refiere a los que sostienen y enseñan altas normas de justicia, moralidad y religión. Están totalmente seguros de que son justos y buenos, por lo menos suficientemente buenos como para ser aceptables ante Dios. No hay forma alguna de que Dios los rechace, piensan.
- Esto también se refiere a los que viven y enseñan la maldad mediante la forma en que viven y hablan sobre moralidad, justicia y religión. Algunos viven vidas simples, inmorales, indulgentes y extravagantes, mientras que otros tratan de combinar un estilo de vida religioso e indulgente a la vez.

La cuestión es esta: Están los que siempre se oponen al Señor Jesucristo y su salvación únicamente por la gracia. No aceptan que Él es el Hijo de Dios, que Él es el Señor de la vida del hombre; el Señor al que hay que entregarle todo lo que somos y todo lo que tenemos. Por lo tanto, aceptan su enseñanza, pero ignoran o niegan la salvación por su sangre. Se oponen al evangelio de salvación por su gracia únicamente. Van por la vida determinando sus propias maneras hacia Dios, haciendo el bien que creen que es necesario para volverse aceptables ante Él. El resultado es una falsa enseñanza, un camino hacia Dios que se opone al Señor Jesucristo y su camino. Dichos falsos maestros son malos obreros, obreros que se oponen a la verdad.

3. Hay que cuidarse de los falsos maestros que son mutiladores del cuerpo. Esto se refiere a los judaizantes (véase nota, *Judaizantes* - Gá. 2:3-5; *Estudio a fondo 1,* 2:4 para un tratamiento sobre el tema. Es importante leerlo antes de proseguir con este punto).

"De manera que cualquiera que quebrante uno de estos mandamientos muy pequeños, y así enseñe a los hombres, muy pequeño será llamado en el reino de los cielos; mas cualquiera que los haga y los enseñe, éste será llamado grande en el reino de los cielos. Porque os digo que si vuestra justicia no fuere mayor que la de los escribas y fariseos, no entraréis en el reino de los cielos" (Mt. 5:19-20).

"Porque ignorando la justicia de Dios, y procurando establecer la suya propia, no se han sujetado a la justicia de Dios; porque el fin de la ley es Cristo, para justicia a todo aquel que cree. Porque de la justicia que es por la ley Moisés escribe así: El hombre que haga estas cosas, vivirá por ellas" (Ro. 10:3-5).

"Queriendo ser doctores de la ley, sin entender ni lo que hablan ni lo que afirman" (1 Ti. 1:7).

"Si alguno enseña otra cosa, y no se conforma a las sanas palabras de nuestro Señor Jesucristo, y a la doctrina que es conforme a la piedad, está envanecido, nada sabe, y delira acerca de cuestiones y contiendas de pa-

labras, de las cuales nacen envidias, pleitos, blasfemias, malas sospechas, disputas necias de hombres corruptos de entendimiento y privados de la verdad, que toman la piedad como fuente de ganancia; apártate de los tales" (1 Ti. 6:3-5).

"Porque vendrá tiempo cuando no sufrirán la sana doctrina, sino que teniendo comezón de oír, se amontonarán maestros conforme a sus propias concupiscencias, y apartarán de la verdad el oído y se volverán a las fábulas" (2 Ti. 4:3-4).

"Pero hubo también falsos profetas entre el pueblo, como habrá entre vosotros falsos maestros, que introducirán encubiertamente herejías destructoras, y aun negarán al Señor que los rescató, atrayendo sobre sí mismos destrucción repentina" (2 P. 2:1).

4 (3:3) ***Creyentes, Circuncisión:*** Protéjase sabiendo que tenemos la verdadera circuncisión (véase *Estudio a fondo 1, Circuncisión,* Fil. 3:3 para una consideración del tema). Advierta que los creyentes son denominados la circuncisión. ¿Qué quiere significar Pablo?

1. Los creyentes son aquellos que adoran a Dios como Él realmente quiere ser adorado en el espíritu; esto es, han circuncidado o cortado la carne como un medio por el cual adoran a Dios. Piense por un momento: ¿De qué manera intenta la gente adorar a Dios?

- Asistiendo a los servicios de la iglesia
- Orando
- Realizando regalos ocasionales a causas de beneficencia
- Pensando ocasionalmente en Dios
- Siendo circuncidado o bautizado o participando de algún otro ritual
- Respetando los rituales y las ceremonias de una iglesia
- Uniéndose a una iglesia
- Observando los días especiales

Pero advierta un punto crítico: Si bien todo esto es bueno, no constituye la base de la verdadera adoración. Hay cosas que hacemos *porque* adoramos. Son el resultado y las actividades de la adoración. No son la base ni el espíritu de la adoración. En verdad, pueden ayudarnos a centrarnos en Dios y motivarnos a adorarlo, pero como se ha dicho, no constituyen la base ni el espíritu de la adoración.

- La base de la adoración es el Espíritu de Dios, y el espíritu de adoración es el Espíritu de Dios.

Para adorar a Dios, el hombre tiene que tener el Espíritu de Dios viviendo dentro de su cuerpo y espíritu. Ya no adora a Dios en forma externa mediante rituales y ceremonias. Ahora adora a Dios internamente a través del Espíritu de Dios que mora dentro de sí. La verdadera adoración ya no se produce a través de nada que sea del mundo físico o material, de nada que sea de la carne del hombre. La verdadera adoración es del espíritu.

Pensamiento 1: La verdadera adoración tiene que provenir del corazón y del espíritu. ¿Por qué? Porque un hombre puede asistir a la iglesia, observar todos los rituales y ceremonias y aún estar viviendo en las profundidades del pecado. Pero si el espíritu de un hombre está bien con Dios, él adora a Dios con un corazón puro y limpio, libre de todo pecado y contaminación. La persona verdaderamente circuncidada es la persona que adora a Dios en espíritu.

"Dios es Espíritu; y los que le adoran, en espíritu y en verdad es necesario que adoren" (Jn. 4:24).

"¿O ignoráis que vuestro cuerpo es templo del Espíritu Santo, el cual está en vosotros, el cual tenéis de Dios, y que no sois vuestros? Porque habéis sido comprados por precio; glorificad, pues, a Dios en vuestro cuerpo y en vuestro espíritu, los cuales son de Dios" (1 Co. 6:19-20).

2. Los creyentes son aquellos que se regocijan tal como Dios realmente quiere que nos regocijemos: En Cristo Jesús. Porque Él...

- Es el Hijo unigénito de Dios.
- Es la Persona que se entregó para morir por nosotros, cargando con nuestros pecados y condena.
- Es la Persona que nos ha salvado, que hizo posible que vivamos para siempre en la presencia de Dios.
- Es el único Salvador, el único camino aceptable para ingresar a la presencia de Dios.

Por lo tanto, es natural que Dios espere que nos regocijemos en Cristo Jesús. ¿Cómo podríamos alardear y regocijarnos en los rituales y las ceremonias y la religión? La Fuente, el Autor y el Consumador, de nuestra fe es Jesucristo. Por lo tanto, la verdadera circuncisión, el verdadero creyente no alardea de nada físico ni material, ni en rituales o ceremonias o religión. La verdadera circuncisión se regocija y alardea en Él que nos ha dado salvación y acceso a Dios, incluso en Cristo Jesús nuestro Señor.

"Estas cosas os he hablado, para que mi gozo esté en vosotros, y vuestro gozo sea cumplido" (Jn. 15:11).

"Regocijaos en el Señor siempre. Otra vez digo: ¡Regocijaos!" (Fil. 4:4).

"A quien amáis sin haberle visto, en quien creyendo, aunque ahora no lo veáis, os alegráis con gozo inefable y glorioso" (1 P. 1:8).

"En gran manera me gozaré en Jehová, mi alma se alegrará en mi Dios; porque me vistió con vestiduras de salvación, me rodeó de manto de justicia, como a novio me atavió, y como a novia adornada con sus joyas" (Is. 61:10).

"Fueron halladas tus palabras, y yo las comí; y tu palabra me fue por gozo y por alegría de mi corazón; porque tu nombre se invocó sobre mí, oh Jehová Dios de los ejércitos" (Jer. 15:16).

3. Los creyentes son aquellos que no tienen confianza en la carne. La carne...

- Es solamente física y material.
- Sólo puede manejar cosas físicas y materiales.
- Sólo puede hacer buenas obras y mantener rituales, ceremonias y prácticas religiosas externos.
- No puede hacer nada que vaya más allá de lo físico y lo material.
- No puede penetrar el mundo espiritual o la dimensión del ser.

La carne envejece, se deteriora y se pudre. Por lo tanto, la carne sigue el camino de todas las substancias materiales y físicas: muere y se pudre. Y sin importar lo que haya hecho la carne y haya logrado en este mundo físico, se lleva a la tumba todas sus obras. La carne muere y todo lo concerniente a la carne muere con ella. Por lo tanto, la verdadera circuncisión, el verdadero creyente, no tiene confianza ni apuesta a la carne. Tiene confianza únicamente en Jesucristo.

"Y yo sé que en mí, esto es, en mi carne, no mora el bien; porque el querer el bien está en mí, pero no el hacerlo" (Ro. 7:18).

"Gracias doy a Dios, por Jesucristo Señor nuestro. Así que, yo mismo con la mente sirvo a la ley de Dios, mas con la carne a la ley del pecado" (Ro. 7:25).

"Y los que viven según la carne no pueden agradar a Dios" (Ro. 8:8).

"Porque si vivís conforme a la carne, moriréis; mas si por el Espíritu hacéis morir las obras de la carne, viviréis" (Ro. 8:13).

"Porque el deseo de la carne es contra el Espíritu, y el del Espíritu es contra la carne; y éstos se oponen entre sí, para que no hagáis lo que quisiereis" (Gá. 5:17).

"Porque el que siembra para su carne, de la carne segará corrupción; mas el que siembra para el Espíritu, del Espíritu segará vida eterna" (Gá. 6:8).

"No améis al mundo, ni las cosas que están en el mundo. Si alguno ama al mundo, el amor del Padre no está en él. Porque todo lo que hay en el mundo, *los deseos de la carne,* los deseos de los ojos, y la vanagloria de la vida, no proviene del Padre, sino del mundo" (1 Jn. 2:15-16).

ESTUDIO A FONDO 1

(3:3) ***Circuncisión:*** Antes de Cristo, la circuncisión era la señal física de que un hombre era seguidor del verdadero Dios. Era la señal de que un hombre creía en las promesas que Dios había hecho a Abraham e Israel (cp. Gn. 17:10-14; Ro. 4:11). Dios nunca pretendió que la circuncisión tuviera otro valor que el de ser una señal. No le traería justicia a ningún hombre, ni siquiera a Abraham (Ro. 4:9-10). Se daba sólo como una señal, una señal de la fe que un hombre ya tenía en las promesas de Dios. Se le imputaba la justicia al hombre porque creía en las promesas de Dios. Luego, el hombre era circuncidado como una señal de su fe en Dios (véase nota, Ro. 4:11 para una mayor discusión al respecto).

Sin embargo, muchos abusaron del propósito de Dios respecto de la circuncisión:

1. Algunos convirtieron en la circuncisión en un substituto por la verdadera justicia. Se pensaba que un hombre estaba seguro en los brazos de Dios si estaba circuncidado. Creer en Dios y amar a los hombres poco tenía que ver con ser un hijo de Dios. Muchos se olvidaron de la circuncisión de un corazón puro y se volvieron judíos de la circuncisión sólo de nombre. La circuncisión se convirtió meramente en una señal exterior y física.

2. Algunos utilizaron a la circuncisión como una forma de dividir y de categorizar a las personas. Se construyó un gran muro de división alrededor de los no circuncidados (cp. Hch. 10:1; 1 S. 17:26; 2 S. 1:20). De cualquier hombre que no fuera circuncidado se pensaba que estaba *apartado y remoto,* no sólo de quienes pensaban que eran el pueblo de Dios (los judíos y los circuncidados) sino también de Dios mismo. (Véanse notas, Hch. 10:1-33, *Estudio a fondo 3,* 10:11-16; 15:1-3 para mayor discusión al respecto.) Un hombre no circuncidado era observado con resentimiento. En la mente del judío, se pensaba que Dios sólo amaba a Israel, y que despreciaba y desdeñaba a todas las demás personas (las naciones gentiles).

3. Dios dio por tierra con la circuncisión como una señal de justicia desde que vino Cristo (Gá. 5:6; 6:15; Col. 2:11). La justicia pertenece ahora al corazón, al espíritu y no a la letra de las normas y reglamentaciones (cp. Ro. 2:25-29; 4:8-12, 23-25). El hombre verdaderamente justo es el hombre que es *internamente* de Dios, el hombre cuyo espíritu ha sido *recreado* a la verdadera naturaleza de Dios. La propia naturaleza de justicia de Dios se implanta en la misma naturaleza del hombre cuando *nace de nuevo.* Un hombre que *nace de nuevo* por el Espíritu de Dios es la "nueva creación" de Dios (Jn. 3:3ss; 1 P. 1:20; 2 P. 1:4).

	B. Imperativo: El testimonio personal de Pablo: Rechazar la justicia propia y buscar la perfección, 3:4-16	10 a fin de conocerle, y el poder de su resurrección, y la participación de sus padecimientos, llegando a ser semejante a él en su muerte,	d. Pablo buscó una experiencia victoriosa con Cristo: Conocer su glorioso poder sobre el mundo y sobre todo lo que está en el mundo
1 Pablo había logrado un alto nivel en la justicia propia	4 Aunque yo tengo también de qué confiar en la carne. Si alguno piensa que tiene de qué confiar en la carne, yo más:	11 si en alguna manera llegase a la resurrección de entre los muertos.	e. Pablo buscó ser resucitado de entre los muertos: Una experiencia eterna con Cristo
a. En su nacimiento b. En su legado c. En su condición social d. En su fidelidad y conocimiento e. En su religión f. En su celo religioso g. En su moralidad	5 circuncidado al octavo día, del linaje de Israel, de la tribu de Benjamín, hebreo de hebreos; en cuanto a la ley, fariseo; 6 en cuanto a celo, perseguidor de la iglesia; en cuanto a la justicia que es en la ley, irreprensible.	12 No que lo haya alcanzado ya, ni que ya sea perfecto; sino que prosigo, por ver si logro asir aquello para lo cual fui también asido por Cristo Jesús. 13 Hermanos, yo mismo no pretendo haberlo ya alcanzado; pero una cosa hago: Olvidando ciertamente lo que queda atrás, y extendiéndome a lo que está delante,	**3 Pablo no consideraba que había llegado, todavía no era perfecto** a. Sigue su propósito dado por Dios. b Trabajó olvidando el pasado
2 Pablo buscó ganarse a Cristo: Su justicia, su perfección a. Había considerado como pérdida su justicia propia: Una experiencia del pasado b. Pablo consideraba todas las cosas como basura: Una experiencia continua c. Pablo buscó ser encontrado en Cristo: Una experiencia futura	7 Pero cuantas cosas eran para mí ganancia, las he estimado como pérdida por amor de Cristo. 8 Y ciertamente, aun estimo todas las cosas como pérdida por la excelencia del conocimiento de Cristo Jesús, mi Señor, por amor del cual lo he perdido todo, y lo tengo por basura, para ganar a Cristo, 9 y ser hallado en él, no teniendo mi propia justicia, que es por la ley, sino la que es por la fe de Cristo, la justicia que es de Dios por la fe;	14 prosigo a la meta, al premio del supremo llamamiento de Dios en Cristo Jesús. 15 Así que, todos los que somos perfectos, esto mismo sintamos; y si otra cosa sentís, esto también os lo revelará Dios. 16 Pero en aquello a que hemos llegado, sigamos una misma regla, sintamos una misma cosa.	c. Prosiguió hacia la meta, hacia el propósito de Dios en Jesucristo d. Tuvo presente crecer, madurar en Cristo e. Mantuvo el crecimiento que ya había alcanzado

DIVISIÓN IV

EL IMPERATIVO DEL CREYENTE, 3:1-21

B. Imperativo: El testimonio personal de Pablo: Rechazar la justicia propia y buscar la perfección, 3:4-16

(3:4-16) ***Introducción:*** En todo el mundo los hombres sienten que necesitan una relación con Dios. Tienen una sensación de Dios, pero sienten que hay algo que no está bien entre ellos y Dios. A veces sienten que las cosas están bien, otras, que están mal. Pero subyacente a cualquier sentimiento que tengan, los hombres nunca están seguros de si las cosas están bien o no con Dios. Carecen de seguridad y confianza perfecta en que complacen a Dios lo suficiente como para complacerlo. Tienen la esperanza de que Dios los aceptarán, pero no lo saben, no con absoluta certeza.

Son estos sentimientos los que motivaron las religiones del mundo. Los hombres quieren estar bien con Dios, quieren ser aprobados y aceptados por Dios. Quieren que Dios los cuide y los ayude, y desean que Dios los acepte cuando esta vida termine. Por lo tanto, se proponen hacer lo que creen que los hará *suficientemente buenos* como para ser aceptables ante Dios. Intentan hacer todo el bien que creen que es necesario para complacer a *su Dios.* Evidentemente, el grado en que los hombres sienten esto difiere entre ellos. Un hombre sentirá que debe ser sumamente bueno, mientras que otro hombre siente que debe ser moderadamente bueno. La cuestión a tener en cuenta es que *este tipo de religión* es una religión...

• de obras
• de ser bueno
• de hacer el bien
• de prepararse para Dios
• de garantizarse el favor de Dios
• de actuar de manera de ser aprobado por Dios
• de volverse aceptable a Dios

Es una religión de justicia propia, de convertirse una persona tan justa y buena como sea posible, de ganar y merecer el favor de Dios, de hacerse camino ante la presencia de Dios.

Por supuesto, hay una gran falacia en este enfoque hacia Dios.

 Dios es perfecto y ni una sola persona es perfecta. Ninguna persona puede hacer suficiente bien como para volverse perfecto, sin importar lo que haga. De hecho, el hombre ya es imperfecto, y una vez perdida la perfección, está perdida. La imperfección nunca puede convertirse en perfección, no mediante los esfuerzos de la carne humana (imperfecta). La imperfección no puede volverse perfección.

La cuestión es esta: Ninguna persona jamás puede ganarse o merecer el derecho de vivir ante la presencia de Dios. Si alguna vez una persona vivirá en la presencia de Dios, será porque Dios ama a la persona lo suficiente como para aceptarlo y transformarlo en una persona perfecta. Esto es exactamente lo que hace Dios a través de Jesucristo. Dios acepta a los hombres *a través de su Hijo,* a través del amor y la gracia de su Hijo.

Fue este, el evangelio de Jesucristo, el que se perdió Pablo. Y esto es lo que se pierden muchos en el mundo. Pablo nunca había visto el gran amor de Dios por el hombre. Sin embargo, *por encima de todos los hombres,* había dado su vida buscando a Dios, haciendo todo lo posible para volverse aceptable ante Dios. Pero a pesar de todos sus logros, aún no estaba en paz con Dios. Todavía faltaban la seguridad perfecta y la confianza de vivir eternamente con Dios. Este es el mensaje de este pasaje: El testimonio personal de Pablo, su rechazo a la justicia propia y su volverse a la justicia de Jesucristo.

1. Pablo había logrado un alto nivel en la justicia propia (vv. 4-6).
2. Pablo buscó ganarse a Cristo: Su justicia, su perfección (vv. 7-11).
3. Pablo no consideraba que había llegado, todavía no era perfecto (vv. 12-16).

[1] (3:4-6) ***Justicia propia, Pablo:*** Pablo había logrado un alto nivel en la justicia propia. Pablo está clasificado entre los más grandes hombres que han intentado hacerse camino ante la presencia de Dios. Pablo hizo todo el bien que pudo para garantizarse la aprobación de Dios. Pocos hombres, si es que alguno lo ha conseguido, ha logrado lo que hizo Pablo con esfuerzo humano. Sin, embargo, fue todo en balde. Su bondad y sus logros no lo hicieron aceptable ante Dios. Y hay un motivo principal: No podía volverse perfecto por su cuenta.

Sin embargo, advierta lo que dice Pablo: "Si alguno piensa que tiene de qué confiar en la carne, yo más. Puedo confiar y jactarme en la bondad, la moralidad y las obras de la carne mucho más que cualquier otro hombre". Este es un anuncio fenomenal, pero Pablo enumeró siete privilegios y logros que demuestran la falta total de adecuación del hombre para salvarse a sí mismo. Pablo dividió la lista en "Privilegios de nacimiento" y "Logros por esfuerzo propio".

1. Los privilegios de nacimientos son tres en particular:

a. "Circuncidado al octavo día": Pablo estaba diciendo que él había tenido el *nacimiento correcto.* Una familia verdaderamente judía siempre hacía circuncidar a su hijo varón cuando tenía sólo ocho días de vida. La circuncisión era la señal de que una persona creía en Dios y en sus promesas, especialmente en la promesa de que los judíos eran el pueblo prometido y del pacto de Dios. Pablo estaba diciendo que era un verdadero creyente judío que tuvo el privilegio de tener padres creyentes.

Pensamiento 1: Pablo decía que la bondad y la justicia no se encuentran en el nacimiento ni en los rituales y ceremonias religiosas. Sin embargo, ¿cuántas personas creen que son aceptables ante Dios porque...

- Tienen padres devotos?
- Tienen un cónyuge devoto?
- Tienen hijos devotos?
- Tienen amigos devotos?
- Han mantenido los rituales y las ceremonias religiosas?

¿Cuántos esperan que la devoción de los demás se les adhiera, que cuente para ellos y los hagan aceptables ante Dios?

b. "Del linaje de Israel": Pablo estaba diciendo que él tenía la *herencia nacional correcta* y una relación muy especial con Dios. Había nacido en la nación correcta, entre las personas correctas. El nombre *Israel* data de la época en que Dios cambió el nombre de Jacob por el de Israel. Jacob tenía una necesidad especial, y Dios satisfizo esa necesidad de una manera muy especial, a través de un sueño y le cambió el nombre (Gn. 32:28). Cuando un judío deseaba acentuar su relación especial con Dios, se llamaba a sí mismo israelita, es decir, que era de la nación y descendiente de Israel, lo que implicaba una relación muy especial con Dios y que había recibido un nombre muy especial de Dios.

Pensamiento 1: Pablo estaba diciendo que la bondad y la justicia no se encuentran en los ancestros ni en la superioridad social. Sin embargo, ¿cuántos creen que por haber nacido cristianos y haber estado rodeados de principios cristianos eso conlleva algún mérito para Dios? ¿Cuántos creen que las personas de una así llamada nación cristiana son más aceptables para Dios que el paganismo y alguna tribu adoradora de ídolos que se encuentra en la profundidad de la selva? ¿Cuántos creen que tienen mérito con Dios porque tienen un nombre cristiano? ¿Cuántos piensan que tienen una relación un poco mejor con Dios y que son un poco más aceptables para Dios porque viven en una así llamada nación cristiana?

c. "De la tribu de Benjamín": Benjamín era considerado la tribu aristocrática de Israel debido a la lealtad de la tribu cuando tantos eran desleales (1 R. 12:1) y debido a los valientes actos de la tribu a lo largo de la historia de Israel (Jue. 5:14; Os. 5:8). Pablo estaba diciendo que él era de la más *alta aristocracia, de las personas más nobles, más respetables de Israel.*

Pensamiento 1: Pablo estaba diciendo que la bondad y la justicia no se encuentran en la condición social ni religiosa. Pero, ¿cuántos creen que son *más aceptables* ante Dios porque pertenecen a...

• Una clase superior?
• Una iglesia más elitista?
• Una iglesia más dinámica?
• Un ministerio más activo?

2. Los logros por esfuerzo propio son cuatro:

a. "Hebreo de hebreos": Pablo sostenía tener el *idioma correcto y las costumbres correctas.* Cuando los judíos fueron conquistados y dispersados por todo el mundo, un judío creyente se rehusaba a dejar de lado su idioma y sus costumbres judías. Seguía empleando el hebreo y continuaba practicando las costumbres judías. No lo hacían todos los judíos, pero Pablo dice que su familia y él lo hicieron. Lo que Pablo quiso decir es que él tenía la señal de la fidelidad. Deliberadamente había mantenido la lengua hebrea y se había rehusado a olvidarla. En su época, esto era sumamente difícil, porque los judíos fueron literalmente dispersados por todas partes y el mundo tenía un idioma común: el griego. Pero Pablo se mantuvo firme. Aprendió y se negó a olvidar el idioma correcto. Fue leal a la raza elegida de Dios. No fue contaminado por otras filosofías.

Pensamiento 1: Pablo estaba diciendo que la bondad y la justicia no se encuentran en la fe religiosa, ni en un lenguaje espiritual, ni en la capacidad de conocer y hablar en términos religiosos. Sin embargo, ¿cuántos piensan que son aceptables ante Dios porque...

• Hacen el bien y son fieles siendo buenos?
• Son fieles al estudiar su religión, la Biblia y las grandes doctrinas de la fe?
• Son fieles al hablar y testificar de las cosas espirituales?
• Conocen y utilizan los términos y lenguajes religiosos?

b. "Fariseo": Pablo sostenía haber tenido la *religión adecuada;* haber sido un fariseo. Los fariseos eran extremistas religiosos estrictos, tan estrictos que su propio nombre significa *Los separados.* Pablo dijo que él pertenecía a una de las sectas religiosas más estrictas jamás conocidas. Dedicó toda su vida a la religión más *separada* y exigente conocida por el hombre. Logró la *separación,* una separación de los demás hombres.

Pensamiento 1: Pablo estaba diciendo que la bondad y la justicia no se hallan en la religión, ni siquiera en ser un seguidor de la verdadera religión. No obstante, ¿cuántos piensan lo contrario?

c. "Celo": Pablo celosamente se mantuvo y luchó por su religión. Persiguió ferozmente a la iglesia. Pablo tenía tanto celo por su religión que su intención era borrar cualquier causa que difiriera de la suya (Hch. 22:2-21; 26:4-33; 1 Co. 15:8-10; Gá. 1:13).

Pensamiento 1: Pablo estaba diciendo que la bondad y la justicia no se encuentran en los compromisos o celo religiosos. Pocos se han comprometido alguna vez con su religión como Pablo, pocos han sido tan fieles a los servicios de adoración, ordenanzas, rituales y ceremonias de su religión como Pablo. Él era un extremista entre extremistas religiosos. Pocos han proclamado y protegido su religión como lo hizo Pablo. Pablo fue lo más celoso que podía ser una persona al tratar de hallar conversos para su religión y al mantener su religión lo más pura que pudiera. Pablo estaba lleno de celo por su religión, tan fiel como puede ser una persona.

d. "Irreprensible": Pablo sostuvo que él había buscado cumplir con la ley y que lo había logrado, por completo. Esto no significa que Pablo no fuera pecador. Significa que cuando Pablo pecaba, él obedecía la ley y llevaba su sacrificio al templo. Obedecía todos los mandamientos, rituales y ceremonias tal como decían las Escrituras. Cumplió con todas las leyes e instrucciones de las Escrituras. Era irreprensible, ritual y ceremonialmente, en la justicia de la ley.

Pensamiento 1: Pablo estaba diciendo que la bondad y la justicia no se encuentran en mantener todos los rituales y ceremonias de la religión. Ni siquiera se las encuentra cumpliendo con todos los mandamientos de las Escrituras.

"Porque os digo que si vuestra justicia no fuere mayor que la de los escribas y fariseos, no entraréis en el reino de los cielos" (Mt. 5:20).

"Muchos me dirán en aquel día: Señor, Señor, ¿no profetizamos en tu nombre, y en tu nombre echamos fuera demonios, y en tu nombre hicimos muchos milagros? Y entonces les declararé: Nunca os conocí; apartaos de mí, hacedores de maldad" (Mt. 7:22-23).

"Ya que por las obras de la ley ningún ser humano será justificado delante de él; porque por medio de la ley es el conocimiento del pecado" (Ro. 3:20).

"Porque ignorando la justicia de Dios, y procurando establecer la suya propia, no se han sujetado a la justicia de Dios" (Ro. 10:3).

"Porque no nos atrevemos a contarnos ni a compararnos con algunos que se alaban a sí mismos; pero ellos, midiéndose a sí mismos por sí mismos, y comparándose consigo mismos, no son juiciosos" (2 Co. 10:12).

"Muchos hombres proclaman cada uno su propia bondad, pero hombre de verdad, ¿quién lo hallará?" (Pr. 20:6).

"Hay generación limpia en su propia opinión, si bien no se ha limpiado de su inmundicia" (Pr. 30:12).

2 (3:7-11) ***Justicia, Perfección, Pablo:*** Pablo buscó ganarse a Cristo, ganar su justicia y su perfección. Lo único que Pablo buscaba en la vida era la justicia y la perfección de Jesucristo. Él sabía que independientemente de cuán bueno pudiera tornarse, nunca sería perfecto. Aún le quedaba mucho por hacer y todavía estaba destinado a enfrentar la muerte. Por lo tanto, su única esperanza de vivir para siempre era la justicia y la perfección de Jesucristo. Él tenía que confiar en Cristo, tenía que centrar su corazón y su vida, todo lo que era y tenía, en Jesucristo. Debía confiar en la justicia y perfección de Jesucristo para que lo *cubriera.* Por lo tanto, derramó su corazón y vida en Jesucristo. Vivió para Jesucristo y confió que Dios honraría su compromiso. Confiaba en que Dios *consideraría su fe* como la justicia y la perfección de Jesucristo. Si Dios no lo hacía, él estaría perdido y destinado a la muerte para siempre. Nunca podría obtener la perfección. Su única esperanza era Cristo y sólo Cristo. Esto es de lo que se trata este pasaje. Pablo creía con todo su corazón que si confiaba en Jesucristo - que si buscaba la justicia y la perfección de Jesucristo con todo lo que él era y tenía, Dios tomaría su fe y la *contaría por justa.* Dios honraría su compromiso con su Hijo aceptándolo y dándole vida eterna. Advierta cinco puntos significativos.

1. Pablo había tenido una *experiencia previa* con Cristo: Hubo una época en la que él había considerado *su propia justicia* como una pérdida (v. 7). Pablo se estaba refiriendo a su experiencia de conversión. Hubo una época en la que dejó de lado su justicia propia y sus obras, sus propios intentos por volverse perfecto. Hubo una época en la que había aceptado el hecho de que no podía volverse perfecto, no podía obtener justicia, de que no podía hacerse perfectamente aceptable ante Dios.

   a. Advierta que esta es una experiencia del pasado, una experiencia de una vez y para siempre. Es un momento puntual en el cual Pablo tomó una decisión puntual, la decisión de que era incapaz de garantizar por sí mismo la justicia y la perfección. Si iba a convertirse en justo y perfecto, debía confiar en el amor de Dios, en que Dios lo amaba lo suficiente como para cubrirlo con la justicia de Cristo.

   b. Advierta también que esto no significa que Pablo dejó de intentar vivir para Dios. Por el contrario, significó que Pablo trató con más diligencia que nunca vivir para Dios. Cuando Dios vio el compromiso total de Pablo con Cristo, Dios supo que la fe de Pablo era genuina. Sabía que Pablo ya creía que Cristo era su Salvador, su esperanza de perfección y justicia, para toda la eternidad. Si Pablo no se hubiera comprometido por completo con Cristo, Dios hubiera sabido que su fe no era genuina y no hubiera salvado a Pablo.

Pensamiento 1: Dios ve nuestra fe, si es o no genuina. La fe genuina constituye un compromiso total con Jesucristo. Una persona que verdaderamente cree en Jesucristo entrega todo lo que es y tiene a Cristo. Estima su propio esfuerzo y sus obras, su justicia como una pérdida, como nada, a fin de ganar a Cristo.

> **"Y decía a todos: Si alguno quiere venir en pos de mí, *niéguese a sí mismo,* tome su cruz cada día, y sígame" (Lc. 9:23).**
>
> **"Pero sin fe es imposible agradar a Dios; porque es necesario que el que se acerca a Dios crea que le hay, y que es galardonador de los que *le buscan*" (He. 11:6).**

2. Pablo tuvo una experiencia continua con Cristo: Constantemente consideraba las cosas como una pérdida y un derroche a fin de ganar a Cristo (v. 8). La palabra "estimado" está en tiempo presente, es una acción continua. Cuando una persona ha tomado la decisión de buscar a Cristo, debe *continuar* buscando el conocimiento de Cristo, aprender todo lo que pueda acerca de la justicia y la perfección de Jesucristo.

- No se trata de tomar una decisión de seguir a Cristo y luego dar la vuelta y caminar como una persona siempre ha caminado, haciendo sus propias cosas y satisfaciendo los deseos de la carne y de la mente.
- Se trata de tomar una decisión de seguir a Cristo y continuar buscando sobre su conocimiento, continuar buscando conocerlo cada vez más.

   a. Advierta que se dice que el conocimiento de Cristo es excelente: Es la excelencia del conocimiento de Cristo Jesús nuestro Señor. El conocimiento de Jesucristo es el conocimiento más excelente de todo el mundo. Ningún otro conocimiento puede darle a una persona justicia y perfección. Ningún otro conocimiento puede hacer que una persona sea aceptable ante Dios y darle el derecho de vivir eternamente.

   b. Advierta que Pablo dice: "Lo he perdido todo". Las palabras "he perdido" significan perder y desechar. La palabra *todo* incluye no solo la posición religiosa que Pablo ha logrado, sino las ganancias "sociales, económicas, intelectuales y políticas" que también ha conseguido (Lehman Struss, *Devotional Studies in Philippians* [Estudios devocionales de filipenses], p. 163). Wuest presenta una descripción gráfica de lo que dejó Pablo para convertirse en un creyente cristiano.

> *"Pablo era un ciudadano de Tarso. En el momento en que vivía allí, sólo se les permitía a las familias ricas y de buena reputación mantener su ciudadanía tarsa. Esto arroja mucha luz sobre los primeros años de vida de Pablo. Nació en un hogar de riqueza y cultura. Su familia era judía rica que vivía en una de las ciudades orientales más progresivas. Pablo abandonó todo esto para convertirse en un pobre misionero itinerante.*
>
> *Pero no sólo perdió todo esto cuando fue salvo, sino que sus padres no tenían nada que ver con un hijo que, de acuerdo a ellos, los había deshonrado convirtiéndose en uno de esos odiados, despreciados cristianos. Lo habían criado en la falda del lujo, lo habían enviado a la escuela judía de teología de Jerusalén para que estuviera sentado a los pies del gran Gamaliel, y le habían dado una excelente capacitación en cultura griega en la Universidad de Tarso, una escuela de aprendizaje griega. Pero ahora lo habían descastado. Seguía perdiendo todo lo que había amado, ¿para qué? Nos lo dice: "para ganar a Cristo"* (Kenneth S. Wuest; Wuest´s Word Studies [Estudio de palabras de Wuest], vol. 2. Grand Rapids, MI: Eerdmans Publishing Company, 1966, p. 91).

> **"Entonces Pedro comenzó a decirle: He aquí, nosotros lo hemos dejado todo, y te hemos seguido" (Mr. 10:28).**
>
> **"Después de estas cosas salió, y vio a un publicano llamado Leví, sentado al banco de los tributos públicos, y le dijo: Sígueme" (Lc. 5:27).**
>
> **"Porque todo el que quiera salvar su vida, la perderá; y todo el que pierda su vida por causa de mí, éste la salvará" (Lc. 9:24).**

"Así, pues, cualquiera de vosotros que no renuncia a todo lo que posee, no puede ser mi discípulo" (Lc. 14:33).

"Y él les dijo: De cierto os digo, que no hay nadie que haya dejado casa, o padres, o hermanos, o mujer, o hijos, por el reino de Dios, que no haya de recibir mucho más en este tiempo, y en el siglo venidero la vida eterna" (Lc. 18:29-30).

"Y ciertamente, aun estimo todas las cosas como pérdida por la excelencia del conocimiento de Cristo Jesús, mi Señor, por amor del cual lo he perdido todo, y lo tengo por basura, para ganar a Cristo" (Fil. 3:8).

3. Pablo buscaba una experiencia futura con Cristo: Buscaba ser hallado en Cristo (v. 9). Pablo miraba hacia más adelante, ya sea con respecto a la muerte o al retorno de Cristo. Cuando estuvo cara a cara con Dios, quiso ser *hallado en Cristo.* Quería estar de pie frente a Dios en la justicia de Jesucristo, no en la suya propia.

Advierta que la justicia de Dios es *Cristo mismo.* La justicia de Dios no se refiere al comportamiento o a las obras o a los hechos de justicia. Ninguna persona puede jamás garantizarse la justicia de Dios por medio del comportamiento, obras o hechos, sin importar cuán buenas sean esas obras o esos hechos. La justicia de Dios es Jesucristo mismo. Una persona debe confiar en la justicia de Cristo para que lo cubra si desea volverse aceptable ante Dios.

"Y ser hallado en él, no teniendo mi propia justicia, que es por la ley, sino la que es por la fe de Cristo, la justicia que es de Dios por la fe" (v. 9).

"Pero ahora, aparte de la ley, se ha manifestado la justicia de Dios, testificada por la ley y por los profetas; la justicia de Dios por medio de la fe en Jesucristo, para todos los que creen en él. Porque no hay diferencia" (Ro. 3:21-22).

"Porque ignorando la justicia de Dios, y procurando establecer la suya propia, no se han sujetado a la justicia de Dios; porque *el fin de la ley es Cristo,* para *justicia* a todo aquel que cree" (Ro. 10:3-4).

"Mas por él estáis vosotros en Cristo Jesús, el cual nos ha sido hecho por Dios sabiduría, justificación, santificación y redención" (1 Co. 1:30).

4. Pablo buscó una experiencia victoriosa con Cristo: Buscó conocer a Cristo, conocer su poder glorioso sobre el mundo y todo lo que está en el mundo (v. 10). Este es uno de los grandes versículos de la Biblia, un versículo que debería memorizarse y dominar la vida del creyente. Como se ve claramente a lo largo de este pasaje, la gran búsqueda de Pablo en su vida fue conocer a Cristo. Este versículo expresa exactamente lo que él quiso decir por conocer a Cristo.

a. Conocer a Cristo es conocer el poder de su resurrección. El poder de la resurrección del Señor se refiere a tres grandes cosas (véase nota, *Poder,* Ef. 1:20 para una mayor discusión al respecto).

b. Conocer a Cristo es conocer la comunión de sus sufrimientos. La mayoría de nosotros estamos dispuestos a participar de las bendiciones de Cristo pero no queremos tener nada que ver con los sufrimientos de Cristo. Nos encogemos ante el ridículo, el cuestionamiento y el abuso que Él debió soportar. No hay nada agradable en el dolor del sufrimiento y en que haya quienes se opongan a nosotros. No hay nada malo en ser sinceros en ese hecho. Pablo dijo que él quería conocer la *comunión* de los sufrimientos del Señor. Es decir, quería participar del *propósito por el cual Cristo sufrió.* ¿Por qué sufrió Cristo? Sufrió porque proclamó la justicia y la salvación de Dios; porque Él proclamó la forma en que los hombres podían volverse aceptables ante Dios y vivir para siempre. Pablo estaba diciendo que quería sufrir junto a Cristo, sufrir por la misma causa, sufrir por proclamar la justicia y la salvación de Dios.

No hay cuestión al respecto: Si vivimos para Cristo –proclamando la justicia y la salvación de Dios– sufriremos persecuciones. ¿Por qué? ¿Por qué el mundo perseguiría a alguien que les trae la esperanza de la vida eterna? Porque algunas personas quieren vivir la vida a su modo, y una vida y un mensaje justos los condena. Por lo tanto, se oponen a cualquier cosa que les evite vivir una vida que complace a sus propios deseos y carne. El creyente debe saber: Sufrirá persecución si realmente sigue a Cristo.

"Confirmando los ánimos de los discípulos, exhortándoles a que permaneciesen en la fe, y diciéndoles: Es necesario que a través de muchas tribulaciones entremos en el reino de Dios" (Hch. 14:22).

"Porque a vosotros os es concedido a causa de Cristo, no sólo que creáis en él, sino también que padezcáis por él" (Fil. 1:29).

"Por tanto, todo lo soporto por amor de los escogidos, para que ellos también obtengan la salvación que es en Cristo Jesús con gloria eterna" (2 Ti. 2:10).

"Y también todos los que quieren vivir piadosamente en Cristo Jesús padecerán persecución" (2 Ti. 3:12).

"Mas también si alguna cosa padecéis por causa de la justicia, bienaventurados sois. Por tanto, no os amedrentéis por temor de ellos, ni os conturbéis, sino santificad a Dios el Señor en vuestros corazones, y estad siempre preparados para presentar defensa con mansedumbre y reverencia ante todo el que os demande razón de la esperanza que hay en vosotros; teniendo buena conciencia, para que en lo que murmuran de vosotros como de malhechores, sean avergonzados los que calumnian vuestra buena conducta en Cristo" (1 P. 3:14-16).

"Pues para esto fuisteis llamados; porque también Cristo padeció por nosotros, dejándonos ejemplo, para que sigáis sus pisadas" (1 P. 2:21).

Advierta otra cosa: Dios se acerca al creyente cuando éste sufre por la causa de Cristo. Dios le da un sentido especial de su presencia, amor y cuidado cuando el creyente está sufriendo. De hecho, su presencia es tan próxima y amada que se la llama "el espíritu de gloria y de Dios" que descansa sobre el creyente sufriente.

"Si sois vituperados por el nombre de Cristo, sois bienaventurados, porque el glorioso Espíritu de Dios reposa sobre vosotros. Ciertamente, de parte de ellos, él es blasfemado, pero por vosotros es glorificado" (1 P. 4:14).

c. Conocer a Cristo es hacerse semejante a su muerte. Jesucristo se sometió por completo a Dios. Puso su propia carne y deseos ante la muerte. No sólo hizo lo que Dios quería y deseaba. Incluso cuando murió, su carne no deseaba morir. No quería tomar los pecados del mundo sobre sí y ser separado de Dios (cp. Mt. 26:39, 42). Pero se sometió a la voluntad de Dios. Dios quería que Él muriera por los pecados del mundo, por lo tanto, Cristo sometió su carne y deseos para hacer exactamente lo que Dios quería. Sometió su carne y deseos y murió por los pecados de los hombres.

Pablo buscaba ser semejante a la muerte de Cristo. Buscaba someterse por completo a Dios, poner a disposición de la muerte su carne y sus deseos y hacer únicamente la voluntad y el deseo de Dios.

- Pablo buscaba *negarse a sí mismo y tomar la cruz* de Cristo a diario.

"Y decía a todos: Si alguno quiere venir en pos de mí, niéguese a sí mismo, tome su cruz cada día, y sígame" (Lc. 9:23).

- Pablo buscaba *crucificar su hombre viejo* con Cristo.

"Sabiendo esto, que nuestro viejo hombre fue crucificado juntamente con él, para que el cuerpo del pecado sea destruido, a fin de que no sirvamos más al pecado" (Ro. 6:6).

- Pablo buscaba considerarse muerto para el pecado pero vivo para Dios.

"Así también vosotros consideraos muertos al pecado, pero vivos para Dios en Cristo Jesús, Señor nuestro" (Ro. 6:11).

- Pablo buscaba *matarse* todo el día.

"Como está escrito: Por causa de ti somos muertos todo el tiempo; somos contados como ovejas de matadero" (Ro. 8:36).

- Pablo buscaba *morir* a diario.

"Os aseguro, hermanos, por la gloria que de vosotros tengo en nuestro Señor Jesucristo, que cada día muero" (1 Co. 15:31).

- Pablo buscaba siempre *ser liberado por la muerte* en nombre de Jesús.

"Porque nosotros que vivimos, siempre estamos entregados a muerte por causa de Jesús, para que también la vida de Jesús se manifieste en nuestra carne mortal" (2 Co. 4:11).

- Pablo buscaba ser *crucificado con Cristo.*

"Con Cristo estoy juntamente crucificado, y ya no vivo yo, mas vive Cristo en mí; y lo que ahora vivo en la carne, lo vivo en la fe del Hijo de Dios, el cual me amó y se entregó a sí mismo por mí" (Gá. 2:20).

- Pablo buscaba estar *muerto con Cristo.*

"Pues si habéis muerto con Cristo en cuanto a los rudimentos del mundo, ¿por qué, como si vivieseis en el mundo, os sometéis a preceptos" (Col. 2:20).

"Palabra fiel es esta: Si somos muertos con él, también viviremos con él" (2 Ti. 2:11).

5. Pablo buscaba una experiencia eterna con Cristo: Buscaba ser resucitado de entre los muertos (v. 11). Pablo buscaba usar todos los medios –comprometerse por completo– para este gran propósito: Lograr la resurrección de entre los muertos. Las palabras "si de alguna manera" no expresan duda ni incertidumbre. Pablo no estaba cuestionando la resurrección ni si sería resucitado. Él sencillamente estaba diciendo lo que ya había expresado (vv. 7-11). Él utiliza todo lo que es y tiene –todos los medios a su disposición– para este gran propósito: Lograr la resurrección de entre los muertos. Está totalmente comprometido con ese día glorioso de redención. Vive para ese día y únicamente para ese día.

¿Qué es tan significativo acerca de la resurrección de entre los muertos? ¿Qué tendrá de diferente ese día? Cuando morimos, vamos a estar con el Señor. Más rápido que un parpadear, cuando llegue nuestro momento, estaremos cara a cara con Cristo. ¿Cuál es la diferencia de encontrarse con Cristo entonces y en la resurrección? ¿Por qué ansiaba Pablo la resurrección por encima de encontrarse con el Señor en la muerte? Hay por lo menos dos razones significativas de por qué la resurrección, el glorioso día de la redención, toma precedencia sobre encontrarnos con el Señor en la muerte.

a. El glorioso día de la resurrección lanzará los acontecimientos que pronto traerán los nuevos cielos y tierra. Cuando muramos, cuando vayamos a estar con el Señor, el mundo continuará con su pecado y su vergüenza, con su enfermedad y muerte, con su maldad y corrupción. *Dios sigue siendo...*
   - Maldecido y deshonrado.
   - Negado e ignorado.
   - Objeto de rebelión y rechazo.

   Pero como se dijo anteriormente, la resurrección lanzará los acontecimientos que darán paso al glorioso día de la redención, los nuevos cielos y tierra, el día cuando se detendrá toda maldad y pecado y la maldición y deshonra de Dios. Dios se convertirá en todo: Adorado y servido en gloria y majestad, dominio y poder para siempre.

"No os maravilléis de esto; porque vendrá hora cuando todos los que están en los sepulcros oirán su voz; y los que hicieron lo bueno, saldrán a resurrección de vida; mas los que hicieron lo malo, a resurrección de condenación" (Jn. 5:28-29).

"Y esta es la voluntad del que me ha enviado: Que todo aquél que ve al Hijo, y cree en él, tenga vida eterna; y yo le resucitaré en el día postrero" (Jn. 6:40).

"Le dijo Jesús: Yo soy la resurrección y la vida; el que cree en mí, aunque esté muerto, vivirá" (Jn. 11:25).

"Teniendo esperanza en Dios, la cual ellos también abrigan, de que ha de haber resurrección de los muertos, así de justos como de injustos" (Hch. 24:15).

"Sabiendo que el que resucitó al Señor Jesús, a nosotros también nos resucitará con Jesús, y nos presentará juntamente con vosotros" (2 Co. 4:14).

"Porque el Señor mismo con voz de mando, con voz de arcángel, y con trompeta de Dios, descenderá del cielo; y los muertos en Cristo resucitarán primero. Luego nosotros los que vivimos, los que hayamos quedado, seremos arrebatados juntamente con ellos en las nubes para recibir al Señor en el aire, y así estaremos siempre con el Señor" (1 Ts. 4:16-17).

"Pero el día del Señor vendrá como ladrón en la noche; en el cual los cielos pasarán con grande estruendo, y los elementos ardiendo serán deshechos, y la tierra y las obras que en ella hay serán quemadas. Puesto que todas estas cosas han de ser deshechas, ¡cómo no debéis vosotros andar en santa y piadosa manera de vivir, esperando y apresurándoos para la venida del día de Dios, en el cual los cielos, encendiéndose, serán deshechos, y los elementos, siendo quemados, se fundirán! Pero nosotros esperamos, según sus promesas, cielos nuevos y tierra nueva, en los cuales mora la justicia" (2 P. 3:10-13).

"Vi un cielo nuevo y una tierra nueva; porque el primer cielo y la primera tierra pasaron, y el mar ya no existía más" (Ap. 21:1).

b. El glorioso día de la resurrección será el día en que los creyentes transformarán sus cuerpos terrenales y serán recreados en perfectos cuerpos eternos. Al morir, cuando vamos a estar con el Señor, no recibimos nuestro perfecto cuerpo eterno. Se nos darán cuerpos espirituales transitorios o viviremos con Cristo como espíritus sin cuerpo. Pero como ya se ha dicho, con la resurrección los elementos de nuestro cuerpo actual serán convocados por Dios desde todo el mundo, y los elementos serán transformados en cuerpos perfectos y eternos. Y viviremos con y para Dios por los siglos de los siglos.

"Así también es la resurrección de los muertos. Se siembra en corrupción, resucitará en incorrupción. Se siembra en deshonra, resucitará en gloria; se siembra en debilidad, resucitará en poder. Se siembra cuerpo animal, resucitará cuerpo espiritual. Hay cuerpo animal, y hay cuerpo espiritual" (1 Co. 15:42-44).

"Y así como hemos traído la imagen del terrenal, traeremos también la imagen del celestial. Pero esto digo, hermanos: que la carne y la sangre no pueden heredar el reino de Dios, ni la corrupción hereda la incorrupción. He aquí, os digo un misterio: No todos dormiremos; pero todos seremos transformados, en un momento, en un abrir y cerrar de ojos, a la final trompeta; porque se tocará la trompeta, y los muertos serán resucitados incorruptibles, y nosotros seremos transformados. Porque es necesario que esto corruptible se vista de incorrupción, y esto mortal se vista de inmortalidad. Y cuando esto corruptible se haya vestido de incorrupción, y esto mortal se haya vestido de inmortalidad, entonces se cumplirá la palabra que está escrita: Sorbida es la muerte en victoria" (1 Co. 15:49-54; cp. 1 Co. 15:12-58).

"Porque sabemos que si nuestra morada terrestre, este tabernáculo, se deshiciere, tenemos de Dios un edificio, una casa no hecha de manos, eterna, en los cielos. Y por esto también gemimos, deseando ser revestidos de aquella nuestra habitación celestial; pues así seremos hallados vestidos, y no desnudos. Porque asimismo los que estamos en este tabernáculo gemimos con angustia; porque no quisiéramos ser desnudados, sino revestidos, para que lo mortal sea absorbido por la vida" (2 Co. 5:1-4).

"Mas nuestra ciudadanía está en los cielos, de donde también esperamos al Salvador, al Señor Jesucristo; el cual transformará el cuerpo de la humillación nuestra, para que sea semejante al cuerpo de la gloria suya, por el poder con el cual puede también sujetar a sí mismo todas las cosas" (Fil. 3:20-21).

3 (3:12-16) ***Justicia, Perfección, Pablo:*** Pablo no consideraba haber logrado todavía la perfección. La perfección es el gran fin del creyente. Dios ha captado o ha aprehendido al creyente solo por un motivo: Para perfeccionar al creyente, para hacerlo perfecto de modo de que pueda vivir y adorar y servir a Cristo para siempre.

Ahora advierta un punto crítico: Ninguna persona logra la perfección en esta tierra. El hecho es tan evidente para el hombre pensante y sincero que es realmente ridículo incluso decirlo. Sin embargo, algunos tienen tal estrechez de pensamiento que a veces, si es que lo hacen, entienden lo que podría significar realmente la perfección. Por ejemplo...

- Considere el cerebro y la mente. Se ha calculado que el hombre utiliza sólo *un décimo de un uno por ciento* de su capacidad mental. ¡Imagine cuán lejos está de la perfección!
- Considere el cuerpo. ¿Cómo sería un cuerpo perfecto? ¿Un cuerpo que nunca deseara, pensara o hiciera el mal; que nunca se quedara atrás, que nunca envejeciera, se deteriorara, muriera o se pudriera?

Los ejemplos pueden continuar y continuar, pero advierta lo que dice Pablo: Él no logró la perfección. De hecho, siempre enfatizó cuán lejos estaba de ella.

"Y yo sé que en mí, esto es, en mi carne, no mora el bien; porque el querer el bien está en mí, pero no el hacerlo. Porque no hago el bien que quiero, sino el mal que no quiero, eso hago" (Ro. 7:18-19).

"No que seamos competentes por nosotros mismos para pensar algo como de nosotros mismos, sino que nuestra competencia proviene de Dios" (2 Co. 3:5).

"A mí, que soy menos que el más pequeño de todos los santos, me fue dada esta gracia de anunciar entre los gentiles el evangelio de las inescrutables riquezas de Cristo" (Ef. 3:8).

Sin duda alguna, Pablo fue uno de los más grandes hombres que hayan vivido. La gran *Segunda carta a los corintios* lo demuestra a las claras. Si Pablo estaba tan lejos de la perfección, ¿cuán lejos estamos nosotros? Vale la pena repetirlo: Ninguna persona logra la perfección en esta tierra. Pero advierta: Pablo dice cinco cosas significativas.

1. Pablo iba tras la perfección, tras su propósito otorgado por Dios. Cuando Cristo salvó a Pablo, ese fue sólo el comienzo, no el final. Había sido salvado para *vivir por Cristo y servir a Cristo,* y mientras estuviera en la tierra iba a *vivir por Cristo* y hacer todo lo posible para *servir a Cristo.* Las palabras "ir tras" (dioko) significan un imperativo, buscar al igual que un corredor en una carrera. No había lugar para caminar y mucho menos para sentarse o recostarse con comodidad, complacencia y letargo. Cristo había salvado a Pablo para la perfección , para lograr la resurrección de entre los muertos, y mientras Pablo estuviera en esta tierra, iba a proseguir y correr tras la perfección.

- Pablo iba a hacer todo lo que podía para ayudar al Señor en la gran tarea del Señor de perfeccionarlo.
- Pablo iba a hacer todo lo que podía para alcanzar la perfección, la perfección por la cual el Señor lo había elegido.

Pensamiento 1: No existe tal cosa como un creyente genuino sentado tranquilo luego de haber sido salvo. El creyente no debe...

- Volverse cómodo, complaciente, letárgico o perezoso.
- Derrochar el tiempo y perder la oportunidad.
- Empezar a pensar que está seguro para siempre; por lo tanto, a veces puede hacer lo que desea y dar rienda suelta a sus propios deseos.

El creyente debe proseguir y correr tras la perfección para la cual Cristo lo ha salvado. El creyente debe ser activo al vivir para Cristo.

"¿No sabéis que los que corren en el estadio, todos a la verdad corren, pero uno solo se lleva el premio? Corred de tal manera que lo obtengáis. Todo aquel que lucha, de todo se abstiene; ellos, a la verdad, para recibir una corona corruptible, pero nosotros, una incorruptible. Así que, yo de esta manera corro, no como a la ventura; de esta manera peleo, no como quien golpea el aire, sino que golpeo mi cuerpo, y lo pongo en servidumbre, no sea que habiendo sido heraldo para otros, yo mismo venga a ser eliminado" (1 Co. 9:24-27).

"Pero tenemos este tesoro en vasos de barro, para que la excelencia del poder sea de Dios, y no de nosotros, que estamos atribulados en todo, mas no angustiados; en apuros, mas no desesperados" (2 Co. 4:7-8).

"Vosotros corríais bien; ¿quién os estorbó para no obedecer a la verdad?" (Gá. 5:7).

"Por tanto, nosotros también, teniendo en derredor nuestro tan grande nube de testigos, despojémonos de todo peso y del pecado que nos asedia, y corramos con paciencia la carrera que tenemos por delante" (He. 12:1).

2. Pablo trabajó para olvidar el pasado. Este es un versículo de enorme ayuda para los creyentes que le han fallado a Dios, que desgraciadamente le han fallado. Pablo le había fallado a Dios y siempre confesaba cuán lejano estaba (cp. Ro. 7:18-19; 2 Co. 3:5; Ef. 3:8). Pablo enfrentó lo que tantos de nosotros enfrentamos:

- Fracaso y deficiencias
- La lucha por olvidar y avanzar

¿Cómo hace esto una persona? Es una de las cosas más difíciles de hacer en el mundo. Y es especialmente difícil si los otros no perdonan y no están dispuestos a permitir que el creyente deje de lado su falla. Pero advierta: Pablo nos dice cómo tratar con el pasado. ¿Cómo? Concentrándonos y controlando la mente y yendo tras esas cosas que están delante de nosotros. Advierta la concentración y la focalización:

- Salvo *una cosa.*
- Pero *esta cosa hago.*

En una acción concentrada, debemos olvidar las cosas que pertenecen al pasado e ir tras aquellas cosas que están delante de nosotros. La acción involucra dos partes: Tanto olvidar como buscar. El pasado no puede olvidarse sin ir tras lo que está más adelante. Una persona no puede estar sentada gimiendo y lamentándose por el pasado. Hacerlo es estar concentrado en el pasado. Se deben *olvidar* las cosas del pasado. Se deben centrar en la mente las cosas del futuro. El creyente debe ocuparse de las cosas actuales y de las cosas que están más adelante. Si lo hacemos, no hay tiempo para revolcarse en el pasado y su fracaso.

"Esforzaos a entrar por la puerta angosta; porque os digo que muchos procurarán entrar, y no podrán" (Lc. 13:24).

"Así que, hermanos míos amados, estad firmes y constantes, creciendo en la obra del Señor siempre, sabiendo que vuestro trabajo en el Señor no es en vano" (1 Co. 15:58).

"No nos cansemos, pues, de hacer bien; porque a su tiempo segaremos, si no desmayamos" (Gá. 6:9).

"Para lo cual también trabajo, luchando según la potencia de él, la cual actúa poderosamente en mí" (Col. 1:29).

"Porque aún no habéis resistido hasta la sangre, combatiendo contra el pecado" (He. 12:4).

"Por tanto, ceñid los lomos de vuestro entendimiento, sed sobrios, y esperad por completo en la gracia que se os traerá cuando Jesucristo sea manifestado" (1 P. 1:13).

"He aquí, yo vengo pronto; retén lo que tienes, para que ninguno tome tu corona" (Ap. 3:11).

3. Pablo presionó hasta la meta, hacia el propósito de Dios en Cristo Jesús. ¿Cuál es el propósito de Dios para nosotros en Cristo Jesús? Es ser conformado a semejanza de la imagen de Cristo, ser perfectos como lo fue Él. Una vez que somos perfectos...

- Seremos incorruptibles y eternos.
- Viviremos en honor y gloria.
- Viviremos en la perfecta presencia y poder de Dios.
- Viviremos en justicia perfecta y pureza.
- Viviremos adorando y sirviendo a Dios eternamente.

La perfección significa vida eterna, una vida perfecta que nunca termina, que continúa haciendo las cosas que Dios nos creó para hacer. La perfección significa la vida eterna de Jesucristo, siendo conformados a la perfección de Jesucristo.

(Véanse notas, Ro. 8:29; 1 Co. 15:42-44 para mayor discusión al respecto.)

"El Espíritu mismo da testimonio a nuestro espíritu, de que somos hijos de Dios. Y si hijos, también herederos; herederos de Dios y coherederos con Cristo, si es que padecemos juntamente con él, para que juntamente con él *seamos glorificados"* (Ro. 8:16-17).

"Porque a los que antes conoció, también los predestinó para que fuesen *hechos conformes* a la imagen de su Hijo, para que él sea el primogénito entre muchos hermanos" (Ro. 8:29).

"El cual transformará el cuerpo de la humillación nuestra, para que sea semejante al cuerpo de la gloria suya, por el poder con el cual puede también sujetar a sí mismo todas las cosas" (Fil. 3:21).

"Sabiendo que del Señor recibiréis la recompensa de la herencia, porque a Cristo el Señor servís" (Col. 3:24).

"Amados, ahora somos hijos de Dios, y aún no se ha manifestado lo que hemos de ser; pero sabemos que cuando él se manifieste, seremos semejantes a él, porque le veremos tal como él es" (1 Jn. 3:2).

4. Pablo tenía en mente crecer y madurar en Cristo. Todos los creyentes son ordenados por Dios a ser perfeccionados en Cristo Jesús y nosotros seremos perfeccionados en el glorioso día de la redención. Por lo tanto, tantos como los que somos ordenados por Dios para ser perfectos, mantengamos nuestras mentes en la perfección.

Nota: Esto a veces es algo difícil de hacer porque vivimos en un mundo que está acosado por la lujuria de...

• La comodidad y la facilidad.
• El placer y la abundancia.
• Las posesiones y el reconocimiento.
• La indulgencia y la extravagancia.
• Más y más

Pero advierta algo: Dios no permitirá descansar al creyente genuino hasta que su mente se pose en la justicia y la pureza, el evangelio y el hecho de brindar testimonio. Dios aguijonea nuestros corazones, revela que estamos fallando y que nos falta mucho para llegar. Dios nos motiva para que nos centremos en vivir como deberíamos, prosiguiendo para alcanzar la perfección.

"Sed, pues, vosotros perfectos, como vuestro Padre que está en los cielos es perfecto" (Mt. 5:48).

"Por lo demás, hermanos, tened gozo, perfeccionaos, consolaos, sed de un mismo sentir, y vivid en paz; y el Dios de paz y de amor estará con vosotros" (2 Co. 13:11).

"Hasta que todos lleguemos a la unidad de la fe y del conocimiento del Hijo de Dios, a un varón perfecto, a la medida de la estatura de la plenitud de Cristo" (Ef. 4:13).

"A quien anunciamos, amonestando a todo hombre, y enseñando a todo hombre en toda sabiduría, a fin de presentar perfecto en Cristo Jesús a todo hombre" (Col. 1:28).

"Por tanto, dejando ya los rudimentos de la doctrina de Cristo, vamos adelante a la perfección; no echando otra vez el fundamento del arrepentimiento de obras muertas, de la fe en Dios" (He. 6:1).

"¿De dónde vienen las guerras y los pleitos entre vosotros? ¿No es de vuestras pasiones, las cuales combaten en vuestros miembros?" (Stg. 4:1).

5. Pablo mantuvo el crecimiento que ya había logrado. Demasiadas personas viven vidas con altos y bajos. Obtenemos cierta disciplina y cierto crecimiento y al poco tiempo, volvemos a caer en un desliz. Puede involucrar...

• Mentir, robar o engañar
• Devociones u oraciones
• Control de pensamientos y mente
• Disciplina del cuerpo y hábitos

Sucede el crecimiento, pero después se presenta alguna circunstancia o interrupción, y el *hombre nuevo* y el nuevo crecimiento se olvidan y volvemos a ser el *hombre viejo* y volvemos a vivir como solíamos hacerlo.

Pero advierta la firme exhortación de las Escrituras: Toma lo que has aprendido y logrado, y camina por esa regla, mantén tu mente en esa regla.

"Porque el ocuparse de la carne es muerte, pero el ocuparse del Espíritu es vida y paz" (Ro. 8:6).

"Digo, pues: Andad en el Espíritu, y no satisfagáis los deseos de la carne" (Gá. 5:16).

"Mirad, pues, con diligencia cómo andéis, no como necios sino como sabios" (Ef. 5:15).

"Pero si andamos en luz, como él está en luz, tenemos comunión unos con otros, y la sangre de Jesucristo su Hijo nos limpia de todo pecado" (1 Jn. 1:7).

"El que dice que permanece en él, debe andar como él anduvo" (1 Jn. 2:6).

	C. Imperativo: Mirar a los que se conducen como ejemplo, 3:17-21	perdición, cuyo Dios es el vientre, y cuya gloria es su vergüenza; que sólo piensan en lo terrenal.	b. Su dios: El apetito c. Su gloria: La vergüenza d. Su mente: Terrenal
1 Motivo 1: Algunos se conducen como ejemplos a. Pablo se condujo como un ejemplo b. Otros se condujeron como ejemplos	17 Hermanos, sed imitadores de mí, y mirad a los que así se conducen según el ejemplo que tenéis en nosotros.	20 Mas nuestra ciudadanía está en los cielos, de donde también esperamos al Salvador, al Señor Jesucristo; 21 el cual transformará el cuerpo de la humillación nuestra, para que sea semejante al cuerpo de la gloria suya, por el poder con el cual puede también sujetar a sí mismo todas las cosas.	**3 Motivo 3: El creyente es un ciudadano del cielo** a. Su vida: Centrada en el cielo b. Su centro: El regreso de Cristo, v. 20 c. Su fin: Un cuerpo cambiado
2 Motivo 2: Muchos se conducen como enemigos de la cruz	18 Porque por ahí andan muchos, de los cuales os dije muchas veces, y aun ahora lo digo llorando, que son enemigos de la cruz de Cristo;		
a. Su fin: La destrucción	19 el fin de los cuales será		

DIVISIÓN IV

EL IMPERATIVO DEL CREYENTE, 3:1-21

C. Imperativo: Mirar a los que se conducen como ejemplo, 3:17-21

(3:17-21) ***Introducción:*** Este es uno de los pasajes más importantes de la Biblia. Tiene que ver con el ejemplo que establecemos ante el mundo y ante nuestras familias y amigos. La forma en que vivimos y lo que hacemos influencia sobre la gente. Puede que no queramos que la influencie, pero no importa si queremos o no, son influenciados de todos modos. La familia, los amigos y los niños, todos los que nos conocen, nos observan, y pueden seguir tanto lo bueno como lo malo de nuestro ejemplo. Puede que sea consciente o inconsciente, intencional o no intencional. Tal vez estemos o no dispuestos a que sigan nuestros pasos, no tiene importancia, ellos siguen nuestro ejemplo. Influenciamos a personas por la forma en que vivimos y por lo que hacemos.

- Si seguimos el bien y hacemos el bien, los alienta a hacer el bien.
- Si seguimos el mal y hacemos el mal, se fija un patrón de mal comportamiento ante los demás. Incluso hace que algunos (en particular, los jóvenes y los inmaduros) piensen que puesto que lo hicimos y seguimos estando bastante bien, ellos pueden hacerlo y seguir estando bastante bien también.

La cuestión es que la vida que llevamos fija un patrón para que los demás lo sigan. Otros nos seguirán sin importar lo que hagamos. Esto nos dice algo, algo de importancia crítica: Debemos llevar vidas en el plano más elevado posible. Debemos establecer el ejemplo más dinámico posible. Debemos fijar el patrón más perfecto para que los demás lo sigan. Pero también dice otra cosa: Debemos seguir a aquellos que viven en el plano más elevado de la vida. Debemos señalar a aquellos que se conducen como ejemplos y seguir los grandes rasgos de sus vidas. Debemos tomar a aquellos que viven como ejemplos y hacer una disección de los rasgos de sus vidas y aplicarlos a las nuestras. Este es el tema de este pasaje: Mirar a los que se conducen como ejemplo para todos nosotros.

1. Motivo 1: Algunos se conducen como ejemplos (v. 17).
2. Motivo 2: Muchos se conducen como enemigos de la cruz (vv. 18-19).
3. Motivo 3: El creyente es un ciudadano del cielo (vv. 20-21).

1 (3:17) ***Pablo, Testimonio:*** Debemos mirar a los que se conducen como ejemplo, primero, porque *se conducen como ejemplo.* Advierta lo que dijo Pablo: Él y otros siguieron a Cristo con suma diligencia, por lo tanto, fueron ejemplos dinámicos de cómo debe conducirse y vivir la gente. Cuando una persona vive una vida en el plano más elevado, cuando vive como Cristo dijo que había que vivir, se constituye en un ejemplo. Está viviendo tal como todos deberíamos vivir: Tal como dijo Cristo.

¿Qué quiso significar Pablo? ¿Estaba reclamando perfección, sosteniendo ser el patrón perfecto para que sigan los hombres. ¡No! ¡Una y mil veces no! De hecho, lo opuesto es lo verdadero. Acababa de declarar...

- Que nunca podría estar de pie frente a Dios en su propia justicia (v. 9).
- Que todavía no lo había logrado (v. 12).
- Que no era perfecto (v. 12).
- Que no había alcanzado eso por lo cual Cristo lo escogió (v. 13).

¿Entonces qué quiso decir Pablo? Justamente lo que dijo. Él era un ejemplo dinámico...

- Al olvidar las cosas que pertenecían al pasado.
- Al alcanzar las cosas que esperaban en el futuro.
- Al proseguir hacia el premio, el elevado llamado de Dios en Jesucristo.

Pablo fue un ejemplo dinámico al buscar seguir a Cristo. Siempre estaba tratando de avanzar, siempre prosiguiendo para ser como Cristo. Nunca alcanzó el patrón perfecto de Cristo, no podía hacerlo, no mientras fuera un hombre, pero prosiguió y prosiguió para ser todo lo que podía por Cristo. Esto es lo que Pablo establece ante nosotros como un patrón. Debemos seguir a Pablo...

• Olvidando el pasado, sin importar cuán terrible sea.
• Tratando de alcanzar las cosas que están más allá.
• Prosiguiendo hacia el premio, el elevado llamado de Dios en Cristo Jesús.

Nunca lograremos la perfección, no en esta vida, pero debemos seguir a Cristo y buscar ser como Él. Ahora advierta el punto: Cuando vemos a una persona testificando de Cristo con tal compromiso y energía dinámicos, esa persona es un ejemplo para nosotros. Debemos seguir a esa persona. Él está siguiendo a Cristo, haciendo exactamente aquellos que deberíamos hacer nosotros. Por lo tanto, es un ejemplo vivo para nosotros.

Advierta la palabra "ejemplo" (tupon). El significado subyacente de la palabra es la de imprimir o marcar mediante algún molde o matriz. La idea es que debemos buscar a Cristo con tal diligencia que nuestro ejemplo será como un golpe poderoso para todos los que nos rodean. Tome la trompada más fuerte del campeón de peso pesado y nuestro ejemplo para Cristo debería golpear a los demás con la misma potencia.

Pensamiento 1: Ningún creyente debería sostener ni pensar que ha llegado a cierto lugar cercano a la perfección. Pero *todo creyente* debe seguir a Cristo con tanto compromiso y diligencia que se convierta en un ejemplo dinámico para los demás. Todo creyente debería poder decir "síganme", sigan mi búsqueda de Cristo, mi búsqueda para ser como Cristo.

"Por tanto, os ruego que me imitéis" (1 Co. 4:16).

"Sed imitadores de mí, así como yo de Cristo" (1 Co. 11:1).

"Hermanos, sed imitadores de mí, y mirad a los que así se conducen según el ejemplo que tenéis en nosotros" (Fil. 3:17).

"Lo que aprendisteis y recibisteis y oísteis y visteis en mí, esto haced; y el Dios de paz estará con vosotros" (Fil. 4:9).

"Y vosotros vinisteis a ser imitadores de nosotros y del Señor, recibiendo la palabra en medio de gran tribulación, con gozo del Espíritu Santo" (1 Ts. 1:6).

"Vosotros sois testigos, y Dios también, de cuán santa, justa e irreprensiblemente nos comportamos con vosotros los creyentes" (1 Ts. 2:10).

"Porque vosotros mismos sabéis de qué manera debéis imitarnos; pues nosotros no anduvimos desordenadamente entre vosotros" (2 Ts. 3:7).

"Ninguno tenga en poco tu juventud, sino sé ejemplo de los creyentes en palabra, conducta, amor, espíritu, fe y pureza" (1 Ti. 4:12).

"Retén la forma de las sanas palabras que de mí oíste, en la fe y amor que es en Cristo Jesús" (2 Ti. 1:13).

"Presentándote tú en todo como ejemplo de buenas obras; en la enseñanza mostrando integridad, seriedad" (Tit. 2:7).

"Pero sobre todo, hermanos míos, no juréis, ni por el cielo, ni por la tierra, ni por ningún otro juramento; sino que vuestro sí sea sí, y vuestro no sea no, para que no caigáis en condenación" (Stg. 5:12).

[2] (3:18-19) ***Testimonio, Jesucristo, Cruz:*** Debemos mirar a los que se conducen como ejemplo, en segundo lugar, porque muchos se conducen como enemigos de la cruz. ¿Quiénes son los enemigos de la cruz? Muchos comentaristas dicen que son los creyentes hipócritas y falsos que están dentro de la iglesia, aquellos que son cristianos nominales. Dicen que la palabra "conducirse" es empleada respecto de los cristianos en el versículo 17; por lo tanto, también se refiere a los miembros de la iglesia del versículo 18. También se dice que Pablo lloraría sólo por los falsos creyentes que estaban dentro de la iglesia.

Es cierto que Pablo se podría estar refiriendo a creyentes falsos e hipócritas que están dentro de la iglesia. No obstante, cada incrédulo tanto fuera como dentro de la iglesia se conduce como un enemigo de la cruz...

• Ya sea el líder de una nación o un movimiento establecido para borrar la iglesia y la cruz.
• Ya sea un creyente profesante que realmente duda de la muerte por sustitución y resurrección de Jesucristo.

Advierta también otra cosa: Es algo común que los creyentes lloren por los perdidos. Por cierto Pablo lloró muchas veces por los perdidos del mundo y no sólo por los falsos creyentes que estaban dentro de la iglesia (cp. Mt. 23:37; Lc. 13:34; Ro. 9:1-3, 10:1; 1 Ti. 2:1-4).

"Exhorto ante todo, a que se hagan rogativas, oraciones, peticiones y acciones de gracias, por todos los hombres; por los reyes y por todos los que están en eminencia, para que vivamos quieta y reposadamente en toda piedad y honestidad. Porque esto es bueno y agradable delante de Dios nuestro Salvador, el cual quiere que todos los hombres sean salvos y vengan al conocimiento de la verdad" (1 Ti. 2:1-4).

Nuevamente, ¿quiénes son los enemigos de la cruz? Parecería ser preferible tomar el versículo tal como se expresa: Hay muchos que se conducen como "los enemigos de la cruz", no importa quiénes son, si están dentro o fuera de la iglesia. Incuestionablemente, los enemigos de la cruz son muchos. Advierta lo que se dice sobre ellos.

1. Su fin es la destrucción (apoleia). La palabra significa perdición, destrucción, saqueo; perder lo bueno del ser; perderse, desperdiciarse, arruinarse y darse a una existencia sin valor. No significa que una persona dejará de existir. Sino que una persona será destruida y devastada y condenada a una existencia sin valor. Sufrirá pérdidas y miserias y ruinas por siempre y para siempre

Si una persona es enemiga de la cruz, será destruida. No importa quién sea, si está dentro o fuera de la iglesia, sufrirá la perdición, es decir, la destrucción completa. ¿Quién es enemigo de la cruz? Es la persona...

• Que rechaza la cruz de Cristo como el único camino a Dios.
• Que no acepta la muerte de Cristo como pago por sus pecados.
• Que no cree que Cristo murió por él, es decir, como castigo a sus transgresiones.
• Que no cree que el castigo por su imperfección fue cargado por Cristo en la cruz.
• Que no se acerca a Dios argumentando que llega por la muerte de Cristo, es decir, que quiere que Dios lo acepte en la muerte de Cristo.

- Que sostiene que hay otros caminos para acercarse a Dios, otros caminos que no son la cruz de Cristo.
- Que considera la cruz de Cristo como una tontería.
- Que se opone y maldice a Cristo y a su cruz.
- Que persigue e intenta borrar a Cristo y a su cruz.
- Que niega y cuestiona que Cristo murió por nuestros pecados.

"E irán éstos al castigo eterno, y los justos a la vida eterna" (Mt. 25:46; cp. vv. 25-45).

"Pero cualquiera que blasfeme contra el Espíritu Santo, no tiene jamás perdón, sino que es reo de juicio eterno" (Mr. 3:29).

"Su aventador está en su mano, y limpiará su era, y recogerá el trigo en su granero, y quemará la paja en fuego que nunca se apagará" (Lc. 3:17).

"Pero ira y enojo a los que son contenciosos y no obedecen a la verdad, sino que obedecen a la injusticia; *tribulación y angustia* sobre todo ser humano que hace lo malo, el judío primeramente y también el griego" (Ro. 2:8-9).

"Y a vosotros que sois atribulados, daros reposo con nosotros, cuando se manifieste el Señor Jesús desde el cielo con los ángeles de su poder, en llama de fuego, para dar retribución a los que no conocieron a Dios, ni obedecen al evangelio de nuestro Señor Jesucristo; los cuales sufrirán pena de eterna perdición, excluidos de la presencia del Señor y de la gloria de su poder" (2 Ts. 1:7-9).

"¿Cuánto mayor castigo pensáis que merecerá el que pisoteare al Hijo de Dios, y tuviere por inmunda la sangre del pacto en la cual fue santificado, e hiciere afrenta al Espíritu de gracia? Pues conocemos al que dijo: Mía es la venganza, yo daré el pago, dice el Señor. Y otra vez: El Señor juzgará a su pueblo" (He. 10:29-30).

"Sabe el Señor librar de tentación a los piadosos, y reservar a los injustos para ser castigados en el día del juicio" (2 P. 2:9).

"Y el que no se halló inscrito en el libro de la vida fue lanzado al lago de fuego" (Ap. 20:15).

"Pero los cobardes e incrédulos, los abominables y homicidas, los fornicarios y hechiceros, los idólatras y todos los mentirosos tendrán su parte en el lago que arde con fuego y azufre, que es la muerte segunda" (Ap. 21:8).

2. Su dios es su vientre (koilia), es decir, su apetito, su sensualidad, su deseo por los placeres físicos de este mundo. La gratificación física y material es su dios. Centran sus vidas alrededor de...

- posesiones y propiedades
- placer y sexo
- casas y equipamientos
- aceptación y posición social
- alimentos y apetito
- posición y éxito
- comodidad y abundancia
- honor y fama
- dinero y riqueza

Simplemente tómese un instante y piense en cualquier elemento de la lista, sobre cómo algunas personas centran su vida en esas cosas. Algunas dedican más tiempo frente a un espejo o comiendo o pensando acerca de la aceptación o el éxito o las posesiones o algún negocio que lo que le dedican a la oración.

La cuestión es que cuando una persona tiene anhelos y apetito por tales cosas, estas se convierten en su Dios. El anhelo comienza a consumir sus pensamientos, su energía y su esfuerzo. A poco andar su anhelo requiere tanto de su energía que tiene muy poco tiempo, si lo tiene, para Dios o para cualquier otra cosa. su apetito y su anhelo, o como dicen las Escrituras, su vientre, se convierte en su Dios. Marvin Vincents cita los cíclopes en Eurípides diciendo: "Mis rebaños que sacrifico a nadie más que a mi mismo, y no a los dioses, y a este mi vientre el mayor de los dioses: para comer y beber cada día, y no crearse problemas, este es el Dios de los hombres sabios" (*Word Studies in the New Testament* [Estudios de palabras en el Nuevo Testamento), vol. 3, p. 452).

"Porque los que son de la carne piensan en las cosas de la carne; pero los que son del Espíritu, en las cosas del Espíritu. Porque el ocuparse de la carne es muerte, pero el ocuparse del Espíritu es vida y paz" (Ro. 8:5-6).

"Porque si vivís conforme a la carne, moriréis; mas si por el Espíritu hacéis morir las obras de la carne, viviréis" (Ro. 8:13).

"Porque tales personas no sirven a nuestro Señor Jesucristo, sino a sus propios vientres, y con suaves palabras y lisonjas engañan los corazones de los ingenuos" (Ro. 16:18).

"Esto, pues, digo y requiero en el Señor: que ya no andéis como los otros gentiles, que andan en la vanidad de su mente, teniendo el entendimiento entenebrecido, ajenos de la vida de Dios por la ignorancia que en ellos hay, por la dureza de su corazón; los cuales, después que perdieron toda sensibilidad, se entregaron a la lascivia para cometer con avidez toda clase de impureza" (Ef. 4:17-19).

3. Su gloria es su vergüenza. Esto simplemente significa que los hombres alardean en sus pecados y vergüenza. Alardean y se enorgullecen...

- en su comodidad
- en sus juergas
- en su ebriedad
- en lo que comen
- en su glotonería
- en lo que han adquirido
- en sus conquistas
- en su autoridad y poder
- en su sexo
- en cuánto tienen

"Y les dijo: Mirad, y guardaos de toda avaricia; porque la vida del hombre no consiste en la abundancia de los bienes que posee" (Lc. 12:15).

"Pero fornicación y toda inmundicia, o avaricia, ni aun se nombre entre vosotros, como conviene a santos" (Ef. 5:3).

"Haced morir, pues, lo terrenal en vosotros: fornicación, impureza, pasiones desordenadas, malos deseos y avaricia, que es idolatría" (Col. 3:5).

"Sean vuestras costumbres sin avaricia, contentos con lo que tenéis ahora; porque él dijo: No te desampararé, ni te dejaré" (He. 13:5).

"Porque el malo se jacta del deseo de su alma, bendice al codicioso, y desprecia a Jehová" (Sal. 10:3).

"Los que confían en sus bienes, y de la muchedumbre de sus riquezas se jactan. Ninguno de ellos podrá en manera alguna redimir al hermano, ni dar a Dios su rescate" (Sal. 49:6-7).

"Como nubes y vientos sin lluvia, así es el hombre que se jacta de falsa liberalidad" (Pr. 25:14).

"No te jactes del día de mañana; porque no sabes qué dará de sí el día" (Pr. 27:1).

4. Tienen su mente en cosas terrenales. Esta es simplemente otra forma de decir que una persona es mundana. Centra su mente, energía y esfuerzo sobre las cosas del mundo. Pero advierta: Las cosas de este mundo incluyen mucho más que las gratificaciones físicas y espirituales de este mundo. Las cosas mundanas también incluyen las cosas recomendadas que son aceptadas por la sociedad, tales como por ejemplo...

- Religiones y búsquedas espirituales
- Programas de desarrollo propio
- Reglas de virtud y moralidad
- La búsqueda de ambición o éxito
- El empleo, el trabajo y los negocios

Como ya se ha dicho, tales cosas son recomendables y algunas incluso necesarias para la supervivencia y la salud. Pero la cuestión es que la base de nuestra vida debe ser la cruz de Cristo, no las cosas de este mundo. La única esperanza de conquistar las enfermedades y la corrupción de la sociedad, y la maldad y la muerte del hombre es la cruz de Cristo. Nada en esta tierra, sin importar cuán bueno y beneficioso sea, nos puede dar vida, vida abundante y eterna. Sólo Jesucristo puede darnos una vida que conquiste todo y que nos infunda con vida que perdure para siempre. Por lo tanto, el centro de nuestras vidas debe ser Cristo y su cruz. Sí, debemos prestar nuestra atención a nuestros trabajos y familias y a las otras búsquedas buenas y beneficiosas de la vida, pero subyaciendo a todo debemos ser Cristo y su cruz. Él y su cruz deben ser la pasión y el propósito que consumen nuestra vida. La persona que fija su mente en cosas terrenales es un enemigo de la cruz de Cristo.

"Porque los que son de la carne piensan en las cosas de la carne; pero los que son del Espíritu, en las cosas del Espíritu. Porque el ocuparse de la carne es muerte, pero el ocuparse del Espíritu es vida y paz" (Ro. 8:5-6).

"No os conforméis a este siglo, sino transformaos por medio de la renovación de vuestro entendimiento, para que comprobéis cuál sea la buena voluntad de Dios, agradable y perfecta" (Ro. 12:2).

"Derribando argumentos y toda altivez que se levanta contra el conocimiento de Dios, y llevando cautivo todo pensamiento a la obediencia a Cristo" (2 Co. 10:5).

[3] (3:20-21) *Cielo, Creyente:* Debemos mirar a los que se conducen como ejemplo, en tercer lugar, porque el creyente es un ciudadano del cielo. Advierta tres puntos.

1. La vida del creyente debe estar centrada en el cielo, puesto que su ciudadanía está en el cielo. La palabra "ciudadanía" (politeuma) significa *ser ciudadano* en este contexto. Recuerde que Filipos era una colonia romana y que sus ciudadanos, si bien estaban en Macedonia, eran ciudadanos de Roma. Como se señaló anteriormente, los ciudadanos de las colonias romanas vivían como romanos: vestían como romanos, hablaban el idioma romano, vivían según las leyes de Roma, adquirían los mismos placeres y asuntos sociales que los romanos y adoraban a los dioses romanos. A pesar del hecho de que vivían en Macedonia, su ciudadanía era romana. (Véase nota, *Ciudadanía, Celestial,* Fil 1:27 para una mayor discusión al respecto; cp. Ef. 2:6.)

La cuestión a tener en cuenta es que los creyentes filipenses sabían exactamente qué significaba vivir en un lugar y ser ciudadano de otro. Sabían exactamente qué significaría vivir en la tierra y...

- Vestir como un ciudadano del cielo y no de la tierra.
- Hablar como un ciudadano del cielo y no de la tierra.
- Participar de los placeres de un ciudadano del cielo y no de la tierra.
- Vivir de acuerdo a las leyes del cielo así como a las de la tierra.
- Adorar al Dios del cielo y no a las religiones y dioses de esta tierra.

Pensamiento 1: Los creyentes deben vivir como ciudadanos del cielo y no de este mundo. El punto es firme.

"Pero no os regocijéis de que los espíritus se os sujetan, sino regocijaos de que vuestros nombres están escritos en los cielos" (Lc. 10:20).

"Para que comáis y bebáis a mi mesa en mi reino, y os sentéis en tronos juzgando a las doce tribus de Israel" (Lc. 22:30).

"Así que ya no sois extranjeros ni advenedizos, sino conciudadanos de los santos, y miembros de la familia de Dios" (Ef. 2:19).

"Mas nuestra ciudadanía está en los cielos, de donde también esperamos al Salvador, al Señor Jesucristo" (Fil. 3:20).

"Por la fe habitó como extranjero en la tierra prometida como en tierra ajena, morando en tiendas con Isaac y Jacob, coherederos de la misma promesa; porque esperaba la ciudad que tiene fundamentos, cuyo arquitecto y constructor es Dios" (He. 11:9, 10).

"Conforme a la fe murieron todos éstos sin haber recibido lo prometido, sino mirándolo de lejos, y creyéndolo, y saludándolo, y confesando que eran extranjeros y peregrinos sobre la tierra. Porque los que esto dicen, claramente dan a entender que buscan una patria; pues si hubiesen estado pensando en aquella de donde salieron, ciertamente tenían tiempo de volver. Pero anhelaban una mejor, esto es, celestial; por lo cual Dios no se avergüenza de llamarse Dios de ellos; porque les ha preparado una ciudad" (He. 11:13-16).

"Bendito el Dios y Padre de nuestro Señor Jesucristo, que según su grande misericordia nos hizo renacer para una esperanza viva, por la resurrección de Jesucristo de los muertos, para una herencia incorruptible, incontaminada e inmarcesible, reservada en los cielos para vosotros" (1 P. 1:3-4).

"No entrará en ella ninguna cosa inmunda, o que hace abominación y mentira, sino solamente los que están inscritos en el libro de la vida del Cordero" (Ap. 21:27).

2. La vida del creyente debe concentrarse en el regreso de Cristo. Debe estar esperando el regreso del Señor, esperando

constantemente, esperando cada día de su vida. Lehman Struss realiza un comentario sólido:

> *"El acontecimiento más grande de cualquier país de la tierra es una visita de su emperador en jefe. La historia registra las preparaciones más elaboradas y los preparativos especiales para dicho acontecimiento. Se han acuñado monedas especiales, se han emitido estampillas conmemorativas y se han construido carreteras. Esperar la Llegada de nuestro Señor Jesucristo es la mayor de las expectativas cristianas. Deberíamos morar a diario en este pensamiento de su regreso. . . Imagine cómo se sentirían los residentes de su vecindario si el presidente de los Estados Unidos hubiera anunciado que estaba por hacer una visita en su comunidad. Estoy seguro de que habría preparativos especiales para su venida" (Devotional Studies in Philippians,* [Estudios devocionales en filipenses], pp. 207ss).

Kenneth Wuest señala que la palabra griega "esperar" está compuesta por tres términos. Está...

- La palabra "recibir" que habla de dar la bienvenida como se da la bienvenida a un invitado. También da la idea de preparativos para el invitado.
- La palabra "fuera" que habla de dejar de prestar la atención a otros objetos.
- La palabra "exterior" que da la idea de esperar, de estirar el cuello y esperar el regreso de Cristo (*Philippians,* [Filipenses], vol. 1, p. 102).

En conjunto, la palabra "esperar" (apekdechometha) significa ansiar, mirar con anhelo y esperar la llegada del Señor Jesús para que lleve a su querida gente al cielo.

> **"Por tanto, también vosotros estad preparados; porque el Hijo del Hombre vendrá a la hora que no penséis" (Mt. 24:44).**
>
> **"Y llamando a diez siervos suyos, les dio diez minas, y les dijo: Negociad entre tanto que vengo" (Lc. 19:13).**
>
> **"No se turbe vuestro corazón; creéis en Dios, creed también en mí. En la casa de mi Padre muchas moradas hay; si así no fuera, yo os lo hubiera dicho; voy, pues, a preparar lugar para vosotros" (Jn. 14:1-2).**
>
> **"De tal manera que nada os falta en ningún don, esperando la manifestación de nuestro Señor Jesucristo" (1 Co. 1:7).**
>
> **"Porque el Señor mismo con voz de mando, con voz de arcángel, y con trompeta de Dios, descenderá del cielo; y los muertos en Cristo resucitarán primero. Luego nosotros los que vivimos, los que hayamos quedado, seremos arrebatados juntamente con ellos en las nubes para recibir al Señor en el aire, y así estaremos siempre con el Señor. Por tanto, alentaos los unos a los otros con estas palabras" (1 Ts. 4:16-18).**
>
> **"Enseñándonos que, renunciando a la impiedad y a los deseos mundanos, vivamos en este siglo sobria, justa y piadosamente, aguardando la esperanza bienaventurada y la manifestación gloriosa de nuestro gran Dios y Salvador Jesucristo" (Tit. 2:12-13).**

3. La vida del creyente debe centrarse en el glorioso cuerpo que recibirá cuando regrese Cristo.

a. En este momento el cuerpo del creyente es vil, es decir, inferior y humillante. El cuerpo humano es tan inferior y humillante...

- Porque su origen proviene de la tierra: No es más que productos químicos terrenales o carne humana.
- Porque es sometido al pecado y al egoísmo, a la maldad y a la destrucción.
- Porque es muy débil: Se enferma, se lastima, se hiere, envejece y se deteriora.
- Porque es corruptible y agonizante, porque envejece y es mortal, sin ofrecer ninguna esperanza de perdurar más que unos pocos años, sin ningún tipo de esperanza.

b. Sin embargo, advierta la declaración maravillosa: El Señor Jesucristo cambiará el cuerpo y la forma del creyente o lo hará a imagen de su glorioso cuerpo. La palabra "semejante" (summorphon) señala algo maravilloso. La palabra significa el ser permanente, constante e inmutable de una persona. Nuestros cuerpos serán semejantes al glorioso cuerpo de Cristo. ¡Imagine! Tener un cuerpo que es permanente, constante e inmutable. (Véase nota, punto 2, Fil. 2:6 para mayor discusión sobre la palabra *semejante*) El creyente recibirá un cuerpo espiritual.

> **"Se siembra cuerpo animal, resucitará cuerpo espiritual. Hay cuerpo animal, y hay cuerpo espiritual" (1 Co. 15:44).**
>
> **"El cual transformará el cuerpo de la humillación nuestra, para que sea semejante al cuerpo de la gloria suya, por el poder con el cual puede también sujetar a sí mismo todas las cosas" (Fil. 3:21).**
>
> **"Porque a los que antes conoció, también los predestinó para que fuesen hechos conformes a la imagen de su Hijo, para que él sea el primogénito entre muchos hermanos" (Ro. 8:29).**
>
> **"Amados, ahora somos hijos de Dios, y aún no se ha manifestado lo que hemos de ser; pero sabemos que cuando él se manifieste, seremos semejantes a él, porque le veremos tal como él es" (1 Jn. 3:2).**

c. ¿Cómo es esto posible? Por el poder de Dios, el mismo poder que es capaz de sujetar todas las cosas a Cristo. El mismo poder que creó el mundo y todo lo que está en el mundo...

- es soberano sobre el mundo.
- es capaz de controlar el mundo.
- es capaz de sujetar el mundo.
- es capaz de recrear el mundo.
- es capaz de transformar el cuerpo del hombre.

> **"Pero el día del Señor vendrá como ladrón en la noche; en el cual los cielos pasarán con grande estruendo, y los elementos ardiendo serán deshechos, y la tierra y las obras que en ella hay serán quemadas. Puesto que todas estas cosas han de ser deshechas, ¡cómo no debéis vosotros andar en santa y piadosa manera de vivir, esperando y apresurándoos para la venida del día de Dios, en el cual los cielos, encendiéndose, serán deshechos, y los elementos, siendo quemados, se fundirán! Pero nosotros esperamos, según sus promesas, cielos nuevos y tierra nueva, en los cuales mora la justicia" (2 P. 3:10-13).**

<table>
<tr>
<td></td>
<td>CAPÍTULO 4

V. EL SECRETO DE LA PAZ: LA PAZ DE DIOS MISMO, 4:1-9

A. Los pasos que conducen a la paz (Parte 1): Estar firmes, unidos, gozosos y bondadosos, 4:1-5</td>
<td>que sean de un mismo sentir en
el Señor.

3 Asimismo te ruego también
a ti, compañero fiel, que ayudes
a éstas que combatieron junta-
mente conmigo en el evangelio,
con Clemente también y los
demás colaboradores míos, cuyos
nombres están en el libro de la
vida.</td>
<td>proviene del acuerdo y la unidad
a. El pedido: Que se pongan de acuerdo en el Señor
b. La necesidad: La ayuda de un verdadero amigo
1) Deben ayudarlas porque eran compañeras de trabajo
2) Deben ayudarlas porque sus nombres están en el Libro de la vida</td>
</tr>
<tr>
<td>1 Primer paso: La paz proviene de estar firmes
a. La fuente de la fortaleza: Estar “en el Señor”
b. El aliento: Un “hermano” que se preocupa</td>
<td>1 Así que, hermanos míos
amados y deseados, gozo y
corona mía, estad así firmes en
el Señor, amados.</td>
<td>4 Regocijaos en el Señor siempre.
Otra vez digo: ¡Regocijaos!

5 Vuestra gentileza sea conocida
de todos los hombres. El Señor
está cerca.</td>
<td>3 Tercer paso: La paz viene de regocijarse en forma continua y repetida
4 Cuarto paso: La paz viene por medio de una fuerte bondad</td>
</tr>
<tr>
<td>2 Segundo paso: La paz</td>
<td>2 Ruego a Evodia y a Síntique,</td>
<td></td>
<td></td>
</tr>
</table>

DIVISIÓN V

EL SECRETO DE LA PAZ: LA PAZ DE DIOS MISMO, 4:1-9

A. Los pasos que conducen a la paz (Parte 1): Estar firmes, unidos, gozosos y bondadosos, 4:1-5

(4:1-9) ***BOSQUEJO DE LA DIVISIÓN: Paz:*** El tema de todo este pasaje (4:1-9) es la paz de Dios (v. 7) y la presencia del Dios de la paz (v. 9b). Hay seis pasos que el creyente debe emprender para mantener la paz de Dios dentro de su corazón y vida (véanse bosquejos, Fil. 4:1-9). Si el creyente no los emprende, llena de pena tanto al Señor como a sus compañeros creyentes, aquellos que han hecho una contribución importante a su crecimiento, aquellos que lo consideran su “gozo y corona” (Fil. 4:1). Lamentablemente, cuando un creyente pierde su paz con Dios, suceden varias cosas...

- Se vuelve consciente de sí mismo, y sumisamente tímido y culpable, y tal vez desalentado y vencido.
- Se vuelve pendenciero, crítico, murmurador, quejoso y divisivo.
- Comienza a recaer en el pecado.

La paz que alguna vez tuvo con Dios y el hombre se perturba y el desasosiego se hace carne en su corazón. Su desazón lo motiva a ser un generador de problemas o a pecar o bien lo hace caer en desesperación y vencimiento. Ha fracasado, por lo tanto, se siente indigno e incapaz de andar victoriosamente con Dios. Esta es la importancia de este pasaje: El secreto de la paz, la paz de Dios mismo. (Véase nota, Jn. 14:27.)

(4:1-5) ***Introducción:*** Este pasaje le habla a los creyentes, no a los incrédulos. Los incrédulos no tienen paz con Dios. Ellos rechazan, cuestionan, niegan, maldicen y se oponen a Dios. Dios no siente paz entre Él y un incrédulo. No importa cuán leve sea el cuestionamiento y el rechazo del incrédulo, sigue siendo un cuestionamiento y un rechazo y no paz. Pero cuando un incrédulo entrega su vida y acepta a Dios, la paz tiene lugar entre él y Dios. La paz rige dentro y entre la persona y Dios. De hecho, Dios hace que su paz inunde el corazón y la vida del nuevo creyente.

La cuestión es que una vez que tenemos la paz de Dios inundando nuestra vida, ¿cómo mantenemos esa paz? ¿Cómo mantenemos la paz de Dios gobernando y reinando dentro de nuestra alma? ¿Cómo nos mantenemos conscientes de que la misma presencia de Dios está dentro de nosotros, conscientes de que el Dios de la paz vive dentro de nuestro ser? Este es el tratamiento de este pasaje: Los pasos hacia la paz.

1. Primer paso: La paz proviene de estar firmes (v. 1).
2. Segundo paso: La paz proviene del acuerdo y la unidad (vv. 2-3).
3. Tercer paso: La paz viene de regocijarse en forma continua y repetida (v. 4).
4. Cuarto paso: La paz viene por medio de una fuerte bondad (v. 5).

[1] (4:1) ***Estar firmes, Paz:*** El primer paso hacia la paz es estar firmes. Este versículo es un versículo de transición entre lo que se ha dicho y lo que se está por decir. Pablo acaba de decir...

- Que hay enemigos de la cruz de Cristo,
- Que la ciudadanía del creyente está en el cielo,
- Que el Señor regresará y nos llevará de este mundo al cielo, transformando nuestros cuerpos;

...por lo tanto, *hay que estar firmes en el Señor.*

Sin embargo, advierta cómo encaja el versículo en lo que sigue. El versículo nueve es la conclusión de esta sección:

> **“Lo que aprendisteis y recibisteis y oísteis y visteis en mí, esto haced; y *el Dios de paz* estará con vosotros” (v. 9).**

Si una persona quiere al *Dios de paz,* debe hacer las cosas que Pablo enseñó e hizo, y una de las principales cosas que él enseñó fue estar firmes en el Señor. Si una persona desea al Dios de la paz, debe estar firme en el Señor.

Las palabras "estar firme" (stekete) significan simplemente estar de pie, persistir, perseverar. Es la imagen de un soldado estando firme en contra del ataque del enemigo. Se rehúsa a ceder terreno sin importar la presión y la fuerza del ataque. No se acobarda, no es inestable ni nunca es vencido. El creyente cristiano debe estar firme...

- Sin importar cuán grande sea la prueba
- Sin importar la presión de la tentación
- Sin importar la influencia, la oferta y la seducción de los demás.

Pero, ¿cómo hace un creyente para estar firme? Cuando la tentación a entregarse es tan atractiva y la prueba, tan terrible, ¿dónde puede encontrar el creyente la fortaleza para éstar firme? Hay dos lugares.

1. Está la fuente de fortaleza del creyente: El Señor mismo. Advierta las palabras: "Estad firmes *en el Señor"*. Hay un único lugar donde el creyente puede estar firme, y ese es *"en el Señor"*. El creyente debe vivir y moverse y tener su ser en el Señor, es decir, debe...

- Orar, hablar y tener comunión con el Señor durante todo el día.
- Mantener sus pensamientos en el Señor: La gloriosa salvación, la esperanza y la misión que Él les ha dado a los creyentes.
- Servir y ministrar para el Señor, dando testimonio de Él y satisfaciendo las necesidades de los que sufren y necesitan ayuda.

Cuando un creyente está andando *en el Señor* durante todo el día, su mente y sus pensamientos están en el Señor. Por ende, cuando vienen las tentaciones y las pruebas, es *consciente de la presencia y fortaleza del Señor.* Ha estado teniendo comunión y hablando con el Señor –estando firme y andando en el Señor– durante todo el día, por lo tanto, es mucho más capaz de estar firme en contra de la tentación y las pruebas. Esto es exactamente lo que quiere decirse por estar "en el Señor".

 Los creyentes deben andar en oración y alabanza todo el día. Esto es lo que hace que la paz del Señor more en sus vidas, la "paz de Dios" que conquista todas las pruebas y tentaciones.

> **"Por nada estéis afanosos, sino sean conocidas vuestras peticiones delante de Dios en toda oración y ruego, con acción de gracias" (Fil. 4:6).**

 Los creyentes deben andar con sus mentes en el Señor y las cosas que son puras y honorables. Esto es lo que les da una sensación de que el "Dios de la paz" camina con ellos, el Dios de la paz que le da al creyente el poder para conquistar todas las pruebas y tentaciones.

> **"Por lo demás, hermanos, todo lo que es verdadero, todo lo honesto, todo lo justo, todo lo puro, todo lo amable, todo lo que es de buen nombre; si hay virtud alguna, si algo digno de alabanza, en esto pensad. Lo que aprendisteis y recibisteis y oísteis y visteis en mí, esto haced; y el Dios de paz estará con vosotros" (Fil. 4:8-9).**

 Los creyentes deben trabajar realmente para llevar cada uno de sus pensamientos a Jesús.

> **"Derribando argumentos y toda altivez que se levanta contra el conocimiento de Dios, y llevando cautivo todo pensamiento a la obediencia a Cristo" (2 Co. 10:5).**

Pensamiento 1: El creyente que anda orando y manteniendo su mente y pensamientos en el Señor es el creyente que está firme en el Señor. Esto nos lo dice el sentido común. No hay forma de estar "en el Señor" a no ser que pensemos, hablemos y andemos en el Señor. Muy sencillamente estamos en cualquier cosa que pensemos, hablemos y andemos. El primer paso hacia la paz es "estar firme en el Señor".

2. Está el aliento: Un ministro o hermano que ama y se preocupa por que sus compañeros de creencia estén firmes. Advierta cómo Pablo, el ministro, se siente respecto de su rebaño, con cuánta profundidad siente por los que están bajo su cuidado:

 Hermanos míos amados
 Y deseados
 Mi gozo y mi corona.

a. Él los llama mis "hermanos míos amados": Eran sus hermanos y hermanas en Cristo. Todos habían confiado en Cristo como su Salvador y se convirtieron en hijos e hijas de la familia de Dios. Eran todos hermanos y hermanas del Señor y Pablo les está recordando esta relación. Por lo tanto, deben estar firmes en el Señor.

b. Dice que desea verlos. Él está en la cárcel y no puede estar con ellos, pero su corazón está con su querida familia, la familia de Dios. Por lo tanto, deben complacer su corazón estando firmes.

c. Dice que son su "gozo y corona". Probablemente esta sea una referencia a las recompensas que se entregarán en el glorioso día de la redención. Por ende, deben complacer su corazón estando firmes. La palabra "corona" (stephanos) se refiere a la corona o guirnalda que era entregada y se posaba sobre la cabeza de un atleta victorioso luego de haber ganado la corona de la victoria en su evento en particular. Pablo dice que su gozo y corona serán las vidas de los filipenses mismos cuando se presenten ante Cristo. Por lo tanto, si él iba a recibir el gozo y la corona de su presencia, ellos debían estar firmes en el Señor.

La cuestión a tener en cuenta es la necesidad de los creyentes de aliento personal. Si los creyentes deben estar firmes, el ministro y otros creyentes deben amarlos y cuidarlos. Nada nos alienta más que saber que somos amados y cuidados por otras personas. El amor de los demás nos motiva a vivir como deberíamos y a estar firmes en contra de la tentación y las pruebas.

Pensamiento 1: Las Escrituras exhortan a los creyente a estar firmes en varias cosas.

1) Los creyentes deben estar firmes en la fe.

"Velad, estad firmes en la fe; portaos varonilmente, y esforzaos" (1 Co. 16:13).

2) Los creyentes deben estar firmes en la libertad de Cristo.

"Estad, pues, firmes en la libertad con que Cristo nos hizo libres, y no estéis otra vez sujetos al yugo de esclavitud" (Gá. 5:1).

3) Los creyentes deben estar firmes en un espíritu, luchando juntos por la fe del evangelio.

"Solamente que os comportéis como es digno del evangelio de Cristo, para que o sea que vaya a veros, o que esté ausente, oiga de vosotros que estáis firmes en un mismo espíritu, combatiendo unánimes por la fe del evangelio" (Fil. 1:27).

4) Los creyentes deben estar firmes en el Señor que es el secreto de la paz.

"Así que, hermanos míos amados y deseados, gozo y corona mía, estad así firmes en el Señor, amados" (Fil. 4:1).

5) Los creyentes deben estar firmes y mantener las enseñanzas o doctrinas que han sido enseñadas.

"Así que, hermanos, estad firmes, y retened la doctrina que habéis aprendido, sea por palabra, o por carta nuestra" (2 Ts. 2:15).

[2] (4:2-3) *Unidad, Hermandad, Restauración:* El segundo paso hacia la paz es el acuerdo y la unidad. No existe paz si la gente...

- se pelea
- hace alborotos
- disiente
- tiene altercados
- riñe
- se queja
- ataca
- tiene disputas
- critica

Pablo lo sabía, un hecho que es fácilmente observable por todos, pero demasiadas veces ignorado por algunos. Pablo también sabía algo más, algo que el Señor mismo sabía. Había algunos dentro de la iglesia filipense que eran críticos, se peleaban, se quejaban y discutían. El Señor ya le había encargado a Pablo que ordenara a los creyentes:

 Estar firmes en un espíritu y en defender el evangelio.

"Solamente que os comportéis como es digno del evangelio de Cristo, para que o sea que vaya a veros, o que esté ausente, oiga de vosotros que estáis firmes en un mismo espíritu, combatiendo unánimes por la fe del evangelio" (Fil. 1:27).

 Amarse unos a otros y estar de acuerdo y con la misma mentalidad.

"Por tanto, si hay alguna consolación en Cristo, si algún consuelo de amor, si alguna comunión del Espíritu, si algún afecto entrañable, si alguna misericordia, completad mi gozo, sintiendo lo mismo, teniendo el mismo amor, unánimes, sintiendo una misma cosa" (Fil. 2:1-2).

 Estimar a los demás más que a uno mismo.

"Nada hagáis por contienda o por vanagloria; antes bien con humildad, estimando cada uno a los demás como superiores a él mismo; no mirando cada uno por lo suyo propio, sino cada cual también por lo de los otros" (Fil. 2:3-4).

1. El pedido es para que todos los que pelean acuerden en el Señor. La fuente de perturbación en la iglesia se debía a dos damas importantes de la iglesia: Evodia y Síntique. Quiénes eran y qué ocasionó el problema entre ellas no se sabe. Sólo se sabe una cosa sobre ellas: eran peleadoras, dos mujeres que no estaban de acuerdo y que reñían y discutían, criticaban y disentían, murmuraban y se quejaban.

Advierta lo que hizo Pablo: Pidió que las dos damas colocaran sus mentes juntas "en el Señor". Como ya dijimos en el punto anterior, si una persona vive y se mueve y tiene su ser "en el Señor", entonces está andando y sirviendo al Señor. Está ocupado con el Señor y su misión. No hay tiempo para peleas y divisiones. De hecho, lo opuesto es lo cierto. Tiene tiempo sólo para unir las manos con otros que están viviendo y moviéndose en el Señor, todos buscando cumplir con la misión del Señor en la tierra. Una persona que camina en el Señor está totalmente ocupada por mantener viva la presencia del Señor en su corazón y en su vida. Sus pensamientos están en el Señor y en su misión, no en las diferencias con otros creyentes y en las peleas y las divisiones.

2. La necesidad es la de tener un verdadero amigo, un amigo íntimo, para que intervenga y ayude a cualquiera que esté peleando. Algunos piensan que la palabra "amigo íntimo" es un nombre adecuado dado a algunos cristianos cuando son bautizados. Era de práctica común que a los creyentes se les diera nombres nuevos en su bautismo a fin de simbolizar su nacimiento espiritual. Quién era este amigo íntimo, no se sabe, pero debe haber sido un hombre profundamente respetado por la gente de la iglesia. Su nombre se refiere en inglés al *collar* que se colocaba alrededor del cuello de los bueyes para arar. El collar sostenía el arado y a los dos bueyes juntos para que pudieran empujar a la vez y hacer más rápido el trabajo. Por lo tanto "compañero fiel" significa una persona que empuja y trabaja cooperativamente con otros. El mismo hecho de que Pablo le pidiera que interviniera en la pelea entre las dos damas demuestra que le tenía gran estima. Pablo consideró que él se ocupaba y que las dos damas lo escucharían, que él podría resolver el problema y llegar a una reconciliación.

Pensamiento 1: La mayoría de las iglesias tienen uno o más compañeros fieles, personas...

- Que aman y se preocupan profundamente por los demás.
- Que siempre están ayudando y ministrando a los demás.
- A quien Dios ha dotado y designado como asistentes del ministerio del rebaño.

- Que son sumamente respetadas y estimadas por la mayor parte de la congregación.

El amigo íntimo es la persona que debe intervenir cuando comienzan a surgir peleas y divisiones en cabezas envenenadas. El amigo íntimo es la persona especialmente dotada por Dios para traer reconciliación y paz a la iglesia.

Nota: Se da un mensaje al amigo íntimo al igual que a las dos peleadoras. El amigo íntimo debe ayudar, ayudar no es una opción. Dios lo ha llamado y lo ha dotado con una naturaleza de amor y cuidado que fue especialmente adecuada para este tipo de ministerio. Por lo tanto, tenía que usar este don para intervenir y actuar lo mejor posible para traer reconciliación y paz. Advierta también: Hay otros dos motivos por los cuales debe ayudar.

a. Las peleadoras eran ambas trabajadoras en el evangelio. Habían ayudado a Pablo y a Clemente y a otros de la iglesia. Debían servir en el evangelio, no pelear y diferir. Por lo tanto, debía ejercerse todo esfuerzo posible para tratar de salvarlas.
b. En segundo lugar, sus nombres estaban en el Libro de la Vida. Eran verdaderas creyentes que se había descarriado a una vida de división pecaminosa. A pesar de su pecado, eran verdaderas creyentes. Por lo tanto, debía hacerse todo esfuerzo posible para restaurarlas.

"Sirviendo de buena voluntad, como al Señor y no a los hombres" (Ef. 6:7).

"Pero no será así entre vosotros, sino que el que quiera hacerse grande entre vosotros será vuestro servidor, y el que de vosotros quiera ser el primero, será siervo de todos" (Mr. 10:43-44).

"¿Quién, pues, de estos tres te parece que fue el prójimo del que cayó en manos de los ladrones? Él dijo: El que usó de misericordia con él. Entonces Jesús le dijo: Ve, y haz tú lo mismo" (Lc. 10:36-37).

"Pues si yo, el Señor y el Maestro, he lavado vuestros pies, vosotros también debéis lavaros los pies los unos a los otros" (Jn. 13:14).

"Volvió a decirle la segunda vez: Simón, hijo de Jonás, ¿me amas? Pedro le respondió: Sí, Señor; tú sabes que te amo. Le dijo: Pastorea mis ovejas" (Jn. 21:16).

"Así que, los que somos fuertes debemos soportar las flaquezas de los débiles, y no agradarnos a nosotros mismos" (Ro. 15:1).

"Hermanos, si alguno fuere sorprendido en alguna falta, vosotros que sois espirituales, restauradle con espíritu de mansedumbre, considerándote a ti mismo, no sea que tú también seas tentado. Sobrellevad los unos las cargas de los otros, y cumplid así la ley de Cristo" (Gá. 6:1-2).

"Así que, según tengamos oportunidad, hagamos bien a todos, y mayormente a los de la familia de la fe" (Gá. 6:10).

"También os rogamos, hermanos, que amonestéis a los ociosos, que alentéis a los de poco ánimo, que sostengáis a los débiles, que seáis pacientes para con todos" (1 Ts. 5:14).

"Así que, recibiendo nosotros un reino inconmovible, tengamos gratitud, y mediante ella sirvamos a Dios agradándole con temor y reverencia" (He. 12:28).

"Convertíos, hijos rebeldes, y sanaré vuestras rebeliones. He aquí nosotros venimos a ti, porque tú eres Jehová nuestro Dios" (Jer. 3:22).

"Yo sanaré su rebelión, los amaré de pura gracia; porque mi ira se apartó de ellos" (Os. 14:4).

"El volverá a tener misericordia de nosotros; sepultará nuestras iniquidades, y echará en lo profundo del mar todos nuestros pecados" (Mi. 7:19).

3 (4:4) ***Regocijo:*** El tercer paso hacia la paz es regocijarse en el Señor. Advierta que una persona debe regocijarse siempre, esto es, en forma continua, y luego debe volver a regocijarse, es decir, en forma repetida.

Recuerde: Pablo está en prisión y la iglesia está teniendo problemas con algunas falsas enseñanzas. Sin embargo, Pablo le dice a los creyentes que deben andar regocijándose en el Señor. De hecho deben regocijarse en el Señor siempre, sin importar las circunstancias (véase nota, *Regocijarse*- Fil. 3:1 para una discusión más detallada).

4 (4:5) ***Moderación, Gentileza:*** El cuarto paso hacia la paz es una fuerte gentileza. La palabra moderación (epieikes) es una palabra difícil de traducir al español. Otros la traducen como gentileza, ser agradable, razonable, considerado, cordial, cortés, paciente y suave. Hay una tendencia a decir que la mejor traducción es gentileza o ser agradable. Barclay dice que la palabra conlleva la idea de justicia, pero ese significado va más allá y sostiene que hay *algo mejor que la justicia:* Una amable gentileza.

1. Los creyentes deben ser gentiles y agradables al tratar con los incrédulos. Advierta la frase "todos los hombres". La exhortación no sólo trata con los creyentes de la iglesia sino con los incrédulos. Barclay hace una exposición excelente de este punto:

> *"El cristiano, como lo ve Pablo, es el hombre que sabe que para él hay algo más allá de la justicia. Cuando la mujer tomada en adulterio fue llevada ante Él, Jesús pudo haber aplicado la letra de la ley, y ella, de acuerdo a la misma, hubiera sido apedreada. Pero Él fue más allá de la justicia. En cuanto hasta dónde llega la justicia, no hay ninguno de nosotros que merezca otra cosa que la condena de Dios, pero Dios va más allá de la justicia. Pablo dice que la señal de un cristiano en sus relaciones personales con sus congéneres debe ser saber cuándo y cuándo no insistir en la justicia, y que él siempre recuerda que hay algo que está más allá de la justicia, y que hace a un hombre parecerse a Dios"* ("The Letters to the Philippians, Colossians, and Thessalonians,[Las cartas a los filipenses, colosenses y tesalonicenses], p. 94.)

Pensamiento 1: La cuestión está bien encarada: Debemos ser gentiles y agradables al tratar con los creyentes. Lo último que debemos hacer es criticar, condenar, censurar, negar e ignorar a los creyentes. Debemos alcanzar el evangelio al mundo y tratarlos con una *gentileza amorosa.* Debemos ser gentiles, sin tener nada que ver con la brutalidad. Demasiados de nosotros somos duros y crícos o mostramos rechazo y nos retraemos. Demasiados de nosotros estamos envueltos en la capa de la religión sin tener nada que ver con alcanzar a los perdidos. Ha llegado la hora desesperada de que alcancemos a los demás con el evangelio en un espíritu de amor y gentileza.

> **"Con toda humildad y mansedumbre, soportándoos con paciencia los unos a los otros en amor" (Ef. 4:2).**
>
> **"*Soportándoos* unos a otros, y *perdonándoos* unos a otros si alguno tuviere queja contra otro. De la manera que Cristo os perdonó, así también hacedlo vosotros" (Col. 3:13).**
>
> **"Antes fuimos tiernos entre vosotros, como la nodriza que cuida con ternura a sus propios hijos" (1 Ts. 2:7).**
>
> **"Porque el siervo del Señor no debe ser contencioso, sino amable para con todos, apto para enseñar, sufrido" (2 Ti. 2:24).**
>
> **"Que a nadie difamen, que no sean pendencieros, sino amables, mostrando toda mansedumbre para con todos los hombres" (Tit. 3:2).**
>
> **"Pero la sabiduría que es de lo alto es primeramente pura, después pacífica, amable, benigna, llena de misericordia y de buenos frutos, sin incertidumbre ni hipocresía" (Stg. 3:17).**

2. El motivo por el cual debemos ser gentiles con los hombres es porque el Señor está cerca. Él está preparado para venir y su venida está próxima. Esto simplemente significa que cuando Él venga, cada uno de nosotros necesitará que Él nos trate con gentileza. Nosotros somos pecadores, hombres y mujeres, niñas y niños, que pecan con demasiada frecuencia. El Señor tendrá todo el derecho de ser crítico y sentencioso para con nosotros. Nuestra única esperanza es que Él sea gentil con nosotros. Por lo tanto, nosotros debemos ser gentiles con todos los demás hombres. Sólo si los perdonamos, el Señor nos perdonará.

> **"Antes sed benignos unos con otros, misericordiosos, perdonándoos unos a otros, como Dios también os perdonó a vosotros en Cristo" (Ef. 4:32).**
>
> **"Y perdónanos nuestras deudas, como también nosotros perdonamos a nuestros deudores" (Mt. 6:12).**
>
> **"Porque si perdonáis a los hombres sus ofensas, os perdonará también a vosotros vuestro Padre celestial; mas si no perdonáis a los hombres sus ofensas, tampoco vuestro Padre os perdonará vuestras ofensas" (Mt. 6:14-15).**
>
> **"Y cuando estéis orando, perdonad, si tenéis algo contra alguno, para que también vuestro Padre que está en los cielos os perdone a vosotros vuestras ofensas" (Mr. 11:25).**
>
> **"Dad, y se os dará; medida buena, apretada, remecida y rebosando darán en vuestro regazo; porque con la misma medida con que medís, os volverán a medir" (Lc. 6:38).**
>
> **"Y si siete veces al día pecare contra ti, y siete veces al día volviere a ti, diciendo: Me arrepiento; perdónale" (Lc. 17:4).**

	B. Los pasos que conducen a la paz (Parte 2): La oración y el pensamiento positivo, 4:6-9	8 Por lo demás, hermanos, todo lo que es verdadero, todo lo honesto, todo lo justo, todo lo puro, todo lo amable, todo lo que es de buen nombre; si hay virtud alguna, si algo digno de alabanza, en esto pensad.	**2 La paz viene a través del pensamiento positivo** a. La indicación: Pensar y practicar cosas que son... 1) Verdaderas 2) Honestas 3) Justas 4) Puras 5) Amables 6) De buen nombre 7) Virtuosas
1 La paz viene a través de la oración a. La indicación: No preocuparse b. El remedio: Orar 1) Acerca de todo 2) Con ruegos 3) Con acción de gracias	6 Por nada estéis afanosos, sino sean conocidas vuestras peticiones delante de Dios en toda oración y ruego, con acción de gracias.		
c. La promesa: La paz 1) La paz que sobrepasa todo entendimiento 2) La paz que guarda nuestro corazón y mente	7 Y la paz de Dios, que sobrepasa todo entendimiento, guardará vuestros corazones y vuestros pensamientos en Cristo Jesús.	9 Lo que aprendisteis y recibisteis y oísteis y visteis en mí, esto haced; y el Dios de paz estará con vosotros.	8) Dignas de alabanza b. La fuente o poder del pensamiento positivo 1) La Palabra de Dios 2) Ejemplos nobles 3) El esfuerzo propio

DIVISIÓN V

EL SECRETO DE LA PAZ: LA PAZ DE DIOS MISMO, 4:1-9

B. Los pasos que conducen a la paz (Parte 2): La oración y el pensamiento positivo, 4:6-9

(4:6-9) ***Introducción:*** Recuerde que estamos respondiendo a una pregunta. Una vez que poseemos la paz de Dios, ¿cómo mantenemos la paz? (Véase nota, Fil. 4:1-5 para mayor discusión al respecto.) Una vez que hemos hecho *la paz con Dios,* entonces *la paz de Dios* inunda nuestra vida. ¿Cómo mantenemos esa paz? ¿Cómo mantenemos la *paz de Dios* gobernando y reinando dentro de nuestras almas? ¿Cómo mantenemos una consciencia de la propia presencia de Dios dentro de nosotros, una consciencia de que el "Dios de la paz" vive dentro de nuestro propio ser? Este pasaje trata sobre dos de los pasos más importantes para poseer la paz. Más que cualquier otro pasaje, nos cuenta cómo tener paz y cómo mantenerla. Si tomamos esos pasos, la paz de Dios gobernará y reinará en nuestros corazones y vidas. Nunca perderemos nuestra paz ni estaremos sin paz.

1. La paz viene a través de la oración (vv. 6-7).
2. La paz viene a través del pensamiento positivo (vv. 8-9).

[1] (4:6-7) *Paz, Oración, Ansiedad:* La paz viene a través de la oración. Advierta tres puntos significativos.

1. Está la indicación: Estar ansioso (merimnate) acerca de nada. La idea es que el creyente no debe preocuparse ni molestarse por nada. La palabra "nada" (meden) significa ni una sola cosa. Hablando en términos humanos, los filipenses tenían toda la razón para estar preocupados y ansiosos.

- Estaban sufriendo una severa persecución (Fil. 1:18-19).
- Estaban enfrentando perturbaciones en la iglesia, cierta desunión y peleas (Fil. 1:27, 42).
- Contaban con determinados miembros carnales dentro de su comunidad, algunos miembros que eran orgullosos, muy espirituales y centrados en sí mismos (Fil. 2:3-4; 3:12).
- Estaban enfrentando a algunos falsos maestros que se habían unido a su comunidad, y los maestros eran feroces al atacar la cruz de Cristo (Fil. 3:2-3, 18-19).
- Algunos de los creyentes tenían que luchar por las necesidades básicas de la vida: alimentos, vestimenta y techo (Fil. 4:19).

Poco quedaba para que enfrentaran estos queridos creyentes. Estaban enfrentando casi todas las pruebas y tentaciones imaginables, el tipo de problemas que generan ansiedad y preocupación. Desde el punto de vista humano, una persona sentirá molestia, preocupación y ansiedad...

- Cuando está por perder o carece de alimentos, vestimenta o techo.
- Cuando es perseguido, ridiculizado, abusado o amenazado.
- Cuando está rodeado de peleas, perturbaciones, carnalidad o falsas enseñanzas.

En medio de tales circunstancias, la única forma en que una persona puede evitar preocuparse es recibiendo una inyección de poder sobrenatural.

Esta es la cuestión de las Escrituras. Hay una respuesta a la preocupación y la ansiedad, una respuesta sobrenatural: La paz de Dios. Dios *facultará* al creyente para conquistar la preocupación y la ansiedad. Dios vencerá las pruebas de la vida por el creyente, sin importar cuán terribles y cuánta presión ejerzan. Dios infundirá paz al creyente, la paz de Dios mismo: una paz tan grande y tan maravillosa que permite que el creyente atraviese la prueba. Por supuesto, esto no significa que el creyente no se interese por los problemas de la vida. Se preocupa, pero hay una diferencia entre interés y ansiedad o preocupación. El interés nos hace resurgir y manejar los problemas de la vida con un valor indomable y diligencia. La preocupación nos hace manejar y conquistar todo lo que podemos. La ansiedad y la preocupación ocasionan todo tipo de problemas...

- temor a actuar
- acción rápida, no planificada
- retracción
- decisiones no sabias y dañinas
- duda
- enfermedades físicas
- cobardía
- problemas emocionales
- depresión
- descarriamiento espiritual
- desaliento
- desconfianza y falta de creencia
- una actitud derrotista

La lista podría continuar, por supuesto, pero la cuestión a tener en cuenta es la gravedad de la ansiedad y la preocupación. Solo tómese un instante para pensar un poco sobre estos problemas: la ansiedad y la preocupación hacen que una persona actúe y sufra. La gravedad se ve con claridad. Todos conocemos a personas que sufren mucho debido a la ansiedad y la preocupación; simplemente carecen de la presencia de Dios. Sin embargo, la orden de las Escrituras es firme: no estar ansioso por nada, ni siquiera por una cosa.

"No os afanéis, pues, diciendo: ¿Qué comeremos, o qué beberemos, o qué vestiremos? Porque los gentiles buscan todas estas cosas; pero vuestro Padre celestial sabe que tenéis necesidad de todas estas cosas. Mas buscad primeramente el reino de Dios y su justicia, y todas estas cosas os serán añadidas" (Mt. 6:31-33).

"Respondiendo Jesús, le dijo: Marta, Marta, afanada y turbada estás con muchas cosas" (Lc. 10:41).

"Vosotros, pues, no os preocupéis por lo que habéis de comer, ni por lo que habéis de beber, ni estéis en ansiosa inquietud" (Lc. 12:29).

"Mirad también por vosotros mismos, que vuestros corazones no se carguen de glotonería y embriaguez y de los afanes de esta vida, y venga de repente sobre vosotros aquel día" (Lc. 21:34).

"Por nada estéis afanosos, sino sean conocidas vuestras peticiones delante de Dios en toda oración y ruego, con acción de gracias. Y la paz de Dios, que sobrepasa todo entendimiento, guardará vuestros corazones y vuestros pensamientos en Cristo Jesús" (Fil. 4:6-7).

"Sean vuestras costumbres sin avaricia, contentos con lo que tenéis ahora; porque él dijo: No te desampararé, ni te dejaré" (He. 13:5).

"Echando toda vuestra ansiedad sobre él, porque él tiene cuidado de vosotros" (1 P. 5:7).

2. El remedio para la ansiedad y la preocupación: La oración. Las palabras utilizadas en el versículo muestran exactamente la manera en que esta es la respuesta para la ansiedad y la preocupación.

- La palabra "oración" (proseuche) se refiere a los momentos especiales de oración en los que participamos en períodos de devoción y adoración. Debemos tener tiempos fijos para orar, momentos que apartamos especialmente para la devoción y la adoración.
- La frase "con acción de gracias" (eucharistia) significa que agradecemos y alabamos a Dios por todo lo que Él es y por todo lo que hace por nosotros.
- La frase "ruegos" (deesis) se refiere a las oraciones que se centran en necesidades especiales. Sentimos una necesidad profunda e intensa, por lo tanto, vamos ante Dios y *pedimos,* es decir, derramamos nuestra alma ante Dios. Nos enfrenta una necesidad, una gran necesidad y la única ayuda y liberación posibles es Dios. Por lo tanto vamos y le contamos nuestra necesidad a Él como si fuéramos un niño: llorando, suplicando y rogando por su ayuda, consuelo, liberación y paz.
- La palabra "peticiones" (aitemata) significa peticiones específicas y definidas. Nuestra oración no debe ser general, sino específica. Debemos presentarle a Dios exactamente lo que necesitamos y no debemos temer ser demasiado detallados con Dios o molestarlo. Ni tampoco debemos evitar preguntar porque tememos que Él no responderá a algo tan específico. Con demasiada frecuencia, los creyentes temen no recibir la respuesta a una petición específica, temen que esto mostrará cuán débiles son desde el punto de vista espiritual si no se les otorga su pedido.

Advierta que las Escrituras dicen: *En toda oración,* utilice todas las cuatro formas de orar y utilícela para orar por todo. Esto significa dos cosas.

a. Debemos andar en Dios, vivir, movernos y tener nuestro propio ser en Él y esto lo hacemos *por medio de la oración.* Vivimos y nos movemos en Dios a través de la oración. En toda oración oramos todo el día mientras andamos y nos movemos en nuestros asuntos cotidianos.
   - *Oramos* en momentos que son apartados específicamente para la devoción y la adoración.
   - *Rogamos,* luchamos en la oración, cuando enfrentamos momentos de necesidad profunda e intensa.
   - Ofrecemos *gracias* (y alabanzas) todo el día mientras caminamos y nos movemos.
   - Ofrecemos nuestras *peticiones,* peticiones específicas, a Dios. Le pedimos que haga cosas definidas mientras caminamos a lo largo del día.

   Como hemos dicho, caminamos en Dios, vivimos, nos movemos y tenemos nuestro ser en Él, y la forma en que lo hacemos es a través de la oración.

b. Debemos orar acerca de cada cosa sin importar cuán pequeña e insignificante pudiera parecer. Dios está interesado en los detalles de nuestras vidas, en los detalles más minuciosos. Él quiere que lo reconozcamos en *todas nuestras maneras* o pasos porque quiere cuidar cada uno de esos pasos.
   Ahora imagínese la escena: Estamos andando a lo largo del día, junto a Dios cada paso del camino y Dios está cuidando cada paso del camino. ¿Qué puede entonces quitar la paz de Dios de nosotros? ¡Absolutamente nada! Puesto que mientras andamos en oración y comunión con Dios, Dios nos está infundiendo su presencia y paz. No importa cuál sea el conflicto o la prueba,

continuaremos junto a Dios y Él continuará infundiendo en nosotros su paz. Por medio de la oración Él nos está dando la paz para conquistar y atravesar la prueba. Nuestra relación con Dios y su paz no se rompe.

"Pedid, y se os dará; buscad, y hallaréis; llamad, y se os abrirá" (Mt. 7:7).

"Velad y orad, para que no entréis en tentación; el espíritu a la verdad está dispuesto, pero la carne es débil" (Mt. 26:41).

"También les refirió Jesús una parábola sobre la necesidad de orar siempre, y no desmayar" (Lc. 18:1).

"Velad, pues, en todo tiempo orando que seáis tenidos por dignos de escapar de todas estas cosas que vendrán, y de estar en pie delante del Hijo del Hombre" (Lc. 21:36).

"Orando en todo tiempo con toda oración y súplica en el Espíritu, y velando en ello con toda perseverancia y súplica por todos los santos" (Ef. 6:18).

"Orad sin cesar" (1 Ts. 5:17).

3. La promesa: Paz. (eirene) significa estar vinculado, unido, entretejido. Significa tener garantía, confianza y seguridad en el amor y el cuidado de Dios. Significa tener un sentido, una consciencia, un conocimiento de que Dios...

- proveerá
- nos liberará
- guiará
- alentará
- fortalecerá
- salvará
- sostendrá
- dará vida real tanto ahora como para siempre

Una persona puede experimentar la paz de Dios solamente si camina y se mueve en oración. ¿Por qué? Porque únicamente Dios puede *liberar al hombre* de las circunstancias más severas y tragedias de la vida; sólo Dios puede *infundir garantía y seguridad* dentro del alma humana. La maravillosa promesa respecto de la paz de Dios es doble.

a. En primer lugar, la paz de Dios traspasa todo entendimiento. Va más allá de cualquier cosa que podamos pedir o pensar. Sobrepasa todas nuestras imaginaciones. Piense en la situación más terrible que pueda imaginar; luego piense en la paz que querría al atravesar la prueba. En experiencia real, la paz de Dios es mucho más grande que cualquier cosa que pudiera imaginarse o comprender. La paz de Dios en realidad lleva al creyente fiel a través del medio de la prueba y tribulación.

b. En segundo lugar, la paz de Dios guarda nuestros corazones y mentes. La palabra "guardará" (phrouresei) es una palabra militar que significa guarnecer, hacer guardia y proteger. La paz de Dios es como un soldado muy calificado que guarda y protege la más preciosa posesión de Dios: El corazón y la mente del creyente.

Sin embargo, advierta que Dios sólo puede guardarnos mientras estamos "en Cristo Jesús". Podemos conocer la paz de Dios únicamente si hemos confiado en Cristo como nuestro Salvador y sólo si caminamos en comunión con Él. Estar en Cristo significa andar en Cristo, vivir, moverse y tener nuestro ser en Él.

"La paz os dejo, mi paz os doy; yo no os la doy como el mundo la da. No se turbe vuestro corazón, ni tenga miedo" (Jn. 14:27).

"Estas cosas os he hablado para que en mí tengáis paz. En el mundo tendréis aflicción; pero confiad, yo he vencido al mundo" (Jn. 16:33).

"Justificados, pues, por la fe, tenemos paz para con Dios por medio de nuestro Señor Jesucristo" (Ro. 5:1).

"Porque el ocuparse de la carne es muerte, pero el ocuparse del Espíritu es vida y paz" (Ro. 8:6).

"Porque el reino de Dios no es comida ni bebida, sino justicia, paz y gozo en el Espíritu Santo" (Ro. 14:17).

"Mas el fruto del Espíritu es amor, gozo, paz, paciencia, benignidad, bondad, fe, mansedumbre, templanza; contra tales cosas no hay ley" (Gá. 5:22-23).

"Tú guardarás en completa paz a aquel cuyo pensamiento en ti persevera; porque en ti ha confiado" (Is. 26:3).

"Jehová dará poder a su pueblo; Jehová bendecirá a su pueblo con paz" (Sal. 29:11).

[2] (4:8-9) ***Mente, Pensamientos, Pensamiento positivo:*** La paz viene a través del pensamiento positivo. La palabra "pensar" (logizesthe) significa considerar, reflexionar, razonar y ponderar. La idea es la de concentrar nuestros pensamientos hasta que forjen nuestra conducta. Lo cierto es...

- Que lo que pensamos es en lo que nos convertimos.
- Que donde hemos guardado nuestros pensamientos es dónde estamos.
- Que nuestros pensamientos forjan nuestra conducta.
- Que lo que hacemos es lo que pensamos.

William Barclay dice: *"... es una ley de la vida que, si un hombre piensa con suficiente frecuencia y lo suficiente en algo, llegará a la etapa en que no podrá de dejar de pensar en ello. Sus pensamientos serán literalmente una ranura de la que no podemos quitarlos"* (The Letters to the Philippians, Colossians and Thessalonians [Las cartas a los filipenses, colosenses y tesalonicenses], p. 97).

Una persona que centra sus pensamientos en el mundo y sus cosas vivirá para el mundo y sus cosas: dinero, riqueza, tierras, propiedades, casas, posesiones, posición, poder, reconocimiento, honor, posición social, fama y una hueste de otras búsquedas mundanas. Dicho de manera simple, una persona que centra sus pensamientos...

- En la carne y sus lujurias vivirá para satisfacer la carne a través de cosas tales como el orgullo, el yo, la codicia, el placer y el sexo.
- En los ojos y sus lujurias vivirá para satisfacer los ojos y sus lujurias a través de cosas tales como lo inmoral, la inmundicia pornográfica que se exhibe en las revistas, películas, libros y televisión; la exposición del cuerpo humano; vestirse para atraer la atención; mirar por segunda vez.
- En el orgullo de la vida vivirá para satisfacer tales cosas como el deseo de reconocimiento, honor, posición y autoridad.

Una mente puesta en el mundo y la carne es lo que conduce a la ansiedad y la preocupación, al vacío y la inquietud. Este fue el énfasis del punto anterior (vv. 6-7). Una mente mundana no conoce nunca la paz, no la verdadera paz, no la paz de Dios. Dios nunca permitirá que una mente mundana tenga paz, puesto que es la inquietud del alma humana lo que Él utiliza para llegar a los hombres para la salvación.

La cuestión es que cuando una persona acepta a Jesucristo, su mente es renovada por el Espíritu de Dios.

> **"No os conforméis a este siglo, sino transformaos por medio de la renovación de vuestro entendimiento, para que comprobéis cuál sea la buena voluntad de Dios, agradable y perfecta" (Ro. 12:2).**
>
> **"Y renovaos en el espíritu de vuestra mente, y vestíos del nuevo hombre, creado según Dios en la justicia y santidad de la verdad" (Ef. 4:23-24).**
>
> **"Y revestido del nuevo, el cual conforme a la imagen del que lo creó se va renovando hasta el conocimiento pleno" (Col. 3:10).**

Una vez que una persona se ha convertido a Cristo y se vuelve un hombre nuevo, debe centrar sus pensamientos en las cosas buenas de la vida y en Dios. Debe darle a su mente un *pensamiento positivo.* De hecho, debe pensar únicamente en pensamientos positivos. El creyente nunca debe permitir que un pensamiento inmoral, carnal, egoísta, pecaminoso o malo ingrese a su mente. Nunca debe haber ningún pensamiento negativo en la mente del creyente. Los pensamientos pecaminosos y negativos perturban y destruyen la paz. Por este motivo, el creyente debe luchar para conquistar su mente y sus pensamientos. Debe ejercer cada célula de energía posible para captar y controlar cada pensamiento. Lo que pensamos es tan importante que Dios nos dice qué debemos pensar.

1. La orden de pensar y practicar el pensamiento positivo.

a. "Todo lo que es verdadero" (alethe): Real y genuino. Muchas cosas en el mundo parecen ser verdaderas, pero no lo son. Son falsas y engañosas, una ilusión y un fraude. Parecen ofrecer paz, pero lo que ofrecen es una paz engañosa, fraudulenta, sólo un escapismo. Debemos centrar nuestras mentes en las cosas que son verdaderas y debemos vivir vidas que sean verdaderas tanto para los hombres como para Dios. Cuando nuestros pensamientos y vidas están centrados en cosas verdaderas, la paz llega al corazón humano.

b. "Todo lo honesto" (semna): Honorable, digno, reverenciado, altamente respetado y noble. Barclay dice: "La palabra realmente describe eso que tiene la dignidad de la santidad sobre sí. Hay cosas en este mundo que no son serias y son baratas, cosas que son atractivas a los de mente ligera, pero es en las cosas que son graves y serias y dignificadas donde el cristiano centrará su mente" (*The Letters to the Philippians, Colossians and Thessalonians*, [Las cartas a los filipenses, colosenses y tesalonicenses], p. 98).

c. "Todo lo justo" (diakia): Comportamiento correcto y justo. Tiene que ver con el comportamiento adecuado hacia el hombre y Dios.

El creyente debe mantener sus pensamientos en su deber hacia los hombres y Dios, en hacer lo que es correcto hacia ambos. El hombre debe ser responsable mientras está en la tierra. Es responsable de la tierra y de sus congéneres, y será tomado por responsable por Dios en ambos casos. Por lo tanto, no debe centrar sus pensamientos en la comodidad y los placeres y búsquedas egoístas. Debe centrar sus pensamientos en las cosas que son *justas y probas.* Le debe sus pensamientos y su mente al mundo y a sus congéneres y especialmente a Dios. Debe cualquier contribución que pueda hacer al mundo y a Dios. Una mente llena de pensamientos *justos y probos* conocerá la paz.

d. "Todo lo puro" (hagna): Moralmente limpio, sin mancha, sin óxido, casto, no contaminado, libre de contaminación moral, inmundicia, suciedad e impurezas.

La mente del creyente y sus pensamientos deben ser puros, todos sus pensamientos.

e. "Todo lo *amable*" (prosphile): Agradable, atractivo, gentil, bondadoso; cosas que excitan el amor y la gentileza.

Los pensamientos del creyente no deben ser pensamientos desagradables ni de crueldad, de queja y murmuración, de crítica y reacción. Los pensamientos del creyente deben centrarse en cosas que son agradables, que construyan a la gente, no que la destruyan.

f. "Lo que es *de buen nombre*" (euphema): De buena reputación, de tono elevado, cosas dignas, cosas de la mayor calidad.

El creyente debe pensar sólo en cosas dignas. No debe llenar su mente con basura. No debe escuchar *cosas de mal nombre,* no importa cuan *jugosas* puedan parecer. Tampoco debe llenar su mente con basura, ya sea a través de rumores, la radio, la televisión, la música, los chistes groseros o cualquier otra fuente. Sus pensamientos deben centrarse únicamente en cosas dignas, sólo en aquello que es *de buen nombre.*

g. "Si hay virtud [excelencia] alguna, si algo digno de alabanza [en cualquier pensamiento], esto haced". El pensamiento positivo es la respuesta a la paz para el cristiano creyente.

2. La fuente o poder del pensamiento positivo es doble.

a. Está la Palabra de Dios. Pablo dice que él había predicado y enseñado las propias virtudes del pensamiento positivo a los filipenses y que ellos las habían aprendido. Lo que Pablo había predicado y enseñado era la voluntad de Dios. Por lo tanto, la fuente o poder del pensamiento positivo proviene de la Palabra de Dios. Es en la Palabra de Dios que la persona encuentra las cosas que deben llenar su mente. Sus pensamientos deben estar en las enseñanzas de la Palabra de Dios.

> **"La palabra de Cristo more en abundancia en vosotros, enseñándoos y exhortándoos unos a otros**

en toda sabiduría, cantando con gracia en vuestros corazones al Señor con salmos e himnos y cánticos espirituales" (Col. 3:16).

"Toda la Escritura es inspirada por Dios, y útil para enseñar, para redargüir, para corregir, para instruir en justicia" (2 Ti. 3:16).

"Porque la palabra de Dios es viva y eficaz, y más cortante que toda espada de dos filos; y penetra hasta partir el alma y el espíritu, las coyunturas y los tuétanos, y discierne los pensamientos y las intenciones del corazón" (He. 4:12).

"Los mandamientos de Jehová son rectos, que alegran el corazón; el precepto de Jehová es puro, que alumbra los ojos" (Sal. 19:8).

"¿Con qué limpiará el joven su camino? Con guardar tu palabra" (Sal. 119:9).

"En mi corazón he guardado tus dichos, para no pecar contra ti" (Sal. 119:11).

"Lámpara es a mis pies tu palabra, y lumbrera a mi camino" (Sal. 119:105).

b. Hay ejemplos nobles. Pablo dice que él vivió como un testimonio ante los filipenses. Por lo tanto, ellos pudieron seguir su ejemplo porque él mantuvo sus pensamientos y vida en las mismas virtudes del pensamiento positivo.

"Hermanos, sed imitadores de mí, y mirad a los que así se conducen según el ejemplo que tenéis en nosotros" (Fil. 3:17).

"Porque vosotros mismos sabéis de qué manera debéis imitarnos; pues nosotros no anduvimos desordenadamente entre vosotros" (2 Ts. 3:7).

"Retén la forma de las sanas palabras que de mí oíste, en la fe y amor que es en Cristo Jesús" (2 Ti. 1:13).

"Pero tú has seguido mi doctrina, conducta, propósito, fe, longanimidad, amor, paciencia" (2 Ti. 3:10).

3. Está la energía y el poder del esfuerzo propio y de la disciplina. Advierta las palabras "Lo que..." Del creyente se espera que controle y discipline su mente. Debe luchar en contra de todo pensamiento pecaminoso y negativo, y luchar para pensar sólo en cosas positivas. Advierta el resultado del pensamiento positivo: El Dios de la paz estará siempre con el creyente.

"Porque los que son de la carne piensan en las cosas de la carne; pero los que son del Espíritu, en las cosas del Espíritu" (Ro. 8:5).

"No os conforméis a este siglo, sino transformaos por medio de la renovación de vuestro entendimiento, para que comprobéis cuál sea la buena voluntad de Dios, agradable y perfecta" (Ro. 12:2).

"Porque ¿quién conoció la mente del Señor? ¿Quién le instruirá? Mas nosotros tenemos la mente de Cristo" (1 Co. 2:16).

"Derribando argumentos y toda altivez que se levanta contra el conocimiento de Dios, y llevando cautivo todo pensamiento a la obediencia a Cristo" (2 Co. 10:5).

"Por lo demás, hermanos, todo lo que es verdadero, todo lo honesto, todo lo justo, todo lo puro, todo lo amable, todo lo que es de buen nombre; si hay virtud alguna, si algo digno de alabanza, en esto pensad" (Fil. 4:8).

"Y renovaos en el espíritu de vuestra mente, y vestíos del nuevo hombre, creado según Dios en la justicia y santidad de la verdad" (Ef. 4:23-24).

"Tú guardarás en completa paz a aquel cuyo pensamiento en ti persevera; porque en ti ha confiado" (Is. 26:3).

	VI. EL APRECIO POR LAS BUENAS RELACIONES CRISTIANAS, 4:10-23 **A. Aprecio: Por una iglesia que revive su dar sacrificial, 4:10-19**	14 Sin embargo, bien hicisteis en participar conmigo en mi tribulación. 15 Y sabéis también vosotros, oh filipenses, que al principio de la predicación del evangelio, cuando partí de Macedonia, ninguna iglesia participó conmigo en razón de dar y recibir, sino vosotros solos;	c. Dar es algo necesitado, es una obra bien hecha **3 Su dádiva fue diferente: Era la única iglesia que dio y lo hizo coherentemente**
1 Su dádiva fue revivida y floreció	10 En gran manera me gocé en el Señor de que ya al fin habéis revivido vuestro cuidado de mí; de lo cual también estabais solícitos, pero os faltaba la oportunidad.	16 pues aun a Tesalónica me enviasteis una y otra vez para mis necesidades.	
2 Su dádiva no fue necesaria, pero fue necesitada a. Dar no es necesario porque Dios enseña a contentarse fuera de las circunstancias	11 No lo digo porque tenga escasez, pues he aprendido a contentarme, cualquiera que sea mi situación. 12 Sé vivir humildemente, y sé tener abundancia; en todo y por todo estoy enseñado, así para estar saciado como para tener hambre, así para tener abundancia como para padecer necesidad.	17 No es que busque dádivas, sino que busco fruto que abunde en vuestra cuenta. 18 Pero todo lo he recibido, y tengo abundancia; estoy lleno, habiendo recibido de Epafrodito lo que enviasteis; olor fragante, sacrificio acepto, agradable a Dios.	**4 Su dádiva fue con sacrificio y fue vista y recompensada por Dios** a. Dios depositó frutos a su cuenta b. Dios estuvo muy complacido
b. Dar no es necesario porque Dios nos fortalece a través de todo	13 Todo lo puedo en Cristo que me fortalece.	19 Mi Dios, pues, suplirá todo lo que os falta conforme a sus riquezas en gloria en Cristo Jesús.	c. Dios prometió proveer para todas sus necesidades

DIVISIÓN VI

EL APRECIO POR LAS BUENAS RELACIONES CRISTIANAS, 4:10-23

A. Aprecio: Por una iglesia que revive su dar sacrificial, 4:10-19

(4:10-19) ***Introducción:*** Este pasaje tiene que ver con la administración, en particular con dar dinero para satisfacer las necesidades de ministros y misiones o para difundir el evangelio en el mundo. Recuerde: Pablo está en prisión enfrentando la falsa acusación de insurrección en contra del gobierno. Si se lo sentencia, enfrenta la pena de muerte. Los filipenses habían oído sobre su condición y también sobre cómo Pablo estaba firme y continuaba predicando el evangelio a cualquiera que lo visitara. La iglesia fue motivada a hacer dos cosas: realizar una ofrenda de amor y mandar a un hombre, Epafrodito, para ministrar las necesidades de Pablo. (Véanse bosquejo y notas, Fil. 2:25-30 para una mayor discusión al respecto.)

Este pasaje es el aprecio de Pablo por una iglesia que está motivada a revivir su interés en las misiones, motivada a comenzar a vivir *nuevamente* para apoyar a los ministros de Dios en todo el mundo.

1. Su dádiva fue revivida y floreció (v. 10).
2. Su dádiva no fue necesaria, pero fue necesitada (vv. 11-14).
3. Su dádiva fue diferente: Era la única iglesia que dio y lo hizo coherentemente (vv. 15-16).
4. Su dádiva fue con sacrificio y fue vista y recompensada por Dios (vv. 17-19).

1 (4:10) ***Administración, Dar:*** La iglesia revivió su dádiva y esta floreció. Advierta las palabras "al fin habéis revivido" (anethalete) significa volver a revivir. Es la imagen de las plantas y las flores floreciendo, abriéndose y brotando *nuevamente.* La palabra clave es *nuevamente.* Cuando se fundó la iglesia, los creyentes habían apoyado a Pablo y su obra misionera en forma regular. Pero por algún motivo abandonaron su apoyo a la misión. Eso probablemente haya sido unos diez a doce años antes (Struss). Por qué dejaron de enviarle apoyo a Pablo es algo que se desconoce. Sin embargo, la cuestión a tener en cuenta es el glorioso revivir del apoyo de la misión que se llevó a cabo en la iglesia. Retomaron nuevamente el apoyo de Pablo y su dádiva floreció y brotó nuevamente. Puede imaginarse el gozo y regocijo del corazón de Pablo. Él dice: "En gran manera me gocé en el Señor".

> ***Pensamiento 1:*** ¿Por qué la iglesia había abandonado su apoyo a Pablo? Como se ha dicho, no se conoce el motivo. En su manera gentil y bondadosa, Pablo simplemente pasa por alto el tema diciendo que él sabía que se preocupaban por él, pero que habían perdido la oportunidad de apoyarlo. ¿Fue su falta de apoyo...
>
> • Legítima: Esto es, debido a la persecución o a la pobreza?
> • Ilegítima: Es decir, debido a la negligencia y a la

falta de preocupación por la difusión del evangelio y de las misiones en todo el mundo?

Siendo honesto sobre el asunto, es difícil concebir una razón legítima para el abandono del apoyo a la misión. Es particularmente difícil ver un motivo que durara tanto como de diez a doce años en que la iglesia filipense dejó de apoyar a Pablo. Sea legítima o no, todos debemos buscar en nuestros corazones acerca de nuestro apoyo personal de los ministros de Dios y de las misiones de todo el mundo.

- Se debe apoyar el evangelio.
- El evangelio debe llevarse a todo el mundo.
- Ha llegado la hora de la necesidad de que las iglesias despierten a la *misión mundial* de Cristo.
- Se debe apoyar a los predicadores, es decir, a los ministros, misioneros, maestros y evangelistas; a todos los predicadores y maestros designados por Dios, mientras llevan el evangelio por el mundo.

Advierta esto: Han pasado siglos tras siglos desde que Jesucristo vino a morir por los pecados de los hombres y a fin de darles vida. Sin embargo, observe cuán poco se ha hecho, cuántos todavía no han oído ni han creído.

- ¿Dónde están los trabajadores que llevan el mensaje? ¿Dónde están los que realmente oran por los trabajadores como Él lo ordenó? Observe cuántos se quedan en sus casas y luego observe a los pocos que están afuera en las comunidades y campos del mundo ministrando y dando testimonio a los perdidos. ¿Es este el método de Dios? ¿Su voluntad? Piense y con franqueza responda. El problema no es que no conozcamos la verdad. La conocemos: Sabemos que debemos ir. El problema es que no vamos. Simplemente no estamos dispuestos a comprometernos a ir. No estamos dispuestos a abandonar la comodidad y seguridad de nuestros hogares y oficinas, trabajos y familias para ir a las comunidades y naciones del mundo.

Ha llegado la hora de necesidad para los trabajadores, los trabajadores que harán exactamente lo que ordenó Dios: "Id por todo el mundo y predicad el evangelio a toda criatura" (Mr. 16:15). Y si no podemos ir, entonces debemos comprometernos a apoyar a quienes están dispuestos a ir.

"Entonces dijo a sus discípulos: A la verdad la mies es mucha, mas los obreros pocos" (Mt. 9:37).

"Y les decía: La mies a la verdad es mucha, mas los obreros pocos; por tanto, rogad al Señor de la mies que envíe obreros a su mies" (Lc. 10:2).

"Así, pues, cualquiera de vosotros que no renuncia a todo lo que posee, no puede ser mi discípulo" (Lc. 14:33).

"¿No decís vosotros: Aún faltan cuatro meses para que llegue la siega? He aquí os digo: Alzad vuestros ojos y mirad los campos, porque ya están blancos para la siega. Y el que siega recibe salario, y recoge fruto para vida eterna, para que el que siembra goce juntamente con el que siega" (Jn. 4:35-36).

[2] (4:11-14) ***Administración, Ministros, Provisión:*** La dádiva de la iglesia no era necesaria, pero se necesitaba. Muy simplemente, lo que esto significa es que Dios se ocupará de su querido siervo incluso si las iglesias no lo cuidan adecuadamente. A lo largo de los siglos la mayoría de las iglesias no se han ocupado adecuadamente de sus ministros. Esto ha sido parte de los sufrimientos que la mayoría de los ministros tuvieron que soportar a fin de llevar el evangelio a un mundo que gira en una necesidad desesperante. Sin embargo, los queridos siervos de Dios han ido a pesar de cualquier sufrimiento que debieron soportar. Advierta tres puntos significativos.

1. Dar no es necesario porque Dios enseña a sus siervos a estar contentos, sin importar las circunstancias (vv. 11-12). La palabra "contentarse" (autarkeia) significa ser auto-suficiente; estar completamente desapegado de las circunstancias. Advierta la palabra "aprendido". Se trató de una experiencia de aprendizaje. Pablo tuvo que aprender a conquistar las circunstancias y no dejar que estas lo preocupen. Pero advierta que él aprendió a contentarse. Él dice tres cosas descriptivas:

- Que sabía cómo estar degradado (vivir humildemente con poco) y cómo tener abundancia (vivir con abundancia y prosperidad).
- Que conocía el *secreto* para enfrentar cada situación, estando pleno o sufriendo hambre.
- Que sabía cómo vivir en la abundancia y cómo sufrir necesidades.

Lehman Strauss dice:

> *"En esos primeros días de mi experiencia cristiana no podía ver cómo algunos cristianos que yo conocía podían estar contentos con tan poco de los bienes de este mundo. Sinceramente confío en que estoy aprendiendo el secreto. A partir de lo que he visto acerca de mi no dudo en decir que es un secreto que muchos cristianos deben aprender. Pablo debió aprenderlo. Dijo 'He aprendido...'. La lección de contentarse fue aprendida por él gradualmente en diversas circunstancias. Como joven judío incrédulo, no tenía ningún deseo en cuanto a las posesiones de este mundo. No siempre conoció la provisión divina de la satisfacción, pero luego de ser salvo comenzó a aprenderla, no en el aula académica, sino como resultado de una prolongada experiencia de pruebas y disciplina. 'He aprendido' el lenguaje de un buen alumno. ¿Ha aprendido usted a estar satisfecho con su lugar y posición y posesiones en esta vida?"* (Devotional Studies in Philippians [Estudios devocionales en filipenses], p. 321).

¿Cuál era el secreto que había aprendido Pablo? Ese es el punto siguiente.

"No lo digo porque tenga escasez, pues he aprendido a contentarme, cualquiera que sea mi situación" (Fil. 4:11).

"Pero gran ganancia es la piedad acompañada de contentamiento; porque nada hemos traído a este mundo, y sin duda nada podremos sacar. Así que, teniendo sustento y abrigo, estemos contentos con esto. Porque los que quieren enriquecerse caen en tentación y lazo, y en muchas codicias necias y dañosas, que hunden a los hombres en destrucción y perdición; porque raíz de todos los males es el amor al dinero, el cual codiciando algunos, se extraviaron de la fe, y fueron traspasados de muchos dolores" (1 Ti. 6:6-10).

"Sean vuestras costumbres sin avaricia, contentos con lo que tenéis ahora; porque él dijo: No te desampararé, ni te dejaré" (He. 13:5).

2. Dar no es necesario porque el ministro puede hacer todas las cosas a través de Cristo que lo fortalece (v. 13). Advierta el versículo:

"Todo lo puedo en Cristo que me fortalece" (Fil. 4:13).

El siervo de Dios (el ministro) puede contentarse en todas las circunstancias, sin importar cuán graves sean, a través de Cristo, pero no puede contentarse en ninguna circunstancia aparte de Cristo. Advierta exactamente lo que dice el versículo:

- *"Todo lo puedo* en Cristo"
- *"Cristo* que me fortalece"

Cristo no hace todo por el creyente, ni tampoco el creyente hace todo para sí. Tanto Cristo como el creyente tienen una parte en la conquista de las circunstancias. El creyente declara "yo puedo" y se pone de pie y enfrenta las circunstancias que lo esperan. Es entonces que ingresa Cristo y fortalece al creyente. Cristo infunde fortaleza al creyente *mientras el creyente* está manejando el problema.

Enfrentando la realidad, no hay necesidad de fortaleza a no ser que el creyente esté enfrentando y luchando en contra de la circunstancia.

- El creyente no necesita fortaleza adicional para ponerse de pie y enfrentar la circunstancia. Todo creyente, sin importar quién es, tiene en sí la fortaleza para ponerse de pie y enfrentar toda circunstancia que se le presente.
- El creyente ni siquiera necesita fortaleza para comenzar a luchar a fin de conquistar y resolver la circunstancia. Él tiene fuerza en sí mismo para luchar en contra de la circunstancia que debe enfrentar.

Únicamente cuando el creyente ha agotado lo que puede hacer es que se necesita una infusión especial de la fortaleza de Cristo. Cristo ingresa cuando nuestra fortaleza ya no basta. Entonces Él es capaz de demostrar su maravilloso amor y cuidado por su amado siervo. Advierta también otra cosa: Toda alabanza y gloria se le debe entonces a Cristo y no al hombre. Dar no es necesario; Dios provee y cuida a su querido siervo.

"Y me ha dicho: Bástate mi gracia; porque mi poder se perfecciona en la debilidad. Por tanto, de buena gana me gloriaré más bien en mis debilidades, para que repose sobre mí el poder de Cristo. Por lo cual, por amor a Cristo me gozo en las debilidades, en afrentas, en necesidades, en persecuciones, en angustias; porque cuando soy débil, entonces soy fuerte" (2 Co. 12:9, 10).

"Antes, en todas estas cosas somos más que vencedores por medio de aquel que nos amó" (Ro. 8:37).

"Y poderoso es Dios para hacer que abunde en vosotros toda gracia, a fin de que, teniendo siempre en todas las cosas todo lo suficiente, abundéis para toda buena obra" (2 Co. 9:8).

"Para que os dé, conforme a las riquezas de su gloria, el ser fortalecidos con poder en el hombre interior por su Espíritu" (Ef. 3:16).

"Todo lo puedo en Cristo que me fortalece" (Fil. 4:13).

"De manera que podemos decir confiadamente: El Señor es mi ayudador; no temeré lo que me pueda hacer el hombre" (He. 13:6).

"Jehová es mi fortaleza y mi escudo; en él confió mi corazón, y fui ayudado, por lo que se gozó mi corazón, y con mi cántico le alabaré" (Sal. 28:7).

"Aunque afligido yo y necesitado, Jehová pensará en mí. Mi ayuda y mi libertador eres tú; Dios mío, no te tardes" (Sal. 40:17).

"No temas, porque yo estoy contigo; no desmayes, porque yo soy tu Dios que te esfuerzo; siempre te ayudaré, siempre te sustentaré con la diestra de mi justicia" (Is. 41:10).

3. Sin embargo, es necesario dar, y es una obra bien hecha (v. 14). El ministro necesita una provisión diaria y el evangelio necesita ser apoyado para que se lo pueda llevar alrededor del mundo. El dinero y el apoyo se necesitan mucho. No son necesarios; Dios puede ocuparse de sus queridos siervos y del evangelio con o sin la iglesia. Pero su voluntad es que cada una de las iglesias se involucren en apoyar a sus siervos y a las misiones mundiales. Dios puede hacer el trabajo sin nosotros; Dios puede pasarnos por alto y colocarnos en un estante como si fuéramos un libro sin uso. Pero Él quiere que su gente dé y dé generosamente. Cuando lo hacen, realizan una obra que está bien hecha, que es honrosa y noble.

"En todo os he enseñado que, trabajando así, se debe ayudar a los necesitados, y recordar las palabras del Señor Jesús, que dijo: Más bienaventurado es dar que recibir" (Hch. 20:35).

"No nos cansemos, pues, de hacer bien; porque a su tiempo segaremos, si no desmayamos. Así que, según tengamos oportunidad, hagamos bien a todos, y mayormente a los de la familia de la fe" (Gá. 6:9-10).

3 (4:15-16) ***Administración, Ministro, Misiones:*** La dádiva de la iglesia fue diferente, ellos fueron la única iglesia que dio y lo hizo de forma continuada. Este es un punto que debe seguirse con desesperación por parte de las iglesias de todo el mundo. Cuando se fundó la iglesia filipense, subscribió el ministerio de Pablo y fue congruente en su apoyo. Advierta que era la única iglesia que estaba apoyando a Pablo. La falta de fidelidad de las otras iglesias lastimó el corazón de Pablo. Esto resulta claro a partir de las palabras de que ninguna iglesia lo apoyó, ninguna salvo la iglesia filipense.

Fue mientras estaba en Tesalónica que los filipenses seguían apoyando su misión. Y cómo necesitó su apoyo en Tesalónica, puesto que fue allí donde enfrentó una severa persecución (cp. Hch. 17:1ss).

Pensamiento 1: ¡Imagine! ¡Sólo una iglesia apoyando a Pablo y su misión en el mundo! Y se trataba de una iglesia que acababa de ser fundada. Todos nosotros debemos hacernos insistentemente dos preguntas:

1) ¿Qué estamos haciendo por los Pablos y las misiones de hoy día?
2) ¿Nos hemos comprometido a apoyar cualquier ministerio o misión y nos arrepentimos del compromiso?

"Entonces Jesús dijo a sus discípulos: De cierto os digo, que difícilmente entrará un rico en el reino de los cielos" (Mt. 19:23).

"Pero los afanes de este siglo, y el engaño de las

riquezas, y las codicias de otras cosas, entran y ahogan la palabra, y se hace infructuosa" (Mr. 4:19).

"Porque nada hemos traído a este mundo, y sin duda nada podremos sacar" (1 Ti. 6:7).

"Porque los que quieren enriquecerse caen en tentación y lazo, y en muchas codicias necias y dañosas, que hunden a los hombres en destrucción y perdición" (1 Ti. 6:9).

"Pues verá que aun los sabios mueren; que perecen del mismo modo que el insensato y el necio, y dejan a otros sus riquezas" (Sal. 49:10).

"¿Has de poner tus ojos en las riquezas, siendo ningunas? Porque se harán alas como alas de águila, y volarán al cielo" (Pr. 23:5).

"Porque las riquezas no duran para siempre; ¿y será la corona para perpetuas generaciones?" (Pr. 27:24).

"Como la perdiz que cubre lo que no puso, es el que injustamente amontona riquezas; en la mitad de sus días las dejará, y en su postrimería será insensato" (Jer. 17:11).

[4] (4:17-19) ***Administración, Misión:*** La dádiva de la iglesia fue con sacrificio, y fue vista y recompensada por Dios. El dar le costó a la iglesia filipense. Era una iglesia que daba, no sólo un porcentaje (por así decirlo) sino con sacrificio. Esto se ve en dos puntos. Se dice que su don era un verdadero *sacrificio,* aceptable y complaciente para Dios. También se dice que su don había creado una *necesidad* entre ellos. Pero Pablo les contesta: "Mi Dios, pues, suplirá todo lo que os falta conforme a sus riquezas en gloria en Cristo Jesús" (v. 19). Advierta tres cuestiones.

1. Dios vio quién dio con sacrificio para apoyar a Pablo y depositó una recompensa en su cuenta (v. 17). Esto fue lo que Pablo deseaba en cuanto a dar: No un don para sí, sino una recompensa para el dador. Pablo sabía que Dios veía y recompensaba a los creyentes que daban con sacrificio; por lo tanto, Pablo deseó que los creyentes dieran y dieran con sacrificio.

"Sino haceos tesoros en el cielo, donde ni la polilla ni el orín corrompen, y donde ladrones no minan ni hurtan" (Mt. 6:20).

"Jesús le dijo: Si quieres ser perfecto, anda, vende lo que tienes, y dalo a los pobres, y tendrás tesoro en el cielo; y ven y sígueme" (Mt. 19:21).

"Vended lo que poseéis, y dad limosna; haceos bolsas que no se envejezcan, tesoro en los cielos que no se agote, donde ladrón no llega, ni polilla destruye" (Lc. 12:33).

"Que no haya de recibir mucho más en este tiempo, y en el siglo venidero la vida eterna" (Lc. 18:30).

2. Dios estaba muy complacido con la dádiva de los filipenses (v. 18). Pablo lo compara a un sacrificio del Antiguo Testamento que una persona ofrecía a Dios. El compromiso de sacrificio de una persona con Dios era como el *agradable aroma* del sacrificio animal. Era aceptable. El compromiso de sacrificio era un aroma suave o placentero para Dios. Así era y así es con respecto a la dádiva de sacrificio. El compromiso del don es aceptable para Dios tal como el agradable aroma de un sacrificio animal.

"Pero todo lo he recibido, y tengo abundancia; estoy lleno, habiendo recibido de Epafrodito lo que enviasteis; olor fragante, sacrificio acepto, agradable a Dios" (Fil. 4:18).

"Y de hacer bien y de la ayuda mutua no os olvidéis; porque de tales sacrificios se agrada Dios" (He. 13:16).

"Vosotros también, como piedras vivas, sed edificados como casa espiritual y sacerdocio santo, para ofrecer sacrificios espirituales aceptables a Dios por medio de Jesucristo" (1 P. 2:5).

3. Dios prometió proveer para todas las necesidades de su amada gente (v. 19). Esta es una de las grandes promesas de las Escrituras: "Mi Dios, pues, suplirá todo lo que os falta conforme a sus riquezas en gloria en Cristo Jesús" (Fil. 4:19).

a. Está el gran Proveedor: *Dios mismo.* No importa cuál sea la necesidad, la necesidad no es más grande que Dios. Dios puede satisfacer y satisfará la necesidad. Pero advierta el pronombre *"mi"*. Es "mi Dios" el que proveerá para todas las necesidades. Una persona tiene que estar segura...
   - De que el Dios que realmente puede proveer para la necesidad es su Dios.
   - De que conoce a Dios personalmente, lo suficiente como para confiar en y depender de Dios para satisfacer su necesidad.

b. Está la gran garantía de provisión: "Mi Dios *suplirá"*. No hay cuestión alguna respecto de que se suplirá la provisión. Dios es Dios, por lo tanto, Él es capaz de proveer y suplirá toda provisión que necesite su querido hijo.

c. Está la gran provisión: *"Todo lo que os falta"*. Esta promesa no se refiere únicamente a las necesidades físicas de alimentos, vestimenta y techo. Se refiere a las necesidades mentales, emocionales, sociales y espirituales. Se refiere a cualquier necesidad que surja, atrape o enfrente el creyente. Ninguna necesidad será omitida ni ignorada. Ninguna necesidad es demasiado grande o demasiado pequeña. Ninguna necesidad es carente de importancia, no para Dios, no si su querido hijo está realmente experimentando la necesidad.
   - Puede que haya una lección para que el creyente aprenda antes de poder cumplir la necesidad, alguna lección tal como más confianza, tolerancia, amor, gozo, paz, gentileza, mansedumbre o control.
   - Puede haber algún testimonio que el creyente necesite dar a conocer en cuanto a la fortaleza que nos lleva a través de las pruebas.

   No importa cuál sea la prueba o la necesidad, Dios suplirá nuestras necesidades.

d. Está el gran *recurso:* "Conforme a sus riquezas en gloria". Tome todas las riquezas, la gloria y la majestad del cielo, todo está disponible para satisfacer las necesidades de la gente querida de Dios. No hay límite, ni siquiera una fracción, para los grandes recursos que están a disposición de Dios. Dios puede proveer para cada necesidad.

e. Está el gran Mediador: *"en Cristo Jesús"*. Esto es algo crucial para advertir, puesto que Dios no hace nada apartado de Cristo. Ninguna persona puede aproximarse a Dios sin llegar a Él a través de Cristo Jesús. Esta es la clave para que se satisfagan nuestras necesidades: Entregar nuestra vida a Jesucristo, y pedirle a Dios que satisfaga nuestras necesidades *en Él.* Siempre debemos recordar que Dios tiene un solo hijo: El Señor Jesucristo. Dios ama tanto a Cristo que Él hará cualquier cosa por la persona que honre a Cristo dando con sacrificio para dar a conocer las gloriosas nuevas acerca de Él.

"Y poderoso es Dios para hacer que abunde en vosotros toda gracia, a fin de que, teniendo siempre en todas las cosas todo lo suficiente, abundéis para toda buena obra" (2 Co. 9:8).

"Dad, y se os dará; medida buena, apretada, remecida y rebosando darán en vuestro regazo; porque con la misma medida con que medís, os volverán a medir" (Lc. 6:38).

"Y a Aquel que es poderoso para hacer todas las cosas mucho más abundantemente de lo que pedimos o entendemos, según el poder que actúa en nosotros" (Ef. 3:20).

"Mi Dios, pues, suplirá todo lo que os falta conforme a sus riquezas en gloria en Cristo Jesús" (Fil. 4:19).

"Pero la gracia de nuestro Señor fue más abundante con la fe y el amor que es en Cristo Jesús" (1 Ti. 1:14).

"Por lo demás, me está guardada la corona de justicia, la cual me dará el Señor, juez justo, en aquel día; y no sólo a mí, sino también a todos los que aman su venida" (2 Ti. 4:8).

"Porque de esta manera os será otorgada amplia y generosa entrada en el reino eterno de nuestro Señor y Salvador Jesucristo" (2 P. 1:11).

"No temas, porque yo estoy contigo; no desmayes, porque yo soy tu Dios que te esfuerzo; siempre te ayudaré, siempre te sustentaré con la diestra de mi justicia" (Is. 41:10).

	B. Aprecio: Por Dios y por los compañeros en Cristo, 4:20-23
1 Dios debe ser alabado como Dios y como nuestro Padre	20 Al Dios y Padre nuestro sea gloria por los siglos de los siglos. Amén.
2 Los creyentes deben saludar a cada santo a. Los líderes cristianos deben saludar a cada santo	21 Saludad a todos los santos en Cristo Jesús. Los hermanos que están conmigo os saludan.
b. Todos los santos deben saludar a los demás creyentes, incluso a los funcionarios gubernamentales	22 Todos los santos os saludan, y especialmente los de la casa de César.
3 Los creyentes deben desear la gracia de nuestro Señor Jesucristo sobre el otro	23 La gracia de nuestro Señor Jesucristo sea con todos vosotros. Amén.

DIVISIÓN VI

EL APRECIO POR LAS BUENAS RELACIONES CRISTIANAS, 4:10-23

B. Aprecio: Por Dios y por los compañeros en Cristo, 4:20-23

(4:20-23) ***Introducción:*** Ahora se llega al final de la gran *carta a los filipenses.* Pero antes de cerrarla, debe hacerse una cosa más. Se debe expresar aprecio, aprecio por Dios y por los compañeros creyentes.

1. Dios debe ser alabado como Dios y como nuestro Padre (v. 20).
2. Los creyentes deben saludar a cada santo (vv. 21-22).
3. Los creyentes deben desear la gracia de nuestro Señor Jesucristo sobre el otro (v. 23).

[1] (4:20) ***Dios, Alabanza:*** Dios debe ser alabado como Dios y como nuestro Padre.

1. En primer lugar, Dios debe ser alabado como Dios. Él es Dios, el Creador y Regidor Soberano del universo. Dios ha creado todo y Él rige y gobierna todo.

- Él es el único Dios sabio que mora en majestad y gloria, dominio y poder (Jud. 24-25).
- Él es el único que posee la profundidad sin fondo de la sabiduría y el conocimiento. Él es el que tiene juicios que son inescrutables, y cuyas maneras no pueden hallarse. Él es el que tiene una mente que ningún hombre puede conocer y que tiene tal sabiduría que ningún hombre puede ser su consejero: "Porque de él, y por él, y para él, son todas las cosas. A él sea la gloria por los siglos. Amén" (Ro. 11:36).
- Él es el que reina y está vestido de majestad y fortaleza, cuya misma voz es la encarnación del poder y de la creación. Ante Él están tanto la honra como la majestad (Sal. 29:4; 93:1; 96:6).
- Él es el único cuya gloria es como un fuego devorador (Éx. 24:17). Él es quien cuya gloria es declarada por los cielos, y cuya creación es demostrada por el firmamento (Sal. 19:1).

Podría proclamarse una eternidad de declaraciones sobre Dios. Dios es Dios, y porque Él es Dios, se lo debe alabar como Dios.

2. Dios debe ser alabado como *nuestro Padre.* ¡Imagine! La Soberana Majestad del universo se ha humillado tanto que nos ha adoptado como sus hijos e hijas. Simplemente piense en este hecho. Él es el Poder Soberano no sólo de esta tierra, sino de todo el universo. Pero...

- Lo hemos criticado, hemos rezongado y nos hemos quejado de su gobierno.
- Hemos maldecido su propio nombre.
- Nos hemos rebelado y lo hemos rechazado.
- Lo hemos cuestionado y negado, e incluso nos hemos mofado ante la propia idea de Él.
- Lo hemos desobedecido deliberadamente.
- Hemos elegido vivir como nos place y hacer lo propio en lugar de seguirlo.

Simplemente piense en nuestra actitud y comportamiento hacia Dios, hacia Él que es el Gobernador del universo en toda su gloria y amplitud. Sin embargo, Él no nos ha borrado, Él no nos ha destruido. Por el contrario, Él ha enviado a su Hijo al mundo para declarar que Él ama el mundo y que quiere reconciliarnos con Él. ¿Cómo? A través de la muerte de su Hijo Jesucristo. Dios quiere adoptar a los hombres y las mujeres como hijos e hijas a través de la fe en la muerte de su Hijo. (Véase nota, *Adopción,* Gá. 4:4-7; *Estudio a fondo 2,* 4:5-6 para mayor discusión al respecto.)

Está *la gran humildad (o condescendencia) y misericordia* de Dios, que Él, el Gobernador Soberano del universo a quien hemos rechazado y maldecido tanto, aún nos adoptaría y nos dejaría llamarlo Padre (véanse bosquejo y notas, Fil. 2:5-11).

La gran condescendencia de Dios exige una cosa: Que lo alabemos y glorifiquemos *como nuestro Padre por los siglos de los siglos.*

> **"Vosotros, pues, oraréis así: Padre nuestro que estás en los cielos, santificado sea tu nombre" (Mt. 6:9).**
>
> **"Pues no habéis recibido el espíritu de esclavitud para estar otra vez en temor, sino que habéis recibido el espíritu de adopción, por el cual clamamos: ¡Abba, Padre! El Espíritu mismo da testimonio a nuestro espíritu, de que somos hijos de Dios. Y si hijos, también herederos; herederos de Dios y coherederos con Cristo, si es que padecemos juntamente con él, para que juntamente con él seamos glorificados" (Ro. 8:15-17).**
>
> **"Porque habéis sido comprados por precio; glorificad, pues, a Dios en vuestro cuerpo y en vuestro espíritu, los cuales son de Dios" (1 Co. 6:20).**
>
> **"Pero cuando vino el cumplimiento del tiempo, Dios envió a su Hijo, nacido de mujer y nacido bajo la ley, para que redimiese a los que estaban bajo la ley, a fin de que recibiésemos la adopción de hijos. Y por cuanto sois hijos, Dios envió a vuestros corazones el Espíritu de su Hijo, el cual clama: ¡Abba, Padre!" (Gá. 4:4-6).**
>
> **"Así que, ofrezcamos siempre a Dios, por medio de él, sacrificio de alabanza, es decir, fruto de labios que confiesan su nombre" (He. 13:15).**
>
> **"Mas vosotros sois linaje escogido, real sacerdocio, nación santa, pueblo adquirido por Dios, para que anunciéis las virtudes de aquel que os llamó de las tinieblas a su luz admirable" (1 P. 2:9).**

[2] (4:21-22) ***Hermandad, Saludo, Prejuicio, Parcialidad:*** Los creyentes deben saludar a cada santo, esto es, a cada creyente verdadero. "Santo" (haigon) significa aquellos que son separados o apartados para Dios; los que son diferentes de la persona que vive para el mundo, por sus posesiones y placeres. Nota: Se debe saludar a cada santo. No debe haber ninguna discriminación ni favoritismo. Entre los santos no debe haber...

- ninguna camarilla
- ninguna negación
- ningún sentido de orgullo
- ignorar al otro
- ninguna arrogancia
- ningún sentido de superioridad
- ninguna degradación
- ninguna separación
- ningún retroceso
- ninguna forma de evitar
- ningún sentido de superespiritualidad
- ningún sentimiento de ser mejor

La pobreza, la educación, los impedimentos, la falta de atractivo, la vestimenta, la posición social, el empleo, la raza, la nacionalidad, nada debe hacer que los creyentes discriminen o muestren parcialidad y favoritismo. Todos los santos son igualmente aceptables ante Dios. Por lo tanto, todos los santos deben ser saludados por todos los creyentes.

1. Los líderes cristianos deben saludar a cada santo. Advierta que "todos los hermanos" que estaban con Pablo envían sus saludos. Esto al parecer se refiere a los ministros que acompañaban y servían con Pablo en su ministerio, hombres tales como Timoteo y Lucas. Pablo no los nombra, de modo tal que no sabemos quiénes son. La cuestión a tener en cuenta es que los líderes cristianos deben tomar la iniciativa en saludar *a cada santo.* Si el líder demuestra signos de discriminación y favoritismo, entonces los demás de la iglesia harán lo mismo. El ministro y otros líderes siempre deben demostrar amor, interés y cuidado *por todos.*

2. Todos los santos, incluyendo a los funcionarios del gobierno, deben saludar a cada santo. La casa de Cesar no necesariamente se refiere a la familia del Cesar. El término es muy similar a lo que nosotros denominamos empleados públicos o del gobierno. Como en nuestros días, Roma tenía sus empleados gubernamentales dispersos en todo el mundo. Pero advierta que Pablo estaba en Roma, o sea que esto significa que algunos funcionarios del gobierno habían sido ganados para Cristo. La lección para nosotros es que se debe demostrar humildad, incluso aquellos que están en los estratos del gobierno, sin importar cuán alta sea su posición. Incluso si una persona está en el hogar del Cesar, en la posición más elevada del gobierno, debe andar humildemente ante Dios y saludar a todos los santos, incluso al de menor rango.

> **"Nada hagáis por contienda o por vanagloria; antes bien con humildad, estimando cada uno a los demás como superiores a él mismo; no mirando cada uno por lo suyo propio, sino cada cual también por lo de los otros" (Fil. 2:3-4).**
>
> **"Igualmente, jóvenes, estad sujetos a los ancianos; y todos, sumisos unos a otros, revestíos de humildad; porque: Dios resiste a los soberbios, y da gracia a los humildes. Humillaos, pues, bajo la poderosa mano de Dios, para que él os exalte cuando fuere tiempo" (1 P. 5:5-6).**
>
> **"Así que, cualquiera que se humille como este niño, ése es el mayor en el reino de los cielos" (Mt. 18:4).**
>
> **"Pero él les dijo: Los reyes de las naciones se enseñorean de ellas, y los que sobre ellas tienen autoridad son llamados bienhechores; mas no así vosotros, sino sea el mayor entre vosotros como el más joven, y el que dirige, como el que sirve" (Lc. 22:25-26).**
>
> **"Digo, pues, por la gracia que me es dada, a cada cual que está entre vosotros, que no tenga más alto concepto de sí que el que debe tener, sino que piense de sí con cordura, conforme a la medida de fe que Dios repartió a cada uno" (Ro. 12:3).**
>
> **"Unánimes entre vosotros; no altivos, sino asociándoos con los humildes. No seáis sabios en vuestra propia opinión" (Ro. 12:16).**

[3] (4:23) ***Gracia:*** Los creyentes deben desear la gracia de nuestro Señor Jesucristo a los demás (véanse notas, *Gracia,* Gá. 1:3; *Estudio a fondo 1,* Ef. 1:2; 2:8. 9 para mayor discusión al respecto).

ÍNDICE DE BOSQUEJOS Y TEMAS FILIPENSES

RECUERDE: Cuando busca un tema o una referencia de las Escrituras, usted no solo tendrá el texto bíblico, sino también un bosquejo y una discusión (comentario) del pasaje de la Biblia y del tema.

Este es uno de los grandes valores de la *Biblia de bosquejos y sermones.* Cuando posea todos los tomos, no solo tendrá todo lo que los otros índices bíblicos le ofrecen; es decir, un listado de todos los temas y sus referencias bíblicas, SINO que también tendrá:

- un bosquejo de *cada* texto y tema de la Biblia.
- una discusión (comentario) de cada texto y tema.
- cada tema respaldado por otros textos de la Biblia o referencias cruzadas.

Descubra el gran valor usted mismo. Dé una mirada rápida al primer tema de este índice.

ALABANZA
A Dios. Consideración del tema. Fil. 12:14

Busque las referencias. Después los textos bíblicos y el bosquejo de las Escrituras. Luego lea el comentario. De inmediato verá el gran valor de este índice de la *Biblia de bosquejos y sermones.*

LA EPÍSTOLA DEL APÓSTOL PABLO A
LOS COLOSENSES

LA EPÍSTOLA DEL APÓSTOL PABLO A LOS COLOSENSES

INTRODUCCIÓN

AUTOR: Pablo, el apóstol.

La autoría de Pablo es disputada por algunos comentaristas, pero la mayoría continúa sosteniendo que Pablo fue el autor. El argumento más sólido respecto de la autoría de Pablo se ve en la gran similitud entre Colosenses, Filemón y Efesios (véase Efesios, Notas introductorias, A quién fue escrito, punto 4). Filemón sin duda viene de la mano de Pablo. Advierta también otros cinco hechos:

1. El hijo de Pablo en la fe, Timoteo, fue su compañero en ambas cartas (Col. 1:1; Flm. 1).
2. Quienes lo acompañaban en Filemón también estaban presentes al escribir Colosenses: Epafras, Marcos, Aristarco, Demas y Lucas (Col. 4:12ss; Flm. 22, 23).
3. Pablo estaba en prisión al escribir ambas cartas (Col. 4:7ss; Flm. 1).
4. Pablo envió un mensaje al mismo hombre en ambas cartas: Arquipo (Col. 4:17; Flm. 2).
5. Pablo tenía a Onésimo para que viajara con Tíquico a llevar la carta a la iglesia de Colosas. Onésimo era el esclavo o el súbdito de quien se le enviaba la carta, Filemón (Col. 4:7-9; Flm. 10).

FECHA: Incierta. Probablemente entre los años 60–63 a.C.

Colosenses fue probablemente escrito durante la encarcelación de Pablo en Roma. Pero algunos también disputan esto. Algunos sostienen que la carta fue escrita desde Cesárea (58-60 d.C.) o desde Éfeso (55-56 d.C.)

A QUIÉNES ESTÁ DIRIGIDA: A los creyentes y fieles hermanos en Cristo que están en Colosas (Col. 1:2).

PROPÓSITO: Combatir una herejía extremadamente peligrosa y amenazadora que estaba surgiendo en la iglesia colosense.

Había habido varias sugerencias respecto de cuál era la herejía. Pero el valor de identificar el nombre de la herejía es cuestionable, dado que pocos, si alguno, mantienen una creencia en su totalidad o en su forma pura. El creyente cristiano y la iglesia carnal pueden, sin embargo, beneficiarse de un estudio de sus características. (Véase notas, Col. 1:15; 2:8-10; 2:11-12; 2:13-15; 2:16-19; 2:20-23 para una mayor discusión al respecto.)

1. Enfatizó la astrología, las señales y los espíritus de las estrellas y los planetas. Pablo advierte: "Mirad que nadie os engañe por medio de filosofías y huecas sutilezas, según las tradiciones de los hombres, conforme a los rudimentos del mundo, y no según Cristo" (Col. 2:8). Luego Pablo pregunta: "Pues si habéis muerto con Cristo en cuanto a los rudimentos del mundo, ¿por qué, como si vivieseis en el mundo, os sometéis a preceptos?" (Col. 2:20).

2. Enfatizó la filosofía. La herejía atacaba la simplicidad del evangelio. Se enorgullecía en ser original y en su capacidad de racionalizar. Pablo advierte: "Mirad que nadie os engañe por medio de filosofías y huecas sutilezas, según las tradiciones de los hombres, conforme a los rudimentos del mundo, y no según Cristo" (Col. 2:8).

3. Enfatizó la "iluminación". Puso un fuerte énfasis en la sabiduría y el conocimiento (Col. 2:3); en la filosofía y la tradición (Col. 2:8); penetrando en lo desconocido y utilizando la mente carnal (Col. 2:18); adorando la propia capacidad del hombre y voluntad de controlar y disciplinarse a sí mismo (Col. 2:23).

4. Enfatizó el alma por sobre el cuerpo. El cuerpo era considerado algo malo, una prisión que encarcelaba al alma. Las consecuencias fueron dobles. En primer lugar, algunos decían que la forma de liberar o de ocuparse del alma era someter el cuerpo, disciplinarlo y controlarlo. Por lo tanto, el ascetismo fue el resultado inevitable: "No manejes, ni gustes, ni aun toques" (Col. 2:21). En segundo lugar, algunos decían que puesto que el alma es lo que importa, el cuerpo no tiene importancia. Uno puede hacer lo que le plazca con su cuerpo así como se ocupa de su alma participando en adoración y ordenanzas religiosas. Por lo tanto, la vida ligera resultó aceptable. Uno podía ser mundano siempre que fuera religioso. Esto es lo que ataca Pablo con tanta dureza en pasajes tales como Col. 3:5-8 y Juan en Jn. 1:6–2:2.

5. Enfatizó el ritual y la tradición. Se insistió en alimentos y bebidas especiales, día y festivales, tradiciones y reglas hechas por el hombre (Col. 2:16, 22).

6. Enfatizó a otros mediadores entre Dios y el hombre: espíritus elementales (Col. 2:8, 20) y ángeles (Col. 2:18).

7. Enfatizó la humildad espiritual. Se consideraba que el hombre era tan indigno que era incapaz de acercarse a Dios mismo. El hombre debía someterse a otros mediadores para que se acercaran a Dios por él. Esto evidentemente derivaba en un gran orgullo espiritual, esnobismo y falsa humildad. (Col. 2:23. Advierta también el acento puesto sobre "todo hombre" de Col. 1:28. Pablo está señalando que la salvación no está limitada a unos pocos.)

La herejía atacaba a Jesucristo en todos los puntos.

1. Atacaba su supremacía, su deidad, su mesianismo y su encarnación. La herejía decía lo siguiente: Si el mundo y su materia, incluso el cuerpo del hombre, son malos y aprisionan al alma, entonces Dios nunca tomaría para sí la carne humana. ¿Por qué? La carne humana sería mala y Dios se volvería malo al tomar para sí la carne humana. Este argumento tomó dos rumbos:

   a. Estaba el docetismo. El docetismo decía que Cristo no era en realidad humano, solamente parecía humano. La palabra "docetismo" significa *parecer.* Jesús solo parecía tener un cuerpo. Nunca fue verdaderamente de carne y hueso. Vino a la tierra únicamente como un ser espiritual puro.
   b. Estaba el cerintinismo. El cerintinismo decía que había una clara distinción entre el Cristo humano y el divino. Así debía ser, porque Dios nunca podía sufrir y morir. No podía ser realmente Dios si sufría y moría. Así, se sostenía que el Espíritu de Dios mismo no había ingresado en Jesús hasta su bautismo, y que abandonó a Jesús inmediatamente después de su muerte.

Pablo debió insistir en que Jesús es "la imagen del Dios

invisible, el primogénito de toda creación" (Col. 1:15). , que "agradó al Padre que en él habitase toda plenitud" (Col. 1:19); que en Cristo "están escondidos todos los tesoros de la sabiduría y del conocimiento" (Col. 2:3) y que "en él habita corporalmente toda la plenitud de la Deidad" (Col. 2:9). Juan combatió la misma herejía diciendo que el Dios eterno ha venido a la tierra e ingresó al tiempo y al espacio (1 Jn. 1:1-4; ver Bosquejo). Él pregunta, (1 Jn. 22). Afirma "todo espíritu que no confiesa que Jesucristo ha venido en carne, no es de Dios; y este es el espíritu del anticristo, el cual vosotros habéis oído que viene, y que ahora ya está en el mundo" (1 Jn. 4:3). En respuesta a Cerinto, Juan dice: "Este es Jesucristo, que vino mediante agua y sangre; no mediante agua solamente, sino mediante agua y sangre. Y el Espíritu es el que da testimonio; porque el Espíritu es la verdad" (1 Jn. 5:6).

2. Atacó el poder creador y el papel supremo de Jesucristo en la creación. Pablo tiene que insistir en que "en él fueron creadas todas las cosas, las que hay en los cielos y las que hay en la tierra, visibles e invisibles; sean tronos, sean dominios, sean principados, sean potestades; todo fue creado por medio de él y para él. Y él es antes de todas las cosas, y todas las cosas en él subsisten" (Col. 1:16-17).

3. Atacó la humanidad de Jesucristo. Pablo dice que fue "en su cuerpo de carne, por medio de la muerte, para presentaros santos y sin mancha e irreprensibles delante de él" (Col. 1:22) que Él redimió al hombre, que "en él habita corporalmente toda la plenitud de la Deidad" (Col. 2:9).

4. Atacó el poder redentor de Jesucristo. La herejía sostenía que se necesitaba algo más que Cristo para derrotar los poderes que se oponen al hombre. Cristo tiene su lugar, pero solo como uno entre los demás. Él es un camino hacia Dios, pero también hay otros. Pablo insiste en que "erais en otro tiempo extraños y enemigos en vuestra mente, haciendo malas obras, ahora os ha reconciliado en su cuerpo de carne, por medio de la muerte, para presentaros santos y sin mancha e irreprensibles delante de él" (Col. 1:21-22); que "vosotros estáis completos en él, que es la cabeza de todo principado y potestad" (Col. 2:10); que "despojando a los principados y a las potestades, los exhibió públicamente, triunfando sobre ellos en la cruz" (Col. 2:15).

CARACTERÍSTICAS ESPECIALES:

1. La ciudad de Colosas. Era una de las tres ciudades que se veían entre sí en el Valle de Lico, a la ribera del Río Lico. Las otras ciudades, Hierápolis y Laodicea, la ciudad principal de la región, estaban solo a nueve kilómetros de distancia. Colosas estaba a dieciocho kilómetros de distancia y era la menos importante de las tres. La ciudad estaba a unos ciento cincuenta kilómetros al este de Éfeso. El área era una tierra fértil que proporcionaba buena pastura para los rebaños. También era uno de los centros de vestimenta y tintura del mundo.

2. La iglesia de Colosas. Hasta donde se sabe, Pablo nunca visitó Colosas. La iglesia nunca le había visto el rostro (Col. 2:1) y el libro de Hechos no registra una misión a la región. Le escribía a la ciudad para combatir la herejía, tratada en el Propósito. Pablo menciona tanto a Laodicea como a Hierápolis (Col. 2:1; 4:13, 16). Al parecer algunos de los conversos de Pablo fundaron la iglesia. Mientras estuvo en Éfeso por un lapso de tres años, Pablo logró que "que todos los que habitaban en Asia, judíos y griegos, oyeron la palabra del Señor Jesús" (Hch. 19:10). Epafras, quien era un servidor de Pablo, era el pastor de la iglesia de Colosas. Al parecer, él era también el pastor de Laodicea y de Hierápolis (Col. 1:7; 4:12-13; Flm. 23). La iglesia se reunía en la casa de Filemón, un convertido de Pablo (Flm. 10). En principio, los miembros de la iglesia eran gentiles, puesto que eran ajenos a las promesas de Dios a Israel (Col. 1:21). Él habla de dar a conocer "las riquezas de la gloria de este misterio entre los gentiles; que es Cristo en vosotros, la esperanza de gloria" (Col. 1:27). Y da una lista de pecados que eran vistos como comunes por los gentiles (Col. 3:5-7).

La iglesia mostraba algunos puntos fuertes a pesar de la herejía. Mantenían "fe en Cristo Jesús, y del amor que tenéis a todos los santos" (Col. 1:4). Daban el fruto evangelístico al alcanzar a las personas para Cristo (Col. 1:6). Se mantenían firmes en su fe (Col. 2:5). Esto parece indicar que la herejía empezaba a filtrarse en la iglesia y que todavía no se había convertido en un problema importante. La tarea de Pablo era detenerla por completo.

3. Colosenses es "La epístola similar a efesios" (véase efesios, notas introductorias, A quién está escrito, punto 4). En Efesios, la iglesia es vista como el cuerpo de Cristo. En Colosenses, Cristo es visto como la cabeza de la iglesia (cp. Col. 1:15ss).

BOSQUEJO DE COLOSENSES

LA BIBLIA DE BOSQUEJOS Y SERMONES es *única.* Difiere de todo otro material de estudios bíblicos y recursos de sermones en cuanto a que cada pasaje y tema es bosquejado justo al lado de las Escrituras correspondientes. Cuando usted elija cualquier *Tema* mencionado más adelante y recurra a la referencia, no solo contará con el pasaje de las Escrituras, sino que también descubrirá el pasaje de las Escrituras y el Tema *ya bosquejado para usted, versículo por versículo.*

A modo de ejemplo rápido, escoja uno de los temas mencionados más adelante y remítase a las Escrituras. Hallará esta maravillosa ayuda para un empleo más rápido, más sencillo y más preciso.

Además, cada punto de las Escrituras y Tema está *totalmente desarrollado en un Comentario con un pasaje de apoyo de las Escrituras* en el final de la página.

Advierta algo más: Los temas de Colosenses tienen títulos que son a la vez bíblicos y prácticos. Los títulos prácticos a veces tienen más atracción para la gente. Este *beneficio* se ve claramente en el empleo de folletos, boletines, boletines internos de las iglesias, etc.

Una sugerencia: Para una visión más rápida de Colosenses, primero lea *todos los títulos principales* (I, II, III, etc.), luego vuelva y lea los subtítulos.

BOSQUEJO DE COLOSENSES

I. LOS CIMIENTOS DE LA VIDA DEL CREYENTE, 1:1-11

A. Las grandes creencias de un gran cristiano, 1:1-2

B. Los grandes pilares de la vida cristiana, 1:3-8
C. Las grandes peticiones de oración, 1:9-11

II. EL CRISTO PREEMINENTE: EL AMADO HIJO DE DIOS, 1:12-23
A. Dios y el hombre: Lo que Dios ha hecho por el hombre, 1:12-14
B. Dios y Cristo (Parte 1): La persona de Cristo, 1:15
C. Dios y Cristo (Parte 2): Cristo el Creador, 1:16-17
D. Dios y Cristo (Parte 3): Cristo la Cabeza de la iglesia, 1:18-19
E. Dios y Cristo (Parte 4): Cristo el Reconciliador de todas las cosas, 1:20-23

III. LAS NECESIDADES DE LA IGLESIA, 1:24–2:7
A. Un ministro que trabaje incansablemente por la iglesia, 1:24-29
B. Las señales distintivas de una iglesia madura, 2:1-7

IV. EL CONTRASTE ENTRE CRISTO Y LA ENSEÑANZA FALSA, 2:8-23
A. Cristo frente a la filosofía y la astrología falsas, 2:8-10
B. Cristo frente a la religión falsa, 2:11-12
C. Cristo frente al concepto del hombre acerca del pecado, la ley y los espíritus malignos, 2:13-15
D. Cristo frente a las reglas, los rituales y el espiritismo, 2:16-19
E. Las críticas de la filosofía mundana y acercamientos a Dios hechos por el hombre, 2:20-23

V. LAS EXIGENCIAS DE LA NUEVA VIDA DEL CREYENTE: GRAN CARÁCTER, 3:1-17
A. La base de la nueva vida del creyente, 3:1-4
B. Las arrolladoras exigencias de la nueva vida, 3:5-11
C. La vestimenta de la nueva vida, 3:12-14
D. El corazón de la nueva vida, 3:15-17

VI. LAS RESPONSABILIDADES DEL CREYENTE, 3:18–4:6
A. El creyente y su familia, 3:18-21
B. El creyente y su trabajo, 3:22–4:1
C. El creyente y su vida de oración y testimonio, 4:2-6

VII. CONCLUSIÓN: EL EJEMPLO DE ALGUNOS HEROICOS CREYENTES, 4:7-18

LA EPÍSTOLA DEL APÓSTOL PABLO A LOS COLOSENSES

	CAPÍTULO 1
	I. LOS CIMIENTOS DE LA VIDA DEL CREYENTE, 1:1-11
	A. Las grandes creencias de un gran cristiano, 1:1-2
1 La vida tiene una sola profesión básica: La voluntad de Dios **2 La vida tiene una relación básica: La hermandad**	1 Pablo, apóstol de Jesucristo por la voluntad de Dios, y el hermano Timoteo,
3 La vida tiene dos niveles de madurez espiritual: Un creyente carnal frente a un creyente fiel **4 La vida tiene dos necesidades espirituales básicas: La gracia y la paz**	2 a los santos y fieles hermanos en Cristo que están en Colosas: Gracia y paz sean a vosotros, de Dios nuestro Padre y del Señor Jesucristo.

DIVISIÓN I

LOS CIMIENTOS DE LA VIDA DEL CREYENTE, 1:1-11

A. Las grandes creencias de un gran cristiano, 1:1-2

(1:1-2) ***Introducción:*** Ninguna persona podría resumir tanto en tan poco espacio como lo hace la Palabra de Dios. Esta es una de las evidencias de la inspiración de las Escrituras. Los primeros versículos de Colosenses –solo dos versículos– son un gran ejemplo. En solo unas pocas palabras se cubren las grandes creencias de un gran cristiano.

1. La vida tiene una sola profesión básica: La voluntad de Dios (v. 1).
2. La vida tiene una relación básica: La hermandad (v. 1).
3. La vida tiene dos niveles de madurez espiritual: Un creyente carnal frente a un creyente fiel (v. 2).
4. La vida tiene dos necesidades espirituales básicas: La gracia y la paz (v. 2).

[1] (1:1) ***Profesión, Voluntad de Dios:*** La vida tiene una sola profesión: La voluntad de Dios. Se acentúan dos cosas.

1. Lo que hizo Pablo fue "por la voluntad de Dios", es decir, su profesión y obra fue exactamente lo que Dios quiso que él hiciera. Pablo no eligió la obra de su vida, puesto que no quería cometer un error, no quería derrochar su vida. No quería llegar al final de su vida y ser considerado como un fracasado por Dios. Para Pablo había una sola obra o profesión: La tarea que Dios quería que él hiciera. La profesión que él quisiera no tenía importancia, solo importaba la voluntad de Dios para su vida.

> ***Pensamiento 1:*** Hay solo una profesión para cualquier creyente: La obra que Dios quiere que haga. Dios ha puesto a cada creyente sobre la tierra para una tarea específica. Si el creyente elige alguna profesión o trabajo que no sea la obra que Dios quiere que él haga, entonces está fuera de la voluntad de Dios. No está cumpliendo su propósito de haber sido colocado sobre la tierra.
>
> **"Porque todo aquel que hace la voluntad de mi Padre que está en los cielos, ése es mi hermano, y hermana, y madre" (Mt. 12:50).**
>
> **"El que quiera hacer la voluntad de Dios, conocerá si la doctrina es de Dios, o si yo hablo por mi propia cuenta" (Jn. 7:17).**
>
> **"No me elegisteis vosotros a mí, sino que yo os elegí a vosotros, y os he puesto para que vayáis y llevéis fruto, y vuestro fruto permanezca; para que todo lo que pidiereis al Padre en mi nombre, él os lo dé" (Jn. 15:16).**
>
> **"[Dios] Os haga aptos en toda obra buena para que hagáis su voluntad, haciendo él en vosotros lo que es agradable delante de él por Jesucristo; al cual sea la gloria por los siglos de los siglos. Amén" (He. 13:21).**
>
> **"En lugar de lo cual deberíais decir: Si el Señor quiere, viviremos y haremos esto o aquello" (Stg. 4:15).**

2. La profesión elegida por Dios para Pablo fue la de ser un ministro, en particular, un apóstol. La palabra apóstol (apostolos) significa una persona enviada especialmente para ir entre los hombres como embajador o mensajero. El pensamiento clave es este:

- Él es enviado por Dios. No va por su propia cuenta ni por la autoridad de otros hombres. su profesión y autoridad son de Dios.
- Él es el mensajero de Dios. De hecho, su propio llamado o profesión existe únicamente para difundir el mensaje de Dios. Él no tiene derecho de proclamar su propio mensaje ni pensamientos ni el mensaje y pensamientos de otras personas.

(Véase nota, *Apóstol,* Gá. 1:1 para una mayor discusión al respecto).

> **"El cual asimismo nos hizo ministros competentes de un nuevo pacto, no de la letra, sino del espíritu; porque la letra mata, mas el espíritu vivifica" (2 Co. 3:6).**
>
> **"Por lo cual, teniendo nosotros este ministerio según la misericordia que hemos recibido, no desmayamos. Antes bien renunciamos a lo oculto y vergonzoso, no andando con astucia, ni adulterando la palabra de Dios, sino por la manifestación de la verdad recomendándonos a toda conciencia humana delante de Dios" (2 Co. 4:1-2).**
>
> **"Y todo esto proviene de Dios, quien nos reconcilió consigo mismo por Cristo, y nos dio el ministerio de la reconciliación... Así que, somos embajadores en nombre de Cristo, como si Dios rogase por medio de nosotros; os rogamos en nombre de Cristo: Reconciliaos con Dios" (2 Co. 5:18, 20).**
>
> **"Del cual yo fui hecho ministro por el don de la gracia de Dios que me ha sido dado según la operación de su poder" (Ef. 3:7).**
>
> **"Doy gracias al que me fortaleció, a Cristo Jesús nuestro Señor, porque me tuvo por fiel, poniéndome en el ministerio" (1 Ti. 1:12).**
>
> **"Pero que ahora [La gracia de Dios] ha sido manifestada por la aparición de nuestro Salvador Jesucristo, el cual quitó la muerte y sacó a luz la vida y la inmortalidad por el evangelio, del cual yo fui constituido predicador, apóstol y maestro de los gentiles" (2 Ti. 1:10-11).**

[2] (1:1) ***Hermandad:*** La vida tiene una relación esencial: La hermandad. Pablo menciona a Timoteo, un joven discípulo o alumno suyo. Timoteo se había unido a Pablo para aprender todo lo que pudiera sobre el ministerio y para servir junto a Pablo. Pero advierta que la relación mencionada por Pablo no era la de un alumno o discípulo. Ni siquiera era la de un compañero de prédica, maestro o administrador. Era la de ser *hermano en Cristo.* Y advierta la palabra "nuestro". La relación básica entre Timoteo y los creyentes de Colosas era la de ser un hermano. Advierta también que llama a los colosenses hermanos (v. 2). Esto acentúa un hecho significativo: Hay muchas relaciones diferentes en la vida. Hay relaciones tales como...

- Empleador y empleado
- Vecinos
- Maestro y alumno
- Amigos
- Compañeros de trabajo
- Mercader y cliente
- Ministro y feligrés

Todas las relaciones de la vida son importantes y tienen su lugar en el bienestar de la sociedad, pero hay una relación que es esencial: La de la hermandad. Un hombre no anda como una figura solitaria sobre esta tierra. Anda entre gente, gente como él. Así, un hombre que camina solo no comprende la vida. Las relaciones filiales son esenciales. Pablo lo sabía: dondequiera que iba, entablaba y alimentaba relaciones. Aquí llama *hermano Timoteo y hermanos* a los colosenses (v. 2). Una de las capacidades más queridas en todo el mundo es saber cómo relacionarse adecuadamente con las personas.

Es esencial que los creyentes anden como hermanos con otros creyentes. Dentro de la iglesia no debe haber ningún sentido de...

- superioridad
- crítica
- envidia
- orgullo
- queja
- camarillas
- arrogancia
- juicio
- división
- superioridad espiritual
- censura
- búsqueda de lo suyo propio

Una verdadera hermandad debe ser la relación fundamental dentro de la iglesia y con los creyentes. Tratarse como hermanos es el secreto para la paz tanto en el mundo como en la iglesia.

> **"Así nosotros, siendo muchos, somos un cuerpo en Cristo, y todos miembros los unos de los otros" (Ro. 12:5; cp. 1 Co. 10:17; 12:12-13; Ef. 4:13).**
>
> **"Amaos los unos a los otros con amor fraternal; en cuanto a honra, prefiriéndoos los unos a los otros" (Ro. 12:10).**
>
> **"Nada hagáis por contienda o por vanagloria; antes bien con humildad, estimando cada uno a los demás como superiores a él mismo; no mirando cada uno por lo suyo propio, sino cada cual también por lo de los otros" (Fil. 2:3-4).**
>
> **"Pero acerca del amor fraternal no tenéis necesidad de que os escriba, porque vosotros mismos habéis aprendido de Dios que os améis unos a otros" (1 Ts. 4:9).**
>
> **"Permanezca el amor fraternal" (He. 13:1).**
>
> **"Igualmente, jóvenes, estad sujetos a los ancianos; y todos, *sumisos* unos a otros, revestíos de humildad; porque: Dios resiste a los soberbios, y da gracia a los humildes" (1 P. 5:5).**

[3] (1:2) ***Madurez espiritual:*** La vida tiene dos tipos de madurez espiritual: Ser un creyente carnal o ser un creyente fiel. Advierta que Pablo se dirige en su carta a los santos (creyentes) y a los hermanos fieles de la iglesia. Pablo está haciendo una clara diferenciación entre dos clases de creyentes.

1. Están los "santos" (hagios), esto es, los *santos o creyentes carnales,* dentro de la iglesia. Esto se refiere a quienes en el pasado han separado sus vidas para seguir al Señor Jesús. Se *separaron* del mundo y *se volvieron* al Señor Jesús para que los salvara. Sin embargo, un santo o creyente puede o no *continuar* con el Señor Jesús. Algunos en la iglesia colosense *no estaban continuando.* No estaban plenamente comprometidos. Faltaba su compromiso con el Señor Jesucristo. Por lo tanto, corrían el riesgo de caer en el error o en la falsa enseñanza y alejarse de Cristo. La cuestión es esta: Una persona puede ser un creyente carnal o un "santo" carnal dentro de la iglesia. Simplemente porque una persona haya hecho una profesión y aparentara seguir a Cristo no significa que está a salvo y seguro para siempre, que

es automáticamente maduro en Cristo. Cuando una persona verdaderamente viene a conocer a Cristo, está empezando un viaje con Cristo, un viaje que tiene un nivel muy elevado de crecimiento espiritual que alcanzar.

"Y la esperanza no avergüenza; porque el amor de Dios ha sido derramado en nuestros corazones por el Espíritu Santo que nos fue dado. Porque Cristo, cuando aún éramos débiles, a su tiempo murió por los impíos. Ciertamente, apenas morirá alguno por un justo; con todo, pudiera ser que alguno osara morir por el bueno. Mas Dios muestra su amor para con nosotros, en que siendo aún pecadores, Cristo murió por nosotros" (Ro. 5:5-8).

"Pero los que son de Cristo han crucificado la carne con sus pasiones y deseos" (Gá. 5:24).

2. Hay santos o creyentes fieles en la iglesia. Esto se refiere a quienes han separado sus vidas para Cristo y *han continuado*. Fueron leales y firmes en su fidelidad y se mantuvieron firmes en contra de los ataques de la mundanalidad y la falsa enseñanza. No fueron sacudidos por las tentaciones del diablo ni por los impulsos de la carne. Fueron fieles en contra de todos los enemigos.

La cuestión es esta: Una vez que una persona se ha convertido en santa, es decir, que ha apartado su vida para seguir a Cristo, debe ser fiel. Y debe crecer en su fidelidad. De hecho, el nivel más elevado de madurez espiritual es el de la fidelidad. Ser fiel u obediente a Cristo es lo que le complace a Cristo por sobre todo.

"No todo el que me dice: Señor, Señor, entrará en el reino de los cielos, sino el que hace la voluntad de mi Padre que está en los cielos" (Mt. 7:21).

"Cualquiera, pues, que me oye estas palabras, y las hace, le compararé a un hombre prudente, que edificó su casa sobre la roca. Descendió lluvia, y vinieron ríos, y soplaron vientos, y golpearon contra aquella casa; y no cayó, porque estaba fundada sobre la roca. Pero cualquiera que me oye estas palabras y no las hace, le compararé a un hombre insensato, que edificó su casa sobre la arena; y descendió lluvia, y vinieron ríos, y soplaron vientos, y dieron con ímpetu contra aquella casa; y cayó, y fue grande su ruina" (Mt. 7:24-27).

"Porque todo aquel que hace la voluntad de mi Padre que está en los cielos, ése es mi hermano, y hermana, y madre" (Mt. 12:50).

"El que tiene mis mandamientos, y los guarda, ése es el que me ama; y el que me ama, será amado por mi Padre, y yo le amaré, y me manifestaré a él" (Jn. 14:21).

"Respondió Jesús y le dijo: El que me ama, mi palabra guardará; y mi Padre le amará, y vendremos a él, y haremos morada con él" (Jn. 14:23).

"Si guardareis mis mandamientos, permaneceréis en mi amor; así como yo he guardado los mandamientos de mi Padre, y permanezco en su amor... Vosotros sois mis amigos, si hacéis lo que yo os mando" (Jn. 15:10, 14).

"Y Samuel dijo: ¿Se complace Jehová tanto en los holocaustos y víctimas, como en que se obedezca a las palabras de Jehová? Ciertamente *el obedecer es mejor que los sacrificios,* y el prestar atención que la grosura de los carneros" (1 S. 15:22).

Pensamiento 1: Advierta algo que debe ser acentuado acerca de la iglesia: La iglesia son personas, no es una entidad vaga, abstracta. Está formada por hombres y mujeres. Está formada por santos, creyentes auténticos y hermanos fieles.

ESTUDIO A FONDO 1

(1:2) ***Ciudadanía, Creyente:*** La vida tiene dos dimensiones del ser: la física y la espiritual. No hay espacio dónde bosquejar este punto fuera de las Escrituras. Pero advierta que se dice que los creyentes están tanto *en Cristo* como *en Colosas*. El creyente es un ciudadano de la ciudad o lugar donde le toque vivir en la tierra, pero también es un ciudadano del reino de Cristo, es decir, del cielo. (Véase notas, *Ciudadanía celestial*, Ef. 2:6; Fil. 1:27; 3:20-21 para una mayor discusión al respecto.)

William Barclay hace una excelente descripción de este punto que vale la pena citar.

"[Pablo] le escribe a los cristianos que están en Colosas y que están en Cristo. Un cristiano siempre se mueve en dos esferas. Está en el pueblo, el lugar, la sociedad en la que le toca permanecer en este mundo, pero también está en Cristo. El cristiano vive en dos dimensiones. Vive en este mundo y no se toma a la ligera los deberes y las relaciones de este mundo. Cumple con todas sus obligaciones hacia el mundo en el que vive. Pero por encima y más allá de eso, vive en Cristo. En este mundo puede trasladarse de lugar en lugar, de modo que ahora está en un lugar y luego en otro; pero donde sea que esté, está en Cristo. Es por eso que las circunstancias externas harán muy poca diferencia al cristiano. Su felicidad y paz y gozo no dependen de ellos. Estas cosas pueden cambiar, pero el hecho de que esté en Cristo nunca podrá cambiar. Por eso es que el cristiano hará cualquier trabajo y cualquier tarea con todo su corazón. Puede que sea humilde, puede que sea desagradable, puede que sea dolorosa, puede que sea mucho menos distinguida de lo que él esperaría. Sus recompensas pueden ser pequeñas, y su alabanza, inexistente. Sin embargo, el cristiano lo hace en forma diligente, sin quejarse y con alegría, puesto que él está en Cristo y hace todas las cosas según el Señor. Todos estamos en nuestra propia Colosas, donde sea que esté esa Colosas, pero todos estamos en Cristo, y es Cristo el que fija el tono de nuestra vida y de nuestra forma de vivir" (The Letters to the Philippians, Colossians, and Thessalonians, [Las cartas a los filipenses, colosenses y tesalonicenses], p. 125).

4 (1:2) ***Gracia, Paz:*** La vida tiene dos necesidades espirituales básicas: la gracia y la paz (véase notas, *Gracia,* Gá. 1:3, *Estudio a fondo 1,* Ef. 1:2; notas, 2:8-9; 2:8-10; Paz, Gá. 1:3; 5:22-23; Ef. 2:14-15 para una mayor discusión al respecto). Una persona puede desearle a un hombre riqueza, placer, fama o incluso, salud. Pero verdaderamente hay una única bendición necesaria: la bendición de la gracia y la paz de Dios. Si un hombre posee la gracia y la paz de Dios, posee toda la fortaleza y confianza internas que se necesitan para vencer y andar gozosamente en el mundo, sin importar las circunstancias (cp. Fil. 4:11-13).

	B. Los grandes pilares de la vida cristiana, 1:3-8		
1 Los grandes pilares son buenos motivos para dar gracias a Dios **2 Los grandes pilares son la fe y el amor** **3 Los grandes pilares tienen una gran base: La esperanza del creyente**	3 Siempre orando por vosotros, damos gracias a Dios, Padre de nuestro Señor Jesucristo, 4 habiendo oído de vuestra fe en Cristo Jesús, y del amor que tenéis a todos los santos, 5 a causa de la esperanza que os está guardada en los cielos, de la cual ya habéis oído por la pa-	labra verdadera del evangelio, 6 que ha llegado hasta vosotros, así como a todo el mundo, y lleva fruto y crece también en vosotros, desde el día que oísteis y conocisteis la gracia de Dios en verdad, 7 como lo habéis aprendido de Epafras, nuestro consiervo amado, que es un fiel ministro de Cristo para vosotros, 8 quien también nos ha declarado vuestro amor en el Espíritu.	**4 La esperanza del creyente tiene una gran fuente: El evangelio** a. Es cierto, v. 5 b. Es para los individuos c. Es para todos los hombres d. Produce fruto e. Proviene de oír f. Es la gracia de Dios g. Es compartido por los hombres h. Deriva en amor

DIVISIÓN I

LOS CIMIENTOS DE LA VIDA DEL CREYENTE, 1:1-11

B. Los grandes pilares de la vida cristiana, 1:3-8

(1:3-8) ***Introducción:*** Este es un pasaje cargado de poder, un pasaje que trata sobre los pilares de la vida cristiana, los pilares de la fe y el amor. También abarca la gran esperanza del cristiano y la fuente de esperanza que es la Palabra de Amor. Como se ha dicho, este es un estudio cargado de poder. A medida que estudia este pasaje, advierta como vierte un sólido cimiento en contra de la falsa enseñanza, la gran amenaza que estaba enfrentando la iglesia colosense y que enfrentan las iglesias de todas las generaciones.

1. Los grandes pilares son buenos motivos para dar gracias a Dios (v. 3).
2. Los grandes pilares son la fe y el amor (v. 4).
3. Los grandes pilares tienen una gran base: La esperanza del creyente (v. 5).
4. La esperanza del creyente tiene una gran fuente: El evangelio (vv. 5-8).

[1] (1:3) ***Acción de gracias:*** Los grandes pilares son buenos motivos para dar gracias a Dios. Los pilares serán identificados en el siguiente punto. Pero por ahora, advierta cuán grandes son los pilares. Son tan grandes, cualidades tan maravillosas de la vida, que motivan a Pablo a agradecer a Dios por la existencia de los pilares en las vidas de los creyentes colosenses. Los pilares son los soportes que mantienen juntas las vidas de los creyentes. Los creyentes colosenses no podrían existir como una iglesia sin el soporte de los cimientos de los pilares.

Advierta otro hecho: Pablo da gracias a Dios, pero da gracias al único Dios viviente y verdadero, Padre de nuestro Señor Jesucristo. No hay Dios salvo el Padre de nuestro Señor Jesucristo. Esto significa algo de importancia crítica: Jesucristo es el Hijo de Dios; Él es exactamente quién proclamó ser (véanse notas, Jn. 1:34; nota y *Estudio a fondo 1,* 3:31; *Estudio a fondo 2,* 10:25. También ver Índice de Temas, *Jesucristo, Reclamos*).

[2] (1:4) ***Creyente, Fe, Amor:*** Los grandes pilares de la vida cristiana son la fe y el amor. La fe y el amor son las dos cualidades básicas de la vida para los verdaderos cristianos. De hecho, conforman el único gran mandamiento de Dios mismo.

> **"Y este es su mandamiento: Que creamos en el nombre de su Hijo Jesucristo, y nos amemos unos a otros como nos lo ha mandado" (1 Jn. 3:23).**

1. Está el gran pilar de la fe. Pero advierta de qué fe hablamos...
   - No es la energía de la fe en sí misma que con tanta frecuencia se enseña como necesaria para la vida.
   - No es la energía de la fe necesaria para obtener las grandes cualidades de la vida.
   - No es la fe necesaria para andar por la vida.
   - No es la fe en uno o en los demás que es necesaria para vivir exitosamente como ser humano.

El gran pilar de la fe es la fe en una persona en particular: La persona de Cristo Jesús nuestro Señor. ¿Qué hay respecto de Jesucristo que hace que la fe en Él sea tan superior a la fe en otros grandes líderes o a la fe en las grandes cualidades de la vida humana? Dicho de la manera más simple posible, Jesucristo nos pone en contacto con Dios y posibilita que Dios nos adopte como hijos e hijas Suyas. Como se ha dicho en el versículo y punto anterior, Dios es el Padre de Jesucristo. Por lo tanto, Jesucristo es capaz de llevar a cualquier persona que sea *huérfana espiritualmente* a su Padre. Jesucristo tiene el derecho de pedirle a su padre que adopte a la *persona huérfana.* Jesucristo hace posible una relación Padre-hijo entre Dios y el creyente. Pero siempre debemos recordar: La relación Padre-hijo con Dios no se produce automáticamente. La única relación natural entre Dios y el hombre es la de Creador y súbdito. Únicamente Jesucristo posibilita la relación Padre-hijo entre Dios y el hombre. (Véase nota, *Adopción,* Gá. 4:4-7 para una mayor discusión al respecto.)

La cuestión es esta: La fe en Cristo Jesús le garantiza a una persona la presencia maravillosa y las bendiciones de Dios. Significa...

- Que Dios cuida al creyente como un padre cuida a su hijo.
- Que Dios ayuda y dirige al creyente a través de todas las pruebas y tentaciones de la vida.

- Que el creyente tiene la misma fortaleza de Dios a su disposición al enfrentar la vida día tras día.
- Que el creyente tiene la garantía de vivir con Dios por siempre jamás.

El creyente vive por su *fe en Cristo.* Él cree en Cristo, por lo tanto, vive por su creencia. Gobierna su vida por Cristo. No hace nada que su fe en Cristo le prohíba. Vive, se mueve y tiene su ser en Cristo, en la fe de Cristo. Su fe en Cristo se convierte en uno de los grandes pilares de su vida.

Otra forma de observar el gran pilar de la fe es esta. *La fe en Cristo* es como una esfera, un área, un territorio, un mundo en el que vive el creyente. Él cree en Jesucristo, por lo tanto, vive dentro de la esfera o mundo de esa creencia. Rige su vida por Cristo. No hace nada que su fe en Cristo le prohíba. Ha aceptado la esfera y el área y el territorio de Cristo como el mundo en el que va a vivir. Por ende, el creyente vive y se mueve y tiene su ser en ese mundo, en la fe de Cristo. Nuevamente, su fe en Cristo se convierte en su propio mundo, el gran pilar de su vida.

"El que cree en el Hijo tiene vida eterna; pero el que rehúsa creer en el Hijo no verá la vida, sino que la ira de Dios está sobre él" (Jn. 3:36).

"De cierto, de cierto os digo: El que oye mi palabra, y cree al que me envió, tiene vida eterna; y no vendrá a condenación, mas ha pasado de muerte a vida" (Jn. 5:24).

"Yo, la luz, he venido al mundo, para que todo aquel que cree en mí no permanezca en tinieblas" (Jn. 12:46).

"Pero éstas se han escrito para que creáis que Jesús es el Cristo, el Hijo de Dios, y para que creyendo, tengáis vida en su nombre" (Jn. 20:31).

"Justificados, pues, por la fe, tenemos paz para con Dios por medio de nuestro Señor Jesucristo" (Ro. 5:1).

2. Está el gran pilar del amor. Pero advierta que el amor del que hablamos no es el amor natural que todos los hombres deben sentir por los demás. Nosotros somos congéneres de la raza humana y conciudadanos del mismo planeta, por lo tanto, todos los hombres deben amarse entre sí con un amor natural. Pero, como ya se ha dicho, este no es el amor del que se habla en este pasaje. El gran pilar del amor es el amor que los creyentes sienten unos por otros. ¿Por qué el amor de los creyentes entre sí es más grande que el amor natural que sienten los hombres por sus congéneres? Hay dos motivos:

a. El amor de los creyentes se basa en el amor de Jesucristo, y el amor de Jesucristo es la cumbre del amor. Esto se observa en su muerte de sacrificio por los hombres. Él pagó el precio final por el hombre: Sacrificó su vida ante Dios para cargar con los pecados de los hombres, hombres que se opusieron a Él y que lo atacaron. Nunca podría haberse demostrado un amor tan grande. Por lo tanto, cuando un hombre da su vida para seguir a Cristo, se está dando a sí mismo para amar como amó Cristo. Está proclamando que amará hasta un grado sumo: Se sacrificará a sí mismo por los hombres como se sacrificó Cristo.

b. El amor de los creyentes es motivado por el Espíritu Santo, es decir que el amor del creyente es un amor sobrenatural. El Espíritu Santo, que vive dentro del creyente, despierta el amor de Dios dentro del corazón del creyente. En realidad el creyente es motivado para amar a otros por medio del Espíritu de Dios.

Los creyentes poseen un gran amor por todos los hombres: el mismo amor de Cristo. Pero poseen un amor muy especial por sus compañeros creyentes. ¿Por qué? Porque se han comprometido a seguir al mismo Señor. Viven y se mueven en la fe de Cristo, en la misma esfera o mundo de fe. Es lógico que haya un apego y amor especial entre dos personas que viven, se mueven y tienen su ser en la fe de Cristo. Recuerde que en los creyentes mora el mismo Espíritu Santo. Es probable que haya un vínculo estrecho, un vínculo muy especial, entre todos los que tienen dentro de sí el mismo Espíritu de Dios. Como ya se ha dicho, un verdadero creyente tiene un *amor especial* por todos los que están sobre la tierra, pero tiene un *amor muy especial* por sus compañeros creyentes.

Pensamiento 1: Este es un punto asombroso. Significa que no hay espacio dentro de la iglesia o entre los creyentes para...

- división
- envidia
- rivalidad
- camarillas
- crítica
- resentimientos
- murmuraciones
- peleas

"Un mandamiento nuevo os doy: Que os améis unos a otros; como yo os he amado, que también os améis unos a otros. En esto conocerán todos que sois mis discípulos, si tuviereis amor los unos con los otros" (Jn. 13:34-35).

"Este es mi mandamiento: Que os améis unos a otros, como yo os he amado" (Jn. 15:12).

"El amor sea sin fingimiento. Aborreced lo malo, seguid lo bueno" (Ro. 12:9).

"Y el Señor os haga crecer y abundar en amor unos para con otros y para con todos, como también lo hacemos nosotros para con vosotros" (1 Ts. 3:12).

"Habiendo purificado vuestras almas por la obediencia a la verdad, mediante el Espíritu, para el amor fraternal no fingido, amaos unos a otros entrañablemente, de corazón puro" (1 P. 1:22).

"Amados, amémonos unos a otros; porque el amor es de Dios. Todo aquel que ama, es nacido de Dios, y conoce a Dios" (1 Jn. 4:7).

En conclusión, la fe y el amor son los dos grandes pilares de la vida cristiana. Una persona que tiene fe en Cristo Jesús y que ama como amó Cristo es la persona que construye los dos pilares fundamentales de la vida. Es totalmente imposible tener una vida exitosa sin fe en Cristo Jesús y en el amor, totalmente imposible construir una vida a la que se le dará el privilegio de vivir para siempre.

[3] (1:5) ***Esperanza:*** Los grandes pilares tienen una gran base, la esperanza del creyente. La esperanza que nos da Dios, es el

motivo por el que entregamos nuestras vidas a Jesucristo y llegamos a límites tales como amarnos unos a los otros. Hay una sola cosa que podría hacer que un hombre ame hasta tal punto en que se sacrificaría por otro hombre, especialmente cuando el hombre está atacándolo o intentando destruirlo. Esa única cosa es la esperanza de alguna gran promesa, la esperanza de alguna gran recompensa. Advierta cuál es la esperanza o recompensa: Es la esperanza que *nos espera* en el cielo. ¿Cuál es esa esperanza?

- Es la esperanza de ser resucitado de entre los muertos y recibir un cuerpo nuevo, perfecto y glorioso, un cuerpo como el de Jesucristo.

"Teniendo esperanza en Dios, la cual ellos también abrigan, de que ha de haber resurrección de los muertos, así de justos como de injustos" (Hch. 24:15).

"Pero esto digo, hermanos: que la carne y la sangre no pueden heredar el reino de Dios, ni la corrupción hereda la incorrupción. He aquí, os digo un misterio: No todos dormiremos; pero todos seremos transformados, en un momento, en un abrir y cerrar de ojos, a la final trompeta; porque se tocará la trompeta, y los muertos serán resucitados incorruptibles, y nosotros seremos transformados. Porque es necesario que esto corruptible se vista de incorrupción, y esto mortal se vista de inmortalidad. Y cuando esto corruptible se haya vestido de incorrupción, y esto mortal se haya vestido de inmortalidad, entonces se cumplirá la palabra que está escrita: Sorbida es la muerte en victoria" (1 Co. 15:50-54).

"Mas nuestra ciudadanía está en los cielos, de donde también esperamos al Salvador, al Señor Jesucristo; el cual transformará el cuerpo de la humillación nuestra, para que sea semejante al cuerpo de la gloria suya, por el poder con el cual puede también sujetar a sí mismo todas las cosas" (Fil. 3:20-21).

- Es la esperanza del regreso del Señor y de estar con el Señor mismo para siempre.

"Enseñándonos que, renunciando a la impiedad y a los deseos mundanos, vivamos en este siglo sobria, justa y piadosamente, aguardando la esperanza bienaventurada y la manifestación gloriosa de nuestro gran Dios y Salvador Jesucristo" (Tit. 2:12-13).

"En la casa de mi Padre muchas moradas hay; si así no fuera, yo os lo hubiera dicho; voy, pues, a preparar lugar para vosotros. Y si me fuere y os preparare lugar, vendré otra vez, y os tomaré a mí mismo, para que donde yo estoy, vosotros también estéis" (Jn. 14:2-3).

"Porque el Señor mismo con voz de mando, con voz de arcángel, y con trompeta de Dios, descenderá del cielo; y los muertos en Cristo resucitarán primero. Luego nosotros los que vivimos, los que hayamos quedado, seremos arrebatados juntamente con ellos en las nubes para recibir al Señor en el aire, y así estaremos siempre con el Señor" (1 Ts. 4:16-17).

- Es la esperanza de ingresar al velo del cielo y de vivir allí por siempre.

"Para que por dos cosas inmutables, en las cuales es imposible que Dios mienta, tengamos un fortísimo consuelo los que hemos acudido para asirnos de la esperanza puesta delante de nosotros. La cual tenemos como segura y firme ancla del alma, y que penetra hasta dentro del velo, donde Jesús entró por nosotros como precursor, hecho sumo sacerdote para siempre según el orden de Melquisedec" (He. 6:18-20).

- Es el glorioso legado que recibiremos de Dios como hijos e hijas Suyos.

"Bendito el Dios y Padre de nuestro Señor Jesucristo, que según su grande misericordia nos hizo renacer para una esperanza viva, por la resurrección de Jesucristo de los muertos" (1 P. 1:3).

"El Espíritu mismo da testimonio a nuestro espíritu, de que somos hijos de Dios. Y si hijos, también herederos; herederos de Dios y coherederos con Cristo, si es que padecemos juntamente con él, para que juntamente con él seamos glorificados" (Ro. 8:16-17).

"Para que justificados por su gracia, viniésemos a ser herederos conforme a la esperanza de la vida eterna" (Tit. 3:7).

[4] (1:5-8) ***Palabra de Dios, evangelio:*** La esperanza del creyente tiene una gran fuente: El evangelio, esto es, la Palabra de Dios. Advierta que tanto "la Palabra" como "el evangelio" se mencionan en el versículo 5. Es la Palabra de Dios la que revela la gran esperanza para el hombre. El hombre no puede hallar esperanza –no una esperanza permanente o eterna, no una esperanza que dure para siempre– en ningún otra parte. La única esperanza duradera ofrecida al hombre se encuentra en la Palabra de Dios, en el glorioso mensaje de su evangelio (buenas nuevas). Advierta lo que se dice sobre la Palabra de Dios o el evangelio en estos cuatro versículos. (Estos versículos proporcionan un estudio excelente del evangelio o de la Palabra de Dios.)

1. El evangelio o la Palabra son ciertos. No son falsos, no son falsas enseñanzas. Ni tampoco se trata de un deseo o de adivinar si su mensaje es cierto. El evangelio es la verdad de Dios, la misma Palabra y promesa de la Majestad Soberana del universo. Esto significa algo maravilloso: La esperanza ofrecida al hombre es verdad. No es un deseo o una adivinanza de que pueda o no ser cierta. La esperanza prometida en el evangelio es la propia verdad de Dios mismo.

"Santifícalos en tu verdad; tu palabra es verdad" (Jn. 17:17).

"Toda la Escritura es inspirada por Dios, y útil para enseñar, para redargüir, para corregir, para instruir en justicia" (2 Ti. 3:16).

2. El evangelio o Palabra es para los individuos. Pablo dice que ha venido a *vosotros*. Se está dirigiendo a todos los creyentes juntos, pero está diciendo que el evangelio es *para cada uno de ellos,* para cada individuo. Es el individuo el que debe responder al evangelio, nadie puede responder por él. La esperanza que está en el cielo es para el individuo, y el individuo debe dar su corazón y su vida para perseguir esa esperanza.

"Os digo que todo aquel que me confesare delante de los hombres, también el Hijo del Hombre le confesará delante de los ángeles de Dios; mas el que me negare delante de los hombres, será negado delante de los ángeles de Dios" (Lc. 12:8-9).

"Mas el que bebiere del agua que yo le daré, no tendrá sed jamás; sino que el agua que yo le daré será en él una fuente de agua que salte para vida eterna" (Jn. 4:14).

"De éste dan testimonio todos los profetas, que todos los que en él creyeren, recibirán perdón de pecados por su nombre" (Hch. 10:43).

"Porque todo aquel que invocare el nombre del Señor, será salvo" (Ro. 10:13).

"Todo aquel que cree que Jesús es el Cristo, es nacido de Dios; y todo aquel que ama al que engendró, ama también al que ha sido engendrado por él" (1 Jn. 5:1).

"Y el Espíritu y la Esposa dicen: Ven. Y el que oye, diga: Ven. Y el que tiene sed, venga; y el que quiera, tome del agua de la vida gratuitamente" (Ap. 22:17).

3. El evangelio o la Palabra es para el mundo, es tanto universal como individual. El evangelio no es...

- para un grupo de gente en particular
- para una nación o nacionalidad en particular
- para una religión o denominación en particular
- para una iglesia en particular
- para una clase social en particular
- para una inteligencia en particular

El evangelio no debe ser limitado en ningún sentido de la palabra: debe ser proclamado a todo el mundo. La esperanza ofrecida por Dios es para todos los seres humanos que viven y siempre vivirán en la tierra. No debe haber discriminación o parcialidad o favoritismo para nadie.

"Entonces Pedro, abriendo la boca, dijo: En verdad comprendo que Dios no hace acepción de personas" (Hch. 10:34).

"Y les dijo: Id por todo el mundo y predicad el evangelio a toda criatura" (Mr. 16:15).

"Y que se predicase en su nombre el arrepentimiento y el perdón de pecados en todas las naciones, comenzando desde Jerusalén" (Lc. 24:47).

"Pero recibiréis poder, cuando haya venido sobre vosotros el Espíritu Santo, y me seréis testigos en Jerusalén, en toda Judea, en Samaria, y hasta lo último de la tierra" (Hch. 1:8).

4. El evangelio o Palabra da frutos. Dio frutos en los colosenses y los dará dentro de cada persona que entregue su vida al evangelio. ¿Qué frutos?

□ Está el fruto del Espíritu.

"Mas el fruto del Espíritu es amor, gozo, paz, paciencia, benignidad, bondad, fe, mansedumbre, templanza; contra tales cosas no hay ley" (Gá. 5:22-23).

□ Está el fruto de la conversión, de alcanzar a otros para Cristo.

"Pero no quiero, hermanos, que ignoréis que muchas veces me he propuesto ir a vosotros (pero hasta ahora he sido estorbado), para tener también entre vosotros algún fruto, como entre los demás gentiles" (Ro. 1:13).

□ Está el fruto de la santificación, esto es, de la pureza y de la vida limpia.

"Todo pámpano que en mí no lleva fruto, lo quitará; y todo aquel que lleva fruto, lo limpiará, para que lleve más fruto. Ya vosotros estáis limpios por la palabra que os he hablado" (Jn. 15:2-3).

La gran esperanza del evangelio es exactamente lo que se ha mencionado: Una vida de amor, regocijo y paz; una vida que obra para cambiar a la sociedad transformando a los individuos, una vida que busca la pureza de la santificación en Cristo. Es solamente el evangelio el que ofrece la esperanza de esa vida al hombre.

5. El evangelio o la Palabra proviene de escuchar. Es simplemente sentido común, sin embargo rara vez se piensa en ello. Los hombres podrán sentarse debajo del evangelio y nunca escucharlo. Sin embargo, ninguna persona podrá escuchar jamás al evangelio si no abre sus oídos y recibe voluntariamente el mensaje. El poder del oído está en manos del hombre: él puede abrir o cerrar sus oídos. La decisión es suya. Pero advierta que el evangelio, el mensaje de la esperanza gloriosa ofrecida al hombre, proviene solamente de escuchar la Palabra de Dios.

"Así que la fe es por el oír, y el oír, por la palabra de Dios" (Ro. 10:17).

6. El evangelio o la Palabra es el mensaje de la gracia de Dios. No existe mensaje más grande que el evangelio de Dios. La gracia de Dios es la gran esperanza que se le ofrece al hombre: los grandes dones y bendiciones que Él extiende sobre los hombres. Pero advierta que la esperanza y las bendiciones son ofrecidas y extendidas a los hombres, no forzadas para que ellos tengan que recibirlas. Está en los hombres el recibir la esperanza y las bendiciones de Dios. La gracia de Dios está disponible, pero su gracia tiene que ser recibida. (Véanse notas *Gracia,* Gá. 1:3; Ef. 2:8-10; 2:8-9 para una mayor discusión al respecto.)

"Antes creemos que por la gracia del Señor Jesús seremos salvos, de igual modo que ellos"(Hch. 15:11).

"Porque la gracia de Dios se ha manifestado para salvación a todos los hombres, enseñándonos que, renunciando a la impiedad y a los deseos mundanos, vivamos en este siglo sobria, justa y piadosamente" (Tit. 2:11-12).

7. El evangelio o la Palabra es dado a conocer por los hombres. Los colosenses recibieron la esperanza del evangelio de su ministro Epafras. Dios no ha encargado el evangelio a los ángeles, sino a los hombres. Él ha elegido al hombre y debe ser el hombre quien dé a conocer su Palabra.

"No me elegisteis vosotros a mí, sino que yo os elegí a vosotros, y os he puesto para que vayáis y llevéis fruto, y vuestro fruto permanezca; para que todo lo que pidiereis al Padre en mi nombre, él os lo dé"(Jn. 15:16).

"Así, pues, ténganos los hombres por servidores de Cristo, y administradores de los misterios de Dios. Ahora bien, se requiere de los administradores, que cada uno sea hallado fiel" (1 Co. 4:1-2).

"De la cual fui hecho ministro, según la administración de Dios que me fue dada para con vosotros, para que anuncie cumplidamente la palabra de Dios" (Col. 1:25).

"El cual quiere que todos los hombres sean salvos y vengan al conocimiento de la verdad" (1 Ti. 2:4).

"Según el glorioso evangelio del Dios bendito, que a mí me ha sido encomendado. Doy gracias al que me fortaleció, a Cristo Jesús nuestro Señor, porque me tuvo por fiel, poniéndome en el ministerio" (1 Ti. 1:11-12).

"En la esperanza de la vida eterna, la cual Dios, que no miente, prometió desde antes del principio de los

siglos, y a su debido tiempo manifestó su palabra por medio de la predicación que me fue encomendada por mandato de Dios nuestro Salvador" (Tit. 1:2-3).

8. El evangelio o Palabra resulta en amor. Los creyentes colosenses eran verdaderos creyentes, se llenaron de amor en el *Espíritu de Dios.* Brindaron sus corazones a la esperanza del evangelio. Por lo tanto, el amor de Cristo fue generado en sus corazones por el Espíritu Santo.

"Y la esperanza no avergüenza; porque el amor de Dios ha sido derramado en nuestros corazones por el Espíritu Santo que nos fue dado"(Ro. 5:5).

"Mas el fruto del Espíritu es amor, gozo, paz, paciencia, benignidad, bondad, fe" (Gá. 5:22).

	C. Las grandes peticiones de oración, 1:9-11	digno del Señor, agradándole en todo, llevando fruto en toda buena obra, y creciendo en el conocimiento de Dios;	a. Siendo fructífero en buenas obras b. Incrementando el conocimiento de Dios
1 Petición 1: Conocer la voluntad de Dios, estar lleno del conocimiento de la voluntad de Dios a. En toda sabiduría b. En todo entendimiento espiritual **2 Petición 2: Caminar digno de Cristo**	9 Por lo cual también nosotros, desde el día que lo oímos, no cesamos de orar por vosotros, y de pedir que seáis llenos del conocimiento de su voluntad en toda sabiduría e inteligencia espiritual, 10 para que andéis como es	11 fortalecidos con todo poder, conforme a la potencia de su gloria, para toda paciencia y longanimidad;	**3 Petición 3: Poseer el poder de Dios** a. Hacernos firmes b. Hacernos pacientes c. El espíritu de longanimidad

DIVISIÓN I

LOS CIMIENTOS DE LA VIDA DEL CREYENTE, 1:1-11

C. Las grandes peticiones de oración, 1:9-11

(1:9-11) ***Introducción:*** Pablo estaba en prisión en Roma al escribir a los creyentes colosenses. En algún momento fue visitado por Epafras, el pastor de la gran iglesia colosense. Al parecer, Epafras había sentido la necesidad de algún consejo y de algunas palabras sobre cómo manejar la falsa enseñanza que se había filtrado en la iglesia. Pablo, el apóstol elegido por Dios para los gentiles, era la persona lógica para ir por consejo. Este es el propósito de la carta a los colosenses: Alentar a la iglesia y a los creyentes para quitarse de encima la falsa enseñanza y continuar con Cristo.

Recuerde que Pablo nunca había visitado la iglesia colosense. Los creyentes nunca lo habían visto cara a cara, y él estaba imposibilitado de visitarlos porque estaba en prisión. Ellos lo necesitaban, porque la falsa enseñanza era sumamente peligrosa y el mismo ministerio de la iglesia se veía amenazado. Estando en prisión e imposibilitado de llegar hacia ellos, ¿qué podía hacer? Solo dos cosas:

- Podía escribirles y darles a conocer la Palabra de Dios en una carta.
- Podía orar por ellos.

Pablo hizo ambas cosas. Este pasaje trata sobre su oración: lo que le pidió a Dios que hiciera por los creyentes colosenses. Pidió tres cosas, hizo tres grandes peticiones. Las tres peticiones son necesarias para cada iglesia y todos los creyentes, en particular las que enfrentan la falsa enseñanza. Advierta cómo estas tres peticiones conducen a una experiencia más profunda con el Señor, a un camino mucho más fuerte que el que experimenta la mayoría de los creyentes. Todo creyente debe acaparar estas tres cosas y hacerlo en forma diligente.

1. Petición 1: Conocer la voluntad de Dios, estar lleno del conocimiento de la voluntad de Dios (v. 9).
2. Petición 2: Caminar digno de Cristo (v. 10).
3. Petición 3: Poseer el poder de Dios (v. 11).

[1] (1:9) ***Dios, Voluntad de, Sabiduría, Entendimiento:*** La primera gran petición es conocer la voluntad de Dios. Pero advierta exactamente lo que dicen las Escrituras: Debemos estar llenos del conocimiento de la voluntad de Dios. No basta con conocer la voluntad de Dios, debemos estar *llenos* con el conocimiento de su voluntad. La voluntad de Dios debe permear nuestro ser. Nada debe fluir a través de nosotros ni fuera de nosotros que no sea la voluntad de Dios. Pero advierta: De lo que se está hablando no es de la voluntad de Dios para una cosa en particular ni para unas pocas cosas. De lo que se está hablando es de *todo el alcance de la vida.* La voluntad de Dios involucra *toda la vida,* todo lo que hacemos a cada momento de cada día. La voluntad de Dios involucra lo que hacemos, decimos y hasta pensamos. Dicho en términos simples, debemos vivir, movernos y estar por completo en la voluntad de Dios. Él ha deseado una vida que quiere que nosotros vivamos. Debemos aprender acerca de esa vida y ser llenos del conocimiento de esa vida.

- En breves palabras, la voluntad de Dios para con nosotros involucra nuestro propio comportamiento y conducta, aun llega a las profundidades de la imaginación y el pensamiento. ¡Imagine! Hasta cada pensamiento siendo controlado por la voluntad de Dios.

> **"Derribando argumentos y toda altivez que se levanta contra el conocimiento de Dios, y llevando cautivo todo pensamiento a la obediencia a Cristo" (2 Co. 10:5).**

La cuestión es esta: Dios nos dice cómo vivir la vida y lo que nos dice es su voluntad. Por lo tanto, debemos estudiar lo que Dios ha dicho. Debemos estudiar la Palabra de Dios: Aprender y obtener todo el conocimiento que podamos acerca de su voluntad, sobre cómo vivir. Debemos estudiar y aprender hasta que el conocimiento de su voluntad inunde nuestras vidas, las inunde hasta un grado que hacer su voluntad fluye en nuestra conducta y comportamiento.

> **"Venga tu reino. Hágase tu voluntad, como en el cielo, así también en la tierra" (Mt. 6:10).**
>
> **"Jesús les dijo: Mi comida es que haga la voluntad del que me envió, y que acabe su obra" (Jn. 4:34).**
>
> **"Así que, hermanos, os ruego por las misericordias de Dios, que presentéis vuestros cuerpos en sacrificio vivo, santo, agradable a Dios, que es vuestro culto racional. No os conforméis a este siglo, sino transformaos por medio de la renovación de vuestro entendimiento, para que comprobéis cuál sea la buena voluntad de Dios, agradable y perfecta" (Ro. 12:1-2).**

"Y el mundo pasa, y sus deseos; pero el que hace la voluntad de Dios permanece para siempre" (1 Jn. 2:17).

"Enséñame a hacer tu voluntad, porque tú eres mi Dios; tu buen espíritu me guíe a tierra de rectitud" (Sal. 143:10).

Advierta algo maravilloso: Conocer la voluntad de Dios involucra tanto sabiduría como entendimiento. La persona que está llena de la voluntad de Dios posee sabiduría y entendimiento, sabiduría espiritual y entendimiento espiritual.

- "Sabiduría" (sophiai) significa que una persona conoce los principios básicos o principales de la vida.
- "Entendimiento" (sunesei) significa que una persona tiene la capacidad de aplicar los principios de la vida cotidiana a las circunstancias y decisiones de la vida.

El creyente necesita tanto sabiduría como entendimiento. Debe aprender todos los principios básicos de la vida, y debe aprender a aplicarlos a la vida cotidiana. ¿Pero cómo? ¿Cómo puede asegurarse la sabiduría y el entendimiento?

- Estudiando la Palabra de Dios.

"Pero éstas se han escrito para que creáis que Jesús es el Cristo, el Hijo de Dios, y para que creyendo, tengáis vida en su nombre" (Jn. 20:31).

"Y ahora, hermanos, os encomiendo a Dios, y a la palabra de su gracia, que tiene poder para sobreedificaros y daros herencia con todos los santificados" (Hch. 20:32).

"Porque las cosas que se escribieron antes, para nuestra enseñanza se escribieron, a fin de que por la paciencia y la consolación de las Escrituras, tengamos esperanza" (Ro. 15:4).

"Y estas cosas les acontecieron como ejemplo, y están escritas para amonestarnos a nosotros, a quienes han alcanzado los fines de los siglos" (1 Co. 10:11).

"Toda la Escritura es inspirada por Dios, y útil para enseñar, para redargüir, para corregir, para instruir en justicia" (2 Ti. 3:16).

"Habiendo purificado vuestras almas por la obediencia a *la verdad,* mediante el Espíritu, para el amor fraternal no fingido, amaos unos a otros entrañablemente, de corazón puro" (1 P. 1:22).

"Desead, como niños recién nacidos, la leche espiritual no adulterada, para que por ella crezcáis para salvación" (1 P. 2:2).

"Hijo mío, si recibieres mis palabras, y mis mandamientos guardares dentro de ti, haciendo estar atento tu oído a la sabiduría; si inclinares tu corazón a la prudencia" (Pr. 2:1-2).

- Por medio de la oración, pedir ser lleno del conocimiento de la voluntad de Dios.

"Para que el Dios de nuestro Señor Jesucristo, el Padre de gloria, os dé espíritu de sabiduría y de revelación en el conocimiento de él" (Ef. 1:17).

"Y si alguno de vosotros tiene falta de sabiduría, pídala a Dios, el cual da a todos abundantemente y sin reproche, y le será dada" (Stg. 1:5).

Pensamiento 1: Piense sobre las vidas frívolas que mucha gente vive. Piense sobre la poca cantidad de personas que conocen a fondo la voluntad de Dios. Compare este trágico hecho con la clase de vida que Dios desea que el hombre viva. ¿Es alguna maravilla...

- que muchos hayan sido engañados por falsas enseñanzas?
- que una gran parte de nuestro ministerio sea superficial y formal?

2 (1:10) ***Creyente, Camino:*** La segunda gran petición es caminar digno de Cristo. Este es el punto crítico para el creyente. Es el punto que debe orarse y enseñarse una y otra vez. De hecho, debe machacarse en las mentes y corazones de los creyentes:

- No basta con *conocer* la voluntad de Dios.
- No basta con *poseer sabiduría:* Poseer los principios básicos de la vida.
- Ni siquiera basta con *poseer* entendimiento: Tener la capacidad de aplicar los principios básicos de la vida a la vida cotidiana.

Conocer algo y tener la capacidad para hacer algo son cosas muy importante, pero solo involucran conocimiento intelectual. La cuestión crítica radica en poner en práctica lo que sabemos. Debemos vivir la voluntad de Dios, debemos practicar y hacer la voluntad de Dios. Conocer la voluntad de Dios no tiene valor hasta que hayamos comprometido nuestras vidas a hacerla.

- La palabra "caminar" (peripatesai) significa que *establecemos* nuestras vidas –nuestro comportamiento y conducta– en semejanza a Cristo.
- La palabra "digno" (axios) significa tener el peso o pesar tanto como otra cosa (Wuest, *Ephesians and Colossians* [Efesios y Colosenses], vol. 1, p. 176).

Esto significa algo asombroso: Nuestro camino debe pesar tanto como el camino de Cristo. Nuestra conducta debe asemejarse a la voluntad de Dios tanto como a la conducta de Cristo. Debemos vivir una vida tan digna como la vida de Cristo. La voluntad de Dios es controlar nuestro comportamiento tanto como se hizo con el comportamiento de Cristo.

- Cristo es el modelo, y nosotros somos la copia. La copia debe ser igual al modelo (Wuest).

¿Cómo es posible tal camino? Hay una sola forma. Debemos estar comprometidos por completo a dos cosas.

1. Debemos ser fructíferos en toda buena obra, es decir, debemos hacer toda buena obra. Advierta la palabra "toda". Se debe hacer todo lo que dice Dios. Tratar con Dios es como tratar con cualquier otro. Ninguna persona se siente complacida cuando solo hacemos la mitad de lo que ella dice. Para complacer a cualquier persona debemos hacer todo lo que ella dice. ¡Y cuánto más respecto de Dios! Si vamos a complacerlo, debemos hacer toda buena obra y debemos hacerlo en forma fructífera, dando tantos frutos como sea posible.

"Así alumbre vuestra luz delante de los hombres, para que vean vuestras buenas obras, y glorifiquen a vuestro Padre que está en los cielos" (Mt. 5:16).

"Que hagan bien, que sean ricos en buenas obras, dadivosos, generosos" (1 Ti. 6:18).

"Presentándote tú en todo como ejemplo de buenas obras; en la enseñanza mostrando integridad, seriedad" (Tit. 2:7).

"Y considerémonos unos a otros para estimularnos al amor y a las buenas obras" (He. 10:24).

"Así también la fe, si no tiene obras, es muerta en sí misma. Pero alguno dirá: Tú tienes fe, y yo tengo obras. Muéstrame tu fe sin tus obras, y yo te mostraré mi fe por mis obras" (Stg. 2:17-18).

"Manteniendo buena vuestra manera de vivir entre los gentiles; para que en lo que murmuran de vosotros como de malhechores, glorifiquen a Dios en el día de la visitación, al considerar vuestras buenas obras" (1 P. 2:12).

2. Debemos crecer en el conocimiento de Dios. Advierta una pregunta crítica: ¿Cómo llegamos a conocer a Dios, cómo obtenemos una relación y un conocimiento personal con Dios?

- No conocemos a Dios simplemente porque conocemos acerca de Dios. El hecho de conocer solamente la Palabra de Dios no significa que conozcamos a Dios mismo, no en una forma personal e íntima.

Advierta exactamente lo que dice el versículo: "para que andéis como es digno del Señor... creciendo en el conocimiento de Dios". La forma en que llegamos a conocer a Dios es la misma en la que llegamos a conocer a cualquier persona. Andamos con ellos: Nos relacionamos, tenemos comunión y participamos junto con ellos. Lo mismo sucede con Dios, y cuanto más caminemos con Él, más incrementaremos nuestro conocimiento sobre Él.

"Porque somos sepultados juntamente con él para muerte por el bautismo, a fin de que como Cristo resucitó de los muertos por la gloria del Padre, así también nosotros andemos en vida nueva" (Ro. 6:4).

"Porque por fe andamos, no por vista" (2 Co. 5:7).

"Digo, pues: Andad en el Espíritu, y no satisfagáis los deseos de la carne" (Gá. 5:16).

"Yo pues, preso en el Señor, os ruego que andéis como es digno de la vocación con que fuisteis llamados" (Ef. 4:1).

"Y andad en amor, como también Cristo nos amó, y se entregó a sí mismo por nosotros, ofrenda y sacrificio a Dios en olor fragante" (Ef. 5:2).

"Mirad, pues, con diligencia cómo andéis, no como necios sino como sabios" (Ef. 5:15).

"Pero si andamos en luz, como él está en luz, tenemos comunión unos con otros, y la sangre de Jesucristo su Hijo nos limpia de todo pecado" (1 Jn. 1:7).

3 (1:11) ***Poder:*** La tercera gran petición es por el poder de Dios. El poder de Dios es un elemento esencial para el creyente. Esto se ve fácilmente al realizar dos preguntas.

- ¿Qué hay de bueno si el creyente conoce la voluntad de Dios, pero no tiene el poder de hacer la voluntad de Dios?
- ¿Cómo puede el creyente caminar digno de Cristo si no tiene el poder de caminar dignamente?

Muchos en el mundo creen que el hombre tiene la fortaleza dentro de sí para volverse espiritualmente fuerte, que es una cuestión de voluntad y disciplina, que el hombre puede aplicarse y conquistar las circunstancias de la vida. Y, hasta cierto grado, esto es cierto. Pero la carne del hombre falla en tres áreas críticas.

- La carne no puede volverse perfecta, ni tampoco puede hacer nada acerca de la perfección. Por lo tanto, sin importar lo que haga o en qué se convierta la carne, sigue siendo inaceptable para Dios. ¿Por qué? Porque Dios es perfecto, y al ser perfecto, Dios solamente puede aceptar perfección.
- La carne no puede conquistar la muerte. Sin importar lo que haga la carne, todo termina como materia muerta. Una cosa es cierta: La muerte no tiene participación con Dios.
- La carne no puede hacer lo que dice este versículo: No puede ser paciente, resignarse ante todas las pruebas traumáticas y tentaciones de la vida y experimentar *gozo al mismo tiempo.*

Por estos tres motivos es que necesitamos el poder de Dios. El poder del hombre puede vencer algunos de los problemas de la vida, pero su poder no puede vencer todos los problemas, especialmente los tres mencionados.

- Solo el poder de Dios puede hacernos aceptables (perfectos) ante Él.
- Solo el poder de Dios puede conquistar la muerte, es decir, resucitarnos para vivir eternamente.
- Solo el poder de Dios puede infundir la suficiente fortaleza en nosotros para que podamos soportar una y todas las pruebas con un espíritu de gozo.

Imagine algunas de las pruebas que debemos enfrentar: enfermedades, accidentes, pobreza, pérdidas, muerte. No hay forma en que la carne *tenga un espíritu gozoso* al atravesar algunos de los traumas de la vida. Pero Dios tiene el poder, el poder...

- De darnos entendimiento y paz
- De fortalecernos y calmarnos
- De darnos esperanza y seguridad

¿De dónde proviene dicho poder? De Dios. Y nosotros aseguramos su poder a través de la oración. Este es el punto de esta gran petición de Pablo. Ahora, advierta los resultados del poder de Dios.

1. El poder de Dios nos da un espíritu de paciencia (hupomonen): entereza, ánimo, constancia, perseverancia. La palabra *paciencia* no es pasiva, es activa. No es el espíritu que se resigna y soporta las pruebas de la vida, tomando lo que viene. En cambio, es el espíritu que se pone de pie y enfrenta las pruebas de la vida, que activamente va a conquistarlas y vencerlas. Cuando las pruebas enfrentan a un hombre que está verdaderamente justificado, él se siente motivado para ponerse de pie y enfrentar las pruebas. De inmediato sale a conquistarlas y vencerlas. Sabe que Dios está permitiendo las pruebas a fin de enseñarle cada vez a tener más paciencia.

"Con vuestra paciencia ganaréis vuestras almas" (Lc. 21:19).

"Gozosos en la esperanza; sufridos en la tribulación; constantes en la oración" (Ro. 12:12).

"Porque os es necesaria la paciencia, para que habiendo hecho la voluntad de Dios, obtengáis la promesa" (He. 10:36).

"Hermanos míos, tened por sumo gozo cuando os halléis en diversas pruebas, sabiendo que la prueba de vuestra fe produce paciencia. Mas tenga la paciencia su obra completa, para que seáis perfectos y cabales, sin que os falte cosa alguna" (Stg. 1:2-4).

> **"Por tanto, hermanos, tened paciencia hasta la venida del Señor. Mirad cómo el labrador espera el precioso fruto de la tierra, aguardando con paciencia hasta que reciba la lluvia temprana y la tardía" (Stg. 5:7).**

2. El poder de Dios nos da un espíritu de paciencia (véase nota, *Paciencia,* punto 4, Gá. 5:22-23 para una mayor discusión al respecto).
3. El poder de Dios nos da un espíritu de alegría a través de todas las pruebas y tribulaciones de la vida (véase nota, *Gozo,* Fil. 1:4 para mayor discusión al respecto).

	II. EL CRISTO PREEMINENTE: EL AMADO HIJO DE DIOS, 1:12-23 **A. Dios y el hombre: Lo que Dios ha hecho por el hombre, 1:12-14**	participar de la herencia de los santos en luz;	
		13 el cual nos ha librado de la potestad de las tinieblas, y trasladado al reino de su amado Hijo,	**2 Dios nos ha librado del poder de las tinieblas**
		14 en quien tenemos redención por su sangre, el perdón de pecados.	**3 Dios nos ha redimido, ha perdonado nuestros pecados**
1 Dios nos ha dado una herencia	12 con gozo dando gracias al Padre que nos hizo aptos para		

DIVISIÓN II

EL CRISTO PREEMINENTE: EL AMADO HIJO DE DIOS, 1:12-23

A. Dios y el hombre: Lo que Dios ha hecho por el hombre, 1:12-14

(1:12-23) *BOSQUEJO DE LA DIVISIÓN: Jesucristo, persona y obras:* Este es uno de los más grandes pasajes de las Escrituras que jamás haya sido escrito. Su importancia no puede enfatizarse más. Es un pasaje que revela la supremacía del Señor Jesucristo. Él es supremo, por sobre todo en su persona y en su obra. Quién Él es y lo que ha hecho por el hombre nunca podrá compararse con nada. Este es el propósito de este gran pasaje, un pasaje que abarca tanto en doce versículos breves: Demostrarle al mundo quién es Jesucristo y lo que Él ha hecho.

Griffith Thomas dice "[Este] constituye uno de los documentos más importantes del Nuevo Testamento para el estudio de la cristología" (*Studies in Colossians and Philemon,* [Estudios sobre Colosenses y Filemón], Grand Rapids, MI: Baker, 1973, p. 45).

Bishop W. R. Nicholson es citado por Griffith Thomas diciendo: "[Este] es un enunciado cristológico [que] casi no tiene igual, y por cierto nada superior" *(Studies in Colossians and Philemon).*

William Barclay dice: "Este es un pasaje de... tal importancia que debemos dedicarle un tiempo considerable" (*The Letters to the Philippians, Colossians and Thessalonians* [Las cartas a los filipenses, colosenses y tesalonicenses], p. 135). Luego prosigue escribiendo unas diecisiete páginas sobre los doce versículos.

A. T. Robertson dice: "[Esta es una] maravillosa imagen de la persona y obra de Cristo... una respuesta total y final a la... [falsa enseñanza] sobre Jesucristo por parte de la filosofía especulativa y todos los esfuerzos modernos [por dar] una imagen 'reducida' de Cristo" (*Word Pictures in the New Testament,* [Imágenes de palabras en el Nuevo Testamento], vol. 4, p. 477).

Matthew Henry dice firmemente: "Este es un resumen... del evangelio respecto de la gran obra de nuestra redención por parte de Cristo" (*Matthew Henry's Commentaries* [Comentarios de Matthew Henry], vol. 5, p. 752).

El Cristo preeminente: El amado Hijo de Dios, 1:12-23

A. Dios y el hombre: Lo que Dios ha hecho por el hombre, 1:12-14
B. Dios y Cristo (Parte 1): La persona de Cristo, 1:15
C. Dios y Cristo (Parte 2): Cristo el Creador, 1:16-17
D. Dios y Cristo (Parte 3): Cristo la Cabeza de la iglesia, 1:18-19
E. Dios y Cristo (Parte 4): Cristo el Reconciliador de todas las cosas, 1:20-23

Advierta otra cosa respecto de este pasaje. Está insertado en medio de la alabanza y la acción de gracias, no en un sermón (Matthew Henry. *Matthew Henry's Commentary* [Comentario de Matthew Henry], vol. 5, p. 752).

(1:12-14) ***Introducción:*** Dios ha hecho tres grandes cosas por el hombre, cosas que son tan grandes que van más allá de la imaginación del hombre. Si nos concentramos diligentemente en esas cosas, la profundidad de lo que hace Dios surgirá en nuestras vidas para siempre. Nunca seremos los mismos. ¿Qué ha hecho Dios por el hombre?

1. Dios nos ha dado una herencia (v. 12).
2. Dios nos ha librado del poder de las tinieblas (v. 13).
3. Dios nos ha redimido, ha perdonado nuestros pecados (v. 14).

[1] (1:12) ***Herencia:*** Dios nos ha dado una herencia. Antes de proseguir tratando el tema de la herencia, advierta otros dos puntos.

1. Debemos estar *preparados,* es decir, ser calificados y adecuados antes de poder recibir la herencia. El hombre no está calificado para recibir nada de Dios, en particular una herencia: no en su estado presente pecaminoso y corruptible. Para que alguna vez reciba una herencia de Dios, primero tiene que ser aceptable ante Dios. Advierta: Esto es exactamente lo que dicen las Escrituras: Dios nos ha hecho aceptables. Todavía no dice para qué nos hizo aptos, simplemente declara que Dios nos hizo aptos para recibir una herencia de Él. (lo que Él hizo para hacernos calificados se tratará en los versículos 13 y 14).

2. Compartimos la herencia con todos los demás santos en luz. Recuerde que santos (hagios) significa aquellos que han apartado su vida para vivir para Dios (véase nota, punto 2, Col. 1:2). Dios es Luz; por lo tanto, cuando una persona se vuelve hacia Dios, está volviendo su vida a la Luz. Debe vivir, moverse y estar en luz, esto es, en Dios. Debe andar en la *luz de Dios mismo,* tanto que él, el creyente, se le llama la luz del mundo. Esto es lo que quiere decirse por "santos en luz". Son personas que han comprometido su vida para andar en la luz de Dios. Por lo tanto, son santos, personas separadas en la luz de Dios.

La cuestión es esta: Todo santo que vive y se mueve en la luz de Dios recibirá la herencia de Dios. Pero advierta que puesto que Dios es luz, solo los *apartados en luz* pueden vivir con Dios. Toda persona que aparta su vida *en las tinieblas* nunca recibirá la herencia de Dios, puesto que las tinieblas nunca pueden vivir en la luz. La Luz destruye y elimina las tinieblas.

3. Dios le ha dado una herencia a los creyentes. ¿Cuál es la herencia? Las Escrituras describen la herencia de las siguientes formas.

a. Somos herederos de vida eterna.

"Para que justificados por su gracia, viniésemos a ser herederos conforme a la esperanza de la vida eterna" (Tit. 3:7).

b. Somos herederos de la salvación.

"¿No son todos espíritus ministradores, enviados para servicio a favor de los que serán herederos de la salvación?" (He. 1:14).

c. Somos herederos de las promesas hechas a Abraham, es decir, las promesas de heredar el mundo y de ser ciudadanos de una gran nación.

"Y si vosotros sois de Cristo, ciertamente linaje de Abraham sois, y herederos según la promesa" (Gá. 3:29. Ver nota, Ro. 4:13).

"Porque no por la ley fue dada a Abraham o a su descendencia la promesa de que sería heredero del mundo, sino por la justicia de la fe" (Ro. 4:13).

d. Somos herederos de la gloria.

"Y si hijos, también herederos; herederos de Dios y coherederos con Cristo, si es que padecemos juntamente con él, para que juntamente con él seamos glorificados" (Ro. 8:17).

e. Somos herederos de la justicia.

"Por la fe Noé, cuando fue advertido por Dios acerca de cosas que aún no se veían, con temor preparó el arca en que su casa se salvase; y por esa fe condenó al mundo, y fue hecho heredero de la justicia que viene por la fe" (He. 11:7).

f. Somos herederos de la gracia de la vida.

"Vosotros, maridos, igualmente, vivid con ellas sabiamente, dando honor a la mujer como a vaso más frágil, y como a coherederas de la gracia de la vida, para que vuestras oraciones no tengan estorbo" (1 P. 3:7).

g. Somos herederos del favor muy especial de Dios, herederos que motivarán la alabanza de su gloria.

"En él asimismo tuvimos herencia, habiendo sido predestinados conforme al propósito del que hace todas las cosas según el designio de su voluntad, a fin de que seamos para alabanza de su gloria, nosotros los que primeramente esperábamos en Cristo" (Ef. 1:11-12).

"[El Espíritu Santo] Que es las arras de nuestra herencia hasta la redención de la posesión adquirida, *para alabanza de su gloria*" (Ef. 1:14).

h. Somos herederos de la recompensa, de la herencia y de todo lo que ésta incluye.

"Con gozo dando gracias al Padre que nos hizo aptos para participar de la herencia de los santos en luz" (Col. 1:12).

"Sabiendo que del Señor recibiréis la recompensa de la herencia, porque a Cristo el Señor servís" (Col. 3:24).

i. Somos herederos de la herencia eterna.

"Así que, por eso es mediador de un nuevo pacto, para que interviniendo muerte para la remisión de las transgresiones que había bajo el primer pacto, los llamados reciban la promesa de la herencia eterna" (He. 9:15).

j. Somos herederos de un cuerpo inmortal y perfeccionado que se nos dará cuando Cristo regrese.

"Pero esto digo, hermanos: que la carne y la sangre no pueden heredar el reino de Dios, ni la corrupción hereda la incorrupción. He aquí, os digo un misterio: No todos dormiremos; pero todos seremos transformados, en un momento, en un abrir y cerrar de ojos, a la final trompeta; porque se tocará la trompeta, y los muertos serán resucitados incorruptibles, y nosotros seremos transformados. Porque es necesario que esto corruptible se vista de incorrupción, y esto mortal se vista de inmortalidad. Y cuando esto corruptible se haya vestido de incorrupción, y esto mortal se haya vestido de inmortalidad, entonces se cumplirá la palabra que está escrita: Sorbida es la muerte en victoria" (1 Co. 15:50-54; cp. 1 P. 1:3-4).

[2] (1:13) ***Liberación, Tinieblas, Reino del cielo:*** Dios nos ha librado del poder de las tinieblas y nos ha transferido al reino de su amado Hijo.

1. Advierta dos cosas acerca del "poder de las tinieblas".

a. El "poder de las *tinieblas*" indica que hay un reino, un reinado, un mundo de tinieblas. Las tinieblas significa exactamente lo que se indica: Una persona no puede ver ni entender ni conocer. Imagine la escena: Una persona intentando caminar y tropezándose en un mundo de tinieblas. No puede ver ni entender:

- Quién es en realidad.
- De dónde viene.
- Dónde está.
- A dónde va.

Esta es la situación del hombre natural, del hombre que no ha sido librado del mundo de las tinieblas por Dios. El hombre que está en las tinieblas no sabe...

- Quién es: Por qué Dios lo creó y qué planificó Dios para el hombre.
- De dónde viene: Que su origen es Dios; que Dios lo creó.
- Dónde está: Que el mundo fue creado por Dios y que tiene un propósito eterno en el plan de Dios.
- A dónde va: Que es un ser eterno que va a vivir para siempre a la luz de la presencia de Dios o en las tinieblas lejos de la presencia de Dios.

La cuestión para tener en cuenta es que las tinieblas son un reino o un mundo en el que vive y se mueve el incrédulo. Él no sabrá nunca esas cosas, nunca conocerá la verdad de su mundo y vida ni de Dios. Anda en una vida y un mundo de tinieblas, cegado de la verdad. (Véase nota, Tinieblas, Ef. 5:8 para mayor discusión al respecto.)

b. El "*poder* de las tinieblas" también indica que las tinieblas no solo son un reino o un mundo, sino un *poder,* un poder activo que esclaviza a los hombres y se opone a la luz de Dios. *El mundo de las tinieblas* es un reino en rebelión contra Dios. Esta es la verdadera razón por la cual los hombres luchan tanto contra Dios. Resulta difícil imaginar el antagonismo de la mayoría de los hombres contra Dios y sin embargo, es verdad. Imagine cuán contradictorio es ver una *criatura racional...*

- maldiciendo a Dios
- lastimando a la gente
- negando a Dios
- dañándose a sí misma
- rechazando a Dios
- ridiculizando, persiguiendo y asesinando a los que profesan a Dios

No hay forma en que una criatura racional actuara de este modo a no ser que estuviera esclavizada por el poder de las tinieblas.

"Pero si tu ojo es maligno, todo tu cuerpo estará en tinieblas. Así que, si la luz que en ti hay es tinieblas, ¿cuántas no serán las mismas tinieblas?" (Mt. 6:23).

"En él estaba la vida, y la vida era la luz de los hombres. La luz en las tinieblas resplandece, y las tinieblas no prevalecieron contra ella" (Jn. 1:4-5).

"Y esta es la condenación: que la luz vino al mundo, y los hombres amaron más las tinieblas que la luz, porque sus obras eran malas" (Jn. 3:19).

"La noche está avanzada, y se acerca el día. Desechemos, pues, las obras de las tinieblas, y vistámonos las armas de la luz" (Ro. 13:12).

"Pero el entendimiento de ellos se embotó; porque hasta el día de hoy, cuando leen el antiguo pacto, les queda el mismo velo no descubierto, el cual por Cristo es quitado" (2 Co. 3:14).

"En los cuales el dios de este siglo cegó el entendimiento de los incrédulos, para que no les resplandezca la luz del evangelio de la gloria de Cristo, el cual es la imagen de Dios" (2 Co. 4:4).

"Teniendo el entendimiento entenebrecido, ajenos de la vida de Dios por la ignorancia que en ellos hay, por la dureza de su corazón" (Ef. 4:18).

"Pero el que aborrece a su hermano está en tinieblas, y anda en tinieblas, y no sabe a dónde va, porque las tinieblas le han cegado los ojos" (1 Jn. 2:11).

2. Advierta que es Dios mismo el que nos ha librado de las tinieblas. La palabra "librado" (erutaso) significa rescatar o arrancar de las tinieblas. Una persona perdida en la total oscuridad de las tinieblas no tiene esperanzas a no ser que alguien lo rescate. Pero advierta: No puede ser rescatado por quienes están perdidos en las mismas tinieblas como lo está él. Ninguna persona que está en este mundo de tinieblas tiene luz, sino utilizaría esa luz para salir de las tinieblas. Este es el motivo por el cual Dios tuvo que rescatar al hombre. Únicamente Él es luz, por lo tanto, solo Él pudo llegar y arrancar al hombre de las tinieblas. ¿Cómo lo hizo? La respuesta se verá en el punto siguiente.

3. Dios nos transfirió al mundo de su querido Hijo, al reino del Señor Jesucristo. Siempre debemos recordar que el reino de Cristo ya existe.

- Su gobierno y reinado ya existe en el mundo espiritual o en la dimensión espiritual del ser, es decir, en el cielo.
- Su gobierno y su reinado ya existen en los corazones y vidas de los creyentes en este mundo físico o dimensión física del ser.

El mensaje del glorioso evangelio es que Dios transfirió al creyente del poder de las tinieblas al reino de su querido Hijo. (Véase *Estudio a fondo 3, Reino del cielo,* Mt. 19:23-24 para mayor discusión al respecto.)

"Respondió Jesús y le dijo: De cierto, de cierto te digo, que el que no naciere de nuevo, no puede ver el reino de Dios" (Jn. 3:3).

"Respondió Jesús: Mi reino no es de este mundo; si mi reino fuera de este mundo, mis servidores pelearían para que yo no fuera entregado a los judíos; pero mi reino no es de aquí. Le dijo entonces Pilato: ¿Luego, eres tú rey? Respondió Jesús: Tú dices que yo soy rey. Yo para esto he nacido, y para esto he venido al mundo, para dar testimonio a la verdad. Todo aquel que es de la verdad, oye mi voz" (Jn. 18:36-37).

"Confirmando los ánimos de los discípulos, exhortándoles a que permaneciesen en la fe, y diciéndoles: Es necesario que a través de muchas tribulaciones entremos en el reino de Dios" (Hch. 14:22).

"Porque el reino de Dios no es comida ni bebida, sino justicia, paz y gozo en el Espíritu Santo" (Ro. 14:17).

"Porque preciso es que él reine hasta que haya puesto a todos sus enemigos debajo de sus pies" (1 Co. 15:25).

"Mas del Hijo dice: Tu trono, oh Dios, por el siglo del siglo; cetro de equidad es el cetro de tu reino" (He. 1:8).

"El séptimo ángel tocó la trompeta, y hubo grandes voces en el cielo, que decían: Los reinos del mundo han venido a ser de nuestro Señor y de su Cristo; y él reinará por los siglos de los siglos" (Ap. 11:15).

"Lo dilatado de su imperio y la paz no tendrán límite, sobre el trono de David y sobre su reino, disponiéndolo y confirmándolo en juicio y en justicia desde ahora y para siempre. El celo de Jehová de los ejércitos hará esto" (Is. 9:7).

"He aquí que vienen días, dice Jehová, en que levantaré a David renuevo justo, y reinará como Rey, el cual será dichoso, y hará juicio y justicia en la tierra" (Jer. 23:5).

3 (1:14) ***Redención:*** Dios nos ha redimido, ha perdonado nuestros pecados (véase nota y *Estudio a fondo 1,* Ef. 1:7 para una discusión completa sobre el tema. Ef. 1:7 y Col. 1:14 son versículos casi idénticos).

	B. Dios y Cristo (Parte 1): La persona de Cristo, 1:15
1 Jesucristo es la imagen del Dios invisible **2 Jesucristo está por encima de todas las cosas**	15 El es la imagen del Dios invisible, el primogénito de toda creación.

DIVISIÓN II

EL CRISTO PREEMINENTE: EL AMADO HIJO DE DIOS, 1:12-23

B. Dios y Cristo (Parte 1): La persona de Cristo, 1:15

(1:15) ***Introducción:*** Este pasaje de las Escrituras es uno de los pasajes más importantes jamás escritos. Realiza dos cosas muy significativas.

- Destruye la falsa enseñanza y los falsos pensamientos sobre Dios y Jesucristo.
- Revela exactamente quiénes son Dios y Jesucristo.

Este era el propósito de Pablo. La falsa enseñanza se había filtrado en la iglesia colosense, falsa enseñanza que atacaba a Jesucristo. Se llamaba gnosticismo. Este era uno de los motivos principales por el cual el pastor de la iglesia colosense (Epafras) había visitado a Pablo: Para obtener el consejo de Pablo respecto de cómo tratar con la herejía. Lo lamentable es que las enseñanzas del gnosticismo han continuado plagando a la iglesia a lo largo de los siglos, incluso hoy día. En una u otra forma siempre se utilizan enseñanzas similares para atacar a la iglesia. Debido a esto, las enseñanzas del gnosticismo y *su contraparte moderna* serán tratadas en los puntos correspondientes. La cuestión a recordar es esta: A lo largo de este pasaje Pablo está contestando la falsa enseñanza que se había filtrado en la iglesia. Y no hay mejor forma de contraatacar la falsa enseñanza que presentar la verdad. La falsa enseñanza era un ataque contra Jesucristo, tanto contra su obra como contra su persona. Por lo tanto, Pablo toma la pluma y proclama a Dios y a Cristo (Parte 1): La persona de Cristo.

1. Jesucristo es la imagen del Dios invisible (v. 15).
2. Jesucristo está por encima de todas las cosas (v. 15).

1 (1:15) ***Jesucristo, deidad, Dios, Revelación, Gnosticismo:*** Jesucristo es la imagen del Dios invisible. La palabra "imagen" (eikon) significa la imagen exacta, la persona misma de Dios.

- Significa que Jesucristo era la propia *representación de Dios: Dios en todo aspecto.* Wuest cita a Lightfoot cuando dice que "imagen" significa una marca o imagen quemada o estampada en (algo)... una reproducción precisa en todos los aspectos.
- Significa que Jesucristo fue la manifestación perfecta o revelación de Dios. Dios es invisible o no se lo ve, pero Jesucristo revela a Dios al mundo. Revela a Dios como la imagen exacta, como la perfecta representación de Dios.

El impacto de esta verdad sobre Jesucristo tiene repercusiones explosivas para el hombre. Destruya toda falsa enseñanza sobre Dios y Cristo, y revela a Dios al hombre. Le muestra al hombre quién es Dios y cómo es. Como se mencionó en la introducción, este era el verdadero propósito de Pablo. La falsa enseñanza se había filtrado en la iglesia colosense, falsa enseñanza que atacaba a quién era Jesucristo. Advierta con cuánta firmeza la verdad destruye el error.

1. El gnosticismo decía que había muchos intermediarios –muchos mediadores (emanaciones)– entre Dios y el hombre, que Jesucristo no era el único mediador.
   a. El paralelo con las falsas enseñanzas a lo largo de los siglos puede verse claramente. Han sido y siempre serán los que proclaman...
      - Que Jesucristo no es la única persona que nos puede acercar a Dios; que Él no es el único mediador entre Dios y el hombre; que hay otros mediadores e intermediarios de Dios, otros grandes maestros que son tan importantes como Jesucristo, que nos pueden contactar con Dios. (Cp. Buda, Mahoma y otros líderes de diversos cultos, y Mesías que se proclaman a sí mismos.)

   b. Sin embargo, advierta cómo la verdad destruye esta falsa enseñanza. Jesucristo, que vivió y anduvo entre los hombres, es la imagen expresa de Dios, el mismo Señor del universo. Esto significa algo muy importante: Dios no es lo que la mayoría de los hombres piensa. Él no es un Dios despreocupado y distante que está remoto en algún lugar del espacio. Él no está separado del hombre por una hueste de intermediarios, por muchos caminos diferentes para llegar a Él. Dios no está fuera de contacto con el mundo. Él no ha dificultado la posibilidad de acercarnos a Él. Está próximo, tan próximo que ha venido a la tierra y vivido como Hombre entre nosotros. Y al hacerlo, ha hecho dos cosas grandes por nosotros a través del Señor Jesucristo. En primer lugar, ha demostrado quién es y cómo es, y en segundo lugar, nos ha mostrado la forma de alcanzarlo.
   Piense por un momento sobre todo lo que Jesucristo nos demuestra sobre Dios.
   - El hecho de que Él vino al mundo nos demuestra que Él y solo Él es la persona suprema que puede llevarnos a Dios.
   - El hecho de que Él vino a la tierra nos demuestra que Dios está cerca.
   - El hecho de que Jesucristo vivió como un Hombre, ministrando y ayudando, nos demuestra que Dios se preocupa.

- El hecho de que Jesucristo murió en manos de los hombres demuestra que Dios es amor, Él se sacrificó voluntariamente. Siendo Dios no tenía por qué morir. Como dicen las Escrituras, podía haber llamado a una hueste de ángeles para que lo liberaran.
- El hecho de que Jesucristo proclamó la salvación para el hombre demuestra que Dios es un Salvador.
- El hecho de que Jesucristo proclamó el juicio para el mal y advirtió a los hombres sobre la destrucción demuestra que Dios es un Señor justo.

La lista podría seguir y seguir, pero la cuestión se ve claramente. Dios no es tan despreocupado ni está tan lejos del hombre para dejar al hombre que tropiece en la vida buscando a Dios. Dios ama y se ocupa tanto del hombre que le ha demostrado exactamente quién es y cómo es y la forma de alcanzarlo. Únicamente Jesucristo es la imagen de Dios, la persona suprema del universo. Solo Él es el Mediador entre Dios y el Hombre. Dios está tan cerca como lo está Jesucristo.

"Jesús le dijo: *Yo soy* el camino, y la verdad, y la vida; nadie viene al Padre, sino *por mí*" (Jn. 14:6).

"Porque *por medio de él* los unos y los otros tenemos entrada por un mismo Espíritu al Padre" (Ef. 2:18).

"Porque hay un solo Dios, y *un solo mediador* entre Dios y los hombres, Jesucristo hombre" (1 Ti. 2:5).

"Pero ahora tanto mejor ministerio es el suyo, cuanto es *mediador* de un mejor pacto, establecido sobre mejores promesas" (He. 8:6; cp. He. 12:24).

"Así que, por eso es *mediador* de un nuevo pacto, para que interviniendo muerte para la remisión de las transgresiones que había bajo el primer pacto, los llamados reciban la promesa de la herencia eterna" (He. 9:15).

"Porque no entró Cristo en el santuario hecho de mano, figura del verdadero, sino en el cielo mismo *para presentarse* ahora por nosotros ante Dios" (He. 9:24).

"Por el camino nuevo y vivo que *él nos abrió* a través del velo, esto es, de su carne" (He. 10:20).

"Hijitos míos, estas cosas os escribo para que no pequéis; y si alguno hubiere pecado, *abogado tenemos* para con el Padre, a Jesucristo el justo" (1 Jn. 2:1).

"A Jesús el Mediador del nuevo pacto, y a la sangre rociada que habla mejor que la de Abel" (He. 12:24).

"Por cuanto agradó al Padre que en él habitase toda plenitud" (Col. 1:19).

2. El gnosticismo decía que el cuerpo humano era malo. Esta enseñanza derivó en dos actitudes diferentes hacia el cuerpo y la vida.

- Algunos decían que el cuerpo debía ser disciplinado, controlado y cuidado lo máximo posible. Al controlar sus impulsos y apetitos y mantenerlo apto, podía dominarse con mayor facilidad la corrupción y la maldad del cuerpo.
- Otros decían lo opuesto: Que lo que se hacía con el cuerpo poco importaba, porque era malo y destinado a la muerte. Por lo tanto, una vez que una persona se ocupaba de su espíritu, podía entonces comer, beber y ser feliz.

a. El paralelo con la falsa enseñanza de hoy día se puede ver claramente.

- Algunos se concentran en el cuerpo y su salud mediante la recreación, la disciplina y una vida estricta, buscando vencer la maldad, es decir, la corrupción, la enfermedad, el envejecimiento y la muerte del cuerpo, tanto como sea posible.
- Otros viven como les place, comiendo, bebiendo y yendo de juerga como desean, pensando que poco importa cómo viven. Simplemente piense en cuánta gente cree que puede hacer lo propio –lo que quieren, cuándo quieren– mientras crean en Dios y adoren y hagan un hecho de bien aquí y otro allá.

La cuestión a ver es que cada uno le presta atención a lo espiritual solo como desea, solo como considera que es necesario mantener su espíritu en contacto con Dios. Pero su concentración es el cuerpo y su placer, ya sea que el placer sea la exhibición de disciplina y control o la estimulación de la carne.

b. Advierta cómo la verdad destruye este estilo de vida y la enseñanza. El cuerpo humano no es malo; Jesucristo nos lo demuestra. Él es la imagen de Dios –el propio Hijo de Dios– que vino a la tierra en un cuerpo humano. Por lo tanto, el cuerpo humano no podía ser malo, puesto que Dios no puede ser tocado por lo malo.

El cuerpo humano tiene que ser honorable o bien Jesucristo no se hubiera envuelto en un cuerpo humano y venido a la tierra. La conclusión es impactante y convulsionante para la vida del hombre. Puesto que el cuerpo es honorable, significa que todo lo que un hombre hace con su cuerpo es importante para su bienestar espiritual. Lo que hace con su cuerpo determina su relación y destino con Dios. Es totalmente imposible mantener bien el espíritu con Dios y dejar que el cuerpo haga de las suyas. Una persona es una persona, tanto espíritu como cuerpo. Por lo tanto, debe honrar a Dios *tanto con su espíritu como con su cuerpo,* como lo hizo Jesús *en el cuerpo* que le dio Dios. (Véanse bosquejo y notas, Ro. 12:1-2; 1 Co. 6:12-20 para una mayor discusión al respecto.)

"Así que, hermanos, os ruego por las misericordias de Dios, que presentéis vuestros cuerpos en sacrificio vivo, santo, agradable a Dios, que es vuestro culto racional" (Ro. 12:1).

"Las viandas para el vientre, y el vientre para las viandas; pero tanto al uno como a las otras destruirá Dios. Pero el cuerpo no es para la fornicación, sino para el Señor, y el Señor para el cuerpo" (1 Co. 6:13).

"¿O ignoráis que vuestro cuerpo es templo del

Espíritu Santo, el cual está en vosotros, el cual tenéis de Dios, y que no sois vuestros? Porque habéis sido comprados por precio; glorificad, pues, a Dios en vuestro cuerpo y en vuestro espíritu, los cuales son de Dios" (1 Co. 6:19-20).

"En su cuerpo de carne, por medio de la muerte, para presentaros santos y sin mancha e irreprensibles delante de él" (Col. 1:22).

3. El gnosticismo decía que el camino a Dios era a través del aprendizaje de cierta cantidad de conocimiento y ciertas palabras clave que garantizarían la apertura de un discernimiento espiritual. El énfasis estaba colocado en el intelecto y el aprendizaje, en el conocimiento y el discernimiento, en el mejoramiento personal y en el esfuerzo propio para la lograr la aceptación de Dios.

a. El paralelo con tanto del pensamiento humano es evidente. Tantos se sienten seguros y a salvo si ellos...
   - Conocen sobre Dios y la religión.
   - Conocen frases y palabras religiosas y pueden hablar en lenguaje pío y religioso.
   - Son lo suficientemente religiosos como para aprender acerca de Dios y de la religión.

   Pero advierta: Saber sobre alguien no es conocer a la persona; no es conocimiento personal.

b. La verdad revelada por Jesucristo golpea los verdaderos cimientos de tales pensamientos y enseñanzas. Dios no salva a una persona porque piensa en Dios y conoce algunas cosas sobre la religión y Dios. Dios salva al inculto como al culto, al simple como al intelectual, al ignorante como al gran conocedor, al pobre como al rico, al joven como al adulto. Esto se ven en que Jesucristo, que es la imagen de Dios...
   - Que vino a la tierra como un bebé.
   - Que fue educado por padres pobres y sencillos.
   - Que no fue educado en una universidad ni en ninguna otra escuela más allá de la sinagoga comunitaria local.
   - Que siempre ministró y llegó a los necesitados del mundo, aquellos que tenían una necesidad, independientemente de su edad, simplicidad, sufrimiento, ignorancia, o cualquier circunstancia desgraciada.

   Jesucristo revela que Dios salva a todos los que vienen al Padre a través de Él, a través de Él que nos redime y perdona nuestros pecados (Col. 1:14).

"Id, pues, a las salidas de los caminos, y llamad a las bodas a cuantos halléis" (Mt. 22:9).

"Porque no hay diferencia entre judío y griego, pues el mismo que es Señor de todos, es rico para con todos los que le invocan; porque todo aquel que invocare el nombre del Señor, será salvo" (Ro. 10:12-13).

"A quien anunciamos, amonestando a todo hombre, y enseñando a todo hombre en toda sabiduría, a fin de presentar perfecto en Cristo Jesús *a todo hombre*" (Col. 1:28).

"El cual quiere que todos los hombres sean salvos y vengan al conocimiento de la verdad" (1 Ti. 2:4).

"Y el Espíritu y la Esposa dicen: Ven. Y el que oye, diga: Ven. Y el que tiene sed, venga; y el que quiera, tome del agua de la vida gratuitamente" (Ap. 22:17).

"Mirad a mí, y sed salvos, todos los términos de la tierra, porque yo soy Dios, y no hay más" (Is. 45:22).

"A todos los sedientos: Venid a las aguas; y los que no tienen dinero, venid, comprad y comed. Venid, comprad sin dinero y sin precio, vino y leche" (Is. 55:1).

La conclusión es contundente: Jesucristo es la imagen expresa, la representación exacta, la manifestación perfecta, la misma persona de Dios mismo. No hay otra persona que nos pueda acercar a Dios y ningún otro estilo de vida a seguir al alcanzar a Dios. Jesucristo es la Majestad Soberana del universo que vino a la tierra como Dios para salvar a los hombres.

"Que Dios *estaba en Cristo* reconciliando consigo al mundo, no tomándoles en cuenta a los hombres sus pecados, y nos encargó a nosotros la palabra de la reconciliación. Así que, somos embajadores en nombre de Cristo, como si Dios rogase por medio de nosotros; os rogamos en nombre de Cristo: Reconciliaos con Dios. Al que no conoció pecado, por nosotros lo hizo pecado, para que nosotros fuésemos hechos justicia de Dios en él" (2 Co. 5:19-21).

"E indiscutiblemente, grande es el misterio de la piedad: Dios fue manifestado en carne, justificado en el Espíritu, visto de los ángeles, predicado a los gentiles, creído en el mundo, recibido arriba en gloria" (1 Ti. 3:16).

[2] (1:15) ***Jesucristo, deidad:*** Jesucristo está por encima de todas las cosas. La palabra "primogénito" no significa que Jesucristo fue el primer ser creado del universo. Significa *prioridad, superioridad, preeminencia, supremacía.* Significa que Él existió antes de toda creación como el Ser Supremo del universo. Toda creación es su herencia. (Véase nota, *Jesucristo, Eterno,* Col. 1:16; 1:17 para mayor discusión al respecto. Cp. Ro. 8:29; Col. 1:18.)

"Yo y el Padre uno somos" (Jn. 10:30).

"Jesús le dijo: ¿Tanto tiempo hace que estoy con vosotros, y no me has conocido, Felipe? El que me ha visto a mí, ha visto al Padre; ¿cómo, pues, dices tú: Muéstranos el Padre? ¿No crees que yo soy en el Padre, y el Padre en mí? Las palabras que yo os hablo, no las hablo por mi propia cuenta, sino que el Padre que mora en mí, él hace las obras" (Jn. 14:9-10).

"En los cuales el dios de este siglo cegó el entendimiento de los incrédulos, para que no les resplandezca la luz del evangelio de la gloria de *Cristo, el cual es la imagen de Dios*" (2 Co. 4:4).

"El cual, siendo en forma de Dios, no estimó el ser igual a Dios como cosa a que aferrarse" (Fil. 2:6).

"El cual [Cristo], siendo el resplandor de su gloria, y la imagen misma de su sustancia, y quien sustenta todas las cosas con la palabra de su poder, habiendo efectuado la purificación de nuestros pecados por medio de sí mismo, se sentó a la diestra de la Majestad en las alturas" (He. 1:3).

	C. Dios y Cristo (Parte 2): Cristo el Creador, 1:16-17
1 Cristo creó todas las cosas a. En el cielo y en la tierra b. Visibles e invisibles **2 Cristo creó todas las cosas para sí mismo**	16 Porque en él fueron creadas todas las cosas, las que hay en los cielos y las que hay en la tierra, visibles e invisibles; sean tronos, sean dominios, sean principados, sean potestades; todo fue creado por medio de él y para él.
3 Cristo es antes que todo **4 Cristo mantiene todas las cosas unidas**	17 Y él es antes de todas las cosas, y todas las cosas en él subsisten;

DIVISIÓN II

EL CRISTO PREEMINENTE: EL AMADO HIJO DE DIOS, 1:12-23

C. Dios y Cristo (Parte 2): Cristo el Creador, 1:16-17

(1:16-17) ***Introducción, Creación:*** Este pasaje se relaciona con la creación del universo. Trata con temas tales como:

- ¿Cuál es el origen del universo?
- ¿Cómo empezó a existir el mundo?
- ¿Cuál fue la fuerza que indujo al mundo a su existencia?
- ¿Existe más de un mundo o universo? ¿Más que una dimensión física del ser? ¿Existen mundos invisibles en otras dimensiones?
- ¿Cuál es el propósito o fin de las cosas o de la creación?
- ¿Qué mantiene unidas a las cosas? ¿Cuál es la fuerza de cohesión que brinda orden al universo? ¿Cuál es el poder detrás de las leyes de la naturaleza tales como la gravedad?

Básicamente existen tres visiones de la creación.

La primera, es la visión secular o humanista, la idea de que el mundo solo comenzó por casualidad. Ninguna fuerza o poder crearon al mundo. No existe poder alguno detrás del mundo. No hubo nada, y luego de alguna manera algún gas u otro elemento de algún tipo simplemente apareció...

- de la nada.
- de ningún lugar.

Luego, a través de millones de años, el simple gas o el elemento que fuere se transformó en dos elementos y el proceso evolutivo comenzó hasta que finalmente el mundo fue creado. Por supuesto, han existido y siempre existirán diversas ideas tales como cuál fue el proceso evolutivo (cp. la idea actual de la teoría de "La gran explosión" se ha vuelto bastante popular). Sin embargo, la esencia o semilla del secularismo o humanismo es que el mundo o universo comenzó de la nada y provino de ningún lugar.

Segundo, existe la visión de que algún dios creó el mundo, pero se encuentra muy lejos y ha salido del mundo. Este dios lejano es pensado de diversas formas:

□ Algunos lo ven como bueno; otros, como malo.
□ Algunos creen que creó el mundo solo, otros creen que utilizó fuerzas intermediarias.

Esta fue la visión del Gnosticismo, la enseñanza falsa que había calado en la iglesia colosense. Es también la visión de los hombres de la sociedad actual. Ellos simplemente *sienten* que Dios está lejos, completamente fuera del mundo. Si piensan sobre toda la creación, no pueden ver a Dios como el creador del universo, ya que Él hace tiempo que está fuera de este mundo. Por lo tanto Él debió haber utilizado otras fuerzas o seres, otros intermediarios o alguna otra manera de hacer el mundo.

La tercera, es una visión puramente cristiana, la verdad misma de Dios, la Majestad Soberana del universo, creó el mundo en la persona de Jesucristo. Esta es, por supuesto, la discusión de este pasaje. Tal como se estudia, advierta la fuerza de su proclamación: Declara en términos absolutamente ciertos cómo comenzó el cosmos o el universo. Advierta también como la proclama destruye toda la enseñanza falsa y cómo la verdad se vuelve más comprensible y lógica en comparación con las falsas creencias.

Cristo es el Creador del universo.

1. Cristo creó todas las cosas (v. 16).
2. Cristo creó todas las cosas por sí mismo (v. 16).
3. Cristo es antes que todo. (v. 17).
4. Cristo mantiene todas las cosas unidas (v. 17).

[1] (1:16) ***Creación, Jesucristo, Creador:*** Jesucristo creó todas las cosas. Es una cuestión de declaración de hechos, sin embargo advierta la profundidad de esta verdad y cómo está cubierta en el versículo.

1. Las palabras "por Él" (en autoi) significan *en Él,* esto es, la creación tuvo lugar *en* Cristo, *dentro* de su mismo ser.

□ El corazón de Cristo deseaba el mundo.
□ La mente de Cristo planeó el mundo.
□ La voluntad de Cristo destinó el mundo.
□ La Palabra de Cristo creó el mundo.

La creación del mundo tuvo lugar en Cristo, en su personalidad y ser. El mundo nació dentro de Él.

□ Fue el *amor de* Cristo el que movió su corazón para crear el mundo.

 Fue el *conocimiento de* Cristo que elevó su mente para planear el mundo.
 Fue la *riqueza de* su gracia que lo impulsó a desear el mundo.
 Fue el *poder de* su Palabra el que brindó energía o hizo que el mundo existiera.

El universo existe debido a Cristo y solo por Él. La idea del universo nació *en Él,* y la verdadera creación del universo ocurrió por su propia energía y esfuerzo. Solo Jesucristo hizo que el universo existiera.

2. Las palabras "todas las cosas" (ta panta) son muy significativas. Significan...

• "todas las cosas" colectivamente, esto es, todas las cosas en el universo fueron creadas por Cristo.
• "todas las cosas" individualmente, esto es, cada detalle de la creación fue creado por Cristo. Cada partícula y cosa, cada ser y elemento existe en Cristo y solo en Él.

El punto es que nada existe que no haya sido creado por Cristo. Todas las cosas fueron hechas por Él, cada detalle de cada cosa.

3. Las palabras "fueron creadas" (ekisthe) están en el tiempo verbal griego indicativo que simplemente significa que la creación fue un acontecimiento histórico. El mismo Jesucristo *creó* el mundo. Hubo un tiempo, un día, una hora, un momento en el que Él dijo la Palabra y todas las cosas comenzaron a existir en su detalle intrincado.

4. La creación de Cristo incluye todos los mundos de todas las dimensiones de la existencia. Esto es lo que se quiere decir en la oración: "las que hay en los cielos y las que hay en la tierra, visibles e invisibles, sean tronos sean dominios, sean principados, sean potestades". Advierta lo que incluye esta sentencia:

 Si hay otros *planetas visibles y seres vivos* en el espacio exterior, Cristo los creó.
 Si hay mundos invisibles y seres en otras dimensiones, Cristo los creó.

No importa de qué tipo de mundos o seres se haga referencia –tronos, dominios, principados o potestades– Cristo creó todo. No existe nada que Él no haya creado.

 Ningún planeta
 Ninguna vegetación
 Ninguna estrella
 Ningún mineral
 Ninguna criatura
 Ningún elemento
 Ninguna dimensión
 Ninguna cosa

"Todas las cosas por él fueron hechas, y sin él nada de lo que ha sido hecho, fue hecho" (Jn. 1:3).

"Para nosotros, sin embargo, sólo hay un Dios, el Padre, del cual proceden todas las cosas, y nosotros somos para él; y un Señor, Jesucristo, por medio del cual son todas las cosas, y nosotros por medio de él" (1 Co. 8:6).

"Y de aclarar a todos cuál sea la dispensación del misterio escondido desde los siglos en Dios, que creó todas las cosas" (Ef. 3:9).

"Porque en él fueron creadas todas las cosas, las que hay en los cielos y las que hay en la tierra, visibles e invisibles; sean tronos, sean dominios, sean principados, sean potestades; todo fue creado por medio de él y para él" (Col. 1:16).

2 (1:16) ***Creación, Propósito, Jesucristo, Creador:*** Cristo creó todas las cosas *para sí mismo.* Piénsese por un momento: Si Cristo verdaderamente creó todas las cosas, ¿a quién se parecerá la creación? ¿A quién adoraría, rendiría honores y serviría la creación? La respuesta es obvia: La creación se parece a su Creador. La creación le debe su existencia a su Creador; por lo tanto, la creación debe exaltar a su Creador. La Creación encuentra su fin y consumación en Jesucristo. Jesucristo creó el universo...

• Para que en los siglos por venir Él pudiera mostrar las riquezas de su gracia y bondad (Ef. 2:7).
• Para que Él pudiera revelar su gloria (Ro. 8:18).

Simplemente se establece, que el universo fue creado por Cristo, que debe ser de Él...

• para amar
• para recibir
• para bendecir
• para salvar
• para redimir
• para exaltar

Por lo tanto, la creación debe su honor y alabanza, adoración y servicio al Señor Jesucristo. El universo existe para su Creador.

"Pero luego que todas las cosas le estén sujetas, entonces también el Hijo mismo se sujetará al que le sujetó a él todas las cosas, *para que Dios sea todo en todos"* (1Co. 15:28).

"De reunir *todas las cosas* en Cristo, en la dispensación del cumplimiento de los tiempos, así las que están en los cielos, como las que están en la tierra" (Ef. 1:10).

"Por cuanto agradó al Padre que en él habitase toda plenitud, y por medio de él reconciliar consigo todas las cosas, así las que están en la tierra como las que están en los cielos, haciendo la paz mediante la sangre de su cruz" (Col. 1:19-20).

"En estos postreros días nos ha hablado por el Hijo, a quien constituyó *heredero de todo,* y por quien asimismo hizo el universo" (He. 1:2).

"Porque convenía a aquel *por cuya causa son todas las cosas,* y por quien todas las cosas subsisten, que habiendo de llevar muchos hijos a la gloria, perfeccionase por aflicciones al autor de la salvación de ellos" (He. 2:10).

"Porque de él, y por él, y *para él,* son todas las cosas. A él sea la gloria por los siglos. Amén" (Ro. 11:36).

3 (1:17) ***Jesucristo, Eterno:*** Jesucristo es antes que todas las cosas. Este es un punto crítico, significa dos cosas.

1. Jesucristo estaba antes que todas las cosas en el tiempo. Antes que se creara el primer elemento, Jesucristo ya estaba allí. No es un ser creado; Él es el Creador. Nada existía en el universo cuando Él lo creó. Antes del comienzo de los tiempos, antes que el universo existiera siquiera, Él estaba allí. Él, único, es eterno.

"Antes que naciesen los montes y formases la tierra y el mundo, desde el siglo y hasta el siglo, tú eres Dios" (Sal. 90:2).

"Eternamente tuve el principado, desde el principio, antes de la tierra" (Pr. 8:23).

"En el principio era el Verbo, y el Verbo era con Dios, y el Verbo era Dios" (Jn. 1:1).

"Jesús les dijo: De cierto, de cierto os digo: Antes que Abraham fuese, yo soy" (Jn. 8:58).

"Ahora pues, Padre, glorifícame tú al lado tuyo, con aquella gloria que tuve contigo antes que el mundo fuese" (Jn. 17:5).

"El cual [Jesucristo], siendo en forma de Dios, no estimó el ser igual a Dios como cosa a que aferrarse, sino que se despojó a sí mismo, tomando forma de siervo, hecho semejante a los hombres; y estando en la condición de hombre, se humilló a sí mismo, haciéndose obediente hasta la muerte, y muerte de cruz" (Fil. 2:6-8).

"Yo soy el Alfa y la Omega, el principio y el fin, el primero y el último" (Ap. 22:13).

2. Jesucristo es antes que todas las cosas en importancia, supremacía, y preeminencia. Nada es superior a Él. Solo Él es la soberana majestad del universo. Solo Él puede pararse ante todo como Supremo, todo lo demás –cualquier otra cosa– se encuentra por debajo de Él, debiéndole la existencia, adoración y el servicio hacia Él.

"De quienes son los patriarcas, y de los cuales, según la carne, vino Cristo, el cual es Dios sobre todas las cosas, bendito por los siglos. Amén" (Ro. 9:5).

"El es la imagen del Dios invisible, el primogénito de toda creación" (Col. 1:15).

"Y él es antes de todas las cosas, y todas las cosas en él subsisten" (Col. 1:17).

Pensamiento 1: Este punto destruye todas las ideas que Jesucristo es solamente un gran maestro, solamente uno entre muchos grandes hombres que nos conducen a Dios.

[4] (1:17) ***Jesucristo, Creador:*** Jesucristo mantiene todas las cosas unidas. Wuest cita a Lightfoot en lo que considera una excelente sentencia sobre este punto:

"(Jesucristo) es el principio de cohesión en el universo. Él imprime en la creación esa unidad y solidaridad que lo hace un cosmos (un sistema ordenado) en vez de un caos (una masa informe). Así (para tomar un ejemplo) la acción de gravitación, que mantiene fijos en sus lugares a todas las cosas y regula los movimientos de las cosas movibles, es una expresión de su mente" (Ephesians and Colossians, vol. 1, p. 185).

Barclay, como en todos los casos, es descriptivo en su exposición:

"...es el Hijo quien, como si lo estuviera, mantiene el mundo unido. Es decir, todas las leyes por las cuales este mundo es un orden y no un caos son una expresión de la mente del Hijo. La ley de gravedad y todas las así denominadas leyes científicas, no son leyes científicas; son leyes divinas. Son las leyes que le dan sentido al universo. Son las leyes que hacen de este mundo, un mundo confiable y dependiente. Cada ley de la ciencia y de la naturaleza es, de hecho, una expresión del pensamiento de Dios. Es por estas leyes, y por lo tanto por la mente de Dios, que el universo se mantiene flotando unido, y no se desintegra en caos" (The Letters to the Philippians, Colossians, and Thessalonians, p. 144).

El punto es claro: Jesucristo es lo que mantiene al mundo unido. Es su amor y poder...

- que evita que el universo se desintegre o se pierda
- que mantiene a todas las criaturas fuera de la destrucción de sí mismas en formas salvajes.

Todas las cosas se mantienen unidas por Jesucristo, por su...

- energía
- unidad
- fortaleza
- solidaridad
- poder
- cohesión.
- orden

"Y él es antes de todas las cosas, y todas las cosas en él subsisten"(Col. 1:17).

"El cual, siendo el resplandor de su gloria, y la imagen misma de su sustancia, y *quien sustenta todas las cosas con la palabra de su poder,* habiendo efectuado la purificación de nuestros pecados por medio de sí mismo, se sentó a la diestra de la Majestad en las alturas" (He. 1:3).

Pensamiento 1: Jesucristo es eterno. Esto dice muchas cosas importantes sobre Cristo.

1) Cristo revela a la persona más importante en todo el universo. Él revela todo lo que Dios es y desea decirle al hombre. Por lo tanto, Cristo debe estudiarse con diligencia, y todo lo que Él es y dice debe cumplirse (cp. Jn. 5:24).
2) Cristo revela a Dios perfectamente. Él es Dios; por lo tanto, cuando miramos a Cristo, vemos a Dios (véase *Estudio a fondo 2,* Jn. 14:6. Cp. Jn. 14:9).
3) Cristo revela que Dios es la persona más maravillosa. Dios está más allá de todo aquello con lo que pudimos haber soñado. Es amor y cuidado, lleno de bondad y verdad; y Él no tolerará injusticias: asesinatos y robos, mentiras y habladurías, abuso y maltrato, ignorancia y negación del marido, esposa, niño, vecino, hermano, hermana o extraño. Dios ama y está trabajando y está yendo hacia un universo perfecto que estará lleno de gente que elige amar y adorar y vivir y obrar para Él (cp. Jn. 5:24-29).

Pensamiento 2: La verdadera naturaleza de Cristo es...

- existir eternamente
- existir en un perfecto estado del ser, conociendo nada más que la eterna perfección.
- existir en comunión perfecta y compañerismo eterno (cp. 1 Jn. 1:3).

Advierta que es la misma naturaleza de Cristo la que será impartida a los creyentes; por lo tanto, las tres cosas deberán transformarse en nuestra experiencia.

"En aquel día vosotros conoceréis que yo estoy en mi Padre, y vosotros en mí, y yo en vosotros"(Jn. 14:20).

"Porque a los que antes conoció, también los predestinó para que fuesen hechos conformes a la imagen de su Hijo, para que él sea el primogénito entre muchos hermanos" (Ro. 8:29).

"Por tanto, nosotros todos, mirando a cara descubierta como en un espejo la gloria del Señor, somos transformados de gloria en gloria en la misma imagen, como por el Espíritu del Señor" (2 Co. 3:18).

"El cual transformará el cuerpo de la humillación nuestra, para que sea semejante al cuerpo de la gloria suya, por el poder con el cual puede también sujetar a sí mismo todas las cosas" (Fil. 3:21).

"Por medio de las cuales nos ha dado preciosas y grandísimas promesas, para que por ellas llegaseis a ser participantes de la naturaleza divina, habiendo huido de la corrupción que hay en el mundo a causa de la concupiscencia" (2 P. 1:4).

"Amados, ahora somos hijos de Dios, y aún no se ha manifestado lo que hemos de ser; pero sabemos que cuando él se manifieste, seremos semejantes a él, porque le veremos tal como él es" (1 Jn. 3:2).

	D. Dios y Cristo (Parte 3): Cristo la Cabeza de la iglesia, 1:18-19
1 Él es la cabeza de la iglesia 2 Él es el principio de la iglesia 3 Él es el primogénito de entre los muertos. 4 Él es el supremo en todas las cosas	18 y él es la cabeza del cuerpo que es la iglesia, él que es el principio, el primogénito de entre los muertos, para que en todo tenga la preeminencia;
5 Él está lleno del mismo Dios	19 por cuanto agradó al Padre que en él habitase toda plenitud,

DIVISIÓN II

EL CRISTO PREEMINENTE: EL AMADO HIJO DE DIOS, 1:12-23

D. Dios y Cristo (Parte 3): Cristo la Cabeza de la iglesia, 1:18-19

(1:18-19) ***Introducción:*** Esta es una de las grandes figuras de Cristo y de la iglesia. Describe en los términos más claros posibles la relación entre Cristo y la iglesia. Es un pasaje de se debe estudiar por la iglesia local de todos los tiempos, una y otra vez.

1. Él es la cabeza de la iglesia (v. 18)
2. Él es el principio de la iglesia (v. 18).
3. Él es el primogénito de entre los muertos (v. 18).
4. Él es el supremo en todas las cosas (v. 18).
5. Él está lleno del mismo Dios (v. 19).

[1] (1:18) ***Iglesia, Jesucristo, Cabeza de la iglesia:*** Jesucristo es la cabeza de la iglesia. (Véase notas *Iglesia,* Mt. 16:19, para el significado de la palabra *iglesia*) Es la descripción más común de Cristo y de la iglesia: La imagen del cuerpo humano como la cabeza de la iglesia como su cuerpo. Cuando la iglesia es denominada el cuerpo de Cristo, por lo menos se están describiendo tres ideas. (Véanse bosquejos y notas, Ro. 12:3-8; 1 Co. 12:12-31; Ef. 1:22-23; 2:19-22 para una mayor discusión al respecto.)

1. Está la idea de la vida de la relación y conexión más vital. Un cuerpo no puede vivir apartado de la cabeza y una cabeza no puede vivir apartada del cuerpo. Tanto la cabeza como el cuerpo son absolutamente necesarias para que exista la vida. Sin Jesucristo, la iglesia no existe y sin la iglesia la vida de Cristo sobre la tierra podría no haber sido conocida o no existir siquiera. Cristo se hace conocido solamente a través de las vidas de su gente, la iglesia. Este es su método elegido para que lo conozcan.

> ***Pensamiento 1:*** Significa algo de importancia crítica.
> 1) Si alguna parte del mundo no tiene iglesia (su cuerpo), esa parte no puede conocer a Cristo la cabeza.
> 2) Si el mundo ve un cuerpo de gente con una cabeza distinta de la de Cristo, entonces ese cuerpo de gente no es la iglesia, no la verdadera iglesia.

2. Está la idea de actividad y su fuente. Es el cuerpo el que actúa, pero es la cabeza la que le dice al cuerpo que lo haga. Es la cabeza la que...

• planifica para el cuerpo
• resucita el cuerpo
• dirige el cuerpo
• activa al cuerpo
• guía al cuerpo
• maneja al cuerpo
• inspira al cuerpo

El cuerpo no hace nada sin la cabeza. Todo lo que el cuerpo hace comienza en la cabeza.

> ***Pensamiento 1:*** Esto es significativo. Significa que la iglesia es totalmente dependiente de la cabeza, Jesucristo. El cuerpo encuentra su propósito, significado e importancia en la cabeza que es Jesucristo. Por lo tanto, el cuerpo o iglesia debe aprender cada vez más a reconocer y honrar a la cabeza. El cuerpo debe aprender a mirar la cabeza para sus planes, guías y motivaciones.

3. Está la idea de control. La cabeza debe reglamentar y reinar por sobre el cuerpo. El cuerpo debe controlarlo la cabeza. El cuerpo no debe actuar en forma separada de la cabeza. Pero advierta que algunas veces el cuerpo actúa aparte de la cabeza. Pero cuando lo hace, es por enfermedad, discapacidad o herida. Existe alguna disfunción: física, emocional o mental. Entonces está con la iglesia. Cuando Cristo no controla el cuerpo de la iglesia, es porque existe alguna disfunción, algún problema dentro del cuerpo.

> ***Pensamiento 1:*** El cuerpo de la iglesia debe dejar que Cristo lo controle. La iglesia debe caminar por una vida controlada, disciplinada como dice Cristo. Cuando la iglesia vive como Cristo lo dictamina, entonces el cuerpo de la iglesia vive una vida libre de enfermedad y heridas.
>
> **"Y sometió todas las cosas bajo sus pies, y lo dio por cabeza sobre todas las cosas a la iglesia" (Ef. 1:22).**
> **"Sino que siguiendo la verdad en amor, crezca-**

mos en todo en aquel que es la cabeza, esto es, Cristo" (Ef. 4:15).

"Porque el marido es cabeza de la mujer, así como Cristo es cabeza de la iglesia, la cual es su cuerpo, y él es su Salvador" (Ef. 5:23).

"Y él es la cabeza del cuerpo que es la iglesia, él que es el principio, el primogénito de entre los muertos, para que en todo tenga la preeminencia" (Col. 1:18).

"Y no asiéndose de la cabeza, en virtud de quien todo el cuerpo, nutriéndose y uniéndose por las coyunturas y ligamentos, crece con el crecimiento que da Dios" (Col. 2:19).

2 (1:18) ***Iglesia:*** Jesucristo es el principio de la iglesia. La palabra "principio" (arche) tiene una idea en dos sentidos.

1. "Principio" significa poder creativo. Cuando algo comienza primero, es creado o comienza a existir por alguna persona o cosa más grande que ese ser. Jesucristo fue la persona que le dio nacimiento a la iglesia. Él es más grande que la iglesia; por lo tanto, Él tuvo el poder de crear a la iglesia y traerla a su existencia.

- La iglesia es la idea de su mente: Él fue Quien soñó con la iglesia, la pensó, y vio el gran propósito que vendría a cumplir en la tierra.
- La iglesia es el plan de su corazón: Él vio como podría fundarse la iglesia y construirla en la tierra y su corazón la deseaba.
- La iglesia es el deseo de su voluntad: Él deseaba y quería la iglesia, por lo tanto, Él tuvo la voluntad de crearla.
- La iglesia es la actividad de sus manos y vida. Jesucristo vino a la tierra y le dio nacimiento a la iglesia (véase bosquejo, notas y *Estudio a Fondo 1, Iglesia,* Mt. 16:18).
- La iglesia es el resultado de su amor: Él amaba el mundo, por lo tanto, Él fundó su iglesia y alcanzó a todo el mundo a través de su iglesia.
- La iglesia es el sujeto de su cuidado: Él cuida y protege el bienestar de su iglesia, asegurándose que cumple su propósito en la tierra. Hasta las puertas del infierno no pueden prevalecer contra la iglesia debido a su amor y cuidado (Mt. 16:18).

El punto es este: Jesucristo comenzó la iglesia. Él es el principio, el poder creativo que fundó y le dio vida a la iglesia.

Pensamiento 1: Jesucristo es la persona –la única persona– que debe honrarse y reconocerse como el principio de la iglesia de Dios en la tierra. Ninguna otra persona deberá usurpar nunca el lugar de Cristo en la iglesia. Él y solamente Él debe honrarse como la Fuente de la existencia y de la vida de la iglesia. Él y solo Él puede alcanzar a los hombres a Dios.

2. "Principio" significa *primero en el tiempo.* Jesucristo fue la primera persona de la iglesia. Él comenzó la iglesia; por lo tanto, Él fue el primer miembro, el Fundador grande y gloriosos de la iglesia. Todos los demás que vinieron a la iglesia, lo siguieron a Él.

Pensamiento 1: Significa algo de extrema importancia. Una persona que no sigue a Cristo el Fundador fracasa en entrar a la iglesia que Él fundó. Una persona puede sentarse en un edificio y escuchar la voz de un predicador, pero a menos que siga a Cristo, él no está en el cuerpo y el movimiento del Fundador de la iglesia. Sigue a algún otro cuerpo y movimiento. Debe advertirse una cosa: Cristo fue muy claro sobre su cuerpo y movimiento, sobre cómo su iglesia y seguidores debían vivir. Por lo tanto, para ser parte de su iglesia, una persona debe vivir en la voluntad de Jesucristo y andar en lo que Él ha establecido.

"Para que ya no seamos niños fluctuantes, llevados por doquiera de todo viento de doctrina, por estratagema de hombres que para engañar emplean con astucia las artimañas del error, sino que siguiendo la verdad en amor, crezcamos en todo en aquel que es la cabeza, esto es, Cristo" (Ef. 4:14-15).

"Nadie os prive de vuestro premio, afectando humildad y culto a los ángeles, entremetiéndose en lo que no ha visto, vanamente hinchado por su propia mente carnal, y no asiéndose de la cabeza, en virtud de quien todo el cuerpo, nutriéndose y uniéndose por las coyunturas y ligamentos, crece con el crecimiento que da Dios" (Col. 2:18-19).

"Todo aquel que niega al Hijo, tampoco tiene al Padre. El que confiesa al Hijo, tiene también al Padre. Lo que habéis oído desde el principio, permanezca en vosotros. Si lo que habéis oído desde el principio permanece en vosotros, también vosotros permaneceréis en el Hijo y en el Padre" (1 Jn. 2:23-24).

3 (1:18) ***Iglesia, Jesucristo, Resurrección:*** Jesucristo es el primogénito de entre los muertos. Hay tres caminos para mostrar como la resurrección de Cristo y la iglesia están estrechamente relacionadas.

1. La resurrección de Cristo es la razón principal de la existencia de Cristo. Si Jesucristo no hubiera resucitado, no habría iglesia. Dios ama al hombre y desea que el hombre viva para siempre en su presencia. Él lo hizo posible a través de la resurrección de Jesucristo y del establecimiento de la iglesia. Lo que sucedió fue lo siguiente: Jesucristo se transformó en la primera persona que resucitó de entre los muertos y que nunca más debe morir otra vez. Él ha resplandecido el camino de la conquista de la muerte; y como Él lo ha hecho, Él es el Primero, el modelo, el Precursor, el Hombre ideal en la conquista de la muerte. Por lo tanto cuando una persona verdaderamente cree en la resurrección de Cristo, Dios toma esa creencia y cuenta a la persona como un ser viviente en Cristo. Dios cuenta la confianza del hombre en la resurrección de Cristo como la energía y poder de la resurrección del Señor. Por lo tanto, cuando el hombre está listo para dejar este mundo, está *en la energía y poder* de la resurrección de Cristo, y la energía y el poder del Señor transfiere a esa persona justo en la presencia de Dios.

Ahora advierta que este es el mensaje de esperanza del evangelio. Es la gente que cree en la resurrección de Cristo la que hace a la iglesia. Esto es lo que la iglesia es: un cuerpo de personas que ha confiado en el poder de la resurrección de Cristo para conquistar a la muerte para ellos y para transferirlos a la presencia eterna de Dios. Sin la resurrección de Cristo no habría esperanza ni mensaje de poder conquistador; por lo tanto, no habría iglesia.

Pensamiento 1: La resurrección de Cristo y la iglesia están unidas.

 Todas las personas que sinceramente cree en la resurrección de Cristo en un verdadero miembro de la iglesia del Señor.

 Todos los miembros verdaderos de la iglesia son personas que han creído sinceramente en la resurrección de Cristo.

 No existe persona que sea miembro verdadero de la iglesia que no haya creído en la resurrección de Cristo.

 No existe persona que sea miembro verdadero de la iglesia de Dios que no haya creído en la resurrección del Señor.

Pensamiento 2: La iglesia es el cuerpo de la gente que cree verdaderamente en la resurrección de Cristo. La conquista de la muerte es el gran mensaje de esperanza de la iglesia. Es esta verdadera creencia la que la distingue de las demás organizaciones de hombres tales como clubes cívicos y sociales.

2. La resurrección de Cristo y la vida de la iglesia significa que existe una vida nueva disponible para la gente. Cuando Cristo resucitó de entre los muertos, su cuerpo y vida fueron completamente diferentes de su cuerpo y vida anteriores. Él tenía un cuerpo y una vida cambiados; Él resucitó de entre los muertos para vivir una nueva vida, para vivir cara a cara con Dios para siempre. Por lo tanto está con la iglesia. La iglesia debe reflejar la vida resucitada y cambiada de Cristo. La iglesia debe...

• ser enteramente diferente del mundo.
• ser separada enteramente del mundo y dada completamente a Dios.
• vivir su vida como estuviera cara a cara con Dios.

3. La resurrección de Cristo es el poder por el cual la iglesia debe vivir. La resurrección de Cristo prueba que existe un poder enorme, ilimitado, disponible para vivir y conquistar todos los enemigos de la vida, aun la muerte y el juicio. La iglesia debe vivir como seres resucitados; seres con una nueva vida, una vida de poder y energía que conquista todos los juicios de la vida. ¡Imagine! Poder para conquistar todos las tentaciones de la vida, incluso los juicios terribles de la muerte. Ese poder está disponible, debe estar *vivo y activo* en la iglesia. De hecho, el poder del Señor Jesucristo resucitado debe ser el que da verdadera a la iglesia.

"Pero habiendo obtenido auxilio de Dios, persevero hasta el día de hoy, dando testimonio a pequeños y a grandes, no diciendo nada fuera de las cosas que los profetas y Moisés dijeron que habían de suceder: Que el Cristo había de padecer, y ser el primero de la resurrección de los muertos, para anunciar luz al pueblo y a los gentiles"(Hch. 26:22-23).

"El cual fue entregado por nuestras transgresiones, y resucitado para nuestra justificación" (Ro. 4:25).

"Que si confesares con tu boca que Jesús es el Señor, y creyeres en tu corazón que Dios le levantó de los muertos, serás salvo" (Ro. 10:9).

"Y que fue sepultado, y que resucitó al tercer día, conforme a las Escrituras" (1 Co. 15:4).

"Y cuál la supereminente grandeza de su poder para con nosotros los que creemos, según la operación del poder de su fuerza, la cual operó en Cristo, resucitándole de los muertos y sentándole a su diestra en los lugares celestiales" (Ef. 1:19-20).

"Bendito el Dios y Padre de nuestro Señor Jesucristo, que según su grande misericordia nos hizo renacer para una esperanza viva, por la resurrección de Jesucristo de los muertos" (1 P. 1:3).

4 (1:18) ***Jesucristo, Preeminencia:*** Jesucristo es supremo entre todas las cosas. Dios Padre tiene solo un hijo, el Señor Jesucristo que es Dios el Hijo.

Advierta dos puntos.

1. Jesucristo es la persona preeminente en el universo porque Él murió y se elevó nuevamente para la salvación del hombre. Es porque Cristo era perfectamente obediente a Dios Padre en la muerte y en la resurrección de entre los muertos que Dios Padre ha hecho a Dios Hijo preeminente entre todas las cosas.

Otra forma de decir lo mismo es: Dios Hijo vino a la tierra por su voluntad para morir y resucitar otra vez para la salvación del hombre. Por lo tanto, Dios Padre está unido para amar a Dios Hijo con un amor supremo. Está unido para hacer todo por Cristo, para darle a Cristo la preeminencia de todas las cosas.

Otra forma de decir lo mismo es la siguiente. Dios Padre tiene solo un Hijo que es el Señor Jesucristo, Dios Hijo. Dios Hijo fue *perfectamente obediente* al venir a la tierra para morir por el hombre y resucitar de entre los muertos. Por lo tanto, Dios Padre está unido para amar a su único Hijo con un amor supremo. Está unido para hacer todo y arreglar todo para que se centre alrededor de su único Hijo.

El punto es este: El gran amor de Dios por su Hijo explica por qué la iglesia existe. Dios ha creado al mundo y al hombre para adorarlo y servirlo a Él, pero cuando el hombre se rebeló y rehusó honrarlo a Él, Dios tenía que cumplir su propósito de alguna otra forma. Todos los hombres no iban a adorarlo ni a servirlo a Él, pero Él sabía que algunos lo harían si Él les daba una manera de hacerlo. Este Dios lo hizo. Proveyó la forma a través de su Hijo Jesucristo y la iglesia. La persona que cree en su Hijo Jesucristo es perdonada por su rebelión y aceptada dentro del nuevo cuerpo de la gente que Dios está creando, el cuerpo llamado "la iglesia".

 Esto es lo que la iglesia es: un cuerpo de personas que se han acercado a Dios a través del Señor Jesucristo para adorar y servir a Dios.

2. Esta es la razón por la cual Jesucristo debe tener preeminencia en todas las cosas: Él es la persona que vino a la tierra para sufrir y morir. Él es Quien ha amado y se ha brindado a si mismo a la iglesia. Él es Quien murió para establecer la iglesia (Ef. 5:25). Por lo tanto, Dios ha hecho a Cristo la Majestad preeminente y suprema del universo.

 A Jesucristo se le ha exaltado en la mano derecha del Dios Padre.

"Y el Señor, después que les habló, fue recibido arriba en el cielo, y se sentó a la diestra de Dios" (Mr. 16:19).

"La cual [El poder de Dios] operó en Cristo, re-

sucitándole de los muertos y sentándole a su diestra en los lugares celestiales" (Ef. 1:20).

 A Jesucristo se ha dado un nombre por sobre todos los nombres.

"Por lo cual Dios también le exaltó hasta lo sumo, y le dio un nombre que es sobre todo nombre" (Fil. 2:9).

 A Jesucristo se le han dado todas las cosas.

"Que decían a gran voz: El Cordero que fue inmolado es digno de tomar el poder, las riquezas, la sabiduría, la fortaleza, la honra, la gloria y la alabanza" (Ap. 5:12).

 A Jesucristo se lo ha hecho tanto Señor como Cristo (Mesías, Salvador).

"Sepa, pues, ciertísimamente toda la casa de Israel, que a este Jesús a quien vosotros crucificasteis, Dios le ha hecho Señor y Cristo" (Hch. 2:36).

"Para nosotros, sin embargo, sólo hay un Dios, el Padre, del cual proceden todas las cosas, y nosotros somos para él; y un Señor, Jesucristo, por medio del cual son todas las cosas, y nosotros por medio de él" (1 Co. 8:6).

 Jesucristo ha sido exaltado por sobre todo.

"El que de arriba viene, es sobre todos; el que es de la tierra, es terrenal, y cosas terrenales habla; el que viene del cielo, es sobre todos" (Jn. 3:31).

 Jesucristo es el Señor de los vivos y de los muertos.

"Porque Cristo para esto murió y resucitó, y volvió a vivir, para ser Señor así de los muertos como de los que viven" (Ro. 14:9).

 Jesucristo tiene un nombre más brillante que el de los ángeles.

"Hecho tanto superior a los ángeles, cuanto heredó más excelente nombre que ellos" (He. 1:4).

 Jesucristo tiene más gloria que los más grandes hombres.

"Porque de tanto mayor gloria que Moisés es estimado digno éste, cuanto tiene mayor honra que la casa el que la hizo" (He. 3:3).

 Jesucristo es el Alfa y Omega, el primero y el último.

"Que decía: Yo soy el Alfa y la Omega, el primero y el último" (Ap. 1:11).

 Jesucristo tiene todas las cosas bajo sus pies.

"Y sometió todas las cosas bajo sus pies, y lo dio por cabeza sobre todas las cosas a la iglesia" (Ef. 1:22).

 Jesucristo tiene todas las cosas sujetas a Él.

"Quien habiendo subido al cielo está a la diestra de Dios; y a él están sujetos ángeles, autoridades y potestades" (1 P. 3:22).

5 (1:19) ***Jesucristo, Persona:*** Jesucristo está pleno de toda la grandeza del Propio Dios. Todo lo que Dios significa mora en Jesucristo. Esto es lo que significa este verso. Jesucristo es completamente Dios en toda la naturaleza divina de Dios. La palabra "mora" (katoikeo) significa realizar una morada *permanente* o estar en casa *permanentemente.* Toda la plenitud de Dios estaba *en casa* en Cristo antes de que Él viniera a la tierra, *en casa* en Él mientras Él estaba en la tierra, y continuará estando *en casa* dentro de Él durante toda la eternidad. Jesucristo es Dios, el Hijo de Dios que posee la naturaleza perfecta de Dios Padre en todo su Ser y atributos.

Esto es sumamente importante para la iglesia porque significa:

- que Dios es la cabeza de la iglesia
- que Dios es el principio de la iglesia.
- que Dios es Quien vino a la tierra, murió y resucitó de entre los muertos.
- que Dios es la persona preeminente del universo.
- que Dios en toda su plenitud mora en Jesucristo, el Hijo de Dios.

Significa que la iglesia adora a Dios cuando adora al Hijo de Dios. Significa que Dios Padre es honrado cuando se honra a Dios Hijo. Tanto el Padre como el Hijo tienen la misma naturaleza perfecta; por lo tanto, lo que se hace para el Hijo se hace para el Padre. El Hijo debe adorarse y servirse de la misma manera que a su Padre. De hecho, dado lo que Dios Hijo ha hecho al venir a la tierra –morir y resucitar de entre los muertos– Dios Padre desea que su Hijo tenga toda la preeminencia. Advierta la palabra "agradar". Al Padre le agrada que su Hijo tenga su naturaleza y sea la majestad preeminente del universo.

Pensamiento 1: La iglesia puede agradar al Padre solo orando y sirviendo al Señor Jesucristo, el Único en el que mora toda la plenitud de Dios.

"En el principio era el Verbo, y el Verbo era con Dios, y el Verbo era Dios. Este era en el principio con Dios" (Jn. 1:1-2).

"Porque de su plenitud tomamos todos, y gracia sobre gracia" (Jn. 1:16).

"Porque en él habita corporalmente toda la plenitud de la Deidad" (Col. 2:9).

"La cual es su cuerpo, la plenitud de aquel que todo lo llena en todo" (Ef. 1:23).

"E indiscutiblemente, grande es el misterio de la piedad: Dios fue manifestado en carne, justificado en el Espíritu, visto de los ángeles, predicado a los gentiles, creído en el mundo, recibido arriba en gloria" (1 Ti. 3:16).

"La cual a su tiempo mostrará el bienaventurado y solo Soberano, Rey de reyes, y Señor de señores" (1 Ti. 6:15).

"El cual, siendo el resplandor de su gloria, y la imagen misma de su sustancia, y quien sustenta todas las cosas con la palabra de su poder, habiendo efectuado la purificación de nuestros pecados por medio de sí mismo, se sentó a la diestra de la Majestad en las alturas" (He. 1:3).

	E. Dios y Cristo (Parte 4): Cristo el Reconciliador de todas las cosas, 1:20-23	enemigos en vuestra mente, haciendo malas obras, ahora os ha reconciliado	**enemigos de Dios a través de Cristo**
		22 en su cuerpo de carne, por	**3 Dios tenía un gran propósito en la reconciliación:**
1 Dios ha reconciliado consigo todas las cosas a través de Cristo. a. La necesidad: Hacer la paz b. Los medios: La cruz c. El resultado: Todas las cosas reconciliadas en el cielo y en la tierra	20 y por medio de él reconciliar consigo todas las cosas, así las que están en la tierra como las que están en los cielos, haciendo la paz mediante la sangre de su cruz.	medio de la muerte, para presentaros santos y sin mancha e irreprensibles delante de él;	**Presentar al creyente perfecto**
		23 si en verdad permanecéis fundados y firmes en la fe, y sin moveros de la esperanza del evangelio que habéis oído, el cual se predica en toda la creación que está debajo del cielo; del cual yo Pablo fui hecho ministro.	**4 Dios ha hecho condicional la reconciliación** a. Debe continuar en la fe b. No debe separarse del evangelio
2 Dios ha reconciliado a los que eran extraños y	21 Y a vosotros también, que erais en otro tiempo extraños y		

DIVISIÓN II

EL CRISTO PREEMINENTE: EL AMADO HIJO DE DIOS, 1:12-23

E. Dios y Cristo (Parte 4): Cristo el Reconciliador de todas las cosas, 1:20-23

(1:20-23) ***Introducción:*** Este pasaje es uno de los grandes estudios de las Escrituras, el mensaje de reconciliación. El hombre puede ahora reconciliarse con Dios gracias a Cristo. Es un pasaje increíble, dado que revela que Dios no solamente ha reconciliado al hombre con Él mismo, sino que Él ha reconciliado a todo el universo, a toda la creación, con Él mismo. Y no solamente esto, Él ha reconciliado todas las cosas para Él, ya sean que las cosas estén en la tierra o en el cielo.

1. Dios ha reconciliado consigo todas las cosas a través de Cristo (v. 20).
2. Dios ha reconciliado a los que eran extraños y enemigos de Dios a través de Cristo (vv. 21-22).
3. Dios tenía un gran propósito en la reconciliación: Presentar al creyente perfecto (v. 22).
4. Dios ha hecho condicional la reconciliación (v. 23).

[1] (1:20) ***Reconciliación:*** Dios ha reconciliado consigo todas las cosas, toda la creación, tanto en la tierra como en el cielo. (Véanse bosquejos y notas, *Reconciliación y Paz,* Ef. 2:11-18 para una mayor discusión al respecto.) Este es uno de los grandes versículos de las Escrituras. Es sorprendente. Que en verdad abre los ojos. Parece estar enseñando la salvación universal, esto es, que todo en la tierra como en el cielo ha sido salvo a través de la sangre de Cristo. Esto, por supuesto, no es lo que Pablo quiso decir, ya que no es lo que el resto de las Escrituras enseña. Advierta tres hechos importantes:

1. Hay una gran necesidad de paz entre Dios y el hombre. El hombre no está en paz con Dios. Su alma está cansada, perturbada,, solitaria y vacía, sin dirección ni propósito: su alma está como si estuviera muy lejos de Dios. La relación del hombre con Dios puede describirse de tres maneras.

a. El hombre no está *en paz con Dios.* Advierta la palabra *"con".* En paz *con* Dios se refiere a la relación del hombre con Dios. El hombre no conoce a Dios personalmente; no está junto a Dios o cerca de Dios. A menudo cuestiona la misma existencia de Dios, y hasta si cree que Dios existe, conoce muy poco, si conoce algo, sobre lo que significa hablar y relacionarse con Dios.

En lugar de sentir *paz con* Dios, se siente separado de Dios, como si Dios estuviera afuera en algún lugar del espacio, lejos de la tierra.

> **"Justificados, pues, por la fe, tenemos paz para con Dios por medio de nuestro Señor Jesucristo" (Ro. 5:1).**

b. El hombre no experimenta la *paz de* Dios. Advierta la palabra *"de":* la paz "de" Dios se refiere a poseer la paz de Dios dentro del corazón y de la vida. A medida que el hombre pasa su día preocupado por sus cosas, su corazón no está establecido; le falta paz; conoce poco o casi nada acerca de *la paz de Dios.* Carece de completa seguridad a medida que se enfrenta con las circunstancias, los problemas, las dificultades, las pruebas y las tentaciones de la vida.

> **"Por nada estéis afanosos, sino sean conocidas vuestras peticiones delante de Dios en toda oración y ruego, con acción de gracias. Y *la paz de Dios,* que sobrepasa todo entendimiento, guardará vuestros corazones y vuestros pensamientos en Cristo Jesús" (Fil. 4:6-7).**

c. El hombre no experimenta al *Dios de paz* que mora dentro de su corazón y fluye en su alma. A medida que anda por la vida, no sabe lo que es tener la presencia de Dios en él. No sabe lo que significa tener al Dios de paz ayudándolo a enfrentar los asuntos y las pruebas de la vida cotidiana.

> **"Por lo demás, hermanos, todo lo que es verdadero, todo lo honesto, todo lo justo, todo lo puro, todo lo amable, todo lo que es de buen nombre; si hay virtud alguna, si algo digno de alabanza, en esto**

pensad. Lo que aprendisteis y recibisteis y oísteis y visteis en mí, esto haced; y el Dios de paz estará con vosotros" (Fil. 4:8-9).

El punto es este: El hombre tiene una necesidad, una gran necesidad de estar en paz con Dios. Dios ha satisfecho esa necesidad al reconciliar a todos los hombres con Él a través de su Hijo, Jesucristo.

2. Están los medios de la reconciliación: La sangre de la cruz. ¿De qué manera la *sangre de la cruz* nos reconcilia con Dios? Existen dos imágenes que nos muestran.

a. Está la imagen del castigo y la muerte injustas. La cruz fue el lugar donde los criminales eran ejecutados. Esto significa que Jesucristo murió como un criminal injusto, aunque Él no era un criminal. Él no merecía morir, ya que no había quebrantado ninguna ley. Él no estaba sobre la cruz porque mereciera morir: Él no estaba allí por sus propios pecados. Por lo tanto, Él fue obligado a morir por otro. Él era el justo muriendo por el injusto.

Este es un punto importante. Si el Justo murió por los pecados del injusto, entonces el injusto ya no es más *culpable* de ningún pecado. Está librado de la carga de ser un pecador: ya no es más considerado injusto; es considerado justo. ¿Cómo? Por la fe. Cuando una persona cree sinceramente que Cristo Justo murió por sus pecados injustos, Dios lo cuenta así. Dios toma la fe de la persona y *la acepta como su identificación con Cristo.* Al liberarse de la carga del pecado, la persona se vuelve aceptable para Dios. La persona está reconciliada y vuelve cerca de Dios cuando Cristo muere por sus injustos pecados.

"Porque también Cristo padeció una sola vez por los pecados, el justo por los injustos, para llevarnos a Dios, siendo a la verdad muerto en la carne, pero vivificado en espíritu" (1 P. 3:18).

b. Está la imagen de la sangre o del sacrificio. Cuando se menciona la sangre de Cristo, se está significando la idea de sacrificio. La sangre de Cristo está atada a la sangre de los sacrificios animales del Antiguo Testamento. A través de los siglos, Dios le había dicho al hombre que el pecado era serio, sumamente serio: una cuestión que merecía la muerte. Fue el pecado el que separó al hombre de Dios. Por lo tanto, el hombre era quien debía morir por sus pecados, no un inocente que no había cometido ninguna transgresión debía ser sacrificado por él. Ese alguien, por supuesto debía ser el mismo Dios, ya que no hay nadie más inocente y perfecto. Pero aún no era el tiempo para que Dios viniera a la tierra en la persona de su Hijo, el Señor Jesucristo; aún no había llegado la plenitud del tiempo. El hombre no había aprendido aún, lo terrible del pecado y el gran precio que Dios debería pagar al sacrificar a su Hijo por el hombre.

El sacrificio animal era una de las maneras a través de las cuales Dios iba a enseñar estas verdades al hombre. Un hombre debía creer que el animal fue sacrificado por él. Si realmente lo creía, entonces Dios aceptaba el sacrificio animal como una purificación de sus pecados. Esto, por supuesto, significaba que el hombre estaba libre del pecado. De esta forma estaba reconciliado y se hacía aceptable para Dios por la sangre que había sido derramada.

El punto es este: La sangre derramada de Cristo es el sacrificio supremo. La perfecta sangre del propio Hijo de Dios ha sido sacrificada por los pecados del hombre. Por lo tanto, el sacrificio de los animales encontró su cumplimiento en Cristo. Si un hombre cree que la sangre de Cristo (su vida) fue sacrificada por sus pecados, entonces Dios acepta su fe como un hecho. Dios acredita la fe del creyente como la muerte de Cristo. El creyente se identifica con la muerte de Cristo, como si recién hubiera muerto. Por lo tanto, nunca más debe morir. Está reconciliado y se acerca a Dios por la sangre o sacrificio de Cristo.

"Quien llevó él mismo nuestros pecados en su cuerpo sobre el madero, para que nosotros, estando muertos a los pecados, vivamos a la justicia; y por cuya herida fuisteis sanados" (1 P. 2:24).

c. Está la imagen de la cruz o de ser maldecido. La muerte de Cristo en la cruz es siempre la imagen de la maldición:

"Cristo nos redimió de la maldición de la ley, hecho por nosotros maldición (porque está escrito: Maldito todo el que es colgado en un madero)" (Gá. 3:13).

La maldición, por supuesto, es la muerte. Cualquiera que hubiera sido colgado de la cruz estaba condenado a morir como un criminal. Sin embargo, la imagen muestra algo mucho más profundo que la muerte física. Se quiere significar también la muerte espiritual y eterna. El hombre está condenado a una muerte espiritual y eterna y nadie puede escapar a ello con excepción de Cristo. Cuando Cristo estaba en la cruz, Él cargaba la maldición de la condena, el castigo y la muerte para el hombre. El hombre que verdaderamente cree que Cristo cargaba su maldición y condena se vuelve aceptable para Dios. Muy simplemente, Dios ama tanto a su hijo que Él aceptará cualquier persona que honre a su Hijo a través de la confianza y la creencia auténticas. Si una persona cree que sus pecados se perdonan a través de la cruz de Cristo, entonces Dios perdonará sus pecados. Así es como Dios ama a su Hijo. Él hará la muerte de su Hijo efectivo para la creencia del hombre. Por lo tanto, si una persona cree que la sangre de Cristo lo reconcilia con Dios, Dios lo reconciliará. Dios honrará a su Hijo al hacerlo; Dios permitirá a la persona de fe verdadera permanecer junto a Él.

"Mas Dios muestra su amor para con nosotros, en que siendo aún pecadores, Cristo murió por

nosotros. Pues mucho más, estando ya justificados en su sangre, por él seremos salvos de la ira" (Ro. 5:8-9).

3. Está el resultado de la muerte de Cristo. Todas las cosas se reconcilian ante Dios, ya sea en la tierra como en el cielo. Como se estableció antes, esto no significa la salvación universal. Las Escrituras no enseñan que cada persona estará reconciliada con Dios. El sentido común y el entorno junto con una dosis de honestidad nos dicen esto. El próximo versículo y punto aclaran que solamente los creyentes verdaderos se reconcilian con Dios. El peso de la injusticia sería que el injusto fuera aceptado por Dios. Si el injusto continúa negando y maldiciendo a Dios y actuando en forma egoísta hacia su vecino, Dios no sería Dios si aceptara al injusto. Lo que este verso significa es:

a. Dios ha reconciliado todas las cosas en la tierra. Tanto el hombre como el mundo han sido reconciliado con Dios. La puerta de la reconciliación con Dios está abierta ahora, y el hombre debe entrar y vivir con Dios para siempre. Dios ha hecho todo lo que pudo: Él ha hecho posible que el hombre permanezca cerca de Él a través de la reconciliación. Es el hombre el que debe decidir si está cerca. Dios hizo su parte; el hombre ahora debe hacer la suya. El hombre debe volver a Dios a través de la fe y la sangre de Cristo.

Advierta otro punto importante. La reconciliación de "todas las cosas" incluye a toda la creación, al mismo mundo. La tierra fue creada para el hombre, para que sea su lugar de residencia; por lo tanto, la creación será redimida como el hombre lo será. Habrá un nuevo cielo y una nueva tierra si hay un nuevo hombre que viva eternamente.

"Porque también la creación misma será libertada de la esclavitud de corrupción, a la libertad gloriosa de los hijos de Dios. Porque sabemos que toda la creación gime a una, y a una está con dolores de parto hasta ahora; y no sólo ella, sino que también nosotros mismos, que tenemos las primicias del Espíritu, nosotros también gemimos dentro de nosotros mismos, esperando la adopción, la redención de nuestro cuerpo" (Ro. 8:21-23).

"Pero el día del Señor vendrá como ladrón en la noche; en el cual los cielos pasarán con grande estruendo, y los elementos ardiendo serán deshechos, y la tierra y las obras que en ella hay serán quemadas. Puesto que todas estas cosas han de ser deshechas, ¡cómo no debéis vosotros andar en santa y piadosa manera de vivir, esperando y apresurándoos para la venida del día de Dios, en el cual los cielos, encendiéndose, serán deshechos, y los elementos, siendo quemados, se fundirán! Pero nosotros esperamos, según sus promesas, cielos nuevos y tierra nueva, en los cuales mora la justicia" (2 P. 3:10-13).

b. Dios ha reconciliado todas las cosas en el cielo. Probablemente se entienda por cielo a todos los mundos de todas las dimensiones. Todos los mundos, todas las dimensiones del ser, han sido reconciliados con Dios a través de Cristo. No importa cuántas dimensiones existan –aun si hubiera una única dimensión, la dimensión espiritual– cada ser en ella ha sido reconciliado con Dios a través de la muerte de Cristo. Esta muerte es tan grande y maravillosa, que abraza a todos los mundos, no importa qué o dónde se encuentren.

Nota: La idea del versículo es mirar hacia delante; mirar hacia delante a la vida que existe en los nuevos cielos y tierras. La vida del futuro será una vida de reconciliación con Dios, una vida que verá todo en los nuevos cielos y la tierra reconciliada con Dios. Esto no significa que los asesinatos, adulterios, idólatras y grupos de no creyentes estén allí. Significa que todos los que allí estén estarán reconciliados con Dios.

"Y todo esto proviene de Dios, quien nos reconcilió consigo mismo por Cristo, y nos dio el ministerio de la reconciliación; que Dios estaba en Cristo reconciliando consigo al mundo, no tomándoles en cuenta a los hombres sus pecados, y nos encargó a nosotros la palabra de la reconciliación" (2 Co. 5:18-19).

"Y mediante la cruz reconciliar con Dios a ambos en un solo cuerpo, matando en ella las enemistades" (Ef. 2:16).

"Y por medio de él reconciliar consigo todas las cosas, así las que están en la tierra como las que están en los cielos, haciendo la paz mediante la sangre de su cruz" (Col. 1:20).

"Por lo cual debía ser en todo semejante a sus hermanos, para venir a ser misericordioso y fiel sumo sacerdote en lo que a Dios se refiere, para expiar los pecados del pueblo" (He. 2:17).

[2] (1:21-22) ***Reconciliación, Jesucristo, Muerte:*** Dios ha reconciliado a los que eran extraños y enemigos de Dios. Este versículo muestra que Pablo no pensaba en la salvación universal. El se dirige a los creyentes, a aquellos que verdaderamente creen que la sangre de Jesucristo los ha reconciliado con Dios. Él quiere que ellos recuerden lo maravillosa que es la reconciliación. Dios ha hecho algo maravilloso por ellos.

1. Los creyentes han sido *extraños* (apellotriomenous) para Dios. La palabra significa alejado de alguien, alienado, separado por disgusto; significa estar alejado por sentimientos de indiferencia y enemistad. El hombre es extraño para Dios...

- Porque le disgusta quien es Dios. El hombre no tiene voluntad de someterse a la soberanía de Dios y al señorío de Cristo.
- Porque le disgusta lo que Dios dice, y se rehúsa a rendirse en todo lo que es y tiene y a obedecer a Dios plenamente.
- Porque siente que Dios va a dejar pasar el pecado. El hombre simplemente siente que Dios nunca lo condenará, no en el análisis final.
- Porque piensa que Dios está lejos, generalmente fuera del mundo y de los asuntos de la vida cotidiana. El hombre piensa que Dios está despreocupado y Él tiene poco interés en la vida de todos los días.

2. Los creyentes han sido *enemigos* (exthrous) de Dios. La palabra significa hostilidad, odio y rebeldía. Solo piense

por un momento cómo los hombres actúan con respecto a Dios. Ellos...

- Lo ignoran
- Niegan su existencia
- Lo maldicen
- Lo desobedecen
- Lo blasfeman
- Lo profetizan falsamente
- Lo burlan
- Lo sirven falsamente
- Lo rechazan

Adviertan donde ocurre la rebelión: En la mente y en los pensamientos. Un hombre piensa en hacer algo y sabe que está contra la voluntad y la Palabra de Dios. Pero el pensamiento está arraigado en su mente, él alberga ese pensamiento. Es el pensamiento, la mente, el que lo conduce a obras malas. Y cualquier conducta o acto que no esté de acuerdo con la voluntad de Dios es rebelión. Cuando el corazón humano se levanta para desobedecer a Dios, está actuando en contra de Dios. Y actuar en contra del Rey de reyes es insurrección. Es ir en contrario a las *órdenes explícitas* del Rey de reyes. La terrible tragedia es que todas las personas se han rebelado y muy a menudo se rebelan contra Dios. Todos los seres humanos han estado o están sobre la tierra como enemigos de Dios, un enemigo que está en un reto abierto contra Dios. Todos los seres humanos se han negado a obedecer los mandamientos del Rey, y el ser humano que es abierto y honesto lo sabe. La gran tarea del hombre...

- es no refutar el cargo de que es un enemigo de Dios.
- es no probar que es lo suficientemente bueno para ser aceptable ante Dios.
- es no negar y refutar a Dios (la negación y la refutación nunca pueden eliminar la verdad y los hechos).

El hecho de la alienación del hombre –que es un enemigo de Dios– se ve claramente. La gran tarea del hombre es buscar la manera de estar reconciliado con Dios.

3. Los creyentes han sido reconciliados con Dios por el cuerpo de Jesucristo *a través de la muerte.* Advierta las palabras de esta sentencia (v. 22). El cuerpo de Jesucristo ha sido acentuado. Vino a la tierra en el cuerpo de un ser humano. Aceptó la carne y la sangre. Debía hacerlo, era necesario.

a. Jesucristo debía tener un cuerpo verdadero para poder asegurar la perfección del cuerpo humano. Debía vivir una vida recta y perfecta; Él tenía que vivir una vida libre de pecado como un Hombre. Al vivir una vida libre de pecado y perfecta, Él se convirtió en el modelo perfecto e ideal de rectitud y justicia para todos los hombres. Se paró delante de la raza humana como el Hombre ideal y perfecto, y como Hombre perfecto e ideal, su perfección y justicia servían para todo los hombres. Todos aquellos que verdaderamente confían en Él, están cubiertos por su perfección y justicia. A partir de allí se vuelven aceptables a Dios.

b. Jesucristo debía tener un cuerpo real para poder cargar los pecados y la condena de los hombres, y morir por ellos. Como Hombre perfecto e ideal, todo aquello que Jesucristo hizo, sostuvo y cubrió al hombre. Por lo tanto, si Jesucristo deseaba cargar la condena de pecado por los hombres, Él pudo hacerlo. Este es el gran amor de Dios, ya que Jesucristo deseaba morir por el hombre. Cuando un hombre cree en realidad que Cristo murió por él, Dios toma la fe del hombre y la cuenta como la muerte de él. Por lo tanto, el hombre nunca debe morir. Cuando pasa de esta vida a la próxima, nunca experimentará la muerte. Más rápido que el parpadeo de un ojo, Dios transferirá al creyente a su presencia. ¿Por qué? Porque la muerte de Jesucristo lo cubre. Jesucristo ha pagado ya la pena y ha sufrido la condena del pecado del creyente. El creyente está libre de pecados; está reconciliado con Dios por la muerte del cuerpo de Cristo.

"Yo soy el buen pastor; el buen pastor su vida da por las ovejas" (Jn. 10:11).

"Porque Cristo, cuando aún éramos débiles, a su tiempo murió por los impíos" (Ro. 5:6).

"Mas Dios muestra su amor para con nosotros, en que siendo aún pecadores, Cristo murió por nosotros" (Ro. 5:8).

"El cual se dio a sí mismo por nuestros pecados para librarnos del presente siglo malo, conforme a la voluntad de nuestro Dios y Padre" (Gá. 1:4).

"Y andad en amor, como también Cristo nos amó, y se entregó a sí mismo por nosotros, ofrenda y sacrificio a Dios en olor fragante" (Ef. 5:2).

"Y de Jesucristo el testigo fiel, el primogénito de los muertos, y el soberano de los reyes de la tierra. Al que nos amó, y nos lavó de nuestros pecados con su sangre" (Ap. 1:5).

[3] (1:22) ***Reconciliación:*** Dios tenía un gran propósito en la reconciliación: Presentar al creyente perfecto ante Él. Un gran día de coronación está llegando, un día en el que cada creyente estará ante Dios cara a cara. ¡Qué momento! Ser conducido a la presencia de Dios y presentado ante Él. La emoción, reverencia y éxtasis del momento se encuentran más allá de la imaginación. Esta es la razón por la muerte de Cristo. Tres cosas son esenciales para que se nos permita estar ante Dios.

1. Debemos ser santos (hagios): Separados, apartados y consagrados a Dios.

- Debemos vivir la vida dedicada a Cristo, en la creencia que Él murió para lograr nuestra reconciliación y que su muerte nos cubre.
- Debemos vivir la vida separada de lo mundano, del egoísmo y de la carne y sus pecados.
- Debemos vivir la vida apartado y consagrado a Dios y a su servicio, vidas que se viven por su causa.

2. Debemos ser también "irreprensibles" (amomous): no debemos ser reprochables, culpables o imputables. Simplemente imaginen estar ante Dios santos, sin mancha, irreprensibles. ¡Imaginen cómo esto le agradaría a Dios! ¡Cómo Él se regocijaría en nosotros por haber honrado a Cristo, su Hijo, al confiar en Él!. Cuando somos presentados ante Dios, ¿qué diría Él? ¿Cuáles serían sus primeras palabras ante nosotros? Esta-

ríamos mudos, sin duda. Pero qué día de coronación, de gloria, de grandeza, estar cara a cara con nuestro Padre, el Dios de toda la gloria, la Majestad Soberana de todo el universo. Este es uno de los grandes propósitos de la reconciliación: presentarnos perfectos ante Él.

> **"Y el Señor os haga crecer y abundar en amor unos para con otros y para con todos, como también lo hacemos nosotros para con vosotros, para que sean afirmados vuestros corazones, irreprensibles en santidad delante de Dios nuestro Padre, en la venida de nuestro Señor Jesucristo con todos sus santos" (1 Ts. 3:12-13).**
>
> **"Y el mismo Dios de paz os santifique por completo; y todo vuestro ser, espíritu, alma y cuerpo, sea guardado irreprensible para la venida de nuestro Señor Jesucristo" (1 Ts. 5:23).**
>
> **"Por lo cual, oh amados, estando en espera de estas cosas, procurad con diligencia ser hallados por él sin mancha e irreprensibles, en paz" (2 P. 3:14).**
>
> **"Así que, hermanos, os ruego por las misericordias de Dios, *que presentéis* vuestros cuerpos en sacrificio vivo, santo, agradable a Dios, que es vuestro culto racional. No os conforméis a este siglo, sino transformaos por medio de la renovación de vuestro entendimiento, para que comprobéis cuál sea la buena voluntad de Dios, agradable y perfecta" (Ro. 12:1-2).**
>
> **"Porque os celo con celo de Dios; pues os he desposado con un solo esposo, para presentaros como una virgen pura a Cristo" (2 Co. 11:2).**
>
> **"Hasta que todos lleguemos a la unidad de la fe y del conocimiento del Hijo de Dios, a un varón perfecto, a la medida de la estatura de la plenitud de Cristo" (Ef. 4:13).**
>
> **"A fin de presentársela a sí mismo, una iglesia gloriosa, que no tuviese mancha ni arruga ni cosa semejante, sino que fuese santa y sin mancha" (Ef. 5:27).**
>
> **"A quien anunciamos, amonestando a todo hombre, y enseñando a todo hombre en toda sabiduría, a fin de presentar perfecto en Cristo Jesús a todo hombre" (Co. 1:28).**

[4] (1:23) ***Reconciliación:*** Dios ha hecho condicional la reconciliación. Existen dos condiciones.

1. El hombre debe *continuar* creyendo en Jesucristo e ir creciendo en su creencia. Debe permanecer fundado y firme en su creencia en Cristo.

- La palabra "continuar" (epimenete) significa continuar, persistir en el movimiento, moverse hacia delante cada vez más. (A. T. Robertson, Word Pictures in the New Testament, vol. 4, p. 483)
- La palabra "fundado" (tethemeliomenoi) significa estar fundado en Cristo como la base sólida y firme de un edificio. Es una palabra que dibuja la fundación de un edificio, la fundación sólida que brinda la mayor estabilidad posible al edificio. El creyente debe estar tan fundado en Cristo que pueda soportar las tormentas más severas de la vida.
- La palabra "firme" (hedraioi) significa rotundo. El creyente debe permanecer firme y continuar en su estado inconmovible si desea ser presentado en forma perfecta ante Dios.

2. Una persona no debe alejarse de la esperanza del evangelio. ¿Qué es lo que alejaría a una persona del evangelio?

• lo mundano
• la soberbia
• los amigos
• la lujuria
• la fama
• la persecución
• la avaricia
• el poder
• el trabajo
• la comodidad
• la familia
• las falsas enseñanzas

¿Cuál es la esperanza del evangelio? La gloria de Dios: estar reconciliados con Dios y presentados perfectos ante Él; que se nos da el privilegio maravilloso de vivir para siempre con Él, adorándolo y sirviéndolo a Él a través de todo el universo. Todo para la gloria de Jesucristo, nuestro Señor.

> ***Pensamiento 1:*** No es suficiente profesar a Cristo. Una persona debe vivir para Cristo. El que profese a Cristo y no viva para Cristo está manifestando una mentira. El hombre debe continuar en la fe y crecer a un grado tal que nunca podrá ser apartado. Si se aparta de Cristo y permanece apartado, nunca será presentado ante Dios como perfecto. Habrá negado la fe. El continuar con Cristo es un esencial absoluto. Es la condición para la reconciliación con Dios.
>
> **"Así que, hermanos míos amados, estad firmes y constantes, creciendo en la obra del Señor siempre, sabiendo que vuestro trabajo en el Señor no es en vano" (1 Co. 15:58).**
>
> **"Estad, pues, firmes en la libertad con que Cristo nos hizo libres, y no estéis otra vez sujetos al yugo de esclavitud" (Gá. 5:1).**
>
> **"Para que ya no seamos niños fluctuantes, llevados por doquiera de todo viento de doctrina, por estratagema de hombres que para engañar emplean con astucia las artimañas del error" (Ef. 4:14).**
>
> **"Solamente que os comportéis como es digno del evangelio de Cristo, para que o sea que vaya a veros, o que esté ausente, oiga de vosotros que estáis firmes en un mismo espíritu, combatiendo unánimes por la fe del evangelio" (Fil. 1:27).**
>
> **"Sed sobrios, y velad; porque vuestro adversario el diablo, como león rugiente, anda alrededor buscando a quien devorar; al cual resistid firmes en la fe, sabiendo que los mismos padecimientos se van cumpliendo en vuestros hermanos en todo el mundo" (1 P. 5:8-9).**
>
> **"Así que vosotros, oh amados, sabiéndolo de antemano, guardaos, no sea que arrastrados por el error de los inicuos, caigáis de vuestra firmeza" (2 P. 3:17).**
>
> **"Mas a Jehová vuestro Dios seguiréis, como habéis hecho hasta hoy" (Jos. 23:8).**

	III LAS NECESIDADES DE LA IGLESIA, 1:24–2:7 **A. Un ministro que trabaje incansablemente por la iglesia, 1:24-29**	26 el misterio que había estado oculto desde los siglos y edades, pero que ahora ha sido manifestado a sus santos, 27 a quienes Dios quiso dar a conocer las riquezas de la gloria de este misterio entre los gentiles;	**3 Un ministro que dará a conocer el gran misterio de Dios: "Cristo en vosotros, la esperanza de gloria"**
1 Un ministro que voluntariamente sufrirá por la iglesia	24 Ahora me gozo en lo que padezco por vosotros, y cumplo en mi carne lo que falta de las aflicciones de Cristo por su cuerpo, que es la iglesia;	que es Cristo en vosotros, la esperanza de gloria, 28 a quien anunciamos, amonestando a todo hombre, y enseñando a todo hombre en toda sabiduría, a fin de presentar perfecto en Cristo Jesús a todo hombre;	**4. Un ministro que predicará a Cristo y que amonestará y enseñará a todo hombre**
2 Un ministro que ha sido escogido por Dios para proclamar la Palabra de Dios	25 de la cual fui hecho ministro, según la administración de Dios que me fue dada para con vosotros, para que anuncie cumplidamente la palabra de Dios,	29 para lo cual también trabajo, luchando según la potencia de él, la cual actúa poderosamente en mí.	**5. Un ministro que trabajará, que luchará laboriosamente, dependiendo de Cristo para energía**

DIVISIÓN III

LAS NECESIDADES DE LA IGLESIA, 1:24–2:7

A. Un ministro que trabaje incansablemente por la iglesia, 1:24-29

(1:24–2:7) ***BOSQUEJO DE LA DIVISIÓN; Iglesia:*** Este breve pasaje de trece versículos trata sobre un tema sumamente importante: Las necesidades de la iglesia. Se consideran dos necesidades básicas.

1. La necesidad de un ministro que trabaje incansablemente por la iglesia.
2. La necesidad de creyentes que trabajen incansablemente por la iglesia.

(1:24-29) **Introducción:** Una de las necesidades más básicas de la iglesia es contar con un ministro que trabaje arduamente por ella.

1. Un ministro que voluntariamente sufrirá por la iglesia (v. 24).
2. Un ministro que ha sido escogido por Dios para proclamar la Palabra de Dios (v. 25).
3. Un ministro que dará a conocer el gran misterio de Dios: "Cristo en vosotros, la esperanza de gloria" (vv. 26-27).
4. Un ministro que predicará a Cristo y que amonestará y enseñará a todo hombre (v. 28).
5. Un ministro que trabajará, que luchará laboriosamente, dependiendo de Cristo para energía (v. 29).

[1] (1:24) ***Ministros, Sufrimiento, Fidelidad, Iglesia:*** La iglesia necesita un ministro (siervo) que voluntariamente sufra por los demás, esto es, por la iglesia, el cuerpo de Cristo. Pablo era un ministro de ese tipo. Él pagó todo precio y avanzó hasta todo nivel de sufrimiento a fin de alcanzar y de hacer crecer a la gente por Cristo. Literalmente vertió su vida, sufrió mucho, y el sufrimiento que soportó lo soportó voluntariamente por la causa de Cristo y su iglesia. Este es el mensaje de este versículo. Enseña una cosa sumamente maravillosa: El ministro de Dios en realidad *completa los sufrimientos de Cristo.* Cuando Cristo estuvo en la tierra, Él amó la iglesia y se entregó a si mismo por ella. Por lo tanto, derramó su corazón y su vida por la iglesia, es decir, por los creyentes. Cristo ministró, sirvió, obró, trabajó, y lo hizo todo laboriosamente. Cada día de su vida Él sufrió hasta el punto del agotamiento y la fatiga, luchando para alcanzar y ministrar a la gente. Cristo soportó lo que fuera necesario para construir la iglesia. Y al hacerlo dejó el *modelo* para todos los que seguirían después de Él. Cuando dejó la tierra, Él esperaba que todos los creyentes *siguieran sus pasos,* que dieran sus vidas para sufrir lo que fuera necesario a fin de alcanzar y ministrar a la gente. Cristo espera que todo ministro y creyente sufra por la iglesia: que complete la iglesia, que la lleve a su punto máximo; que la llene con la plenitud de su voluntad. Él espera que paguemos el precio que sea necesario para construir la iglesia. Él espera que nosotros...

- Completemos cualquier sufrimiento de dolor, sacrificio, fatiga y agotamiento que falte.

Obrar y trabajar para Cristo en esta tierra no es algo sencillo. Servir a la iglesia en este mundo no es sencillo. El motivo se debe a las ideas y al comportamiento de los hombres hacia Cristo y su iglesia. Las ideas y el comportamiento de los hombres son corruptos. Miran a Cristo y sienten...

- Que la iglesia no tiene sentido para el hombre moderno.
- Que la iglesia es aceptable mientras permanezca en su lugar.
- Que la iglesia está muy bien como un servicio social para la comunidad.
- Que la iglesia se necesita para colocar en un nivel elevado los volúmenes de moralidad y justicia.
- Que la iglesia es buena en cuanto satisface las necesidades religiosas del hombre.

La lista podría continuar indefinidamente, puesto que los

sentimientos de la gente hacia Cristo y la iglesia son casi infinitos. Algunas personas miran a Cristo y niegan su importancia y maldicen su nombre. No les importa nada su iglesia. Cuando se trata de la iglesia, ellos...

• la ignoran
• la ridiculizan
• la rechazan
• la persiguen
• la maltratan
• intentan destruirla

Otras personas profesan a Cristo y se unen a su iglesia, pero su compromiso es casi insignificante. Son...

• inactivos
• despreocupados
• adormecidos
• no la apoyan
• complacientes
• les falta visión

Encima de todo esto, siempre están aquellos dentro de la iglesia que...

• son mundanos
• chismosos
• son carnales
• murmuran
• son de la carne
• se quejan
• provocan división
• critican
• provocan problemas

Son tales ideas y comportamiento los que ejercen tanta presión y peso sobre los líderes de la iglesia. Esto es lo que ocasiona tanto sufrimiento para el siervo auténtico de Cristo. El siervo auténtico ansía que la gente conozca a Cristo y la abundancia de la vida que trae Cristo. Quiere que la gente crezca a la imagen de Cristo y que mantenga sus ojos puestos en la esperanza de gloria que se le entregará a cada creyente verdadero. Sabe que sin Cristo los hombres están perdidos y destinados al juicio. Por lo tanto, sufre toda carga y dolor necesarios para alcanzar y hacer que la gente crezca.

> **"Acordaos de la palabra que yo os he dicho: El siervo no es mayor que su señor. Si a mí me han perseguido, también a vosotros os perseguirán; si han guardado mi palabra, también guardarán la vuestra" (Jn. 15:20).**
>
> **"Porque a vosotros os es concedido a causa de Cristo, no sólo que creáis en él, sino también que padezcáis por él" (Fil. 1:29).**
>
> **"Pero tú has seguido mi doctrina, conducta, propósito, fe, longanimidad, amor, paciencia, persecuciones, padecimientos, como los que me sobrevinieron en Antioquía, en Iconio, en Listra; persecuciones que he sufrido, y de todas me ha librado el Señor. Y también todos los que quieren vivir piadosamente en Cristo Jesús padecerán persecución" (2 Ti. 3:10-12).**
>
> **"Considerad a aquel que sufrió tal contradicción de pecadores contra sí mismo, para que vuestro ánimo no se canse hasta desmayar. Porque aún no habéis resistido hasta la sangre, combatiendo contra el pecado" (He. 12:3-4).**

[2] (1:25) ***Ministro, Iglesia, Palabra de Dios, Cristo dentro de uno:*** La iglesia necesita un ministro que haya sido elegido por Dios para proclamar la Palabra de Dios. Advierta dos cuestiones significativas.

1. Pablo fue hecho ministro por Dios. Pablo fue un ministro porque Dios lo convocó para que fuera ministro. Él no estuvo en el ministerio...

• Porque pensaba que el ministerio era una buena profesión a la cual ingresar.
• Porque algunos amigos pensaban que sería un buen ministro.
• Porque tenía los talentos naturales para el ministerio.
• Porque quería comprometer su vida para enseñar los principios más elevados de la moralidad y la justicia.

Advierta un hecho sumamente significativo. La palabra dispensación (oikonomian) se refiere al administrador que supervisa el hogar y la propiedad del dueño. El ministro es el administrador de Dios, la persona elegida para supervisar la casa o iglesia de Dios. Este hecho es casi increíble, pero es verdad: En realidad Dios ha elegido a algunas personas para supervisar sus asuntos por Él. El ministro ha sido escogido por Dios para ser el administrador de su mundo y la iglesia y las personas. Dios literalmente ha tomado su iglesia y la gente y las ha depositado en las manos de sus ministros, en...

• su administración
• su gestión
• su supervisión
• su cuidado
• su gerenciamiento
• su vida
• su ministerio
• su amor
• su responsabilidad

¡Qué enorme llamado y responsabilidad! Sin embargo, proviene de Dios y por lo tanto, se debe cumplir.

> **"Pues si anuncio el evangelio, no tengo por qué gloriarme; porque me es impuesta necesidad; y ¡ay de mí si no anunciare el evangelio! Por lo cual, si lo hago de buena voluntad, recompensa tendré; pero si de mala voluntad, la comisión me ha sido encomendada" (1 Co. 9:16-17).**
>
> **"De la cual fui hecho ministro, según la administración de Dios que me fue dada para con vosotros, para que anuncie cumplidamente la palabra de Dios" (Col. 1:25).**
>
> **"Sino que según fuimos aprobados por Dios para que se nos confiase el evangelio, así hablamos; no como para agradar a los hombres, sino a Dios, que prueba nuestros corazones. Porque nunca usamos de palabras lisonjeras, como sabéis, ni encubrimos avaricia; Dios es testigo" (1 Ts. 2:4-5).**
>
> **"Por lo demás, hermanos, orad por nosotros, para que la palabra del Señor corra y sea glorificada, así como lo fue entre vosotros" (2 Ts. 3:1).**
>
> **"Según el glorioso evangelio del Dios bendito, que a mí me ha sido encomendado. Doy gracias al que me**

fortaleció, a Cristo Jesús nuestro Señor, porque me tuvo por fiel, poniéndome en el ministerio" (1 Ti. 1:11-12).

"Y a su debido tiempo manifestó su palabra por medio de la predicación que me fue encomendada por mandato de Dios nuestro Salvador" (Tit. 1:3).

2. Pablo fue escogido para cumplir la Palabra de Dios, es decir, para hacer plenamente conocida la Palabra de Dios.

- Robertson dice que el ministro debe "darle un alcance total a la Palabra de Dios" (*Word Pictures in the New Testament,* [Imágenes de palabras en el Nuevo Testamento], vol. 4, p. 484).
- Griffith Thomas dice que el ministro debe completar "el mensaje de la gracia de Dios", que debe "poner toda su alma en... el evangelio divino confiado a él" (*Studies in Colossians and Philemon,* [Estudios de Colosenses y Filemón], número de página desconocido).
- Herbert Carson dice que la tarea del ministro es "cumplimentar... la *Palabra de Dios,* declarando... el evangelio" (*The Epistle of Paul to the Colossians and Philemon,* [La epístola de Pablo a los Colosenses y Filemón]. "Tyndale Bible Commentaries", comp. por RVG Tasker. Grand Rapids, MI: Eerdmans, 1960, p. 52).
- Marvin Vincent dice que el ministro debe "plenamente dedicar [su] cargo... a la prédica del evangelio a los gentiles y a los judíos" (*Word Studies in the New Testament* [Imágenes de palabras en el Nuevo Testamento], vol. 3. Grand Rapids, MI: Eerdmans, 1946, p. 478).
- Wuest cita a Lightfoot diciendo que el ministro debe "predicar plenamente, otorgar... un desarrollo completo a la Palabra" (*Ephesians and Colossians* [Efesios y Colosenses], vol. 1, p. 192).
- Matthew Henry simplemente dice: "Somos ministros de Cristo por el bien de su gente, para 'cumplir con la Palabra de Dios' (es decir... predicarla)" (*Matthew Henry's Commentary* [Comentario de Matthew Henry], vol. 5, p. 754).

"Y yendo, predicad, diciendo: El reino de los cielos se ha acercado" (Mt. 10:7).

"Y les dijo: Id por todo el mundo y predicad el evangelio a toda criatura" (Mr. 16:15).

"Id, y puestos en pie en el templo, anunciad al pueblo todas las palabras de esta vida" (Hch. 5:20).

"Por lo demás, hermanos, orad por nosotros, para que la palabra del Señor corra y sea glorificada, así como lo fue entre vosotros" (2 Ts. 3:1).

"Que prediques la palabra; que instes a tiempo y fuera de tiempo; redarguye, reprende, exhorta con toda paciencia y doctrina" (2 Ti. 4:2).

3 (1:26-27) ***Ministro, Presencia dentro de uno, Cristo en vosotros, Iglesia:*** La iglesia necesita un ministro que dé a conocer el gran misterio de Dios, el mensaje glorioso: "Cristo en vosotros, la esperanza de gloria". ¿Qué significa esto? Recuerde que la palabra "misterio" significa secreto, algún secreto que Dios no pudo revelarle al mundo hasta que el hombre estuviera preparado para recibirlo. ¿Cuál es el misterio que Dios mantuvo en secreto pero que ahora ha sido revelado? Es doble. Tiene dos partes en cuanto a su revelación.

1. En primer lugar, el misterio es que Cristo en realidad vive dentro del creyente. Es la verdad del *Cristo viviendo dentro,* de que Cristo en realidad vive dentro de los corazones y vidas de los creyentes y que su presencia es su garantía de vivir por siempre en gloria.

Esto es exactamente lo que Cristo había prometido cuando estuvo en la tierra. Él estaba por enfrentar la cruz, pero justo antes de morir, Él dijo:

"Y yo rogaré al Padre, y os dará otro Consolador, para que esté con vosotros para siempre: el Espíritu de verdad, al cual el mundo no puede recibir, porque no le ve, ni le conoce; pero vosotros le conocéis, porque mora con vosotros, y estará en vosotros. *No os dejaré huérfanos; vendré a vosotros*" (Jn. 14:16-18).

El Espíritu Santo es la presencia personal de Cristo. Cristo está dentro del creyente en la persona del Espíritu Santo. (Véanse bosquejo y notas, Jn. 14:15-26 para una mayor discusión al respecto.) Advierta tres hechos.

a. Jesús dijo: "Vendré a vosotros". Quiso decir que regresaría luego de haberse ido, es decir, de haber muerto. Volvería para darles a los creyentes su presencia personal. No los dejaría sin consuelo (orphanous); la palabra significa huérfano, sin ayuda de los padres, desvalido. Jesús no los dejaría para que lucharan solos en contra de las pruebas y tentaciones de la vida.

   La presencia de Jesús con sus seguidores comenzó con su resurrección y con la llegada del Espíritu Santo. Jesús decía que Él vendría al creyente en la persona del Espíritu Santo.

b. La presencia de Jesús es una presencia viva, eterna. Él murió, pero no permaneció muerto. Resucitó y conquistó la muerte; resucitó para vivir por siempre. Ahora piense: Si Jesucristo está viviendo por siempre y mora dentro del creyente, entonces eso significa que el creyente vive eternamente. Cristo, la Presencia eterna, vive *dentro* del creyente; por lo tanto, el creyente se vuelve eterno. No muere nunca. (Véase *Estudio a fondo 1,* Jn,. 8:51.) El creyente se hace eterno por la presencia eterna de Cristo *dentro* de él.

   De hecho, cuando Cristo dice "vivo", Él quiere decir que vive abundante y eternamente. Él vive la vida en toda su plenitud y significado. Por lo tanto, al vivir *dentro* del creyente, Cristo imparte el mismo tipo de vida al creyente, una vida que es a la vez abundante y eterna. (Véanse *Estudio a fondo 2, Vida,* Jn. 1:4; *Estudio a fondo 1,* 10:10; *Estudio a fondo 1,* 17:2-3.)

c. La presencia de Cristo es una unión viviente, *una cohabitación mutua* entre Dios, Cristo y el creyente. "En ese día" se refiere a la resurrección de Jesús y a la venida del Espíritu Santo.

   Ahora advierta que cuando Jesús resucitó de entre los muertos, los creyentes supieron algo. Su reclamo era cierto en un sentido absoluto. Jesús estaba realmente "en" Dios. Dios es eterno, por lo tanto al estar "en" Dios, Jesús iba a vivir por siempre; iba a resucitar de entre los muertos.

Algo más se sabía. Todo lo que Jesús había dicho era verdad. Él estaba ubicando a todos los creyentes *"en"* si mismo a si mismo *"en"* ellos, o para decirlo de otro modo, cuando vino el Espíritu Santo, los creyentes fueron ubicados "en" su Espíritu y su Espíritu "en" ellos. (Véase nota, *Espíritu Santo,* Hch. 2:1-4 para una mayor discusión al respecto.)

Esta es la gloriosa verdad de "Cristo en vosotros", de Cristo realmente viviendo dentro del creyente. Es la primera parte del gran misterio de Dios que había sido ocultado, pero que ahora es revelado a los hijos de los hombres.

"En aquel día vosotros conoceréis que yo estoy en mi Padre, y vosotros en mí, y yo en vosotros" (Jn. 14:20).

"Yo en ellos, y tú en mí, para que sean perfectos en unidad, para que el mundo conozca que tú me enviaste, y que los has amado a ellos como también a mí me has amado" (Jn. 17:23).

"Mas vosotros no vivís según la carne, sino según el Espíritu, si es que el Espíritu de Dios mora en vosotros. Y si alguno no tiene el Espíritu de Cristo, no es de él" (Ro. 8:9).

"Con Cristo estoy juntamente crucificado, y ya no vivo yo, mas vive Cristo en mí; y lo que ahora vivo en la carne, lo vivo en la fe del Hijo de Dios, el cual me amó y se entregó a sí mismo por mí" (Gá. 2:20).

"Para que habite Cristo por la fe en vuestros corazones, a fin de que, arraigados y cimentados en amor" (Ef. 3:17).

"A quienes Dios quiso dar a conocer las riquezas de la gloria de este misterio entre los gentiles; que es Cristo en vosotros, la esperanza de gloria" (Col. 1:27).

"Y el que guarda sus mandamientos, permanece en Dios, y Dios en él. Y en esto sabemos que él permanece en nosotros, por el Espíritu que nos ha dado" (1 Jn. 3:24).

"He aquí, yo estoy a la puerta y llamo; si alguno oye mi voz y abre la puerta, entraré a él, y cenaré con él, y él conmigo" (Ap. 3:20).

2. En segundo lugar, el misterio de Dios es que Cristo vivirá dentro de cualquier persona, sin importar quiénes sean, Dios no discrimina a las personas. No demuestra ninguna parcialidad ni favoritismo. Tal vez este sea un impacto para algunas personas tales como los judíos y algunos extremistas religiosos que creen que son especiales para Dios. Pero esta es la proclamación de las Santas Escrituras. Advierta las palabras exactas de este pasaje:

"La gloria de este misterio *entre los gentiles,* que es Cristo en vosotros".

Él mora dentro de cualquiera que le abra su corazón y su vida. Cuando Dios envió a su Hijo Jesucristo al mundo para morir por los hombres, Dios le mostró al mundo que Él ama de la misma manera a cada persona. Él no favorece a nadie –a ninguna persona– mucho menos a una clase o nación de personas. Toda persona puede ahora acercarse a Dios y convertirse en aceptable ante Él a través de su Hijo, Jesucristo.

Hay algo que debe recalcarse: Cristo en vosotros, *la esperanza de gloria.* La única esperanza del hombre de ingresar y vivir en gloria alguna vez es Jesucristo. Jesucristo debe vivir en el corazón de una persona cuando ésta muere si a la persona se le permite ingresar a la gloria. La garantía de la gloria es la presencia de Cristo y de su Espíritu dentro del corazón.

"Y el que nos confirma con vosotros en Cristo, y el que nos ungió, es Dios, el cual también nos ha sellado, y nos ha dado las arras del Espíritu en nuestros corazones" (2 Co. 1:21-22).

"En él también vosotros, habiendo oído la palabra de verdad, el evangelio de vuestra salvación, y habiendo creído en él, fuisteis sellados con el Espíritu Santo de la promesa, que es las arras de nuestra herencia hasta la redención de la posesión adquirida, para alabanza de su gloria" (Ef. 1:13-14).

"Por medio de las cuales nos ha dado preciosas y grandísimas promesas, para que por ellas llegaseis a ser participantes de la naturaleza divina, habiendo huido de la corrupción que hay en el mundo a causa de la concupiscencia" (2 P. 1:4).

"He aquí, yo estoy a la puerta y llamo; si alguno oye mi voz y abre la puerta, entraré a él, y cenaré con él, y él conmigo" (Ap. 3:20).

4 (1:28) ***Ministro, Predicar, Evangelismo:*** La iglesia necesita un ministro que predique a Cristo y que amoneste y enseñe a todos los hombres. Esta es la gran tarea del ministro.

1. El ministro debe predicar a Cristo. Este punto es revolucionario, puesto que declara lo exactamente opuesto de lo que el hombre siempre ha hecho. El hombre siempre ha proclamado ideas, teorías, posiciones, reglas, códigos, morales, leyes, filosofías, instituciones y religiones. Pero este no debe ser el tema de la proclamación del ministro. Si bien son buenas y útiles algunas de estas cosas, no son tarea del ministro ni de la iglesia de Dios. El ministro predica a una persona, no cosas, no importa cuán buenas puedan ser. G. Thomas lo expresa bien:

> *"El tema del cristianismo no es una teoría, no es una institución, no es un libro, no es un conjunto de reglas, no es simplemente un código de morales ni un sistema de filosofía, y ni siquiera meramente una expresión de verdad o de principio. Es manifiestamente imposible... amar, adorar u orarle a un principio"* (Studies in Colossians and Philemon [Estudios en Colosenses y Filemón], p. 66).

"Y les dijo: Id por todo el mundo y predicad el evangelio a toda criatura" (Mr. 16:15).

"Porque no nos predicamos a nosotros mismos, sino a Jesucristo como Señor, y a nosotros como vuestros siervos por amor de Jesús" (2 Co. 4:5).

"Que prediques la palabra; que instes a tiempo y fuera de tiempo; redarguye, reprende, exhorta con toda paciencia y doctrina" (2 Ti. 4:2).

2. El ministro debe advertir a todo hombre. El hombre debe ser advertido: No puede entrar a la gloria si Cristo no está en él. Ningún hombre es perfecto; ningún hombre tiene la suficiente justicia como para hacerse aceptable ante Dios. El hombre no puede ganar ni hacer suficiente justicia para convertirse en perfecto. Por lo tanto debe estar alejado de la presencia de la presencia de Dios, dado que Dios es perfecto y solo la perfección puede vivir en presencia de Dios. La única

esperanza del hombre es Cristo, puesto que solo Cristo es justicia. Solo Cristo es perfecto. Esto es crucial para el hombre, porque significa que...

- La única esperanza del hombre de volverse aceptable ante Dios es tener a Cristo, su justicia y perfección, viviendo dentro de su cuerpo.
- La única esperanza del hombre de conquistar la muerte cuando muere es tener a Cristo, su justicia y perfección, viviendo dentro de su cuerpo.

Al hombre se le debe advertir que debe arrepentirse de su maldad y egoísmo, y volverse a Dios en confianza y obediencia. Debe confiar y obedecer al único Hijo de Dios, el Señor Jesucristo. Debe entregar su vida a Cristo y dejar que Cristo ingrese y controle su vida o bien será destinado a la separación de Dios eternamente. Una persona no puede vivir su vida separado y alejado de Dios y luego, en la muerte, esperar ingresar a la presencia de Dios. Si una persona vive una vida separada y alejada de Dios, entonces seguirá separado y alejado de Dios, continuará así eternamente. Dios ha hecho todo lo que pudo para el hombre en su Hijo, Jesucristo. No puede hacer algo más grande, nada más que dar la vida de su propio y querido Hijo para la salvación del hombre. No hay nada más por hacer. La decisión está en cada hombre. Al hombre se le debe advertir, debe ser advertido por la persona que Dios ha escogido para advertirlo, es decir, el ministro.

"Y no participéis en las obras infructuosas de las tinieblas, sino más bien reprendedlas" (Ef. 5:11).

"También os rogamos, hermanos, que amonestéis a los ociosos, que alentéis a los de poco ánimo, que sostengáis a los débiles, que seáis pacientes para con todos" (1 Ts. 5:14).

"Que prediques la palabra; que instes a tiempo y fuera de tiempo; redarguye, reprende, exhorta con toda paciencia y doctrina" (2 Ti. 4:2).

"A ser prudentes, castas, cuidadosas de su casa, buenas, sujetas a sus maridos, para que la palabra de Dios no sea blasfemada" (Tit. 2:5).

"Clama a voz en cuello, no te detengas; alza tu voz como trompeta, y anuncia a mi pueblo su rebelión, y a la casa de Jacob su pecado" (Is. 58:1).

"Cuando yo dijere al impío: De cierto morirás; y tú no le amonestares ni le hablares, para que el impío sea apercibido de su mal camino a fin de que viva, el impío morirá por su maldad, pero su sangre demandaré de tu mano" (Ez. 3:18).

"Y si tú avisares al impío de su camino para que se aparte de él, y él no se apartare de su camino, él morirá por su pecado, pero tú libraste tu vida" (Ez. 33:9).

3. El ministro debe enseñarle a cada hombre. No es suficiente con advertir a los hombres. Una vez que han sido advertidos y han respondido a la advertencia invitando a Cristo a sus corazones y vidas, a la gente hay que enseñarle. Deben aprender cómo vivir y andar en Cristo. Advierta la palabra "sabiduría". Esto significa conocimiento práctico, saber cómo aplicar y practicar y vivir las grandes enseñanzas de Cristo. El ministro debe enseñar "con toda sabiduría", es decir, debe ser práctico en su enseñanza. Por supuesto que son necesarios la teoría y los principios, pero se los debe aplicar a la vida cotidiana. Los creyentes deben saber cómo seguir a Cristo día a día mientras enfrentan las pruebas y tentaciones de la vida.

4. El ministro tiene un objetivo: Presentar a todo hombre perfecto en Jesucristo. El ministro debe trabajar y trabajar para *presentar* a cada persona *perfecta en Cristo Jesús* (véase nota, punto 2, Ef. 4:12-16 para una mayor discusión al respecto).

"Sed, pues, vosotros perfectos, como vuestro Padre que está en los cielos es perfecto" (Mt. 5:48).

"Hasta que todos lleguemos a la unidad de la fe y del conocimiento del Hijo de Dios, a un varón perfecto, a la medida de la estatura de la plenitud de Cristo" (Ef. 4:13).

"Por tanto, dejando ya los rudimentos de la doctrina de Cristo, vamos adelante a la perfección; no echando otra vez el fundamento del arrepentimiento de obras muertas, de la fe en Dios" (He. 6:1).

"Mas tenga la paciencia su obra completa, para que seáis perfectos y cabales, sin que os falte cosa alguna" (Stg. 1:4).

5 (1:29) ***Ministro, Diligencia:*** La iglesia necesita un ministro que trabaje, que luche laboriosamente, dependiendo de Cristo para energía.

1. La palabra "trabajo" (kopiao) significa laborar y luchar en el trabajo y obrar hasta el punto del agotamiento, la fatiga y el dolor. Es la imagen de un atleta luchando, agonizando y tratando de llegar más allá de su capacidad para poder lograr su objetivo. Es el llamado de Dios al ministro: Trabajar y obrar tan diligentemente como lo hizo Pablo y como el deportista más dedicado.

2. La palabra "potencia" (energeia) significa energía y eficiencia, y solo se utiliza respecto del poder sobrehumano (Wuest, *Ephessians and Colossians* [Efesios y Colosenses], vol. 1, p. 195). En este caso, es el poder de Cristo. Cuando el ministro ha llegado lo más lejos que ha podido, Cristo ingresa e infunde energía y poder en su cuerpo, una energía y un poder que obra poderosamente en él.

Pensamiento 1: El ministro que ha trabajado hasta el punto del agotamiento y que ha experimentado la energía y el poder de Cristo conoce cuán gloriosa es la experiencia. Es sumamente trágico que haya tan pocas personas que trabajen de ese modo e incluso menos que trabajen coherentemente hasta el punto en que Cristo les proporcione la energía y poder que necesitan. Parece que nos olvidamos muy fácilmente:

- Mientras tengamos fuerza y energía física para trabajar, la energía y el poder de Cristo no son necesarios.

La única forma en que podemos experimentar la energía y el poder físicos de Cristo es utilizando toda nuestra fuerza. Cuando estamos totalmente vacíos, entonces Cristo debe ingresar o dejarnos y abandonarnos y no cumplir con la promesa de su Palabra. Y esto es algo que Él nunca hará. Por lo tanto, cuando no tenemos más fuerza para caminar y trabajar, es ahí cuando Él nos infunde con su energía y poder sobrenaturales.

"Jesús les dijo: Mi comida es que haga la voluntad del que me envió, y que acabe su obra. ¿No decís vosotros: Aún faltan cuatro meses para que llegue la siega? He aquí os digo: Alzad vuestros ojos y mirad los campos, porque ya están blancos para la siega" (Jn. 4:34-35).

"Me es necesario hacer las obras del que me envió, entre tanto que el día dura; la noche viene, cuando nadie puede trabajar" (Jn. 9:4).

"En lo que requiere diligencia, no perezosos; fervientes en espíritu, sirviendo al Señor" (Ro. 12:11).

"Ahora bien, se requiere de los administradores, que cada uno sea hallado fiel" (1 Co. 4:2).

"Así que, hermanos míos amados, estad firmes y constantes, creciendo en la obra del Señor siempre, sabiendo que vuestro trabajo en el Señor no es en vano" (1 Co. 15:58).

"Por lo cual te aconsejo que avives el fuego del don de Dios que está en ti por la imposición de mis manos" (2 Ti. 1:6).

"Que prediques la palabra; que instes a tiempo y fuera de tiempo; redarguye, reprende, exhorta con toda paciencia y doctrina" (2 Ti. 4:2).

"Pero tú sé sobrio en todo, soporta las aflicciones, haz obra de evangelista, cumple tu ministerio" (2 Ti. 4:5).

"Por lo cual, oh amados, estando en espera de estas cosas, procurad con diligencia ser hallados por él sin mancha e irreprensibles, en paz" (2 P. 3:14).

"Ve a la hormiga, oh perezoso, mira sus caminos, y sé sabio" (Pr. 6:6).

"El que recoge en el verano es hombre entendido; el que duerme en el tiempo de la siega es hijo que avergüenza" (Pr. 10:5).

"Todo lo que te viniere a la mano para hacer, hazlo según tus fuerzas; porque en el Seol, adonde vas, no hay obra, ni trabajo, ni ciencia, ni sabiduría" (Ec. 9:10).

	CAPÍTULO 2 **B. Las señales distintivas de una iglesia madura, 2:1-7**	todos los tesoros de la sabiduría y del conocimiento. 4 Y esto lo digo para que nadie os engañe con palabras persuasivas.	Cristo están toda sabiduría y conocimiento **3 Señal 3: Resistir las enseñanzas seductoras**
1 Señal 1: Un ministro que lucha en oración y se preocupa por la iglesia	1 Porque quiero que sepáis cuán gran lucha sostengo por vosotros, y por los que están en Laodicea, y por todos los que nunca han visto mi rostro;	5 Porque aunque estoy ausente en cuerpo, no obstante en espíritu estoy con vosotros, gozándome y mirando vuestro buen orden y la firmeza de vuestra fe en Cristo.	**4 Señal 4: Mantener disciplina estricta: orden y firmeza**
2 Señal 2: Poseer confianza y seguridad a. Proviene de estar unidos en amor b. Proviene de saber que lo que uno cree sobre el misterio de Dios es correcto c. Proviene de saber que en	2 para que sean consolados sus corazones, unidos en amor, hasta alcanzar todas las riquezas de pleno entendimiento, a fin de conocer el misterio de Dios el Padre, y de Cristo, 3 en quien están escondidos	6 Por tanto, de la manera que habéis recibido al Señor Jesucristo, andad en él; 7 arraigados y sobreedificados en él, y confirmados en la fe, así como habéis sido enseñados, abundando en acciones de gracias.	**5 Señal 5: Andar en el Señor** a. Andar arraigado y sobreedificado b. Andar como se nos enseñó c. Andar abundando en acciones de gracias

DIVISIÓN III

LAS NECESIDADES DE LA IGLESIA, 1:24–2:7

B. Las señales distintivas de una iglesia madura, 2:1-7

(2:1-7) ***Introducción:*** La segunda necesidad de la iglesia es personas maduras, gente que esté coherentemente creciendo en el Señor. Se debe recalcar la palabra *coherente*. Las personas maduras son coherentes en todo lo que hacen. Están coherentemente creciendo en el Señor. Una de las grandes tragedias de la sociedad de hoy día es la falta de coherencia. Pocas personas son coherentes en su camino diario con el Señor. Este es el tema de este gran pasaje: Las marcas de las personas maduras.

1. Señal 1: Un ministro que lucha en oración y se preocupa por la iglesia (v. 1).
2. Señal 2: Poseer confianza y seguridad (vv. 2-3).
3. Señal 3: Resistir las enseñanzas seductoras (v. 4).
4. Señal 4: Mantener disciplina estricta: orden y firmeza (v. 5).
5. Señal 5: Andar en el Señor (vv. 6-7).

[1] (2:1) ***Oración, Preocupación, Ministro:*** Un pueblo maduro debe tener ministros que luchan en oración y se preocupa por ellos. Recuerde que Pablo nunca había visitado personalmente la iglesia colosense; él no les había ministrado de manera directa. (El pastor de la iglesia colosense era Epafras.) Esto dice algo de enorme importancia: Los ministros deben luchar en oración por los creyentes y las iglesias del mundo. De hecho, las iglesias pueden ser maduras en el Señor solamente cuando los ministros en todo el mundo luchan en oración por todas las iglesias del mundo. Imagine la escena. Imagínese usted mismo sobrevolando la tierra y mirando debajo, mirando a cada iglesia del mundo. Imagine a cada pastor del mundo luchando en oración por cada iglesia. Imagine ministros orando por cada iglesia todos los días. Imagine lo que sucedería: el crecimiento, la madurez, el ministerio, el alcanzar a las almas para salvación. Detrás de esto estaba Pablo, y es el gran reto para nosotros. Un pueblo maduro debe tener ministros que luchan en oración y preocupación por ellos. No hay otra forma en que puedan madurar. Un ministro no comprometido del todo solo puede producir personas no comprometidas del todo.

Advierta la palabra "conflicto" (agona). Significa luchar, agonizar, pelear y contender en oración por los creyentes de las iglesias. Es la imagen de un atleta ejercitando cada gramo de energía que tiene en la lucha del concurso. La idea es que Pablo trabajó duro, laboró, luchó, agonizó, empujó y contendió en oración.

Los ministros del mundo deben trabajar y luchar en oración por los creyentes y las iglesias del mundo, los conozcan o no los hayan visto nunca. La oración no es sencilla; es un trabajo, un trabajo exigente y difícil. El ministro o creyente que se toma en serio la oración sabe qué significa luchar en oración, conoce lo que es enfrentar los ataques que interrumpen de...

- pensamientos que distraen
- asuntos que demandan toda atención
- trabajo exigente
- horarios estrictos
- orgullo y cosas que se exaltan a sí mismas contra el conocimiento de Dios
- pensamientos que luchan en contra de ser obedientes en la oración

Pero en contra de todo esto el ministro debe ganar la victoria. El ministro debe orar: agonizar y luchar en la oración, trabajar y laborar en la oración por todos los creyentes del mundo. Es el ejemplo de Pablo y de nuestro Señor, y es la voluntad del Señor para nosotros. De hecho, es su mandamiento.

> ***Pensamiento 1:*** Sin duda alguna, nuestra falla por trabajar y agonizar en la oración por cada uno es el motivo principal por el que tantos creyentes e iglesias son inmaduros en el Señor. El Señor se revela a si mismo y bendice solo a los que oran y son bañados por la oración.

La oración –la comunión con Él– es el principal canal a través del cual Él ha elegido bendecir a su pueblo.

"Pedid, y se os dará; buscad, y hallaréis; llamad, y se os abrirá" (Mt. 7:7).

"Velad y orad, para que no entréis en tentación; el espíritu a la verdad está dispuesto, pero la carne es débil" (Mt. 26:41).

"Por tanto, os digo que todo lo que pidiereis orando, creed que lo recibiréis, y os vendrá" (Mr. 11:24).

"También les refirió Jesús una parábola sobre la necesidad de orar siempre, y no desmayar" (Lc. 18:1).

"Y todo lo que pidiereis al Padre en mi nombre, lo haré, para que el Padre sea glorificado en el Hijo. Si algo pidiereis en mi nombre, yo lo haré" (Jn. 14:13-14).

"Si permanecéis en mí, y mis palabras permanecen en vosotros, pedid todo lo que queréis, y os será hecho" (Jn. 15:7).

"Hasta ahora nada habéis pedido en mi nombre; pedid, y recibiréis, para que vuestro gozo sea cumplido" (Jn. 16:24).

"Orando en todo tiempo con toda oración y súplica en el Espíritu, y velando en ello con toda perseverancia y súplica por todos los santos" (Ef. 6:18).

"Orad sin cesar" (1 Ts. 5:17).

"¿Está alguno entre vosotros afligido? Haga oración. ¿Está alguno alegre? Cante alabanzas" (Stg. 5:13).

"Y cualquiera cosa que pidiéremos la recibiremos de él, porque guardamos sus mandamientos, y hacemos las cosas que son agradables delante de él" (1 Jn. 3:22).

"Si se humillare mi pueblo, sobre el cual mi nombre es invocado, y oraren, y buscaren mi rostro, y se convirtieren de sus malos caminos; entonces yo oiré desde los cielos, y perdonaré sus pecados, y sanaré su tierra" (2 Cr. 7:14).

"Y me buscaréis y me hallaréis, porque me buscaréis de todo vuestro corazón" (Jer. 29:13).

2 (2:2-3) ***Iglesia:*** Un pueblo maduro tiene corazones que son fuertes y confiados. La palabra "consolados" (paraklethosin) significa ser fuerte, fortalecido, establecido y bien parado (Vincent: *Word Studies in the New Testament* [Estudio de palabras en el Nuevo Testamento], vol. 3, p. 482). Significa ser alentado. Es el tipo de fortaleza...

- Que motiva confianza y seguridad.
- Que pone de pie a una persona para soportar el ataque de la falsa enseñanza, las pruebas y las tentaciones.
- Que da consuelo y construye seguridad y confianza en la vida, tanto ahora como eternamente.

El corazón humano anhela dicha fortaleza, ese tipo de confianza, seguridad y consuelo. ¿De dónde proviene tal fortaleza? ¿Dónde está el manantial de donde fluyen dicha confianza y seguridad?

1. Los corazones fuertes provienen del *amor,* de estar entretejidos con los demás en el amor. Piense en la gente (y en los momentos en que nosotros hemos sentido)...

- una soledad total
- rechazo
- falta de amor
- sin amigos
- pasados por alto
- falta de cuidado
- dejados fuera
- ignorados
- maltratados

Una persona que siente estas emociones pocas veces se siente fuerte, confiada o asegurado. Por el contrario, se siente débil, no aceptable e incapaz de manejar situaciones. Se siente insegura, lo que hace que se retraiga o reaccione con una actitud de superioridad o altanería. Todos hemos visto estas reacciones.

La cuestión es esta: La respuesta a un corazón fuerte, confiado y asegurado es el amor, estar entretejido con los demás por el amor. Esta es la tarea de la iglesia y sus creyentes: Amarse unos a los otros –edificar relaciones de amor entre ellos–, edificar relaciones de amor entre todos; no rechazar, ignorar o pasar por alto a ninguna persona. Cuando nuestros corazones están entretejidos con amor, entonces los corazones de todo creyente serán fuertes, alentados, fortalecidos, asegurados, confiados y consolados.

Pensamiento 1: Advierta que los corazones fuertes no provienen de la religión, la ceremonia, el ritual, las leyes o las reglas y reglamentaciones. Los corazones fuertes provienen del amor, corazones entretejidos con amor.

2. Los corazones fuertes provienen de saber que lo que uno cree de Dios es exacto. La mayoría de las personas no están seguras acerca de Dios. No están seguras...

- De que Dios en realidad existe.
- De que Dios en realidad se ocupa de su bienestar.
- De que Dios en realidad se interesa en sus vidas cotidianas.
- De que Dios se puede conocer de manera personal.
- De que la vida eterna en realidad existe.
- De que en realidad pueden saber que hay vida después de la muerte.

a. Advierta la frase "misterio de Dios". Para la mayoría de las personas Dios es un misterio. Pero esto no es lo que la palabra misterio significa en la Biblia. "Misterio" significa un *secreto,* un secreto de Dios que Él ahora ha revelado. El hecho crítico es que *ahora ha sido revelado.* No solo se puede conocer, sino que es conocido por muchas personas. La cuestión es esta: Un corazón fuerte –seguro y confiado– proviene de conocer el secreto de Dios, de saber que lo que uno cree sobre Dios es exacto. ¿Cuál es el gran secreto de Dios que ha sido revelado ahora? Advierta exactamente lo que dice el versículo: "El misterio de Dios… en [kai] Cristo". Jesucristo es "el misterio de Dios". Es Jesucristo el que revela a Dios a los hombres.

- Cuando la gente mira a Jesucristo, ve a Dios.
- Cuando la gente llega a conocer a Jesucristo, llega a conocer a Dios personalmente.

Una vez que una persona se acerca a Dios a través de Jesucristo, Dios coloca su Espíritu dentro del corazón de la persona. Y el Espíritu de Dios infunde fortaleza, seguridad y confianza dentro del corazón de la persona. El Espíritu de Dios otorga absoluta seguridad de que verdaderamente conocemos a Dios y que somos adoptados como sus queridos hijos e hijas. Sabemos con absoluta seguridad que lo que creemos acerca de Dios es exacto. El Espíritu de Dios inspira esa confianza dentro de nuestros corazones.

"Pues no habéis recibido el espíritu de esclavitud para estar otra vez en temor, sino que habéis recibido el espíritu de adopción, por el cual clamamos: ¡Abba, Padre! El Espíritu mismo da testimonio a nuestro espíritu, de que somos hijos de Dios" (Ro. 8:15-16).

"El cual también nos ha sellado, y nos ha dado las arras del Espíritu en nuestros corazones" (2 Co. 1:22).

"Pero cuando vino el cumplimiento del tiempo, Dios envió a su Hijo, nacido de mujer y nacido bajo la ley, para que redimiese a los que estaban bajo la ley, a fin de que recibiésemos la adopción de hijos. Y por cuanto sois hijos, Dios envió a vuestros corazones el Espíritu de su Hijo, el cual clama: ¡Abba, Padre!" (Gá. 4:4-6).

"Y el que guarda sus mandamientos, permanece en Dios, y Dios en él. Y en esto sabemos que él permanece en nosotros, por el Espíritu que nos ha dado" (1 Jn. 3:24).

"En esto conocemos que permanecemos en él, y él en nosotros, en que nos ha dado de su Espíritu" (1 Jn. 4:13).

"Este es Jesucristo, que vino mediante agua y sangre; no mediante agua solamente, sino mediante agua y sangre. Y el Espíritu es el que da testimonio; porque el Espíritu es la verdad" (1 Jn. 5:6).

b. Advierta las palabras "entendimiento" y "a fin de conocer". Cuando una persona entiende y conoce a Jesucristo, entonces obtiene *"todas las riquezas"* de Dios. Obtiene *"todas las riquezas"* de que su conocimiento de Dios. El sentido común nos dice lo siguiente: si pudiéramos estar absolutamente seguros de que nuestro conocimiento de Dios es exacto, entonces nuestro corazón sería fortalecido. Esta es la gloriosa declaración de las Escrituras: podemos estar seguros. De hecho, podemos tener plena seguridad de entender –a través de Jesucristo– porque Él es el secreto revelado de Dios. Jesucristo es la revelación de Dios, nuestra seguridad y confianza de Dios.

"Pues nuestro evangelio no llegó a vosotros en palabras solamente, sino también en poder, en el Espíritu Santo y en plena certidumbre, como bien sabéis cuáles fuimos entre vosotros por amor de vosotros" (1 Ts. 1:5).

"Por lo cual asimismo padezco esto; pero no me avergüenzo, porque yo sé a quién he creído, y estoy seguro que es poderoso para guardar mi depósito para aquel día" (2 Ti. 1:12).

"Acerquémonos con corazón sincero, en plena certidumbre de fe, purificados los corazones de mala conciencia, y lavados los cuerpos con agua pura" (He. 10:22).

"Y en esto sabemos que nosotros le conocemos, si guardamos sus mandamientos" (1 Jn. 2:3).

"En esto hemos conocido el amor, en que él puso su vida por nosotros; también nosotros debemos poner nuestras vidas por los hermanos... Y en esto conocemos que somos de la verdad, y aseguraremos nuestros corazones delante de él" (1 Jn. 3:16, 19).

"En esto conocemos que permanecemos en él, y él en nosotros, en que nos ha dado de su Espíritu" (1 Jn. 4:13).

"El que cree en el Hijo de Dios, tiene el testimonio en sí mismo; el que no cree a Dios, le ha hecho mentiroso, porque no ha creído en el testimonio que Dios ha dado acerca de su Hijo. Y este es el testimonio: que Dios nos ha dado vida eterna; y esta vida está en su Hijo. El que tiene al Hijo, tiene la vida; el que no tiene al Hijo de Dios no tiene la vida. Estas cosas os he escrito a vosotros que creéis en el nombre del Hijo de Dios, para que sepáis que tenéis vida eterna, y para que creáis en el nombre del Hijo de Dios" (1 Jn. 5:10-13).

ESTUDIO A FONDO 1

(2:3) ***Jesucristo, Sabiduría, Conocimiento:*** Un pueblo maduro sabe que todos los tesoros de sabiduría y conocimiento están ocultos en Cristo.

1. Los hombres buscan sabiduría y entendimiento. La palabra "sabiduría" (sophia) significa la capacidad de utilizar la verdad una vez que se conoce la verdad; es utilizar la verdad sabiamente tal como se debe emplear. Es conocer cómo enfrentar los problemas cotidianos y manejarlos sabiamente. Es una sabiduría práctica, saber cómo aplicar las grandes verdades de la vida a la vida diaria. La palabra "entendimiento" (gnosis) es la capacidad de comprender los hechos y la verdad. Significa la capacidad de ver y conocer la verdad. Es ver y conocer qué hacer. Comprende las grandes verdades de la vida. Ve las respuestas a los problemas de...
   - La vida y la muerte
   - El bien y el mal
   - El tiempo y la eternidad
   - Dios y el hombre
   - La salud y la enfermedad
   - El consuelo y el sufrimiento

2. Advierta dónde están los grandes tesoros de la sabiduría y el entendimiento: Están ocultos en Jesucristo. ¿Qué significa esto?
   a. Jesucristo es la personificación exacta de toda sabiduría. Él es la única persona que *vivió* la verdad, que vivió y nunca pecó. Él es la persona que enfrentó toda prueba y problema en la vida y los resolvió, que vivió exactamente como deben vivir los hombres. La sabiduría de la vida –de cómo vivir la vida– se ve en Jesucristo y solo en Él. En Él están todos los tesoros de la sabiduría, todos los tesoros de la vida cotidiana práctica.
   b. Jesucristo es la personificación misma del entendimiento. Él es el Creador y Sostenedor del universo, por lo tanto, toda la verdad y los hechos del universo se hallan en Él. (Esto es verdad, porque cuando algo se realiza, los hechos de su naturaleza se encuentran en la persona que lo creó.) En Jesucristo se encuentra el entendimiento de la

creación, del universo, del bien y del mal, del tiempo y la eternidad, de la salud y la enfermedad, del consuelo y el sufrimiento, de Dios y el hombre. Todos los *tesoros del entendimiento* están en Cristo. El hombre puede *entenderse* a sí mismo y a su mundo solo en Jesucristo. Todo acercamiento a entender el mundo fuera de Cristo conduce a falsas conclusiones y a un mundo de corrupción, discriminación, rivalidad, división y todos los otros males que existen dentro del mundo.

3. Advierta que la sabiduría y el entendimiento están "ocultos" en Jesucristo. Esto no significa que estén ocultos de nosotros, sino *para nosotros* (Matthew Henry, *Matthew Henry's Commentary,* [Comentario de Matthew Henry], vol. 5, p. 756). Están allí para que nosotros los busquemos y los hallemos y por lo tanto honremos a Cristo como la Fuente y la Sustancia de nuestros corazones y vidas.

"¡Oh profundidad de las riquezas de la sabiduría y de la ciencia de Dios! ¡Cuán insondables son sus juicios, e inescrutables sus caminos! Porque ¿quién entendió la mente del Señor? ¿O quién fue su consejero? ¿O quién le dio a él primero, para que le fuese recompensado? Porque de él, y por él, y para él, son todas las cosas. A él sea la gloria por los siglos. Amén" (Ro. 11:33-36).

"Mas para los llamados, así judíos como griegos, Cristo poder de Dios, y sabiduría de Dios" (1 Co. 1:24).

"Mas por él estáis vosotros en Cristo Jesús, el cual nos ha sido hecho por Dios sabiduría, justificación, santificación y redención" (1 Co. 1:30).

"En quien están escondidos todos los tesoros de la sabiduría y del conocimiento" (Col. 2:3).

"Y si alguno de vosotros tiene falta de sabiduría, pídala a Dios, el cual da a todos abundantemente y sin reproche, y le será dada" (Stg. 1:5).

"Mas alábese en esto el que se hubiere de alabar: en entenderme y conocerme, que yo soy Jehová, que hago misericordia, juicio y justicia en la tierra; porque estas cosas quiero, dice Jehová" (Jer. 9:24).

"Y conoceremos, y proseguiremos en conocer a Jehová; como el alba está dispuesta su salida, y vendrá a nosotros como la lluvia, como la lluvia tardía y temprana a la tierra" (Os. 6:3).

[3] (2:4) ***Falsa enseñanza:*** Un pueblo maduro resiste a la seducción y al engaño. La palabra "engaño" (paralogizetai) significa conducir por mal camino, timar, despistar, trampear, seducir y descarriar a alguien. Advierta cómo tiene lugar la seducción: con "palabras persuasivas" (pithanologiai), es decir, con palabras que son atrayentes, atractivas, elocuentes, frondosas y encantadoras.

1. Los creyentes pueden ser seducidos por las palabras persuasivas y elocuentes de la falsa enseñanza. La gente es fácilmente influida por...

- la elocuencia
- los argumentos
- el razonamiento
- la lógica
- la persuasión
- los procesos del pensamiento

Por lo tanto, cuando alguna idea, posición, filosofía, religión, doctrina o creencia es presentada en forma elocuente y razonable, la gente es persuadida. Es engañada, trampeada y alejada de Cristo. Puede ser un argumento en contra de...

- La creación del mundo por parte de Dios.
- El hombre siendo personalmente responsable ante Dios.
- El nacimiento virginal o la encarnación de Dios en la carne humana.
- La vida perfecta, sin pecado de Cristo.
- La muerte de substitución de Cristo.
- La resurrección de Cristo de entre los muertos.
- La salvación por la gracia a través de la fe.
- La nueva venida del Señor Jesucristo.
- La resurrección corporal de los muertos.
- El juicio eterno y la muerte eterna.
- La destrucción del mundo por medio del fuego y la creación de nuevos cielos y tierra.
- La existencia de creyentes cara a cara con Dios, adorándolo y sirviéndolo a lo largo de toda la eternidad.

El argumento puede estar en contra de las principales enseñanzas de las Escrituras. Si son lo suficientemente persuasivas, algunas personas se descarrían. Comienzan a cuestionar la verdad y a preguntarse y dudar.

Advierta las palabras "esto digo". El motivo mismo por el cual Pablo ha proclamado que toda la sabiduría y el conocimiento existen en Cristo es para proteger a los creyentes de la falsa enseñanza. Los creyentes deben conocer que toda la verdad está en Cristo, y deben buscar toda la verdad en Cristo.

2. Los creyentes pueden verse seducidos por las seductoras y atractivas palabras de los que viven tras la lujuria de la carne. La naturaleza humana es fácilmente influida por...

- la apariencia
- las insinuaciones
- el atractivo
- las sugerencias
- el carisma
- las imaginaciones
- los pensamientos
- los deseos

Por lo tanto, cuando se presenta una idea en forma atractiva, las personas se sienten persuadidas y descarriadas de Cristo. Nuevamente, la verdad y el rumbo sabio de comportamiento para el creyente se encuentra en Cristo. El rumbo de la sabiduría es alejarse de la seducción de palabras y sugerencias atrayentes. Cristo mismo –la vida de justicia que vivió y la forma de andar por el mundo que fue sin pecado– es el sendero de sabiduría para el creyente.

"Mas os ruego, hermanos, que os fijéis en los que causan divisiones y tropiezos en contra de la doctrina que vosotros habéis aprendido, y que os apartéis de ellos. Porque tales personas no sirven a nuestro Señor Jesucristo, sino a sus propios vientres, y con suaves palabras y lisonjas engañan los corazones de los ingenuos" (Ro. 16:17-18).

"Porque éstos son falsos apóstoles, obreros fraudulentos, que se disfrazan como apóstoles de Cristo. Y no es maravilla, porque el mismo Satanás se disfraza como

ángel de luz. Así que, no es extraño si también sus ministros se disfrazan como ministros de justicia; cuyo fin será conforme a sus obras" (2 Co. 11:13-15).

"Para que ya no seamos niños fluctuantes, llevados por doquiera de todo viento de doctrina, por estratagema de hombres que para engañar emplean con astucia las artimañas del error" (Ef. 4:14).

"Mas los malos hombres y los engañadores irán de mal en peor, engañando y siendo engañados" (2 Ti. 3:13).

"Porque hay aún muchos contumaces, habladores de vanidades y engañadores, mayormente los de la circuncisión" (Tit. 1:10).

"Hijitos, ya es el último tiempo; y según vosotros oísteis que el anticristo viene, así ahora han surgido muchos anticristos; por esto conocemos que es el último tiempo. Salieron de nosotros, pero no eran de nosotros; porque si hubiesen sido de nosotros, habrían permanecido con nosotros; pero salieron para que se manifestase que no todos son de nosotros" (1 Jn. 2:18-19).

"En esto conoced el Espíritu de Dios: Todo espíritu que confiesa que Jesucristo ha venido en carne, es de Dios; y todo espíritu que no confiesa que Jesucristo ha venido en carne, no es de Dios; y este es el espíritu del anticristo, el cual vosotros habéis oído que viene, y que ahora ya está en el mundo" (1 Jn. 4:2-3).

"Porque muchos engañadores han salido por el mundo, que no confiesan que Jesucristo ha venido en carne. Quien esto hace es el engañador y el anticristo" (2 Jn. 7).

"Luz de lámpara no alumbrará más en ti, ni voz de esposo y de esposa se oirá más en ti; porque tus mercaderes eran los grandes de la tierra; pues por tus hechicerías fueron engañadas todas las naciones" (Ap. 18:23).

[4] (2:5) ***Firmeza, Orden:*** Un pueblo maduro mantiene disciplina: orden y firmeza.

- La palabra "orden" (taxin) significa mantener disciplina militar, formación y arreglo; mantener un frente sólido (*The Amplified New Testament*); mantener la línea militar sin ruptura e intacta (A. T. Robertson, *Word Pictures in the New Testament* [Imágenes de palabras en el Nuevo Testamento], vol. 4, p. 489).
- La palabra "firmeza" (stereoma) significa estar firme y perseverar; ser inamovible, firme y no rendirse; no quebrarse nunca, ceder ni retroceder. Esta, también, es una palabra militar. A. T. Robertson dice que es "la parte sólida de la línea que puede y soporta el ataque" de la seducción.

Advierta que los creyentes de la iglesia colosense estaban siendo atacados por falsas enseñanzas aun cuando Pablo les estaba escribiendo. Pero respondían como un ejército victorioso. Mantenían su disciplina y su orden y firmeza. Advierta también la importancia del aliento del ministro: Pablo dice que él estaba con ellos *en espíritu,* gozando y observando cómo ganaban la victoria sobre los falsos maestros.

"Así que, hermanos míos amados, estad firmes y constantes, creciendo en la obra del Señor siempre, sabiendo que vuestro trabajo en el Señor no es en vano" (1 Co. 15:58).

"Estad, pues, firmes en la libertad con que Cristo nos hizo libres, y no estéis otra vez sujetos al yugo de esclavitud" (Gá. 5:1).

"Para que ya no seamos niños fluctuantes, llevados por doquiera de todo viento de doctrina, por estratagema de hombres que para engañar emplean con astucia las artimañas del error" (Ef. 4:14).

"Solamente que os comportéis como es digno del evangelio de Cristo, para que o sea que vaya a veros, o que esté ausente, oiga de vosotros que estáis firmes en un mismo espíritu, combatiendo unánimes por la fe del evangelio" (Fil. 1:27).

"Así que, hermanos míos amados y deseados, gozo y corona mía, estad así firmes en el Señor, amados" (Fil. 4:1).

"Así que, hermanos, estad firmes, y retened la doctrina que habéis aprendido, sea por palabra, o por carta nuestra" (2 Ts. 2:15).

"Sed sobrios, y velad; porque vuestro adversario el diablo, como león rugiente, anda alrededor buscando a quien devorar; al cual resistid firmes en la fe, sabiendo que los mismos padecimientos se van cumpliendo en vuestros hermanos en todo el mundo" (1 P. 5:8-9).

"Así que vosotros, oh amados, sabiéndolo de antemano, guardaos, no sea que arrastrados por el error de los inicuos, caigáis de vuestra firmeza" (2 P. 3:17).

[5] (2:6-7) ***Creyentes, Camino:*** Un pueblo maduro anda en el Señor. Esto significa por lo menos dos cosas. En primer lugar, los creyentes andan tal como han recibido a Cristo: por la fe. Ellos recibieron a Cristo por la fe, por lo tanto deben andar y continuar con Cristo por la fe. Cuando recibieron a Cristo, confiaron en su justicia y muerte para cubrir sus pecados y para hacerlos aceptables ante Dios. Por lo tanto, deben *andar continuando en la confianza* en su justicia y muerte. Es su justicia y su muerte lo que continúa cubriendo sus pecados y los convierte en aceptables. No tienen en sí mismos nada que ganar, merecer o hacer para que Dios los acepte. No pueden hacer nada y no pueden poseer nada que garantizará su aprobación por parte de Dios. La única aceptación del creyente por parte de Dios es Cristo, confiar en la justicia y la muerte de Cristo. (Véase nota, *Jesucristo, Muerte,* punto 3, Col. 1:21-22 para mayor discusión al respecto.)

"Porque por fe andamos, no por vista" (2 Co. 5:7).

"Pero si andamos en luz, como él está en luz, tenemos comunión unos con otros, y la sangre de Jesucristo su Hijo nos limpia de todo pecado" (1 Jn. 1:7).

En segundo lugar, los creyentes recibieron a Cristo como *Cristo Jesús el Señor.* Esto es, cuando los creyentes lo recibieron, lo aceptaron como el verdadero Mesías y Señor del cielo; lo aceptaron como el *Señor de sus vidas.* Por ende, los creyentes deben andar ante Él como Señor; deben continuar andando y sirviéndolo como el Señor de sus vidas.

"Porque somos sepultados juntamente con él para muerte por el bautismo, a fin de que como Cristo resucitó de los muertos por la gloria del Padre, así también nosotros andemos en vida nueva" (Ro. 6:4).

"Digo, pues: Andad en el Espíritu, y no satisfagáis los deseos de la carne" (Gá. 5:16).

"Yo pues, preso en el Señor, os ruego que andéis como es digno de la vocación con que fuisteis llamados" (Ef. 4:1).

"Y andad en amor, como también Cristo nos amó, y se entregó a sí mismo por nosotros, ofrenda y sacrificio a Dios en olor fragante" (Ef. 5:2).

"Mirad, pues, con diligencia cómo andéis, no como necios sino como sabios" (Ef. 5:15).

"El que dice que permanece en él, debe andar como él anduvo" (1 Jn. 2:6).

Hay tres cosas en particular que el creyente debe hacer.

1. El creyente debe estar arraigado y construido en Cristo. Hay dos imágenes en este enunciado.

- La imagen de estar arraigado es la de un árbol. El creyente debe ser como un gran árbol que tiene sus raíces profundamente plantadas en la tierra. La tierra proporciona fortaleza contra el viento y las tormentas y nutrición para la vida. El creyente debe tomar su nutrición y fortaleza de Cristo.
- La imagen de ser construido es la de un edificio. Jesucristo es el cimiento de la vida, el único cimiento verdadero. Por lo tanto, el creyente maduro es una persona que ha construido su vida en Cristo.

La cuestión a advertir es la siguiente: El énfasis sobre un fuerte apego y un flujo de nutrición y vida de Cristo al creyente. Esto es, el creyente debe andar en una comunión continua, sin rupturas con Cristo. Su vida y mente deben concentrarse en Cristo sin interrupción, tomando toda nutrición y fortaleza de Él. Esto es crucial, puesto que no hay otra nutrición o fortaleza *permanentes,* no que dure para siempre e imparta vida eterna al alma humana.

"Cualquiera, pues, que me oye estas palabras, y las hace, le compararé a un hombre prudente, que edificó su casa sobre la roca. Descendió lluvia, y vinieron ríos, y soplaron vientos, y golpearon contra aquella casa; y no cayó, porque estaba fundada sobre la roca. Pero cualquiera que me oye estas palabras y no las hace, le compararé a un hombre insensato, que edificó su casa sobre la arena" (Mt. 7:24-26).

"Atesorando para sí buen fundamento para lo por venir, que echen mano de la vida eterna" (1 Ti. 6:19).

"Pero el fundamento de Dios está firme, teniendo este sello: Conoce el Señor a los que son suyos; y: Apártese de iniquidad todo aquel que invoca el nombre de Cristo" (2 Ti. 2:19).

2. El creyente debe andar establecido en la fe tal como se le ha sido enseñado. La palabra "establecido" significa estar firme, estable, sin permitir descarriarse. Esto demuestra la total necesidad de maestros fuertes en la iglesia. Cuando los creyentes tienen maestros fuertes, deben aprender todo lo que puedan acerca de la fe y mantenerse firme en ella. No deben dejarla ir. Barclay señala:

> *"Hay determinadas creencias que permanecen como el cimiento de toda creencia, y no cambian... la verdad que no cambia y es inmutable de que Jesucristo es el Señor"* (The Letters to the Philippians, Colossians, and Thessalonians, [Las cartas a los filipenses, colosenses y tesalonicenses], p. 159).

Los creyentes maduros están establecidos en la fe, y deben mantenerse firmes en la fe tal como se les ha enseñado.

"Y al que puede confirmaros según mi evangelio y la predicación de Jesucristo, según la revelación del misterio que se ha mantenido oculto desde tiempos eternos" (Ro. 16:25).

"Arraigados y sobreedificados en él, y confirmados en la fe, así como habéis sido enseñados, abundando en acciones de gracias" (Col. 2:7).

"Y el mismo Jesucristo Señor nuestro, y Dios nuestro Padre, el cual nos amó y nos dio consolación eterna y buena esperanza por gracia, conforte vuestros corazones, y os confirme en toda buena palabra y obra" (2 Ts. 2:16-17).

"No os dejéis llevar de doctrinas diversas y extrañas; porque buena cosa es afirmar el corazón con la gracia, no con viandas, que nunca aprovecharon a los que se han ocupado de ellas" (He. 13:9).

"Y me hizo sacar del pozo de la desesperación, del lodo cenagoso; puso mis pies sobre peña, y enderezó mis pasos" (Sal. 40:2).

"Asegurado está su corazón; no temerá, hasta que vea en sus enemigos su deseo" (Sal. 112:8).

3. El creyente debe andar desbordando de gratitud. Cristo Jesús el Señor ha hecho tanto por el creyente, tanto que sigue fluyendo, sin cesar, ni siquiera un momento del día. Por lo tanto, el creyente debe aprender a caminar en un espíritu irrompible de gratitud, una gratitud que desborda en alabanzas al Señor momento a momento a lo largo del día.

"Regocijaos en el Señor siempre. Otra vez digo: ¡Regocijaos!... Por nada estéis afanosos, sino sean conocidas vuestras peticiones delante de Dios en toda oración y ruego, con acción de gracias" (Fil. 4:4, 6).

"Dad gracias en todo, porque esta es la voluntad de Dios para con vosotros en Cristo Jesús" (1 Ts. 5:18).

"Así que, ofrezcamos siempre a Dios, por medio de él, sacrificio de alabanza, es decir, fruto de labios que confiesan su nombre" (He. 13:15).

	IV. EL CONTRASTE ENTRE CRISTO Y LA ENSEÑANZA FALSA, 2:8-23 **A. Cristo frente a la filosofía y la astrología falsas, 2:8-10**
1 Advertencia contra la filosofía falsa a. Es solamente tradición b. Considera solamente los rudimentos del mundo c. Es ilusión vana **2 Cristo es la fuente de la realidad y la verdad** a. Es la plenitud de Dios b. Es quien hace completo al hombre c. Es la cabeza de toda potestad	8 Mirad que nadie os engañe por medio de filosofías y huecas sutilezas, según las tradiciones de los hombres, conforme a los rudimentos del mundo, y no según Cristo. 9 Porque en él habita corporalmente toda la plenitud de la Deidad, 10 y vosotros estáis completos en él, que es la cabeza de todo principado y potestad.

DIVISIÓN IV

EL CONTRASTE ENTRE CRISTO Y LA ENSEÑANZA FALSA, 2:8-23

A. Cristo frente a la filosofía y la astrología falsas, 2:8-10

(2:8-10) ***Introducción:*** La importancia de este pasaje se ve con claridad en su título: "Cristo frente a la filosofía y la astrología falsas".

1. Advertencia contra la filosofía falsa (v. 8).
2. Cristo es la fuente de la realidad y la verdad (vv. 9-10).

[1] (2:8) ***Filosofía, Astrología:*** Advertencia contra la filosofía mundana. La frase "Mirad que" (blepete) significa escuchar con mucha atención, tener cuidado, protegerse uno mismo. ¿Por qué? "Nadie os engañe por medio de filosofías" El vocablo "engañe" significa conducir a alguien hacia la cautividad o la esclavitud.

- Algunos hombres se encuentran en la búsqueda genuina de la verdad y la realidad. Tratan de aprender la verdad y la realidad a partir del universo y de los problemas que ellos enfrentan, pero se limitan a sí mismos al universo. Este enfoque posee un terrible defecto que lo conduce a conclusiones equivocadas e incompletas. Este defecto se considerará a continuación.
- Otras personas tienen ideas insólitas o filosofías con respecto a la verdad y la realidad, pero se vuelven más interesados en su posición que en la verdad misma. Necesitan que otros acepten sus posiciones no sea que sus ideas mueran. Por lo tanto, tienen que exponer y persuadir a las personas de que sus ideas son confiables.

Por esto, los creyentes deben tener cuidado y protegerse contra las filosofías mundanas y las ideas falsas que tratan de engañarlos y esclavizarlos.

¿Cuál es el significado de *filosofía mundana*? Pablo nos dice lo que significa para él.

1. La filosofía mundana es la que sigue las mismas tradiciones que los hombres han seguido a través de los siglos.
2. La filosofía mundana es la que busca la realidad por medio de los rudimentos del mundo. La palabra "rudimentos" significa...
   - Los principios elementales, el ABC de las enseñanzas del universo.
   - Las enseñanzas rudimentarias (He. 5:12).
   - Las nociones crudas del universo.
   - Los elementos o los materiales del universo (2 P. 3:10-12).

La filosofía mundana emplea solamente el conocimiento humano y la tradición mundana para la búsqueda de la realidad y la verdad del mundo y de la vida.

3. La única fuente que la filosofía mundana emplea es la del mundo con los mismos elementos del mundo. Los hombres quieren saber...
   - ¿Cuál es el origen del universo y de la vida?
   - ¿Quién es el hombre y de dónde vino? ¿Por qué está aquí y hacia dónde se dirige?
   - ¿De dónde proviene el mal? ¿Puede controlarse? Mejor aún, abolido por completo.
   - ¿Hay Dios? ¿Cómo lo podemos conocer?
   - ¿Es la vida sobre este planeta todo? ¿Hay vida después de la muerte?

Muchas más preguntas pudieran añadirse. El aspecto a considerar es que la filosofía mundana trata de encontrar respuestas a estas preguntas *solamente en el mundo* (universo). La filosofía mundana toma en consideración únicamente los elementos o materiales de este mundo y en ellos busca las respuestas a la vida. La consecuencia es trágica, porque cada elemento en este mundo, cada elemento que hay en él, pasará. Por lo tanto, si la filosofía se fundamenta a sí misma en los elementos del mundo, no hay *solución o respuesta permanente* para la vida. ¿Por qué? Porque el hombre y su mundo dejarán de existir, porque el universo en sí es físico y se desgasta –claro que mucho más lento que el hombre– , pero continúa consumiéndose. (Finalmente será destruido, aunque no por el hombre sino por Dios. Este tema es para considerarlo en otra oportunidad. Cp. 2 P. 3:3-18, en especial los versículos 10 al 13.) Una filosofía que se fundamenta en el mundo no es apropiada para encontrar *las respuestas y soluciones pertinentes a la vida.* Lo mejor que una filosofía mundana o la ciencia puede hacer es...

- hacer la vida más placentera.
- hacer la vida más segura y más larga.

Sin embargo, esto no significa una vida eterna y permanente más placentera y segura. No es una verdad o realidad permanente. El hombre y su mundo necesitan algo muy superior a la filosofía mundana, una filosofía que solamente ofrece *respuestas temporales y a corto plazo* acerca de la vida.

"Profesando ser sabios, se hicieron necios" (Ro. 1:22).

"Maridos, amad a vuestras mujeres, y no seáis ásperos con ellas. Hijos, obedeced a vuestros padres en todo, porque esto agrada al Señor" (1 Co. 3:19-20).

"Porque esta sabiduría no es la que desciende de lo alto, sino terrenal, animal, diabólica" (Stg. 3:15).

"Por tanto, he aquí que nuevamente excitaré yo la admiración de este pueblo con un prodigio grande y espantoso; porque perecerá la sabiduría de sus sabios, y se desvanecerá la inteligencia de sus entendidos" (Is. 29:14).

"Porque te confiaste en tu maldad, diciendo: Nadie me ve. Tu sabiduría y tu misma ciencia te engañaron, y dijiste en tu corazón: Yo, y nadie más. Vendrá, pues, sobre ti mal, cuyo nacimiento no sabrás; caerá sobre ti quebrantamiento, el cual no podrás remediar; y destrucción que no sepas vendrá de repente sobre ti" (Is. 47:10-11).

"Porque mi pueblo es necio, no me conocieron; son hijos ignorantes y no son entendidos; sabios para hacer el mal, pero hacer el bien no supieron" (Jer. 4:22).

"Con tu sabiduría y con tu prudencia has acumulado riquezas, y has adquirido oro y plata en tus tesoros. Con la grandeza de tu sabiduría en tus contrataciones has multiplicado tus riquezas; y a causa de tus riquezas se ha enaltecido tu corazón" (Ez. 28:4-5).

"El rey se alegra en tu poder, oh Jehová; y en tu salvación, ¡cómo se goza!" (Sal. 2:1).

Si el hombre necesita algo más que la filosofía mundana, ¿qué es lo que necesita? ¿Qué es lo que puede satisfacer las necesidades del hombre mejor que el pensamiento más profundo y las ciencias de los hombres? Recuerde que el hombre necesita vida –vida verdadera, vida real, vida que sea abundante y eterna–, que no se enferme, pueda accidentarse y muera. El hombre necesita un mundo verdadero que no sufra bajo el peso de la corrupción, la decadencia y el deterioro, que no se deshaga ante los desastres naturales.

- El hombre necesita un mundo verdadero, no uno que falso, un error.
- El hombre necesita un mundo real, no uno que se esfuma, una ilusión.
- El hombre necesita un mundo auténtico, no uno que solamente es una apariencia, una falsificación.
- El hombre necesita un mundo con propósito, no uno que solamente es una casualidad sin ningún significado final y permanente.

¿Cómo puede el hombre obtener un mundo de la manera que necesita? ¿De qué manera puede el hombre encontrar vida eterna y permanente? La respuesta es sencilla: El hombre no puede. Si un mundo con esas características no existe, el hombre no puede encontrarlo, no tiene que ser descubierto.

¿Y si un *mundo permanente* existe en una *dimensión espiritual* del ser? ¿Cómo puede descubrirlo el hombre? El hombre no puede. Si un mundo espiritual existe, el hombre no puede encontrarlo porque él está constituido de sustancia material, física. Lo material y físico no puede penetrar o entrar en lo espiritual. No importa lo que algunas personas piensen o digan.

- Lo corruptible no puede entrar dentro del mundo de lo incorruptible, porque aún es corruptible.
- Lo deshonroso no puede entrar dentro del mundo de gloria, porque aún es deshonroso (falto de gloria o perfección).
- Lo débil no puede entrar dentro del mundo de poder infinito y perfecto, porque aún es débil (falto de poder infinito).
- Lo natural no puede entrar dentro del mundo de lo espiritual, porque aún es natural.
- Lo mortal no puede entrar dentro del mundo de lo inmortal, porque aún es mortal.
- Lo que está muriendo no puede entrar dentro del mundo de vida, porque aún se encuentra en el proceso de morir, como ocurre con el cuerpo humano.

El hombre por sí solo es totalmente incapaz de penetrar o entrar en el mundo espiritual o en la dimensión espiritual. No puede conocer el mundo espiritual porque el hombre y su mundo son físicos y materiales (corruptibles y deshonrosos, débiles y naturales, mortales y en proceso de morir).

Esto manifiesta un punto importante: Hay una única manera en que el hombre puede conocer el mundo espiritual y su dimensión. El mundo espiritual tiene que *revelarse* a sí mismo al mundo físico. Dios tiene que *revelarse* a sí mismo al hombre. Exactamente esto es lo que ha hecho Dios por medio de Cristo. Este es el mensaje glorioso y esplendoroso de nuestro punto siguiente.

Pensamiento 1: Los "rudimentos" (elementos o materiales) del universo se refieren también a las signos y espíritus de las estrellas y planetas. Desde tiempos remotos se ha mantenido la idea de que los mismos determinan el destino del hombre. *La astrología y los signos del zodíaco* deben considerarse peligrosos como cualquier otro asunto de la filosofía mundana. Las estrellas y los planetas son parte del universo material como lo son los hombres. Son parte del mundo físico y de la misma dimensión del ser que el hombre. En realidad, son objetos inanimados, con menos habilidad y poder que el hombre. Tienen aún menos capacidad para penetrar o entrar dentro del mundo espiritual o a la dimensión en que se encuentra el hombre.

2 (2:9-10) ***Jesucristo, deidad:*** Jesucristo es la fuente de la realidad y la verdad, la presencia del mismo Dios. Advierta que la realidad y la verdad –las respuestas al mundo y a la vida– no se encuentran en la filosofía ni en los pensamientos humanos. Se encuentran en una persona, en la persona del Señor Jesucristo.

Piense por un momento: Si una persona (Dios) creó el mundo en realidad, entonces la respuesta a la vida y a la creación (la verdad y la realidad) se encuentra escondida en Él, no en el mundo que Dios hizo. Él es la fuente para entender el mundo; este último no es la fuente para entender a Dios. En realidad, podemos observar al mundo y aprender algunas cosas con respecto a Dios, pero no todo lo que necesitamos conocer de Él. Por ejemplo, el mundo no puede decirnos cómo conquistar la maldad y la muerte, no en forma completa. Por lo tanto, si buscamos la verdad únicamente en el mundo, nos encontraremos con un conocimiento incompleto y en error. De modo que tenemos que buscar la verdad y la respuesta a todas las cosas en la persona que hizo todas las cosas. Dios es el único que conoce cada detalle.

El glorioso mensaje del evangelio y de este pasaje es que Dios existe. En realidad existe y se ha revelado a sí mismo en Cristo. Jesucristo es la revelación de Dios, de la verdad y la realidad, de la vida en misma, en su origen, su propósito, su significa y su destino. Advierta tres verdades maravillosas.

1. Cristo es la plenitud de Dios. Cristo es Dios que vino a la tierra. Observe el versículo: En Cristo "habita corporalmente *toda la plenitud de la Deidad"*. Todo lo que Dios es habita en Cristo.

- Cristo es Dios en un sentido absoluto, completo y perfecto.

Jesucristo posee la completa naturaleza y ser de Dios de la misma manera que Dios el Padre posee la completa naturaleza de Dios. (Véase la nota, *Jesucristo, deidad,* Fil. 2:5-11; Jn. 1:1-2.) Dios el Padre y Dios el Hijo poseen el mismo tipo de ser y naturaleza que Dios. La palabra "plenitud" (pleroma) significa estar en casa, estar de forma permanente establecido y presente. Esto nos indica...

- que la plenitud de Dios ha habitado siempre en Cristo, antes de que Él viniera a la tierra (Jn. 1:1, 18; 17:5, 24; Fil. 2:6).
- que la plenitud de Dios habitaba en Cristo cuando Él caminaba con un cuerpo humano sobre la tierra (Jn. 1:14, 18; 1 Jn. 1:1-3).
- que la plenitud de Dios no era un don temporal de Cristo.

¿Qué quiere decir esto para nuestra vida diaria? Quiere decir dos cosas maravillosas.

a. En primer lugar, Dios no se encuentra en un lugar remoto del espacio. Dios no se encuentra desvinculado del mundo. Él no lo creó , lo apuntaló y lo dejó vagar por el espacio con el hombre haciendo las cosas lo mejor que podía. Dios se interesa y se ocupa del mundo, tanto que vino a la tierra para mostrarnos lo interesado que se encuentra.

b. Dios es amoroso, no malvado. Solamente un Dios malvado dejaría al hombre en la oscuridad en la que debería andar a tientas, tratando de asirse a algo y tropezando para llegar a conocer a Dios. Un Dios amoroso se revelaría a sí mismo y le mostraría al hombre...

- el camino hacia Dios.
- la verdad de Dios, el hombre y su mundo.
- la vida que debe llevar el hombre (Jn. 14:6).

"Y el que me ve, ve al que me envió" (Jn. 12:45).

"Si me conocieseis, también a mi Padre conoceríais; y desde ahora lo conocéis, y lo habéis visto" (Jn. 14:7).

"Jesús le dijo: ¿Tanto tiempo hace que estoy con vosotros, y no me has conocido, Felipe? El que me ha visto a mí, ha visto al Padre; ¿cómo , pues, dices tú: Muéstranos el Padre?" (Jn. 14:9).

"Todo lo que tiene el Padre es mío; por eso dije que tomará de lo mío, y os lo hará saber" (Jn. 16:15).

"Porque en él habita corporalmente toda la plenitud de la Deidad" (Col. 2:9).

"E indiscutiblemente, grande es el misterio de la piedad: Dios fue manifestado en carne, justificado en el Espíritu, visto de los ángeles, predicado a los gentiles, creído en el mundo, recibido arriba en gloria" (1 Ti. 3:16).

"El cual, siendo el resplandor de su gloria, y la imagen misma de su sustancia, y quien sustenta todas las cosas con la palabra de su poder, habiendo efectuado la purificación de nuestros pecados por medio de sí mismo, se sentó a la diestra de la Majestad en las alturas" (He. 1:3).

2. Los creyentes están completos en Cristo. La palabra "completos" (pepleromenoi) significa recibir plenitud. El griego dice: "En Él ustedes están plenos". Cuando una persona cree verdaderamente y participa de Cristo, recibe la plenitud de Cristo. Con esta plenitud, ¿qué es lo que recibe el creyente? Las Escrituras describen lo que recibe el creyentes con esta plenitud de distintas maneras.

a. Los creyentes reciben sabiduría, justificación, santificación y redención.

"Mas por él estáis vosotros en Cristo Jesús, el cual nos ha sido hecho por Dios sabiduría, justificación, santificación y redención" (1 Co. 1:30).

- *Sabiduría* significa que entendemos a Dios, al mundo y al hombre: el origen, el propósito y el destino final de la creación.
- *Justificación* significa que entendemos la maldad en el mundo, tanto el pecado como la muerte, y que sabemos que la única forma de alcanzar la justificación es por medio de Cristo.
- *Santificación* significa que hemos apartado nuestra vida para Dios, para vivir para Él y servirle a Él.
- *Redención* significa que hemos sido salvos de la corrupción y de la muerte, y que se nos ha dado vida eterna.

b. Los creyentes reciben la plenitud de la naturaleza de Cristo. La naturaleza divina de l Señor es puesta en los creyentes y ellos se vuelven en nuevas criaturas en Cristo.

"Por medio de las cuales nos ha dado preciosas y grandísimas promesas, para que por ellas llegaseis a ser participantes de la naturaleza divina, habiendo huido de la corrupción que hay en el mundo a causa de la concupiscencia" (2 P. 1:4).

"De modo que si alguno está en Cristo, nueva criatura es; las cosas viejas pasaron; he aquí todas son hechas nuevas" (2 Co. 5:17).

"Y vestíos del nuevo hombre, creado según Dios en la justicia y santidad de la verdad" (Ef. 4:24).

"Y revestido del nuevo, el cual conforme a la imagen del que lo creó se va renovando hasta el conocimiento pleno" (Col. 3:10).

c. Los creyentes reciben plenitud de vida ahora mismo. Desde el mismo momento en que los creyentes reciben a Cristo, no deberían carecer de nada. Si un creyente carece de algo –alguna plenitud de vida– es porque ha apartado sus ojos de Cristo y se ha deslizado. Al enfrentarse con la vida cada día…

- el creyente recibe vida en abundancia.

"El ladrón no viene sino para hurtar y matar y destruir; yo he venido para que tengan vida, y para que la tengan en abundancia" (Jn. 10:10).

- el creyente recibe plenitud de gozo.

"Estas cosas os he hablado, para que mi gozo esté en vosotros, y vuestro gozo sea cumplido" (Jn. 15:11).

- el creyente recibe todo lo que necesita para vivir, lo que incluye el alimento, el vestido y el techo (cp. Mt. 6:24-34).

"Mas buscad primeramente el reino de Dios y su justicia, y todas estas cosas os serán añadidas" (Mt. 6:33).

- el creyente recibe la plenitud del Espíritu de Dios, la plenitud del mismo Dios.

"Mas el fruto del Espíritu es amor, gozo, paz, paciencia, benignidad, bondad, fe, mansedumbre, templanza; contra tales cosas no hay ley" (Gá. 5:22-23).

"Y de conocer el amor de Cristo, que excede a todo conocimiento, para que seáis llenos de toda la plenitud de Dios" (Ef. 3:19).

"No os embriaguéis con vino, en lo cual hay disolución; antes bien sed llenos del Espíritu" (Ef. 5:18).

d. Los creyentes reciben plenitud de vida eterna.

"Para que todo aquel que en él cree, no se pierda, mas tenga vida eterna. Porque de tal manera amó Dios al mundo, que ha dado a su Hijo unigénito, para que todo aquel que en él cree, no se pierda, mas tenga vida eterna" (Jn. 3:15-16).

"Y esta es la vida eterna: que te conozcan a ti, el único Dios verdadero, y a Jesucristo, a quien has enviado" (Jn. 17:3).

"Porque el que siembra para su carne, de la carne segará corrupción; mas el que siembra para el Espíritu, del Espíritu segará vida eterna" (Gá. 6:8).

e. Los creyentes reciben la plenitud del conocimiento de la voluntad de Dios.

"Por lo cual también nosotros, desde el día que lo oímos, no cesamos de orar por vosotros, y de pedir que seáis llenos del conocimiento de su voluntad en toda sabiduría e inteligencia espiritual" (Col. 1:9).

Pensamiento 1: Advierta que la plenitud de vida y las respuestas en cuanto a la verdad y la realidad no provienen de la filosofía sino de una persona, de Jesucristo.

3. Cristo es la cabeza de todo principado y potestad. No hay gobernador, autoridad o poder que se levante entre Dios y el hombre. Nada, absolutamente nada se levantan entre Dios (La verdad y la realidad fundamentales) y el hombre…

• ninguna fuerza.
• ningún poder.
• ninguna energía.
• ninguna persona.
• ninguna ciencia.
• ninguna ley en el universo.
• ningún signo del zodíaco.
• ningún signo o espíritu de las estrellas y planetas.
• ninguna energía astrológica.

La explicación y el destino del hombre y su mundo se encuentran en Jesucristo y solamente en Él. Cristo es el único mediador ente Dios y el hombre. El hombre puede acercarse a Dios solamente por medio de Cristo. Nadie –ninguna persona o fuerza– puede presentarnos ante Dios y hacernos aceptos ante Él. Dios recibe únicamente a las personas que vienen a Él por medio de Cristo.

"Porque de tal manera amó Dios al mundo, que ha dado a su Hijo unigénito, para que todo aquel que en él cree, no se pierda, mas tenga vida eterna" (Jn. 3:16).

"El que de arriba viene es sobre todos; el que es de la tierra, es terrenal, y cosas terrenales habla; el que viene del cielo, es sobre todos" (Jn. 3:31).

"Le respondió Simón Pedro: Señor, ¿a quién iremos? Tú tienes palabras de vida eterna" (Jn. 6:68).

"Por esto os dije que moriréis en vuestros pecados; porque si no creéis que yo soy, en vuestros pecados moriréis" (Jn. 8:24).

"Jesús le dijo: Yo soy el caminos, y la verdad, y la vida; nadie viene al Padre, sino por mí" (Jn. 14:6).

"Y en ningún otro hay salvación; porque no hay otro nombre bajo el cielo, dado a los hombres, en que podamos ser salvos" (Hch. 4:12).

"Porque nadie puede poner otro fundamente que el que está puesto, el cual es Jesucristo" (1 Co. 3:11).

	B. Cristo frente a la religión falsa, 2:11-12
1. La religión falsa: Acentúa el ritual y las formas superfluas. **2. La religión verdadera: Acentúa a Cristo y a lo espiritual.** a. Un corte de los pecados. b. Un entierro en el bautismo y la resurrección a una nueva vida. c. Una operación de Dios por la fe.	11 En él también fuisteis circuncidados con circuncisión no hecha a mano, al echar de vosotros el cuerpo pecaminoso carnal, en la circuncisión de Cristo; 12 sepultados con él en el bautismo, en el cual fuisteis también resucitados con él, mediante la fe en el poder de Dios que le levantó de los muertos.

DIVISIÓN IV

EL CONTRASTE ENTRE CRISTO Y LA ENSEÑANZA FALSA, 2:8-23

B. Cristo frente a la religión falsa, 2:11-12

(2:11-12) ***Introducción, Circuncisión, Religión, Falsa; Verdadera:*** Una falsa religión es cualquier religión que no esté basada en el amor de Dios y de Jesucristo. Ya que Dios ha amado tanto al mundo, que Él dio a su único Hijo, quien a su vez cree en que Él no debe perecer, sino tener vida eterna (Jn. 3:16).

> **"Mas Dios muestra su amor para con nosotros, en que siendo aún pecadores, Cristo murió por nosotros" (Ro. 5:8).**

El sentido común nos dice lo siguiente: Si Dios amó tanto al mundo que nos ha dado a su único Hijo para la salvación del mundo, entonces el único camino para acercarnos a Él es a través de su Hijo. La única manera que Él nos aceptaría es a través de su Hijo.

Dios no es un Dios de indiferencia y odio, un Dios que nos ha dejado en la oscuridad, tratando de buscar a Dios, buscando descubrir el camino hacia Él. Dios es amor; Él se preocupa por el hombre, ama profundamente al hombre. De hecho, Dios ama al hombre con un amor eterno e infinito; un amor tan grande que Él nos ha enviado a su Hijo al mundo para revelarnos la verdad y para soportar el juicio por nuestras transgresiones contra Dios. El punto es el siguiente: Cualquier religión que *se concentre sobre cualquier otra cosa* que no sea el amor de Dios y el Hijo de Dios, no es de Dios, no del único y verdadero Dios. Es una falsa religión.

El problema de la falsa religión había ingresado en la iglesia Colosense. Algunos enseñaban que era necesario un determinado ritual para la salvación, el ritual de la circuncisión. Esta escritura nos brinda una excelente discusión de una falsa religión que acentúa el ritual por sobre el amor de Dios y el Hijo de Dios, el Señor Jesucristo.

1. La religión falsa: Acentúa el ritual y las formas superfluas (v. 11).
2. La religión verdadera: Acentúa a Cristo y a lo espiritual (vv. 11-12).

[1] (2:11) ***Religión, Falsa; Circuncisión:*** Existe una falsa religión que acentúa el ritual, la ceremonia y la forma superflua por sobre Cristo. Algunos en la iglesia colosense acentuaban el ritual de la circuncisión. Decían que un hombre debía ser circuncidado para salvarse, que Dios no lo aceptaría a menos que fuera circunciso. El dar su corazón y su vida a Jesucristo no era suficiente. Aun si confiaba en Cristo y daba todo lo que era y tenía, Dios no lo aceptaría a menos que fuera circuncidado. Existía una razón para esta creencia. La circuncisión era el ritual de fe de los judíos. Simbolizaba dos cosas:

- Primero, la circuncisión simbolizaba la fe de un hombre y su familia en Dios. Cuando un hombre confiaba en Dios, era circuncidado como signo o testimonio de su fe en Dios. Su circuncisión declaraba al mundo que él y su familia iban a seguir a Dios.
- En segundo lugar, la circuncisión también simbolizaba el corte de "el cuerpo de los pecados" que se encontraba en la carne. Cuando se cortaba la piel y se la sacaba, era una imagen del pecado –todo el cuerpo o el paquete del pecado– cortado y removido del hombre.

Esta era la imagen verdadera de la circuncisión, lo que Dios había intentado hacer hasta que llegó Cristo. Muy simplemente, un hombre debía confiar en Dios ofreciendo su corazón y su vida a Dios; entonces como signo o símbolo de su fe, debía ser circuncidado. Pero lo que sucedía era exactamente lo que sucede a menudo con lo espiritual: El hombre corrompía el propósito de Dios en la circuncisión. El hombre comenzó a decir que una persona se volvía aceptable para Dios...

- no porque confiara en Dios.
- sino porque era circunciso.

No importaba cuánto el hombre confiara en Dios, no era aceptable ante Él a menos que fuera circunciso. La circuncisión le permitiría ser admitido en la presencia de Dios, y sin ella, no podía ganar el encontrarse en presencia de Dios.

El paralelo con otras falsas enseñanzas se ve claramente. A medida que pasaron los siglos, algunos han acentuado que una persona no podría salvarse –sin importar cuánto creyera o si le había dado la vida a Cristo– a menos que...

• se uniera a la iglesia.
• fuera confirmado.
• fuera bautizado.
• cumpliera la ley.

Las falsas enseñanzas y las falsas religiones siempre han tendido a *agregar a* Cristo para poder salvarse. Una persona podía creer y confiar en Cristo con todo su corazón, entregar todo lo que era y todo lo que tenía a Cristo, pero no era suficiente. La persona debía hacer algo más para poder ser aceptable ante Dios.

"Pues no es judío el que lo es exteriormente, ni es la circuncisión la que se hace exteriormente en la carne" (Ro. 2:28).

"Porque yo les doy testimonio de que tienen celo de Dios, pero no conforme a ciencia. Porque ignorando la justicia de Dios, y procurando establecer la suya propia, no se han sujetado a la justicia de Dios; porque el fin de la ley es Cristo, para justicia a todo aquel que cree" (Ro. 10:2-4).

"Que tendrán apariencia de piedad, pero negarán la eficacia de ella; a éstos evita" (2 Ti. 3:5).

"Dice, pues, el Señor: Porque este pueblo se acerca a mí con su boca, y con sus labios me honra, pero su corazón está lejos de mí, y su temor de mí no es más que un mandamiento de hombres que les ha sido enseñado" (Is. 29:13).

"Porque misericordia quiero, y no sacrificio, y conocimiento de Dios más que holocaustos" (Os. 6:6).

"Y Samuel dijo: ¿Se complace Jehová tanto en los holocaustos y víctimas, como en que se obedezca a las palabras de Jehová? Ciertamente el obedecer es mejor que los sacrificios, y el prestar atención que la grosura de los carneros" (1 S. 15:22).

"Porque no quieres sacrificio, que yo lo daría; no quieres holocausto. Los sacrificios de Dios son el espíritu quebrantado; al corazón contrito y humillado no despreciarás tú, oh Dios" (Sal. 51:16-17).

[2] (2:11-12) ***Religión, Verdad, Circuncisión, Verdad, Bautismo:*** La verdadera religión destaca a Cristo y solamente a Cristo. La religión verdadera es espiritual, no física; y es traída por Cristo, no por las manos de los hombres. Note tres puntos fundamentales.

1. La religión verdadera experimenta la circuncisión de Cristo, al permitirle a Cristo que corte el cuerpo de los pecados para sacarlos de la carne. Piense un momento: ¿Qué hombre tiene el poder de quitar el pecado de nuestras vidas? ¿Dónde hay un hombre que pueda sacar el pecado de la carne para que nuestros cuerpos estén perfectos ante Dios? ¿Existe ese hombre? ¿Ha existido o existirá ese hombre alguna vez en la tierra? Cualquier persona pensante y sincera sabe que ningún hombre puede quitar el pecado de otra persona –ni siquiera un solo pecado– mucho menos todo el cuerpo del pecado. Existe solamente una manera que el pecado puede ser quitado y removido de nuestra carne: por Jesucristo. ¿Cómo Cristo quita el pecado de nosotros? A través de la muerte.

Cuando Jesucristo murió, Él murió *por nuestros pecados.* Es decir, Él cargó la culpa y el castigo por nuestros pecados. Fue colgado en la cruz...

• como el pecador culpable por nosotros: en nuestro lugar, como si fuera alguno de nosotros, como nuestro sustituto.
• como la persona que soportaría el juicio y el castigo del pecado *por nosotros.*

Por lo tanto, cuando verdaderamente creemos y confiamos en Cristo –que Él murió por nosotros– Dios quitó nuestro pecado de nosotros. Cortó tanto el pecado como la culpa y los arrojó. Esto significa una cosa maravillosa: permanecemos ante Dios sin pecado. Imagine estar ante Dios libres de pecado, completa y totalmente perdonados, aceptados por Dios como perfectos. Pero nunca olviden por qué: es por Cristo y solo por Cristo, no un ritual ni ningún otra persona o religión. Somos aceptables para Dios debido a Cristo, su Hijo amado, y no por ninguna otra cosa. La religión verdadera no es *Cristo más algo más,* la religión verdadera es *Cristo solamente.* Cristo solamente puede quitar el pecado. La circuncisión verdadera, la religión verdadera...

• es la circuncisión hecha *sin manos.*
• es sacar el cuerpo del pecado de la carne por medio *de la circuncisión de* Cristo.

"Sabiendo esto, que nuestro viejo hombre fue crucificado juntamente con él, para que el cuerpo del pecado sea destruido, a fin de que no sirvamos más al pecado" (Ro. 6:6).

"Porque si vivís conforme a la carne, moriréis; mas si por el Espíritu hacéis morir las obras de la carne, viviréis" (Ro. 8:13).

"Sino vestíos del Señor Jesucristo, y no proveáis para los deseos de la carne" (Ro. 13:14).

"En él también fuisteis circuncidados con circuncisión no hecha a mano, al echar de vosotros el cuerpo pecaminoso carnal, en la circuncisión de Cristo" (Col. 2:11).

"Haced morir, pues, lo terrenal en vosotros: fornicación, impureza, pasiones desordenadas, malos deseos y avaricia que es idolatría" (Col. 3:5).

2. La religión verdadera es ser bautizado y resucitado con Cristo. ¿A qué se refiere aquí el bautismo? ¿Significa el bautismo de muerte de Jesús o el bautismo de agua por la que atraviesa el creyente? Cristo había dicho:

"De un bautismo tengo que ser bautizado; y ¡cómo me angustio hasta que se cumpla!" (Lc. 12:50).

Los comentaristas están divididos sobre el significado. Sin embargo, el significado del pasaje es el mismo sin importar la interpretación. Cuando una persona cree en Cristo, si realmente cree, Dios toma su fe y...

• cuenta a la persona como habiendo sido enterrada con Cristo en el bautismo de su muerte.
• cuenta a la persona como habiendo sido resucitada con Cristo cuando Él resucitó.

Cuando una persona es bautizada, se proclama el mismo mensaje. El acto del bautismo proclama al mundo que la persona ha confiado en Cristo, su muerte y resurrección. Por lo tanto...

• cuando la persona se ubica *debajo del agua,* está declarando que Dios lo cuenta a él como sepultado con Cristo.

• cuando es levantado del agua, está declarando que Dios lo cuenta como resucitado con Cristo.

El punto a ver es que el acto religioso se basa por completo en Cristo, se concentra en Cristo, en lo que Cristo ha hecho. Él es el que murió y se levantó nuevamente. Por lo tanto, es Cristo en el que el hombre *cree y confía,* no el ritual del bautismo. Cristo solo puede salvar; solamente su muerte puede permanecer por la muerte del hombre; solamente su resurrección puede permanecer por la resurrección del hombre.

- Ningún hombre nunca escapará de la muerte a menos que verdaderamente crea que la muerte de Cristo permanezca por su muerte.
- Ningún hombre nunca conquistará la muerte ni vivirá eternamente a menos que verdaderamente confíe en la resurrección de Cristo para permanecer por su resurrección.

La religión verdadera se enfoca en Cristo, su muerte y resurrección, y nada más. Dios salva y acepta a la persona porque se enfoca en su Hijo y se centra solo en Él y nada más.

"¿O no sabéis que todos los que hemos sido bautizados en Cristo Jesús, hemos sido bautizados en su muerte? Porque somos sepultados juntamente con él para muerte por el bautismo, a fin de que como Cristo resucitó de los muertos por la gloria del Padre, así también nosotros andemos en vida nueva" (Ro. 6:3-4).

"Porque todos los que habéis sido bautizados en Cristo, de Cristo estáis revestidos" (Gá. 3:27).

"Sepultados con él en el bautismo, en el cual fuisteis también resucitados con él, mediante la fe en el poder de Dios que le levantó de los muertos" (Col. 2:12).

"El bautismo que corresponde a esto ahora nos salva (no quitando las inmundicias de la carne, sino como la aspiración de una buena conciencia hacia Dios) por la resurrección de Jesucristo" (1 P. 3:21).

3. La religión verdadera es una operación de Dios y solamente de Dios. La palabra "operación" (energeias) significa energía, poder, trabajo. Dios debe realizar la operación u obra sobre la persona para que sea aceptable ante Dios. Ninguna persona puede obrar sobre alguna otra persona y hacerla aceptable ante Dios. Solamente Dios tiene la capacidad y el poder de hacer aceptable a una persona para Él. Advierta dos puntos.

a. ¿Cómo opera Dios sobre nosotros para hacernos aceptables ante Él? Por la fe en Cristo. Es un hecho...
   • que Cristo murió y fue resucitado de entre los muertos.

   Como se ha dicho en el punto anterior, cuando una persona verdaderamente cree en Cristo, Dios toma la fe de esa persona y la cuenta como la muerte y la resurrección de Cristo. Esto es, Dios identifica, considera, cuenta, ve a la persona como estando *en Cristo,* muriendo y resucitando con Cristo. Por lo tanto la persona nunca debe morir porque ya ha muerto y ha resucitado de entre los muertos *en Cristo.* La persona vive ante Dios y es aceptable para Dios –todo porque está *en Cristo*–. Otra manera de decir lo mismo es la siguiente: Una persona se identifica con Cristo, con todo lo que Cristo ha hecho.

b. ¿Cómo sabemos que Dios verdaderamente lo hace, que Dios verdaderamente nos salva de esta manera? Porque Él elevó a Cristo de entre los muertos. Advierta que esto es exactamente lo que este verso declara:

"Sepultados con él en el bautismo, en el cual fuisteis también resucitados con él, mediante la fe en el poder de Dios que le levantó de los muertos" (v. 12).

La resurrección de Cristo prueba que Dios tiene el poder de hacer lo que Él declara. Tiene el poder de contarnos como estando en Cristo y el poder de resucitarnos de entre los muertos. La prueba es que Él ya ha resucitado a una persona, a Cristo Jesús. Miren quién era Él: La persona que soportaba todos los pecados del mundo. La culpa y el castigo por cada pecado cometido estaba siendo cargado por Él. Si Dios pudo resucitarlo a Él, Él puede resucitarnos y lo hará, si solamente creemos y confiamos en su Hijo.

La verdadera religión es la religión que es de Dios, de su operación. La verdadera religión es la religión que se crea por la energía, el poder, el trabajo y la operación de Dios. La verdadera religión es de Dios y solamente de Dios.

"Y creyó a Jehová, y le fue contado por justicia" (Gn. 15:6).

"Y que de todo aquello de que por la ley de Moisés no pudisteis ser justificados, en él es justificado todo aquel que cree" (Hch. 13:39).

"Por cuanto todos pecaron, y están destituidos de la gloria de Dios, siendo justificados gratuitamente por su gracia, mediante la redención que es en Cristo Jesús" (Ro. 3:23-24).

"Porque ¿qué dice la Escritura? Creyó Abraham a Dios, y le fue contado por justicia" (Ro. 4:3).

"Justificados, pues, por la fe, tenemos paz para con Dios por medio de nuestro Señor Jesucristo" (Ro. 5:1).

"Pues mucho más, estando ya justificados en su sangre, por él seremos salvos de la ira" (Ro. 5:9).

"Porque el que ha muerto, ha sido justificado del pecado" (Ro. 6:7).

"¿Quién acusará a los escogidos de Dios? Dios es el que justifica" (Ro. 8:33).

"Y esto erais algunos; mas ya habéis sido lavados, ya habéis sido santificados, ya habéis sido justificados en el nombre del Señor Jesús, y por el Espíritu de nuestro Dios" (1 Co. 6:11).

"Sabiendo que el hombre no es justificado por las obras de la ley, sino por la fe de Jesucristo, nosotros también hemos creído en Jesucristo, para ser justificados por la fe de Cristo y no por las obras de la ley, por cuanto por las obras de la ley nadie será justificado" (Gá. 2:16).

"Así Abraham creyó a Dios, y le fue contado por justicia" (Gá. 3:6).

"De manera que la ley ha sido nuestro ayo, para llevarnos a Cristo, a fin de que fuésemos justificados por la fe" (Gá. 3:24).

"Y ser hallado en él, no teniendo mi propia justicia, que es por la ley, sino la que es por la fe de Cristo, la justicia que es de Dios por la fe" (Fil. 3:9).

	C. Cristo frente al concepto del hombre acerca del pecado, la ley y los espíritus malignos, 2:13-15	cretos que había contra nosotros, que nos era contraria, quitándola de en medio y clavándola en la cruz,	**al concepto del hombre sobre la ley.** a. La idea del hombre sobre la ley b. Cristo ha clavado los cargos contra el hombre en su cruz
1 Punto 1: Cristo frente al concepto del hombre sobre el pecado y la muerte. a. La idea del hombre sobre el pecado y la muerte. b. Cristo vivifica al hombre, al perdonarle sus pecados.	13 Y a vosotros, estando muertos en pecados y en la incircuncisión de vuestra carne, os dio vida juntamente con él, perdonándoos todos los pecados,	15 y despojando a los principados y a las potestades, los exhibió públicamente, triunfando sobre ellos en la cruz.	**3 Punto 3: Cristo frente al concepto del hombre sobre las fuerzas del mal y los espíritus malignos.** a. La idea del hombre sobre los malos espíritus b. Cristo los ha conquistado
2 Punto 2: Cristo frente	14 anulando el acta de los de-		

DIVISIÓN IV

EL CONTRASTE ENTRE CRISTO Y LA ENSEÑANZA FALSA, 2:8-23

C. Cristo frente al concepto del hombre acerca del pecado, la ley y los espíritus malignos, 2:13-15

(2:13-15) ***Introducción:*** Este pasaje discute tres conceptos básicos o ideas sobre el hombre y su mundo. Enfrenta los conceptos del hombre contra la obra de Dios en Cristo. Muestra lo débil de las ideas del hombre en comparación con lo que Dios ha hecho por el hombre en Cristo.

1. Punto 1: Cristo frente al concepto del hombre sobre el pecado y la muerte (v. 13).
2. Punto 2: Cristo frente al concepto del hombre sobre la ley (v. 14).
3. Punto 3: Cristo frente al concepto del hombre sobre las fuerzas del mal y los espíritus malignos (v. 15).

[1] (2:13) ***Pecado, Muerte, Hombre, Estado de:*** El punto uno trata sobre Cristo frente al concepto del hombre sobre el pecado y la muerte.

1. El concepto del hombre sobre pecado y muerte es bien diferente de lo que enseña la Biblia. Cuando el hombre piensa en el pecado, no lo ve como una violación a la ley de Dios ni como a una rebelión contra Dios. El hombre ve el pecado como...

- un error humano
- mala interpretación filosófica
- un desliz personal
- un error de evaluación
- una falla moral
- una mala interpretación semántica
- una falla física
- una irresponsabilidad social
- un error imprevisible
- poca educación
- inmadurez psicológica
- defecto de carácter.

Lo que alguien defina como pecado depende del lugar que ocupe, de dónde se encuentre, en su entorno, de su entrenamiento, herencia y creencias. Son pocas las personas que desean dirigirse a Dios y confesar que pecado es básicamente una violación de la ley o voluntad de Dios, es rebelión e insurrección contra Él y la forma que Él le enseñó al hombre a vivir.

La visión del hombre sobre la muerte también varía de acuerdo con los antecedentes y creencias de la persona. Los conceptos del hombre y las visiones sobre la muerte difieren tanto de los conceptos de la Biblia de la misma manera en que la noche difiere del día. Cuando los hombres miran a la muerte, piensan en ella como...

- dejar de existir
- pasar al olvido
- una existencia adormecida, casi semiconsciente.
- reencarnación en otra forma de vida en la tierra
- moverse hacia otro mundo con otra oportunidad para vivir la vida en el cielo, es decir siendo aceptado ante Dios.

Advierta el punto crítico: La idea del hombre sobre la conquista de la muerte está *centrada en el hombre. Se centra en la capacidad del hombre...*

- para negar la vida después de la muerte y la esperanza de que su negación va a causar que el más allá no exista.
- para hacer su propio camino al cielo al aceptación de Dios cuando Él le brinde otra oportunidad.

El concepto humano del pecado y de la muerte está basado en el hombre: su capacidad, energía y poder para hacerse aceptable ante Dios. Estaban aquellos en la iglesia colosense que enseñaban que una persona se aseguraba la aprobación de Dios por sus propios esfuerzos y obras: tenían que ser circuncidados, seguir los rituales religiosos básicos para ser aceptables ante Dios. Tenían que confiar en Dios *y además* ser circuncidado. Ellos creían en el concepto bíblico de pecado y de muerte, y creían en Cristo. Pero le agregaban a sus creencias el ritual religioso de la circuncisión a Cristo.

> ***Pensamiento 1:*** Se nos proclama un punto muy fuerte: No es suficiente ser conocedor de la Biblia si no podemos acercarnos a Dios exactamente como Él lo dice. No es suficiente decir que no tomamos nada fuera de la Pa-

labra de Dios, que no debemos agregar nada a la Palabra de Dios. Los hombres pecan y los hombres mueren, y existe un más allá; pero Dios es amor, y Él ha dado el camino a los hombres para ser aceptables ante Él y le ha dado el derecho de vivir en el más allá. Es absolutamente crítico que sigamos el camino que Él nos ha trazado y que lo hagamos exactamente de la forma que Él dice.

2. Cristo se opone al concepto del hombre sobre pecado y muerte. Jesucristo nunca hubiera venido al mundo si el pecado y la muerte eterna no fueran realidades. Si no hubiera vida en el más allá –si el pecado y la muerte no mantuvieran a los hombres fuera de la vida en el más allá– Jesucristo nunca hubiera venido a la tierra. Dios nunca hubiera enviado a su Hijo a un mundo para morir por los pecados del hombre y conquistar a la muerte si el pecado y la muerte no fueran realidades. No permita que ninguna persona se engañe a sí misma: Dios nunca hubiera permitido que Cristo fuera colgado de la cruz a menos que los hombres fueran pecadores y condenados a la muerte eterna. Advierta dos puntos.

a. Este versículo dice: "Y a vosotros estando muertos en pecados y en la incircuncisión de vuestra carne". Se dice que el hombre ya está muerto debido al pecado y porque está incircunciso; es decir, el pecado no ha sido arrancado de su carne por Dios. (Véase nota, Col. 2:12 para una mayor discusión al respecto.) El énfasis está puesto sobre la muerte: El hecho de que el hombre ya está muerto. Es verdad, el hombre es lo que él llama vivo, sin embargo está en el proceso de la muerte. Está envejeciendo, deteriorándose, decayendo y muriendo a cada momento. No existe ningún momento en el que el hombre no esté en la mira de la muerte, desde el momento de la concepción el hombre comienza el proceso de la muerte; y mientras crece y madura, continúa en ese proceso. Él vive en lo que podría llamarse *un mundo de muerte, un reino de muerte, una dimensión de muerte.* Cada hora que pasa, se ve el envejecimiento del hombre, su deterioro y su muerte. (Véase notas, He. 9:27. Ver bosquejo y notas, Ro. 5:12-21.)

"De cierto, de cierto os digo: El que oye mi palabra, y cree al que me envió, tiene vida eterna; y no vendrá a condenación, mas ha pasado de muerte a vida" (Jn. 5:24).

"Y él os dio vida a vosotros, cuando estabais muertos en vuestros delitos y pecados" (Ef. 2:1).

"Siendo renacidos, no de simiente corruptible, sino de incorruptible, por la palabra de Dios que vive y permanece para siempre" (1 P. 1:23).

"Porque de tal manera amó Dios al mundo, que ha dado a su Hijo unigénito, para que todo aquel que en él cree, no se pierda, mas tenga vida eterna" (Jn. 3:16).

"Todos nosotros nos descarriamos como ovejas, cada cual se apartó por su camino; mas Jehová cargó en él el pecado de todos nosotros" (Is. 53:6).

"Y al llegar a casa, reúne a sus amigos y vecinos, diciéndoles: Gozaos conmigo, porque he encontrado mi oveja que se había perdido... Y cuando la encuentra, reúne a sus amigas y vecinas, diciendo: Gozaos conmigo, porque he encontrado la dracma que había perdido" (Lc. 15:6, 9).

"Porque el Hijo del Hombre vino a buscar y a salvar lo que se había perdido" (Lc. 19:10).

"Quien llevó él mismo nuestros pecados en su cuerpo sobre el madero, para que nosotros, estando muertos a los pecados, vivamos a la justicia; y por cuya herida fuisteis sanados. Porque vosotros erais como ovejas descarriadas, pero ahora habéis vuelto al Pastor y Obispo de vuestras almas" (1 P. 2:24-25).

"Porque la paga del pecado es muerte, mas la dádiva de Dios es vida eterna en Cristo Jesús Señor nuestro" (Ro. 6:23).

"Porque el ocuparse de la carne es muerte, pero el ocuparse del Espíritu es vida y paz" (Ro. 8:6).

"Entonces la concupiscencia, después que ha concebido, da a luz el pecado; y el pecado, siendo consumado, da a luz la muerte" (Stg. 1:15).

"Pero los cobardes e incrédulos, los abominables y homicidas, los fornicarios y hechiceros, los idólatras y todos los mentirosos tendrán su parte en el lago que arde con fuego y azufre, que es la muerte segunda" (Ap. 21:8).

b. Dios aviva al creyente con Cristo. La palabra "aviva" (sunezoopoiesen) significa traer a la vida. El creyente es traído a la vida de entre los muertos. ¿Cómo?

 estando *"junto a Cristo"*

¿Qué significa estar "junto con Cristo"? Simplemente esto: Cuando confiamos en Cristo –si en realidad confiamos en Él–, Dios toma nuestra confianza y nos identifica con Él Dios nos ubica *"junto con Cristo"*. Significa algo maravilloso: Que estuvimos con Cristo en su muerte y resurrección.

Por lo tanto, cuando Cristo murió por nuestros pecados, nosotros hemos muerto con Él. Dios nos identifica con Él, por lo tanto nunca deberemos morir por nuestros pecados. La pena por nuestros pecados ya ha sido pagada; Cristo pagó por ellos. Cristo cargó la culpa, el juicio, la condena y el castigo por nuestros pecados. En consecuencia, *se* perdonaron nuestras deudas.

Pensamiento 1: Este es el concepto verdadero de pecado y muerte, la única forma concebible de poder ser perdonados y librados de la muerte. El pensamiento honesto nos dice esto, ya que no existe nada más que pueda liberar al hombre del pecado y de la muerte...

- ninguna persona
- ninguna ciencia
- ninguna fuerza
- ninguna energía
- ninguna capacidad
- ningún elemento físico
- ninguna sustancia material

No importa ni cuándo ni cuánto tiempo busquemos, nada será descubierto jamás que pueda darle la vida eterna al hombre. Podemos descubrir formas de extender la vida y de hacerla más cómoda, hace mucho tiempo, los hombres vivían cientos y cientos de años. La Biblia nos cuenta esto. Pero el hombre nunca conquistará la muerte completa y perfectamente. La vida eterna –la aprobación y aceptación de Dios– proviene solamente del poder de vida de Jesucristo.

> **"Respondió Jesús y le dijo: De cierto, de cierto te digo, que el que no naciere de nuevo, no puede ver el reino de Dios" (Jn. 3:3).**
>
> **"Porque como el Padre levanta a los muertos, y les da vida, así también el Hijo a los que quiere da vida" (Jn. 5:21).**
>
> **"El espíritu es el que da vida; la carne para nada aprovecha; las palabras que yo os he hablado son espíritu y son vida" (Jn. 6:63).**
>
> **"Y si el Espíritu de aquel que levantó de los muertos a Jesús mora en vosotros, el que levantó de los muertos a Cristo Jesús vivificará también vuestros cuerpos mortales por su Espíritu que mora en vosotros" (Ro. 8:11).**
>
> **"Y él os dio vida a vosotros, cuando estabais muertos en vuestros delitos y pecados" (Ef. 2:1).**
>
> **"Pero Dios, que es rico en misericordia, por su gran amor con que nos amó, aun estando nosotros muertos en pecados, nos dio vida juntamente con Cristo (por gracia sois salvos)" (Ef. 2:4-5).**
>
> **"En cuanto a la pasada manera de vivir, despojaos del viejo hombre, que está viciado conforme a los deseos engañosos, y renovaos en *el espíritu de vuestra mente*" (Ef. 4:22-23).**
>
> **"Y revestido del nuevo, el cual conforme a la imagen del que lo creó *se va renovando* hasta el conocimiento pleno" (Col. 3:10).**

[2] (2:14) ***Ley, Jesucristo, Cruz, Hombre, Estado de:*** El punto dos concierne a Cristo frente al concepto humano de ley.

1. El concepto humano de ley puede tomarse desde dos puntos de vista:

- Algunos hombres ven a la ley como a una lista de reglas que Dios ha guiado a los grandes religiosos a escribir ya sea en la Biblia como en otros libros religiosos.
- Otros hombres ven a las leyes de Dios como leyes no escritas que tienen sus raíces en la naturaleza humana y mundana. El hombre siente instintivamente lo que es correcto y lo que no lo es y debe vivir de acuerdo con lo que su instinto le dicta (cp. Ro. 2:14-15).

El hombre siente el "acta de los decretos" como en contra de él: las leyes que lo condenan cuando hace lo contrario de lo que ellas dicen o lo que él siente. Advierta que la palabra en realidad significa una nota legal o de deuda, lo que Barclay denomina *"una lista de cargos"* o listado de cargos en contra del hombre *(The Letters to the Philippians, Colossians, and Thessalonians, p. 170)*. El punto es que el hombre siente esa lista de cargos en contra de él. Cuando en realidad debería sentir el daño que ha hecho, ya que es su violación de la ley de Dios la que lo condena a la muerte eterna. Solo en la medida que sienta y reconozca las transgresiones, entonces se volverá a Dios para que lo salve.

Pensamiento 1: Piense en la cantidad de personas que se sienten vencidas, debilitadas y amargadas por la culpa que sienten por sus propias transgresiones. Cuántas personas se encuentran doblegadas y tan deprimidas, sienten que no son merecedoras ni aceptables ante Dios. Cuántas personas están aplastadas porque sienten que le han fallado tanto a Dios. Sin importar cuánto hayan tratado de cumplir la ley –de hacer el bien– han fallado. Por lo tanto, Dios nunca los aceptaría o eso es lo que sienten.

2. Cristo se encuentra del lado opuesto del concepto humano de la ley. Es verdad, el hombre enfrentará a Dios *en su propia rectitud* y será juzgado por la ley. Si ese es el camino que elige para enfrentar a Dios, entonces se le permitirá estar ante Dios en su propia rectitud. El hombre puede reclamar *rectitud por ley.* De hecho, existen solo dos manera de enfrentar a Dios. La ley o la propia rectitud es uno de esos caminos. Pero advierta: Ninguna persona podrá nunca ser aceptable ante un Dios *perfecto,* sin pecados, a menos que esa persona sea perfecta y sin pecados. Y ninguna persona pensante y sincera va a reclamar ser perfecta y sin pecados. Por lo tanto, ninguna persona será nunca aceptable ante Dios por la ley o la propia rectitud. Sin embargo, este es el mensaje glorioso de este versículo. Dios ha brindado un camino para la ley y la lista de cargos en contra de nosotros ha sido borrada. Ese es el camino de Jesucristo.

a. Cristo la quitó "de en medio" para el hombre. ¿Cómo? Cristo cumplió la ley perfectamente. Él vivió una vida libre de pecado como hombre sobre la tierra. Al hacerlo Él se volvió la norma o la ley más elevada para el hombre. El hombre ahora debe mirar a Jesucristo y seguirlo a Él como la norma de su vida. La ley es dejada fuera del camino. Cristo ha cumplido ahora la ley y se ha vuelto la norma para el hombre. (Véase *Estudio a fondo 2,* Mt. 5:17.)

b. Cristo clavó la ley "en la cruz". Es decir, que Cristo sufrió el juicio y el castigo que la ley exigía del hombre. Cristo tomó el juicio de la ley contra el hombre y cumplió la condena. ¿Cómo pudo Él hacer esto? Al cumplir perfectamente la ley. Al obedecer la ley perfectamente Cristo se volvió el modelo y la *rectitud perfecta;* por lo tanto, su rectitud cubre a todos los hombres. Es su muerte la *muerte ideal* o la carga ideal del juicio; por lo tanto, su muerte cubre a todos los hombres. Es su vida la vida ideal, por lo tanto, su vida cubre a todos los hombres. (Véase nota Mt. 5:17-18.)

Cuando una persona confía en Jesucristo como su Salvador, Dios quita la lista de culpas contra esa persona. ¿Cómo? Por Cristo, por la cruz de Cristo. Cuando Cristo murió sobre la cruz, en realidad Él cargaba la culpa y la condena de las culpas por las personas. Por lo tanto, la persona permanece sin culpas y sin pecados ante Dios, porque Cristo tomó la lista de culpas y las clavó a la cruz con Él cuando murió.

> **"No penséis que he venido para abrogar la ley o los profetas; no he venido para abrogar, sino para cumplir" (Mt. 5:17).**
>
> **"Porque lo que era imposible para la ley, por**

cuanto era débil por la carne, Dios, enviando a su Hijo en semejanza de carne de pecado y a causa del pecado, condenó al pecado en la carne" (Ro. 8:3).

"Cristo nos redimió de la maldición de la ley, hecho por nosotros maldición (porque está escrito: Maldito todo el que es colgado en un madero)" (Gá. 3:13).

"Pero cuando vino el cumplimiento del tiempo, Dios envió a su Hijo, nacido de mujer y nacido bajo la ley, para que redimiese a los que estaban bajo la ley, a fin de que recibiésemos la adopción de hijos" (Gá. 4:4-5).

3 (2:15) ***Espíritus malignos, Hombre, Estado de, Jesucristo, Obra de:*** El punto tres trata de Cristo frente al concepto humano de los espíritus malignos.

La idea del hombre sobre el universo es que existen todo tipo de fuerzas dentro del universo.

- Algunas personas visualizan esas fuerzas como energías naturales y poderes dentro del universo tales como la gravedad.
- Otras personas visualizan esas fuerzas como seres vivientes tales como ángeles, entre los cuales algunos son buenos y otros son malos.

Los hombres siempre han reconocido fuerzas, energías, poderes o supremacías dentro del universo. El hombre ve fuerzas naturales o espíritus sobrenaturales detrás de las estrellas y los planetas y la vida dentro del universo, ya sean las fuerzas naturales o los espíritus sobrenaturales controlan las vidas y los destinos del hombre y del mundo. Basta con pensar en los millones de personas que a lo largo de siglos han mirado los signos o los espíritus de los planetas o las estrellas en astrología y los signos del zodíaco.

El punto aquí es el siguiente: La Biblia declara sin duda a equivocarse que existen otras fuerzas dentro del universo. En realidad, la Biblia enseña que hay por lo menos otro mundo en otra dimensión del ser; otra dimensión diferente a la dimensión física. Ese mundo es la dimensión espiritual del ser. Y existen los seres vivientes en esa dimensión, tanto buenos como malos, de la misma manera que existen los seres buenos y los seres malos en este mundo.

La declaración gloriosa de este versículo (v. 15) es que Cristo ha arruinado todos los poderes, no importa quiénes son o cuál es su fuerza o energía. La palabra "arruinado" (apekdusamenos) significa desarmar y cortar las fuerzas malas de todo su poder.

Barclay describe bien la escena:

> *"(Las fuerzas del mal) eran hostiles, maliciosas, malignas para el hombre. Jesús las conquistó para siempre. Él las arrancó. La palabra que se utiliza es la palabra quitarle, arrancarle las armas y la armadura a un enemigo vencido. De una vez y para siempre Jesús quebró su poder. Los expuso a la vergüenza y los condujo cautivos a su tren triunfador. La figura es la del triunfo de un general romano. Cuando un general romano había obtenido un triunfo verdaderamente notable, se le permitía marchar a sus ejércitos victoriosos a través de las calles de Roma, y detrás de él los seguían la compañía vencida de los reyes y los líderes y las gentes que él había conquistado. Se encontraban abiertamente marcados como sus víctimas y sus ruinas. Pablo piensa en Jesús como un conquistador triunfador, disfrutando una especie de triunfo cósmico; y su procesión triunfal son los poderes del mal, vencidos para siempre, para que todos los vean"* (The Letters to the Philippians, Colossians, and Thessalonians, p. 172).

Wuest da una figura adicional de la escena:

> *"Nuestro Señor, después de su muerte en la Cruz, necesitó presentarse a si mismo como el Asiento Misericordioso... como el gran Alto Sacerdote, completando de esa forma la expiación... Para poder hacerlo, nuestro Señor debía atravesar los reinos despojándolos y apartándolos de si mismo... exhibiéndolos avergonzados... conduciéndolos así a un triunfo en él* (Ephesians and Colossians, vol. 1, p. 209).

El punto de este verso es declarar que Cristo ha vencido a Satanás y a sus espíritus del mal; todas las fuerzas y energías, poder y supremacías del universo. Cristo ha triunfado sobre Satanás y sus fuerzas del mal, quebrando su poder y destruyendo sus obras. Cristo ha triunfado sobre el mal a través de cuatro obras.

1. Él conquistó a los espíritus y a las fuerzas del mal al nunca ceder a las tentaciones del diablo (Mt. 4:1-11) y por no pecar jamás (2 Co. 5:21; He. 4:15; 7:26; 1 P. 1:19; 2:22). Cristo vivió una vida perfecta, fue perfectamente justo. Por lo tanto, Él se convirtió en el hombre perfecto, el hombre ideal (véase notas Mt. 8:20), el Justo ideal...

   • a quien todos los hombres deben confiar
   • a quien todos los hombres deben seguir
   • a quien todos los hombres deben utilizar como modelo para sus vidas.

Satanás fue vencido ya que la justicia ideal fue proveída para el hombre. El hombre ahora podría volverse aceptable para Dios al ponerse sobre sí la justicia de Cristo *a través de la fe* (2 Co. 5:21; Ef. 4:23-24, véase *Estudio a fondo 2, Justificación,* Ro. 4:22; nota 5:1).

2. Él conquistó los espíritus y las fuerzas del mal muriendo *por el hombre,* cargando toda la culpa del hombre y el castigo por el pecado. En nombre del hombre, Cristo tomó todos los pecados del hombre sobre si mismo y cargó el juicio de Dios contra el pecado. Él es el *hombre ideal,* por lo tanto su muerte se torna la muerte ideal. Así como su *justicia ideal* permanece y cubre a todos los hombres, así *su muerte ideal* cubre a todos los hombres y a cada uno de ellos. Así, ahora la pena y el castigo por los pecados ha sido pagado. El hombre ya no tiene que morir y ser separado de Dios (véase *Estudio a fondo 1, Muerte,* He. 9:27). La manera de vivir para siempre en la presencia de Dios está abierta ahora. El poder de Satanás está quebrado y destruido.

"Así que, por cuanto los hijos participaron de carne y sangre, él también participó de lo mismo, para destruir por medio de la muerte al que tenía el imperio de la muerte, esto es, al diablo, y librar a todos los que por el temor de la muerte estaban durante toda la vida sujetos a servidumbre" (He. 2:14-15).

"Ahora es el juicio de este mundo; ahora el príncipe de este mundo será echado fuera. Y yo, si fuere levantado de la tierra, a todos atraeré a mí mismo. Y decía

esto dando a entender de qué muerte iba a morir" (Jn. 12:31-33, cp. 1 Jn. 14:30, esp. vv. 28-31; 16:11).

"El cual nos ha librado de la potestad de las tinieblas, y trasladado al reino de su amado Hijo, en quien tenemos redención por su sangre, el perdón de pecados" (Col. 1:13-14).

3. Él conquistó los espíritus y las fuerzas del mal al ser levantado de entre los muertos. Nuevamente, como hombre ideal, la resurrección de Cristo se vuelve una R*esurrección ideal.* Su resurrección cubre a todos los hombres. Advierta dos hechos.

a. Fue el *perfecto espíritu de santidad* (justicia perfecta) que levantó a Cristo de entre los muertos. La muerte no podría contener perfección, ya que la muerte es el resultado del pecado. Cristo, al ser perfecto, debía levantarse.

b. Cuando Cristo se levantó, Él triunfó sobre Satanás, mostrando abiertamente que la muerte es la obra de Satanás. La muerte no debe ser una experiencia natural del hombre. La muerte nunca fue el propósito de Dios; la vida es el propósito de Dios. La resurrección de Cristo muestra claramente este hecho.

"Sepultados con él en el bautismo, en el cual fuisteis también resucitados con él, mediante la fe en el poder de Dios que le levantó de los muertos... y despojando a los principados y a las potestades, los exhibió públicamente, triunfando sobre ellos en la cruz" (Col. 2:12, 15).

4. Él conquistó las fuerzas y los espíritus del mal por su encarnación, es decir por venir al mundo y revelarse como el Hijo de Dios. Piense sobre esto: El hecho de que el Hijo de Dios viniera al mundo destruye las obras del diablo. Tan pronto como el Hijo de Dios apareció en escena, su llegada significó que las obras del diablo serían destruidas.

"El que practica el pecado es del diablo; porque el diablo peca desde el principio. Para esto apareció el Hijo de Dios, para deshacer las obras del diablo" (1 Jn. 3:8).

"Porque de tal manera amó Dios al mundo, que ha dado a su Hijo unigénito, para que todo aquel que en él cree, no se pierda, mas tenga vida eterna. Porque no envió Dios a su Hijo al mundo para condenar al mundo, sino para que el mundo sea salvo por él" (Jn. 3:16-17; cp. Jn. 3:18-21).

1 Cristo frente a las reglas y los rituales a. El falso acercamiento a Dios: A través de las sombras de las reglas y los rituales y juzgando a los demás a través de ellos b. El verdadero acercamiento a Dios: A través de Cristo, el único cuerpo aceptable	**D. Cristo frente a las reglas, los rituales y el espiritismo, 2:16-19** 16 Por tanto, nadie os juzgue en comida o en bebida, o en cuanto a días de fiesta, luna nueva o días de reposo, 17 todo lo cual es sombra de lo que ha de venir; pero el cuerpo es de Cristo.	18 Nadie os prive de vuestro premio, afectando humildad y culto a los ángeles, entremetiéndose en lo que no ha visto, vanamente hinchado por su propia mente carnal, 19 y no asiéndose de la cabeza, en virtud de quien todo el cuerpo, nutriéndose y uniéndose por las coyunturas y ligamentos, crece con el crecimiento que da Dios.	**2 Cristo frente al espiritismo** a. El falso acercamiento a Dios: Espiritismo, a través de la adoración de ángeles o espíritus y visiones b. El verdadero acercamiento a Dios: A través de Cristo quien es la cabeza 1) Solo Él proporciona y nutre la vida 2) Solo Él brinda vida integral

DIVISIÓN IV

EL CONTRASTE ENTRE CRISTO Y LA FALSA ENSEÑANZA, 2:8-23

D. Cristo frente a las reglas, los rituales y el espiritismo, 2:16-19

(2:16-19) ***Introducción:*** Este pasaje enfrenta a Cristo contra dos falsas enseñanzas que han acosado a los hombres a través de los siglos: Las falsas enseñanzas que constantemente se infiltran en la iglesia así como también atacan al hombre en la calle.

1. Cristo frente a las reglas y los rituales (vv. 16-17).
2. Cristo frente al espiritismo (vv. 18-19).

[1] (2:16-17) ***Reglas y reglamentaciones, Rituales, Jesucristo, deidad, Libertad cristiana, Legalidad:*** Cristo frente a las reglas y los rituales. Cada persona pensante sabe que debemos tener reglas y leyes para vivir una vida justa y controlada. Pero cuando adoptamos una regla, en algún punto no la cumplimos. De alguna forma, de alguna manera, solo no la cumplimos y prácticamente no cumplimos la regla perfectamente. Esto significa algo de gran importancia: Nunca podemos acercarnos a Dios y volvernos aceptables ante Dios a través de las reglas y las leyes o rituales, o a través de alguna cosa que podamos conseguir por nuestros propios esfuerzos. ¿Por qué? Porque Dios es perfecto, y para acercarnos a Dios tenemos que ser perfectos. Pero este es el problema de la vida humana: Somos imperfectos y nunca podremos ser perfectos porque hemos fallado. ¿Cómo podríamos ser aceptables ante Dios cuya naturaleza demanda perfección? Solo existe una manera: a través del amor de Dios. Tenemos que confiar que Dios nos ama lo suficiente como para brindarnos la manera de ser acreditados e imputados con perfección. Este es el evangelio glorioso de su Hijo, Jesucristo. Cuando confiamos en la justicia y perfección de Jesucristo, entonces Dios cuenta nuestra confianza en su adorado Hijo como justicia. Cuando centramos nuestra atención en el Hijo de Dios, es decir honramos a Cristo con nuestra confianza y nuestras vidas, Dios nos honra por honrar a su Hijo. Dios nos honra contándonos como perfectos y justos en *la justicia de Cristo.*

Advierta: El énfasis en el presente pasaje está puesto en la concentración en Cristo, el Hijo de Dios. Dios Padre ama a su Hijo con un amor eterno, el amor más grande de la existencia. Por lo tanto, Dios acepta a cualquier persona en *su Hijo* y a ninguna *fuera de su Hijo.* Él honra a cualquier persona que *confíe completamente* en su Hijo, y a ninguna persona que no tenga *completa confianza.* Ahora, note los puntos de estos dos versículos.

1. Las reglas y los rituales fueron el verdadero problema que había azotado a la iglesia colosense. Algunos creyentes estaban volviendo a las reglas y a los rituales y juzgando a los demás por el cumplimiento de estas reglas y rituales. Algunos falsos maestros dispersaban la atención que los creyentes tenían en Cristo. Ellos decían...

- que las reglas y los rituales debían ser *el centro de atención del hombre y de la vida.*
- que el hombre *se volvía aceptable ante Dios* si cumplía ciertas reglas y rituales.
- que el hombre *agradaba a Dios* comiendo y bebiendo las comidas debidas y manteniendo ciertos rituales religiosos y los días santos.

Advierta como estas enseñanzas llevaban a la persona a concentrarse en las reglas y los rituales en vez de concentrarse en Cristo. Este énfasis encontró sus raíces en las enseñanzas falsas del Gnosticismo que había invadido la iglesia colosense. (Véase notas, *Gnosticismo,* Col. 1:15, para una discusión detallada al respecto. Esta nota trata a la disciplina extrema de la persona y a la persona licenciosa e indulgente.)

> ***Pensamiento 1:*** La gente tiende a acercarse a Dios cumpliendo las reglas que disciplinan sus cuerpos, mentes y espíritus. El hombre siente que Dios lo aceptará si puede presentarse ante Dios con...
> - un cuerpo que está limpio y es moral.
> - un espíritu que es religioso y que cumple con los rituales y los días sagrados de la religión.
> - una vida que da y sirve.

2. El verdadero acercamiento a Dios es Cristo. Las reglas y los rituales son solamente sombras en el acercamiento a Dios; Cristo es el cuerpo verdadero que nos permite acercarnos a

Dios y agradarlo. El punto es el siguiente: Cristo fue el perfecto Hijo de Dios, es decir, Él cumplió con todas las reglas de la ley y nunca quebró ninguna regla. Él estaba libre de pecados, era el hombre perfecto. Por lo tanto, Él permanece ante la raza humana como el hombre ideal, el modelo a quien el hombre debe mirar. Ya no tenemos reglas y rituales que nos conduzcan a Dios; tenemos una vida humana, el verdadero cuerpo de Cristo: Un cuerpo que vivió la vida como Dios desea que la vida sea vivida. Por lo tanto, no debemos acercarnos a Dios a través de reglas y rituales, sino a través de Cristo. Cristo es *el centro de atención y el centro de concentración* de nuestra vida. Debemos *vivir, movernos y tener nuestro ser* en Él, siguiendo la vida ideal y el modelo que Él nos ha dejado.

- Cristo es nuestro único acercamiento a Dios.
- Cristo es nuestro único camino de aceptación ante Dios.
- Concentrándonos en Cristo es la única manera que nosotros podemos agradar a Dios.

Advierta: Las reglas y los rituales eran las sombras que fueron utilizadas por Dios antes de que Cristo llegara. Fueron utilizados por Dios para enseñar a los hombres que nada podría brindarnos vida verdadera, la sustancia real de la vida que satisface y da absoluta seguridad de la vida eterna con Dios. Las reglas y los rituales nunca satisfacen el corazón humano, no en forma permanente. Solamente la presencia de Dios que vive dentro del corazón humano puede satisfacer al hombre. Aquí es donde Cristo viene: Cristo mora dentro de los creyentes, verdaderamente vive dentro del cuerpo de los creyentes en la persona del Espíritu Santo. Por lo tanto, el creyente experimenta la satisfacción y seguridad de ser aceptable a Dios y de una vida eterna con Dios.

El punto es el siguiente: Ninguna regla ni ningún ritual pueden darle vida y seguridad al hombre. Las reglas y los rituales son solamente inanimados, objetos sin vida. Pero no lo es Cristo. Él es una persona viviente que puede relacionar e infundir la misma vida y seguridad de Dios dentro del corazón de una persona. Las reglas y los rituales pueden apuntarnos hacia Dios, pero no son la sustancia real de la vida. Cristo es la sustancia real de la vida: la única sustancia, cuerpo y vida que puede llevarnos a Dios y presentarnos como aceptables ante Dios.

"Pero ahora, aparte de la ley, se ha manifestado la justicia de Dios, testificada por la ley y por los profetas; la justicia de Dios por medio de la fe en Jesucristo, para todos los que creen en él. Porque no hay diferencia" (Ro. 3:21-22).

"Porque ignorando la justicia de Dios, y procurando establecer la suya propia, no se han sujetado a la justicia de Dios; porque el fin de la ley es Cristo, para justicia a todo aquel que cree" (Ro. 10:3-4).

"Porque el reino de Dios no es comida ni bebida, sino justicia, paz y gozo en el Espíritu Santo" (Ro. 14:17).

"Si bien la vianda no nos hace más aceptos ante Dios; pues ni porque comamos, seremos más, ni porque no comamos, seremos menos" (1 Co. 8:8).

"Pues si habéis muerto con Cristo en cuanto a los rudimentos del mundo, ¿por qué, como si vivieseis en el mundo, os sometéis a preceptos?" (Col. 2:20).

"Que tendrán apariencia de piedad, pero negarán la eficacia de ella; a éstos evita" (2 Ti. 3:5).

"Lo cual es símbolo para el tiempo presente, según el cual se presentan ofrendas y sacrificios que no pueden hacer perfecto, en cuanto a la conciencia, al que practica ese culto, ya que consiste sólo de comidas y bebidas, de diversas abluciones, y ordenanzas acerca de la carne, impuestas hasta el tiempo de reformar las cosas. Pero estando ya presente Cristo, sumo sacerdote de los bienes venideros, por el más amplio y más perfecto tabernáculo, no hecho de manos, es decir, no de esta creación, y no por sangre de machos cabríos ni de becerros, sino por su propia sangre, entró una vez para siempre en el Lugar Santísimo, habiendo obtenido eterna redención. Porque si la sangre de los toros y de los machos cabríos, y las cenizas de la becerra rociadas a los inmundos, santifican para la purificación de la carne, ¿cuánto más la sangre de Cristo, el cual mediante el Espíritu eterno se ofreció a sí mismo sin mancha a Dios, limpiará vuestras conciencias de obras muertas para que sirváis al Dios vivo?" (He. 9:9-14).

Pensamiento 1: Siempre debemos recordar algo cuando tratamos con este tema. Cuando una persona sigue a Cristo, vive como vivió Cristo. Es decir...

- come como Cristo comía, comiendo solamente lo que Él necesitaba y lo que era bueno para su cuerpo.
- adora sentidamente como Cristo adoraba.
- vive debidamente, en la justicia y en Dios como vivió Cristo.

La lista podría seguir. El punto es que Cristo cumplió la ley para darnos un modelo de cómo debe vivirse la vida a través de la plenitud del Espíritu de Dios. No cumplió la ley para atarnos a vivir en la indulgencia y licencia del pecado. Él, el verdadero Hijo de Dios, es ahora el modelo. Ahora tenemos más que leyes escritas y rituales, más que solo tinta en el papel. Tenemos la vida de Cristo para seguir.

2 (2:18-19) ***Espiritismo, Adoración, Falsas, Visiones, Falsa, Humildad, Falso, Jesucristo, deidad, Iglesia:*** Cristo frente al espiritismo. Note la palabra "prive" (katabrabeueto). Significa robar; defraudar, engañar a una persona sacándole su recompensa o premio. Es posible para los creyentes ser engañados con sus recompensas por los falsos maestros. ¿Cómo? Siguiendo a los que enseñan que existe otra manera de acercarse a Dios que no es Cristo. Cristo es el camino señalado por Dios para acercarnos a Él, y no hay otra manera ni otro camino. Advierta los puntos de estos versículos.

1. El falso acercamiento a Dios que ahora está siendo discutido es el espiritismo, la adoración de Dios a través de ángeles o espíritus y visiones. Nuevamente la iglesia colosense ha recibido una influencia muy pesada de la enseñanza gnóstica sobre intermediarios o mediadores entre Dios y el hombre. (Véase nota, *Gnosticismo,* pt. 1, Col. 1:15 para una mayor discusión al respecto.) Advierta las palabras "entremetiéndose en lo que no ha visto". Esta es una referencia a las visiones, dentro de la realeza espiritual, dentro de un mundo diferente al mundo físico. Algunos creyentes creían todas formas de visiones: de seres espirituales y de ángeles. Y, como sucede a menudo cuando el hombre tiene experiencias espirituales profundas, los colosenses comenzaron a centrar su atención en visiones y án-

geles a quienes reclamaban su aparición ante ellos: Se concentraban en los espíritus en vez de hacerlo en Cristo.

Los hombres tienden a sentir que Dios está alejado, en algún lugar del espacio exterior o en una dimensión inalcanzable del ser, por lo menos inalcanzable para la persona común. Se sienten tan pecadores y no merecedores de acercarse a Dios ni de poder asegurarse el cuidado y atención de Dios. Por lo tanto, sienten la necesidad de intermediarios que estén entre ellos y Dios. Intermediarios que los presenten a ellos y a sus vidas y situaciones ante Dios. Como resultado, el hombre tiende a mirar y orar ante seres inferiores tales como ángeles o espíritus de santos que han partido. Otros se vuelven a buscar visiones o experiencias espirituales profundas para conocer a Dios y asegurarse su ayuda en la vida.

Advierta otro hecho también: Existe falsa humildad en este acercamiento a Dios. El hombre que se acerca a Dios a través de visiones y espíritus está diciendo que no merece acercarse a Dios por sí mismo. Necesita otros que aparezcan ante Dios por él. Pero advierta también que esto es falsa humildad, porque la persona dice tener visiones de ángeles o espíritus que otros no tienen. Algunos en la iglesia colosense decían que poseían dones especiales y que habían experimentado visiones especiales, aunque no merecían haber tenido esas experiencias. Existía un aire voluntario de humildad (impuesto por sí mismos) respecto de ellos mismos que realmente los hacía ver más espirituales que otros creyentes. Pablo dice que fueron engañados, y que estaban en peligro de perder su premio. Ellos estaban "vanamente hinchados" por una mente carnal (véase nota, 1 Co. 4:6).

El punto es el siguiente: El espiritismo centra su atención en la experiencia espiritual –los ángeles, espíritus y visiones– no en el camino señalado por Dios para acercarse a Él que es Cristo. Cristo está relegado a una posición más inferior en la vida de la persona que los espíritus y las visiones. La persona busca más tener visiones de los espíritus que a Cristo.

Lo que Barclay dice en este punto es una especie de advertencia a todos los creyentes, hasta a los que caminan por el camino de la fe y saben lo que significa tener experiencias profundas con el Señor:

> *"Nadie negará las visiones de los místicos, pero siempre es peligroso cuando el hombre comienza a pensar que ha obtenido gran santidad lo cual le permite ver lo que los hombres comunes –tal como él los llama– no pueden ver, y el peligro es que los hombres verán con tanta frecuencia, no lo que Dios les envía, sino lo que ellos desean ver"* (The Letters to the Philipians, Colossians, and Thessalonians, p. 175).

2. El verdadero acercamiento a Dios es Cristo. Cristo es la cabeza, el único mediador que puede pararse ante Dios y...
   • asegurar la aprobación y aceptación de Dios para el hombre
   • asegurar el amor y el cuidado de Dios para el hombre.

Ningún espíritu –ni ángel ni ninguna visión– puede hacer lo que Cristo puede hacer. Solo Cristo tiene acceso a la presencia de Dios en *nombre del hombre.* Solo Cristo puede estar ante Dios como el representante o la *cabeza del hombre.* Ninguna otra persona o ser puede estar ante Dios en nombre de los hombres. ¿Por qué? Porque el cuerpo solo tiene una cabeza, no dos. La respuesta se encuentra en la analogía o figura del cuerpo humano. Un cuerpo tiene solo una cabeza. El pueblo de Dios es un cuerpo de personas que vive bajo la *voluntad y el control de la cabeza* que es Cristo. Advierta dos cosas sobre la cabeza, que es Cristo.

a. La cabeza es la parte que suministra y nutre al cuerpo. De la misma manera sucede con Cristo. Solo Cristo puede suministrar y nutrir el cuerpo de los creyentes, la iglesia. Solo Cristo puede darle al hombre la fuerza y la nutrición de Dios para ayudarlos a medida que viven sus vidas cotidianas.
b. La cabeza es lo que mantiene al cuerpo unido y hace que funcione como debe. De la misma manera sucede con Cristo. Solo Él...
   • puede mantener unida a la persona: los pensamientos, las emociones y otras cosas necesarias para hacer de él una persona íntegra.
   • puede mantener a todas las personas unidas como un cuerpo en el amor, el regocijo y la paz: adorando, sirviendo y viviendo de la manera que Dios desea que lo hagan.

Pensamiento 1: El punto está bien marcado. El hombre no puede acercarse a Dios ni recibir la ayuda de Dios a través de otros medios que no sean su Hijo, el Señor Jesucristo. Ningún espíritu, visión o ángel pude brindar el poder de la unión y la nutrición de Dios a los hombres. Solamente Cristo, la cabeza señalada por Dios, puede unir y alimentar a los hombres a través de toda su vida.

> **"El que de arriba viene, es sobre todos; el que es de la tierra, es terrenal, y cosas terrenales habla; el que viene del cielo, es sobre todos" (Jn. 3:31).**
>
> **"Vosotros me llamáis Maestro, y Señor; y decís bien, porque lo soy" (Jn. 13:13).**
>
> **"Porque Cristo para esto murió y resucitó, y volvió a vivir, para ser Señor así de los muertos como de los que viven" (Ro. 14:9).**
>
> **"La cual operó en Cristo, resucitándole de los muertos y sentándole a su diestra en los lugares celestiales" (Ef. 1:20).**
>
> **"Por lo cual Dios también le exaltó hasta lo sumo, y le dio un nombre que es sobre todo nombre" (Fil. 2:9).**
>
> **"Y él es la cabeza del cuerpo que es la iglesia, él que es el principio, el primogénito de entre los muertos, para que en todo tenga la preeminencia" (Col. 1:18).**
>
> **"Hecho tanto superior a los ángeles, cuanto heredó más excelente nombre que ellos" (He. 1:4).**
>
> **"Porque de tanto mayor gloria que Moisés es estimado digno éste, cuanto tiene mayor honra que la casa el que la hizo" (He. 3:3).**
>
> **"Que decía: Yo soy el Alfa y la Omega, el primero y el último" (Ap. 1:11).**

	E. Las críticas de la filosofía mundana y acercamientos a Dios hechos por el hombre, 2:20-23	22 (en conformidad a mandamientos y doctrinas de hombres), cosas que todas se destruyen con el uso?	**los hombres a las reglas y las enseñanzas de hombres**
1 Los creyentes están muertos con Cristo para las nociones básicas que el hombre tiene sobre Dios y el mundo **2 Esclavizan y sujetan a**	20 Pues si habéis muerto con Cristo en cuanto a los rudimentos del mundo, ¿por qué, como si vivieseis en el mundo, os sometéis a preceptos 21 tales como: No manejes, ni gustes, ni aun toques	23 Tales cosas tienen a la verdad cierta reputación de sabiduría en culto voluntario, en humildad y en duro trato del cuerpo; pero no tienen valor alguno contra los apetitos de la carne.	**3 Se basan en las obras, los esfuerzos y el orgullo de los hombres** **4 Profesan humildad ante el mundo, pero tal humildad es falsa**

DIVISIÓN IV

EL CONTRASTE ENTRE CRISTO Y LA FALSA ENSEÑANZA, 2:8-23

E. Las críticas de la filosofía mundana y acercamientos a Dios hechos por el hombre, 2:20-23.

(2:20-23) ***Introducción:*** Este pasaje termina el contraste entre Cristo y la falsa enseñanza. Se presenta como un baluarte, una fortaleza poderosa frente a estas enseñanzas. Da tres críticas fuertes contra la filosofía mundana o los acercamientos a Dios realizados por el hombre.

1. Los creyentes están muertos con Cristo para las nociones básicas que el hombre tiene sobre Dios y el mundo. (v. 20).
2. Esclavizan y sujetan a los hombres a las reglas y las enseñanzas de hombres (vv. 21-22).
3. Se basan en las obras, los esfuerzos y el orgullo de los hombres (v. 23).
4. Profesan humildad ante el mundo, pero tal humildad es falsa (v. 23).

[1] (2:20) ***Jesucristo, Muerte, Libertad cristiana:*** Los creyentes están muertos con Cristo en cuanto a los rudimentos del mundo. Recuerden que la palabra "rudimentos" (stoicheia) tiene dos significados y Cristo emplea ambos. (Véase nota, *Filosofía, Col. 2:8,* para una mayor discusión al respecto.)

1. *Rudimentos* significa por un lado nociones básicas de los hombres sobre el universo; es decir, sobre Dios, la realidad y la verdad. Son las ideas y las filosofías del hombre; sus enseñanzas rudimentarias o elementales, el ABC de la comprensión de Dios y el universo, realidad y verdad. Cuando el hombre piensa sobre Dios, lo hacen con toda clase de maneras y leyes para alcanzarlo y asegurarse su aprobación y aceptación. Sin embargo, existen tres problemas básicos con el acercamiento del hombre a Dios.

   a. Primero, no podemos mantener las reglas y las leyes, no en un sentido perfecto. Sin importar qué camino elijamos para alcanzar a Dios, no podemos andar un camino directo a Él. No podemos permanecer en el camino, no en todo momento ni perfectamente. Esto nos plantea un problema insuperable, ya que Dios es perfecto y nosotros no lo somos. Por no tanto, no somos aceptables para Él; somos automáticamente rechazados por nuestra imperfección. La imperfección no puede vivir en la presencia de un Dios perfecto. Este es el primer problema al tratar de mantener las reglas y leyes para ser lo bastante buenos para Dios.

   b. Segundo, una vez que hemos roto una regla o ley, somos culpables ante Dios. Por lo tanto debemos ser juzgados, condenados y castigados por no haber cumplido la ley. El violador de la ley es culpable e inaceptable y debe tener castigo. Por lo tanto, las reglas y las leyes no pueden hacernos aceptables para Dios y solo pueden llevarnos a la culpa y la condena.

   c. Tercero, morimos; no vivimos para siempre. Y no existe ley o fuerza alguna en esta tierra que pueda darnos la energía y el poder para vivir para siempre. Si la hubiera, habría todas clases de personas manteniendo y obedeciendo esa ley. Las reglas y las leyes solamente nos condenan cuando no las cumplimos. No tienen el poder de salvarnos de la muerte ni de darnos vida eterna. Debido a esto, las reglas y las leyes no pueden ser el camino de acercamiento a Dios.

   Entonces, ¿cómo podemos acercarnos a Dios? Si el mejor pensamiento del hombre sobre el universo y Dios no son el camino para acercarse a Dios, ¿cuál es el camino? La respuesta se debatirá en un momento, pero primero miremos el segundo significado de la palabra *rudimentos*.

2. *Rudimentos* significa los elementos o materiales básicos del universo, lo que el hombre dice está detrás del universo o en la misma base de la realidad. A lo largo de los siglos el hombre ha representado todas clases de fuerzas, energías, poderes, espíritus, ángeles, principados y seres como permaneciendo detrás del universo y la vida. Como resultado el hombre se ha comprometido y adorado todo tipo de criaturas y fuerzas o elementos y materiales. Sin embargo, existe un problema crítico con este acercamiento a Dios, un problema que condena a todos los que buscan la verdad y el acercamiento a Dios a través de elementos de este universo o a través de los espíritus del mundo espiritual.

a. Primero, existe el problema de la corrupción. Todo en este universo es corruptible, pasible de envejecimiento, muerte, deterioro y decaimiento. Por lo tanto, no hay nada en el universo que pueda salvar al hombre, ya que el camino de todas las cosas –todos los elementos y materiales– es el camino de la muerte.
b. Segundo, el problema con la búsqueda de la verdad y de Dios a través de los espíritus y los ángeles de un mundo espiritual es un problema que presenta dos caras.
   - □ Primero el hombre no puede penetrar el mundo espiritual. Es físico y lo físico no puede moverse dentro del mundo de lo espiritual, independientemente de lo que la persona diga. Si el mundo espiritual se puede conocer alguna vez, entonces se revelará alguna vez por sí mismo ante nosotros.
   - □ Segundo, aquellos que dicen que les ha sido dadas visiones o revelaciones por el mundo espiritual aún tienen los mismos problemas que los demás: los problemas de la imperfección (injusticia), muerte, y vida eterna. No existe ángel, espíritu o ningún otro intermediario que haya resuelto alguna vez el problema del pecado y la muerte y el de la vida eterna para nosotros. Hemos pecado y somos imperfectos. Por lo tanto, alguien, en algún lugar debe *cargar con nuestro pecado* o el castigo para nosotros sino seremos nosotros los que deberemos pagar por él. Y, por sobre todo, alguien tiene que pasar por la experiencia de la muerte y conquistarla para decirnos cómo hacer lo mismo sino moriremos irremediablemente sin alcanzar a Dios.

Este es el glorioso mensaje del evangelio. Dios es amor, amor infinito y eterno, así Él lo ha hecho para nosotros. Lo hizo a través de su Hijo, Jesucristo.

> **"Porque de tal manera amó Dios al mundo, que ha dado a su Hijo unigénito, para que todo aquel que en él cree, no se pierda, mas tenga vida eterna" (Jn. 3:16).**

El Hijo de Dios, Jesucristo, ha asegurado justicia y piedad para nosotros. Vino a la tierra y vivió una vida perfecta y libre de pecado. Por lo tanto, Él puede estar ante Dios y el mundo como el hombre perfecto e ideal. Como el hombre perfecto e ideal Él pudo tomar nuestros pecados y cargarlos sobre si y morir por ellos. Esto es lo que Él hizo: Cristo realmente tomó el juicio que nos pertenecía y cargó con el castigo por nuestras imperfecciones o pecados. Entonces, Él se levantó de entre los muertos, conquistando así a la muerte.

Ahora advierta el versículo: "Si habéis muerto con Cristo en cuanto a los rudimentos del mundo". La muerte de Cristo es la manera en la que Dios ha establecido para nosotros el acercamiento a Él. Una persona debe...

- arrepentirse y volverse de los rudimentos del mundo; es decir, de los puntos de vista humanos con respecto a Dios.
- creer que Dios ama el mundo, que Él no se encuentra alejado, habiendo dejado al hombre en la oscuridad para tantear y tratar de encontrar a la verdad y a Dios.
- creer que el Hijo de Dios murió por Él, cargando su castigo y muerte.

Si Cristo ha hecho esto por nosotros, entonces no tenemos que buscar a Dios a través de las reglas y las leyes y los ángeles, espíritus y a través de todas las fuerzas y energías del universo. ¿Cómo? Creyendo en Cristo. Cuando creemos en Cristo, estamos confiando en el hombre ideal. Por lo tanto, su muerte y resurrección pueden salvarnos. Es decir, cuando Él murió, Él estaba muriendo como el hombre ideal y cuando Él se levantó de entre los muertos, lo hizo como el hombre ideal. Simplemente significa que el hombre perfecto, ideal está allí para todos los hombres. Cada cosa que Él hizo fue por el hombre. Cuando murió, Él murió por nosotros; y cuando se levantó para vivir con Dios para siempre, lo hizo por nosotros. Por lo tanto, cuando creemos en Cristo, somos aceptados por Dios en la justicia de Cristo. Y al ser aceptados por Dios, somos librados de tener que utilizar cualquier otro enfoque para alcanzarlo a Él. Cristo nos ha libertado de todos los demás caminos.

Dicho simplemente, Dios nos ama; por lo tanto, Él se ha hecho cargo de los problemas de la imperfección (pecado) y muerte. Él nos ha dado el camino y el derecho de acercarnos a Él cara a cara *a través de su Hijo. En Cristo* somos libres de los acercamientos corruptibles e insuficientes a Dios, de los elementos y materiales del universo y de las nociones e ideas básicas de los hombres sobre cómo acercarnos y agradar a Dios.

- □ Si está muerto con Cristo, entonces está libre de tener que acercarse a Dios a través de los rudimentos del mundo.

2 (2:21-22) ***Negligencia, Búsqueda de Dios, Reglas, Filosofía:*** La primera crítica contra la filosofía o los acercamientos a Dios hechos por el hombre es la siguiente: Esclavizan y sujetan a los hombres a las reglas y enseñanzas de hombres. Algunos de la iglesia colosense volvían a las reglas y preceptos de los hombres como para agradar a Dios. Volvieron al concepto...

- de que el hombre puede agradar a Dios controlando las debilidades y la profanación de la carne, que el hombre puede asegurar la aprobación de Dios presentando un cuerpo puro y limpio a Dios. Por lo tanto comenzaron a aparecer con todas las reglas necesarias para comer las comidas correctas, cuidar sus cuerpos y vivir una vida limpia. Advierta cómo simplemente Pablo lo expresa: Ellos decían "no tocar; no degustar; no manipular".

No existe duda alguna, la disciplina y el control y un cuerpo limpio son sinónimos de sabiduría; y cada persona debe desarrollar el cuerpo más saludable y moral que pueda. Pero esto no es lo que nos hace aceptables ante Dios. Este acercamiento a Dios tiene dos aristas críticas.

- □ Primero, una persona puede tener el cuerpo más puro y saludable del mundo, pero de todas formas es imperfecta y morirá, muere. La salud y la moralidad, no importa cuán libre de enfermedad y cuán pura sea, no evitan el envejecimiento y la muerte. Todavía somos corruptibles y aún andamos por el camino de la carne: el camino de la muerte y la separación de Dios.

 Segundo, el acercamiento a Dios por las reglas y la disciplina nos fuerza a concentrarnos en las reglas en vez de hacerlo en Cristo. Debemos mantener nuestras mentes ocupadas con las reglas o si no las romperemos antes de saberlo. Lejos de agradar a Dios, eso le desagrada a Dios. Dios desea que nuestras vidas estén centradas en su Hijo Jesucristo.

El punto es el siguiente: Las filosofías y las ideas de los hombres nos esclavizan. Nos fuerzan a comprometer nuestra vida a ellas y a centrarnos en ellas, y luego nos esclavizan a la miseria de la muerte. Las ideas humanas no nos liberan; no pueden elevarnos más que el hombre que inventó esa idea, y esa altura no es la altura que deseamos. Es más bien una profundidad, la profundidad de la muerte a la cual todos los hombres se dirigen.

La cuestión es la siguiente: Si está muerto con Cristo y nunca puede volver a morir –si está en unión con Cristo– si ya es aceptable para Dios. ¿Por qué entonces sigue tratando de volverse aceptable para Dios? Su tarea no es volverse aceptable para Dios. Su tarea es centrarse en el Hijo de Dios, Cristo quien le ha dado tanto en su muerte y resurrección. Su tarea es...

- estudiar su vida y voluntad
- seguir y modelar su vida de acuerdo con su vida.
- servirlo a Él en su misión, dando todo lo que es y alcanzar a todos los hombres con el evangelio de la vida eterna.

La vida en Cristo no es esclavitud, es libertad. La vida en Cristo es una vida liberada de la corrupción y la muerte, una vida que ya es aceptable para Dios y que ha sido dada como vida eterna por Dios. La vida en Cristo no se esclaviza por nada –es libre de todos los elementos y materiales de este mundo incluida la muerte–, es dada para vivir, moverse y estar cara a cara con el mismo Dios. No porque lo merezcamos o lo hayamos ameritado, sino por Cristo y por lo que Él ha hecho. Dios ama a Cristo tanto que Él acepta a todo aquél que venga a Él reconociendo a Cristo por lo que Él ha hecho al morir por el hombre.

Ya que está muerto con Cristo, ¿por qué retornar a las ideas y reglas de los hombres y tratar de agradar a Dios por sus propias obras y esfuerzos? El hombre debe agradar a Dios, ¡sí! Pero debe hacerlo siguiendo a Cristo y no esclavizándose a las reglas y religiones, filosofías e ideas de los hombres. El hombre debe centrarse en Cristo, no en los elementos y materiales esclavizantes de este mundo, y ciertamente no debe centrarse en las nociones fluctuantes de hombre sobre Dios y cómo acercarse a Él.

"No deis lo santo a los perros, ni echéis vuestras perlas delante de los cerdos, no sea que las pisoteen, y se vuelvan y os despedacen" (Mt. 7:6).

"No todo el que me dice: Señor, Señor, entrará en el reino de los cielos, sino el que hace la voluntad de mi Padre que está en los cielos" (Mt. 7:21; cp. 1 Jn. 3:23).

"Respondió Jesús y les dijo: Esta es la obra de Dios, que creáis en el que él ha enviado" (Jn. 6:29).

"Jesús les respondió: De cierto, de cierto os digo, que todo aquel que hace pecado, esclavo es del pecado" (Jn. 8:34).

"¿No sabéis que si os sometéis a alguien como esclavos para obedecerle, sois esclavos de aquel a quien obedecéis, sea del pecado para muerte, o sea de la obediencia para justicia?" (Ro. 6:16).

"Pero veo otra ley en mis miembros, que se rebela contra la ley de mi mente, y que me lleva cautivo a la ley del pecado que está en mis miembros" (Ro. 7:23).

"Porque el reino de Dios no es comida ni bebida, sino justicia, paz y gozo en el Espíritu Santo" (Ro. 14:17).

"Si bien la vianda no nos hace más aceptos ante Dios; pues ni porque comamos, seremos más, ni porque no comamos, seremos menos" (1 Co. 8:8).

"Profesan conocer a Dios, pero con los hechos lo niegan, siendo abominables y rebeldes, reprobados en cuanto a toda buena obra" (Tit. 1:16; cp. Jn. 6:29).

"Ya que consiste sólo de comidas y bebidas, de diversas abluciones, y ordenanzas acerca de la carne, impuestas hasta el tiempo de reformar las cosas. Pero estando ya presente Cristo, sumo sacerdote de los bienes venideros, por el más amplio y más perfecto tabernáculo, no hecho de manos, es decir, no de esta creación, y no por sangre de machos cabríos ni de becerros, sino por su propia sangre, entró una vez para siempre en el Lugar Santísimo, habiendo obtenido eterna redención. Porque si la sangre de los toros y de los machos cabríos, y las cenizas de la becerra rociadas a los inmundos, santifican para la purificación de la carne, ¿cuánto más la sangre de Cristo, el cual mediante el Espíritu eterno se ofreció a sí mismo sin mancha a Dios, limpiará vuestras conciencias de obras muertas para que sirváis al Dios vivo?" (He. 9:10-14).

"Les prometen libertad, y son ellos mismos esclavos de corrupción. Porque el que es vencido por alguno es hecho esclavo del que lo venció" (2 P. 2:19).

"Y este es su mandamiento: Que creamos en el nombre de su Hijo Jesucristo, y nos amemos unos a otros como nos lo ha mandado" (1 Jn. 3:23).

3 (2:23) ***Filosofía, Falsa religión, Orgullo, Obras, Búsqueda de Dios:*** La segunda crítica contra la filosofía y los acercamientos humanos a Dios es la siguiente: Se basan en obras, esfuerzos y en el orgullo humanos. Es muy sencillo, lo máximo con lo que el hombre puede aparecer para su salvación es una religión de obras que no es nada más que una religión de orgullo. Advierta que las Escrituras admiten que el hombre pueda tener riqueza mundana y una voluntad fuerte. Las reglas y las ideas del hombre "muestran sabiduría en la adoración de la voluntad", es decir es adoración a sí mismo. El hombre es muy hábil en...

- el pensamiento
- el control
- el razonamiento
- la disciplina
- la inteligencia
- actuando

Pero existen puntos fundamentales en el hombre que él no puede resolverlos. Estos puntos necesitan ser muy tenidos en cuenta.

 La sabiduría y la voluntad del hombre no pueden destruir el pecado en la vida de los hombres. El hombre no puede evitar el pecado a través de la sabiduría y la voluntad, no importa lo que haga.

 La sabiduría y la voluntad del hombre no pueden

destruir a la muerte. El hombre no puede evitar morirse.

Por lo tanto, no importa cuán sabio sea el hombre y cuánto controle su cuerpo y su vida, no importa la clase de valores y moralidad que tenga, no importa qué clase de religión adore: el hombre aún peca y muere. Es inaceptable todavía para Dios. Por lo tanto, cuando el hombre utiliza su propia sabiduría y voluntad para crear caminos para acercarse a Dios...

- solo se exalta a sí mismo y a su propia sabiduría y disciplina.
- está pasando por alto e ignorando a Dios y se ha provisto y establecido el acercamiento a Dios.
- está siguiendo un camino que carece totalmente de significado y es inadecuado, lo que el hombre haga no puede terminar en otro lugar que no sea un asunto decaído.
- es totalmente incapaz de destruir el pecado y la muerte en el hombre.

"Pero el Señor le dijo: Ahora bien, vosotros los fariseos limpiáis lo de fuera del vaso y del plato, pero por dentro estáis llenos de rapacidad y de maldad. Necios, ¿el que hizo lo de fuera, no hizo también lo de adentro?" (Lc. 11:39-40).

"Profesando ser sabios, se hicieron necios" (Ro. 1:22).

"Porque la sabiduría de este mundo es insensatez para con Dios; pues escrito está: El prende a los sabios en la astucia de ellos" (1 Co. 3:19).

"Porque nuestra gloria es esta: el testimonio de nuestra conciencia, que con sencillez y sinceridad de Dios, no con sabiduría humana, sino con la gracia de Dios, nos hemos conducido en el mundo, y mucho más con vosotros" (2 Co. 1:12).

"Porque esta sabiduría no es la que desciende de lo alto, sino terrenal, animal, diabólica" (Stg. 3:15).

"Este su camino es locura; con todo, sus descendientes se complacen en el dicho de ellos" (Sal. 49:13).

"Dice el necio en su corazón: No hay Dios. Se han corrompido, e hicieron abominable maldad; no hay quien haga bien" (Sal. 53:1).

"Los necios se mofan del pecado; mas entre los rectos hay buena voluntad" (Pr. 14:9).

"El que confía en su propio corazón es necio; mas el que camina en sabiduría será librado" (Pr. 28:26).

"Por tanto, he aquí que nuevamente excitaré yo la admiración de este pueblo con un prodigio grande y espantoso; porque perecerá la sabiduría de sus sabios, y se desvanecerá la inteligencia de sus entendidos" (Is. 29:14).

"Porque mi pueblo es necio, no me conocieron; son hijos ignorantes y no son entendidos; sabios para hacer el mal, pero hacer el bien no supieron" (Jer. 4:22).

[4] (2:23) ***Filosofía, Falsa religión, Obras, Búsqueda de Dios:*** La tercera crítica contra la filosofía y los acercamientos realizados por el hombre a Dios es la siguiente: Profesan humildad ante el mundo, pero esa humildad es falsa.

 Cuando una persona sigue a un conjunto de reglas o de religiones, está confesando una necesidad, ya sea una necesidad por algo más que lo que tiene o por algo más elevado que él mismo. La confesión de necesidad es un signo de humildad, de que algo le falta.

Pero advierta un punto significativo: Cuando comienza a seguir las reglas y los rituales de su religión –comienza a controlar y a disciplinar su vida por medio de las reglas– está mostrando su capacidad de controlarse y disciplinarse, para hacerse a sí mismo aceptable ante Dios. Por lo tanto, su humildad es contradictoria; es una falsa humildad. La única humildad verdadera es confesar la total insuficiencia –total depravación– y la necesidad imperiosa de que el mismo Dios nos salve. Cuando Dios nos salva, nadie más elevado que Él puede hacerlo, y no somos salvos por algún mérito u obra de nuestra propiedad. Por lo tanto, Dios y solo Dios es alabado, no nosotros. La humildad verdadera está centrada totalmente en Dios como el Salvador del mundo y nunca se verá al hombre participando en la salvación. Como dice Pablo no existe "honra alguna en la satisfacción de la carne"; no en la verdadera humildad y salvación.

"Dos hombres subieron al templo a orar: uno era fariseo, y el otro publicano. El fariseo, puesto en pie, oraba consigo mismo de esta manera: Dios, te doy gracias porque no soy como los otros hombres, ladrones, injustos, adúlteros, ni aun como este publicano; ayuno dos veces a la semana, doy diezmos de todo lo que gano. Mas el publicano, estando lejos, no quería ni aun alzar los ojos al cielo, sino que se golpeaba el pecho, diciendo: Dios, sé propicio a mí, pecador. Os digo que éste descendió a su casa justificado antes que el otro; porque cualquiera que se enaltece, será humillado; y el que se humilla será enaltecido" (Lc. 18:10-14).

"Jesús les respondió: Si fuerais ciegos, no tendríais pecado; mas ahora, porque decís: Vemos, vuestro pecado permanece" (Jn. 9:41).

"Porque no nos atrevemos a contarnos ni a compararnos con algunos que se alaban a sí mismos; pero ellos, midiéndose a sí mismos por sí mismos, y comparándose consigo mismos, no son juiciosos" (2 Co. 10:12).

"Pues si nuestro corazón nos reprende, mayor que nuestro corazón es Dios, y él sabe todas las cosas" (1 Jn. 3:20).

"Porque tú dices: Yo soy rico, y me he enriquecido, y de ninguna cosa tengo necesidad; y no sabes que tú eres un desventurado, miserable, pobre, ciego y desnudo" (Ap. 3:17).

"Si yo me justificare, me condenaría mi boca; si me dijere perfecto, esto me haría inicuo" (Job 9:20).

"Yo soy limpio y sin defecto; soy inocente, y no hay maldad en mí" (Job 33:9).

"Muchos hombres proclaman cada uno su propia bondad, pero hombre de verdad, ¿quién lo hallará?" (Pr. 20:6).

"Hay generación limpia en su propia opinión, si bien no se ha limpiado de su inmundicia" (Pr. 30:12).

"Soy inocente, de cierto su ira se apartó de mí. He aquí yo entraré en juicio contigo, porque dijiste: No he pecado" (Jer. 2:35).

	CAPÍTULO 3 V. LAS EXIGENCIAS DE LA NUEVA VIDA DEL CREYENTE: GRAN CARÁCTER, 3:1-17 A. La base de la nueva vida del creyente, 3:1-4	arriba, donde está Cristo sentado a la diestra de Dios. 2 Poned la mira en las cosas de arriba, no en las de la tierra. 3 Porque habéis muerto, y vuestra vida está escondida con Cristo en Dios. 4 Cuando Cristo, vuestra vida, se manifieste, entonces vosotros también seréis manifestados con él en gloria.	**2 La nueva vida del creyente es una vida que busca de lo alto, del cielo, donde se encuentra Cristo** a. El significado: Fije su mente en todo lo alto, y no en la tierra b. La razón: Está muerto y escondido con Cristo c. El premio: Aparecerá en gloria con Cristo
1 La nueva vida del creyente es una vida que se eleva con Cristo	1 Si, pues, habéis resucitado con Cristo, buscad las cosas de		

DIVISIÓN V

LAS EXIGENCIAS DE LA NUEVA VIDA DEL CREYENTE: GRAN CARÁCTER, 3:1-17

A. La base de la nueva vida del creyente, 3:1-4

(3:1-4) ***Introducción:*** Este es uno de los grandes pasajes de las Escrituras, un pasaje al que los creyentes se vuelven en la búsqueda de un camino más profundo y comprometido con el Señor. Es la base de la nueva vida del creyente.

1. La nueva vida del creyente es una vida que se eleva con Cristo (v. 1).
2. La nueva vida del creyente es una vida que busca de lo alto, del cielo, donde se encuentra Cristo (vv. 1-4).

[1] (3:1) ***Creyente, Identificación con Cristo, Resurrección con Cristo, Nueva vida:*** La vida del creyente es una vida que se eleva con Cristo. Dios ama a su Hijo, Jesucristo. Lo ama con un amor eterno y perfecto. Por lo tanto, cuando una persona cree, si en realidad rinde su vida a Cristo, Dios perdona los pecados de la persona y la acepta en Cristo. En realidad Dios *identifica a esa persona* con Cristo en su muerte y resurrección. Dios comienza *a considerar a esa persona* como habiendo muerto y resucitada con Cristo. El nuevo creyente no se encontraba presente cuando Cristo murió y se elevó, pero Dios considera al creyente como si hubiera estado allí. Dios lo reconoce, lo acredita y lo cuenta así.

Recuerde que Dios lo hace por nosotros porque Él ama a su Hijo, Jesucristo. Él lo ama tanto que cuando creemos en Cristo, Dios hace *exactamente lo que creemos.* Lo hace porque nuestra creencia se *centra y honra a Cristo.* Y debido a que honra al Hijo de Dios, Dios cuenta nuestra fe como algo verdadero. Él nos considera como habiendo realmente muerto y resucitado con Cristo.

Esto significa algo maravilloso. Significa que estamos en unión con Cristo; estamos identificados con Cristo. Nuestra fe *en Cristo* nos ha ubicado *en Cristo.* Por lo tanto, todo lo que Cristo experimentó, nosotros también lo experimentamos. Cuando Él se levantó de entre los muertos, nosotros nos levantamos con Él. su resurrección significa...

- que nos hemos resucitado con Él.
- que hemos conquistado la muerte
- que estamos resucitados a una nueva vida
- que nuestra vida antigua en este mundo pecaminoso ha terminado, ya no tiene ninguna queja sobre nosotros. Estamos, como se dijo, resucitados a *nueva de vida*
- que estamos caminando en la nueva vida, viviendo muertos al pecado, pero vivos para Dios. Vivos para la justicia y la santidad.

"Y si el Espíritu de aquel que levantó de los muertos a Jesús mora en vosotros, el que levantó de los muertos a Cristo Jesús vivificará también vuestros cuerpos mortales por su Espíritu que mora en vosotros" (Ro. 8:11).

"Y él os dio vida a vosotros, cuando estabais muertos en vuestros delitos y pecados,... y juntamente con él nos resucitó, y asimismo nos hizo sentar en los lugares celestiales con Cristo Jesús" (Ef. 2:1, 6).

"Y a vosotros, estando muertos en pecados y en la incircuncisión de vuestra carne, os dio vida juntamente con él, perdonándoos todos los pecados" (Col. 2:13).

"Si, pues, habéis resucitado con Cristo, buscad las cosas de arriba, donde está Cristo sentado a la diestra de Dios" (Col. 3:1).

[2] (3:1-4) ***Nueva vida:*** La vida del creyente es una vida que busca las cosas de arriba, es decir, las cosas que están en el cielo donde se encuentra Cristo. Advierta tres puntos significativos.

1. Note el significado de: "Poned la mira en las cosas de arriba". El significado se explica con claridad en dos sentencias:

 Primero, buscar las cosas de arriba, donde Cristo se sienta a la diestra de Dios. Es decir, busca las cosas del cielo.

 Segundo, ubicar su "mira" (phromeite), su mente en las cosas de arriba y no en las cosas de la tierra. La palabra "mira" significa mente, centrar su mente constantemente sobre las cosas del cielo, no sobre las cosas terrenales.

Muy simplemente, las cosas de Cristo y del cielo deben consumir la vida y la mente del creyente. Pero el creyente debe conocer cuáles son las cosas que debe tener en mente para mantener su mente en las cosas de Cristo. Por lo tanto, la pregunta surge naturalmente: ¿Cuáles son las cosas de Cristo y las cosas del cielo que deben consumir nuestros pensamientos?

> **"Porque los que son de la carne piensan en las cosas de la carne; pero los que son del Espíritu, en las cosas del Espíritu. Porque el ocuparse de la carne es muerte, pero el ocuparse del Espíritu es vida y paz" (Ro. 8:5-6).**
>
> **"No os conforméis a este siglo, sino transformaos por medio de la renovación de vuestro entendimiento, para que comprobéis cuál sea la buena voluntad de Dios, agradable y perfecta" (Ro. 12:2).**
>
> **"Pues aunque andamos en la carne, no militamos según la carne; porque las armas de nuestra milicia no son carnales, sino poderosas en Dios para la destrucción de fortalezas, derribando argumentos y toda altivez que se levanta contra el conocimiento de Dios, y llevando cautivo todo pensamiento a la obediencia a Cristo" (2 Co. 10:3-5).**
>
> **"En cuanto a la pasada manera de vivir, despojaos del viejo hombre, que está viciado conforme a los deseos engañosos, y renovaos en el espíritu de vuestra mente, y vestíos del nuevo hombre, creado según Dios en la justicia y santidad de la verdad" (Ef. 4:22-24).**

La resurrección de Cristo nos dice cuáles son las cosas de Cristo y del cielo. Es su resurrección la que nos permite ser *"elevados con Cristo"*. Recuerde que en realidad somos parte y participamos en la resurrección de Cristo. Este es una *relación posicional* hacia Dios. Como se dijo en la nota anterior, cuando aceptamos a Cristo, Dios nos ubica en Cristo posicionalmente. Él comienza a vernos *en Cristo, ya ubicados en el cielo y perfeccionados para siempre* (cp. Ef. 2:4-7). Es por su gloriosa posición que Dios nos ha dado que debemos buscar las cosas de Cristo y del cielo. La resurrección del Señor Jesucristo ha hecho por lo menos siete cosas maravillosas para nosotros. Estas siete cosas deben consumir los pensamientos de nuestras mentes y la alabanza y la oración de nuestros labios.

a. La resurrección de Cristo muestra y garantiza que Cristo es el Hijo de Dios. Nuestros pensamientos deben centrarse en este glorioso hecho: Dios ha enviado a su Hijo al mundo para salvarnos.

> **"Acerca de su Hijo, nuestro Señor Jesucristo, que era del linaje de David según la carne, que fue declarado Hijo de Dios con poder, según el Espíritu de santidad, por la resurrección de entre los muertos" (Ro. 1:3-4).**

Jesucristo declaró que Él era el Hijo de Dios, que Él poseía la misma naturaleza de Dios, que Él era el único con el Padre (Jn. 10:30-33, 36, véase nota, Jn. 5:19 para más versículos). Él clamó una y otra vez que Dios era su Padre (Jn. 5:17-30, 36-37, 43, 45; 6:29, 32-34, 37-40, 44-46, 57, 65; 8:16; 19, 25-29, 38, 42, 49, 54-55. Véase nota *Jesucristo, el Hijo de Dios,* Jn. 1:34 para una completa lista de referencias). Cuando Dios levantó a Jesucristo de los muertos, Él puso su sello a lo que Cristo clamaba. Y a través de la resurrección Dios declara que Cristo es su amado Hijo.

b. La resurrección de Cristo nos salva y nos justifica. La verdad gloriosa de la salvación y la justificación debe consumir nuestros pensamientos y alabanzas a lo largo del día.

> **"El cual fue entregado por nuestras transgresiones, y resucitado para nuestra justificación" (Ro. 4:25).**

c. La resurrección de Cristo nos da o nos resucita a una nueva vida: una vida abundante y eterna. Es la única manera de andar nuestro camino fuera de la carne.

> **"Porque somos sepultados juntamente con él para muerte por el bautismo, a fin de que como Cristo resucitó de los muertos por la gloria del Padre, así también nosotros andemos en vida nueva" (Ro. 6:4).**
>
> **"Porque si fuimos plantados juntamente con él en la semejanza de su muerte, así también lo seremos en la de su resurrección; sabiendo esto, que nuestro viejo hombre fue crucificado juntamente con él, para que el cuerpo del pecado sea destruido, a fin de que no sirvamos más al pecado. Porque el que ha muerto, ha sido justificado del pecado. Y si morimos con Cristo, creemos que también viviremos con él; sabiendo que Cristo, habiendo resucitado de los muertos, ya no muere; la muerte no se enseñorea más de él. Porque en cuanto murió, al pecado murió una vez por todas; mas en cuanto vive, para Dios vive. Así también vosotros consideraos muertos al pecado, pero vivos para Dios en Cristo Jesús, Señor nuestro. No reine, pues, el pecado en vuestro cuerpo mortal, de modo que lo obedezcáis en sus concupiscencias; ni tampoco presentéis vuestros miembros al pecado como instrumentos de iniquidad, sino presentaos vosotros mismos a Dios como vivos de entre los muertos, y vuestros miembros a Dios como instrumentos de justicia" (Ro. 6:5-13).**
>
> **"Pues aunque andamos en la carne, no militamos según la carne; porque las armas de nuestra milicia no son carnales, sino poderosas en Dios para la destrucción de fortalezas, derribando argumentos y toda altivez que se levanta contra el conocimiento de Dios, y llevando cautivo todo pensamiento a la obediencia a Cristo" (2 Co. 10:3-5).**
>
> **"Si, pues, habéis resucitado con Cristo, buscad las cosas de arriba, donde está Cristo sentado a la diestra de Dios. Poned la mira en las cosas de arriba, no en las de la tierra. Porque habéis muerto, y vuestra vida está escondida con Cristo en Dios. Cuando Cristo, vuestra vida, se manifieste, entonces vosotros también seréis manifestados con él en gloria" (Col. 3:1-4).**

d. La resurrección de Cristo nos da el poder de vivir victoriosos sobre el pecado y las pruebas de este mundo y de cargar el fruto del Espíritu de Dios a medida que andamos por este mundo.

> **"Así también vosotros, hermanos míos, habéis muerto a la ley mediante el cuerpo de Cristo, para que seáis de otro, del que resucitó de los muertos, a fin de que llevemos fruto para Dios" (Ro. 7:4).**
>
> **"Y si el Espíritu de aquel que levantó de los muer-**

tos a Jesús mora en vosotros, el que levantó de los muertos a Cristo Jesús vivificará también vuestros cuerpos mortales por su Espíritu que mora en vosotros. Así que, hermanos, deudores somos, no a la carne, para que vivamos conforme a la carne; porque si vivís conforme a la carne, moriréis; mas si por el Espíritu hacéis morir las obras de la carne, viviréis" (Ro. 8:11-13).

"Mas el fruto del Espíritu es amor, gozo, paz, paciencia, benignidad, bondad, fe, mansedumbre, templanza; contra tales cosas no hay ley" (Gá. 5:22-23).

"Y cuál la supereminente grandeza de su poder para con nosotros los que creemos, según la operación del poder de su fuerza, la cual operó en Cristo, resucitándole de los muertos y sentándole a su diestra en los lugares celestiales" (Ef. 1:19-20).

"Y estando en la condición de hombre, se humilló a sí mismo, haciéndose obediente hasta la muerte, y muerte de cruz. Por lo cual Dios también le exaltó hasta lo sumo, y le dio un nombre que es sobre todo nombre,... Por tanto, amados míos, como siempre habéis obedecido, no como en mi presencia solamente, sino mucho más ahora en mi ausencia, ocupaos en vuestra salvación con temor y temblor, porque Dios es el que en vosotros produce así el querer como el hacer, por su buena voluntad" (Fil. 2:8-9, 12-13).

"Para que andéis como es digno del Señor, agradándole en todo, llevando fruto en toda buena obra, y creciendo en el conocimiento de Dios; fortalecidos con todo poder, conforme a la potencia de su gloria, para toda paciencia y longanimidad" (Col. 1:10-11).

Imagine viviendo una vida de poder con el fruto del Espíritu de Dios a medida que transitamos el camino de nuestra vida cotidiana, conquistando los pecados y caminando a través de los procesos de la vida en forma victoriosa. Es a través de nuestra unión con Cristo que *recibimos el poder* (energía) para caminar de manera triunfal el día tras día (cp. Jn. 15:1-5, para una descripción excelente de nuestra unión con Cristo).

e. La resurrección nos da una esperanza de vida, la esperanza de la gloria. Nuestras mentes y alabanzas deben centrarse en la gloria del cielo que será nuestro ya sea cuando Dios nos lleve a casa o cuando Cristo regrese.

"Bendito el Dios y Padre de nuestro Señor Jesucristo, que según su grande misericordia nos hizo renacer para una esperanza viva, por la resurrección de Jesucristo de los muertos, para una herencia incorruptible, incontaminada e inmarcesible, reservada en los cielos para vosotros" (1 P. 1:3-4).

"Y si el Espíritu de aquel que levantó de los muertos a Jesús mora en vosotros, el que levantó de los muertos a Cristo Jesús vivificará también vuestros cuerpos mortales por su Espíritu que mora en vosotros... Pues tengo por cierto que las aflicciones del tiempo presente no son comparables con la gloria venidera que en nosotros ha de manifestarse" (Ro. 8:11, 18).

"Y mediante el cual creéis en Dios, quien le resucitó de los muertos y le ha dado gloria, para que vuestra fe y esperanza sean en Dios" (1 P. 1:21).

f. La resurrección garantiza nuestra resurrección (cp. 1 Co. 15:12-58). Nuestros pensamientos y alabanzas deben centrarse en la alabanza maravillosa del glorioso y nuevo cuerpo que Dios nos ha prometido.

"Porque si fuimos plantados juntamente con él en la semejanza de su muerte, así también lo seremos en la de su resurrección" (Ro. 6:5).

"Sabiendo que el que resucitó al Señor Jesús, a nosotros también nos resucitará con Jesús, y nos presentará juntamente con vosotros" (2 Co. 4:14).

"Porque si creemos que Jesús murió y resucitó, así también traerá Dios con Jesús a los que durmieron en él. Por lo cual os decimos esto en palabra del Señor: que nosotros que vivimos, que habremos quedado hasta la venida del Señor, no precederemos a los que durmieron. Porque el Señor mismo con voz de mando, con voz de arcángel, y con trompeta de Dios, descenderá del cielo; y los muertos en Cristo resucitarán primero. Luego nosotros los que vivimos, los que hayamos quedado, seremos arrebatados juntamente con ellos en las nubes para recibir al Señor en el aire, y así estaremos siempre con el Señor. Por tanto, alentaos los unos a los otros con estas palabras" (1 Ts. 4:14-18).

g. La resurrección asegura que Dios juzgará al mundo por Cristo. Nuestras mentes y oraciones deben centrarse en el evangelismo y el terrible hecho que el prueba está llegando. Cada persona deberá dar cuenta a Cristo y todos aquellos que lo hayan rechazado serán separados eternamente de Dios.

"Por cuanto ha establecido un día en el cual juzgará al mundo con justicia, por aquel varón a quien designó, dando fe a todos con haberle levantado de los muertos" (Hch. 17:31).

"Y también le dio autoridad de hacer juicio, por cuanto es el Hijo del hombre. No os maravilléis de esto; porque vendrá hora cuando todos los que están en los sepulcros oirán su voz; y los que hicieron lo bueno, saldrán a resurrección de vida; mas los que hicieron lo malo, a resurrección de condenación" (Jn. 5:27-29).

Cristo proclamó que Dios había entregado todo el juicio a Él: Es decir que Él es quien Dios ha nombrado para juzgar al mundo. Dios estampó su aprobación a lo que Cristo dijo *levantándolo de entre los muertos.* Cristo y Solo Él juzgará al mundo. El juicio está llegando: La resurrección de Cristo lo prueba.

2. Advierta las dos razones por las que buscamos las cosas de Cristo y del cielo: Porque estamos muertos y nuestra vida *está escondida con Cristo* en Dios.

a. El creyente está muerto. No está realmente muerto, aún vive sobre la tierra. Pero Dios *cuenta al creyente como muerto* en la muerte de Cristo. Cuando Cristo murió, el creyente murió junto con

Cristo *en la mente de Dios.* Dios lo cuenta así, y lo que Dios cuente así, es un hecho. Por lo tanto, el creyente está en realidad muerto en la mente de Dios. Esto significa un hecho importante: un hombre muerto no puede pecar, ya que un hombre muerto no vive más para esta tierra. Vive para el mundo venidero.

Pensamiento 1: Dado que estamos muertos, debemos buscar las cosas de Cristo y del cielo.

b. El creyente está *escondido con Cristo.* ¿Qué significa esto? Significa que Dios cuenta al creyente *escondido* en la resurrección y la vida de Cristo. Cuando Cristo se levantó de entre los muertos, lo hizo a una nueva vida, no a su vida anterior. Él había muerto para la vida anterior de una vez y para siempre. Por lo tanto, cuando se dice que el creyente está *escondido* en Cristo, significa que Dios cuenta al creyente como resucitado con Cristo. Dios cuenta al creyente como resucitado a una nueva vida. Dios ve al creyente *escondido* en Cristo día tras día. Dios lo ve caminando en Cristo y en la justicia de Cristo. Y por que está en Cristo, el creyente fija su mente sobre las cosas de arriba, sobre las cosas de Cristo y del cielo. Él fija su mente y vida sobre las cosas que agradan a Cristo.
Una ilustración excelente de lo que significa estar *"escondido con Cristo"* es la siguiente: tome el dedo índice de su mano derecha y envuelva su mano izquierda alrededor de éste. Ahora, el dedo índice lo representa a usted y la mano izquierda representa a Cristo. ¿Dónde está usted (el dedo índice)? *En Cristo.* Está escondido en Cristo. Cuando Dios lo mira, Él lo ve a usted escondido en Cristo. (Véase *Estudio a fondo 1, Creyente, Posición en Cristo,* Ro. 8:1 para una mayor discusión al respecto.)

Pensamiento 1: Cuando esta escondido en Cristo...

- Cristo es la única vida que Dios ve como viviente. Cristo es su vida a los ojos de Dios, la vida que usted vive.
- Usted vive y se mueve, tiene su ser alrededor de la vida de Cristo. Está escondido en la vida de Cristo. No es visto viviendo y moviéndose, ya que está escondido en Cristo. Él es la única vida, el único cuerpo, que es visto por Dios y así debe ser visto por el mundo.

Solo piense cuán rendidos y entregados a Cristo debemos estar. Tan entregados que la vida de Cristo es todo lo que se ve. ¿Cómo es eso posible?

- Al buscar aquellas cosas de arriba, donde Cristo está.
- Al fijar nuestra mente en las cosas de arriba, no en las cosas de la tierra. Al trabajar para hacer desaparecer las imaginaciones y cada cosa importante que se exalte a sí misma contra el conocimiento de Dios, aun al punto de cautivar cada pensamiento para Cristo.

En la vida cotidiana, apagar el televisor y dejar a un lado los libros y las revistas. Imbuirse de la Palabra de Dios; meditar y orar a través de la Palabra; memorizar y vivir la Palabra. Además buscar la soledad y orar –por lo menos todas las mañanas y las tardes– y aprender a musitar silenciosamente una oración de vez en cuando. Rendir su vida totalmente a Cristo; presentar su cuerpo como un sacrificio *vivo* a Dios: conocerlo a Él, creer en Él , comprenderlo a Él y hacerlo a Él conocido. Usted es su testigo, muéstrese como tal.

> **"Vosotros sois mis testigos, dice Jehová, y mi siervo que yo escogí, para que me conozcáis y creáis, y entendáis que yo mismo soy; antes de mí no fue formado dios, ni lo será después de mí" (Is. 43:10).**

No existe otra manera de conocerlo a Él además de fijar nuestras mentes en Él. Por lo tanto, hagámoslo y hagámoslo ahora, yendo a nuestro lugar secreto de oración y buscando su cara con un compromiso renovado.

- Nuestra vida está escondida con Cristo.
- No vivimos nosotros, sino Cristo vive en nosotros (Gá. 2:20).
- Siempre estamos entregados a la muerte por la santidad de Jesús, la vida de Jesús debe ser manifiesta en nuestra carne (2 Co. 5:15).
- Para nosotros vivir es Cristo, y morir es provechoso (Fil. 1:21).
- Sabemos lo siguiente: Hemos pasado de la muerte a la vida; por lo tanto, vivamos por Cristo (1 Jn. 3:14).

3. Advierta el premio por estar escondidos con Cristo y por buscar las cosas de Cristo y del cielo: La recompensa es que aparecemos con Cristo la gloria. Piense por un momento: Dios nos ve *escondidos con Cristo;* por lo tanto, estamos resucitados con Cristo. Esto significa que al ser levantado de entre los muertos, nunca tendremos que morir. Cristo vive en la presencia de Dios. Como Dios nos ve *escondidos con Cristo,* Dios nos ve en su presencia. Él nos ha aceptado en su presencia por siempre y para siempre. Todo porque estamos allí *"escondidos con Cristo".*

En términos prácticos estamos aún en la tierra. Dios nos ha dejado aquí para que seamos testigos de Él. Pero cuando Él esté listo para llevarnos al hogar celestial ocurrirá lo siguiente: cuando nos enfrentamos a la muerte –en el último segundo, en el último momento, justo antes de abandonar este mundo para irnos al otro–, Dios establecerá nuestra mente en Jesucristo e inmediatamente nos transportará a su reino celestial (véase *Estudio a fondo 1,* 2 Ti. 4:18). Dios nos dará un *estado mental* y nunca probaremos o experimentaremos la muerte (cp. Jn. 8:51-52; He. 2:9).

Advierta que el versículo tiene que ver con el regreso de Cristo. Cuando Cristo regrese, apareceremos o retornaremos con Él *en gloria.* Deben existir nuevos cielos y tierras y Cristo debe reinar por siempre y para siempre, y nosotros debemos reinar en gloria con Él.

"Entonces los justos resplandecerán como el sol en el reino de su Padre. El que tiene oídos para oír, oiga" (Mt. 13:43).

"Porque esta leve tribulación momentánea produce en nosotros un cada vez más excelente y eterno peso de gloria" (2 Co. 4:17).

"El cual transformará el cuerpo de la humillación nuestra, para que sea semejante al cuerpo de la gloria suya, por el poder con el cual puede también sujetar a sí mismo todas las cosas" (Fil. 3:21).

"Cuando Cristo, vuestra vida, se manifieste, entonces vosotros también seréis manifestados con él en gloria" (Col. 3:4).

"Por tanto, todo lo soporto por amor de los escogidos, para que ellos también obtengan la salvación que es en Cristo Jesús con gloria eterna" (2 Ti. 2:10).

"Ruego a los ancianos que están entre vosotros, yo anciano también con ellos, y testigo de los padecimientos de Cristo, que soy también participante de *la gloria que será revelada*" (1 P. 5:1).

1 La primera demanda es arrolladora: Haced morir todos los pecados que esclavizan el cuerpo y sus miembros

a. Los pecados enumerados
b. Las razones
  1) Esos pecados traen consigo la ira de Dios sobre el hombre
  2) Esos pecados pertenecen a la antigua vida

2 La segunda demanda es arrolladora: Deshacerse de los pecados que esclavizan las emociones y la lengua.

a. Los pecados enumerados
b. Las razones
  1) Nos hemos despojado del antiguo hombre
  2) Ahora somos el hombre nuevo
  3) Todos somos *un cuerpo* en Cristo

B. Las arrolladoras exigencias de la nueva vida, 3:5-11

5 Haced morir, pues, lo terrenal en vosotros: fornicación, impureza, pasiones desordenadas, malos deseos y avaricia, que es idolatría;
6 cosas por las cuales la ira de Dios viene sobre los hijos de desobediencia,
7 en las cuales vosotros también anduvisteis en otro tiempo cuando vivíais en ellas.
8 Pero ahora dejad también vosotros todas estas cosas: ira, enojo, malicia, blasfemia, palabras deshonestas de vuestra boca.
9 No mintáis los unos a los otros, habiéndoos despojado del viejo hombre con sus hechos,
10 y revestido del nuevo, el cual conforme a la imagen del que lo creó se va renovando hasta el conocimiento pleno,
11 donde no hay griego ni judío, circuncisión ni incircuncisión, bárbaro ni escita, siervo ni libre, sino que Cristo es el todo, y en todos.

DIVISIÓN V

LAS EXIGENCIAS DE LA NUEVA VIDA DEL CREYENTE: GRAN CARÁCTER, 3:1-17

B. Las arrolladoras exigencias de la nueva vida, 3:5-11

(3:5-11) ***Introducción:*** Este es un pasaje violento de las Escrituras, un pasaje que ataca a muchas personas justo allí donde están viviendo. Pero es a su vez un pasaje desesperadamente necesario para todos nosotros. Cubre todas las demandas arrolladoras de la nueva vida del creyente en Cristo.

1. La primera demanda es arrolladora: Haced morir todos los pecados que esclavizan el cuerpo y sus miembros (vv. 5-7).
2. La segunda demanda es arrolladora: Deshacerse de los pecados que esclavizan las emociones y la lengua (vv. 8-11).

[1] (3:5-7) ***Pecados del cuerpo, Mortificación, Ira de Dios:*** La primera demanda es arrolladora: Haced morir todos los pecados que esclavizan el cuerpo y sus miembros. La frase "Haced morir" significa actuar como si el cuerpo estuviera muerto. El creyente debe tomar las diversas partes de su cuerpo y hacerlas morir en lo que al pecado se refiere. ¿Cómo puede el creyente hacer esto? Él considera su cuerpo escondido en la muerte de Cristo. Actúa como si el cuerpo estuviera muerto con Cristo. Recuerde que un hombre muerto no puede pecar; un hombre muerto no puede hacer nada. Por lo tanto, el creyente está muerto para pecar.

El punto es el siguiente: Todo es un acto de la mente o del espíritu. Una persona desea vivir para Dios; por lo tanto, mira a su cuerpo y al pecado. La única manera que posiblemente pueda conquistar al pecado es tratar su cuerpo como muerto para el pecado o considerar al pecado como muerto para su cuerpo. La persona debe vivir como si su cuerpo no formara parte del pecado, y como si el pecado no formara parte de su cuerpo. Pero advierta que esta vida es posible solo en Cristo. Solo Cristo –a través del Espíritu Santo– puede obrar dentro del corazón humano y darle la energía y poder para conquistar el pecado en forma *permanente y eterna.* Algunos hombres pueden disciplinarse a sí mismos para sobreponerse a algún pecado, pero no todo el *pecado ni en forma permanente ni eternamente.* Puede hacerse solamente a través de Cristo. Existe una enorme diferencia entre la disciplina humana y el control divino, y la diferencia es Jesucristo. (Véase notas, Fil. 2:13; Col. 3:4 para una mayor discusión al respecto.)

¿Qué pecados deben hacerse morir? La Biblia es muy específica, ya que hay algunos pecados muy específicos que tienden a esclavizar al cuerpo humano. De hecho, advierta el término "hijos de desobediencia" (v. 6). Estos pecados particulares no son solamente terribles *actos de desobediencia* a Dios, son pecados que pueden esclavizar el cuerpo humano de tal manera que hacen de una persona un *hijo de la desobediencia.* Causan que una persona se vuelva en realidad *un hijo de la desobediencia.* ¡Es verdaderamente sorprendente!

1. ¿Cuáles son los pecados que esclavizan tanto al cuerpo humano?
   a. Está el pecado de la *fornicación* (véase nota, pt. 2, Gá. 5:19-21 para una mayor discusión).
   b. Está el pecado de la *impureza* (véase nota, pt. 3, Gá. 5:19-21 para una mayor discusión).
   c. Está el pecado de las *pasiones desordenadas* (pathos): pasión, lujuria, deseo fuerte, sensación intensa, lujuria conducente. Es por supuesto, un deseo por las cosas equivocadas tales como la segunda y la tercera ayuda de comida, alcohol, drogas, desnudez, pornografía, literatura sugestiva, asuntos ilícitos, sexo extra marital, etc.

"Pero yo os digo que cualquiera que mira a una mujer para codiciarla, ya adulteró con ella en su corazón. Por tanto, si tu ojo derecho te es ocasión de caer, sácalo, y échalo de ti; pues mejor te es que se pierda uno de tus miembros, y no que todo tu cuerpo sea echado al infierno" (Mt. 5:28-29).

"Por esto Dios los entregó a pasiones vergonzosas; pues aun sus mujeres cambiaron el uso natural por el que es contra naturaleza, y de igual modo

también los hombres, dejando el uso natural de la mujer, se encendieron en su lascivia unos con otros, cometiendo hechos vergonzosos hombres con hombres, y recibiendo en sí mismos la retribución debida a su extravío" (Ro. 1:26-27).

"Digo, pues: Andad en el Espíritu, y no satisfagáis los deseos de la carne. Porque el deseo de la carne es contra el Espíritu, y el del Espíritu es contra la carne; y éstos se oponen entre sí, para que no hagáis lo que quisiereis" (Gá. 5:16-17).

"Pero los que son de Cristo han crucificado la carne con sus pasiones y deseos" (Gá. 5:24).

"Huye también de las pasiones juveniles, y sigue la justicia, la fe, el amor y la paz, con los que de corazón limpio invocan al Señor" (2 Ti. 2:22).

d. Están los *malos deseos* (epithumian kaken): deseo maligno, un quejido y un dolor por todas las clases de maldad. Está dentro de la persona que empuja a otra al deseo, a la codicia, al arrebato y a mantener todas las formas posibles de maldad que dan placer al cuerpo y a sus miembros. Esto es lo que conduce al hombre a...

- mirar y mirar
- sentir y sentir
- tocar y tocar
- escuchar y escuchar
- oler y oler
- buscar y buscar

"No en pasión de concupiscencia, como los gentiles que no conocen a Dios" (1 Ts. 4:5).

"Sino que cada uno es tentado, cuando de su propia concupiscencia es atraído y seducido. Entonces la concupiscencia, después que ha concebido, da a luz el pecado; y el pecado, siendo consumado, da a luz la muerte" (Stg. 1:14-15).

"Amados, yo os ruego como a extranjeros y peregrinos, que os abstengáis de los deseos carnales que batallan contra el alma" (1 P. 2:11).

e. Está la *avaricia* (pleonexian): la lujuria, la codicia, el deseo incontenible de tener algo. Es el deseo de tener algo cuando no se lo necesita; es desear más de lo que necesitamos y más de lo que deberíamos tener. Advierta que la avaricia es idolatría. Si una persona mira algo tanto que la codicia, la fija como a un dios que persigue con energía y esfuerzo de su mente y su cuerpo. (Véase nota pt. 7, Ef. 4:17-19; Ro. 13:9, para una mayor discusión al respecto.)

"No codiciarás la casa de tu prójimo, no codiciarás la mujer de tu prójimo, ni su siervo, ni su criada, ni su buey, ni su asno, ni cosa alguna de tu prójimo" (Éx. 20:17).

"Porque desde el más chico de ellos hasta el más grande, cada uno sigue la avaricia; y desde el profeta hasta el sacerdote, todos son engañadores" (Jer. 6:13).

"Y vendrán a ti como viene el pueblo, y estarán delante de ti como pueblo mío, y oirán tus palabras, y no las pondrán por obra; antes hacen halagos con sus bocas, y el corazón de ellos anda en pos de su avaricia" (Ez. 33:31).

"Codician las heredades, y las roban; y casas, y las toman; oprimen al hombre y a su casa, al hombre y a su heredad" (Mi. 2:2).

"¡Ay del que codicia injusta ganancia para su casa, para poner en alto su nido, para escaparse del poder del mal!" (Hab. 2:9).

"Y les dijo: Mirad, y guardaos de toda avaricia; porque la vida del hombre no consiste en la abundancia de los bienes que posee" (Lc. 12:15).

"Haced morir, pues, lo terrenal en vosotros: fornicación, impureza, pasiones desordenadas, malos deseos y avaricia, que es idolatría" (Col. 3:5).

"Porque raíz de todos los males es el amor al dinero, el cual codiciando algunos, se extraviaron de la fe, y fueron traspasados de muchos dolores" (1 Ti. 6:10).

2. Hay dos razones poderosas para hacer morir a los pecados que esclavizan el cuerpo.

a. Es el pecado el que traerá la ira de Dios sobre el hombre. La palabra "ira" (orge) significa enojo, pero no es un ataque de ira que se suaviza rápidamente, ni tampoco el enojo que surge solamente de la emoción. En vez de esto es un enojo decisivo y deliberado. Es un enojo que proviene de la decisión pensada, un enojo que proviene de la mente porque algo ha hecho algo malo e hiriente. Es el enojo que juzga y condena el pecado y la maldad, la violencia, la inmoralidad y la injusticia. Es un enojo que odia el pecado y la maldad que solo pide una venganza justa y un castigo equitativo.

"Al ver él que muchos de los fariseos y de los saduceos venían a su bautismo, les decía: ¡Generación de víboras! ¿Quién os enseñó a huir de la ira venidera?" (Mt. 3:7).

"Porque la ira de Dios se revela desde el cielo contra toda impiedad e injusticia de los hombres que detienen con injusticia la verdad" (Ro. 1:18).

"Pero por tu dureza y por tu corazón no arrepentido, atesoras para ti mismo ira para el día de la ira y de la revelación del justo juicio de Dios" (Ro. 2:5).

"Pero ira y enojo a los que son contenciosos y no obedecen a la verdad, sino que obedecen a la injusticia; tribulación y angustia sobre todo ser humano que hace lo malo, el judío primeramente y también el griego" (Ro. 2:8-9).

"Nadie os engañe con palabras vanas, porque por estas cosas viene la ira de Dios sobre los hijos de desobediencia" (Ef. 5:6).

"Porque ellos mismos cuentan de nosotros la manera en que nos recibisteis, y cómo os convertisteis de los ídolos a Dios, para servir al Dios vivo y verdadero, y esperar de los cielos a su Hijo, al cual resucitó de los muertos, a Jesús, quien nos libra de la ira venidera" (1 Ts. 1:9-10).

b. Esos pecados eran comunes en nuestra vida anterior. Acostumbrábamos a caminar y vivir en esos pecados, pero no ahora. ¿Cuál es la diferencia? Cristo. Estamos *escondidos en Cristo.* Él nos ha salvado de los pecados que traen la ira de Dios sobre nosotros. Mirar atrás y comenzar a caminar en esos pecados sería negar a Cristo. Y esto es lo que no debemos hacer...

- provocar más dolor al corazón de Dios al abusar de la muerte de su amado Hijo.
- traer la ira de Dios sobre nosotros.

"Y él os dio vida a vosotros, cuando estabais muertos en vuestros delitos y pecados, en los cuales anduvisteis en otro tiempo, siguiendo la corriente de este mundo, conforme al príncipe de la potestad del aire, el espíritu que ahora opera en los hijos de desobediencia" (Ef. 2:1-2).

"Hermanos, sed imitadores de mí, y mirad a los que así se conducen según el ejemplo que tenéis en nosotros. Porque por ahí andan muchos, de los cuales os dije muchas veces, y aun ahora lo digo llorando, que son enemigos de la cruz de Cristo; el fin de los cuales será perdición, cuyo dios es el vientre, y cuya gloria es su vergüenza; que sólo piensan en lo terrenal. Mas nuestra ciudadanía está en los cielos, de donde también esperamos al Salvador, al Señor Jesucristo; el cual transformará el cuerpo de la humillación nuestra, para que sea semejante al cuerpo de la gloria suya, por el poder con el cual puede también sujetar a sí mismo todas las cosas" (Fil. 3:17-21).

"Baste ya el tiempo pasado para haber hecho lo que agrada a los gentiles, andando en lascivias, concupiscencias, embriagueces, orgías, disipación y abominables idolatrías. A éstos les parece cosa extraña que vosotros no corráis con ellos en el mismo desenfreno de disolución, y os ultrajan; pero ellos darán cuenta al que está preparado para juzgar a los vivos y a los muertos" (1 P. 4:3-5).

"Pero vosotros, amados, tened memoria de las palabras que antes fueron dichas por los apóstoles de nuestro Señor Jesucristo; los que os decían: En el postrer tiempo habrá burladores, que andarán según sus malvados deseos. Estos son los que causan divisiones; los sensuales, que no tienen al Espíritu. Pero vosotros, amados, edificándoos sobre vuestra santísima fe, orando en el Espíritu Santo, conservaos en el amor de Dios, esperando la misericordia de nuestro Señor Jesucristo para vida eterna" (Jud. 17-21).

[2] (3:8-11) ***Hombre nuevo, Hombre viejo, Emociones, Lengua:*** La segunda exigencia también es arrolladora: Deshacerse de los pecados que esclavizan las emociones y la lengua. La figura es la de quitarse las ropas.

1. Hay seis pecados de los que se debe despojar. Advierta que los seis pecados tienen que ver con emociones profundamente asentadas o con reacciones de la lengua y sentimientos contra otra persona.

   a. Está el pecado de la *ira* (orge). (Véase nota, Ef. 4:26-27 para su discusión.)

   b. Está el pecado de la *enojo* (thumon). (Véase nota, pt. 10, Gá. 5:19-21 para su discusión.)

   c. Está el pecado de la *malicia* (kakian). Sentimientos profundamente arraigados contra una persona, el odio que permanece a través del tiempo, amargura intensa y duradera contra una persona.

"Así que celebremos la fiesta, no con la vieja levadura, ni con la levadura de malicia y de maldad, sino con panes sin levadura, de sinceridad y de verdad" (1 Co. 5:8).

"Hermanos, no seáis niños en el modo de pensar, sino sed niños en la malicia, pero maduros en el modo de pensar" (1 Co. 14:20).

"Quítense de vosotros toda amargura, enojo, ira, gritería y maledicencia, y toda malicia" (Ef. 4:31).

"Pero ahora dejad también vosotros todas estas cosas: ira, enojo, malicia, blasfemia, palabras deshonestas de vuestra boca" (Col. 3:8).

"Desechando, pues, toda malicia, todo engaño, hipocresía, envidias, y todas las detracciones" (1 P. 2:1).

   d. Está el pecado de la *blasfemia* (blasphemian). El discurso que insulta, hiere, injuria, lastima y muestra insatisfacción. Es cercar a alguien.

"Pero oponiéndose y blasfemando éstos, les dijo, sacudiéndose los vestidos: Vuestra sangre sea sobre vuestra propia cabeza; yo, limpio; desde ahora me iré a los gentiles" (Hch. 18:6).

"De los cuales son Himeneo y Alejandro, a quienes entregué a Satanás para que aprendan a no blasfemar" (1 Ti. 1:20).

"Pero vosotros habéis afrentado al pobre. ¿No os oprimen los ricos, y no son ellos los mismos que os arrastran a los tribunales? ¿No blasfeman ellos el buen nombre que fue invocado sobre vosotros?" (Stg. 2:6-7).

"Me paré sobre la arena del mar, y vi subir del mar una bestia que tenía siete cabezas y diez cuernos; y en sus cuernos diez diademas; y sobre sus cabezas, un nombre blasfemo" (Ap. 13:1).

"Y blasfemaron contra el Dios del cielo por sus dolores y por sus úlceras, y no se arrepintieron de sus obras" (Ap. 16:11).

   e. Está el pecado de las *palabras deshonestas* (aischrologian). (Véase nota, pt. 1, Ef. 5:4 para una discusión.)

   f. Está el pecado de la *mentira* (véase nota, Ef. 4:25 para una discusión).

2. Hay tres razones fuertes por las cuales debemos despojarnos de los pecados de las emociones y de la lengua.

   a. Debemos despojarnos del *hombre viejo* (véase *Estudio a fondo 1, Hombre viejo,* Ef. 4:22 para una mayor discusión).

   b. Debemos vestirnos del *hombre nuevo* (véanse *Estudio a fondo 3, Hombre nuevo,* Ef. 4:24; *Estudio a fondo 3, Mente renovada,* Ef. 4:23 para una mayor discusión).

   c. Somos un cuerpo en Cristo (v. 11). Cristo lo ha hecho posible para que nosotros seamos adoptados como hijos e hijas de Dios. Todos somos –todos y cada uno– hijos de Dios. Pertenecemos a la misma familia: La familia de Dios. Por lo tanto, no hay espacio para la reacción contra el otro, no hay espacio para...

      - la ira
      - las palabras blasfemas, insultantes e hirientes

- el enojo
- la conversación lasciva
- la malicia
- la mentira

Advierta cómo las Escrituras consideran todo lo que pudiera ocasionar divisiones entre nosotros:

- raza y nacimiento (griego ni judío).
- religión y ritual (circuncisión ni incircuncisión).
- educación y cultura (bárbaros ni escitas).
- clases sociales, salud y propiedad (ataduras y libertad)

"Así nosotros, siendo muchos, somos un cuerpo en Cristo, y todos miembros los unos de los otros" (Ro. 12:5).

"Siendo uno solo el pan, nosotros, con ser muchos, somos un cuerpo; pues todos participamos de aquel mismo pan" (1 Co. 10:17).

"Ya no hay judío ni griego; no hay esclavo ni libre; no hay varón ni mujer; porque todos vosotros sois uno en Cristo Jesús" (Gá. 3:28).

"Hasta que todos lleguemos a la unidad de la fe y del conocimiento del Hijo de Dios, a un varón perfecto, a la medida de la estatura de la plenitud de Cristo" (Ef. 4:13).

	C. La vestimenta de la nueva vida, 3:12-14
1 Escogidos de Dios santos y amado **2 La vestimenta de la piedad** **3 La vestimenta de la benignidad** **4 La vestimenta de la humildad** **5 La vestimenta de mansedumbre**	12 Vestíos, pues, como escogidos de Dios, santos y amados, de entrañable misericordia, de benignidad, de humildad, de mansedumbre, de paciencia;
6 La vestimenta de la paciencia **7 La vestimenta de justicia** **8 La vestimenta del perdón**	13 soportándoos unos a otros, y perdonándoos unos a otros si alguno tuviere queja contra otro. De la manera que Cristo os perdonó, así también hacedlo vosotros.
9 La vestimenta del amor	14 Y sobre todas estas cosas vestíos de amor, que es el vínculo perfecto.

DIVISIÓN V

LAS EXIGENCIAS DE LA NUEVA VIDA CREYENTE: GRAN CARÁCTER, 3:1-17

C. La vestimenta de la nueva vida, 3:12-14

(3:12-14) ***Introducción:*** Una vez que se ha aceptado a Cristo, se tiene una nueva vida. Como se ha visto en el pasaje anterior, el creyente debe despojarse de la vestimenta de su nueva vida, ya que las vestimentas de su antigua vida desarman a su nueva vida. Ahora, están las vestimentas que el creyente debe utilizar, algunas vestimentas para su nueva vida en Cristo.

1. Escogidos de Dios santos y amados (v. 12).
2. La vestimenta de la piedad (v. 12).
3. La vestimenta de la benignidad (v. 12).
4. La vestimenta de la humildad (v. 12).
5. La vestimenta de mansedumbre (v. 12).
6. La vestimenta de la paciencia (v. 12).
7. La vestimenta de justicia (v. 13).
8. La vestimenta del perdón (v. 13).
9. La vestimenta del amor (v. 14).

[1] (3:12-14) ***Nueva vida:*** La vestimenta de los escogidos. Los creyentes son los "escogidos de Dios". Son las personas a quien Dios ha escogido para ser sus santos y amados.

- Los creyentes han sido escogidos para ser *santos.* La palabra "santos" (hagios) significa separados o apartados. Dios llamó a los creyentes para que salgan del mundo y de la vieja vida que éste ofrecía. Él ofrece, la nueva vida de justicia y eternidad.
- Los creyentes han sido escogidos para ser los *amados* de Dios. Dios ha llamado a los creyentes para que salieran de la antigua vida que mostraba odio hacia Dios, la antigua vida que rechazaba, se rebelaba, ignoraba, negaba y maldecía constantemente en la cara de Dios. Dios ha llamado a los creyentes para ser los amados de Dios, las personas que recibieron su amor en Cristo Jesús y que permitieron que Él brindara su amor a ellos.

El punto es el siguiente: Los escogidos de Dios, santos y amados, son los que en realidad creyeron y confiaban en Jesucristo como su Salvador. Son estas personas, los creyentes, que ahora tienen una *nueva vida* en Cristo. Por lo tanto, este pasaje es para el creyente. Advierta este otro punto: El mandamiento "vestid" (enduno). Es la figura de ponerse la vestimenta: el creyente debe *vestir al nuevo hombre.* El hombre nuevo no debe quedar desnudo, debe estar vestido. ¿Cuáles son las vestimentas a usar? Hay ocho prendas para el nuevo hombre.

[2] (3:12) ***Piedad:*** El creyente debe vestir la ropa de la piedad. La piedad (oiktirmou) significa compasión, ternura. Dios ha tenido tanta piedad sobre nosotros, lo único que deberíamos hacer es mostrar piedad a los otros. La compasión y la piedad deben fluir en nuestro corazón para...

- los perdidos
- los heridos
- los desamparados
- los desposeídos
- los descarriados
- los enfermos
- los hambrientos
- los desvestidos
- los solitarios
- los pobres

• los ancianos
• los huérfanos

Por supuesto, la lista podría así continuar. El punto es que el creyente ya no tiene el derecho de pasar por alto a los necesitados del mundo. Ahora es un hombre nuevo, una parte de la vestimenta del hombre nuevo es la de la piedad. El creyente debe vestirse de piedad. Debe tener compasión y satisfacer las necesidades del mundo; alcanzarlas con todo lo que es y todo lo que tiene, sin retener nada en la medida que exista una sola necesidad.

"¿No es que partas tu pan con el hambriento, y a los pobres errantes albergues en casa; que cuando veas al desnudo, lo cubras, y no te escondas de tu hermano?" (Is. 58:7).

"En todo os he enseñado que, trabajando así, se debe ayudar a los necesitados, y recordar las palabras del Señor Jesús, que dijo: Más bienaventurado es dar que recibir" (Hch. 20:35).

"Acordaos de los presos, como si estuvierais presos juntamente con ellos; y de los maltratados, como que también vosotros mismos estáis en el cuerpo" (He. 13:3).

[3] (3:12) ***Benignidad:*** El creyente debe vestirse con las prendas de la *benignidad.* (Véase nota, pt. 5, Gá. 5:22-23 para una mayor discusión al respecto.)

[4] (3:12) ***Humildad:*** El creyente debe vestirse con las prendas de la *humildad.* (Véanse nota y *Estudio a fondo 1, Humildad,* Fil. 2:3 para una mayor discusión al respecto.)

[5] (3:12) ***Mansedumbre:*** El creyente debe vestirse con las prendas de la *mansedumbre.* (Véanse nota, pt. 8, Gá. 5:22-23.)

[6] (3:12) ***Paciencia:*** El creyente debe vestirse con la vestimenta del *sufrimiento y la paciencia.* (Véase nota, pt. 4, Gá. 5:22-23.)

[7] (3:13) ***Soportar:*** El creyente debe vestirse con la vestimenta de *soportar.* Anechomenoi significa soportar, cargar, controlar.

Algo que se olvida a menudo: Hay muchas cosas en cada uno de nosotros que la gente debe perdonar. Las personas deben soportar gran cantidad de cosas al tratar con nosotros. Cada uno de nosotros es culpable de...

• alguna debilidad
• alguna negligencia
• algún comportamiento inapropiado
• alguna falla
• algún comportamiento equivocado
• algún mal hábito
• algún maltrato
• algún comportamiento irritante

Hay algunas cosas sobre cada uno de nosotros que desalientan a otras personas. Ninguno de nosotros escapa de ese hecho. Además, cada uno de nosotros hace cosas que irritan a los demás. Nuevamente, no hay escape de este hecho. Se puede mirar a cualquier persona y reconocer sus fallas y debilidades.

Pero advierta que esto no es lo que las Escrituras dicen que hay que hacer. La Biblia dice que el creyente debe vestirse la ropa del perdón. El creyente debe perdonar las fallas de los demás. Debe resistir y tolerar las debilidades de otros creyentes.

"Así que, los que somos fuertes debemos soportar las flaquezas de los débiles, y no agradarnos a nosotros mismos" (Ro. 15:1).

"Sobrellevad los unos las cargas de los otros, y cumplid así la ley de Cristo" (Gá. 6:2).

"Yo pues, preso en el Señor, os ruego que andéis como es digno de la vocación con que fuisteis llamados, con toda humildad y mansedumbre, soportándoos con paciencia los unos a los otros en amor" (Ef. 4:1-2).

"Soportándoos unos a otros, y perdonándoos unos a otros si alguno tuviere queja contra otro. De la manera que Cristo os perdonó, así también hacedlo vosotros" (Col. 3:13).

[8] (3:13) ***Perdón:*** El creyente debe vestirse con la vestimenta del *perdón;* debe perdonar (charizomenoi). La palabra significa darle gracia a la persona; perdonarlo por el mal que hizo contra nosotros. Advierta que ha existido una discusión o alguna diferencia. La persona nos ha herido y apenado. Pero sin importar lo que hayan hecho, debemos tener un espíritu de perdón que nos cubra. Debemos estar tan imbuidos de ese espíritu que ninguna diferencia o discusión puede hacernos temblar. Advierta por qué: Porque Cristo nos ha perdonado. No importa cuánto haya hecho en contra de nosotros, no puede si quiera acercarse al daño que hemos hecho en contra de Cristo. Sin embargo, Cristo nos ha perdonado. Por lo tanto, debemos perdonar a aquellos que nos hayan hecho mal; no importa cuánto mal haya sido.

"Y cuando estéis orando, perdonad, si tenéis algo contra alguno, para que también vuestro Padre que está en los cielos os perdone a vosotros vuestras ofensas" (Mr. 11:25).

"Amad, pues, a vuestros enemigos, y haced bien, y prestad, no esperando de ello nada; y será vuestro galardón grande, y seréis hijos del Altísimo; porque él es benigno para con los ingratos y malos. Sed, pues, misericordiosos, como también vuestro Padre es misericordioso" (Lc. 6:35-36).

"Y si siete veces al día pecare contra ti, y siete veces al día volviere a ti, diciendo: Me arrepiento; perdónale" (Lc. 17:4).

"Antes sed benignos unos con otros, misericordiosos, perdonándoos unos a otros, como Dios también os perdonó a vosotros en Cristo" (Ef. 4:32).

"Soportándoos unos a otros, y perdonándoos unos a otros si alguno tuviere queja contra otro. De la manera que Cristo os perdonó, así también hacedlo vosotros" (Col. 3:13).

[9] (3:14) ***Amor:*** Por sobre todo, el creyente debe vestir la vestimenta del *amor* (agapen). Note que el amor debe ser la principal vestimenta de la nueva vida del creyente. Se lo denomina *el vínculo perfecto;* es decir, el amor enlaza todas las vestimentas o las grandes cualidades de la vida del creyente para unirlas. Si el creyente debe vestirse con amor –si en realidad ama a la gente– entonces siempre se vestirá con...

• piedad
• paciencia
• benignidad
• justicia
• humildad

• perdón
• mansedumbre

"Porque Cristo, cuando aún éramos débiles, a su tiempo murió por los impíos" (Ro. 5:6).

"Mas Dios muestra su amor para con nosotros, en que siendo aún pecadores, Cristo murió por nosotros" (Ro. 5:8).

"Porque si siendo enemigos, fuimos reconciliados con Dios por la muerte de su Hijo, mucho más, estando reconciliados, seremos salvos por su vida" (Ro. 5:10).

"Jesús le respondió: *El primer mandamiento de todos es:* Oye, Israel; el Señor nuestro Dios, el Señor uno es. Y amarás al Señor tu Dios con todo tu corazón, y con toda tu alma, y con toda tu mente y con todas tus fuerzas. *Este es el principal mandamiento.* Y el segundo es semejante: Amarás a tu prójimo como a ti mismo. *No hay otro mandamiento mayor que éstos"* (Mr. 12:29-31).

"Y ahora permanecen la fe, la esperanza y el amor, estos tres; pero el mayor de ellos es el amor" (1 Co. 13:13).

	D. El corazón de la nueva vida, 3:15-17		
1 Un corazón gobernado por la paz de Dios a. Una elección: Que gobierne b. La razón: Un cuerpo c. La respuesta: Ser agradecido **2 Un corazón enriquecido con la Palabra de Cristo** a. Una elección: Que more	15 Y la paz de Dios gobierne en vuestros corazones, a la que asimismo fuisteis llamados en un solo cuerpo; y sed agradecidos. 16 La palabra de Cristo more en abundancia en vosotros, enseñándoos y exhortándoos	unos a otros en toda sabiduría, cantando con gracia en vuestros corazones al Señor con salmos e himnos y cánticos espirituales. 17 Y todo lo que hacéis, sea de palabra o de hecho, hacedlo todo en el nombre del Señor Jesús, dando gracias a Dios Padre por medio de él.	b. La razón: Enseñar y exhortarse uno al otro con sabiduría c. La evidencia: Un espíritu de alabanza **3 Un corazón que hace todo en el nombre de Cristo** a. Una elección: Hacer todo b. La respuesta: Dar gracias

DIVISIÓN V

LAS EXIGENCIAS DE LA NUEVA VIDA DEL CREYENTE: GRAN CARÁCTER, 3:1-17

D. El corazón de la nueva vida, 3:15-17

(3:15-17) ***Introducción:*** Cuando una nueva vida ingresa al mundo, ingresa al mundo un corazón nuevo. No existe vida fuera del corazón. Una nueva vida necesita un nuevo corazón. Así sucede con el creyente: recibe un nuevo corazón cuando recibe su nueva vida. *El corazón de la nueva vida* es el gran tema de este pasaje.

1. Un corazón gobernado por la paz de Dios (v. 15).
2. Un corazón enriquecido con la Palabra de Cristo (v. 16).
3. Un corazón que hace todo en el nombre de Cristo (v. 17).

1 (3:15) ***Paz:*** En primer lugar, el creyente debe tener un corazón regido por la paz de Dios. Debe permitir que la paz de Cristo regule todas las cosas y las diferencias. Los mejores textos griegos decían "paz de Cristo" en vez de "paz de Dios". La palabra "paz" (eirene) significa estar enlazados y unidos. Significa estar seguros, confiados en el amor y el cuidado de Dios. Significa saber que Dios nos va a cuidar sin importar cuál sea el problema o la circunstancia. Significa estar absolutamente seguros que Dios no permitirá que nada nos derrote o nos haga daño. Dios...

- nos fortalecerá
- nos sostendrá
- nos liberará
- nos estimulará
- nos proveerá
- nos dará una vida verdadera ahora y para siempre.
- nos guiará
- nos salvará

Pero note este punto crítico: Esta paz es la paz de Cristo, y solamente Él la posee. Por lo tanto, una persona puede experimentar verdadera paz solamente cuando llega a conocer a Cristo. Solo Cristo puede brindar paz verdadera al corazón humano, la clase de paz que entrega liberación y seguridad de liberación al alma humana. Se señalan tres puntos significativos en lo que concierne a la paz de Cristo.

1. La elección depende del creyente: El creyente no experimenta automáticamente la paz de Cristo. Se supone que sí pero puede que no lo haga. Es un mandamiento, lo que significa que demanda obediencia. La palabra "regir" (brabeueto) significa ser o actuar como un árbitro. La paz debe ser el árbitro, el factor decisivo en todas las situaciones, circunstancias, y las situaciones de la vida.

 Matthew Henry lo dice con claridad: "Permite que la paz rija tu corazón, que prevalezca y gobierne... como un árbitro (permite) que decida todas las diferencias entre ustedes" *(Matthew Henry's Commentary,* vol. 5, p. 764).

 William Barclay apunta: "Permitamos que la paz de Dios... sea el que decida (árbitro) sobre todas las cosas dentro de tu corazón" *(The Letters to the Philipians, Colossians, and Thessalonians,* p. 190).

El punto es el siguiente: El creyente debe hacer una elección. La decisión es si permite que la paz de Cristo sea la que rija su corazón o no. Las Escrituras así lo ordenan, pero el creyente debe desear que el árbitro de la paz sea el que rija. Debe desear dejar a un lado todas las diferencias y circunstancias, desear rendir las diferencias y permitir que Cristo las maneje a través de la regla de su paz.

"La paz os dejo, mi paz os doy; yo no os la doy como el mundo la da. No se turbe vuestro corazón, ni tenga miedo" (Jn. 14:27).

"Estas cosas os he hablado para que en mí tengáis paz. En el mundo tendréis aflicción; pero confiad, yo he vencido al mundo" (Jn. 16:33).

"Justificados, pues, por la fe, tenemos paz para con Dios por medio de nuestro Señor Jesucristo" (Ro. 5:1).

"Porque él es nuestra paz, que de ambos pueblos hizo uno, derribando la pared intermedia de separación" (Ef. 2:14).

"Tú guardarás en completa paz a aquel cuyo pensamiento en ti persevera; porque en ti ha confiado" (Is. 26:3).

"¡Oh, si hubieras atendido a mis mandamientos! Fuera entonces tu paz como un río, y tu justicia como las ondas del mar" (Is. 48:18).

2. La razón por la cual los creyentes deben permitir que la paz de Cristo gobierne sus corazones se establece claramente: Somos llamados a ser *un solo cuerpo.* No somos llamados a

ser *dos cuerpos* sino uno. El creyente que permanece *afuera* en otro cuerpo no es un creyente auténtico. Existe solo un cuerpo de Cristo, solo un cuerpo de creyentes, solo una iglesia. Esto significa algo sumamente importante: Los creyentes deben actuar como uno solo. Deben vivir y comportarse como un cuerpo, como un cuerpo de personas en unión una con la otra. ¿Cómo? Permitiendo que la paz de Cristo rija en sus corazones. La paz debe ser el factor decisivo, el árbitro en todas las relaciones entre creyentes. (Véase notas, Col. 1:18 para una mayor discusión al respecto.)

Pensamiento 1: ¿Por qué se da esta exhortación? Porque a menudo se presenta en la iglesia alguna persona que...

- es pendenciera y divisiva
- es crítica y juzgadora
- rumorea y murmura
- rezonga y refunfuña.

Muy a menudo algunas personas se convierten en problemáticas, es decir personas que crean dificultades dentro del cuerpo de Cristo, la iglesia. La persona acepta el arbitraje de la diferencia en vez del arbitraje de la paz. Permite que las diferencias regulen su corazón en vez de Cristo y su paz.

Esta es la razón para esta exhortación. La exhortación es necesaria. Algunas personas necesitan desesperadamente escuchar el reto y la exigencia de Dios: *Permite que la paz de Dios rija en sus corazones... ya que fueron llamados para vivir como un solo cuerpo en paz.*

"Vuelve ahora en amistad con él, y tendrás paz; y por ello te vendrá bien" (Job 22:21).

"Apártate del mal, y haz el bien; busca la paz, y síguela" (Sal. 34:14).

"Porque él es nuestra paz, que de ambos pueblos hizo uno, derribando la pared intermedia de separación" (Ef. 2:14).

"Y la paz de Dios gobierne en vuestros corazones, a la que asimismo fuisteis llamados en un solo cuerpo; y sed agradecidos" (Col. 3:15).

"Apártese del mal, y haga el bien; busque la paz, y sígala" (1 P. 3:11).

"Porque el ocuparse de la carne es muerte, pero el ocuparse del Espíritu es vida y paz" (Ro. 8:6).

"Porque el reino de Dios no es comida ni bebida, sino justicia, paz y gozo en el Espíritu Santo" (Ro. 14:17).

3. Los creyentes deben responder a la demanda de paz con agradecimiento. Los creyentes deberían siempre agradecer a Cristo por su paz...

- la paz que Él ha traído a sus corazones personalmente
- la paz que Él ha traído a todos los hombres que confían en Él
- la paz que Él ha traído dentro de su cuerpo, la iglesia.
- el glorioso privilegio que todos los hombres tienen al conocer su paz.

"Dando siempre gracias por todo al Dios y Padre, en el nombre de nuestro Señor Jesucristo. Someteos unos a otros en el temor de Dios" (Ef. 5:20-21).

"Por nada estéis afanosos, sino sean conocidas vuestras peticiones delante de Dios en toda oración y ruego, *con acción de gracias.* Y la paz de Dios, que sobrepasa todo entendimiento, guardará vuestros corazones y vuestros pensamientos en Cristo Jesús" (Fil. 4:6-7).

"Y por medio de él reconciliar consigo todas las cosas, así las que están en la tierra como las que están en los cielos, haciendo la paz mediante la sangre de su cruz" (Col. 1:20).

[2] (3:16) ***La Palabra:*** En segundo lugar, el creyente debe tener un corazón enriquecido con la Palabra de Cristo. Debe permitir que la Palabra de Cristo more en su corazón. Esta es la única vez en las Escrituras en la que "la Palabra de Dios" se le llama "la Palabra de Cristo". El énfasis de Colosenses es Cristo; por lo tanto, la Palabra de Dios se vuelve la *Palabra de Cristo* en este gran libro. (Cp. 2 Co. 2:17; 4:2; 1 Ts. 1:8; 2:13; 4:15; 2 Ts. 3:1.)

Se habla de tres puntos significativos sobre la Palabra de Cristo.

1. La elección depende del creyente: La Palabra de Cristo no mora naturalmente dentro del corazón del creyente. El vocablo "more" (enoikeito) significa estar en casa o hacer un hogar, habitar o morar en él. El creyente debe hacer espacio dentro de su corazón para la Palabra de Cristo. Debe permitir que la Palabra de Cristo ingrese en su corazón y habite en su corazón. Debe permitir que la Palabra de Cristo more y habite en su corazón. El creyente debe quitar todos los enseres antiguos de su corazón y permitir que la Palabra de Cristo se asiente como residente permanente dentro de su corazón.

Advierta la palabra "ricamente". Es importante, ya a que la Palabra de Cristo debe permitírsele morar ricamente dentro de nuestros corazones. El creyente no debe estar satisfecho solo con una mera visita de la Palabra de Cristo. Debe permitir que la Palabra de Cristo more ricamente dentro de Él. La Palabra de Cristo debe llenar el corazón del creyente con toda la sabiduría de sus mandamientos y promesas, instrucciones y advertencias.

"Y estas palabras que yo te mando hoy, estarán sobre tu corazón" (Dt. 6:6).

"Por tanto, pondréis estas mis palabras en vuestro corazón y en vuestra alma, y las ataréis como señal en vuestra mano, y serán por frontales entre vuestros ojos" (Dt. 11:18).

"En mi corazón he guardado tus dichos, para no pecar contra ti" (Sal. 119:11).

"La palabra de Cristo more en abundancia en vosotros, enseñándoos y exhortándoos unos a otros en toda sabiduría, cantando con gracia en vuestros corazones al Señor con salmos e himnos y cánticos espirituales" (Col. 3:16).

"Si permanecéis en mí, y mis palabras permanecen en vosotros, pedid todo lo que queréis, y os será hecho" (Jn. 15:7).

"Procura con diligencia presentarte a Dios aprobado, como obrero que no tiene de qué avergonzarse, que usa bien la palabra de verdad" (2 Ti. 2:15).

"Toda la Escritura es inspirada por Dios, y útil para enseñar, para redargüir, para corregir, para instruir en justicia" (2 Ti. 3:16).

"Desead, como niños recién nacidos, la leche espiritual no adulterada, para que por ella crezcáis para salvación, si es que habéis gustado la benignidad del Señor" (1 P. 2:2-3).

2. La razón por la cual los creyentes deben dejar que la Palabra de Cristo more dentro de ellos se establece claramente: Los creyentes deben enseñar y exhortarse unos a los otros con sabiduría. Esta es la tarea del creyente, la misma razón por la que Dios no nos ha llevado aún al hogar celestial: para que nos enseñemos y exhortemos unos a otros. Se entiende por *enseñar,* a la instrucción de la Palabra y por *exhortar* se hacer referencia a las exhortaciones de las Escrituras. ¿Pero cómo podemos enseñar y exhortar a otros si nosotros no...

- conocemos la Palabra de Cristo?
- permitimos que la Palabra de Cristo more en nosotros?

La respuesta es obvia: no podemos. Advierta otro hecho: No es suficiente conocer la Palabra de Cristo, debemos vivir la Palabra de Cristo. Conocer la Palabra y no vivirla es hipocresía. Nuestra vida debe permanecer en la Palabra de Cristo. Cuando las personas nos miran, inmediatamente deben ver que nuestra vida está llena de la Palabra de Cristo.

Algo más debe señalarse también. Podemos enseñar y exhortar a otros pero sin *sabiduría.* En la filosofía mundana y las enseñanzas acerca de la realidad y la verdad, Dios y el universo son únicamente nociones básicas de los hombres. La verdad y la sabiduría de la vida se encuentran en *la Palabra de Cristo y solo en la Palabra de Cristo.* (Véase notas, Col. 2:8-10 para una mayor discusión al respecto.)

> **"Esto manda y enseña" (1 Ti. 4:11).**
>
> **"Porque el siervo del Señor no debe ser contencioso, sino amable para con todos, apto para enseñar, sufrido" (2 Ti. 2:24).**
>
> **"Y estas palabras que yo te mando hoy, estarán sobre tu corazón; y las repetirás a tus hijos, y hablarás de ellas estando en tu casa, y andando por el camino, y al acostarte, y cuando te levantes" (Dt. 6:6-7).**
>
> **"Y enseñarán a mi pueblo a hacer diferencia entre lo santo y lo profano, y les enseñarán a discernir entre lo limpio y lo no limpio" (Ez. 44:23).**

3. Existe una manera de decir si la Palabra de Cristo habita o no en nosotros: ¿Estamos enseñando y advirtiéndonos los unos a los otros con salmos, himnos y cantos espirituales con gracia en nuestros corazones hacia el Señor? A medida que caminamos el día, ¿nosotros...

- hablamos sobre Cristo?
- testificamos acerca de la Palabra de Cristo a otros?
- enseñamos a los demás?
- advertimos y animamos a los demás?
- cantamos para nosotros y con los demás?

Pensamiento 1: ¡Qué figura contrastante sobre cómo vivimos muchos de nosotros! El creyente debe vivir, moverse y estar en Cristo. Debe permitir que Cristo viva, se mueva y esté en él. Porque el creyente vive por Cristo. Debemos caminar todo el día hablando sobre Cristo y testificando de Cristo, enseñándole a otros y advirtiéndole a los demás en la Palabra de Cristo, cantando los salmos de la Escritura, los himnos de la iglesia, y las canciones espirituales que surgen de un corazón lleno de la gloria del Señor y su Palabra.

> **"Y estas palabras que yo te mando hoy, estarán sobre tu corazón; y las repetirás a tus hijos, y hablarás de ellas estando en tu casa, y andando por el camino, y al acostarte, y cuando te levantes" (Dt. 6:6-7).**
>
> **"Y las enseñaréis a vuestros hijos, hablando de ellas cuando te sientes en tu casa, cuando andes por el camino, cuando te acuestes, y cuando te levantes, y las escribirás en los postes de tu casa, y en tus puertas" (Dt. 11:19-20).**
>
> **"¿Qué, pues? Oraré con el espíritu, pero oraré también con el entendimiento; cantaré con el espíritu, pero cantaré también con el entendimiento" (1 Co. 14:15).**
>
> **"La palabra de Cristo more en abundancia en vosotros, enseñándoos y exhortándoos unos a otros en toda sabiduría, cantando con gracia en vuestros corazones al Señor con salmos e himnos y cánticos espirituales" (Col. 3:16).**
>
> **"Venid, aclamemos alegremente a Jehová; cantemos con júbilo a la roca de nuestra salvación" (Sal. 95:1).**

[3] (3:17) ***Deberes del creyente:*** En tercer lugar, el creyente debe tener un corazón que hace todo en nombre de Cristo. Cualquier cosa que haga en palabras o hechos, lo hace en el nombre del Señor Jesús.

1. El creyente tiene una elección. Es él quien habla y actúa, nadie habla ni actúa por él. Ya sea que lo haga o no por Cristo, es su elección. El mandamiento está allí: "hacedlo todo en el nombre del Señor Jesús", pero la elección acerca de qué hablar y qué hacer es de él. El creyente y solo él es responsable por sus palabras y sus actos.

2. El creyente debe hacer todo *en el nombre del Señor Jesús.* ¿Qué significa esto? Significa que el creyente sabe algo: El nombre de Cristo es el único nombre que Dios acepta en su presencia. Por lo tanto, las únicas personas que Él acepta, son aquellas que vienen a Él en el nombre de Cristo. No existe otro nombre entre los hombres por el cual los hombres puedan ser salvos. Por lo tanto, el creyente se acerca a Dios "en el nombre de Jesucristo", es decir, entregando su vida a Cristo y viviendo por Cristo. Esta es la razón por la cual el creyente no se atreve a hablar o a actuar fuera del nombre de Cristo. Hacerlo, sería la prueba de que no se ha acercado a Dios en Cristo, que su proclama es una proclama falsa.

Nuevamente, ¿qué significa hacer todo en el nombre del Señor Jesús? Significa...

- *vivir, moverse y estar con todo el ser* en el nombre de Cristo
- *confiar y depender* del nombre de Cristo en todo lo que hacemos.
- *invocar* el nombre de Cristo en todo aquello que decimos y hacemos
- *representar* a Cristo en todo lo que decimos y hacemos.

Dicho simplemente, no debemos hacer nada que deshonre a Cristo. Cada vez que hablamos, Cristo está y llena nuestra conversación; y cada vez que actuamos, Cristo es honrado por nuestro comportamiento.

Siempre debemos recordar que: Cristo escucha cada palabra y ve cada hecho. Lo amamos con todo nuestro corazón; por lo tanto, nunca debemos herirlo o causarle dolor a Él con lo que decimos o hacemos. Buscamos diligentemente solamente honrarlo por su nombre.

"Y que se predicase en su nombre el arrepentimiento y el perdón de pecados en todas las naciones, comenzando desde Jerusalén" (Lc. 24:47).

"Y todo lo que pidiereis al Padre en mi nombre, lo haré, para que el Padre sea glorificado en el Hijo" (Jn. 14:13).

"Pero éstas se han escrito para que creáis que Jesús es el Cristo, el Hijo de Dios, y para que creyendo, tengáis vida en su nombre" (Jn. 20:31).

"Dando siempre gracias por todo al Dios y Padre, en el nombre de nuestro Señor Jesucristo" (Ef. 5:20).

3. La respuesta del creyente es dar gracias. Dios Padre se ha vuelto el Padre del creyente por Cristo y solo por Cristo. Por lo tanto, el creyente constantemente debe agradecer a Dios Padre. Pero note que hasta en la acción de gracias, el creyente se acerca a Dios solo por Cristo. Tan importante como dar las gracias y alabar a Dios, es que una persona se acerque a Dios por Cristo. Dios no aceptará a nadie aparte de Cristo, ni siquiera ofreciendo las gracias ni las alabanzas.

"Si, pues, coméis o bebéis, o hacéis otra cosa, hacedlo todo para la gloria de Dios. No seáis tropiezo ni a judíos, ni a gentiles, ni a la iglesia de Dios" (1 Co. 10:31-32).

"Y todo lo que hagáis, hacedlo de corazón, como para el Señor y no para los hombres" (Col. 3:23).

	VI. LAS RESPONSABILIDADES DEL CREYENTE, 3:18–4:6 A. El creyente y su familia, 3:18-21
1 Esposas cristianas: Estén sujetas a sus maridos	18 Casadas, estad sujetas a vuestros maridos, como conviene en el Señor.
2 Esposos cristianos: Amen a sus esposas y no sean ásperos con ellas.	19 Maridos, amad a vuestras mujeres, y no seáis ásperos con ellas.
3 Hijos cristianos: Obedezcan a sus padres.	20 Hijos, obedeced a vuestros padres en todo, porque esto agrada al Señor.
4 Padres cristianos: No exasperen a sus hijos.	21 Padres, no exasperéis a vuestros hijos, para que no se desalienten.

DIVISIÓN VI

LAS RESPONSABILIDADES DEL CREYENTE, 3:18–4:6

A. El creyente y su familia, 3:18-21

(3:18-21) ***Introducción:*** Este es un pasaje fundamental de las Escrituras, no importa la generación. Cada generación es testigo de un ataque contra la unión de los esposos y de la familia. La lujuria del hombre por el placer sensual lo conduce a atacar la fe entre esposos que es demandada por Dios. Cristo y solo Cristo deben estar en el centro de cada familia para que sobreviva a los ataques contra ella. No es suficiente que uno o dos miembros de la familia sean obedientes a Cristo. Cada miembro debe hacer de Cristo el centro de su vida. Un miembro desobediente e infiel afecta dramáticamente la unión de la familia trayendo traumas, dolor y a menudo destrucción a la familia. Esto es de importancia crítica en la discusión sobre los cristianos y la familia.

1. Esposas cristianas: Estén sujetas a sus maridos (v. 18).
2. Esposos cristianos: Amen a sus esposas y no sean ásperos con ellas (v. 19).
3. Hijos cristianos: Obedezcan a sus padres (v. 20).
4. Padres cristianos: No exasperen a sus hijos (v. 21).

[1] (3:18) ***Familia, Esposas:*** Esposas cristianas, sujétense a sus maridos. Esta es la única cosa correcta para hacer. Las Escrituras no dan vueltas: Le dice a la esposa exactamente lo que el Señor espera. El turno del marido llega en un momento, pero por ahora está cubierto la voluntad del Señor respecto de la esposa. Su voluntad involucra dos puntos fuertes.

1. Primero, las esposas cristianas deben sujetarse a sus esposos. La palabra "sujetar" (hupotassesthe) significa someter y sujetar en obediencia.

 Vine señala que la palabra es primariamente un término de origen militar que significa estar por debajo en el rango (*An Expository Dictionary of New Testament Words*. Old Tappan, NJ: Fleming H. Revell, 1940)

 Robertson dice que la palabra tiene un aire militar y que la palabra es de la misma clase de obediencia que un ciudadano debe tener para con su gobierno (*Word Pictures in the New Testament,* vol. 4, p. 506).

En la sociedad moderna esto es fuerte. En realidad, es muy fuerte para muchos. Muchos rechazan la idea de la sujeción de la mujer y dicen que es arcaico, fuera de moda, anticuado. Algunos hasta rechazan con enojo y hostilidad la Palabra de Dios y a los que predican el deber de las esposas.

¿Tienen razón? La declaración de las Escrituras en cuanto a la sujeción de las esposas a sus esposos, ¿ha ido demasiado lejos? ¿Dios ha cometido un error dentro del orden de la familia? Para el cristiano, la respuesta es no. El problema no radica en lo que Dios ha dicho, sino en nuestra *comprensión de lo que Él ha dicho* o en nuestra rebelión contra lo que Él desea. Cualquier esposa que reacciona al mandamiento de Dios, está reaccionando o porque no entiende lo que Dios dice o simplemente *porque no desea darle su vida a Dios y seguirlo en lo que Él dice.* ¿Qué quiere decir Dios por sujeción? Dios no quiere decir *sujeción dictatorial...*

- que una esposa esté sujeta a un tirano.
- que una esposa está sujeta a las exigencias de su esposo que actúa como una bestia.
- que una esposa debe ser una esclava para su esposo.
- que una esposa debe servir a su esposo sin restricciones.
- que una esposa debe ser tratada como un ser inferior a su esposo.

Lo que Dios quiere decir por sujeción es orden, cooperación, relación, compañerismo: el camino que un esposo y una esposa deben caminar juntos a lo largo de la vida. Cada grupo de personas –aun cuando sea solamente dos personas–

debe tener un líder que tome la dirección al atravesar las embates del mundo, sus pruebas, sus tentaciones y sus dificultades. Entre los dos, esposa y esposo, uno de ellos tiene que ser el líder primario. La orden de Dios para los dos es que el esposo sea el líder.

2. En segundo lugar, las esposas cristianas deben sujetarse porque es lo único correcto para hacer. La palabra "conviene" significa (aneken) lo apropiado. ¿Por qué es lo único correcto para hacer? No porque el esposo sea superior y la esposa inferior como ser humano. La razón es porque la esposa está *en el Señor.* Ella ha entregado su vida para vivir en el Señor , para amarlo y seguirlo a Él, para ser testigo de Él *viviendo como el Señor dice que hay que vivir.* Por lo tanto, cuando el Señor dice que es su voluntad para ella que se sujete a su esposo, ella lo hace. Ella se sujeta porque el Señor le dice que la sujeción es la manera que Él desea que ella viva con su esposo. Nuevamente, la sujeción es simplemente...

- la orden de Dios para la familia.
- la relación, cooperación y compañerismo que deben existir entre la esposa y el esposo.

"Pero a los que están unidos en matrimonio, mando, no yo, sino el Señor: Que la mujer no se separe del marido" (1 Co. 7:10).

"Las casadas estén sujetas a sus propios maridos, como al Señor" (Ef. 5:22).

"Casadas, estad sujetas a vuestros maridos, como conviene en el Señor" (Col. 3:18).

"Las mujeres asimismo sean honestas, no calumniadoras, sino sobrias, fieles en todo" (1 Ti. 3:11).

"Que enseñen a las mujeres jóvenes a amar a sus maridos y a sus hijos" (Tit. 2:4).

"Asimismo vosotras, mujeres, estad sujetas a vuestros maridos; para que también los que no creen a la palabra, sean ganados sin palabra por la conducta de sus esposas" (1 P. 3:1).

"No te niegues a hacer el bien a quien es debido, cuando tuvieres poder para hacerlo" (Pr. 3:27).

[2] (3:19) ***Familia, Esposos:*** Esposos cristianos, amen a sus esposas y no sean ásperos con ellas. Este mandamiento destruye toda la oposición y la reacción hacia el comando de sujeción dado para las esposas. ¿Cómo?

La palabra "amad" no es solamente el amor del afecto y los sentimientos, sino el *amor ágape* del mismo Dios. El esposo cristiano debe amar a su esposa tanto y de la misma forma que Dios nos ha amado. El amor *ágape* es...

- un amor desinteresado y sin egoísmo.
- un amor que da todo y se sacrifica.
- un amor tanto de voluntad como de corazón.
- un amor tanto de compromiso como de afecto.
- un amor que obra por el bien más elevado de la esposa.

Muy prácticamente, el esposo no busca que su esposa satisfaga las necesidades de él, o sus deseos, comodidad e intereses, sino que busca encontrarse, nutrir y alimentar todo esto para su esposa. Es la voluntad de Dios que el esposo se sacrifique completamente por su esposa. Advierta que debe hacerlo sin asperezas. Las esposas son iguales a los esposos; algunas veces no se sujetan. Cuando no lo hacen, el esposo tiende a volverse resentido o áspero. Está en la naturaleza del hombre sentir resentimiento o asperezas; por lo tanto, el esposo cristiano debe pelear y luchar contra la tentación. El esposo debe amar de manera sacrificada aunque la esposa no merezca ser amada. Los esposos deben obedecer a Cristo sin importar si su esposa merece ser amada o no. Es la voluntad de Cristo.

Pensamiento 1: Piense que diferencia errónea existiría entre las esposas y los esposos que amaron y se sujetaron como lo dicen las Escrituras.

"Maridos, amad a vuestras mujeres, así como Cristo amó a la iglesia, y se entregó a sí mismo por ella" (Ef. 5:25).

"Vosotros, maridos, igualmente, vivid con ellas sabiamente, dando honor a la mujer como a vaso más frágil, y como a coherederas de la gracia de la vida, para que vuestras oraciones no tengan estorbo" (1 P. 3:7).

"Por tanto, dejará el hombre a su padre y a su madre, y se unirá a su mujer, y serán una sola carne" (Gn. 2:24).

"Sea bendito tu manantial, y alégrate con la mujer de tu juventud" (Pr. 5:18).

[3] (3:20) ***Familia, Hijos:*** Hijos obedezcan a sus padres en todas las cosas. La palabra "obedecer" (hupakouete) significa hacer, cumplir y seguir las instrucciones y directivas. Cuando los padres guían y dirigen a un niño, el niño debe obedecer. Advierta que debe obedecer *"en todas las cosas".* ¿Qué ocurre con el terrible problema de las instrucciones pecaminosas que se les da algunas veces a los niños por parte de padres que maltratan? Esto no es de lo que las Escrituras hablan. (Véase nota *Niños,* Ef. 6:1-3 para una mayor discusión sobre el maltrato de los niños.) La Biblia habla de las instrucciones normales de todos los días y de la guía que los padres dan a los hijos. Ellos deben obedecer a sus padres en *todas las instrucciones.* ¿Qué sucede cuando los hijos mayores tienen opiniones diferentes? Sienten que podrían...

- tener algo
- hacer algo
- ir a algún lugar
- llegar más tarde.

Siempre surgen diferencias, y sin embargo Dios dice que el hijo debe obedecer *en todas las cosas.* ¿Significa esto que el padre siempre tiene razón? No. Significa que el hijo tiene una oportunidad única de aprender disciplina, control y orden. Cuando salen y se enfrentan solos con la vida, sin los padres, van a enfrentarse a un mundo que es...

- egoísta
- poderoso
- demandante
- competitivo
- corrupto
- amenazador
- maligno
- peligroso
- pecaminoso
- autoritario

El hijo tiene que estar preparado, y una de las mayores

preparaciones es la de la disciplina y el control. Cuando el niño se vuelve adulto, tendrá exigencias sobre él, alguna de las cuales serán injustas. Deberá obedecer a esas exigencias para poder sobrevivir en este mundo corruptible. Será decisión de los hijos cristianos aprender a obedecer y seguir las instrucciones ahora, mientras aún están en casa. Deben utilizar esas instrucciones de sus padres como un período de adiestramiento para el futuro, para su adultez. Cuanto más obediente es el niño, estará más disciplinado, controlado y preparado para enfrentar la vida cuando salga a enfrentar el mundo.

Note otro punto: La obediencia del hijo agrada al Señor. El Señor tiene un objetivo primario para el niño: prepararlo para que sea el adulto más equilibrado y productivo que pueda ser. Por lo tanto, cuando el hijo obedece a su padre, el Señor ve que el niño está siendo disciplinado y controlado; Él ve que el niño se está preparando a sí mismo para convertirse en un adulto fuerte. Por lo tanto, la obediencia del hijo agrada al Señor.

> **"Porque Moisés dijo: Honra a tu padre y a tu madre; y: El que maldiga al padre o a la madre, muera irremisiblemente" (Mr. 7:10).**
>
> **"Hijos, obedeced en el Señor a vuestros padres, porque esto es justo" (Ef. 6:1).**
>
> **"Hijos, obedeced a vuestros padres en todo, porque esto agrada al Señor" (Col. 3:20).**
>
> **"Oye, hijo mío, la instrucción de tu padre, y no desprecies la dirección de tu madre" (Pr. 1:8).**
>
> **"Guarda, hijo mío, el mandamiento de tu padre, y no dejes la enseñanza de tu madre" (Pr. 6:20).**
>
> **"Hijo mío, guarda mis razones, y atesora contigo mis mandamientos" (Pr. 7:1).**
>
> **"El hijo sabio alegra al padre, pero el hijo necio es tristeza de su madre" (Pr. 10:1).**
>
> **"Aun el muchacho es conocido por sus hechos, si su conducta fuere limpia y recta" (Pr. 20:11).**
>
> **"Oye a tu padre, a aquel que te engendró; y cuando tu madre envejeciere, no la menosprecies" (Pr. 23:22).**
>
> **"Acuérdate de tu Creador en los días de tu juventud, antes que vengan los días malos, y lleguen los años de los cuales digas: No tengo en ellos contentamiento" (Ec. 12:1).**

[4] (3:21) ***Familia, Padre:*** Padres y madres, no exasperen a sus hijos (véase nota *Padres,* Ef. 6:4, para una mayor discusión al respecto).

	B. El creyente y su trabajo, 3:22–4:1	herencia, porque a Cristo el Señor servís.	
		25 Mas el que hace injusticia, recibirá la injusticia que hiciere, porque no hay acepción de personas.	2) El trabajo será juzgado por Cristo
1 El esclavo (empleado) a. Obedecer a sus amos (patronos), no solamente cuando lo observan b. Trabajar, temiendo a Dios c. Trabajar de corazón, como para el Señor	22 Siervos, obedeced en todo a vuestros amos terrenales, no sirviendo al ojo, como los que quieren agradar a los hombres, sino con corazón sincero, temiendo a Dios. 23 Y todo lo que hagáis, hacedlo de corazón, como para el Señor y no para los hombres;	**CAPÍTULO 4** Amos, haced lo que es justo y recto con vuestros siervos, sabiendo que también vosotros tenéis un Amo en los cielos.	**2 El amo (empleador)** a. Ser justo y equitativo b. Razón: Él tiene un amo
1) El trabajo será recompensado por Cristo	24 sabiendo que del Señor recibiréis la recompensa de la		

DIVISIÓN VI

LAS RESPONSABILIDADES DEL CREYENTE, 3:18–4:6

B. El creyente y su trabajo, 3:22–4:1

(3:22–4:1) ***Introducción:*** Este pasaje es casi idéntico al pasaje de Efesios (Ef. 6:5-9). Trata con el tema crítico de la economía del mundo: esclavo y amo; trabajo y administración; empleado y empleador; trabajador y supervisor. Señala en términos bien firmes que la respuesta a los problemas básicos de los lugares de trabajo es meramente espiritual y no económico. Note que la discusión concierne a los esclavos y sus amos, pero las instrucciones se aplican a cada generación de trabajadores, sin importar cuál es el quehacer específico.

1. El esclavo (empleado) (vv. 22-25).
2. El amo (empleador) (capítulo 4, v. 1).

1 (3:22-25) ***Trabajador, Empleado, Trabajo:*** El trabajador debe obedecer, es decir debe seguir las instrucciones de la persona que está por encima de él. Note que debe obedecer "en todo". En el lugar de trabajo no debe existir alguna instrucción que no se deba obedecer. Esto, por supuesto, no significa que deba obedecer órdenes contrarias a las enseñanzas del Señor y dañar a su pueblo ni a su creación. Sin embargo, significa que el trabajador cristiano debe hacer lo que se le dice cuando le fue otorgado el privilegio de un trabajo, el privilegio...

- de ganarse la vida y proveerse para sí mismo y para su familia.
- de servir a la humanidad a través de proveer productos o servicios necesarios.
- de ganar lo suficiente para ayudar a las necesidades desesperadas del mundo y para llevar el evangelio al mundo entero.

La actitud del trabajador cristiano es que el esfuerzo y la energía que pone en su trabajo son importantes para el Señor. Por lo tanto, el Señor da varias instrucciones claras e inequívocas para el trabajador cristiano.

1. El trabajador cristiano no debe trabajar sirviendo al ojo, es decir que no debe trabajar solamente como los que quieren agradar a los hombres, cuando el jefe lo está observando o le anda alrededor. El trabajador cristiano debe trabajar diligentemente todo el tiempo, haciendo exactamente...

- lo que se le ha instruido y más
- lo que se espera de él y más
- lo que debe producir y más

El trabajador cristiano no debe hacer el promedio. Nunca debe hacer solamente lo que se le ha instruido. El trabajador cristiano siempre debe hacer su mejor trabajo, debe ir más allá del llamado del deber. (Véase notas, pt. 3, Ef. 6:5-8 para una mayor discusión al respecto.)

> **"Porque amaban más la gloria de los hombres que la gloria de Dios" (Jn. 12:43).**
>
> **"El temor del hombre pondrá lazo; mas el que confía en Jehová será exaltado" (Pr. 29:25).**

2. El trabajador cristiano debe trabajar en la *soledad del corazón* (véase nota, pt. 2, Ef. 6:5-8 para una mayor discusión al respecto).

3. El trabajador cristiano debe trabajar temiendo al Señor. Esta es la señal apropiada del trabajador cristiano. Debe ser su temor y reverencia por el Señor los que se muestran a aquellos que trabajan a su alrededor. Cada hombre debe juzgarse por lo que hace en esta tierra, por la clase de cosas que hizo y por la diligencia con que hizo cosas buenas. El trabajador cristiano sabe...

- que Dios está observando su diligencia.
- que Dios va a recompensarlo por su diligencia.
- que el trabajo celestial con el que se le premiará, le será entregado por su fe y diligencia sobre la tierra.

Por lo tanto, el trabajador cristiano trabaja siempre tan diligentemente en el temor y la reverencia del Señor, trabaja arduamente a menos que se vuelva un náufrago y se desvíe de lo mejor que Dios tiene.

> **"Sino que golpeo mi cuerpo, y lo pongo en servidumbre, no sea que habiendo sido heraldo para otros, yo mismo venga a ser eliminado" (1 Co. 9:27).**
>
> **"Y no temáis a los que matan el cuerpo, mas el alma no pueden matar; temed más bien a aquel que puede destruir el alma y el cuerpo en el infierno" (Mt. 10:28).**

"Y su misericordia es de generación en generación a los que le temen" (Lc. 1:50).

"Sino que en toda nación se agrada del que le teme y hace justicia" (Hch. 10:35).

"Y si invocáis por Padre a aquel que sin acepción de personas juzga según la obra de cada uno, conducíos en temor todo el tiempo de vuestra peregrinación" (1 P. 1:17).

"¿Quién es el hombre que teme a Jehová? El le enseñará el camino que ha de escoger" (Sal. 25:12).

"¡Cuán grande es tu bondad, que has guardado para los que te temen, que has mostrado a los que esperan en ti, delante de los hijos de los hombres!" (Sal. 31:19).

4. El trabajador cristiano debe trabajar de corazón, como para el Señor y no para los hombres. Las palabras "de corazón" (ek psuches) significan *con toda el alma.* La labor del trabajador cristiano debe elevar su alma, desde la parte más profunda de su ser. No trabaja para los hombres de esta tierra, sino para el Señor. Él trabaja por la razón más profunda posible, la que surge del fondo de su alma: El Señor Jesucristo le ha dicho que trabaje y que lo haga con diligencia. El Señor Jesucristo es el Señor, por lo tanto, el trabajador cristiano hace lo que el Señor le dice. Pero note que existen dos razones críticas por las cuales él trabaja diligentemente.

a. El trabajo diligente será recompensado por Cristo. Sobre la tierra el trabajador puede ser maltratado, usado, despreciado, engañado y seguramente se aprovechan de él. Pero el Señor lo sabe, y Él va a recompensar abundantemente al trabajador diligente. De hecho, la recompensa de la herencia simplemente es incapaz de concebirse por la mente humana. Se extiende más allá de todo lo que pueda pedir o hasta pensar. Incluye un nuevo cuerpo que será eterno y un nuevo cielo y tierra, y posiciones de gran liderazgo, autoridad, y servicio para el Señor Jesús. (Véanse notas, Lc. 16:10-12, Ro. 4:13; *Estudio a fondo 3,* 8:17 para una mayor discusión al respecto.)

"Ahora bien, se requiere de los administradores, que cada uno sea hallado fiel" (1 Co. 4:2).

"Así que, hermanos míos amados, estad firmes y constantes, creciendo en la obra del Señor siempre, sabiendo que vuestro trabajo en el Señor no es en vano" (1 Co. 15:58).

"Cada uno según el don que ha recibido, minístrelo a los otros, como buenos administradores de la multiforme gracia de Dios" (1 P. 4:10).

b. El trabajo perezoso y la inactividad serán juzgados por Cristo. Muchos trabajadores hacen mal su responsabilidad y lo hacen mal al ser...

- perezosos
- descuidados
- mentirosos
- irresponsables
- prejuiciosos
- negligentes
- despreocupados
- falsos
- egoístas
- improductivos
- ladrones
- injustos

La lista podría continuar. El punto es este: Cada persona en la tierra va a enfrentar a Dios por el mal que ha hecho en el trabajo. Dará cuentas por su trabajo y será juzgado exactamente por lo que ha hecho. Note que no existe respeto por esas personas. Cada uno va a estar ante Dios, sin importar quién es.

"Su señor le dijo: Bien, buen siervo y fiel; sobre poco has sido fiel, sobre mucho te pondré; entra en el gozo de tu señor" (Mt. 25:23).

"Porque es necesario que todos nosotros comparezcamos ante el tribunal de Cristo, para que cada uno reciba según lo que haya hecho mientras estaba en el cuerpo, sea bueno o sea malo" (2 Co. 5:10).

"Mas el que hace injusticia, recibirá la injusticia que hiciere, porque no hay acepción de personas" (Col. 3:25).

2 (4:1) ***Empleador, Hombre de negocios, Gerentes, Amos:*** El empleador o patrón debe ser justo (equitativo) con el empleado. Debe haber un trato justo en...

- los sueldos
- las asignaciones de trabajo
- la producción y los objetivos
- las expectativas y las exigencias
- la promoción

La razón se establece de la manera más clara que puede hacerse: el patrón o empleador tiene un Amo en el cielo. El Señor Dios ve todo el gerenciamiento que él hace, y Él lleva la cuenta por cada acto. (Véase nota, *Gerentes,* Ef. 6:9, para una mayor discusión al respecto.)

"Y vosotros, amos, haced con ellos lo mismo, dejando las amenazas, sabiendo que el Señor de ellos y vuestro está en los cielos, y que para él no hay acepción de personas" (Ef. 6:9).

"Amos, haced lo que es justo y recto con vuestros siervos, sabiendo que también vosotros tenéis un Amo en los cielos" (Col. 4:1).

"No oprimirás a tu prójimo, ni le robarás. No retendrás el salario del jornalero en tu casa hasta la mañana" (Lv. 19:13).

"En su día le darás su jornal, y no se pondrá el sol sin dárselo; pues es pobre, y con él sustenta su vida; para que no clame contra ti a Jehová, y sea en ti pecado" (Dt. 24:15).

"Si hubiera tenido en poco el derecho de mi siervo y de mi sierva, cuando ellos contendían conmigo" (Job 31:13).

"¡Ay del que edifica su casa sin justicia, y sus salas sin equidad, sirviéndose de su prójimo de balde, y no dándole el salario de su trabajo!" (Jer. 22:13).

"Y vendré a vosotros para juicio; y seré pronto testigo contra los hechiceros y adúlteros, contra los que juran mentira, y los que defraudan en su salario al jornalero, a la viuda y al huérfano, y los que hacen injusticia al extranjero, no teniendo temor de mí, dice Jehová de los ejércitos" (Mal. 3:5).

	C. El creyente y su vida de oración y testimonio, 4:2-6	también estoy preso, 4 para que lo manifieste como debo hablar.	
1 Orar y perseverar en la oración a. Perseverar en la oración b. Velar en la oración c. Orar con acción de gracias d. Orar por los demás, en particular por sus ministros, ser un intercesor	2 Perseverad en la oración, velando en ella con acción de gracias; 3 orando también al mismo tiempo por nosotros, para que el Señor nos abra puerta para la palabra, a fin de dar a conocer el misterio de Cristo, por el cual	5 Andad sabiamente para con los de afuera, redimiendo el tiempo. 6 Sea vuestra palabra siempre con gracia, sazonada con sal, para que sepáis cómo debéis responder a cada uno.	**2 Andar sabiamente ante los de afuera, los que están sin Cristo** **3 Hablar con gracia, para responder y testificar acerca de lo que hace su vida distinta**

DIVISIÓN VI

LAS RESPONSABILIDADES DEL CREYENTE, 3:18–4:6

C. El creyente y su vida de oración y testimonio, 4:2-6

(4:2-6) ***Introducción:*** Este pasaje cubre dos de los temas más importantes para el creyente: el de su vida de oración y su testimonio.

1. Orar y perseverar en la oración (vv. 2-4).
2. Andar sabiamente ante los de afuera, los que están sin Cristo (v. 5).
3. Hablar con gracia, para responder y testificar acerca de lo que hace su vida distinta (v. 6).

[1] (4:2-4) ***Oración, Deberes del creyente:*** El primer deber del creyente es orar y perseverar en la oración. Se le da cuatro instrucciones importantes, instrucciones que deben seguirse de manera desesperada.

1. En primer lugar, *perseverar en la oración.* La palabra "perseverad" (proskartereite) significa ser constante, perseverante y en forma permanente en la oración. Significa estar en la oración en forma constante e inquebrantable; estar en comunión e inquebrantable compañerismo con Dios. Significa andar y respirar oración; vivir, moverse y permanecer con todo nuestro ser en oración. Significa nunca enfrentar un momento sin la oración.

¿Cómo es esto posible? Cuando tenemos tantas tareas y asuntos que exigen nuestra atención, ¿cómo podemos continuar y andar inquebrantablemente en la oración? Lo que la Biblia quiere decir es que...

- desarrollemos una *actitud de oración*
- andar en un *espíritu de oración*
- tomar un recreo mental de nuestro trabajo y pasar un momento *en oración*
- *orar siempre* cuando nuestras mentes no estén ocupadas con alguna ocupación
- *levantarse temprano* y orar antes de comenzar las actividades cotidianas. Pasar un momento de adoración con Dios en oración. Hacer de esto una práctica continua.
- *orar antes de ir a dormir.* Pasar un momento extenso en oración antes de ir a dormir. Hacer de esto una práctica continua.

Con toda honestidad, la gran mayoría de nosotros desperdiciamos mucho tiempo en pensamientos vagos y en ensueños inútiles, perdiendo así un valioso tiempo que se podría aprovechar para la oración. Si aprendiéramos a cautivar esos minutos para la oración, descubriríamos qué es andar y vivir en la oración. Note un hecho crítico: Esta es la tarea del creyente. No es algo que Dios pueda hacer por nosotros. Somos nosotros los que debemos disciplinarnos para orar. Si no oramos, entonces la oración nunca será dicha.

La Biblia es clara: el creyente debe "perseverar en la oración".

> **"Derribando argumentos y toda altivez que se levanta contra el conocimiento de Dios, y llevando cautivo todo pensamiento a la obediencia a Cristo" (2 Co. 10:5).**
>
> **"Pedid, y se os dará; buscad, y hallaréis; llamad, y se os abrirá" (Mt. 7:7).**
>
> **"Hasta ahora nada habéis pedido en mi nombre; pedid, y recibiréis, para que vuestro gozo sea cumplido" (Jn. 16:24).**
>
> **"Por nada estéis afanosos, sino sean conocidas vuestras peticiones delante de Dios en toda oración y ruego, con acción de gracias" (Fil. 4:6).**
>
> **"Perseverad en la oración, velando en ella con acción de gracias" (Col. 4:2).**
>
> **"¿Está alguno entre vosotros afligido? Haga oración. ¿Está alguno alegre? Cante alabanzas" (Stg. 5:13).**
>
> **"Buscad a Jehová y su poder; buscad su rostro continuamente" (1 Cr. 16:11).**

2. En segundo lugar, *velar en oración.* La palabra "observad" (gregorountes) significa permanecer despierto, estar alerta, estar activo, concentrado. Significa pelear contra las distracciones, los pensamientos vagos, la inútil ensoñación diaria, el aletargamiento y la somnolencia. Significa disciplinar nuestras mentes y controlar nuestros pensamientos en la oración. Para ser francos, este es un problema que aflige al creyente. El exceso de trabajo, el cansancio, la presión: una lista innumerable lista de cosas que puede hacer difícil la concentración para la oración. Esta es la razón por la cual Pablo acentúa la necesidad de velar *en oración.* Pero advierta que velar en oración es la tarea del creyente. Nuevamente, no es algo que Dios haga por nosotros. Somos responsables por velar

y concentrarnos. Somos nosotros los que debemos disciplinar y controlar nuestros pensamientos. Por esta razón, nunca debemos dejar de orar. Debemos...

- pelear siempre contra el aletargamiento y los pensamientos vagos.
- aprender a concentrarnos, disciplinar nuestra mente y controlar nuestros pensamientos
- enseñarnos a observar la oración.

"Vino luego a sus discípulos, y los halló durmiendo, y dijo a Pedro: ¿Así que no habéis podido velar conmigo una hora? Velad y orad, para que no entréis en tentación; el espíritu a la verdad está dispuesto, pero la carne es débil" (Mt. 26:40-41).

"También les refirió Jesús una parábola sobre la necesidad de orar siempre, y *no desmayar*" (Lc. 18:1).

"*Velad,* pues, en todo tiempo orando que seáis tenidos por dignos de escapar de todas estas cosas que vendrán, y de estar en pie delante del Hijo del Hombre" (Lc. 21:36).

3. En tercer lugar, orar con acción de gracias. Cuando alguien hace algo por nosotros, nosotros le agradecemos. La única persona que ha hecho más por nosotros que ninguna otra es Dios. Por lo tanto, debemos agradecerle a Él. De hecho, Dios continúa bendiciéndonos y ayudándonos, su mano está constantemente sobre nuestras vidas, cuidándonos y protegiéndonos, por lo tanto, deberíamos agradecerle a Él continuamente. Nuestra oración se debe elevar a Él durante todo el día a medida que nos ocupamos de nuestros asuntos cotidianos. No debe pasar jamás una hora sin que hayamos orado y agradecido a Dios varias veces. Jamás debemos olvidar a su Hijo. Él tomó nuestros pecados sobre Él y cargó con el juicio y el castigo por nosotros. Solo esto debe llenar continuamente nuestros corazones con acción de gracias y alabanza.

"Mas gracias sean dadas a Dios, que nos da la victoria por medio de nuestro Señor Jesucristo" (1 Co. 15:57).

"Porque habéis sido comprados por precio; glorificad, pues, a Dios en vuestro cuerpo y en vuestro espíritu, los cuales son de Dios" (1 Co. 6:20).

"¡Gracias a Dios por su don inefable!" (2 Co. 9:15).

"Dando siempre gracias por todo al Dios y Padre, en el nombre de nuestro Señor Jesucristo" (Ef. 5:20).

"Dad gracias en todo, porque esta es la voluntad de Dios para con vosotros en Cristo Jesús" (1 Ts. 5:18).

"Así que, ofrezcamos siempre a Dios, por medio de él, sacrificio de alabanza, es decir, fruto de labios que confiesan su nombre" (He. 13:15).

"Mas vosotros sois linaje escogido, real sacerdocio, nación santa, pueblo adquirido por Dios, para que anunciéis las virtudes de aquel que os llamó de las tinieblas a su luz admirable" (1 P. 2:9).

"Alabad a Jehová, invocad su nombre, dad a conocer en los pueblos sus obras" (1 Cr. 16:8).

"Cantad a Jehová, que habita en Sion; publicad entre los pueblos sus obras" (Sal. 9:11).

"Sacrifica a Dios alabanza, y paga tus votos al Altísimo" (Sal. 50:14).

"Te alaben los pueblos, oh Dios; todos los pueblos te alaben" (Sal. 67:3).

"Bendito el Señor; cada día nos colma de beneficios el Dios de nuestra salvación" (Sal. 68:19).

"Y mirarán mis ojos sobre mis enemigos; oirán mis oídos de los que se levantaron contra mí, de los malignos" (Sal. 92:11).

4. En cuarto lugar, orar por los demás, en particular por su ministerio. Ser un intercesor para los ministerios de Dios. Recuerde que Pablo estaba en la prisión, pero note por qué él pidió orar. William Barclay señala que Pablo pudo haber pedido que la iglesia ore por su liberación, dado que en su juicio tuvo un *veredicto de inocente* (él era inocente), o por un final pacífico para su vida (*The Letters to the Philippians, Colossians, and Thessalonias,* pp. 198s). Pero esto no fue lo que él solicitó. Solicitó una oración por su ministerio. Él deseaba que los creyentes oraran para que Dios le diera...

- la oportunidad para el testimonio, para hablar del misterio o salvación en Cristo.
- audacia para testificar (v. 4).

Siempre debemos recordar que la oración es una de las leyes del universo. Es una ley negada por muchos e ignorada por otros. Aun los que la entienden como una de las leyes de Dios, a menudo la rechazan. No obstante, Dios ha establecido la ley espiritual que Él obra en respuesta a la oración. Creámoslo o no, Dios claramente dice que la oración es una ley del universo. La oración es la ley por la cual Él obra y se mueve en nombre de los hombres y de su mundo. Por lo tanto, si deseamos las bendiciones de Dios para nuestra vida y ministerios, si deseamos que la obra de Dios siga adelante en poder y benéficos frutos, debemos orar por los ministerios del evangelio. Debemos aprender a interceder en la oración.

"¿De dónde vienen las guerras y los pleitos entre vosotros? ¿No es de vuestras pasiones, las cuales combaten en vuestros miembros? Codiciáis, y no tenéis; matáis y ardéis de envidia, y no podéis alcanzar; combatís y lucháis, pero no tenéis lo que deseáis, porque no pedís. Pedís, y no recibís, porque pedís mal, para gastar en vuestros deleites" (Stg. 4:1-3).

"Y todo lo que pidiereis en oración, creyendo, lo recibiréis" (Mt. 21:22).

"Si permanecéis en mí, y mis palabras permanecen en vosotros, pedid todo lo que queréis, y os será hecho" (Jn. 15:7).

"Me invocará, y yo le responderé; con él estaré yo en la angustia; lo libraré y le glorificaré" (Sal. 91:15).

"Clama a mí, y yo te responderé, y te enseñaré cosas grandes y ocultas que tú no conoces" (Jer. 33:3).

[2] (4:5) ***El deber del creyente, Testimonio:*** Andar sabiamente ante los que están afuera, sin Cristo, redimiendo el tiempo. Note dos puntos significativos.

1. La frase *los de afuera* se refiere a los no creyentes del mundo, a los que andan por la vida sin Cristo ni Dios. Piense en lo que esto significa: ellos andan...

- sin esperanza más allá de la vida
- sin seguridad de vivir de aquí en adelante con Dios.
- sin ayuda al enfrentar los traumas y problemas de esta vida
- sin paz
- sin seguridad
- sin el cuidado y la liberación de Dios
- sin la compañía de Dios y su familia de creyentes

- sin libertad de culpa, sin seguridad del perdón de los pecados.
- sin luz, sin libertad de las tinieblas de la muerte y la tumba.

Las Escrituras pintan un contraste agudo entre los no creyentes que están *sin Cristo* y los creyentes que están *dentro de Cristo*

> **"A fin de perfeccionar a los santos para la obra del ministerio, para la edificación del cuerpo de Cristo, hasta que todos lleguemos a la unidad de la fe y del conocimiento del Hijo de Dios, a un varón perfecto, a la medida de la estatura de la plenitud de Cristo" (Ef. 4:12-13).**

2. Los creyentes deben andar sabiamente para con los que están sin Cristo, redimiendo o haciendo el mejor uso de su tiempo. Andar sabiamente significa...

- que andamos analíticamente, descifrando cómo vivir para Cristo ante el mundo.
- que andamos en la justicia y en la divinidad
- que andamos cuidando cada paso.
- que andamos haciendo buenas obras

Advierta: Redimimos el tiempo. Buscamos aprovechar cada momento para vivir para Cristo ante los perdidos del mundo. Siempre buscamos oportunidades para hacer el bien y para que nuestra luz pueda iluminar a los hombres. Tratamos de imaginar cómo crear oportunidades para dar testimonio de la forma en que vivimos.

> **"Porque somos sepultados juntamente con él para muerte por el bautismo, a fin de que como Cristo resucitó de los muertos por la gloria del Padre, así también nosotros andemos en vida nueva" (Ro. 6:4).**
>
> **"Digo, pues: Andad en el Espíritu, y no satisfagáis los deseos de la carne" (Gá. 5:16).**
>
> **"Yo pues, preso en el Señor, os ruego que andéis como es digno de la vocación con que fuisteis llamados" (Ef. 4:1).**
>
> **"Y andad en amor, como también Cristo nos amó, y se entregó a sí mismo por nosotros, ofrenda y sacrificio a Dios en olor fragante" (Ef. 5:2).**
>
> **"Mirad, pues, con diligencia cómo andéis, no como necios sino como sabios" (Ef. 5:15).**
>
> **"Por tanto, de la manera que habéis recibido al Señor Jesucristo, andad en él" (Col. 2:6).**
>
> **"Pero si andamos en luz, como él está en luz, tenemos comunión unos con otros, y la sangre de Jesucristo su Hijo nos limpia de todo pecado" (1 Jn. 1:7).**
>
> **"El que dice que permanece en él, debe andar como él anduvo" (1 Jn. 2:6).**

[3] (4:6) ***El deber del creyente, Testimonio:*** Hablar siempre con gracia, respondiendo y testificando acerca de lo que hace su vida distinta. Cuáles son las expectativas de Dios con respecto a nosotros: que vivamos tan diferente y de manera tan misericordiosa que los hombres nos pregunten qué nos hace diferentes. ¿Cuántos viven una vida que es así de diferente? ¿Así de divina y misericordiosa? Note exactamente que se dice.

Cuando andamos entre los no creyentes, debemos cuidar nuestro discurso y conversación. Debemos...

- asegurarnos de hablar con gracia (en charita), es decir, con bondad, cortesía y gracia.
- sazonar nuestra conversación con sal; es decir, debemos darle sabor, hacer que la conversación sea sobre temas agradables y no corruptos.

Lo que sucede es sorprendente: Los no creyentes comienzan a darse cuenta por nuestra vida y nuestra conversación que somos diferentes de una manera positiva. Algunos nos preguntarán qué es lo que nos da esa paz y esa seguridad en la vida. Entonces es ahí donde tenemos una oportunidad única de dar nuestro testimonio. Es ahí que podemos alcanzar y traer a aquellos que están tan trágicamente sin Cristo, perdidos y condenados en la desesperación y la desesperanza para siempre.

> **"Pero sea vuestro hablar: Sí, sí; no, no; porque lo que es más de esto, de mal procede" (Mt. 5:37).**
>
> **"Sea vuestra palabra siempre con gracia, sazonada con sal, para que sepáis cómo debéis responder a cada uno" (Col. 4:6).**
>
> **"Retén la forma de las sanas palabras que de mí oíste, en la fe y amor que es en Cristo Jesús" (2 Ti. 1:13).**
>
> **"Palabra sana e irreprochable, de modo que el adversario se avergüence, y no tenga nada malo que decir de vosotros" (Tit. 2:8).**
>
> **"Porque todos ofendemos muchas veces. Si alguno no ofende en palabra, éste es varón perfecto, capaz también de refrenar todo el cuerpo" (Stg. 3:2).**
>
> **"Sino santificad a Dios el Señor en vuestros corazones, y estad siempre preparados para presentar defensa con mansedumbre y reverencia ante todo el que os demande razón de la esperanza que hay en vosotros" (1 P. 3:15).**

	VII. CONCLUSIÓN: EL EJEMPLO DE ALGUNOS HEROICOS CREYENTES, 4:7-18	es uno de vosotros, siervo de Cristo, siempre rogando encarecidamente por vosotros en sus oraciones, para que estéis firmes, perfectos y completos en todo lo que Dios quiere.	**oró fervientemente y trabajó fuerte por los creyentes de su iglesia**
1 Tíquico: El creyente que sirvió a los demás	7 Todo lo que a mí se refiere, os lo hará saber Tíquico, amado hermano y fiel ministro y consiervo en el Señor,	13 Porque de él doy testimonio de que tiene gran solicitud por vosotros, y por los que están en Laodicea, y los que están en Hierápolis.	
	8 el cual he enviado a vosotros para esto mismo, para que conozca lo que a vosotros se refiere, y conforte vuestros corazones,	14 Os saluda Lucas el médico amado, y Demas.	**7 Lucas: El médico amado** **8 Demas: El creyente que se deslizó**
2 Onésimo: El creyente que buscó corregir su pasado y hacerlo bien	9 con Onésimo, amado y fiel hermano, que es uno de vosotros. Todo lo que acá pasa, os lo harán saber.	15 Saludad a los hermanos que están en Laodicea, y a Ninfas y a la iglesia que está en su casa.	**9 Ninfas: El creyente que mantuvo su casa abierta**
3 Aristarco: El creyente que permaneció como compañero de prisión **4 Marcos: El creyente que se cambió a sí mismo**	10 Aristarco, mi compañero de prisiones, os saluda, y Marcos el sobrino de Bernabé, acerca del cual habéis recibido mandamientos; si fuere a vosotros, recibidle;	16 Cuando esta carta haya sido leída entre vosotros, haced que también se lea en la iglesia de los laodicenses, y que la de Laodicea la leáis también vosotros.	
5 Justo: El creyente judío que cambió la religión por Cristo	11 y Jesús, llamado Justo; que son los únicos de la circuncisión que me ayudan en el reino de Dios, y han sido para mí un consuelo.	17 Decid a Arquipo: Mira que cumplas el ministerio que recibiste en el Señor. 18 La salutación de mi propia mano, de Pablo. Acordaos de mis prisiones. La gracia sea con vosotros. Amén.	**10 Arquipo: El creyente al que se le dio una tarea especial y un aliento necesario** **11 Pablo: El creyente que fue fiel al punto de sufrir prisiones**
6 Epafras: El creyente que	12 Os saluda Epafras, el cual		

DIVISIÓN VII

CONCLUSIÓN: EL EJEMPLO DE ALGUNOS HEROICOS CREYENTES, 4:7-18

(4:7-18) ***Introducción:*** Esta es una de las grandes listas del Salón de la fama de Dios, algunos de los creyentes cristianos heroicos de la historia.

1. Tíquico: El creyente que sirvió a los demás (vv. 7-8).
2. Onésimo: El creyente que buscó corregir su pasado y hacerlo bien (v. 9).
3. Aristarco: El creyente que permaneció como compañero de prisión (v. 10).
4. Marcos: El creyente que se cambió a sí mismo (v. 10).
5. Justo: El creyente judío que cambió la religión por Cristo (v. 11).
6. Epafras: El creyente que oró fervientemente y trabajó fuerte por los creyentes de su iglesia (vv. 12-13).
7. Lucas: El médico amado (v. 14).
8. Demas: El creyente que se deslizó (v. 14)
9. Ninfas: El creyente que mantuvo su casa abierta (vv. 15-16).
10. Arquipo: El creyente al que se le dio una tarea especial y un aliento necesario (v. 17).
11. Pablo: El creyente que fue fiel al punto de sufrir prisiones (v. 18).

[1] (4:7-8) ***Tíquico:*** El creyente que sirvió a los demás (véase notas y *Estudio a fondo 1,* Ef. 6:21-22 para una mayor discusión al respecto).

[2] (4:9) ***Onésimo:*** El creyente que buscó corregir su pasado y hacerlo bien. Onésimo fue un esclavo que escapó y del que se habló en la Epístola a Filemón. Onésimo había salido de Colosas rumbo a Roma. Note lo que Pablo dice sobre él.

1. Fue un hermano amado y fiel. Había sido llevado al Señor por Pablo o por otro creyente en Roma. En cualquier caso, Pablo conocía a Onésimo y lo conocía bien. Pablo pudo declarar...
   - que fue fiel al Señor. Él obedeció al Señor y mantuvo sus mandamientos y anduvo fielmente en Él día tras día y da testimonio a su gracia salvadora.

También fue un hermano amado, un hermano en el Señor, que fue tan querido por otros creyentes cristianos que fue conocido como un *hermano amado.*

2. Fue tan fiel a Cristo y tan amado que fue "uno de ustedes". Recuerda: él fue un esclavo y algunos de la iglesia colosense eran propietarios muy ricos que poseían esclavos. Este es un punto significativo. No debe haber distinciones sociales en la iglesia del Señor. La persona más pobre debe ser tan bienvenida y amada como la que es más rica.

3. Volvió a Colosas con Tíquico. ¿Por qué? Porque él ha quebrado la ley al escapar de su amo, Filemón, y deseaba hacer las cosas bien. Él había sido convertido y Dios le había perdonado todos sus pecados. Él deseaba que Filemón lo perdonara también. (Véase la Epístola a Filemón para una mayor discusión al respecto.)

> **"Por tanto, si traes tu ofrenda al altar, y allí te acuerdas de que tu hermano tiene algo contra ti, deja allí tu ofrenda delante del altar, y anda, reconcíliate primero con tu hermano, y entonces ven y presenta tu ofrenda. Ponte de acuerdo con tu adversario pronto, entre tanto que estás con él en el camino, no sea que el adversario te entregue al juez, y el juez al alguacil, y seas echado en la cárcel" (Mt. 5:23-25).**
>
> **"Y cuando estéis orando, perdonad, si tenéis algo contra alguno, para que también vuestro Padre que está en los cielos os perdone a vosotros vuestras ofensas" (Mr. 11:25).**
>
> **"Soportándoos unos a otros, y perdonándoos unos a otros si alguno tuviere queja contra otro. De la manera que Cristo os perdonó, así también hacedlo vosotros" (Col. 3:13).**

[3] (4:10) ***Aristarco:*** El creyente que permaneció como compañero en la prisión. La Biblia dice lo siguiente sobre Aristarco:

- Era un miembro de la iglesia tesalonicense, un ciudadano de Tesalónica (Hch. 19:29; 20:4).
- Era uno de los creyentes atacados por los violentos en Efesios. Los ciudadanos peleaban contra el cristianismo porque mucha gente había sido convertida, es decir se reducía la venta de los ídolos hechos para la diosa Diana. El hecho de que Aristarco fuera uno de los creyentes atacados y maltratados por los efesios, muestra que era un líder y un portador de la Palabra de Cristo (Hch. 19:29).
- Fue con Pablo al Ministerio en Asia (Hch. 20:4).
- Es visto viajando con Pablo a Roma después de que Pablo había sido arrestado y estaba siendo transferido a Roma como prisionero (Hch. 27:2).
- Es visto como compañero prisionero con Pablo en Roma mientras Pablo esperaba el proceso, acusado de traición. Al parecer también había sido acusado del mismo crimen (Col. 4:10; Flm. 24).

El punto es que fue un *compañero de verdad,* un compañero que permaneció al lado de sus compañeros creyentes durante los buenos y los malos momentos. Nunca pensó en abandonar a sus amigos queridos o al Señor, sin importar lo difícil de la tarea o lo terrible de la prueba. Él enfrentaría la prisión y sufriría la muerte antes que darle la espalda a sus amigos. Era un hombre bueno con el que estar acompañado al enfrentar las pruebas, ya que él siempre permanecería de tu lado.

> **"Sobrellevad los unos las cargas de los otros, y cumplid así la ley de Cristo" (Gá. 6:2).**
>
> **"Acordaos de los presos, como si estuvierais presos juntamente con ellos; y de los maltratados, como que también vosotros mismos estáis en el cuerpo" (He. 13:3).**

[4] (4:10) ***Juan Marcos:*** El creyente que se cambió a sí mismo. Marcos había abandonado a Pablo y al ministerio al principio (véase *Estudio a fondo 4,* Juan Marcos, Hch. 12:25; 13:13 para una mayor discusión). Pero note lo que Pablo dice a la iglesia colosense. Él le dice a la iglesia que deben recibirlo si él puede visitarlos. Al parecer, algunas instrucciones del principio habían sido enviadas a las iglesias basándose en lo que Pablo les dijo sobre la deserción de Marcos. Pero ahora el joven se había arrepentido y había comprometido nuevamente su vida a Cristo. Él había cambiado y debía ser bienvenido.

> ***Pensamiento 1:*** Cuando un creyente peca, aun si se aparta de Cristo, debe ser bienvenido con brazos abiertos una vez que se ha arrepentido. No debemos recordarnos del error de la persona y pecar en su contra. Cristo nos ha perdonado –a todos nosotros– por lo tanto, debemos perdonar y darle la bienvenida a nuestros hermanos y hermanas que han vuelto.
>
> > **"Arrepiéntete, pues, de esta tu maldad, y ruega a Dios, si quizá te sea perdonado el pensamiento de tu corazón" (Hch. 8:22).**
> >
> > **"Hospedaos los unos a los otros sin murmuraciones" (1 P. 4:9).**
> >
> > **"Esconde tu rostro de mis pecados, y borra todas mis maldades" (Sal. 51:9).**
> >
> > **"Yo, yo soy el que borro tus rebeliones por amor de mí mismo, y no me acordaré de tus pecados" (Is. 43:25).**
> >
> > **"Deje el impío su camino, y el hombre inicuo sus pensamientos, y vuélvase a Jehová, el cual tendrá de él misericordia, y al Dios nuestro, el cual será amplio en perdonar" (Is. 55:7).**

[5] (4:11) ***Justo:*** El creyente judío que dejó la religión por Cristo. Note la palabra "circuncisión", significa que fue un judío circunciso que vivió en Roma. Los judíos, por supuesto, eran extremistas religiosos estrictos. Muchos de los judíos en Roma rechazaban a Cristo y le dieron la espalda a Pablo y a su prédica sobre Cristo (cp. Hch. 28:17-29). Pero estaban aquellos que dejaron su religión para andar con Cristo (Hch. 28:24). Justo fue uno de ellos, y al parecer se volvió tan fuerte en el Señor que se volvió un compañero muy cercano de Pablo, lo bastante como para que Pablo lo mencione a los colosenses.

Note: Pablo dice que todos los creyentes mencionados son creyentes judíos, creyentes que dejaron su religión para andar con Cristo. Ahora estaban trabajando con Pablo y otros creyentes, trabajando para el reino de Dios. Note que Pablo también dice que ellos lo habían nombrado ministro a él personalmente y fueron a consolarlo mientras estaba en prisión.

> ***Pensamiento 1:*** Es absolutamente esencial para aquellos que confían en la religión que se vuelvan a Cristo. La religión no puede hacer a una persona aceptable a Dios; solo Cristo puede.
>
> > **"Porque os digo que si vuestra justicia no fuere mayor que la de los escribas y fariseos, no entraréis en el reino de los cielos" (Mt. 5:20).**
> >
> > **"No todo el que me dice: Señor, Señor, entrará en el reino de los cielos, sino el que hace la voluntad de mi Padre que está en los cielos" (Mt. 7:21).**
> >
> > **"Respondiendo él, les dijo: Hipócritas, bien profetizó de vosotros Isaías, como está escrito: Este pueblo de labios me honra, mas su corazón está lejos de mí" (Mr. 7:6).**

"Porque ignorando la justicia de Dios, y procurando establecer la suya propia, no se han sujetado a la justicia de Dios; porque el fin de la ley es Cristo, para justicia a todo aquel que cree" (Ro. 10:3-4).

"Que tendrán apariencia de piedad, pero negarán la eficacia de ella; a éstos evita" (2 Ti. 3:5).

"¿Quién podrá decir: Yo he limpiado mi corazón, limpio estoy de mi pecado?" (Pr. 20:9).

"Hay generación limpia en su propia opinión, si bien no se ha limpiado de su inmundicia" (Pr. 30:12).

6 (4:12-13) ***Epafras:*** El creyente que oró fervientemente y trabajó fuerte por los creyentes de su iglesia.

- Él fue el *ministro* de la iglesia colosense (Col 1:7).
- Él fue el *ministro fiel* de Cristo (Col. 1:7).
- Él fue un *siervo de Cristo* (Col. 4:12).
- Él fue el *compañero siervo* que siempre fue muy querido para el corazón de Pablo (Col. 1:7).
- Él estuvo tan comprometido y dedicado a Cristo que Pablo lo llamaba "mi compañero de prisiones por Cristo Jesús" (Flm. 23).
- Él fue un creyente que fervientemente trabajó y oró por su querida gente de Colosas (Col. 4:12). Él oraba en particular por una sola cosa: Que pudieran ser perfectos y completos en toda la voluntad de Dios, es decir, que ellos debían saber cuál era la plena voluntad de Dios y cumplirla perfectamente.

"Orando en todo tiempo con toda oración y súplica en el Espíritu, y velando en ello con toda perseverancia y súplica por todos los santos" (Ef. 6:18).

"*Perseverad* en la oración, velando en ella con acción de gracias" (Col. 4:2).

"Buscad a Jehová y su poder; buscad su rostro *continuamente*" (1 Cr. 16:11).

- Él fue un ministro que trabajó arduamente por su iglesia y por todas las iglesias que lo rodeaban (Col. 4:13, Laodicea y Hierápolis). Él oró y oró muchísimo, pero también trabajó arduamente; trabajó tanto que su labor fue testimonio a Pablo, el gran ministerio.

"Jesús les dijo: Mi comida es que haga la voluntad del que me envió, y que acabe su obra. ¿No decís vosotros: Aún faltan cuatro meses para que llegue la siega? He aquí os digo: Alzad vuestros ojos y mirad los campos, porque ya están blancos para la siega" (Jn. 4:34-35).

"Me es necesario hacer las obras del que me envió, entre tanto que el día dura; la noche viene, cuando nadie puede trabajar" (Jn. 9:4).

"¿No sabéis que los que corren en el estadio, todos a la verdad corren, pero uno solo se lleva el premio? Corred de tal manera que lo obtengáis. Todo aquel que lucha, de todo se abstiene; ellos, a la verdad, para recibir una corona corruptible, pero nosotros, una incorruptible" (1 Co. 9:24-25).

"Para lo cual también trabajo, luchando según la potencia de él, la cual actúa poderosamente en mí" (Col. 1:29).

"Por lo cual te aconsejo que avives el fuego del don de Dios que está en ti por la imposición de mis manos" (2 Ti. 1:6).

7 (4:14) ***Lucas:*** El médico que fue tan amado por Pablo y la iglesia (véase Introducción, *Autor, el Evangelio de Lucas; Estudio a fondo 2,* Hch. 16:10 para una mayor discusión al respecto). Note otro hecho aquí en Colosenses: se dice que Lucas era el "médico amado", un médico muy apegado a los corazones de los creyentes. Al parecer, su tratamiento médico a los creyentes era diligente, compasivo, cálido y personal. Tenía un ministerio efectivo para Cristo entre los creyentes.

"Un mandamiento nuevo os doy: Que os améis unos a otros; como yo os he amado, que también os améis unos a otros. En esto conocerán todos que sois mis discípulos, si tuviereis amor los unos con los otros" (Jn. 13:34-35).

"El amor sea sin fingimiento. Aborreced lo malo, seguid lo bueno" (Ro. 12:9).

"Y el Señor os haga crecer y abundar en amor unos para con otros y para con todos, como también lo hacemos nosotros para con vosotros" (1 Ts. 3:12).

"Habiendo purificado vuestras almas por la obediencia a la verdad, mediante el Espíritu, para el amor fraternal no fingido, amaos unos a otros entrañablemente, de corazón puro" (1 P. 1:22).

8 (4:14) ***Demas:*** El creyente que se deslizó (véase nota, Demas, Flm. 24 para una mayor discusión).

9 (4:15) ***Ninfas:*** El creyente que mantuvo su casa abierta para la iglesia. Note que Ninfas vivía en Laodicea y Pablo sabía su gran testimonio por Cristo. Estaba tan comprometido con Cristo que había abierto su casa a todos los creyentes de la ciudad, permitiéndoles usar su hogar como lugar de encuentro para la iglesia. Recuerde que la iglesia primitiva no tenía edificios; por lo tanto se reunían en las casas de los creyentes para la comunión y la adoración.

"Compartiendo para las necesidades de los santos; practicando la hospitalidad" (Ro. 12:13).

"Sino hospedador, amante de lo bueno, sobrio, justo, santo, dueño de sí mismo" (Tit. 1:8).

"No os olvidéis de la hospitalidad, porque por ella algunos, sin saberlo, hospedaron ángeles" (He. 13:2).

"Hospedaos los unos a los otros sin murmuraciones" (1 P. 4:9).

ESTUDIO A FONDO 1

(4:15-16) ***Epístola a los Laodicenses:*** ¿Qué es la carta enviada a los Laodicenses?

- ¿Fue una carta que se ha perdido?
- ¿Fue una *Epístola a Filemón*?
- ¿Fue una *Epístola a los Efesios*?

Nadie lo sabe, y las opiniones sobre qué fue esta carta, son variadas. Pero note las instrucciones de Pablo para que circule la carta a los colosenses entre ellos y entre las iglesias. Este es un punto importante: Significa que las cartas del Nuevo Testamento no son cartas casuales entre amigos, sino para los creyentes de todas las generaciones y para todas las iglesias. Son la inspirada Palabra de Dios, y por lo tanto deben estar disponibles para que todos los creyentes las estudien y vivan de acuerdo con la Palabra día tras día.

10 (4:17) ***Arquipo:*** El creyente al que se le dio una tarea especial y un aliento necesario. ¿Cuál fue el ministerio o la tarea asignada a Arquipo? No lo sabemos. Existe solo otra

mención de él y es donde Pablo lo llama su compañero soldado (Flm. 2). Pero lo que haya sido debe haber sido una tarea equivalente a la de una patrulla militar. Se le debió haber exigido compromiso y disciplina militar. Es completamente entendible ya que el ministro se lanza a llevar el evangelio a los perdidos y a los no creyentes del mundo. Cualquiera haya sido el caso con Arquipo, necesitaba ser alentado, *necesitaba realizar la tarea* y completar su ministerio.

Pensamiento 1: ¿Cuántos abandonan y nunca terminan la tarea y el ministerio que se les ha dado? ¿Cuántos...

- necesitan "prestar atención" (blepe): Mantener su mira en el llamado de Dios y no permitir que el mundo y sus posesiones y ataques lo venzan?
- necesitan "cumplir" (plerois): Mantenerse en plenitud y completar el ministerio?

11 (4:18) ***Pablo:*** El creyente que fue fiel al punto de sufrir prisiones y la posibilidad del martirio. Pablo firma él mismo la carta. Recuerde que sus muñecas estaban encadenadas de manera que necesitó de un secretario para que escribiera la carta mientras él la dictaba. Sencillamente termina con estas palabras:

- "Acordaos de mis prisiones", que estaba en prisión: es decir, oren por mí.
- "La gracia sea con vosotros", el favor y las bendiciones de Dios, los cuales no merecemos pero que Él esparce sobre nosotros de todas maneras.

ÍNDICE DE BOSQUEJOS Y TEMAS COLOSENSES

RECUERDE: Cuando busca un tema o una referencia de las Escrituras, usted no solo tendrá el texto bíblico, sino también un bosquejo y una discusión (comentario) del pasaje de la Biblia y del tema.

Este es uno de los grandes valores de la *Biblia de bosquejos y sermones.* Cuando posea todos los tomos, no solo tendrá todo lo que los otros índices bíblicos le ofrecen; es decir, un listado de todos los temas y sus referencias bíblicas, SINO que también tendrá:

- un bosquejo de *cada* texto y tema de la Biblia.
- una discusión (comentario) de cada texto y tema.
- cada tema respaldado por otros textos de la Biblia o referencias cruzadas.

Descubra el valor usted mismo. Dé una mirada rápida al primer tema de este índice.

ADMINISTRADORES, ADMINISTRAR
Consideración del tema. Col. 4:1
Relación con el trabajo. Col. 4:1

Busque las referencias. Después los textos bíblicos y el bosquejo de las Escrituras. Luego lea el comentario. De inmediato verá el gran valor de este índice de la *Biblia de bosquejos y sermones.*

También disponible de Portavoz:

Una extraordinaria obra en 14 tomos que recorre de forma completa todo el Nuevo Testamento.

Además de un bosquejo general para cada libro del Nuevo Testamento, la serie *Biblia de bosquejos y sermones* desarrolla en cada página otras divisiones y bosquejos adicionales para cada pasaje bíblico y cada versículo. A todo esto se añade los estudios a fondo de términos y conceptos fundamentales que enriquecen su conocimiento de la Palabra de Dios y lo ayudan no solo a entenderla mejor, sino a exponerla con mayor claridad. Cada punto considerado se encuentra respaldado con numerosas referencias a otros textos bíblicos que aparecen impresos en su libro para una mejor y más rápida consideración.

Publicada originalmente en inglés por el prestigioso *Leadership Ministries Worldwide,* la *Biblia de bosquejos y sermones* es ya una herramienta indispensable para pastores, maestros y líderes en todo el mundo.

ANTIGUO TESTAMENTO

Tomo 1 Genesis (1—11)
Tomo 2 Genesis (12—50)
Tomo 3 Éxodo (1—18)
Tomo 4 Éxodo (19—40)

NUEVO TESTAMENTO

Tomo 1 Mateo 1 (1:1—16:12)
Tomo 2 Mateo 2 (16:13—28:20)
Tomo 3 Marcos
Tomo 4 Lucas
Tomo 5 Juan
Tomo 6 Hechos
Tomo 7 Romanos
Tomo 8 1 y 2 Corintios
Tomo 9 Gálatas–Colosenses
Tomo 10 1 Tesalonicenses–Filemón
Tomo 11 Hebreos–Santiago
Tomo 12 1 Pedro–Judas
Tomo 13 Apocalipsis

portavoz@portavoz.com
www.portavoz.com

EDITORIAL
PORTAVOZ

NUESTRA VISIÓN

Maximizar el efecto de recursos cristianos de calidad que transforman vidas.

NUESTRA MISIÓN

Desarrollar y distribuir productos de calidad —con integridad y excelencia—, desde una perspectiva bíblica y confiable, que animen a las personas a conocer y servir a Jesucristo.

NUESTROS VALORES

Nuestros valores se encuentran fundamentados en la Biblia, fuente de toda verdad para hoy y para siempre. Nosotros ponemos en práctica estas verdades bíblicas como fundamento para las decisiones, normas y productos de nuestra compañía.

Valoramos la excelencia y la calidad
Valoramos la integridad y la confianza
Valoramos el mérito y la dignidad de los individuos y las relaciones
Valoramos el servicio
Valoramos la administración de los recursos

Para más información acerca de nuestra editorial y los productos que publicamos visite nuestra página en la red: www.portavoz.com